Archiv für Sozialgeschichte
Beiheft 19

Herausgegeben von der Friedrich-Ebert-Stiftung
in Verbindung mit dem
Institut für Sozialgeschichte Braunschweig/Bonn

Redaktion: Friedhelm Boll, Beatrix Bouvier, Dieter Dowe,
Patrik von zur Mühlen, Hans Pelger,
Michael Schneider

Ludwig Eiber

Die Sozialdemokratie
in der Emigration

Die „Union deutscher sozialistischer Organisationen
in Großbritannien" 1941–1946 und ihre Mitglieder

Protokolle, Erklärungen, Materialien

Projektleitung:
Herbert Obenaus / Hans-Dieter Schmid

Verlag J.H.W. Dietz Nachfolger · Bonn

Die Deutsche Bibliothek – CIP Einheitsaufnahme

[Archiv für Sozialgeschichte / Beiheft]
Archiv für Sozialgeschichte / hrsg. von der Friedrich-Ebert-Stiftung in Verbindung mit dem
Institut für Sozialgeschichte Braunschweig, Bonn
Beiheft. – Bonn: Dietz
Früher Schriftenreihe
Reihe Beiheft zu: Archiv für Sozialgeschichte

19. Eiber, Ludwig: Die Sozialdemokratie in der Emigration. – 1998

Eiber, Ludwig:
Die Sozialdemokratie in der Emigration. Die „Union deutscher sozialistischer Organisationen in
Großbritannien" 1941–1946 und ihre Mitglieder. Protokolle, Erklärungen, Materialien.
Ludwig Eiber. – Bonn: Dietz, 1998
(Archiv für Sozialgeschichte: Beiheft 19)
ISBN 3-8012-4084-3

Vorwort

Die Edition der Protokolle der Union deutscher sozialistischer Organisationen in Großbritannien schließt an die der Protokolle der Sopade von 1933 bis 1940 an, die unter der
gleichen Projektleitung 1995 erschienen sind. War die Entdeckung der Sopadeprotokolle
und die Genehmigung für ihre Veröffentlichung noch mit den Problemen der deutschen
Spaltung verbunden, da sie sich im Besitz des Zentralen Parteiarchivs des Ostberliner
Instituts für Marxismus-Leninismus beim ZK der SED befanden, so hatte die Londoner
Parteiführung den Kernbestand der Unionsprotokolle aus dem Londoner Exil nach
Deutschland gebracht. Sie werden heute im Archiv der sozialen Demokratie der Fried-
rich-Ebert-Stiftung in Bonn aufbewahrt.

Die „Union", der Zusammenschluß des SPD-Parteivorstands in London mit den sozialistischen Gruppen Neu Beginnen, Sozialistische Arbeiterpartei Deutschlands und
Internationaler Sozialistischer Kampfbund, war zunächst zur Erarbeitung gemeinsamer
politischer Stellungnahmen entstanden. Sie entwickelte sich im Zuge der Beratungen
und der Erarbeitung von Richtlinien für das Deutschland nach Hitler, aber auch für eine
einheitliche sozialistische Partei zu einem festen Bündnis und damit zum Modell für eine
neue deutsche Sozialdemokratie. Die „Londoner" übten auf deren Aufbau einen sehr
starken Einfluß aus. Die Protokolle der Union bilden den Kern der vorliegenden Edition.
Anders als bei den Protokollen der Sopade erwies es sich bei ihnen jedoch als sinnvoll
und notwendig, den Kernbestand um Dokumente der Mitgliedsorganisationen der Union
zu ergänzen, da die wesentlichen Vorarbeiten für die Diskussionen und Beschlüsse der
Union in diesen Mitgliedsorganisationen geleistet wurden.

Möglich wurde die Edition durch eine Förderung der Deutschen Forschungsgemeinschaft, die zunächst auf zwei Jahre angelegt war und dann noch einmal um dreieinhalb
Monate verlängert wurde. Die Editionsarbeiten lagen zunächst für eine kurze Zeit in den
Händen von Dr. Bernd Rother, der schon an der Veröffentlichung der Protokolle der
Sopade beteiligt war, sie wurden dann von Dr. Ludwig Eiber übernommen und zu Ende
geführt. Dr. Marlis Buchholz, Holger Lüning und Claudia Zimmermann ist für die
sorgfältige Übertragung der Dokumente, den beiden erstgenannten auch für die Mitarbeit
bei der Anfertigung der Biographien zu danken. Irma Sagert-Rockel vom Historischen
Seminar der Universität Hannover führte in bewährter Weise die Verwaltung des Projekts
durch.

Auch diese Edition bedurfte der Ergänzung und Kommentierung aus zahlreichen Archiven und privaten Nachlässen des In- und Auslandes. Für freundliche Unterstützung
wird den Kolleginnen und Kollegen der im Quellenverzeichnis genannten Archive
gedankt, wobei die Hilfe und Beratung durch Wolfgang Stärke im Archiv der sozialen
Demokratie, Bonn, und Dr. Werner Röder im Institut für Zeitgeschichte, München, und
Steven Bird im Labour History Archive and Study Centre, Manchester, besonders zu
erwähnen sind. Sehr zu danken ist auch Dr. Stefan Appelius, der den Zugang zu den
Unterlagen von Fritz Heine ermöglichte, und Dr. Gerhard Beier, der einschlägige Mate-

rialien aus dem in seinem Besitz befindlichen Teilnachlaß von Hans Gottfurcht zur Verfügung stellte und wichtige Hinweise gab. In der Phase der Drucklegung stand Dr. Dieter Dowe vom Historischen Forschungszentrum der Friedrich-Ebert-Stifung mit seinem Rat zur Seite. Die Schlußredaktion der Edition besorgte Dr. Heidrun Homburg.

So wie bei der Edition der Protokolle der Sopade ist auch bei der Union an erster Stelle Fritz Heine zu danken, der dem Bearbeiter durch Beratung sowie durch die Bereitstellung von Materialien aus seinem persönlichen Besitz stets behilflich war. Für Gespräche und schriftliche Auskünfte standen in großer Aufgeschlossenheit zur Verfügung: Karl Anders †, Otto Bennemann, Dr. Artur Levi, Professor Dr. Susanne Miller, Hermann und Peter Ollenhauer, Heinz Putzrath †, Helene Schoettle †, Dora Segall † und Nora Walter.

Für Geduld und Unterstützung ist Christina, Susa und Bertolt Eiber zu danken.

München/Hannover, im November 1997

Ludwig Eiber
Herbert Obenaus
Hans-Dieter Schmid

Inhalt

Abkürzungsverzeichnis

AA	Arbeitsausschuß
ADG	Auslandsvertretung der Deutschen Gewerkschaften
ADGB	Allgemeiner Deutscher Gewerkschaftsbund
AdsD	Archiv der sozialen Demokratie
AfA	Arbeitsgemeinschaft freier Angestelltenverbände
AFGF	American Friends of German Freedom
AFL	American Federation of Labor
AfS	Archiv für Sozialgeschichte
ALC	Austrian Labour Club
ALÖS	Auslandsbüro der österreichischen Sozialdemokraten
AR	Aufsichtsrat
AVGA	Archiv des Vereins für Geschichte der Arbeiterbewegung
AVÖS	Auslandsvertretung der österreichischen Sozialisten
AWO	Arbeiterwohlfahrt
BA	Bundesarchiv
BBC	British Broadcasting Corporation
BLPES	British Library of Political and Economic Science
BR	Betriebsrat
BV	Bundesvorstand
BzG	Beiträge zur Geschichte der Arbeiterbewegung
CDG	Council for a Democratic Germany
CEJC	Central European Joint Committee
CG	Curt Geyer
CIO	Congress of Industrial Organisations
CRTF	Czech Refugee Trust Fund
d	Pence
DAF	Deutsche Arbeitsfront
DAG	Deutsche Angestellten-Gewerkschaft
DDP/DStP	Deutsche Demokratische Partei / Deutsche Staatspartei
Dep.	Depositum
DFP	Deutsche Freiheitspartei
DLM	Deutsche Liga für Menschenrechte
DMV	Deutscher Metallarbeiterverband
DNVP	Deutschnationale Volkspartei

DöW	Dokumentationsarchiv des österreichischen Widerstands
DSAP	Deutsche sozialdemokratische Arbeiterpartei in der Tschechoslowakei
EK	Exekutivkomitee
EKKI	Exekutivkomitee der Kommunistischen Internationale
EO	Erich Ollenhauer
F	Frankreich
FDB	Freie Deutsche Bewegung
FDGB	Freier Deutscher Gewerkschaftsbund
FDKB	Freier Deutscher Kulturbund
FDJ	Freie Deutsche Jugend
FDS	Freiheitsbund Deutscher Sozialisten
Ff	Funktionäre
FFF	Fight for Freedom Editorial and Publishing Services Ltd.
FIB	Fabian International Bureau
FO	Foreign Office
FS	Fabian Society
GB	Großbritannien
GDA	Gesamtverband der Angestellten
GER	German Educational Reconstruction
Gew	Gewerkschaft
GG	Geschichte und Gesellschaft
GL	Gauleiter
GLD	German Labor Delegation
GMH	Gewerkschaftliche Monatshefte
GUDA	Gruppe unabhängiger deutscher Autoren
GWU	Geschichte in Wissenschaft und Unterricht
HBA	Hans-Böckler-Archiv
hs	handschriftlich
HHStA	Hessisches Hauptstaatsarchiv
HV	Hans Vogel
IBFG	Internationaler Bund Freier Gewerkschaften
ID	International Department
IFTU	International of Free Trade Unions
IfZ	Institut für Zeitgeschichte
IGB	Internationaler Gewerkschaftsbund

X

IISG	Internationales Institut für Sozialgeschichte
IJB	Internationaler Jugendbund
ILP	Independent Labour Party
IML	Institut für Marxismus/Leninismus
ISC	International Sub-Committee
ISF	International Socialist Forum
ISK	Internationaler Sozialistischer Kampfbund
ISP	Italienische Sozialistische Partei
ITF	Internationale Transportarbeiter-Föderation
IWK	Internationale wissenschaftliche Korrespondenz zur Geschichte der deutschen Arbeiterbewegung
JBfGesch	Jahrbuch für Geschichte
JLC	Jewish Labor Committee
KAPD	Kommunistische Arbeiterpartei Deutschlands
KI	Kommunistische Internationale
KJVD	Kommunistischer Jugendverband Deutschlands
KPD	Kommunistische Partei Deutschlands
KPGB	Kommunistische Partei Großbritanniens
KPO	Kommunistische Partei-Opposition
KPÖ	Kommunistische Partei Österreichs
£	Pound, Brit. Pfund Sterling
LA	London-Ausschuß
LdG	Landesgruppe deutscher Gewerkschafter in Großbritannien
LDN	Labour Discussion Notes
LHASC	Labour History Archive and Study Centre
LO	Leninistische Organisation
LP	Labour Party
LV	Landesvorstand
MA	Monats-Antwort
MdB	Mitglied des Bundestages
MdL	Mitglied des Landtages
MdNV	Mitglied der Nationalversammlung
MdPR	Mitglied des Parlamentarischen Rates
MdR	Mitglied des Reichstages
MEW	Ministry for Economic Warfare
MF	Mikrofilm
MoI	Ministry of Information

MP	Member of Parliament
ms.	maschinenschriftlich
MS	Maschinenschrift
NB	Neu Beginnen
NEC	National Executive Council
NL	Nachlaß oder Niederlande
NRW	Nordrhein-Westfalen
NSDAP	Nationalsozialistische Deutsche Arbeiterpartei
NSBO	Nationalsozialistische Betriebszellen-Organisation
NV	Neuer Vorwärts
NVZ	Neue Volkszeitung
OLG	Oberlandesgericht
ORA	Oberreichsanwalt
OSS	Office for Strategic Services
OV	Ortsverein
PEP	Political and Economic Planning
PID	Political Intelligence Department
PL	Polen
POB	Parti Ouvrière Belge
PPS	Polska Partia Socjalistyczna
PRO	Public Record Office
PSP	Polnische Sozialistische Partei
PV	Parteivorstand
PWE	Political Warfare Executive
RB	Reichsbanner
RIIA	Royal Institute of International Affairs
RIM	Reichsinnenministerium
RL	Reichsleiter
RSD	Revolutionäre Sozialisten Deutschlands
RSÖ	Revolutionäre Sozialisten Österreichs
SAG	Sozialistische Arbeitsgemeinschaft
SAI	Sozialistische Arbeiter-Internationale
SAJ	Sozialistische Arbeiterjugend
SAP	Sozialistische Arbeiterpartei Deutschlands
SAPMO	Stiftung Archiv der Parteien und Massenorganisationen der DDR im Bundesarchiv

SASI	Sozialistische Arbeiter-Sport-Internationale
SBZ	Sowjetische Besatzungszone
SC	Socialist Commentary
SCG	Socialist Clarity Group
SDAP	Sozialdemokratische Arbeiterpartei Österreichs
SDS	Schutzverband deutscher Schriftsteller
SED	Sozialistische Einheitspartei Deutschlands
SFIO	Section Française de l'Internationale Ouvrière
sh	Shilling
SJ	Sozialistische Jugend
SJI	Sozialistische Jugend-Internationale
SJVD	Sozialistischer Jugendverband Deutschlands
SM	Sozialistische Mitteilungen
SOE	Special Operations Executive
SOF	Society of Friends (Quäker)
Sopade	Parteivorstand der SPD im Exil
SPD	Sozialdemokratische Partei Deutschlands
SPÖ	Sozialistische Partei Österreichs
SR	Sozialistische Republik
stellv.	stellvertretende(r)
SU	Sowjetunion
SVG	Socialist Vanguard Group
TG	Treugemeinschaft sudetendeutscher Sozialdemokraten
TNL	Teilnachlaß
TU	Trade Union
TUC	Trade Union Congress
UJ	Unionsjugend = Sozialistische Jugend
Union	Union deutscher sozialistischer Organisationen in Großbritannien
USG	Unabhängige Sozialistische Gewerkschaft
USPD	Unabhängige Sozialdemokratische Partei Deutschlands
UWMRC	University of Warwick, Modern Records Centre
VEGA	Vegetarische Gaststätte
VfZ	Vierteljahrshefte für Zeitgeschichte
VGH	Volksgerichtshof
VS	Volkssozialisten, Volkssozialistische Bewegung
VS	Vorstand
WGB	Weltgewerkschaftsbund

Einleitung

Mit dieser Edition wird die Veröffentlichung der Protokolle des sozialdemokratischen Parteivorstandes in der Emigration (Sopade) fortgesetzt und abgeschlossen. Der erste, von Marlis Buchholz und Bernd Rother bearbeitete Band umfaßte den Zeitraum von 1933–1940, die Emigration in der Tschechoslowakei und in Frankreich.[1] Der vorliegende Band behandelt die Zeit der Emigration in Großbritannien von Anfang 1941 bis Anfang 1946 und umfaßt die „Union deutscher sozialistischer Organisationen in Großbritannien" (Union) und ihre Mitgliedsorganisationen, deren wichtigste die Sopade war.[2] Der Band schließt mit der Überführung der Union in die SPD an der Jahreswende 1945/46 und der Rückkehr der Mitglieder der Exekutive nach Deutschland Anfang 1946.

Die vorliegende Edition weicht jedoch aufgrund der andersartigen politischen Struktur der sozialdemokratischen Emigration in Großbritannien und der anders strukturierten Überlieferung der Protokolle vom Aufbau der vorhergehenden Edition ab. Zum einen liegen keine offiziellen Protokolle des Parteivorstandes vor, es existieren lediglich private Aufzeichnungen Fritz Heines[3]. Dagegen sind die Protokolle der Union von 1941 bis 1946 nahezu vollständig überliefert. Der Union gehörten der Vorstand der SPD, der Vorstand des Internationalen Sozialistischen Kampfbundes (ISK), die Leitung der Sozialistischen Arbeiterpartei Deutschlands (SAP) in England und das Auslandsbüro „Neu Beginnen" an.[4] ISK und SAP hatten sich in der Weimarer Republik von der SPD abgespalten, NB hatte sich in der Emigration von der Sopade gelöst. Alle vier fanden in der Londoner Union wieder zusammen und schufen damit das Modell für die politische Struktur der Nach-

---

1 Vgl. Marlis Buchholz/Bernd Rother, Der Parteivorstand der SPD im Exil. Protokolle der Sopade 1933–1940, Bonn 1995.

2 Zur Union und zur deutschen sozialistischen Emigration in Großbritannien vgl. Werner Röder, Die deutschen sozialistischen Exilgruppen in Großbritannien. Ein Beitrag zur Geschichte des Widerstandes gegen den Nationalsozialismus, Hannover 1968. Ein kurzer Überblick über die Union aus der Sicht sozialistischer Emigranten in den USA ist abgedruckt in: Alfons Söllner (Hrsg.), Zur Archäologie der Demokratie in Deutschland. Analysen politischer Emigranten im amerikanischen Geheimdienst, Frankfurt/M. 1982, S. 63–68.

3 Heine, Fritz (Bedrich), geb. 1904, ab 1925 Sekretär beim SPD-Parteivorstand in Berlin, Emigration 1933 ČSR, hauptamtlicher Sekretär im Sopade-Büro für Verlags- und Propagandafragen, 1937 Frankreich, organisierte 1940/41 in Marseille die Flucht von Sozialdemokraten, 1941 Portugal, Ende Juni 1941 GB, Mitglied des Londoner SPD-PV, ab Sommer 1942 Arbeit für Sefton Delmer (SOE) bei Rundfunkpropaganda, 1943 zeitweise Mitarbeit bei der Befragung von deutschen Kriegsgefangenen in Nordafrika, Mitglied der Organisationskommission der Union, Februar 1946 Rückkehr nach Deutschland, Mitglied im geschäftsführenden SPD-Vorstand, bis 1958 u.a. verantwortlich für Pressewesen, 1958–74 Direktor der Konzentration, Vorstandsmitglied und Schatzmeister der Friedrich-Ebert-Stiftung, seit 1974 im Ruhestand.

4 Vgl. Nr. 4.

kriegssozialdemokratie, das sich 1945 – mit kräftiger Unterstützung aus London – in den Westzonen durchsetzte.

Die Union wurde mit auf Initiative von Hans Vogel[5] und Erich Ollenhauer[6] gegründet. Sie stellte den wichtigsten politischen Betätigungsbereich der in London befindlichen SPD-PV-Mitglieder dar, die hier als „Vorstand der sozialdemokratischen Partei Deutschlands" auftraten.[7] Die Unionsprotokolle und -erklärungen geben den Diskussionsstand eines Bündnisses wieder, da aber jede Mitgliedsorganisation über ein Vetorecht verfügte, sind alle Erklärungen und Veröffentlichungen der Union explizit vom Londoner SPD-PV gebilligt. Außerdem spiegeln die Unionsprotokolle den Rahmen, in dem sich die Politik der Einzelorganisationen bewegte, da diese die dort behandelten Themen vorbereiteten und das Ergebnis als ihre Politik akzeptierten. Die Unionsmitglieder hatten sich darauf verständigt, nur gemeinsame Erklärungen abzugeben, ein Prinzip, das nur selten durchbrochen wurde.[8]

Beschränkte sich das ursprüngliche Editionskonzept zunächst nur auf die Protokolle der Union, so ergab sich durch die Ergebnisse der Recherchen die Notwendigkeit einer Ausweitung. Zum einen erwies es sich als sinnvoll, auch die Mitgliedsorganisationen und ihr Wirken in Bezug auf die Union in die Edition einzubeziehen.[9] Dies legte zum Beispiel die ausführliche interne Berichterstattung des

---

5 Vogel, Hans, 1881–1945, 1912–18 SPD-MdL Bayern, MdNV, 1920–33 MdR, ab 1927 SPD-Parteivorstand, 1931 und April 1933 Wahl zum stellvertretenden Vorsitzenden der SPD, Emigration 1933 ČSR, ab Juni 1933 2. Vorsitzender der Sopade, 1938 Frankreich, ab September 1939 nach dem Tode von Wels Vorsitzender der Sopade, nach deutschem Einmarsch über Marseille und Lissabon Dezember 1940 nach London, Vorsitzender der Union, 1941 Mitglied im Beirat des „International Socialist Forum", im Freundeskreis des Fabian International Bureau und im Huysmans-Komitee, starb am 6. Oktober 1945 in London. Eine fundierte Biographie fehlt bisher. Ein biographischer Rückblick: Wenzel Jaksch, Hans Vogel. Gedenkblätter, Offenbach 1946.

6 Ollenhauer, Erich, 1901–1963, 1923–46 Sekretär SJI, 1928–33 Vorsitzender SAJ, April 1933 Wahl in den Parteivorstand, Emigration 1933 ČSR, 1938 Frankreich, 1940 Portugal, Januar 1941 GB, März 1941 im Exekutivkomitee der Union, 1943 Vorsitzender der Politischen Kommission der Union, 1944 Mitglied der Reliefkommission (Zusammenarbeit mit dem OSS) und Leiter der Jugendkommission der Union, Anfang Oktober 1945 Teilnahme an der SPD-Konferenz in Wennigsen, nach dem Tod von Hans Vogel Vorsitzender der Union, Februar 1946 Rückkehr nach Deutschland, stellv. SPD-Vorsitzender, MdPR, 1949 MdB, 1952 SPD-Vorsitzender, 1952 stellvertretender, 1953 Vorsitzender der Sozialistischen Internationale, 1953 und 1957 Kanzlerkandidat. Zu Ollenhauer vgl. Erich Ollenhauer. Der Führer der Opposition, Berlin/Grunewald o.J. (1953); Dieter Schröder, Erich Ollenhauer, München etc. 1957; Fritz Sänger (Hrsg.), Erich Ollenhauer. Reden und Aufsätze, Hannover 1964; Brigitte Seebacher-Brandt, Biedermann und Patriot. Erich Ollenhauer – Ein sozialdemokratisches Leben, Diss.Ms. FU Berlin 1984 (veröffentlicht unter dem gleichen Titel ohne Anmerkungen, Darmstadt 1984, im folgenden zitiert nach der Diss.).

7 Vgl. Nr. 5.

8 Vgl. Nr. 41.

9 Ausgeklammert blieb lediglich die Landesgruppe deutscher Gewerkschafter in Großbritannien, die kein formelles Mitglied war, jedoch über einen Vertreter in der Exekutive der Union verfügte.

ISK über sein Wirken in der Londoner Emigration nahe. Auch überraschende Quellenfunde wie die handschriftlichen Aufzeichnungen Fritz Heines über die Sitzungen des Parteivorstandes und anderer Gremien in der Londoner Zeit und die bisher unbekannte Korrespondenz Ollenhauers mit Dr. Kurt Schumacher[10] und Otto Grotewohl[11], die hier erstmals präsentiert werden, sprachen für eine Ergänzung.[12]

Allerdings erforderten die unterschiedlich strukturierten Überlieferungen Veränderungen in den Editionsprinzipien. Nur für die Union liegen explizite Protokolle vor. Die Überlieferung enthält jedoch im Gegensatz zu den Sopade-Protokollen bis 1940 auch Beilagen, auf die in den Protokollen zum Teil explizit verwiesen wird. Für die SPD liegen bis Mitte 1942 und für 1945 Aufzeichnungen über die Sitzungen des Parteivorstandes und anderer Gremien vor, die Lücken ab Mitte 1942 lassen sich zum Teil durch Berichte und Korrespondenzen schließen. Über die Tätigkeit der ISK-Gremien liegen keine Protokolle vor, aber die ausführlichen Berichte der Bundesleitung und des Londoner Ortsvorstandes ab 1943 geben über die politischen Aktivitäten Auskunft. Auch von den internen Besprechungen des Londoner Kreises von Neu Beginnen fehlen Aufzeichnungen. Hier wurden einzelne Briefe ausgewählt, die einen guten Einblick in die Situation und das Wirken geben. Gleiches gilt für die SAP, von der jedoch 1941/42 auch einige Berichte über Versammlungen vorliegen.

---

10 Schumacher, Dr. Kurt, 1895–1952, Nationalökonom, Redakteur und Politiker SPD, 1924–31 MdL Württemberg, 1930–33 MdR, 1933–44 mit kurzer Unterbrechung im KZ, Mai 1945 Gründung des „Büros Schumacher" in Hannover, maßgeblich an der Reorganisation der SPD beteiligt, beruft die SPD-Konferenz in Wennigsen im Oktober 1945 ein, seit 1946 SPD Partei-Vorsitzender, 1949 Vorsitzender der SPD-Bundestagsfraktion. Vgl. auch Fried Wesemann, Kurt Schumacher. Ein Leben für Deutschland, Frankfurt/M. 1952; Arno Scholz/Walther G. Oschilewski, Turmwächter der Demokratie. Ein Lebensbild von Kurt Schumacher, 2 Bde., Berlin 1953/1954; Lewis J. Edinger, Kurt Schumacher. Persönlichkeit und politisches Verhalten, Köln etc. 1967; Willy Albrecht (Hrsg.), Kurt Schumacher. Reden-Schriften-Korrespondenzen 1945 bis 1952, Berlin etc. 1985; ders., Kurt Schumacher. Ein Leben für den demokratischen Sozialismus, Bonn 1985; Peter Merseburger, Der schwierige Deutsche. Kurt Schumacher. Eine Biographie, Stuttgart 1995.
11 Grotewohl, Otto, 1894–1964, 1925–33 MdR SPD, 1938/39 in Haft, 1945 Vorsitzender der SPD in Berlin, Juni 1945 Mitglied im Zentralausschuß, Oktober 1945 Teilnahme an der Konferenz in Wennigsen, Mitbegründer und Mitvorsitzender der SED, 1949–64 Ministerpräsident der DDR.
12 Vgl. hierzu III.5.

I. Großbritannien und die deutsche Emigration

Großbritannien hatte bis 1937 als Emigrationsland nur geringe Bedeutung. Die restriktiven Aufnahmebedingungen und das Verbot einer Erwerbstätigkeit erschwerten die Einreise.[13] Bis 1937 erhielten nur ca. 8 000 deutsche Emigranten eine Aufenthaltsgenehmigung. Die Okkupation Österreichs, des Sudetengebietes und später des restlichen tschechischen Gebietes, die Verschärfung der Verfolgung der Juden durch die „Arisierung" und schließlich der November-Pogrom 1938 ließen die Zahlen der Flüchtlinge aus Mitteleuropa dramatisch anschwellen. Da Großbritannien als Signatar des Münchner Abkommens indirekt dazu beigetragen hatte und die britische Öffentlichkeit schockiert auf den Terror gegen die Juden reagierte, wurden die Aufnahmebestimmungen gelockert.[14] Bis Ende 1939 stieg die Zahl der Emigranten aus Deutschland, Österreich und dem Sudetengebiet auf ca. 70 000, der Anteil der Juden belief sich dabei auf 90%.[15] Auch die politischen Emigranten waren zu einem beträchtlichen Teil wegen ihrer jüdischen Abstammung verfolgt worden. Außer den deutschen befanden sich etwa 19 000 italienische und 8 000 tschechische Emigranten in Großbritannien, 1939/40 kamen weitere Flüchtlinge aus Polen, Norwegen, Frankreich und den Benelux-Staaten hinzu. In den folgenden Jahren reduzierte sich die Zahl der deutschen und österreichischen Flüchtlinge durch die Weiterreise und die Verlegung in die Dominions auf rd. 40 000 im Jahre 1942 und 25 000 im Jahre 1943.[16]

Den Kern der deutschsprachigen politischen Emigration in Großbritannien bildeten die etwa 1 200 sudetendeutschen Sozialdemokraten, die etwa 300 Sozialdemokraten und Sozialisten aus dem Reichsgebiet und die ca. 400 Kommunisten, insgesamt rd. 2 000 Personen.[17] Die zum weit überwiegenden Teil unterstützungsbedürftigen Flüchtlinge – erst während des Krieges entschärfte sich die Situation

---

13 Vgl. hierzu Röder, Exilgruppen, S. 21; Bernard Wasserstein, Britische Regierungen und die deutsche Emigration 1933–1945, in: Gerhard Hirschfeld (Hrsg.), Exil in Großbritannien. Zur Emigration aus dem nationalsozialistischen Deutschland, Stuttgart 1983, S. 44–61, hier S. 44ff.; Ute Lembeck, Zur Haltung der britischen Regierung gegenüber asylsuchenden Flüchtlingen aus Deutschland im Zeitraum von März 1933 bis Oktober 1938, Diss. Friedrich-Schiller-Universität Jena 1964; Birgit Leske, Das Ringen der Organisation der KPD in Großbritannien um die Verwirklichung der Einheits- und Volksfrontpolitik der KPD (1934–1945), Berlin 1983, S. 147ff.; Gottfried Niedhart (Hrsg.), Großbritannien als Gast- und Exilland für Deutsche im 19. und 20. Jahrhundert, Bochum 1985; A.J. Sherman, Island Refuge. Britain and Refugees from the Third Reich 1933–1939, London 1973; Austin Stevens, The Dispossessed – German Refugees in Britain, London 1975.
14 Vgl. Wasserstein, Britische Regierungen, S. 56ff.
15 Vgl. Röder, Exilgruppen, S. 23; Wasserstein, Britische Regierungen, S. 46; Helene Maimann, Politik im Wartesaal. Österreichische Exilpolitik in Großbritannien 1938–1945, Wien etc. 1975, S. 6f.
16 Vgl. Röder, Exilgruppen, S. 24.
17 Zahlen nach Röder, Exilgruppen, S. 26, 27, 47.

durch die eingeführte Arbeitspflicht – wurden durch private Selbsthilfe-Organisationen versorgt.[18] Im Bloomsbury House in London waren die Dachorganisation und die Büros der Hilfsorganisationen untergebracht.[19] Später kam für die Flüchtlinge aus der ČSR der Czech Refugee Trust Fund (CRTF) hinzu, für die sozialdemokratischen Flüchtlinge sorgte der International Solidarity Fund (Matteotti-Fonds).[20] Der Großteil der politischen Emigranten lebte in London und Umgebung.

Nach Kriegsbeginn waren die in Großbritannien lebenden Flüchtlinge nach den Kategorien Sicherheitsrisiko (A), vertrauenswürdig mit Auflagen (B) und loyale Hitlergegner (C) klassifiziert worden.[21] Nach der Besetzung Frankreichs und der Benelux-Länder führte die Furcht vor einer deutschen Invasion und den Aktivitäten einer möglichen „5. Kolonne" zur Internierung der deutschsprachigen „enemy aliens" auch der Kategorien B und C, bis auf wenige Ausnahmen. Bis zum Juli 1940 wurden rund 25 000 Personen interniert, Nationalsozialisten, politische Gegner des Regimes, Juden etc. Der Großteil der Internierten wurde in Lagern auf der Isle of Man untergebracht, über 7 000 nach Kanada und Australien verschifft. Die Internierung umfaßte auch prominente politische Gegner des NS-Regimes, die später in der Union zusammenarbeiteten wie Erwin Schoettle[22] (NB), Hans Gottfurcht[23] (LdG), Willi Heidorn[24] (ISK). Nachdem sich die erste Panik gelegt hatte,

18 Eine Liste der Organisationen findet sich bei Röder, Exilgruppen, S. 22.

19 Vgl. hierzu Ernst G. Lowenthal, Bloomsbury House, Flüchtlingshilfsarbeit in London 1939 bis 1946. Aus persönlichen Erinnerungen, in: Ursula Büttner (Hrsg.), Das Unrechtsregime, Festschrift f. Werner Jochmann zum 65. Geburtstag, Hamburg 1986, Bd. 2, S. 267–308.

20 Vgl. Röder, Exilgruppen, S. 23f.

21 Zur Behandlung der deutschen Flüchtlinge im Kriege und zur Internierung vgl. Röder, Exilgruppen, S. 117ff.; P. u. G. Gillmann, Collar the lot! How Britain interned and expelled its Wartime Refugees, London 1980; R. A. Stent, Bespattered Page? The Internment of his Majesty's „most loyal enemy aliens", London 1980; David Cesarini/Tony Kushner, The internment of aliens in twentieth century Britain, London 1993.

22 Schoettle, Erwin, 1899–1976, nach 1920 führender SAJ-Funktionär, 1931 SPD-Sekretär Stuttgart, März 1933 MdL Württemberg, 1933 Emigration Schweiz, Sopade-Grenzsekretär in St. Gallen, Juni 1934 Anschluß an NB, zeitweise in Prag und Paris, 1939 GB, ab Ende 1939 Sekretär NB-Auslandsleitung und Leiter der Londoner Gruppe, Zusammenarbeit mit dem Kreis um Richard Crossman und Patrick Gordon Walker, ab 1940 Mitarbeit beim „Sender der Europäischen Revolution", später bei BBC und Sefton Delmers „schwarzen Sendern", 1941 bis 1945 Mitglied des Exekutivkomitee der Union, Mitglied des AA der LdG, ab 1943 Vorsitzender der Organisationskommission der Union, Mitglied der Unions-Kommission für die Zusammenarbeit mit dem OSS, 1945 Sendungen für Kriegsgefangene, Oktober 1945 Teilnahme an der SPD-Konferenz in Wennigsen, Februar 1946 Rückkehr nach Deutschland, 1947–62 SPD-Landesvorsitzender Baden-Württemberg, 1948–68 Mitglied des SPD-PV, 1949–72 MdB.

23 Gottfurcht, Hans, 1896–1982, 1913 SPD, ZdA, nach 1933 Aufbau einer illegalen Gewerkschaftsorganisation mit Verbindungen zur Sopade Prag und zum Internationalen Bund der Privatangestellten, 1937 vorübergehend in Haft, 1938 Emigration über Amsterdam nach GB, ab 1938 Mitglied der Labour Party und der britischen Gewerkschaften, 1939 VS der neugegründeten Londoner Vertretung der Freien Arbeiter-, Angestellten- und Beamtengewerkschaften als Landesverband der ADG, 1939/40 Mitglied des Central European Joint Committee, 1940 kurzfristig inter-

erließ die britische Regierung am 31. Juli 1940 auf Druck der Öffentlichkeit eine Verordnung, gemäß der nach 19 Kategorien eine Entlassung aus der Internierung beantragt werden konnte, worüber ein britisches Tribunal zu entscheiden hatte. Der deutschen Kommission, die im Auftrag des International Department der Labour Party und mit diesem als beratendes Gremium dem britischen „Interned Enemy Aliens Tribunal" zuarbeitete, gehörten Professor Dr. Otto Kahn-Freund[25], Willi Eichler[26] (für die Sozialistische Arbeitsgemeinschaft), Wilhelm Sander[27] (SPD),

---

niert, dann Mitglied der Beratungskommission für die Freilassung internierter Flüchtlinge, 1941 Gründer und Vorsitzender der LdG, 1941 Hrsg. d. LdG-Organs „Die Arbeit", Vertreter der LdG im Exekutivkomitee der Union, Mitglied des Beirates des SPD-PV, 1942 Vertreter der LdG im London-Ausschuß der SPD, Mitarbeit an der BBC-Rundfunkpropaganda und Kriegsgefangenenschulung, 1943 Mitglied der Programmkommission der Union, Mitglied der Kommission für die Zusammenarbeit mit dem OSS, 1945–50 Verbindungsmann zwischen TUC und deutschen Gewerkschaften, 1950–52 Leiter der Bildungsabteilung anschließend bis 1960 Generalsekretär des IBFG.

24 Heidorn, Willi, „Heini", nach der Rückkehr Hansen, Werner, 1905–1972, 1926 ISK, Mitarbeit an den ISK-Zeitschriften „isk" und „Der Funke", Organisation der illegalen Arbeit im Raum Köln, 1937 Flucht nach Frankreich, 1939 GB, 1940–41 Internierung, Mitherausgeber von „Europe Speaks", Mitarbeit an ISK-Zeitschriften, ab 1941 Mitglied der LdG, ab 1943 Mitvorsitzender der Politischen Kommission der Union, März 1945 mit OSS Rückkehr ins Rheinland, im sog. Siebenerausschuß am Aufbau der Gewerkschaften beteiligt, 1969 Mitglied DGB-Bundesvorstand, 1953–57 MdB und Mitglied SPD-Parteipräsidium.

25 Kahn-Freund, Otto Prof.Dr., 1900–1979, Arbeitsrichter, SPD, 1933 Emigration GB, sympathisierte mit NB, Arbeit für BBC, bis 1939 stellv. VS d. Beratungsgremiums f. deutsche Fragen beim ID der LP, 1939 Mitglied des CEJC, 1940 brit. Staatsbürger, 1940 VS d. Advisory committee f. d. Beurteilung der deutschsprachigen BBC-Sendungen (listening group), 1943 Mitarbeit bei GER.

26 Eichler, Willi, 1886–1971, 1919–25 SPD, 1923–27 Sekretär von Leonard Nelson, 1927 Vorsitzender des ISK, 1933 Emigration Frankreich, Aufbau einer Auslandszentrale zur Unterstützung der illegalen ISK-Gruppen, 1939 über Luxemburg nach GB, 1941 Hrsg. der Zeitschrift „Renaissance", ab Ende 1941 mit Willi Heidorn des Informationsdienstes „Europe Speaks", Mitarbeit bei Deutschlandabteilung der BBC und Berater für Sefton Delmers Sender, 1939 Mitglied der GUDA, 1941 Mitglied der Exekutive der Union, 1941 Mitglied des Arbeitsausschusses der LdG, 1942 Mitarbeit „German Educational Reconstruction", 1943 Mitglied der Unions-Kommission für die Zusammenarbeit mit dem OSS, August/September 1945 Aufenthalt in Deutschland, Januar 1946 Rückkehr nach Deutschland, Chefredakteur „Rheinische Zeitung" Köln, 1946 Mitglied des SPD-PV, 1952–68 PV als besoldetes Mitglied, prägte das Godesberger Programm entscheidend mit, 1947–48 MdL NRW, 1948–49 Mitglied Frankfurter Wirtschaftsrat, 1949–53 MdB, aktiv in der Sozialistischen Internationale. Vgl. auch Sabine Lemke-Müller, Ethischer Separatismus und soziale Demokratie. Der politische Weg Willi Eichlers vom ISK zur SPD, Bonn 1988.

27 Sander, Wilhelm (Wisa), 1895–1978, 1922–1933 Bezirkssekretär SPD Ostsachsen, 1933 MdL Sachsen, 1933 Emigration ČSR, Bezirksleiter „Sozialdemokratische Flüchtlingshilfe" in Prag, 1938 Schweden, GB, ab Dezember 1938 Landesvertreter der Sopade in GB, Hrsg. der „Sozialistischen Mitteilungen", 1941 Mitglied des Beirates des PV, 1941 Mitglied im Arbeitsausschuß der LdG, Juli 1942 Vorsitzender des London-Ausschusses der SPD, 1943 Mitglied der Organisationskommission der Union, Okt. 1945 Mitglied der Exekutive der Union, ab 1946 Vorsitzender der „Vereinigung deutscher Sozialdemokraten in GB", 1949 Rückkehr nach Deutschland, bis 1962 Sekretär der SPD-Fraktion des Bundestages.

Willi Derkow[28] bzw. Hans Gottfurcht (Gewerkschaften) und Gerhard Gleissberg[29] (SPD) an. Bis zum Februar 1941 waren die deutschen Sozialisten bis auf ein Drittel wieder entlassen.[30] Die Bemühungen um die Freilassung der noch inhaftierten Sozialisten hielten bis Ende 1941 an.

Auch in der Zeit der Internierung, die mit der Unterbringung in Lagern zahlreiche Entbehrungen mit sich brachte, war die Behandlung der deutschen Flüchtlinge in Großbritannien korrekt. Vor und nach der Internierung waren die meisten Emigranten privat untergebracht, konnten sich in der Öffentlichkeit frei bewegen und wurden selbst zu Zeiten intensiver deutscher Luftangriffe auf England von der Bevölkerung respektiert. Allerdings blieben die Deutschen zumeist isoliert.

Das Verhältnis der Union und der deutschen politischen Emigration zur britischen Regierung war kompliziert und von Distanz geprägt. Offizielle Kontakte der britischen Regierung zu deutschen Emigrantenorganisationen bestanden nicht.[31] Mehrfach erklärte die britische Regierung in Briefen und öffentlichen Verlautbarungen, daß sie daran oder gar an der Einrichtung einer Gesamtvertretung der deutschen Emigration nicht interessiert sei. Auch die Gewährung eines besonderen Status für die Gegner des NS-Regimes unter den deutschen Emigranten lehnte sie ab.[32] Die britische Haltung wurde 1942 den neuen Kriegszielen angepaßt, blieb aber in ihrer Distanz unverändert.[33] Die Union wie auch ihre Mitgliedsorganisationen wurden wie alle anderen deutschen Exilorganisationen durch das MI5 überwacht.[34]

---

28 Derkow, Willi, 1906–, Bankangestellter, Mitglied SPD und ZdA, SAJ-Vorsitzender Berlin-Charlottenburg, 1939 Emigration über Niederlande nach GB, 1940 Mitglied der Beratungskommission Interned Enemy Aliens Tribunal, 1941–45 LdG Arbeitsausschuß, Mitarbeit bei Programmberatungen der Union 1943, blieb in GB.

29 Gleissberg, Dr. Gerhard, 1905–1973, Journalist, SPD, 1933 Emigration ČSR, 1939 GB, Mitarbeit im Central European Joint Committee, Mitglied der Expertenkomission zur Entlassung internierter Flüchtlinge, arbeitete bei Nachrichtenagentur, 1941 Mitarbeit in SPD-Arbeitsgemeinschaft Deutschland und Europa nach dem Kriege, 1942 Mitarbeit in der Programmdiskussion der Union und der LdG, Kriegsgefangenenschulung, 1947 Rückkehr nach Deutschland, 1948 Chefredakteur Neuer Vorwärts, 1956 Parteiausschluß, Vorstandsmitglied der Vereinigung Unabhängiger Sozialisten.

30 SM, Nr. 22 v. 1.2.1941; weitere Berichte befinden sich in: SM, Nr. 23, 1.3.1941, Nr. 24, 1.4.1941.

31 Vgl. Röder, Exilgruppen, S. 123.

32 So z.B. Außenminister Eden am 17. Juni 1941 auf eine Anfrage von Commander King Hall; in: PRO London, FO, 371/26559.

33 Vgl. Attitude of His Majesty's Government towards the Various Organisations established in this Country by Emigrés from Germany and Austria, 16.11.1942, gedr., 11 S., in: PRO London, FO, 371/30911, C11329. Ausführlich zur britischen Kriegszieldiskussion: Dokumente zur Deutschlandpolitik, Reihe 1, Bd. 1: 3. September 1939 bis 31. Dezember 1941, Britische Deutschlandpolitik, bearbeitet von Rainer A. Blasius, Frankfurt/M. 1984, S. XXXIIIff. und Bd. 3/1: 1. Januar 1942 bis 31. Dezember 1942, Britische Deutschlandpolitik, bearbeitet von Rainer A. Blasius, Frankfurt/M. 1989, S. XLIIIff.

34 Vgl. hierzu den MI5-Bericht „Current Trends in German Emigré Opinion in the United Kingdom", 5 S., der am 10. Juli 1943 von S. P. Brooke-Booth an das FO gesandt wurde, ferner den

Die Entstehung der Union 1941 und ihre weitere Entwicklung waren eng verbunden mit der Entwicklung auf dem europäischen Kriegsschauplatz und deshalb in diesen Kontext zu stellen. Nach der Niederlage Frankreichs versuchte die britische Führung, Hitlers „Neuordnung" Europas ein Gegenkonzept entgegenzustellen. Die Initiative hierzu ging von Labourführern wie Clement Attlee[35] und Hugh Dalton[36] aus. Diese propagierten das Konzept einer „europäischen Revolution", das eine Zusammenfassung des europäischen Widerstandes gegen Hitler unter britischer Führung mit starker Betonung einer sozialistischen Perspektive vorsah.[37] Ihnen schien, daß die deutsche Herrschaft über Europa nicht mehr durch einen militärischen Sieg, sondern nur durch eine Aufstandsbewegung in den besetzten Gebieten, aber auch in Deutschland, zu brechen und so Großbritannien aus seiner existentiellen Bedrohung zu befreien zu sei. Ausdruck dieses Neuansatzes war die Gründung der Special Operations Executive (SOE) und des „Senders der europäischen Revolution". Notwendig war auch die Einigung der unterschiedlichen nationalen Widerstandsorganisationen, wobei der sozialistisch-demokratischen Arbeiterbewegung die zentrale Rolle zugedacht wurde. Sozialisten und Gewerkschaftern kam in der Propagierung und Umsetzung dieser Politik eine besondere Rolle zu. Die Widerstände gegen dieses Konzept mit seiner sozialistischen Perspektive dürften in der konservativ dominierten britischen Regierung enorm gewesen sein, aber es erschien zu diesem Zeitpunkt als die einzige Hoffnung.

Mit dem Eintritt der Sowjetunion und der USA in die Reihe der Kriegsgegner Deutschlands veränderten sich die militärischen Rahmenbedingungen grundlegend. Als die Sowjetunion dem deutschen Ansturm standhielt und ihre Militärmacht sowie die Unterstützung und die Ressourcen der USA einen militärischen Sieg über Deutschland wieder in den Bereich des Möglichen rückten, wurde das Konzept der

---

MI5-Report über die SPD-Veranstaltung am 18. Juni 1943, in der Vogel über die Neugestaltung Deutschlands nach dem Kriege referierte. PRO London, FO, 371/34414, C 8000. Weitere Berichte finden sich in: 34416 C 61108, C15186.

35 Attlee, Clement, 1883–1968, seit 1935 Führer der LP, seit 1940 Mitglied in Churchills Kriegskabinett, 1942 stellv. Premierminister, 1945–51 Premierminister.

36 Dalton, Hugh, 1887–1962, 1924 und 1935 Labour-MP, 1929–31 Undersecretary of State for Foreign Affairs; 1936–37 Chairman LP-NEC, 1940 Min. of Economic Warfare, Initiator der SOE und in der Regierung dafür verantwortlich, gegenüber der deutschen Sozialdemokratie kritisch eingestellt, 1942 President of the Board of Trade, 1945–47 Chancellor of the Exchequer, 1948 Chancellor of the Duchy of Lancaster (zuständig für die britische Besatzungszone). Zu Dalton vgl. dessen Autobiographie Hugh Dalton, Fateful Years. Memoirs 1931–1945, London 1957 sowie Ben Pimlott (Hrsg.), The Second World War Diary of Hugh Dalton 1940–45, London 1986. Der Nachlaß Daltons mit umfangreichen Tagebüchern befindet sich im BLPES London.

37 Vgl. hierzu Dokumente zur Deutschlandpolitik, Reihe 1, Bd. 1, S. XXVI; Anthony Glees, The Secrets of the Service. A story of Soviet Subversion of Western Intelligence, New York 1987, S. 76ff., 122f.

„Europäischen Revolution" zugunsten der Forderung nach einem „vollständigen Sieg" (britisch-sowjetisches Abkommen 1. Januar 1942) und schließlich der „bedingungslosen Kapitulation" (Casablanca 24. Januar 1943) in den Hintergrund gedrängt.[38] Die Unterstützung durch die deutsche Opposition im Inland und die Exilorganisationen, die vielen Briten schon länger als zweifelhaft und überflüssig galt, war damit sekundär, ja störend. In Bezug auf Deutschland wurde nun von britischer Seite ein Aufstand gegen das NS-Regime eher als unwillkommen gesehen, da er möglicherweise gewisse Konzessionen erfordert und die Entscheidungsfreiheit der Alliierten gegenüber Deutschland eingeengt haben würde. Die Kontaktversuche der deutschen Opposition wurden deshalb ignoriert.[39] Der neuen militärischen Realität lieferte der Vansittartismus[40] mit der behaupteten Kollektivschuld der Deutschen die ideologische Begründung. Die in Großbritannien (im Gegensatz zu Frankreich) bisher dominierende Unterscheidung zwischen „Nazis" und „NS-Gegnern" in Deutschland geriet dadurch unter Druck und konnte dagegen nicht bestehen, als trotz des sich steigernden deutschen Terrors gegenüber den besetzten Ländern kein deutscher Widerstand sichtbar wurde. So geriet auch die deutsche Emigration insgesamt und speziell die sozialistische ins politische Abseits, um so mehr, als sie sich gegen die von den Alliierten formulierten Kriegs- und Friedensziele wie die bedingungslose Kapitulation und die Gebietsabtrennungen wandten. Die neue britische Politik führte zu weitgehenden Umgestaltungen in der Propaganda gegen Deutschland und auch zur Ablösung Daltons als Schöpfer des Konzeptes der „europäischen Revolution" und als für den SOE zuständigen Minister.[41] Die neue Politik wurde auch von den Labourvertretern in der Regierung mitgetragen, und so ergaben sich ab Sommer 1945, als eine reine Labourregierung amtierte, kaum Veränderungen in der Politik gegenüber der deutschen Emigration. Entscheidend – so Morgan – war auch für Labour, „to ensure that Germany, while restored socially and economically, could never again become a military threat to Britain".[42]

---

38 Vgl. Dokumente zur Deutschlandpolitik, Reihe 1, Bd. 1, S. XXX, Bd. 2, S. XXVII, LXXXIII.
39 Vgl. hierzu Lonsdale J. Bryans, Das Foreign Office und der deutsche Widerstand, in: Vierteljahreshefte für Zeitgeschichte, 1, 1953, S. 347–351; Klemens von Klemperer, German resistance against Hitler. The search for allies abroad, 1938–1945, Oxford 1992; Patricia Meehan, The unnecessary war. Whitehall and the German resistance to Hitler, London 1992; Lothar Kettenacker, Die britische Haltung zum deutschen Widerstand während des Zweiten Weltkriegs, in: ders. (Hrsg.), Das „Andere Deutschland" im Zweiten Weltkrieg. Emigration und Widerstand in internationaler Perspektive, Stuttgart 1977, S. 49–76.
40 Vansittart, Sir Robert, 1881–1957, britischer Diplomat, 1930–38 ständiger Unterstaatssekretär im Außenministerium, 1938–41 diplomatischer Hauptberater des Außenministers, ab 1941 im Oberhaus, vertrat in Reden und Broschüren seit 1940/41 eine rigorose antideutsche Haltung (Vansittartismus), die nicht zwischen Nationalsozialisten und NS-Gegnern unterschied.
41 Glees, Secrets, S. 67, 71, macht zu Unrecht sowjetische Spione für diese Entwicklung verantwortlich.
42 Kenneth O. Morgan, Labour in Power 1945–1951, Oxford 1984, S. 254f.

Manchen führenden Labourpolitikern wie Dalton schwebten darüber hinaus noch eine weitgehende Zergliederung und Entindustrialisierung Deutschlands vor.[43] Erst als sich die deutschen Niederlage abzeichnete und die Frage der Besetzung aktuell wurde, gewann die deutschsprachige Emigration wieder an Bedeutung.

---

43 Vgl. ebd.; Dokumente zur Deutschlandpolitik, Reihe 1, Bd. 1, S. XXXff.

II. Union deutscher sozialistischer Organisationen in Großbritannien

Die Gründung der Union ist vor allem auf vier Entwicklungsstränge zurückzuführen:

(1) Schon seit Beginn der Emigration hatten Neu Beginnen, ISK und SAP danach gestrebt, ein breites Bündnis der sozialistischen und kommunistischen Emigration zu schaffen, nach 1936 konzentrierten sich die Bemühungen auf eine Einigung der sozialistischen Emigration, der sich aber die Sopade verschloß. Der Hitler-Stalin-Pakt und die damit verbundene „Neutralität" der KPD hatten auf Neu Beginnen, ISK und SAP ernüchternd gewirkt und zu einer klaren Abgrenzung von der KPD geführt.

(2) Im Sommer 1940 entwickelte Hugh Dalton, führender Labourpolitiker und Minister für Economic Warfare im Kabinett Winston Churchills[44], die Strategie der „europäischen Revolution". Diese Strategie richtete sich auf ein Zerbrechen der deutschen Herrschaft von innen heraus, durch den Widerstand in den besetzten Ländern Europas, besonders aber auch in Deutschland und war daher in besonderem Maße auf eine in sich einige Opposition angewiesen. Der Prozeß der Annäherung war von der Labour Party durch Druck mit in Gang gesetzt worden. Sie war bemüht, den europäischen Widerstand gegen Hitlerdeutschland zu formieren, und brachte wenig Verständnis für die Querelen zwischen dem SPD-Parteivorstand und den sozialistischen Gruppen auf.

(3) Die Einsicht Vogels und Ollenhauers in die Notwendigkeit einer engen Kooperation der sozialistischen Emigration stieg angesichts ihrer eigenen Schwäche und der militärischen Übermacht Deutschlands. Auch konnte unter den besonderen Bedingungen in Großbritannien die Sopade von den Stärken der kleinen sozialistischen Gruppen profitieren; so verfügte Neu Beginnen im Gegensatz zum Parteivorstand über ausgezeichnete Beziehungen zu wichtigen Mitgliedern der Labour-Führung. Aber auch die Bereitschaft zum Dialog war in der Sopade gewachsen. Die schärfsten Gegner einer Kooperation mit den sozialistischen Gruppen waren entweder zwischenzeitlich verstorben oder in die USA emigriert. Und mit Vogel und Ollenhauer kamen die Repräsentanten der Sopade nach London, die sich in den vergangenen Konflikten wenig exponiert hatten. Insbesondere Hans Vogel wurde von allen als aufrichtiger und offener Charakter geschätzt.

(4) In der von Gottfurcht geführten Gewerkschaftsgruppe arbeiteten seit März 1940 neben Sozialdemokraten auch NB-, SAP- und ISK-Mitglieder mit. Die

---

44 Churchill, Winston, 1874–1965, britischer Politiker, 1911–17 Erster Lord der Admiralität, bis 1929 verschiedene Regierungsämter, forderte frühzeitig Maßnahmen gegen die aggressive Politik Deutschlands, 1940–1945 und 1951–1955 Premierminister.

Internierung der deutschen Emigranten im Frühsommer 1940, die nur einige wenige prominente Emigranten verschonte, hatte den einzelnen Gruppen ihre marginale Bedeutung bewußt werden lassen. Die Zusammenarbeit in der Kommission, die sich um die Entlassung der internierten Mitglieder bemühte, hatte das gegenseitige Verständnis gefördert. Auch die schwierige militärische Lage – Großbritannien stand allein einem fast ganz Europa beherrschenden Deutschland gegenüber – mochte die politischen Differenzen im sozialistischen Lager sekundär erscheinen lassen.

Die Initiative zur Gründung der Union ging vom SPD-Parteivorsitzenden Hans Vogel und dem Parteivorstandsmitglied Erich Ollenhauer aus, nachdem die Labour Party eine Einigung nahegelegt hatte.[45] Vogel und Ollenhauer führten nach ihrem Eintreffen in London Ende Dezember 1940 bzw. Mitte Januar 1941 zahlreiche Besprechungen[46] mit Sozialdemokraten, die sich schon länger in Großbritannien befanden, wie Wilhelm Sander, Karl Höltermann[47], Walter Loeb[48]; Victor Schiff[49], Bernhard Menne[50], Peter Mayer; mit Vertretern anderer sozialdemokratischer und

---

45 Vgl. Nr. 219 und 310; außerdem Röder, Exilgruppen, S. 94f.; Seebacher-Brandt, Biedermann und Patriot, S. 340f.

46 Vgl. die Liste der Gespräche Ollenhauers zwischen 14. Januar und 25. Februar 1941, Anm. 1 zu Nr. 2. Zu den ersten Besprechungen Vogels mit Sozialdemokraten im Januar vgl. Einleitung, Abschnitt III.1. Peter Mayer hatte am 9. Januar 1941 vor Vogel und Londoner SPD-Funktionären über „Politischer Brückenbau" referiert. Weitere Besprechungen zum gleichen Thema folgten bis Ende Januar. – Vermutlich: Mayer, Peter, *1885, 1923 SPD-Sekretär f. Oberbaden, SPD- u. Gewerkschaftsvors. Freiburg, Emigration 1933 Frankreich.

47 Höltermann, Karl, 1894–1955, Mitbegründer und Bundesführer RB, 1932/33 MdR, 1933 Emigration Niederlande, 1935 GB, 1941 Mitglied des Beirates des PV in London, 1941 Gründung der „Gruppe der Parlamentarier", 1942 Rückzug aus der Emigrationspolitik, blieb nach dem Krieg in GB.

48 Loeb, Walter, 1895–1948, 1919 SPD, 1922–24 Präsident der Thüringischen Staatsbank Weimar, 1928–32 Stadtverordneter Frankfurt/Main, 1933 Emigration NL, 1940 GB, enge Beziehungen zu Camille Huysmans, William Gillies und zu Lord Vansittart, 1941 gemeinsam mit Curt Geyer Konflikt mit Victor Schiff, Friedrich Stampfer und dem Londoner PV in der Bewertung der Haltung der deutschen Bevölkerung und in der Frage der einseitigen Abrüstung Deutschlands, Mitbegründer und AR des Fight-For-Freedom-Verlages, Mitunterzeichner der Erklärung vom 2. März 1942, die der Sozialdemokratie Mitschuld am Aufkommen des Nationalsozialismus zuwies und die Existenz einer nennenswerten innerdeutschen Opposition bestritt. Hauptvertreter des Vansittartismus in der deutschen politischen Emigration, 1942 Ausschluß aus der Londoner SPD.

49 Schiff, Victor, 1895–1953, ab 1920 außenpolitischer Redakteur des „Vorwärts", 1933 Emigration GB, Frankreich, Vertrauensmann der Sopade in Paris, Mitglied SFIO, Mitarbeiter zahlreicher sozialdemokratischer Zeitschriften, 1940 GB, ab Frühjahr 1941 Mitglied des Beirates des Londoner PV, 1942–43 Mitglied des London-Ausschusses der SPD, 1943/44 vorübergehend Mitarbeit in der FDB, 1945 Korrespondent in Paris, ab 1946 Korrespondent des „Daily Herald" in Rom.

50 Menne, Bernhard, 1901–1968, 1919 USPD, Mitglied Zentralrat KPD, bis 1928 Redakteur verschiedener Zeitungen, 1928 Parteiausschluß, Mitglied SPD, 1933 Flucht ČSR, Mitarbeiter „Die neue Weltbühne", 1939 GB, bis 1943 Leiter der Thomas-Mann-Gruppe, Mitglied der „Gruppe unabhängiger Autoren" und der LdG, Mitunterzeichner der Erklärung vom 2. März 1942 (s. Loeb), daraufhin Ausschluß aus der SPD und der LdG, Mitarbeit bei Fight for Freedom Publishing

sozialistischer Organisationen wie Wenzel Jaksch[51] (DSAP), Erwin Schoettle (NB), Willi Eichler (ISK), Ernst Fröhlich[52] (SAP), Oskar Pollak[53] (RSÖ), Julius Braunthal[54]; mit deutschen Gewerkschaftern wie Hans Gottfurcht, Walter Auerbach[55], Hans Jahn[56], Vertretern internationaler Gewerkschaftsorganisationen, wie Edo

Services, ab 1943 in zunehmender Distanz zum Loeb-Kreis, 1948 Rückkehr nach Deutschland, Chefredakteur der „Welt am Sonntag" in Hamburg.

51 Jaksch, Wenzel, 1896–1966, sudetendeutscher Sozialdemokrat (DSAP), 1924–38 Redakteur „Der Sozialdemokrat" Prag, 1929–38 Abgeordneter der Nationalversammlung ČSR, 1938 Vorsitzender DSAP, 1939 Emigration GB, 1939 Mitbegründer und Vorsitzender der „Treugemeinschaft sudetendeutscher Sozialdemokraten", gab deren Zentralorgan „Der Sozialdemokrat" heraus, 1949 Rückkehr nach Deutschland, 1950–56 Mitglied SPD-PV, ab 1953 MdB, 1964 Präsident Bund der Vertriebenen.

52 Fröhlich, Dr. Ernst, Funktionär der SAP, 1933 Emigration ČSR, 1938 GB, VS-Mitglied der SAP-Landesorganisation, 1941 Beauftragter der SAP in der Union, Mitglied der Parteikommission zur Ausarbeitung eines Aktionsprogramms, ständiger Mitarbeiter der Deutschlandabteilung der BBC, blieb nach dem Krieg in GB.

53 Pollak, Oskar, 1893–1963, Chefredakteur der „Arbeiter-Zeitung" in Wien, Mitglied SDAP-PV, 1935 Emigration ČSR, mehrmals Rückkehr zur illegalen Arbeit in Wien, 1936 Belgien, 1938 Frankreich, 1940 GB, führender Vertreter der RSÖ, 1941 mit Czernetz Leiter des London-Büros der österreichischen Sozialisten, Mitglied im Beirat des International Socialist Forum und im Kreis des Fabian International Bureau, 1945 Österreich, Chefredakteur der „Arbeiter-Zeitung", Mitglied des SPÖ-PV.

54 Braunthal, Julius, 1891–1972, österreichischer sozialistischer Publizist, SDAP, 1934–35 verhaftet, 1935 ausgewiesen nach Belgien, 1936 GB, 1937–38 Auslandsredakteur der „Tribune", 1938–39 Assistent bei Friedrich Adler im Sekretariat der SAI in Brüssel, 1941 in London Redakteur des „International Socialist Forum", Distanz zur österreichischen sozialistischen Emigration in GB, nach Kriegsende Versuche zur Wiederherstellung der Sozialistischen Internationale, 1951 Mitgründer und bis 1956 Sekretär der Sozialistischen Internationale.

55 Auerbach, Walter, 1905–1975, sozialdemokratischer Sozialpolitiker und Gewerkschaftsfunktionär, 1933 Emigration Niederlande, Mitarbeiter im Generalsekretariat der ITF, Hrsg. d. Informationsdienstes „Faschismus", 1939 mit ITF-Zentrale nach London, enge Kontakte zu Labour Party und TUC, mit von Knoeringen, Löwenthal und anderen Initiator des Senders der europäischen Revolution, 1943 Mitbegründer der German Education Reconstruction, 1945 vergebliche Bemühungen um Rückkehr, 1946 Vizepräsident im Zentralamt für Arbeit i.d. Brit.Zone, 1948–69 Staatssekretär im niedersächsischen, 1969–71 im Bundes-Arbeitsministe-rium.

56 Jahn, Hans, 1885–1960, Pseudonym in GB Fritz Kramer, ab 1927 Sekretär im Vorstand des Einheitsverbandes der Eisenbahner Deutschlands, ab 1933 Aufbau einer verzweigten illegalen Organisation in Deutschland in Zusammenarbeit mit der ITF, 1935 Emigration Niederlande, 1936 Belgien, Zusammenarbeit mit ITF und ISK, 1938 Luxemburg, 1940 GB, Zusammenarbeit mit ITF, 1941 Gründung eines „Gewerkschaftlichen Freiheitsbundes" als Vertretung der illegalen Betriebsorganisationen im Reich, 1943 Mitglied im AA der LdG, Mitglied der Kommission der Union für die Zusammenarbeit mit dem OSS, Anfang 1945 mit OSS Rückkehr nach Deutschland, zunächst Leipzig, Mitglied Hauptverkehrsbeirat für die drei Westzonen, 1947 Mitgründer und 1949–59 Vorsitzender der Gewerkschaft der Eisenbahner Deutschlands, ab 1956 Präsident der ITF, ab 1949 SPD-MdB.

Fimmen[57], Jacob van Oldenbroek[58] (beide ITF), Walter Schevenels[59] (IGB) und vor allem mit Repräsentanten der britischen Arbeiterbewegung, wie William Gillies[60] (Sekretär des International Department und des International Socialist Committee der Labour Party), infolge seiner Stellung und langjährigen Tätigkeit in der Labour Party „of great importance in the foreign policy-making"[61], John Price[62] (TUC) und Albert E. Carthy[63] (TUC), außerdem mit führenden Mitgliedern der Fabian Society.

An den offiziellen Vorbesprechungen zur Gründung der Union im Februar und März 1941 nahmen für die Sopade Hans Vogel, Erich Ollenhauer und Wilhelm Sander, für den ISK Willi Eichler bzw. Margaret Henry[64], für Neu Beginnen Erwin Schoettle, für die SAP Ernst Fröhlich bzw. Hans Schuricht[65] und für die Landesgruppe deutscher Gewerkschafter in Großbritannien (LdG) Hans Gottfurcht teil. Am 6. März 1941 wurde der Beschluß über die Gründungserklärung gefaßt. Danach bildete die „Union" der vier Organisationen bei „Wahrung ihrer politischen Unabhängigkeit" ein Bündnis zum Kampf gegen das Hitler-Regime.[66] Am 9. April 1941 fand eine Besprechung des Arbeitsausschusses und damit die erste offizielle Sitzung eines Gremiums der Union statt.[67] Die Aufnahme anderer sozialistischer

---

57 Fimmen, Edo, 1881–1942 Generalsekretär der ITF, arbeitete eng mit Eichler (ISK) und Jahn zusammen und unterstützte die illegale Arbeit von deren Organisationen in Deutschland, 1939 Verlegung der ITF-Zentrale nach London.

58 Oldenbroek, Jacob van, Sekretär der ITF, 1949–60 Generalsekretär IBFG.

59 Schevenels, Walter, 1894–1966, belgischer Gewerkschaftsfunktionär, 1930–45 Generalsekretär des IGB.

60 Gillies, William, 1885–1958, Labour-Politiker, 1929–1940 SAI-Exekutive, ab 1930 SAI Büro, Sekretär im International Department der Labour Party und des International Subcommittee bis Anfang 1945; bemühte sich 1940/41 um die Einreise der SPD-Parteivorstandsmitglieder nach England, Oktober 1941 Verfasser des kritischen Memorandums über die SPD-Politik im 1.Weltkrieg und am Ende der Weimarer Republik, förderte Sozialdemokraten wie Loeb und Geyer, die dieser Linie nahestanden, und betrieb den Entzug der politischen Unterstützung der LP für Londoner SPD-PV und Union.

61 So Anthony Glees, Exile Politics during the Second World War. The German Social Democrats in Britain, Oxford 1982, S. 29. Trotz der Bedeutung Gillies' finden sich in der Literatur nur allgemeine biographische Hinweise. Vgl. Glees, Exile Politics, S. 29ff.; Röder, Exilgruppen, S. 140ff.

62 Price, John, Sekretär des International Department der Transport & General Workers' Union.

63 Carthy, Albert E., *1907, Leiter des International Department des TUC.

64 Henry, Margaret, (Hermann, Grete), geb. Hermann, 1901–1984, Naturwissenschaftlerin und Pädagogin, Schülerin und Mitarbeiterin Leonard Nelsons, ISK, nach 1933 illegale Kader-Schulungsarbeit, 1936 Emigration, 1938 GB, Leitung des Londoner Ortsvorstand des ISK, Organisationskommission, 1943 Mitglied der Politischen Kommission der Union, nach Rückkehr bildungspolitsche Arbeit in SPD und Gewerkschaften, 1950–1966 Professorin.

65 Schuricht, Hans, *1905, SAP, 1933 Emigration ČSR, 1934 GB, 1941 SAP-Vertreter im Exekutivkomitee der Union.

66 Vgl. Nr. 4 und 6.

67 Vgl. Nr. 9.

Organisationen, wie Kurt Hillers[68] „Freiheitsbund deutscher Sozialisten" (FdS)[69] wurde jetzt und auch später abgelehnt.[70]

Die Zusammenarbeit in der Union verlief bis zur Auflösung Ende 1945 relativ harmonisch, vergleicht man sie etwa mit der Entwicklung innerhalb der SPD-Landesorganisation in Großbritannien. Die Union hatte Erfolg mit ihrem Bestreben, ihre Mitgliedsorganisationen zu einen. Am 29. Dezember 1945 wurden die Mitglieder der vier Gruppen in einer einheitlichen Organisation, der „Vereinigung deutscher Sozialdemokraten in Großbritannien", zusammengefaßt, die eine entsprechend strukturierte Leitung erhielt.[71] Daneben wurde eine „London-Vertretung der SPD" eingerichtet, die quasi als Teil der neuen Parteiführung die Interessen der in den Besatzungszonen entstehenden neuen Partei gegenüber der Labour Party und der Besatzungsregierung vertreten sollte.[72] Etwas anderes war die Frage, ob das Unionsmodell Vorbild für eine neu zu gründende sozialistische Partei sein sollte oder ob sich die sozialistischen Gruppen einer erweiterten SPD anschließen sollten. Hier favorisierte der Londoner SPD-PV seit Ende 1944 deutlich das letztere Modell.[73]

Das Beispiel der Londoner Union wurde, nicht zuletzt dank ihres Erfolges und ihres Einwirkens auf die Rekonstruktion der Sozialdemokratischen Partei in Deutschland, zum Modell für die Nachkriegs-SPD, was die Integration der sozialistischen Gruppen wie auch die Ausgrenzung und die Abgrenzung gegenüber der KPD betraf.[74]

1. Organisationsstrukturen und Finanzen

Die Union verfügte über drei Organisationsebenen, das Exekutivkomitee, den Arbeitsausschuß und die Mitgliederversammlung.[75] Dem Exekutivkomitee unter dem Vorsitz von Hans Vogel, nach dessen Tod am 6. Oktober 1945 unter Erich

---

68 Hiller, Kurt, 1885–1972, Schriftsteller, bis April 1934 KZ Oranienburg, 1934 Emigration ČSR, Mitarbeiter „Die neue Weltbühne", Verbindungen zum ISK, 1938 GB, Ende 1939 Gründer des nur wenige Mitglieder umfassenden „Freiheitsbundes deutscher Sozialisten", 1955 BRD. Vgl. auch Kurt Hiller, Leben gegen die Zeit [Logos], Hamburg 1969.

69 Aufgrund seiner „elitären politisch-philosophischen Grundauffassung" (Röder, Exilgruppen, S. 73) beschränkte sich der FDS auf einen kleinen Kreis von Mitgliedern. Hiller stand in brieflichem Kontakt mit Vogel und Eichler und bemühte sich vergeblich um die Aufnahme in die Union. Vgl. Röder, Exilorganisationen, S. 71–73; Hiller, Leben gegen die Zeit, S. 321ff.; Kurt Hiller, Die Rundbriefe des Freiheitsbundes deutscher Sozialisten, London 1939–1947, hrsg. v. Harald Lützenkirchen, Fürth 1991.

70 Vgl. Nr. 9, 14 und 15.

71 Vgl. Nr. 200ff.

72 Vgl. Nr. 197.

73 Vgl. weiter unten Abschnitt III.4.3.

74 Vgl. Röder, Exilgruppen, S. 239, der vor allem das Aufgehen in der SPD betont.

75 Diese waren in der Geschäftsordnung festgelegt mit Ausnahme der später eingeführten Mitgliederversammlungen, vgl. Nr. 8.

Ollenhauer, gehörte außerdem je ein Vertreter der vier Mitgliedsorganisationen an. Dies waren für die SPD Erich Ollenhauer (nach dem Tode Vogels Wilhelm Sander), für den ISK Willi Eichler, für Neu Beginnen Erwin Schoettle, für die SAP Hans Schuricht bzw. Paul Walter[76]. Hans Gottfurcht wurde als Vertreter der LdG zu den Beratungen hinzugezogen, trotz der formellen Distanz war er eine treibende Kraft in der Union. Das Exekutivkomitee führte die Geschäfte der Union und faßte Beschlüsse, die jeweils einstimmig getroffen werden mußten.[77] Insofern war es ohne Bedeutung, daß mit Vogel und Ollenhauer zwei Vertreter des SPD Mitglieder des Exekutivkomitees waren. Man traf sich anfangs etwa wöchentlich, in den späteren Jahren etwa vierzehntägig.

Dem Arbeitsausschuß (AA) der Union gehörten die Mitglieder des Exekutivkomitees und je zwei weitere Vertreter der vier Gründungsorganisationen an, Experten konnten hinzugezogen werden.[78] Ab Juli 1943 wurden auch die Mitglieder des inzwischen gebildeten Jugendkomitees und der Jugendleitung der Sozialistischen Jugend zu AA-Sitzungen eingeladen. Gegenstand der AA-Besprechungen waren grundlegende Fragen wie z.B. die einheitliche sozialistische Partei. Der Arbeitsausschuß tagte in den ersten beiden Jahren vier- bzw. dreimal, dann nur noch selten und wurde in seiner Funktion von den Mitgliederversammlungen abgelöst.

Die Mitgliederversammlungen standen den ca. 200 Mitgliedern der angeschlossenen Organisationen offen, Gäste hatten auf besondere Einladung Zutritt.[79] Gegenstand der Mitgliederversammlungen waren zumeist Vorträge, über die diskutiert wurde. Beschlüsse wurden nicht gefaßt. Fanden 1942 nur zwei Mitgliederversammlungen statt, so stieg die Häufigkeit in den folgenden Jahren, 1945 wurden sie nahezu monatlich abgehalten. Obwohl die angeschlossenen Organisationen selbständig blieben, setzte ab 1943/44 eine stärkere Integration ein, die sich z.B. in der Zunahme der Mitgliederversammlungen äußerte.

Die Union hatte bis zur Auflösung Ende 1945 nur die vier Gründungsorganisationen als korporative Mitglieder. Mit der 1943 gegründeten „Sozialistischen Jugend" (SJ) verfügte die Union erstmals über eine eigene Mitgliederorganisation, der 25 bis 30 Jugendliche aus den vier Unionsgruppen angehörten.[80] Die SJ war über

---

76 Walter, Paul, 1897–1955, nach der Rückkehr 1945 Walter Kronberger, 1919 SPD, 1931 SAP, 1933–35 KZ-Haft, 1935 ČSR, 1938 GB, Leiter SAP-Landesgruppe GB, SAP-Vertreter im AA der LdG und im Exekutivkomitee der Union, 1943 Mitglied der Organisationskommission der Union, mit OSS 1945 Rückkehr nach Deutschland, Mitbegründer der Angestelltengewerkschaft in Frankfurt, später DAG.
77 Vgl. Nr. 8.
78 Zu den jeweiligen Teilnehmern vgl. die Teilnehmerlisten der AA-Sitzungen.
79 Zu den Teilnehmern vgl. die jeweiligen Anwesenheitslisten.
80 Vgl. Nr. 103, 113 und 115.

eine Jugendkommission, der neben Ollenhauer als Leiter, Anna Beyer[81], Heinz Putzrath[82] und Frida Walter[83] als Beisitzer angehörten, der Union verbunden. Ab 1944 war die SJ durch einen gewählten Beauftragten der Jugendleitung (Putzrath) im AA vertreten.

Gelegentlich trat die Union auch mit besonderen Veranstaltungen hervor. Hierzu gehörten die Maifeiern[84], Gedenkveranstaltungen[85] sowie eine internationale Diskussionsveranstaltung über die Erklärung der Union „Die internationale Politik deutscher Sozialisten".[86]

Zur Durchführung einzelner Aufgaben richtete das Exekutivkomitee besondere Kommissionen ein. Das Redaktionskomitee befaßte sich mit der Herausgabe des „News Letter" und anderer Veröffentlichungen, ad hoc gebildete Organisationskomitees bereiteten die Maifeiern und andere Veranstaltungen vor, die Jugendkommission befaßte sich mit Jugendfragen und arbeitete mit der Jugendabteilung der Arbeitersport-Internationale zusammen.[87] Im März 1944 bildete die Union einen Ausschuß für die „Zusammenarbeit mit internationalen Relieforganisationen", der die Kooperation mit dem OSS organisierte. Diesem Ausschuß gehörten Gottfurcht, Eichler, Schoettle, Robert Neumann[88] (SAP), Ollenhauer und Jahn (Gewerkschaften) an.[89] Eine besonders wichtige Rolle spielten die beiden Programmkommissionen, die 1943 gebildet wurden. Die Politische Kommission (Leiter: Ollenhauer und Heidorn) beriet die Vorlagen für die politischen Programme, die Organisations-

---

81 Beyer, Anna, 1909–1991, ISK, 1937 Emigration Belgien, Frankreich, GB, 1941–44 Mitglied AA der LdG, 1943 Mitglied des Jugendkomitees der Union und der Jugend-Leitung der SJ, Herbst 1944 Schweiz, mit OSS 1945 Rückkehr nach Frankfurt a.M., 1946 unbesoldetes Mitglied im SPD-PV, höhere Ministerialbeamtin. Vgl. auch Ursula Lücking (Hrsg.), Anna Beyer. Politik ist mein Leben, Frankfurt/M. 1991.

82 Putzrath, Heinz, 1916–1996, Sozialistischer Schülerbund, Deutsch-jüdischer Wanderbund, KPO, 1934 Verhaftung, nach Entlassung Emigration Holland, Mitglied KPD, 1936 ČSR, erneut Mitglied KPO, 1937 nach GB, 1940–41 Internierung, 1940–45 NB, 1942–46 LdG, 1943–46 Mitglied Jugendkomitee bzw. Beauftragter der Jugendleitung der SJ, 1946 Rückkehr nach Deutschland, 1946–60 Leiter der Auslandsabteilung beim PV der SPD, 1947–51 Vorsitzender der Jungsozialisten, seit 1952 Mitglied Deutsch-Englische Gesellschaft, 1966–69 Vorstandsmitglied Deutsch-Israelische Gesellschaft, 1969 Abteilungsleiter Friedrich-Ebert-Stif-tung, Vorsitzender der AvS.

83 Walter, Frida, *1902, Ehefrau von Paul W., SAJ, 1931 SAP, 1933 Emigration NL, 1936 GB, 1944 Mitglied der Jugendkommission der Union, April 1945 Eintritt SPD, 1946 Rückkehr, Frauensekretärin beim Hessischen Gewerkschaftsbund, Mitglied im Vorbereitenden Ausschuß zur Gründung des DGB.

84 Vgl. Nr. 19, 68, 144, 175.

85 Vgl. Nr. 88 und 158.

86 Vgl. Nr. 131.

87 Vgl. Nr. 141.

88 Neumann, Robert, SAP, Emigration ČSR, 1939 GB.

89 Vgl. Nr. 140. Die Tätigkeit dieser Kommission ist in Gottfurchts Akte „8444" detailliert dokumentiert; in: AdsD Bonn, HBA, NL Gottfurcht, Mappe K 37.

kommission (Leiter: Schoettle und Neumann) befaßte sich mit dem Neuaufbau einer einheitlichen sozialistischen Partei.[90]

Die Union verfügte über nur geringe finanzielle Mittel. Die jährlichen Einnahmen von ca. 60 £ setzten sich zum größten Teil aus den Beiträgen der vier Mitgliedsorganisationen zusammen.[91] Die Ausgaben in etwas geringerer Höhe betrafen vor allem Portokosten, Saalmieten und gelegentlich Druckkosten.

2. INTERNE KOMMUNIKATIONSSTRUKTUREN

Die Verständigung innerhalb der Union erfolgte vor allem in den entsprechenden Gremien. Aber es gab auch wiederholt Besprechungen von einzelnen Mitgliedern der Union. Hinzu kamen die Versammlungen, Veranstaltungen oder gesellige Treffen der einzelnen Gruppen, zu denen häufig auch Mitglieder der anderen angeschlossenen Organisationen eingeladen waren.

Infolge der regelmäßigen Treffen und der Kontakte bei anderen Gelegenheiten findet sich nur wenig Korrespondenz zwischen Hans Vogel als Vorsitzendem und den Mitgliedern der Exekutive bzw. den Mitgliedern untereinander, sieht man von den zumeist von Hans Vogel unterzeichneten Einladungen ab.[92] Gelegentlich finden sich Schreiben zu aktuell behandelten Themen wie der Brief der SAP zum Entwurf einer Stellungnahme der Union zum deutschen Angriff auf die Sowjetunion.[93] Interne Rundschreiben der Union gab es nicht, auch die Protokolle wurden nicht versandt. Für eine schnelle Verständigung konnte auch auf das Telefon zurückgegriffen werden.

Im Gegensatz zur zahlenmäßig weit größeren österreichischen oder sudetendeutschen Emigration verfügte die Union weder über eigene Büroräume noch über ein kulturelles Zentrum. Die Sitzungen der verschiedenen Gremien fanden anfangs im Trade Union Club und im Büro der Sander-Gruppe im Bloomsbury House statt, später häufig auch in den Privatwohnungen wie z.B. im Einfamilienhaus der ISK-Wohngemeinschaft bei Willi Heidorn in 9, Alvanley Gardens oder in der Wohnung Hans Gottfurchts in 20, East Heath Road. Die meisten Mitgliederversammlungen, aber auch andere Sitzungen, veranstaltete man im Austrian Labour Club in 33, Broadhurst Gardens, einzelne fanden auch im Sudetendeutschen Club in 90, Fitzjohns Avenue statt. Alle genannten Straßen befanden sich im Nordwesten Londons in Hampstead, wo der größte Teil der deutschen Emigranten wohnte. Größere Veranstaltungen fanden in der Conway Hall oder der Caxton Hall (nahe dem

---

90 Vgl. Nr. 91.
91 Vgl. die jährlichen Kassenabrechnungen, Nr. 135, 164, 205.
92 Einladungen in: AdsD Bonn, PV-Emigration, Mappen 12, 13, 139–142, ISK, Box 39ff.; Archiv Dr. Gerhard Beier, Kronberg, TNL Gottfurcht, Akte O I.
93 Vgl. hierzu Nr. 37 und 38.

St. James Park) statt, in der auch Churchill während des Krieges mehrere große Reden hielt.

Eigenständige Veröffentlichungen der Union erschienen vergleichsweise selten. Mit dem „News Letter" versuchte sich die Union 1941 eine eigene Zeitschrift zu schaffen.[94] Er mußte aber nach zwei Ausgaben im Mai und August 1941 auf Anweisung der britischen Behörden im Zuge der Kürzung der Papierzuteilungen Ende 1941 eingestellt werden.[95] Aber zuvor hatte sich schon gezeigt, daß auf Grund interner Schwierigkeiten die geplante monatliche Erscheinungsweise nicht einzuhalten war. So blieben lediglich Publikationsorgane der Mitgliedsorganisationen, vor allem die von Sander herausgegebenen „Sozialistischen Mitteilungen", in geringerem Maße die „Renaissance" und „Europe speaks" (beide ISK), die über Aktivitäten der Union berichteten und ihre Erklärungen abdruckten. Hin und wieder wurden von der Union einzelne Vorträge, Ausarbeitungen oder Programme hektografiert verbreitet.[96] Ende 1944 wurde eine Sammlung der Entschließungen und Programme der Union unter dem Titel „Die neue deutsche Republik" als gedruckte Broschüre herausgegeben.[97] Ende November 1945 wurde eine neue Broschüre unter dem Titel „Zur Politik deutscher Sozialisten" gedruckt, die außerdem die inzwischen fertiggestellten „Richtlinien" enthielt.[98] Ebenso wurde die Broschüre von Walter Fliess[99] und Ernst F. Schumacher[100] zur Finanzreform auf deren Wunsch und Kosten in gleicher Form veröffentlicht.[101]

---

94 Zum „News-Letter" vgl. Lieselotte Maas, Handbuch der deutschen Exilpresse 1933–1945, Bd. 2, München etc. 1976, S. 431.

95 Vgl. Nr. 14, 38, 49.

96 Es handelt sich um folgende Titel (alle in: AdsD Bonn. PV-Emigration, Schriften): Möglichkeiten und Aufgaben einer geeinten sozialistischen Partei in Deutschland. Grundgedanken eines Referats von Erich Ollenhauer in der Mitgliederversammlung der Union am 6. Dezember 1942 in London, hrsg. v. d. Union, London 1943, hekt., 19 S., hier Nr. 83; 10 Years Nazi Dictatorship. Meeting of the Union of German Socialist Organisations in Great Britain on January 29th 1943, London o.D. (1943), hekt., 10 S.; Sofortprogramm für die örtliche Selbstverwaltung. Vorschläge und Richtlinien der Union deutscher sozialistischer Organisationen in Großbritannien, London o.D. (Ende Juli 1945), hekt., 20 S., hier Nr. 179. Liste der Unions-Schriften bei Röder, Exilgruppen, S. 304.

97 Die neue Deutsche Republik. London o.J. (Ende 1944), 18 S. Zur Broschüre und ihrer Datierung vgl. weiter unten Abschnitt II.4.3.

98 Zur Politik deutscher Sozialisten, Politische Kundgebungen und programmatische Richtlinien der Union deutscher sozialistischer Organisationen in Großbritannien, London Ende November 1945. Vgl. weiter unten Abschnitt II.4.3.

99 Fliess, Walter, 1901–1985, 1925 führender Funktionär des Internationalen Jugendbundes und des ISK, 1933 Emigration Holland, 1934 GB, 1940–41 Internierung, einer der ISK-Sprecher für Wirtschaftsfragen, betrieb mit seiner Frau ein vegetarisches Restaurant in London, Mitglied des Arbeitsausschusses der LdG, 1943–45 Mitarbeiter am Radiosender Freies Europa, 1947–1948 Leiter der Abteilung German Organisations bei der britischen Militärverwaltung in Minden/Westfalen, 1963–70 Vorstandsmitglied der Labour Party.

3. KONTAKTE UND VERBINDUNGEN ZU ANDEREN ORGANISATIONEN UND INSTITUTIONEN

Den Kommunikationsbeziehungen wird hier besondere Bedeutung zugemessen, da sie den Fluß von Informationen und Einflußnahmen ebenso sichtbar machen wie Integration, Ab- und Ausgrenzung. Die Union profitierte von den vielfältigen Kontakten ihrer Mitgliedsorganisationen und deren Mitgliedern, entwickelte aber auch eigene Kommunikationsverbindungen. Da sie aber nicht immer klar voneinander zu trennen sind, soll die Gesamtheit der Verbindungen hier kurz skizziert und bei den Einzelorganisationen ausführlicher behandelt werden. Hierzu gehörten zunächst die Verbindungen zu Gruppen der eigenen Organisation in anderen Emigrationsländern, die bei der SPD und beim ISK sehr intensiv waren. Über eigene Zeitschriften, die in anderen Ländern Verbreitung fanden, verfügten nur SPD und ISK. Verbindungen ins Reich bestanden fast nur noch über Rundfunksendungen, Berichte aus dem Reich kamen nur vereinzelt und indirekt über die Emigration in der Schweiz und Schweden, lediglich der ISK verfügte über bessere Kontakte. Die Verbindungen zur Labour Party und zum TUC waren auf dem offiziellen Weg (über Gillies, den Sekretär des International Department) seit Mitte 1942 praktisch stillgelegt, dagegen verfügte zum Beispiel NB über hervorragende Beziehungen zu einzelnen Labourpolitikern. Wichtig waren auch die Verbindungen über Gottfurcht zu TUC, ITF und IGB. Die Beziehungen zu den Parteien der sozialistischen Internationale waren als Folge der Abwendung der Labour Party und der Propaganda Sir Robert Vansittarts gegen die „Deutschen" stark abgekühlt, nur einzelne Repräsentanten wie Louis Lévy[102] (SFIO), Louis de Brouckère[103] (Belgische Sozialistische Partei, ehem. Präsident der SAI), Adam Ciołkosz[104] (Polnische Sozialistische Partei, PPS) hielten noch die Verbindung aufrecht. Gleichwohl war die Union an den verschiedenen Versuchen zur Rekonstruktion internationaler sozialistischer Kommunikationsstrukturen beteiligt. Daß zahlreiche Mitglieder für Rundfunksender,

---

100 Schumacher, Ernst Friedrich, 1911–1977, Wirtschaftsexperte, 1937 GB, ab 1942 Oxford University, Arbeit für Chatham House (Fragen der Nachkriegszeit), Mitarbeiter am Beveridge-Report, Kontakt mit Mandelbaum, von Knoeringen, Fliess, 1945 als Mitglied der American Bombing Survey of Germany (Leiter J.K. Galbraith) in Deutschland, Universität Manchester. Vgl. auch Barbara Wood, E.F. Schumacher. His Life and Thought, New York etc. 1984.

101 E[rnst] F[riedrich] Schumacher/Walter Fliess, Betrachtungen zur Deutschen Finanzreform, London, St. Clements Press Ltd., Dezember 1945, 23 S.

102 Lévy, Louis, 1895–1952, französischer Sozialist, Mitglied PV d. SFIO, 1939/40 Korrespondent in London, Groupe Jean Jaurès, 1951 Vizepräsident der SI.

103 Brouckère, Louis de, 1870–1951, belgischer Sozialdemokrat (POB), Redakteur von „Le Peuple", 1923–39 SAI-Exekutive, 1935–1939 Vorsitzender der SAI, 1940 GB.

104 Ciołkosz, Adam, 1901–1978, PPS-Politiker, 1928 Sejm-Abg., 1931 Mitgl. d. Zentralen Exekutivkomitees, 1939 Sekretär des Auslandskomitees, 1939–45 Mitglied des Exil-Nationalrates, 1947 VS der Exil-PPS.

Zeitungen oder Nachrichtenagenturen arbeiteten oder „research work" leisteten, brachte guten Zugang zu Informationen. Die Kontakte der Union zur britischen Regierung waren schwach und verliefen über die Labour Party. Eine besondere Bedeutung erlangte die Zusammenarbeit mit der SOE und dem OSS in der Endphase des Krieges und beim Neuaufbau der SPD und der Gewerkschaften.

3.1 Die Union und die deutsche Emigration in Großbritannien

Die Union grenzte sich deutlich gegenüber anderen sozialdemokratischen und sozialistischen Kreisen und Organisationen in der Londoner Emigration ab.[105] Karl Höltermann – obwohl selbst Sozialdemokrat – und sein Kreis blieben unberücksichtigt[106], Aufnahmegesuche von Kurt Hillers Freiheitsbund Deutscher Sozialisten[107] wurden abgelehnt, auch die Volkssozialisten[108] um Hans Jaeger[109] wurden nicht einbezogen. Hier mochten von Seiten der Unionsmitglieder inhaltliche politische Differenzen eine Rolle spielen, persönliche Animositäten, z.B. gegenüber dem etwas exzentrischen Hiller, aber auch ihre Bewertung als reine Emigrantenorganisationen ohne politischen Rückhalt in Deutschland. Die Gewerkschaftergruppe um Walter Auerbach und Hans Jahn blieb auf Distanz.[110] Eine Zusammenarbeit mit ihnen, wie sie im Dezember 1941 mit der Diskussion der Unions-Entschließung[111] versucht wurde, blieb die Ausnahme und wiederholte sich später nicht mehr.

Auch die Kooperation mit Vertretern und Organisationen der bürgerlichen Emigration beschränkte sich auf deren Teilnahme an der Diskussion über Unionsentschließungen, obwohl hier weitergehende Perspektiven zur Diskussion standen. Vor allem Gottfurcht verstand die Union als einen ersten Schritt zu einer Gesamtvertretung der deutschen politischen Emigration. Seine Gespräche mit Lord Davies[112] waren ein erster Ansatz in diese Richtung.[113] Die Bemühungen Lord

---

105 Vgl. Nr. 219 und 275.
106 Höltermann, der die sozialistischen Gruppen bekämpfte, gründete als Gegenmodell die „Gruppe der Parlamentarier". Vgl. Röder, Exilgruppen, S. 31.
107 Zu den Aufnahmegesuchen und Initiativen Hillers vgl. Nr. 6, 11, 64, 65, 126, 133, 137, 140, 146, 181.
108 Zur Deutschen Volkssozialistischen Bewegung vgl. Röder, Exilgruppen, S. 63ff.
109 Jaeger, Hans, 1899–1975, Publizist, 1918 Spartakusbund danach KPD, ab 1929 Leitung des Marx-Engels-Verlags Berlin, 1933 Emigration ČSR, wollte unter dem Eindruck der Niederlage nationale und ständische Elemente integrieren, Juni 1935 Parteiaustritt und Kominternausschluß, 1939 Flucht über Polen, Dänemark nach GB, führendes Mitglied der Volkssozialisten, 1940–41 Internierung, 1943 Mitglied LdG und Pen-Club London, Annäherung an die SPD und die Union, nach 1945 Mitarbeiter bei zahlreichen Rundfunkanstalten, Mitglied der Labour Party, des Movement for Colonial Liberation, Royal Institute for Foreign Affairs.
110 Insbesondere Auerbach stand der Entwicklung der Union kritisch gegenüber.
111 Vgl. Nr 51 und 53.
112 Davies, Lord David, 1880–1944, 1928–32 Privatsekretär von Lloyd George, 1932 Gründung der New Commonwealth – Bewegung.
113 Vgl. Nr. 13, 15, 22, 24–29, 37.

Davies' um ein gemeinsames Beratungsgremium der deutschen Emigration wurden von der britischen Regierung als Versuch betrachtete, eine deutsche Exilvertretung zu schaffen, und deshalb abgelehnt. Der Kontakt wurde sofort abgebrochen, als die britische Regierung über Gillies, der zuvor die Fortsetzung der Gespräche befürwortet hatte, ihre Ablehnung kundtat.[114]

Ein zweiter Anlauf ergab sich aus der Beratung über den Vorschlag der Union zu einer gemeinsamen Resolution zur Atlantik-Charta[115] am 9. Dezember 1941.[116] Er führte jedoch nicht zu einer gemeinsamen Erklärung. Das einzige erfolgreiche Beispiel einer Kooperation mit Vertretern und Organisationen der bürgerlichen Emigration blieb deren Unterzeichnung der Lidiče-Erklärung am 16. Juni 1942.[117] Fritz Demuth[118] (Notgemeinschaft deutscher Wissenschaftler im Ausland)[119], Wilhelm Westphal[120] (Auslandsvertretung der Deutschen Freiheitspartei)[121] und Hans Ebeling[122] („Kameradschaft" Bündische Opposition)[123], die auch schon an der Besprechung am 9. Dezember 1941 teilgenommen hatten, unterzeichneten die Lidiče-Erklärung. Auch vorsichtige Kontakte zu Vertrauensleuten Brünings wie Karl E. Meyer[124] blieben in den Anfängen stecken. Die Vertreter der bürgerlichen Emigration in Großbritannien schienen der Union zu wenig repräsentativ, um darauf eine erfolgversprechende politische Arbeit zu gründen. So beteiligte sich die Union auch nicht an Versuchen, in England oder von anderen Ländern aus eine Gesamt-

---

114 PRO London, FO, 371/26559. Ollenhauer betonte in einem Brief an Gillies am 14. Juli 1941, daß diese Verhandlungen nicht im Namen der Union, sondern von Gottfurcht auf eigene Verantwortung geführt worden seien; in: LHASC Manchester, LP/JSM (Int), Box 8, Germany.

115 Vgl. Anm. 6 zu Nr. 41.

116 Vgl. Nr. 51, 53.

117 Vgl. Nr. 70 und 71.

118 Demuth, Fritz, 1876–1965, linksliberaler Wirtschaftspolitiker (DDP), 1933 Emigration Schweiz, Mitbegründer der Notgemeinschaft deutscher Wissenschaftler im Ausland, 1936 GB, ab 1939 Kontakte zur Labour Party, Mitarbeit am Deutschland-Programm des Central European Joint Committee, Mitarbeit bei der politischen Umerziehung von Kriegsgefangenen, baute für britische Stellen ein Archiv deutscher Zeitungen und Zeitungsartikel auf.

119 Vgl. hierzu Röder, Exilgruppen, S. 82f.

120 Westphal, Wilhelm (auch Walter), d.i. Kluthe, Hans Albert, 1904–1970, Journalist, Verleger, Mitglied im DDP/DStP Reichsparteiausschuß, nach illegaler Tätigkeit 1936 Emigration nach London, in London mit August Weber Repräsentant der DFP, 1939/40 Mitarbeit im Central European Joint Committee, 1947 Rückkehr nach Deutschland, Verleger.

121 Vgl. Anm. 2 zu Nr. 12; Röder, Exilgruppen, S.73ff.; Beatrix Bouvier, Die Deutsche Freiheitspartei DFP. Ein Beitrag zur Geschichte der Opposition gegen den Nationalsozialismus, Phil.Diss. Frankfurt/M. 1969; Gerlinde Runge, Linksliberale Emigranten in Großbritannien: Überlegungen zu Gesellschaft und Demokratie im Nachkriegsdeutschland, VfZ 37, 1989, S. 57–83.

122 Ebeling, Dr. Hans, 1897–1968, Schriftsteller, Aufrechterhaltung bündische Jugendorganisationen nach 1933, 1934 Emigration Niederlande, 1936 Belgien, 1939 GB, Leiter der Londoner Gruppe Kameradschaft-Bündische Opposition, Rückkehr 1950.

123 Vgl. Röder, Exilgruppen, S. 80f.

124 Nicht ermittelt.

vertretung der deutschen politischen Emigration zu schaffen, wie es Karl Höltermanns „Gruppe der Parlamentarier" oder die von Otto Strasser[125] initiierte „Frei-
Deutschland-Bewegung"[126] anstrebten.

Auch zur einzigen deutschsprachigen Zeitung in Großbritannien, „Die Zeitung",
blieb die Union auf Distanz.[127] „Die Zeitung", die im Auftrag des Ministry of
Information und unter Kontrolle des Foreign Office herausgegeben wurde, hatte eine
deutsche Redaktion. Die Zeitung erschien vom 12. März 1941 an täglich, ab 1942
wöchentlich mit einer Auflage von rd. 20 000 Exemplaren. Am 1. Juni 1945 wurde sie eingestellt. Chefredakteure Johannes H. Lothar[128] (1941–1942) bzw.
Dr. Dietrich E. Mende[129] (1942-45) und Redaktion, u.a. Sebastian Haffner[130],
prägten den bürgerlich-konservativen Charakter der Zeitung. Die Union untersagte
ihren Mitgliedern eine Mitarbeit, da ihr keine institutionalisierten Einflußmöglichkeiten gewährt wurden. Erst ab Dezember 1944, als unter der Verantwortung Hellmut von Rauschenplats[131] ein Diskussionsforum „Wege zum neuen Deutschland"

---

125   Strasser, Otto, 1897–1974, Politiker, Publizist, 1925–1930 NSDAP, 1931 Gründung der Schwarzen Front, 1933 Emigration Österreich, ČSR, 1938 Schweiz, 1939 Frankreich, 1940 Bermudas,
1941 Kanada, Januar 1941 Gründung der Frei-Deutschland Bewegung, 1955 Rückkehr nach
Deutschland.

126   Vgl. Röder, Exilgruppen, S. 131f.; Otto Strasser, Exil, München 1958, S. 155ff.

127   Vgl. Nr. 219. Zu „Die Zeitung" vgl. Maas, Handbuch, Bd. 2, S. 630–641; Angela Huß-Michel,
Literarische und politische Zeitschriften des Exils 1933–1945, Stuttgart 1987, S.87–90; Gerd
Greiser, Exilpublizistik in Großbritannien, in: Hanno Hardt u.a. (Hrsg.), Presse im Exil. Beiträge
zur Kommunikationsgeschichte der deutschen Exils 1933–1945, München 1979, S. 223–253,
hier S. 232–236; Röder, Exilgruppen, S. 132–134; Gerlinde Runge, Politische Identität und nationale Geschichte. Wirkungsabsichten liberaler Exilpublizistik in Großbritannien 1938 bis 1945,
in: Manfred Briegel/Wolfgang Frühwald (Hrsg.), Die Erfahrung der Fremde. Kolloquium des
Schwerpunktprogramms „Exilforschung" der deutschen Forschungsgemeinschaft. Forschungsbericht, Weinheim etc. 1988, S. 87–120.

128   Lothar, Johannes, 1900–1944, Leiter des Zentralbüros der Frankfurter Societäts-Druckerei,
Emigration 1936 GB, Mitinitiator und erster Chefredakteur des deutschsprachigen Wochenblat-
tes „Die Zeitung".

129   Mende, Dietrich E., *1899, Ministerialbeamter, Publizist, 1937 nach illegaler Tätigkeit Emigration GB, ab 1942 Chefredakteur „Die Zeitung", 1946–51 Wissensch. Abt. d. Foreign Office,
1952–56 publizistische und wissenschaftliche Tätigkeit in Deutschland. Zu Mende vgl. auch
Runge, Linksliberale Emigranten.

130   Haffner, Sebastian, ursprünglich Raimund Pretzel, *1907, Journalist, 1938 GB, ab 1941 Redakteur bei „Die Zeitung", ab 1942 Mitarbeiter des „Observer", ab 1954 in Deutschland als Journalist und Publizist.

131   Rauschenplat, Hellmut von, nach der Rückkehr 1945 Eberhard, Fritz, 1896–1982, 1921 IJB,
1925 ISK, 1932 Redakteur „Der Funke", ab 1934 illeg. Reichsleiter, 1937 Emigration nach GB,
1939 Trennung vom Exil-ISK, Beteiligung an Rundfunkpropaganda, ab 1943 Mitarbeit bei
German Educational Reconstruction, ab 1944 im Vorstand der LdG, April 1945 Rückkehr mit
OSS nach Stuttgart, 1946–49 SPD-MdL, MdPR, 1949–58 Intendant des Süddeutschen Rundfunks.

eingerichtet wurde, schrieben hier auch Mitglieder der Union wie Erich Ollenhauer, Willi Heidorn, Richard Löwenthal[132].

Das Verhältnis der Union zur KPD sowie zur Sowjetunion blieb von eindeutiger Ablehnung geprägt. Der Hitler-Stalin-Pakt und die darauf folgende „Neutralität" auch der KPD in der Emigration hatte die SPD in ihrer prinzipiellen Ablehnung bestärkt und die sozialistischen Gruppen wie NB und SAP, die früher durchaus kooperationsbereit gewesen waren, zur Distanz veranlaßt.[133]

Die KPD zählte unter den Emigranten in Großbritannien etwa 300 Mitglieder.[134] Zur Führung gehörten Wilhelm Koenen[135], dessen Ehefrau Emmy Koenen (Damerius)[136], Hugo Gräf[137], Karl Becker[138], Heinz Schmidt[139], Hans Fladung[140] und Hans Kahle[141]. Es gab keine formelle KPD-Organisation, die Mitglieder waren in mehre-

---

132 Löwenthal, Richard, „Rix", „Paul Sering", 1908–1991, 1929 KPD-Ausschluß, bis 1931 KPO, führender Ideologe und maßgeblich beteiligt am Aufbau von LO bzw. NB, 1935 Leiter NB, 1935 Emigration ČSR, 1936 GB, 1937 ČSR, 1938 Frankreich, 1939 GB, führendes Mitglied der NB-Auslandszentrale, Journalist, ab 1940 Mitarbeit bei Rundfunkpropaganda, ab 1942 bei Nachrichtenagentur Reuter, publizistische Tätigkeit als „Paul Sering", nach 1945 publizistische und wissenschaftliche Tätigkeit, 1961 Deutschland, Professor für Politische Wissenschaft an der Freien Universität Berlin.

133 Vgl. die Erklärung der Sozialistischen Arbeitsgemeinschaft (SAG), Die KPD und die Solidarität der Illegalen, vom August 1939, in: IfZ München, NL Frank, ED 213/16.

134 Zur KPD in Großbritannien vgl. Röder, Exilgruppen, S. 47–53; Emmy Koenen, Exil in England, in: BzG 20, 1978, S. 540–563 u. S. 880–895; Leske, Das Ringen; Birgit Leske/Marion Reinisch, Exil in Großbritannien, in: Exil in der Tschechoslowakei, in Großbritannien, Skandinavien und in Palästina, Frankfurt/Main 1981, S. 145–305, hier S. 174–183. Beide widmen dabei der Zeit 1939–41 nur wenige Zeilen.

135 Koenen, Wilhelm, 1886–1963, Parteifunktionär, 1920 KPD, zeitweise MdL und MdR, ZK-Mitglied, 1933 Emigration u.a. ČSR, 1938 GB, ab 1940 Politischer Leiter der KPD-Landes-gruppe, ab 1943 Leitungsmitglied der FDB, 1945 Rückkehr nach Deutschland, 1946–49 Landesvorsitzender KPD/SED Sachsen, 1946–63 Mitglied PV bzw. ZK der SED.

136 Koenen, Emmy, gesch. Damerius, *1903, KPD-Funktionärin, 1934 UdSSR, 1936 F u.a., 1939 GB, 1945 Rückkehr SBZ, Mitgründerin Demokratischer Frauenbund Deutschlands.

137 Gräf, Hugo, 1892–1958, KPD, RH, ab 1928 MdR, 1933–35 KZ, 1935 ČSR, 1939 GB, Mitglied KPD-Landesleitung, 1943 Mitgründer FDB, FDB-AA, 1946 Rückkehr SBZ, Funktionen im FDGB und in der SED.

138 Becker, Karl, 1896–1961, KPD, MdR, 1933 ČSR, 1939 PL, GB, 1940–42 interniert in GB und Kanada, Mitglied d. AA der LdG, 1941–45 Mitglied im EK der Bergarbeiter-Inter-nationale, 1946 Rückkehr nach Westdeutschland, Funktionär der IG Bergbau.

139 Schmidt, Heinz, *1906, 1926 SPD, 1931 KPD, 1933–37 in Haft, Emigration 1938 ČSR, GB, kurzfristig politischer Leiter der KPD-Landesgruppe, 1946 Rückkehr in die SBZ, 1947–49 In-tendant Berliner Rundfunk.

140 Fladung, Hans, *1898, KPD-Funktionär, 1933–38 in Haft, 1938 CH, GB, Mitglied der KPD-Führung in England, Mitgründer und später VS des FDKB, 1943 Mitgründer FDB u. Mitglied im AA, 1946 Rückkehr nach Westdeutschland, 1951–58 Bundessekretär des FDKB; vgl. auch Hans Fladung, Erfahrungen. Vom Kaiserreich zur Bundesrepublik, Frankfurt/M. 1986.

141 Kahle, Hans, 1899–1947, Berufsoffizier dann Publizist, KPD-Funktionär im Militärischen Apparat, 1933 Emigration CH, F, 1936–38 Kommandeur im spanischen Bürgerkrieg, Ende 1938 über Frankreich nach GB, 1940 Internierung, Mitglied der KPD-Leitung Großbritannien, Mit-

ren kommunistisch dominierten, politisch jedoch offenen Organisationen wie dem „Freien Deutschen Kulturbund"[142] und der „Freien Deutschen Jugend"[143] erfaßt. Nach dem deutsch-sowjetischen Nichtangriffspakt und dem Kriegsbeginn waren die deutschen Kommunisten in Großbritannien völlig in die Isolierung geraten. Unterstützung von staatlicher Seite oder von den britischen Arbeiterorganisationen hatten sie außer von der KPGB nicht zu erwarten. Im Frühjahr 1941 bildeten die emigrierten Kommunisten in Großbritannien trotz ihrer Zahl keine politische Kraft unter den Exilorganisationen.

Schwieriger wurde das Verhältnis für die Union, als die deutsche Wehrmacht die Sowjetunion überfiel und diese zum Alliierten Großbritanniens wurde. Die schließlich scheiternden Bemühungen um eine gemeinsame Haltung der Union gegenüber dem deutschen Angriff ließen kurzzeitig verschiedene Nuancen im Verhalten der Unionsmitglieder zur Sowjetunion sichtbar werden. Eichler hatte im Exekutivkomitee am 8. Juli 1941 einen Vorschlag für einen Artikel im „News-Letter" vorgelegt[144], die anderen Mitglieder folgten[145]. Der von Eichler am 15. Juli 1941 daraus hergestellte Kompromißvorschlag[146] scheiterte an der Ablehnung der SAP, die die Würdigung der Sowjetunion als nicht positiv genug empfand. In der Diskussion zeigte sich eine weitgehende Übereinstimmung von Sopade und ISK in der grundlegenden Kritik an der Sowjetunion, während Neu Beginnen und noch stärker die SAP den positiven Effekt der nunmehr gemeinsamen Frontstellung gegen Hitler hervorheben wollten.[147] Dieser Vorgang war einer der beiden Fälle, in denen sich die Union im Verhältnis zur Sowjetunion uneinig zeigte. Die Erfahrung, daß aufgrund der erforderlichen Einstimmigkeit auch der schwächste Partner im Bündnis politische Erklärungen und Entscheidungen zu blockieren vermochte, führte dazu, strittige Fragen nicht mehr zur Abstimmung zu stellen.

Die zweite in den Protokollen deutlich werdende Meinungsverschiedenheit in Bezug auf die Haltung zur SU betraf die Teilnahme an einer Veranstaltung zur Feier des 25. Jahrestages der Oktoberrevolution am 7. November 1942. Neu Beginnen (Schoettle, Löwenthal) und SAP (Fröhlich) hatten an Vorbesprechungen teilge-

---

glied des vorläufigen Ausschusses der FDB, 1946 Rückkehr in die SBZ, Polizeichef von Mecklenburg-Vorpommern.

142 Vgl. hierzu Ursula Adam, Zur Geschichte des Freien Deutschen Kulturbundes in Großbritannien (Ende 1938-Mai 1945), Diss. Berlin/DDR 1983; Ursula Adam, Die deutsche antifaschistische Emigration in Großbritannien in der Zeit nach der Stalingrader Schlacht. Zur Tätigkeit des Freien Deutschen Kulturbundes im Jahre 1943, in: JBfGesch. 27, 1983, S. 229–258; Leske/Reinisch, S. 197–276; Röder, Exilgruppen, S. 85ff.
143 Vgl. Röder, Exilgruppen, S. 52f.
144 Vgl. Nr. 32.
145 Vgl. Nr. 29, 31, 33, 34.
146 Vgl. Nr. 36.
147 Vgl. die entsprechenden Protokolle, Nr. 33, 37, 38.

nommen, SPD und ISK lehnten die Beteiligung an dem auf Initiative der Kommunisten gebildeten Vorbereitungskomitee ab. Fröhlich zog seine Unterstützung zurück, während Neu Beginnen an der Veranstaltung teilnahm. Schoettle versprach aber, danach die Mitarbeit im Komitee zu beenden.[148] Hauptredner der Feier waren Johann Fladung (KPD, 2. VS des FDKB) und Richard Löwenthal. Nach der Teilnahme Löwenthals an einer FDKB-Konferenz am 22. November 1942, die Schoettle als dessen persönliche Angelegenheit entschuldigte, scheinen die Kontakte beendet worden zu sein.[149]

Die Vertreter der KPD in Großbritannien, die bis zum Juni 1941 jede Unterstützung der britischen Seite abgelehnt hatten, traten nach dem Angriff Deutschlands auf die Sowjetunion als aktivste Förderer der alliierten Kriegsanstrengungen auf. Sie wandten sich an die SPD und die Union und forderten sie zu gemeinsamen Aktionen und zur Zusammenarbeit auf. Die zahlreichen Vorstöße der KPD[150] und des FDKB[151] und dann der „Freien Deutschen Bewegung"[152] (FDB) wurden von Seiten der Union jedesmal einstimmig abgelehnt. Nach dem Statut hätte die Ablehnung durch eine Organisation bereits genügt. Das neugegründete „Nationalkomitee Freies Deutschland" wurde im August/September Herbst 1943 in mehreren Exekutivkomiteesitzungen behandelt[153], wofür Ollenhauer eine Ausarbeitung[154] vorlegte. Die Absicht, diese Stellungnahme der Labour Party zu übermitteln wurde jedoch nicht verwirklicht. Die Distanz zur KPD und zu den von der KPD dominierten Organisationen wurde auch von den Mitgliedern der der Union angeschlossenen Organisationen eingehalten. Lediglich in der SPD kam es schon seit Anfang 1943 zu heftigen Diskussionen über eine Beteiligung an der Freien Deutschen Bewegung, der sich auch drei prominente Sozialdemokraten anschlossen.[155]

---

148 Vgl. Nr. 78.
149 Vgl. Nr. 80 und 81.
150 Vgl. Nr. 40, 42, 75, 86, 114.
151 Vgl. Nr. 116, 118, 123, 124. Der im Dezember 1938 von Kommunisten und Antifaschisten gegründete Freie Deutsche Kulturbund (FDKB) war die mitgliederstärkste Organisation in der deutschen Emigration in Großbritannien. Obwohl nach Mitgliedern in der Minderheit, dominierte die KPD die Organisation. Der FDKB entwickelte umfangreiche Aktivitäten, von Vortragsabenden, Ausstellungen, Konzerten, Theateraufführungen über die Schaffung einer „Freien Deutschen Hochschule" bis hin zur Herausgabe der Monatszeitschrift „Freie Deutsche Kultur" und zahlreicher anderer Veröffentlichungen. Sozialdemokraten hielten sich jedoch im allgemeinen vom FDKB fern. Umfangreiches Material zum FDKB findet sich in: SAPMO Berlin, ZPA, SgY 13/V 239/1/–16. Vgl. auch Röder, Exilgruppen, S.85–88; Leske/Reinisch, Exil, S.197–276.
152 Vgl. Nr. 114. Zur FDB vgl. weiter unten Abschnitt III.4.2.
153 Vgl. Nr. 116, 119.
154 Vgl. Nr. 120.
155 Vgl. weiter unten Abschnitt III.4.2.

3.2 Die Verbindungen zur Labour Party

Das Verhältnis der Union zur Labour Party war von zentraler Bedeutung für die politischen Wirkungsmöglichkeiten der Union. Dabei kam den Vertretern des SPD-Parteivorstandes entscheidende Bedeutung zu, denn die offizielle Verbindung der Union zur Labour Party lief über Vogel, Ollenhauer, zum Teil auch über Heine zu Gillies, dem Internationalen Sekretär der Labour Party.[156] Vogel sprach nicht Englisch, Ollenhauer erlernte es erst in Großbritannien, nur Heine konnte sich auf Englisch mit Gillies verständigen. Da Hans Vogel zugleich als Vorsitzender der SPD und Vorsitzender der Union agierte, ist eine Trennung oft kaum möglich.[157] Zu berücksichtigen ist auch, daß Neu Beginnen über die besten persönlichen Verbindungen zu Repräsentanten der Labour Party verfügte.[158] Dies betraf jedoch vor allem Mitglieder des linken, deutschfreundlich eingestellten Flügel der Labour Party wie Philip Noel-Baker[159], Richard Crossman[160] und Patrick Gordon Walker[161]. Der ISK besaß durch seine englischen Mitglieder, die in der Socialist Vanguard Group zusammengefaßt und in der Labour Party organisiert waren, ebenfalls gute Verbindungen.

Zunächst waren die Beziehungen der Union zu Gillies sehr eng, es kam in der Gründungsphase zu mehreren Besprechungen mit ihm.[162] Auch in der weiteren Folge blieb der Kontakt zwischen Union und Gillies bzw. Labour Party sehr intensiv. Der sich in der SPD im Herbst 1941 entwickelnde Konflikt um die Bewertung der sozialdemokratischen Politik im Ersten Weltkrieg und in der Endphase der Weimarer Republik, um die Beurteilung der Haltung der deutschen Bevölkerung

---

156 Deshalb wird dieses Thema ausführlich weiter unten im Abschnitt Parteivorstand behandelt.
157 Glees verwendet deshalb – zu Unrecht – die Begriffe „SPD-Führung" und „Union" synonym. Vgl. Glees, Exile Politics.
158 Vgl. weiter unten Abschnitt V.2.
159 Noel-Baker, Philip, 1889–1982, britischer Labour-Politiker und Wissenschaftler, 1929–31 und 1936–70 MP, 1937–1948 Mitglied im National Executive Committee, führendes Mitglied der Fabian Society, 1942–1945 Parlamentary Secretary Ministry of War Transport, 1945–1946 Ministry of State im Foreign Office, später weitere Ministerämter.
160 Crossman, Richard, 1907–1974, britischer Labour-Politiker, Mitherausgeber von New Statesman and Nation 1938–55, befreundet mit Waldemar von Knoeringen, 1941/42 Chefredakteur des Senders der Europäischen Revolution, 1943 stellv. Direktor für Psychological Warfare im American Forces Headquarters in Algier, Assistant Chief of Psychological Warfare Division of SHAEF 1944/45, 1960–61 Vorsitzender Labour Party, 1964 Wissenschaftsminister.
161 Walker, Patrick Gordon, 1907–1980, Labour-Politiker, mehrere Deutschlandaufenthalte vor 1939, sprach fließend deutsch, Leiter der Arbeitersendungen der BBC nach Deutschland, Mitglied der Socialist Clarity Group, 1945–68 mit Unterbrechung 1964–66 MP, nach 1945 Minister in verschiedenen Labour-Kabinetten.
162 In mehreren Vorbesprechungen werden Gespräche mit Gillies erwähnt, für die aber keine Aufzeichnungen vorliegen. Eine kaum lesbare und bruchstückhafte Aufzeichnung von Gillies über das Gespräch mit den Teilnehmern der Unions-Vorbesprechungen am 28. Februar 1941 findet sich in: LHASC Manchester, LP/JSM(Int.) Box 9. Zu den Erwähnungen vgl. Nr. 4, 6, 8, 9, 13.

gegenüber dem Nationalsozialismus und schließlich um die Haltung zu der in der Atlantik-Charta vorgesehenen vollständigen und einseitigen Abrüstung Deutschlands, führte bis zum Sommer 1942 zur Reduzierung der Beziehungen zwischen PV und Labour Party auf eine rein formale Ebene und betraf in gleicher Weise die Union.[163] Die Union beschränkte sich danach im wesentlichen auf die Übersendung der von ihr verabschiedeten Beschlüsse, die Labour Party befaßte sich nicht mehr mit Angelegenheiten der Union. Selbst formelle Eingaben wie das Statement zu den alliierten Nachkriegsplänen vom 25. April 1944 wurden vom International Sub-Committee (ISC)[164] der Labour Party mit dem Beschluß „no action" abgetan und blieben unbeantwortet.[165] Auch nach der Ablösung von Gillies 1945 läßt sich keine Änderung feststellen. In den Protokollen des ISC findet sich im ganzen Jahr 1945 kein Tagesordnungspunkt, der sich speziell mit Deutschland befaßt hätte.[166]

3.3 Das Verhältnis zu den emigrierten europäischen Sozialisten und den internationalen sozialistischen Organisationen

Eine Sonderstellung nahmen die Beziehungen zu den deutschsprachigen sozialistischen und sozialdemokratischen Parteien ein. Mit den Repräsentanten des Londonbüros der österreichischen Sozialisten, Karl Czernetz[167] und Oskar Pollak, gab es mehrmals Besprechungen, außerdem traf man in den unten geschilderten Gremien

---

163 Ausführlich hierzu weiter unten Abschnitt III.4.1.

164 Das International Sub-Committee (ISC) der Labour Party war eine Untergliederung des National Executive Councils (NEC). Das ISC befaßte sich mit den internationalen Beziehungen der Labour Party, also auch mit den im Exil befindlichen europäischen sozialistischen Parteien. Mitglieder des ISC waren 1941 neben anderen Clement R. Attlee, George Dallas (Vorsitzender), Hugh Dalton, William Gillies (Sekretär), Harold J. Laski, Herbert Morrison, Philip J. Noel-Baker, James Walker, James S. Middleton. – Dallas, George, 1878–1961, Labour Party, 1929 Staatssekretär im Landwirtschaftsministerium, 1939 Vorsitzender der Nationalen Exekutive der Labour Party. – Laski, Harold Joseph, 1893- 1950, britischer sozialistischer Theoretiker und Labour-Politiker, Vorsitzender der Fabian-Society, 1936–49 NEC, MP, 1945/46 Vorsitzender der Labour Party. – Morrison, Herbert Stanley, 1888–1965, Labour Politiker, seit 1923 im Unterhaus, 1929–31 Transport-, 1940–45 Versorgungs-, dann Munitions- und Sicherheits-, 1945–51 Innen- und kurz Außenminister. – Walker, James, 1883–1945, Vorsitzender des schottischen TUC, 1939–45 Labour MP. – Middleton, James S. (Jim), 1878–1962. 1904 assistant secretary bei J. Ramsay MacDonald 1904 und nach 1911 bei Arthur Henderson, 1924–1929 und 1934–44 Sekretär der LP, zog sich 1944 aus dem politischen Leben zurück.

165 Vgl. Protokoll des ISC vom 20.6.1944, in: LHASC Manchester, LP/ISC Minutes, 1942–1949.

166 Ebd. Insofern ist Skepsis gegenüber der Bewertung Röders und Seebacher-Brandts angebracht, die vor allem die Intrigen Gillies' für die Verschlechterung der Beziehungen zur LP verantwortlich machen.

167 Czernetz, Karl, 1910–1978, RSÖ, 1938 Emigration über Schweiz, Frankreich nach GB 1939, mit Pollak Leiter des Londoner Büros der österreichischen Sozialisten in GB, Radiosprecher bei der BBC, gegen eine Wiederherstellung von Österreichs Selbständigkeit nach dem Kriege, 1945 Rückkehr nach Österreich, ab 1946 Mitglied des PV der SPÖ.

aufeinander.[168] Enge Verbindung bestand zu den sudetendeutschen Sozialdemokraten unter Wenzel Jaksch, der mit Vogel eng befreundet war und ebenfalls in Mill Hill wohnte.[169] Aber erst 1945, als die Vertreibung die Frage der Integration der sudetendeutschen Sozialdemokratie virulent werden ließ, kam es zu offiziellen Besprechungen.[170] Das schwierige Verhältnis der Sudetendeutschen Sozialdemokraten zur Tschechischen Republik ließ keine engen offiziellen Kontakte zu, ohne die Verbindungen zu anderen sozialistischen Parteien zu belasten.

Die Haltung der übrigen europäischen sozialistischen Exilparteien in London gegenüber den deutschen Sozialisten war nach der Wende 1941/42 überwiegend ablehnend. In der Regel waren nur einzelne Mitglieder, meist nicht die führenden, bereit mit deutschen Sozialisten zusammenzuarbeiten. Das Mißtrauen war groß, viele fragten sich, warum die deutsche Arbeiterbewegung dem Faschismus nicht mehr Widerstand entgegengesetzt hatte und wo der deutsche Arbeiterwiderstand jetzt im Kriege blieb. Als im ersten Halbjahr 1942 der Terror gegen die Bevölkerung in Polen und der Tschechoslowakei erschreckende Ausmaße annahm, die Lidiče-Aktion in Großbritannien Abscheu und Empörung hervorrief und zudem erste detaillierte Meldungen über den Völkermord an den Juden in Polen und der Sowjetunion eintrafen, aber trotzdem keine Zeichen von Widerstand oder Verweigerung innerhalb der deutschen Bevölkerung und besonders der Arbeiterschaft sichtbar wurden, vergrößerte sich die Distanz. Hinzu kamen ernüchternde Erfahrungen mit deutschen Emigranten, auch sozialistischen, die sich gegen die einseitige Abrüstung Deutschlands wandten oder in der Frage der Wiedergutmachung eine gravierende Belastung der Arbeiterschaft ebenso ablehnten wie die Zwangsarbeit deutscher Arbeiter im Ausland oder Gebietsabtrennungen[171]. Allerdings war es gerade dem ISK gelungen, durch aktive Beteiligung an der Widerstandständigkeit im besetzten Frankreich die Isolierung zu durchbrechen und gute Beziehungen zu einer Reihe von Vertretern sozialistischer Parteien aufzubauen.

---

168 Vgl. Nr. 22, 24, 42, 50. Zu den Revolutionären Sozialisten vgl. Maimann, S. 88ff.; Österreicher im Exil. Großbritannien 1938–1945. Eine Dokumentation, hrsg. vom Dokumentationsarchiv des österreichischen Widerstandes, bearbeitet von Wolfgang Muchitsch, Wien 1992, S. 154ff.; Karl Ausch, Das London-Büro der österreichischen Sozialisten, in: Die Zukunft, 1971, Nr. 10, S. 16–19.

169 Die persönliche und räumliche Nähe erklärt, warum sich im PV-Bestand kaum Korrespondenz mit Jaksch befindet; in: AdsD Bonn, PV-Emigration, Mappe 58 und 133. Zur sudetendeutschen Emigration vgl. Martin K. Bachstein, Wenzel Jaksch und die Sudetendeutsche Sozialdemokratie. Wien 1974; Menschen im Exil. Eine Dokumentation der sudetendeutschen sozialdemokratischen Emigration von 1938 bis 1945, hrsg. v. Seliger-Archiv e.V, Stuttgart 1974.

170 Vgl. Nr. 189.

171 Zu den britischen, tschechischen, polnischen und sowjetischen Plänen über Gebietsabtrennungen und Aufteilungspläne vgl. Dokumente zur Deutschlandpolitik. Reihe 1, Bd. 1, S. XLII ff.; Dokumente zur Deutschlandpolitik. Reihe 1, Bd. 3/1, S. XXXIIIff., XVIIIff.

Von den mißtrauisch bis feindlich eingestellten Exilregierungen und -organisationen (darunter auch sozialistischen) der überfallenen Länder wurde die deutschsprachige Emigration argwöhnisch beobachtet und jede nationalistische oder nationalistisch erscheinende Äußerung sorgfältig registriert.[172] Ausdruck dieser mißtrauischen Stimmung gegenüber den deutschen Sozialisten war die Zusammensetzung der vansittartistisch eingestellten „Fight For Freedom"-Gruppe, der prominente britische und europäische Sozialisten angehörten.[173] Es war weniger die Überzeugungskraft der Beweisführung Vansittarts, die ihm die große Anhängerschaft bescherte, als die praktischen Erfahrungen mit Deutschland. Allerdings schien er eine Erklärung für das Verhalten der Deutschen zu liefern, wenngleich die Behauptung einer aggressiven deutschen Rasse nicht jedermann zu überzeugen vermochte.

Die Union war am stärksten tangiert, wo es um die Beteiligung der deutschen Sozialisten an der Bildung internationaler sozialistischer und föderalistischer Organisationen ging. Nach dem Zerfall der 2. Internationale[174] wurden 1941 in London von verschiedenen Seiten Versuche unternommen, eine neue sozialistische Internationale aufzubauen oder zumindest ein Forum für den Meinungsaustausch sozialistischer Parteien zu schaffen.[175] Dabei zeichneten sich zwei Grundmodelle ab: Organisationen unter Einschluß der sozialistischen Parteien der „alien nations" (Deutschland, Österreich, Italien) oder solche, die diese explizit ausschlossen.[176]

Der Ausgrenzung der deutschen Sozialisten aus dem Kreis der internationalen sozialistischen Organisationen, wie sie auch von der Labour-Führung ab dem Sommer 1942 betrieben wurde, standen Versuche der Integration gegenüber. Sie stützten sich auf das internationalistische Selbstverständnis der sozialistischen Bewegung. Dabei waren die Repräsentanten dieser Linie oft nicht weniger mißtrauisch gegenüber den deutschen Sozialisten, deren aktueller wie insbesondere derjenigen Politik,

---

172 So gehörten dem „Groupement interallié pour l'étude des activités des Allemands et de leurs satellites" neben dem polnischen Grafen Potulicki und Lord Vansittart auch der letzte Vorsitzende der SAI, Camille Huysmans, an. Das „Groupement" beschäftigte sich intensiv mit den deutschen Sozialisten und Sozialdemokraten in England; vgl. Nr. 51.

173 Vgl. weiter unten Abschnitt III.4.1.

174 Vgl. hierzu Röder, Exilgruppen, S. 163ff.; Julius Braunthal, Geschichte der Internationale, 3 Bde., Hannover 1971; Werner Kowalski u.a., Geschichte der Sozialistischen Arbeiter-Internationale. Berlin/DDR 1985; Herman Balthasar, L'Internationale Socialiste. Les débats de Londres en 1940–1941, in: Cahiers Historiques du Seconde Guerre Mondiale 2, 1972, S. 191–210; Axel Wörner, Der Zerfall der SAI und seine Ursachen, Halle 1982 .

175 Einen Überblick bieten die Berichte des SPD-PV 1941 und 1942, vgl. Nr. 219 und 275; ebenso Röder, Exilgruppen, S. 167f.

176 Ausgeschlossen blieben die „alien nations" aus dem Anfang 1942 gebildeten „alliierten" Ausschuß des Huysmans-Komitees, aus dem 1944 von der Labour Party eingerichteten Komitee zum Aufbau einer neuen Internationale und von vielen Veranstaltungen. Vgl. ebd.; Nr. 275.

die man nach deren Rückkehr in das geschlagene Deutschland erwartete. Aber sie verfolgten mit der Einbindung eine überlegtere und auf längere Sicht angelegte Strategie zur Verhinderung deutscher Sonderentwicklungen.

Die Bemühungen zur Integration wurden vor allem von linkssozialistischen britischen Labourpolitikern und Organisationen getragen. Ein erster Versuch war das von Julius Braunthal im Auftrag von Victor Gollancz[177] geschaffene „International Socialist Forum" (ISF). Das ISF erschien ab Juni 1941 als regelmäßige Beilage in den von Gollancz herausgegebenen „Left News" (Chefredakteur war der Österreicher Julius Braunthal) und enthielt Beiträge zu Fragen, die die sozialistischen Parteien berührten. Dem Beirat des „International Socialist Forum" gehörten u.a. an: Louis de Brouckère, Harold J. Laski, Louis Lévy, Richard Löwenthal, Oskar Pollak, Paolo Treves[178] und Hans Vogel.[179] Der zweite, fast gleichzeitig stattfindende Versuch war die Gründung des International Bureau der Fabian Society.[180] Es wurde im Mai 1941 eingerichtet, um angesichts des Niedergangs der Sozialistischen Internationale einen Gesprächskreis für Mitglieder der europäischen sozialistischen Parteien zu schaffen. War das ISF ein literarisches Forum, so war es das

---

177 Gollancz, Victor, 1893–1967, englischer Verleger und Schriftsteller, gründete 1936 den sozialistischen Left Book Club, Hrsg. der Left News, trat gegen den Gedanken einer deutschen Kollektivschuld auf.

178 Treves, Paolo, 1908, Mitglied der Exekutive der illegalen Partito Socialista Italiano (PSI), 1938–44 in GB, 1940–44 Arbeit für BBC (Manuskripte, Sprecher), mehrere Buchveröffentlichungen, Mitglied des Advisory Committee des ISF und des International Bureau der Fabian Society, kehrte 1945 nach Italien zurück, Hrsg. des „Avanti".

179 Vgl. Nr. 214 und 275.

180 Die Fabian Society (FS) war 1883 gegründet worden. Sie gehörte zu den mit der LP verbundenen Organisationen und propagierte evolutionäre sozialistische Vorstellungen in der Labour Party und in der britischen Öffentlichkeit. Zu den bekanntesten Mitgliedern der Führung gehörten während des Krieges Philip Noel-Baker, Henry Noel Brailsford, John Parker, John Hynd, Creech Jones, Harold J. Laski, Ellen Wilkinson und Victor Gollancz. Die FS unterstützte die deutschen sozialistischen Exilorganisationen und bot ihnen mit Tagungen, Veranstaltungen und Veröffentlichungen ein Forum. In der Diskussion über die europäische Nachkriegsordnung trat sie für eine „gesamteuropäische Nachkriegsrevolution unter Einschluß der demokratisch-sozialistischen Kräfte Deutschlands" ein. Vgl. Röder, Exilgruppen, S. 160. Die FS hatte verschiedene „Research groups" ins Leben gerufen, die sich mit Aspekten der Nachkriegsplanungen beschäftigten. Die „Group on Germany" wurde 1942 von Hynd, 1943 von Brailsford geleitet. – Brailsford, Henry Noel, 1873–1958, sozialistischer Journalist und Buchautor, 1937 Mitunterzeichner eines Manifests gegen Faschismus, Reaktion und Krieg, scharfer Kritiker Chamberlains, schrieb für den „New Statesman and Nation", „Reynold News", protestierte gegen die Internierung der deutschen und österreichischen Flüchtlinge, wandte sich gegen die Vorwürfe Lord Vansittarts. – Parker, John, *1906, TUC-Funktionär, LP-MP Dagenham 1945, Parliamentary Under-Secretary Dominions Office 1945–46. – Hynd, John, 1902–71, TUC-Funktionär, LP, 1944–70 MP-LP, Minister für deutsche und österreichische Belange Juli 1945 – April 1947. – Jones, Arthur Creech, 1891–1964, Labour-Politiker, 1940–44 Leiter der Sektion Kolonien der Fabian Society, 1946 Minister für die Kolonien. – Wilkinson, Ellen Cicely, 1891–1947, Linkssozialistin, LP, Mitbegründerin der „Tribune", im Kabinett Churchill parlamentarische Sekretärin bei Innenminister Morrison, 1945–47 Ministerin für Erziehung.

Ziel des IB, Tagungen und Veranstaltungen zu organisieren, auf denen die Perspektiven für die europäische Nachkriegsordnung diskutiert werden konnten. Mitglieder des Beirates waren Anfang 1942 u.a. Philip Noel-Baker MP (chairman), H.N. Brailsford, Harold J. Laski, Kingsley Martin[181], John Parker MP, später auch Ernst Friedrich Schumacher, als Organisationssekretärin war Mildred Bamford tätig.[182] Zu dem Kreis der Vertreter aus den europäischen sozialistischen Parteien gehörte auch Hans Vogel.

Angesichts dieser Bemühungen sah sich die Labour Party im Zugzwang, um den Einfluß auf die in Großbritannien im Exil lebenden Vertreter europäischer sozialistischer Parteien zu behalten. Insbesondere die Aktivitäten Gollancz' und Braunthals wurden als Angriff gewertet. Der letzte Präsident der SAI, der belgische Sozialist Camille Huysmans[183] wurde beauftragt, ein Komitee zu bilden, in dem die sozialistischen Parteien zu einem Meinungsaustausch zusammenkommen konnten: "a consultative committee with a British secretary, working in the closest co-operation and agreement with the British Labour Party and composed of representative Socialists with or without mandates from their Parties".[184] Dem im August 1941 gebildeten internationalen Komitee, hier als „Huysmans-Komitee" bezeichnet, sollten nach einem Beschluß des ISC vom 18. Juli 1941 neben Huysmans u.a. folgende Vertreter sozialistischer Parteien angehören: de Brouckère (Belgien), Lévy (Frankreich), Johan Willem Albarda[185] (Niederlande), Adam Ciołkosz (Polen), Berl Locker[186] (Palästina), Vogel (Deutschland), Pollak (Österreich) und je ein Vertreter der tschechischen Sozialdemokraten und der DSAP. Von Seiten der Labour Party nahmen u.a. George Dallas und Gillies teil.[187] Die SPD und die Union repräsentierte Hans Vogel, der aber zeitweise mit anderen fernblieb, als Huysmans auch Curt Geyer[188] einlud.[189] Die Arbeit des Komitees blieb steril, da

181 Martin, Kingsley B., 1897–1869, sozialistischer Journalist, Chefredakteur New Statesman and Nation.
182 Vgl. Schreiben des Fabian International Bureau an Hans Vogel vom 30.1.1942, in: AdsD Bonn, PV-Emigration, Mappe 36.
183 Huysmans, Camille, 1871–1968, Sekretär der Belgischen Arbeiterpartei, 1931–40 SAI-Exekutive, 1940 letzter SAI-Vorsitzender, 1940 Exil GB, Vorsitzender des von der LP eingesetzten Internationalen Komitees aus Mitgliedern europäischer sozialistischer Parteien, Mitglied des geschäftsführenden Ausschusses der Fight for Freedom, 1946/47 belgischer Ministerpräsident, 1947–49 Unterrichtsminister, 1965 Parteiaustritt.
184 Beschluß des ISC vom 11.7.1941, in: LHASC Manchester, LP/ID/Countries and Organisations, Box 4.
185 Albarda, Johan Willem, 1877–1957, Vorsitzender der niederländischen SP, 1939 Präsident der SAI, 1940 Emigration GB.
186 Locker, Berl, Vertreter des Palestine Labour Political Committee/Poale Zion, Mitglied des Exekutivkomitees der Jewish Agency for Palestine.
187 LHASC Manchester, LP/ID/Countries and Organisations, Box 4.
188 Geyer, Curt, 1891–1967, 1920–24 MdR (USPD, KPD, KAG, ab 1922 SPD), innenpolitischer Redakteur des Vorwärts, 1933 Emigration ČSR, Mitglied Sopade-Büro, 1935–40 Chefredakteur

sich der Meinungsaustausch auf das Anhören von Referaten und vorgefertigten Stellungnahmen beschränkte.

Ohne offiziell vertreten zu sein, waren die Pläne und Vorhaben von zwei weiteren internationalen Gremien Gegenstand von Verhandlungen des Exekutivkomitees der Union. Hans Gottfurcht war sowohl Mitglied des von Lord Davies gegründeten „New Commonwealth Club"[190] als auch der „Federal Union"[191], die beide Konzepte für eine neue Weltordnung diskutierten. Die intensive Befassung der Union mit den Plänen von Lord Davies im Juni 1941, die auch eine Gesamtvertretung des deutschen Exils in Großbritannien implizierten, wurden auf eine Warnung der Labour Party hin gestoppt[192]. Dagegen wurde die Verbindung mit der Federal Union, die besonders von Gottfurcht und dem ISK getragen wurde, fortgeführt und mehrmals in der Exekutive besprochen.[193] Die Federal Union verlor angesichts der weiteren militärischen und politischen Entwicklung und der Herausbildung der Vereinten Nationen an Bedeutung, wenngleich sie auch noch in der Nachkriegszeit wirkte.

3.4 Das Verhältnis der Union zu britischen und alliierten Regierungsstellen

Das Foreign Office hatte 1940 die Einreise Vogels und Ollenhauers nach Großbritannien ermöglicht. Man erwartete sich von der Sopade-Führung eine Stärkung im Propagandakrieg gegen Deutschland, dem das Konzept der „europäischen Revolu-

---

NV, 1937 Frankreich, 1938 kooptiert im PV, 1940 Portugal, Juni 1941 GB, Januar 1942 Austritt aus Sopade, dann Parteiausschluß, Mitbegründer Fight for Freedom, Mitglied des Huysmanskomitee bis ca. 1945, 1947–1963 Korrespondent der Süddeutschen Zeitung in London.

189 Vgl. Nr. 72.
190 Lord David Davies hatte 1931 in New York sein Buch „The Problem of Twentieth Century" veröffentlicht, dessen Wirkung 1932 zur Gründung der New Commonwealth Gesellschaft führte. Diese trat in ihren Schriften ein für die Fortentwicklung des Völkerbundes durch Einführung einer verpflichtenden Schiedsgerichtsbarkeit und die Schaffung einer dem Völkerbund unterstehenden internationalen Truppe zur Durchsetzung ihrer Beschlüsse. Von 1935–42 erschien die Zeitschrift „New Commonwealth Quarterly". In seinem 1940 in London erschienenen Werk „A Federated Europe", plädierte Lord Davies für die Schaffung der „Vereinigten Staaten von Europa", in denen Außenpolitik und Verteidigung Sache der Union sein sollten. Demokratische Struktur der Einzelstaaten bzw. föderalistische Legislative wurden nicht verlangt. Im gleichen Jahre im Januar wurde auch eine Erklärung über die Kriegszielpolitik veröffentlicht. Präsident der britischen Gruppe der NC-Bewegung war 1940 Winston Churchill, Vizepräsident Duff Cooper. Vgl. Europa-Föderationspläne der Widerstandsbewegungen 1940 bis 1945, Dokumentation, gesammelt und eingeleitet von Walter Lipgens, München 1968, S. 405f., 412f. (Erklärung).
191 Projekt einer föderalistischen atlantischen Union, vgl. ausführlicher Anm. 5 zu Nr. 49.
192 Vgl. Nr. 22, 24, 25–28. Gillies hatte zunächst geraten, die Gespräche fortzuführen. Als das Foreign Office, das darin Vorbereitungen für eine deutsche Exilvertretung sah, die Initiative Davies' ablehnte, ließ Gillies den Kontakt abbrechen, in: PRO London, FO, 371/26559. Ollenhauer betonte in einem Brief an Gillies am 14. Juli 1941, daß diese Verhandlungen nicht im Namen der „Union", sondern von Gottfurcht auf eigene Verantwortung geführt worden seien; in: LHASC Manchester, LP/JSM (Int), Box 8, Germany.
193 Zur Befassung mit der FU vgl. Nr. 49, 56, 66, 89.

tion" zugrunde lag. Nach der Ankunft in London lassen sich aber keine direkten persönlichen Kontakte mit offiziellen britischen Regierungsstellen feststellen. Ansprechpartner für Sopade wie Union in Bezug auf die Verbindung mit Regierungsstellen wurde Gillies als internationaler Sekretär der Labour Party. Die Korrespondenz Vogels als Vertreter der Union wie als SPD-Vorsitzender mit britischen Dienststellen ist dürftig. Sie betrifft vor allem formale Angelegenheiten wie übersandte Erklärungen oder Genehmigungen.[194] Union und Sopade blieben zu Regierungsstellen bewußt auf Distanz, um nicht in ein Abhängigkeitsverhältnis zu geraten oder zumindest diesen Eindruck zu erwecken.

Unterhalb der Ebene einer institutionellen Anerkennung waren britische Dienststellen an einer individuellen Mitarbeit der Emigranten interessiert. Deren Fähigkeiten und Kenntnisse waren im Propagandakrieg gegen Deutschland und bei der Entwicklung der Pläne für die Nachkriegsordnung und die Besatzung durchaus erwünscht. Allerdings blieb die Mitwirkung der Emigranten, sieht man vom „Sender der Europäischen Revolution" (s. Abschn. V.) ab, auf Zuarbeit beschränkt. Aber damit bot sich immerhin die Chance, an Informationen zu gelangen, eine eigene Interpretation zu entwickeln und diese weiterzugeben. Besonders in der Rundfunkpropaganda aber auch in den anderen Medienbereichen wie Nachrichtenagenturen, Zeitungen etc. arbeiteten Emigranten, darunter nicht wenige Mitglieder der Union als Redakteure, als Verfasser von Beiträgen und als Sprecher.[195] In Expertenkommissionen und in Beraterstäben beteiligten sich emigrierte Wissenschaftler, Juristen und andere Fachleute an der Ausarbeitung von Konzeptionen und Denkschriften.[196] Allerdings wies die deutsche sozialistische Emigration nur vergleichsweise wenige hochqualifizierte Spezialisten, Intellektuelle und Wissenschaftler auf, zu nennen sind jedoch der Landwirtschaftsexperte Dr. Werner Klatt[197] (NB), die Nationalöko-

---

194 Vgl. die Korrespondenz mit Foreign Office und Ministry of Information, in: AdsD Bonn, PV-Emigration, Mappen 42 und 75. In den Akten des Foreign Office fällt das Fehlen eines Bestandes SPD/Union auf, während gleichzeitig ein Bestand „Free German Movement" vorhanden ist; zum Teil sind SPD/Union-Betreffe in dieser Akte enthalten. Es finden sich auch nur wenige Schreiben von Union/SPD im FO-Bestand, dagegen zahlreiche der verschiedenen Organisationen aus dem kommunistischen Umfeld. Allerdings ist eine Reihe der im „Index to the correspondence of the Foreign Office" 1941–1945 genannten Aktenvorgänge, die die Sopade betrafen, nicht an das PRO übergeben worden, wie z.B. 1942 W 10753/464/48 Notes on Sopade, 1943 C553/533/62, Erich Ollenhauer, Memo on Career, activities and plans of the German Socialists in UK.
195 Vgl. Conrad Pütter, Deutsche Emigranten und britische Propaganda. Zur Tätigkeit deutscher Emigranten bei britischen Geheimsendern, in: Gerhard Hirschfeld (Hrsg.), Exil in Großbritannien. Zur Emigration aus dem nationalsozialistischen Deutschland, Stuttgart 1983, S. 106–137; ders. Rundfunk gegen das „Dritte Reich". Deutschsprachige Rundfunkaktivitäten im Exil 1933–1945. Ein Handbuch, München etc. 1986, S. 86ff.
196 Vgl. Ulrich Reusch, Die Londoner Institutionen der britischen Deutschlandpolitik 1943–1948. Eine behördengeschichtliche Untersuchung, in: Historisches Jahrbuch 100, 1980, S. 318–443.
197 Klatt, Dr. Werner, *1904, Landwirtschaftsexperte, 1930–39 IG-Farben, SPD und Gewerkschaftsbewegung, nach 1933 NB, 1939 Schweiz und GB, 1940 interniert, 1940–46 Tätigkeit für

nomen Ernst F. Schumacher und Kurt Mandelbaum[198] (NB), die Pädagogen Minna Specht[199] (ISK) und Fritz Borinski[200] (SPD).

Mit dem „Pioneer corps" hatte die britische Regierung eine militärische Einheit geschaffen, die auch Emigranten offenstand, aber nicht zu Kampfeinsätzen herangezogen wurde. Es umfaßte im Dezember 1940 ca. 20 000 Mann. Seit 1940 konnten auch die deutschen und österreichischen „enemy aliens" dem Pioneer Corps beitreten, für die ein Rekrutierungsbüro im Bloomsbury House eingerichtet wurde. Im Juli 1940 stammten von den 2406 Ausländern im Pioneer Corps 1 091 aus dem Deutschen Reich und 628 aus Österreich. Wer sich zu dieser Einheit meldete, konnte aus der Internierung entlassen werden. Im April 1941 überschritt die Zahl der „enemy aliens" im Pioneer Corps die Grenze von 5 000. Seit 1942 war auch der Eintritt in die kämpfende Truppe möglich. Nach einer britischen Statistik vom September 1945 dienten insgesamt 3 420 Deutsche in britischen Armee-Einheiten.[201] Die Diskussion über die Haltung zum Pioneer Corps in Unionsvorbesprechungen[202] erscheint eher zufällig. Tatsächlich wurde hier aber indirekt eine zentrale Frage angesprochen, die für die Rolle der Union im Konzept der „europäischen Revolution" von weitreichender Bedeutung war. Sollte sich die Union bzw. ihre Mitglieder am bewaffneten Kampf gegen Deutschland, sei es im Militär, sei es in Aktionen der Nachrichtendienste, beteiligen?

3.5 Die Mitarbeit in den Nachrichtendiensten SOE und OSS

Bis 1940 waren in Großbritannien insbesondere zwei Nachrichtendienste mit Abwehr und Aufklärung gegenüber Deutschland befaßt. MI5 war zuständig für

---

das Political Intelligence Department des FO, wurde britischer Staatsbürger, LP, bereiste 1945 Deutschland als Agrarexperte, 1951–1966 Wirtschaftsberater im FO.

198 Mandelbaum, Dr. Kurt, *1904, Wirtschaftswissenschaftler, SPÖ Wien, Wirtschaftsexperte des ADGB, 1935 GB, gehört zum Kreis von NB.

199 Specht, Minna, 1879–1961, Mitarbeiterin von Leonard Nelson, im inneren Führungskreis des ISK, Leiterin des ISK-Landerziehungsheims Walkemühle, 1933 Übersiedlung der Schule nach Dänemark, 1938 nach Wales, Internierung 1940, Mitarbeit bei der Programmdiskussion der Union, auf schulischem Gebiet Zusammenarbeit mit der Fabian Society, Mitarbeit bei German Education Reconstruction, Rückkehr nach Deutschland, 1946–51 Leiterin der Odenwaldschule, später Mitarbeiterin der UNESCO.

200 Borinski, Dr. Fritz, 1903–1988, 1928 SPD, Lehrer an der Heimvolkshochschule Sachsenburg, Emigration 1934 GB, Kontakte zu Otto Strasser, 1940–41 interniert, 1943 German Educational Reconstruction, 1946 Leiter der Heimvolkshochschule Görde.

201 Vgl. hierzu Wolfgang Muchitsch, Mit Spaten, Waffen und Worten. Die Einbindung österreichischer Flüchtlinge in die britischen Kriegsanstrengungen 1939–1945, Wien etc. 1992, bes. S. 23–45; Roder, Exilgruppen, S. 189–191; Norman Bentwich, I understand the Risk, London 1950. Berichte über das „Pioneer Corps" finden sich in den Briefen F. Herings an Walter Auerbach in: AdsD Bonn, NL Auerbach, Mappe 21/22.

202 Vgl. Nr. 1.

Spionageabwehr, Gegenspionage und Inlandsaufklärung, überwachte also auch die Emigranten.[203] MI6 oder Secret Intelligence Service (SIS) war für die Auslandsaufklärung zuständig.[204] SIS hatte seit Mitte der 30er Jahre auf dem Kontinent neben den bereits bestehenden Stützpunkten in den Visaabteilungen der Botschaften und Konsulate ein umfangreiches und unabhängiges Netz von Agenten („Z-network") aufgebaut, die in Wirtschaftsunternehmen integriert waren. Zu den Deutschen, die Teil dieses Netzes waren oder mit ihm kooperierten gehörten u.a. Gottfried Treviranus (nach West einer der besten Agenten), eine Gruppe deutscher Sozialdemokraten in Berlin (bis 1939) und ein Kreis deutscher Sozialdemokraten in Prag.[205] Als es der deutschen Abwehr gelang, am 9. November 1939 in Venlo den Leiter des Z-Apparates in Den Haag, Sigismund Best, und den Führer des dortigen SIS-Stützpunktes (Richard Stevens) zu entführen, und diese unter Folter Angaben über den SIS und das Z-network preisgaben, war die Aufklärung gegen Deutschland weitgehend lahmgelegt.[206] Mitte 1940 bestanden nur noch drei große SIS-Stationen in Europa: Stockholm, Lissabon und Bern, wo über Schweizer Nachrichtendienste auch Verbindungen zu sozialdemokratischen Gruppen in Deutschland bestanden.[207]

Die Gründung der Special Operations Executive (SOE) im Sommer 1940 hing eng mit dem Desaster des SIS zusammen, andererseits aber auch mit der neuen Strategie der „Europäischen Revolution".[208] Der Labourpolitiker Dalton, zugleich Kabinettsmitglied, hatte nach einer Besprechung auf höchster Ebene am 2. Juli 1940 an das Außenministerium geschrieben: "What is needed is a new organisation to co-ordinate, inspire, control and assist the nationals of the oppressed countries who must themselves be direct participants. We need absolute secrecy, a certain fanatical enthusiasm, willingness to work with people of different nationalities, complete political reliability. ... But the organisation should in my view, be entirely independent of the War Office machine." [209] Die SOE bildete ein zentrales Element der neuen Strategie, die Widerstandsbewegung in den besetzten Ländern und in

---

203 Vgl. hierzu Nigel West, MI5. British Security Service Operations 1909–1945, New York 1982. West geht jedoch nur auf die Überwachung der britischen Kommunisten und Faschisten und auf die Abwehr deutscher Agenten ein. Die Überwachung der und die Verbindungen zur deutschen Emigration bleiben unerwähnt.
204 Vgl. hierzu Nigel West, MI6. British Secret Intelligence Service Operations 1909–45, New York 1983.
205 Vgl. ebd. S. 68f., 115.
206 Vgl. West, MI6, S. 12, 72ff.; ebenso Nigel West, Secret War. The Story of SOE, Britain's Wartime Sabotage Organisation, London 1993, S. 23.
207 West, MI6, S. 115.
208 Zum SOE vgl., West, Secret War; M.R.D. Foot, SOE. An outline history of the Special Operations Executive 1940–46, London 1984; Anthony Glees, The Secrets of the Service. A story of Soviet Subversion of Western Intelligence, New York 1987.
209 Zit. nach West, Secret War, S. 24. Zur Gründung des SOE vgl. auch Foot, S. 29ff.; Glees, Secrets, S. 68ff.

Deutschland zu stärken und auf längere Sicht zu einem Aufstand gegen die deutsche Herrschaft zu mobilisieren. Die SOE arbeitete dabei eng mit den nationalen Nachrichtendiensten der Exilregierungen und den Widerstandsbewegungen auf dem Kontinent zusammen, insbesondere aber mit Sozialisten und Gewerkschaftern.[210] SOE unterschied sich noch in einer anderen Hinsicht vom SIS: Neben der Aufklärung und verdeckten Aktionen (SOE2) befaßte er sich auch intensiv mit Propaganda gegen Deutschland und der Aufklärung der Bevölkerung in den besetzten Gebieten (SOE1). Es war keine offene Propaganda wie bei BBC, die vor allem durch sachliche Aufklärung ihr Ziel zu erreichen suchte, sondern eine verdeckte, die sich verschiedener Tarnsender bediente, die vorgaben, von deutschen Widerstandsorganisationen betrieben zu werden (z.B. der „Sender der europäischen Revolution") und gezielt auch mit dem Mittel der Desinformation arbeiteten. Mit der Wende der britischen Strategie 1941/42 von der „europäischen Revolution" zur „bedingungslosen Kapitulation" verlor die SOE ihre eigentliche Rechtfertigung. Zwar wurde die Unterstützung der nationalen Widerstandsbewegungen fortgesetzt, aber nun den militärischen Prioritäten untergeordnet. Die SOE wurde, was Deutschland betraf, weitgehend lahmgelegt.[211]

Die Strukturen der britischen Nachrichtendienste wurden in der Kriegszeit immer verwirrender. Die Gründung der SOE 1940 bei Fortbestehen des SIS sowie die Ausweitung der Kompetenzbereiche der Nachrichtendienste in zivile Sektoren des öffentlichen Lebens (Rundfunk, Universitäten, Forschung etc.) erschwert Differenzierungen. Die enge und gleichberechtigte Kooperation der SOE mit dem amerikanischen Office for Strategic Services (OSS) ab 1943 hat dazu geführt, daß durch die Öffnung der OSS-Archive der Eindruck entstand, die SOE sei in diesen Aktionen 1944/45 unbedeutend gewesen. Dies ist durchaus nicht der Fall. Jedoch ist die Zusammenarbeit von deutschen Emigranten in Großbritannien mit den britischen Nachrichtendiensten bis heute aus mehreren Gründen nur unzureichend zu rekonstruieren.[212] Die Strukturen, Kompetenzen und Abgrenzungen der einzelnen Dienste sind nur schwer zu durchschauen. Eine strikte Trennung von politischer, militärischer nachrichtendienstlicher und regulärer administrativer Tätigkeit war während des Krieges nur begrenzt möglich. Die Vereinigung von Partei-, Regierungs- und Nachrichtendienstaufgaben in einer Person, wie z.B. bei Dalton und Crossman, bietet Raum für Interpretationsmöglichkeiten. Nach wie vor ist die Literatur zu den

---

210 Vgl. Glees, Secrets, S. 77, 80f., 90f.
211 Vgl. auch Glees, Secrets, S. 71.
212 Vgl. hierzu Röder, Exilgruppen, S. 122, 176f.; Jan Foitzik, Revolution und Demokratie. Zu den Sofort- und Übergangsplanungen des sozialdemokratischen Exils für Deutschland 1943 bis 1945, in: IWK 24, 1988, S. 308–342. Ausführlich hierzu: Ludwig Eiber, Verschwiegene Bündnispartner. Die Union deutscher sozialistischer Organisationen in Großbritannien und die britischen Nachrichtendienste, in: Exilforschung 15, 1997, S. 66–87.

mit Deutschland und Deutschen befaßten Abteilungen der britischen Nachrichtendienste dünn und deren Akten sind nicht zugänglich.[213] Auch in den Biographien und Erinnerungen deutscher Emigranten wird dieses Thema mit großer Zurückhaltung behandelt. Aus den zugänglichen Unterlagen läßt sich ersehen, daß aus dem Kreis der deutschen Emigranten in Großbritannien neben Dr. Fritz Demuth, Fritz Heine, Paul Walter, Walter Fischer[214] für SOE und andere britische Dienststellen arbeiteten und auch andere wie Willi Eichler oder Hans Gottfurcht enge Verbindungen dorthin besaßen. Es spricht einiges dafür, daß weitaus mehr Personen als bisher bekannt einbezogen waren und die deutsche Sektion von SOE und SIS weitaus bedeutender war als bisher angenommen.

In der zweiten Hälfte der 30er Jahre und besonders nach Kriegsbeginn gewannen die deutschen Emigranten für die Alliierten neben der Nachrichtenbeschaffung auch für die Analyse und Interpretation der erhaltenen Informationen an Bedeutung. Ein erster Ansatz hierzu war das „Central European Joint Committee", das zwar mehr die Propaganda nach Deutschland zum Ziele hatte, was aber zugleich die systematische Auswertung von Nachrichten aus Deutschland voraussetzte.[215] Dem Komitee, das aus dem Kreis um Dr. Demuth hervorgegangen war, gehörten u.a. an, Karl Frank[216] (NB), Wilhelm Sander (SPD), Hans Gottfurcht (Gewerkschaften). Die Arbeit deutscher Emigranten im Bereich der Political Warfare Executive (PWE), Political Intelligence Department (PID) und der Special Operations Executive (SOE) beschränkte sich zunächst im wesentlichen auf Auswertung und Analyse. Fritz Demuth hat dabei weiterhin als Verbindungsstelle zwischen britischen Stellen und Exilorganisationen auch nach der Auflösung des Central European Joint Committee 1940 eine wichtige Rolle gespielt.[217]

Auch für die Emigrantenorganisationen gewann die Zusammenarbeit mit Nachrichtendiensten nach Kriegsbeginn eine zusätzliche Bedeutung. Sie waren nicht nur abgeschnitten von den Vertrauensleuten im Reich, auch Zeitungen und Veröffentlichungen aus Deutschland waren nicht mehr ohne weiteres zugänglich, Informatio-

---

213 Vgl. West, Secret War, S. 312; ähnlich Glees, Secrets, S. 89f. Dem Autor waren ebenfalls keine entsprechenden Bestände zugänglich. Ruby erwähnt, daß auch britische Forscher nur vom FO sorgfältig ausgewählte Akten vorgelegt erhielten und keine Erlaubnis hatten, SOE-Mitarbeiter zu befragen. Vgl. Marcel Ruby, F Section SOE. The Buckmaster Network, London etc. 1990, S. 289.

214 Fischer, Walter, *1905, Journalist, 1922 SPD, 1931 SAP, 1936 Emigration ČSR, 1938 Norwegen, 1940 GB, 1940/41 Internierung in Kanada, ab 1942 im PID tätig, Mitarbeit bei Programmdiskussion der Union, 1946 Rückkehr nach Westdeutschland, Lizenzträger und Chefredakteur „Fränkische Presse" (später „Nordbayerischer Kurier") in Bayreuth.

215 Vgl. Röder, Exilgruppen, S. 179f.

216 Frank, Karl, (in den USA: Paul Hagen), 1893–1969, KPD, KPO, 1932 SAP, Ende 1932 LO/NB, SPD, 1933 Emigration Österreich, ČSR, ab 1935 führendes Mitglied von NB, 1938 Frankreich, 1939 GB, USA, 1944 Mitbegründer des Council for a Democratic Germany (CDG), nach dem Krieg Psychoanalytiker in den USA.

217 Vgl. hierzu Röder, Exilgruppen, S.179f; Nr. 223, 225, 226.

nen wurden der Öffentlichkeit vorenthalten. Für politische Organisationen, die zu politischen Entwicklungen Stellung nehmen und Konzepte für die Nachkriegszeit erarbeiten wollten, waren frühzeitige und richtige Information von größtem Gewicht. Einen guten Zugang zu Informationen boten Nachrichtenagenturen und -dienste, vor allem Nachrichtensammel- und Auswertungsstellen. Der Zugang zur Information war also an die Mitarbeit in bestimmten Bereichen wie der Rundfunkpropaganda (SOE) oder der Analysetätigkeit für Nachrichtendienste gebunden. Die Arbeit Heines bei SOE und das „research work" Ollenhauers müssen unter diesem Aspekt gesehen werden. Nur so konnten unter den Bedingungen des Krieges zuverlässige Informationen über die Verhältnisse in Deutschland und über die Pläne der Alliierten gewonnen werden. So verfügten alle Unionsorganisationen über Mitglieder, die in diesen Bereichen arbeiteten oder entsprechende Kontakte und Zugänge besaßen. Zu einer Zusammenarbeit im operativen Bereich kam es vor Kriegsende jedoch lediglich beim ISK.[218]

Neue Möglichkeiten ergaben sich jedoch, als das im Juni 1942 gebildete amerikanische Office for Strategic Services (OSS) 1942 in London eine schnell wachsende Niederlassung gründete und mit den Planungen für den Krieg auf dem Kontinent Emigranten neue Einsatzmöglichkeiten öffncte.[219] Die stärkere Berücksichtigung des innerdeutschen Widerstandes und die Einbeziehung geeigneter Emigranten durch den OSS ging auf Vorschläge von Karl Frank (dort Paul Hagen) vom 10. April 1942 zurück, die in der Folge weitgehend umgesetzt wurden.[220] Die Verbindung zur Emigration in Großbritannien und Europa vermittelte vor allem Toni Sender[221], die seit August 1942 als feste Mitarbeiterin in dem mit dem OSS

---

218 Vgl. weiter unten Abschnitt IV.
219 Zum OSS vgl. Barry M. Katz, Foreign intelligence. Research and analysis in the Office of Strategic Services 1942–1945, Cambridge Mass. 1989; George C. Chalou (Hrsg.), The Secret War. The Office of Strategic Services in World War II., Washington DC 1992; zur OSS-Tätigkeit in Bezug auf Deutschland vgl. Foitzik, Revolution und Demokratie; Klaus-Dietmar Henke, Die amerikanische Besetzung Deutschlands, München 1995, S. 630–645; Jürgen Heideking/Christof Mauch (Hrsg.), Geheimdienstkrieg gegen Deutschland. Subversion, Propaganda und politische Planungen des amerikanischen Geheimdienstes im Zweiten Weltkrieg, Göttingen 1993; Jürgen Heideking (Hrsg.), USA und deutscher Widerstand. Analysen und Operationen des amerikanischen Geheimdienstes im Zweiten Weltkrieg; Originaldokumente aus dem Amerikanischen übersetzt, Tübingen etc. 1993; Petra Marquardt-Bigman, Amerikanische Geheimdienstanalysen über Deutschland 1942–1949, München 1995.
220 Franks (Hagen) Ausarbeitung „Vorbereitung einer Zusammenarbeit mit der Anti-Nazi-Untergrundbewegung" ist abgedruckt in: Heideking/Mauch, USA und deutscher Widerstand, S. 155–158.
221 Sender, Toni, 1888–1964, 1908 SPD, 1917–22 USPD, 1922 SPD, 1920–33 MdR, ab 1927 Red. „Frauenwelt", 1933 ČSR, Belgien, 1935 USA, Korrespondentin und Mitarbeiterin versch. Zeitschriften, Studium a.d. New School for Social Research u.a., 1941–44 Mitarbeiterin OSS, 1941 Vorst. Mitgl. des (sozialdemokratischen) German-American Council for the Liberation of Germany from Nazism, 1944–46 Wirtschaftssachverständige der UNRRA, 1946–57 Beauftragte der AFL und d. IBFG bei der UNO.

verbundenen „Office of European Labor Research" tätig war.[222] Über diese Verbindung sollten Informationen über die Lage der Arbeiterschaft und des Widerstandes in Europa beschafft werden. Außerdem sollten über die Kontakte mit führenden Funktionären der Exilorganisationen qualifizierte Personen für den späteren Einsatz in Deutschland gefunden werden. Toni Sender stellte unter anderem die Verbindung zwischen dem OSS und den Gewerkschaftern Hans Jahn und Hans Gottfurcht und den Kontakt zur Sopade über Willy Sander und Fritz Heine her.[223]

Die Labor Branch (Labor Desk) des OSS in London wurde im September 1942 von Arthur J. Goldberg aufgebaut, der zuvor schon in New York eine entsprechende Abteilung eingerichtet hatte.[224] Nach der Rückkehr Goldbergs übernahm George O. Pratt die Leitung des Labor Desk, nach dessen Weggang Anfang 1945 wechselte die Leitung mehrmals.[225] Die OSS-Dienststelle arbeitete bis 1944 eng mit der britischen SOE zusammen, insbesondere im offensiven Bereich.

Die Union beschäftigte sich nach ihren Protokollen erstmals am 21. Mai 1943 in einer Sitzung mit der Zusammenarbeit mit dem OSS.[226] Allerdings wurde dort nur auf die Anfrage der US-Botschaft vom 18. Mai 1943 nach Namenslisten von Nazi-Opfern der deutschen Opposition und auf die Einladung zu einem Gespräch Bezug genommen, für das man Gottfurcht und Ollenhauer als Gesprächspartner bestimmte.[227] Tatsächlich verbarg sich hinter der angegebenen Telefonnummer „8444" das Labor Desk des OSS.[228] In späteren Sitzungen wurde der Themenkomplex als „Zusammenarbeit mit alliierten Relieforganisationen" diskutiert.[229] Die Zusammenarbeit mit dem OSS wurde zu einem Schwerpunkt der Tätigkeit der Union, da dies vorteilhaft für wichtige Anliegen der Union war.

---

222 Vgl. hierzu Annette Hild-Berg, Toni Sender (1888–1964). Ein Leben im Namen der Freiheit und der sozialen Gerechtigkeit, Köln 1994, S.216ff.
223 Vgl. Hild-Berg, Toni Sender, S. 223; Korrespondenz Sender-Gottfurcht in: AdsD Bonn, HBA, NL Gottfurcht, K37, 8444. Zur Zusammenarbeit Jahns und Gottfurchts mit dem OSS vgl. auch Michael Fichter, Besatzungsmacht und Gewerkschaften. Zur Entwicklung und Anwendung der US-Gewerkschaftspolitik in Deutschland 1944–1948, Opladen 1982, S. 78ff.
224 Vgl. Marquardt-Bigman, S.100. Goldberg wurde vom Jewish Labour Committee, New York, bei Heine angemeldet. Vgl. JLC an Heine 3.9.1942, in: Privatbesitz Heine, Ordner Emigration (London) 1941–45, [Korrespondenz] F-K. Die Tätigkeit des Londoner OSS-Büros ist ausführlich dokumentiert in: Special Operations Branch and Secret Intelligence Branch war diaries, OSS London, Frederick/USA 1985 (Mikrofilm-Edition, künftig: OSS-London, War diaries).
225 Zunächst Thomas Wilson, ab April 1945 Carl Devoe, ab Juni Leonard Appel, dann Lillian Traugott. OSS-London, War diaries, S. 42, 293f.
226 Vgl. Nr. 103.
227 Der Brief der Botschaft befindet sich in: AdsD Bonn, PV-Emigration, Mappe 5.
228 Die Telefonnummer diente auch als Deckbezeichnung für OSS, wie die Akte „8444" im Nachlaß Gottfurcht und die Eintragungen „8444" für Gespräche mit dem OSS im Terminkalender Gottfurchts belegen. Akte in: AdsD Bonn, HBA, NL Gottfurcht; Terminkalender in: Archiv Dr. Gerhard Beier, Kronberg, TNL Gottfurcht.
229 Vgl. Nr. 140 und 141.

- Über die OSS-Verbindungen konnte die Kommunikation mit der Emigration in den USA, Schweden und der Schweiz intensiviert werde.
- Mit der Ausarbeitung von Denkschriften etc. für die Research & Analysis Branch des OSS ließen sich die politischen Vorstellungen und Programme der Union alliierten Regierungsstellen nahebringen.
- Angesichts der zu erwartenden militärischen Niederlage und alliierten Besetzung Deutschlands war jedes Einwirken der Emigration und eine Rückkehr nur mit Genehmigung der Aufenthaltsländer und der Besatzungsmächte vorstellbar. Einer von alliierten Stellen, hier vom OSS, angebotenen Zusammenarbeit, kam deshalb absolute Priorität zu.

Anfangs handelte es sich um „research work", vom OSS gewünschte Ausarbeitungen über die Arbeiter und die Arbeiterbewegung in Deutschland, wie z.B. die oben erwähnte Anfrage zeigt. Nachdem der OSS Ende 1943 mit der Ausbildung von Agenten begann, die in Deutschland eingesetzt werden sollten, gingen die zunächst unregelmäßigen Besprechungen in intensive wöchentliche Sitzungen über. Für die Ausbildung der ausgewählten Personen werden Ollenhauer und Ludwig Rosenberg[230] genannt.[231] Dem Kontaktkreis zum OSS gehörten von Seiten der Union Hans Gottfurcht, Willi Eichler, Erich Ollenhauer, Erwin Schoettle und Robert Neumann an, außerdem kam Hans Jahn als Gewerkschafter hinzu.[232] Gegenstand der Besprechungen waren zum einen „research work", das von einzelnen Personen der Union (u.a. Ollenhauer, Heine, Rosenberg, Fritz Salomon[233]) für den OSS geleistet wurde, zum zweiten die Vorbereitungen auf die Besetzung Deutschlands, die durch sogenannte „guides" begleitet werden sollte. „Research work" bestand in der Erstellung von Ausarbeitungen über die Herrschaftsstrukturen in Deutschland, wie z.B. eine Aufstellung über die Wirtschaftsführer, die deutsche Emigration (Ollenhauer 1944), die Gewerkschaften (Gottfurcht 1944).

Die „guides" sollten zum Teil schon vor dem Einmarsch der westalliierten Truppen nach Deutschland eingeschleust werden, zum Teil die Truppen begleiten, ihnen

---

230 Rosenberg, Ludwig, 1903–1977, 1923 SPD und Reichsbanner, ab 1928 hauptamtlicher Funktionär GdA, Emigration 1933 GB, 1940 Internierung, LdG, Mitarbeit bei Programmberatungen, 1946 Rückkehr nach Deutschland, 1949 Mitglied im Bundesvorstand des DGB, 1962–69 DGB-Vorsitzender, 1963–69 stellvertretender Vorsitzender IBFG.

231 OSS-London, War diaries, S. 137, 151f. Auf Seite 162 findet sich eine Liste des „Bach Authoritative Source Material", die u.a. Ausarbeitungen über „Die politische Arbeiterbewegung in Deutschland" [Ollenhauer], 61 S., Die Arbeiter Sport-Bewegung, 8 S., 1944, Die Sozial-Demokratische Presse vor 1933 [Heine], ca. 50 S., April 1944, aufweist. Es waren Schulungsunterlagen für das Projekt „Bach" (Ausbildung der OSS-guides).

232 Vgl. Nr. 140. Dem entsprechen auch die Angaben in den Aufzeichnungen Gottfurchts, in: AdsD Bonn, NL Gottfurcht, Akte 8444.

233 Salomon, Fritz, *1890, Bibliothekar und Archivar beim SPD-PV, Berlin, Mitarbeiter in Terror- und Abwehrstelle des SPD-PV, 1933 ČSR, Archivangest. f. Sopade und DSAP, 1939 GB, Mitglied TUC, LP.

Kontakte zur deutschen Bevölkerung vermitteln und sie insbesondere bei der Auswahl deutscher Funktionsträger beraten.[234] Die Unionskommission machte hierfür personelle Vorschläge, die sich auch auf Emigranten in Schweden und der Schweiz erstreckten. Die Ausgewählten erhielten Informationsmaterial über den Bezirk, in dem sie eingesetzt werden sollten, und wurden in Schulungen in Großbritannien auf ihre Aufgabe vorbereitet, in denen u.a. Gottfurcht (über die deutschen Gewerkschaften) und Ollenhauer (über die deutsche politische Arbeiterbewegung) referierten. Der Einsatz der „guides" verzögerte sich jedoch, so daß, von einzelnen Ausnahmen abgesehen, wie der „Downend mission", der Fallschirmabsprung Jupp Kappius'[235] (ISK) am 1. September 1944, nur wenige der vorgesehenen „guides" vor dem Einmarsch der US-Truppen nach Deutschland gelangten.[236]

Der Einsatz der als „guides" vorgesehenen Personen unmittelbar nach der Befreiung gewann große Bedeutung für die Beeinflussung des Neuaufbaus der deutschen Arbeiterbewegung.[237] Eingesetzt waren aus der Londoner Emigration u.a. Paul Bondy[238] (München), Alfred Kiss[239] (Köln), Paul Walter (Frankfurt, dort als Paul Kronberger), Robert Neumann (Köln), Kurt Scheer[240] (Frankfurt/M.), Willi Heidorn (Köln, dort als Werner Hansen), Hellmut von Rauschenplat (Stuttgart, dort als Fritz Eberhard), Alfred Dannenberg[241] (Hannover), Otto Bennemann[242] (Braun-

---

234 Ausführlich hierzu Foitzik, Revolution und Demokratie.
235 Kappius, Josef (= Jupp), 1907–1967, 1924 SAJ, 1925 DMV, ab 1933 ISK/USG, 1937 Schweiz, Frankreich, 1939 GB, bis 1944 in Australien interniert, September 1944 zur Kontaktaufnahme mit ISK-Widerstandgruppen nach Deutschland, 1945 Teilnehmer der Konferenz in Wennigsen, Mitglied versch. Ausschüsse beim PV der SPD, ab 1955 MdL NRW.
236 Über diese „Faust Missions" ausführlich, OSS-London, War diaries, S. 232ff.; zur „Downend Mission" ebd. S. 380–400. Die „Downend Mission", war Teil des von OSS und SOE gebilligten Planes, eine ISK-Untergrundorganisation im Reich aufzubauen; vgl. ebd., S. 236; West, Secret Service, S. 313f.
237 Vgl. hierzu Foitzik, Revolution und Demokratie; Ulrich Borsdorf/Lutz Niethammer, Zwischen Befreiung und Besatzung. Analysen des US-Geheimdienstes über Positionen und Strukturen deutscher Politik 1945, Wuppertal 1976; Lutz Niethammer u.a. (Hrsg.), Arbeiterinitiative 1945. Antifaschistische Ausschüsse und Reorganisation der Arbeiterbewegung in Deutschland, Wuppertal 1976; Fichter, Besatzungsmacht; Henke, Amerikanische Besetzung.
238 Bondy, Paul, * 1900, Kaufmann, Journalist, SPD, 1935 GB, Mitglied im Fabian International Bureau.
239 Kiss, Alfred, *1894, Gewerkschaftsfunktionär, SPD, 1933 ČSR, 1938 GB.
240 Scheer, Kurt, *1908, SPD, 1931 SAP, Emigration ČSR, 1939 GB.
241 Dannenberg, Alfred, *1906, Schlosser, SPD, 1924 ISK, illegale Arbeit in Hannover, Emigration 1938 GB, 1945 mit OSS Rückkehr zur politischen und gewerkschaftlichen Aufbauarbeit nach Hannover, 1953 Bezirksleiter IG-Metall Hannover, 1954–71 stellv. Generalsekretär des Internationalen Metallgewerkschaftsbundes in Genf.
242 Bennemann, Wilhelm Otto, *1903, 1922 ZdA, SPD, 1926 ISK, nach Haft 1933 Leiter der illegalen Gruppe Braunschweig, 1938 Emigration über Schweiz nach GB, 1940–41 Internierung, Mitarbeit bei Bildungsarbeit der ISK-Gruppe und der Schwestergruppe Socialist Vanguard Group insbesondere für Deutschlandprogramme und Nachkriegsordnungen, 1941–45 Mitarbeit

schweig), Richard Broh[243] (Nürnberg).[244] Sie informierten die örtlichen Sozialdemokraten und Gewerkschafter über die im Londoner Exil gefaßten Beschlüsse zur Reorganisation von Partei und Gewerkschaften und nahmen Einfluß auf den Aufbau der neuen Organisationen.

Von Seiten der Union wurden auch die programmatischen Ausarbeitungen an den OSS zur Kenntnis gegeben, so im Oktober 1944 der Entwurf eines Sofortprogramms. Auch die „guides" führten zum Teil, obwohl in der Anfangsphase nicht gestattet, Materialien der Union und der LdG mit sich.

Die „guides" hatten gemeinsam mit den von London als Korrespondenten, Berichterstatter und mit anderen Aufträgen nach Deutschland gesandten Mitgliedern der Unions-Organisationen wie Erich Brost[245] (SPD), Karl Anders[246], Waldemar von Knoeringen[247], Richard Löwenthal, Werner Klatt (alle Neu Beginnen), Walter Fischer (SAP) u.a. entscheidenden Anteil an der schnellen Herstellung von Kommunikationsverbindungen zwischen den SPD- und Gewerkschaftsorganisationen innerhalb Deutschlands und vor allem auch nach London.[248]

an den Deutschlandprogrammen der LdG und der Union, 1945 Rückkehr mit OSS nach Deutschland, 1947–74 MdL Niedersachsen, 1959–67 Minister des Inneren.

243 Broh, Richard, *1897, Journalist, SPD, ZdA, 1937 GB, LdG, 1945 mit OSS in Süddeutschland, 1949–63 Vertreter des DGB in London.

244 Vgl. die Angaben in: AdsD Bonn, NL Gottfurcht, K 37 und bei Foitzik, Revolution und Demokratie, S. 335f.

245 Brost, Erich, 1903–95, sozialdemokratischer Publizist, 1925–36 Redakteur „Danziger Volksstimme", 1936 Emigration Polen, 1939 Schweden, 1940 Finnland, 1942 Schweden, 1943 GB, Mitarbeit bei der BBC, Vertreter der SPD Danzig im Exil, 1945 Rückkehr nach Deutschland, Redakteur für die britische Besatzungspresse, 1946–47 Chefredakteur „Neue Ruhr-Zeitung", 1947–48 Vertreter des PV in Berlin, ab 1948 Verleger und Hrsg. „Westdeutsche Allgemeine Zeitung".

246 Anders, Karl (ursprünglich Naumann, Kurt Wilhelm), 1907, 1929 KPD, 1934 ČSR, 1939 Polen, GB, dort Anschluß an NB, neuer Name Karl Anders, 1941–42 Mitarbeit am Sender der europäischen Revolution, 1943–45 Leiter der Arbeitersendungen des BBC, 1944/45 Vorträge in Kriegsgefangenenlagern, 1945–49 Deutschland-Berichterstatter für BBC u. Zeitungen, 1946 Gründung Nest-Verlag Nürnberg, 1953–57 Geschäftsführer Frankfurter Rundschau, 1961/62 zentrale Wahlkampfleitung der SPD, 1971–74 Mitglied der Grundwerte-Kommission der SPD.

247 Knoeringen, Waldemar von, 1906–71, SAJ, SPD, RB, Emigration 1933 Österreich, 1934 ČSR, Leiter des Sopade-Grenzsekretariats für Südbayern, später Mitglied NB, Zusammenarbeit mit RSÖ und ALÖS, 1938 Frankreich, 1939 GB, in Paris und London Mitglied NB-Auslandsbüro, 1940 interniert, 1940–42 ltd. Mitarbeiter am Sender der europäischen Revolution, dann bei Deutschlandabteilung der BBC, wichtiger Mitarbeiter im Kriegsgefangenenumschulungslager Wilton Park, kehrte im Dez. 1945 als britischer Korrespondent Holt nach Deutschland zurück, 1946–62 Vorsitzender der SPD-Fraktion im bayrischen Landtag, 1949–53 Vorsitzender SPD Bayern.

248 Diese Korrespondenz findet sich nur zum Teil im AdsD Bonn, Bestand PV-Emigration. Der wichtigere Teil, die so vermittelten Korrespondenzen mit Severing, Schumacher, Grotewohl u.a., findet sich im Depositum Heine, Ordner 32 u. 33.

Das Interesse der Union an der Zusammenarbeit mit dem OSS beruhte darauf, daß dieser im Gegensatz zu britischen Stellen zu einer weitergehenden Kooperation bereit war und dies die einzige Möglichkeit war, unmittelbar nach dem Ende der Kampfhandlungen auf die Neubildung von Gewerkschaften und Arbeiterparteien Einfluß zu gewinnen. Getragen wurde die Zusammenarbeit von dem gemeinsamen Interesse an der Abwehr des kommunistischen Einflusses.

Mit dem Beginn der Besatzungsherrschaft und nach dem überwältigenden Labour-Sieg bei den Wahlen im Juli 1945 ergab sich eine Verbesserung der Situation hinsichtlich der Zusammenarbeit mit britischen Dienststellen.[249] Zwar blieb das prinzipielle Mißtrauen gegenüber Deutschland und auch gegenüber der deutschen Sozialdemokratie in der Labourführung und der Labour-Regierung zunächst noch erhalten, auch die Unterstützung hielt sich in engen Grenzen. Aber für die Londoner Emigration und ihre Verbindungen nach Deutschland erwies sich als nützlich, daß den deutschen Sozialisten nahestehende Labour-Politiker wie Philip Noel-Baker (Staatssekretär im FO) und John Hynd[250] (Minister für das besetzte Deutschland und Österreich) nun wichtige Posten in der Regierung einnahmen und in besonderen Fällen helfend eingreifen konnten. Dies galt für die von Noel-Baker ermöglichte Teilnahme an der Konferenz in Wennigsen und die Rückkehr Ollenhauers, Heines und Schoettles. In beiden Fällen mochte das Interesse der britischen Labour-Regierung ausschlaggebend gewesen sein, beim Aufbau der neuen Partei dem die Führung erringenden, selbstbewußten bis schroffen und gelegentlich deutlich national eingestellten Dr. Kurt Schumacher die mit den britischen Verhältnissen vertrauten Londoner Unionsmitglieder zur Seite zu stellen.

4. SCHWERPUNKTE DER TÄTIGKEIT DER UNION

Hier werden im folgenden einige der wichtigsten Arbeitsbereiche der Union, wie sie sich aus den Protokollen ergeben, ausführlicher behandelt.

4.1 Rundfunkpropaganda

Einen ersten Schwerpunkt in der Tätigkeit der Union bildeten im ersten Halbjahr 1941 die Bemühungen um den Zugang zur Rundfunkpropaganda.[251] Sie bildete den einzigen Weg, auf dem die deutsche Bevölkerung und insbesondere die Arbeiterschaft während des Krieges zu erreichen war. Die britische Rundfunkpropaganda

---

249 Bei den Wahlen zum britischen Unterhaus am 5. Juli 1945 errang die Labour Party 393 von 616 Unterhaussitzen, die Konservativen nur 189. Attlee wurde Premierminister und bildete die neue Regierung, der u.a. Bevin (Außenminister) Dalton (Finanzminister), Ellen Wilkinson (Ministerin für Erziehung) John Hynd (Minister für Deutschland und Österreich) und Philip Noel-Baker (Staatssekretär im Foreign Office) angehörten. Vgl. Alfred F. Havighurst, Britain in Transition, Chicago etc. 1985, S. 368, 373f.

250 Vgl. Ulrich Reusch, John Burns Hynd (1902–1971), in: Geschichte im Westen 1, 1986, H. 1.

251 Vgl. Nr. 9, 20–23, 35.

nach Deutschland wurde zu diesem Zeitpunkt von der British Broadcasting Corporation (BBC) und dem „Sender der Europäischen Revolution" getragen. Die BBC, die formell unabhängig im Auftrage der britischen Regierung arbeitete, strahlte täglich 10 Sendeblöcke nach Deutschland aus, in der Woche insgesamt fast 27 Stunden.[252] Die German Section, beschäftigte zahlreiche deutsche Emigranten, darunter später auch Mitglieder des Exekutivkomitees der Union wie Willi Eichler (Redakteur, Arbeiterprogramm ab Oktober 1941), Hans Gottfurcht (gelegentlicher Mitarbeiter, Kommentare) Erich Ollenhauer (gelegentliche Kommentare, Arbeitersendungen) als freie oder ständige Mitarbeiter.[253] Sie gehörten 1941 auch einer „Listening group" an, die die britischen Sendungen nach Deutschland zu besprechen hatte.

Vorbild für die Bemühungen der Union war der „Sender der Europäischen Revolution", der mit auf Initiative Neu Beginnens (dank der guten Beziehungen zu Richard Crossman) im Rahmen des neuen Konzeptes von Dalton eingerichtet worden war. Der Sender unterstand der SOE, ab 1941 wurde er von Richard Crossman als Chefredakteur geführt.[254] Unter Waldemar von Knoeringen als deutschem Leiter arbeiteten mehrere Mitglieder von Neu Beginnen als Redakteur, wie Paul und Evelyn Anderson[255], Karl Anders, Richard Löwenthal. Sie konnten weitgehenden Einfluß auf die Inhalte nehmen, da auch sie an einer „deutschen Revolution" interessiert waren.

252 Zur Unabhängigkeit vgl. Pütter, Rundfunk, S. 84; Ivone Kirkpatrick, Im inneren Kreis. Erinnerungen eines Diplomaten, Berlin 1964, S.127. Kirkpatrick, S. 133, betont, daß alle ausländischen Manuskripte „nur nach Billigung" gesendet wurden. Zum Umfang der Sendungen vgl. Pütter, Rundfunk, S. 92. Zur britischen Rundfunkpropaganda und zur BBC vgl. Michael Balfour, Propaganda in War 1939–1945. Organisations, Policies and Publics in Britain and Germany, London 1979; Asa Briggs, The History of Broadcasting in the United Kingdom, Bd. 3, London 1970; Bernhard Wittek, Der britische Ätherkrieg, Münster 1962. Zu den Deutschland-Sendungen vgl. Pütter, Rundfunk, S. 85–96; Röder, Exilgruppen, S. 182–184.
253 Vgl. die Liste der deutschen Mitarbeiter bei Pütter, Rundfunk, S. 87ff.
254 Zum Sender der europäischen Revolution vgl. Pütter, Rundfunk, S. 106–108; Röder, Exilgruppen, S. 184–187; Hartmut Mehringer, Waldemar von Knoeringen. Eine politische Biographie. Der Weg vom revolutionären Sozialismus zur sozialen Demokratie, München u.a. 1989; S. 213 bis 227; Fritz Eberhard, Arbeit gegen das Dritte Reich, Berlin 1980 (=Beiträge zum Thema Widerstand 10); Winfried Rauscheder, Der ‚Sender der Europäischen Revolution'. Sozialistische deutsche Rundfunkpropaganda im Spannungsfeld des Exils in Großbritannien. Mag. Arbeit München 1985.
255 Anderson, Dr. Evelyn (Lore), geb Seligmann, 1909–77, Dipl. Volkswirtin, 1927–29 KPD, 1929 SPD, Journalistin, für NB tätig, 1933 Emigration GB, Vertreterin von NB, nach Ausbürgerung brit. Staatsbürgerin, 1940–42 Mitarbeit Sender der Europäischen Revolution, 1943–52 Mitarbeiterin Tribune, im Beraterkreis von Aneurin Bevan (1897–1960, führendes Mitglied der LP), 1953–76 Redakteurin der BBC, 1946, 1952 und 1963 Korrespondentin in Deutschland. – Anderson, Paul (urspr. Müller, Harald), 1908–72, Studium Hamburg u. Berlin, NB, 1934 GB, 1940–42 Mitarb. Sender der europäischen Revolution, dann Kommentator beim Deutschen Dienst der BBC, 1945–47 Korrespondent des Observer in Paris, später Korrespondent und Mitarbeiter von BBC, NDR, ARD.

In der Sitzung des Arbeitsausschusses am 9. Mai 1941, in der Patrick Gordon Walker, der Leiter des Arbeiterprogramms der BBC, über die Richtlinien der BBC referierte, wurde Gottfurcht mit der Abfassung eines Memorandums über die Arbeitersendungen beauftragt, das nach Überarbeitung durch Schoettle am 23. Mai von der Exekutive angenommen wurde.[256] In dem Memorandum wurden Inhalte, Zielrichtung und Präsentation der britischen Propagandasendungen kritisiert und Sendungen von Deutschen für Deutsche gefordert. Angestrebt wurde dabei, auch Vertreter der Union, deren Namen und deren Stimme in der deutschen Arbeiterschaft bekannt waren, zu Wort kommen zu lassen. Einen ersten Erfolg in dieser Hinsicht hatte die von BBC ausgestrahlte und von Vogel verlesene Maibotschaft der Union gebildet.[257] Wie sich jedoch in Besprechungen mit Ivone Kirkpatrick[258], dem Leiter der European Division, und Crossman herausstellte, war die BBC zu einer Zusammenarbeit mit Organisationen nicht bereit, sie hätte jedoch Einzelvorschläge für deutsche Sprecher akzeptiert.[259] Da die Union nicht zum Nachgeben bereit war, kam es außer einer von Hans Vogel verlesenen Weihnachtsansprache (ohne Nennung seines Namens) an die deutschen Arbeiter am Weihnachtsfeiertag 1941 zu keinen weiteren Sendungen der Union. Im Kontext bzw. als Fortsetzung dieser Bemühungen müssen die Versuche der Londoner Sopade-Führung, zum Teil gemeinsam mit Friedrich Stampfer[260], gesehen werden, über die Labour Party und Demuth ihre Vorstellungen für die Propaganda nach Deutschland den zuständigen britischen Stellen nahezubringen.[261]

Als Ergebnis der neuen militärischen Konstellation nach dem Juni 1941 ergaben sich für die britische Regierung völlig neue Perspektiven. Das Ziel der „europäische Revolution" wurde vom Streben nach einem militärischen Sieg, der bedingungslosen deutschen Kapitulation, abgelöst. Eine eigenständige Anti-Hitlerpropaganda der deutschen Emigration wirkte in diesem Konzept nur störend, da sich die britische Regierung von jeglicher Verpflichtung freihalten wollte. So wurde Anfang 1942 das

---

256 Vgl. Nr. 20–23.
257 Vgl. Nr. 17.
258 Vgl. Kirkpatrick, Im inneren Kreis, S. 127ff. – Kirkpatrick, Sir Ivone A., *1897, Diplomat, 1933–38 Erster Sekretär der britischen Botschaft in Berlin, 1941 Leiter der European Services der BBC, 1944 Control Commission for Germany (British Element), 1945 Unterstaatssekretär im FO.
259 Vgl. Nr. 33 und 35.
260 Stampfer, Friedrich, 1874–1957, ab 1916 Chefredakteur „Vorwärts", 1920–33 MdR SPD, ab 1925 Mitglied des SPD-PV, 1933 Emigration ČSR, 1933–35 besoldeter Geschäftsführer Sopade-Büro, zusammen mit Curt Geyer Leiter und 1933–35 Chefredakteur NV, 1938 Frankreich, ab 1939 Mitglied GLD, 1940 USA, Mitarbeiter der Neuen Volks-Zeitung, Okt. 1941 bis Jan. 1942 Besuch in GB, Mitglied des GAC bzw. der AFG, gegen Kollektivschuldthese und Gebietsabtrennungen, 1948 Rückkehr nach Deutschland, Dozent an der Akademie der Arbeit in Frankfurt/Main.
261 Zu den Bemühungen des SPD-PV, selbständig und im Rahmen der Union vgl. Nr. 251, 275.

System der britischen Rundfunkpropaganda völlig neu organisiert und der „Sender der europäischen Revolution" im Juni 1942 aufgelöst.

4.2 Die Union in der Kontroverse mit Loeb, Geyer, Fight for Freedom und dem Vansittartismus

Die Kontroverse mit Loeb und Geyer, die sich zunächst innerhalb der SPD und des Parteivorstandes entwickelt hatte (s.dort), erfaßte in ihren Auswirkungen im Frühjahr 1942 auch die Union und besonders Neu Beginnen.[262] In einem Leitartikel des „Sunday Dispatch" vom 8. Februar 1942 mit der Überschrift „Free German Trick. Exposure of Influential Groups Working here to Save the Enemy – Some Refugees Who must be Checked" wurden auch die Union und ihre Mitgliedsorganisationen angegriffen.[263] War es Geyer um die Bekämpfung national geprägter Auffassungen innerhalb der SPD gegangen, so zielte dieser Angriff auf die Ausgrenzung und Isolierung aller deutschen Emigrantenorganisationen, die Entfernung aus einflußreichen Positionen und insbesondere auf den Entzug der Unterstützung der Labour Party für SPD und Union. Daß die Unionsvertreter im Gespräch mit Middleton sowie die Neu Beginnen nahestehende „Clarity Group" Loeb beschuldigten, hinter dieser Angelegenheit zu stecken, provozierte eine interne Untersuchung der Labour Party, da damit Gillies angegriffen war, der mit Loeb in enger Beziehung stand.[264] Auch die Erklärung Hans Vogels für Braunthals „International Socialist Forum" vom 3. März 1942, in der er sich für die einseitige Abrüstung Deutschlands aussprach, ist in diesem Zusammenhang zu sehen.[265] Der Konflikt endete damit, daß das ISC Loeb und Gillies das Vertrauen aussprach.[266]

Den Angriff auf Neu Beginnen führte Vansittart persönlich weiter. Am 18. Juli 1942 sandte er Außenminister Eden einen Brief mit einer Druckfahne der engli-

---

262 Vgl. Nr. 56ff., 257ff., 275; ausführlich zur Entstehung und Entwicklung des Konfliktes: Röder, Exilgruppen, S. 146–163.

263 In dem Artikel wurden außer der Union und ihren Mitgliedsorganisationen auch die Gruppe um Höltermann, Emigranten aus dem bürgerlichen Spektrum (Weber, Demuth, Strasser) und die Kommunisten angegriffen. Ihnen allen wurde vorgeworfen, Deutschland vor Vergeltung nach dem Kriege bewahren zu wollen, vor Besetzung, Entwaffnung, Kontrolle und anderen gravierenden Konsequenzen. Vogel und Ollenhauer wurden beschuldigt, sich in der SPD-Arbeitsgemeinschaft und in der Beratung der Unionsresolution dafür eingesetzt zu haben, die Frage der Entwaffnung Deutschlands und der Wiedergutmachung der Schäden auszuklammern. Neu Beginnen wurde wegen der von ihm beeinflußten Rundfunkpropaganda angegriffen, in der zwischen dem „anderen Deutschland" und den „Nazis" unterschieden und über Vansittart geäußert wurde, er vertrete nicht den offiziellen britischen Standpunkt. Außerdem wurden auch britische Organisationen und Persönlichkeiten genannt, die diese deutschen Bestrebungen und Organisationen unterstützten wie die Socialist Clarity Group, Left News, Crossman. Ausführlich hierzu: Glees, Exile politics, S. 125ff.

264 Vgl. Nr. 67.

265 Vgl. Nr. 259.

266 Vgl. Nr. 262.

schen Übersetzung der Broschüre „Der kommende Weltkrieg". Dies hatte in der Political Warfare Executive, die die Propaganda gegen Deutschland koordinierte, eine Untersuchung gegen Neu Beginnen zur Folge.[267] Die Einstellung des „Sender der europäischen Revolution" hing auch mit diesen Angriffen zusammen. Damit wurde Neu Beginnen aus seiner starken Position in der Rundfunkpropaganda verdrängt.

Weitere Attacken folgten.[268] Das Ergebnis war, daß die Union und ihre Mitgliedsorganisationen in der Öffentlichkeit isoliert wurden und auch die Labour Party ihnen ihre Unterstützung entzog.

4.3 Politische Programme für das Nachkriegsdeutschland

Mit der Ausarbeitung von Programmen für die Nachkriegszeit hatte die Union eine Aufgabe übernommen, an der die SPD-Arbeitsgemeinschaft im Herbst 1941 aufgrund interner Differenzen gescheitert war.[269] Es ist bezeichnend für die inneren Spannungen der sozialdemokratischen Emigration, daß es der Union, obwohl deren Mitglieder weit größere politische Gegensätze zu überbrücken hatten, gelang, diese programmatische Arbeit erfolgreich abzuschließen. Diese Arbeit band die Haupttätigkeit der Union in den Jahren 1943-45; in der politischen Isolierung war es eines der wenigen verbleibenden Arbeitsfelder.[270] Die gemeinsamen Beratungen und Diskussionen, die Überwindung der Differenzen ebneten den Weg von der Union der Organisationen zur Union als Mitgliedsorganisation, wie sie sich seit 1944 abzeichnete, und damit zur angestrebten neuen sozialistischen Partei.[271] Die Wirkung der erarbeiteten „Richtlinien" für Staatsverfassung, Wirtschaft, Justiz, Verwaltung etc. auf die Nachkriegsordnung war gering. Die Ausnahme bildete die Entscheidung für eine „sozialistische Einheitspartei" unter Ausschluß der KPD und für eine „nichtkommunistische Republik" (Röder), ein Beschluß der die politische Landschaft Nachkriegsdeutschlands prägen sollte.[272] Dabei war die Unterstützung durch die Westalliierten in der unmittelbaren Nachkriegsphase von entscheidender Bedeutung.

Bereits vor der Aufnahme der eigentlichen Programm-Beratungen, die im März 1943 mit der Festlegung der Themen und Arbeitsgemeinschaften einsetzten[273], hatte die Union im Herbst 1941 mit Beratungen für eine programmatische Erklä-

---

267 Vgl. Nr. 75.
268 Vgl. Nr. 77.
269 Vgl. weiter unten Abschnitt III.4.1.
270 Vgl. Röder, Exilgruppen, S. 220ff.; Glees, Exile politics, S. 183ff.
271 Ausführlich hierzu Werner Röder, Deutschlandpläne der sozialdemokratischen Emigration in Großbritannien 1942–1945, in: VfZ 17, 1969, S. 72–86; Foitzik, Revolution und Demokratie, S. 309ff.
272 Vgl. hierzu Röder, Deutschlandpläne, S. 81.
273 Vgl. Nr. 91.

rung zur Atlantik-Charta begonnen.[274] Zwar wurde am 9. Dezember 1941 der Entwurf mit Vertretern anderer deutscher Emigrantenorganisationen beraten[275], dann aber am 16. Dezember 1941 als Resolution der Union beschlossen.[276] Nachträglich wurde noch die Landesgruppe deutscher Gewerkschafter als Unterzeichner aufgenommen, und die Erklärung im Januar 1941 veröffentlicht.[277]

Der Einstieg in die programmatische Diskussion über die deutsche Nachkriegsordnung begann im Herbst 1942 mit drei Referaten über die künftige Arbeiterbewegung.[278] Nach den Vorträgen von Eichler[279] und Schoettle[280] im Arbeitsausschuß informierte Ollenhauer am 6. Dezember 1942 in einer Mitgliederversammlung der Union über deren Inhalt und die bisherige Diskussion.[281] Ollenhauers richtungsweisendes Referat über „Möglichkeiten und Aufgaben einer geeinten sozialistischen Partei in Deutschland"[282] wurde darüber hinaus in hektografierter Form verbreitet.[283] Ollenhauer ging dabei u.a. davon aus, daß die alten Arbeiterparteien nicht mehr bestehen und bei der Neugründung nach dem Kriege keine Rolle spielen würden.

Für die weitere Diskussion wurde die Bildung von zwei Arbeitsgemeinschaften festgelegt, später als Politische Kommission und Organisationskommission bezeichnet.[284] Die erstere sollte ein Aktionsprogramm ausarbeiten, das alle wichtigen politischen Fragen umfaßte, die zweite die organisatorischen Fragen klären, die die neue Partei und ihr Verhältnis zu den anderen Organisationen der Arbeiterbewegung betrafen. Nach der Klärung organisatorischer Fragen[285] wurden bis zum August 1943 insgesamt 21 Vorschläge für die Programmberatungen vorgelegt.[286] Diese wurden in den Sitzungen der Kommissionen beraten und zu Richtlinien

---

274 Vgl. Nr. 41ff.
275 Vgl. Nr. 51 und 53.
276 Vgl. Nr. 52.
277 Vgl. Nr. 54.
278 Vgl. Röder, Exilgruppen, S. 230ff.; ders., Deutschlandpläne, S. 76ff.; Seebacher-Brandt, Biedermann und Patriot, Diss., S. 353ff.
279 Vgl. Nr. 79.
280 Das Protokolle der Arbeitsausschußsitzung am 28. Oktober 1942 fehlt. Zum Referat vgl. Nr. 79, Anm. 3.
281 Vgl. Nr. 80–82.
282 Vgl. Nr. 83.
283 Möglichkeiten und Aufgaben einer geeinten sozialistischen Partei in Deutschland. Grundgedanken eines Referates von Erich Ollenhauer in der Mitgliederversammlung der Union am 6. Dezember 1942 in London, London 1943, 19 S.; in: AdsD Bonn, PV-Emigration, Schriften. Zum Inhalt vgl. Röder, Exilgruppen, S. 231ff.; Seebacher-Brandt, Biedermann und Patriot, Diss., S. 354ff.
284 Vgl. Nr. 91.
285 Vgl. ebd.
286 Vgl. Nr. 92, 94–102, 104–112, 114–117.

gebündelt. Über die Beratungen der Kommissionen existieren – mit einer Ausnahme[287] – keine Protokolle oder Aufzeichnungen.

Als erstes wurde zunächst der zuletzt eingegangene Vorschlag von Eichler und Vogel über die Internationale Politik[288] diskutiert. Aus ihm ging schon am 23. Oktober 1943 die „Erklärung über die internationale Politik deutscher Sozialisten"[289] hervor, die am 16. November 1943 in einer Veranstaltung mit internationaler Beteiligung[290] der Öffentlichkeit präsentiert wurde. Die Erklärung war zugleich die Antwort der Union auf die Gründung des Nationalkomitee Freies Deutschland in Moskau und die Freie Deutsche Bewegung in Großbritannien, nachdem auf eine eigenständige Erklärung dazu verzichtet worden war.[291] In den Grundelementen, die schon im ersten Entwurf enthalten waren, forderte die Erklärung
– die Anwendung der Atlantik-Charta auf Deutschland und damit verbunden 'den Verzicht auf Gebietsabtrennungen und zu hohe Reparationsleistungen,
– die Möglichkeit einer inneren demokratischen Umgestaltung von Wirtschaft und Gesellschaft aus eigener Initiative ohne äußeren Druck oder Zwang.

Dagegen wurde die militärische Abrüstung Deutschlands akzeptiert und die Einbindung Deutschlands in eine gesamteuropäische Föderation als Teil einer Weltföderation vorgeschlagen. Auffällig ist, daß dies die letzte Erklärung der Union auf diesem Gebiet blieb, auch als sich gegen und nach Kriegsende die neuen Verhältnisse in Deutschland und Europa deutlicher abzeichneten.

Der nächste in Angriff genommene Themenbereich waren Wirtschaftsordnung und -politik.[292] In der Frage der Planwirtschaft und der weitreichenden Sozialisierungen, über die es zunächst zu keiner Einigung kam (gegen beides wandte sich der stark von den sozial-liberalen Wirtschaftstheorien Oppenheimers beeinflußte ISK[293]), schrieb Löwenthal eine neue, dann akzeptierte Fassung.[294] Das Wirt-

---

287 Vgl. Nr. 157.
288 Vgl. Nr. 117.
289 Vgl. Nr. 126 und 127.
290 Vgl. Nr. 131.
291 Vgl. Nr. 123.
292 Ausgangspunkt waren die Vorschläge von Kreyssig (vgl. Nr. 99) und Bennemann/Fliess (vgl. Nr. 106). Kreyssigs mehr allgemein gehaltener Vorschlag betonte planwirtschaftliche Elemente und „Entprivatisierung" bei gleichzeitiger Einbindung in die europäische und internationale Wirtschaft und setzte „Vollbeschäftigung und reichliche Bedarfsbefriedigung der Massen als oberstes und vornehmstes Ziel". Bennemann/Fliess stimmten in wesentlichen Punkten überein, sprachen sich aber für die Belassung eines freien Sektors der Wirtschaft aus und für Maßnahmen gegen eine Bürokratisierung. – Kreyssig, Gerhard, 1899–1982, Studium Volkswirtschaft und Staatswissenschaft, 1922 USPD, 1928–31 wirtschaftspolitischer Sekretär AfA Berlin, 1931–45 Leiter d. wirtschaftspolit. Abteilung des IGB, seit 1933 Schweiz und Frankreich, 1934 Vorstandsmitglied Pariser Gruppe der SPD, 1941 mit IGB nach GB, Mitglied Programmkommission der Union, 1945 Journalist in München, 1951–65 MdB, 1958–65 Mitglied Europäisches Parlament.
293 Vgl. dazu Röder, Exilgruppen, S. 225.
294 Vgl. den Bericht Heidorns an Eichler vom 27. April 1944, in: AdsD Bonn, ISK, Box 52.

schaftsprogramm lag als „Richtlinien für die Wirtschaftspolitik" im November 1944 vor.[295] Zu diesem Zeitpunkt lagen auch die Richtlinien auf dem Gebiet der Kulturpolitik[296] und die Richtlinien auf dem Gebiet der Erziehungspolitik[297] vor.[298] Im Sommer 1944 war mit den Beratungen für ein „örtliches Sofortprogramm" begonnen, dessen erste Fassung gemeinsam mit den erwähnten drei Richtlinien und der Entschließung vom 23. Oktober 1943 unter dem Titel „Die neue deutsche Republik" vermutlich erst Ende 1944 und nicht wie allgemein angenommen im Oktober 1943 als Broschüre im Druck veröffentlicht wurde.[299] Es spricht einiges dafür, daß die Publikation mit der Möglichkeit zusammenhing, über die „guides" und den Vormarsch der Alliierten, diese Programme auch im befreiten Deutschland

---

295 Vgl. Nr. 159. Die Richtlinien sahen wie die Entwürfe u.a. die Sicherung einer menschenwürdigen Existenz, Vollbeschäftigung, Hebung des allgemeinen Wohlstandes vor, die durch die Verstaatlichung des Monopoleigentums und die Planung der Wirtschaft verwirklicht werden sollten. Neben detaillierten Angaben über zu verstaatlichende Bereiche und die Elemente der Wirtschaftssteuerung wurde auch ein umfangreicher Katalog von Sofortmaßnahmen formuliert, die die Lebensmittelversorgung und notwendige öffentliche Dienstleistungen sicherstellen, der Gefahr einer Massenarbeitslosigkeit begegnen sowie die Rückkehr der evakuierten bzw. dienstverpflichteten deutschen Zivilbevölkerung wie auch der ausländischen Arbeiter regeln sollten.

296 Vgl. Nr. 160. Zu diesem Thema lagen nur Vorschläge von Gleissberg (vgl. Nr. 94) vor, die sich vor allem auf die Übergangszeit bezogen. Sowohl der Vorschlag von Gleissberg als auch die Richtlinie betonen die zentrale staatliche Aufsicht und Kontrolle, auch wenn vom Recht der freien Meinungsäußerung ausgegangen wird. Allerdings wird der Journalistengewerkschaft eine starke Position eingeräumt. Die Einschränkungen der Pressefreiheit werden in den veröffentlichten Versionen noch etwas abgemildert.

297 Vgl. Nr. 161. Den Richtlinien waren die Vorschläge von Specht/Weckel (vgl. Nr. 101) und Specht (vgl. Nr. 107) vorausgegangen. Specht/Weckel befaßten sich ausführlich mit den Erziehungszielen, die in der Richtlinie kurz in der Präambel zusammengefaßt sind (Geist der Humanität und Demokratie, soziale Verantwortung, Völkerverständigung), aber auch mit organisatorischen Aspekten wie der Struktur des Schulwesens (keine höhere Schule), der Schulpflicht, der Erwachsenenbildung und Übergangsmaßnahmen für die unmittelbare Nachkriegszeit. Dem Vorschlag Spechts lag die Vorstellung einer sozialistischen Republik zugrunde, in der Bildung zentrale Bedeutung zukommen würde. Auch in dieser Richtlinie ist die zentrale staatliche Kompetenz und Kontrolle verankert.

298 Alle drei Richtlinien liegen in hektografierter Form vor, waren also offensichtlich nur zum internen Gebrauch bestimmt.

299 Die neue deutsche Republik, o.O., o.J., in: AdsD Bonn, PV-Emigration, Schriften. Die Broschüre wird im allgemeinen auf den Oktober 1943 datiert, z.B. Röder, Exilgruppen, S. 304, da das Datum „13. Oktober 1943", das am Ende des Textes steht, als Datum der Publikation gesehen wird. Es spricht einiges gegen diese Deutung. Die darin enthaltene Resolution zur internationalen Politik wurde erst am 23. Oktober 1943 verabschiedet, die abgedruckten Richtlinien liegen nur in einer hektografierten Version vor, die mit 13. November 1944 gestempelt ist. Nach den Protokollen wurde die Herausgabe der Broschüre im Oktober 1943 verschoben und erst im September 1944 wieder behandelt. Vgl. Nr. 126, 129, 153. Auch schreibt Ollenhauer am 24. Januar 1944 an Örtloff, daß man mitten in den Beratungen über den wirtschaftlichen Teil sei, auch Erziehungsund Kulturfragen würden gerade erörtert. Vermutlich wurde die Resolution vom 23. Oktober 1943 in der Broschüre irrtümlich auf den 13. Oktober datiert. Brief Ollenhauers in: AdsD Bonn, PV-Emigration, Mappe 83.

zu verbreiten. Das Sofortprogramm wurde erst am 1. Juli 1945 endgültig beschlossen, dabei wurden auch die Vorschläge für Sofortmaßnahmen aufgenommen, die bereits in den ersten Richtlinien enthalten gewesen waren.[300] Das „Sofortprogramm" wurde in großer Eile in hektografierter Form fertiggestellt und über die nun bestehenden Verbindungen nach Deutschland gebracht.

Die Beratungen über Verfassungsfragen und Verwaltung, die im Sommer 1944 unterbrochen worden waren, wurden im Herbst wieder aufgenommen.[301] Die „Richtlinie für eine deutsche Staatsverfassung" wurde im Frühjahr 1945 verabschiedet.[302] Die Beratungen über die „Richtlinien für den Aufbau der Verwaltung und die Reform der Justiz"[303] wurden erst im Oktober 1945 endgültig abgeschlossen.

Trotz der Vorarbeiten vom Herbst 1942 nahm die Organisationskommission ihre Arbeit erst im September 1944 auf.[304] Die zum Teil sehr kontroversen Beratun-

---

300 Vgl. Nr. 178, 179.
301 Dazu lagen Vorschläge von Karl Rawitzki (vgl. Nr. 95) und Grete Hermann (vgl. Nr. 105) vor. Von dem knapp gehaltenen Vorschlag Rawitzkis fand sich in der endgültigen Richtlinie nur wenig wieder, z.B. die Betonung der Freiheit der Person, Trennung von Kirche und Staat. Auch Hermanns Vorschlag, der von einer Revolution und einem Räteparlament ausgeht, fand in der schließlich veröffentlichten Richtlinie nur partiell Eingang, z.B. die Betonung von Dezentralisation und Selbstverwaltung. – Rawitzki, Carl, 1879–1963, Dr. jur., Rechtsvertreter von SPD und Reichsbanner, 1933 kurzfristig in Haft, danach Berufsverbot, 1939 Emigration GB, Teilnehmer der Arbeitsgemeinschaft Deutschland und Europa nach dem Kriege, ab 1943 Beteiligung an der FDB, Ende 1944 SPD-Ausschluß, nach 1945 Wiederaufnahme, Rückkehr nach Deutschland.
302 Vgl. Nr. 172. Deutschland wurde darin als „politische und soziale Demokratie" und als „Einheitsstaat mit weitestgehender Dezentralisation und Selbstverwaltung" beschrieben. Die Länder sollten, etwa in der Größe eines Landesarbeitsamtsbezirks, neu festgelegt werden und nur exekutive Funktionen erhalten. Der starken Zentralgewalt stand eine ebenfalls von ihr kontrollierte kommunale Selbstverwaltung gegenüber. Der Volksrat, die gewählten Abgeordneten, wählten den Staatspräsidenten und beschlossen die Gesetze. Daneben wurden auch Volksabstimmungen zugelassen.
303 Vgl. Nr. 186. Ihr lag der Vorschlag Arnold Posner/Fritz Wittelshöfer (vgl. Nr. 110) zugrunde, der in seiner Struktur und seinen Inhalten weitgehend übernommen wurde. So wurde die kommunale Selbstverwaltung, die man als „Aufmarschgebiet der nationalen Opposition" betrachtete, eingeschränkt. Allerdings wurde in der endgültigen Richtlinie stärker dezentrale Elemente eingebaut und statt des Staates mehr die Verpflichtung auf das Volk hervorgehoben. Neben einer Veränderung der beamtenrechtlichen Vorschriften wurden auch die Funktionsbereiche, die mit Beamten zu besetzen waren, stark eingeschränkt. Für die Justiz wurden unabhängige Gerichte und paritätisch besetzte Arbeitsgerichte vorgesehen. Weiterhin beschäftigten sich beide Dokumente mit der Frage der Säuberung und Wiedergutmachung. – Posner, Arnold, *1881, Kfm. Angest., SPD, ZdA, Berlin, 1939 GB, 1942–43 Mitarbeit bei Programmberatungen der Union. – Wittelshöfer, Fritz, 1888–1958, ab 1920 Reichswirtschaftsministerium, Mitglied SPD, AWO, 1933 Entlassung, freiwillige Arbeit für Zentralwohlfahrtsstelle der Juden in Deutschland, 1939 Emigration GB, 1940 Internierung, 1941 Teilnahme an Arbeitsgemeinschaft Deutschland und Europa nach dem Kriege, 1942–43 Mitarbeit bei Programmberatungen der Union, nach 1945 aktiv in der Vereinigung deutscher Sozialdemokraten in GB, Mitglied im Sozialausschuß der deutschen Botschaft in London.
304 Röder führt die lange Unterbrechung dieser Diskussion auf das Desinteresse der SPD zurück, die erst die Entwicklung abwarten wollte. Vgl. Röder, Exilgruppen, S. 232f. Zur Organisationspoli-

gen[305] konnten erst am 10. November 1945 mit der Verabschiedung der „Richtlinien für die Organisationspolitik" abgeschlossen werden.[306] Zu diesem Zeitpunkt waren die grundlegenden Entscheidungen über die künftige Partei in den westlichen Besatzungszonen bereits gefallen. Die Einigung über die organisatorischen Grundlagen hatte sich als schwierig erwiesen, obwohl eine Reihe von Grundprinzipien schon von Beginn an feststanden. Hierzu gehörte die soziale Ausweitung der Bewegung auf Mittelstand und Bildungsbürgertum, die ideologische Öffnung für unterschiedliche Motivationen zu einem Bekenntnis zur Sozialdemokratie und damit die Sammlung aller Sozialisten in einer „sozialistischen Einheitspartei". Hierzu gehörte aber auch die Zusammenarbeit mit demokratischen Parteien und die Abgrenzung gegenüber der KPD und kommunistischen Bestrebungen. Allerdings enthielt die Richtlinie eine auflösende Klausel, als sie die endgültige Entscheidung über „Führung und Politik der Partei" einem aus demokratischen Delegiertenwahlen hervorgehenden Parteikongress überließ.

Ab Herbst 1945 befaßte sich eine Kommission unter der Leitung Ludwig Rosenbergs mit Vorschlägen für den Wiederaufbau der Genossenschaften, die im Juni 1945 vorlagen.[307] Eine Reihe von Vorschlägen der ersten Phase 1943, darunter zur Sozialpolitik[308] oder zur Rolle der Frauen[309], wurden nicht weiter verfolgt. Andere wesentliche Fragen wie z.B. die Gesundheitspolitik, wurden nicht berührt. Die

---

tik lagen zahlreiche Vorschläge vor, so von Heidorn (vgl. Nr. 97), Gottfurcht (vgl. Nr. 98), Fritz Segall (vgl. Nr. 100), Walter/Neumann (vgl. Nr. 102), Heinrich Sorg (vgl. Nr. 108), Heine (vgl. Nr. 109), Eichler (vgl. Nr. 111), Sander (vgl. Nr. 112), Ollenhauer (vgl. Nr. 114). Die Diskrepanz zwischen einzelnen Vorschlägen war beträchtlich. So lehnte Eichler die Wahl der Funktionäre durch die Mitglieder ab, sprach sich jedoch für die Schaffung eines Arbeitsausschusses aus, der die Funktionäre wählen sollte und dem die Parteileitung rechenschaftspflichtig war. Dieser Bruch mit elementaren sozialdemokratischen Traditionen führte zwangsläufig zu erheblichen Kontroversen. – Segall, Fritz, 1901–73, 1919 SPD, Mitarbeiter Partei- und Gewerkschaftspresse, Referent in der Reichsvertretung der Juden in Deutschland, 1939 Emigration GB, 1940 Internierung, 1941 Mitarbeit SPD-Ortsgruppe London, ab 1942 Mitglied im London-Ausschuß der SPD, ab 1943 Teilnahme an den Programmberatungen der Union, 1950 Nachfolger von Sander als Vorsitzender Vereinigung deutscher Sozialdemokraten in GB. – Sorg, Heinrich, 1898–1963, Arbeitersportfunktionär, Kampfleitung „Eiserne Front" Frankfurt, 1933 Emigration ČSR, tätig für den Graphia-Verlag und die Arbeitersport-Internationale, 1939 GB, ab 1943 Teilnahme an den Programmberatungen der Union, 1946 Deutschland, Sportfunktionär.

305 Vgl. Nr. 173.
306 Vgl. Nr. 192. Die Richtlinie war im Gegensatz zu den detaillierten Einzelvorschlägen ganz allgemein gehalten und beschwor die „Einheit aller deutschen Sozialisten" gleich welcher sozialen Herkunft und ideologischen Motivation als „umfassende Bewegung". Dagegen wurde die Zusammenarbeit mit „politischen Richtungen, die ein Einpartei-Monopol erstreben", damit war die KPD gemeint, abgelehnt. Der Passus über die hohen Anforderungen an die Ausbildung, Moral und den Einsatz der Funktionäre gehen auf den Einfluß des ISK zurück.
307 Vgl. Nr. 177.
308 Vgl. Nr. 92.
309 Vgl. Nr. 104.

Finanz- und Steuerpolitik wurde mit der Ausarbeitung von Fliess und Schumacher außerhalb der Programmberatungen festgelegt.[310] So blieb die Auswahl selektiv, es kam kein umfassendes Programm zustande.

Nach dem Abschluß der Programmberatungen im Spätherbst 1945 wurden schließlich die genannten Richtlinien in einer Broschüre mit dem Titel „Zur Politik deutscher Sozialisten" in gedruckter Form veröffentlicht.[311] Nicht aufgenommen wurden die Vorschläge für den Wiederaufbau der Genossenschaften, dagegen aber die im Sofortprogramm enthaltenen „Richtlinien für Straf- und Sicherungsmaßnahmen gegen Nazis", die Erklärungen der Union einschließlich des Briefes an die Labour Party vom 22. April 1944 mit der Stellungnahme zur Nachkriegspolitik der Alliierten. Die Broschüre wurde zwar ebenfalls in Deutschland verbreitet, inwieweit ihr zu diesem Zeitpunkt für die Entwicklung in Deutschland noch Bedeutung zukam, muß jedoch fraglich bleiben.[312] Tatsächlich blieben die ausgearbeiteten Programme Makulatur, denn die Entscheidung über die Deutschlandpolitik lag zunächst bei den Alliierten, von denen die Sozialdemokraten kaum bevorzugt wurden. Und mit der allmählichen Demokratisierung zeichnete sich ab, daß auch die deutsche Bevölkerung der Sozialdemokratie kein Mandat für eine sozialistische Umgestaltung erteilte. Dennoch sollten die Diskussionen und Festlegungen in der Union in einem Bereich die deutsche Nachkriegsentwicklung entscheidend beeinflussen: die Grundlagen für die soziale und politische Struktur der Nachkriegssozialdemokratie, ihre politischen Grundorientierungen wurden in London gelegt. Dies betraf im Kern die Bildung einer „sozialistischen Einheitspartei" unter Ausschluß der Kommunisten und in Abgrenzung und in Gegnerschaft zur KPD. Daß der Londoner Union entscheidender Einfluß auf die Rekonstruktion der SPD in den Westzonen zukommen konnte, hing vor allem mit den engen Kommunikationsbeziehungen in die westlichen Besatzungsgebiete und der Unterstützung durch amerikanische und britische Besatzungsbehörden zusammen, die bis Ende 1945 eine Durchsetzung der Londoner Linie gegen die Vorstellungen von antifaschistischen Ausschüssen, sozialdemokratisch-kommunistischen Arbeitsgemeinschaften oder gar einer sozialistisch-kommunistischen Einheitspartei ermöglichten. Dies galt auch gegenüber konkurrierenden Einflüssen aus der sozialdemokratischen Emigration,

---

310 Vgl. Nr. 190, 193.
311 Zur Politik deutscher Sozialisten. Politische Kundgebungen und programmatische Richtlinien der Union deutscher sozialistischer Organisationen in Großbritannien, London o.J. (1945), in: AdsD Bonn, PV-Emigration, Schriften. Die Richtlinien sind in der hier abgedruckten Fassung wiedergegeben.
312 Die Bedeutung der Programmdiskussion wird in der Literatur sehr unterschiedlich gesehen. Röder, Exilgruppen, S. 230ff. bleibt gegenüber Inhalten und Wirkung skeptisch. Glees, Exile Politics, S. 226f., konzediert ebenfalls die fehlende Verwirklichung, hebt aber ihre Bedeutung für die innere Stabilisierung hervor und betont auch die Behauptung gegenüber konkurrierenden Bestrebungen in der sozialdemokratischen Emigration.

so konnten z.B. weder Stampfer noch Frank frühzeitig nach Deutschland zurückkehren. In enger Kooperation mit den „Londonern" und dank weitgehender inhaltlicher Übereinstimmung setzte sich im Herbst 1945 Dr. Kurt Schumacher als Führer
der SPD in den Westzonen durch.

4.4 Von der Union zur SPD. Das Einwirken auf die Rekonstruktion der SPD im besetzten Deutschland

Bis zum Kriegsende war die Union ein Modell einer sozialistischen Einheit (unter
Ausschluß der KPD), das in London verwirklicht wurde, aber es blieb ein Modell
unter vielen. Die Union mit der Gleichberechtigung der Mitgliedsorganisationen
spiegelte die Verhältnisse der Emigration in Großbritannien wider. In den USA scheiterten Versuche, eine entsprechende Union zu schaffen, die Konflikte zwischen den
verschiedenen Richtungen blieben dominant.[313] In der Schweiz setzten die Bemühungen um die Bildung einer Union erst spät ein und hatten nur begrenzten Erfolg.[314] In Schweden blieb das Bild von Gegensätzen gekennzeichnet. Die sozialdemokratische Landesgruppe war mit personellen Querelen beschäftigt, einzelne Mitglieder arbeiteten mit dem kommunistisch inspirierten FDKB zusammen, zugleich
aber schlossen sich ab 1944 prominente SAP-Mitglieder wieder der SPD an.[315]

Aber welches der Modelle für die Nachkriegssozialdemokratie prägend werden
würde und ob das Beispiel der Union auf Deutschland übertragbar war, blieb bis
zum Sommer 1945 offen. Es zeigte sich, daß gerade der SPD-PV im ersten Halbjahr 1945 vom Modell Union und dem Ziel der Gründung einer neuen sozialistischen Partei eher abrückte und versuchte, sich den entscheidenden Einfluß auf die
Rekonstruktion der SPD in Deutschland zu sichern. Der Neu- oder Wiederaufbau
der Partei war keine Entscheidung, die von London aus getroffen werden konnte,
auch wenn die Union über klare Zielvorstellung verfügte. So kam im Zuge der
schrittweisen Befreiung des deutschen Territoriums der Kontaktaufnahme mit den
in Deutschland verbliebenen Genossen entscheidende Bedeutung zu. Bei der Konzeption der künftigen politischen Orientierung und organisatorischen Struktur der
deutschen Arbeiterbewegung ging es auch um die Frage, inwieweit die in Deutsch-

---

313 Zu den Versuchen in den USA vgl. Nr. 312.

314 Zur im März 1945 gegründeten „Union deutscher Sozialisten in der Schweiz" vgl. Wilhelm
Hoegner, Der schwierige Außenseiter. Erinnerungen eines Abgeordneten, Emigranten und Ministerpräsidenten, München 1959, S. 183f.; Peter Kritzer, Wilhelm Hoegner. Politische Biographie
eines bayerischen Sozialdemokraten, München 1979, S. 144; Hans Karl Bergmann, Die Bewegung „Freies Deutschland" in der Schweiz 1943–1945, München 1974, S. 115 sowie die Korrespondenz Eichlers mit den ISK-Mitgliedern in der Schweiz Anfang 1945, in: AdsD Bonn, ISK,
Box 55 und 56.

315 Zur sozialdemokratischen Emigration in Schweden vgl. Helmut Müssener, Exil in Schweden.
Politische und kulturelle Emigration nach 1933, München 1974, S. 138ff., 171f.; Willy Brandt,
Links und frei. Mein Weg 1930–1950, München 1984, S. 360ff.; ders., Erinnerungen, Frank-
furt/M. 1989, S.131.

land verbliebenen Mitglieder den Führungsanspruch der Exilorganisationen anerkennen würden. Dazu wurde der Kontakt in der Emigration verstärkt, um gegenüber den sich neu bildenden SPD-Organisationen innerhalb Deutschlands geschlossen auftreten zu können. Besonders deutlich wird dies an den schließlich scheiternden Bemühungen Hans Vogels um die Rekonstruktion des Parteivorstandes.[316]

Mit der Befreiung der ersten deutschen Gebiete und den in London eintreffen-
den Berichten über die politische Stimmung in der Arbeiterschaft[317] verdichteten
sich in London die Informationen, daß die Gewichtungen zwischen SPD und sozialistischen Gruppierungen in Deutschland gegenüber 1933/34 unverändert geblieben
waren.[318] Dies bestärkte den PV, eigenständig zu agieren, ohne die Union einzubeziehen. Sichtbar wird dies an den Bemühungen um die Rekonstruktion des Parteivorstandes, die Herausgabe eigenständiger Erklärungen, die fehlende Erwähnung
der Union in dem Memorandum für die Labour Party vom August 1945. Für Dr.
Kurt Schumacher, der sich schnell als neuer, selbstbewußter Führer der SPD in der
britischen Besatzungszone durchsetzte und dann auch in den anderen westlichen
Besatzungszonen anerkannt wurde, war es ebenso wie für seine Mitarbeiter keine
Frage, daß sich die sozialistischen Gruppen der SPD anzuschließen hätten oder der
Bedeutungslosigkeit verfielen. Dies war die Alternative, die Egon Franke[319] in
einem Gespräch mit Otto Bennemann (ISK) etwa im Juni 1945 nannte.[320] Die
Neugründung einer sozialistischen Partei kam für Schumacher nicht in Frage. Auch
Willi Eichler war sich im Juli 1945 über die Zukunft des ISK noch nicht ganz im
klaren. Dennoch scheint es gerade das Einvernehmen Eichlers mit Schumacher
gewesen zu sein, das ersterem die Auflösung des ISK erleichterte. Schumacher
forderte in seinem Schreiben an Vogel die Einbeziehung Schoettles – was die
politische Struktur der Union in die wieder aufgebaute SPD übertrug.[321]

Unabhängig von diesen Rivalitäten entwickelte sich die Union zu einer zentralen
Clearingstelle für Informationen und zur Schaltzentrale. Besondere Bedeutung kam
dabei der ausgedehnten Reise Eichlers zu, der sich als erstes Mitglied der Unions-

---

316 Vgl. weiter unten Abschnitt III.4.3. Aber auch bei ISK, Neu Beginnen und SAP läßt sich eine
     Intensivierung der Kontakte feststellen.
317 Vgl. hierzu die Berichte in: Borsdorf/Niethammer.
318 Erste Hinweise hatte schon die Auswertung der Vernehmungen deutscher Kriegsgefangener
     gegeben; vgl. Nr. 188; Glees, Exile Politics, S. 236.
319 Franke, Egon, 1913–95, bis 1933 Vorsitzender der Sozialistischen Arbeiterjugend in Hannover,
     1929 SPD, 1935 zwei Jahre Zuchthaus, 1943–45 Frontdienst in Strafeinheit 999, 1945 Mitgrün-
     der der SPD in Stadt und Bezirk Hannover, 1947–52 hauptamtliches Mitglied des PV, 1945–47
     Ratsherr in Hannover, MdL Niedersachsen, MdB, 1969–82 Bundesminister für Innerdeutsche
     Beziehungen.
320 Gespräch mit Otto Bennemann am 9.11.1995. Ähnliche Vorstellungen scheinen bei manchen
     Mitgliedern der Londoner SPD-Führung schon 1944 vorhanden gewesen zu sein, wie Röder am
     Beispiel Sanders zeigt. Vgl. Röder, Exilgruppen, S. 239.
321 Vgl. Anm. 3 zu Nr. 302, Nr. 319, 320.

führung über einen Monat von Mitte August bis Ende September 1945 in Deutschland aufhielt. Er nahm nicht nur mit den im Reich verbliebenen ISK-Mitgliedern und den durch OSS/SOE nach Deutschland gelangten „guides" der ISK-Emigration Kontakt auf. Noch wichtiger für die Union waren seine Gespräche mit Vertretern der sozialdemokratischen Organisationen von Hamburg bis München wie auch seine Kontakte zu den zahlreichen Emigranten, die als Berichterstatter für die Presse, Nachrichtenagenturen und Rundfunk oder im Auftrag von Regierungsstellen nach Deutschland gesandt worden waren. Seine guten Verbindungen zum SOE wie zum OSS gaben ihm eine zentrale Bedeutung in dem Bemühen, das Unions-Konzept beim Wiederaufbau der politischen Strukturen der Arbeiterbewegung durchzusetzen. Vermutlich war Eichler an der Entstehung und Verwirklichung von Schumachers Plan einer Reichskonferenz der SPD, der nach seinem erstem Besuch bei Schumacher am 20. August 1945 konkrete Formen annahm, nicht unbeteiligt.[322]

Eichlers Gespräche mit Schumacher, das erste am 20. August, ein weiteres am 6. September 1945, an denen auch Vertreter der SAP teilnahmen, sollten den Durchbruch bringen.[323] Von entscheidender Bedeutung für die weitere Entwicklung war vermutlich, daß beide bei ihrem ersten Treffen nicht nur eine weitgehende politische Übereinstimmung feststellten, sondern sich auch persönlich gut verstanden. Dies mochte es für Eichler erleichtern, das Beharren Schumachers auf der Dominanz der SPD zu akzeptieren.[324]

Wichtig für die nahtlose Integration des politischen Spektrums der Union in die Nachkriegs-SPD war auch, daß Schumacher Schoettle noch aus seiner Stuttgarter Zeit kannte und auf dessen Einbeziehung bei den Londoner PV-Beratungen sowie auf seine Teilnahme an der Konferenz in Deutschland großen Wert legte. So zeichnete sich nach der ersten Kontaktaufnahme, wie auch der Brief Schumachers an Vogel mit der Einladung zur Parteikonferenz belegt, eine weitgehende Übereinstimmung zwischen Union und Schumacher über die politischen Ziele und das politische Spektrum der neuen alten SPD ab.

Die große Bedeutung der Union für die Rekonstruktion der sozialdemokratisch-sozialistischen Partei in der Phase nach der Befreiung bis zur Rückkehr Ollenhauers, Schoettles, Eichlers und Heines Anfang 1946 hatte mehrere Gründe:

---

322 Zur Vorbereitung der Konferenz in Wennigsen vgl. Kaden, S. 127ff.; Hurwitz, Die Anfänge des Widerstandes, S. 357ff. Vgl. auch 301 und 302.

323 Vgl. Nr. 318 und 319.

324 Eichler war hier über das Mandat der Union hinausgegangen, da er damit Schumacher zum neuen Führer der SPD aufbaute. Aber in Eichlers Konzept von der neuen sozialistischen Partei paßte Schumacher als deren Repräsentant besser als Vogel oder Ollenhauer. Zudem wußte Eichler aus den Berichten von Bayer, Heidorn, Kappius, daß vielerorts wieder die „alte" SPD im Entstehen begriffen war.

- Die Union hatte eine Konzeption für den Wiederaufbau einer sozialdemokratisch-sozialistischen Partei entwickelt, die den Vorstellungen der Alliierten nicht widersprach,
- Sie konnte dank ihrer Verbindungen zu den Besatzungsmächten und zu den OSS-„guides" schon im Anfang der Neubelebung diese Konzeption propagieren,
- Im weiteren Verlauf spielte das sich immer mehr verstärkende Kommunikationsnetz eine zentrale Rolle, in dem sozialdemokratische und sozialistische Journalisten sowie nach Deutschland gesandte Emigranten und Mitglieder der Labour Party wichtige Funktionen übernahmen. So verfügte die Londoner Emigration über vielfältige Informationsmöglichkeiten, die sich nur zum Teil durch Schriftstücke belegen lassen.[325] Diese vielfältigen Informationen, Kontakte und Einflußmöglichkeiten bescherten der Union eine Bedeutung, die in der Literatur bislang unterschätzt wurde.[326]

Die von Eichler in Gang gesetzte Kooperation mit Schumacher verstärkte den Einfluß der Union und ermöglichte beiden Seiten, ihr weitgehend übereinstimmendes politisches Konzept der künftigen sozialdemokratisch-sozialistischen Partei durchzusetzen. Dennoch bleibt fraglich, ob all dies ausgereicht hätte, das Konzept der geeinten sozialistischen Partei ohne Kommunisten und in Gegnerschaft zur KPD gegen die verschiedenen Alternativkonzepte von den Antifaschistischen Ausschüssen über die Kooperationsmodelle bis hin zur Einheitspartei unter Einschluß der Kommunisten durchzusetzen. Entschieden wurde diese Frage letztlich auch durch die Entwicklung in der SBZ. Einerseits bestätigten sich die Vorbehalte gegenüber der KPD erneut (unzuverlässig, von Moskau abhängig, Streben nach der Vorherrschaft), andererseits sprachen das Verbot alternativer Konzepte, z.B. der antifaschistischen Ausschüsse, die nicht dem Wege des Zentralausschusses folgen wollten, durch die sowjetische Besatzungsmacht sowie die offensichtliche Begünstigung der KPD, die auch in der SBZ nach Mitgliedern deutlich hinter der SPD zurückblieb, für das Konzept der Union. Die Vereinigung von SPD und KPD in der SED wäre ohne den äußeren Druck und zum Teil Zwang, ohne die angewandten

---

325 Im ISK-Bestand des AdsD Bonn sind solche Berichte von ISK-Mitgliedern ausführlich überliefert. Im Bestand PV-Emigration finden sich nur wenige vergleichbare Berichte und Korrespondenzen. Eine größere Anzahl bislang unbekannter Briefe befindet sich im Depositum Heine, Ordner 32 und 33, AdsD Bonn.

326 Röder, Exilgruppen, S. 237–239, betrachtet diese Vorgänge nur unter dem Aspekt der Integration der sozialistischen Gruppen. Seebacher-Brandt berührt die Frage der Kommunikationsverbindungen kaum, für Kaden, spielt der Parteivorstand und die Union kaum eine Rolle, nach Wennigsen werden beide kaum noch erwähnt. Bei Glees, Exile Politics, S. 237ff., werden erste Umrisse dieses Kontaktgeflechts sichtbar, die umfangreichste und detaillierteste Darstellung liefert bisher Hurwitz. Vgl. Albrecht Kaden, Einheit oder Freiheit. Die Wiedergründung der SPD 1945/46, Hannover 1964; Harold Hurwitz, Die Anfänge des Widerstandes, Teil 1: Führungsanspruch und Isolation der Sozialdemokraten, Berlin 1990.

Manipulationen entweder gar nicht oder nicht in dieser Weise zustandekommen. Die unter Sozialdemokraten in Deutschland durchaus verbreitete Hoffnung auf eine Einheitspartei unter Einschluß der Kommunisten zielte dagegen auf die Integration einer kommunistischen Minderheit in eine sozialistisch/sozialdemokratisch dominierte Einheitspartei.

5. QUELLEN

Die Edition umfaßt die Protokolle der verschiedenen Unionsgremien und ergänzende Materialien. Die Protokolle der Sitzungen und Versammlungen der Unionsgremien (Exekutive, Arbeitsausschuß, Arbeitsgemeinschaften, Mitgliederversammlung) finden sich, chronologisch geordnet, im Bestand Parteivorstand-Emigration des Archivs der sozialen Demokratie.[327] Die Protokolle sind bis auf wenige Termine vollständig vorhanden. Folgende Protokolle liegen vor:

Vorgespräche zur Gründung der Union:

25.2.1941	6.3.1941	19.3.1941	26.3.1941	4.3.1941

Exekutivkomiteesitzungen[328]:

1941

9.4.1941	13.5.1941	24.6.1941	12. 8.1941	5.11.1941
17.4.1941	23.5.1941	8.7.1941	26. 8.1941	12.11.1941
22.4.1941	(30.5.1941)	14.7.1941	10. 9.1941	28.11.1941
24.4.1941	13.6.1941	17.7.1941	22.10.1941	16.12.1941
29.4.1941	17.6.1941	23.7.1941	29.10.1941	

1942

1.7.1942	30.1.1942	18.2.1942	8.4.1942	14.10.1942
8.7.1942	6.2.1942	24.2.1942	29.4.1942	6.11.1942
12.8.1942	9.2.1942	3.3.1942	16.6.1942	18.11.1942
29.9.1942	11.2.1942	24.3.1942	23.6.1942	18.12.1942

---

327 AdsD Bonn, PV-Emigration, Mappe 4 und 5. Weitere wichtige Bestände für die Geschichte der Union finden sich in den Beständen PV-Emigration, ISK, den Nachlässen, dem Depositum Heine und in dessen Privatbesitz. Zur Überlieferungsgeschichte des Bestandes PV-Emigration vgl. weiter unten Abschnitt III.5.

328 Von einzelnen Sitzungen fehlen die Protokolle. Dabei bleibt bei einigen angekündigten oder im Terminkalender Ollenhauers vermerkten Sitzungen der Exekutive unklar, ob sie stattgefunden haben. Die Daten dieser Sitzungen sind durch runde Klammern gekennzeichnet. AdsD Bonn, NL Ollenhauer, Mappe 3.

1943

8.1.1943	14.4.1943	4.8.1943	(12.10.1943)	2.11.1943
27.1.1943	21.5.1943	1.9.1943	29. 9.1943	16.11.1943
16.2.1943	(1.6.1943)	10.9.1943	23.10.1943	8.12.1943
5.3.1943	27.7.1943	12.9.1943	29.10.1943	(23.12.1943)

1944

11.1.1944	29.2.1944	25.4.1944	26.7.1944	3.10.1944
29.1.1944	29.3.1944	13.6.1944	1.9.1944	(12.11.1944)
(5.2.1944)	12.4.1944	18.7.1944	22.9.1944	28.11.1944

1945

3.2.1945	24.4.1945	24. 8.1945	(5.11.1945)	15.12.1945
24.2.1945	18.5.1945	28. 9.1945	10.11.1945	
3.3.1945	21.6.1945	20.10.1945	20.11.1945	
11.4.1945	(1.7.1945)	2.11.1945	8.12.1945	

1946   5. 1.1946

Arbeitsausschußsitzungen:

1941

4.4.1941	9. 5.1941	23.7.1941	12.10.1941

1942

8.4.1942	14.10.1942

1944

13.8.1944	20.8.1944	Protokoll fehlend: 28.10.1942

Mitgliederversammlungen:

1942

16.8.1942	6.12.1942

1943

10.10.1943   26.11.1943

1944

21.1.1944   19.3.1944   19.5.1944   17.12.1944

1945

17.2.1945   7.7.1945   27.10.1945   24.11.1945   29.12.1945
17.3.1945   13.10.1945

Protokoll fehlend:

9.5.1943   18.2.1944   26.5.1945   (8.9.1945)

Versammlungen der sozialistischen Jugend:

8.9.1944   21.1.1945

Beratungen mit anderen Organisationen:

1941

28.8.1941   9.12.1941   9.12.1941

1942

9.2.1942   16.6.1942

Von den öffentlichen Veranstaltungen der Union ist nur die Diskussionsveranstaltung über die Erklärung „Die internationale Politik deutscher Sozialisten" am
16. November 1943 protokolliert.[329] Von den Maifeiern der Union liegen Programme vor.[330] Das gleiche gilt für die Veranstaltungen „Ten Years of Nazi Dictatorship"

---

329 Vgl. Nr. 131.
330 Vgl. Nr. 19, 68, 144, 175.

am 29. Januar 1943 und die Kundgebung gegen die Nazimorde an der deutschen Opposition („Hitlers Total War against the German Opposition") am 7. Oktober 1944.[331] In beiden Fällen wurden die Reden in den SM bzw. als Sonderdruck veröffentlicht.

Die Protokolle (Exekutive, Arbeitsausschuß, Mitgliederversammlung) sind einheitlich gehalten, mit Maschine geschrieben und im Original überliefert. Sie wurden von Erich Ollenhauer verfaßt. Von den Protokollen gibt es offensichtlich keine Abschriften. In den Archivbeständen der anderen Unionsorganisationen bzw. den Nachlässen ihrer Vertreter in der Union finden sich keine Duplikate und keine eigenen Aufzeichnungen. Lediglich von Gottfurcht liegen einige die Union betreffende Aufzeichnungen vor.[332] In den Korrespondenzen werden die Protokolle nicht erwähnt und auch in den Protokollen selbst finden sich keine Hinweise, daß solche angefertigt oder daß sie in der Sitzung zur Kenntnis gegeben und genehmigt wurden.[333] Dies spricht dafür, daß die Protokolle für die Mitglieder bestenfalls als Sicherung dienten, die im Streitfall zu Rate gezogen werden konnte. Wichtiger waren sie für den Parteivorstand, der damit seine Position in der Union und die Haltung der anderen Mitglieder dokumentierte. Er hatte sich gegenüber der Kritik an der Bildung an der Union aus der sozialdemokratischen Emigration, wie sie gerade von Friedrich Stampfer, Wilhelm Sollmann[334] und Rudolf Katz[335] formuliert wurde, zu rechtfertigen. Entscheidend aber dürfte das Selbstverständnis des Parteivorstandes gewesen sein, als „Treuhänder" der Sozialdemokratie im Reich nach der Rückkehr Rechenschaft ablegen zu müssen. So sind die Protokolle eher als Protokolle der Sopade über die Verhandlungen der Union und ihre Rolle darin, denn als offizielle

---

331 Vgl. Nr. 88 und 158.

332 Archiv Dr. Gerhard Beier, Kronberg, TNL Gottfurcht, Akte O I.

333 Dieses Verfahren erscheint etwas ungewöhnlich, wenn man bedenkt, daß es in der Union doch beträchtliche Gegensätze zu überbrücken galt und der Versuch der Zusammenarbeit nicht von vornherein als erfolgreich angesehen werden konnte. Das Verfahren entspricht jedoch der Praxis, die die Sopade mit ihren Protokollen der Jahre 1933–40 anwandte. Vgl. Buchholz/Rother, S. Lff. Möglicherweise sollte damit verhindert werden, daß Abschriften in falsche Hände gerieten.

334 Sollmann, Wilhelm, 1881–1951, 1920–33 Chefredakteur der „Rheinischen Zeitung" Köln, 1919–33 SPD-MdR, März 1933 von der SA verhaftet und mißhandelt, April 1933 Wahl in den Parteivorstand, 1933 Emigration Saargebiet, de-facto Chefredakteur „Deutsche Freiheit" Saarbrücken, Wortführer der volkssozialistischen Richtung innerhalb der Sopade, 1935 Luxemburg, 1936 GB, 1937 USA, 1939–41 Mitglied GLD, Rückzug aus Exilpolitik, bis 1951 Dozent für politische Wissenschaften in den USA.

335 Katz, Rudolf, Dr. jur., 1895–1961, Rechtsanwalt und Notar in Altona, SPD, 1933 mit Max Brauer in China als Berater des Völkerbundes, 1935 USA, 1938–46 Redakteur der „Neuen Volks-Zeitung", 1939 Mitgründer und Generalsekretär GLD, 1941 Generalsekretär German-American Council for the Liberation of Germany from Nazism und dann der Association of Free Germans, Inc., beschaffte durch seine Beziehungen zu jüdischen Arbeiterorganisationen in den USA Gelder für die Rettung von Sozialdemokraten in Frankreich 1940/41 und für den Vorstand in London, 1946 Rückkehr nach Deutschland, 1947–50 Justizminister Schleswig-Holstein, 1948/49, MdPR, ab 1951 Richter am Bundesverfassungsgericht.

Protokolle der Union zu sehen. In diese Richtung verweist auch der Umstand, daß politische Kontroversen daraus weitgehend eliminiert wurden.

Von der 1943 gegründeten „Sozialistischen Jugend", in der Mitglieder aller Unions-Organisationen vertreten waren und die der Union zugeordnet war, liegen einzelne Sitzungsprotokolle vor, die aber jeweils Berichte über größere Zeitabschnitte enthalten.[336]

Ersatzüberlieferungen, ergänzend zu den Protokollen oder an ihrer Stelle, finden sich nur selten.[337]

Die Protokolle der Unions-Gremien wurden um einzelne ausgewählte Dokumente ergänzt, die in unmittelbarem Zusammenhang mit den jeweiligen Sitzungen stehen und von der Union oder ihren Vertretern stammen. Diese Dokumente liegen zum Teil den Protokollen als Anlage bei, zum Teil fehlen sie, obwohl sie als beiliegend erwähnt sind. Sie wurden vom Bearbeiter ebenso wie weitere bedeutsame Dokumente aus anderen Beständen ergänzt. Hierzu gehören z.B. ein Teil der von der Union verabschiedeten Erklärungen und Beschlüsse[338], die gescheiterten Bemühungen um eine gemeinsame Erklärung zum deutschen Angriff auf die Sowjetunion[339], Memoranden[340] und Programme von Veranstaltungen, die nicht durch eigene Protokolle belegt sind.[341]

Die wichtigste Aktivität der Union seit 1943, die Beratung von programmatischen Richtlinien für die deutsche Nachkriegsordnung, schlägt sich nur unzureichend in den Protokollen nieder. Eigene Protokollüberlieferungen der Sitzungen der Politischen und der Organisationskommission gibt es nicht. Zwei Sitzungen der Politischen Kommission, die gemeinsam mit dem Arbeitsausschuß stattfanden, sind durch dessen Protokolle überliefert.[342] Von den Sitzungen der Organisationskommission existiert lediglich eine Aufzeichnung durch das ISK-Mitglied Grete Hermann.[343] Um die Bedeutung dieser programmatischen Beratungen entsprechend zu würdigen, werden die 1943 eingereichten Vorschläge und die schließlich von der

---

336 Vgl. Nr. 154 und 165.
337 Zu den Ausnahmen vgl. Nr. 50 und 190. Berichte an oder durch MI5 dürften zumindest für die öffentlichen Veranstaltungen und halböffentlichen Mitgliederversammlungen vorliegen, wie das Beispiel eines Versammlungsberichtes über die SPD-Versammlung am 18. Juni 1943 zeigt; in: PRO London, FO 371, 34414 C 8000. Allerdings sind die Unterlagen des MI5 bisher nicht zugänglich.
338 Vgl. Nr. 8, 15, 17, 54, 61, 85, 118, 122, 127, 143, 197, 200, 202.
339 Vgl. Nr. 29, 31–34, 36.
340 Vgl. Nr. 12, 23, 120, 198.
341 Vgl. Nr. 19, 68, 88, 144, 158, 175.
342 Vgl. Nr. 149–152.
343 Vgl. Nr. 157.

Union verabschiedeten politischen Richtlinien insgesamt aufgenommen.[344] Ergänzt wurden auch die Kassenberichte, die die schlechte finanzielle Situation der Union von 1941 bis 1945 lückenlos dokumentieren.

Ansprachen in den Unionsgremien wurden nur in Ausnahmefällen einbezogen.[345] Reden in den Mitgliedsversammlungen sind nur in wenigen begründeten Ausnahmen aufgenommen.[346] Korrespondenzen wurden nur aufgenommen, soweit sie fehlende Protokolle abdecken[347] oder grundlegende Stellungnahmen der Union beinhalten.[348]

Die Unterlagen der Union wurden von Ollenhauer bzw. Sander in London verwahrt und waren Teil der Akten des Parteivorstandes im Londoner Exil. Mit ihnen gelangten sie nach dem Kriege nach Deutschland.[349]

---

344 Vgl. Anm. 75. Einzelne Vorschläge und Richtlinien sind zum Teil schon anderweitig abgedruckt worden. Bei den Richtlinien und Programmen wurde die jeweils von der Union veröffentlichte Fassung gewählt.
345 Vgl. Nr. 2, 10, 150, 152.
346 Ausnahmen bilden der Nachruf Ollenhauers auf Vogel (Nr. 184) und die Rede Ollenhauers über den Abschluß der Tätigkeit der Union am 29. Dezember 1945 (Nr. 203).
347 Vgl. Nr. 190.
348 Vgl. 143.
349 Vgl. weiter unten Abschnitt III.5.

III. Sozialdemokratische Partei Deutschlands (Parteivorstand und sozialdemokratische Landesorganisation)

Mit dem Angriff auf Frankreich am 10. Mai 1940 wurde die politische Arbeit des Parteivorstandes in Paris unterbrochen.[350] Die folgenden Monate waren von den Bemühungen um die Flucht in sichere Emigrationsländer geprägt.[351] Mit Hilfe britischer Transitvisa gelangen Stampfer, Vogel, Ollenhauer und deren Angehörigen, später auch Heine und Geyer sowie anderen führenden Sozialdemokraten die Flucht durch Spanien nach Lissabon. Vogel und Ollenhauer gingen von dort um die Jahreswende 1940/41 nach London, später kamen Geyer und Heine nach. Mit Vogel als alleinigem SPD-Vorsitzenden seit dem Tode von Otto Wels[352] im Jahre 1939 setzten sie die Tätigkeit als Parteivorstand, explizit oder implizit anerkannt von den sozialdemokratischen Landesvertretungen und den meisten führenden sozialdemokratischen Emigranten, fort. Der Name „Sopade", der den (unvollständigen) Parteivorstand der Emigration kennzeichnete, wurde abgelegt und mit der Bezeichnung „Parteivorstand der SPD" der Anspruch auf die Führung der Gesamtpartei, insbesondere auch gegen Ende des Krieges herausgestellt.[353] Die SPD-Organisation in Großbritannien wurde reorganisiert und die Verbindung mit den Landesgruppen neu aufgebaut. Der Versuch, entsprechend den politischen und

---

350 Zur Tätigkeit der Sopade bis 1940 vgl. die Edition der Protokolle der Sopade 1933–1940, hrsg. von Buchholz/Rother. Außerdem hierzu Lewis J. Edinger, Sozialdemokratie und Nationalsozialismus. Der Parteivorstand der SPD im Exil von 1933–1945, Hannover etc. 1960; Jutta von Freyberg u.a., Geschichte der deutschen Sozialdemokratie. Von 1863 bis zur Gegenwart. 3. Überarb u. erw. Aufl., Köln 1989; Erich Matthias, Sozialdemokratie und Nation. Ein Beitrag zur Ideengeschichte der sozialdemokratischen Emigration in der Prager Zeit des Parteivorstandes 1933–1938, Stuttgart 1952; Erich Matthias/Werner Link (Hrsg.), Mit dem Gesicht nach Deutschland. Eine Dokumentation über die sozialdemokratische Emigration. Aus dem Nachlaß von Friedrich Stampfer. Düsseldorf 1968; Susanne Miller/Heinrich Potthoff, Kleine Geschichte der SPD. Darstellung und Dokumentation 1848–1983, Bonn 1983; Heinz Niemann u.a., SPD und Hitlerfaschismus. Der Weg der deutschen Sozialdemokratie vom 30. Januar 1933 bis zum 21. April 1946. Diss. (MS) am Institut für Gesellschaftswissenschaften beim ZK der SED. Lehrstuhl Geschichte der Arbeiterbewegung, Berlin/DDR 1965; Heinz Niemann u.a., Geschichte der deutschen Sozialdemokratie 1917 bis 1945. Berlin/DDR 1982.

351 Einen knappen Überblick gibt Ollenhauer in seiner Rede am 14.2.1941, vgl. Nr. 206. Ausführlicher dazu Patrik von Zur Mühlen (Hrsg.), Fluchtweg Spanien – Portugal. Die deutsche Emigration und der Exodus aus Europa 1933–1945, Bonn 1992; Varian Fry, Auslieferung auf Verlangen. Die Rettung deutscher Emigranten in Marseille 1940/41, München Wien 1986; Seebacher-Brandt, Biedermann und Patriot, S. 285ff.

352 Wels, Otto, 1873–1939, MdNV, ab 1919 einer der Vorsitzenden der SPD, 1920–33 MdR, ab 1923 SAI-Exekutive und -Büro, April 1933 Wiederwahl zum Parteivorsitzenden, 1933 Emigration ČSR, Vorsitzender Sopade, 1938 Dänemark, Frankreich. Zu Wels vgl. Hans J. L. Adolph, Otto Wels und die Politik der deutschen Sozialdemokratie. Eine politische Biographie, Berlin 1971.

353 Die Bezeichnung „Sopade" war allerdings vereinzelt auch noch nach 1945 in Gebrauch. So wurden 1946 von der Parteiführung in Hannover die „Sopade-Mitteilungen" herausgegeben.

militärischen Entwicklungen Konzeptionen für ein Nachkriegsdeutschland zu erarbeiten, scheiterte im Oktober 1941 am Konflikt mit Loeb und Geyer. Die Auseinandersetzungen mit ihnen und dem Vansittartimus, der nicht zwischen deutschen Nazis und ihren Gegnern unterschied und gegen „die Deutschen" kämpfte, prägte die politische Arbeit bis Ende 1942. In dieser Auseinandersetzung mit dem Vansittartismus, der 1941/42 zur bestimmenden politischen Konzeption in Großbritannien wurde, ging auch die Unterstützung der Labour Party verloren, in der immer weniger Repräsentanten zur differenzierten Wahrnehmung von Deutschen bereit waren. Mit der Gründung der „Union" verlagerte sich ein Teil der Vorstandstätigkeit in dieses Gremium. Nach dem Sommer 1942, als die Arbeitsgemeinschaftsberatungen der Union begannen, wurde die Arbeit in der Union zum Schwerpunkt, eine eigenständige PV-Arbeit ist kaum noch feststellbar. Nach Stalingrad und der Gründung der kommunistisch dominierten Freien Deutschen Bewegung nahm die Auseinandersetzung mit ihr und ihren Anhängern in der SPD breiten Raum ein. Seit Herbst 1942 bestand über Ollenhauer und Heine eine Verbindung zum Labor Desk des OSS in London, die 1944 intensiviert wurde. Ende 1944 setzten die Bemühungen Vogels um die Rekonstruktion des Parteivorstandes und die Reaktivierung der Parteivorstandsmitglieder in den anderen Emigrationsländern ein, die aber letztlich scheiterten. Mit der Befreiung Deutschlands verstärkten sich nach und nach die Kommunikationsverbindungen der Union und damit auch des Parteivorstandes nach Deutschland, die ihm Einflußmöglichkeiten auf die Rekonstruktion der Partei eröffneten. Dieser Prozeß, der sich sehr stark im Rahmen der Union abspielte, wird zum Teil auch dort behandelt.

1. ORGANISATION UND FINANZEN

In Paris hatten an den Sitzungen des Emigrationsvorstandes noch sieben Mitglieder des 1933 gewählten Parteivorstandes teilgenommen: Otto Wels (Vorsitzender), Hans Vogel (2. Vorsitzender), Siegmund Crummenerl[354], Paul Hertz[355], Erich Ollenhauer, Erich Rinner[356], Friedrich Stampfer. Hertz schied bald nach der Ankunft in

---

354 Crummenerl, Siegmund, 1892–1940, Hauptkassierer der SPD und der Sopade, April 1933 Wahl in den PV, 1933 Emigration Saargebiet, ČSR, 1938 Frankreich.

355 Hertz, Paul, 1888–1961, 1920–33 MdR USPD/SPD, Finanzexperte, April 1933 Wahl in den PV, 1933 Emigration ČSR, verantwortlicher Redakteur „Sozialistische Aktion", ab 1935 Vertrauensmann NB innerhalb der Sopade, sozialdemokratischer Vertreter für deutsche Flüchtlinge im Beirat des Hochkommissars beim Völkerbund, 1938 Frankreich, 1938 de-facto-Ausschluß aus dem PV, offene Identifikation mit NB, 1939 USA, NB-Vertreter in USA und Gegner der GLD, 1944 Mitglied „Council for a Democratic Germany", 1949 Rückkehr nach Deutschland, Landespolitiker in Berlin, u.a. ab 1955 Senator für Wirtschaft und Kredit. Zu Hertz vgl. auch Ursula Langkau-Alex, Zur Politik des Sozialdemokraten Paul Hertz im Exil: „Es gilt, die Menschen zu verändern ...", in: Exilforschung. Ein internationales Jahrbuch 8, 1990, S. 142–156.

356 Rinner, Erich („Hugo"), 1902–82, 1927–33 Sekretär bei der SPD-Reichstagsfraktion, im April 1933 und auf der Reichskonferenz im Juni 1933 Wahl in den PV, 1933 Emigration ČSR, 1938

Paris aus dem Emigrationsvorstand aus[357], Rudolf Hilferding[358], Rudolf Breitscheid[359], Curt Geyer und Fritz Heine wurden in Paris nach den späteren Angaben Vogels zum Vorstand „hinzugezogen".[360] In der Londoner Zeit wurde vom Emigrationsvorstand immer wieder betont, daß Geyer und Heine 1938 formell kooptiert worden seien.[361] Allerdings fehlt hierfür ein Beleg aus der Zeit vor 1940.[362]

Schon im Spätherbst 1939 waren ergebnislos Pläne erörtert worden, den Sitz nach London zu verlegen oder dort ein prominenteres Mitglied als Willy Sander als Repräsentanten einzusetzen.[363] Hans Vogel und Erich Ollenhauer flohen nach dem deutschen Einmarsch in Frankreich zunächst nach Südfrankreich und im September 1940, ausgestattet mit britischen Transitvisa durch Spanien nach Lissabon. Obwohl sie schließlich auf Betreiben der GLD Visa für die USA erhielten, zogen sie dennoch einen Aufenthalt in Großbritannien vor, für das sie auf Betreiben der Labour Party ebenfalls ein Visum erhielten. Die von der britischen Regierung unterstützten Bemühungen Daltons und der Labour Party, die sozialdemokratische Führung nach London zu holen, sind vor dem Hintergrund der britischen Strategie der „Europäischen Revolution" zu sehen.[364] Bei der Entscheidung Vogels und Ollenhauers für London dürfte die Nähe zu Deutschland und die erhoffte Unterstützung durch die Labour Party, die mehrere Minister in Churchills Regierung stellte, den Ausschlag gegeben haben.[365] Ende Dezember 1940 kam Vogel in London an[366], Mitte Januar 1941 traf Ollenhauer bei Sander in der Fernside Avenue ein.[367]

Frankreich, 1940 USA, Gründer und Redakteur „Deutschland-Berichte", Mitarbeiter NV und ZfS, Mitglied der GLD, nach 1945 Wirtschaftsexperte einer New Yorker Privatbank.

357 Vgl. hierzu Buchholz/Rother, S. XLIII.

358 Hilferding, Rudolf, 1877–1941, 1922–33 SPD-PV, 1923 u. 1928/29 Reichsfinanzminister, 1933 Emigration Schweiz, enger Mitarbeiter der Sopade, Chefredakteur der „Zeitschrift für Sozialismus", 1938 Frankreich, 1941 von Vichy-Behörden verhaftet und an Gestapo ausgeliefert, Tod in Gestapohaft.

359 Breitscheid, Rudolf, 1874–1944, 1920–33 MdR, 1931–33 SPD-PV, 1933 Emigration Schweiz, Frankreich, enge Verbindung zur Sopade, 1941 von Vichy-Behörden an die Gestapo ausgeliefert, starb bei einem Luftangriff auf das KZ Buchenwald.

360 So heißt es in einer Aufstellung über den SPD-PV nach 1933, die von Vogel und Ollenhauer in London der Labour Party vorgelegt wurde. In: LHASC Manchester, LP/JSM/Int Box 9.

361 Vgl. hierzu Heines Notiz über die PV-Sitzung am 27. Oktober 1941, Nr. 245, und Vogels Schreiben an das Ministry of Information am 10. August 1941, Nr. 281. Auch Röder geht von der Kooptierung aus. Vgl. Röder, Exilgruppen, S. 28.

362 Buchholz/Rother kommen aufgrund der ihnen vorliegenden Sopade-Protokolle zu dem Ergebnis: „Kooptationen blieben somit gänzlich aus." Vgl. Buchholz/Rother, S. XXV. Auch eine Notiz Heines nährt Zweifel an einer formellen Kooptierung. Vgl. Nr. 223, Anm. 7.

363 So Ollenhauer an Stahl am 30.12.1939, in: Buchholz/Rother, S. 408

364 Zum Konzept der „europäischen Revolution" vgl. oben Abschnitt II.3.4.

365 Nach Radkau hat bei der Entscheidung für London auch ein abwehrendes Schreiben von Rudolf Katz eine Rolle gespielt. Daß sich in den USA bereits mehrere Parteivorstandsmitglieder befanden, mochte angesichts der starken Differenzen dieser Mitglieder untereinander eher gegen eine

Fritz Heine betreute im Auftrag des Parteivorstandes die noch in Marseille und Südfrankreich verbliebenen Parteimitglieder und versuchte in Zusammenarbeit mit anderen Organisationen ihre Flucht zu organisieren.[368] Er verließ nach Aufforderung durch Ollenhauer Marseille im März 1941 und begab sich nach Lissabon.[369] Nach längeren Bemühungen Vogels und Ollenhauers erhielt er ein Visum und kam Ende Mai 1941 nach London. Etwas später traf auch Curt Geyer auf dem gleichen Wege in London ein.

Von den übrigen im Pariser Exilparteivorstand mitarbeitenden PV-Mitgliedern waren Otto Wels und Siegmund Crummenerl 1939 bzw. 1940 gestorben. Erich „Hugo" Rinner und Friedrich Stampfer emigrierten 1940 in die USA. Rudolf Hilferding und Rudolf Breitscheid wurden am 11. Februar 1941 vom Vichy-Regime an die Gestapo ausgeliefert.[370] Hilferding starb am 12. Februar 1941 im Gefängnis in Paris unter nicht geklärten Umständen, Breitscheid kam bei einem Luftangriff auf das KZ Buchenwald am 24. August 1944 ums Leben.

Die beiden nach London emigrierten PV-Mitglieder Vogel und Ollenhauer bildeten in Absprache mit den in die USA emigrierenden (Stampfer, Rinner) den neuen Parteivorstand.[371] Schon in den Verhandlungen über die Bildung der Union traten

---

Übersiedelung sprechen. In London fand sich keine entsprechende Konkurrenz. Vgl. Radkau, Emigration in den USA, S. 157.

366 Vogel wurde in der britischen Presse als Verbündeter begrüßt, wie die Interviews im „Daily Herald" vom 9. Januar 1941 und im „Evening Standard" vom 14. Januar 1941 zeigen.

367 Die Familien Vogel (Hans und Dina) und Ollenhauer (Erich, Martha und die Kinder Peter und Hermann) bezogen eine Doppelhaushälfte in der Fernside Avenue 3. Im 1. Stock befanden sich drei Schlafzimmer, im Erdgeschoß zwei Wohnzimmer, die Küche wurde gemeinsam benutzt. Fernside Avenue 3 war Sitz des SPD-PV und der Union. Wilhelm Sander und seine Familie waren einige Häuser weiter in der Fernside Avenue 27 untergebracht. Fritz Heine wohnte bis Sommer 1942 nur wenige Minuten zu Fuß entfernt in 20, Gibbs Green, Edgeware. Die Siedlung Mill Hill am nordöstlichen Stadtrand Londons war das organisatorische Zentrum der sozialdemokratischen Emigration. Ein weiteres Zentrum der sozialistischen und sozialdemokratischen Emigration befand sich in Hampstead, im Norden Londons. – Vogel, Dina, 1880–1966, Ehefrau von Hans Vogel, SPD, DMV, 1933 Emigration, nach 1945 Rückkehr nach Deutschland.

368 Zur Tätigkeit Heines und zur Fluchthilfe für die verfolgten Sozialdemokraten vgl. Fry, Auslieferung; Zur Mühlen, Fluchtweg Spanien.

369 Vgl. Seebacher-Brandt, Biedermann und Patriot, S. 302.

370 Vgl. hierzu Seebacher-Brandt, Biedermann und Patriot, S. 302ff.; Willi Jasper, „Sie waren selbständige Denker". Erinnerungen an die „Affäre Breitscheid/Hilferding" und die sozialdemokratische Emigration von 1933 bis 1945. Ein Gespräch mit Fritz Heine, in: Exilforschung. Ein internationales Jahrbuch 3, 1985, S. 59–70; William Thomas Smaldone, Rudolf Hilferding, Diss. State University of New York, Binghamton 1990.

371 Vgl. Nr. 275 u. 291. Eine schriftliche Fixierung dieser Vereinbarung existiert nicht. Auch Röder (Exilgruppen, S. 29) bezieht sich auf die Angaben Vogels in Dokument Nr. 291. Für die von Lange behauptete „Selbstauflösung" des Emigrationsvorstandes finden sich keine Belege und das von Niemann angenommene Ende der Existenz in Lissabon wird durch die weitere Tätigkeit

Vogel und Ollenhauer als „Vorstand der Sozialdemokratischen Partei Deutschlands" auf. Die Bezeichnung Sopade wurde in London kaum verwendet.[372] Der Anspruch wurde von den sozialdemokratischen Landesorganisationen der anderen Emigrationsländer akzeptiert, auch wenn dem Parteivorstand in London nur noch zwei PV-Mitglieder des Jahres 1933 angehörten und sich z.B. in den USA mit Stampfer, Hertz, Wilhelm Sollmann, Georg Dietrich[373], Marie Juchacz[374] und Siegfried Aufhäuser[375] weitaus mehr PV-Mitglieder aufhielten. Im Sommer 1941 setzte sich der Emigrationsvorstand in London zusammen aus Hans Vogel (Parteivorsitzender), Erich Ollenhauer (Vorstandsmitglied) Fritz Heine und Curt Geyer (beide in Paris hinzugezogen). Entsprechend dem Anspruch wurde auch hier der Begriff Parteivorstand verwendet, auch wenn er nur schwach begründet war. Die schmale personelle Basis verringerte sich Anfang 1942 durch das Ausscheiden Geyers und schwächte die Autorität des Parteivorstandes, was sich beim Versuch der Rekonstruktion des PV Anfang 1945 und in der Konkurrenz mit Schumacher zeigte.

Von Oktober 1941 bis Februar 1942 hielt sich auch Friedrich Stampfer in London auf. Stampfer wollte in Besprechungen mit der Labour Party und britischen Regierungsstellen die Mitwirkung des PV in London und der GLD an Rundfunksendungen nach Deutschland erreichen.[376] Die Londoner PV-Mitglieder argwöhn-

---

in London und den erhobenen Anspruch widerlegt. Lange, Der faschistische Überfall, S. 544; Niemann, Geschichte der deutschen Sozialdemokratie, S. 449.

372 Sie findet sich z.B. in den Terminkalender Ollenhauers für Funktionärstreffen. Vgl. AdsD Bonn, NL Ollenhauer, Mappe 3.

373 Dietrich, Georg, 1888–1971, Sekretär SPD-Bezirk Groß-Thüringen, 1924–33 MdR, April 1933 Wahl in den PV, 1933 Emigration Schweiz, 1940 USA, 1944 „Council for a Democratic Germany", 1945 US-Staatsbürger.

374 Juchacz, Marie, 1879–1956, ab 1917 zentrale Frauensekretärin, Mitglied des PV, 1920–33 MdR, April 1933 Wiederwahl in PV, 1933 Emigration Saargebiet, 1935 Frankreich, 1941 USA, Annäherung an NB, Mitglied „Council for a Democratic Germany", 1949 Rückkehr nach Deutschland, tätig in AWO und SPD-Frauenarbeit.

375 Aufhäuser, Siegfried, 1884–1969, Gewerkschaftsfunktionär, 1921–33 Vorsitzender AfA, 1921–33 MdR SPD, April 1933 Wahl in den PV, 1933 Emigration Frankreich, ČSR, Mitbegründer der RSD, Januar 1935 faktischer Ausschluß aus dem PV, 1936 Mitglied „Deutscher Volksfrontausschuß" Prag, 1937 Austritt aus RSD, 1939 Frankreich, USA, Mitglied der GLD, 1943 mit Max Brauer Vorsitzender GLD, 1941 Mitgl. Exekutivkomitee „German-American Council for the Liberation of Germany" und „Association of Free Germans", führende Funktionen im New Yorker „New World Club", Herbst 1944 wegen Engagement im „Council for a Democratic Germany" Austritt aus GLD, Redakteur „New Yorker Staatszeitung und Herold", Versuch der Gründung einer Gewerkschaftsgruppe nach dem Vorbild der LdG in GB, 1951 Rückkehr nach Deutschland, 1952 Vorsitzender DAG Berlin.

376 Vgl. Nr. 251. Zu Stampfers Mission vgl. auch Glees, Exile Politics, S. 111ff.; ders., Eine Lücke in Hugh Daltons und Friedrich Stampfers Memoiren und die Entfremdung zwischen Labour Party und Exil-SPD, in: Exilforschung. Ein internationales Jahrbuch 2, 1984, S. 104–120; Röder, Exilgruppen, S. 149ff.; Friedrich Stampfer, Erfahrungen und Erkenntnisse. Aufzeichnungen aus meinem Leben. Köln 1957, S. 283ff.

ten, daß die Reise auch unternommen wurde, um den Londoner Emigrationsvorstand zu kontrollieren und die von Mitgliedern der GLD kritisierte Entscheidung für die „Union" zu überprüfen. Die Anwesenheit Stampfers verschärfte den Konflikt mit Walter Loeb und Curt Geyer um die Frage der Mitverantwortung der Sozialdemokratie und der deutschen Arbeiter für den Aufstieg des Nationalsozialismus bis zum Bruch.

Die Differenzen entstanden im Spätsommer 1941 über die in der Atlantik-Charta vorgesehene völlige und einseitige Abrüstung Deutschlands, die von Victor Schiff und anderen abgelehnt wurde.[377] Daraus entwickelte sich eine Debatte über die Politik der Partei im Ersten Weltkrieg und in der Weimarer Republik sowie über die Bewertung der Verantwortung der deutschen Bevölkerung für das NS-Regime und den Krieg.[378] Dabei standen Loeb, der den Konflikt forcierte, und Geyer gegen Vogel, Ollenhauer und vor allem Stampfer, dessen Auftreten wesentlich zur Eskalation beitrug.[379] Schließlich erklärte Geyer im Januar 1942 seinen Rückzug aus dem PV.[380] Es folgte eine erbitterte Fehde Geyers, Loebs und einiger anderer Sozialdemokraten gegen den PV in diesen Fragen.[381] Sie fanden dabei Unterstützung bei Gillies, der in engem Kontakt mit Loeb stand, und bei der Mehrheit der Labourführung. Der zunächst interne Konflikt wurde von der englischen Presse aufgegriffen, die die Loyalität der deutschen politischen Emigration in Zweifel zog.[382] Die Auseinandersetzung führte im Sommer 1942 zu dem Ergebnis, daß die Labour Party der Sopade wie auch der Union die politische Unterstützung entzog und die den Vorstandsmitgliedern Ollenhauer und Heine gewährte finanzielle Unterstützung strich. Geyer wurde nach Angaben Heines auf Antrag des Parteivorstandes durch den London-Ausschuß aus der SPD ausgeschlossen.[383]

Heine, der ab August 1942 durch Vermittlung Crossmans für die SOE und Sefton Delmers[384] Propagandasender arbeitete und nur in zweiwöchigem Abstand am Wochenende nach London kam, konnte seither nur noch begrenzt in der Partei-

---

377 Vgl. Nr. 241ff., außerdem Röder, Exilgruppen, S. 148ff.; Glees, Exile politics, S. 169ff.
378 Vgl. die Sitzungen im Herbst 1941, Nr. 223–239 und besonders 243, 244. Zu diesem Konflikt vgl. auch Röder, Exilgruppen, S. 151ff.
379 Vgl. Nr. 230–248.
380 Vgl. Nr. 252, 253, 255.
381 Vgl. Nr. 167
382 Vgl. oben Abschnitt II.4.2. und Nr. 58ff.
383 Schriftliche Auskunft Fritz Heines vom 21.11.1995; ähnlich BHE, S. 221. Vogel spricht in seinem Jahresbericht für 1942 in Bezug auf Geyer und die fünf anderen Unterzeichner der Erklärung vom 2. März 1942 von „früheren Mitgliedern der Partei". Vgl. Nr. 275. In den SM, Nr. 36, 1.4.1942, wird mitgeteilt, daß Geyer und die anderen Unterzeichner der Erklärung vom 3. März 1942 „sich nicht mehr mit der Gemeinschaft der sozialdemokratischen Emigration verbunden fühlen."
384 Delmer, Sefton, britischer Journalist, Leiter der „schwarzen" Propaganda der SOE.

führung mitarbeiten.[385] Die 14tägigen Treffen in Mill Hill, zu denen anscheinend auch Willy Sander zugezogen wurde, waren aber vermutlich weiterhin die zentralen Besprechungen des Emigrationsvorstandes.[386]

Ollenhauer wurde die weitere politische Arbeit zunächst durch einen Zuschuß des amerikanischen JLC ermöglicht[387], bis er sich 1943 mit „research work" für das Labor Desk des OSS in London selbst Mittel verschaffte; schließlich stellte ihn 1944 eine großzügige Spende der schwedischen Sozialdemokraten für die politische Arbeit frei.[388] Nach dem Ausscheiden Geyers bemühte sich der PV im Mai 1942 zur Unterstützung seiner Tätigkeit Erich Brost, früheres Vorstandsmitglied der SPD in Danzig, von Schweden nach London zu holen.[389] Für eine Tätigkeit Brosts im Rahmen der Parteivorstandtätigkeit gibt es allerdings nur wenige Hinweise.[390] Auch der unermüdliche Heine, der trotz seiner intensiven beruflichen Beanspruchung zahlreiche Analysen und politische Ausarbeitungen verfaßte, blieb im Hintergrund. Nach außen repräsentierten Vogel und Ollenhauer den PV, nach dem Tode Hans Vogels am 6. Oktober 1945, Ollenhauer alleine. Als Folge des Todes von Vogel wurde Wilhelm Sander und als Ergebnis der Wennigser Konferenz und der Verbindung mit Dr. Kurt Schumacher auch Erwin Schoettle in den Führungskreis einbezogen.

Die deutschen Sozialdemokraten in Großbritannien, manchmal als „London Gruppe" bezeichnet, führte seit Ende 1938 Wilhelm (Willi) Sander.[391] Seit dem Besuch Vogels und Ollenhauers Ende 1939 läßt sich eine Aktivierung der Londoner SPD-Gruppe feststellen, die schließlich zur Gründung der „Sozialdemokratischen

---

385 Er besuchte zwar dann Vogel und Ollenhauer regelmäßig und besprach sich mit ihnen, aber der persönliche Kontakt verringerte sich, da Heine nicht mehr in der Nähe wohnte. An Rudi Leeb schrieb er am 14. Februar 1944: „kann mich aber praktisch so gut wie kaum an der Parteiarbeit beteiligen, eben wegen meiner Abwesenheit von London"; in: Privatbesitz Heine, Korrespondenz London L-R; vgl. auch seine Korrespondenz mit Ollenhauer und Vogel, in: AdsD Bonn, PV-Emigration, Mappe 51. Auffallenderweise finden sich aber in den Notizbüchern Heines nach dem Juli 1942 bis Ende 1944 keine Aufzeichnungen mehr über Partei-Besprechungen. Eine Erklärung hierfür konnte auch Heine nicht geben. Vgl. den Brief Heines vom 30.6.1995 an den Autor.
386 Die Besprechungen werden in mehreren Briefen Heines und Ollenhauers erwähnt. Am 14. November 1943 schreibt Heine an Leeb, daß er alle 14 Tage nach London komme und einen 3/4 Tag für Mill Hill (Wohnung Vogel/Ollenhauer) reserviert habe. Ollenhauer beklagt in einem Schreiben an Heine vom 11. Juni 1944, daß er ohne Nachricht von ihm sei und erwartet „Bericht bei der nächsten Mill Hill-Sitzung, bei der wir ja hoffentlich nicht wieder ‚grundsätzliche' Fragen zu klären brauchen." Beide Briefe in: Privatbesitz Heine, Korrespondenz London L-R.
387 Vgl. Nr. 275.
388 Zur finanziellen Situation Ollenhauers vgl. Seebacher-Brandt, Biedermann und Patriot, S. 332ff.
389 Ein erster Hinweis darauf findet sich in Nr. 261.
390 Vgl. Nr. 292. Heine erwähnt in einem Brief an Ollenhauer vom 9. März 1943 eine Besprechung bei Brost; in: AdsD Bonn, PV-Emigration, Mappe 51.
391 Vgl. Buchholz/Rother, Nr. 126, S. 302f.; Röder, Exilgruppen, S. 27ff.

Union" mit sudetendeutschen und tschechischen Sozialdemokraten im März/April 1940 führte.[392] Die Internierung brachte diesen Ansatz zu einem schnellen Ende, sie wurde danach nicht weitergeführt. Wie auch in Schweden und den USA war auch die Londoner SPD-Gruppe von inneren Gegensätzen gezeichnet. Repräsentierte Sander die Linie des PV, so stand eine Gruppe um Höltermann in Konkurrenz zu diesem und bekämpfte die sozialistischen Gruppen, während eine Gruppe linker Sozialdemokraten um Willy Kressmann[393] das Mandat des PV bestritt und für eine Zusammenarbeit mit den sozialistischen Gruppierungen eintrat.

Nach ihrem Eintreffen führten Vogel und Ollenhauer eine Reihe von Gesprächen mit Sozialdemokraten. Im Januar 1941 kam es zu vier Besprechungen: in der ersten am 9. Januar 1941 referierte Peter Mayer zum Thema „Politischer Brückenbau", am 12. Januar nahmen Vogel und Sander dieses Thema auf, das auch am 22. Januar mit Stellungnahmen von Vogel, Sander, Mayer und Ollenhauer erneut zur Diskussion stand.[394]

In der Folge blieb Sander weiterhin Leiter der Landesgruppe, aber Vogel und Ollenhauer beriefen im Februar 1941 einen Beirat (teilweise auch als Ausschuß bezeichnet) zur Verstärkung der schwachen personellen Basis des PV, dem Wilhelm Sander, Karl Höltermann, Victor Schiff, Hans Gottfurcht, Bernhard Menne und Herta Gotthelf[395] angehörten.[396] Der Beirat trat erstmals am 20. Februar 1941 zusammen und bestand bis Juli 1942 als er durch den London-Ausschuß abgelöst wurde.[397] Über die Beratungen des Beirates existieren keine Protokolle, lediglich einzelne Aufzeichnungen von Hans Gottfurcht und Fritz Heine.[398] Soweit feststellbar waren Themen der Sitzungen die Beratungen der Union, die Arbeit der Londoner SPD, besonders aber die inneren Konflikte wie z.B. um Loeb und Schiff. Auch das Verhalten gegenüber Angeboten der KPD und Aufnahmeanträge wurden be-

---

392 Vgl. Röder, Exilgruppen, S. 91ff. Vgl. auch die entsprechenden Notizen Gottfurchts in: Archiv Dr. Gerhard Beier, Kronberg, TNL Gottfurcht, Akte O I.

393 Kressmann, Willy, *1907, Buchdrucker, SPD, 1931 SAP, 1933 ČSR, 1939 GB, Wiedereintritt in SPD, 1945 Rückkehr nach Deutschland.

394 Der Hinweis auf diese Treffen findet sich in den Notizen Gottfurchts, der ebenfalls anwesend war. Wer außer ihm und den erwähnten Personen noch zugegen war, läßt sich nicht entnehmen. Am 27. Januar 1941 notiert Gottfurcht: „Peter Mayer: Vertraulich informiert." in: Archiv Dr. Gerhard Beier, Kronberg, TNL Gottfurcht, Akte O I.

395 Gotthelf, Herta, 1902–63, führende Frauenfunktionärin der SPD, Redakteurin der sozialdemokratischen Zeitschrift „Die Genossin", 1934 Emigration GB, zeitweise Sekretärin Ernst Tollers, Mitglied des London-Ausschusses der SPD und des AA der LdG, 1943 Arbeit bei BBC, Mitglied der „kleinen Fraueninternationale", 1946 nach Rückkehr Leiterin des Zentralen Frauensekretariat beim SPD-PV in Hannover, 1947–58 Mitglied des geschäftsführenden PV.

396 Niemann u.a., Sozialdemokratie, S. 449, betrachten die Beiratsmitglieder als kooptierte provisorische Vorstandsmitglieder, verwischen aber damit die bestehenden Abstufungen zu sehr.

397 Zu den belegten Sitzungen vgl. weiter unten Abschnitte III.5.

398 Vgl. Nr. 207–209, 212, 217, 220, 222, 237, 242, 246, 256, 267, 268, 271.

sprochen. Im Sommer 1942 stand die Forderung nach der Umgestaltung des Beirates in ein gewähltes Gremium im Vordergrund.[399]

Auf Drängen einer Gruppe von Mitgliedern um Fritz Segall wurde nach einigem Hin und Her im Juli 1942 ein „London-Ausschuß" von den in London lebenden Mitgliedern gewählt. Ihm gehörten ab Juli 1942 an: Wilhelm Sander (VS), Beisitzer: Victor Schiff, Herta Gotthelf, Heinrich Sorg, Kurt Weckel[400], Fritz Segall und Lothar Günther[401], außerdem ein Vertreter des PV und Hans Gottfurcht als Vorsitzender der Landesgruppe deutscher Gewerkschafter. Bei der Wahl am 2. April 1943 wurde an Stelle Günthers Dr. Gerhard Gleissberg gewählt, Erich Ollenhauer wird als Vertreter des PV genannt. Bei der Wahl im März 1944 kam Paul Heide[402] an Stelle Schiffs hinzu, der wegen seiner Teilnahme an der Freien Deutschen Bewegung ausscheiden mußte. Am 17. Februar 1945 wurde Rudolf Möller-Dostali[403] an Stelle Herta Gotthelfs gewählt.

Tagte der Beirat nur unregelmäßig, so wurde der London-Ausschuß regelmäßig alle 14 Tage am Freitagabend einberufen.[404] Über die Tätigkeit des London-Ausschusses gibt es außer zwei formellen Protokollen vom 2. April 1943 und 28. Januar 1944 nur die Berichte in den SM über die Wahlergebnisse[405]. Für die Zeit nach Juli 1943 existieren einzelne Rundschreiben Sanders an die Mitglieder des Ausschusses, die Hinweise auf die Beratungsthemen geben.[406] Insgesamt läßt sich aber wenig über die spezifische Tätigkeit dieses Gremiums feststellen.

---

399 Vgl. Nr. 267–273.
400 Weckel, Kurt, 1877–1956, Lehrer, SPD, Präsident des Sächsischen Landtages, 1933 Emigration ČSR, Grenzarbeit in Teplitz für SPD-Bezirk Dresden, 1939 GB, Mitglied der Abgeordnetengruppe um Höltermann, 1942–45 Mitglied SPD-London-Ausschuß, 1941–43 AA d. LdG, 1945 Rückkehr in die SBZ, Lehrer, 1952 nach Entlassung Übersiedlung in die Bundesrepublik Deutschland.
401 Günther, Lothar, *1892, Staatsanwalt, SPD, RB Dresden, MdL Sachsen, 1933 Emigration Schweiz, Frankreich, seit 1938 frz. Staatsangehörigkeit, 1940 GB, 1942/43 Mitglied SPD London-Ausschuß.
402 Heide, Paul, 1879–1973, 1927–33 SPD-MdL Sachsen, 1933 Emigration ČSR, 1938 Polen, GB, Mitarbeit in der Abgeordnetengruppe um Höltermann, ab 1944 SPD London-Ausschuß, 1945–57 Kassierer Vereinigung deutscher Sozialdemokraten in GB, 1957 Rückkehr nach Deutschland.
403 Möller-Dostali, Rudolf, 1892–1961, KPD, bis 1930 politischer Leiter im Bezirk Niedersachsen, ab 1930 Sekretär des Westeuropäischen Büros der Komintern, 1933–34 Leiter der illegalen Roten Hilfe in Berlin-Brandenburg, 1934 Flucht ČSR und Parteiaustritt, Hinwendung zum Katholizismus, 1938 GB, 1942 SPD, Vorstandsmitglied Katholische Arbeitsgemeinschaft für Politik und Wirtschaft in London, Mitglied LdG, 1943 Mitarbeit bei den Programmberatungen der Union, 1946 Rückkehr nach Deutschland, 1952–58 außenpolitischer Redakteur Neue Ruhr-Zeitung.
404 Die Sitzungen fanden meist in Privatwohnungen, u.a. bei Gottfurcht, statt.
405 Protokolle vgl. Nr. 277, 279; Berichte der SM vgl. Nr. 273, 290.
406 AdsD Bonn, PV-Emigration, Mappe 111.

Seit dem 14. Februar 1941, als Ollenhauer auf einer SPD-Versammlung referierte[407], lassen sich Versammlungen der Londoner SPD nachweisen. Dabei dürfte es sich bis zum Sommer 1941 eher um einen Kreis ausgewählter Mitglieder gehandelt haben. Erst dann begann man, die SPD-Mitglieder in Großbritannien zu erfassen.[408] Fragebogen wurden ausgegeben und von den anerkannten Mitgliedern Beiträge erhoben.[409] Nach Rücksprache mit der Labour Party unterblieb jedoch die Bildung einer festen Organisation, Mitgliedskarten und Beitragsmarken wurden nicht ausgegeben.[410] Bis Anfang September 1941 waren 120 Mitglieder registriert.[411] Nur Mitglieder und geladene Gäste waren zu den Versammlungen zugelassen. Sie fanden anfangs unregelmäßig statt, ab April 1942 in einem wöchentlichen Turnus und schließlich ab Juli 1942 in vierzehntägigem Abstand. In der Regel sprachen Referenten, häufig Vogel oder Ollenhauer, aber auch andere Sozialdemokraten, Mitglieder der Labour Party oder anderer europäischer sozialistischer Parteien.[412] Von Fall zu Fall wurde auf den Versammlungen auch über Fragen der Organisation und der sozialdemokratischen Politik diskutiert. So lieferten sich Ollenhauer und Schiff im Februar und März 1943 ein Streitgespräch über das Verhältnis zur Sowjetunion, dessen Diskussion sich über vier Abende hinzog. Über die Versammlungen existieren zum Teil Ankündigungen in SPD-Rundschreiben oder in den SM, jedoch keine formellen Protokolle. Vereinzelt finden sich bis zum Sommer 1942 Aufzeichnungen Heines[413], danach nur noch ein kurzer Bericht in den SM über die Jahreshauptversammlung im Frühjahr 1944.[414] Im November 1942 und im Dezember 1944 wurden größere Konferenzen abgehalten, an denen auch Mitglieder außerhalb Londons teilnahmen.[415]

Zur Beratung und Ausarbeitung programmatischer Konzepte für die Nachkriegszeit wurden Arbeitsgemeinschaften eingerichtet, an denen ein ausgewählter Kreis von Mitgliedern teilnahm. Eine erste Arbeitsgemeinschaft „Der kommende Friede und das kommende Deutschland" begann im Mai 1941 mit einer Konferenz,

---

407 Vgl. Nr. 206.
408 Vgl. Nr. 234.
409 Vgl. Nr. 207, 209, 211, 219. Die Formulare und eine Mitgliederliste vom Juli 1941 befinden sich bei den Unionsprotokollen, die ausgefüllten Erhebungsbögen im Nachlaß Sander; in: AdsD Bonn, PV-Emigration, Mappe 4; NL Sander, Mappe 18–28.
410 Vgl. Nr. 212 und Überblick über den Stand der Finanzen (1941/42), in: AdsD Bonn, PV-Emigration, Mappe 111.
411 Vgl. Nr. 234.
412 Eine Liste der Versammlungen mit Referenten und behandelten Themen findet sich weiter unten im Abschnitt III.5.
413 Vgl. Nr. 224, 228, 265, 268.
414 Vgl. Nr. 280.
415 Vgl. Nr. 274, 287.

gefolgt von einer Reihe von Einzelvorträgen.[416] Damit wurde die noch in Paris 1939/40 begonnene Diskussion über die Kriegs- und Friedensziele wieder aufgenommen. Die neue Arbeitsgemeinschaft wurde ab September 1941 unter dem Titel „Deutschland und Europa nach dem Kriege" fortgesetzt.[417] Nach der Sitzung am 14. Oktober 1941 gab es keine weitere, da der PV angesichts des sich verschärfenden Konfliktes mit Loeb und Geyer eine Fortführung nicht für sinnvoll hielt.[418] Eine Rolle bei dieser Entscheidung mögen die gleichzeitig stattfindenden Unionsberatungen für eine gemeinsame Erklärung zur Atlantik-Charta gespielt haben, die wesentlich konfliktfreier verliefen.

Im Herbst 1943 richtete der PV eine neue Arbeitsgemeinschaft ein, der die Mitglieder des PV und des London-Ausschusses, die sozialdemokratischen Fachreferenten der Unions-Programmberatungen und einzelne interessierte Mitglieder angehörten.[419] Die Arbeitsgemeinschaft stand im Zusammenhang der Programmdiskussion der Union und diente der Diskussion der dort eingebrachten Vorschläge wie auch von Vorlagen aus dem Kreis der SPD-Mitglieder und hatte die Festlegung des sozialdemokratischen Standpunktes zum Ziel. Ihre Sitzungen, zum Teil auch unter dem Arbeitstitel „Programmberatung", fanden ab 22. Oktober 1943 im Austrian Labour Club statt und lassen sich bis zum September 1944 nachweisen.[420] In der Sitzung am 28. Januar 1944 wurden zum Beispiel die von Moller-Dostali/Sorg und von Wittelshöfer vorgelegten Vorschläge diskutiert.[421]

Die finanziellen Verhältnisse des Emigrationsvorstandes in London waren sehr eng. Die Labour Party kam für die Wohnungsmiete in der Fernside Avenue auf und unterstützte die vier Vorstandsmitglieder mit 176 £ (Vogel 50£, Ollenhauer 62£, Geyer, Heine je 32£) im Vierteljahr.[422] Die Mittel für Ollenhauer, Geyer und Heine wurden nach dem Konflikt im Sommer 1942 gestrichen.

Für die politische Arbeit standen kaum Mittel zur Verfügung. Von Mitte 1940 bis Mitte 1941 konzentrierten sich die Geldsammlungen, die insgesamt 318 £ ergaben, auf die Unterstützung der Internierten (311 £). An Beiträgen für politische

---

416 Vgl. Nr. 210–218. Es fällt auf, daß die Frage, wie der Krieg zu gewinnen sei und welchen Beitrag die Sopade dazu leisten könne, keiner Beratung für wert gefunden wurde.

417 Vgl. Nr. 230–233, 236, 239, 240, 243, 244.

418 Vgl. hierzu Nr. 248, 249.

419 Vgl. hierzu Sander an Möller-Dostali o.D. (Oktober 1943), Sander an Mitglieder des LA vom 16.10.1943, AdsD Bonn, PV-Emigration, Mappe 111.

420 Zu den Sitzungsterminen vgl. Liste im Abschnitt III.5..

421 Vgl. Nr. 282, 283; Veranstaltungankündigungen Dezember 1943/Januar 1944, in: AdsD Bonn, PV-Emigration, Mappe 111.

422 Damit hatte die LP dem Wunsch des Emigrationsvorstandes entsprochen. Nach einem Vermerk Heines hatten die PV-Mitglieder vereinbart, Gillies um eine Unterstützung von jährlich 780£ zu bitten, von denen 250£ für die Familie Ollenhauer, 200£ für das Ehepaar Vogel, 200£ für Geyer mit Lebensgefährtin und 130£ für Heine bestimmt sein sollten. Notizbuch I., 20.6. bis 10.9.41, AdsD Bonn, Depositum Heine, Ordner 5.

Arbeit ergaben sich mit dem Einsetzen einer festen Beitragsregelung ab Juli 1941 nur etwas über 25 £.[423] Die Aufwendungen für die Sozialistischen Mitteilungen (141 £) wurden von den Einnahmen (151 £) nur geringfügig übertroffen, auch die Weitervermietung des Büroraumes im Bloomsbury House erbrachte einen geringen Überschuß (82£ gegen 79£). Von Juni 1941 bis August 1942 beliefen sich die Beitragseinnahmen auf etwas über 73£, wovon 20£ an den PV abgeführt wurden.[424] Zwar verbesserte sich die Einnahmeseite bis 1944 auf 130 £, dem standen jedoch 159 £ Ausgaben gegenüber. Mit diesen beschränkten Mitteln ließen sich gerade die Portogebühren, Telefonkosten, Zeitungen, Büromaterial und ähnliche Auslagen begleichen.[425]

Eine politische Arbeit war nur durch Zuschüsse, die fast ausschließlich aus dem Ausland kamen, möglich. Durch die American Federation of Labour (AFL) und das Jewish Labor Committee (JLC) waren der PV und die sozialdemokratischen Emigranten schon 1940 in Frankreich unterstützt worden.[426] In London suchte der PV' erneut um Unterstützung nach und erhielt vom JLC im August 1942 $ 500, im Sommer 1945 $ 800 für den Druck des Weißbuchs und $ 500 im Dezember 1945 für die Reisekosten der Rückkehr.[427] Daneben spendeten SPD-Mitglieder in England und Freunde freiwillig für die Partei und einzelne Vorhaben.[428]

Sehr eng waren auch die räumlichen Verhältnisse. Der PV hatte keine eigenen Arbeitsräume oder Büros. Ollenhauer hatte seine Schreibmaschine im ehelichen Schlafzimmer auf einem Tisch aufgebaut; das Archiv befand sich bei Sander, der über etwas mehr Raum verfügte.

2. INTERNE KOMMUNIKATION

Die Kommunikation mit den Mitgliedern in London geschah vor allem über den Beirat bzw. den London-Ausschuß und die Mitgliederversammlungen. Hier wurden auch die sich entwickelnden Kontroversen, sei es mit Loeb und Geyer (Herbst 1941) um die Mitsprache (Juni/Juli 1942) oder um die Stellung zur KPD und zur

---

423 Vgl. Nr. 254. Zur finanziellen Situation vgl. auch Röder, Exilgruppen, S. 36; Seebacher-Brandt, Biedermann und Patriot, S. 315.
424 Überblick über den Stand der Finanzen (1941/42), in: AdsD Bonn, PV-Emigration, Mappe 111.
425 Vgl. Nr. 288.
426 Vgl. Röder, Exilgruppen, S.36; Buchholz/Rother, S. XXX.
427 Ollenhauer hatte sich am 1.8.1941 an die GLD mit der Bitte um finanzielle Hilfe gewandt. Katz hielt in seiner Antwort mit dem Briefkopf des German American Council eine Förderung durch das JLC in Höhe von 5.000 – 10.000$ für möglich. Zu den Überweisungen 1945 vgl. die Briefe Katz's vom 12.5. und 17.11.1945, in: AdsD Bonn, PV-Emigration, Mappen 61, 80. Vgl. auch Röder, Exilgruppen, S. 37f.
428 Eine undatierte Liste mit freiwilligen Spenden für SPD und SM befindet sich in: AdsD Bonn, PV-Emigration, Mappe 111. Heine notierte am 20.1.1945, daß Dr. Ritter, ein wohlhabendes SPD-Mitglied aus Hamburg 300–400 £ für die Herausgabe des Weißbuches geben wolle. Notizbuch Januar – März 1945, Privatbesitz Heine.

Freideutschen Bewegung (1943), ausgetragen. Neben den offiziellen Treffen fanden auch private Zusammenkünfte im Kaminzimmer bei Vogel und Ollenhauer statt, an denen u.a. Sanders, Herta Gotthelf, Wenzel Jaksch, Willi Hocke[429], Erich Brost, Artur Bratu[430] gelegentlich Victor Schiff, Waldemar von Knoeringen und Willi Eichler teilnahmen.[431]

Der Korrespondenz mit den Mitgliedern in London kam demgemäß nachrangige Bedeutung zu. Zur Unterrichtung der sozialdemokratischen Emigration über die Aktivitäten des PV, aber auch für die Labour Party wurden im Juni 1941 und Ende 1942 Tätigkeitsberichte erstellt und ein Arbeitsplan für das Jahr 1943 vorgestellt.[432] Seit Oktober 1943 gab Sander als Leiter der sozialdemokratischen Emigration in Großbritannien monatliche Rundschreiben an die Mitglieder heraus mit Hinweisen auf die nächsten Veranstaltungen, Beitragszahlungen und ähnliches.[433] Seit Mitte August 1945 wurden mit dem Briefkopf „Der Vorstand der Sozialdemokratischen Partei Deutschlands" etwa wöchentlich Rundschreiben herausgegeben, in denen in knapper Form über das Schicksal einzelner Sozialdemokraten, Reorganisationsbemühungen, Ernennungen, Rückkehrer und einzelne parteipolitisch bedeutsame Ereignisse informiert wurde.[434] Im Rundschreiben Anfang September 1945 gab Hans Vogel Empfehlungen für Aufbau der Parteiorganisation, erwähnte am Ende das „uns übertragene Mandat" und betonte damit den Anspruch auf die Parteiführung.[435] Außerdem enthielt dieses Rundschreiben die Entschließungen des PV vom 18. Mai und vom 11. Juli 1945.[436] Auch nach dem Tode Hans Vogels am 6. Oktober 1945 und der Konferenz in Wennigsen (5.–7. Oktober 1945) hielten Ollenhauer und Heine den Anspruch als PV aufrecht. Die Rundschreiben wurden weiterhin mit dem Briefkopf „Parteivorstand" versehen. Am 2. November 1945 wurde ebenfalls

---

429 Hocke, Willibald, 1896–1962, sudetendeutscher DSAP-Funktionär, 1931–38 Zentralsekretär des Arbeitervereins der Kinderfreunde für die ČSR, Mitgründer der Sozialistischen Erzieher-Internationale (SEI), 1938 Emigration Belgien, 1940 GB, nach Internierung Mitglied der Treugemeinschaft, 1945 Rückkehr nach Deutschland, prov. Sekretär der SEI Frankfurt/M.
430 Bratu, Artur Egon, *1910, SPD, Lehrergewerkschaft, 1933 Emigration Belgien, 1940 GB, Pionierkorps, Verbindung zur DFP, Mitglied LdG, 1943 eingesetzt zur Befragung deutscher Kriegsgefangener, 1947 Rückkehr, 1956–60 Stadtschulrat Darmstadt, Präsident Internationale Union Sozialdemokratischer Lehrer.
431 Gespräch mit Peter und Hermann Ollenhauer am 27.9.1994.
432 Vgl. Nr. 219, 274, 275.
433 Die Rundschreiben befinden sich in AdsD Bonn, PV-Emigration, Mappe 12–14.
434 Das erste überlieferte Rundschreiben datiert vom 25. August 1945, das letzte vom 2. Februar 1946; in: AdsD Bonn, PV-Emigration, Mappe 14.
435 Vgl. Nr. 301.
436 Vgl. Nr. 293 und 297.

vom „Parteivorstand" erstmals eine „Auslands-Rundschau" herausgegeben, die sich mit der Verstaatlichung in der ČSR und den polnischen Sozialisten beschäftigte.[437]

Entscheidendes Medium für den PV seine Vorstellungen der Mitgliedschaft bekannt zu machen – nicht nur in England sondern auch in den USA, in Schweden, der Schweiz und Südamerika –, waren die „Sozialistischen Mitteilungen" (SM), nach Röder das „wichtigste Organ der Exilsozialdemokratie während der Kriegszeit".[438] Sie enthalten mehr zu den Inhalten sozialdemokratischer Politik als sich aus den Unionsprotokollen entnehmen läßt. Das von Willi Sander im Auftrag der Landesgruppe in Großbritannien herausgegebene Heft erschien erstmals im August 1939 als hektografiertes Rundschreiben, zunächst 14tägig, ab Mitte 1940 monatlich und erreichte im Dezember 1941 eine Auflage von 620 Exemplaren, die in 15 Länder verschickt wurde. Die Abonnenten hatten einen Schilling pro Quartal zu entrichten, womit die Herstellungs- und Versandkosten finanziert wurden. Nach Kürzung der Papierzuteilungen im Oktober 1943 mußte die Auflage reduziert werden. Nach der Wiederbelebung der SPD in den Besatzungszonen und Auflösung der „Union" erschienen die SM noch bis 1948, seit 1946 herausgegeben von der „Londoner Vertretung der SPD". Offiziell zeichnete nach 1941 weiter Sander für die SM verantwortlich. Nach den Aufzeichnungen Heines von etwa August 1941 wurde ein dreiköpfiges Redaktionskomitee (vermutlich Sander, Ollenhauer, Geyer) eingerichtet.[439]

Vor allem durch die SM, weniger durch die Korrespondenz der PV-Mitglieder wurde die sozialdemokratische Emigration außerhalb Großbritanniens über die politischen Diskussionen, Konzepte, Stellungnahmen und Resolutionen des PV in London und der sozialistischen Union informiert.

Hinzu kamen eine Reihe von hektografierten kleinen Druckschriften, in denen die Situation im Deutschen Reich, Veranstaltungen der Partei oder Reden dokumentiert wurden.[440]

---

437 „Auslands-Rundschau" vom 2.11.1945. Die „Auslandsrundschau" Nr. 10 vom 28.12.1945 setzte sich mit den Ergebnissen der Moskauer Konferenz und den Verhältnissen in Spanien auseinander; in: AdsD Bonn, PV-Emigration, Mappe 14.

438 Zu den SM vgl. Röder, Exilgruppen, S. 28; Maas, Handbuch der politischen Exilpresse, Bd. 2, S. 539–541; Greiser, S. 229f.; Eine vollständige Edition der SM wird vom AdsD vorbereitet.

439 Heine notierte außerdem, daß seit Januar 1941 eine Politisierung der Zeitschrift stattgefunden habe und gab als seine Vorschläge an: „Mehr Anregung zur Parteiarbeit, mehr Parteipropaganda, Abwehr [der] Angriffe.", Notizbuch I, 20.6.–10.41, S.27, AdsD Bonn, Depositum Heine, Ordner 16.

440 Eine Liste der Veröffentlichungen findet sich in Röder, Exilgruppen, S. 301f. Zu ergänzen ist dabei die eine Neuherausgabe des Prager Manifests in englischer Sprache im April 1944 unter dem Titel „The Aims and Demands of the German Social Democratic Party". In der knappen Einleitung wurde die Bedeutung dieses Manifests für die Diskussion über „die Nachkriegspolitik des internationalen demokratischen Sozialismus" betont und festgestellt: „Das Programm hat

3. EXTERNE KOMMUNIKATION

3.1 Verbindungen zu Sozialdemokraten in Deutschland

Der Kontakt mit Sozialdemokraten in Deutschland war fast völlig abgerissen. Nur gelegentlich gelangten Berichte aus Schweden oder der Schweiz über Gespräche mit Besuchern aus Deutschland nach London. So ist der im Jahresbericht 1942 erwähnte „teilweise Erfolg" eine zu optimistische Bewertung.[441] Die Grundlage der veröffentlichten Berichte über die Lage im Reich[442] bildeten Informationen, die über Presse, Rundfunk, nachrichtendienstliche Kanäle und später auch durch Gespräche mit Kriegsgefangenen gewonnen wurden. Das Beispiel Willi Jesses[443], der als ehemaliger sozialdemokratischer Funktionär in Mecklenburg in Verbindung mit dem 20. Juli stand und nach dem Scheitern des Umsturzes nach Schweden fliehen konnte, ist eine Ausnahme.[444] Erst mit dem Beginn der Besetzung des Deutschen Reichs veränderten sich die Bedingungen grundlegend. Nun gelangte ein immer dichterer Strom von Informationen aus Deutschland nach London, und Kontakte konnten wieder aufgenommen werden.

3.2 Verbindungen zur sozialdemokratischen Emigration in anderen Ländern

Nach der Ankunft in England begannen Vogel und Ollenhauer, später vor allem auch Heine, die Kontakte zu den anderen sozialdemokratischen Landesorganisationen wieder zu intensivieren. Nach den USA, zur GLD, zu Stampfer und Katz waren die Verbindungen nie abgerissen, nach Schweden und nach der Schweiz, den beiden verbliebenen Emigrationszentren in Europa sie mußten erst neu geknüpft werden. Entsprechend der Reorganisation der Landesorganisation in Großbritannien hatte Heine eine Bestandsaufnahme der sozialdemokratischen Emigration in den anderen Ländern angeregt, was aber nicht verwirklicht wurde.[445] Dagegen reaktivierte man die Beauftragten des PV in den Ländern oder setzte neue ein. So waren

---

heute eine größere aktuelle Bedeutung als zur Zeit seiner Ausarbeitung und Veröffentlichung." In: AdsD Bonn, PV-Emigration, Mappe 184.

441 Vgl. Nr. 275.
442 Vgl. die Liste bei Röder, Exilgruppen, S. 302. Dabei fehlt: Germany a Battle Ground, 12 S., ca. 1944/45, TUC-Library London.
443 Jesse, Willy, 1897–1971, ab 1931 SPD-Bezirkssekretär Mecklenburg-Lübeck, MdL, nach 1933 Lebensmittelhändler, Angehöriger des Kreises um Leber und Leuschner, bei Verhaftung am 23. August 1944 Flucht nach Schweden, Bericht über Struktur und Ziele der Verschwörung, 1945 Rückkehr nach Deutschland, SPD-Sekretär für Mecklenburg und Pommern, als Gegner der Zwangsvereinigung mit KPD 1946 verhaftet, nach Untersuchungshaft bis 1954 Lagerhaft in Sibirien, 1955–64 Mitarbeiter SPD-PV Bonn.
444 Vgl. Nr. 287 und die Korrespondenz mit Jesse bzw. Walter Schultz (Deckname Jesses in Schweden) in: AdsD Bonn, PV-Emigration, Mappen 58, 84.
445 Vgl. Nr. 234, 250.

Rinner für die USA, Albert Reichardt[446] für die Schweiz und Emil Stahl[447] für Schweden zuständig.[448] Nach dem Tode Reichardts im August 1942 bestand bis 1944 nur gelegentlich Kontakt zu Sozialdemokraten in der Schweiz. Die damit angestrebte Aktivierung der Kontakte zur Emigration und über sie nach Deutschland sowie die damit erhoffte Verstärkung der politischen Arbeit scheiterte jedoch. In Schweden und den USA war die sozialdemokratische Emigration von Konflikten und Gegensätzen beeinträchtigt, in der Schweiz fand sich nach Reichardts Tod im August 1942 kein personeller Anknüpfungspunkt. Mitentscheidend für das Scheitern war, daß der PV keine Mittel zur Verfügung stellen konnte.

Die Beziehungen zu den ehemaligen PV-Mitgliedern waren sehr unterschiedlich. Zu Aufhäuser, Hertz und Georg Dietrich war bis 1945 jeder Kontakt abgerissen. Zu Marie Juchacz und Wilhelm Sollmann, die nach 1933 nicht in die PV-Tätigkeit einbezogen waren und nun in den USA lebten, bestand bis 1945 nur sporadischer Kontakt. Die intensive Korrespondenz mit Rinner wurde nach August 1941 spärlich und brach Ende 1942 völlig ab. Zu Stampfer bestand zwar ein permanenter brieflicher Kontakt, der sich aber 1944 auf zwei Briefe Hans Vogels reduzierte. Auch die Verbindung zu Stahl wurde nach dessen Abberufung als Vertreter des PV in Schweden im November 1943 aufgegeben.[449] Erst im Zusammenhang mit den Bemühungen um eine Rekonstruktion des Parteivorstandes im Frühjahr 1945 suchte Vogel wieder brieflichen Kontakt mit den PV-Mitgliedern in der Emigration.

Der Kontakt zu wichtigen Vertretern der deutschen Sozialdemokratie in den anderen Emigrationsländern blieb jedoch erhalten durch die mehr oder weniger intensive Korrespondenz wie z.B. mit Dr. Rudolf Katz (USA), Fritz Tarnow[450] und

---

446 Reichardt, Albert, 1887–1942, Gewerkschaftsfunktionär, SPD-Ortsvorsitzender Belzig, 1933 Emigration Schweiz, Vertrauensmann der Sopade.
447 Stahl, Emil, 1879–1956, Leiter „Deutscher Verkehrsbund" bzw. Gesamtverband der Arbeitnehmer der öffentlichen Betriebe, ab 1924 SPD PV, 1928–33 MdL Preußen, April 1933 Wiederwahl in den PV, 1933 Emigration ČSR, Sopade-Grenzsekretär in Reichenberg, 1938 Schweden, Landesvertreter der Sopade in Schweden, nach Differenzen mit Sopade-Ortsgruppe Stockholm 1943 Rückzug aus Exil-Politik, 1952 Rückkehr nach Deutschland.
448 Vgl. Nr. 301; vgl. ebenso die Korrespondenz mit der Sopade-Gruppe Stockholm (12.9.41 an PV), mit Rinner und Reichardt, in: AdsD Bonn, PV-Emigration, Mappe 102, 125; Privatbesitz Heine, Ordner Korrespondenz London, L-R. Zu Schweden vgl. auch Müssener, Exil in Schweden, S. 138ff.
449 Nach den Korrespondenzen im AdsD-Bestand PV-Emigration und im Privatbesitz Heines.
450 Tarnow, Fritz, 1880–1951, 1928–33 SPD-MdR, 1928 Vorstandsmitglied ADGB und MdR, 1933 Haft, 1933 Emigration Holland und Dänemark, Gegner einer Zusammenarbeit mit der KPD, Kontakte zum Kreis um Wilhelm Leuschner, 1936 ADG-Vertreter in Dänemark/Skandinavien, 1938 Vorsitzender des ADG-Länderkomitees, 1940 Schweden, Mitglied der SPD-Gruppe Stockholm und der Landesgruppe deutscher Gewerkschafter, ab 1942 Mitarbeit Internationale Gruppe demokratischer Sozialisten, Mitunterzeichner des FDKB-Aufrufs 1944, 1946 Rückkehr nach

Carl Polenske[451] (Schweden). Besonders schwierig gestalteten sich die Bemühungen um die Verbindung zu den in Frankreich zurückgebliebenen Sozialdemokraten. Die Betreuung hatte nach der Abreise Heines Dr. Ernst Hirschberg[452] übernommen, der mit Heine noch bis 1942 korrespondierte.[453] Für sie bestand die Gefahr, wie Breitscheid und Hilferding an die Gestapo ausgeliefert zu werden. Für die Rettung der deutschen Emigranten in Frankreich wurde 1942 in London ein Hilfskomitee, der „Arbeitsausschuß zur Rettung gefährdeter Anti-Nazi-Flüchtlinge", gebildet. Nur wenige konnten jedoch noch gerettet werden, manchen gelang es, unterzutauchen und sich bis zur Befreiung 1944 versteckt zu halten, viele kamen in Internierungslager und wurden an die Gestapo ausgeliefert.

3.3 Beziehungen zu deutschen Emigrationsorganisationen

Die Kontakte zu den anderen deutschen Emigrationsorganisationen in Großbritannien blieben spärlich. Eine intensive Korrespondenz und einzelne Besprechungen gab es mit Dr. Kurt Hiller, dem exzentrischen Vorsitzenden des Freundeskreis Deutscher Sozialisten. Regelmäßige Kontakte bestanden 1941/42 über Fritz Heine zu Fritz Demuth, dem Vorsitzenden der Notgemeinschaft deutscher Wissenschaftler im Ausland.[454] Zu den sudetendeutschen Sozialdemokraten unter Jaksch bestanden zwar enge persönliche Beziehungen, die sich aber nicht in schriftlicher Form oder gemeinsamen Aktivitäten niederschlugen. Die Beziehungen zu den österreichischen Sozialisten betrafen mehr die Union.

Die Abgrenzung gegenüber der KPD und kommunistisch dominierten Organisationen wie dem FDKB oder der Freien Deutschen Bewegung blieb strikt. Vor-

---

Deutschland, Sekretär der Gewerkschaften in der US-Zone u. Generalsekretär des bizonalen Gewerkschaftsrats, MdPR, Dozent der Akademie der Arbeit Frankfurt/ Main.

451 Polenske, Carl, 1876–1956, 1910–21 SPD-Stadtverordneter Berlin-Neukölln, 1934 Emigration ČSR, 1938 Schweden, 1940–43 Vorsitzender Sopade-Gruppe Stockholm, 1943 Vorstandsmitglied Landesgruppe deutscher Gewerkschafter, Eintreten für zukünftige Einheitsgewerkschaft, Mitgründer FDKB Schweden, 1950 Rückkehr nach Deutschland.

452 Hirschberg, Dr. Ernst, *1903, Rechtsanwalt in Danzig, SPD, 1938 Emigration Frankreich, 1939 Internierung, 1940–42 Marseille, ab März 1941 Betreuung deutscher und österreichischer Flüchtlinge, Vertrauensmann des International Rescue Committee, nach deutscher Besetzung Südfrankreichs im Untergrund, Verbindung zur Resistance, Präsidiumsmitglied des Komitees Freies Deutschland im Westen, Frühjahr 1945 ausgeschieden, dann Verbindung mit PV, 1948 USA, 1950 Rückkehr nach Deutschland, 1950–71 Leiter des Amtes für Wiedergutmachung in Hamburg.

453 Vgl. AdsD Bonn, Depositum Heine, Ordner 42; ein Verweis darauf findet sich auch im Schreiben Heines vom 7.10.1942 an PV, in: PV-Emigration, Mappe 51. Dort befindet sich die Korrespondenz mit Hirschberg, der im besetzten Frankreich in der Illegalität überlebt hatte, mit dem PV ab Herbst 1944.

454 Vgl. Nr. 226 sowie weitere Aufzeichnungen in den Notizkalendern Heines und die Korrespondenz Demuths mit Heine und PV; in: Privatbesitz Heine bzw. AdsD Bonn, PV-Emigration, Mappe 29.

schläge für gemeinsame Aktivitäten wurden immer abgelehnt. Das einzige Gremium, in dem Vertreter des SPD-PV mit Kommunisten zusammenarbeiteten war der 1942 gegründete „Arbeitsausschuß zur Rettung gefährdeter Anti-Nazi-Flüchtlinge", in dem neben Hans Kahle und Heinz Schmidt (KPD) auch Wilhelm Sander und Fritz Heine mitarbeiteten.[455] Außerdem waren Sozialdemokraten (allerdings kein Mitglied des Londoner PV) wie Kommunisten Mitglied in der LdG und stellten Mitglieder des Arbeitsausschusses. Allerdings kam es über die Frage der Beteiligung an der Freien Deutschen Bewegung innerhalb der Londoner Gruppe zu Differenzen.[456]

3.4 Das Verhältnis zur Labour Party

SPD und Labour Party waren führende Mitglieder der Sozialistischen Internationale und Bruderparteien, doch trennten sie ideologische Differenzen, denn die Labour Party hatte den Marxismus nie rezipiert.[457] Die Kontakte zwischen beiden Parteien waren bis 1933 eher sporadisch. In der Zeit des Exils intenisivierten sich diese Verbindungen etwas.[458] Der Sozialdemokrat und Anwalt Dr. Franz Neumann[459], der 1933 nach London emigriert war, fungierte zunächst als eine Art Verbindungsmann der Sopade.[460] Gelegentlich statteten auch Vertreter der Sopade London einen Besuch ab, so Rinner im Frühjahr 1934, Sander im Sommer 1936, Rinner zum Jahreswechsel 1937/38 u.a.[461] Der ehemalige Bundesführer des Reichsbanners, Karl Höltermann, der sich seit 1935 in London aufhielt und Beziehungen zur Labour Party aufgebaut hatte, agierte unabhängig von der Sopade und eher in Konkurrenz mit ihr.[462] In der PV-Sitzung am 10. August 1938 brachte Sander den Vorschlag ein, eine sozialdemokratische Fürsorgezentrale in London zu errichten, da sich dort Präsidium und Büro der internationalen Flüchtlingskonferenz befanden. Dies wurde später auch so beschlossen.[463] Als Sander jedoch in der PV-Sitzung am 19. Mai 1939 eine Verlegung des Sitzes der Sopade nach London vorschlug oder zumindest eines Teiles des Büros, wurde dies abgelehnt. In dieser Debatte wurde auch das

---

455 Vgl. Briefkopf, in: Privatbesitz Heine, Ordner Willy Sander.
456 Vgl. weiter unten Abschnitt III.4.2.
457 Zur Vorgeschichte der Beziehungen vgl. Stefan Berger, Ungleiche Schwestern? Die britische Labour Party und die deutsche Sozialdemokratie im Vergleich 1900–1933, Bonn 1997.
458 Dies zeigt auch die vorhandene Überlieferung in den jeweiligen Parteiarchiven.
459 Neumann, Dr. Franz, 1900–56, SPD, Anwalt für SPD und Gewerkschaften, 1933 Emigration GB, Studium London School of Economics, 1936 USA, Institut for Social Research New York, 1942 Veröffentlichung „Behemoth. Struktur und Praxis des Nationalsozialismus", 1950 Professor Columbia-Universität New York.
460 Vgl. Buchholz/Rother, S. 12, 125, 137.
461 Vgl. Buchholz/Rother, S. 45, 166, 238, 270.
462 Vgl. Röder, Exilgruppen, S. 31f.
463 Buchholz/Rother, S. 293, 302.

Mißtrauen gegenüber der Labour Party deutlich.[464] Erst nach Kriegsbeginn wurden die Verbindungen zur Labour Party intensiviert, wobei auch das Ende der finanziellen Reserven mit eine Rolle spielte. Im Dezember 1939 reisten Vogel und Ollenhauer nach London und führten Gespräche mit der Labour-Führung (Attlee, Dalton, Noel-Baker, Ernest Bevin[465], Arthur Greenwood[466], Gillies), mit dem TUC und Vertretern des Foreign Office.[467] Den Sitz des PV nach London zu verlegen wurde aber nicht für realisierbar gehalten, allerdings überlegte man, ob statt Sander nicht ein prominenterer Genosse mit der Vertretung in London beauftragt werden sollte.[468] Die von der Labour Party zugesagte Unterstützung blieb jedoch zunächst aus.

Mit der Durchsetzung von Daltons Konzept der „europäischen Revolution" stieg in Großbritannien das Interesse an den Mitgliedern der Sopade. Am 10. Juli 1940 telegraphierten Gillies und ein Vertreter des Foreign Office an Vogel in Agen in Südfrankreich: "Come to England by any means possibly through spain vi[s]a unnecessary Landing here arranged." [469] Gillies hatte sich zuvor am 6. Juli mit William Strang[470] (FO) besprochen.[471]

Die Labour Party war im Mai 1940 in die Regierung eingetreten, d.h. die Politik des Kabinetts Churchill war auch Labour-Politik, und die Labour Party hatte Loyalität zu bewahren, insbesondere was die Beziehungen zu den „alten" Organisationen betraf. Das bedeutete insbesondere, keine Verpflichtungen einzugehen, die später die Handlungsmöglichkeiten der britischen Regierung beschneiden konnten. Nach der Ankunft Vogels in London waren die Beziehungen noch gut und die Aussichten freundlich.[472] Mit Gillies gab es regelmäßige Besprechungen. Die Entfremdung setzte im Sommer 1941 ein, wobei die oben geschilderten grundsätzlichen Veränderungen in den Perspektiven der britischen Politik von entscheidender Bedeutung gewesen sein dürften. Aber es gab auch eine Reihe von Binnenkonflikten. Das erste

---

464 Buchholz/Rother, S. 377f.
465 Bevin, Ernest, 1881–1951, britischer Politiker und Gewerkschafter, 1937–40 Vorsitzender des TUC, 1940–45 unter Churchill Arbeitsminister, 1945–51 Außenminister.
466 Greenwood, Arthur, 1880–1954, ab 1935 stellv. VS d. LP, ab 1940 Minister im Kabinett Churchill, 1943 Schatzmeister der LP, 1945 Minister im Kabinett Attlee.
467 Vgl. Sozialdemokratische Partei Deutschlands (Sopade), Mitteilungen des Parteivorstands, Paris, Anfang Januar 1940, AdsD Bonn, PV-Emigration, Mappe 12; ebenso Glees, Exile Politics, S. 31f.
468 Vgl. Ollenhauer an Erich Stahl am 30. Dezember 1939, in: Buchholz/Rother, S. 408f.
469 AdsD Bonn, PV-Emigration, Mappe 44.
470 Strang, William, 1893–1978, britischer Berufsdiplomat, 1939 Assistant Under Secretary of State im Foreign Office, 1945 Berater des Oberbefehlshaber in Deutschland, 1949 Permanent Under Secretary of State for Foreign Affairs.
471 PRO London, FO 371, Nr. 25253. Allerdings lassen Vermerke der Beamten des FO in der von Gillies ebenfalls vorgetragenen Bitte um Transit-Visa für 29 in Frankreich befindliche prominente Sozialdemokraten und deren Angehörige bereits auf ein gewisses Widerstreben schließen.
472 Vgl. Nr. 219.

Gespräch der PV-Vertreter mit dem International Subcommittee der Labour Party verlief für beide Seiten enttäuschend.[473] Die deutschen Sozialdemokraten waren nicht bereit, sich bedingungslos der Dominanz der Labour Party und deren Politik unterzuordnen. Der entstehende Konflikt mit Loeb und Geyer um die Frage der Haltung der SPD im Ersten Weltkrieg und am Ende der Weimarer Republik verschärfte sich durch das Auftreten Stampfers und wurde in die Labour Party getragen.[474] Den kritischen Statements von Gillies für das ISC vom Oktober 1941[475] folgte ein Gegen-Memorandum von Noel-Baker[476], und schließlich holte die Labour Party Stellungnahmen fast aller wichtigen Mitglieder der Londoner SPD ein.[477] Gillies sollte am Ende recht behalten.

Aber noch gab es zugleich politische Gespräche, wie im Herbst 1941 mit Gillies über Konzeptionen für das Nachkriegsdeutschland.[478] Mitentscheidend für die weitere Verschlechterung der Beziehungen war, daß der PV einerseits nicht bereit war, sich dem bedingungslosen Führungsanspruch der Labour Party unterzuordnen, andererseits aber auch zu schwach, zu unbeweglich und wenig offensiv war, um diesem Führungsanspruch zu begegnen. Schnell kamen weitere Differenzen hinzu. Der Einsatz für die britischen Kriegsanstrengungen beschränkte sich auf das Angebot der Propaganda und blieb damit hinter den Erwartungen von Labour Party und Foreign Office zurück. Der Kriegseintritt der Sowjetunion auf der Seite der Alliierten stellte die SPD mit ihrer betonten prinzipiellen Gegnerschaft zum Kommunismus ins Abseits. Es folgten die Auseinandersetzungen innerhalb der Sozialdemokraten über die Auslegung der Atlantik-Charta, die Ablehnung der alliierten Abtrennungspläne und Verweigerung von Reparationen à la Versailles, das Beharren auf der Differenzierung zwischen Nazis und der Mehrheit der Bevölkerung. All dies mußte sie von der Labour Party isolieren, die jeweils anders Stellung bezogen hatte und als Mitglied der Regierungspartei sehr wohl an einer dauerhaften Ausschaltung

---

473 Vgl. Nr. 229.
474 Vgl. Nr. 226ff.
475 Labour Party International Department, October 1941: German Social Democracy. Notes on its Foreign Policy in World War, by William Gillies, 9 S. und Statistiken; On the eve of the Third Reich. The Trade Unions, by Willam Gillies, 4 S.; On the eve of the Third Reich. The German Social Democratic Party, by William Gillies, 3 S.; in: AdsD Bonn, PV-Emigration, Mappe 191.
476 Labour Party International Department. Memorandum Concerning the ‚Private and Confidential‘ Notes on the Policy of German Social Democracy during the last World War und on the Eve of the Third Reich, by P. J. Noel-Baker, 6 S.; ebd.
477 Stellungnahmen wurden vorgelegt von Geyer, Stampfer, Loeb, Schiff, Vogel/Ollenhauer, Herz, und Huysmans. IISG Amsterdam, NL Herz, Nr. 342–351; LHASC Manchester, LP/JSM (Int), Box 9; zum Konflikt vgl. hierzu Röder, Exilgruppen, S. 152ff.; Burridge, British Labour, S. 59ff.; Glees, Exile Politics, S. 121ff.; vgl. auch weiter unten Abschnitt III.4.1.
478 Vgl. Nr. 240, 241.

des deutschen Aggressionspotentials interessiert war.[479] Anders als die SPD sah die Labour Party eine sozialistische Umgestaltung Deutschlands unter sozialdemokratischer Regierung nicht als ausreichende Sicherheit an, sondern bestand auf einer völligen militärischen Abrüstung, einer weitgehenden wirtschaftlichen Schwächung und einer Dezentralisierung der Machtstrukturen.[480] Was es der Labour Party erleichterte, den PV ins Abseits zu stellen, war die Annahme, daß die SPD in Deutschland über keine große Anhängerschaft mehr verfüge – eine Konsequenz des Vansittartismus.

So hatte der Konflikt mit Geyer und Loeb die Entwicklung nur beschleunigt. Stampfer, der sich seit 16. September 1941 in London aufhielt – die Londoner Parteivorstandsmitglieder waren darüber wenig erfreut –, forcierte und verschärfte durch sein Auftreten den Bruch mit Geyer und seinen Anhängern. Die weiteren Schritte bis zum Einfrieren der Beziehungen zur Labour Party sind im Abschnitt Union geschildert. Nach dem Sommer 1942 beschränkten sich auch die Beziehungen des Emigrationsvorstandes zur Führung der Labour Party auf inhaltsleere Formalitäten wie Einladungen zu Veranstaltungen, die Bitte um Redner, die Weiterleitung von Erklärungen und Materialien etc. Wenngleich die Korrespondenz mit den deutschfreundlichen Vertretern der Labour-Linken wie Noel-Baker, Laski, Hynd u.a. von ähnlicher Kargheit ist, so erfolgte hier zumindest ein Meinungsaustausch über die verschiedenen Foren wie z.B. das International Socialist Forum und das International Bureau der Fabian Society. Allerdings dürfte es auch hier Verständigungsschwierigkeiten gegeben haben: Vogel sprach nicht Englisch und Ollenhauer lernte es erst in London.

Ab Anfang 1944, als ein Ende des Krieges absehbar wurde, verstärkten Union und Sopade die Bemühungen um die Wiederaufnahme des Dialogs.[481] Im November 1944 wandte sich Vogel namens des Parteivorstandes an die Labour Party mit der Bitte um Unterstützung bei der Rückkehr nach Deutschland und dem Wiederaufbau der Partei.[482] Trotz weiterer Bitten um Gespräche im ersten Halbjahr 1945 kam das Treffen mit Morgan Phillips[483], dem neuen Sekretär des NEC der Labour

---

479 Zur Deutschlandpolitik der Labour Party vgl. Julius Braunthal, Die britische Arbeiterpartei über Krieg, Frieden, Neues Europa, (London) 1940; T. D. Burridge, British Labour and Hitler's War, London 1976; Stephen Brooke, Labour's war. The Labour Party during the Second World War, Oxford 1992; James P. May/William E. Paterson, Die Deutschlandkonzeptionen der britischen Labour Party 1945–1949, in: Claus Scharf/Hans-Jürgen Schröder (Hrsg.), Politische und ökonomische Stabilisierung Westdeutschlands 1945–1949. Fünf Beiträge zur Deutschlandpolitik der westlichen Alliierten, Wiesbaden 1977, S. 77–92.
480 Vgl. hierzu Burridge, British Labour, S. 59f.; Morgan, Labour in Power, S. 254f.; Glees, Exile Politics, S. 106ff., 200ff., 237.
481 Vgl. Nr. 143.
482 Vgl. Nr. 285, 298.
483 Phillips, Morgan, 1902–1963, 1940 Leiter der Research Division der LP, 1944–61 Parteisekretär der LP, 1948–57 Präsident der SI.

Party, aber erst im August 1945 zustande.[484] Das in der Besprechung vorgelegte Memorandum präsentierte die Forderungen des PV, verriet aber nichts über dessen Pläne für die Nachkriegszeit und enthielt auch keine Vorschläge über Formen einer Kooperation mit der Labour Party und den Besatzungsbehörden. Die Union wurde nicht einmal erwähnt. Das Ausscheiden Gillies als Sekretär des International Departments im Januar 1945 erwies sich für die Haltung der Labour Party als bedeutungslos. Mochte Gillies' persönlicher Anteil an den Intrigen gegen Sopade und Union 1941/42 auch beträchtlich sein, so repräsentierte er mit seiner Haltung doch die vansittartistisch eingestellte Mehrheit der Labour Party. Weder die britische Regierung (ab Sommer 1945 eine Labour-Regierung) noch die Labour Party wünschten eine Einbeziehung der Sopade bzw. Union in die Diskussion und Planungen für das Nachkriegsdeutschland. Selbst nach Beginn der britischen Besatzung blieben die Kontakte zur Labour Party und selbst zu den nahestehenden LP-Politikern dünn und sporadisch. Allerdings gab es nach der Regierungsübernahme von Seiten der Labour Party punktuell indirekte und direkte Hilfe: die Konferenz in Wennigsen, die Kommunikationsverbindungen des Londoner Parteivorstandes, die Rückkehr nach Deutschland, all dies war nur mit britischer Genehmigung und Hilfe möglich.[485]

Nach den Unterlagen der Labourführung erscheinen die Beziehungen zur Emigrations-SPD in London als eine marginale Angelegenheit. Das NEC befaßte sich in der ganzen Zeit während des Krieges nur zweimal mit der SPD und jeweils im Zusammenhang mit Konflikten. Selbst für das ISC waren die SPD/Union und ihre Probleme, wie die Protokolle zeigen, von peripherer Bedeutung.[486] Für die Labour Party kamen zuerst die britischen Verhältnisse (die Kolonialangelegenheiten nicht zu vergessen), dann die Kooperation mit den sozialistischen Parteien der verbündeten Staaten und erst an letzter Stelle die Belange der „alien nations". So waren weder die deutschen noch die österreichischen Sozialisten zu den Besprechungen über die Schaffung eines „International Labour und Socialist Preparatory Committee" am 3. März 1945 in London eingeladen. Eine Deutschlandpolitik der Labour Party, die die Sozialdemokratie als positiven Faktor berücksichtigt hätte, gab es bis Ende 1945 nicht. Erst Anfang 1946 zeichnete sich eine Wende ab, nachdem die Labour Party das überraschend schnelle und umfassende Wiedererstehen der SPD

---

484 Vgl. Nr. 289, 295, 298, 310.
485 Vgl. 304, 307. Der Flug Ollenhauers, Heines und Schoettles zur Konferenz in Wennigsen wurde auf Anweisung Noel-Bakers möglich, ihre Rückkehr im Februar 1945 regelte Hynd. Vgl. die entsprechende Korrespondenz in: PRO London, FO 371, 46853, C8305.
486 Vgl. die Protokolle des ISC in: LHASC Manchester, LP/ISC Minutes 1942–1949. Befaßte sich das ISC noch 1941/42 relativ intensiv mit dem Konflikt zwischen Geyer/Loeb und dem PV, so finden sich danach nur noch vereinzelte die SPD bzw. Union betreffende Vorgänge.

C

zur Kenntnis genommen hatte. Denis Healey[487], neuer Sekretär des International Department gab Ollenhauer und Heine in einer Besprechung am 31. Januar 1946 folgende Botschaft der Labour Party für die SPD in Deutschland mit:

"Message to be taken to the German Social Democratic Party by Comrades Ollenhauer and Heine.

The British Labour Party is watching with interest and satisfaction the progress of the SPD in building up a progressive and democratic alternative to the Nazi neurosis in Germany.

It considers that the existence of a strong democratic socialist party in Germany is essential to the peace of Europe.

Moreover, only the existence of such a Party will enable the German workers in time to take their share in the building of a free and just way of life throughout the world." [488]

3.5 Verbindungen zu Regierungsstellen

Die Bemühungen des Parteivorstandes bzw. der Union, als Gesprächspartner der britischen Regierung akzeptiert zu werden, scheiterten.[489] Vielmehr teilte Gillies in der Besprechung mit den Vertretern des PV über deren Konzept für die Nachkriegszeit am 27. November 1941 mit, daß dies zunächst mit ihm zu besprechen sei, bevor amtliche Stellen selbst Kontakt aufnehmen würden. Vermutlich war es diese, auch von der Labour Party gewünschte Verfahrensweise, die der Union und der Sopade direkten Kontakt mit dem Foreign Office und anderen Ministerien bzw. Dienststellen verwehrte. So blieben letztlich nur Kontakte auf unterer Ebene oder über Mittelspersonen wie z.B. Fritz Demuth.

Die sozialdemokratischen Verbindungen zur Presse und zum Rundfunk blieben schwach und brachten wenig Ergebnisse. Auch Mitglieder wie Schiff, Heinrich Jakubowicz[490], Gleissberg, Jakob Greidinger[491], die für Zeitungen und Nachrichten-

---

487 Healey, Denis, *1917, 1937 LP, 1945–51 Sekretär des International Departments, 1964–70 Verteidigungsminister.

488 Protokoll der Besprechung und Grußadresse in: Privatbesitz Heine, Ordner, Willy Sander. Es ist der einzige erwähnte Kontakt mit der SPD im Bericht des International Departments der LP für 1945/46. Vgl. The Labour Party, Report to the 45th Annual Conference, June 10th to June 14th, 1946, London (1946), S. 25.

489 Vgl. z.B. Nr. 251. Vgl. auch Glees, Exile politics, S. 145ff., Röder, Exilgruppen, S. 117ff.; Lothar Kettenacker, Die britische Haltung zum deutschen Widerstand während des Zweiten Weltkriegs, in: ders. (Hrsg.), Das „Andere Deutschland" im Zweiten Weltkrieg. Emigration und Widerstand in internationaler Perspektive, Stuttgart 1977, S.49–76; Meehan, Unnecessary War.

490 Jakubowicz, Heinrich Paul Moritz, später Hellmann, Henry, 1906–84, 1924 SPD, 1927–33 Leiter SAJ Berlin-Lichterfelde, Anschluß an LO, 1933 illegale Arbeit bei Neu Beginnen, 1935 Emigration CSR, 1938 GB, 1939–41 Angest. bei CRTF, ab 1941 Mitarbeiter bei The Exchange Telegraph Co. Ltd. London, gehörte zum Freundeskreis um W. Löwenheim, verblieb nach dem Krieg in GB, Nachfolger Fritz Segalls als 2. Vorsitzender Vereinigung deutscher Sozialdemokraten in GB.

agenturen arbeiteten, konnten daran kaum etwas ändern. Für die britischen Medien, insbesondere die Zeitungen, war weder die deutsche noch die sozialdemokratische Emigration ein Thema. Sie fand nur dann Erwähnung, wenn es wie 1942 darum ging, die vansittartische Linie in der Öffentlichkeit durchzusetzen und die Emigranten als „Deutsche" und damit als bewußte oder unbewußte Förderer des Kriegsgegners in der Öffentlichkeit bloßzustellen und sie von der Labour Party, den Trade Unions und den sozialistischen Exilparteien zu isolieren und auszugrenzen. Lediglich in einigen linkssozialistischen Blättern wie der „Tribune", den „Left News" u.a. fanden sie noch Rückhalt.

Der Versuch, sich als Organisation in die Rundfunkpropaganda nach Deutschland einzuschalten, war 1941 gescheitert.[492] Allerdings arbeiteten mehrere Sozialdemokraten für BBC wie Kurt K. Doberer[493] (Angestellter), Erich Brost (Sprecher), Ollenhauer (freier Mitarbeiter für Manuskripte) oder für Delmers Geheimsender wie Fritz Heine (Gustav Siegfried Eins, Soldatensender Calais).

4. SCHWERPUNKTE DER POLITISCHEN TÄTIGKEIT

4.1 Die Diskussion um das „kommende Deutschland" und der Konflikt mit Loeb und Geyer

Als erste politische Aktivität organisierten Vogel und Ollenhauer im Mai 1941 die Wiederaufnahme der Programmdiskussion über „Der kommende Frieden und das kommende Deutschland". Hier sollten Kriegs- bzw. Friedensziele diskutiert und Konzepte für das Nachkriegsdeutschland festgelegt werden. Die Beratungen darüber waren in Paris aufgenommen und 1940 durch den deutschen Angriff auf Frankreich unterbrochen worden. Die Programmdiskussion in London wurde mit einer Konferenz am 10./11. Mai 1941 eröffnet[494] und dann in weiteren Einzelvorträgen bis zum 20. Juni 1941 fortgeführt.[495] An den Beratungen nahmen etwa zwanzig ausgewählte Mitglieder teil.[496] Der deutsche Angriff auf die Sowjetunion im Juni 1941 und die Atlantik-Charta vom 14. August 1941 scheinen zu einer

---

491 Greidinger, Jakob, *1906, Dipl. Volkswirt, SPD 1925, ZdA, 1939 GB.
492 Vgl. oben Abschnitt II.4.1. und Nr. 219, 275. Allgemein zur Mitwirkung von sozialdemokratischen Emigranten in der Rundfunkpropaganda vgl. Pütter, Rundfunk; Pütter, Deutsche Emigranten; Sefton Delmer, Die Deutschen und ich, Hamburg 1962.
493 Doberer, Kurt Karl, *1904, Journalist und Schriftsteller, 1927 SPD, Mitarbeit bei zahlreichen sozialistischen Zeitungen, 1933 Emigration ČSR, 1938 GB, 1941–42 Programmassistent bei der BBC, Mitgründer des Bavarian Circle, forderte 1944 in seinem Buch The United States of Germany eine deutsche Föderation als Kern eines europäischen Bündnisstaates, 1949 Rückkehr in die BRD.
494 Vgl. Nr. 210, 211.
495 Vgl. Nr. 213–218.
496 Vgl. die Namensliste bei Nr. 230

Unterbrechung und einer Gewichtsverlagerung der Beratungen geführt zu haben. Als die Diskussion am 2. September 1941 wieder aufgenommen wurde, inzwischen waren auch Geyer und Heine eingetroffen, hieß die Arbeitsgemeinschaft „Deutschland und Europa nach dem Kriege". Im Zentrum standen nun die in der Charta geforderte einseitige und völlige Abrüstung Deutschlands, die Frage, ob die positiven Zusicherungen der Charta wie der Verzicht auf territoriale Änderungen auch für Deutschland gelten sollten, und die Bewertung der Haltung der deutschen Arbeiter und der deutschen Bevölkerung.[497]

In den Beratungen entbrannte ein Konflikt, zunächst zwischen Schiff, dem Gegner einer völligen Abrüstung[498], später auch Stampfer[499], einerseits und Walter Loeb und Curt Geyer andererseits. Die beiden ersteren sahen in der völligen und einseitigen Abrüstung Deutschlands eine Gefahr, da das – wie erwartet – nach dem Kriege sozialistische oder sozialdemokratisch geführte Deutschland damit seinen kapitalistischen Nachbarn schutzlos ausgeliefert sein würde. Außerdem würde sich durch diese demütigende Behandlung ein neuer Revanchismus in Deutschland breitmachen, der schnell einen neuen Weltkrieg heraufbeschwören könnte. Geyer und Loeb gingen dagegen davon aus, daß die Opposition in Deutschland nur eine Minderheit der Bevölkerung umfasse und deshalb keine Revolution zu erwarten sei. Zudem bilde der Nationalismus eine dominante Linie in der deutschen Geschichte, auch deshalb seien nach der Niederlage starke Sicherungen gegen eine neue deutsche Aggression notwendig.

Dabei wiesen Geyer und Loeb gerade in der Auseinandersetzung mit Stampfer auf die Unterstützung der SPD für die deutsche Kriegsführung im Ersten Weltkrieg hin und fragten nach den Fehlern der sozialdemokratisch geführten Regierungen und der Sozialdemokratischen Partei in der Weimarer Republik und speziell in deren Endphase. Daß sich in ihrer kritischen Einschätzung der Haltung der deutschen Bevölkerung und der Sozialdemokratie Berührungspunkte mit den Thesen Vansittarts ergaben, der den Deutschen „einen unabänderlich aggressiven Charakter" zuschrieb und dies in einer Reihe von Broschüren, Rundfunkreden und Zeitungsartikeln mit zunehmender Resonanz verbreitete, wurde dazu benutzt, um ihre Kritik insgesamt als parteischädigend anzuprangern. Vor allem Stampfer reagierte cholerisch, während Heine in der Sache Geyer nicht völlig unrecht gab und Vogel und Ollenhauer vor allem negative politische Folgen befürchteten. Zudem scheinen Geyer und Loeb – zumal letzterer war eng mit Gillies verbunden und hatte sich

---

497 Vgl. Nr. 230–233, 236, 239, 240, 243, 244. Zum Wortlaut der Atlantik-Charta vgl. Ruhl, S. 11f.
498 Vgl. hierzu die Erklärung Schiffs vom 15.9.1941, AdsD Bonn, PV-Emigration, Mappe 112.
499 Stampfer hatte seine Stellung zur Charta in einem Artikel der New Yorker Volkszeitung vom 21.8.1941 erklärt. Er reklamierte, daß die deutschen Eliten gegen Hitler gekämpft hätten und forderte politische Vorleistungen der Alliierten „für die Parteinahme des sozialdemokratischen Exils". Vgl. hierzu auch Röder, Exilgruppen, S. 156.

schon zuvor durch Intrigen unbeliebt gemacht – Gillies über diese Konflikte informiert zu haben. Gillies verfaßte ein Memorandum für die Labour-Führung, das wohl auch von Geyer mit inspiriert war, in dem das Verhalten der SPD in den oben genannten strittigen Punkten kritisch dargestellt wurde.[500] Als es nach einem Gegengutachten von Noel-Baker im ISC darüber zu keiner Einigung kam, wurden im November 1941 auch Vogel, Ollenhauer, Stampfer, Geyer, Schiff, Loeb und Huysmans um Stellungnahmen gebeten.[501] Am Ende wurde vom ISC die Darstellung Gillies gebilligt.

In der Literatur wird dieser Konflikt als Intrigen von Gillies gesehen und unter dem Aspekt des Vordringens des Vansittartismus in der Labour Party analysiert.[502] Tatsächlich besaß diese Auseinandersetzung durchaus andere relevante Aspekte. Die Geyer-Loeb-Gruppe bestand vor allem aus ehemaligen USPD-Mitgliedern: So ist dieser Streit auch als Folge der in der Weimarer Republik verdrängten Diskussionen um die Ursachen des Ersten Weltkrieges und um die Verstrickung von Sozialdemokratie, Gewerkschaften und deutscher Arbeiterschaft zu sehen.

Der Riß zwischen Geyer und dem Rest des Londoner Parteivorstandes wurde im Oktober 1941 deutlich. In der SPD-Versammlung am 1. Oktober 1941, in der Stampfer über „Die USA und der Krieg" referierte, kam es zu einer Kontroverse zwischen Vogel und Geyer, der daraufhin in der PV-Sitzung am 27. Oktober 1941 deswegen und wegen eines von ihm mitunterzeichneten Briefes Walter Loebs an die Sunday Times gerügt wurde.[503] Die Arbeitsgemeinschaft wurde vom PV abgebrochen, als sich herausstellte, daß die internen Diskussionen vermutlich durch Loeb an Gillies weitergetragen wurden, die Klärung der Streitpunkte wurde jedoch vertagt.[504]

Um die Jahreswende 1941/42 kam es schließlich zum Bruch zwischen Geyer und dem Londoner Parteivorstand. Ein Anlaß war die Erklärung der Union vom 16. Dezember 1941.[505] Geyer kritisierte in seinem Schreiben vom 4. Januar 1942, daß in der Resolution die im Entwurf noch enthaltene Feststellung über die Kriegsschuld Deutschlands am Ersten Weltkrieg weggelassen worden war und daß die LdG in der veröffentlichten Fassung als Mitunterzeichner auftrat, ohne daß es

---

500 Vgl. oben Abschnitt II.4.2. und Röder, Exilgruppen, S. 151ff.
501 Ausführlich hierzu Röder, Exilgruppen, S. 153f. Die Stellungnahmen befinden sich in: AdsD Bonn, PV-Emigration, Mappe 191; LHASC Manchester, LP/JSM (Int), Box 9 und International Department, Papers on Germany, Box 3/15.
502 So bezeichnet Burridge, der den Konflikt ausführlich schildert, diesen als Resultat der „growing Labour bitterness towards Germany" und als „the affair of Gillies's ‚Notes' ", Burridge, British Labour, S. 60ff. In ähnlicher Weise stellt Glees fest: „Gillies was determined to destroy the SPD in exile". Glees, Exile Politics, S. 137. Röder, Exilgruppen, S. 147ff. charakterisiert die Geyer-Loeb-Gruppe als „antimarxistischen Reformflügel der Partei".
503 Vgl. Nr. 245.
504 Vgl. Nr. 245, 248.
505 Vgl. Nr. 54.

hierzu einen Parteivorstandsbeschluß gegeben habe.[506] Auch die Rundfunkrede Vogels an Weihnachten sei nicht im PV abgestimmt worden. In der daraufhin einberufenen Sitzung des Londoner Parteivorstandes am 9. Januar 1942, an der auch Stampfer teilnahm, kam es zum Streit zwischen Geyer und Stampfer.[507] Geyer verließ die Besprechung und erklärte in einer weiteren Sitzung am 27. Januar 1942 seinen Rückzug aus dem Parteivorstand.[508]

Noch im Januar 1942 hatten einflußreiche Mitglieder der Labour Party, des TUC und anderer sozialistischer Parteien die „Fight for Freedom Editorial and Publishing Services Ltd." (kurz Fight for Freedom) gegründet, in der Geyer als Sekretär des Presseausschusses und Aufsichtsratmitglied, Loeb als Aufsichtsratsmitglied, wichtige Rollen spielten.[509] „Fight for Freedom" wurde zum publizistischen Arm der von der Labour Party unterstützten Geyer-Loeb-Gruppe und vansittartistischer Positionen in der deutschen Emigration. In den nächsten Monaten versuchten Geyer, Loeb und andere ihnen nahestehende Emigranten wie Fritz Bieligk[510], Carl Herz[511], Menne, Otto Lehmann-Rußbueldt[512] etc., mit mehreren Broschüren die deutsche Aggressivität und die historische deutsche Schuld zu belegen.[513]

Im Februar 1942 war es zu einer weiteren Verstärkung der Spannungen mit der Labour Party gekommen, als Parteivorstand und Unionsexekutive Loeb als Intiator der Angriffe gegen die Mitgliedsorganisationen der Union und die deutsche Emigration im „Sunday Dispatch" im Februar 1942 verdächtigten und Gillies der

---

506 Vgl. Nr. 252.
507 Vgl. Nr. 253.
508 Vgl. Nr. 255. Zum Problem der Überlieferung vgl. weiter unten Abschnitt III.5.
509 Vgl. Röder, Exilgruppen, S. 157ff.
510 Bieligk, Fritz, 1893–1967, 1911 SPD, 1919 USPD, 1922 SPD, Mitglied SPD-Landesleitung Sachsen, gehörte zur SPD-Linken, 1933/34 KZ Oranienburg, 1934 Emigration ČSR, RSD, 1937/38 Schweden, 1940 Norwegen, GB, nach Erklärung vom 2.3.1942 Ausschluß aus LdG, Mitarbeit Fight For Freedom, Ende der 50er Jahre Rückkehr nach Deutschland.
511 Herz, Carl, 1877–1951, 1904 SPD, Parteijurist und Kommunalpolitiker, führender Vertreter der Linken in Hamburg, 1918/19 USPD, Bürgermeister Berlin-Kreuzberg ab 1926, führender sozial-demokratischer Kommunalpolitiker, 1933 Amtsenthebung und öffentliche Mißhandlung durch SA, 1939 Emigration GB, 1941 Teilnehmer an der SPD-Arbeitsgemeinschaft Deutschland und Europa nach dem Kriege, Mitunterzeichner der Erklärung vom 2.3.1942, deshalb Ausschluß aus der SPD und der LdG, Mitgründer Fight for Freedom (FFF), 1943 Trennung von FFF, 1944/45 Mitarbeit in der Freien Deutschen Bewegung in GB, Vorsitzender der Vereinigung demokratischer deutscher Juristen in GB 1945, 1946 Niederlassung in Haifa.
512 Lehmann-Russbueldt, Otto, 1873–1964, parteiunabhängiger Sozialist, Mitarbeiter „Die Weltbühne", Mitglied der Deutschen Liga für Menschenrechte und des SDS, 1933 Emigration Holland, GB, Mitarbeit bei zahlreichen Zeitungen, parteiungebunden mit guten Kontakten zu oppositionellen Sozialisten und zur KPD, Hrsg. d. „Rundbriefe des Flüchtlings", ab 1942 Mitarbeit bei FFF, Mitglied im Club 1943, Mitarbeit bei der Schulung deutscher Kriegsgefangener, 1951 Rückkehr nach Berlin.
513 Die Liste der FFF-Broschüren findet sich bei Röder, Exilgruppen, S. 157f.

Komplizenschaft beschuldigten.[514] Diese provokanten Anklagen kamen zu den oben erwähnten in der Labour Party laufenden Diskussionen über die Rolle der Sozialdemokratie zwischen 1914 und 1933 hinzu.

Endgültig besiegelt wurde der Bruch zwischen Geyer und dem Londoner Parteivorstand, als am 2. März 1942 Geyer und Loeb gemeinsam mit Bieligk, Herz, Lorenz und Menne eine 9 Punkte-Erklärung veröffentlichten, in der sie SPD und Gewerkschaften angriffen.[515] In der Erklärung hieß es, „daß der deutsche aggressive Nationalismus die mächtigste politische Kraft darstellt, daß er schon vor 1914 und heute erst recht alle gesellschaftlichen Klassen und politischen Parteien erfaßt hat." SPD und Gewerkschaften wurde unter anderem vorgeworfen, daß sie „von 1914 bis 1918 eine wesentliche Stütze des Kriegswillens des deutschen Volkes waren", daß in der Weimarer Republik in ihnen „die nationalistische Tendenz ... fortdauerte" und sie „die Politik der deutschen Machtausbreitung betrieben". Hitler sei kein Zufall gewesen, sondern er sei „von der größten Massenbewegung der deutschen Geschichte an die Macht getragen worden" und auch der Krieg werde in Deutschland unterstützt „von einer überragenden Mehrheit des deutschen Volkes." Mit der Erklärung wurde der Konflikt an die Öffentlichkeit getragen; Geyer und seine Mitstreiter wurden aus der Londoner SPD ausgeschlossen oder zumindest ausgegrenzt.[516]

Im Kontext dieser Konflikte trat Vogel namens des Parteivorstandes am 2. März 1942 mit einer Erklärung zur einseitigen Abrüstung an die Öffentlichkeit, für die die Form eines Briefes an den Herausgeber des „International Socialist Forum", Julius Braunthal, gewählt wurde. Vogel erklärte darin die einseitige deutsche Abrüstung für „wünschenswert" und als „unerläßliche Voraussetzung für die Wiederherstellung eines neuen Vertrauensverhältnisses zum deutschen Volk."[517] Indirekt hatte der Parteivorstand damit aus den Geyerschen Vorwürfen Konsequenzen gezogen.

Eine weitere Kontroverse löste eine Broschüre des britischen Verlegers Victor Gollancz aus, der mit „Shall Our Children Live or Die?" gegen Vansittart und dessen Sicht auf das „German Problem" Stellung bezog und die Auffassung vertrat, daß die äußere Niederlage durch eine innere vervollständigt werden müsse und nur durch eine demokratische (sozialistische) Revolution auf Dauer Frieden bewahrt werden könne.[518] Geyer und Loeb, die ebenso wie Vansittart den Deutschen die Fähigkeit zur selbständigen Befreiung vom Nationalsozialismus, Nationalismus

---

514 Vgl. Nr. 58–62. Ausführlich s. weiter oben Abschnitt II.4.2.
515 Vgl. hierzu Röder, Exilgruppen, S. 146. Die Erklärung findet sich in: AdsD Bonn, ISK, Box 43.
516 Für den Ausschluß finden sich in den vorhandenen Protokollen keine Hinweise. Vgl. auch oben Abschnitt III.1. Dagegen ist der Ausschluß von Bieligk, Lorenz, Herz und Menne aus der LdG, der schließlich auch vom IGB gebilligt wurde, belegt.
517 Vgl. Nr. 259 und Röder, Exilgruppen, S. 158.
518 Vgl. Victor Gollancz, Shall Our Children Live or Die? A Reply to Lord Vansittart on the German Problem, London 1942, S. 33.

und Militarismus absprachen, antworteten mit der Broschüre „Gollancz in German Wonderland", in der sie Gollancz Unkenntnis der wirklichen Verhältnisse in Deutschland (in Bezug auf den Ersten Weltkrieg und die Weimarer Republik) vorwarfen.[519] Beide griffen darüber hinaus auch das sozialistische Exil an, dem sie vorwarfen, durch Verdrängung und Unaufrichtigkeit wissentlich oder unwissentlich einen Beitrag zur Vorbereitung des „Dritten Deutschen Weltkrieges" zu leisten.[520] Vogel/Ollenhauer antworteten hierauf mit der Schrift „The German Workers' Movement and German Nationalism", in der sie namens des Parteivorstandes die Thesen Geyers und Loebs zurückwiesen.[521] Die Auseinandersetzung darüber, ob die Deutschen an sich aggressiv seien (Vansittart), in ihrer Mehrheit Hitler und den Krieg befürworteten (Geyer, Loeb) oder ob eine nationalsozialistische Minderheit eine nicht- bis antinazistische Mehrheit unterdrückte (Vogel/Ollenhauer) war nicht nur theoretischer Natur, sondern hatte weitreichende Implikationen insbesondere für den Umgang mit Deutschland nach dem Kriege. Im letzteren Fall genügte es, die Macht des Regimes zu brechen und die Abrechnung sowie den demokratischen Aufbau den (guten) Deutschen zu überlassen. Im ersten und zweiten Fall, wenn also die Deutschen insgesamt oder eine Mehrheit der Deutschen verantwortlich waren, war eine längere Phase der Umerziehung und Kontrolle durch die Siegermächte notwendig, solange bis die Basis für ein demokratisches Deutschland geschaffen, Reparationen geleistet und Garantien und Sicherungen für ein zukünftiges friedliches Verhalten der Deutschen gegeben waren. Die Kontroverse im Frühsommer 1942 markierte zugleich den Höhepunkt der Auseinandersetzungen, die mit der Entscheidung der Labour Party für den zuletzt geschilderten Weg und mit der Isolierung der Sozialdemokraten und der Union unmittelbar darauf zu einen gewissen Abschluß kam.

4.2 Die Auseinandersetzung um die Freie Deutsche Bewegung

Auf den innerparteilichen Konflikt mit der Gruppe um Geyer und Loeb folgte nach einem halben Jahr Anfang 1943 eine neue Auseinandersetzung, die in der Edition nur am Rande dokumentiert ist, da sie sich vor allem in den sozialdemokratischen Parteiversammlungen abspielte. Der Konflikt betraf die Frage der Abgrenzung gegenüber der KPD und die Zusammenarbeit mit von ihr beeinflußten oder dominierten Bewegungen und Organisationen. Die von der KPD seit 1941 unternommenen verschiedenen Initiativen für eine Zusammenarbeit, gemeinsame Veranstaltun-

---

519 Vgl. Curt Geyer/Walter Loeb, Gollancz in German Wonderland. Vorwort von James Walker, London 1942.
520 Ebd. S. 7,
521 The German Workers' Movement and German Nationalism. Some Reflections on the Pamphlet ‚Gollancz in German Wonderland', Submitted by the Executive of the Social Democratic Party of Germany, hekt., London o.D. (1942), in: AdsD Bonn, PV-Emigration, Mappe 12. Dort auch die deutsche Vorlage: Die deutsche Arbeiterbewegung und der deutsche Nationalismus.

gen etc. waren vom Parteivorstand und der Union regelmäßig zurückgewiesen worden.[522] So auch der Versuch Wilhelm Koenens, auf Basis des vom ZK der KPD am 6. Dezember 1942 veröffentlichten „Friedensmanifest an das deutsche Volk und an die deutsche Wehrmacht" eine Zusammenarbeit zu initiieren. Einige Sozialdemokraten, darunter Schiff, Rawitzki und Adele Schreiber[523] erklärten sich zu weiteren Gesprächen bereit und arbeiteten in der im Frühjahr 1943 gegründeten Arbeitsgemeinschaft zur Gründung einer Freien Deutschen Bewegung in Großbritannien mit.[524]. Schiff, der dem rechten Flügel der Londoner SPD angehörte, hatte schon im Oktober 1942 eine Überprüfung der Haltung gegenüber Sowjetunion und KPD gefordert.[525] Im Frühjahr 1943 diskutierte er öffentlich mit Koenen über den „Weg zu einem neuen Deutschland", den das ZK der KPD in seinem „Friedensmanifest" vorgeschlagen hatte. Schiff beteiligte sich auch mit einem Beitrag an dem Buch Heinrich Fraenkels[526], „Der Weg zu einem neuen Deutschland", in dem die politische Struktur der Freien Deutschen Bewegung vorweggenommen war.[527] Neben kommunistischen waren auch Beiträge von sozialdemokratischen, liberalen, kirchlichen und anderen bürgerlichen NS-Gegnern enthalten. Das Motiv Schiffs war vor allem die Hoffnung, durch ein Bündnis mit der Sowjetunion und der KPD eine Gebietsabtrennung zu verhindern.

In mehreren Parteiversammlungen der SPD im Frühjahr 1943 wurden die Vorstellungen Schiffs und die Gegenposition Ollenhauers diskutiert.[528] Der Parteivorstand und die übergroße Mehrheit der Mitglieder hielt jedoch an der Abgrenzung gegenüber der KPD und ihren Initiativen fest. Daran änderte sich auch nichts, als nach der Gründung des Nationalkomitees Freies Deutschland in Moskau über den

---

522 Vgl. Nr. 73 und oben Abschnitt II.3.1., vgl. auch Röder, Exilgruppen,. S. 194ff.; Leske/Reinisch, S. 181ff.; Leske, Das Ringen, S. 97ff.

523 Schreiber-Krieger, Adele, 1872–1957, Publizistin und Sozialpolitikerin, SPD, 1928–32 MdR, Emigration 1933 Schweiz, 1939 GB, Vorträge im Auftrag des MoI, Kriegsgefangenenschulung, 1943 Mitglied des Initiativausschuß für die Einheit der deutschen Emigration und dann der FDB, 1944 Präsidiumsmitglied, Ausschluß aus der SPD, ab 1947 Schweiz, Vizepräsidentin International Women Alliance, PEN-Club.

524 Vgl. Röder, Exilgruppen 198ff, Leske/Reinisch, S. 185ff.

525 Vgl. Röder, Exilgruppen, S. 201.

526 Fraenkel, Heinrich, *1897, Journalist und Autor, schrieb für verschiedene englische und amerikanische Zeitungen, Drehbuchautor in Berlin, Paris, London und Hollywood, 1933 Emigration GB, 1940 Internierung, schrieb dort „Help us Germans to Beat the Nazis", Mitbegründer der FDB, 1944 Austritt aus Protest gegen die Haltung der Sowjetunion und der KPD in der Deutschlandfrage, 1945 Rückkehr, Zensor für deutsche Filme in der Britischen Zone, seit 1946 Korrespondent des New Statesman, Manchester Guardian u.a., Mitglied des P.E.N. Club London und der Labour Party. Weitere Veröffentlichungen: Vansittarts Gift for Goebbels, The other Germany, etc.; Autobiographie Lebewohl Deutschland, Hannover 1960.

527 Heinrich Fraenkel (Hrsg.), Der Weg zu einem neuen Deutschland. Gesehen von einem Sozialdemokraten, Kommunisten, Liberalen, Wissenschaftler, Pastor und einer Frau, London 1943.

528 Vgl. Nr. 278.

Wissenschaftler René Kuczynski[529] im Juli 1943 ein erneuter Versuch unternommen wurde, den SPD-Parteivorstand und die Union in einen nach dem Vorbild des NKFD gebildeten „Initiativausschuß für die Einheit der deutschen Emigration" einzubeziehen.[530] Der Standpunkt des Parteivorstandes ist in einer Stellungnahme für die Union festgehalten.[531]

Schiff legte sein Mandat als Mitglied des London-Ausschusses nieder und schloß sich mit den Sozialdemokraten Rawitzki, Schreiber und Gustav Tille (die drei letzteren als Mitglieder des FDB-Ausschusses) der im September 1943 gegründeten Freien Deutschen Bewegung an.[532] Als im Januar/Februar 1944 die sowjetische Unterstützung für die polnischen Ansprüche auf ostdeutsche Gebiete[533] deutlich wurde und die Kommunisten sich von einer zuvor vereinbarten internen Erklärung der FDB distanzierten, die den Fortbestand des Deutschen Reiches in den Grenzen von 1933 vorsah, traten Schiff und andere Mitglieder der FDB wie August Weber[534], Fritz Wolff, Heinrich Fraenkel und Irmgard Litten[535] aus. Die anderen Sozialdemokraten verblieben in der FDB und wurden aus der SPD ausgeschlossen.[536]

Trotz der beträchtlichen Auseinandersetzungen innerhalb der Londoner Sozialdemokraten blieb der Konflikt in seinen Folgen von geringer Bedeutung und entfaltete kaum Außenwirkung im Vergleich zur Geyer-Kontroverse. Für den Parteivorstand und die Londoner SPD war aber mit diesem Konflikt im ersten Halbjahr

---

529 Kuczynski, René, 1876–1947, Wirtschaftswissenschaftler, Deutsche Liga für Menschenrechte, 1933 GB, 1933 Lehrer an London School of Economics, 1943 Mitglied Arbeitsausschuß der FDB, 1944 Präsidiumsmitglied.

530 Vgl. Nr. 115; Leske/Reinisch, S. 187. Aufzeichnungen Koenens vom Juni 1943 über sein Gespräch mit Vogel und über die Strömungen in der Londoner SPD in: SAPMO Berlin, NL 74, Mappe 125.

531 Vgl. Nr. 120.

532 Zur FDB vgl. Leske/Reinisch, S. 186ff.; Kuczynski, René Kuczynski, S. 134ff.; Fraenkel, Lebewohl, S. 61ff.

533 Sikorski hatte bereits im Mai 1941 in Gesprächen mit Roosevelt Ostpreußen und Oberschlesien beansprucht. Vgl. Detlef Brandes, Großbritannien und seine osteuropäischen Alliierten 1939–1943. Die Regierungen Polens, der Tschechoslowakei und Jugoslawiens im Londoner Exil vom Kriegsausbruch bis zur Konferenz von Teheran, München 1988, S. 141. Vgl. auch Anm. 2 zu Nr. 137.

534 Weber, Dr. August, 1871–1957, ab 1912 Bankdirektor in Berlin, Vorstandsmitglied des Reichsverbandes der deutschen Industrie, DDP, 1930–32 MdR DStP, 1939 nach Gestapoverhören Emigration GB, Repräsentant der DFP, Beteiligung am Central European Joint Committee, 1940 Aufnahmegesuch in die SPD abgelehnt, ab 1941 Mitarbeit in der Parlamentariergruppe um Höltermann, 1943 FDB, 1944 Austritt aus FDB, blieb in Großbritannien.

535 Litten, Irmgard, 1879–1953, kämpfte um Freilassung ihres Sohnes Hans L. (prominenter Anwalt der Linken), nach dessen Tod im KZ Dachau, 1933 Emigration GB, Verbindung zu Hiller und dessen Gruppe Unabhängiger Deutscher Autoren, 1943 FDB, 1944 Austritt, nach Kriegsende Rückkehr in die SBZ.

536 Vgl. Röder, Exilgruppen, S. 214.

1943 das Verhältnis zur KPD und zur FDB hinreichend geklärt. Durch die weitere Entwicklung der FDB und das Verhalten der KPD sah man sich in der prinzipiellen Ablehnung bestätigt, ein Umstand, der gerade bei der Rekonstruktion der SPD in den Besatzungszonen und der Ablehnung kommunistischer Kooperations- und Vereinigungsangebote eine wesentliche Rolle spielen sollte.

4.3 Die Bemühungen um die Rekonstruktion des Parteivorstandes 1944/45

Die internen Diskussionen im Londoner Führungszirkel in den Jahren 1943 und 1944 sind kaum dokumentiert. Aus den wenigen vorhandenen Unterlagen lassen sich regelmäßige Beratungen von Vogel, Ollenhauer und Heine feststellen, in die teilweise auch Sander und Brost einbezogen waren.[537]

Als sich das Ende des Krieges abzeichnete und damit auch die Frage der Rückkehr aus dem Exil akut wurde, wandte sich Vogel am 3. November 1944 mit der Bitte um Unterstützung bei der Reorganisation der Partei in Deutschland an die Labour Party.[538] Der Brief blieb ohne Antwort. Am Weihnachtsmorgen 1944 schrieb Vogel an Stampfer und informierte ihn über die Londoner Überlegungen zur Rekonstruktion des Parteivorstandes in der Emigration, d.h. die Einbeziehung der ausgeschiedenen Mitglieder.[539] Damit sollte den in Deutschland zu erwartenden konkurrierenden Machtansprüchen entgegengetreten werden und eine gemeinsame Linie für die Nachkriegspolitik gefunden werden. Als Voraussetzung wurde die Übernahme der Londoner Linie in der Ablehnung eines Zusammengehens mit den Kommunisten gefordert. Am 16. März 1945 sandte schließlich Vogel das Rundschreiben an die PV-Mitglieder in der Emigration.[540] In dem Brief wurde die Gültigkeit des 1933 übertragenen Mandats bis zu einer Reichskonferenz reklamiert, die Union als Vorbild für eine „zukünftige deutsche sozialistische Einheitspartei" vorgestellt und eine gemeinsame Haltung gegenüber der KPD und der Freien Deutschen Bewegung eingefordert. Das Ergebnis war enttäuschend, wie Vogel in seinem abschließenden Bericht an Stampfer am 17. Juli 1945 feststellen mußte.[541] Nur Stahl und Stampfer antworteten positiv, wenngleich skeptisch.[542] Stampfer erteilte zugleich eine Blanko-Ermächtigung für die angesprochene Erklärung des PV. Aufhäuser, Dietrich, Hertz und Juchacz antworteten am 25. Mai 1945 mit einem gemeinsamen Brief, in dem sie die Wiederbelebung des alten PV und seinen

---

537 Die Notizen Heines setzen Ende 1944 wieder ein, bleiben aber im Vergleich zu 1941/42 spärlich und knapp. Vgl. Nr. 289, 292, 294, 296.
538 Vgl. Nr. 285.
539 Vgl. Nr. 286. Stampfer antwortete Vogel am 16.1.1945 skeptisch aber nicht ablehnend. AdsD Bonn, PV-Emigration, Mappe 132.
540 Vgl. Nr. 291.
541 Vgl. Nr. 295.
542 Stahl an Vogel vom 9.5.1945, AdsD Bonn, PV-Emigration, Mappe 181. Ausführlicher dazu Anm. 6 zu Nr. 291.

Führungsanspruch ablehnten.[543] Statt dessen empfahlen sie, der PV solle sich als Auslandszentrale verstehen und einen Aufruf herausgeben. Sollmann sagte ab, da er inzwischen US-Bürger geworden sei, Rinner antwortete nicht.[544]

Nachdem sich das Scheitern der Rekonstruktionsbemühungen abzeichnete, veröffentlichte der Londoner PV am 18. Mai 1945 eine Erklärung zum Ende des Krieges – die erste öffentliche politische Erklärung des PV seit 1940, wenn man von den Unionserklärungen absieht.[545] Damit wurde der Führungsanspruch des Londoner PV gegenüber der sozialdemokratischen Emigration, gegenüber den sozialistischen Gruppen in der Union und gegenüber den Sozialdemokraten im besetzten Deutschland betont. Zugleich wurde damit erstmals die in der Union vereinbarte Gemeinsamkeit bei Erklärungen verlassen.[546] Vogel, der als Vorsitzender die Erklärung unterzeichnet hatte, rief darin zur Bestrafung der Schuldigen am Krieg (NS-Regime und Militarismus) auf, betonte aber auch die Mitverantwortung des ganzen deutschen Volkes und die Pflicht zur Wiedergutmachung. Er forderte, die „freie deutsche Arbeiterbewegung" wiederherzustellen und bekräftigte den Entschluß der Sozialdemokraten, „ein neues, friedliches, demokratisches und soziales Deutschland aufzubauen." Diese Erklärung schließt das auf die Emigration gerichtete Wirken des Parteivorstandes ab. Mit der Kapitulation Deutschlands und der sich auf vielfältigen Wegen ermöglichenden Kommunikation mit den Parteimitgliedern und entstehenden Organisationen im besetzten Deutschland eröffnete sich ein neues Betätigungsfeld, das die politische Arbeit in den folgenden Wochen und Monaten immer mehr bestimmen sollte: der Aufbau der SPD.

4.4 Der Parteivorstand in London und der Aufbau der SPD im besetzten Deutschland

Schon seit im Westen Deutschlands die ersten alliierten Soldaten Reichsgebiet betreten hatte, gelangten Informationen über die Stimmung der deutschen Bevölkerung, speziell der Arbeiterschaft und der Angehörigen der Arbeiterbewegung nach London. Neben politischer Apathie und Resignation machte sich aber bei letzteren auch ein starker Drang nach Aktivitäten und zum Neuaufbau politischer und gewerkschaftlicher Organisationen bemerkbar.[547] Diese Bestrebungen vollzogen sich zunächst im örtlichen Rahmen, da die überregionalen und zonenüberschreitenden Verbindungen zunächst noch schwach waren, außerdem duldeten die Alliierten nur begrenzte örtliche Organisationsbildungen. Aus diesem Rahmen scherte die So-

---

543 AdsD Bonn, PV-Emigration, Mappe 17. Vgl. auch die Anm. 3 zu Nr. 291.
544 Vgl. Anm. 3 u. 5 zu Nr. 291.
545 Vgl. Nr. 293.
546 Vgl. Nr. 41.
547 Vgl. hierzu Lutz Niethammer u.a. (Hrsg.), Arbeiterinitiative 1945, Wuppertal 1976; Henke, Besetzung; Borsdorf/Niethammer, Zwischen Befreiung.

wjetunion aus, als sie im Juni 1945 der KPD und der SPD in Berlin die Neugründung gestattete. Die KPD wie auch der in Berlin gebildete Zentralausschuß der SPD beanspruchten über die sowjetische Besatzungszone hinaus einen Gesamtvertretungsanspruch. Der Zentralausschuß unter der Führung von Otto Grotewohl, Max Fechner[548], Erich Gniffke[549] und Gustav Dahrendorf[550] erhob mit seinem Aufruf vom 15. Juni 1945 den Anspruch auf die Führung der Sozialdemokratischen Partei in Deutschland.[551]

Dies blieb vom Parteivorstand nicht unwidersprochen. Am 27. Juni 1945 befaßten sich Vogel, Ollenhauer und Heine im Rahmen einer Parteivorstandssitzung mit dem Zentralausschuß.[552] Vogel entwarf eine Erklärung, in der nochmals die Auffassung des Parteivorstandes in Bezug auf die Führung der Partei und die Grundforderungen für deren Neuaufbau formuliert wurden. Die am 11. Juli 1945 veröffentlichte Erklärung richtete sich gegen den Alleinvertretungsanspruch, den der Zentralausschuß erhoben hatte.[553] Der Parteivorstand verwies erneut auf sein Mandat bis zur Reichskonferenz, forderte die Wiederherstellung der Organisations- und Pressefreiheit für die demokratischen Kräfte und den Wiederaufbau der Partei „auf dem Wege freier demokratischer Meinungsbildung und der freien Wahl der Funktionäre der Partei durch die Mitgliedschaft". Letzteres richtete sich deutlich gegen das Vorgehen des Zentralausschusses, der einen Parteiaufbau von oben nach unten betrieb.

---

548 Fechner, Max, 1892–1973, sozialdemokratischer Politiker, USPD, SPD, 1928–33 MdL Preußen, Leiter der Komunalpolitischen Zentralstelle des SPD-PV, 1933–34 KZ Oranienburg, 1945 Mitglied im ZA Berlin, 1946–53 PV bzw. ZK der SED, 1949–53 Justizminister der DDR, nach dem 17. Juni 1953 entmachtet und bis 1956 in Haft, 1958 wieder SED.

549 Gniffke, Erich, 1895–1964, Gewerkschafter, 1929–33 BL Afa-Bund Braunschweig, Mitglied LV SPD, Gauführer RB, nach 1933 Inhaber einer Warenvertriebsgesellschaft, die ein Netz von Sozialdemokraten im Reich verband, 1938/39 Haft, 1945 Mitglied des SPD-ZA, ab 1946 Mitglied des PV bzw. Zentralsekretariats der SED, 1948 Flucht in die Westzonen, Geschäftsführer und Unternehmer.

550 Dahrendorf, Gustav Dietrich Johannes, 1901–54, Vorsitzender des Zentralverbandes der Konsumgenossenschaften, SPD, 1927–33 Mitglied der Hamburger Bürgerschaft, 1932–33 MdR, 1933 Haft, gehörte zum Kreis um Leuschner und Leber, 1944 zu sieben Jahren Zuchthaus verurteilt, 1945 Vizepräsident des deutschen Zentralverbandes der Brennstoffindustrie für die SBZ, Mitglied des ZA der SPD, Februar 1946 wegen Gegnerschaft zur Vereinigung von SPD und KPD Flucht in die Westzonen, 1947–49 Vizepräsident des Frankfurter Wirtschaftsrates, Vorsitzender des Zentralverbandes der deutschen Konsumgenossenschaften.

551 Der Aufruf ist abgedruckt in Ruhl, Neubeginn, S. 185–188. Zu den Vorgängen um die Gründung des ZA vgl. Albrecht Kaden, Einheit oder Freiheit. Die Wiedergründung der SPD 1945/46, Hannover 1964, S. 31ff.; Moraw, Die Parole der „Einheit", S. 80ff.; Harold Hurwitz, Die Anfänge des Widerstandes. Teil 1: Führungsanspruch und Isolation der Sozialdemokraten, Berlin 1990, S. 73ff.

552 Vgl. Nr. 294.

553 Vgl. Nr. 297.

Wenngleich die Labour Party offiziell keine Unterstützung zusagte, so scheint doch inoffiziell vor allem über Noel-Baker und Bevin Hilfestellung beim Aufbau der Partei gegeben worden zu sein, wie die Notizen von Heine über das Gespräch mit Morgan Phillips, dem Sekretär der Labour Party, am 8. August 1945 vermuten lassen.[554] In der Folgezeit wurde von London aus über verschiedene Kanäle Verbindung mit prominenten Sozialdemokraten in der britischen Besatzungszone und auch in Berlin aufgenommen.[555] Neben Carl Severing[556], Paul Löbe[557] und den Mitgliedern des Zentralausschusses wurde im Juli/August 1945 über Bennemann und Eichler die Verbindung zu Dr. Kurt Schumacher in Hannover hergestellt. Ein erster Brief von Schumacher an Vogel vom 4. August 1945 scheint in London nicht angekommen zu sein, wohl aber jener vom 20. August 1945, der die Einladung zur Reichskonferenz enthielt und Schumachers Führungsanspruch dokumentierte.[558]

Schumacher repräsentierte den aktivistischen Teil der SPD, der schon vor 1933 mit der Politik des Parteivorstandes unzufrieden gewesen war. Auch sein schweres Verfolgungsschicksal hob Schumacher weit über den Durchschnitt der sozialdemokratischen Funktionäre und Mandatsträger heraus. Zudem sahen seine Vorstellungen über die Nachkriegs-SPD eine große politische und soziale Bandbreite vor. Aber die Behandlung der sozialistischen Gruppen war für Schumacher eher peripher. Entscheidend war für ihn wie auch für den Londoner Parteivorstand die Frage: Wer hatte Anspruch auf die Führung der Partei? Der Emigrationsvorstand in London mit dem Parteivorsitzenden Hans Vogel betrachtete es als unzweifelhaft, daß er bis zu einer Reichskonferenz der SPD das ihm 1933 übertragene Mandat ausüben würde. Als sich am 15. Juni 1945 in Berlin der Zentralausschuß der SPD konstituierte und in einer Proklamation die Führung der Partei beanspruchte, wurde damit der Anspruch der Londoner in Frage gestellt. Gleichzeitig wuchs Schumacher, der den Anspruch des Zentralausschusses bestritt, in seinem Schreiben an Vogel aber das Mandat des Emigrationsvorstands anerkannte, zum führenden Kopf der SPD in den Westzonen und stellte so zumindest faktisch auch den Führungsanspruch der Londoner in Frage. In dieser Dreieckskonstellation wurde sehr schnell klar, daß zwischen Hannover und London die Gemeinsamkeiten überwogen und beide vom

---

554 Vgl. Nr. 300.
555 Vgl. hierzu oben Abschnitt II.4.4.
556 Severing, Carl, 1875–1952, sozialdemokratischer Politiker, 1907 jüngstes MdR, 1920–26 preußischer Innenminister, 1928–30 Reichsinnenminister, nach 1945 SPD-Bezirksvorsitzender, 1947 MdL NRW.
557 Löbe, Paul, 1875–1967, Juni 1919 Vizepräsident der Nationalversammlung, 1920–33 MdR SPD, Reichstagspräsident bzw. -vizepräsident, April 1933 und bei Reichskonferenz im Juni 1933 Wahl in den PV, Juni-Dezember 1933 Haft, danach Verlags-Korrektor, August 1944 erneut verhaftet und bis Dezember 1945 im KZ Groß-Rosen, 1948/49 MdPR, 1949–53 MdB und Alterspräsident des Bundestages, 1956 Mitglied in der Kontrollkommission der SPD.
558 Das Original des Schumacher-Briefes, das bislang für verschollen galt, findet sich in: AdsD Bonn, Depositum Heine, Ordner 32/2. Vgl. auch die Anm. 3 zu Nr. 302.

Berliner Zentralausschuß vieles trennte. London und Hannover trafen sich in der Ablehnung der Sowjetunion und ihres Einflusses, der strikten Abgrenzung gegenüber der KPD, dem Eintreten für die Bewahrung des Reiches als Ganzes und einem politischen und gesellschaftlichen Neuaufbau unter sozialdemokratischer Führung. So stellte Schumacher in seinem Rundschreiben an die Bezirke vom 15. September 1945 mit Genugtuung fest, „daß zwischen unseren politischen und organisatorischen Anschauungen und denen der Londoner Emigration keinerlei Gegensätze bestehen".[559]

Das Rundschreiben des Parteivorstandes an „Mitglieder und Funktionäre der Sozialdemokratischen Partei" von Anfang September 1945[560] und ebenso die Antwort Vogels an Schumacher vom 6. September 1945[561] sind in diesem Kontext zu sehen. Vogel, der in seinem Rundschreiben Richtlinien für den Parteiaufbau unterbreitete, grenzte sich nochmals deutlich vom Vorgehen des Zentralausschusses ab. Zugleich reagierte er auf den faktischen Führungsanspruch Schumachers, den dieser durch die Einberufung einer Reichskonferenz erhoben hatte. Vogel verwies auf die Vorbildfunktion der „Union" und sprach sich für einen Aufbau der Partei von unten aus. Außerdem versuchte er, grundlegende Entscheidungen in Deutschland ohne Mitwirkung des Parteivorstandes zu blockieren, indem er aufforderte, „alle über den örtlichen Rahmen hinausgehenden Entscheidungen" späteren Tagungen zu überlassen. Ausdrücklich wandte er sich jedoch gegen Verhandlungen mit den Kommunisten über die Bildung einer Einheitspartei.

Die Betonung des eigenen Führungsanspruches gegenüber Schumacher hinderte aber nicht die enge Zusammenarbeit mit ihm. Sie stützte sich auf die weitgehende politische Übereinstimmung, die die Londoner aus den Berichten über die politischen Aktivitäten Schumachers entnahmen und die schon Vogel in seinem Antwortschreiben vom 6. September 1945 festgestellt hatte. Vogel regte darin an, die Einladung zur Reichskonferenz auch an den Zentralausschuß zu senden, über dessen politische Perspektiven unter der sowjetischen Besatzung er sich sehr skeptisch äußerte.

Hans Vogel hatte in seiner Korrespondenz mit Schumacher und durch die Herausgabe der Rundschreiben des Parteivorstandes seinen Anspruch auf die Führung der Partei betont und damit Anerkennung gefunden. Sein Tod am 6. Oktober 1945 und die gleichzeitig stattfindende Konferenz in Wennigsen markierten einen Wendepunkt in der Funktion des Londoner Parteivorstandes. Mit Vogel als Parteivorsitzendem war die letzte Person verschwunden, die über eine eindeutige Führungsle-

---

559 AdsD Bonn, NL Schumacher, Mappe 162. Schumacher verwies dabei auf den beigelegten Brief
     Vogels vom 6. September 1945; vgl. Nr. 302. Ähnlich äußerte sich Ollenhauer in seinem Bericht
     über die Konferenz in Wennigsen. Vgl. Nr. 303.
560 Vgl. Nr. 301.
561 Vgl. Nr. 302.

gitimation aus der Zeit vor 1933 verfügte.[562] Erich Ollenhauer hatte 1933 noch zum Nachwuchs in der Parteiführung gezählt, Heine war erst in der Emigration in die Sopade aufgenommen worden. So stand der Anspruch, das Mandat des Parteivorstandes weiter wahrzunehmen auf schwachen Füßen. Ausdruck dessen war es auch, daß in Wennigsen den Londonern – wie schon im Brief der Aufhäuser-Gruppe vorgeschlagen – der Status einer Auslandsvertretung zugemessen wurde.[563] Dennoch wurde der Anspruch auf die Parteiführung durch die weitere Herausgabe von Rundschreiben des Parteivorstandes aufrechterhalten.[564]

Schumacher war zu klug, um diese Differenzen aufzugreifen. Die Konferenz in Wennigsen hatte ihn als unbestrittenen Führer der Sozialdemokratie in den westlichen Zonen bestätigt. Aber in der Auseinandersetzung mit dem Anspruch des Zentralausschusses war die, wenngleich geschwächte Legitimation des Londoner PV durchaus von Nutzen. Schumacher war auf die Beziehungen der Londoner und der Union zur Labour Party, zur britischen Regierung, in der befreundete Labourpolitiker wie Hynd und Noel-Baker inzwischen wichtige Funktionen übernommen hatten, sowie auf das gut funktionierende Kommunikationsnetz der Union angewiesen. So hatte er nicht nur das Mandat der Londoner anerkannt, sondern mit ihnen auch vereinbart, daß sie sobald als möglich nach Deutschland zurückkehren sollten, um in der Parteiführung mitzuarbeiten.[565] Bis dahin blieben die Londoner PV-Vertreter als Auslandsvertretung in engem brieflichen Kontakt mit Schumacher und versuchten, ihn durch Weiterleitung seiner Anliegen und Beschwerden an britische Stellen und durch Ratschläge zu unterstützen.[566] Am 31. Januar 1946 kam es zu einer Besprechung Ollenhauers und Heines mit Healey, Sekretär des International Departments der Labour Party[567], und am 1. Februar 1946 sprachen beide mit Hynd, dem für Deutschland zuständigen Minister in der britischen Regierung.[568]

---

562 Vgl. den Nachruf Ollenhauers, Nr. 184.
563 Zur Konferenz in Wennigsen vgl. Nr. 303. Vgl. auch Kaden, S. 127ff.; Hurwitz, Anfänge, S. 373ff.; Friedrich Gleue, Deutsche Geschichte in Wennigsen (Deister) 5. bis 7. Oktober 1945. Zusammenstellung von Veröffentlichungen über die Wiedergründung der Sozialdemokratischen Partei Deutschlands 1945, Wennigsen 1979.
564 Die PV-Rundschreiben erschienen zwischen 25. August 1945 und 2. Februar 1946 wöchentlich. In: AdsD Bonn, PV-Emigration, Mappe 14.
565 Vgl. Nr. 303.
566 Vgl. Nr. 304, 306–308.
567 Healey informierte beide über das geplante Treffen der sozialistischen Parteien, zu dem die SPD nicht eingeladen war, sagte die Unterstützung der LP zu und stellte die Herstellung eines ständigen Kontaktes zwischen International Department und den in London vertretenen sozialistischen Parteien in Aussicht. Vgl. Protokoll der Besprechung, in: Privatbesitz Heine, Ordner Willy Sander.
568 Hynd informierte sie über die geplante Zulassung deutscher Zeitungen in der britischen Zone (12 sozialdemokratische, 12 christdemokratische, 7 kommunistische, 5 liberaldemokratische), die geplanten baldigen Wahlen zu den Kommunalkörperschaften, daß Austen Albu als Beauftragter des Ministers für die Kontakte zu den politischen Parteien eingesetzt sei und daß die Rückkehr

Von Anfang an stand im Londoner Parteivorstand außer Frage, daß die Entscheidung über den künftigen Parteivorstand nur in Deutschland fallen könne und man daher nur durch eine möglichst schnelle Rückkehr Einfluß nehmen könne.[569] Die Konferenz in Wennigsen und Vogels Tod machten Ollenhauer, Heine und Schoettle klar, daß sie nur mit Schumacher, aber nicht gegen ihn, sich würden behaupten können. Entscheidend war schließlich die von Ollenhauer in seinem Bericht über Wennigsen festgestellte „Übereinstimmung in allen wesentlichen Punkten", die sich insbesondere auch auf die Skepsis gegenüber der Entwicklung in der sowjetischen Besatzungszone bezog.[570] Im Gegensatz zu Schumacher, der den in Wennigsen vereinbarten engen Kontakt mit dem Zentralausschuß nicht betrieb, schrieb Ollenhauer weiterhin an Grotewohl und Fechner, wobei er sich teils mahnend, teils kritisierend und zuletzt eindringlich warnend gegen das Zusammengehen mit den Kommunisten wandte.[571]

Auch die britische Regierung, die die schon lange geforderte Rückkehr verweigert hatte, mochte schließlich in der Einbindung der Londoner in die künftige Parteiführung in Deutschland einen Vorteil sehen. War doch von Ollenhauer, Heine, Schoettle und Eichler, die die englische Politiktradition kennengelernt hatten, ein mäßigender Einfluß auf den selbstbewußten, manchmal schroffen und zu nationalistischen Tönen neigenden Schumacher zu erwarten.

So war es ein ganzer Komplex von Faktoren, die letztendlich dazu führten, daß die „Union" nach ihrer politischen Struktur zum Modell für die Nachkriegs-SPD wurde. Allerdings kam es nicht, wie noch im Referat Ollenhauers im Dezember 1942 vorgesehen, zu einer Neugründung einer einheitlichen sozialistischen Partei. Die sozialistischen Organisationen schlossen sich vielmehr wieder der neuerstandenen SPD an, aber die Programmatik, die politischen Strukturen und die Funktionsverteilung gewährten ihnen einen Einfluß, der weit über ihre zahlenmäßige Bedeutung hinausging. Der Anteil, den die Mitglieder des Londoner PV und des Unionsexekutivkomitees am Aufbau der Nachkriegs-SPD hatten, wird gemeinhin unterschätzt.[572] Dieser Einfluß manifestierte sich nicht nur in einer Verbreiterung

---

der politischen Emigranten erleichtert werde, allerdings seien Anträge aus Deutschland dafür notwendig. Gesprächsprotokoll in: ebd. – Austen, Albu, *1903, Labour Party, 1930–45 Manager, 1945–47 Dep.President, Governmental Sub-Commission, Control Commission for Germany, 1948 MP.

569 Vgl. Nr. 298, 299.
570 Vgl. Nr. 291.
571 Vgl. Nr. 305, 309. Ollenhauer erhielt keine Antworten auf seine Briefe, es bleibt auch unklar ob sie ihre Adressaten erreichten.
572 So sprechen z.B. Niethammer u.a., Arbeiterinitiative, S. 683, dem Londoner Exilvorstand die Autorität und die technische Fähigkeit ab, „Koordinations- und Führungsfunktionen einer provisorischen Leitung der SPD zu übernehmen". Kaden, Einheit oder Freiheit, billigt den Londonern ebenfalls kaum Einflußmöglichkeiten zu.

der sozialen Struktur und politischen Programmatik der neu aufgebauten Partei, die in den Londoner Unionsberatungen konzipiert worden war, sondern auch in einem hohen Anteil der Londoner an den führenden Funktionären der sozialdemokratischen Partei bis in die 1960er Jahre. Daß Willi Eichler federführend an der Konzeption des Godesberger Programmes beteiligt war, mag als Ausdruck dafür gewertet werden.

5. DIE QUELLEN

Zwischen der Überlieferung der Protokolle aus der Pariser Zeit und der Londoner Zeit klafft eine Lücke, bedingt durch die Verfolgungssituation nach dem April 1940.[573] Ob es in dieser Zeit zu formellen Parteivorstandssitzungen gekommen ist, ist fraglich. Zumindest aber dürften entsprechend den Umständen Besprechungen zwischen den erreichbaren PV-Mitgliedern in Südfrankreich und später in Lissabon stattgefunden haben, über die jedoch keine Aufzeichnungen vorliegen.

Das Archiv des Parteivorstands in London ist fast vollständig erhalten und befindet sich heute im Archiv der sozialen Demokratie in Bonn. Die Archivmaterialien wurden vor der Rückkehr Ollenhauers, Heines und Schoettles Anfang 1946 abgeschlossen, verpackt, verzeichnet und für den Rücktransport bereitgestellt, wie die Liste der Mappen vom 25. Januar 1946 zeigt.[574] Der Transfer erfolgte erst in den Jahren 1946/47 und 1950.[575] Dieser Bestand umfaßt vor allem die Korrespondenzen Hans Vogels und Erich Ollenhauers mit dazugehörigen Materialien und Unterlagen, Zeitungsausschnitten, Aufsätzen und Druckschriften. Dies betrifft sowohl die Führung der sozialdemokratischen Emigration als auch der Union. Die nach Funktion und Inhalt zumindest teilweise hierzugehörigen Korrespondenzen etc. Fritz Heines befinden sich als eigenständiges Depositum im AdsD, zum Teil sind sie noch in seinem Privatbesitz.[576] Im Depositum Heines befinden sich auch

---

573 Zu den Vorgängen in Paris vgl. Seebacher-Brandt, Biedermann und Patriot, S. 93ff. Vor dem deutschen Einmarsch wurden anscheinend das Parteiarchiv und Geld von Rinner in den Schließfächern einer Pariser Bank deponiert. Einige Materialien wurden von der französischen Polizei in den Privatwohnungen beschlagnahmt und befinden sich heute in den Archives Nationales, Paris. Die im Schließfach befindlichen Protokolle der PV-Sitzungen und andere Unterlagen, fielen in die Hände der Gestapo. Das Geld, blieb verborgen und wurde nach der Befreiung Ende 1944 dem PV wieder zur Verfügung gestellt. Vgl. Nr. 284 u. 289.

574 Privatbesitz Heine, Ordner Willy Sander. Röder zitiert die Londoner Bestände noch in der Struktur der o.a. Liste, wenngleich nicht in deren Numerierung. Die ursprüngliche Aktenstruktur wurde bei der Verzeichnung im AdsD verändert und die Londoner mit den 1967 in Schweden aufgefundenen Beständen in einem Gesamtbestand PV-Emigration vermischt. Zur Überlieferung von 1939–1940 vgl. Buchholz/Rother, S. Lff.

575 Vgl. die entsprechenden Eintragungen im Kassenbuch der Londonvertretung; in: AdsD Bonn, NL Sander, Mappe 31.

576 AdsD Bonn, Depositum Heine. Der Bestand umfaßt die gesamte Zeit der Emigration und die Nachkriegszeit. Der Ordner Nr. 42, Briefwechsel 1941–45 enthält z.B. umfangreiche Korrespondenzen mit Friedrich Stampfer, Rudolf Katz. Im Privatbesitz Heines befinden sich noch vier

bisher unbekannte Korrespondenzen Vogels und Ollenhauers mit Dr. Kurt Schumacher, Otto Grotewohl und anderen Politikern aus dem Jahre 1945, die eigentlich Teil des PV-Archives sind.[577] Von hervorragender Bedeutung sind die Notizbücher Heines über die Besprechungen in der Londoner Emigration, nahezu die einzigen Quellen über die Sitzungen des Emigrationsvorstandes der SPD in London.[578] Der Nachlaß Curt Geyers soll von ihm selbst oder auf seine Weisung vernichtet worden sein. Im PV-Bestand befindet sich auch ein Teil der Korrespondenzen und Materialien Wilhelm Sanders in seiner Funktion als Leiter der sozialdemokratischen Landesgruppe bzw. Vorsitzender des London-Ausschusses, der größere Teil findet sich jedoch im Nachlaß Sander.[579] An weiteren wichtigen Beständen zum Themenbereich Emigrationsvorstand sind zu nennen Labour Party[580], Foreign Office[581], KPD Emigration Großbritannien[582], sowie die Nachlässe von Hans Gottfurcht, Dr. Kurt Schumacher, Fritz Segall, Friedrich Stampfer.[583]

Ordner mit Korrepondenz „Emigration Heine (London)" A-Z, die Briefwechsel mit wichtigen sozialdemokratischen Politikern in der Emigration enthalten, wie Erich Brost, Richard Hansen, Marie Juchacz, Rudolf Katz, Rudi Leeb, Erich Ollenhauer, Albert Reichardt, Erich Rinner, Willy Sander, Arno Seidel, Toni Sender u.a. Dieser Bestand soll im Frühjahr 1998 dem AdsD übergeben werden.

577 AdsD Bonn, Ordner 32 und 33. Die wichtigsten Briefe sind in der Edition wiedergegeben; vgl. Nr. 302, 304–309.

578 Die Notizbücher enthalten Notizen über Besprechungen, Ausarbeitungen, Adressen, Literaturhinweise, Exzerpte etc. Aufzeichnungen über Sitzungen des Emigrationsvorstandes und anderer SPD- und Unions-Gremien enthalten folgende Notizbücher:
Privatbesitz Heine:
Notizbuch „MEMO" September 1941–Januar 1942,
Notizbuch 20.1.1942–6.4.1942,
Notizbuch „Memo" 6.4.– 6.4.1942,
Notizbuch April – Juli 1942,
Notizbuch Januar – März 1945,
Notizbuch August 1945 – September 1945,
Notizbuch Oktober/November 1945,
Notizbuch „Memo Book" 20.12.1945–19.1.1946
Maschinenschriftliche Übertragung der Tagebuchnotizen Mai – Juli 1945 (das entsprechende Notizbuch konnte nicht aufgefunden werden)
AdsD Bonn, Depositum Heine, Ordner 5:
Notizbuch I. 20.6.–10.9.1941
Notizbuch 13.1.1943–15.1.1944
Notizbuch 1944.

579 AdsD Bonn, PV-Emigration, besonders Mappen 12, 13, 111.

580 LHASC Manchester, LP.

581 PRO London.

582 SAPMO Berlin.

583 Alle Nachlässe befinden sich in: AdsD Bonn, ein Teilnachlaß Gottfurchts im Archiv Dr. Gerhard Beier, Kronberg.

Die Sitzungstermine des Emigrationsvorstandes in London sind nur bruchstück-haft zu erfassen. Im Gegensatz zur Prager und Pariser Zeit finden sich keine offizi-ellen Protokolle. Das einzige vergleichbare Protokoll, datiert vom 27. Januar 1942[584], dokumentiert nur einen Ausschnitt der betreffenden Sitzung und wurde offenbar speziell zur Vorlage im Exekutivkomitee der Union angefertigt, um das Ausscheiden Geyers aus dem Parteivorstand zu belegen. Es existieren auch keine Einladungen zu Sitzungen. Die wichtigsten Quellen sind die Notizen Heines aus den Jahren 1941/42 und 1945 und die Terminkalender Ollenhauers, während von Vogel keinerlei Aufzeichnungen oder Terminkalender überliefert sind.[585] Auch aus den anderen Archivmaterialien der Sopade ergeben sich keinerlei Hinweise auf Protokolle.

Die einzigen Belege für den Termin und den Gegenstand der Sitzungen sind zumeist die knappen handschriftlichen Eintragungen Heines in seinen kleinformati-gen Notizbüchern.[586] Diese Notizhefte sind eine einzigartige Quelle, da Heine dort auch Besprechungen mit anderen Personen akribisch festhielt. Heines Notizen beginnen im Juli 1941 und erfolgen bis Sommer 1942 relativ dicht, ohne jedoch alle Sitzungen zu erfassen. Die Datierungen sind nicht immer zuverlässig, wie einzelne Fehldatierungen zeigen.[587] Vom Herbst 1942 bis Ende 1944 fehlen entsprechende Eintragungen völlig, obwohl nach den Angaben Heines gegenüber dem Verfasser, weiterhin etwa 14tägig Sitzungen stattfanden. Es läßt sich daher auch nicht unter-scheiden, inwieweit es sich um „offizielle" Vorstandssitzungen oder um Bürobe-sprechungen handelt.[588] Ab Ende 1944 finden sich in Heines Notizen wieder spora-disch Aufzeichnungen über PV-Sitzungen, die zumeist jedoch nicht über die Be-nennung der angesprochenen Punkte hinausgehen. Auch sonst sind die Notizen knapp gehalten. Wie das Beispiel der Sitzung am 27. Oktober 1941 zeigt, umfassen sie vermutlich nicht immer alle Tagesordnungspunkte.[589]

---

584 Vgl. Nr. 255.
585 Zu den Notizkalendern Heines vgl. oben Abschnitt III.5.; Terminkalender Ollenhauer in: AdsD Bonn, NL Ollenhauer, Mappe 3.
586 Die Existenz der Notizbücher mit ihren Eintragungen über Parteivorstandssitzungen etc. wurde erst im Verlauf der Recherchen bekannt. Ihre Existenz war der entscheidende Anlaß, in die geplante Unionsedition auch die Mitgliedsorganisationen einzubeziehen. Von einem Teil der Aufzeichnungen existieren ältere maschinenschriftliche Abschriften, die, soweit vergleichbar, korrekt vorgenommen wurden. Für die Zeit Mai – Juli 1945 liegt nur diese Übertragung vor, das zugrundeliegende Notizbuch konnte bislang nicht aufgefunden werden. Vereinzelt befinden sich in Heines Unterlagen (nach der verwendeten Schrifttype) in den 60er Jahren oder später vorge-nommene Abschriften einzelner Sitzungen, die gegenüber der Notiz teilweise ergänzt sind, in-dem die Stichworte zu ganzen Sätzen ausformuliert wurden. Bei der Edition wurde auf die hand-schriftlichen Notizen zurückgegriffen.
587 Vgl. Nr. 222, 243.
588 Vgl. hierzu Buchholz/Rother, S. LVII.
589 Vgl. Nr. 245.

Die Notizen in Ollenhauers Terminkalendern aus den Jahren 1941–1945 sind in Bezug auf PV-Sitzungen unzuverlässig. Bei Ollenhauer finden sich an den Tagen, für die Heine PV-Sitzungen notiert, zumeist keine Eintragungen. Gelegentliche Vermerke wie „Besprechung zu Hause" (26. September 1941), „Sopade bei uns" (27. Oktober 1941), „Sopade" (18.11.1941) deuten darauf hin, daß Ollenhauer die PV-Termine nicht notierte, da sie bei ihm und Vogel zu Hause stattfanden. Andererseits finden sich in Ollenhauers Terminkalendern vereinzelt Notizen „PV" (13.7.1942, 3.1.1944), die auf eine PV-Besprechung hindeuten, für die Heine keine Notizen niederschrieb.

Folgende Parteivorstandssitzungen, bis Ende Januar 1942 mit Vogel, Ollenhauer, Geyer, Heine, danach ohne Geyer, sind dokumentiert oder als Termin nachgewiesen (in Klammern).

1941	29.4.1942
	5.5.1942
10.8.1941	7.5.1942
18.8.1941	15.6.1942
25.8.1941	6.7.1942
4.9.1941	9.7.1942
9.9.1941	(13.7.1942)
14.9.1941	15.7.1942
26.9.1941	
27.10.1941	1944
7.11.1941	(3.1.1944)
18.11.1941	November 1944
1942	1945
9.1.1942	14.1.1945
27.1.1942	10.5.1945
25.2.1942	27.6.1945
27.2.1942	31.7.1945
11.3.1942	

Ähnlich ist die Situation bei den Arbeitsgemeinschaftssitzungen im Herbst 1941 und den Besprechungen des Beirates (bis Juli 1942) bzw. des London-Ausschusses (ab Juli 1942). Für die Arbeitsgemeinschaftssitzungen im Herbst 1941 gibt es ebenfalls keine offiziellen Protokolle sondern nur die Notizen Heines sowie stichwortartige und kaum zu entziffernde flüchtige Notizen Ollenhauers.[590] Die Beirats-

---

590 Auf ihre Aufnahme wurde verzichtet, da sie größtenteils unlesbar und übertragene Passagen durch ihren stichwortartigen Charakter vielseitig interpretierbar sind.

sitzungen sind durch die Notizen Gottfurchts und Heines vom Februar 1941 bis Juli 1942 überliefert. Für die Vorbereitungsbesprechungen und die Sitzungen bis Juni 1941, von Gottfurcht als „Funktionärsbesprechungen" bezeichnet, existieren Notizen Gottfurchts, die aber nur den Termin, manchmal den Teilnehmerkreis, manchmal auch noch die behandelten Themen wiedergeben.[591]

Folgende Beiratssitzungen sind feststellbar:

1941: 20.2., 1.3., 20.3., 2.4., 18.4., 23.4., 14.5., 10.6., 5.8., 5.11.;
1942: 6.2., 16.6., 13.7.

Eigenständige Protokolle scheint es nicht gegeben zu haben.

Das Nachfolge-Gremium, der Ende Juli 1942 gewählte London-Ausschuß, tagte regelmäßig alle 14 Tage.[592] Bei den Sitzungen scheint zwar Protokoll geführt worden zu sein, es liegen jedoch nur zwei davon vor.[593] Anderweitige Aufzeichnungen ließen sich nicht finden, sieht man von den kurzen Berichte in den SM über die jährlichen Wahlen ab.[594]

Vom PV eingerichtete Arbeitsgemeinschaften befaßten sich mit programmatischen Fragen:

– Von April bis Juni 1941 an sechs Terminen mit „Der kommende Friede und das kommende Deutschland": 10.5., 11.5., 23.5., 30.5., 6.6., 13.6.1941, für die teils Protokolle teils Zusammenfassungen vorliegen.[595]
– Im September und Oktober 1941 an sechs Terminen mit „Deutschland und Europa nach dem Kriege": 2.9., 9.9., 16.9., 23.9., 7.10., 14.10.1941, für die Aufzeichnungen und Materialien vorliegen.[596]
– Vom Oktober 1943 bis zum September 1944 in etwa monatlichen Sitzungen mit der Programmdiskussion der Union: 1943: 22.10., 19.11., 17.12.1944: 28.1., 11.2., 10.3., 31.3., 28.4., 22.5., 2.6., 13.6., 27.6., 8.9.

Hierfür liegen keine Protokolle oder Aufzeichnungen vor, wohl aber zwei Vorschläge.[597]

Mitgliederversammlungen der Londoner SPD wurden seit dem Beginn der Registrierung im Juli 1941 abgehalten. Sie fanden zunächst etwa monatlich statt, ab April 1942 in wöchentlichem und ab Juli 1942 in 14tägigem Rhythmus. Zumeist referierten bekannte Sozialdemokraten, Labour- oder TUC-Mitglieder oder euro-

---

591 Archiv Dr. Gerhard Beier, Kronberg, TNL Gottfurcht, Akte O I.
592 Auf eine Liste der Termine wurde deshalb verzichtet.
593 Vgl. Nr. 277, 279. Die Protokolle soll Herta Gotthelf geführt haben.
594 Vgl. Nr. 273, 290.
595 Vgl. Nr. 210, 211, 213–216, 218.
596 Vgl. Nr. 230–233, 236, 239, 240, 243, 244.
597 Vgl. Nr. 282, 283.

päische Sozialisten. Nur hin und wieder stand die sozialdemokratische Politik im Mittelpunkt.[598] Nur in wenigen Fällen gibt es über die Versammlungen Aufzeichnungen.[599]

Eigenständige Erklärungen des SPD-Parteivorstandes erfolgten erst wieder nach Ende des Krieges (zuvor geschahen sie im Rahmen der Union), als der PV seinen Führungsanspruch beim Aufbau der neuen Partei in Deutschland erhob.[600] Die vom PV verfaßten anderen Ausarbeitungen wie Tätigkeits-[601] und Kassenberichte[602] und auch die Vorlagen für die Arbeitsgemeinschaften[603] wurden in die Edition aufgenommen. Dagegen wird auf die Reden[604], von einzelnen wichtigen Ausnahmen abgesehen, nur hingewiesen. Aus der umfangreichen Korrespondenz wurden nur wenige wichtige Briefe[605] ausgewählt, die sich auf Sitzungen beziehen oder aus anderen Gründen von besonderer Bedeutung sind. Auffällig ist, daß Parteivorstandsbesprechungen in der Korrespondenz praktisch nie angesprochen werden. Abgesehen von allgemeinen Schilderungen der aktuellen politischen Probleme (z.B. des Konflikts mit Loeb und Geyer) wurde den im Ausland befindlichen PV-Mitgliedern keine eingehende Information über die PV-Tätigkeit gegeben. Sie wurden in Bezug auf die internen politischen Diskussionen auf die Sozialistischen Mitteilungen verwiesen.

Zusätzlich zu den bereits bekannten Quellen aus den verschiedenen Archiven konnten bisher unbekannte wichtige Dokumente ausfindig gemacht werden. Dies gilt für die Notizbücher Fritz Heines aus der Zeit in Großbritannien, die hier erstmals ausgewertet werden, für einzelne Ordner seines Depositums[606] bzw. noch im Privatbesitz befindliche Unterlagen[607], die bisher unbekannten Schriftwechsel Erich Ollenhauers mit Dr. Kurt Schumacher, Otto Grotewohl, Max Fechner und anderen wichtigen Sozialdemokraten im besetzten Deutschland enthalten.

---

598 Eine Liste der Termine und der Themen wird als Anhang zu III.5. beigegeben.
599 Vgl. Nr. 221, 224, 228, 265.
600 Vgl. Nr. 293, 297, 301.
601 Vgl. 219, 275.
602 Vgl. Nr. 288.
603 Vgl. Nr. 211, 213–216, 218, 231–33, 282, 283.
604 Vgl. Nr. 206, 303.
605 252, 259, 278, 281, 285, 286, 291, 295, 302, 303–309.
606 AdsD Bonn, Depositum Heine, Ordner 32 u. 33.
607 Darunter die Ordner mit den Korrespondenzen Heines in seiner Londoner Zeit und Materialsammlungen.

Anhang:Versammlungen der Londoner SPD 1941–45

14.2.1941	Ollenhauer-Rede
27.3.1941	
30.7.1941	Geyer, Wille und Vorstellung
13.8.1941	
27.8.1941	Diskussion Geyer-Referat
1.10.1941	Stampfer, Die USA und der Krieg
15.11.1941	Kreyssig, Erlebnisse und Erfahrungen in Frankeich
13.12.1941	Ernst Paul, Schweden und der Krieg
20.12.1941	Weihnachtsfeier Bloomsbury House
7.3.1942	Walter Kolarz, Russische Realität – gestern und heute.
3.4.1942	Ollenhauer, Wer ist die Partei, wo ist die Partei, was ist die Partei
10.4.1942	Lucy Middleton, Erlebtes in der englischen Arbeiterbewegung
17.4.1942	Lucy Middleton, Über Charles Darwin
24.4.1942	Gleissberg, Über das Stück der österreichischen Bühne
8.5.1942	Sternfeld, Karl Marx als politischer Flüchtling in London, zu Marx' Geburtstag am 5.5.1818
15.5.1942	Wilhelm Sander, Aufgaben und Arbeiten der Emigration
22.5.1942	J. Nečas/CSR, Das Wiederaufbauproblem
5.6.1942	Louis Lévy, Frankreich unter Laval
12.6.1942	Paolo Treves, Matteotti und sein Vermächtnis an uns
19.6.1942	Lucy Middleton, Indien und seine Probleme
26.6.1942	Dr. Maurer/Wien, Solidarität im KZ-Wöllersdorf, Dachau, Buchenwald – Kampf rot gegen grün
3.7.1942	Berichte und Aussprache (geschlossene Mitgliederversammlung)
17.7.1942	Hans Vogel
25./26.7.1942	Jugendkonferenz
31.7.1942	
14.8.1942	
28.8.1942	Ollenhauer, Sozialdemokratische Emigration am Beginn des vierrten Kriegsjahres
11.9.1942	Joan Clarke (Sekr. d. FS-Bureau for Reconstruction), Entstehung und Aufgaben der Fabian Society
26.9.1942	Möller-Dostali, Autoritärer und demokratischer Sozialismus
10.10.1942	Diskussion über Referat Möller-Dostali
24.10.1942	Englischer Parlamentarismus und englische Demokratie
7.-8.11.1942	SPD-Konferenz, der in England lebenden Mitglieder
7.11.1942	Sander, Deutsche Sozialdemokraten in der Emigration, Vogel, Die sozialistische Bewegung im Kriege und nach dem Kriege

IV. Internationaler Sozialistischer Kampfbund

Der Internationale Sozialistische Kampfbund war 1926 von dem Philosophen Leonard Nelson[608] als Fortführung des Internationalen Jugendbundes gegründet worden, nachdem die SPD 1925 einen Unvereinbarkeitsbeschluß gefaßt hatte.[609] IJB wie ISK gründeten sich auf die von ihrem Führer Leonard Nelson entwickelten ethischen Prinzipien. Dazu gehörten u.a. vegetarische Ernährung, der Verzicht auf Alkohol, der Austritt aus der Kirche und die Orientierung an „elitären, antidemokratischen Führerschaftsprinzipien", mit dem Ziel einer „Erziehungsdiktatur mit solitärer Spitze, die keiner Fremdkontrolle unterliegen dürfe".[610] Aus diesem Grunde besaß die Heranbildung und Führung der Kader für diese „Partei der Vernunft" zentralen Stellenwert, was sich auch in der Gründung einer „Philosophisch-politischen Akademie" durch Nelson 1926 niederschlug. Nach dem Tode Nelsons 1927 übernahm Minna Specht die Leitung der Akademie und damit den Vorsitz im ISK.[611] Zum eigentlichen Führer insbesondere in der politischen Arbeit wurde der Sekretär Nelsons, Willi Eichler, der auch im internationalen Dreier-Bundesvorstand dominierte.[612] Anfang der 30er Jahre zählte der Bund knapp 200 Mitglieder, darunter je ein gutes Drittel Arbeiter und Angestellte. Der Anteil der Frauen an den Mitgliedern war mit ca. einem Drittel relativ hoch.[613] Der ISK konzentrierte sich Anfang der 30er Jahre auf die Bekämpfung der NS-Bewegung und trat für eine Einheitsfront der Arbeiterparteien ein. Als Kommunikationszentrum und Finanzierungmöglichkeit kam den vom ISK eingerichteten vegetarischen Gaststätten besondere Bedeutung zu.

Nach dem 30. Januar 1933 wurde in Paris eine Auslandsleitung unter Willi Eichler gebildet, bei der auch Hanna Fortmüller später verheiratete Bertholet[614], Eva

---

608 Nelson, Leonard, 1882–1927, Prof. in Göttingen, Theoretiker eines ethischen Sozialismus, 1917 Gründer des Internationalen Jugend-Bundes, der sich nach dem Ausschluß aus den sozialdemokratischen Organisationen 1925 als Internationaler Sozialistischer Kampfbund konstituierte.

609 Zur Geschichte des IJB und des ISK vgl. Link, Geschichte des IJB/ISK; Klär, Zwei Nelson-Bünde.

610 Klär, Zwei Nelson-Bünde, S. 315f.

611 So Klär, Zwei Nelsonbünde, S. 318f. gegen Link u.a. Zur Biographie und pädagogischen Arbeit Minna Spechts vgl. Inge Hansen-Schaberg, Minna Specht – eine Sozialistin in der Landerziehungsheimbewegung (1918 bis 1951). Untersuchung zur pädagogischen Biographie einer Reformpädagogin, Frankfurt/M. u.a. 1992; dies./Christine Lost, Minna Specht (1879 bis 1961). Reformpädagogische Konzepte im internationalen Kontext, in: Neue Sammlung 33, 1993, S. 141–152.

612 Zur politischen Biographie Eichlers vgl. Sabine Lemke-Müller, Ethischer Separatismus und soziale Demokratie. Der politische Weg Willi Eichlers vom ISK zur SPD, Bonn 1988.

613 Klär, Zwei Nelson-Bünde, S. 320.

614 Bertholet, Hanna, nicht ermittelt.

Lewinski[615] u.a. mitarbeiteten. Eichler kooperierte eng mit der Internationalen Transportarbeiter Föderation und deren Generalsekretär Edo Fimmen und kam über ihn auch in Kontakt mit dem britischen Nachrichtendienst. Die Inlandsleitung, u.a. mit Hellmut von Rauschenplat (später „Fritz Eberhard") und Erna Blencke[616] leitete die illegale Arbeit der ISK-Gruppen in Berlin, Hamburg, Hannover, Göttingen, Köln, Frankfurt/M., München u.a. Orten an, bis zur Zerschlagung der illegalen Organisationen 1937/38.[617] Einem Teil der Illegalen gelang es, ins Ausland zu flüchten. Frankreich, Schweiz, Dänemark, USA und Großbritannien bildeten Zentren der ISK-Emigration. In Großbritannien reorganisierte Mary Saran (d.i. Maria Hodann)[618], seit 1934 Mitglied im Dreier-Bundesvorstand, die britische Sektion, die „Socialist Vanguard Group" (SVG), der Engländer und Deutsche angehörten.[619] Der ISK trat auch in der Emigration weiter für eine Einheitsfront zwischen SPD und KPD bzw. ab 1936 für eine Volksfront ein.[620] In diesem Zusammenhang beteiligte sich der ISK 1937/38 auch an der Konzentrationsdebatte und wurde 1938/39 in den „Arbeitsausschuß deutscher Sozialisten und der Revolutionären Sozialisten Österreichs" aufgenommen, dem auch SAP und NB angehörten.[621]

Nach Kriegsausbruch verlegte Eichler die Auslandsleitung nach London, wo nunmehr das Zentrum des ISK entstand. Zu Eichler und Saran stieß Minna Specht mit den Erzieherinnen und Erziehern und den Kindern der aus Dänemark verlegten ISK-Schule.[622] Zur Führungsgruppe gehörten nun auch Willi Heidorn (später

---

615 Lewinski, Eva, *1897, ISK, 1933 Frankreich, führte mit Ehemann Erich Lewinski ein vegetarisches Restaurant in Paris, 1941 USA, 1947 Rückkehr nach Deutschland.

616 Blencke, Erna, *1896, Pädagogin, IJB, ISK, 1933 entlassen, illegale Arbeit für ISK in Hannover, 1938 Emigration Schweiz, Frankreich, 1940 interniert, Flucht, 1941 USA, Mitarbeit bei Jewish Labor Committee, American Labor Education Service u.a., 1951 Rückkehr nach Deutschland, Leitung Heimvolkshochschule Springe.

617 Zur illegalen Arbeit vgl. Link, Geschichte; Klär, Zwei Nelson-Bünde; Foitzik, Zwischen den Fronten.

618 Saran, Mary, gesch. Hodann, 1897, Publizistin, IJB, ISK, 1925 Reichsleitung der Jungsozialisten, eine der führenden Publizisten des IJB/ISK, 1933 Emigration GB, Mitarbeit in Socialist Vanguard Group, ISK Gruppe London, 1941 Redakteurin des Socialist Commentary (SVG), 1945 Hrsg. Europe Speaks, Mitarbeit Kriegsgefangenenschulung, nach 1945 freie publizistische Tätigkeit.

619 Vgl. Mary Saran, Never give up, London 1976.

620 Vgl. Link, Geschichte, S. 249ff.

621 Vgl. Link, Geschichte, S. 256ff.

622 Vgl. hierzu Birgit S. Nielsen, Erziehung zum Selbstvertrauen. Ein sozialistischer Schulversuch im dänischen Exil 1933–1938, Wuppertal 1985; dies., Eine sozialistische Versuchsschule im Exil. Minna Specht und Gustav Heckmann, in: Willy Dähnhardt/Birgit S. Nielsen (Hrsg.), Exil in Dänemark. Deutschsprachige Wissenschaftler, Künstler und Schriftsteller im dänischen Exil nach 1933, Heide 1993, S. 265–286; Charlotte Heckmann, Begleiten und Vertrauen. Pädagogische Erfahrungen im Exil 1934–1946, hrsg. u. kommentiert von Inge Hansen-Schaberg/Bruno Schonig, Frankfurt/M. etc. 1995.

„Werner Hansen"), Margarete Henry (auch Grete Hermann) und Erich Irmer[623]. Hellmut von Rauschenplat und Hilda Monte[624] trennten sich nach Meinungsverschiedenheiten mit Eichler im Herbst 1939 vom ISK. Von den anderen 1939 in Frankreich sich aufhaltenden ISK-Mitgliedern emigrierten Eva und Erich Lewinski[625], Erna Blencke und Otto Pfister[626] in die USA, Hanna Bertholet floh in die Schweiz, wo sich bereits Änne Kappius[627] und Mascha Oettli[628] aufhielten, Nora Platiel[629] (1942 Flucht in die Schweiz), Gaby Cordier[630], René Bertholet[631] und andere blieben in Frankreich und beteiligten sich an der Untergrundarbeit der Resistance. Bertholet („Robert", „Pierre", „Agent Charles") arbeitete für den britischen Nachrichtendienst und wurde im Juni 1940 als einer der ersten aktiv. In einem Buch über die Arbeit der Frankreichabteilung der SOE wird er als „one of the oldest and most experienced men in RF-Section" gewürdigt.[632] Er stand über die nachrichtendienstlichen Verbindungen weiterhin in Kontakt mit Eichler und versorgte diesen mit Informationen aus Frankreich und der Schweiz.

---

623 Irmer, Erich, (später Innis) *1908, Verleger, ISK, 1933 inhaftiert, 1939 GB, Führungsmitglied der ISK-Gruppe, Pionierkorps, unter dem Namen Innis als britischer Soldat in Deutschland.

624 Monte, Hilda, d.i. Olday Hilda, geb. Meisel, 1914–45, ab 1929 im ISK aktiv, GB, Herbst 1939 Trennung vom ISK, Mitarbeit beim Sender der Europäischen Revolution, Mitglied Fabian Society, Mitwirkung bei GER, gegen Kriegsende Wiederannäherung an ISK, 1944 Schweiz, im Rahmen der OSS/SOE-Mission zur Reorganisation der illegalen ISK-Strukturen mehrmals illegal in Österreich, bei einem Grenzübertritt von deutschen Zollbeamten erschossen.

625 Lewinski, Erich, 1899–1956, Rechtsanwalt, ISK, 1933 Emigration Frankreich, führte mit Ehefrau Eva L. vegetarisches Restaurant zur Finanzierung des ISK, 1940 in Zusammenarbeit mit Heine und Emergency Rescue Committee Bemühungen um die Ausreise von Emigranten in die USA, 1941 USA, VS-Mitglied German-American Council for the Liberation of Germany from Nazism, 1947 Rückkehr, 1947–56 Landgerichtsdirektor, ab 1949 -präsident in Kassel.

626 Pfister, Otto, nicht ermittelt.

627 Kappius, Änne, nicht ermittelt.

628 Oettli, Mascha, nicht ermittelt.

629 Platiel, Dr. Nora, geb. Block, *1896, Rechtsanwältin, ISK, Emigration 1933 Frankreich, 1940 interniert, Flucht und illegaler Aufenthalt, 1942 Flucht in die Schweiz, interniert, 1943 ehrenamtliche Tätigkeit für das Schweizer Arbeiter-Hilfswerk, ab 1946 Leiterin Abt. Nachkriegshilfe des SAH, 1949 Rückkehr nach Deutschland, Landgerichtsdirektorin am OLG Frankfurt/M., 1954–66 SPD-MdL Hessen.

630 Cordier, Gaby, nicht ermittelt.

631 Bertholet, René, 1907–62, Schweizer, 1928–31 Besuch ISK-Schule Walkemühle, 1933 illegale Arbeit in Deutschland, Verhaftung und bis 1936 Zuchthaus, Frankreich, Leiter ISK-Gruppe Paris, ab 1940 in der Resistance mit Verbindung zu SIS/SOE und Eichler, 1945 Aufenthalt in Deutschland als Repräsentant des Schweizer Arbeiter-Hilfswerks, später Siedlungsprojekte in Brasilien. Vgl. auch Philippe Adant, Widerstand und Wagemut. René Bertholet – eine Biographie, Frankfurt/M. 1996.

632 Vgl. Marcel Ruby, F Section SOE. The Buckmaster Network, London etc. 1990; vgl. auch Adant, Widerstand und Wagemut, S. 70ff.

Der „Arbeitsausschuß" mit SAP, Neu Beginnen und RSÖ wurde in London als „Sozialistische Arbeitsgemeinschaft" fortgeführt, angesichts der spezifischen Bedingungen 1940 aber ohne besondere Aktivitäten.[633]

1. ORGANISATION UND FINANZEN

Die ISK-Führung in Großbritannien gliederte sich in zwei Ebenen. Der Bundesvorstand mit Eichler und Saran (ab Januar 1943 Hanna Bertholet) war für die Beziehungen zu allen ISK-Gruppen im In- und Ausland und zu anderen politischen Organisationen zuständig. Eichler beherrschte den ISK „politisch klarer denn je."[634] Der Ortsvorstand, der von Grete Hermann geführt wurde organisierte die ISK-Arbeit in London, arbeitete aber auch in der Union mit. Im Großraum London zählte der ISK etwa 35 Mitglieder und Anhänger und repräsentierte damit nach der SPD die zweitgrößte sozialistische Gruppe. In London schlossen sich eine Reihe junger Emigrantinnen und Emigranten dem ISK an, so daß die dem ISK nahestehenden Jugendlichen die Sozialistische Jugend dominierten.[635] Ein Teil der ISK-Mitglieder lebte in zwei Wohngemeinschaften in Welwyn Gardens im Norden Londons (Eichler u.a.) und Alvanley Gardens in London Hampstead (Heidorn u.a.). Bis 1942 war die „Socialist Vanguard Group", die der Labour Party korporativ angeschlossen war, in die Londoner ISK-Organisation integriert. Die formelle organisatorische Trennung ab Januar 1943 war neben Verselbständigungstendenzen der SVG vermutlich auch den Angriffen gegen die deutsche sozialistische Emigration in Großbritannien geschuldet.[636] Diese Verbindung des ISK zur Labour Party war nicht nur in der Londoner Emigration von Bedeutung. Sie erwies sich als fruchtbar, als z.B. das SVG-Mitglied Allan Flanders[637] engster Mitarbeiter von Deutschland-Minister John Hynd wurde. Der enge Kontakt und Zusammenhalt der Mitglieder wurde noch dadurch verstärkt, daß mehrere Mitglieder in der von Walter und Jenny Fliess[638] geleiteten vegetarischen Gaststätte arbeiteten, die zugleich Treffpunkt der Gruppe war.

In besonderen Fällen wurden auch spezielle Arbeitsgruppen gebildet. So für die verschiedenen Themenbereiche der Programmberatungen der Union und für die

---

633 Vgl. Klär, Zwei Nelson-Bünde, S. 338; Röder, Exilgruppen, S. 90f.
634 So Klär, Zwei Nelson-Bünde, S. 346.
635 Vgl. hierzu Nr. 154, 165, 188.
636 Klär, Zwei Nelson-Bünde, S. 350, nennt nur den ersteren Grund.
637 Flanders, Allan, SVG, Hrsg. Socialist Commentary, 1946 Stellv., dann Leiter der German Political Branch (Unterabteilung der Political Division des FO), später Professor an der University of Warwick.
638 Fliess, Jenny, geb, Marwilski, 1901–69, ISK, betrieb mit ihrem Mann Walter 1934–57 in London ein vegetarisches Restaurant.

Vorbereitung auf die Rückkehr nach Deutschland im Zusammenhang mit den OSS/SOE-Plänen.[639]

2. KOMMUNIKATION

Die interne Kommunikation des ISK war nicht nur infolge der Wohn- und Arbeitssituation intensiv. Es gehörte zu den Grundprinzipien des ISK, über Probleme gründlich und solange zu diskutieren, bis eine Verständigung erzielt war. Am wichtigsten waren dabei regelmäßige Besprechungen am Sonntagvormittag in Welwyn Gardens, über die Arthur Levi berichtet[640], und die seit 1942 regelmäßig monatlich stattfindenden Mitgliederversammlungen, in denen oft ausländische Sozialisten referierten. Vor allem seit 1942/43 läßt sich dabei eine Intensivierung feststellen. Am 11./12. Juli 1942 fand ein Ersatz-Bundestag statt, der zwar öffentlich war, aber nur ein geringes Echo fand und auf dem Eichler über die Tätigkeit seit der Emigration in Paris berichtete.[641] Wichtig waren auch die „open house" Gesprächskreise, an denen auch Mitglieder anderer sozialistischer Organisationen teilnahmen, mit denen der ISK zusammenarbeitete, wie Hans Jahn, Fritz Heine, Wenzel Jaksch u.a.[642]

Den ISK zeichneten gegenüber den anderen Unionsmitgliedern vor allem seine Verbindungen nach Deutschland und seine guten Beziehungen zu Vertretern der sozialistischen Parteien, zu britischen Regierungsstellen insbesondere aber zu britischen, französischen, amerikanischen und schweizerischen Nachrichtendiensten aus.

Der ISK-Bundesvorstand verfügte während der Londoner Zeit über gute Verbindungen zu den ISK-Gruppen außerhalb Großbritanniens, vor allem in der Schweiz, den USA, zu Bertholet in Frankreich, und – als einzige der Unionsgruppen – sporadisch auch nach Deutschland.[643] Über die Schweizer Gruppe gelang, es Verbindungen nach Deutschland bis nach Hamburg hin aufzubauen, u.a. über Änne Kappius, die 1944 mehrmals nach Deutschland reiste.[644] Mit Jupp Kappius, der im Rahmen der OSS/SOE „Mission Downend" über Norddeutschland mit dem Fallschirm absprang, besaß der ISK ab September 1944 einen Vertrauensmann in Deutschland, dessen offizielle Aufgabe es war, gemeinsam mit Änne Kappius und

---

639 Vgl. Nr. 314.
640 Gespräch mit Arthur Levi am 18. Oktober 1994.
641 Vgl. Klär, Zwei Nelson-Bünde, S. 349; Bericht Eichlers in: AdsD Bonn, ISK, Box 10; ähnlich die MA im Januar 1943 (Nr. 310).
642 Vgl. Gespräch mit Susanne Miller am 29. März 1994.
643 Vgl. die intensive Korrespondenz in: AdsD Bonn, ISK.
644 Zu den Verbindungen nach Deutschland vgl. Link, 310ff.; Klär, 347ff.; Hellmut Kalbitzer, Widerstehen oder Mitmachen. Eigen-sinnige Ansichten und sehr persönliche Erinnerungen, Hamburg 1987, S. 81ff.

anderen illegal eingeschleusten Mitgliedern die ISK-Organisation zu reaktivieren.[645] Auf diesem Wege gelangte bereits 1944 ein Unions-Aufruf, der zur Einheit der der Union angehörenden Gruppen in der Illegalität und nach der Befreiung aufrief, nach Hamburg.[646] Bald nach der Befreiung besaß der ISK wieder ein eng geknüpftes Kommunikationsnetz in Deutschland, das durch die zahlreichen im Rahmen der SOE/OSS-Programme zurückkehrenden Mitglieder aufgebaut und auf verschiedenen Wegen mit der Londoner Führung verbunden worden war. Aus London kamen u.a. Bennemann (Hannover/Braunschweig), Alfred Dannenberg (Hannover), Heidorn (Köln), Beyer (Frankfurt/M.). Hinzu kamen Mitglieder wie Bertholet, der als Mitglied des Schweizer Arbeiter-Hilfswerks frei in den Besatzungszonen reisen konnte oder Erich Irmer (Innis) und andere britische ISK/SVG Mitglieder wie z.B. Allan Flanders, die in der Militärregierung Funktionen ausübten. Im August/September 1945 hielt sich auch Willi Eichler mehrere Wochen in Deutschland auf und traf als erster aus der Führung der Union mit Kurt Schumacher und Vertretern anderer wieder erstandener örtlicher SPD-Verbände in mehreren deutschen Großstädten zusammen. Eichler hielt auch Besprechungen mit den ISK-Mitgliedern ab, in denen er über die Londoner Union, das weitere Schicksal des ISK sowie die Nachkriegsplanungen und -aufgaben sprach.

Der ISK gab in Großbritannien 1941 eine eigene gedruckte Zeitschrift heraus, „Renaissance. For Right, Freedom and Progress", die aber nach vier Nummern auf Weisung der britischen Behörden wegen des allgemeinen Papiermangels eingestellt werden mußte.[647] Als Ersatz erschien seit Dezember 1941 der von Eichler und Heidorn, ab Dezember 1945 von Mary Saran herausgegebene, hektografierte Informationsdienst „Europe speaks".[648] Seit Anfang 1943 berichtete Eichler in Rundschreiben des Bundesvorstandes an die Funktionäre über seine Tätigkeit.[649] Zudem konnte der ISK auch die Zeitschrift der SVG, „Socialist Commentary", nutzen.[650] Von 1942–45 erschien zudem eine Anzahl vom ISK herausgegebener Broschüren,

---

645 Über die Einschleusung der ISK-Mitglieder vgl. Link, 312f.; West, Secret War, S. 313; OSS War diaries London, S. 33, 210, 236. Von den anderen im Rahmen dieses Projektes eingesetzten ISK-Agenten geriet Willi Kirstein in die Hände der Gestapo, Hilda Monte, die die Verbindung nach Österreich aufbaute, wurde bei einem Grenzübertritt von deutschen Zollbeamten erschossen. Vgl. Ursula Lücking (Hrsg.), Anna Beyer. Politik ist mein Leben, Frankfurt/M. 1991, S. 72ff. Eichler hielt sich u.a. zur Anleitung des Projektes vom 4. November bis 8. Dezember 1942 in der Schweiz auf. Vgl. Eichlers Bericht „Experiences of my journey to the Continent", in: AdsD Bonn, ISK, Box 55.

646 Vgl. Kalbitzer, S. 90.

647 Vgl. Maas, Bd. 2, S. 484f., Greiser, S. 230f., Röder, Exilgruppen, S. 46. Die Zeitschrift befindet sich in: AdsD Bonn und IfZ München.

648 Vgl. Maas, Bd. 1, S. 219f., Zeitschrift in: AdsD Bonn, ISK, Box 70, 71.

649 Vgl. Nr. 310, 312, 315, 316, 320, 321.

650 Einzelne Nummern in: AdsD Bonn, ISK, Box 69.

in denen einzelne Tagungen dokumentiert oder Ausarbeitungen von grundsätzlicher Bedeutung veröffentlicht wurden.[651]

Die Verbindungen des ISK zu den anderen deutschen Emigrationsgruppen, die nicht der Union angehörten, waren unterschiedlich intensiv. Enge Verbindungen bestanden zu den Gewerkschaftern der ITF um Fimmen, Jahn, Auerbach. Mit ihnen war im Frühjahr 1940 der „Gewerkschaftliche Freiheitsbund gegen das Hakenkreuz" gegründet worden, der aber infolge der Internierung und der Gründung der LdG 1941 ohne praktische Bedeutung blieb. Gute Beziehungen bestanden zu dem Pazifisten Otto Lehmann-Rußbueldt, früherer Generalsekretär der Deutschen Liga für Menschenrechte, der zu den Sozialisten gehörte, die in Distanz zur Union wie zur KPD eine eigenständige distanziert-kritische Existenz führten. Er gab in Großbritannien 1941–48 die „Rundbriefe des Flüchtlings" heraus. Seine Mitarbeit bei FFF ließ jedoch das Verhältnis abkühlen. Auch die Verbindung zu Hiller (FDS) reduzierte sich, nachdem ihm trotz der von Eichler zugesagten Unterstützung die Aufnahme in die Union verwehrt wurde.[652]

Der ISK besaß nicht nur Mitglieder verschiedener Nationalitäten, er bemühte sich aufgrund seines internationalistischen Anspruchs besonders um enge Beziehungen zu Sozialisten der anderen europäischen Länder. Als zentral erwies sich dabei die große Bedeutung der illegalen Arbeit des ISK im besetzten Frankreich, in der Schweiz und die Verbindungen nach Deutschland, die für alle wichtige Informationen erbrachten. Diese Arbeit war nur möglich durch die Unterstützung der entsprechenden Nachrichtendienste. Daß der ISK die erhaltenen Nachrichten auch den Repräsentanten der betroffenen Exilregierungen zukommen ließ, schuf ein Klima des Vertrauens.[653]

So liefen Kontakte von Eichler zu Pierre Krier (Außenminister der Luxemburgischen Exilregierung), Henry Hauck[654] (zuständig für Arbeit im französischen Nationalkomitee), Louis Lévy (Repräsentant der Jean-Jaurès-Gruppe, SFIO), André Philip[655] (Bevollmächtigter des französischen Nationalkomitees), Paolo Treves (PSI), Aake Anker-Ording[656] (Norwegen), Szmul Zygielbojm[657] (Allg. Jüdischer

---

651 Eine Liste der Veröffentlichungen findet sich bei Röder, Exilgruppen, S. 303, weitere Angaben in den Anmerkungen zu Nr. 310ff.
652 Vgl. hierzu die Korrespondenz im April 1941, in: AdsD Bonn, ISK, Box 39.
653 Vgl. hierzu Klär, Zwei Nelsonbünde, S. 348.
654 Hauck, Henry, *1902, Diplomat, 1941–43 Direktor für Arbeit in der französischen Exilregierung.
655 Philip, André, 1902–1970, führendes Mitglied der SFIO, 1940–44 GB, Mitglied der Groupe Jean Jaurès, Zusammenarbeit mit de Gaulle, 1946/47 frz. Wirtschafts- und Finanzminister.
656 Anker-Ording, Aake, 1899–1979, norwegische Sozialistin, 1940–42 Sekretär der norwegischen Zentralbank in London, 1942–45 führende Position in der Exilregierung.
657 Szmul Zygelbojm, 1895–1943, Geschäftsführer der Metallarbeitergewerkschaft in Polen, Vertreter des „Bund" (Allgemeiner jüdischer Arbeiterbund), Hrsg. der Zeitung „Arbeiterfragen", 1938

Arbeiterbund, Polen), Emanuel Scherer[658] (Polnischer Nationalrat). Damit gelang dem ISK „auf einer informellen persönlichen Ebene tatsächlich ein Stück internationaler sozialistischer Zusammenarbeit" stellt Klär zu recht fest.[659] Allem voran stand die Beziehung zur Labour Party, die durch die Affiliation der SVG eine besondere Qualität gewann, obwohl sich keine Verbindungen in das Labour-Establishment feststellen lassen. Zu erwähnen sind auch die guten Beziehungen zu den britischen Quäkern (Society of Friends), besonders zu Corder Catchpool[660], deren früherem Repräsentanten in Deutschland.[661] Es darf aber nicht übersehen werden, daß diese Verbindungen zu einzelnen Personen gingen und daß auch der ISK als deutsche und als sozialistische Organisation spätestens seit 1942 verstärkt der Ausgrenzung verfiel. Ein Beispiel für diese dominante Haltung, insbesondere nach Beginn der Diskussion über die deutschen Gebietsabtretungen mag ein Auszug aus einem undatierten Brief des tschechischen Sozialdemokraten Josef Bĕlina[662], vermutlich an Gillies geben, der sich auf die Rede Eichlers in der Konferenz „Calling all Europe" bezog: "He is simply asking to believe in a Socialist Germany which will be of no danger to everyone even if Austria should be included by the voluntary decision of her population. Propaganda for Greater Germany in a Socialist coat."[663] Hier wird die allgemein verbreitete Furcht vor einem mächtigen Deutschland, ganz gleich unter welchem System und welcher Regierung offenbar.

Von besonderer Bedeutung für den ISK war die Verbindung zu Nachrichtendiensten. Nur mit deren Unterstützung waren die Kontakte nach dem besetzten Frankreich, in die isolierte Schweiz und nach Deutschland aufrecht zu erhalten. Seit Mitte der 30er Jahre verfügte Eichler, vermittelt durch Fimmen, über Beziehungen zum britischen und vermutlich auch zum französischen Nachrichtendienst. Dieser

---

Stadtrat in Lodz, 1939 Flucht nach Belgien, 1940 über Frankreich in die USA, 1942 Mitglied des Nationalrats der polnischen Exilregierung in London, 1943 Selbstmord.

658 Scherer, Emanuel, 1901–77, Rechtsanwalt, ab Redakteur für Zeitschriften des Jüdischen Arbeiterbundes, 1938 Mitglied des ZK des „Bund", 1941 USA, 1943–47 in London Leiter der Exilvertretung des „Bund".

659 Klär, Zwei Nelson-Bünde, S. 348.

660 Catchpool, Corder, 1883–1952, Society of Friends (Quäker), 1931–36 Leiter des Berlin Büros, 1937/38 Hilfsaktion für Sudetendeutsche, 1939 GB, dann Leiter des Alien Section Committee der Quäker.

661 Zur Tätigkeit der Quäker in Deutschland und im Stammland Großbritannien vgl. Michael Seadle, Quakerism in Germany: the pacifist response to Hitler, Diss. University of Chicago, Dept. of History, 1977; Lawrence Darton, An Account of the work of the Friends Committee For Refugees and Aliens, first known as the German Emergency Committee of the Society of Friends, 1933–1950, London 1954 (hekt., Library of the Religious Society of Friends),

662 Bĕlina, Josef, 1893–1948, tschechischer Sozialdemokrat, Sekretär des Vorsitzenden der Tschechoslowakischen Sozialdemokratischen Arbeiterpartei, 1938 GB, in Opposition zum tschechoslowakischen sozialdemokratischen Exil wegen dessen Annäherung an die KPTsch, blieb in GB.

663 LHASC Manchester, LP/JSM (Int), Box 8, Germany, general 2, 1941–44.

Kontakt sollte sich besonders in der Emigration in Großbritannien als nützlich erweisen. Ähnliche Verbindungen nahmen auch die ISK-Gruppen in der Schweiz und den USA auf. Über die in Großbritannien recht enge Zusammenarbeit mit den britischen Nachrichtendiensten ist kaum Näheres bekannt.[664] Zu erwähnen ist in diesem Zusammenhang die Mitarbeit bei der Propaganda nach Deutschland (SOE), Eichler arbeitete seit 1941 beim Arbeiterprogramm der BBC mit, ebenso Hilda Monte, während Rauschenplat beim Sender der europäischen Revolution tätig war.[665] Dagegen ist die Zusammenarbeit mit dem amerikanischen OSS weitgehend offengelegt.[666] Der ISK war innerhalb der Union in der Zusammenarbeit mit dem OSS am stärksten engagiert, sowohl nach der Zahl der in den verschiedenen Projekten Beteiligten als auch hinsichtlich der Bedeutung, die in den Plänen von OSS und SOE den ISK-Mitgliedern im Reich beim Aufbau einer illegalen ISK-Organisation 1944 zugemessen wurde. Daß dieser Plan infolge von Fehlschlägen beim Einschleusen emigrierter ISK-Mitglieder, Verhaftungsaktionen der Gestapo und interner Schwierigkeiten des OSS nicht in vollem Umfange realisiert werden konnte – so unterblieb z.B. bis auf wenige Ausnahmen der geplante Einsatz noch vor Beendigung des Krieges – ändert nichts an der Bedeutung, die diesen „guides" beim Wiederaufbau der Arbeiterbewegung durch ihre frühe Rückkehr zukam.

3. POLITISCHE SCHWERPUNKTE

Nach dem Selbstverständnis des ISK besaß die Bildungsarbeit Priorität. In der Auseinandersetzung mit dem Aufstieg des Faschismus in Deutschland und in den politischen Konflikten der Emigration verschoben sich die Gewichte zur Politik. Jedoch zeigt die interne Arbeit und die Mitwirkung in anderen Institutionen das fortbestehende besondere Interesse des ISK in dieser Hinsicht. So war zunächst versucht worden, die aus Dänemark mit Schülern und Lehrern nach Großbritannien geflohene Schule hier fortzuführen, allerdings erfolglos. In den programmatischen Diskussionen der Union über die Richtlinien für das Nachkriegsdeutschland beteiligte sich Minna Specht mit zwei Vorschlägen über Schule und Erziehung.[667] Sie arbeitete auch an führender Stelle in der „German Educational Reconstruction"

---

664 In den schriftlichen Quellen gibt es meist nur Andeutungen, in der Literatur über den ISK finden sich zumeist nur die bekannten Aktivitäten wie die von der SOE geführte „Mission Downend".
665 Vgl. Pütter, Rundfunk, S. 88, 107.
666 Vgl. hierzu Foitzik, Zwischen Befreiung; Fichter; Henke; OSS War diaries London; vgl. auch Nr. 317. Zur Arbeit mit „Sam" vgl. auch Heidorn an Eichler vom 27. April 1944, in: AdsD Bonn, ISK, Box 52. Danach wurden dem OSS aus dem Adressbuch des ISK für Deutschland 258 Namen übergeben.
667 Vgl. Nr. 101, 107.

(GER) mit, die sich mit Planungen und Vorbereitungen einer Neuordnung des Bildungs- und Erziehungssystems in Nachkriegsdeutschland beschäftigten.[668]

Vor allem aber die programmatische Diskussion der Union über die neue Partei rührte auch an den Grundfesten des Selbstverständnisses des ISK. Im Gegensatz zu Neu Beginnen und SAP ging es dem ISK nicht nur um die Übereinstimmung in politischen Fragen. Der ISK trat auch für eine spezifische Ethik und Lebensweise ein, die Frage der Erziehung und Bildung genoß einen zentralen Stellenwert. Noch im Januar 1945 glaubte Eichler, daß das Gruppenleben auch nach der Integration in der neuen Partei fortgeführt werden könne und daß die Gruppe eigene Zeitungen haben werde.[669] Aber die Besprechungen mit Schumacher und die Meldungen der ISK-Mitglieder in Deutschland über die Dominanz der „alten" SPD beim Neuaufbau der Partei[670] ließen nur die Wahl, entweder wie vor 1933 als Sondergruppe zwischen SPD und KPD mit minimalem Einfluß weiter zu bestehen oder in der neu aufgebauten SPD aufzugehen, dort aber als einflußreiche politische Kraft in der Führung zu wirken. Im Dezember 1945 verkündete Eichler den Entschluß zur Auflösung des ISK.[671]

4. DIE QUELLEN

Das Archiv des ISK-Bundesvorstandes ist geschlossen überliefert und seit 1980 im AdsD Bonn der Forschung zugänglich.[672] Es existieren zwar keine Protokolle der Besprechungen der verschiedenen Gremien[673], aber seit 1943 wurden vom Bundesvorstand in unregelmäßigen Abständen und vom Londoner Ortsvorstand vierteljährliche Berichte vorgelegt, die die Tätigkeit des ISK in Großbritannien ausführlich dokumentieren. Folgende Berichte liegen vor:

---

668 Vgl. hierzu Fritz Borinski, German Educational Reconstruction – Rückblick und Erinnerung, in: Erziehung und Politik. Minna Specht zu ihrem 80. Geburtstag, Frankfurt/M. 1960; Günter Pakschies, Umerziehung in der Britischen Zone 1945–1949. Untersuchungen zur britischen Reeducation Politik, Weinheim etc. 1979. Zu den wichtigsten Mitarbeitern der GER gehörten Prof. Werner Milch, Fritz Borinski, Hilda Monte, Hellmut von Rauschenplat, Prof. Otto Kahn-Freund.

669 Notiz Heines über den Bericht Eichlers von seiner Reise in die Schweiz, 30.1.1945, Notizbuch Heine Jan. 45 – März 45, Privatbesitz Heine

670 Als ein Beispiel von vielen vgl. den Brief von Jupp Kappius an Eichler vom 2.1.1946: „Die SPD wird im Bezirk Westliches Westfalen immer noch von maßgeblichen Leuten der alten Schule bestimmt... Die Kritik, der man heute immer wieder begegnet, richtet sich gegen die lahme Politik, gegen die ausgeprägt nationale Haltung der Partei und gegen die Einstellung, die SPD hätte alles richtig gemacht und brauche sich nichts vorzuwerfen." In: AdsD Bonn, ISK, Box 65.

671 Vgl. Nr. 321.

672 Vgl. hierzu Klär, Zwei Nelsonbünde, S. 310ff.

673 Bundesvorstand, Ortsvorstand London, informeller Führungskreis. Das Protokoll des ISK-Bundestags 1942 wurde nicht aufgenommen, da es mehr mit ISK-spezifischen Interna befaßte und der Bericht Eichlers sich vor allem mit der Tätigkeit des ISK vor der Londoner Zeit befaßte. In: AdsD Bonn, ISK, Box 10.

Monatsantwort des Bundesvorstandes an die Funktionäre
Nr. 1   Januar 1943, vgl. Nr. 310
Nr. 2   August 1943, vgl. Nr. 312
(Nr. 3   Mai 1944, nicht überliefert)
Nr. 4   Februar 1945, vgl. Nr. 316.
Vierteljahresbericht des Londoner Ortsvorstandes
Januar – März 1943, vgl. Nr. 311
Juli – Oktober 1943, vgl. Nr. 313
November 1943 – Januar 1944
Februar – April 1944, vgl. Nr. 314
Mai – Dezember 1944
Januar – April 1945

Die Berichte werden wegen des Umfanges und der Überschneidungen nur in Auswahl und im Auszug dokumentiert. Ausgewählt wurden insbesondere die Teile, die sich auf die Tätigkeit im Kontext der Union beziehen. Die Berichte geben die interne Entwicklung des ISK, die geführten Diskussionen und Aktivitäten wieder, aber auch die Verbindungen zu anderen Organisationen und die Aktivitäten in der Öffentlichkeit. Die Monatsantworten, von denen Nr. 1 und 2 mit „V" (Vorsitzender oder Vorstand) unterzeichnet sind, liegen in maschinenschriftlicher Durchschrift vor. Das Original und weitere Durchschriften gingen vermutlich an die führenden Funktionäre der Organisation in den USA und der Schweiz. Die Vierteljahresberichte, die im maschinenschriftlichen Original vorliegen, da sie dem Bundesvorstand erstattet wurden, sind von der Ortsvorsitzenden Grete Hermann unterzeichnet. Zu ergänzen sind Sonderberichte, wie der „Sonderbericht über ‚deutsche' Arbeit" (Vorbereitungen zur Rückkehr nach Deutschland) vom 27. April 1944 von Willi Heidorn.[674] Die Berichte werden durch einen Brief Eichlers an Hanna Bertholet vom 6. Juni 1945 ergänzt, der einen guten Überblick über die Verbindungen des ISK nach Deutschland und zu den alliierten Besatzungsbehörden bietet und zugleich die politischen Ziele des ISK umreißt.[675] Die übrigen ausgewählten Dokumente beziehen sich auf die Besprechungen mit Dr. Kurt Schumacher[676] und die Auflösung des ISK.[677] Wesentlich zu dieser Entwicklung beigetragen hat der mehrwöchige Aufenthalt Eichlers im besetzten Deutschland im August/September 1945, über den er einen Bericht für die Funktionäre verfaßte.[678]

---

674 AdsD Bonn, ISK, Box 52.
675 Vgl. Nr. 317.
676 Vgl. Nr. 318, 319.
677 Vgl. Nr. 321.
678 Vgl. Nr. 320.

V. Neu Beginnen

„Neu Beginnen" (NB) war 1933 aus der „Leninistischen Organisation" (ORG) entstanden, einer sozialistischen Kaderorganisation, die kommunistische wie sozialdemokratische Organisationen zu unterwandern suchte.[679] Mit der von Walter Loewenheim („Miles")[680] 1933 herausgegebenen programmatischen Schrift „Neu Beginnen", die dem sich bildenden illegalen Organisationsgeflecht ihren Namen gab, erhob die Gruppe gleichzeitig einen Führungsanspruch gegenüber der Sopade.[681] Die Zahlen über die Zugehörigkeit gehen weit auseinander, sie reichen von ca. 500 im Jahre 1933/34 bis zu einem Vielfachen.[682] Entscheidend war, daß nach 1933 eine ganze Anzahl sozialdemokratischer Funktionäre im Inland und der Emigration offen oder insgeheim sich Neu Beginnen anschloß. Neu Beginnen vertrat eine stärker aktivitätsorientierte Haltung und trat für Verhandlungen mit der KPD ein. Innere Differenzen über das Verhalten gegenüber der Sopade führten zum Ausscheiden Loewenheims, der für eine Annäherung eintrat, und zur Übernahme der Führung durch Karl Frank und Richard Löwenthal 1935. Nachdem die Sopade Neu Beginnen zunächst unterstützt hatte, kam es aufgrund der politischen Differenzen, dem Führungsanspruch und der Fraktionsarbeit Ende 1934 zum Bruch, dem ein nahezu permanenter Konflikt folgte.[683] Verhaftungsaktionen führten 1935/36 zur weitgehenden Zerschlagung der illegalen Organisationsstrukturen im Reich. Allerdings blieben einzelne Gruppen noch bis in die Kriegszeit aktiv.

Einzelne Mitglieder mußten schon 1933 aus Deutschland fliehen, z.B. Evelyn Anderson nach Großbritannien. Die stärkere Verlagerung der politischen Publikationstätigkeit führte Anfang 1934 zur Errichtung eines Auslandsbüros unter Karl Frank. 1935 standen eine Reihe sozialdemokratischer Funktionäre, die in die Exilorganisation der Sopade integriert waren auf Seiten von Neu Beginnen. Zu ihnen gehörten neben anderen das Parteivorstandsmitglied Paul Hertz sowie die Grenz-

---

679 Zur Entstehung und Geschichte Neu Beginnens vgl. Kurt Kliem, Der sozialistische Widerstand gegen das Dritte Reich, dargestellt an der Gruppe „Neu-Beginnen", Diss. (MS) Marburg 1957; Hans-Joachim Reichhardt, Neu Beginnen. Ein Beitrag zur Geschichte des Widerstandes der Arbeiterbewegung gegen den Nationalsozialismus, Berlin 1963; Richard Löwenthal, Die Widerstandsgruppe „Neu Beginnen", hrsg. vom Informationszentrum Berlin. Gedenk- und Bildungsstätte Stauffenbergstraße. Berlin 1985; Foitzik, Zwischen den Fronten; Mehringer, von Knoeringen.

680 Loewenheim, Walter, 1896–1977, ab 1919 KPD, ab 1929 SPD, 1929 Gründer und bis 1934 Leiter der „Leninistischen Organisation" (LO) bzw. von NB, 1935 abgesetzt, 1935 Emigration ČSR, 1936 GB, dort Direktor einer Ingenieurfirma und politisch nicht mehr aktiv. Vgl. auch Henry Hellmann, Walter Lowe (Miles) zum Gedächtnis, in: IWK 13, 1977, S. 155–159.

681 Richard Löwenthal, Die Schrift „Neu beginnen!" – 50 Jahre danach, in: IWK 19, 1983, S. 561–570.

682 Vgl. Foitzik, Zwischen den Fronten, S. 70.

683 Vgl. hierzu Buchholz/Rother, S. XLIIff.

sekretäre Waldemar von Knoeringen und Erwin Schoettle.[684] Schoettle wurde 1936 in die Auslandsleitung in Prag aufgenommen, die von Karl Frank geführt wurde, von Knoeringen wurde zum Reichsorganisationsleiter bestimmt. Aufgrund der Verfolgung im Reich emigrierten weitere Mitglieder wie Richard Löwenthal, der 1937 ebenfalls in die Auslandsleitung delegiert wurde. 1938 umfaßte die Auslandgruppe ca. 150 Mitglieder, Stützpunkte befanden sich in der Schweiz, Frankreich, den Niederlanden, Großbritannien, Dänemark, Schweden, Norwegen und den USA.[685] Allerdings ist zu berücksichtigen, daß Neu Beginnen keine feste Organisation war, sondern eher „informellen Charakter" besaß.[686]

In den 1936 aufgenommenen Gesprächskontakten mit der KPD ging NB zunehmend auf Distanz und gründete schließlich im Spätsommer 1938 mit der SPD-Gruppe um Emil Kirschmann[687] und der Auslandsvertretung der österreichischen Sozialisten (AVÖS) die Arbeitsgemeinschaft für (sozialistische) Inlandsarbeit (AGSI). Im Oktober 1938 verband sich die Arbeitsgemeinschaft mit der Auslandsorganisation des ISK und den „Freunden der sozialistischen Einheit Deutschlands" zum „Arbeitsausschuß deutscher Sozialisten und der Revolutionären Sozialisten Österreichs".[688] Von diesem Kreis (NB, RSÖ, SAP) wurde 1939 in Paris die Broschüre „Der kommende Weltkrieg. Aufgaben und Ziele des deutschen Sozialismus, Eine Diskussionsgrundlage" im Selbstverlag der Verfasser Joseph Buttinger (RSÖ), Karl Frank (NB), Richard Löwenthal (NB) und Josef Podlipnig (RSÖ) herausgegeben.[689] Sie spielte wegen ihrer auch gegen Großbritannien gerichteten Tendenz eine Rolle in den Vorbesprechungen der Union[690] und besonders bei der Isolierung Neu Beginnens durch britische Regierungsstellen im Sommer 1942.[691]

Noch vor Kriegsausbruch, im August 1939, gingen Frank, Löwenthal, von Knoeringen und Schoettle nach England, das Auslandsbüro wurde nach London verlegt. In Großbritannien schlossen sich weitere Emigranten wie Karl Anders und Heinz

---

684 Mehringers Biographie Waldemar von Knoeringens enthält zugleich eine fundierte Darstellung der politischen Entwicklung Neu Beginnens; zu Schoettle vgl. Werner Nachtmann, Erwin Schoettle. Grenzsekretär der Sozialdemokraten in Württemberg, in: Der Widerstand im deutschen Südwesten 1933–1945, hrsg. v. Manfred Bosch/Walter Nies. Stuttgart 1984, S. 153–163.

685 Foitzik, Zwischen den Fronten, S.139.

686 Foitzik, Zwischen den Fronten, S. 137

687 Kirschmann, Emil, 1888–1948, SPD-MdR 1924–33, Emigration 1933 Saargebiet, Sopade-Grenzarbeit, 1935 Frankreich, für Einheitsfront mit KPD, Mitglied Arbeitsgemeinschaft für sozialistische Inlandsarbeit, 1940 USA, Exekutivkomiteemitglied German-American Council for the Liberation of Germany from Nazism.

688 Vgl. Foitzik, Zwischen den Fronten, S. 217ff; Buchholz/Rother, Parteivorstand der SPD im Exil, S. XLII, 318.

689 Zum Inhalt vgl. weiter unten Abschnitt V.3. Ein Auszug ist wiedergegeben in Voigt, Friedenssicherung, S. 210–214.

690 Vgl. Nr. 1.

691 Vgl. die Korrespondenz in: PRO London, FO 898, Mappe 191; Stellungnahme des Auslandsbüros von Neu Beginnen v. 14.10.1942 in: IfZ München, NL Eberhard, ED 117/1.15.

Putzrath Neu Beginnen an. Eine zweite Gruppe emigrierte wie Paul Hertz in die USA, zu der Ende 1939 auch Karl Frank stieß. In New York erreichte der Konflikt zwischen den Sopade-Vertretern (Stampfer, Katz) und Karl Frank, der dort unter dem Namen Paul Hagen auftrat, einen neuen Höhepunkt, die Konfrontation blieb bis zum Kriegsende bestehen.[692]

In Großbritannien kam es nach anfänglichen Angriffen von sozialdemokratischer Seite (Sander und vor allem Höltermann) gegen Neu Beginnen zu einer Annäherung.[693] Die Gründung der „Union" bedeutete für Neu Beginnen insofern einen Erfolg, da damit der SPD-PV die lange reklamierte Gleichberechtigung faktisch anerkannte. Berücksichtigt man die engen Beziehungen von Knoeringens zu Crossman und dessen Verbindungen zu Dalton, so ist nicht auszuschließen, daß die Unions-Idee von Neu Beginnen konzipiert und über Crossman und Dalton umgesetzt wurde.[694] Abgesehen von den nur 1941/42 auftretenden Differenzen in der Bewertung der Sowjetunion, zeigte sich in den Diskussionen der Union eine weitgehende Übereinstimmung zwischen SPD-PV und NB.[695] Als auch die ersten Nachrichten aus dem besetzten Deutschland zeigten, daß die dort verbliebenen Funktionäre mehrheitlich für die Aufgabe der Sonderexistenz eintraten, war die stillschweigende Rückkehr in die sich neuformierende SPD nur konsequent, zumal sich Schumacher in besonderer Weise um Schoettle bemühte. Im Gegensatz zu SAP und ISK gab es keinen Auflösungsbeschluß.

1. ORGANISATION

Dem Auslandsbüro in London, dessen Leitung Erwin Schoettle als Sekretär inne hatte, gehörten außerdem noch Löwenthal und von Knoeringen an. Von ihnen waren bald nur noch Schoettle und Löwenthal intensiver mit der politischen Arbeit befaßt und zwar Schoettle als Organisator und Repräsentant Neu Beginnens in verschiedenen Gremien, Löwenthal als politischer Vordenker, der neben seiner Tätigkeit zunächst für den „Sender der Europäischen Revolution" später für die Nachrichtenagentur Reuter als „Paul Sering" zahlreiche Aufsätze veröffentlichte und auch die wenigen politischen Erklärungen Neu Beginnens formulierte.[696] Von Knoeringen zog sich 1941 aus der Bürogemeinschaft und der Emigrationspolitik zurück. Die Londoner Organisation, die besser als ein Kreis von Gleichgesinnten beschrieben wird, der sich gelegentlich zum Meinungsaustausch traf, zählte etwa 20

---

692 Vgl. hierzu Radkau, Emigration in den USA, S. 176–183.
693 Am ausführlichsten zu Neu Beginnen in Großbritannien, Mehringer, von Knoeringen, S. 194ff; außerdem Röder, Exilgruppen, S. 39–43.
694 Zur Rolle Daltons und zum Konzept der „Europäischen Revolution" vgl. oben Abschnitt II.3.4.
695 Zur Bewertung der Sowjetunion vgl. Vorholt, Sowjetunion.
696 Als Paul Sering schrieb Löwenthal häufig in der „Tribune". Vgl. Udo Vorholt, Die Gruppe Neu Beginnen im Exil. Richard Löwenthals Bewertung der Politik der Sowjetunion in den dreißiger/vierziger Jahren, in: ZfG 41, 1993, S. 204–220.

Personen.[697] Zu ihnen gehörten neben Schoettle und Löwenthal u.a. Karl Anders, das Journalistenehepaar Evelyn und Paul Anderson, der Landwirtschaftsexperte Dr. Werner Klatt, der Ökonom Kurt Mandelbaum und Heinz Putzrath. Verbindung bestand auch zum Nationalökonomen E.F. Schumacher in Oxford. So präsentiert sich die Londoner Gruppe von Neu Beginnen vor allem als ein Kreis von Intellektuellen. Die für die politische Arbeit benötigten Mittel dürften vergleichsweise gering gewesen sein, so daß sie aus Beiträgen der Mitglieder bestritten werden konnten.

2. KOMMUNIKATION

Der Kontakt untereinander wurde vor allem auf informelle Weise aufrechterhalten. Ein Treffpunkt waren die Teestunden bei Schoettles, die jeden Mittwoch stattfanden.[698] Kontakte waren möglich am Arbeitsplatz, ein großer Teil der NB-Mitglieder arbeitete für den „Sender der Europäischen Revolution" und dann für BBC. Formelle politische Besprechungen, die es vor allem im Kontext der Unions-Beratungen gegeben haben dürfte, sind nur wenige bekannt.[699] Nur aus dem Jahre 1942 sind auch Einladungen zu von NB veranstalteten öffentlichen Vorträgen überliefert.[700] Allerdings trat Löwenthal häufig als Redner auf Veranstaltungen anderer Organisationen auf. Wegen des informellen Charakters und der geringen Zahl der Beteiligten gab es keine interne schriftliche Kommunikation. Die anfänglich herausgegebenen Rundschreiben wurden 1941 eingestellt.[701]

Die Beziehungen des Londoner Auslandsbüros zu den NB-Gruppen im Ausland, über die zum Teil noch Verbindungen nach Deutschland bestanden, waren nach der Besetzung Dänemarks, Norwegens und der westeuropäischen Staaten abgerissen. In einem vermutlich von Karl Frank verfaßten Memorandum für das Jewish Labor Committee aus dem Jahre 1941 wird erwähnt, „the London headquarters [...] directed the work of four frontier groups and maintained contacts with the people inside Germany."[702] Bei den vier Gruppen handelte es sich um eine

---

697 Zur Londoner Gruppe von Neu Beginnen vgl. Röder, Exilgruppen, S.39–43.

698 Gespräch mit Helene Schoettle am 14. März 1994. Schoettle, Helene, 1903–1994, SAJ, SPD, 1934 Emigration Schweiz, 1939 GB, 1946 Rückkehr nach Deutschland, Ehefrau von Erwin Sch.

699 So fand am 30. Juni 1942 eine Diskussion über die Partei nach dem Sturz des Regimes statt, am 15. September 1942 wurden Mandelbaums Thesen über den Sozialismus diskutiert. AdsD Bonn, NL Schoettle, Mappe 63.

700 Am 17. Mai 1942 referierte Richard Löwenthal über „Was geht in Deutschland vor?", am 19. Juli Dr. Kurt Mandelbaum über „European Industry under Nazi Rule" und am 30. September Werner Klatt über „We Socialists and the Peasants". Einladungen in: AdsD Bonn, PV-Emigration, Mappe 114.

701 Röder, Exilgruppen, S. 40.

702 University of Oregon, Library, Special Collections, Coll. 139, Maurice J. Goldbloom Papers, file 1, folder 3 (IfZ München, MA 1548).

Gruppe in Belgien, eine Gruppe in Amsterdam, die drei skandinavischen Zentren in Kopenhagen, Oslo und Stockholm sowie schließlich eine Gruppe in St. Gallen in der Schweiz. Nach 1940 bestanden nur noch schwache Kontakte nach Stockholm und in die Schweiz, von dort allerdings auch sporadische Verbindungen in das Reich.

Die Kommunikation mit Karl Frank in den USA scheint nach 1940 weitgehend eingestellt worden zu sein, wie die Briefe von Richard Löwenthal vom 28. Oktober 1942[703] und Erwin Schoettle vom 20. November 1945[704] erkennen lassen. Die finanzielle Unterstützung der Organisation „American Friends of German Freedom" für London (3 147,64 $ im Jahre 1940) und Skandinavien (1 013,95 $ im Jahre 1940) wurde nur bis 1941/42 gewährt.[705] Es mochten nicht nur athmosphärische Gründe sein, wie Schoettle an Frank schrieb, die zur Einstellung der Verbindung führten.[706] Es spricht einiges dafür, daß die Londoner Gruppe von Neu Beginnen die Beziehung zu Karl Frank, der von der German Labor Delegation (Katz, Stampfer) heftig angegriffen wurde, auf Eis legte, um ihre Zusammenarbeit mit dem SPD-PV in der „Union" nicht zu belasten.

Die Beziehungen zur sozialdemokratischen Emigration in Großbritannien waren 1939/40 zunächst durch die Angriffe Sanders und Höltermanns und die Bemühungen von NB um gleichberechtigte Anerkennung belastet.[707] Der Schock der allgemeinen Internierung, die auch Regimegegner und selbst Funktionäre mit guten Beziehungen wie von Knoeringen und Schoettle nicht verschonte, dann die gemeinsamen Bemühungen um die Freilassung der Internierten führten zu einer Annäherung, die schließlich in der Union mündete.

Stärker entwickelt waren zunächst die Beziehungen von Neu Beginnen zu den anderen sozialistischen Organisationen wie dem ISK und den Revolutionären Sozialisten Österreichs, mit denen man schon seit 1938/39 in Paris zusammengearbeitet hatte. Die „Sozialistische Arbeitsgemeinschaft" wurde in London fortgeführt, blieb aber ohne große Bedeutung.

Was Neu Beginnen gegenüber den anderen Gruppen der Union auszeichnete, waren die guten bis ausgezeichneten Beziehungen zu wichtigen Labourpolitikern wie Richard Crossman, Patrick Gordon Walker, William Gillies, Hugh Dalton,

---

703 Vgl. Nr. 322.
704 Vgl. Nr. 323.
705 University of Oregon, Library, Special Collections, Coll. 139, Maurice J. Goldbloom Papers, file 1, folder 3 (IfZ München, MA 1548). Daß eine Unterstützung nicht mehr nötig war, wie Kliem, S. 254, unter Berufung auf Frank schreibt, ist allerdings zweifelhaft.
706 Vgl. Nr. 323. Kliem, S. 256, geht zu Unrecht von der Unmöglichkeit aus, die Kontakte aufrecht zu halten.
707 Ausführlich hierzu Mehringer, von Knoeringen, S.198ff.

Harold Laski, Philip Noel-Baker, die zum Teil in die 30er Jahre zurückreichten.[708] Zwar kam es im Verhältnis zu Gillies und zur Labour Party 1942 zu einer Entfremdung, aber durch die engen Beziehungen zu Crossman gelang es Neu Beginnen bis 1942, wesentlichen Einfluß auf die Rundfunkpropaganda nach Deutschland zu nehmen. Die deutsche Sektion des „Sender der Europäischen Revolution" wurde von Neu Beginnen und anderen Sozialisten in weitgehender Selbstverantwortung unter der Aufsicht von Richard Crossman geführt, mit dem Waldemar von Knoeringen, der deutsche Verantwortliche, eng befreundet war. Das britische Konzept der „Europäischen Revolution", das auf Dalton zurückgeht, entsprach auch den Vorstellungen von Neu Beginnen. Nach der Aufgabe dieses Konzepts durch die britische Regierung und der daraus folgenden Auflösung des Senders 1942 arbeiteten die dort Beschäftigten beim BBC weiter, später waren von Knoeringen und Schoettle auch bei der Befragung und der „Reeducation" von Kriegsgefangenen tätig.[709]

Die vom Auslandsbüro herausgegebenen „Deutschen Inlandsberichte", seit 1940 auch in einer englischen Version „Reports from Inside Germany" verbreitet, mußten jedoch bald, da aufgrund der abgerissenen Verbindungen die Basis fehlte, 1941 eingestellt werden.[710] Politische Erklärungen von Neu Beginnen erschienen nach Kriegsbeginn nur noch vereinzelt. Die vom Auslandsbüro im April 1940 herausgegebene Broschüre „Neu Beginnen – was es will, was es ist und wie es wurde" markierte nach Mehringer einen „Markstein in jenem rapiden ideologischen Lern- und Umwandlungsprozeß" weg von einer Anlehnung an die Sowjetunion, hin zu einer „demokratisch-revolutionären" Programmatik und Westorientierung.[711] Auch die Stellungnahme von Neu Beginnen für die Erklärung der Union im Juli 1941[712] und die vom Auslandsbüro im August 1941 herausgegebene, von Richard Löwenthal verfaßte Broschüre „Klare Fronten. Die deutschen Sozialisten und Hitlers Überfall auf die Sowjetunion" bestätigten diese Linie, die nur noch geringfügig von derjenigen des SPD-Parteivorstandes abwich.[713] In einer weiteren Erklärung, datiert Oktober 1942, distanzierte sich Neu Beginnen nach den heftigen Angriffen von der 1939 veröffentlichten Broschüre „Der kommende Weltkrieg.[714] Eine besondere

---

708 Vgl. Mehringer, von Knoeringen, S. 199f. Walker hatte schon in den 30er Jahren während seiner Journalistentätigkeit in Berlin mit Neu Beginnen in Verbindung gestanden.
709 Vgl. Mehringer, von Knoeringen, S. 245ff.; vgl. auch Nr. 323.
710 Vgl. Röder, Exilgruppen, S.39f; Maas, Handbuch der deutschen Exilpresse, Bd. 2, S. 365f.
711 Mehringer, von Knoeringen, S. 208.
712 Vgl. Nr. 31.
713 In: AdsD Bonn, NL Sander, Mappe 57.
714 Der kommende Weltkrieg. Aufgaben und Ziele des deutschen Sozialismus. Eine Diskussionsgrundlage, Paris 1939; vgl. oben Abschnitt V. In der Broschüre hieß es, daß die treibenden Kräfte des kommenden Krieges die „imperialistischen Gegensätze ... der herrschenden Klassen" seien. Die Verantwortung dafür wurde auch „den herrschenden Klassen der westeuropäischen Großmächte" zugewiesen, die die faschistische Expansion begünstigt hätten. Dennoch hätten alle So-

Bedeutung kam der Broschüre „The Next Germany" zu, die 1943 erschien und zu der NB-Mitglieder wichtige Beiträge geliefert hatten.[715]

Seit 1941 konzentrierte sich die politische Arbeit von Neu Beginnen auf die Union, politische Erklärungen erfolgten über dieses Gremium. Der Beitrag Schoettles ist dabei beachtlich, wie seine Entwürfe zu Resolutionen, seine Referate (u.a. zur sozialistischen Partei) etc. zeigen.[716] Löwenthal trat zwar selten persönlich in der Union in Erscheinung, nahm aber über die Diskussionen im Kreis von Neu Beginnen und seine Schriften wesentlichen Einfluß.

Das Hauptgewicht der politischen Wirksamkeit von Neu Beginnen lag in der Rundfunkpropaganda nach Deutschland. Durch die Verbindungen zu Crossman erhielt die Gruppe, unterstützt von anderen Sozialisten wie von Rauschenplat, die Möglichkeit, relativ frei und ohne detaillierte Vorgaben, nach Deutschland zu senden.[717] Zudem verschaffte die journalistische Tätigkeit Löwenthals, der als Paul Sering regelmäßig in der „Tribune" schrieb, Neu Beginnen und den von der Gruppe vertretenen Positionen beträchtliche Reichweite.

In die Zusammenarbeit mit dem OSS war Neu Beginnen auffallend wenig einbezogen, obwohl Karl Frank in den USA das Konzept der Labor Desks entworfen hatte. An den Besprechungen der Kontaktgruppe nahm Schoettle anscheinend nur einmal im April 1945 teil, war aber im übrigen informiert. Kein NB-Mitglied war als „guide" vorgesehen.

Allerdings erhielten nach dem Waffenstillstand mehrere Mitglieder von NB die Möglichkeit zu Informationsreisen nach Deutschland. Karl Anders hielt sich im Mai 1945 drei Wochen als Berichterstatter in Deutschland auf. Er trug Briefe Vogels und Ollenhauers an Severing und Dahrendorf in der Tasche und stellte die ersten Kontakte her. Er leitete Severings Brief an Vogel weiter.[718] Seit Juli/August 1945 hielt sich Anders erneut in Deutschland auf, er war mit der Berichterstattung über den Nürnberger Prozess beauftragt. Durch seine Reisemöglichkeiten und seine Postverbindung nach London konnte er für den Parteivorstand in London Verbindungen zu Parteifunktionären im besetzten Deutschland herstellen. Er war der

---

zialisten die Pflicht, für die Niederlage des Nazi-Regimes zu kämpfen, sogar wenn seine Gegner von Imperialisten wie Chamberlain und Daladier geführt würden. Außerdem befaßte sich die Broschüre mit inneren und internationalen Aufgaben einer deutschen demokratischen und sozialistischen Revolution und betonte in einem dritten Teil die Notwendigkeit für die sozialistische Bewegung, ihre Unabhängigkeit in Zielen und Organisation auch bei der Bekämpfung des Faschismus zu bewahren.

715 The Next Germany. A Basis of Discussion on Peace in Europe, With a Foreword by Louis de Brouckère, London 1944. Zum Inhalt vgl. Kliem, S. 257ff.

716 Vgl. Nr. 23, 31, 43ff., 79, 118.

717 Zur Entstehung und Tätigkeit des SER vgl. Mehringer, von Knoeringen, S. 213ff.; Rausch- eder; zu den Mitarbeitern und den technischen Daten vgl. Pütter, Rundfunk, S. 106ff.

718 Gespräch mit Anders am 5.9.1995, Brief Anders' an den Verfasser vom 27.2.1995.

Briefbote zu Kurt Schumacher und zu den Vertretern der Berliner SPD. Eine besonders wichtige Rolle spielte in diesem Zusammenhang Dr. Werner Klatt. Mittlerweile britischer Staatsbürger war er als Landwirtschaftsexperte Mitglied einer offiziellen britischen Delegation und reiste nicht nur in den Westzonen, sondern auch zumindest einmal in die sowjetische Besatzungszone.[719] Er stellte insbesondere die Verbindung zwischen der Berliner NB-Organisation und London her. Zu mehrwöchigen Reisen hielten sich auch Löwenthal und Waldemar von Knoeringen (unter dem Namen Waldemar Holt) 1945 in Deutschland auf. Kurt Mandelbaum nahm gemeinsam mit E.F. Schumacher im Juni/Juli 1945 an der Bestandsaufnahme der Wirkungen des Bombenkrieges („American Bombing Survey of Germany") in Deutschland teil.[720] Sie und andere Personen aus dem Kreis von Neu Beginnen[721] nutzten ihren Aufenthalt, um mit Verwandten und Bekannten, aber auch politischen Freunden aus der Zeit vor der Emigration wieder Verbindung aufzunehmen.

3. POLITISCHE SCHWERPUNKTE

Die Arbeit im Rundfunk- und Medienbereich besaß für Neu Beginnen zentralen Stellenwert. Auf die Tätigkeit beim Sender der Europäischen Revolution und bei BBC sowie auf die publizistische Tätigkeit Löwenthals wurde bereits hingewiesen. Für die Tätigkeit der Union war dies nur von geringerer Bedeutung, sieht man von den sich nach dem Kriege daraus entwickelnden Kommunikationsverbindungen nach und in Deutschland ab. Von besonderer Bedeutung sollte ein Bereich werden, in dem Neu Beginnen (von Knoeringen, Schoettle) in besonderer Weise aktiv war: die Arbeit mit deutschen Kriegsgefangenen. Der Kontakt mit deutschen Kriegsgefangenen entwickelte sich im Februar 1943, als Crossman von Knoeringen (und Heine) nach Nordafrika holte.[722] Die Analyse von rund 2 000 dort vorgefundenen deutschen Feldpostbriefen ließ von Knoeringen mit Erstaunen erkennen, daß die Mehrzahl der Briefschreiber mit einem deutschen Endsieg rechneten und daß eine Niederlage als Niederlage Deutschlands und nicht nur des Nationalsozialismus angesehen wurde. Für von Knoeringen war es der „erste Blick ... hinter die Kulissen der deutschen Entwicklung".[723] Außerdem erhielt er Gelegenheit, sich mit deut-

---

719 Zu den Verbindungen vgl. Nr. 323.
720 Vgl. Wood, Schumacher, S. 169ff.
721 Eine wichtige Rolle spielte auch Fred Sanderson, der über den OSS nach Deutschland zurückgekehrt war. Er stellte im Auftrag Franks die Verbindung zu den Berliner Mitgliedern von NB her, sprach aber im Juli/August 1945 auch mit Grotewohl, Löbe u.a. und berichtete darüber. Vgl. Hurwitz, Anfänge des Widerstandes, S. 62, 317. – Fred Sanderson, *1914, 1932/33 Studium Frankfurt, 1935 Dipl. Genf, gehörte zum Kreis von NB in der Schweiz, 1937 USA, ab 1938 Harvard University, 1943–45 OSS, 1945/46 US-Außenministerium, wichtige Ämter in US- und internationalen Wirtschaftsorganisationen.
722 Vgl. hierzu Mehringer, von Knoeringen, S. 240ff.
723 Ebd., S. 241.

schen Kriegsgefangenen in Nordafrika und im Juli 1943 in Italien zu unterhalten. Dies eröffnete ihm nicht nur die Möglichkeit, Einblick in den Bewußtseinsstand der deutschen Bevölkerung zu gewinnen, sondern auch antifaschistisch eingestellte Kriegsgefangene auszuwählen, die in speziellen Schulungen auf die Nachkriegszeit vorbereitet wurden.[724] Auf seinen Vorschlag hin erhielt von Knoeringen nach seiner Rückkehr nach England im Sommer 1944 den Auftrag zur Durchführung von Rundfunksendungen für Kriegsgefangene und es wurde ein Umerziehungslager für antifaschistisch gesinnte Kriegsgefangene eingerichtet.[725] Im Frühjahr 1945 übergab von Knoeringen die Rundfunksendungen an Erwin Schoettle und widmete sich der Umerziehung der Kriegsgefangenen, für die schließlich im Dezember 1945 das Lager Wilton Park eingerichtet wurde.[726] Von Knoeringen besaß bei der Errichtung und Gestaltung Wilton Parks eine entscheidende Rolle und holte auch Lehrer aus dem Umkreis der GER wie Borinski, Demuth, Mandelbaum, u.a. an die Schule.

Mit den veränderten militärischen Rahmenbedingungen Ende 1941, den neuen Kriegszielen in deren Folge und der damit verknüpften Durchsetzung des Vansittartismus geriet neben Union und SPD im Frühjahr 1942 besonders auch Neu Beginnen in das Schußfeld britischer Vansittartisten. Der Angriff, am Ende von Sir Robert Vansittart persönlich vorgetragen, richtete sich nicht nur gegen Neu Beginnen, sondern zugleich gegen ihre Verbündeten in der Labour Party, die sich um die Socialist Clarity Group (SCG)[727] scharten. Ausgangspunkt waren zunächst die Auseinandersetzungen in der Sopade mit Geyer und Loeb. Die SCG hatte in einem Artikel der Märzausgabe ihrer Zeitschrift „Labour Discussion Notes" (LDN) die Glaubwürdigkeit Loebs angezweifelt. Gillies entfachte daraus einen Labour-internen Konflikt und forderte auch Stellungnahmen des SPD-PV und anderer sozialdemokratischer und sozialistischer Emigranten an.[728] Der nächste Schritt im Vorgehen war der Rückgriff auf die Broschüre „Der kommende Weltkrieg", die nachgedruckt und mit Erläuterungen an das Foreign Office gesandt wurde.[729] Zur Entlastung versandte Neu Beginnen in einem Rundbrief vom 14. Oktober

---

724 Vgl. Nr. 323.
725 H. Faulk, Die deutschen Kriegsgefangenen in Großbritannien. Re-education, Geschichte der deutschen Kriegsgefangenen des Zweiten Weltkriegs, Bd. XI/2, München 1970.
726 Mehringer, von Knoeringen, S. 253ff.
727 Die „Clarity Group" wurde von Patrick Gordon Walker, Austen Albu, W. N. Warbey und anderen Labourmitgliedern Anfang 1941 als Antwort auf die Ausbreitung des Vansittartismus in der Labour Party gegründet. Sie stand Neu Beginnen nahe und gab eine eigene Zeitung, „Labour Discussion Notes", heraus. Sie trat erstmals hervor, als sie im Konflikt zwischen der Gruppe um Geyer-Loeb und dem SPD-Parteivorstand und der Union die letzteren unterstützte. Vgl. Nr. 67.
728 Ausführlich hierzu Anm. 4 zu Nr. 67.
729 Vgl. Anm. 3 zu Nr. 75.

1942 eine Gegendarstellung, in der die Entstehungsgeschichte der Broschüre erläutert wurde und Löwenthal die inzwischen veränderte Sichtweise erklärte.[730]

4. DIE QUELLEN

Die Überlieferung über die politische Tätigkeit von Neu Beginnen in Großbritannien ist dürftig, insbesondere soweit es interne Vorgänge betrifft. Vom Londoner Auslandssekretariat ist kein geschlossener Aktenbestand überliefert.[731] Zwar sind von führenden Mitgliedern von Neu Beginnen Nachlässe vorhanden, die jedoch alle nur wenig Material über die Londoner Zeit und die damalige politische Arbeit enthalten.[732] Auch in den Nachlässen der sich in anderen Emigrationsländern aufhaltenden NB-Funktionäre wie Karl Frank findet sich nur wenig einschlägige Korrespondenz und Material.[733] Allerdings waren die beiden für die Edition ausgewählten Briefe Löwenthals und Schoettles, die einen guten Überblick über die Arbeit von Neu Beginnen in London geben, an Frank gerichtet.[734] In den Beständen PV-Emigration und ISK im AdsD finden sich wichtige Korrespondenzen und Materialien der Neu Beginnen-Gruppe, wie auch die Protokolle der Union gute Aufschlüsse über die Arbeit der Gruppe geben.

---

730 Auslandsbüro Neu Beginnen, Rundbrief vom 14.10.1942, 6 S., in: IfZ München, ED 117, Bd. 8a. Außerdem mahnte de Brouckère in einem Beitrag zur „Decency in Socialist Controversies".

731 Nach Angaben von Helene Schoettle übergaben sie bei der Rückkehr das umfangreiche Material an Klatt. Klatt ist inzwischen verstorben. Nachforschungen nach den Unterlagen blieben ergebnislos. Gespräch mit Helene Schoettle am 14.3.1994. Eine Sammlung mit NB-Materialien, die auch einiges aus der Londoner Zeit enthält befindet sich im IISG Amsterdam (Collectie Neu Beginnen).

732 Im AdsD Bonn befinden sich folgende Deposita bzw. Nachlässe: Karl Anders, Waldemar von Knoeringen, Richard Löwenthal, Erwin Schoettle.

733 University of Oregon, Library, Special Collections, Coll. 139, Maurice J. Goldbloom Papers; Hoover Institution on War, Revolution and Peace, Stanford, Ca., Karl Borromäus Frank Collection; beides in Kopie bzw. MF im IfZ München.

734 Vgl. Nr. 322, 323.

VI. Sozialistische Arbeiterpartei Deutschlands

Die erst 1931 entstandene SAP hatte sich unmittelbar nach dem Machtantritt Hitlers gespalten.[735] Ein Teil der Führung und der Mitglieder ging zurück zur SPD. Die andere Gruppe, geleitet von Jacob Walcher[736], der von der KPD zur SAP gestoßen war, führte die SAP fort. Im Reich wurden illegale Organisationen aufgebaut, in Paris von Walcher („Jim Schwab") gemeinsam mit Paul Frölich[737] und Boris Goldenberg[738] eine Auslandsleitung errichtet. Die illegalen Organisationen wurden von der Gestapo bis 1935/36 weitgehend zerschlagen, aber weiterhin bestanden – wenngleich abnehmend – Verbindungen unter den Mitgliedern und Kontakte von und zur Auslandsleitung. Einer Reihe von Funktionären und Mitgliedern gelang es, vor der Verhaftung ins Ausland zu fliehen, so daß in den verschiedenen Emigrationsländern wie der ČSR (Joseph Lang, „Jola"[739]), Dänemark (Franz Bobzien[740]), Norwegen (Willy Brandt[741]), Frankreich (Walcher) eigene Landesgruppen entstanden.

---

735 Zur Geschichte der SAP vgl. Hanno Drechsler, Die Sozialistische Arbeiterpartei Deutschlands. Ein Beitrag zur Geschichte der deutschen Arbeiterbewegung am Ende der Weimarer Republik. Meisenheim/Glan 1965; Foitzik, Zwischen den Fronten; Jörg Bremer, Die Sozialistische Arbeiterpartei Deutschlands (SAP), Untergrund und Exil 1933–1945, Frankfurt/M. etc. 1978.

736 Walcher, Jacob, 1887–1970, SPD, nach 1919 KPD-Funktionär, 1928 Ausschluß, Mitgründer KPDO, Mitglied der Parteiführung, 1932 SAP, 1933 Emigration Frankreich, Aufbau der Auslandsleitung (Deckname „Jim Schwab"), Verbindung mit ILP, 1936 Teilnahme an Volksfrontgesprächen, 1938 Mitarbeit in der Arbeitsgemeinschaft für sozialistische Inlandsarbeit, 1941 USA, 1942 Mitgründer des CDG, 1946 Rückkehr in SBZ, KPD, SED, FDGB, 1946–49 Chefredakteur Tribüne, 1951 Ausschluß aus SED, 1956 Wiederaufnahme.

737 Frölich, Paul, 1884–1953, KPD, MdR 1928–30, 1928 Ausschluß, Mitgründer KPDO, 1932 Ausschluß, Übertritt zur SAP, 1933 Emigration ČSR, 1934 Frankreich, Mitglied der SAP-Auslandszentrale, 1941 USA, 1950 Rückkehr nach Deutschland.

738 Goldenberg, Dr. Boris, 1905–80, Journalist, 1925 SPD, KPD, 1929 KPDO, 1932 SAP, 1933 Emigration Frankreich, 1941 über Spanien und Portugal nach Kuba, bis 1960 Kuba, GB, 1964–71 Leiter der Lateinamerika-Redaktion der Deutschen Welle.

739 Lang, Joseph, „Jola", 1902–1973, KPD, 1929 Ausschluß, KPDO, 1932 SAP, 1933 Mitglied d. illegalen SAP-BL Brandenburg, 1934 Emigration ČSR, Leiter SAP-Auslandsbüro Prag, 1938 Paris, 1940 USA, 1950 Rückkehr nach Deutschland, SPD Frankfurt/M.

740 Bobzien, Franz, 1906–1941, SAJ, 1931 SJVD, führender Funktionär, 1933 Emigration Dänemark, 1934 bei Konferenz in den Niederlanden verhaftet und ausgeliefert, Zuchthaus- und KZ-Haft, Tod im KZ Sachsenhausen.

741 Brandt, Willy (bis 1933 Herbert Frahm), 1913–92, SAP, 1933 Emigration nach Norwegen, Leiter SAP-Auslandsbüro Oslo, enge Verbindungen zu norwegischen Sozialisten, 1936 Berlin, dann ČSR, 1937 Spanien, 1939/40 führendes Mitglied d. Arbeitsgemeinschaft österreichischer und deutscher Sozialisten, Oslo, 1940 nach Schweden, 1942–45 Mitgründer und Sekretär der Internationalen Gruppe demokratischer Sozialisten (Kleine Internationale) in Stockholm, Oktober 1944 mit anderen SAP Mitgliedern Übertritt zur SPD-Gruppe Stockholm, Oktober 1945 – Februar 1946 als Korrespondent skandinavischer Zeitungen beim Nürnberger Kriegsverbrecherprozeß, 1948 Vertreter des SPD-PV in Berlin, 1949 MdB, 1957–66 Regierender Bürgermeister in Berlin, ab 1964 Vors. SPD, 1966 Vizepräsident, ab 1976 Präsident der SI, 1969–74 Bundeskanzler.

Die Auslandsleitung gab eine eigene Zeitschrift heraus und bemühte sich um die Zusammenarbeit mit anderen sozialistischen und kommunistischen Parteien. So kam es zunächst zu einer engeren Zusammenarbeit mit Trotzki-Anhängern. Die Versuche der KPD zur Bildung einer Volksfront scheiterten jedoch 1936 unter anderem am Konflikt mit der SAP. Aber auch der Versuch einer „Sozialistischen Konzentration" mit der Sopade zerschlug sich 1938. So blieb die intensivierte Zusammenarbeit mit den RSÖ, einer Minderheitsgruppe der SPD-Landesgruppe Frankreich und NB in der Arbeitsgemeinschaft für sozialistische Inlandsarbeit (AGSI) ab September 1938. Einige Monate später wurde ein „Arbeitsausschuß deutscher Sozialisten" geschaffen, dem auch der ISK und die Münzenberg-Gruppe angehörten.[742] Nach Kriegsausbruch beauftragte Walcher, der über Spanien in die USA emigrierte, Willy Brandt in Oslo mit der Führung der Auslandsleitung.[743] Durch den Einmarsch der deutschen Truppen im April 1940 und die Emigration Brandts nach Schweden konnte er diese Funktion nicht mehr ausfüllen. Hinzu kam, daß Brandt wie auch andere Mitglieder der SAP in Schweden seit 1943 eine Rückkehr zur SPD anstrebte und 1944 der SPD-Landesgruppe beitrat. So bestand für die SAP nach Kriegsbeginn kein Führungszentrum mehr.

Die Gruppe der SAP in Großbritannien zählte zunächst nur wenige Mitglieder.[744] Leiter der SAP-Organisation in Großbritannien war seit Herbst 1934 Hans Schuricht, der bis dahin in der SAP-Auslandsleitung in Paris mitgearbeitet hatte. Mit der Fluchtbewegung aus der ČSR gelangten 1938/39 weitere SAP-Mitglieder nach Großbritannien. Zu ihnen gehörten Paul Walter (1938), der von Schuricht die Leitung der Landesgruppe übernahm, Gustav Spreewitz[745] (1939), Ernst Fröhlich, Robert Neumann, Heinz Sacher[746]. Walter Fischer war wie andere SAP-Mitglieder 1938 von der ČSR nach Norwegen weiter emigriert und arbeitete dort mit Willy Brandt zusammen. Mit einer Gruppe von SAP-Mitgliedern, u.a. Heinz Thelen[747],

---

742 Vgl. Drechsler, S. 352f.

743 Zur Tätigkeit Willy Brands vgl. Einhart Lorenz, Exil in Norwegen. Lebensbedingungen und Arbeit deutschsprachiger Flüchtlinge 1933–1943, Baden-Baden 1992; ders., „Hier oben in Skandinavien ist die Lage ja einigermaßen verschieden ..." Zur Sozialistischen Arbeiterpartei Deutschlands im skandinavischen Exil, in: Klaus Schönhoven u.a. (Hrsg.), Sozialismus und Kommunismus im Wandel, Köln 1993, S.216–235; Brandt, Links und frei.

744 Seit 1934 befanden sich u.a. Heinz Fink, Rosi Graetzer, Isabella Heumann in Großbritannien, seit 1935 Wolf Heumann, seit 1936 Peter Schäffer. – Graetzer, Rosi, *1899, USPD, SPD, SAP, Mitarbeit bei „Kämpferin", 1934 Emigration GB. – Schäffer, Peter, *1914, Radiotechniker, SAJ, 1936 SAP, 1936 GB, Kassierer und Schriftführer der SAP-Landesgruppe in GB.

745 Spreewitz, Gustav, nach 1945 Gustav Spree, *1906, Mitglied KJVD und KPD, 1926–33 Freie Sozialistische Jugend, später SAP, 1933 Emigration ČSR, 1934 Schweiz, 1939 GB, Vorstandsmitglied der SAP-Landesgruppe GB, Vertreter der SAP bei der LdG, Vertreter des Jugendkomitees der Union, 1945 Vertreter der SAP in der Union, 1945 Rückkehr nach Deutschland.

746 Sacher, Heinz, *1915, Expedient, SAP, Emigration ČSR, 1939 GB.

747 Thelen, Heinz, 1907, SAP, 1933 Emigration Norwegen, 1940 GB.

Walli und Herbert George[748], gelangte er 1940 nach dem deutschen Angriff auf Norwegen mit einem britischen Kriegsschiff nach Großbritannien.

Nach der Entlassung ihrer Mitglieder aus der Internierung 1940/41 (Fischer kam erst 1941 aus Kanada zurück) begann sich die Landesgruppe neu zu formieren und beteiligte sich unter der Führung von Walter, Fröhlich, Spreewitz und Fischer an der Gründung der sozialistischen „Union". Ähnlich wie verschiedene SAP-Mitglieder in Schweden traten einige SAP-Mitglieder in Großbritannien bereits Ende 1944/ Anfang 1945 wieder der SPD bei.[749] Im Dezember 1945 löste sich die Landesgruppe mit einer förmlichen Erklärung auf und schloß sich der SPD an.[750]

1. ORGANISATION UND FINANZEN

Über die internen Vorgänge in der SAP-Gruppe in London ist wenig bekannt, da nur dürftige Quellen hierzu vorliegen. Im September 1941 bestand die Führung der Landesgruppe (Londoner Büro) aus Paul Walter (Vorsitzender und Delegierter zur Union), Gustav Spreewitz (Organisationsleiter) und Peter Schäffer (Kassierer und Schriftführer). Nachdem weitere Mitglieder aus der Internierung entlassen worden waren, wurde im Januar 1942 das Büro neu zusammengesetzt. Für Spreewitz und Schäffer wurden Ernst Fröhlich und Herbert George gewählt. Die Londoner Gruppe, die etwa 25 Mitglieder umfaßte, hielt wöchentlich Versammlungen ab.

Zur Verständigung mit den außerhalb Londons lebenden SAP-Mitgliedern wurden zumindest zeitweise kurze Berichte über die Londoner Mitgliederversammlungen versandt.[751] Sonst konnten keine internen Informationsmedien der Gruppe festgestellt werden. Die Verbindungen von der Londoner SAP zur schwedischen SAP-Gruppe um Willy Brandt blieben bis Kriegsende schwach, wie die Korrespondenz von Fischer mit Brandt zeigt.[752] Daß auch der Kontakt zu Walcher in den USA fast völlig abbrach, hing mit dessen starker KP-Orientierung zusammen, die in der Londoner Gruppe wenig Anklang fand.[753]

Wenngleich die Londoner Gruppe mehrheitlich auf Distanz zur KPD blieb, scheint es doch von einzelnen Mitgliedern (vermutlich u.a. Peter Schäffer) Verbindungen zur KPD gegeben zu haben.[754] Diejenigen, die für eine Zusammenarbeit mit

---

748 George, Herbert, *1910, Werkzeugmacher, SAP Berlin, 1933 Emigration ČSR, 1940 GB; George, Walli, *1914, Buchbinderin, SJV Berlin, 1938 Norwegen, 1940 GB.

749 Z.B. Frida Walter laut Antrag vom 16.4.1945, AdsD Bonn, NL Willy Sander, Mappe 28.

750 Vgl. Nr. 330.

751 Vgl. Nr. 324–326.

752 Vgl. Nr. 327.

753 Der Nachlaß von Jacob Walcher, der 1946 in die SBZ zurückkehrte, befindet sich im SAPMO Berlin, ist aber noch nicht zugänglich. Vgl. Auskunft SAPMO v. 16.1.1996.

754 Darauf lassen die – wenngleich wenigen – Originalunterlagen der SAP-Gruppe im Bestand Emigration Großbritannien des Zentralen Parteiarchivs der SED (heute SAPMO Berlin) schließen.

der KPD eintraten wie Schäffer, blieben in der Minderheit. Auch schlossen sich keine SAP-Mitglieder der Freien Deutschen Bewegung an. Allerdings wurde im Frühjahr 1945 die Frage der Zusammenarbeit mit der KPD diskutiert, worüber Schäffer auf einer Mitgliederversammlung referierte.[755] Enge Beziehungen bestanden schon seit 1934 zur Independent Labour Party. So war Rosi Graetzer mit D. R. Grenfell befreundet. Mehrere Mitglieder der Gruppe arbeiteten in der Rundfunkpropaganda der SOE. Ernst Fröhlich war ständiger Mitarbeiter von BBC, Walter Fischer arbeitete seit 1942 für den PID und dort eng mit Dr. Karl Alexander (MI 5) zusammen.[756] Ähnliches gilt auch für Paul Walter. Im Rahmen der Zusammenarbeit mit dem OSS/SOE waren Fischer, Walter und Robert Neumann einbezogen. Fischer übernahm nach der Rückkehr die Herausgabe der Tageszeitung in Bayreuth, Walter wurde unter dem neuen Namen Paul Kronberger Funktionär der Angestelltengewerkschaft in Frankfurt.

Die SAP und ihre Vertreter (Walter, Schuricht, Spreewitz) arbeiteten in der Union wie auch in der LdG intensiv mit, ohne jedoch besondere Impulse zu geben. In der Union traten die SAP-Vertreter wenig hervor, sieht man von der Blockierung der Stellungnahme zum deutschen Angriff auf die Sowjetunion ab. Die SAP sah die Oktoberrevolution darin nicht hinreichend gewürdigt.[757] Die Londoner SAP-Gruppe gab nur wenige eigenständige politische Erklärungen heraus, dann wenn sie sich von der Union absetzen wollte. Zum Beispiel hatte die SAP Kritik an der Vorgehensweise[758] und an der Behandlung der Schuldfrage im Zusammenhang mit der Lidiče-Erklärung der „Union" geäußert und deswegen eine eigene Erklärung veröffentlicht: "Declaration by the SAP on the Punishing of those responsible for Nazi-Terror and War, June 1942". Die dreiseitige Erklärung wendet sich gegen Hitler und seine Generäle, gegen die Richter, die NS-Recht sprachen, aber auch gegen jene, die Hitler an die Macht gebracht hatten, und drohte ihnen mit Vergeltung durch Volksgerichte der „German Socialist Revolution".[759] Im Februar 1943 veröffentlichte die Londoner Gruppe eine 50seitige hektografierte Ausarbeitung „Sozialistische Revolution gegen Nazi-Imperialismus".[760] In ihr setzte sich Walter mit der Kritik an der SAP und behaupteten Auflösungstendenzen auseinander, betonte aber vor allem aus der Entwicklung in Deutschland und in der englischen

---

755 Undatierter und gezeichneter Vermerk, mit Charakterisierung Neumanns, Walters und Fischers sowie Erwähnung des Referats Schäffers am 8. April 1945 vor der Londoner Ortsgruppe; undatiertes und ungezeichnetes Paper „Wie denke ich mir die Zusammenarbeit mit den Kommunisten?", 1,5 S., vermutlich zur gleichen Veranstaltung, mit kurzer hs. Notiz über die Reaktion Walters, Fischers und Spreewitz'. SAPMO Berlin – SgY 13/V 239/10/39.
756 Vgl. Notiz o.D., in: AdsD Bonn, ISK, Box 54.
757 Vgl. Nr. 33, 35, 37.
758 Rundbrief der SAP vom 27.6.1942, in: AdsD Bonn, ISK, Box 44.
759 IfZ München, ED 200/2.
760 IfZ München, ED 200/3. Im Anhang befindet sich die Erklärung vom Juni 1942.

Emigration die Notwendigkeit einer „sozialistischen Einheit" und nannte deren Voraussetzungen. Zum Streit mit der FFF-Gruppe und den Vansittartisten wurde zur gleichen Zeit die Erklärung „Is the German Working-Class guilty?" herausgegeben.[761] Sie war die Zusammenfassung der erstgenannten Ausarbeitung und nahm gegen die Thesen der FFF-Gruppe in Bezug auf die deutschen Arbeiter Stellung.

2. DIE QUELLEN

Von der SAP-Gruppe in Großbritannien war keine eigenständige Überlieferung festzustellen.[762] Ein Splitter des Londoner Bestandes mit einzelnen Berichten des Londoner Büros ist auf Umwegen in die Hände der KPD-Organisation in Großbritannien gelangt und auf diesem Wege erhalten geblieben.[763] Es sind keine Nachlässe Londoner SAP-Mitglieder mit relevanten Unterlagen überliefert. Dagegen finden sich im Nachlaß Willy Brandt einige wichtige Briefe Walter Fischers, die einen guten Aufschluß über die Situation und Aktivitäten der SAP geben und deshalb für die Edition ausgewählt wurden.[764] Im noch nicht verzeichneten Nachlaß Joseph Langs konnte nur ein Brief Walter Fischers festgestellt werden.[765] Vom Nachlaß Walcher sind bislang seine notierten Lebenserinnerungen zugänglich.[766]

---

761 Is the German Working-Class guilty? London Group of the Socialist Workers Party (SAP), P. Walter, 6 S., hekt., in: IfZ München, ED 200/3.
762 Der SAP-Bestand im AdsD Bonn umfaßt nur den Zeitraum bis 1937. Vgl. hierzu Einhart Lorenz, Das SAP-Archiv im Archiv der Norwegischen Arbeiterbewegung, in: IWK 24, 1988, S. 234–244.
763 Vgl. Nr. 324–326.
764 Vgl. Nr. 327–29, 331.
765 Fischer, der mit Heine und von Knoeringen mit der Befragung von deutschen Kriegsgefangenen in Nordafrika beschäftigt war, schrieb am 14. Juli 1943 von dort an Lang und beklagte sich, daß er nichts von Lang und Walcher gehört habe, seitdem er 1941 Kanada verlassen habe. AdsD Bonn, NL Lang, Ordner 16.
766 SAPMO Berlin, NL Walcher.

VII. Landesgruppe deutscher Gewerkschafter in Großbritannien

Die Landesgruppe deutscher Gewerkschafter in Großbritannien ist in der Edition nicht berücksichtigt. Die LdG, deren Gründer, Vorsitzender und treibende Kraft Hans Gottfurcht war, war durch ihn sowohl im Exekutivkomitee der Union als auch im London-Ausschuß der SPD vertreten, jeweils aber nur mit Beobachterstatus. Angesichts der Bedeutung von Hans Gottfurcht und seiner politischen und gewerkschaftlichen Tätigkeit für Union und PV erscheint es jedoch notwendig, auch auf die Landesgruppe und Gottfurcht einzugehen.

Die ersten Ansätze gewerkschaftlicher Organisationsbildung in der Emigration gehen auf das Jahr 1935 zurück, als auf einer Auslandskonferenz in Reichenberg (ČSR) die „Auslandsvertretung der deutschen Gewerkschaften" (ADG) gegründet wurde.[767] Seit 1938 hatte Fritz Tarnow (Kopenhagen, ab 1940 Stockholm) die Leitung.[768] Beim IGB (Generalsekretär Schevenels) in Paris unterhielt die ADG ein Sekretariat. Es wurde vom Landesleiter Bruno Süss[769] betreut wurde, der auch die wöchentlich erscheinende „Pressekorrespondenz" der ADG herausgab. Die ADG arbeitete eng mit der Sopade zusammen. Sie wurde deswegen sowie wegen des Versagens in der illegalen Arbeit und der geplanten Wiedereinsetzung der alten Gewerkschaftsführung nach dem Kriege von Gewerkschaftern wie Walter Auerbach und dem ISK kritisiert. Mit der Verlegung des IGB-Büros nach London 1940 lösten sich die französische Landesgruppe und das ADG-Sekretariat auf. Anfang 1940 bestanden sieben Landesverbände der ADG, den britischen leitete Gottfurcht.

Gottfurcht war auch Leiter der im Herbst 1939 gegründeten „Londoner Vertretung der Freien Arbeiter-, Angestellten- und Beamtengewerkschaften". Er stand der Politik der ADG-Spitze aufgrund seiner Erfahrungen in der Illegalität kritisch gegenüber und teilte die Position Auerbachs. Gottfurcht stellte Anfang 1940 den Kontakt zu den sozialistischen Gruppen her und nahm auch christliche Gewerkschafter in die „Londoner Vertretung" auf. Nach der Unterbrechung durch die Internierung wurde im Februar 1941 in Fortsetzung der integrativen Politik Gottfurchts aber auch als Ergebnis der britischen Strategie der „Europäischen Revolution" die „Landesgruppe deutscher Gewerkschafter in Großbritannien" konstitu-

---

767 Zur LdG und ihrer Vorgeschichte vgl. Röder, Exilgruppen, S. 54ff., 239ff.; Max Oppenheimer, Aufgaben und Tätigkeiten der Landesgruppe deutscher Gewerkschafter in Großbritannien. Ein Beitrag zur Vorbereitung der Einheitsgewerkschaft, in: Exilforschung 5, 1987, S. 241–256.
768 Vgl. Dieter Günther, Gewerkschafter im Exil. Die Landesgruppe deutscher Gewerkschaften in Schweden 1938–1945. Marburg 1982.
769 Süss, Bruno, 1876–1940, Gewerkschaftsfunktionär, SPD, ab 1924 Gauleiter ZdA Düsseldorf u. Bezirksleiter AfA-Bund Rheinland/Westfalen, 1933 Emigration Saargebiet, 1935 Niederlande, Frankreich, 1937–39 Redakteur des Nachrichtendienstes der ADG, 1937 Beteiligung an dem Versuch eines Zusammenschlusses von ADG und kommunistischen Gewerkschaftsorganisationen, 1938 Wahl zum Sekretär des ADG-Länderkomitees, Leiter des ADG-Landesverbandes Frankreich, befürwortete im Gegensatz zu Tarnow einen aktiveren Kurs der ADG.

iert.[770] Darauf deutet die der Gründung zugrundeliegende Vereinbarung zwischen TUC und IGB, unter Ausschluß der ADG, hin.[771] Die Mitglieder der LdG hatten gleichzeitig Mitglied einer der britischen Fachgewerkschaften zu sein. Die LdG war dem IGB angeschlossen und hatte in dessen provisorischen Gremien Sitz und Stimme. Die LdG verstand sich nicht als Repräsentantin der früheren deutschen gewerkschaftlichen Organisationen, sondern als Vertreterin der deutschen Arbeitnehmer in Großbritannien unter der Wahrung der deutschen gewerkschaftlichen Traditionen.[772] Nach ihren Richtlinien beabsichtigte sie, „alle deutschen Arbeitnehmer zu erfassen, ohne Rücksicht auf ihr Religionsbekenntnis oder auf ihre politische Überzeugung".[773] Die Landesgruppe war damit als Einheitsgewerkschaft angelegt.[774]

Die LdG war demokratisch strukturiert. Eine jährlich stattfindende Delegiertenversammlung wählte einen Arbeitsausschuß, dessen Vorsitz Hans Gottfurcht innehatte. Der Arbeitsausschuß, der sich etwa 14tägig traf, setzte sich zunächst aus dem politischen Spektrum der Union zusammen.[775] Es ist für das Verständnis der Arbeit der Union nicht unwichtig zu wissen, daß sich die Mitglieder des Exekutivkomitees in etwas erweiterter Form regelmäßig auch in der LdG trafen.

Die LdG zählte 1941 rd. 200–250 Mitglieder, die fast alle vor 1933 im ADGB organisiert gewesen waren.[776] Nach dem Kriegseintritt der Sowjetunion auf der Seite der Alliierten wurden seit Ende 1941 auch Kommunisten aufgenommen. Durch strenge Aufnahmebestimmungen und eine restriktive Wahlordnung wurde deren Zahl und Einfluß in Grenzen gehalten. Erst 1944 wurden erstmals Kommunisten in den Arbeitsausschuß gewählt.[777] Der Arbeitsausschuß war zwar das entscheidende Gremium der LdG, die Arbeit der LdG wurde jedoch in starkem Maße von ihrem Vorsitzenden Gottfurcht geprägt. Wie Röder feststellt, war es trotz parteipolitischer Gegensätze „auf Grund von abgesprochenen Kompromissen und der

---

770 Das Archiv der LdG findet sich im Nachlaß Gottfurcht im AdsD Bonn, HBA und im Teilnachlaß Gottfurcht im Archiv Dr. Gerhard Beier, Kronberg. Weitere wichtige Materialien enthalten die Bestände PV und ISK im AdsD Bonn und der Nachlaß Koenen im SAPMO Berlin.
771 Vgl. Röder, Exilgruppen, S. 59.
772 Vgl. die Richtlinien der LdG vom Februar 1941, abgedruckt bei Röder, Exilgruppen, S. 256ff.
773 Zit. nach Röder, Exilgruppen, S. 256.
774 Vgl. hierzu auch Nr. 322.
775 1941/42 gehörten dem Arbeitsausschuß an: Hans Gottfurcht (SPD) als Vorsitzender, Anna Beyer (ISK), Willi Derkow (SPD), Willi Eichler (ISK), Herta Gotthelf (SPD), Heinrich Kamnitzer (parteilos, später KPD), Wilhelm Sander (SPD), Erwin Schoettle (NB), Paul Walter (SAP), Kurt Weckel (SPD); vgl. Röder, Exilgruppen, S. 60. – Dr. Heinrich Kamnitzer, *1917, Emigration GB, Mitglied FDKB, 1941 Arbeitsausschuß d. LdG (zunächst parteilos, dann für KPD), Mitherausgeber des gewerksch. Deutschlandprogramms vom Frühjahr 1945, 1946 SBZ, 1950–55 Professor für neuere Geschichte Humboldt-Universität Berlin.
776 Vgl. Oppenheimer, Aufgaben, S. 245.
777 Karl Becker, Hans Schilde, Friedrich Weidmann, Max Oppenheimer.

Disziplin der Mitglieder gelungen, eine relativ erfolgreiche ‚selbständige Politik im Sinne internationaler gewerkschaftlicher Grundsätze‘ zu verfolgen".[778] Die LdG repräsentierte die wichtigste Emigrantenorganisation in Großbritannien, in der Sozialdemokraten und Kommunisten zusammenarbeiteten; sie wurde zum Modell für die Einheitsgewerkschaft der Nachkriegszeit.

Nach der Zulassung der Kommunisten stieg die Zahl der Mitglieder bis Ende 1943 auf 674, größtenteils lebten sie außerhalb Londons in Ortsgruppen in Leeds, Yorkshire, Manchester, Glasgow etc. Im September 1942 wurde zur Betreuung der vielen jugendlichen Mitglieder eine Jugendkommission gebildet, der Anna Beyer (Vorsitzende), Hans Jahn und Heinz Putzrath angehörten. Im Juli 1944 wurde Max Oppenheimer[779] (KPD) als Vertreter der Arbeitsgemeinschaft jüngerer Mitglieder in den Arbeitsausschuß gewählt.[780]

Von besonderer Bedeutung für die LdG und damit indirekt für die Union waren die Verbindungen Gottfurchts zu den britischen und internationalen Gewerkschaftsorganisationen wie TUC, IGB und ITF. Darüber hinaus liefen über Gottfurcht die Kontakte zur New Commonwealth-Bewegung von Lord Davies und zur Federal Union. Auch zu britischen Nachrichtendiensten besaß Gottfurcht gute Verbindungen, und die Zusammenarbeit mit dem OSS wurde über ihn in die Wege geleitet.

Gottfurcht gab vom März bis November 1941 neun Nummern einer LdG-eigenen monatlich erscheinenden Zeitung, „Die Arbeit" heraus.[781] Außerdem veröffentlichte die LdG eine Reihe von Broschüren zu gewerkschaftlichen Fragen und gab im Frühjahr 1945 unter dem Titel „Die neue deutsche Gewerkschaftsbewegung" die Programmvorschläge für einen einheitlichen Gewerkschaftsbund heraus.[782]

Neben der Arbeit als gewerkschaftliche Interessenvertretung war die Tätigkeit der LdG ebenso wie der Union vor allem auf die Vorbereitung der Rückkehr nach Deutschland gerichtet. Seit Spätsommer 1943 arbeiteten drei Arbeitsgemeinschaften (Organisationsfragen, Wirtschafts- und Sozialpolitik, Kultur und Erziehung) an Programmentwürfen für die Gestaltung Nachkriegsdeutschlands und den Aufbau von Gewerkschaften.[783] Bei ähnlicher thematischer Struktur war der Personenkreis (sieht man von den Kommunisten ab) mit dem der Unions-Arbeitsgemeinschaften

---

778 Vgl. Röder, Exilgruppen, S. 61. Das Zitat bezieht sich auf ein Schreiben Ollenhauers an Heine vom 11.6.1944.
779 Oppenheimer, Max, *1919-94, 1932/33 Deutsche Jungenschaft 1.11., 1935–38 Ring-Bund jüdischer Jugend, 1939 GB, 1941 FDKB, 1942 LdG, FDJ, 1943 FDB, 1947 Rückkehr nach Deutschland.
780 Oppenheimer, Aufgaben, S. 249.
781 Vgl. hierzu Maas, Handbuch, Bd. 1, S. 73f.; Huß-Michel, S. 184ff.
782 Vgl. die Liste der Veröffentlichungen bei Röder, Exilgruppen, S. 304.
783 Vgl. hierzu Röder, Exilgruppen, S. 240ff.

weitgehend identisch. In den Ende 1944 vorgelegten Vorschlägen für die künftige Gewerkschaftsbewegung in Deutschland einigte sich die LdG auf „den Neuaufbau einer einheitlichen, von Staat und Parteien unabhängigen und nach dem Industrieprinzip gegliederten Gewerkschaftsbewegung"[784] Über das Deutschlandprogramm kam es im Frühjahr 1945 zum Streit.[785] Es wurde in seiner Endfassung nicht mehr von der LdG sondern von den führenden nichtkommunistischen Mitgliedern herausgegeben, da die KPD „das Bekenntnis zu einer autonomen Politik der deutschen Arbeiterbewegung nach Kriegsende entweder als ‚hoffnungslos utopistisch' oder aber als Unterstützung der reaktionären Kräfte des Westens werten mußte".[786]

Trotz dieser Konflikte wurde die LdG auf Weisung des IGB bis zur Auflösung Ende 1945 weitergeführt. Die Abschlußerklärung vom 17. November 1945, die wiederum von allen politischen Richtungen gemeinsam getragen wurde, erklärte als Ziel: „Die Schaffung einer einheitlichen, alle Richtungen umfassenden, freien und demokratischen Gewerkschaftsbewegung."[787] Die nach Deutschland zurückkehrenden Mitglieder der LdG bildeten in der Tat den personellen Kern der Führung der neuen Gewerkschaften und nahmen in den Westzonen entscheidend Einfluß auf deren Aufbau und Prägung.[788] Hans Gottfurcht kehrte zwar nicht für ständig nach Deutschland zurück und blieb im Hintergrund, aber er war der entscheidende Koordinator des Wiederaufbaus der Gewerkschaften in den Westzonen. Viele Mitglieder der LdG waren in der Nachkriegszeit in führenden Positionen in den westdeutschen Gewerkschaften tätig: Karl Becker (Abteilungsleiter bei IG Bergbau), Werner Hansen[789] (zunächst rechte Hand Hans Böcklers, dann Landesbezirksvorsitzender des DGB in Nordrhein-Westfalen), Hans Jahn (Vorsitzender der Eisenbahnergewerkschaft), Paul Kronberger[790] (leitender Funktionär der Angestelltengewerkschaft in Hessen bzw. der DAG), Ludwig Rosenberg (DGB-Vorsitzender).

---

784 Vgl. Röder, Exilgruppen, S. 242.
785 Vgl. Nr. 166–168.
786 Vgl. Röder, Exilgruppen, S. 242.
787 Die Auflösungserklärung vom 17. November 1945 ist abgedruckt bei Röder, Exilgruppen, S. 294–296, hier S. 294; vgl. dazu auch Oppenheimer, Aufgaben, S. 252f.
788 Der Einfluß der LdG auf den FDGB war gering. Lediglich Erich Krautter (Berlin) und Hans Schilde (Dresden) hatten größeren Anteil am Aufbau des FDGB. Vgl. Oppenheimer, Aufgaben, S. 253.
789 Das ist Willi Heidorn.
790 Das ist Paul Walter.

VIII. Editionstechnische Hinweise

Ausgangspunkt und Schwerpunkt der Edition sind die Protokolle der Leitungsgremien der Union und ihrer Mitgliedsorganisationen, ersatzweise Berichte und gleichwertige Dokumente. Außerdem wurden aufgenommen, Dokumente der genannten Organisationen, die in der ursprünglichen Überlieferung den Protokollen beilagen oder in diesen Beratungen beschlossen wurden.

Die Edition[791] gibt die Protokolle und Dokumente im Wortlaut wieder. Liegen von Sitzungen sowohl Protokolle als auch Sekundärüberlieferungen vor, so wird das Protokoll abgedruckt. Inhaltliche Abweichungen oder Ergänzungen der Sekundärüberlieferungen werden in einer Anmerkung dokumentiert. Liegt nur eine Sekundärüberlieferung vor, wird jeweils das vollständige Dokument abgedruckt. Dieses Prinzip gilt auch für ergänzende Dokumente. In Ausnahmefällen, z.B. bei den umfangreichen ISK-Berichten wird auf eine vollständige Wiedergabe verzichtet, die Auslassungen sind in den Anmerkungen kurz zusammengefaßt. Von Resolutionen, Programmen etc., die mehrfach überarbeitet wurden, wird nur die letzte, veröffentlichte Fassung aufgenommen. Auf Abweichungen zum ersten Entwurf oder früheren Fassungen wird bei geringen Differenzen in Anmerkungen hingewiesen, im anderen Falle die Fundstelle angegeben.

In den Kopfregesten der Dokumente befinden sich jeweils die laufende Dokumentennummer, eine kurze Beschreibung des Dokuments und der Fundort. Bei mehrfach dokumentierten Quellen wie z.B. den handschriftlichen Notizen Heines und Gottfurchts werden in der Einleitung Angaben zu ihrer Form (handschriftlich, maschinenschriftlich, Druck) gemacht, bei Einzeldokumenten, die nicht in maschinenschriftlicher Form vorliegen, wird die Abweichung in der Anmerkung beim Quellennachweis vermerkt. Ergänzungen des Bearbeiters sind durch eckige Klammern gekennzeichnet. Lücken im Text werden mit Punkten in eckigen Klam- mern angezeigt, Auslassungen durch den Herausgeber durch zusätzliche Fußnoten erklärt. Schreibweisen von Eigennamen wurden vereinheitlicht, dabei wird der im Editionszeitraum (1941–46) verwendete Name zugrunde gelegt. Auf abweichende Schreibweisen in der Vorlage wird in einer Fußnote hingewiesen. In der Vorlage befindliche Korrekturen wurden eingearbeitet, die ursprüngliche Fassung wird nur bei inhaltlichen Varianten dokumentiert, die für gedankliche Entwicklungen, Lageeinschätzungen und taktische Überlegungen aufschlußreich sind. Hervorhebungen in der Vorlage werden in Normalschrift wiedergegeben, jedoch in den Anmerkungen kenntlich gemacht. Dies gilt nicht, wenn z.B. in einem Redemanuskript Unterstreichungen für die Schwerpunkte bzw. Betonungen vorgenommen wurden. Bei gleichförmigen Unterstreichungen, z.B. der Überschriften, wird darauf in einer An-

---

791 Die Hinweise orientieren sich an den Vorgaben der Sopade-Edition von Buchholz/Rother, S. LXf.

merkung zu Beginn des Textes hingewiesen. Die Namen der Sprecher in den Protokollen werden unabhängig von der Vorlage hervorgehoben, in der Regel sind die Rednernamen in der Vorlage unterstrichen, was in den Anmerkungen nicht gesondert dokumentiert wird. Handschriftliche Randanstreichungen in der Vorlage werden nicht wiedergegeben, handschriftliche Korrekturen werden, nur sofern sie von fremder Hand erfolgten, in den Anmerkungen im einzelnen dokumentiert.

Stillschweigend verbessert wurden Interpunktionsfehler, offensichtliche kleine Rechtschreibfehler und Schreibweisen, die auf Schreibmaschinen ohne Umlaute und „ß" zurückzuführen sind. Auch anglisierte Schreibweisen wie „federiert" statt föderiert u. ä. sind stillschweigend richtiggestellt. In einzelnen Fällen sind Überschriften, Organisationen und Familiennamen in Großbuchstaben gehalten, dies wurde nicht übernommen und auch nicht vermerkt. Bei den handschriftlichen Aufzeichnungen Heines wurden „ // " durch Absätze ersetzt, die Interpunktion ergänzt, Zeichen wie „+" und „&" aufgelöst. Häufig verwendete Abkürzungen werden im Abkürzungsverzeichnis aufgelöst, die übrigen Abkürzungen im Text.

Sachverhalte und Begriffe, die nicht aus dem Zusammenhang der Protokolle erschließbar sind und nicht dem Bereich des Allgemeinwissens zugeordnet werden können, werden in Anmerkungen knapp erläutert. Dort werden auch Pseudonyme – jeweils bei der ersten Erwähnung im Dokument – aufgelöst. Biographische Daten werden, soweit ermittelt[792], in der Regel bei der ersten Erwähnung des Namens angegeben. Sie werden im Personenregister durch Kursivdruck erschlossen.

---

792 Die biographischen Angaben stützen sich auf das Biographische Handbuch der deutschsprachigen Emigration; Buchholz/Rother und eigene Recherchen.

Verzeichnis der Dokumente

II. Sozialdemokratische Partei Deutschlands (Parteivorstand und sozial-demokratische Landesorganisation)

III. Internationaler Sozialistischer Kampfbund

IV. Neu Beginnen

V. Sozialistische Arbeiterpartei Deutschlands

Dokumente

I.
Union deutscher sozialistischer Organisationen in Großbritannien

NR. 1

Protokoll der ersten Vorbesprechung zur Gründung der Union am 25. Februar 1941

AdsD Bonn, PV-Emigration, Mappe 4[1]

Besprechung mit den Vertretern der sozialistischen Gruppen am 25. Februar 1941, vormittags 11 Uhr im Bloomsbury House[2]

Anwesend: Hans Vogel, Erich Ollenhauer, Wilhelm Sander (SPD),
Fröhlich (SAP), Eichler (ISK), Schoettle (Neu Beginnen),
Gottfurcht (Gewerkschaften).

Hans Vogel eröffnet und leitet die Sitzung. Seine einleitenden Ausführungen sind in der Anlage wiedergegeben.

In der Aussprache[3] spricht zuerst **Eichler**. Er teilt die Meinung Vogels, daß die Zeit für die Vorbereitung einer organisatorischen Einigung der sozialistischen Gruppen und die Schaffung einer sozialistischen Einheitspartei noch nicht gekommen sei. Wir sollten zuerst die rein praktischen Fragen in Angriff nehmen, die sich für uns in der gegenwärtigen Situation in England ergeben. Er halte es jedoch für sehr wesentlich, daß wir uns nicht auf England beschränken, sondern daß wir auch die Schaffung ähnlicher Arbeitsgemeinschaften in anderen Ländern, vor allem in USA, ins Auge fassen. Eichler unterstreicht die Notwendigkeit einer Klärung unserer Stellung zum Krieg. Die von Vogel erwähnte Broschüre: „Der kommende Krieg" ist nicht von der Pariser Arbeitsgemeinschaft herausgegeben worden.[4] Der ISK hat sie nicht unterschrieben, weil er ihren Inhalt

---

1 Zur gleichen Sitzung liegt eine kurze Zusammenfassung mit gleichem Inhalt von Hans Gottfurcht vor. In: Archiv Dr. Gerhard Beier, Kronberg, TNL Gottfurcht, Akte O I.
2 Im Bloomsbury House in der Great Russell Street (in der Nähe des British Museum) befand sich der Sitz des Central Committee for Refugees und der verschiedenen Flüchtlingshilfsorganisationen. Dazu gehörte auch der International Solidarity Fund (ISF, entspricht dem Matteotti-Komitee), der die sozialistischen Emigranten betreute. Die einzelnen von Stiftungen betreuten Gruppen – sie waren nach deren Führungspersonen benannt (Sander-Gruppe = Sozialdemokraten) – besaßen im Bloomsbury House Büros. Im Büro der Sander-Gruppe (Raum 65) fanden bis Juni 1942 Sitzungen des EK statt. Zu den Hilfsorganisationen vgl. Röder, Exilgruppen, S. 22 bis 27, Lowenthal, Bloomsbury House.
3 Vorlage: „Aussprache" ms. unterstrichen.
4 Die „Arbeitsgemeinschaft für Innenarbeit", die kurz darauf in „Arbeitsgemeinschaft für sozialistische Inlandsarbeit" umbenannt wurde, war am 16. September 1938 in Paris gegründet worden. Ihr gehörten die Auslandsvertretung der österreichischen Sozialisten (AvöS), NB, die SAP und die sozialdemokratische Grenzarbeitsgruppe Mulhouse/Elsaß (Emil Kirschmann, Hans Hirschfeld, Max Moritz Hoffmann) an, nicht aber der SPD-Landesverband Frankreich. Die Broschüre „Der kommende Weltkrieg, Aufgaben und Ziele des deutschen Sozialismus. Eine Diskussionsgrundla-

für falsch hielt. Sie ist auch unter ganz anderen Umständen geschrieben worden als sie heute bestehen. Wir haben durch unsere praktische Haltung bewiesen, daß wir unsere Aufgabe während des Krieges erfüllen wollen. Was die Stellung zum Pionierkorps[5] angeht, so ist zu bemerken, daß einige unserer Mitglieder die Uniform tragen. Es handelt sich hier nicht um eine prinzipielle, sondern um eine praktische Frage. Wenn eine andere Mitarbeit auf politischem Gebiet gegeben ist, soll man sie vorziehen. Was die praktischen Aufgaben angeht, so ist es sicher wichtig, wenn wir unsere Erfahrungen über die Wiederaufnahme der Verbindungen nach Deutschland austauschen. Dann kommt die Frage der Mitarbeit im BBC.[6] Es wird wichtig sein, dort unsere Arbeitsgemeinschaft zur Geltung zu bringen, damit der Einfluß der zufälligen Einzelverbindungen zurückgedrängt wird. Für später sollten wir auch das Projekt der Herausgabe einer gemeinsamen Zeitung ins Auge fassen.

Schoettle unterstreicht, daß unbedingte Loyalität und Kameradschaft die Voraussetzung für eine erfolgreiche Zusammenarbeit ist. Die Internierung[7] und die Entwicklung des Krieges haben manche Schwierigkeiten schon abgemildert. Soweit bisher eine Zusammenarbeit erfolgte, ist sie befriedigend verlaufen. Eine einheitliche Partei ist in der Emigration ohne die Verankerung in Deutschland selbst nicht zu schaffen. Für die gemeinsame Arbeit muß auch eine Basis in gemeinsamen Auffassungen gegeben sein. Wir glauben, daß sie heute gefunden werden kann. Die von Vogel erwähnte Broschüre ist keine Veröffentlichung der an der Pariser Arbeitsgemeinschaft beteiligten Gruppen. Sie ist das Ergebnis von Diskussionen einzelner Mitglieder der Gruppen. Sie ist auch unter ganz anderen Bedingungen veröffentlicht worden, sie erschien vor dem Abschluß des Hitler-Stalin-Paktes und vor Kriegsausbruch. Die Niederlage Hitlers und die Beseitigung der faschistischen Beherrschung Europas muß ein Kriegsziel der sozialistischen Emigration sein. Aus dieser Überzeugung müssen wir auch die praktischen Konsequenzen ziehen. Wir haben das in unserer Arbeit hier getan. Die Frage der Meldung für das Pionierkorps muß rein zweckmäßig und individuell entschieden werden. Sie richtet sich nach den Fähigkeiten des Einzelnen, und wir haben unsere Mitglieder in diesem Sinne beraten. Entscheidend ist die aktive Mitarbeit. Die Formulierungen der vorgelegten Entschließung[8] möchte ich mir noch mit meinen Freunden überlegen. Hinsichtlich der praktischen Aufgaben sehe ich eine ganze Reihe von Möglichkeiten. Wir müssen uns

---

ge" war kurz vor Kriegsbeginn 1939 in Paris herausgegeben worden. Zu den Verfassern gehörten Joseph Buttinger (RSÖ), Karl Frank (NB), Richard Löwenthal (NB) und Josef Podlipnig (RSÖ). Vgl. auch Einleitung, Abschnitt V.

5 Zum Pioneer-Corps vgl. Einleitung, Abschnitt I.
6 Als Vorbild mochte Eichler das Beispiel des „Senders der Europäischen Revolution" vorschweben, in dem NB (Waldemar von Knoeringen, Werner Klatt, Richard Löwenthal) unter der wohlwollenden Aufsicht von Richard Crossman praktisch freie Hand hatte. Vgl. Einleitung, Abschnitt I. und V.
7 Zur Internierung vgl. Einleitung, Abschnitt I.
8 Vgl. Nr. 3, Protokoll vom 4. März 1941.

verständigen über die Kontakte, die bereits in der Propagandaarbeit bestehen. Eine wichtige Möglichkeit dürfte sich beim Ausbau der Arbeiterstunde des BBC[9] ergeben. Im allgemeinen ist zu sagen, daß wir diese Arbeit so ansehen müssen, daß es nicht darauf ankommt, Domänen zu schaffen. Die Ausdehnung der Zusammenarbeit ist sicher keine vordringliche Aufgabe, aber wir sollten sie mit ins Auge fassen, vor allem soweit die USA in Frage kommen.

Fröhlich unterstreicht noch einmal, daß seine Gruppe die Initiative zur Zusammenarbeit begrüßt. Die SAP ist insofern in einer besonderen Lage, als ihre Leitung nicht in England ist.[10] Fröhlich legt deshalb Wert darauf, sich in jedem Fall mit seinen hiesigen Freunden zu besprechen. Für eine erfolgreiche Zusammenarbeit ist ein Minimum von Gemeinsamkeiten notw[endig.] Was die Kriegsbroschüre der Arbeitsgemeinschaft angeht, so hat Schoettle bereits alles wesentliche über diese Veröffentlichung gesagt, ich k[ann] seine Erklärungen nur unterstreichen. Unsere Stellung zum Pionierko[rps] haben wir eingehend diskutiert. Wir sind der Meinung, daß ein Sozial[ist] aus prinzipiellen Gründen nicht die Uniform eines anderen Landes tragen kann. Wir müssen überhaupt in unserer gesamten Arbeit den größten Wert auf unsere politische Unabhängigkeit legen. Hinsichtlich des Textes der Erklärung bittet Fröhlich um die Möglichkeit einer Überprüfung in seinem Kreise. Er sei mit Eichler und Schoettle der Meinung, daß die Erklärung auch unsere sozialistische Zielsetzung im gegenwärtigen Kampf erkennen lassen müsse, und daß wir in dieser Erklärung unsere politische Selbständigkeit unterstreichen müßten. Es müssen nicht nur die Gemeinsamkeiten mit unseren heutigen Verbündeten, sondern auch die Unterschiede erkennbar sein.

Gottfurcht verweist darauf, daß er hier als Gewerkschaftsvertreter teilnehme. Man müsse später entscheiden, in welcher Form die Gewerkschaften an dieser Zusammenarbeit beteiligt werden sollen, vielleicht sei es a[m] besten, wenn man die frühere Form der gegenseitigen Vertretung wieder [auf]nehme. Hinsichtlich der Ausdehnung der Arbeitsgemeinschaft auf andere [Län]der sei er der Meinung, daß England vorangehen müsse. Die praktische [Lei]stung werde die beste Propaganda für die Ausdehnung dieser Zusammenarbeit auf andere Länder sein. Eine Aufgabe der Arbeitsgemeinschaft könne auch darin bestehen, daß man den zahlreichen Außenseitern, die sich heute Positionen

---

9 Die „Arbeiterstunde" gehörte zum Arbeiterprogramm der BBC, das von Patrick Gordon Walker geleitet wurde. Die BBC-Arbeitersendungen wurden Montag und Donnerstag morgens um 5 Uhr und 5.30 Uhr, abends um 7 Uhr ausgestrahlt (SM, Nr. 24 v. 1.4.1941). Walker, Mitglied der LP, gehörte dem Kreis Socialist Clarity Group an, die NB nahestand. Beiträge für die Sendungen verfaßten u.a. Karl Anders, Paul Anderson, Willi Eichler, Werner Klatt, Waldemar von Knoeringen, Richard Löwenthal, Ludwig Rosenberg. Vgl. Pütter, Rundfunk, S.87–93.

10 Die SAP verfügte nach Kriegsbeginn über keine zentrale Leitung mehr. Auslandsleiter Jakob Walcher war aber anscheinend über die Verhandlungen informiert und am Zustandekommen der Union interessiert, wie ein Brief Fröhlichs an Hans Vogel vom 10.3.1941 zeigt. AdsD Bonn, PV-Emigration, Mappe 139. Zur SAP vgl. Einleitung, Abschnitt VI, Drechsler, SAP, S.337ff; Foitzik, Fronten, S. 113f; Röder, Exilgruppen, S.43f.

geschaffen haben, gewisse Schranken auferlegt. Auf jeden Fall beweise die Zusammenarbeit in der Gewerkschaftsgruppe, daß eine fruchtbare Arbeitsgemeinschaft möglich sei. Hinsichtlich der Pionierfrage sei festzustellen, daß man sie nicht zu einer prinzipiellen Frage erheben dürfe. Notwendig sei die Unterstreichung der politischen Selbständigkeit. Das liege auch in der Formulierung der Entschließung: „als verbündete Kraft". Notwendig sei ferner eine baldige positive Beendung der Verhandlungen, um allen anderen Versuchen entgegenzuwirken.

Ollenhauer: Bezüglich der Ausdehnung der Arbeitsgemeinschaft auf andere Länder wollen wir vorsichtig vorgehen angesichts der Schwierigkeiten einer Verständigung mit den Genossen in den anderen Ländern. Wenn wir hier praktische Arbeit leisten, wird das Beispiel am besten wirken. Nach unserer Auffassung ist die Meldung zum Pionierkorps nicht anders zu bewerten als die Mitarbeit in der Propaganda. Unsere Verantwortung ist sogar größer als die eines einfachen Genossen, der sich zum Pionierkorps meldet. Man dürfe jedenfalls diese Frage nicht zu einer prinzipiellen Frage machen. Die Frage unserer Selbständigkeit steht für uns außer Diskussion. Unsere Formulierung „als verbündete Kraft" bringt das nach unserer Meinung klar zum Ausdruck. Wenn man eine andere Formulierung wählen will, dann sollte man daran denken, daß sie nicht als eine negative Formulierung aufgefaßt wird. Unsere Formulierung „mit allen, die für die Freiheit und Kultur Europas kämpfen" soll auch eine Abgrenzung sein, denn Strasser[11] und die Kommunisten[12] sind auch Gegner Hitlers, aber wir lehnen sie als Bundesgenossen ab. Ollenhauer empfiehlt, die Abänderungsvorschläge bis Ende der Woche einzureichen und dann am kommenden Dienstag erneut Stellung zu nehmen.

Vogel unterstreicht die Ausführungen Ollenhauers, vor allem hinsichtlich der politischen Selbständigkeit unserer Arbeit. Er sei damit einverstanden, daß man die Frage des Pionierkorps nicht zu einer Frage des Prinzips machen solle, aber weder im positiven noch im negativen Sinne. Unsere Erklärung ist lediglich ein Entwurf, er steht heute nicht zur Abstimmung, wir werden darüber in der nächsten Woche entscheiden können.

---

11 Die Erwähnung bezieht sich vermutlich auf den von der SPD-Führung abgelehnten Aufruf Otto Strassers (u.a. gemeinsam mit Kurt Singer und Hugo Efferoth, beide SPD) vom Januar 1941, der zur Gründung einer „Frei-Deutschland-Bewegung" unter Führung von Strasser, Hermann Rauschning, Gottfried R. Treviranus, Sollmann, Jaksch, Heinrich Brüning aufrief. Röder, Exilgruppen, S.64ff., 131; Strasser, Exil. – Rauschning, Hermann, 1887, 1933 als Nationalsozialist Präsident des Senats der Freien Stadt Danzig, nach Zerwürfnis mit NS Emigration 1937 Schweiz, 1938 F, 1939 GB, 1941 USA. Enge Verbindungen zur bürgerlichen Emigration, gute Kontakte mit britischen und amerikanischen Regierungsstellen. – Treviranus, Gottfried R., 1891–1971, DNVP-Politiker, Minister, 1934 Emigration GB, 1940 Kanada, 1943 USA, 1947 Rückkehr nach Deutschland – Brüning, Heinrich, 1885–1970, Zentrumspolitiker, 1924–33 MdR, 1930–1932 Reichskanzler, Emigration 1933–1939 Westeuropa und zeitweise USA, 1939 USA, Professor für Staatswissenschaften in Havard, 1951–55 Professor in Köln, Rückkehr in die USA.

12 Vgl. Einleitung, Abschnitt II.3.1.

Fröhlich wünscht, daß in der Frage der politischen Selbständigkeit eine eindeutige Formulierung gefunden wird, damit jeder unsere Stellung kennt. Er glaube, daß man als Sozialist die Teilnahme am Pionierkorps nicht empfehlen könne, denn der Pionier stehe unter Militärrecht und sei dann nicht mehr Herr seiner persönlichen Entscheidung.

Schluß der Sitzung 1 Uhr. Nächste Sitzung Dienstag, den 4. März 1941.

Nachtrag zu **Eichler**: (Seite 1[13]): Eichler wünscht einige Änderungen in der Formulierung der Entschließung. Wir müssen klarer erkennen lassen, daß die Niederwerfung Hitlers und die Beseitigung des neuen deutschen Militarismus nicht das einzige Ziel der deutschen Sozialisten in diesem Krieg sei, sondern daß zur Sicherung eines dauerhaften Friedens in Deutschland noch andere Aufgaben zu erfüllen sind. Auch die Formulierung „aller Kräfte, die für die Freiheit und die Kultur Europas kämpfen" ist zu allgemein gehalten. Wir werden uns Vorschläge für neue Formulierungen überlegen.

---

13 Siehe oben bei Anfang des Protokolls.

NR. 2

Niederschrift der Rede Hans Vogels in der ersten Vorbesprechung zur Gründung der Union am 25. Februar 1941

Anlage zum Protokoll vom 25. Februar 1941

AdsD Bonn, PV-Emigration, Mappe 4

Einführungsworte in der 1. gemeinsamen Sitzung mit den Vertretern der SAP, Neu Beginnen, ISK und den Gewerkschaften.

Wir werden heute noch keine definitive Entscheidung treffen können, sondern uns darauf beschränken müssen, in offner, rückhaltloser Aussprache die gegenseitigen Auffassungen kennenzulernen, und untersuchen, in welchem Umfange wir gemeinsame Aufgaben sehen und wie wir sie verwirklichen können. Über den Verlauf und das Ergebnis unserer Aussprache müßte den Freunden berichtet werden, und erst dann könnten in einer nächsten Sitzung Beschlüsse gefaßt werden. Wir müssen mit sehr vielem guten Willen an unsere Aufgabe herangehen, mit absoluter gegenseitiger Loyalität und unter Ablehnung auch des leisesten Versuches gegenseitiger Konspiration und Aushöhlung der gegenseitigen Positionen.

Wenn die Vor[be]sprechungen[1] so lange Zeit in Anspruch genommen haben, ist das z.T. auch auf Bedenken zurückzuführen, denen wir bei einem Teil unserer eigenen

---

1 Zu den Besprechungen Vogels mit Sozialdemokraten im Januar 1941 s. Einleitung, Abschnitt III.1. – Im Notizkalender Ollenhauers sind von seiner Ankunft in London am 14.1.1941 bis zum 25. Februar folgende Gesprächstermine notiert, die vermutlich Vorbesprechungen dienten:

14.1.	Ankunft bei Wilhelm Sander		Loeb
16.1.	Gillies (LP-ID)	5.2.	Gillies
19.1.	Herta Gotthelf (SPD)		Jaksch – Walker (BBC, LP)
20.1.	Van Oldenbrook (ITF)	6.2.	Höltermann
21.1.	Walter Loeb (SPD)		Gillies
22.1.	Gottfurcht (LdG), G. T. Mayer		Price (TUC)
23.1.	Jahn und Auerbach	10.2.	Price
	(ITF, Gewerkschaftsgruppe)		Schiff
	Schiff (SPD)		Carthy (TUC)
	Menne (SPD)	12.2.	Pollak (RSÖ)
24.1.	Gillies		Gillies
	Schoettle (NB)	13.2.	Höltermann – Braun
27.1.	Fröhlich (SAP)	14.2.	Versammlung (Union)
28.1.	Gillies	16.2.	60. Geburtstag Hans (Vogel)
30.1.	Gillies	19.2.	Gottfurcht
	Schiff	20.2.	SPD
	Jaksch (DSAP)	22.2.	Gordon Walker
31.1.	Höltermann (SPD)		Gillies – Loeb
2.2.	Jaksch, (Max) Braun (SPD)		Jaksch
4.2.	Eichler (ISK)	25.2.	11 Uhr Arbeitsgemeinschaft

Genossen begegnet sind und die heute noch nicht völlig beseitigt sind. Diesen Bedenken würde ich um so größere Bedeutung zumessen, wenn es sich um die Schaffung einer organisatorischen Einheit, um die Einheitspartei handeln würde. Darum geht es aber nicht. Wir wollen lediglich eine gemeinsame Vertretung, eine Repräsentanz – oder wie man die Sache sonst heißen mag – aller in England lebenden sozialistischen deutschen Emigranten bei der Labour Partei, den Gewerkschaften, den Freunden der anderen in England lebenden nationalen sozialistischen Parteien und den verschiedenen Behördenstellen gegenüber. Und wir wollen uns auf England beschränken, da gerade in diesem Lande die deutsche soz[ialistische] Emigration ganz besondere Aufgaben zu erfüllen hat. Selbst bei dieser einschränkenden Aufgabenstellung scheint mir aber gerade wegen dieser besonderen Aufgaben die Klärung einer Frage geradezu Voraussetzung jeder erfolgversprechenden Zusammenarbeit zu sein. Das ist die Frage einer einheitlichen Stellungnahme zum Kriege, zu diesem Kriege.[2] Es wäre doch eine unmögliche Situation für jeden einzelnen von uns und für uns alle zusammen, wenn wir auf eine diesbez[ü]gl[iche] Frage antworten müßten, daß wir diese einheitliche Stellungnahme herzustellen nicht versucht haben oder daß die Auffassungen der in der neuen Stelle zusammengefaßten Parteien und Gruppen diametral einander gegenüberstehen. Unser Vorstand hat gleich bei Ausbruch dazu ganz eindeutig Stellung bezogen und sie bei den verschiedenen Kriegsabschnitten erneuert und ergänzt. Ich nehme an, daß das auch von den anderen Gruppen geschehen ist, mir selbst sind diese Erklärungen nicht bekannt oder nicht mehr in Erinnerung.

Diejenigen unserer Freunde, die unserem Vorgehen bedenklich gegenüberstehen, begründen es u[nter] a[nderem] mit der von dem Pariser Arbeitskreis s[einer] Z[eit] veröffentlichten Broschüre „Der kommende Weltkrieg". Unser Hinweis, daß diese Broschüre unter anderen Voraussetzungen erschienen, vor dem Kriege erschienen ist und nach dem Kriege zurückgezogen wurde, hat ihre Bedenken nicht zu zerstreuen vermocht. Sie sehen in der Zurückziehung lediglich eine Zweckmäßigkeitsfrage. Ich darf die Genossen, deren Freunde an dem Zustandekommen der Broschüre beteiligt waren, wohl bitten, sich dazu zu äußern.

Bei den Vorbesprechungen hat auch die Frage der aktiven Teilnahme der deutschen soz[ialistischen] Emigranten am Kriege eine Rolle gespielt. Möglicherweise sind Ollenhauer und mir dabei Mißverständnisse unterlaufen. Sollten die gemachten Ausführungen aber tatsächlich so gemeint gewesen sein, wie wir sie aufgefaßt haben, müßten wir diese

---

Über die Vorgespräche wird auch in mehreren Briefen berichtet. So betonte Eichler in einem Brief an Eva Lewinski (New York) am 27. Januar 1941: „Wichtig ist für die Zukunft die Frage der Verbindungen. Ich neige auf alle Fälle dazu, die zur Sopade gut zu pflegen." Am 6. Februar 1941 berichtete er ihr über das erste Gespräch am 4. Februar 1941. Korrespondenz Eichler-Lewinski in: AdsD Bonn, ISK, Box 39. Schoettle berichtete am 24.1.1941 an Eichler (ebd.) und Fröhlich über sein Gespräche mit Vogel und Ollenhauer. IISG Amsterdam, Neu Beginnen, Mappe 22. – Braun, Max, 1892–1945, Vorsitzender d. SPD im Saargebiet, 1935 Emigration Frankreich, 1940 GB, Anschluß an die Gruppe um Höltermann, Mitarbeit bei Rundfunkpropaganda der SOE.

Auffassung bestimmt ablehnen. Ich vermag im Augenblick nicht zu sagen, wie wir dafür, auch wenn sie in der gemeinsamen Vertretung nicht allgemein geteilt würde, auch nur eine passive Mitverantwortung übernehmen könnten.

Vielleicht aber vereinfachen wir die Aussprache, indem wir als deren Grundlage folgende Erklärung unterbreiten:

Erklärung Ollenhauer – Vogel:[3]
Wir hätten in diesem Falle nicht nötig, uns allzuviel mit Dingen der Vergangenheit zu beschäftigen, an denen die Anwesenden mehr oder weniger unbeteiligt waren. Ich könnte mir denken, daß wenn eine solche Erklärung zustande käme, sie eine starke moralische Wirkung zur Folge haben müßte. Darauf scheint es mir im Augenblick sehr stark anzukommen.

Es gibt neben dieser Frage eine Reihe anderer, über die Meinungsverschiedenheiten bestehen, b[eis]p[iels]w[eise] die Frage der Diktatur des Proletariats, des Führerprinzips u[nd] a[ndere]. Diese Fragen brennen uns augenblicklich nicht auf den Fingern, für ihre Klärung wird die Zeit arbeiten, ich fürchte sehr, daß uns dazu mehr Zeit zur Verfügung stehen wird, als uns allen lieb sein kann. Brennend aber, ganz brennend ist für eine einheitliche Vertretung der deutschen soz[ialistischen] Emigranten jetzt schon eine einheitliche Stellungnahme zum Kriege.

Welche praktischen Arbeitsmöglichkeiten ergeben sich sonst? Auf die gemeinsame Vertretung vor den verschiedenen Stellen habe ich bereits eingangs verwiesen. Eine andere Frage ist, ob man sich bei der Arbeit nach Deutschland gegenseitig unterstützen, die bei der Arbeit gemachten Erfahrungen austauschen will. Vielleicht aber formuliere ich die Frage besser so, ob durch die Zusammenarbeit die durch die Unterjochung aller an Deutschland angrenzenden Länder oder deren hermetische Abschnürung verlorengegangenen alten Verbindungen nicht wieder neu aufgenommen werden können. Eine andere Frage ist die der Vertretung bei BBC u[nd] a[nderen] Stellen. Ich habe das Ge-

---

2 Es handelte sich dabei um folgende Stellungnahmen des SPD-Parteivorstandes:
   - Aufruf an das Deutsche Volk vom 1. September 1939,
   - Telegramm an den Generalsekretär des Völkerbundes vom 8.12.1939 mit dem Bekenntnis zum Gedanken der Völkersolidarität, Forderung nach Rückkehr zum Prinzip der kollektiven Sicherheit,
   - Erklärung vom Januar 1940, Mahnung an das deutsche Volk vor der Mitschuld am Terror in der ČSR und in Polen,
   - Erklärung vom 20.4.1940, Protest gegen den Einmarsch in Dänemark und Norwegen,
   - Erklärung vom 10.5.1940, Aufruf zum Sturz Hitlers und zur Rettung Deutschlands vor den Folgen des totalen Krieges.
   Die Erklärungen befinden sich in: AdsD Bonn, PV-Emigration, Mappe 11; Auszüge der Erklärungen sind wiedergegeben in: SM, Nr. 21, 1. April 1941.
3 Der Wortlaut dieser Erklärung findet sich im Protokoll der Exekutivkomiteesitzung vom 4. März 1941, hier Nr. 3.

fühl, daß zu diesen Stellen ein förmlicher Wett[lau]f besteht, nicht immer zum Vorteil der Beteiligten und der Gesamtemi[gr]ation, weder einem moralischen noch materiellen. Ich möchte aber nicht, daß wir damit evtl. zu anderen bereits bestehenden Einrichtungen der Emigration in ein Konkurrenzverhältnis treten. Eher müßte geprüft werden, ob sich eine Kooperation ermöglichen läßt. – Weiter wäre zu überlegen, ob wir uns gegenseitig nicht melden wollen, welche Verbindungen und Vertretungen bereits bestehen. Wieder eine andere Frage wäre die Erstellung von Experten und Gutachtern oder die Lieferung von Experten und Gutachtern durch die gemeinsame Vertretung selbst.

Darüber wie über andere von mir noch nicht zu übersehende Aufgaben haben Sie sich sicher selbst schon Gedanken gemacht. Da Sie bisher z[um] T[eil] schon in einer Arbeitsgemeinschaft[4] zusammengearbeitet haben, verfügen Sie gewiß auch schon über bestimmte Erfahrungen. Worauf es immer uns in jedem ankommt, ist m[eines] E[rachtens], daß die von uns in Aussicht genommenen Gegenkontrahenten von unserer Vertretung nicht nur Notiz nehmen, sondern daß sie von ihnen auch faktisch als solche anerkannt und als die Vertretung der deutschen sozial[istischen] Emigration in Anspruch genommen wird. Wir können es erreichen, wenn auf allen Seiten der gute Wille dazu vorhanden ist[5].

Hans Vogel[6]

---

4 Gemeint ist die „Sozialistische Arbeitsgemeinschaft", die ND, SAP, ISK und RSÖ in London gebildet hatten und die die Fortsetzung des bereits in Paris bestehenden Kartells darstellte. Vgl. Röder, Exilgruppen, S.91.
5 Vorlage: Fortsetzung des Satzes mit „und wenn" hs. gestrichen.
6 Vorlage: „Hans Vogel" hs. Unterschrift.

Nr. 3

Protokoll der zweiten Vorbesprechung zur Gründung der Union am 4. März 1941

AdsD Bonn, PV-Emigration, Mappe 4[1]

2. Besprechung über die Bildung einer Arbeitsgemeinschaft der sozialistischen Organisationen in England am 4. März 1941.

Anwesend: Vogel, Ollenhauer, Sander (SPD), Eichler (ISK), Fröhlich (SAP), Schoettle (Neu Beginnen), Gottfurcht (Gewerkschaften).

Vogel führt den Vorsitz[2].

Es folgt die zweite Beratung der Entschließung über die Aufgaben der deutschen Sozialisten während des Krieges in England.

In der ersten Sitzung war von den Genossen Vogel und Ollenhauer folgender Entwurf vorgelegt worden:

„Im Hinblick auf die besonderen Aufgaben, die sich für die in England lebenden deutschen Sozialisten während des Krieges ergeben, erklären die Vertreter der SPD, der SAP, der Gruppe Neubeginnen und des ISK sich einig in der Überzeugung, daß die Niederlage Hitlers und die endgültige Überwindung des neuen deutschen Militarismus die Voraussetzungen bilden für den Frieden und die Neuorganisation Europas. Sie sind entschlossen, den Kampf für dieses Ziel als verbündete Kraft an der Seite aller Gegner Hitlers, die für die Freiheit und Kultur Europas kämpfen, mit allen ihnen zur Verfügung stehenden Mitteln zu führen."

Von den Vertretern des ISK, der SAP und der Gruppe Neu Beginnen wurde in der heutigen Sitzung folgende neue Fassung vorgelegt:

„Die deutschen Sozialisten in England, vertreten durch die unterzeichneten Organisationen, sind einig in der Überzeugung, daß die militärische Niederlage und der Sturz des Hitlersystems sowie die Beseitigung seiner sozialen Grundlagen eine unerläßliche Voraussetzung für einen dauerhaften Frieden, den Wiederaufbau Europas und eine demokratische und sozialistische Zukunft Deutschlands bilden. Sie sind entschlossen, den Kampf für die Niederlage Hitlers und seiner Bundesgenossen mit allen ihnen zur Verfügung stehenden politischen Mitteln und im Bündnis mit allen seinen Gegnern zu führen, jedoch in voller Unabhängigkeit und in offener Vertretung ihrer selbständigen Ziele als deutsche Sozialisten."

---

1 In den Aufzeichnungen Gottfurchts heißt es hierzu nur: „Aussprache über Entschließung". Archiv Dr. Gerhard Beier, Kronberg, TNL Gottfurcht, Akte O I.
2 Vorlage: „Vorsitz" ms. unterstrichen.

Nach einer längeren Diskussion, an der sich alle Teilnehmer der Sitzung beteiligen, wird die Entschließung in folgender Fassung einstimmig angenommen:

„Die deutschen Sozialisten in England sind einig in der Überzeugung, daß die militärische Niederlage und der Sturz des Hitlersystems, die endgültige Überwindung des deutschen Militarismus und die Beseitigung der sozialen Grundlagen der Hitlerdiktatur unerläßliche Voraussetzungen bilden für einen dauernden Frieden, den Wiederaufbau Europas und eine demokratische und sozialistische Zukunft Deutschlands. Im Hinblick auf die besonderen Aufgaben, die sich für die in England lebenden deutschen Sozialisten während des Krieges ergeben, erklären die unterzeichneten Organisationen ihre Entschlossenheit, unter Wahrung ihrer politischen Unabhängigkeit als deutsche Sozialisten, den Kampf für die Niederlage Hitlers und seiner Bundesgenossen mit allen ihnen zur Verfügung stehenden Mitteln und im Bündnis mit allen Gegnern der totalitären Kräfte zu führen."

Es wird beschlossen, bis zur nächsten Sitzung einen englischen Text der Entschließung ausarbeiten zu lassen, damit auch über seinen Wortlaut eine Übereinstimmung herbeigeführt werden kann. Außerdem soll in der nächsten Sitzung die Frage der Unterzeichnung der Entschließung durch die beteiligten Organisationen entschieden werden.

Es wird dann noch über die Frage der Publizierung des Beschlusses und der Gründung der Arbeitsgemeinschaft diskutiert. Die Beratung soll ebenfalls in der nächsten Sitzung abgeschlossen werden, es wird jedoch vereinbart, daß eine Verbreitung der Entschließung durch das BBC nur im Einvernehmen mit uns erfolgen solle.

Als Termin für die nächste Sitzung wird Donnerstag, der 6. März, vormittags 10.45 Uhr vereinbart.

Nr. 4

Protokoll der dritten Vorbesprechung zur Gründung der Union am 6. März 1941

AdsD Bonn, PV-Emigration, Mappe 4[1]

3. Besprechung über die Bildung einer Arbeitsgemeinschaft der sozialistischen Organisationen in England am 6. März 1941.

Anwesend: Vogel, Ollenhauer, Sander (SPD), Eichler (ISK), Fröhlich (SAP), Schoettle (Neu Beginnen), Gottfurcht (Gewerkschaften).

Vogel führt den Vorsitz, später **Ollenhauer**.

Es wird zuerst die Frage der Unterzeichnung der Entschließung besprochen. Sie wird in folgender Form und Reihenfolge beschlossen: Vorstand der Sozialdemokratischen Partei Deutschlands (SPD), Leitung der Sozialistischen Arbeiter Partei in England (SAP), Vorstand des Internationalen Sozialistischen Kampfbundes (ISK), Auslandsbüro „Neu Beginnen".

Über die Beteiligung der deutschen Gewerkschafter an der Arbeitsgemeinschaft wird auf Vorschlag von **Gottfurcht** folgender Passus in das offizielle Communiqué aufgenommen:

„Die Landesgruppe deutscher Gewerkschafter in Großbritannien wird durch die Entsendung eines ständigen Vertreters in die ,Sozialistische Union' die enge Zusammenarbeit der deutschen freien Gewerkschaftler mit der ,Sozialistischen Union' zum Ausdruck bringen."

Nach längerer Diskussion wird als Name der Arbeitsgemeinschaft beschlossen: Union deutscher sozialistischer Organisationen in England.

Eine längere Aussprache entspinnt sich über die Leitung der Union. Einstimmig wird die Wahl des Genossen Hans Vogel zum Vorsitzenden beschlossen. Dagegen ergibt sich keine Übereinstimmung über die Zusammensetzung des Arbeitsausschusses, der die Geschäfte der Union führen soll. Im Gegensatz zu der von **Ollenhauer** vertretenen Auffassung, die Teilnehmer der vorbereitenden Besprechungen unter Vorsitz von Vogel als die Leitung der Arbeitsgemeinschaft zu bestimmen, wird von anderen Teilnehmern der Sitzung die Bestimmung von je zwei Vertretern der Gruppen oder die Hinzuziehung

---

1 Die Teilnehmer berichteten in mehreren Briefen über die Gründung der Union. Vogel informierte am 8. März 1941 Gillies und am 10. März 1941 Stampfer (New York); in: AdsD Bonn, PV-Emigration, Mappe 139. Ollenhauer schrieb am 17. März 1941 an Geyer in Lissabon und am 27. März 1941 an Rinner; ebd., Mappe 80. Eichler hielt den Vorgang am 9.3.1941 in einer vierseitigen Aufzeichnung „Aufnahme der Beziehungen zur Sopade in England" fest; in: AdsD Bonn, ISK, Box 39.

von weiteren Mitgliedern der Gruppen zu Besprechungen von besonderer Bedeutung gewünscht. Es wird beschlossen, die Entscheidung über diese Frage bis zur nächsten Sitzung zu vertagen.

Es besteht Übereinstimmung darüber, daß zunächst der Genosse Gillies als Vertreter der Labour Party über die Beschlüsse der Sitzung informiert werden [sol]l, daß aber über die weitere Publikation der Beschlüsse und die Tatsache [de]r Gründung in der nächsten Sitzung beschlossen werden soll.

Es wird dann noch der englische Text der Entschließung vereinbart. Je ein Exemplar des englischen und deutschen Textes liegen dem Protokoll bei.[2]

Die nächste Sitzung wird vereinbart für Mittwoch, den 12. März, vormittags 11 Uhr.[3]

---

2 In der Edition wird die endgültige, erst am 19. März 1941 beschlossene Fassung dokumentiert. Vgl. Nr. 6. Die im Protokoll genannten Entwürfe befinden sich bei den Protokollen in: AdsD Bonn, PV-Emigration, Mappe 4. Die englische Version der Erklärung, die von Gillies überprüft worden war, ist in SM, Nr. 24 vom 24.4.1941 wiedergegeben.

3 Nach den Aufzeichnungen von Gottfurcht fand schon am 11. März eine weitere Sitzung statt, die aber vermutlich nur kurz war. Er vermerkt: „11.3. Fortsetzung. SAP Schwierigkeiten (Schuricht statt Fröhlich)". In: Archiv Dr. Beier, Kronberg, TNL Gottfurcht, Akte O I. Zum Problem mit der SAP vgl. Nr. 5 Anm. 3.

NR. 5

Protokoll der vierten Vorbesprechung zur Gründung der Union am 19. März 1941

AdsD Bonn, PV-Emigration, Mappe 4[1]

4.[2] Besprechung über die Bildung einer Arbeitsgemeinschaft der sozialistischen Organisationen in Großbritannien (19. März 1941).

Teilnehmer: Vogel (Vorsitzender), Ollenhauer, Sander (SPD), Schoettle (NB), Schuricht (SAP), Henry (ISK), Gottfurcht (Gewerkschaften).

Schuricht[3] berichtet, daß seine Gruppe ihn mit der weiteren Vertretung beauftragt habe. Für die weiteren Verhandlungen hat die SAP drei Wünsche vorzubringen, um deren Berücksichtigung sie bittet. Sie bittet, an Stelle des Namens „Union" die Bezeichnung Kartell zu wählen. Außerdem hält sie die Bezeichnung „autoritäre Kräfte" für glücklicher als „totalitäre Kräfte". Schließlich wünscht sie eine Ergänzung des Schlußsatzes des Communiqués, der die Aufgaben des kommenden Friedens erwähnt.

Nach kurzer Diskussion wird einstimmig beschlossen, den Namen „Union" beizubehalten, da er am korrektesten auch im englischen Text den Sinn der Arbeitsgemeinschaft wiedergibt. Es soll bei Veröffentlichungen nach Möglichkeit der volle Name der Union genannt werden.

Die jetzige Formulierung „totalitäre Kräfte" wird ebenfalls nach kurzer Diskussion einstimmig akzeptiert.

Für den Schlußsatz des Communiqués schlägt **Schoettle** folgende neue Fassung vor:

„Sie werden sich gleichzeitig bemühen, an der Vorbereitung eines demokratischen Friedens mitzuwirken, der einem neuen Deutschland die Möglichkeit gibt, als freies Glied der europäischen Völkergemeinschaft seinen Beitrag zum Wiederaufbau Europas zu leisten."

Diese Formulierung wird einstimmig angenommen.

Es wird dann über die Zusammensetzung der Leitung der Union beraten. **Schoettle** schlägt vor, ein Exekutiv-Komitee mit der Leitung zu beauftragen, das aus dem Vorsitzenden und je einem Vertreter der angeschlossenen Organisationen besteht. Der Arbeits-

---

1 Hans Gottfurcht hielt das Ergebnis in einer Zwei-Punkte-Notiz fest. In: Archiv Dr. Gerhard Beier, Kronberg, TNL Gottfurcht, Akte O I.

2 Vorlage: „5.", hs. in „4." korrigiert. Tatsächlich war es das 5. Treffen. Vgl. hierzu Anm. 3 zu Nr. 4.

3 Fröhlich hatte Vogel am 10.3.1941 mitgeteilt, daß die Mitgliederversammlung der SAP ihn abgelöst habe, da sie mit seinem Vorgehen bei den Gründungsverhandlungen nicht einverstanden sei. Als neuer Vertreter sei Schuricht benannt worden. AdsD Bonn, PV-Emigration, Mappe 43.

kreis sollte einen größeren Kreis erfassen, damit die einzelnen Gruppen Experten für Spezialfragen hinzuziehen können.

Gottfurcht bittet um die Klärung der Stellung des Vertreters der Gewerkschaften, soll er zu den Sitzungen des Exekutiv-Komitees hinzugezogen werden oder soll er nur an den Sitzungen des Arbeitsausschusses teilnehmen?

Schuricht wünscht eine Klärung der Frage der Hinzuziehung von Experten, die nicht an eine Gruppe gebunden sind, und der Frage von Einzelpersonen, die an der Arbeit der Union interessiert sind, wie z.B. Hiller.

Gottfurcht sieht im Arbeitsausschuß nur eine personelle Erweiterung des Exekutiv-Komitees, Experten können von Fall zu Fall geladen werden.

Sander wünscht, daß auch die Mitglieder des Arbeitsausschusses als Organisations-vertreter angesehen werden. Eine andere Frage ist die Aufnahme neuer Mitglieder durch die einzelnen Organisationen. Diese Frage kann nur von den einzelnen Organisationen geregelt werden.

Es wird beschlossen: Das Exekutiv-Komitee besteht aus dem Vorsitzenden und je einem Vertreter der angeschlossenen Organisationen. Es führt die Geschäfte der Union und bereitet die Sitzungen des Arbeitsausschusses vor. Der Arbeitsausschuß besteht aus den Mitgliedern des Exekutiv-Komitees und je zwei weiteren Vertretern der angeschlossenen Organisationen. Der Vertreter der Gewerkschaften wird zu den Sitzungen beider Körperschaften hinzugezogen.

Der Arbeitsausschuß kann Experten zu seinen Beratungen hinzuziehen.

Alle Beschlüsse in den Körperschaften der Union müssen einstimmig gefaßt werden.

Diese Beschlüsse sollen in einer Geschäftsordnung der Union zusammengefaßt werden. Die endgültige Beschlußfassung wird in der nächsten Sitzung erfolgen.

Es besteht Einmütigkeit darüber, daß mit der Annahme des Communiqués in der heutigen Sitzung die Gründung der Union erfolgt ist und daß damit auch der Veröffentlichung des Communiqués nichts mehr im Wege steht.

Es wird beschlossen, die Veröffentlichung für Donnerstag, den 27. März, in Aussicht zu nehmen. Über die Art der Information der Presse und über die Weitergabe der Meldung durch das BBC sollen Besprechungen mit Gillies und Gordon Walker erfolgen. Soweit die Mitglieder der Sitzung über besondere Beziehungen zur englischen Presse verfügen, werden sie sie für die Verbreitung der Meldung benutzen.[4]

Als Termin für die nächste Sitzung wird Mittwoch, der 26. März, vormittags 10.45 [Uhr] in Aussicht genommen. In dieser Sitzung soll die Tagesordnung der ersten Sitzung des Arbeitsausschusses beraten werden.

---

4 Am 27. März 1942 brachten u.a. die Labourzeitungen „Daily Herald" und „Manchester Guardian" eine kurze Meldung über die Gründung der Union.

NR. 6

Gemeinsame Erklärung über die Gründung der „Union deutscher sozialistischer Organisationen in Großbritannien"
vom 19. März 1941.

Anlage zum Protokoll vom 19. März 1941.

Zur Politik deutscher Sozialisten, London 1945, S. 26[1]

Union deutscher sozialistischer Organisationen in Großbritannien[2].

Die Vertreter der deutschen[3] sozialistischen Organisationen in England haben in gemeinsamer Beratung einstimmig folgende Erklärung beschlossen:

Die deutschen Sozialisten in Großbritannien[4] sind einig in der Überzeugung, daß die militärische Niederlage und der Sturz des Hitlersystems, die endgültige Überwindung des deutschen Militarismus und die Beseitigung der sozialen Grundlagen der Hitlerdiktatur unerläßliche Voraussetzungen bilden für einen dauernden Frieden, den Wiederaufbau Europas und eine demokratische und sozialistische Zukunft Deutschlands. Im Hinblick auf die besonderen Aufgaben, die sich für die in Großbritannien[5] lebenden deutschen Sozialisten während des Krieges ergeben, erklären die unterzeichneten Organisationen ihre Entschlossenheit, unter Wahrung ihrer politischen Unabhängigkeit als deutsche Sozialisten, den Kampf für die Niederlage Hitlers und seiner Bundesgenossen mit allen ihnen zur Verfügung stehenden Mitteln und im Bündnis mit allen Gegnern der totalitären Kräfte zu führen.

Vorstand der Sozialdemokratischen Partei Deutschlands (SPD)
Leitung der Sozialistischen Arbeiterpartei in Großbritannien[6] (SAP)
Vorstand des Internationalen Sozialistischen Kampfbundes (ISK)
Auslandsbüro „Neu Beginnen"

Im Sinne dieser Erklärung wurde die Bildung der „Union deutscher sozialistischer Organisationen in Großbritannien[7]" beschlossen, der[8] die oben bezeichneten Organisationen angeschlossen sind.

---

1 Hier wird die veröffentlichte Fassung ediert. Die am 19. März 1941 endgültig verabschiedete Erklärung weicht in einigen Punkten (vgl. Anmerkungen) von der am 6. März 1941 vorgelegten Fassung ab. Vgl. Nr. 4.
2 Vorlage: Fassung 6.3.1941: „England".
3 Vorlage: „deutschen" in der Fassung am 19.3.1941 eingefügt.
4 Vgl. Anm. 2.
5 Vgl. Anm. 2.
6 Vgl. Anm. 2.
7 Vgl. Anm. 2.

Die Landesgruppe deutscher Gewerkschafter in Großbritannien wird durch die Entsendung eines ständigen Vertreters in die „Union deutscher sozialistischer Organisationen in Großbritannien"[9] die enge Zusammenarbeit der deutschen freien Gewerkschaftler mit der „Union" zum Ausdruck bringen.

Die Leitung der „Union deutscher sozialistischer Organisationen in Großbritannien"[10] erfolgt durch ein Exekutiv-Komitee und[11] einen Arbeitsausschuß, in denen[12] alle an der Union beteiligten Organisationen vertreten sind. Vorsitzender des Exekutiv-Komitees[13] ist Hans Vogel, 3 Fernside Avenue, London N.W.7.

Die beteiligten Organisationen sehen in der Gründung der „Union deutscher sozialistischer Organisationen in Großbritannien"[14] einen wesentlichen Schritt zur gemeinsamen Arbeit deutscher Sozialisten in Großbritannien[15] für die Aufgaben des gegenwärtigen Krieges[16]. Sie werden sich gleichzeitig bemühen, an der Vorbereitung eines demokratischen Friedens mitzuwirken, der einem neuen Deutschland die Möglichkeit gibt, als freies Glied der europäischen Völkergemeinschaft seinen Beitrag zum Wiederaufbau Europas zu leisten.[17]

London, den 19. März 1941.

---

8 Vorlage 6.3.1941: „folgende Organisationen angeschlossen sind: Vorstand der sozialdemokratischen Partei Deutschlands, Leitung der Sozialistischen Arbeiterpartei in England, Vorstand des Internationalen Sozialistischen Kampfbundes und Auslandsbüro „Neubeginnen"."
9 Vorlage 6.3.1941: „Sozialistische Union".
10 Vgl. Anm. 9.
11 Vorlage: „ein Exekutivkomitee und" in Version am 19.3.1941 eingefügt.
12 Vorlage 6.3.1941: „dem".
13 Vorlage 6.3.1941: „Arbeitsausschusses".
14 Vgl. Anm. 9.
15 Vgl. Anm. 2.
16 Vorlage 6.3.1941: „und des kommenden Friedens."
17 Der letzte Satz wurde am 19. März 1941 eingefügt. Vgl. Nr. 5.

NR. 7

Protokoll der fünften Vorbesprechung zur Gründung der Union am 26. März 1941

AdsD Bonn, PV-Emigration, Mappe 4[1]

5.[2] Besprechung über die Gründung einer Arbeitsgemeinschaft der sozialistischen Organisationen in Großbritannien.

(Mittwoch, den 26. März 1941)

Anwesend: Hans Vogel, Vorsitzender, Erich Ollenhauer (SPD),
Hans Schuricht (SAP), Erwin Schoettle (Neubeginnen),
Willi Eichler (ISK), Hans Gottfurcht (Gewerkschaften).

Die Beratungen beginnen mit einer kurzen Diskussion über den englischen Text des Communiqués. **Schoettle** hält die Übersetzung des Wortes „Überwindung" mit „subjugation" für unzutreffend, er wünscht „uprooting". **Schuricht** weist darauf hin, daß der englische Titel der SAP „Socialist Worker Party" heißen muß. Es wird besprochen, beide Bemängelungen in der am Nachmittag stattfindenden Aussprache mit Gillies vorzubringen.[3]

In Bezug auf den vorgelegten Entwurf der Geschäftsordnung der „Union" wünscht **Schoettle** eine andere Formulierung der Bestimmung über die Zusammensetzung des Arbeitsausschusses und über die Aufgaben des Arbeitsausschusses. Beide Änderungen werden akzeptiert, und die Geschäftsordnung wird in der hier beigefügten Fassung einstimmig angenommen.[4]

Es wird dann über die erste Sitzung des Arbeitsausschusses beraten. Bei der Behandlung der Tagesordnung der Sitzung werden von den Genossen **Schoettle, Eichler, Schuricht, Vogel, Ollenhauer** und **Gottfurcht** eine ganze Reihe von Vorschlägen gemacht, die sich auf den organisatorischen Ausbau und die praktische Tätigkeit der Union beziehen. Es wird einstimmig beschlossen, in der ersten Sitzung des Arbeitsaus-

---

1 Hans Gottfurcht hielt das Ergebnis in einer Zwei-Punkte-Notiz fest. In: Archiv Dr. Gerhard Beier, Kronberg, TNL Gottfurcht, Akte O I.
2 Vorlage: „5." hs. ergänzt. Tatsächlich war es bereits die 6. Sitzung. Vgl. Anm. 2 zu Nr. 5.
3 Nach Ollenhauers Terminkalender war für 16 Uhr eine Besprechung mit Gillies angesetzt. Über die Besprechung, bei der alle Teilnehmer anwesend waren, findet sich eine kurze Notiz in den Aufzeichnungen Gottfurchts. Gottfurcht äußerte sich gegenüber Gillies befriedigt über den Verlauf, außerdem wurde die Veröffentlichung in „Die Zeitung" angesprochen. In: Archiv Dr. Gerhard Beier, Kronberg, TNL Gottfurcht, Akte O I.
4 Siehe Nr. 8.

schusses die Aufgaben der Union zu behandeln. Der Genosse Ollenhauer wird mit dem einleitenden Referat beauftragt.

Die Sitzung soll am Freitag, den 4. April, nachmittags drei Uhr im Transport-House stattfinden.[5]

---

5 Im Transport House am Smith-Square, der Zentrale der „Transport & General Workers' Union", hatten auch der britische Gewerkschaftsdachverband Trade Union Congress und die Führung der Labour Party ihren Sitz.

NR. 8

Geschäftsordnung der „Union deutscher sozialistischer Organisationen in Großbritannien"

Anlage zum Protokoll vom 26. März 1941

AdsD Bonn, PV-Emigration, Mappe 165

Geschäftsordnung der „Union deutscher sozialistischer Organisationen in Großbritannien"[1]

1. Das Exekutiv-Komitee[2] besteht aus dem Vorsitzenden und je einem Vertreter der angeschlossenen Organisationen.

   Das Exekutiv-Komitee führt die Geschäfte der „Union" und bereitet die Sitzungen des Arbeitsausschusses vor.

2. Der Arbeitsausschuß[3] besteht aus den Mitgliedern des Exekutiv-Komitees und aus den Delegationen der angeschlossenen Organisationen, jedoch nicht mehr als zwei weiteren Vertretern jeder Organisation.

   Der Arbeitsausschuß ist die politische Beschlußkörperschaft der „Union".

   Der Arbeitsausschuß hat das Recht, zu seinen Beratungen Experten hinzuzuziehen.

3. Der Vertreter der Landesgruppe deutscher Gewerkschafter in Großbritannien[4] wird zu den Beratungen des Exekutiv-Komitees und des Arbeitsausschusses hinzugezogen.

4. Für alle Beschlüsse des Exekutiv-Komitees und des Arbeitsausschusses ist Einstimmigkeit[5] erforderlich.

---

1 Vorlage: Überschrift ms. unterstrichen.
2 Vorlage: „Exekutiv-Komitee" ms. unterstrichen.
3 Vorlage: „Arbeitsausschuß" ms. unterstrichen.
4 Vorlage: „Landesgruppe deutscher Gewerkschafter in Groß-Britannien" ms. unterstrichen.
5 Vorlage: „Einstimmigkeit" ms. unterstrichen.

NR. 9

Protokoll der Arbeitsausschußsitzung am 4. April 1941

AdsD Bonn, PV-Emigration, Mappe 4

Sitzung des Arbeitsausschusses der „Union der [deutschen] sozialistischen Organisationen in Großbritannien" am 4. April 1941 im Transport-House.

Anwesend: Vogel, Vorsitzender, Ollenhauer, Sander, Herta Gotthelf[1] (SPD), Schuricht, Spreewitz (SAP), Eichler, Margarete Henry, Elisabeth Grust (ISK), Schoettle, Löwenthal (Neu Beginnen), Gottfurcht (Gewerkschaften).[2]

Tagesordnung: 1. Die Aufgaben der „Union", Berichterstatter Ollenhauer,
2. Maifeier 1941

Vogel eröffnet die Sitzung als Vorsitzender um 3,15 Uhr und gibt der Hoffnung Ausdruck, daß die Zusammenarbeit in dem Arbeitsausschuß im gleichen kameradschaftlichen Geist erfolgen möge, in denen die Vorverhandlungen über die Gründung der „Union" geführt worden sind.

Zum ersten Punkt der Tagesordnung: „Die Aufgaben der ‚Union' " referiert **Ollenhauer** (siehe beifolgende Disposition).[3]

In der Aussprache[4] erklärt sich **Löwenthal** mit den Grundzügen des Berichts einverstanden. Er begrüßt vor allem die Anregung, die grundsätzlichen Fragen zu diskutieren,

---

1 Vorlage: „Gottfurcht". Nach der Anwesenheitsliste richtig „Herta Gotthelf".
2 Beim Protokoll findet sich auch eine „Präsenz-Liste" mit den Adressen der Teilnehmer.

Name des Vertreters	Organisation	Adresse des Vertreters	Telefon
Herta Gotthelf	SPD	120, Sussex Gardens, W.2	Pad.0528
Margaret Henry	ISK	24, Mandeville Rise, Welwyn Garden City	Welwyn 3377
Willi Eichler	ISK	24, Mandeville Rise, WGC	" 3377
Elisabeth Grust	ISK	24, Mandeville Rise	" 3377
Hans Gottfurcht	Trade Union	26, Exeter Rd. NW2	Gln 4929
Gustav Spreewitz	SAP	12A, Seymour Ct., Coles Green Rd, NW2	
Erwin Schoettle	Neu Beginnen	[...]kton Grove	North 2878
Richard Löwenthal	Neu Beginnen	7 Denning Road	HAM 6645
Wilh. Sander	SPD	33, Fernside Ave.	MIL 3915
Hans Schuricht	SAP	290, Norwood Rd., Southall, Middles.	SOU 3008
Hans Vogel	SPD	3, Fernside Avenue	
Erich Ollenhauer	SPD	" " "	

3 Siehe Nr. 10.
4 Vorlage: „Aussprache" ms. unterstrichen.

23

da eine Verständigung darüber die Voraussetzung für die praktische Arbeit ist. Gewisse Grenzen unserer Arbeit werden sich ergeben, weil die „Union" nur für Großbritannien gebildet wurde und daher nicht Entscheidungen fällen kann, die die Gesamtorganisation angehen. Das gilt z.B. für die Frage der Zusammenarbeit hinsichtlich der Inlandsverbindungen. Die Mitarbeit im Rundfunk beschränkt sich jetzt auch schon nicht allein auf technische Funktionen, es gibt schon eine gewisse politische Mitarbeit.[5] Eine andere Frage sei die Schaffung selbständiger sozialistischer Sendungen. Dazu ist aber wiederum notwendige Voraussetzung die Verständigung unter uns über Inhalt und Zielsetzung der Sendungen.

Die allerdringendste Aufgabe ist die Beeinflußung der öffentlichen Meinung. Dazu ist nicht nur die Herausgabe eines Bulletins notwendig, sondern die Behandlung von aktuellen Fragen von Fall zu Fall. Der Labour-Presse fehlt es zum Beispiel an Material über die Opposition in Deutschland. Hier müssen wir sofort eingreifen.

Für die grundsätzliche Diskussion wünscht **Sering**[6] die Festsetzung eines Termins für die Einsendung der Gruppenvorschläge und für die erste Beratung im Arbeitsausschuß.

Eichler ist einverstanden, daß wir die grundsätzliche Diskussion in Angriff nehmen, aber wir müssen auch die praktische Arbeit sofort beginnen. Die Finanzierung dieser Arbeit, wie die Herausgabe eines Bulletins, erfordert nicht so hohe Kosten. Eichler hält die Erfüllung dieser Aufgaben mit einem Monatsaufwand von 30 Pfund für möglich. Beim Ausbau unserer Verbindungen nach Deutschland brauchen wir auch größeres Entgegenkommen durch die englische Zensur, die die Briefe jetzt überaus lange aufhält. Eichler unterstreicht die Notwendigkeit der Aufnahme von Verbindungen mit ausländischen Sozialisten.

Spreewitz tritt für die sofortige Aufnahme der praktischen Arbeit ein, er ist für die Herausgabe der Korrespondenz, er ist für die angeregte Aussprache mit Gordon Walker über die Sendungen des BBC.

Gottfurcht befürwortet die Aufnahme von Verbindungen zu einer Anzahl von Labour-Organisationen, die auf Grund ihrer speziellen Aufgaben ein besonderes Interesse an der Arbeit der „Union" nehmen dürften.

Schoettle gibt die Anregung, zunächst mit dem Internationalen Subkomitee der Labour Party zu verhandeln, das zweifellos für eine solche Aussprache Interesse haben wird. Auch mit der „Fabian Society"[7] sollten wir als „Union" die Verbindung aufnehmen. Die „Union" muß auch über ihre finanzielle Basis verhandeln, die Organisationen müssen prüfen, welche Leistungen sie monatlich aufbringen können.

Schuricht unterstreicht die Notwendigkeit der Verständigung über die grundsätzlichen Fragen.

---

5 Vgl. Nr. 2.
6 D.i. Richard Löwenthal.
7 Vgl. Einleitung, Abschnitt III.3.4.

Spreewitz bittet bei der Festsetzung des Termins der Sitzungen des Arbeitsausschusses auf die [in] Arbeit stehenden Genossen Rücksicht nehmen zu wollen. Er schlägt als Sitzungstermin Samstag Nachmittag vor.[8]

Ollenhauer stellt im Schlußwort fest, daß grundsätzliche Einwände gegen seine praktischen Vorschläge nicht erhoben wurden.

Es wird beschlossen:

1. Das Exekutiv-Komitee wird beauftragt, die Frage der Herausgabe eines Bulletins und der Finanzierung der „Union" zu prüfen.
2. Das Exekutiv-Komitee wird beauftragt, die Besprechung mit den Labour-Leuten vorzubereiten.
3. Die Organisationen werden aufgefordert, ihre Vorschläge für die Diskussion über die Friedensziele bis zum 20. April einzusenden. Die erste Beratung des A[rbeits]-A[usschusses] über diese Frage soll Anfang Mai stattfinden.
4. In einer der nächsten Sitzungen des A[rbeits]A[usschusses] soll die Propaganda im BBC besprochen werden. Zu dieser Sitzung soll Gordon Walker eingeladen werden.

Zu Punkt 2 der Tagesordnung: „Maifeier 1941" unterbreitet **Ollenhauer** den Vorschlag, am 1. Mai eine Maifeier durch die „Union" zu veranstalten und zu dieser Feier ausländische Genossen als Redner hinzu[zu]ziehen.

Der A[rbeits]A[usschuß] stimmt dem Vorschlag zu und beauftragt das E[xekutiv-]K[omitee] mit der Durchführung der notwendigen Vorbereitungen.

Als Termin für die nächste Sitzung des E[exekutiv-]K[omitees] wird Mittwoch, der 9. April, vormittags 10 Uhr in Aussicht genommen.

---

8 Dieser Bitte wurde nicht Folge geleistet, wie die Festlegung der nächsten Sitzung auf Mittwoch zeigt.

Nr. 10

Disposition der Rede Erich Ollenhauers über die Aufgaben der Union am 4. April 1941

Anlage zum Protokoll vom 4. April 1941

AdsD Bonn, PV-Emigration, Mappe 4[1]

E[rich] O[llenhauer][2]

Die Aufgaben der „Union"[3]. 4.4.41.

Die beiden Hauptaufgaben in unseren Gründungsbeschlüssen festgelegt:

1. Kampf mit allen Mitteln für die Niederlage der Hitlerdiktatur und ihrer Bundesgenossen.
2. Mitwirkung an der Vorbereitung eines demokratischen Friedens.

Erste Voraussetzung für die Erfüllung beider Aufgaben:

Anerkennung der „Union" in der englischen Öffentlichkeit.

E[rf]olg der ersten Veröffentlichung noch nicht völlig zu übersehen, aber bisherige Erfahrung: große konservative Presse keine Notiz genommen.

Bestätigung unserer Annahme: nur ständige Bearbeitung kann uns zur Geltung bringen.

Bearbeitung im Zusammenhang mit aktuellen Ereignissen und mit tatsächlichen Mitteilungen.

Diese Möglichkeit müssen wir uns schaffen:

1) Herausgabe eines Bulletins in Englisch, in der Regel monatlich, aber auch nach Bedarf.

   Versand an Presse und wichtige Einzelpersönlichkeiten.

   Auftrag an Exekutiv-Komitee, die Möglichkeiten für die Verwirklichung des Planes [zu sc]haffen.

2) [Die] Verbindung mit Labour Party und Trade Unions, mit Parlaments-Fraktion.

   Einladung zu einer informativen Aussprache.

   Behandlung eines sachlichen Themas aus der beabsichtigten Arbeit der Union E[xekutiv]K[omitee] mit der Vorbereitung beauftragen, über beide Fragen Bericht in der nächsten Sitzung des A[rbeits]A[usschusses]

bei guter Entwicklung Frage des Sekretariats der „Union" aktuell, aber im Augenblick auch aus finanziellen Gründen zurückstellen.

---

1 Vorlage: Mit Textverlusten. – Über die Rede Ollenhauers existiert eine nur wenige Zeilen umfassende Notiz Gottfurchts, die keine Abweichungen enthält. Archiv Dr. Gerhard Beier, Kronberg, TNL Gottfurcht, Akte O I.
2 Vorlage: „E.O." hs. hinzugefügt.
3 Vorlage: Überschrift ms. unterstrichen.

soviel zu den „Instrumenten" der „Union": [S]ie werden nur wirksam sein, wenn wir praktische Arbeit leisten.

Zum Kampf für die Niederlage Hitlers:

drei Möglichkeiten:

1. der direkte Einsatz in den militärischen Formationen[4],
2. die Erschütterung des Systems von innen,
3. die Propaganda gegen das Hitlersystem.

Zu 1: Der direkte Einsatz ist keine Angelegenheit der Organisationen als solcher.
Die Entscheidung liegt zuletzt bei jedem einzelnen Mitglied. [...][5]
objektive Schwierigkeiten sehr groß:
  a) allgemeine Situation,
  b) Vernichtung vieler Verbindungen,
  c) Abdichtung und Schutz der Verbind[un]g.
Aufgabe kann aber sehr schnell sehr wichti[g] werden. Darum:
  a) Austausch der Erfahrungen,
  b) Schaffung neuer Verbindungsmöglichkeiten, evtl. mit Hilfe englischer Stellen,
  c) Aufteilung der Länder als Stützpunkte,
vertraulich und vorsichtig anpacken.
[Be]sprechung im kleineren Kreis (E[xekutiv]K[omitee])

Zu 3: Mitarbeit in der Propaganda nicht nur technisch, sondern politisch.
Technische Mitarbeit kann wichtig sein für die Wirkung der englischen Propaganda (Ansager, Redakteure etc.), politisch wirksam ist nur politische Mitarbeit als deutsche Sozialisten, deutsche Sozialisten, die frei ihre [Mein]ung sagen, warum die Niederlage [...][6]
Erörterung sonstiger Propagandamöglichkeiten:
z.B. Flugblattverbreitung,
kein starres System, abhängig von der Entwicklung.
Umfang und Erfolg unserer Propaganda abhängig vom Verlauf des Krieges,
von der Entwicklung der Diskussion über die Friedensziele

damit zur zweiten Hauptaufgabe:

[Vo]rbereitung am demokratischen Frieden,

es ist die schwerste Aufgabe, die wir uns gestellt haben.

zunächst Notwendigkeit der Selbstverständigung[7],

was verstehen wir unter einem demokratischen Deutschland?

was verstehen wir unter dem neuen Europa?

---

4 Gemeint ist das Pioneer Corps.
5 Vorlage: Textverlust.
6 Vorlage: Textverlust.
7 Vorlage: „Selbstverständigung" ms. unterstrichen.

wie sehen die europäischen Sozialisten das kommende Deutschland in Europa?

erste Vorarbeit: jede Organisation knappe Ausarbeitung ihrer Vorstellungen als Basis für gemeinsame Diskussion,

Aufnahme der Verbindung mit ausländischen Sozialisten (Österreicher)[8].

[Das] Ergebnis dieser Arbeit der eigent[liche Prüf]stein der „Union"[9] [...][10]

andere sozialistische Gruppen im taktischen Vorteil, „alliierte Regierungen",

Sikorski[11] nach Washington, tschechisch-polnische Union[12],

positives Resultat vor allem wichtig in Hinblick auf England.

Strömungen in der öffentlichen Meinung.

Grundtendenz:[13]

es gibt ein demokratisches Deutschland,

die Arbeiterschaft ist der stärkste Garant für das kommende demokratische Deutschland im neuen Europa.

Hitler muß militärisch geschlagen werden, aber die endgültige Überwindung des Nazismus und des Faschismus erfordert einen demokratischen Frieden, der Lebensmöglichkeiten für ein demokratisches Deutschland sichert.

Über die praktischen Möglichkeiten später nach der Selbstverständigung,

nur eins: auch hier bei der britischen Arbeiterbewegung anfangen.

Hauptteil dieser Aufgabe liegt überhaupt in England.

unsere Erklärungen nach Deutschland, daß wir keine Zerschlagung, keinen Gewaltfrieden wollen, wiegen nicht schwer.

[En]glische Erklärungen und englische Handlungen allein können überzeugen.

eine Arbeit auf lange Sicht,

aber jetzt beginnen mit dem Versuch der Selbstverständigung.

wir können die praktischen Aufgaben nur mit wirklichem Erfolg lösen, wenn wir uns selbst klar werden über das Ziel.

wir haben mit vielem guten Willen den Rahmen für eine gemeinsame Arbeit geschaffen.

---

8 Gemeint ist die Gruppe der Revolutionären Sozialisten Österreichs um Oskar Pollak und Karl Czernetz. Sie waren die Sprecher des „Londoner Büros der österreichischen Sozialisten in Großbritannien", das sich ebenso wie die Union deutlich gegen kommunistische und bürgerliche Organisationen abgrenzte. Vgl. Maimann, Politik im Wartesaal, S. 82–89.

9 Vorlage: „Erfolg" hs. hinzugefügt.

10 Vorlage: Textverlust.

11 Władysław Sikorski (1881–1943), Ministerpräsident der polnischen Exilregierung in London und Oberbefehlshaber der polnischen Verbände im Exil, befand sich im März/April 1941 zu politischen Gesprächen, u.a. mit US-Präsident Franklin D. Roosevelt, in Kanada und den USA. Er schlug eine Föderation der Völker zwischen Ostsee und Adria als Bollwerk gegen ein deutsches Vordringen vor. Vgl. Brandes, Großbritannien, S. 141.

12 Am 11.11.1940 war die Bildung einer polnisch-tschechischen Konföderation bekanntgegeben worden, die von Großbritannien gefördert worden war. Ausführlich hierzu, Brandes, Konföderationspläne; Brandes, Großbritannien, S. 134–142.

13 Vorlage: „unsere Propaganda:" am linken Rand hs. hinzugefügt.

jetzt müssen wir im gleichen Geist versuchen, die Basis für die Arbeit zu schaffen.
eine Basis, auf der wir gemeinsam unsere [Kr]aft einsetzen können für die Niederlage
Hitlers und für eine demokratische und sozialistische Zukunft Deutschlands.[14]

14 In der Vorlage folgen vier Seiten nur bruchstückhaft lesbarer handschriftlicher Notizen von
   Erich Ollenhauer, die sich auf die Diskussion beziehen.

NR. 11

Protokoll der Exekutivkomiteesitzung am 9. April 1941

AdsD Bonn, PV-Emigration, Mappe 4[1]

Sitzung des Exekutiv-Komitees der „Union" am 9. April 1941

Anwesend: Vogel, Ollenhauer, Schoettle, Eichler, Schuricht, Gottfurcht, Sander.

Ollenhauer unterbreitet Vorschläge für die Maifeier und berichtet über einige Vorbesprechungen. Die Besprechungen mit dem Genossen Gillies haben ergeben, daß eine internationale Feier unter Beteiligung aller kontinentalen Sozialisten nicht zu erwarten ist. Er schlägt daher im Einvernehmen mit Vogel vor, eine Feier der „Union" zu veranstalten und dieser Feier einen internationalen Charakter durch Heranziehung einiger internationaler Genossen als Redner zu geben. Vogel hat sich in diesem Sinne an die Genossen Noel-Baker, de Brouckère und Nečas[2] gewandt. Gottfurcht hat mit dem Genossen Schevenels die Verbindung aufgenommen, und es wird weiter versucht, einen polnischen und einen norwegischen Genossen als Redner zu gewinnen. Es liegt ferner die Zusage der französischen Genossen vor, einen Redner zu unserer Feier zu delegieren.

In der Aussprache werden die Vorbereitungen von **Vogel** begrüßt und gutgeheißen. Es wird beschlossen, den Versuch zu machen, einen Saal im Friends House[3] zu erhalten. Es sollen Eintrittskarten gedruckt und zum Preis von 6d vertrieben werden. Die Bruderparteien sollen von dem Stattfinden der Feier unterrichtet und zu ihrem Besuch eingeladen werden.

Die Exekutive erklärt sich damit einverstanden, daß ein Artikel des Genossen Löwenthal über die Lage der Opposition in Deutschland[4] mit einer einleitenden Bemerkung versehen wird, die ihn als eine Veröffentlichung der „Union" kennzeichnet.

---

1 Zu dieser Sitzung gibt es kurze hs. Notizen von Gottfurcht, der nur die angemerkte Abweichung enthält. Archiv Dr. Gerhard Beier, Kronberg, TNL Gottfurcht, Akte O I.

2 Nečas, Jaromír, tschechischer Sozialist und Minister der Exilregierung.

3 Das Friends House in der Euston Road war der Sitz der Society of Friends (Quäker), die von 1933–1939 über ihr Berliner Büro (Leiter Corder Catchpool) und das dafür eingerichtete German Emergency Committee humanitäre Hilfe für Verfolgte in Deutschland geleistet hatte. In London stand neben Catchpool auch die Sekretärin der Society, Berta Bracey, mit der Union in Verbindung. Vgl. Seadle, Quakerism in Germany; Lawrence Darton, An Account of the work of the Friends Committee For Refugees and Aliens, first known as the German Emergency Committee of the Society of Friends, 1933–1950, London 1954.

4 Vermutlich handelt es sich um den Artikel von Paul Sering (Richard Löwenthal) „Is there still a democratic opposition in Germany", 7 S., in: AdsD Bonn, NL Löwenthal, Mappe 270. Der Ort der Veröffentlichung konnte nicht festgestellt werden. Der Artikel war eine Antwort auf einen von Sebastian Haffner verfaßten Leitartikel in „Die Zeitung" vom 29.3.1941, in dem er behauptete,

Eine längere Aussprache entwickelt sich über ein Aufnahmegesuch der Hillergruppe.[5] Die Mehrzahl der Genossen vertritt die Auffassung, daß eine Aufnahme der Gruppe sowohl aus persönlichen wie aus sachlichen Gründen nicht empfohlen werden kann. Besonders unterstrichen wird der Umstand, daß eine Aufnahme der Hillergruppe den bisherigen Charakter der „Union" als eine Arbeitsgemeinschaft von Organisationen der Arbeiterbewegung wesentlich verändern würde. Es wird beschlossen, diesen Gesichtspunkt in einer besonderen Erklärung festzulegen, die gleichzeitig eine prinzipielle Stellungnahme der „Union" gegenüber allen derartigen Aufnahmeanträgen darstellen könnte. Bis zu dieser Entscheidung wird die Beschlußfassung über den Aufnahmeantrag der Hillergruppe zurückgestellt.[6]

Die Herausgabe einer Pressekorrespondenz[7] soll in Kürze erfolgen, mit den vorbereitenden Arbeiten wird ein Redaktionskomitee[8] beauftragt, das aus je einem Vertreter der angeschlossenen Organisationen besteht.

Es wird beschlossen, zur Finanzierung der Arbeit der „Union" zunächst einen Beitrag von je zwei Pfund pro Organisation zu erheben.

Es wird in Aussicht genommen, bei der nächsten geeigneten Gelegenheit beim Genossen Gillies eine gemeinsame Sitzung der Exekutive der „Union" mit dem Subkomitee der Exekutive der Labour-Party für internationale Fragen anzuregen.

Die nächste Sitzung der Exekutive wird für den 17. April in Aussicht genommen.

---

daß es in Deutschland keine wirksame innere illegale Opposition gäbe. Die Union nahm dagegen in den SM, Nr. 2 vom 15.4.1941 Stellung.

5 Der „Freiheitsbund Deutscher Sozialisten" (FDS), den der Schriftsteller Kurt Hiller Ende 1939 gegründet hatte, hatte am 29.3.1941 ein Aufnahmegesuch gestellt. AdsD Bonn, PV-Emigration, M 54.

6 Nach der Aufzeichnung Gottfurchts (vgl. Anm. 1) wurde auch über die Volkssozialisten und die bürgerliche Opposition gesprochen. Gottfurcht hatte am 20.3. mit Jaeger und am 7./8.4. mit Brehm und Jaeger gesprochen und notiert: „Verdachtsmomente müssen ausgeräumt werden", was sich vermutlich auf deren Zusammenarbeit mit britischen Nachrichtendiensten bezog. Am 29.4. fand eine Aussprache Vogels und Gottfurchts mit Jaeger statt. Gottfurcht hielt als Ergebnis fest, daß die Volkssozialisten nicht Mitglied der Union würden, aber mit ihr zusammenarbeiten. – Brehm, Eugen, 1909, SAP, 1935 ČSR, 1939 GB, Mitglied der Londoner Leitung der Volkssozialisten, Mitglied LdG und Federal Union, Mitarbeit bei BBC.

7 Vgl. Nr. 14 und 38. Gemeint ist der spätere „News Letter".

8 Der Redaktionskommission, in der anscheinend Ollenhauer den Vorsitz führte (vgl. Nr. 13) gehörten die Vertreter der vier Mitgliedsorganisationen im Exekutivkomitee an. Vgl. Aufzeichnung Gottfurcht v. 9.5.1941, in: Archiv Dr. Gerhard Beier, Kronberg, TNL Gottfurcht, Akte O I.

Nr. 12

Aufzeichnung Hans Gottfurchts über die Organisationsverhältnisse der deutschen bürgerlichen Emigration in Großbritannien vom 12. April 1941

AdsD Bonn, PV-Emigration, Mappe 4

Nach der Bildung der „Union" wird aus Kreisen der bürgerlichen Opposition zweifellos der Versuch kommen, in irgendeiner Form zu einer Zusammenarbeit zwischen den sozialistischen und bürgerlichen Gruppen zu kommen. Ich habe im Laufe der letzten Wochen die folgenden Ideen gehört:

A) Bildung einer „Union" der bürgerlichen Gruppen und der Versuch der Zusammenarbeit dieser bürgerlichen „Union" mit unserer Union.

B) Direktes Zusammenarbeiten der bürgerlichen Gruppen mit der „Union soz[ialistischer] Organisationen usw."

C) Bildung eines alle Kreise umfassenden Kartells aller oppositionellen Gruppen.

Innerhalb der bürgerlichen Gruppen gibt es verschiedene Auffassungen, wie weit nach „rechts" man gehen kann oder soll. Die Einbeziehung von Strasser-Leuten und Rauschning[1] scheint umstritten zu sein.

Uns berührt die Frage unter folgendem Gesichtspunkt: Sollen wir unbeteiligt abwarten, was sich im bürgerlichen Lager vollzieht oder sollen wir eine gewisse Bereitschaft zu Unterhaltungen und ein gewisses Interesse zeigen. Das gäbe uns wahrscheinlich die Möglichkeit, direkt oder indirekt auf die Entwicklung einzuwirken und dadurch die Beteiligung unerwünschter Gruppen zu verhindern. Die Tatsache, daß bürgerliche Kreise in der angedeuteten Weise aktiv werden, müssen wir unterstellen.

Ich halte die Möglichkeit C) für unerwünscht, dagegen A) und B) – richtig modifiziert – für die gangbaren Wege.

Ich weiß von Diskussionen in folgenden Zirkeln:

1) Dr. Demuth.

2) Dr. Weber. Hierbei ist zu prüfen, ob und wieweit Webers Zusammenarbeit mit Höltermann und Lehmann-Russbueldt Bedeutung hat.

3) Freiheitspartei[2], vertreten durch Westphal (Kluthe) und Spiecker. Die Meinungen darüber, ob Spiecker tragbar ist, gehen auseinander.

---

1 Vorlage: „Rauschnig".

2 Die Deutsche Freiheitspartei war um die Jahreswende 1936/37 von konservativen, liberalen und katholischen Emigranten gegründet worden. Ihr Zentrum befand sich zunächst in Paris, nach 1940 in London. Sie trat für einen Sturz des Hitlerregimes ein und verfügte über gute Beziehungen nach Deutschland. Zu den führenden Personen in Großbritannien gehörten Wilhelm Westphal (d.i. Hans Albert Kluthe), Dr. August Weber und (bis 1941) Dr. Carl Spiecker. Vgl. Röder, Exilgrup-

4) Bündische Jugend (Dr. Ebeling).
5) Dr. Wolfgang Schütz[3].

Schließlich ist zu überlegen, ob man Gruppen von Individualisten, wie z.B. Hillers Gruppe, irgendwie in einen solchen weiteren Rahmen einbeziehen könne.
12/4/1941/Ha[ns]Go[ttfurcht].

pen, S.73–76, Bouvier, Deutsche Freiheitspartei – Spiecker, Dr. Carl, 1888–1953, Zentrum, VS-Mitglied RB, 1930–31 im RIM mit Bekämpfung des Nationalsozialismus beauftragt, 1933 Frankreich, 1937/38 Mitinitiator DFP, 1940 GB, 1941 Kanada, 1945 Rückkehr nach Deutschland, Lizenzträger Rhein-Ruhr-Zeitung Essen.
3 Schütz, Dr. Wolfgang, 1911, Publizist, 1935 GB, Verbindung zur DFP, Fabian Society, Bischof Bell v. Chichester, Mitglied LdG, 1951 Rückkehr nach Deutschland.

NR. 13

Protokoll der Exekutivkomiteesitzung am 17. April 1941

AdsD Bonn, PV-Emigration, Mappe 4[1]

Sitzung der Exekutive der „Union" am 17. April 1941

Anwesend: Vogel, Ollenhauer, Schoettle, Eichler, Schuricht, Gottfurcht.

Maifeier:[2] **Ollenhauer** berichtet über den Stand der Vorbereitungen. De Brouckère, Lévy, Nečas und Schevenels haben zugesagt. Die Antwort von Noel-Baker steht noch aus, ebenso die definitive Zusage von Ciołkocs. Mitwirkende für die musikalische Ausgestaltung der Feier sind gewonnen, aber es fehlt noch die Bewilligung für den Saal. Inzwischen sind jedoch neue Schwierigkeiten aufgetaucht, da Gillies gegen den internationalen Charakter der Feier Bedenken geäußert hat. Es sind auch neue Bestrebungen im Gang, nun doch eine internationale Feier zu veranstalten. Eine Besprechung mit Gillies wird heute nachmittag stattfinden, an der die Genossen Vogel und Ollenhauer teilnehmen werden.

Es wird beschlossen, die endgültige Beschlußfassung über Form und Umfang der Feier bis zur nächsten Sitzung der Exekutive am 22. April zu verschieben.

Ollenhauer berichtet auch über die Pläne für die Maifeier des BBC[3], über die Gordon Walker die Genossen Ollenhauer und Vogel vertraulich informiert hat und bei der auch die Mitwirkung der deutschen Genossen in Aussicht genommen ist. Auch über diesen Punkt wird eine endgültige Beschlußfassung erst in der nächsten Sitzung möglich sein.

Ollenhauer berichtet über die Beratungen der Redaktionskommission, die beschlossen hat, die Herausgabe einer Pressekorrespondenz unter dem Titel: News-Letter, Presse-Service der Union deutscher sozialistischer Organisationen in Großbritannien, herauszugeben. Es soll versucht werden, die erste Nummer zum 1. Mai herauszubringen. Die Vorschläge der Redaktionskommission werden gebilligt, sie wird in der nächsten Sitzung über den Inhalt der nächsten Nummer und über den Bezieherkreis beraten.

Eine längere Aussprache entspinnt sich über den vorliegenden Entwurf für eine prinzipielle Erklärung der „Union" über die Aufnahme von Einzelmitgliedern und Organisa-

---

1 Zu dieser Sitzung existiert eine kurze Aufzeichnung von Hans Gottfurcht. In: Archiv Dr. Gerhard Beier, Kronberg, TNL Gottfurcht, Akte O I.
2 Vorlage: „Maifeier" ms. unterstrichen.
3 BBC sendete am 1. Mai 1941 abends von 7.00–7.30 eine internationale Maifeier für die deutschen Arbeiter. Die Sendung wurde auch auf der gut besuchten Maifeier der Union mitangehört, auf der Vogel die Mairede hielt. Vgl. Nr. 19 und Brief Ollenhauers an Geyer, 3. Mai 1941, AdsD Bonn, PV-Emigration, Mappe 80.

tionen. **Eichler** vertritt die Auffassung, daß man die Möglichkeit der Aufnahme von Einzelmitgliedern schaffen müsse, ohne daß der Charakter der „Union" als Arbeitsgemeinschaft von Organisationen im wesentlichen geändert wird. Eichler denkt an die Schaffung einer besonderen Gruppe für Einzelmitglieder, die sich auf einen Vertreter in der Exekutive einigen müßten. Dieser Aufassung wird von allen anderen Vertretern widersprochen. Es wird beschlossen, die Entscheidung über diese Frage und über den Entwurf für die Erklärung bis zur nächsten Sitzung zu vertagen. Ein Exemplar des Entwurfs ist diesem Protokoll beigefügt.[4]

Gottfurcht unterbreitet eine Aufzeichnung über die Organisationsverhältnisse in der deutschen bürgerlichen Opposition und schlägt vor, sie in einer späteren Sitzung zum Gegenstand einer Aussprache zu machen. Dem wird zugestimmt.

---

4 Der Entwurf wurde nach Änderungen in der Sitzung am 22.4.1941 beschlossen (siehe Nr. 15).

Nr. 14

Protokoll der Exekutivkomiteesitzung am 22. April 1941

AdsD Bonn, PV-Emigration, Mappe 4[1]

Sitzung des Exekutiv-Komitees der „Union" am 22. April 1941

Anwesend: Vogel, Ollenhauer, Schoettle, Eichler, Schuricht, Gottfurcht.

Über die Verhandlungen mit dem Genossen Gillies über die Maifeier der „Union" berichtet **Ollenhauer**. In den Verhandlungen hat sich ergeben, daß die Leitung der Labour Party weder eine eigene internationale Veranstaltung noch eine Veranstaltung der kontinentalen Sozialisten durchzuführen gedenkt. Im Hinblick auf diese Haltung der Labour Party kann nach Meinung des Genossen Gillies die Ausgestaltung der Maifeier der „Union" als internationale Feier als eine Geste gegen den Beschluß der Labour Party angesehen werden. Genosse Gillies müsse jedenfalls jedem der ausländischen Genossen, die ihn um seine Meinung fragen, erklären, daß die Labour Party nichts mit der Veranstaltung der „Union" zu tun habe. Unter diesen Umständen haben die Genossen Vogel und Ollenhauer dem Genossen Gillies erklärt, daß die Veranstaltung der „Union" im internationalen Rahmen nicht durchgeführt werden würde.

Genosse Gillies hat in seiner Unterhaltung auch auf die Anstrengungen der Labour-Party für die Durchführung eines Maiprogramms im BBC verwiesen und die Vorschläge für die Feier in der deutschen Sendung vorgelegt. Im Rahmen dieser deutschen Sendung ist auch die Ansprache eines deutschen Vertreters vorgesehen, Gillies schlägt Vogel vor, allerdings müsse die Ansprache ohne Nennung des Namens erfolgen.

Schließlich liegt dem Genossen **Vogel** die Einladung der Labour Party Hammersmith vor, die am 1. Mai eine Maifeier unter freiem Himmel mit internationalen Rednern veranstaltet und auch die deutschen Genossen dazu einlädt.

Die Beratungen über diese verschiedenen Gesichtspunkte und Vorschläge enden damit, daß die Haltung der Genossen Vogel und Ollenhauer gegenüber dem Genossen Gillies gebilligt wird. Es wird beschlossen, eine Maifeier der „Union" am 1. Mai mit einem deutschen Redner und mit Schallplattenübertragungen und Rezitationen zu veranstalten und im Anschluß an die Maifeier einen gemeinsamen Empfang der Maifeier des BBC für die deutschen Arbeiter zu organisieren. Als Redner für die Feier wird der Genosse Vogel bestimmt. Die Genossen Schuricht und Schoettle werden mit der Durchführung der technischen Einzelheiten beauftragt (Kartendruck, Saalbeschaffung, Beschaffung der Lautsprecheranlage usw.).

---

1 Zu dieser Sitzung existiert eine kurze Aufzeichnung von Hans Gottfurcht. In: Archiv Dr. Gerhard Beier, Kronberg, TNL Gottfurcht, Akte O I.

Der Standpunkt des Genossen **Vogel**, auf den Vorschlag des Genossen Gillies eine zweiminutige Ansprache an die deutschen Arbeiter ohne Nennung des Namens zu halten, nicht einzugehen, sondern dem BBC eine Erklärung der „Union" zur Verfügung zu stellen, wird akzeptiert. Es wird beschlossen, den Text dieser Erklärung am 24. April zu beraten.

Es wird beschlossen, die Maifeier der Labour Party Hammersmith den Mitgliedern der Organisation zur Kenntnis zu bringen.

Der Vorschlag für einen Beschluß der „Union" über die Aufnahme von Einzelmitgliedern und Organisationen wird nach kurzer Beratung in folgender Fassung angenommen. Text des Beschlusses liegt hier bei.

Es wird beschlossen, eine Sitzung des Arbeitsausschusses der „Union" am 6. Mai, abends 18.30 Uhr in der Wohnung des Genossen Gottfurcht abzuhalten und in dieser Sitzung gemeinsam mit dem Genossen Gordon Walker über die deutsche Propaganda im BBC zu beraten. Auf Vorschlag des Genossen **Gottfurcht** wird beschlossen, diese Sitzung gemeinsam mit der Leitung der Landesgruppe deutscher Gewerkschafter in Großbritannien durchzuführen.

In der anschließenden Sitzung der Redaktionskommission für den Pressedienst der „Union" wird beschlossen, die Vorbereitungen so zu treffen, daß die erste Nummer etwa am 10. Mai erscheinen kann. Über den Inhalt der ersten Nummer soll in einer Sitzung der Kommission am Freitag, den 2. Mai, beschlossen werden.[2]

---

2 Über die Kommissionssitzung liegen keine Protokolle oder Notizen vor. Zum News-Letter vgl. Nr. 24.

NR. 15

Beschluß der „Union" über die Aufnahme von Einzelmitgliedern und Organisationen

Anlage zum Protokoll vom 22. April 1941[1]

AdsD Bonn, PV-Emigration, Mappe 4

Nach der Gründung der „Union deutscher sozialistischer Organisationen in Großbritannien" haben sowohl Einzelpersonen als auch Gruppen deutscher politischer Flüchtlinge in England ihre Übereinstimmung mit den Zielen und Aufgaben der „Union" zum Ausdruck gebracht und um Aufnahme in die „Union" gebeten[2].

Die „Union" ist eine Arbeitsgemeinschaft von Organisationen.[3] Sie hat sich [entsc]hie[den], [Ei]nzelmitglieder nicht aufzunehmen, da sie glaubt, heute von jedem bisher nicht organisierten Sozialisten erwarten zu dürfen, sich einer der Organisationen anzuschließen, welche die „Union" bilden, – wenn er die Ziele der „Union" fördern will.

Die „Union" ist von den deutschen sozialistischen Organisationen in England gebildet worden, die durch ihre Zielsetzung und durch die Zusammensetzung ihrer Mitgliedschaft mit der früheren deutschen sozialistischen Arbeiterbewegung verbunden sind und die in der internationalen sozialistischen Arbeiterbewegung – in England repräsentiert durch die Labour-Party und die Trade Unions – die entscheidende Kraft im[4] Kampf gegen den Hitlerismus und für die sozialistische Neugestaltung[5] sehen.

Diese prinzipielle Übereinstimmung in der Beurteilung der historischen Funktion der Arbeiterklasse im Kampf für den Frieden und für die Freiheit der Welt ist der gemeinsame Ausgangspunkt aller an der „Union" beteiligten Organisationen für die durch die „Union" zu lösenden Aufgaben. Die „Union" kann daher nur solche Organisationen als Mitglieder aufnehmen, die sowohl in ihrer Zielsetzung als auch in ihrer Arbeit ihre Übereinstimmung mit dieser prinzipiellen Grundlage der Arbeit der „Union" zum Ausdruck gebracht haben.

Die „Union" anerkennt die Bedeutung anderer antihitlerischer und freiheitlicher[6] Organisationen für den gegenwärtigen Kampf. Sie wird daher [versuchen][7], durch eine

---

1 Bei der Vorlage handelt es sich um den im Protokoll der Sitzung vom 17.4.1941 erwähnten Entwurf, der zahlreiche hs.e Ergänzungen, Streichungen und Unterstreichungen aufweist. Unter-
· streichungen und inhaltlich belanglose Änderungen sind nicht dokumentiert.
2 Vorlage: „nachgesucht" hs. gestrichen, „gebeten" hs. eingefügt.
3 Vorlage: „die keine Einzelmitglieder aufnimmt. Die Möglichkeit einer Mitarbeit an den Aufgaben der ‚Union' ist jedoch für jedermann dadurch gegeben, daß er sich einer der Organisationen anschließt, die die ‚Union' gebildet haben." hs. gestrichen. „Sie hat" bis „will." hs. eingefügt.
4 Vorlage: „gegenwärtigen" hs. gestrichen
5 Vorlage: „in der Zukunft" hs. gestrichen.
6 Vorlage: „eingestellter" gestrichen, -"er" hs. ergänzt.

ständige Fühlungnahme und eine Zusammenarbeit von Fall zu Fall an der Zusammenfassung aller Kräfte im Kampf[8] gegen den Hitlerismus mitzuhelfen.

---

7 Vorlage: Hs. Änderung, Wort nicht eindeutig lesbar.
8 Vorlage: „für die Überwindung" hs. gestrichen, „gegen den" hs. ergänzt.

NR. 16

Protokoll der Exekutivkomiteesitzung am 24. April 1941

AdsD Bonn, PV-Emigration, Mappe 4

Sitzung des Exekutiv-Komitees der „Union" am 24. April 1941

Anwesend: Vogel, Ollenhauer, Eichler, Schoettle, Schuricht, Gottfurcht.

Es wird zunächst über den Entwurf der Erklärung der „Union" in der Sendung des BBC für die deutschen Arbeiter am 1. Mai beraten. Die Erklärung wird nach kurzer Beratung in der beiliegenden Fassung angenommen.

Es wird weiter beschlossen, eine Sitzung der Exekutive am Dienstag, den 29. April, abzuhalten, in der die Grundzüge der Rede des Genossen Vogel und die Einzelheiten des Programms der Maifeier der „Union" beraten werden sollen.

Auf Wunsch des Genossen Gordon Walker wird beschlossen, die nächste Sitzung des Arbeitsausschusses der „Union", die für den 6. Mai in Aussicht genommen war, am Freitag, den 9. Mai, abzuhalten.

NR. 17

Maibotschaft an die deutschen Arbeiter und Sozialisten, beschlossen am 24. April 1941

Anlage zum Protokoll vom 24. April 1941.

AdsD Bonn, PV-Emigration, Mappe 4

Die „Union deutscher sozialistischer Organisationen in Großbritannien"[1] richtet folgende Maibotschaft[2] an die deutschen Arbeiter und Sozialisten:

Deutsche Arbeiter, Gewerkschafter und Sozialisten!

Der Ring des Todes und der Zerstörung, den Hitler um Deutschland gezogen hat, trennt uns heute. Dennoch fühlen wir uns an diesem Maitag mehr als je mit Euch verbunden. Uns vereint die Gewißheit, daß Ihr in diesem grausamen und opfervollen Ringen, das Hitler den Völkern aufgezwungen hat, mit uns in einer gemeinsamen Kampffront steht.

Wir sprechen heute zu Euch im Bunde mit den Vertretern der freien Arbeiter in Europa und Amerika. Die Arbeiter in England und Amerika, in Polen und der Tschechoslowakei, in Holland und Norwegen, in Belgien und Frankreich, sie alle führen einen gemeinsamen Kampf für unser gemeinsames Ziel. Für Freiheit, Frieden und Sozialismus. Wie groß auch die militärischen Erfolge der deutschen Kriegsmaschine sein mögen, sie werden den Zusammenbruch der Gewalt und den Endsieg der Freiheit nicht verhindern können.

Dieser Krieg ist ein Krieg der Fabriken. Seine Dauer hängt deshalb entscheidend auch von Euch ab. Die Arbeiter und Demokraten der ganzen Welt rechnen auf die Entschlossenheit, den Mut und die Tatkraft der deutschen Arbeiter. In Eurer Hand liegt deshalb auch die Entscheidung über die Stellung Deutschlands im kommenden Europa.

Hitler hat in Ost und West, in Nord und Süd die Flammen der Vernichtung entfacht. Aber in der Asche der zerstörten Städte, in den Herzen der gemarterten Völker lebt der Funke der Empörung. Heute sind es Lichter in der Nacht, morgen werden es Flammenzeichen der Freiheit sein. In diesem Aufbruch der Freiheit von Warschau bis Paris, von Belgrad bis Oslo, von London bis San Francisco sollen und dürfen die Arbeiter von Berlin und Köln, von Hamburg und München, von Königsberg und Stuttgart nicht fehlen. Ihr dürft nicht fehlen, Genossen, denn nur dann wird der Sieg der Freiheit auch ein Sieg der deutschen Arbeiter sein. Das Hitlersystem muß gestürzt werden, wenn Deutschland leben soll.

---

1 Vorlage: „Union deutscher sozialistischer Organisationen in Großbritannien" ms. unterstrichen.
2 Vorlage: „Maibotschaft" ms. unterstrichen.

NR. 18

Protokoll der Exekutivkomiteesitzung am 29. April 1941

AdsD Bonn, PV-Emigration, Mappe 4

Sitzung des Exekutiv-Komitees der „Union deutscher sozialistischer Organisationen in Großbritannien" am 29. April 1941

Anwesend: Vogel, Sander, Löwenthal, Schuricht, Henry, Gottfurcht.

In der Sitzung wird das Programm für die Maifeier der „Union"[1] besprochen und beschlossen.

Die Inhaltsangabe der Ansprache des Genossen Vogel[2] wird mit einigen geringfügigen Änderungen gebilligt.

---

1 Siehe Nr. 19. Nach den Aufzeichnungen Gottfurchts wurden Löwenthal, Hermann (Henry) und Sander für den Vorsitz bestimmt. In: Archiv Dr. Gerhard Beier, Kronberg, TNL Gottfurcht, Akte O I.
2 Die Notizen Hans Vogels (13 S., hs.) zu seiner Rede mit der Überschrift „Willkommensgruß 1. Mai 1941" in: AdsD Bonn, PV-Emigration, Mappe 158.

NR. 19

Programm der Maifeier der „Union" am 1. Mai 1941

Anlage zum Protokoll vom 29. April 1941[1]

IISG Amsterdam, IFTU, Mappe 259, Mai 1941

Programm für die Maifeier[2]
Maifeier 1941[3]
der „Union deutscher sozialistischer Organisationen in Großbritannien"

Vortragsfolge
1. Schallplatte: Ludwig van Beethoven
                         Symphonie Nr. 5 c-Moll OP. 67 I.
                         Satz (Orchester des Amsterdamer Konzertgebäudes,
                         Leitung: Prof. Dr. Willem Mengelberg)
2. Rezitationen, vorgetragen von Dora Segall[4]
                         a)   Goethe: Feiger Gedanken...
                         b)   Fritz Brügel: Flüsterlied
                         c)   Ludwig Lessen: Leidensweg
                         d)   Kurt Doberer: Rote Fahnen
3. Ansprache des Genossen Hans Vogel
4. Schallplatten: a)   Die Baumwollpflücker
                         b)   Die Säckeschmeißer
                         c)   Lied der Bergarbeiter
                                Musik von M. Eisler, gesungen von Ernst Busch

10 – 15 Minuten Pause
5. Pünktlich 7.00 Uhr
    Übertragung der Arbeitersendung des BBC

---

1 Die Veranstaltung fand am Donnerstag, den 1.Mai 1941 nachmittags um 17.30 in der Conway Hall, Red Lion Square, London W.C.1 statt. Eine knapp gehaltene Ankündigung der Feier in: SM, Nr. 25, Ende April 1941, eine Eintrittskarte in: AdsD Bonn, PV-Emigration, Mappe 158. Über die Veranstaltung schrieb Viktor Schiff am 1. Mai 1941 an Friedrich Stampfer: „ ...real success. There were nearly 200 friends present, a quite good speech by Vogel, good gramophone records, and then we listened to the Mayday broadcast of the BBC for Germany." AdsD Bonn, NL Stampfer I, Mappe 14. Ein Bericht über die Maifeier in: SM, Nr. 26, Ende Mai 1941.
2 Vorlage: In der oberen rechten Ecke der Vorlage steht ein unleserliches handschriftliches Wort.
3 Vorlage: „Maifeier 1941" ist doppelt, die weiteren Überschriften sind einfach ms. unterstrichen.
4 Segall, Dora, geb. Saloschin 1894–1995, Rezitatorin, in GB 1939–1948 Sozialarbeiterin, 1956–74 Mitarbeiterin im Leo-Baeck-Institut, Ehefrau von Fritz Segall.

(U. a.: Botschaft des Ministers Ernest Bevin
Aufruf von Mr. William Green[5], New York,
American Federation of Labour
Ansprache M. Camille Huysmans, Belgien.
Maibotschaft an die deutschen Arbeiter und Sozialisten –
von der Union deutscher sozial[istischer] Organisationen in Großbr[itannien])
6. Gemeinsamer Schlußgesang 1. Vers der Internationale

---

5 Green, William, Präsident der American Federation of Labor.

NR. 20

Protokoll der gemeinsamen Sitzung des Arbeitsausschusses und der Landesleitung der Landesgruppe deutscher Gewerkschafter in Großbritannien am 9. Mai 1941

AdsD Bonn, PV-Emigration, Mappe 4

Gemeinsame Sitzung des Arbeitsausschusses der „Union" und der Landesleitung der Landesgruppe deutscher Gewerkschafter in Großbritannien am 9. Mai 1941

Teilnehmer: Die Mitglieder des Arbeitsausschusses der „Union" und die Mitglieder der Leitung der Landesgruppe deutscher Gewerkschafter in Großbritannien.

Den Vorsitz[1] führt der Genosse Hans Gottfurcht.

Die Sitzung behandelt die Frage der Mitarbeit der deutschen Sozialisten und Gewerkschafter an den deutschsprachigen Sendungen des BBC, insbesondere an den Sendungen für die deutschen Arbeiter.

Die Diskussion beginnt mit einigen einleitenden Bemerkungen des Vorsitzenden **Hans Gottfurcht** und mit längeren Ausführungen des Genossen **Gordon Walker**, der die allgemeinen Richtlinien für die deutschsprachigen Sendungen und die Leitgedanken seiner Tätigkeit als Leiter der Sendungen für die deutschen Arbeiter darlegt.[2]

Nach einer längeren Aussprache wird beschlossen, eine kurze Denkschrift auszuarbeiten, in der die „Union" und die Landesgruppe deutscher Gewerkschafter die Gesichtspunkte entwickeln[3], die nach der Auffassung der beiden Organisationen für die Aufrechterhaltung und den Ausbau der Sendungen für die deutschen Arbeiter sprechen. Mit der Ausarbeitung des Entwurfs wird der Genosse Hans Gottfurcht beauftragt.

---

1 Vorlage: „Vorsitz" ms. unterstrichen.
2 Vgl. „Arbeiter-Propaganda für Deutschland. Von P.C.Gordon Walker", 7 S., in: AdsD Bonn, PV-Emigration, Mappe 183. Im Schreiben von Eichler an Vogel vom 16.5.41 wird die Aussprache mit Gordon Walker erwähnt. Walker sei sehr befriedigt gewesen, man hoffe deshalb auf bessere Beziehungen zur BBC: AdsD Bonn, PV-Emigration, Mappe 35.
3 Vorlage: entwickelt.

NR. 21

Protokoll der Exekutivkomiteesitzung am 13. Mai 1941

AdsD Bonn, PV-Emigration, Mappe 4

Sitzung der Exekutive der „Union" am 13. Mai 1941

Anwesend: Vogel, Ollenhauer, Schoettle, Schuricht, Gottfurcht.

Genosse **Gottfurcht** legt den Entwurf einer Denkschrift über die Arbeitersendungen des BBC[1] vor, die auf der Sitzung des Arbeitsausschusses am 9. Mai beschlossen worden war.

Nach einer kurzen Aussprache wurde beschlossen, den Genossen Schoettle zu beauftragen, seine Anregungen für Abänderungen des Entwurfs in den Entwurf des Genossen Gottfurcht einzuarbeiten und sobald als möglich den neuen Entwurf der Exekutive vorzulegen.

---

1 Gottfurcht hatte am 3. März 1941 auf einer Veranstaltung der Fabian Society – International Discussion Group über „How to appeal to the German Workers" gesprochen, 14s., MS, in: LHASC – LP/JSM (Int), Box 8/Germany, General 1. Seine Grundgedanken finden sich auch in dem als Dokument Nr. 23 abgedruckten Memorandum.

NR. 22

Protokoll der Exekutivkomiteesitzung am 23. Mai 1941

AdsD Bonn, PV-Emigration, Mappe 4[1]

Sitzung der Exekutive der „Union" am 23. Mai 1941

Anwesend: Vogel, Ollenhauer, Schuricht, Schoettle, Henry, Gottfurcht.

Vogel berichtet zunächst über ein Schreiben des Londoner Büros der österreichischen Sozialisten, in dem die „Union" eingeladen wird zu gemeinsamen Besprechungen.

Es wird beschlossen, die Einladung anzunehmen. Die Delegation wird aus je einem Vertreter der angeschlossenen Organisationen bestehen.[2] Ein Brief des Genossen Auerbach, in dem er sich nach den Möglichkeiten für die Mitarbeit an der Pressekorrespondenz der „Union" erkundigt, wird dem Redaktionskomitee zur Erledigung überwiesen.[3]

Gottfurcht berichtet dann über eine Unterhaltung, die er auf dessen Einladung mit Lord Davies geführt hat.[4] Lord Davies ist seit 1932 Mitglied des Houses of Lords, während des Weltkrieges war er Privatsekretär des damaligen Premierministers Lloyd George. Lord Davies hat sich seit Jahren intensiv mit den Fragen des internationalen Rechts, mit internationalen Schiedsgerichtsverfahren und mit der Frage der Schaffung einer internationalen Polizei beschäftigt. Er steht der New-Commonwealth-Bewegung nahe. Lord Davies beschäftigt sich mit dem Plan, einer Gruppe von 6–12 demokratisch gesinnten Deutschen die Möglichkeit zu geben, sich eingehend mit dem Problem des zukünftigen Deutschland im zukünftigen Europa zu beschäftigen. Es sollen alle technischen Erleichterungen durch Vermittlung des Foreign Office gewährt werden, die Dauer der Arbeitsgemeinschaft ist mit zwei bis drei Wochen in Aussicht genommen.

Gottfurcht ist der Auffassung, daß wir das Angebot annehmen sollten und den Versuch machen sollten, eine Liste von etwa einem Dutzend Teilnehmern dieser Arbeitsge-

---

1 Über die Sitzung existieren auch knappe Notizen von Gottfurcht, in: Archiv Dr. Gerhard Beier, Kronberg, TNL Gottfurcht, Akte O I. Angaben zur Arbeit der Union in dieser Zeit finden sich auch in einem Brief von Eichler an Eva Lewinski vom 4. Juni 1941, in: AdsD Bonn, ISK, Box 40.

2 Die Besprechung der österreichischen Sozialisten mit der Delegation der Union fand am 6. Juni 1941 in der Wohnung von Pollak statt. Erwähnt in Ollenhauer an Eichler, 27. Mai 1941, in: AdsD Bonn, ISK, Box 40.

3 Walter Auerbach hatte sich in einem Schreiben an Hans Vogel vom 3. Mai 1941 zur Mitarbeit in der Union bereit erklärt, in: AdsD Bonn, NL Auerbach, Mappe 26.

4 Vgl. Einleitung Abschnitt II.3.3.

meinschaft, bestehend aus Mitgliedern der „Union" und aus zuverlässigen demokratischen Elementen, vorzulegen, damit die Initiative bei uns bleibt.[5]

In der Diskussion, an der sich **Vogel, Henry, Schuricht, Schoettle** und **Ollenhauer** beteiligen, werden gewisse praktische und technische Schwierigkeiten erörtert. Es wird die Frage aufgeworfen, ob es zweckmäßig ist, gemeinsam mit den Bürgerlichen zu beraten, ehe wir in unserem eigenen Kreis zu einer Übereinstimmung gekommen sind, es wird bezweifelt, ob die geeigneten Leute sich für eine längere Zeit von London frei machen können, und schließlich wird der Wunsch geäußert, noch nähere Erkundigungen über Lord Davies einzuziehen und die Meinung der Vertreter der Labour Party zu diesem Projekt zu hören.

Am Schluß der Aussprache wird als gemeinsame Auffassung festgestellt, daß das Projekt weiter verfolgt werden soll. Die Vertreter der Gruppen sollen in ihren Gruppen berichten, Hans Vogel übernimmt es, eine Unterhaltung mit dem Genossen Noel-Baker über das Projekt herbeizuführen. Die nächste Sitzung der Exekutive wird stattfinden, sobald die Unterhaltung mit Noel-Baker stattgefunden hat.

Auf Antrag des Genossen **Schoettle** wird beschlossen, die Reparaturkosten für den Radioapparat des Genossen Sering, der bei der Maifeier der „Union" beschädigt wurde, in Höhe von £ 1.10.– auf die „Union" zu übernehmen.

Der neue Entwurf für die Denkschrift über die Arbeitersendungen des BBC wird vom Genossen Schoettle den Mitgliedern der Exekutive vorgelegt. Es wird beschlossen, etwaige Abänderungswünsche dem Genossen Schoettle mitzuteilen und ihn zu ermächtigen, die Denkschrift fertigzustellen, wenn nicht ernste Einwendungen gegen seinen Entwurf erhoben werden.[6]

---

5 Von Gottfurcht liegt auch eine Ausarbeitung vor, datiert 9.5.1941, in der unter dem Titel „Die deutsche Opposition sammelt sich. An der Seite der Demokratien im Kampf gegen Hitler" Union und LdG vorgestellt werden. Dabei wird auch von Fall zu Fall eine enge Fühlungnahme und Zusammenarbeit mit den freiheitlichen deutschen Emigrationsorganisationen angekündigt. In: Archiv Dr. Gerhard Beier, Kronberg, TNL Gottfurcht, Akte O I.
6 Die nächste Sitzung fand vermutlich am 31. Mai 1941 statt. Ollenhauer und Gottfurcht haben beide in ihren Terminkalendern für 16.45 Uhr eine Sitzung der Union vermerkt, auf die aber schon um 17.30 Uhr eine Versammlung der Sopade folgt. In: AdsD Bonn, Nachlaß Ollenhauer, Mappe 3; Privatarchiv Dr. Gerhard Beier, Kronberg, TNL Gottfurcht, Akte O I.

NR. 23

Hans Gottfurcht/Erwin Schoettle: Memorandum über die Rundfunkpropaganda für deutsche Arbeiter, vorgelegt am 22. Mai 1941

Anlage zum Protokoll vom 23. Mai 1941

AdsD Bonn, PV-Emigration, Mappe 183[1]

1941[2]
Entwurf

Memorandum[3]
über die Bedeutung der Propaganda unter der deutschen Arbeiterschaft.

Der Inhalt dieser Denkschrift ist begrenzt durch die Aufgabe, die sich ihre Verfasser gesetzt haben: sie beabsichtigen, nachzuweisen, daß die britische Kriegsführung gegen Nazi-Deutschland in Deutschland selbst Verbündete hat, die der Unterstützung und Ermutigung wert sind und daß unter diesen Verbündeten die deutsche Arbeiterschaft auf Grund ihrer Gesamtlage die wichtigste Stellung einnimmt.

Die Verfasser sind sich der Tatsache bewußt, daß der einzige Maßstab, nach dem Anregungen für die Propaganda nach feindlichen Ländern gewertet werden können, die Interessen des kriegführenden Landes sind. Gerade von diesem Gesichtspunkt aus glauben sie, daß der Propaganda unter den deutschen Arbeitern größte Bedeutung zukommt und daß die Anstrengungen, die auf diesem Gebiet gemacht werden, sowohl gegenwärtig wie in der Zukunft in vollem Umfang sich durch die praktischen Ergebnisse rechtfertigen werden.

I.

Es besteht die Gefahr, daß Wirkung und Bedeutung propagandistischer Aktionen nach Deutschland auf Grund der gegenwärtig feststellbaren Rückwirkungen beurteilt wird. Der Umstand, daß Hitler seinen Raubfeldzug bisher ungehindert durch innere Opposition durchführen konnte, spricht jedoch weder gegen die englische Propaganda noch gegen das Vorhandensein einer deutschen Opposition. Er widerlegt nur die Illusionen, die lange Zeit in diesem Lande über die inneren Zustände Deutschlands bestanden und von gewissen deutschen Emigranten genährt worden sind.

---

1 Der Entwurf Gottfurchts war von Schoettle überarbeitet worden. Die englische Fassung „Memorandum on the significance of Propaganda among the German Workers" in: AdsD Bonn, ISK, Box 42, eine englische Zusammenfassung (2 S.) erschien in: SM, Nr. 27, Ende Juni 1941.
2 Vorlage: „1941" hs. oben rechts vermerkt.
3 Vorlage: „Entwurf" und „Memorandum" ms. unterstrichen.

Der Nationalsozialismus hatte sechs Jahre Zeit, um ungestört von äußeren Gefahren, seinen Macht- und Unterdrückungsapparat aufzubauen. In diesen sechs Jahren vor Kriegsausbruch zerstörte er alle selbständigen gesellschaftlichen und politischen Organisationen, indem er sie entweder in die Illegalität drängte oder unter seine Kontrolle stellte. Das war eine der entscheidendsten Maßnahmen der direkten Kriegsvorbereitung. Heute steht in Deutschland der Einzelmensch dem gewaltigen Terrorapparat des Staates hilf- und rechtlos gegenüber. Dieser Staat aber ist seit Kriegsbeginn von Erfolg zu Erfolg geeilt, hat zahlreiche europäische Länder überrannt und ihre Armeen liquidiert. Wenn es heute trotzdem in Deutschland nicht nur eine von vielen Seiten festgestellte wachsende Kriegsmüdigkeit gibt, sondern auch eine große Zahl von numerisch begrenzten, aber in irgendeiner, den Umständen angepaßten Form organisierten oppositionellen Kernen, so ist das ein Beweis dafür, daß es dem NS trotz seiner Erfolge nicht gelungen ist, alle Widerstände zu erdrücken, alle Erinnerungen an Zeiten individueller Freiheit und alle Hoffnungen auf ihre Wiederkehr zu unterdrücken. Es kann aber nicht erwartet werden, daß die zwar nicht völlig erstickten, aber so lange gelähmten Kräfte der Gegner des NS heute schon ausreichen könnten, den Sturz des Regimes herbeizuführen. Man kann andererseits von der britischen Propaganda nicht erwarten, daß sie diese Kräfte zum Handeln bringt, solange die militärische und politische Schlagkraft des Nationalsozialismus nicht durch schwere Rückschläge erschüttert worden ist. Militärische und politische Kriegsführung sind in diesem Krieg und diesem Gegner gegenüber so untrennbar verbunden, wie sie es in der Praxis des Hitlerstaates selbst sind.

Es bleibt die reale Aufgabe der Propaganda, in erster Linie der Rundfunkpropaganda, die Stimmung der Bevölkerung des feindlichen Landes zu zersetzen und deren Denken, Gefühle und Handlungen in eine Richtung zu lenken, die den Absichten der gegnerischen Kriegführung widerspricht. Eine solche Propaganda kann in beschränktem Umfang bereits Gegenwartserfolg haben, sofern sie die zweifellos vorhandenen Gefühle des Mißbehagens verstärkt und dadurch auf den verschiedenen Gebieten Schwierigkeiten für die nationalsozialistische Führung schafft. Wichtiger jedoch bleibt die Propaganda als ein Element der Vorbereitung der Massenopposition gegen das Regime für den Augenblick schwerer militärischer Rückschläge. Unter diesem Gesichtspunkt wird die Propaganda um so größere Erfolgsaussichten haben, je bewußter sie an die in der deutschen Gesellschaft vorhandenen Kräfte anknüpft und ihre Tradition sowohl wie ihre gegenwärtigen und künftigen Interessen in Rechnung stellt.

II.

Wir sind der Ansicht, daß diese Voraussetzung bisher nicht genügend beachtet wurde. Sicher sind in jeder Schicht in Deutschland Opponenten und Kritiker des Regimes zu finden, und die Ausnützung solcher Kräfte ist zweifellos gerechtfertigt. Ob es sich nun um den Mittelstand, die Intellektuellen, die Bauern oder die Bekenntniskirche handelt, man sollte sich darüber klar sein, daß die Unruhe in jeder dieser Schichten zwar für das NS Regime unbequem, aber nie wirklich gefährlich werden wird, solange nicht die wichtigste Schicht der deutschen Bevölkerung, die deutsche Arbeiterschaft, in Bewegung geraten ist.

Die deutsche Arbeiterschaft ist daher vom Standpunkt der aktuellen wie der Vorbereitungsaufgabe der Propaganda der entscheidende Faktor, von dessen Beeinflussung nicht nur seine eigenen Reaktionen, sondern ebenso sehr das Verhalten anderer oppositioneller Strömungen abhängt.[4]

Die deutschen Arbeiter stellen zahlenmäßig die weitaus größte Schicht der Bevölkerung dar. Ihre Stellung in der Produktion, vor allem in der Kriegsproduktion und in den technischen Funktionen der Armee macht sie zum empfindlichsten Punkt der ganzen Gesellschaft. Ihre Stimmung und ihre Moral ist ein entscheidender Faktor im Kriegspotential des Gegners. Diese Rolle der deutschen Arbeiterschaft ist ganz unabhängig davon, in welchem Umfange bereits heute schon Keime der Zersetzung und des Widerstands in dieser Schicht vorhanden sind oder nicht. Das nationalsozialistische Regime selbst ist ängstlich darauf bedacht, die Moral der Arbeiterschaft zu erhalten. Umso wichtiger ist es, alle Anstrengungen der britischen Propaganda auf diesen Punkt zu konzentrieren.

Welche Voraussetzungen für den Erfolg dieser Anstrengungen sind gegeben?

III.

Die Arbeiterschaft hat, wie keine andere deutsche Gesellschaftsschicht, eine natürlich[e] organisatorische Grundlage, die auch der NS nicht zerstören, sondern höchstens zeitweilig durch Terror und Spitzelei einengen konnte, das Zusammensein im Betrieb. Zersetzungserscheinungen nehmen infolgedessen weit eher breiten Charakter an als in anderen Schichten, die nicht nur an sich stärker individualistisch orientiert, sondern auch sozial und wirtschaftlich stärker atomisiert sind.

Die Arbeiterschaft hat, ebenfalls im Gegensatz zu den meisten anderen Bevölkerungsschichten, eine in Hunderttausenden noch heute lebendige politische Tradition, die im Kampf gegen politische Unterdrückung entstand und sich im Kampfe gegen den zur Macht drängenden NS erhalten hat.

Die Arbeiterschaft hat am längsten und unter größten Opfern als ganze Schicht der Gleichschaltung Widerstand geleistet. Während der größte Teil des deutschen Bürgertums zuerst vom Nationalsozialismus politisch aufgesogen und seine politischen Organisationen erst zerschlagen wurden, als sie ihre Massengrundlage bereits eingebüßt hatten, sind die Arbeiterorganisationen noch bis zuletzt in ihrem organisatorischen Bestand nur unwesentlich geschwächt gewesen, wie die letzte legale Wahl beweist.

Auch dann hat die Arbeiterschaft sich nur dem überlegenen Druck des Terrors gebeugt, aber nicht innerlich kapituliert. Wir zitieren aus einer Maiansprache von Walter Citrine[5]:

---

4 Vorlage: gesamter Absatz ms. unterstrichen.
5 Citrine, Walter McLennan, 1887–1983, 1926–46 Generalsekretär des TUC, 1928–45 Präsident des IGB.

„ ... Welche Mittel haben unsere Kameraden, die deutschen Gewerkschafter, sich zu erheben inmitten eines bewaffneten Heerlagers und unter dem wirksamsten Spitzelsystem, das die Welt bisher gekannt hat? Ihre Gelegenheit wird kommen, wenn das Glück der Nazis sich umkehrt ..."

Die Haltung des NS Regimes selbst hat schlagende Beweise für diese Behauptung geliefert. Im Jahre 1936 ist die Wahl der sogenannten Vertrauensräte durch die Arbeiter abgeschafft und durch deren Ernennung durch die Treuhänder der Arbeit ersetzt worden. Das geschah, nachdem zweimal die Vertrauensrätewahlen zu einer vernichtenden Niederlage der nationalsozialistischen Vorschläge geführt hatten.

Die Arbeiterschaft hat die bewußtesten, ausdauerndsten und politisch klarsten Oppositionskerne in Deutschland entwickelt. Aus vielen Berichten, die nicht mit propagandistischer Absicht geschrieben wurden, geht klar hervor, daß in weiten Kreisen der deutschen Arbeiterschaft nicht nur die Tradition der freien Arbeiterbewegung lebendig geblieben ist, sondern daß sich auf der Grundlage dieser Tradition, unter Anpassung an die veränderten Bedingungen, organisatorische Zusammenschlüsse entwickelt haben, die in den verschiedenen Bereichen des Arbeiterdaseins, vor allem aber in den Betrieben wurzeln. Diese Gruppen handeln nicht nur heute schon – im Rahmen der geringen Möglichkeiten – in kleinen Fragen des Alltags, sie sind auch Keime künftiger größerer Oppositionsbewegungen.

Endlich: die Arbeiterschaft allein unter allen deutschen Bevölkerungsklassen befindet sich – auf größere Sicht – in einem dauernden und unlösbaren Interessengegensatz zur NS Diktatur. Ihre Gesamtinteressen, die von der Masse nur gefühlt, von den klareren Elementen jedoch bewußt begriffen werden, drängen diese Schicht zwangsläufig in eine Opposition, die nicht ein Teilgebiet, sondern die Gesamtheit der vom NS geschaffenen Zustände umfaßt. Freie Interessenvertretung, freie Organisationen, Mitsprache in allgemeinen Angelegenheiten sind für die Arbeiter weit mehr Lebensfragen als für jede andere Klasse.

Aus dem Mißbehagen, der Unzufriedenheit, der Kriegsmüdigkeit, die augenscheinlich keine besondere Eigenart der Arbeiterschaft sind, kann sich also auf Grund der gegebenen Voraussetzung weit eher und mit größerer Wirkung für die Stabilität des Regimes eine Massenströmung entwickeln, die den latenten Bundesgenossen zum aktuellen Verbündeten im Endringen um die Niederwerfung des Hitlersystems macht.

IV.

Die Folgerungen, die wie aus diesem Sachverhalt ziehen, sind:

1. Die Arbeiterpropaganda muß, vom englischen Kriegsinteresse aus gesehen, eine überragende Stellung im Gesamtaufbau der Propaganda einnehmen.
2. Die Arbeiterpropaganda muß auf der Kenntnis der Bedürfnisse der deutschen Arbeiter beruhen, an ihnen anknüpfen und alle jene Möglichkeiten ausnützen, die in der besonderen Rolle dieser Schicht, in ihrer Tradition und in ihren täglichen Interessen gegeben sind.

3. Die Arbeiterpropaganda muß die Sprache sprechen, die die deutschen Arbeiter verstehen. Sie muß einfach und klar sein. Sie darf in ihrer Linie nicht unsicher erscheinen und an einer einmal eingeschlagenen Linie sollte festgehalten werden.
4. Bei aller Einfachheit der Sprache sollte die politische Urteilskraft der deutschen Arbeiter so hoch wie möglich eingeschätzt werden. Allgemeine Formulierungen müssen wirkungslos bleiben. Konkrete Darlegungen der Aussichten des Krieges und der Absichten für die Nachkriegszeit sind notwendig.
5. Die deutschen Arbeiter müssen aus der Propaganda den Eindruck gewinnen, daß die Niederlage Hitlers ihren Interessen mehr dient als ein Nazi-Sieg. Sie müssen wissen, was sie von einem Sieg der Demokratien zu erwarten haben. Vernichtungspropaganda und Drohung mit wirtschaftlicher Niederhaltung Deutschlands nach der Niederlage des NS-Regimes treibt die Arbeiter Hitler in die Arme.

Die Arbeitersendungen sollten deshalb vor allem folgende Gesichtspunkte immer wieder herausarbeiten:

Ein Sieg Hitlers bringt euch keine Erleichterung eurer Lage, er bedeutet die Verewigung des Kriegszustandes und damit die Verewigung eurer Unterdrückung.

Die Bedeutung demokratischer Grundrechte für die Durchsetzung der Interessen der Arbeiter. Beleuchtung durch die Darstellung der freien Arbeiterbewegung in den freien Ländern, ihres alltäglichen Lebens und Kampfes, ihrer Erfolge und ihrer Haltung gegenüber dem Krieg und dem Hitlersystem.

Stärkung des Widerstandswillens durch regelmäßige vertrauenswürdige Berichte über Widerstandsbewegungen in den unterdrückten Ländern unter besonderer Hervorhebung des Anteils der Arbeiter.

Darstellung des engen Zusammenhangs zwischen dem Kampf der Demokratien um die Niederwerfung der Diktatur und dem Freiheitskampf der Arbeiter um ihren gesellschaftlichen Aufstieg. Daraus folgt:

Die kämpfenden Arbeiter außerhalb Deutschlands schlagen sich auch für die Zukunft der deutschen Arbeiter. Die deutschen Arbeiter selbst haben eine wichtige Aufgabe. Hinweise auf die Möglichkeiten, diese Aufgabe zu erfüllen und auf die Verantwortung der deutschen Arbeiterschaft vor der Geschichte. Erkennen lassen, daß die Außenwelt über die Bedingungen, unter denen die Arbeiter in Deutschland kämpfen, unterrichtet ist.

Der Sturz Hitlers und die deutsche Niederlage bedeuten keine Rückkehr zu Vorkriegszuständen. Der Inhalt der Neuordnung nach dem Krieg und die Rolle der Arbeiter darin.

Wichtig ist die Mitwirkung der organisierten Arbeiterbewegung und ihrer geeignetsten Vertreter bei der Ausgestaltung der Sendungen und die Ausnützung der Kenntnisse über Deutschland und die deutsche Arbeiterschaft, die bei den zur Mitarbeit bereiten deutschen Sozialisten vorhanden sind.

NR. 24

Protokoll der Exekutivkomiteesitzung am 13. Juni 1941

AdsD Bonn, PV-Emigration, Mappe 4[1]

Protokoll der Sitzung des Exekutivkomitees der „Union" am 13. Juni 1941[2]

Anwesend: Hans Vogel, Erich Ollenhauer, Erwin Schoettle, Willi Eichler, Hans Gottfurcht, Hans Schuricht, Willi Sander.

Hans **Vogel** eröffnet die Sitzung. Erich **Ollenhauer** berichtet über die Besprechungen der Genossen Vogel und Ollenhauer in der Angelegenheit Lord Davies. Es haben sowohl Unterhaltungen mit Phil Noel-Baker[3] und hierauf mit[4] Gillies stattgefunden. Noel-Baker kennt Lord Davies aus seiner Zusammenarbeit mit Lord Davies in der New Commonwealth-Bewegung. Er sieht keine Bedenken, dem Vorschlag von Lord Davies zu folgen, da eine solche Ausarbeitung nur nützlich sein kann. Gillies ist[5] für die Fortführung der Unterhaltungen, um noch klarzustellen, für welche Zwecke die Ergebnisse der Arbeitsgemeinschaft bestimmt sein sollen. Eine Beteiligung an diesem Projekt ist nach seiner Meinung nur möglich, wenn Garantien geschaffen werden, daß es sich um eine reine Studienarbeit handelt und daß die Ergebnisse dieser Studien die einzelnen Organisationen nicht festlegen. Gillies sieht auch noch praktische Schwierigkeiten bei der Auswahl der Teilnehmer. Es müssen alle Richtungen der Sozialisten und Demokraten berücksichtigt werden, auf der anderen Seite wird es dann schwer sein, ein gemeinsames Resultat zu erreichen.

Aus anderen Informationen geht außerdem hervor, daß Lord Davies auch noch Besprechungen mit anderen über das gleiche Thema geführt hat und daß in diesen Fällen der Eindruck entstand, als handle [es] sich um die Schaffung einer Plattform für eine zukünftige deutsche Regierung. Lord Davies hat außerdem vor dem Krieg internationale Zusammenkünfte veranstaltet, an denen auch deutsche Nazis teilgenommen haben.

Gottfurcht berichtet, daß er eine Einladung zu Lord Davies zum nächsten Donnerstag erhalten hat. Er ist der Meinung, daß sich schon aus der ersten Unterhaltung ergeben habe, daß offizielle britische Stellen an der Arbeit interessiert sind. Die erbetene Vorschlagsliste der Teilnehmer ist für das Foreign Office bestimmt. Lord Davies denkt auch an eine weitgehende finanzielle Beteiligung des Foreign Office. Das Ergebnis der Studi-

---

1 Über diese Sitzung gibt es auch eine kurze Notiz von Gottfurcht, in: Archiv Dr. Gerhard Beier Kronberg, TNL Gottfurcht, Akte O I.
2 Das Protokoll weist zahlreiche hs. Unterstreichungen auf, die hier nicht vermerkt sind.
3 Vorlage: „Noel Phil-Baker", dann hs. korrigiert.
4 Vorlage: „hierauf mit" hs. eingefügt.
5 Vorlage: „ebenfalls" hs. gestrichen.

engemeinschaft soll auch möglichst vielen amtlichen Stellen zugänglich gemacht werden. Es ist ferner in der Unterhaltung die Rede davon gewesen, daß die Arbeitsgemeinschaft die Basis für zukünftige Entwicklungen abgeben könnte.

Es käme in der neuen Besprechung darauf an, diese Fragen weiter zu klären, wir können nur die Beteiligung an einer Studienaufgabe akzeptieren, die Organisationen können durch diese Arbeitsgemeinschaft nicht gebunden werden.

Eichler hat im Grunde dieselben Auskünfte über den Anreger erhalten. Er bittet um weitere Klärung des Planes, insbesondere seiner Beziehungen zum Foreign Office.

Schoettle bittet um die Klarstellung der Absichten, da von dieser Frage unsere endgültige Entscheidung abhängen muß. Wenn die Frage einer deutschen Gesamtvertretung mit diesem Projekt verbunden werden soll, dann sollten wir klar sagen, daß wir eine solche offizielle Vertretung Deutschlands für unzweckmäßig und unglücklich halten würden.

Vogel: Eine Gesamtvertretung der deutschen Emigration wäre zu begrüßen, aber es fehlen die entsprechenden Partner. Ein wesentlicher Teil der deutschen Emigration befindet sich nicht hier, sondern in anderen Ländern, insbesondere in USA. Der Zeitpunkt für die Bildung einer provisorischen Regierung ist nicht gekommen. Ein solcher Schritt würde in Deutschland die gegenteilige Wirkung ausüben, vor allem bei den Illegalen.

Es wird beschlossen, am Dienstag, den 17. Juni, eine neue Sitzung über diese Frage abzuhalten, und Genosse Gottfurcht übernimmt es, in dieser Sitzung einen Entwurf für die Stellungnahme in der neuen Besprechung mit Lord Davies vorzulegen.

News-Letter:[6] Der Freiheitsbund deutscher Sozialisten hat gegen die Formulierung in dem Anschreiben zur ersten Nummer der „News-Letter" Einspruch erhoben[7], in der davon die Rede ist, daß der „Union" alle[8] sozialistischen Organisationen angeschlossen seien. Die Exekutive erklärt sich damit einverstanden, daß wir in der nächsten Nummer eine Notiz veröffentlichen, in der diese sachliche Unrichtigkeit richtiggestellt wird unter Hinweis darauf, daß noch andere sozialistische Organisationen bestehen, mit denen die „Union" in freundschaftlichen Beziehungen steht.

---

6 Vorlage: „News-Letter" ms. unterstrichen. – Die erste Ausgabe des „News-Letter. Issued and published by the Union of German socialist organisations in Great Britain No. 1, May 1941", war mit einem Anschreiben Vogels versandt worden. Das Mitteilungsblatt umfaßte acht Seiten und war hektografiert. Es enthielt einen Beitrag über Heß's Flug nach Großbritannien, Meldungen aus Deutschland, einen Bericht über die Gründungen der Union und der LdG sowie einen Beitrag über Geheimabkommen Deutschlands mit Frankreich, Spanien und Italien die politischen Flüchtlinge betreffend. News-Letter, in: AdsD Bonn, PV-Emigration, Mappe 139, Schriften; ISK, Box 40 (auch Anschreiben).

7 Hiller an Eichler, 8. Juni 1941, in: AdsD Bonn, ISK, Box 40.

8 Vorlage: „alle" ms. unterstrichen.

Der Antrag auf die Bewilligung des Permits für den Versand ins Ausland muß nach einer Mitteilung des Informationsministeriums an die Zensurstelle in Liverpool gerichtet werden.[9]

Von der Festsetzung eines Bezugspreises für die „News-Letter" wird abgesehen. Der nächsten Nummer wird ein Begleitschreiben beigelegt werden, in dem unter Hinweis auf zahlreiche Anfragen die Bezieher gebeten werden, nach ihren Möglichkeiten zu zahlen.

Es besteht Übereinstimmung, daß der Übersetzung bei der nächsten Nummer noch größere Beachtung geschenkt werden muß.

Es wird beschlossen, daß die Redaktionskommission ihre nächste Sitzung am Freitag, den 27. Juni, vormittags um 11 Uhr abhält.

Ein Bericht über die bisherige Aufnahme des Memorandums über die Bedeutung der Arbeitersendung im BBC[10] wird zur Kenntnis genommen.[11]

Genosse **Ollenhauer** berichtet über die erste Zusammenkunft mit den österreichischen Genossen[12]. Es nahmen für die „Union" teil: Ollenhauer, Schoettle und Schuricht. Der Auffassung der österreichischen Genossen, diese [Aus]sprachen laufend durchzuführen, wurde zugestimmt. Eine längere Aus[spr]ache ergab sich über die Lage im BBC im Hinblick auf die deutschen und österreichischen Sendungen. Es bestand Übereinstimmung, daß der Augenblick für eine größere Aktion zur Verstärkung des Einflusses der deutschen und österreichischen sozialistischen Emigration nicht geeignet erscheint. Der Bericht wurde von der Exekutive zur Kenntnis genommen.

Ein Bericht des Genossen Ollenhauer über eine Unterhaltung der Genossen Vogel und Ollenhauer mit dem Genossen Huysmans über die Herstellung einer internationalen Arbeitsgemeinschaft wurde ebenfalls zur Kenntnis genommen.[13] Die Abrechnung über die Maifeier der Union ergab einen Überschuß von £ –.19.9.

Genosse **Sander** berichtet über eine Besprechung der Labour Party Hammersmith mit Vertretern der kontinentalen Sozialisten, in der eine engere Fühlungnahme vereinbart

---

9 Am 28. Mai 1941, nachdem die für die USA und Großbritannien bestimmten Exemplare versandt worden waren, bat Vogel die Zensurbehörde („The Senior Press Censor, Postal Section, Ministry of Information") um die für die Verschickung in neutrale Länder (v.a. Schweden und Schweiz) notwendige Genehmigung. Er legte dazu ein Exemplar des News Letter Nr. 1 vor und verwies auf Erstellung „in close cooperation with the British Labour Party". AdsD Bonn, PV-Emigration, Mappe 139.

10 Vorlage: „Memorandums über die Bedeutung der Arbeitersendung im BBC" hs. unterstrichen.

11 Von den Angeschriebenen hatte sich eine Anzahl lobend über das Memorandum geäußert. So erklärte Philip Price (TUC) am 9. Juni 1941 gegenüber Hans Vogel, er habe das Memorandum „mit vielem Vergnügen gelesen" und sei „mit dem Inhalt einverstanden", in: AdsD Bonn, PV-Emigration, Mappe 88. Im PRO London, FO 898/183, Propaganda to Germany 1941–44, finden sich keine Hinweise auf den Eingang oder die Rezeption des Memorandums.

12 Vorlage: „österreichischen Genossen" hs. unterstrichen.

13 Camille Huysmans war dabei, im Auftrag der Labour Party und in Konkurrenz zu ähnlichen Bestrebungen der Fabian Society und des International Socialist Forum (Victor Gollancz, Julius Braunthal) ein Komitee mit Vertretern der europäischen sozialistischen Parteien aufzubauen.

wurde. Es sollen regelmäßige Veranstaltungen der Labour Party Hammersmith mit den Funktionären der verschiedenen Zweige der Arbeiterbewegung in West-London stattfinden, an der auch Vertretungen der kontinentalen Sozialisten teilnehmen sollen und in der durch Vorträge und Diskussionen gegenseitige Informationen gegeben werden sollen. Die erste Veranstaltung dieser Art soll am 12. Juli stattfinden, jede Delegation kann zehn bis zwölf Teilnehmer entsenden, also auch die „Union". Die Exekutive akzeptiert den Plan, in einer späteren Sitzung soll über die Zusammensetzung der Delegation der „Union" beschlossen werden.

Auf Anfrage von **Schoettle** teilt **Vogel** mit, daß der SPD erst jetzt die Veröffentlichung des Protestes von Sollmann gegen die Gründung der „Union" bekannt geworden ist, daß wir aber schon vorher den Genossen in USA eine ausführliche Darstellung des Sachverhalts geschickt hatten, die jetzt auch zur Kenntnis des Genossen Sollmann gekommen sein dürfte.[14]

---

14 Eichler hatte Ollenhauer den Zeitungsausschnitt der Erklärung Sollmanns in der New Yorker „Neuen Volkszeitung" vom 17. Mai 1941 übersandt, in: AdsD Bonn, ISK, Box 94. Sollmann hatte sich am 11. Mai 1941 in einem Brief an Friedrich Stampfer wie folgt geäußert: „Der P.V. hat sich also mit ‚Neu Beginnen' und der ‚S.A.P.' ‚geeinigt'. Als ob wir uns mit Leuten solcher politischer Anschauung wirklich organisatorisch einigen könnten. Entweder hat der P.V. das freiwillig getan, dann ist es eine bedauerliche und absolut unnötige Kapitulation. Oder die Einigung ist unter Druck von bestimmter Seite geschehen, dann ergeben sich Folgerungen, auf die ich in diesem Briefe nicht eingehen will. Weder in dem einen noch in dem anderen Falle will ich mit dieser ‚Einigung' etwas zu tun haben." AdsD Bonn, NL Stampfer I, Mappe 13. Am 5. Mai 1941 antwortete Ollenhauer Rudolf Katz (GLD) auf dessen Kritik an der Gründung der Union und wies auf den Druck der Labour Party, aber auch auf das Bedürfnis nach Zusammenarbeit hin, das sich in den Gesprächen mit den Vertretern der einzelnen Gruppen gezeigt habe. AdsD Bonn, PV-Emigration, Mappe 80.

NR. 25

Ausarbeitung Hans Gottfurchts für seine Besprechung mit Lord Davies vom 16. Juni 1941

AdsD Bonn, PV-Emigration, Mappe 4

Betrifft: Lord Davies

Executive „Union" 17. Juni 1941.[1]

Grundsätzlich besteht Bereitschaft zu der angeregten Arbeit. Es kann sich nur um eine Forschungsarbeit handeln. Die teilnehmenden Personen legen mit ihrer Stellungnahme ihre Organisationen nicht fest. Nach Fertigstellung der Ausarbeitung muß es den Organisationen überlassen bleiben, dazu Stellung zu nehmen.

Die Tatsache einer Ausarbeitung schließt keine festlegende Verpflichtung gegenüber irgendeiner englischen amtlichen, halbamtlichen oder privaten Stelle ein. Nach Fertigstellung der Ausarbeitung kann erst festgestellt werden, ob und welchen englischen Stellen das Resultat zugeleitet werden kann. Die Arbeit kann also nicht im Auftrage englischer Stellen durchgeführt werden, sie muß völlig unabhängig geleistet werden.

Die Teilnahme von demokratisch gesinnten Personen aus dem sozialistischen und aus dem bürgerlichen Lager läßt mit der Möglichkeit rechnen, daß in gewissen Punkten verschiedene Meinungen bestehen werden. In solchen Punkten soll dann nicht nach einem schlechten Kompromiß gesucht werden (wenn kein guter möglich ist (!)), sondern die Abgabe von zwei oder mehr Gutachten vorgezogen werden.

Die Einsetzung einer Studienkörperschaft darf an keiner Stelle, weder bei Beteiligten, noch bei Interessenten, noch bei zu Informierenden den Eindruck erwecken, daß die Konstituierung eines deutschen Nationalkomitees oder gar einer Art „Ersatz"-Regierung hierbei geplant ist.

Es erscheint praktisch, die Tagungsdauer auf jeweils 10 Tage zu begrenzen und mehrwöchige Pausen einzulegen. Außer der Teilnahme von Dauermitarbeitern wird die Heranziehung von Experten erforderlich sein.

Falls über die Grundfragen Übereinstimmung besteht, würde weitere Erörterung im größeren Kreis zu empfehlen sein.

Die Auswahl des teilnehmenden Personenkreises wäre der „Union" im Zusammenwirken mit sonst noch in Frage kommenden demokratischen Oppositionsgruppen zu überlassen.

Hans Gottfurcht.

16/6/1941.

---

1 Vorlage: „Betrifft Lord Davies" und „Executive ‚Union' 17. Juni 1941." ms. unterstrichen. Die Ausarbeitung legte Gottfurcht dem EK in der Sitzung am 17. Juni 1941 vor. Vgl. Nr. 26.

NR. 26

Protokoll der Exekutivkomiteesitzung am 17. Juni 1941

AdsD Bonn, PV-Emigration, Mappe 4[1]

Protokoll der Sitzung des Exekutivkomitees der „Union" am 17. Juni 1941.

Anwesend: Ollenhauer, Eichler, Schoettle, Gottfurcht.

Ollenhauer teilt mit, daß ein Brief der SAP an den Genossen Vogel vorliegt, in dem die Union benachrichtigt wird, daß an Stelle des bisherigen provisorischen Vertreters der SAP, Genossen Schuricht, der Genosse Paul Walter zum ständigen Vertreter der SAP gewählt wurde.[2]

Gottfurcht legt die beigefügte Ausarbeitung für seine Unterhaltung mit Lord Davies bei.[3] Die Ausarbeitung wird als Grundlage für die Unterhaltung genehmigt.

Als privaten Vorschlag und als erste Anregung für die Diskussion über die Zusammensetzung einer Studiengruppe unterbreitet Gottfurcht folgende Namen: Ollenhauer, Geyer, Eichler, Schoettle, Gottfurcht, Derkow, Westphal, Demuth, Weber, Ebeling, ein Katholik, Hiller oder Bondy[4], Jaeger.[5] Die Namen gelten nicht als verbindliche Empfehlungen, sondern nur als Anregung für die Diskussion, die für die nächste Sitzung in Aussicht genommen wird, falls die Unterhaltung mit Lord Davies positiv ausfällt.

Die nächste Sitzung des Exekutivkomitees wird für Dienstag, den 24. Juni, vormittags 11 Uhr in Aussicht genommen.

---

1 Über diese Sitzung gibt es auch eine kurze Notiz von Gottfurcht, nach der auch über das International Socialist Forum und Karl Retzlaw gesprochen wurde: Archiv Dr. Gerhard Beier, Kronberg, TNL Gottfurcht, Akte O I. – Retzlaw, Karl, 1896, KPD-Funktionär, 1933 SU, Saargebiet, Bruch mit KPD und KI, 1935 Frankreich, Zusammenarbeit mit trotzkistischer Gruppe, Tätigkeit für britischen Nachrichtendienst, 1940 GB, Gründung Bund deutscher revolutionärer Sozialisten, Verbindung mit Lord Vansittart, Mitarbeit in FFF-Gruppe, 1946 Rückkehr ins Saargebiet, 1949 Frankfurt/M.
2 Im Bestand PV-Emigration ist der Brief nicht vorhanden.
3 Vgl. Nr. 25.
4 Dr. Paul Bondy, nicht ermittelt; vgl. Nr. 51.
5 Anscheinend wurde auch Retzlaw in diesem Zusammenhang erwähnt. Vgl. Anm. 1.

NR. 27

Entwurf Hans Gottfurchts für ein Exposé über die Vorschläge Lord Davies' vom 21. Juni 1941

AdsD Bonn, PV-Emigration, Mappe 4

Draft only.
21. Juni 1941.[1]

Valuable results can probably be achieved if Lord Davies' proposals could be brought into operation.

A group of personalities, willing to co-operate, should try to come to a statement on the following subjects:

(i) The utilisation of the mental abilities and the man-power of the anti-Nazi German democrats (socialists and non-socialists) in this country for the war effort. Their participation in the struggle for victory over Nationalsocialism and final destruction of the German military machinery.

(ii) Post-war reconstruction:

(a) The position of Germany in the period between war and peace.

(b) The co-operation between the victorious powers[2] and a democratic Germany.

(c) The position of Germany in a future community of nations.

If a group of socialistic and non-socialistic democrats is co-operating it can be presumed that full agreement will be possible in a certain number of problems. The group will probably be in the position to reach an understanding on certain other questions. In cases in which a common statement of all members of the group will not be possible, it will be better to formulate the differences of opinion.

It must be understood that the participation in such a kind of work must be looked upon as independent research work. The people working in such a comittee are not be regarded as the representatives of their respective organisations but as individuals. The organisations must be at liberty to study the results and to come to a decision after having examined all details. The fact that only leading members of the organisations concerned will take part in the research work may be regarded as a guarantee that these people will start their work with the desire to come to acceptable results.

It is to be hoped that the results will be acceptable not only for the representatives of German political refugees but for the British authorities as well. In this connection it is unavoidable to raise the question of the often discussed possibility of setting up of a so-

---

1 Vorlage: „Draft only" in Großbuchstaben und ebenso wie „21. Juni 1941." ms. unterstrichen. – Die Ausarbeitung legte Gottfurcht dem EK in der Sitzung am 24. Juni 1941 vor. Vgl. Nr. 28.

2 Vorlage: „(Great Britain and USA) with" hs. gestrichen, „and" wurde ms. eingefügt.

called "German National Committee". I do not believe that it would be advisable or valuable to have such a Committee at the present stage of the war. There are, besides many others, two most important reasons:

(i) The political exponents of German Democracy abroad have to keep in mind the fact that all the underground fighters in Germany will have to play their vital part in the destruction of Hitlerism and in the construction of the future.

The group must therefore examine, within the framework of their studies, all possibilities of co-operation between anti-Nazis abroad and underground fighters in Germany, including the re-construction of broken lines of communication. The group will have to propose how British authorities would be able to help.

It has to be explained that and why that question is of vital importance and preconditional for the achievement of a sound liquidation of the Nazi period in Germany as well as for all constructive tasks.

(ii) It has to be seen whether the research group will come to conclusions acceptable both for the democratic anti-Nazi Germans and the British authorities. Only in that case it would be worth while to consider the question of a body of representatives in detail. To have a "National Committee" without having an accepted or acceptable programme would be without any value.

If it should be possible for the research group to come to a statement on the two fundamental subjects, i.e :

(i)   Utilisation of abilities and man-power,

(ii)   Post-war reconstruction,

and if it should be possible to get the statement accepted:

(a)   by the German political representatives,

(b)   by the British authorities concerned,

then the group should meet again and try to come to a statement on the third fundamental subject, i.e.:

(iii)   The possibilities of co-operation between the British and the Allied Governments and the Representatives of German anti-Nazi democrats (socialists and non-socialists) in this country.

NR. 28

Protokoll der Exekutivkomiteesitzung am 24. Juni 1941

AdsD Bonn, PV-Emigration, Mappe 4[1]

Sitzung des Exekutiv-Komitees der „Union" am 24. Juni 1941

Anwesend: Vogel, Ollenhauer, Eichler, Schoettle, Gottfurcht, Walter.

Vogel führt den Vorsitz und begrüßt zunächst den Genossen Walter, der von der SAP als Vertreter in der Exekutive der „Union" bestimmt wurde.

    Gottfurcht berichtet über den Verlauf seiner Unterhaltung mit Lord Davies. In dieser Unterhaltung zeigte sich, daß die Frage der Bildung einer deutschen Gesamtvertretung in Form eines deutschen Nationalrates doch eine größere Rolle in den Überlegungen von Lord Davies spielt, als nach der ersten Unterhaltung angenommen werden konnte. Gottfurcht hat bei der Darlegung seiner Bedenken gegen solche Pläne vor allem auf den Umstand hingewiesen, daß die sozialistischen Organisationen im Gegensatz zu anderen Emigranten, die nur ihre persönliche Meinung vertreten, die Auffassung ihrer in Deutschland lebenden Freunde im Auge behalten müssen. Die Entscheidung über die Zukunft Deutschlands wird nach unserer Auffassung nicht durch die Emigranten, sondern durch die in Deutschland lebenden Antifaschisten gefällt werden, und wir müssen unsere Tätigkeit so einzurichten versuchen, daß sie mit den Auffassungen unserer in Deutschland lebenden Freunde in Übereinstimmung bleibt. Außerdem muß man in der geplanten Arbeitsgemeinschaft feststellen, ob man sich auf ein Programm einigen kann. Erzielen wir hier ein positives Resultat, dann kann man die Frage einer gemeinsamen Vertretung der deutschen demokratischen Emigration im Ausland prüfen.

    Die Arbeitsgemeinschaft müßte als ein unabhängiges Komitee arbeiten können und im übrigen für die Verwertung der Resultate der Arbeit des Komitees die Garantien bieten, die in der vorigen Sitzung als die Auffassung der „Union" formuliert wurden. Diese sachlichen Gesichtspunkte scheinen keine prinzipielle Schwierigkeit für die Weiterverfolgung des Planes zu bedeuten. Hinsichtlich der Zusammensetzung des Kreises warf Lord Davies noch einmal die Frage der Mitarbeit Rauschnings auf. Gottfurcht erklärte eine Zusammenarbeit mit Rauschning für unmöglich. Lord Davies teilte mit, daß er einen Bericht über die erste Unterhaltung an Sir Eric Phipps[2], Vansittart und Mr. Eden geschickt habe.[3] Phipps habe in einer persönlichen Unterhaltung großes

---

1 Über diese Sitzung gibt es auch eine kurze Notiz von Gottfurcht, in: Archiv Dr. Gerhard Beier, Kronberg, TNL Gottfurcht, Akte O I.
2 Phipps, Sir Eric, bis zum Kriegsbeginn 1939 britischer Botschafter in Berlin.
3 Lord Davies hatte sein Memorandum „Organisation of German Refugees" vom 6. Juni 1941 am 10. Juni 1941 mit einem Begleitbrief an Außenminister Eden gesandt. Darin unterbreitete er zwei

Interesse gezeigt, aber erklärt, daß er keine Zeit für die Mitarbeit habe. Vansittart hat eine nichtssagende schriftliche Antwort gegeben. Von Eden liegt noch keine Nachricht vor.

Die Unterhaltung endete mit der Verabredung, daß Gottfurcht in einem kurzen Exposé seine Gesichtspunkte noch einmal schriftlich darlegen solle. Einen Entwurf für dieses Exposé legt Gottfurcht der Sitzung vor.[4]

Schoettle glaubt, daß in dieser zweiten Unterhaltung die Absichten Lord Davies' klarer zum Vorschein gekommen seien als in der ersten Besprechung. Er hat große Bedenken, die „Union" in der Frage der Schaffung einer deutschen Gesamtvertretung zu exponieren, da er den Plan an sich im Augenblick für verfehlt und unzweckmäßig halte.

Vogel weist darauf hin, daß schon aus dem Bericht von Gottfurcht eine starke Skepsis hervorgehe. Diese Skepsis ist berechtigt. Im Augenblick besteht auch gar keine Aussicht auf die Verwirklichung dieser Absichten. Aus einer Unterhaltung mit Weber und aus einer kurzen schriftlichen Mitteilung von Weber hat Vogel den Eindruck gewonnen, daß die Pläne des Parlamentarischen Klubs[5] für eine solche Gesamtvertretung von den infrage kommenden britischen Stellen abgelehnt worden seien. Auch die Antwort Edens auf eine Anfrage im Unterhaus war durchaus negativ. Richtig ist, daß die Zersplitterung der deutschen Emigration ein Nachteil ist, aber für eine ernsthafte Zusammenarbeit fehlen die ernsthaften Partner im bürgerlichen Lager. Wenn man sich mit dem Plan beschäftige, müsse man außerdem in Betracht ziehen, daß wichtige Vertreter der deut-

---

Vorschläge: Die bessere Ausnutzung der Fähigkeiten der „bona fide refugees" für den „War effort" und die Schaffung einer Arbeitsgruppe für die Erarbeitung eines Planes zur Rekonstruktion Deutschlands für die Übergangsperiode, wozu er ein Haus in Schottland anbot. Eden antwortete Davies am 30. Juni 1941, verwies auf die für die Beschäftigung der Ausländer zuständige International Labour Branch und lehnte Davies' unausgesprochenes Anliegen, „a shadow German Government which could be made use of at the end of the war", mit den Worten ab: „[...] it would not be possible for His Majesty's Government at present to give official recognition or encouragement to a venture of this kind. Nor is the time yet ripe for a British liaison official to be appointed to look after any group of refugees which might be selected and organised in the manner proposed." Auch als Davies den zweiseitigen Vorschlag Gottfurchts „The German Problem", datiert 25. Juni 1941, am 14. Juli 1941 an Eden weiterreichte, blieb dieser ablehnend und bezog sich in seiner Antwort vom 30. Juli 1941 auf den Brief vom 30. Juni 1941. PRO London, FO 371/26559/C7108, C 7961, Germany 1941.

4 Vgl. Nr. 27.

5 Unter dem Eindruck der Bemühungen des SPD-PV um das Zusammengehen mit den linkssozialistischen Gruppen hatte der ehemalige Bundesführer des Reichsbanners Karl Höltermann als Konkurrenzorganisation die „Gruppe der Parlamentarier" aus SPD-Mitgliedern und Bürgerlichen geschaffen. Ihr Ziel war die Bildung einer Gesamtvertretung der deutschen Emigration. Höltermann, der schon 1934 nach Großbritannien emigriert war, verfügte über gute Beziehungen zur Labour-Führung. Der Gruppe, die von Höltermann geführt wurde, gehörten u.a. an: Max Braun, Kurt Weckel, Franz Xaver Aenderl, August Weber, Otto Lehmann-Russbueldt. Vgl. Röder, Exilgruppen, S.31f. – Aenderl, Franz Xaver, 1883–1951, Publizist und Politiker, zunächst KPD-MdL, dann 1928–32 SPD-MdL, 1933 KZ-Haft, 1934 Emigration ČSR, 1938 GB, 1942–43 Sprecher bei katholischen Sendungen der BBC, 1946 Rückkehr nach Bayern, Übertritt zur Bayern-Partei.

schen Emigration nicht in England, sondern in USA und auch in Schweden sitzen. Wir sollten also in dieser Frage im gegenwärtigen Zeitpunkt sehr kurz treten.

Eichler erkennt die praktischen Schwierigkeiten für die Schaffung einer Gesamtvertretung der deutschen Emigration an. Auf der anderen Seite könnte sie sehr nützlich sein, um der Wichtigtuerei vieler Einzelgänger ein Ende zu bereiten. Er verweist in diesem Zusammenhang darauf, daß amtliche britische Stellen sich mit der Gestaltung Deutschlands nach dem Krieg beschäftigen und konkrete Pläne ausarbeiten.[6] Es wäre sehr wichtig, wenn wir auf derar[tig]e Arbeiten Einfluß nehmen könnten, aber das wird auch wieder nur möglich sein, wenn die deutsche Emigration eine anerkannte Vertretung hat. Eichler ist mit dem Entwurf Gottfurchts einverstanden, wünscht aber eine Diskussion über die Frage der Gesamtvertretung unabhängig von dem Davies-Projekt.

Walter bringt ebenfalls seinen großen Skeptizismus gegenüber dem Davies-Plan zum Ausdruck und unterstreicht vor allem den Hinweis von Vogel auf die räumliche Zersplitterung der deutschen Emigration. Auch Walter wünscht Zurückhaltung, ist aber damit einverstanden, daß Gottfurcht das Exposé als seine Auffassung an Lord Davies weiterleitet.

Ollenhauer verweist darauf, daß wir durch den Gang der zweiten Unterhaltung in die Diskussion über die Schaffung einer deutschen Vertretung gezogen werden, ohne diese Frage schon in unserem Kreis geklärt zu haben. Auch aus diesem Grunde ist er dafür, daß Gottfurcht das Exposé als seine persönliche Auffassung ohne Bindung für die „Union" weiterleitet.

Es wird so beschlossen. Eine Abschrift des Exposé liegt diesem Protok[ol]l bei.

---

6 Nach den Aufzeichnungen Gottfurchts (vgl. Anm. 1) verwies Eichler ausdrücklich auf die Studie „Die Zukunft Deutschlands", die von überparteilichen Forschungsgruppe „Policital and Economic Planning" (PEP) herausgegeben worden war. Auch das Royal Institute of International Affairs (RIIA – auch als Chatham House bezeichnet) befaßte sich mit Planungen für die Nachkriegszeit. In diese Arbeiten waren auch deutsche Emigranten einbezogen. Hans Gottfurcht wurde im Juli 1941 von Wilfried B. Israel (RIIA) das Angebot zu „research work" über künftige Gestaltung Deutschlands gemacht. Vgl. auch den Bericht der SM, Nr. 29, 1. September 1941 über die PEP-Schrift „Deutschlands Zukunft". Zu RIIA und PEP vgl. Dokumente zur Deutschlandpolitik, Reihe I, Bd. 1; S. 38ff.

NR. 29

Vorschlag Hans Gottfurchts für eine Stellungnahme im „News Letter" zum deutschen Angriff auf die Sowjetunion.

AdsD Bonn, PV-Emigration, Mappe 179

[30.6.41][1]

Rußlands Eintritt in den Krieg.[2]

Rußland ist aus der Rolle des Zuschauers in die Rolle des Kriegsteilnehmers gezwungen worden; es hat diese Entwicklung nicht selbst gewählt. Die Erwartung Moskaus, daß Rußland zusehen und schließlich als einzig stark gebliebene Macht die „kommunistische" Weltrevolution vorantreiben und zumindest über das gesamte mitteleuropäische Gebiet ausdehnen könne, hat sich als Fehlkalkulation erwiesen. Es ist die Fortsetzung der Fehlerreihe, die vor Hitlers Machtergreifung die Bekämpfung der Sozialdemokraten und Gewerkschafter für wichtiger hielt als den Kampf gegen den Nationalsozialismus und die über eine Reihe von Fehlern zum „revolutionärem" Defaitismus, zum Schrei nach einem „people's peace" und ähnlichen Verkennungen der Weltlage führte. Es hat sich erwiesen, daß – wie wir immer sagten – auch in der Politik nicht ohne Moral auszukommen ist, daß derjenige, der den Mördern seiner besten Kämpfer die Hand zum Bunde reichte, nicht verwundert sein kann, daß ein Bundesgenosse von dieser Art und unter diesen Umständen erworben, alle Verpflichtungen abschütteln und zum Feinde werden wird, sobald dies seinen Zwecken besser entspricht.

Es wäre ein tragischer Fehler, die Mitschuld der anderen zu vergessen und zu übersehen, daß Rußland in dieser Entwicklung bestärkt wurde durch die Betätigung von Kreisen, denen der ideologische Bruch zwischen Kapitalismus und Bolschewismus wichtiger war als die Verteidigung der Welt gegen Hitler. Aber Wahrheitsliebe verlangt die Feststellung, daß die Welt heute der Vernichtung der faschistischen Weltpest näher wäre, daß Frankreichs Armeen in voller Stärke im Felde stünden, ja – daß der Krieg vielleicht nie begonnen hätte, wenn die selbstverständliche Erkenntnis aller demokratischen Sozialisten und bürgerlichen Demokraten, daß es kein Paktieren mit Hitler geben kann, auch in Moskau schon im Jahre 1939 erkannt worden wäre.

Dieser Krieg ist ein ideologischer Kampf der Demokratie gegen die terroristische Diktatur faschistischer und nationalsozialistischer Prägung. In diesem Kampf ist auf die Seite der Demokraten Rußland getreten, ein Land, in dem terroristische Methoden mit denen der anderen Diktaturstaaten wetteifern. Es kann keiner Diskussion unterliegen,

---

1 Vorlage: Datum hs. in eckigen Klammern.
2 Vorlage: Zeile ms. unterstrichen.

daß Rußland in diesem Kampf als militärischer[3] Mitstreiter jede nur erdenkbare Unterstützung nötig hat und daß sie gegeben werden muß. Jede Maßnahme, die Hitler schadet, ist erwünscht; jede Hilfe gegen Hitler ist willkommen. Wir wünschen von ganzem Herzen, daß die russischen Massen, das Volk der Arbeiter und Bauern frei bleibt von den entsetzlichen Erlebnissen und Begleiterscheinungen des Hitlerterrors, nach all dem, was sie selbst schon erlebt haben.

Es gehört nicht in den Rahmen dieser Darstellung zu untersuchen, ob Rußland, als es die bolschewistische Staatsform annahm, eine kommunistische Gemeinschaft wurde oder sich wenigstens auf den Weg dorthin begab (unter Lenin), noch gehört es hierher zu untersuchen, ob diese Linie später (unter Stalin) erhalten blieb. Jeder Sozialist sieht im gegenwärtigen Rußland Erscheinungsformen, die er für unvereinbar mit dem Sozialismus hält.

Doch das alles bedarf nur der erneuten Feststellung, es steht nicht zur Debatte. Es hat Zeiten gegeben, in denen der Moskauer Apparat und die kommunistischen Parteien überall in der Welt dem Begriff „Demokratie" eine hohe Bedeutung gaben. Lassen wir beiseite jede Erörterung, wie weit hierbei Gesinnung und wie weit Taktik eine Rolle spielten.

Heute sind wir in einer Situation, in der wir den Russen erfolgreiche militärische Handlungen von ganzem Herzen wünschen. Rußlands Kampf wird von den kommunistischen Parteien in allen Ländern zu ihrem Kampf gemacht werden. Das ist nicht nur zu erwarten, es ist zu billigen. Soll der Erfolg dieses Kampfes über das rein Militärische hinaus gehen, dann ist es Sache der kommunistischen Parteien, ihre Bereitschaft zur Beteiligung am ideologischen Kampf um die Demokratie nicht nur zu proklamieren, sondern zu beweisen. Abkehr vom „revolutionären" Defaitismus, Beendigung aller people's peace Aktionen, Abkehr von den Streikern in der amerikanischen Rüstungsindustrie, das alles genügt nicht. Es ist notwendig, von Grund auf umzulernen, alle konspirativen Methoden in der Politik zu unterlassen, Toleranz gegenüber abweichenden Anschauungen praktisch zu beweisen. Die Häufigkeit des Umlernens der vom Moskauer Apparat geistig abhängigen Funktionäre hat uns vorsichtig gemacht und verpflichtet uns zu weiterer Vorsicht.

Nun sind wir mitten in einem Kampf, in dem Rußland an der Seite der Demokratien kämpft.[4] Es liegt bei den kommunistischen Parteien, zu erkennen, daß sie gefehlt haben, daß sie lernen, mitkämpfen und mitsiegen wollen. Wir wiederholen, daß wir auch die Fehler der anderen, einschließlich unserer eigenen sehen.

30. Juni 1941.   Hans Gottfurcht.

---

3 Vorlage: „militärischer" ms. unterstrichen.
4 Vorlage: Der ursprüngliche Wortlaut „Aber wir sind bereit zu einem Kampf, in dem Rußland an der Seite der Demokratien für demokratische Rechte in der Welt kämpft" wurde durch ms. Durchstreichungen und Verbesserungen geändert.

NR. 30

Protokoll der Exekutivkomiteesitzung am 8. Juli 1941

AdsD Bonn, PV-Emigration, Mappe 4[1]

Protokoll der Sitzung der Exekutive der „Union" am 8. Juli 1941

Anwesend: Vogel, Ollenhauer, Eichler, Schoettle, Gottfurcht, Walter.

Vogel führt den Vorsitz und teilt zunächst mit, daß er und Ollenhauer am 26. Juni auf Vermittlung von Noel-Baker eine Unterhaltung mit Mr. Kirkpatrick[2] gehabt haben. Ausgangspunkt der Unterhaltung war das Memorandum der „Union". Kirkpatrick erklärte, daß ihn das Memorandum sehr interessiert habe, daß er aber keine Möglichkeit sehe, die Vorschläge zur Verwirklichung zu bringen, solange die jetzt geltenden politischen Richtlinien für die Propaganda in Kraft seien. Diese müßten zuerst geändert werden. Die weitere Unterhaltung beschränkte sich dann auf die Erörterung unwichtigerer technischer Fragen. Kurze Zeit nach dieser Unterhaltung hat das BBC insofern seine Praxis geändert, als Deutsche aufgefordert wurden, anonym im BBC zu sprechen. U[nter] a[nderem] hat auch Hans Vogel eine Aufforderung erhalten, über das Thema „Arbeitsfront und Gewerkschaften" zu sprechen. Hans Vogel hat die Aufforderung abgelehnt, da er das Thema für nicht geeignet hielt – es sei ein Thema für einen Gewerkschafter – und da er auch zunächst eine Information über die Richtlinien haben wolle, die dieser neuen Praxis des BBC zugrundeliegen. Es wird am 11. Juli eine Unterhaltung mit Crossman und Gordon Walker stattfinden, deren Resultat man abwarten müsse.

 Gottfurcht berichtet über eine zweistündige Unterhaltung mit Crossman, in der Crossman den Grundsatz vertreten habe, daß das BBC nur mit Einzelpersonen, aber nicht mit Organisationen oder Organisationsvertretern zusammenarbeiten könne.

 Eichler bestätigt im wesentlichen auf Grund seiner eigenen Beobachtungen die Mitteilungen von Vogel und Gottfurcht. Man ist jetzt der Meinung, daß es nützlich sei, Deutsche anonym sprechen zu lassen, aber man will auf keinen Fall an eine Organisation gebunden sein, sondern es nur mit Einzelpersonen zu tun haben. Wir müssen uns auch darüber klar sein, daß das BBC niemals eine Stätte sein wird, von der aus wir sozialisti-

---

1 Über diese Sitzung gibt es auch eine kurze Notiz von Gottfurcht, in: Archiv Dr. Gerhard Beier, Kronberg, TNL Gottfurcht, Akte O I.
2 Kirkpatrick, Sir Ivone Augustine, 1897, Diplomat, 1933–38 1. Sekretär der britischen Botschaft in Berlin, 1941 Leiter European Services der BBC, Co-Direktor des PWE, 1945 Under-Secretary of State im Foreign Office. – Philipp Noel-Baker hatte Hans Vogel am 16. Juni 1941 an Kirkpatrick empfohlen, in: AdsD Bonn, PV-Emigration, Mappe 78; Glees, Exile Politics, S.53f; Kirkpatrick, Der innere Kreis.

sche Propaganda leisten können. Die Möglichkeiten unserer unmittelbaren Mitarbeit werden also immer sehr gering bleiben.

Vogel unterstreicht, daß er als Person kein Interesse daran habe, am Mikrophon zu sprechen, sondern nur als Vertreter der Organisation.

Schoettle weist darauf hin, daß Crossman diese ganze Frage nur als eine technische propagandistische sieht und jeder politischen Auseinandersetzung ausweicht. Wir müssen handeln und haben keine Zeit zu politischen Diskussionen, ist seine Meinung. Die Entscheidungen fallen auch nicht bei ihm, sondern an ganz anderen Stellen.

Gottfurcht wünscht die sachlichen Bedingungen für die Mitarbeit zu klären, ehe wir mit Vorschlägen für Redner hervortreten.

Es wird beschlossen, die Unterhaltung am 11. Juli abzuwarten.

Ollenhauer behandelt die Frage der Herausgabe der nächsten Nummer der „News-Letter". Er weist darauf hin, daß es schwierig ist, eine neue Nummer der Korrespondenz herauszugeben, ohne zum russisch-deutschen Konflikt Stellung zu nehmen. Das hält er aber aus verschiedenen Gründen im Augenblick für sehr schwierig und empfiehlt daher, die Nummer ohne eine solche Stellungnahme herauszubringen.

Schoettle erkennt die Schwierigkeiten an, glaubt aber, daß mit einer Hinausschiebung nichts gewonnen wird. Er empfiehlt daher, sich mit der Veröffentlichung eines Artikels zu begnügen, der unsere Auffassung über die Rückwirkungen auf die Arbeiter in Deutschland behandelt. Er legt einen Entwurf für einen Artikel dieses Inhaltes vor.[3]

Eichler hält es für unbedingt erforderlich, daß wir Stellung nehmen. Es gibt nach seiner Überzeugung eine ganze Reihe von Gesichtspunkten, in denen wir einig sind und die wir aussprechen können. Er verweist auf die Abschrift seiner Stellungnahme.[4]

Walter ist ebenfalls für eine Stellungnahme und unterbreitet ebenfalls einen Entwurf für eine Veröffentlichung.[5]

Vogel ist nach dem Verlauf der Aussprache dafür, daß wir den Versuch machen, eine Nummer der Korrespondenz mit einer Stellungnahme zu veröffentlichen, und er schlägt vor, daß jede Gruppe einen Entwurf ihrer Auffassungen allen Mitgliedern der Exekutive zuschickt, damit wir in [de]r nächsten Sitzung der „Union" den Versuch zu einer Verständigung machen können.

Es wird so beschlossen und die nächste Sitzung für Montag, den 14. Juli, in Aussicht genommen.

In der nächsten Sitzung der Exekutive soll auch zu der Frage der Einberufung des Arbeitsausschusses Stellung genommen werden.

---

3 Vgl. Nr. 31.
4 Vgl. Nr. 32. Eichler hatte am 2. Juli 1941 an Ollenhauer geschrieben und vorgeschlagen, auch in der Union eine Stellungnahme „über den Eintritt Rußlands in den Krieg zustande zu bringen." In: AdsD Bonn, PV-Emigration, Mappe 35.
5 Vgl. Nr. 33.

Gottfurcht berichtet noch, daß er von Lord Davies eine Empfangsbestätigung seines Memorandums erhalten habe, in der Lord Davies weitere Mitteilungen in Aussicht stellt, sobald er über konkrete Resultate seiner Bemühungen berichten kann.

NR. 31

Vorschlag Erwin Schoettles für eine Stellungnahme im „News Letter" zum deutschen Angriff auf die Sowjetunion, vorgelegt am 8. Juli 1941

Anlage zum Protokoll vom 8. Juli 1941

AdsD Bonn, ISK, Mappe 41

[Juli 1941][1]

Vorschlag Neu-Beginnen

Die deutschen Arbeiter und Hitlers neuer Krieg.[2]

Unter den vielen Fragen, die durch Hitlers Überfall auf Rußland aufgeworfen wurden, gibt es eine, die die deutschen Sozialisten stärker berührt als irgend jemand sonst: Wie werden die deutschen Arbeiter auf die neue Lage reagieren? Wird die Opposition der Arbeiterklasse gegen den Hitlerismus eine wesentliche Verstärkung erfahren? Und wird gleichzeitig der Einfluß und das Ansehen der Kommunisten unter den oppositionellen Kräften wachsen? Welche neuen Möglichkeiten[3] der politischen Kriegsführung – und welche neuen Gefahren werden sich aus der veränderten Lage ergeben?

Zwei Wochen, nachdem der neue Krieg begann, ist es natürlich noch nicht möglich, die Antwort auf alle diese Fragen auf Grund direkter Berichte aus Deutschland zu geben. Viel wird auch vom Verlauf des Ostfeldzugs selbst abhängen. Aber wenn man die obigen Fragen nur ein wenig verändert, ist eine genügend begründete Antwort schon auf Grund früherer Erfahrungen möglich. Wie groß waren die Sympathien der deutschen Arbeiter – offen oder versteckt – für die Sowjet-Union vor Hitlers letztem Angriffskrieg? Und wie weit ist die K.P. imstande gewesen, diese Sympathien unter ihren organisierten Einfluß zu bringen? Eine auf Tatsachenkenntnis beruhende Antwort und diese Fragen dürfte eine ausreichende Grundlage für einige praktische Schlußfolgerungen bieten.

Bis zu der Zeit der Moskauer Prozesse[4] war das traditionelle Ansehen der russischen Revolution und des Sowjetstaats unter den deutschen Arbeitern sicher sehr stark und durchaus nicht beschränkt auf die Mitglieder und Sympathisierenden der K.P. Auch ein

---

1 Vorlage: „[Juli 1941]" hs. oben links vermerkt.
2 Vorlage: Zeile ms. unterstrichen.
3 Vorlage: „und welche neuen Gefahren" ms. durchgestrichen.
4 Die Moskauer Prozesse 1936–38, in denen prominente Mitglieder der sowjetischen Führung im Auftrage Stalins wegen absurder Vorwürfe zum Tode verurteilt wurden, hatten das Mißtrauen sozialistischer Gruppen gegenüber der Sowjetunion verstärkt. Vgl. Dimitri Wolkogonow, Stalin. Triumph und Tragödie. Ein politisches Porträt, Düsseldorf 1989, S. 375–454. Zur Wirkung auf die Emigration vgl. Michael Rohrwasser, Der Stalinismus und die Renegaten. Die Literatur der Exkommunisten, Stuttgart 1991.

großer Teil der sozialdemokratischen Arbeiter, obwohl vollkommen überzeugt, daß die russische Diktatur kein Vorbild für Deutschland sein konnte, bewunderte doch, was der bolschewistische Staat in einem rückständigen und isolierten Land erreicht hatte. Während sie den russischen Führungsanspruch über die internationale Arbeiterbewegung ablehnten, sahen sie doch in Rußland selbst einen potentiellen Verbündeten. In Österreich, wo es keinen nennenswerten kommunistischen Einfluß gab, war die eben geschilderte Haltung die offizielle Politik der Sozialdemokratischen Partei.

Es ist indessen nicht zweifelhaft, daß dieses russische Ansehen in den vergangenen Jahren stark gelitten hat – zuerst infolge des Eindrucks, den die Moskauer Prozesse hinterließen und später auf Grund von Stalins Pakt mit Hitler. Es muß aber hinzugefügt werden, daß beide Ereignisse das Denken der bewußten Sozialisten und Kommunisten viel stärker beeinflußten als die Sympathien der großen Zahl der der sozialistischen Bewegung treu Gebliebenen. Nur die Elite erinnerte sich an die Namen der führenden Bolschewiken klar genug, um die Bedeutung der Moskauer Prozesse zu erkennen. Die politisch weniger Geschulten interessierten sich um so weniger für sie, je mehr die Nazipropaganda sie für ihre Zwecke auszubeuten versuchte. Überdies wurden die Moskauer Prozesse im Bewußtsein der meisten deutschen Arbeiter völlig überschattet durch die russische Hilfe für die spanische Republik, deren Ausmaß von der Nazi-Presse übertrieben wurde, während ihre politischen Voraussetzungen und ihre Rückwirkungen auf die spanische Arbeiterbewegung hinter der Mauer der deutschen und der österreichischen Zensur verborgen blieben.

Die Wirkung des Stalinschen Pakts mit Hitler war naturgemäß nicht so beschränkt auf die besser Informierten; doch war sie keineswegs umfassend. Für alle diejenigen, vor deren Bewußtsein klar die unversöhnliche Feindschaft zwischen Nazismus und Sozialismus stand, war dieser Pakt der endgültige Beweis dafür, daß die russische Politik nicht durch sozialistische Grundsätze bestimmt wurde. Aber es gab genug andere, die nach sechsjähriger Naziherrschaft so viel von ihrem früheren politischen Gedankengut eingebüßt hatten, um durch die Nazipropaganda gegen die Plutokratien beeindruckt zu werden und sich zu fragen, ob eine Hinentwicklung des Nazismus zum Bolschewismus nicht denkbar sei. Für sie war der Pakt mit Rußland ein sozialistischer Hoffnungsstrahl. Außerdem gab es die wirklich gläubigen Kommunisten. Sie waren überzeugt, daß Stalin Hitler hereinlegen werde. Und es gab viele andere, die trotz des Pakts einen Zusammenstoß zwischen Nazideutschland und Sowjet-Rußland als unvermeidlich betrachteten und ihre Hoffnungen auf dieses Ereignis setzten.

Daraus ergibt sich, daß der Angriff Hitlers auf Rußland zwar heute nicht die gleiche Wirkung auf das Denken der deutschen Arbeiter haben kann, wie etwa während des spanischen Bürgerkrieges, in der Zeit von München oder noch im August 1939, daß die Wirkung aber noch immer beträchtlich sein muß. Die Kommunisten werden aufgerüttelt sein. Die national-bolschewistischen Träumer werden jäh erwachen. Diejenigen, die immer einen Zusammenstoß der beiden Mächte erwarteten, sehen ihre Hoffnungen erfüllt. Und sogar jene Anti-Nazi-Arbeiter, [die] vom Stalinismus abgestoßen wurden, werden jetzt ermutigt sein durch die Tatsache, daß Hitler eine neue große Macht sich zum Feind gemacht hat. Die eine Gruppe wird ihre abwartende Haltung aufgeben und zur Haltung entschlossener Opposition zurückkehren. Die andere wird aus dem Gefühl größere[r] Stärke bereit sein, mehr zu wagen als bisher.

Diese Darstellung zeigt schon klar, daß nur ein Bruchteil der Sympathien der deutschen Arbeiter für Sowjet-Rußland kommunistischem Einfluß zugeschrieben werden kann. Im Gegensatz zu[r] weitverbreiteten Vorstellung muß festgestellt werden, daß, soweit es einen solchen Einfluß gibt, er nicht[5] organisiert ist. Die viel erwähnten illegalen kommunistischen Organisationen in Deutschland hatten nie die Stärke, die manche Leute ihnen aus den verschiedensten Gründen zuschrieben. Und einige Zeit vor dem Krieg waren sie nicht mehr als ein Mythos. Es gab und gibt sicher bis zum heutigen Tag viele kleine lokal begrenzte Gruppen aktiver Kommunisten, die illegale Arbeit leisten, wie das viele sozialistische Gruppen ebenfalls tun. Aber der Versuch, eine breite Organisation und die Verbreitung gedruckter Literatur aufrechtzuerhalten, ist gescheitert. Die zentralisierte Parteiorganisation ist zusammengebrochen. Das bedeutet aber, daß der typische aktive Kommunist, ohne mit seiner Partei gebrochen zu haben, aufgehört hat, nach zentralen Anweisungen zu handeln. Er hielt auch weiterhin gläubig zu Rußland und zu seinen revolutionären Grundsätzen. Aber deren Anwendung hing von seiner eigenen Einsicht ab.

Seit Kriegsausbruch und dem Abschluß des Stalin-Hitlerpakts hatte der Moskauer Rundfunk jede Parteipropaganda in deutsche[r] Sprache eingestellt. Und selbst wenn die immer wiederkehrenden Berichte, daß die Russen die K.P.-Organisation in Deutschland mit Duldung der Nazis wieder aufgebaut hätten, wahr wären – was mehr als zweifelhaft ist -, dann wären die Angehörigen einer solchen Organisation jetzt bis auf den letzten Mann verhaftet. In Wirklichkeit gibt es heute keine kommunistische Partei in Deutschland. Es gibt sicher eine Anzahl unabhängiger kommunistischer Gruppen, und es gibt sicher, wie schon immer, das Gerede unpolitischer Leute, daß nach einem Zusammenbruch des Nazi-Regimes nur der Kommunismus kommen könne. Aber dieses Gerede ist in weitem Umfang das Ergebnis der Nazipropaganda.

Praktisch gesprochen gibt es deshalb nur diese Alternative: Wird die potentielle Kraft der wieder erwachenden Sympathie für Rußland für eine wiederauflebende kommunistische Bewegung ausgenutzt werden können, die von Moskau kontrolliert wird, – oder kann sie so gelenkt werden, daß sie eines der Elemente einer revolutionär-demokratischen Bewegung bilden kann? Um die Aussichten beurteilen zu können, muß man wissen, daß die russische Propaganda nach Deutschland – wie übrigens auch die nach anderen Ländern und sogar die russische Inlandspropaganda – bis jetzt sorgsam vermieden hat, eine kommunistische Linie einzuschlagen. Der deutschsprachige Rundfunk unterscheidet scharf zwischen „den faschistischen Beherrschern Deutschlands" und dem

---

5 Vorlage: „nicht" ms. unterstrichen.

deutschen Volk; er appelliert an die deutschen Arbeiter, den Krieg durch Langsamarbeiten abzukürzen und ruft die deutschen Soldaten auf, zu desertieren; er betont den friedlichen und Verteidigungscharakter der russischen Politik; aber er sagt kein Wort über sozialistische Ziele oder gar über den kapitalistischen Charakter des Nazi-Systems. In einer Sendung nach Deutschland geht der Moskauer Sender sogar soweit, die „schamlose faschistische Lüge" zu dementieren, daß Rußland gegen den Kapitalismus kämpfe und zitiert das berühmte Stalin-Interview von 1936, daß die russische Revolution keine Ausfuhrware sei. Die diplomatischen Gründe für die Haltung der russischen Propaganda wie für das bisherige Schweigen der Komintern sind augenfällig. Da aber die antinazistischen deutschen Arbeiter, deren Opposition durch Hitlers neuen Krieg gestärkt worden ist, nach wie vor an sozialistischen Zielen und Ideen interessiert sind, bedeutet das, daß dieses wichtige Feld in einer kritischen Stunde für die Propaganda des demokratischen Sozialismus offen steht. Wenn diese Gelegenheit benützt wird, dann kann die Gefahr der Wiederaufrichtung einer kommunistischen Bewegung in Deutschland erheblich verringert werden. Wird sie versäumt, dann ist auch die Chance verspielt, die traditionelle Sympathie der deutschen Arbeiter für Rußland für den Kampf gegen Hitler einzusetzen.

Um diese Gelegenheit voll auszunützen, ist es ganz unnötig[6], Zugeständnisse an die Ideologie der zum Stillschweigen verurteilten Komintern zu machen. Es ist nur nötig, die Wahrheit zu sagen. Die Wahrheit aber ist, daß durch die militärische Zusammenarbeit zwischen Rußland und den Alliierten im Kampf gegen Hitler die Aussichten der deutschen Arbeiter, ihre Zukunft auf ihre eigene Weise zu bauen, sehr stark gewachsen sind. Denn das System, das die deutschen sozialistischen Arbeiter mehr oder weniger bewußt herbeisehnen, unterscheidet sich in vieler Hinsicht sowohl von dem demokratischen Kapitalismus Englands wie von dem totalitären System Sowjet-Rußlands: es ist ein System des demokratischen Sozialismus. In einem Zusammenstoß zwischen einem siegreichen England und einem feindseligen Rußland würde jede Hoffnung auf ein demokratisch-sozialistisches Experiment in Zentral-Europa erstickt worden sein. In einem Wiederaufbau, der von diesen großen Mächten gemeinsam mit den U.S.A. unternommen wird, gibt es Raum genug für ein solches Experiment, vorausgesetzt, daß die deutschen Arbeiter selbst ihren Wunsch danach bekunden, indem sie die Führung bei der Überwindung des Hitlerismus übernehmen. Das ist die Botschaft, die ihnen jetzt von diesem Lande aus übermittelt werden sollte.

---

6 Vorlage: „unnötig" hs. unterstrichen mit hs. Fragezeichen.

NR. 32

Vorschlag Willi Eichlers für eine Stellungnahme im „News Letter"
zum deutschen Angriff auf die Sowjetunion vom 1. Juli 1941

Anlage zum Protokoll vom 8. Juli 1941

AdsD Bonn, PV-Emigration, Mappe 12

Willi Eichler   24, Mandeville Rise,
                                 Welwyn Garden City, Hert[ford]s[hire],
                                 2. Juli 1941

An die Genossen
    Hans Vogel, Erich Ollenhauer, Hans Gottfurcht, Paul Walter, Erwin Schoettle, in ihrer Eigenschaft als Mitglieder des Exekutiv-Komitees der Union deutscher sozialistischer Organisationen in England.
Werte Genossen,
    anbei sende ich Euch einen Bericht, den ich als Mitglied der Listening-Group[1] in diesen Tagen gemacht habe. Er enthält die Stellungnahme, die wir in unserer Union, wie mir scheint, einnehmen sollten und über die uns zu verständigen vielleicht jetzt nötig sein wird. Da es sich in diesen Tagen entscheiden wird, ob man eine Propaganda in solcher Form, wie ich sie hier vorschlage, machen wird oder ob man mehr darauf aus sein wird, den „roten Mythos" auszunutzen, der nach der Meinung mancher Propagandisten in Deutschland und anderen Ländern reichlich vorhanden sein soll, und wahrscheinlich auch ist, schlage ich vor, daß wir diese Frage bald bereinigen. Vielleicht sollten wir auch versuchen, eine Stellungnahme der Union über den Eintritt Rußlands in den Krieg zustande zu bringen.
Mit sozialistischen Grüßen
Euer Willi Eichler[2]

Willi Eichler   1. Juli 1941
                                                                 1 JUL[3]

    Das Wesentliche an den Sendungen dieser Tage ist der Versuch, den deutschen Einfall in Rußland propagandistisch zu behandeln. Dazu möchte ich meine Kritik in der Form anbringen, daß ich meine eigenen Gedanken zu diesem Teil des Krieges äußere:
1. Prinzipiell ist durch den erzwungenen Eintritt Rußlands in den Krieg nichts Neues hinzugekommen. Rußland hat durch seine Außenpolitik seit August 1939 das

---

1 Listening-Groups aus deutschsprachigen Emigranten hatten die für Deutschland bestimmten Sendungen von BBC zu beurteilen.
2 Vorlage: „Willi Eichler" hs. Unterschrift.
3 Vorlage: „1 JUL" gestempelt.

Deutschland Hitlers dauernd stärken helfen und hat es durch seinen Pakt im August 1939 sogar bewogen, den Einfall in Polen und damit den neuen Weltkrieg zu starten. Wir erlebten also nicht die Außenpolitik eines „Arbeiter"-Staates, sondern die eines beliebigen wie eben Jugoslawiens, Griechenlands, Japans und dergleichen. Und in all diesen Fällen galt bisher, wie mir scheint, mit Recht: Der Feind meines Feindes ist mein Freund[4]. Das heißt aber: Wir müssen, wie Churchill und Eden das taten, erklären, daß Rußland gegen Hitler kämpft und daß es deshalb mit allen Kräften unterstützt zu werden verdient.

2. Man kann darüber hinaus zwei besondere Betonungen vornehmen:

a) Der Hinzutritt Rußlands gibt den Hitlergegnern eine Chance, da seit dem Zusammenbruch Frankreichs quantitativ keine solche Inanspruchnahme der deutschen Kriegsmaschine durch eine andere Macht als des Britischen Empires erfolgte und auch nicht erfolgen kann, [da] Rußland die letzte europäische Macht dieser Art darstellt. Die besonders starke Engagierung deutscher Waffen jetzt berechtigt zu der taktischen Forderung[5], alle Kraft, die sich überhaupt gegen Hitler einsetzen läßt, wirklich einzusetzen[6]. Denn, wenn Hitler Zeit und Gelegenheit bekommt, Rußland wirklich, und vielleicht sogar schnell, zu besiegen, dann hat er die Hände viel freier als vorher und kann vielleicht den Krieg beenden, ohne zu diesem Ende überhaupt die Ernten und Öle Rußlands zu benutzen. Wenn er Rußland zu einem Frieden nötigt und wenn er dann vor dem Einsatz der amerikanischen Hilfe das Britische Empire niederringen kann, dann kann er sogar später Amerika besiegen. Wie Oberst Knox[7] heute angesichts dieser Lage erklärte: Jetzt ist es Zeit.[8] (Und zwar, wie gesagt: Nicht weil ein Arbeiterstaat in Gefahr ist.) Jetzt beginnt die Stunde der Entscheidung. Jetzt muß alles in den Kampf: England, Rußland und Amerika. Auch die Arbeiter müssen zur Attacke ermuntert werden. Mit dieser Begründung: Wenn wir jetzt nicht alle zusammen etwas unternehmen, gehen wir unter Umständen alle zusammen unter, und zwar: Einer nach dem Anderen! Deshalb militärische Aktionen; Sabotageaktionen möglichst großen Stils; Propagandaaktionen.

b) Wer lieber der Illusion huldigt, ein Arbeiterstaat sei in Gefahr und er möchte deshalb[9] zu Aktionen kommen, sollte sein Steckenpferd nicht zerstört bekommen. Man sollte über den „Arbeiterstaat" also möglichst gar nichts sagen, sondern sich darauf beschränken, den blindgläubigen Huldigern Moskaus zu sagen: Also auch Euer Vaterland ist nun in Gefahr. Nun werdet Ihr wohl aufhören, revolutionären

---

4 Vorlage: „mein Freund" ms. unterstrichen.
5 Vorlage: „taktischen Forderung" ms. unterstrichen.
6 Vorlage: „wirklich einzusetzen" ms. unterstrichen.
7 Oberst Knox, nicht ermittelt.
8 Vorlage: „Jetzt ist es Zeit" ms. unterstrichen.
9 Vorlage: „deshalb" ms. unterstrichen.

Defaitismus zu predigen, der bisher dem Hitler half, seine Truppen zu verstärken und schließlich Stalin zu attackieren.

3. Wenn man jetzt sagt, nun ist der Arbeiterstaat in Gefahr und also für Arbeiter die Stunde gekommen, wo sie handeln müssen, dann kommt man in das Dilemma, daß man erstens[10] etwas sagt, was inhaltlich falsch ist, daß man aber zweitens[11] nach einer Niederlage der Russen gar nicht weiß, was die Arbeiter dann[12] an der Seite der Alliierten halten soll. Der Arbeiterstaat ist ja dann auf alle Fälle erledigt.

4. Die bisherige Propaganda stärkt die kommunistische These, der Krieg sei ein imperialistischer, und nur die Verteidigung der Sowjet-Union mache ihn jetzt zu einem für Arbeiter interessanten Gegenstand ihrer Aktionen. Sie würde also den Unsinn der Peoples Convention neu nähren. Diese Propaganda würde außerdem, wenn Rußland das Deutschland Hitlers besiegen würde, die Position der deutschen Kommunisten unnötig stärken, die immer darauf bauten, wenigstens in ihrer Propaganda, daß Rußland der Hort und die Keimzelle des Sozialismus sei. Die jetzige Propaganda würde also nicht der These entsprechen, wonach dieser Krieg mindestens auch im Interesse von Freiheit und Recht geführt würde.

gez[eichnet] Willi Eichler.

---

10 Vorlage: „erstens" ms. unterstrichen.
11 Vorlage: „zweitens" ms. unterstrichen.
12 Vorlage: „dann" ms. unterstrichen.

Nr. 33

Vorschlag Walters für eine Stellungnahme im „News Letter" zum deutschen Angriff auf die Sowjetunion vom 8. Juli 1941

Anlage zum Protokoll vom 8. Juli 1941

AdsD Bonn, PV-Emigration, Mappe 179[1]

Gottfurcht[2]   SAP[3]

                                                                      8. JUL 1941[4]

Mit dem Überfall auf die SU ist der Krieg in ein neues Stadium getreten. Wieder hat Hitler der ganzen Welt vor Augen geführt, wieviel Vertrauen seinen Versprechungen entgegenzubringen ist. Ewige Freundschaft konnte nur heißen, daß sich der sowjetrussische Partner seinen Forderungen und Wünschen restlos zu fügen hatte. Als die Sowjetregierung keine Neigung verspürte, ihr Land den nazistischen Räubern auszuliefern, trat an die Stelle der Beteuerungen die Aktion der Waffen. So ist es der einzigen neutralen Großmacht Europas allen Bemühungen zum Trotz nicht gelungen, von den Verwüstungen des zweiten Weltkrieges verschont zu bleiben. Der SU blieb das Schicksal aller jener Staaten, die durch Nachgeben gegenüber dem Dritten Reich den Frieden zu erkaufen suchten, nicht erspart. Auch die Teilnahme an der Aufteilung Polens, die Eingliederung eines Teiles von Finnland und die Einverleibung der baltischen Staaten haben die Arbeiter und Bauern der SU nicht davor bewahrt, daß der Krieg über diese Randgebiete hinweg in ihr eigenes Land getragen wird. Die Sympathien der deutschen Sozialisten stehen uneingeschränkt auf Seiten des russischen Volkes, des letzten Opfers der nazistischen Kriegswut. Daran kann die berechtigte Kritik an den Schäden, die die Sowjetregierung im Verein mit der Komintern der internationalen Arbeiterbewegung und dem Kampf gegen die nazistische Barbarei zugefügt hat, nichts ändern. Stalins Politik hat nicht vermocht, das Ansehen der glorreichen Revolution von 1917 und der großen sozialen Experimente, um dessen Gelingen sich die Arbeiter und Bauern der SU in einem 24 Jahre währenden Kampf unter schwierigsten Verhältnissen bemüht haben, bei den Arbeitermassen aller Erdteile zu ertöten.

Der Überfall auf das Land der Oktoberrevolution hat die Arbeiter der ganzen Welt, Deutschlands wie der besetzten Gebiete, Großbritanniens wie der Dominions und Kolonien, Chinas und Japans wie des amerikanischen Kontinents, zu noch größerer Anstren-

---

1 Es existiert noch eine frühere Fassung vom 7. Juli 1941, die an Willi Eichler ging. Sie weicht nur in unwesentlichen Punkten inhaltlich von der in der Exekutivsitzung am 8. Juli 1941 vorgelegten ab. AdsD Bonn, ISK, Mappe 41.
2 Vorlage: „Gottfurcht" hs. in der oberen linken Ecke. – Es war das für Gottfurcht bestimmte Exemplar.
3 Vorlage: „SAP" hs. in der oberen rechten Ecke.
4 Vorlage: Als Datumsstempel oben rechts unter SAP.

gung angefeuert, alles zu tun, um der Schreckensherrschaft der Nazis ein Ende zu bereiten. Die Arbeiter und Bauern der SU selbst kämpfen mit einer Entschlossenheit, die durch die Erkenntnis bedingt ist, daß sie mehr als ihre nationale Selbständigkeit zu verlieren haben. Hitlers Sieg käme der Vernichtung jener Errungenschaften gleich, die der nachrevolutionären Entwicklung zum Trotz gewahrt geblieben sind. So wird der Ritt gen Osten mit ungeheurem Verlust an deutschem Blut, mit maßloser Verwüstung der Länder der SU bezahlt werden müssen. Das neue Abenteuer wird die Aussicht auf einen schnellen Sieg nicht vermehren, sondern die Schwierigkeiten, unabhängig davon, wem der Verlauf des Kampfes Erfolg vergönnen wird, ins Unermeßliche steigern. Nicht Öl und Getreide, sondern Desillusionierung und Zersetzung im eigenen Land werden das Ergebnis dieser neuesten Entwicklung der kriegerischen Auseinandersetzungen sein. Während die von den Nazis kommandierten Heere im Osten auf erbitterten Widerstand stoßen, werden die Angriffe, denen Deutschland im Westen in stets zunehmendem Maße ausgesetzt ist, dazu beitragen, die Kriegswirtschaft des Dritten Reiches zu desorganisieren und die Bevölkerung darüber zu belehren, welchen Wert sie den Versprechungen der Nazis beizumessen hat. Je länger der Krieg im Osten anhält, desto größer wird die Wirkung der Angriffe im Westen werden, desto unvermeidlicher wird die Niederlage des Nazismus. Dieses Wissen um eine bessere Zukunft beseelt uns ebenso wie unsere Freunde im Reiche.

NR. 34

Vorschlag Erich Ollenhauers und Hans Vogels für eine Stellung-nahme im „News Letter" zum deutschen Angriff auf die Sowjet-union vom 10. Juli 1941

AdsD Bonn, PV-Emigration, Mappe 12[1]

10 JUL 194[1][2]

Ollenhauer, Vogel[3]

Hitler hat Rußland überfallen. Der alldeutsche Krieg zur Erkämpfung der Weltherrschaft wird mit brutaler Konsequenz weitergeführt. Der Angriff auf Rußland vernichtet die letzten Täuschungen über das Wesen der Hitlerpolitik. Hitler ist der fleischgewordene alldeutsche Weltbeherrschungswille, vor dem niemand in Frieden leben oder sich in die Neutralität flüchten kann.

Die Ziele dieser Machtpolitik sind von Hitler selbst in seinem Buche „Mein Kampf" klargelegt worden. Der Angriff auf Rußland ist die Anwendung des folgenden Lehrsatzes, den er in dem sogenannten politischen Testament der Deutschen in „Mein Kampf" aufgestellt hat: „Duldet niemals das Entstehen einer zweiten Militärmacht neben Deutschland in Europa, beziehungsweise wenn eine solche schon besteht, zerschlagt sie." Sein Machtziel ist es, die russische Militärmacht zu zerschlagen, um darnach freie Hand zur Auseinandersetzung mit England und Amerika zu haben. Sei[n] Herrschafts-ziel ist, das russische Volk einzureihen in die Zahl der unterworfenen Völker, die für das deutsche Herrenvolk Sklavenarbeit leisten sollen. Zu den obersten alldeutschen Grund-sätzen – die nicht erst von Hitler erfunden worden sind – gehört der, daß der Krieg sich lohnt, wenn der Sieger sich über alle Schranken der Humanität und der europäischen Zivilisation hinwegsetzt.

Rußland hat nun erfahren, wie richtig und weitvorausschauend die Lehre von der Unteilbarkeit des Friedens gewesen ist, die es einstmals in Genf von Litwinow so beredt hat verkünden lassen, und wie falsch es war, diese Lehre im Augenblick der höchsten europäischen Gefahr preiszugeben. Der unersättliche Machtwille Hitlers hat Rußland in die Front zurückgezwungen, in der es einst gestanden hatte. Die ungeheure Bedeutung der Selbstbehauptung Englands nach der Kapitulation Frankreichs wird nun klar. Mit der

---

1 Dem Entwurf liegt ein kurzes Anschreiben Ollenhauers an Eichler, Gottfurcht, Schoettle und Walter vom 10. Juli 1941 bei: „Werte Genossen, ich übersende Euch anbei unseren Entwurf für den geplanten Artikel in der nächsten Nummer unserer ‚News Letter' über den deutsch-russischen Konflikt."
2 Vorlage: Stempel am oberen linken Rand.
3 Vorlage: „Ollenhauer, Vogel" hs.

Hitlerschen Politik des „Teile und herrsche" ist es nun zu Ende. Das Prinzip von der Unteilbarkeit des Krieges ist ohne Zögern vom britischen Empire, von Rußland und Amerika anerkannt worden.

Diese neue Konstellation ist nicht nur für die militärische Entscheidung des Krieges von gewaltiger Bedeutung, sondern auch für den kommenden Frieden. Dem unteilbaren Krieg von heute muß der unteilbare Friede von morgen folgen. Der unteilbare Friede – das heißt eine europäische Neuordnung zum Schutze der europäischen Zivilisation, bei der Gesamtverantwortungen übernommen werden müssen. Rußland kämpft heute als Opfer eines brutalen Angriffs um ein elementares Menschenrecht: es will nicht unterdrückt, beraubt und versklavt werden. Das russische Volk kämpft damit um die elementaren Voraussetzungen jeder freiheitlichen und zivilisatorischen Entwicklung. Es wird im kommenden Frieden an der Verantwortung für den Schutz dieser elementaren Voraussetzungen für all[e] teilzunehmen haben. Die Perspektive für die Neuordnung nach dem Siege hat sich geweitet.

In dieser Konstellation zerbrechen letzte Illusionen, die sich die Hitlerbande oder die Leute von der zweiten Verteidigungslinie des alldeutschen Nationalismus für den Fall eines unentschiedenen Ausganges des Krieges gemacht haben. Es wird keinen unentschiedenen Ausgang geben. Der kommende Frieden wird nach dem unteilbaren Kriege nicht mehr das Spiel zwischen der West- und Ostorientierung Deutschlands erlauben, keine Wiederholung des Rapallovertrages oder ähnlicher Verträge nach diesem Modell. Er wird vielmehr Deutschland in ein System des gemeinsamen Schutzes gegen den Friedensstörer stellen, das eine Neuauflage des alldeutschen Eroberungskrieges unmöglich machen wird.

Wir als Sozialisten haben diesen alldeutschen Eroberungswillen mit Konsequenz bekämpft. Wir haben über unsere Haltung seit Hitlers Machtantritt nie einen Zweifel gelassen, und wir haben seit acht Jahren vor den Illusionen über den Sinn der Hitlerpolitik gewarnt. Wir wollen die vollständige Niederschlagung der deutschen Kriegsmaschine und die endgültige Niederkämpfung des alldeutschen Nationalismus. Unsere sozialistische Idee ist mit den Grundlagen der europäischen Zivilisation untrennbar verbunden, die Idee der Gewalt, der Herrschaft, der Ausbeutung anderer europäischer Völker aber zielt auf die Zerstörung dieser Grundlagen ab. Der Kampf gegen den Feind der Zivilisation wird für uns nicht am Tage des Sieges der Alliierten aufhören, wir werden ihn vielmehr in Deutschland fortsetzen. Die Wiedergeburt eines besseren Deutschlands wird nicht automatisch eintreten, sie muß vielmehr nach dem Kriege in Deutschland selbst aktiv erkämpft werden. Bei diesem Kampfe um die geistige Neugeburt des deutschen Volkes werden die Kräfte des demokratischen Sozialismus eine führende Rolle spielen – nicht nur im Kampfe gegen den Nationalismus, sondern auch im Kampfe gegen alle inneren freiheitsfeindlichen Herrschaftstendenzen, aus welchem Lager sie auch immer kommen mögen.

Nr. 35

Protokoll der Exekutivkomiteesitzung am 14. Juli 1941

AdsD Bonn, PV-Emigration, Mappe 4[1]

Protokoll der Sitzung der Exekutive der „Union" am 14. Juli 1941[2]

Anwesend: Vogel, Ollenhauer, Eichler, Gottfurcht, Schoettle, Walter.

Vogel führt den Vorsitz und stellt zunächst die verschiedenen Vorlagen für eine Stellungnahme der „Union" zum deutsch-russischen Konflikt zur Diskussion. Die Aussprache, an der sich alle Teilnehmer der Sitzung beteiligen, ergibt, daß keiner der vorliegenden Entwürfe die allgemeine Zustimmung findet. Auf der anderen Seite ist man übereinstimmend der Auffassung, daß eine Stellungnahme der „Union" erwünscht sei.

Der Genosse Eichler wird beauftragt, einen neuen Entwurf unter Berücksichtigung der verschiedenen Gesichtspunkte auszuarbeiten,[3] und es wird beschlossen, am Donnerstag, den 17. Juli, eine neue Sitzung des Exekutivkomitees abzuhalten.

Es wird beschlossen, die nächste Sitzung des Arbeitsausschusses der „Union" am 23. Juli, abends 18.30 Uhr abzuhalten. Das Referat übernimmt der Genosse Eichler, er wird über Friedensvorstellungen und Pläne in englischen Kreisen berichten.

Genosse **Gottfurcht** berichtet, daß in einer Besprechung von Vertretern der Landesleitung der deutschen Gewerkschaftsgruppe mit Vertretern des IGB beschlossen wurde, in einer Sitzung der Landesleitung die Frage der Zusammenarbeit der Emigration mit den illegalen Gruppen im Lande zu behandeln. Referent ist der Genosse Schoettle. Es wurde weiter angeregt, diese Sitzung wieder gemeinsam mit dem Arbeitsausschuß der „Union" abzuhalten und einige deutsche Genossen ebenfalls hinzu[zu]ziehen, die keiner der beiden Körperschaften angehören, die aber über besondere Erfahrungen auf dem zu behandelnden Gebiet verfügen. Der Vorschlag des Genossen Gottfurcht wird angenommen.

Ollenhauer berichtet über die Unterhaltung, die Vogel und Ollenhauer am 11. Juli mit Crossman und Walker über die Mitarbeit an den deutschen Sendungen des BBC hatten. Die Aussprache hat ergeben, daß das BBC jetzt gewillt ist, deutsche Sprecher hinzu[zu]ziehen und Manuskripte von Deutschen anzunehmen, daß es aber nach wie vor entscheidenden Wert darauf legt, nur mit Einzelpersonen und nicht mit Organisationen oder Organisationsvertretern zu verhandeln.[4] Es besteht Übereinstimmung, daß man im

---

1 Über diese Sitzung gibt es auch eine kurze Notiz von Gottfurcht, in: Archiv Dr. Gerhard Beier, Kronberg, TNL Gottfurcht, Akte O I.
2 Nach den Notizen von Gottfurcht fand die Sitzung bei Schoettle statt; vgl. Anm. 1.
3 Vgl. Nr. 36.
4 Gottfurcht vermerkt zum Ergebnis des Gesprächs: „restlos negativ"; vgl. Anm. 1.

gegebenen Fall Einzelvorschläge machen soll, daß aber eine weitergehende Bindung der Vertreter der „Union" vermieden werden soll.[5]

---

5 In den Notizen Gottfurchts findet sich ein 5. Tagesordnungspunkt: „pol[itische] Opposition, Diskussionszirkel".

NR. 36

Entwurf Willi Eichlers für eine Stellungnahme im „News Letter"
zum deutschen Angriff auf die Sowjetunion unter Berücksichtigung
der bisherigen Vorschläge vom 15. Juli 1941

AdsD Bonn, ISK, Mappe 41[1]

W-er   15. Juli 1941[2]

Rußlands Eintritt in den Krieg.[3]

Der Versuch Rußlands, sich durch die Abschließung eines Paktes mit dem faschistischen Deutschland aus dem sich entwickelnden Weltkrieg herauszuhalten, ist gescheitert, nicht weil Rußland, sondern weil Hitler[4] den Pakt brach. Es konnte im Grunde für niemanden ein Zweifel darüber bestehen, daß Hitler den deutsch-russischen Freundschaftspakt vom August 1939 nur als eine Täuschungsmaßnahme geplant hatte und daß er zu einer ihm günstigen Zeit gerade Rußland zum Gegenstand seiner imperialistischen Angriffe machen würde. Er hat über die Rolle Rußlands in seinen Herrschaftsplänen niemals Unklarheiten bestehen lassen: In seinem Buch „Mein Kampf" ist so deutlich wie möglich ausgedrückt, daß der eigentliche „Lebensraum" für die deutsche Herrenrasse in Rußland liegt.

Unabhängig von jeder Einschätzung der russischen Außenpolitik, die zum Abschluß jenes verhängnisvollen Paktes führte; unabhängig noch mehr von jeder Beurteilung des Werts oder des Unwerts der russischen Außenpolitik überhaupt[5]; unabhängig von jedem Streit zwischen den Anhängern der Demokratie und denen der Diktatur, muß heute die Frage des Weltfriedens beantwortet werden. Hitler und sein System bedeuten den Dauerkrieg bis zur Versklavung der ganzen Menschheit sowie den latenten Bürgerkrieg für immer. Kein verantwortungsbewußter Politiker, ja überhaupt niemand mit gesundem Menschenverstand kann heute noch irgendeinen Zweifel dieser Feststellung gegenüber hegen. Hitlers Niederlage und die Vernichtung des ganzen von ihm bisher aufgebauten Systems ist daher die[6] vordringliche Aufgabe. Jeder, der in diesem Kampf ernsthaft gegen Hitler auftritt, verdient deshalb die Unterstützung aller, die in dieser Sache am

---

1 Eine Abschrift des Entwurfs mit hs. Vermerk „Entwurf Eichler" befindet sich in: AdsD Bonn, PV-Emigration, Mappe 12.
2 Vorlage: „W-er" hs. oben links vermerkt, Kürzel für Willi Eichler; Datum als Stempeleintrag oben rechts.
3 Vorlage: „Rußlands Eintritt in den Krieg." ms. unterstrichen.
4 Vorlage: „Hitler" ist jeweils ms. unterstrichen.
5 Vorlage: „überhaupt" hs. eingefügt.
6 Vorlage: „die" ms. unterstrichen.

gleichen Strang ziehen. Deshalb war es von außerordentlicher und begrüßenswerter Bedeutung, daß die Versuche der Achsenmächte, das Lager ihrer Gegner durch eine verlogene[7] Propaganda-Aktion zu Gunsten des antibolschewistischen Kreuzzuges und der Rettung des Christentums gegen den Anti-Christ zu spalten, so gut wie ganz mißlungen sind, ja daß darüber hinaus alle verantwortlichen Staatsmänner sich offen und klar für die Unterstützung Rußlands ausgesprochen haben und daß in dem Pakt zwischen England und Rußland (vom 12. Juli 1941)[8] dieses praktisch in den Rang eines Alliierten erhoben wurde. Es kann demnach heute in der Welt eindeutig nur noch zwei Lager geben: die Anhänger Hitlers und seiner Völkerversklavung und das Lager seiner Gegner. Sozialisten stehen also selbstverständlich auf der Seite derer, die die Unterstützung Rußlands im Kampf gegen Hitler fordern.

Für Sozialisten steht bei dieser Entscheidung nicht nur die Frage des Weltfriedens zur Beantwortung. Schon sie würde allerdings genügen, um ihre Stellungnahme zu Gunsten Rußlands und gegen Hitler zu rechtfertigen. Es liegt aber auch in ihrem eigentlichen sozialistischen Ziel, daß sie über den Abschluß des aktuellen Weltfriedens hinaus gerade die Niederlage Hitlers erreichen. Wenn Deutschland den Krieg verliert, so ist selbstverständlich sein ganzes heutiges Herrschaftssystem und das seiner Hintermänner: der preußischen Junker, der künstlich aufgeblähten[9] deutschen Kriegsindustrie und seiner militaristischen Herrschaftsclique mindestens so weit erschüttert, daß es durch eine entschlossene Aktion der Sozialisten ganz und für immer aus dem Sattel gehoben werden kann. Die Niederlage Hitlers aber lag, mindestens seit dem Zusammenbruch Frankreichs im vorigen Jahr, nie so im Bereich der Möglichkeit wie jetzt, wo die größten drei Weltmächte an ihr nicht nur interessiert sind, sondern praktisch an ihrer Herbeiführung arbeiten. Die Tätigkeit der Sozialisten muß deshalb heute darauf aus sein, die besondere Chance, die ihr durch den Hinzutritt Rußlands in den Kreis der Hitler-Gegner geboten ist, auszunutzen, vor allem durch eine besonders aktive und geschickte Propaganda in Deutschland und in den von Hitler unterdrückten Ländern die Sozialisten zu jeder Hilfe aufzurufen, die sie heute für den Sturz Hitlers leisten können.

---

7 Vorlage: „verlogene" hs. eingefügt.
8 Vorlage: „(vom 12. Juli 1941)" hs. eingefügt.
9 Vorlage: „künstlich aufgeblähten" hs. eingefügt.

NR. 37

Protokoll der Exekutivkomiteesitzung am 17. Juli 1941

AdsD Bonn, PV-Emigration, Mappe 4[1]

Sitzung der Exekutive der „Union" am 17. Juli 1941.

Anwesend: Vogel, Ollenhauer, Eichler, Gottfurcht, Walter und Schoettle.

Vogel eröffnet die Sitzung, und **Walter** gibt die Stellungnahme seiner Gruppe zu einer Erklärung der „Union" zum russisch-deutschen Konflikt bekannt, die er auch schriftlich vorlegt.[2] Die SAP wünscht eine positive Erwähnung der russischen Oktoberrevolution und schlägt für den Fall, daß darüber keine Einstimmigkeit erzielt werden kann, vor, daß in der nächsten Nummer der „News-Letter" die Erklärungen der Mitgliederorganisationen der „Union" einzeln veröffentlicht werden.

Vogel erklärt den letzten Vorschlag für unannehmbar, entweder kommen wir zu einer einheitlichen Stellungnahme der „Union" oder wir müssen auf eine Veröffentlichung überhaupt verzichten. Eine Notwendigkeit für die Erwähnung der russischen Revolution 1917 im Zusammenhang mit den jetzigen Ereignissen sieht er nicht.

Gottfurcht und **Eichler** teilen im wesentlichen den Standpunkt von Vogel.

Auf die Frage des Genossen **Ollenhauer** erklärt **Walter**, daß er nicht ermächtigt ist, einer Erklärung ohne den Hinweis auf die russische Revolution zuzustimmen. Er sei daher gezwungen, seine Mitglieder über die neue Situation zu unterrichten, nachdem für die Vorschläge der SAP keine Einstimmigkeit zu erreichen ist.

Es wird beschlossen, die nächste Sitzung der Exekutive am Mittwoch, den 23. Juli, nachmittags 16.30 [Uhr] im Trades Union Club abzuhalten.

Schoettle[3] regt an, die Möglichkeit zu erörtern, bei allgemeinen Diskussionen auch Genossen heranzuziehen, die an den Tagungen der Körperschaften der „Union" in der Regel nicht teilnehmen können oder wollen. Es wird beschlossen, bei der in Aussicht genommenen Diskussion über unsere Friedensvorstellungen im Arbeitsausschuß der „Union" einen Kreis von Parteigenossen hinzu[zu]ziehen, der an diesen Verhandlungen interessiert ist, aber keiner der der „Union" angeschlossenen Organisationen angehört.

---

1 Über diese Sitzung gibt es auch eine kurze Notiz von Gottfurcht, in: Archiv Dr. Gerhard Beier, Kronberg, TNL Gottfurcht, Akte O I.

2 In dem vom 16.7.1941 datierten Schreiben der SAP wird der Kompromißvorschlag Eichlers wegen der zu negativen Beurteilung der Sowjetunion abgelehnt: AdsD Bonn, PV-Emigration, Mappe 143, ISK, Box 41.

3 Nach Gottfurchts Notizen erschien Schoettle erst nach Schluß der Beratungen und wurde dann informiert.

Auf Anregung von **Gottfurcht** wird kurz die Frage der Zusammenarbeit mit anderen Gruppen der deutschen Emigration behandelt, wie sie in einem früheren Beschluß der „Union" in Aussicht genommen worden war.[4] Es besteht Übereinstimmung darüber, daß im gegenwärtigen Zeitpunkt kein [s]achliches Thema und keine konkrete Aufgabe zu sehen ist, die in einer solchen gemeinsamen Aussprache mit Nutzen erörtert werden könnten. Es besteht deshalb Übereinstimmung, daß die Angelegenheit zunächst nicht verfolgt wird.

---

4 Vgl. Nr. 15.

NR. 38

Protokoll der Exekutivkomiteesitzung am 23. Juli 1941

AdsD Bonn, PV-Emigration, Mappe 4

Protokoll der Sitzung des Exekutivkomitees der „Union" am 23. Juli 41.

Anwesend: Vogel, Ollenhauer, Eichler, Walter, Schoettle.

Vogel eröffnet die Sitzung und teilt mit, daß die SAP schriftlich mitgeteilt hat, daß sie einer Stellungnahme der „Union" zum deutsch-russischen Krieg nur zustimmen kann, wenn diese Stellungnahme einen positiven Hinweis auf die russische Revolution von 1917 enthält.[1] Da dafür die Einstimmigkeit nicht zu erzielen ist, hält die SAP eine Stellungnahme der „Union" in dieser Frage nicht für möglich.

Die Exekutive nimmt von dieser Erklärung Kenntnis.

Die Exekutive beschäftigt sich dann mit dem Inhalt der nächsten Nummer der Newsletter[2], die sobald als möglich erscheinen soll.

---

1 Die Leitung der SAP-Ortsgruppe London erklärte in ihrem Schreiben an die „Union" vom 19.7. 1941 außerdem: „Wir bedauern sehr, daß es nicht möglich ist, die Stellungnahme der einzelnen Organisationen im News Letter zu veröffentlichen, nachdem es in der Union nicht zu einer gemeinsamen Erklärung kommen konnte." Die Erklärung hatte Ernst Fröhlich verfaßt. SAPMO – SgY 13/V 239/10/39.

2 Die Nr. 2 des „News-Letter" vom August 1941 enthielt Berichte über Deutschland, die Presse in Vichy-Frankreich, Nazi-Aktivitäten in Bolivien, Nachrichten aus Belgien, aber keine Stellungnahme zum deutschen Angriff auf die Sowjetunion. In: AdsD Bonn, PV-Emigration, Schriften.

NR. 39

Protokoll der Arbeitsausschußsitzung am 23. Juli 1941

AdsD Bonn, PV-Emigration, Mappe 4

Protokoll der Sitzung des Arbeitsausschusses der „Union" am 23. Juli 41

Anwesend: Vogel, Vorsitzender, Ollenhauer, Sander und Gotthelf (SPD), Eichler, Henry und eine dritte Genossin[1] (ISK), Walter (SAP), Sering, Schoettle (Neu Beginnen), Doberer (Landesgruppe der Gewerkschaften).

Vogel eröffnet die Sitzung und teilt mit, daß die Exekutive beschlossen hat, in dieser Sitzung einen Bericht des Genossen Eichler über Vorstellungen in englischen Kreisen über die Zukunft Deutschlands nach dem Krieg entgegenzunehmen.

Genosse **Eichler** erstattet den Bericht. In der abschließenden Aussprache wird festgestellt, daß der Bericht als eine Vorbereitung und als ein Beitrag für die in Aussicht genommene Diskussion in der „Union" über die Kriegs- und Friedensziele der deutschen Sozialisten betrachtet werden soll.

Zum Schluß weist **Vogel** darauf hin, daß in Kürze eine gemeinsame Sitzung des Arbeitsausschusses mit der Landesleitung der deutschen Gewerkschafter stattfinden wird. Über das Thema wird noch eine Verständigung mit dem Genossen Gottfurcht herbeigeführt werden.

---

1 Der Name der Teilnehmerin konnte nicht festgestellt werden.

NR. 40

Protokoll der Exekutivkomiteesitzung am 12. August 1941

AdsD Bonn, PV-Emigration, Mappe 4[1]

Protokoll der Sitzung des Exekutivkomitees der „Union" am 12.8.41.

Anwesend: Vogel, Ollenhauer, Schoettle, Gottfurcht, Eichler, Walter.

Vogel eröffnet die Sitzung und teilt mit, daß die Sitzung einberufen wurde, um die Mitglieder des Exekutivkomitees über einen Vorschlag der Kommunisten an die Sopade zu informieren.[2] **Ollenhauer** berichtet über zwei Unterhaltungen, die die Genossen Menne und Sander auf Wunsch der Kommunisten mit Heinz Schmidt als Vertreter der Kommunisten gehabt haben, in denen Schmidt Vorschläge für eine Zusammenarbeit zwischen den Kommunisten und der Sozialdemokratie entwickelt hat. Die Kommunisten haben ihre Bereitschaft erklärt, der SPD in der weitgehendsten Form entgegenzukommen, wenn die Zusammenarbeit zustande kommt. Der Arbeitsausschuß der Sopade hat sich in einer eingehenden Aussprache mit dem Vorschlag der Kommunisten beschäftigt und einstimmig beschlossen, den Kommunisten mitteilen zu lassen, daß die SPD keine Möglichkeit zu Verhandlungen mit den Kommunisten sieht.[3] Da anzunehmen ist, daß die Kommunisten nun auch an die einzelnen sozialistischen Gruppen herantreten, hielten wir es für notwendig, die Exekutive der „Union" über diesen Sachverhalt zu unterrichten.

   Gottfurcht berichtet, daß auch er von zwei Kommunisten, Schilling und Zeidler, aufgesucht wurde, die ihm die gleichen Vorschläge unterbreitet haben. Es war in dieser Unterhaltung von einer Zusammenarbeit mit der Landesgruppe, aber nicht von dem Eintritt in die Landesgruppe die Rede. Gottfurcht hat erklärt, daß er die Angelegenheit der Leitung der Landesgruppe unterbreiten müsse. Seine Vorstellung für die Entscheidung der Gewerkschaften ist, daß die Gewerkschaften auf die Möglichkeit des Eintritts in die Landesgruppe aufmerksam machen, die jedem einzelnen gegeben sei, unter der

---

1 Über diese Sitzung gibt es auch eine kurze Notiz von Gottfurcht, in: Archiv Dr. Gerhard Beier, Kronberg, TNL Gottfurcht, Akte O I.
2 Heinz Schmidt, politischer Leiter der (offiziell nicht bestehenden) KPD-Organisation in Großbritannien hatte sich im Auftrag der zentralen Parteileitung an verschiedene Sozialdemokraten wie Menne und Sander wegen der Bildung einer Freien deutschen Bewegung gewandt. Vgl. hierzu den Artikel „Die ‚neue' Linie der Kommunisten", in: SM, Nr. 29, 1.9.1941; ebenso Leske, Das Ringen, S. 97.
3 Vgl. Nr. 222.

Voraussetzung der Prüfung des Einzelfalls durch die Landesleitung. Eine Zusammenarbeit komme nicht in Frage, da es nur eine freigewerkschaftliche Organisation gebe.[4]

Schoettle unterstreicht, daß die Frage des Eintritts Rußlands in den Krieg und die Unterstützung Rußlands nichts zu tun habe mit unserem Verhältnis zu den Kommunisten. Seine Freunde würden sich gegenüber dem Vorschlag der Kommunisten wahrscheinlich in der gleichen Weise entscheiden wie die Sopade. Notwendig erscheine ihm jedoch eine stärkere Aktivität unsererseits, um gegenüber der Förderung der Kommunisten durch eine einseitige Propaganda die sozialistische Bewegung und ihre Bedeutung zu unterstreichen. Er verweist in diesem Zusammenhang auf einen rein kommunistisch gefärbten Artikel im „John Bull".

Eichler hält die Kommunisten für ganz uninteressant. Sie haben nichts zu tun mit der Frage der Notwendigkeit einer Unterstützung Rußlands gegen den Angreifer. Unsere Ablehnung steht übrigens im Einklang mit dem Beschluß des National Council of Labour.[5]

Walter rechnet damit, daß jetzt die Kommunisten die Einheitsfront von unten versuchen werden. Es wird wieder Leute geben, die darauf hineinfallen. Es sei deshalb zu überlegen, ob es nicht besser sei, in Verhandlungen mit den Kommunisten Forderungen zu stellen, die ihr falsches Spiel entlarven.

Vogel verweist darauf, daß die Kommunisten heute jede Forderung anerkennen werden, die wir stellen, aber nicht daran denken, sie zu halten. Die Vorfrage sei, ob wir sie als einen Verhandlungspartner überhaupt anerkennen. Er verneint das.

Schoettle macht darauf aufmerksam, daß für einen Schritt der „Union" keine Veranlassung vorliege, da sich die Kommunisten nicht an die „Union" gewendet haben. Die Information über die Entscheidung der Sopade sei aber sehr wichtig, da sie bei Verhandlungsversuchen der Kommunisten mit den einzelnen Gruppen in Betracht gezogen werden könne. Er glaube nicht, daß seine Gruppe eine andere Entscheidung fällen werde, denn es gelte nicht, mit den Kommunisten zu verhandeln, sondern die KPD und ihre Methoden zu überwinden.

Es wird in Aussicht genommen, eine Darstellung der Haltung der „Union" zu veröffentlichen, sobald alle Organisationen Stellung genommen haben.

---

4 Gottfurcht lehnte namens der Landesgruppe in einem Schreiben vom 17.8.1941 das Angebot ab. IISG Amsterdam, IFTU, Mappe 260.
5 Der Beschluß der LP ist in SM, Nr. 29, 1.9.1941 wiedergegeben. Das zuständige Subcommittee der TUC hatte bezüglich der Beziehungen zur KPGB dem General Council vorgeschlagen, „to make no change in their attitude to this organisation", also die Ablehnung von Kontakten beizubehalten. Das National Council of Labour war am 22.7.1941 zur gleichen Entscheidung gekommen. Das NEC der LP beschloß, die Empfehlung des (eigenen) Emergency Executive Committee und des NCL zu akzeptieren und zu bestätigen: LHASC, LP/NEC-Minutes 23.7.1941.

Gottfurcht berichtet über eine Unterhaltung mit Mr. Wilfried Israel[6], der die Mitarbeit von Sozialisten für das Royal Institute for International Affairs, Research Dept., in Form von Ausarbeitungen oder Vorschlägen über das Thema: Die zukünftige Gestaltung Deutschlands wünscht. Es wird in Aussicht genommen, eine weitere Unterhaltung mit Mr. Israel mit Gottfurcht und einem weiteren Mitglied der „Union" herbeizuführen.[7]

Gottfurcht berichtet über einen Brief des Dramaturgen Artur Hellmer[8], in dem er für die Schaffung eines deutschen Theaters in London wirbt.[9] Gottfurcht wird beauftragt, über Hellmers politische Einstellung und vor allem über seine Tätigkeit in Österreich unter Schuschnigg[10] Informationen einzuholen und eine Aussprache zwischen den Vertretern der „Union" und Hellmer vorzubereiten.

---

6 Wilfried Israel arbeitete im Research Department des RIIA. Im Notizkalender Ollenhauers finden sich 1941 mehrfach Eintragungen über Treffen mit Israel.

7 Nach den Notizen Gottfurchts (vgl. Anm. 1) wurde an dieser Stelle über einen Brief Auerbachs gesprochen.

8 Hellmer, Arthur, 1880–1961, Wiener Regisseur und Theaterleiter, gründete 1910 das Frankfurter Neue Theater und leitete es bis 1935, 1936–38 Leitung des Theaters an der Wien; förderte zeitgenössische Dramatik, emigrierte 1938 nach England, 1946–48 Intendant des Hamburger Schauspielhauses.

9 Die „Österreichische Bühne" (Stern Hall 33, Seymour Place, London W.2.) unter Leitung Arthur Hellmers wurde am 14.2.1942 mit der Aufführung von Lessings „Nathan der Weise" eröffnet. Entsprechend seinem Anliegen, zeitgenössische verfolgte Dramatiker zu zeigen, folgte im März Wolfs „Professor Mamlock". Im Mai 1942 wurde die Bühne aber wieder aufgelöst und mit dem Ensemble des FDKB als Lessingbühne neu konstituiert. Aber auch diese ging bereits im Sommer 1942 ein: SM, Nr. 34, Anfang Februar 1942, Nr. 35, Anfang März 1942; vgl. auch Hans-Christof Wächter, Theater im Exil. Sozialgeschichte des deutschen Exiltheaters 1933–1945, München 1973, S.75f; Alan Clarke, Die Rolle des Theaters des ‚Freien Deutschen Kulturbundes‘ in Großbritannien‘ im Kampf gegen den deutschen Faschismus (1938–1947). Ein Beitrag zur Untersuchung des deutschen antifaschistischen Exiltheaters, Diss. (MS) Humboldt-Univ. Berlin 1972, S. 387–395.

10 Schuschnigg, Kurt von, 1897–1977, 1934–38 österreichischer Bundeskanzler, errichtete ein klerikalfaschistisches Regime und bekämpfte Sozialdemokratie wie Nationalsozialisten.

NR. 41

Protokoll der Exekutivkomiteesitzung am 26. August 1941

AdsD Bonn, PV-Emigration, Mappe 4[1]

Sitzung der Exekutive der „Union" am 26. August 1941

Anwesend: Ollenhauer, Vogel, Schoettle, Eichler und Gottfurcht.

Vogel führt den Vorsitz und teilt mit, daß ihm der Genosse Walter mitgeteilt hat, daß er an der Sitzung nicht teilnehmen könne, da er jeden Tag von 9 bis 6 Uhr arbeite. Da auch kein anderes Mitglied der SAP frei sei, bitte er die Sitzungen der „Union" in Zukunft Sonntag vormittag abhalten zu wollen.[2]

Es wird zunächst über die Veröffentlichung der SAP in der „Tribune" beraten, die sich auf die Stellungnahme der „Union" und der SAP im Russenkonflikt bezieht.[3] An der Diskussion beteiligen sich alle Teilnehmer der Sitzung, und es wird übereinstimmend festgestellt, daß die Vorgangsweise der SAP nicht zu billigen sei. Die Darstellung entspreche außerdem nicht dem wahren Sachverhalt. Der Genosse Vogel wird gebeten, in einer persönlichen Aussprache mit dem Genossen Walter ihm die Auffassung der Exekutive der „Union" mitzuteilen und bei dieser Gelegenheit auch mit ihm eine Vereinbarung über den Termin der nächsten Sitzung zu treffen.

Genosse **Ollenhauer** beschäftigt sich dann mit der Veröffentlichung der Gruppe „Neu Beginnen" und kritisiert den Untertitel der Veröffentlichung „Die[4] deutschen Sozialisten", der den Eindruck erwecken muß, als handle es sich um die gemeinsame Stellungnahme aller deutschen Sozialisten.[5] Außerdem sei es bei kritischen Auseinandersetzungen mit anderen Auffassungen im sozialistischen Lager, wie sie auch in der

---

1 Über diese Sitzung gibt es auch eine kurze Notiz von Gottfurcht, in: Archiv Dr. Gerhard Beier, Kronberg, TNL Gottfurcht, Akte O I.

2 Dem Wunsch wurde nicht stattgegeben. Die Sitzungen fanden weiterhin mittwochs statt.

3 Nachdem die Einigung auf eine gemeinsame Erklärung zum Kriegseintritt der Sowjetunion gescheitert war, hatte die SAP versucht, ihre Erklärung in einer britischen Zeitung zur Veröffentlichung zu bringen. „The Tribune for Victory and Socialism" druckte am 15.8.1941 einen Leserbrief Heinrich Fraenkels ab, der einen Auszug aus der SAP-Resolution beinhaltete. Fraenkel kritisierte die in den „Sozialistischen Mitteilungen" ausgedrückte Hoffnung, daß sich beide Armeen erschöpften. In den SM, Nr. 27 vom 15.Juli 1941 hatten R. Buchholz (Hitlers Ziele im Osten) und Willy Derkow (Am Wendepunkt des Krieges) zum Überfall Hitlers auf die Sowjetunion Stellung bezogen.

4 Vorlage: „Die" ms. unterstrichen.

5 Ollenhauer bezog sich auf die Erklärung: Klare Fronten. Die deutschen Sozialisten und Hitlers Überfall auf die Sowjetunion. Auslandsbüro Neu-Beginnen, London 20.8.1941, 15 S. Damit hatte auch Neu Beginnen eine eigene umfangreiche Stellungnahme zum Angriff auf die Sowjetunion herausgegeben. AdsD Bonn, NL Schoettle M 55.

Veröffentlichung enthalten sind, ganz klar, die kritisierten Stellen oder Organisationen zu nennen.

Schoettle erklärt, daß es ihm und seinen Freunden ferngelegen habe, durch diese Formulierung des Untertitels alle Sozialisten festzulegen. Es sei dagegen zweifelhaft, ob eine andere Form der Polemik zweckmäßiger sei. Außerdem habe man nicht gegen Personen, sondern gegen einen Standpunkt polemisiert. Prinzipiell sei zu bemerken, daß alle diese Sonderveröffentlichungen zu bedauern seien, sie seien aber unvermeidlich, solange die „Union" zu den politischen Fragen nicht Stellung nehme. Das ist notwendig, sonst ist auf die Dauer nicht zu sehen, welchen Sinn die Zusammenarbeit in der „Union" haben solle.

Gottfurcht schließt sich diesen Bemerkungen Schoettles an, er habe selbst die Absicht gehabt, in diesem Sinne Anregungen für die zukünftige Arbeit der „Union" zu geben.

Vogel unterstreicht, daß die kritischen Bemerkungen Ollenhauers keinesfalls als ein Versuch zur Beschränkung der Meinungsfreiheit angesehen werden dürfen. Es komme nur darauf an, auch in der Form der Veröffentlichungen den Geist der Zusammenarbeit erkennen zu lassen. Was die politischen Aufgaben der „Union" betreffe, so sähe auch er den unbefriedigenden Zustand, aber auf der anderen Seite sind auch die sachlichen Schwierigkeiten sehr groß, wie die Beratungen in der Russenfrage gezeigt haben.

Schoettle erkennt die Bedenken gegen die Formulierung des Untertitels an und schlägt dann als ein erstes Thema für die politische Diskussion eine Aussprache über das Atlantik-Abkommen vor.[6]

Gottfurcht erläutert eine von ihm ausgearbeitete Denkschrift[7], in der [er] die verschiedenen Veröffentlichungen und Stellungnahmen zum deutschen Problem zusammengefaßt hat, und setzt auseinander, daß die Zeit jetzt gekommen zu sein scheint, in der auch wir uns mit diesen Fragen beschäftigen sollen. Wir können nicht immer schweigen und das Reden und Schreiben nur den Außenseitern überlassen.

---

6 Atlantik Charta: Gemeinsame Erklärung des amerikanischen Präsidenten Franklin D. Roosevelt und des britischen Premierministers Winston Churchill vom 14. August 1941. Sie enthielt die gemeinsamen außenpolitischen Ziele und stellte ein Programm für eine künftige Friedensordnung auf. Sie forderte den Verzicht auf Annexionen, freie Bestimmung jedes Volkes über seine Herrschaftsform, freien und gleichen Zugang zu den Rohstoffen der Erde. Auf einem Treffen in London am 24. September 1941 erklärten die Exilregierungen der besetzten europäischen Länder und die Sowjetunion ihre Unterstützung für die Prinzipien der Deklaration. Die Atlantik Charta wurde damit zur Grundlage der Vereinten Nationen, da die übrigen mit den Alliierten verbündeten Mächte sie am 1.Januar 1942 durch die Erklärung über die Vereinten Nationen übernahmen. Sie sollte, entgegen der Forderung der deutschen Emigration, auf Deutschland als den Kriegsgegner keine Anwendung finden. SM, Nr. 29, 1. September 1941, enthielt unter dem Titel: „Die englisch-amerikanische Erklärung" den deutschen Wortlaut der Atlantic Charta.

7 Hans Gottfurcht, Das deutsche Problem. Grundlage für eine Diskussion, 24.8.1941, 6 S., AdsD Bonn, ISK, Box 42.

Eichler ist mit der Grundtendenz der Ausführungen Gottfurchts und Schoettles einverstanden. Er meint, man solle eine Arbeitsgemeinschaft schaffen, die die Probleme zunächst ohne die Absicht einer Festlegung behandelt. Das Resultat solcher Untersuchungen kann dann als Unterlage für die Entscheidung der „Union" dienen, ob und in welcher Form sie zu gewis[sen] Fragen öffentlich Stellung nimmt. Notwendig ist, daß die „News-Letter" die politische Haltung der „Union" widerspiegeln.

Vogel unterstreicht seine eigenen Bedenken über die bish[eri]ge Tätigkeit der „Union" und wirft die Frage auf, ob nicht evtl. ein [We]chsel im Vorsitz des Arbeitsausschusses eine Besserung herbeiführen kann. Diese Anregung wird allgemein abgelehnt.

Ollenhauer schildert die besonderen Schwierigkeiten in der Sopade, die mehr Zeit für die Erarbeitung einer gemeinsamen Stellungnahme erfordern, als sie andere Gruppen benötigen. Außerdem liegen die Schwierigkeiten in der Sache selbst. Die „Union" muß sich die volle Tragweite jeder ihrer Entscheidungen in den großen politischen Fragen vor Augen halten, auch in Hinblick auf ihre Rückwirkung auf die Bewegung in Deutschland. Trotzdem könne man den Versuch mit einer Aussprache über das Atlantik-Abkommen machen.

Es wird beschlossen, in der nächsten Sitzung der „Union" eine erste Aussprache über diesen Punkt zu führen, und Schoettle wird beauftragt, die einleitenden Bemerkungen zu machen.

Gottfurcht berichtet über seine Unterhaltung mit Hellmer über die Bildung eines deutschen Theaters. Die Besprechung hat zu keinem Resultat geführt, die Verbindung wird aufrechterhalten.

Ollenhauer berichtet über seine Unterhaltungen mit Israel, die sic[h i]m wesentlichen auf den Austausch von Informationen beschränkten. Israel wünscht jetzt eine Stellungnahme zu einem Statement: „Jugendbewegung und Hitlerjugend", das der Genosse Ollenhauer erstatten wird.

Schoettle berichtet, daß die Gruppe Neu Beginnen den Artikel über die voraussichtlichen Rückwirkungen des deutsch-russischen Krieges auf die deutsche Arbeiterschaft, den sie für die Veröffentlichung im „News Letter" vorgeschlagen hatte, jetzt Labour Zeitungen zur Veröffentlichung zur Verfügung gestellt hat.

NR. 42

Bericht über die Besprechung von Mitgliedern des Exekutivkomitees mit Vertretern der österreichischen Sozialisten am 28. August 1941

AdsD Bonn, PV-Emigration, Mappe 4

Besprechung zwischen Vertretern der österreichischen Sozialisten und Vertretern der „Union" am 28. August 1941

Die zweite Besprechung[1] zwischen den österreichischen Genossen und den Vertretern der „Union" fand auf Vorschlag der österreichischen Genossen am 28. August statt. Von der „Union" nahmen teil Ollenhauer, Schoettle und Eichler, von den österreichischen Genossen Pollak, Czernetz und Buttinger.[2]

Die Sitzung begann mit einem Austausch von Informationen über die Beziehungen zu den Kommunisten. Die österreichischen Genossen berichteten, warum sie in der Form eines Briefwechsels auf die Vorschläge der Kommunisten eingegangen seien.[3] Es werden jetzt nur noch Diskussionen mit der Leitung der österreichischen kommunistischen Partei stattfinden, es ist aber zweifelhaft, ob die Vorbedingungen, die die österreichischen Genossen für die Aufnahme mündlicher Besprechungen gestellt haben, von den Kommunisten erfüllt werden. **Ollenhauer** berichtete über die Situation in dieser Frage im deutschen Lager. Dort liegt bis jetzt nur der Tatbestand vor, daß die Sopade eine Anfrage der Kommunisten nach gemeinsamen Besprechungen negativ beantwortet hat. Die „Union" hat bisher keine solche Anfrage erhalten, auch nicht die einzelnen Gruppen.

Unter dem zweiten Punkt der Tagesordnung fand ein Meinungsaustausch über den deutsch-russischen Krieg und seine Rückwirkungen auf Mitteleuropa statt, an dem sich

---

1 Die erste Besprechung hatte vor dem 13. Juni 1941 stattgefunden. Vgl. Bericht Ollenhauers im Protokoll der Exekutivkomiteesitzung vom 13. Juni 1941, Nr. 24.

2 Vorlage: Puttinger. – Buttinger, Alois, *1910, Lehrer, österr. Sozialist, 1936 GB, beratendes Mitglied des London Büro, 1941 USA.

3 Am 25. Juli 1941 hatte sich Hans Winterberg (KPÖ) an das London Büro mit Aufforderung zu einem gemeinsamen Gespräch über die Stärkung des „War effort" gewandt und am 30. Juli 1941 ergänzende Vorschläge gemacht. Das London Büro antwortete am 7. August 1941 und bezeichnete die Kampagne als „Manöver". Nach weiteren Briefen Winterbergs am 11. und 25. August 1941 mit einer neuerlichen Aufforderung zur Einheit, lehnte das London Büro am 29. August 1941 die Vorschläge erneut als „Manöver" und „Einigungsversuche auf unpolitischer Ebene" ab. Vgl. Briefwechsel des Londoner Büro der RSÖ mit Hans Winterberg (KPÖ), in: AVGA Wien, London-Büro, Kopien im DÖW Wien, 17859/212. Parallel entwickelte sich dazu die Korrespondenz mit dem kommunistisch dominierten Council of Austrians in Great Britain, das am 26. Juli 1941 seinen Aufruf „Einheit im Kampf gegen Hitler" übersandt und zur Einigung aller Österreicher aufgefordert hatte. Vgl. auch Maimann, Politik im Wartesaal, S. 118f.; Österreicher im Exil, S. 200f.

alle Teilnehmer beteiligten. Es wurde kein Resultat vereinbart, aber festgelegt, daß zu einem späteren Zeitpunkt die Diskussion fortgeführt werden soll.

Zum Schluß berichtete **Pollak** über die Vorbereitungen der Labour Party zur Schaffung eines internationalen Komitees, dem alle in England vertretenen Parteien angehören sollen. Die österreichischen Genossen haben ihre grundsätzliche Bereitschaft zur Mitarbeit zum Ausdruck gebracht, unter der Bedingung, daß dieses Komitee nicht als eine Fortsetzung oder an Stelle der SAI funktioniert. **Ollenhauer** erklärt, daß auch Vogel diese vertrauliche Information erhalten hat. Er hat seine prinzipielle Zustimmung zur Mitarbeit zum Ausdruck gebracht, aber gleichzeitig um eine gelegentliche mündliche Aussprache über verschiedene technische und organisatorische Fragen gebeten.

Die Sitzung wird mit der Verabredung geschlossen, die Zusammenkunft bei Bedarf zu wiederholen.

Nr. 43

Protokoll der Exekutivkomiteesitzung am 10. September 1941

AdsD Bonn, PV-Emigration, Mappe 4[1]

Sitzung der Exekutive der „Union" am 10. September 1941

Anwesend: Vogel, Ollenhauer, Schoettle, Eichler, Walter, Gottfurcht.

Vogel führt den Vorsitz. Auf der Tagesordnung steht die Stellungnahme zu der Atlantic Charter. **Schoettle** beschäftigt sich in seinen einleitenden Bemerkungen mit dem Hauptinhalt des Dokuments und kommt zu dem Resultat, daß es nicht zweckmäßig erscheint, eine besondere Stellungnahme der „Union" zu diesem Dokument zu veröffentlichen, sondern den Versuch zu unternehmen, die Auffassungen der „Union" über den kommenden Frieden vom Standpunkt der deutschen Sozialisten zu entwickeln.[2]

Nach einer Aussprache über die Hauptpunkte einer solchen Erklärung wird beschlossen, die Frage in einer Sitzung des Arbeitsausschusses der „Union" zu behandeln und den Genossen Schoettle mit der Erstattung des einleitenden Referats zu beauftragen.

Die Sitzung des Arbeitsausschusses wird für Sonntag, den 5. Oktober, in Aussicht genommen.

---

1 Über diese Sitzung gibt es auch eine kurze Notiz von Gottfurcht, in: Archiv Dr. Gerhard Beier, Kronberg, TNL Gottfurcht, Akte O I.
2 Nach Gottfurchts Notizen (vgl. Anm. 1) setzte Schoettle die Schwerpunkte bei folgenden Themen: „a) revolutionäre Kräfte, b) Entwaffnung, c) Besatzung".

NR. 44

Protokoll der Arbeitsausschußsitzung am 12. Oktober 1941

AdsD Bonn, PV-Emigration, Mappe 4[1]

Sitzung des Arbeitsausschusses der „Union" am 12. Oktober 1941

Anwesend: siehe Anwesenheitsliste.[2] 18[3]

Vogel eröffnet die Sitzung und erteilt dem Genossen **Schoettle** zu seinem einleitenden Referat das Wort.[4] An das Referat knüpft sich eine ausführliche Diskussion, die eine Übereinstimmung in vielen wesentlichen Punkten erkennen läßt. Es wird daher einstimmig beschlossen, die Exekutive der „Union" zu beauftragen, den Versuch einer schriftlichen Formulierung der gemeinsamen Anschauungen zu machen. Die Exekutive

---

1 Eine detailliertere Aufzeichnung über die gleiche Sitzung findet sich im Notizbuch Fritz Heines, allerdings falsch datiert:
10.10. Arb[eits]Gemeinschaft Union. Atlantic-Charter. Erklärung Union über Aufgaben u[nd] Ziele. **Schoettle**: Referat Thesen enthalten. Gegen Vorstellung erblicher Belastung d[es] d[eu]t-[schen] Volkes. Vorstellung v[on] revolutionärer Entwicklung – Vernichtung Hitlers Kriegsmaschine. Gegen Kompromißlösung. Selbstbestimmungsrecht. Österreich. CSR. (Sudetend[eu]t-[sche] u[nd] Tschechen sind mit ihren Problemen nicht fertiggeworden). // Ziemlich irreale Gedankengänge. Erwarten Umschwung ähnlich Französische Rev[olution]. **Sering**: Alternative der Revolution: Besatzung. Greulicher Gedanke, wird nationalistische Instinkte aufstacheln. **Fröhlich**: Demonstrations-Besatzung ja, Dauerbesatzung: nein. / **Derkow**: Soz[ialisten] anderer (der alliierten) Länder Chauvinisten. **Kreyssig**: Man muß versuchen, mit engl[ischen] u[nd] alliierten Genossen zu Verständigung über Programm zu kommen. **Gottfurcht**: Erst müssen wir Programm machen, ehe Verständigung versucht werden kann. **F[ritz] H[eine]**: Soz[ialistisches] D[eu]tschl-l[an]d = theoretisch bequeme Lösung. Faktor Nationalismus nicht übersehen. Opposition Weltkrieg stärker, trotzdem, s[iehe] 1933, keine Garantie gegen Machtergreifung Nationalismus. **Ollenhauer**: Viele übereinstimmende Gedankengänge im Referat. Meinungsverschiedenheiten Abrüstung. Besatzung. //
Beschluß: Schoettle entwirft Thesen, die dem Vorstand vorgelegt werden sollen." Privatbesitz Fritz Heine, Notizbuch September 1941 – Januar 1942, S. 20–21.
2 Die Anwesenheitsliste enthält folgende Namen und Organisationsangaben:

Willi Derkow	Gew.Gruppe	Robert Neumann	SAP
W. Eichler	ISK	E. Ollenhauer	
E. Fröhlich	SAP	W. Sander	
Hans Gottfurcht	Landesgruppe	Peter Schäffer	SAP
H. Gotthelf	SPD, TU	Schoettle	NB, Gew.Gruppe
B.F. Heine		Minna Specht	
Marg. Henry	ISK	G. Spreewitz	SAP
Kreyssig		Hans Vogel	
Löwenthal	NB	Paul Walter	SAP Gewerksch.

3 Vorlage: „18" hs. hinzugefügt. Es handelt sich um die Zahl der Anwesenden.
4 Nicht zu ermitteln.

erhält die Vollmacht, gegebenenfalls über die Formulierung ohne nochmalige Beratung im Arbeitsausschuß zu beschließen. Schoettle wird mit der Ausarbeitung eines Entwurfs beauftragt.

NR. 45

Protokoll der Exekutivkomiteesitzung am 22. Oktober 1941

AdsD Bonn, PV-Emigration, Mappe 4[1]

Sitzung der Exekutive der „Union" am 22. Oktober 1941

Anwesend: Vogel, Ollenhauer, Eichler, Schoettle, Fröhlich, Gottfurcht.

Vogel eröffnet die Sitzung[2], und die Exekutive tritt in eine allgemeine Beratung eines Entwurfes des Genossen Schoettle für eine Stellungnahme der deutschen Sozialisten zum kommenden Frieden ein.[3] An der Aussprache beteiligen sich alle Teilnehmer der Sitzung.

Für die Einzelberatung wird eine neue Sitzung der Exekutive für den 29. Oktober in Aussicht genommen. Die Teilnehmer der Sitzung werden gebeten, bis dahin ihre Abänderungs- oder Ergänzungsvorschläge zu formulieren.

---

1 Über diese Sitzung gibt es auch eine kurze Notiz von Gottfurcht, in: Archiv Dr. Gerhard Beier, Kronberg, TNL Gottfurcht, Akte O I.
2 Die Notiz Gottfurchts (vgl. Anm. 1) zu den einleitenden Bemerkungen Vogels, „Ein gewisses Maß von Vertraulichkeit (Unterhaltung Fröhlich – Loeb)", deutet darauf hin, daß eine Abschirmung in diese Richtung gewünscht war. Zu Loeb vgl. Einleitung, Abschnitt III.4.1.
3 In der Sitzung am 22. Oktober 1941 legte Schoettle vermutlich den „1. Entwurf. Die deutschen Hitlergegner und der Friede" vor. In: AdsD Bonn, ISK, Box 42. Dagegen ist die spätere Fassung „Die deutschen Sozialisten und der Friede" bei Heine als „1. Entwurf Schoettles" gekennzeichnet, in: Privatbesitz Heine, Mappe Union. Zwischen der ersten Vorlage Schoettles und der endgültigen, veröffentlichten Erklärung, die das Exekutivkomitee am 16.12.1941 beschloß, gibt es mehrere veränderte Versionen, deren Zuordnung nicht eindeutig geklärt werden konnte. In die Edition wurde nur die letzte Fassung aufgenommen. (Dokument Nr. 54, Anlage zum Protokoll vom 16.12.1941) Die verschiedenen Versionen finden sich in: AdsD Bonn, PV-Emigration, Mappe 180, ISK, Box 42, NL Schoettle, Mappe 63, Privatbesitz Heine, Mappe Union.

Nr. 46

Protokoll der Exekutivkomiteesitzung am 29. Oktober 1941

AdsD Bonn, PV-Emigration, Mappe 4

Sitzung der Exekutive der „Union" am 29. Oktober 1941

Anwesend: Vogel, Ollenhauer, Schoettle, Fröhlich.[1]

Vogel eröffnet die Sitzung. Mit Rücksicht auf die Abwesenheit der Genossen Eichler und Gottfurcht wird verabredet, in die sachliche Beratung des Entwurfs für eine Stellungnahme der „Union" nicht einzutreten. Der Genosse Fröhlich wird gebeten, seine Abänderungsvorschläge schriftlich zu fixieren und den Mitgliedern der Exekutive zuzustellen. Die Abänderungsvorschläge der Sopade und des Genossen Schoettle liegen vor.[2]

Die nächste Sitzung wird für Mittwoch, den 5. November, nachmittags 15.15 Uhr in Aussicht genommen.

Unter Vorbehalt der Zustimmung des Genossen Eichler wird beschlossen, den monatlichen Beitrag der Organisationen an die „Union" für die Monate Oktober bis Dezember auf ein Pfund festzusetzen.

---

1 Der nicht anwesende Eichler wurde von Ollenhauer am 29.10.1941 schriftlich informiert. AdsD Bonn, ISK, Box 41.
2 Schoettle: „II. Entwurf. Die deutschen Sozialisten und der Friede", in: AdsD Bonn, ISK, Box 42. Ollenhauer: „Ollenhauer. Die deutschen Sozialisten und der Friede", in: AdsD Bonn, PV-Emigration, Mappe 180.

NR. 47

Protokoll der Exekutivkomiteesitzung am 5. November 1941

AdsD Bonn, PV-Emigration, Mappe 4[1]

Sitzung der Exekutive der „Union" am 5. November 1941

Anwesend: Vogel, Ollenhauer, Eichler, Schoettle, Walter, Gottfurcht.

Vogel führt den Vorsitz. Zur Debatte steht ein gemeinsamer Entwurf der Genossen Ollenhauer und Schoettle für eine Entschließung. [2] Der Entwurf wird in Einzelberatung nach einigen Abänderungen in der beiliegenden Fassung beschlossen. Die Vertreter der Organisationen werden gebeten, evtl. Abänderungen bis spätestens Montag mitzuteilen.[3]

Die nächste Sitzung der Exekutive wird für Mittwoch, den 12. November, nachmittags 15.15 Uhr in Aussicht genommen. Sie wird sich mit der Frage einer gemeinsamen Besprechung mit Vertretern anderer Organisationen beschäftigen. Als Beratungsgegenstand für eine solche Sitzung werden eine Information über die Entschließung der „Union" und eine Entschließung über den Hitlerterror in den okkupierten Ländern in Aussicht genommen.

---

1 Über diese Sitzung gibt es auch eine kurze Notiz von Gottfurcht, in: Archiv Dr. Gerhard Beier, Kronberg, TNL Gottfurcht, Akte O I.
2 „Schoettle/Ollenhauer. Die deutschen Sozialisten und der Friede", Vorlage mit den in der Sitzung vorgenommenen hs. Änderungen, in: AdsD Bonn, PV-Emigration, Mappe 180.
3 Nach den Notizen Gottfurchts (vgl. Anm. 1) wurde von ihm auch die „Federal Union" angesprochen.

Nr. 48

Protokoll der Exekutivkomiteesitzung am 12. November 1941

AdsD Bonn, PV-Emigration, Mappe 4[1]

Sitzung der Exekutive der „Union" am 12. November 1941

Anwesend: Vogel, Ollenhauer, Schoettle, Gottfurcht, Eichler, Walter.

Vogel eröffnet die Sitzung. Zur Diskussion steht der Entwurf einer Entschließung über die Friedensziele deutscher Sozialisten. **Ollenhauer** begründet einige Abänderungsvorschläge, die von der Sopade gewünscht werden. Nach einer nochmaligen Einzelberatung wird der Entwurf in der beigefügten Fassung angenommen.[2]

Eichler übernimmt die Übersetzung ins Englische. Es wird beschlossen, den englischen Text in einer weiteren Sitzung gemeinsam durchzusehen. In dieser Sitzung soll dann auch über die Veröffentlichung und über die eve[n]t[uel]l[e] Beratung in einem weiteren Kreis beraten werden.

---

1 Über diese Sitzung gibt es auch eine kurze Notiz von Gottfurcht, in: Archiv Dr. Gerhard Beier, Kronberg, TNL Gottfurcht, Akte O I.
2 Die korrigierte Version findet sich in: AdsD Bonn, PV-Emigration, Mappe 180.

NR. 49

Protokoll der Exekutivkomiteesitzung am 28. November 1941

AdsD Bonn, PV-Emigration, Mappe 4[1]

Sitzung der Exekutive der „Union" am 28. November 1941

Anwesend: Vogel, Ollenhauer, Schoettle, Eichler, Gottfurcht, Walter.

Es wird zunächst der englische Text der Erklärung beraten.[2] Er wird angenommen.

Da die „News Letter" nach der neuen Verordnung[3] erst wieder erscheinen dürfen, wenn die Bewilligung vorliegt, wird beschlossen, die Erklärung gesondert an die Bezieher der „News Letter" zu verschicken.

Es wird beschlossen, den Antrag auf Bewilligung der weiteren Herausgabe der „News Letter" zu stellen.

Nach längerer Beratung wird beschlossen, den Versuch zu einer Aussprache in einem größeren Kreis von Vertretern der sozialistischen und politischen deutschen Emigration zu machen. In dieser Aussprache soll zunächst nur die Frage erörtert werden, ob die vertretenen Organisationen bereit sind, unserer Erklärung zuzustimmen. Einladungen zu dieser Besprechung sollen ergehen an Dr. Bondy, Dr. Ebeling, Dr. Demuth, Hans Jäger, Hans Jahn, Walter Auerbach, Dr. Kurt Hiller, Dr. Weber und Westphal. Die Besprechung soll am 9. Dezember, vormittags 10.30 Uhr in der Conway Hall[4] stattfinden. Die Veröffentlichung unserer Erklärung soll bis nach dieser Besprechung zurückgestellt werden.

Die österreichischen Genossen haben den Wunsch nach einer weiteren gemeinsamen Aussprache geäußert. Es wird vorgeschlagen, sie ebenfalls am 9. Dezember nachmittags 15.30 Uhr abzuhalten.

---

1 Über diese Sitzung gibt es auch eine kurze Notiz von Gottfurcht, in: Archiv Dr. Gerhard Beier, Kronberg, TNL Gottfurcht, Akte O I.

2 Der Entwurf Eichlers, „German Socialists and the Overthrow of the Nazi Tyranny", 29. November 1941, mit Verbesserungen durch „Amy", die englische Sozialistin Amy Moore, findet sich in: AdsD Bonn, ISK, Box 42.

3 Wegen des Papiermangels wurden Ende 1941 Restriktionen für die Erscheinungsweise von Zeitschriften angeordnet. Die neue Verordnung sah für die nach dem 1.8.40 begonnenen regelmäßigen Veröffentlichungen eine besondere Genehmigung vor. Danach wurde die vom ISK herausgegebene „Renaissance" eingestellt. Über den „News Letter" der Union und „Die Arbeit" der LdG war auch Anfang 1942 noch keine Entscheidung getroffen, sie wurden aber ebenfalls eingestellt. Vgl. Protokoll der EK-Sitzung vom 30. Januar 1942. Die einzige deutschsprachige Tageszeitung „Die Zeitung" konnte nur noch wöchentlich erscheinen. Vgl. SM, Nr. 33, 1. Januar 1942.

4 Conway Hall, Red Lions Square, London WC 1.

Gottfurcht berichtet über eine Sitzung der Federal Union[5], in der über die Aufgaben des europäischen Komitees beraten wurde. Das Aufgabengebiet der Kommission soll die Diskussion und die Propaganda des Föderationsgedankens sein. Man ist bemüht, noch einen zweiten deutschen Vertreter zu finden und will sich deshalb mit Dr. Demuth in Verbindung setzen. Der Bericht wird zur Kenntnis genommen.

Gottfurcht berichtet über den Fortgang seiner Verhandlungen mit Direktor Hellmer über die Gründung eines deutschen Theaters. Die Bemühungen Dr. Hellmers scheinen günstig zu laufen, und Gottfurcht wird ermächtigt, die Besprechungen fortzusetzen.

Sander[6] macht darauf aufmerksam, daß der International Solidarity Fond am Nachmittag des 20. Dezember im Bloomsbury House eine musikalische Veranstaltung mit einem anschließenden geselligen Teil durchführen wird. Der Plan wird begrüßt.

---

5 Die „Federal Union" (FU) war nach dem Münchner Abkommen 1938 von William Beveridge, M.P. Ransome und anderen gegründet worden. Wesentliche Impulse und einen beträchtlichen Aufschwung erfuhr die Bewegung durch das Buch „Union Now" des US-Amerikaners Clarence K. Streit, Korrespondent der New York Times in Genf, das im März 1939 in New York erschien und zum Jahresbestseller wurde. Es forderte eine demokratische, föderalistische Union der Völker um den Atlantik. Bis zum Kriege entstanden Zweiggruppen in allen englischsprachigen und in den westeuropäischen Ländern. Im März 1940 wurde in London das „Federal Union Research Institute" (FURI) errichtet, das durch Forschungen und Veröffentlichungen für das angestrebte Ziel einer europäischen demokratischen Föderation (als erster Schritt zu einer Weltföderation) wirken sollte. Die Leitung des FURI hatte Lord Beveridge, weiter arbeiteten mit Kingsley Martin, Wickham Steed, Barbara Wootton u.a. Auf einer Konferenz der FU im Frühjahr 1940 waren Delegierte von 225 Mitgliedsgruppen vertreten, die etwa 12 000 Mitglieder repräsentierten. Das Head Office (Chairman R.W.G. Mackay), dessen Briefkopf das Motto zierte „For Democracy ... International ... Political ... Economic", befand sich in 3, Gower St., London. Barbara Wootton amtierte als Vorsitzende des National Council, als „Supporters of the Federal Idea" werden u.a. genannt, Attlee, Bevin, Bishop of Chichester, Brailsford, Somerset Maugham. Als Vorsitzender des deutschen Advisory Committee in London fungierte Wenzel Jaksch, die Union hatte Gottfurcht delegiert. Gottfurcht hatte am 21.3.1941 Vogel einen Vermerk über die Federal Union übersandt, in: AdsD Bonn, PV-Emigration, Mappe 36; UWMRC, MSS 152 NL Sir Victor Gollancz, 157/3/FE/1–30, enthält Korrespondenzen mit der FU und Programme; Lipgens, Europa-Föderationspläne der Widerstandsbewegungen 1940–45, S. 406, 410f.; s.a. A./Fr. Boyd, Western Union. A Study of the Trend towards European Unity, Washington 1949, S.69f.

6 Es ist unklar, ob Sander trotz anderslautender Anwesenheitsliste doch bei der Sitzung anwesend war oder ob er die Nachricht ausrichten ließ.

NR. 50

Protokoll über die Besprechung von Mitgliedern des Exekutivkomitees mit Vertretern der österreichischen Sozialisten am 9. Dezember 1941

AdsD Bonn, PV-Emigration, Mappe 4

Gemeinsame Besprechung mit den österreichischen Genossen am 9.12.41.

Am 9. Dezember fand im Trade Union Club auf Wunsch der österreichischen Genossen eine neue gemeinsame Besprechung statt.

Von den österreichischen Genossen waren die Genossen Pollak, Czernetz und ein dritter Genosse[1] erschienen, während die „Union" durch die Genossen Ollenhauer und Walter vertreten war.

Die Verhandlungen beschränkten sich auf den Austausch von Informationen.

Pollak erklärte kurz die Vorgeschichte der Kundgebung gegen den Naziterror[2] und unterstrich, daß das Fehlen eines reichsdeutschen Redners in dieser Kundgebung lediglich auf technische Gründe zurückzuführen war. In der nächsten Versammlung der österreichischen Gruppe wird der Genosse Sering sprechen.

Ollenhauer berichtete über die Beratungen der „Union" über eine Entschließung zu den Friedensproblemen und über den Versuch der „Union", mit anderen Gruppen der deutschen politischen Emigration in Kontakt zu kommen. Sobald der endgültige Text der Entschließung festgelegt ist, wird er auch den österreichischen Genossen zugehen, und vielleicht kann sie dann auch Gegenstand einer gemeinsamen Aussprache sein.

Cernetz berichtet über die Zusammenschlußbestrebungen im österreichischen Lager, die jetzt zur Bildung eines Komitees der Free Austrian Movemen[t][3] geführt habe.

---

1 Sein Name ist nicht bekannt. Es dürfte sich um Karl Ausch gehandelt haben, beratendes Mitglied des London Büro. Gründungserklärung des London Büro in: AVGA Wien, London Büro, Mappe 1.
2 Gemeint ist die Internationale Solidaritätskundgebung am 23. November 1941, auf der u.a. Louis Lévy (Frankreich) und Adam Ciołkosz (Polen), gesprochen hatten. London-Information, Nr. 22, Ende November 1941, S. 1. Auf Mitgliederversammlungen in den nächsten Jahren sprachen des öfteren Mitglieder von NB wie Löwenthal, Schoettle, Anderson. Bei der öffentlichen Veranstaltung zum Tag der Republik am 15. November 1942 sprach neben anderen Hans Vogel. Vgl. hierzu die Berichte der London-Information und speziell Nr. 21, 15. November 1942.
3 Das an 3. Dezember 1941 gegründete „Free Austrian Movement" entsprach in seinen Grundstrukturen der von der KPD 1943 organisierten „Freien Deutschen Bewegung". Initiiert von Mitgliedern der KPÖ, gehörten dem „Free Austrian Movement" auch sozialistische und bürgerliche Politiker sowie andere prominente Emigranten an. Vgl. hierzu Maimann, Politik im Wartesaal, S. 54f., 115ff.; Österreicher im Exil, S. 170ff.

Beteiligt sind an dieser Neugründung das Austria Office[4] und das Austrian Centre[5], jedoch haben in der neuen Vereinigung die Kommunisten einen starken Einfluß. Die österreichischen Genossen haben sich an dieser Neugründung nicht beteiligt, da sie nach wie vor eine Zusammenarbeit mit den Habsburgern ablehnen und da die Verhandlungen mit den Kommunisten haben erkennen lassen, daß ihnen an einer ehrlichen Zusammenarbeit nichts gelegen ist.

Ollenhauer berichtet über die Besprechungen des Genossen Gottfurcht mit Direktor Hellmer über die Gründung eines deutschen Theaters. Die bisherigen Besprechungen lassen die Hoffnung zu, daß es zu einer Gründung kommt, die der deutschsprechenden Emigration gute und preiswerte Theatervorstellungen ermöglicht. Die Angelegenheit wird erneut besprochen werden, wenn sie weiter gediehen ist.

---

4 Vorlage: „Austrian Office". Das „Austria Office" war im Januar 1940 von bürgerlichen und sozialdemokratischen Politikern gegründet worden, die die Wiederherstellung der österreichischen Souveränität anstrebten. Vorsitzender war seit Oktober 1940 der Sozialdemokrat Heinrich Allina. Vgl. Maimann, Politik im Wartesaal, S. 102ff.; Österreicher im Exil, S. 161ff.
5 Das im Frühjahr 1939 als überparteiliche Organisation gegründete Austrian Centre widmete sich ausschließlich der Fürsorge und der Kultur. Mit über 3000 Mitgliedern war es die größte österreichische Exilorganisation in Großbritannien. Die Kommunisten verfügten über maßgeblichen Einfluß. Vgl. Maimann, Politik im Wartesaal, S. 69ff.; Österreicher im Exil, S.165f.

NR. 51

Protokoll der Besprechung des Exekutivkomitees mit Vertretern anderer Gruppen der deutschen politischen Emigration über eine gemeinsame Erklärung am 9. Dezember 1941

AdsD Bonn, PV-Emigration, Mappe 4[1]

Besprechung mit Vertretern anderer Gruppen der deutschen politischen Emigration am 9. Dezember 1941 in der Conway Hall

Anwesend: von der Exekutive der „Union": Vogel, Ollenhauer, Eichler, Walter, Schoettle, Gottfurcht.

Außerdem: Dr. Paul Bondy, Dr. F. Demuth, Dr. Hans Ebeling, Hans Jaeger, Walter Auerbach, Hans Jahn, Westphal, Romm[2].

Vogel eröffnet die Sitzung und dankt den Erschienenen für ihre Anwesenheit. Er teilt mit, daß Dr. Weber sich wegen Krankheit entschuldigt hat. Von Dr. Hiller liegen zwei Briefe vor[3], in dem zweiten erklärt er seine Bereitschaft, im Sinne der Einladung mitzuarbeiten. Hinsichtlich des Zweckes der Aussprache verweist Vogel auf die den Teilneh-

---

1 Über diese Sitzung gibt es zwei weitere Aufzeichnungen: eine kurze Notiz von Gottfurcht in: Archiv Dr. Gerhard Beier, Kronberg, TNL Gottfurcht, Akte O I, außerdem einen einseitigen vertraulichen Bericht, der im Mitteilungsblatt des „Groupement interallié pour l'étude des activités des Allemands et de leurs satellites", wiedergegeben ist. Das „Groupement" war eine von dem polnischen Grafen Michael Potulicki geführte Organisation, die Vansittart unterstützte und der auch Camille Huysmans angehörte. Der Bericht betont vor allem den gegen Vansittart gerichteten Grundtenor der Resolution und der Beratung. Die Erkenntnisse des „Groupement" wurden anscheinend regelmäßig dem FO zugeleitet. U.a. finden sich im gleichen Blatt drei Seiten über die politischen Aktivitäten von „Löwenthal R. (alias Paul Sering)", der als „scharf anti-vansittartisch, kommunisten- und rußlandfreundlich" charakterisiert wird.
Aus dem Vergleich der beiden Protokolle ergibt sich, daß der Bericht des „Groupement" in etwa den gleichen Ablauf wiedergibt, aber die Stellungnahmen zum Teil verfälscht, zum Teil anders akzentuiert und insbesondere eine Stoßrichtung gegen Vansittarts Linie hervorhebt. Während die Wortmeldung Gottfurchts nicht erwähnt ist, werden die Stellungnahmen Demuths und Auerbachs verschärft. Danach sollte Demuth die Pflicht zur Wiedergutmachung abgelehnt haben und Auerbach auch mögliche „englische Überfälle" angesprochen haben. Jahn sollte sich im Sinne Auerbachs geäußert haben. Vogel, Ollenhauer und Eichler hätten gegen die Angriffe festgehalten, daß die Resolution keine Konzession an Vansittart sei, sondern die völlige Abrüstung aus innerpolitischen Motiven gefordert werde. Schoettle habe betont: „Die Resolution sei eine Aktion gegen Vansittart. Sie solle der Welt zeigen, daß nicht alle Deutschen gleich seien." Abschließend wird erwähnt, daß Dr. Weber (Staatspartei) wegen Krankheit fehlte und die Höltermann-Gruppe angeblich einzuladen vergessen worden sei. PRO London, FO 371, 30958.
2 Romm, Kurt, nicht ermittelt. Gottfurcht vermerkt das Fehlen Webers und Hillers.
3 Die Briefe befinden sich in: AdsD Bonn, PV-Emigration, Mappe 43. Zu den Änderungswünschen Hillers vgl. Nr. 53.

mern zugegangene Entschließung der „Union". Wir haben die Tatsache dieses Beschlusses der „Union" zum Anlaß genommen, um zu dieser Aussprache im größeren Kreis einzuladen, um festzustellen, ob die Möglichkeit einer Zusammenarbeit auf der Basis der Grundgedanken der Entschließung möglich ist. Vogel verweist darauf, daß Dr. Hiller, Hans Jäger und Hans Ebeling eine schriftliche, zustimmende Erklärung vorgelegt haben. Sie liegt diesem Protokoll bei.[4]

Gottfurcht beschäftigt sich in seinen einleitenden Bemerkungen für die Diskussion mit der vorliegenden Entschließung der „Union". Die Entschließung ist ein Querschnitt der Auffassungen der verschiedenen Organisationen, die in der „Union" zusammengeschlossen sind. Die allgemeinen Grundgedanken der Entschließung werden auch durch den Eintritt Japans in den Krieg nicht entscheidend berührt. Die Entschließung ist von Vertretern sozialistischer Organisationen gefaßt worden und spricht daher auch von den sozialistischen Zielsetzungen. Sie unterstreicht daher auch stark die Notwendigkeit der Wiederherstellung der Demokratie als einer Voraussetzung des Sozialismus. Die gemeinsame Basis in diesem Kreis dürfte der übereinstimmende Wunsch nach der Wiederherstellung demokratischer Zustände sein, die die freiheitlichen und fortschrittlichen Kräfte freisetzt.

Wir glauben, daß auch in den konkreten Formulierungen über die Stellung Deutschlands nach dem Zusammenbruch der Hitlerdiktatur und im Rahmen des europäischen Wiederaufbaus eine Übereinstimmung herbeigeführt werden kann.

Es kommt im Rahmen dieser ersten gemeinsamen Aussprache weniger darauf an, die Entschließung in allen Einzelheiten zu diskutieren und zu akzeptieren, sondern zu untersuchen, ob eine Übereinstimmung in den Grundgedanken möglich erscheint und ob auf dieser Basis auf eine weitere Zusammenarbeit gerechnet werden kann.

In der Aussprache[5] spricht zunächst **Dr. Demuth.** Er dankt für die Einladung, er sieht in dieser Zusammenkunft einen großen Schritt vorwärts. Die Möglichkeit einer direkten Fühlungnahme kann nur uneingeschränkt begrüßt werden.

Die Entschließung ist eine Entschließung sozialistischer Organisationen. Meine Organisation umfaßt nicht nur Sozialisten, sondern auch „Bürgerliche" und Liberale. Sie geht daher von anderen Ausgangspunkten aus. Trotzdem besteht Übereinstimmung in der Forderung nach der Vernichtung des Hitlerismus und nach einem Aufbau der neuen Ordnung mit starkem sozialistischen Einschlag.

Starke Bedenken habe ich gegen den vierten Absatz der Entschließung. In der Formulierung „erneut in das Unglück des Krieges gestürzt hat" liegt eine nachträgliche Anerkennung der Alleinschuld Deutschlands. Diese Frage ist sehr umstritten, und es liegt keine Notwendigkeit vor, sie in diesem Zusammenhang wieder aufzuwerfen. Die Behauptung, daß das Bündnis von Schwerindustrie, Großgrundbesitz und Armeefüh-

---

4 Die von Hiller, Jäger und Ebeling unterzeichnete Erklärung vom 9. Dezember 1945 befindet sich in: AdsD Bonn, PV-Emigration, Mappe 43.
5 Vorlage: „Aussprache" ms. unterstrichen.

rung Hitler zur Macht gebracht habe, halte ich für falsch. Die Hitlerbewegung war eine Massenbewegung des Mittelstandes und nicht das Resultat des Zusammenwirkens bestimmter gesellschaftlicher Gruppen. Hin[si]chtlich der Wiedergutmachung bin ich der Auffassung, daß die notwendige Wiedergutmachung im Rahmen des internationalen wirtschaftlichen Wiederaufbaus erfolgen muß. Wir sollen eine Formulierung vermeiden, die Verpflichtungen anerkennt, die beim besten Willen nicht erfüllt werden können. Die in der Entschließung geforderte Wiederherstellung demokratischer Zustände, die anzustreben ist, kann nicht unmittelbar nach dem Zusammenbruch der Diktatur erfolgen.

Auerbach dankt der „Union" für die Einberufung der Sitzung. Der Entschließung als Ga[nz]es könne er nicht zustimmen. Neben technischen und stilistischen Bedenken hat er sachliche Bedenken. Die Entschließung muß die Tatsache in Rechnung stellen, daß der Krieg jetzt zum Weltkrieg geworden ist. Das muß in dem einleitenden Absatz zum Ausdruck kommen. Im übrigen verrate die Entschließung eine starke innere Unsicherheit. Die Völker verlangen nicht nur den Schutz vor deutschen Überfällen, sondern vor allen Überfällen. Der deutsche Imperialismus ist nur eine der Kriegsgefahren. Gegen den vierten Absatz äußert Auerbach allgemein Bedenken, die sich gegen eine derartige ungenügende Darstellung der historischen Entwicklung richten. Notwendig sei f[er]ner eine positive Darstellung der oppositionellen Kräfte in Deutschland, nicht die unglückliche Form: Wir leugnen nicht, ... In der Frage [de]r Wiedergutmachung muß auch das Problem der innerdeutschen Reparationen berührt werden. Beide Dinge stehen im engsten Zusammenhang. Erwünscht wäre auch die Forderung nach einem Internationalen Gerichtshof zur Aburteilung der Schuldigen. Im ganzen muß die Auffassung stärker zum Ausdruck kommen, daß es sich bei diesem Krieg in hohem Maß um einen internationalen Bürgerkrieg handelt. Ungenügend ist ferner der Hinweis auf die Atlantic Charter. Es müssen zumindest die Punkte eins und zwei erwähnt werden.[6]

Manche Bedenken würden abgeschwächt sein, wenn die Entschließung einen anderen, weniger umfassenden Titel tragen würde, etwa „Entschließung zur Lage".

Westphal begrüßt es, als Person eingeladen worden zu sein, denn er fühle sich nicht berechtigt, im Namen seiner Freunde im Reich zu sprechen oder Erklärungen abzugeben.[7] Er sei jedoch bereit, in einem Arbeitsausschuß der politischen Emigration mitzuarbeiten als Person. Die Entschließung ist eine Erklärung von Sozialisten. Ich bin kein Sozialist, aber ich kann ihr weitgehender zustimmen als Dr. Demuth. Die Schwerindustrie und die Armeeführung haben Hitler tatsächlich zur Macht gebracht.

---

6 In Punkt eins der Charter verzichteten die USA und Großbritannien auf territoriale Vergrößerungen und in Punkt zwei lehnten sie territoriale Veränderungen ab, die nicht als Ausdruck freier Selbstbestimmung zustandekämen. Die Erklärung ist abgedruckt in: Ursachen und Folgen, Bd. 17, S. 586. Vgl. oben Nr. 41, Anm. 6.
7 Eine schriftliche Zustimmungserklärung Westphals, datiert vom 9. Dezember 1941, findet sich in: AdsD Bonn, PV-Emigration, Mappe 148.

Für die Stellungnahme der Vertreter anderer Gruppen empfiehlt Westphal, die Entschließung nicht im einzelnen zu diskutieren, sondern der Entschließung eine Erklärung anzufügen, daß die Entschließung in einem weiteren Kreise diskutiert wurde, der sich mit den allgemeinen Linien der Entschließung einverstanden erklärte.

Jahn begrüßt die Veranstaltung. Wichtig sei die Verständigung über die allgemeinen Gesichtspunkte. Er empfiehlt ebenfalls die Änderung des Titels in eine mehr allgemeinere und unverbindlichere Überschrift.

An der Aussprache beteiligen sich auch als Vertreter der „Union" **Vogel, Eichler, Schoettle** und **Ollenhauer.**

In seinem Schlußwort geht **Gottfurcht** auf die in der Diskussion vorgebrachten Argumente ein und schlägt praktisch vor, daß sich die Exekutive der „Union" noch einmal mit den in der Diskussion vorgebrachten Anregungen beschäftigt. Er empfiehlt weiter die schriftliche Formulierung der vorgebrachten Anregungen bis Montag. Außerdem schlägt er vor, im Arbeitsausschuß der „Union" über die organisatorische Form der Zusammenarbeit im weiteren Kreis zu beraten.

Die Vorschläge Gottfurchts werden angenommen.

Die Sitzung wird mit Dankesworten **Vogels** und **Dr. Demuths** geschlossen.

NR. 52

Protokoll der Exekutivkomiteesitzung am 16. Dezember 1941

AdsD Bonn, PV-Emigration, Mappe 4[1]

Sitzung der Exekutive der „Union" am 16. Dezember 1941

Anwesend: Vogel, Ollenhauer, Eichler, Schoettle, Walter, Gottfurcht.

Vogel führt den Vorsitz. Es steht zunächst die Entschließung der „Union" zur Debatte. Genosse **Ollenhauer** berichtet über die Anregungen und Vorschläge, die in der gemeinsamen Sitzung am 9. Dezember oder schriftlich gemacht worden sind. Seine Vorschläge für die zu berücksichtigenden Anregungen werden im allgemeinen angenommen, und die Entschließung wird in der beiliegenden Formulierung einstimmig beschlossen.[2] Es wird beschlossen, die Entschließung als eine Entschließung der „Union" zu veröffentlichen und auf weitere Zustimmungserklärungen zu verzichten. Die Anregung, die Entschließung auch von der „Landesgruppe deutscher Gewerkschafter" unterzeichnen zu lassen, wird jedoch angenommen, vorbehaltlich der Zustimmung des Arbeitsausschusses der Landesgruppe. Die Veröffentlichung soll erfolgen, sobald der revidierte englische Text vorliegt. Die Verbreitung wird als besonderes Rundschreiben erfolgen. Über die Höhe der Auflage des deutschen Textes soll Einvernehmen mit der Gewerkschaftsgruppe hergestellt werden. Den Teilnehmern der Sitzung vom 9. Dezember wird der endgültige Text der Entschließung mit der Information über die Beschlüsse der Sitzung zugeschickt werden.

Für den Kreis und die Organisationsform der Zusammenfassung der deutschen politischen Emigration, die in der Sitzung vom 9. Dezember angeregt wurde, haben Hiller und Ebeling eine Reihe von schriftlichen Vorschlägen unterbreitet.[3] Es wird beschlossen, nicht in die Einzelberatung einzutreten. Die Exekutive soll sich in der nächsten Zeit mit der Angelegenheit auf Grund eines eigenen Entwurfs beschäftigen, und dann soll die Entscheidung der Exekutive dem Arbeitsausschuß vorgelegt werden. Im Anschluß daran

---

1 Über diese Sitzung gibt es auch eine kurze Notiz von Gottfurcht, in: Archiv Dr. Gerhard Beier, Kronberg, TNL Gottfurcht, Akte O I.
2 Die in der Sitzung am 9.12.1941 vorgelegte Fassung „Die deutschen Sozialisten und der kommende Friede", mit den hs. Änderungen der Sitzung am 16.12.1941, nunmehriger Titel „Die deutschen Sozialisten und die Überwindung der Nazidiktatur", befindet sich ebenso wie eine dreiseitige Gegenüberstellung „Entwurf – Endgültige Fassung" in: AdsD Bonn, PV-Emigration, Mappe 180. Die Erklärung wurde nach weiteren geringfügigen Veränderungen unter dem Titel: „Die deutschen Sozialisten und Gewerkschafter und die Überwindung der Nazidiktatur" veröffentlicht. AdsD Bonn, PV-Emigration, Mappe 159; vgl. Nr. 54.
3 Die gemeinsame Stellungnahme der FDS und der VS vom 9.12.1941 findet sich in AdsD Bonn, ISK, Box 42.

ist an eine neue Aussprache in dem Kreis gedacht, der am 9. Dezember versammelt war. Auch über diesen Beschluß sollen die Teilnehmer der Sitzung vom 9. Dezember informiert werden.

Genosse **Ollenhauer** berichtet über die gemeinsame Besprechung mit den österreichischen Genossen am 9. Dezember. Der Bericht wird zur Kenntnis genommen.

Es wird beschlossen, dem Wunsch des Genossen August Siemsen[4] nachzukommen und der für Ende dieses Jahres geplanten Konferenz der deutschen Opposition in Südamerika ein Begrüßungstelegramm zu senden.[5] Gottfurcht übernimmt es, mit den Fabiern[6] über die Absendung eines gleichen Telegramms zu verhandeln.

Auf Anregung des Genossen **Gottfurcht** wird beschlossen, in einer der nächsten Sitzungen des Arbeitsausschusses über die Grundgedanken der europäischen Föderation zu sprechen.

Gottfurcht ist bereit, das einleitende Referat zu halten.

---

4 Siemsen, August, 1884–1958, SPD-MdR, 1931 SAP, 1933 Schweiz, 1936 Argentinien, Mitgründer der Bewegung „Das Andere Deutschland".
5 Die von Siemsen geplante Konferenz konnte allerdings infolge Geldmangels nicht stattfinden. Siemsen an Vogel am 8.4.1942, in: AdsD Bonn, PV-Emigration, Mappe 121.
6 D.i. Fabian Society.

NR. 53

Zusammenstellung der von den Teilnehmern der Besprechung am 9. Dezember 1941 vorgeschlagenen Änderungen des Entschließungsentwurfs der „Union", behandelt am 16. Dezember 1941

Anlage zum Protokoll vom 16. Dezember 1941

AdsD Bonn, PV-Emigration, Mappe 180

Abänderungsvorschläge für die Entschließung[1]

1. Hiller: Entschließung als Entschließung der „Union"
2. Demuth: „erneut" in das Unglück des Krieges gestürzt
   Bündnis von Schwerindustrie, Großgrundbesitz und Armeeführung
   Die Anerkennung der Wiedergutmachung in anderer Formulierung
3. Auerbach-Jahn[2]: Änderung des Titels
   Änderung des ersten Absatzes
   Hinweis auf die internationalen Ursachen des Krieges
   Schutz vor jeder Aggression
   weniger polemische Formulierung des Satzes über die Schwäche der deutschen Opposition
   Erwähnung der Punkte 1 und 2 der Atlantik-Erklärung
   die innere Wiedergutmachung
   Aburteilung der Schuldigen

Vorschläge für die Abänderung

1. Titel: Die deutschen Sozialisten und die Überwindung der Nazidiktatur

Absatz 1: neue Fassung: Der Krieg, den die Hitlerdiktatur zur Verwirklichung ihrer Weltherrschaftspläne herbeigeführt hat, ist nun zum Weltkrieg geworden. Opfer ohne Zahl, namenloses Leid und bitterste Not bezeichnen den Weg dieses Krieges, und alle Völker bewegt die Frage, wie die Welt vor neuen verbrecherischen Angriffen geschützt und der dauernde Frieden gesichert werden kann.

---

1 Vorlage: Überschriften, Namen der Vorschlagenden und „Absatz" jeweils ms. unterstrichen.
2 Der von der Union im November verabschiedete Entwurf „Die deutschen Sozialisten und der Friede" mit Anmerkungen und Korrekturvorschlägen Auerbachs und die endgültige veröffentlichte Fassung finden sich in: AdsD Bonn, NL Auerbach, Mappe 30/31. Der Brief Jahns und Auerbachs an Vogel vom 11.12.1941 mit der Stellungnahme zur Deklaration „Die deutschen Sozialisten und der Friede" (mit hs. Anmerkung Jahns) in: AdsD Bonn, ITF, 159/3/C/a/110.

Absatz 2:	neue Fassung: Die deutschen Sozialisten nehmen zu dieser Frage Stellung im vollen Bewußtsein ihrer doppelten Verantwortung: Ihrer Verantwortung als internationale Sozialisten gegenüber den angegriffenen und leidenden[3] Völkern, die Sicherheit vor der Wiederkehr derartiger[4] Überfälle verlangen ... dann unverändert weiter.
Absatz 4:	Entweder streichen oder folgende Änderungen: Der aggressive Charakter der deutschen Politik, die unter der Führung der nationalsozialistischen Diktatur die Welt in das Unglück dieses neuen[5] Krieges gestürzt hat ... und dann weiter im bisherigen Wortlaut.
Absatz 5:	In Zeile 4 statt: Wir leugnen nicht ... zu sagen: „Der gegenwärtige Schwächezustand dieser freiheitlichen Kräfte ist das Ergebnis ..."
Absatz 9:	Verantwortliche Staatsmänner haben in den acht Punkten[6] der Atlantik-Erklärung Grundsätze entwickelt, ...

---

3 Vorlage: „angegriffenen und leidenden" ms. unterstrichen.
4 Vorlage: „derartiger" ms. unterstrichen.
5 Vorlage: „neuen" ms. unterstrichen.
6 Vorlage: „acht Punkten" ms. unterstrichen.

NR. 54

Die deutschen Sozialisten und Gewerkschafter und die Überwindung der Nazidiktatur, Entschließung der „Union", angenommen am 16. Dezember 1941

Anlage zum Protokoll vom 16. Dezember 1941

AdsD Bonn, PV-Emigration, Mappe 159[1]

Union of German Socialist Organizations in Great Britain
Union deutscher sozialistischer Organisationen in Großbritannien
Chairman: Hans Vogel, 3 Fernside Ave. London N.W.7

Trade Union Centre for German Workers in Great Britain
Landesgruppe deutscher Gewerkschafter in Großbritannien
Chairman: Hans Gottfurcht, 26 Exeter Road, London N.W.2

Die deutschen Sozialisten und Gewerkschafter und die Überwindung der Nazidiktatur[2]

Eine Entschließung der „Union deutscher sozialistischer Organisationen in Großbritannien" und der „Landesgruppe deutscher Gewerkschafter in Großbritannien".

Der Krieg, den die Hitlerdiktatur zur Verwirklichung ihrer Weltherrschaftspläne herbeigeführt hat, ist nun zum Weltkrieg geworden. Opfer ohne Zahl, namenloses Leid und bitterste Not bezeichnen den Weg dieses Krieges, und alle Völker bewegt die Frage, wie die Welt vor neuen verbrecherischen Angriffen geschützt und der dauernde Frieden gesichert werden kann.

Die deutschen Sozialisten und Gewerkschafter in England[3] nehmen zu dieser Frage Stellung im vollen Bewußtsein ihrer doppelten Verantwortung: Ihrer Verantwortung als internationale Sozialisten gegenüber den angegriffenen und leidenden Völkern, die Sicherheit vor der Wiederkehr derartiger Überfälle verlangen, und ihrer Verantwortung als deutsche Hitlergegner und Sozialisten vor den illegalen Kämpfern gegen das Naziregime, die seit zehn Jahren schwere Opfer bringen in der Hoffnung, einen Weg aus der Nazihölle in eine bessere Zukunft zu erkämpfen.

---

1 Hier handelt es sich um die hektografiert veröffentlichte Fassung. Sie unterscheidet sich nur in wenigen Details von der am 16. Dezember 1941 beschlossenen Fassung, in: AdsD Bonn, PV-Emigration, Mappe 180. Dort hieß es noch: „Die deutschen Sozialisten und die Überwindung der Nazidiktatur". Es fehlte die ausdrückliche Einbindung der „Gewerkschafter". Die weiteren Abweichungen sind in den Fußnoten genannt. Die englische Fassung „German Socialists and Trade Unionists and the Overthrow of the Hitler Tyranny" findet sich ebenfalls in: AdsD Bonn, PV-Emigration, Mappe 159.
2 Vorlage: Überschrift ms. unterstrichen.
3 Text der vorherigen Fassung: „Die deutschen Sozialisten nehmen ...".

Die deutschen Sozialisten und Gewerkschafter[4] in England rufen in Erinnerung, was die „Union deutscher sozialistischer Organisationen in Großbritannien" in ihrer ersten öffentlichen Erklärung im Frühjahr 1941 aussprach: „daß die militärische Niederlage und die Überwindung des Hitlerregimes, die endgültige Vernichtung des deutschen Militarismus und die Beseitigung der sozialen Grundlagen der Hitlerdiktatur unerläßliche Voraussetzungen für einen dauernden Frieden, für den Wiederaufbau Europas und für eine demokratische und sozialistische Zukunft sind."

Der aggressive Charakter der deutschen Politik, die unter der Führung der nationalsozialistischen Diktatur die Welt in das Unglück dieses Krieges gestürzt hat, hat seine Wurzeln in der Struktur der deutschen Gesellschaft und Wirtschaft und in der unglücklichen Geschichte Deutschlands, die niemals eine erfolgreiche demokratische Revolution gekannt hat. Das Bündnis von Schwerindustrie, Großgrundbesitz und Armeeführung, das in der Geschichte des Deutschen Reiches immer wieder eine verhängnisvolle Rolle gespielt hat, brachte auch Hitler zur Macht. Die Interessen und die Ziele dieser Gruppen liegen Hitlers Politik zugrunde, wie sie der Politik des Kaisers zugrunde lagen. Die Vormachtstellung dieser gesellschaftlichen Stützen des deutschen Militarismus muß beseitigt werden, wenn der Kampf gegen den deutschen Nationalsozialismus zu einem wirklich gesicherten Frieden führen soll.

Die Erfolgsaussichten einer so tiefgreifenden demokratischen Umwälzung in Deutschland hängen in erster Linie davon ab, ob die freiheitlichen Kräfte, die sie tragen und gegen den Widerstand der in ihrer Machtstellung bedrohten Gruppen durchsetzen müssen, stark genug sind. Der gegenwärtige Schwächezustand dieser freiheitlichen Kräfte in Deutschland ist das Ergebnis ihrer politischen Niederlage im Jahre 1933, einer neunjährigen systematischen Unterwerfung des ganzen deutschen Volkes unter den Terror eines totalitären Systems, wie es die Geschichte bisher nicht gekannt hat und der entmutigenden Wirkung der außenpolitischen Erfolge dieses Systems.

Es sprechen trotzdem viele Anzeichen dafür, daß die Zahl der unbeugsamen Hitlergegner in Deutschland nicht gering ist und daß das deutsche Volk keineswegs so geschlossen hinter dem Hitlerregime steht, wie es die deutschen Machthaber behaupten. Widerstand und Ungehorsam gegen die Verbote und Gebote des Regimes sind weit verbreitet und können weder durch Terror noch durch schwere Strafen beseitigt werden. Die Kriegsmüdigkeit großer Schichten in Deutschland wird in allen glaubwürdigen Berichten bestätigt. Neben einer unorganisierten Gefühlsopposition arbeiten noch immer illegale Gruppen. Die Tatsache ihrer Existenz nach neun Jahren Diktatur ist eine Bürgschaft dafür, daß der Zerfall des nationalsozialistischen Machtapparates, der die Folge militärischer Niederlagen sein wird, demokratische Kräfte freisetzen und ihrer geschichtlichen Aufgabe wiedergeben wird: Der Schaffung freier, demokratischer Zustände in Deutschland.

---

4 Text der vorherigen Fassung: „Die deutschen Sozialisten in England rufen ...".

Wir deutschen Sozialisten und Gewerkschafter[5] sind entschlossen, nach dem Sturz der Hitlerdiktatur in Deutschland die sozialen Grundlagen des deutschen Nationalsozialismus und Imperialismus zu zerstören und in der Außenpolitik des neuen Deutschlands durch sichtbare Leistungen den Willen dieses neuen Deutschlands zu einer friedlichen Zusammenarbeit zu beweisen. Wir sehen in der vollkommenen militärischen Abrüstung Deutschlands, die der militärischen Niederlage Hitlerdeutschlands folgen und die auch die Entwaffnung aller Partei- und Wehrorganisationen umfassen muß, einen ersten notwendigen Schritt zur Befriedung Europas. Wir erneuern unsere Erklärung, daß wir keine der Gebietserweiterungen oder der gewaltsamen Eroberungen der Hitlerdiktatur anerkennen. Wir betrachten es als eine Ehrenpflicht des kommenden freien Deutschlands, das Unrecht, das Hitlerdeutschland den Völkern zugefügt hat, wieder gut zu machen und am Wiederaufbau Europas mit allen Kräften mitzuwirken.

Die Möglichkeiten einer so weitreichenden Wandlung der deutschen Politik werden aber auch davon abhängen, ob die demokratischen Kräfte des deutschen Volkes die Freundschaft und Unterstützung der demokratischen und sozialistischen Kräfte des Auslands finden. Wir erhoffen diese Unterstützung, weil wir überzeugt sind, daß die Entwicklung der inneren Zustände Deutschlands nach dem Sturz Hitlers und das Verhältnis dieses neuen Deutschlands zur Welt für die Sicherung des Friedens von größter Bedeutung sein werden. Die Förderung einer solchen Entwicklung betrachten wir als die unerläßliche Ergänzung der militärischen Niederlage des Hitlerregimes und als die Richtschnur auch aller technischen Mittel der Friedenssicherung, die am Kriegsende als notwendig erachtet werden.

Verantwortliche Staatsmänner Englands und Amerikas haben in den acht Punkten der Atlantik-Erklärung Grundsätze entwickelt, die auch wir als Ausgangspunkt für das Verhältnis eines neuen Deutschlands zu seiner Umwelt betrachten.

Internationale wirtschaftliche Zusammenarbeit, wirtschaftliche und soziale Sicherheit für den Einzelnen, Selbstbestimmungsrecht der Völker und Verzicht auf Gewalt sind die Grundlagen einer Ordnung, für die wir in der innerpolitischen Auseinandersetzung mit dem Nationalsozialismus gekämpft haben. Wir deutschen Sozialisten und Gewerkschafter[6] sind uns bewußt, daß die Prinzipien des Selbstbestimmungsrechts und der internationalen Zusammenarbeit nur in dem Maße verwirklicht werden können, wie alle Nationen[7] auf ihre militärische und wirtschaftliche Souveränität zugunsten einer größeren Einheit verzichten. Wir sind überzeugt, daß ein demokratisches und sozialistisches Deutschland seinen vollen Beitrag zu einer solchen übernationalen Neuordnung leisten wird.

London, Ende Dezember 1941

---

5 Text der vorherigen Fassung: „Wir deutschen Sozialisten sind ...".
6 Text der vorherigen Fassung: „Wir deutschen Sozialisten sind ...".
7 Vorlage: Nationalen.

Nr. 55

Protokoll der Exekutivkomiteesitzung am 30. Januar 1942

AdsD Bonn, PV-Emigration, Mappe 4[1]

Sitzung der Exekutive der „Union" am 30. Januar 1942

Anwesend: Vogel, Ollenhauer, Eichler, Schoettle, Walter, Gottfurcht.

Ollenhauer berichtet zunächst über den Versand der Entschließung und seine Auswirkungen. Die Entschließung wurde an etwa 450 Adressen verschickt. Die Reaktion in der Presse war außerordentlich gering. Dagegen hat es in einzelnen Gruppen sehr lebhafte interne Diskussionen gegeben.[2] Im allgemeinen muß gesagt werden, daß der Zeitpunkt für die Veröffentlichung sehr ungünstig war, da die internationale Entwicklung die Fragen der unmittelbaren Kriegsführung völlig in den Vordergrund rückte.

In der anschließenden Aussprache herrscht Einmütigkeit darüber, daß im gegenwärtigen Zeitpunkt keine weitere Aktion zur Propagierung der Entschließung unternommen werden soll. Bestimmte Erfahrungen bei der Beratung der Entschließung machen auch eine größere Sorgfalt bei der Berichterstattung über die Beratungen der „Union" notwendig.[3]

Ollenhauer berichtet über den Rücktritt des Genossen Geyer aus dem Vorstand der SPD, der erfolgt ist, um dem Genossen Geyer die Freiheit für seine schriftstellerische Tätigkeit zurückzugeben.

Es wird von der Gründung der neuen Verlagsgesellschaft „Fight for Freedom"[4] Kenntnis genommen. Die Stellungnahme soll von dem Inhalt der Veröffentlichungen abhängig gemacht werden.

---

1 Über diese Sitzung gibt es auch eine kurze Notiz von Gottfurcht, in: Archiv Dr. Gerhard Beier, Kronberg, TNL Gottfurcht, Akte O I.

2 Heinz Schmidt (KPD) zeigte sich gegenüber Sander über die Erklärung positiv überrascht, bezeichnete sie als „vernünftig" und kritisierte lediglich die fehlende Erwähnung der Sowjetunion und der KPD. Notiz Heine über Gespräch mit Sander am 13.1.1942, Notizbuch September 1941 – Januar 1942, Privatbesitz Heine.

3 Dieser Passus bezieht sich auf die mangelnde Vertraulichkeit der Beratungen. Vgl. Anm. 1 zu Nr. 51.

4 Die „Fight-for-Freedom Editorial and Publishing Services, Ltd." (FFF) wurde im Januar 1942 von der Gruppe um Loeb und Geyer mit Unterstützung von Repräsentanten der Labour Party und anderer sozialistischer Parteien gegründet. Vorsitzender war der einflußreiche LP-Abgeordnete und Mitglied des NEC der LP, James Walker, sein Stellvertreter der letzte Vorsitzende der SAI, Camille Huysmans, der stark von Loeb beeinflußt wurde. Als Sekretär fungierte Rennie Smith. Im Board of Directors saßen mehrere bekannte britische Gewerkschafter und renommierte Vertreter der internationalen Arbeiterbewegung wie z.B. Oldenbroek (ITF) und Ciołkosz (PSP), aber auch Geyer und Loeb (SPD). Dem geschäftsführenden Ausschuß gehörten an Walker, Huysmans,

Die Verweigerung der Erlaubnis für die weitere Herausgabe der „News-Letter" wird zur Kenntnis genommen.

In einer kurzen Aussprache über die deutschen Sendungen der „BBC" wird vereinbart, demnächst eine gemeinsame Aussprache über diese und andere Fragen mit den österreichischen Genossen abzuhalten.[5]

Es wird beraten über eine Anregung des Genossen Auerbach[6], der kürzlich gegründeten Kommission der alliierten Regierungen zur Aburteilung der Schuldigen für die Verbrechen in den okkupierten Ländern[7] vorzuschlagen, einen oder zwei Sitze für die illegalen deutschen Kämpfer gegen den Nationalsozialismus freizuhalten, damit auch die Schuldigen an den Greueltaten in Deutschland ihrer Bestrafung zugeführt werden können. Die Diskussion ergibt Übereinstimmung darüber, daß es wünschenswert wäre, unsere Übereinstimmung mit dem Grundsatz der Bestrafung der Schuldigen öffentlich zum Ausdruck zu bringen und zu unterstreichen, daß auch eine Bestrafung der Schuldi-

---

Loeb, Rennie Smith und als Sekretär Geyer. Geyer arbeitete außerdem im Presseausschuß. Die FFF veröffentlichte zahlreiche Broschüren, die sich besonders mit der Rolle Deutschlands im Ersten Weltkrieg, der Außenpolitik und der Aufrüstung in der Weimarer Republik und den aktuellen Auseinandersetzungen in der Emigration befaßten. Vgl. Röder, Exilgruppen, S.156–159; Glees, Exile Politics, S. 125ff., 171ff.; Korrespondenz und Materialien, in: AdsD Bonn, PV-Emigration, Mappe 42. IISG Amsterdam, NL Herz; BA Koblenz, NL Menne.

5 Im Januar 1942 war es zu einer radikalen Umstellung bei den Arbeitersendungen der BBC gekommen. Schoettle beklagte sich in einem Gespräch mit Ollenhauer und Heine, daß die Arbeiterorganisationen und ihre Leistungen nicht mehr erwähnt, die organisierten Arbeiter nicht mehr angesprochen würden. Auch sei es abgelehnt worden, einen Auszug aus der Unionserklärung zu senden. An Stelle der bisherigen Leute kämen jetzt Militärs in den Arbeitersendungen zu Wort. Schoettle und Eichler überlegten sich, ob sie bleiben sollten. Heine-Notiz, ca. 20.1.1942, Notizbuch 20.1.42 – 6.4.42, Privatbesitz Heine.

6 Auerbach hatte in einem Brief an die Union angeregt, eine eigene Erklärung im Anschluß daran herauszugeben. Nach den Notizen Heines, datiert 11.–13.1942, hatte sich der Parteivorstand mit dem Vorschlag Schiffs beschäftigt, ein Telegramm an die Konferenz zu richten und die Bildung von Gerichtshöfen zur Aburteilung „deutscher Terroristen" zu begrüßen. Stampfer sprach sich dagegen aus, das deutsche Volk müsse die Aburteilung vornehmen, Vogel äußerte Bedenken, daß das Telegramm als Anbiederung verstanden werden könne und sprach sich für einen sachlich zustimmenden Brief aus. Ollenhauer und Heine sprachen sich für beides aus, Geyer für ein sachliche Stellungnahme in den SM. Heine notiert abschließend: „Vorschlag wird deshalb fallengelassen, Schiff ist verärgert." Vogel an Auerbach, 1. Februar 1942, in: AdsD Bonn, PV-Emigration, Mappe M 140, NL Auerbach, Mappen 32 u. 33; Notizbuch Heine, September 1941 – Januar 1942, Privatbesitz Heine.

7 Am 13.1.1942 unterzeichneten Repräsentanten der neun von Hitler-Deutschland besetzten Länder in London die Erklärung von St. James. Darin wurde als eines der wichtigsten alliierten Kriegsziele bezeichnet: „die Bestrafung der für die Verbrechen Verantwortlichen und zwar im Wege der Rechtsprechung, gleichgültig, ob die Betreffenden alleinschuldig oder mitverantwortlich für diese Verbrechen waren, ob sie es befohlen oder ausgeführt haben oder ob sie daran beteiligt waren". Vgl. Punishment for War Crimes. The Inter-Allied Declaration signed at the St. James Palace, London 13 January 1942 and relative documents, hrsg. v. Inter-Allied Information Committee, London 1942, S. 3f.; zit. nach Telford Taylor, Kriegsverbrechen und Völkerrecht. Die Nürnberger Prozesse, Zürich 1951, S. 12.

gen an den Verbrechen in Deutschland notwendig ist. Es erscheint jedoch nicht zweckmäßig, dies in Verbindung mit der Gründung der Kommission der alliierten Länder zu tun. In Aussicht genommen wird eine selbständige Kundgebung der „Union" bei einem geeignet erscheinenden aktuellen Anlaß, vielleicht beim Tage des Reichstagsbrands.

Auf Anregung des Genossen **Gottfurcht** wird beschlossen, in der nächsten Sitzung der Exekutive die Frage unserer Mitarbeit in der „Federal Union" zu behandeln. Die Sitzung wird für Freitag, den 6. Februar, in Aussicht genommen.

In dieser Sitzung soll auch zur Frage der Heranziehung von Genossen, die keiner der der „Union" angeschlossenen Organisationen angehören, Stellung genommen werden.

Demnächst soll eine Sitzung des Arbeitsausschusses der „Union" stattfinden, in der Hans Gottfurcht über die Pläne für ein föderatives Europa referieren soll.

Von einer neuen Einladung des Kreises, der an der Besprechung in der Convay Hall Anfang Dezember teilgenommen hat, soll zunächst abgesehen werden.[8]

Die Verhandlungen über die verbilligte Teilnahme der Mitglieder der „Union" an den Vorstellungen des in Aussicht stehenden deutschen Theaters sind noch nicht abgeschlossen, Gottfurcht wird später über den weiteren Verlauf berichten.

---

8 Gottfurcht hatte am 6. Januar 1942 Vogel einen „Plan für eine Zusammenarbeit der Anti-Nazi-Kräfte" übersandt, der die Zusammenfassung der nichtkommunistischen politischen Gruppen der Emigration in einem „Ständigen Ausschuß der deutschen politischen Opposition" vorsah. In seinen Notizen zur Sitzung hielt Gottfurcht sogar fest: „Unterbrechung der Einigungsverhandlungen". Dies läßt darauf schließen, daß die gemeinsame Diskussion um die Entschließung als Ausgangspunkt für eine Einigung der nichtkommunistischen Emigration gedacht war. Brief und Notiz vgl. Anm. 1.

NR. 56

Protokoll der Exekutivkomiteesitzung am 6. Februar 1942

AdsD Bonn, PV-Emigration, Mappe 4[1]

Sitzung der Exekutive der „Union" am 6. Februar 1942

Anwesend: Vogel, Ollenhauer, Schoettle, Eichler, Walter, Gottfurcht.

Gottfurcht berichtet über den bisherigen Verlauf der Beratungen in der Politischen Kommission der Federal Union. Der Bericht wird zur Kenntnis genommen und Gottfurcht gebeten, zunächst an den weiteren Beratungen teilzunehmen.

Es wird beschlossen, den Termin für die nächste Sitzung des Arbeitsausschusses der „Union" festzusetzen, sobald die Vorlage der Federal Union über die Peace Aims für die nächste Jahreskonferenz vorliegt. Die Frage der Föderierung Europas soll in dieser Arbeitsausschuß-Sitzung unter den allgemeinen Gesichtspunkten und vom sozialistischen Standpunkt aus durch Gottfurcht behandelt werden.

Als Termin für die gemeinsame Sitzung mit den österreichischen Genossen soll Freitag, der 21. Februar, vorgeschlagen werden.

Über die Frage der Aufnahme von Einzelmitgliedern in die „Union", die die deutschen Sozialisten erfassen sollte, die keiner der der „Union" angeschlossenen Organisationen angehören, entspinnt sich eine längere Diskussion. Es wird beschlossen, diese Frage zunächst nicht weiter zu verfolgen.[2]

Es wird beschlossen, die diesjährige Maifeier im Rahmen der „Union" zu veranstalten.

Genosse Eichler wird beauftragt, einen Entwurf für eine Entschließung über die Bestrafung der Schuldigen, vor allem auch für den innerdeutschen Terror, auszuarbeiten. Diese Entschließung soll möglichst zum Jahrestag des Reichstagsbrands veröffentlicht werden.[3]

---

1 Über diese Sitzung gibt es auch eine kurze Notiz von Gottfurcht, in: Archiv Dr. Gerhard Beier, Kronberg, TNL Gottfurcht, Akte O I.
2 Gottfurcht hatte zu dieser Frage notiert: „Sollen Einzelmitglieder in die Union aufgenommen werden, soll die Betreuung dieser Leute durch die Gewerkschaftsgruppe erfolgen, oder soll eine Klubgründung den Schwierigkeiten gerecht werden?", in: vgl. Anm. 1.
3 Infolge der Auseinandersetzung mit dem Bericht des „Sunday Dispatch" (vgl. Nr. 57ff.) wurde dieses Thema nicht weiterverfolgt.

NR. 57

Protokoll der Exekutivkomiteesitzung am 9. Februar 1942

AdsD Bonn, PV-Emigration, Mappe 4

Sitzung der Exekutive der „Union" am 9. Februar 1942

Anwesend: Vogel, Ollenhauer, Eichler, Schoettle und Gottfurcht.

Zur Diskussion steht der Artikel im „Sunday Dispatch" vom 8. Februar: „The ‚Free German' Trick".[1]

Gottfurcht berichtet über die Unterhaltung, die die Genossen Vogel, Ollenhauer und Gottfurcht am Nachmittag des 9. Februar über diese Angelegenheit mit dem Genossen Middleton[2] hatten. Eine Niederschrift über diese Unterhaltung liegt hier bei.[3]

Es wird beschlossen, die Beratung über diese Angelegenheit bis Mittwoch, den 11. Februar, zu vertagen, um den Bescheid des Genossen Middleton abzuwarten.[4]

---

1 Am 8. Februar 1942 erschien der „Sunday Dispatch" mit den Schlagzeilen: „ ‚Free German' Trick. Exposure of Influential Groups Working here to Save the Enemy – Some Refugees Who must be Checked." In dem folgenden Artikel wurden auch alle Mitgliedsgruppen der Union genannt. Der „Sunday Dispatch" setzte in seiner Ausgabe vom 15. Februar 1942 die Angriffe fort. In dem Artikel „Refugees welcome the exposure of the ‚Free German Trick' " wurde bestätigend „Die Zeitung" zitiert und eine aus dem Zusammenhang gerissene Äußerung Auerbachs in einem Meeting (vermutlich die Diskussion über die Resolution der Union am 9. Dezember 1941) kolportiert, daß dem Ausbruch des Krieges auch eine englische Aggression zugrunde liege. Der Artikel vom 8. Februar 1942 findet sich u.a. in: AdsD, HBA, NL Gottfurcht, K 3, ISK, Box 43 (Abschrift); LHASC, LP/JSM (Int), Box 9, S.D.s abroad.
2 James (Jim) S. Middleton, Sekretär der Labour Party und Mitglied des ISC, war der SPD gegenüber wohlwollend eingestellt.
3 Der Aktenvermerk über die Besprechung bei Middleton am 9. Februar 1942 liegt der Protokollüberlieferung nicht bei, findet sich aber in: AdsD Bonn, PV-Emigration, Mappe 187; hier Nr. 58.
4 Erwin Schoettle hatte schon am 9. Februar 1942 einen Entwurf für einen Brief an die Presse verfaßt. AdsD, PV-Emigration, Mappe 187.

NR. 58

Aufzeichnung über die Besprechung Hans Vogels, Erich Ollenhauers und Hans Gottfurchts mit James Middleton am 9. Februar 1942

Anlage zum Protokoll vom 9. Februar 1942

AdsD Bonn, PV-Emigration, Mappe 188[1]

Aktennotiz.[2]

Besuch Vogel, Ollenhauer, Gottfurcht bei Middleton, Labour Party am 9.2.1942, 4 Uhr nachmittags.

Vogel machte die folgenden, von Gottfurcht übersetzten Ausführungen: Wir kommen wegen Veröffentlichung im Sunday Dispatch. Wir gingen nicht zu Gillies wegen seiner engen Beziehungen zu Loeb, der ohne Zweifel Urheber des Zeitungsartikels ist. Wir wollen Gillies nicht in die Verlegenheit bringen, uns Ratschläge zu geben, die sich gegen seinen Freund Loeb richten müßten.

Wir wünschen nicht, uns zu verteidigen, da wir dies nicht nötig haben, aber wir müssen auf die Veröffentlichung reagieren.

Wir kommen mit der Bitte um Aussprache und Rat und um den Schutz der Labour Party. Wir sehen 3 Möglichkeiten. 1.) Eine Libel-Klage[3]. Wir wissen, daß dies teuer ist und nur mit Hilfe der Labour-Party durchzuführen wäre. 2.) Offizial-Klage gegen uns, falls solche Möglichkeit hier besteht. 3.) – Und dies auf jeden Fall – eine Überprüfung des Verhältnisses der Labour-Party zur SPD.-

Erfahrung beweist, daß die öffentliche Meinung immer glauben wird, es sei etwas Wahres an Behauptungen, wenn man nicht Stellung nimmt (Beispiel: Stampfer-Sunday Times[4]), schon darum müssen wir reagieren. Erschwerend kommt hinzu, daß Herr Stern-Rubarth[5] mit Sicherheit klagbar vorgehen wird. Wenn er etwas unternimmt und wir nicht, muß ein schiefes Bild entstehen. Wir fragen weiter, kann der Sunday Dispatch zu einer Berichtigung gezwungen werden? Sollte es nicht ratsam sein, einer etwa von reaktionärer Seite kommenden Parlamentsanfrage dadurch vorzubeugen, daß ein Labour M.P. eine Anfrage in unserem Sinne stellt?

---

1 Fritz Heine notierte nach einem Gespräch mit Vogel am folgenden Tage in etwa das gleiche. Zusätzlich enthält seine Aufzeichnung noch einen Hinweis auf das Unverständnis Middletons über die ausufernde Geyer-Kontroverse und die zahlreichen dazu verfaßten Memoranden. Privatbesitz Fritz Heine, Notizbuch 20.1.42–6.4.42.
2 Vorlage: „Aktennotiz" ms unterstrichen.
3 Verleumdungsklage.
4 Vgl. die Protokolle über die PV-Sitzungen im Herbst 1941.
5 Stern-Rubarth, Dr. Edgar, 1883–1972, Publizist, 1936 GB, 1941–45 Propagandaberater für britische Stellen, Mitarbeit bei englischer und amerikanischer Presse.

Middleton meinte, daß Libel-Klage kaum ratsam sein wird, da nicht mehr ein Gerichtshof, sondern ein Einzelrichter zu entscheiden hat. Er wünscht die Angelegenheit im Internationalen Subcommittee zu diskutieren, dies tagt am 16. Zunächst will er mit Dalton sprechen. Könnte nicht das Ganze eine Foreign Office-Vansittart-Angelegenheit sein, an der keine Genossen beteiligt sind? Die Differenzen Vogel gegen Geyer seien doch weitgehend bekannt. Es sei doch soviel durcheinandergeworfen, daß die Urheberschaft von Genossen unwahrscheinlich erscheint. Er stünde unserem Verlangen mit voller Sympathie gegenüber, wir sollten jedoch nicht durch zu schnelles Handeln Schwierigkeiten hinzufügen und wir sollten die Dinge weder übermäßig wichtig noch tragisch nehmen.

Wir klärten die Zusammenhänge auf und überzeugten M., daß trotz der scheinbaren Unwahrscheinlichkeiten der Urheber in der Umgebung von Loeb zu finden ist. M. wurde dann noch über die Entwicklungen der Unterhaltungen zwischen Vogel, Ollenhauer und Geyer unterrichtet und darüber aufgeklärt, daß Loeb weder Funktion noch Mitgliedschaft in der Partei für sich in Anspruch nehmen kann.

NR. 59

Protokoll der Exekutivkomiteesitzung am 11. Februar 1942

AdsD Bonn, PV-Emigration, Mappe 4[1]

Sitzung der Exekutive der „Union" am 11. Februar 1942

Anwesend: Vogel, Ollenhauer, Eichler, Schoettle, Walter und Gottfurcht.

Genosse **Gottfurcht** berichtet über seine telefonische Unterhaltung mit dem Genossen Middleton. Genosse Middleton schlägt nach Rücksprache mit einigen seiner Freunde vor, mit einer öffentlichen Stellungnahme zu warten, bis am Montag, dem 16. Februar, das International Subcommittee of the Labour Party sich mit der Angelegenheit beschäftigt hat.

Es wird beschlossen, der Labour Party noch vor der Sitzung des Subkomitees ein Statement zuzuschicken, in dem die „Union" zu den Angriffen im „Sunday Dispatch" Stellung nimmt.[2] Im Begleitbrief soll auf die Notwendigkeit einer öffentlichen Antwort auf die Angriffe hingewiesen und die Labour Party um die Weiterleitung unseres Statements an ihre Funktionäre und Vertrauensleute gebeten werden.

Es folgt eine längere informatorische Aussprache über die Hintergründe der Veröffentlichung[3], und es wird beschlossen, die nächste Sitzung der Exekutive am Mittwoch, den 18. Februar, abzuhalten.

---

1 Über diese Sitzung gibt es auch eine kurze Notiz von Gottfurcht, in: Archiv Dr. Gerhard Beier, Kronberg, TNL Gottfurcht, Akte O I.
2 Vgl. Nr. 61.
3 Verdächtigt wurden u.a. Loeb und Gillies. Nach den Angaben Geyers gegenüber Heine am 26. Februar 1942 sollte die polnische Exilregierung die Veröffentlichung initiiert haben. Sie sei schon zuvor bei der britischen Regierung gegen eine offizielle Anerkennung deutscher Exilorganisationen wie des Free German Movement vorstellig geworden. In einer späteren Notiz vom 2. März 1942 schreibt Heine, nach Angaben von Vitus Link (Volkssozialisten), der mit Gaylor, dem Verfasser des Artikels bekannt sei, hätten die Kommunisten den Artikel „inspiriert". Notizen Fritz Heines vom 26.2. und 2.3.1945, Notizbuch 20.1.42–6.4.42, Privatbesitz Heine.

Nr. 60

Protokoll der Exekutivkomiteesitzung am 18. Februar 1942

AdsD Bonn, PV-Emigration, Mappe 4

Sitzung der Exekutive der „Union" am 18. Februar 1942

Anwesend: Vogel, Ollenhauer, Eichler, Schoettle, Walter, Gottfurcht.

Die Antwort des Genossen Middleton liegt vor. Das Internationale Subkomitee begrüßt die Absicht der Union, auf die Angriffe in dem „Sunday Dispatch" zu antworten.[1]

Es wird beschlossen, das Statement der „Union"[2] durch einen Rechtsanwalt der Zeitung zu übermitteln. Eichler übernimmt die Verhandlungen mit dem Rechtsanwalt.

Das Statement soll vervielfältigt und in der nächsten Woche allen Interessenten zugestellt werden. Die Vervielfältigung des Statements und des Begleitbriefes übernimmt Schoettle.

Gottfurcht berichtet, daß er Schevenels und Citrine[3] sowohl mündlich als auch schriftlich über die Stellung der „Union" zu den Angriffen im „Sunday Dispatch" unterrichtet hat.[4]

Gottfurcht berichtet über die Unterhaltungen mit der Genossin Bamford[5] über die Vorbereitung der Tagung der Fabian Society am 15. März.[6]

---

1 Vogel hatte Middleton am 13. Februar 1942 nochmals schriftlich über die falschen Behauptungen des „Sunday Dispatch" informiert. Middleton teilte Vogel am 18. Februar 1942 den Beschluß des ISC der LP mit, während Gillies gleichzeitig Bolton (TUC) informierte. Das ISC begrüßte die Entscheidung der Union, „to reply to these accusations, but that the Labour Party cannot take any responsibility for the statements which are made on either side". Damit hatte die Labour Party der Union die Unterstützung gegen diese Angriffe verweigert. AdsD Bonn, PV-Emigration, Mappe 140, Mappe 68; LHASC, LP/JSM/Int, box 9, S.D.s abroad.
2 Vgl. Nr. 61.
3 Nach Kriegsbeginn ist kaum Korrespondenz der Sopade bzw. der Union mit Citrine feststellbar. Erklärungen der Union wurden über die LdG (Gottfurcht) an den IGB geleitet. Allerdings war Citrine mit dem Protest Bieligks u.a. gegen ihren Ausschluß aus der LdG befaßt: UWMRC, MSS 292 TUC 943/22.
4 Gottfurcht hatte am 14. Februar 1942 an Citrine (Kopie nachrichtlich an Schevenels) wegen der „Sunday Dispatch" – Angelegenheit geschrieben: IISG Amsterdam, IFTU, Mappe 262.
5 Bamford, Mildred, Sekretärin der Fabian Society.
6 Über eine dieser Besprechungen, an der u.a. auch Vogel und Ollenhauer teilnahmen, liegt eine undatierte, zwischen dem 11. und 14. Februar entstandene Notiz Heines vor. Danach ging es um die Zusammenarbeit mit der Fabian Society und „über ev[entuellen] Vorstoß auf Labourtagung – Aufrechterhaltung Entschluß 1940 zu d[eu]t[scher] Frage." Heine vermerkte: „Zufriedenstellendes Ergebnis." Die von Clement Attlee am 9. Februar 1940 vorgelegte Erklärung „Labour, the War and the Peace" hatte Deutschland für den Fall einer Absetzung Hitlers noch einen ehrenhaften Frieden angeboten. Heine Notizbuch 20.1.42–6.4.42, Privatbesitz Heine. Die Labour-Erklärung ist abgedruckt bei Lipgens, Europa-Föderationspläne, S. 414ff.

Es wird beschlossen, in der nächsten Sitzung der Exekutive die Vorschläge für die Diskussionsredner zu besprechen, ebenso die Vorschläge für die gewünschten Artikel-Manuskripte.

Es wird beschlossen, die Veröffentlichung eines Aufrufs über die Bestrafung der Kriegsschuldigen vorläufig zurückzustellen.

Die nächste Sitzung der Exekutive wird für Dienstag, den 24. Februar, nachmittags 15 Uhr in Aussicht genommen.

NR. 61

Statement der „Union" vom 19. Februar 1942 zu den Angriffen des „Sunday Dispatch"

Anlage zum Protokoll vom 18. Februar 1942

AdsD Bonn, ISK, Box 43[1]

Statement[2]

The "Sunday Dispatch", in articles headed "The 'Free German' Trick", published in the issues of 8th and 15th February 1942, asserts that a political minority among the German refugees, including the German Socialist organizations affiliated to the "Union of German Socialist Organizations in Great Britain", and the "Trade Union Centre for German Workers in Great Britain" are pursuing activities tending to counteract the military victory of the Allies and to enable Germany to plunge the world into a new war in a few years. For this purpose, it is alleged these groups, supported by influential British subjects are trying to secure official recognition by the British Government of a "Free German Movement". Under the banner of democracy and anti Hitlerism this movement is said really to aim at saving Germany from retribution after the war – from occupation, disarmament, control, or any severe consequences.

In reply to these allegations the "Union of German Socialist Organizations in Great Britain" and the "Trade Union Centre for German Workers in Great Britain" state:

1. Neither the "Union" and its affiliated organizations nor the "Trade Union Centre" have anything to do with the formation of a "Free German Movement" or with endeavours to secure recognition by the British Government for any such movement.

2. With regard to the problem of making the world secure against a new German aggression after the fall of Hitler, the "Union" and the "Trade Union Centre" in the resolution unanimously adopted in December 1941, which is referred to in the articles in question, express their views as follows:

"We German Socialists and Trade Unionists are determined, once the Nazi dictatorship is overthrown, to destroy the social foundations of German nationalism[3] and imperialism and, in the sphere of foreign policy, to give practical proof of the will of the new Germany to co-operate peacefully. We consider the complete military dis-

---

1 Weitere Überlieferung: LHASC – LP/JSM/Int/box 9, S.D.s abroad

2 Vorlage: Überschrift ms. unterstrichen. – Hier handelt es sich um die kürzere, endgültige Version. Sie wurde in englischer Sprache in SM, Nr. 35, Anfang März 1942, S.4–5, veröffentlicht. In „Mit dem Gesicht nach Deutschland", S. 535–538, ist der ursprüngliche Entwurf abgedruckt, den Vogel am 13. Februar 1942 an Middleton gesandt hatte. AdsD Bonn, PV-Emigration 140. Aufgrund der Empfehlungen Middletons wurden Änderungen am Statement vorgenommen.

3 In der deutschen Version hieß es „Nationalsozialismus". Vgl. Nr. 54.

armament of Germany, including the disarmament of the Nazi Party and its subsidiary organisations, one of the first steps necessary for the pacification of Europe. We reaffirm our resolve not to recognize any of the annexations and conquests of the Nazi regime. The free Germany of the future will be in honour bound to redress the wrongs which Hitler has inflicted on other nations and to co-operate loyally and energetically in the work of European reconstruction."

3. The "Union" and the organizations affiliated to it maintain no political relations with the German Communists in this country.

4. The "Union" and the organizations affiliated to it have no relations with Otto Strasser or the "Schwarze Front". They actively oppose them as a manifestation and part of German nationalism.

5. The assertion that there was a split in the Executive of the German Social-Democratic party over the question of the necessity of German disarmament and retribution is untrue.

6. Whenever German Socialists and Trade Unionists co-operate in propaganda directed to Germany, they do so in the hope and belief that they are serving the common cause of democracy against National-Socialism. They conceive their role as that of assisting in political warfare against Hitler Germany, which is admitted to be necessary by all serious students of politics. The heading of the articles by stating that the groups are working "to save the enemy" constitutes a grave insult to the organizations concerned and to the individuals comprising them, many of whom are serving in the British Forces or are contributing to the war effort as workers in industry. Most of the persons concerned have more then once risked their lives in the struggle against National-socialism and they all combat not only National-socialism but every form of German nationalism.

Union of German Socialist Organizations in Great Britain
3, Fernside Avenue, N.W. 7.
Trade Union Centre for German Workers in Great Britain
26, Exeter Road, N.W. 2.
February 19th, 1942

NR. 62

Protokoll der Exekutivkomiteesitzung am 24. Februar 1942

AdsD Bonn, PV-Emigration, Mappe 4[1]

Sitzung der Exekutive der „Union" am 24. Februar 1942

Anwesend: Vogel, Ollenhauer, Eichler, Schoettle, Walter, Gottfurcht.

Es wird beschlossen, das Statement der „Union", das dem „Sunday Dispatch" am 19. Februar zugestellt wurde, mit einem Begleitschreiben nunmehr zu verschicken.

Für die Konferenz der Fabier am 15. März[2] werden folgende Vorschläge für die Diskussionsreden gemacht. Zum ersten Vortrag über die Ursachen des Faschismus in Deutschland Gottfurcht und Bennemann. Für den zweiten Vortrag über die deutsche Revolution Vogel und Schoettle. Für den dritten Vortrag über die wirtschaftliche Zukunft Deutschlands Fliess und Scring. Außerdem wird der Genosse Schiff als Diskussionsredner in Aussicht genommen für den Fall einer Diskussionsrede von Rennie Smith.[3]

Artikel für die Fabier über deutsche Probleme sollen geliefert werden durch Heine über die Urteile gegen Oppositionelle in Deutschland, von Gottfurcht über Sozialpolitik früher und jetzt, von Schoettle über die Frage: Gibt es ein anderes Deutschland?, von Ollenhauer über die Grundgedanken der Entschließung, von Hans Vogel über den Kampf der Arbeiterbewegung gegen die Nazis, von Fröhlich über die Ursachen des deutschen Faschismus. Die Artikel wird Hans Gottfurcht weiterleiten.

---

1 Über diese Sitzung gibt es auch eine kurze Notiz von Gottfurcht, in: Archiv Dr. Gerhard Beier, Kronberg, TNL Gottfurcht, Akte O I.

2 Es handelte sich um die von der Fabian Society – International Bureau – veranstaltete Konferenz „After the Nazis" am 15. März 1942 im Royal Hotel in London. Nach der Ankündigung in den SM, Nr. 35, Anfang März 1942, waren Reden von Philip Price, MP (The Causes underlying the Rise of Nazism), R.H.S. Crossman (The German Revolution) und R.W.B. Clarke (Germany's Economic Position in Post-War Europe) vorgesehen, als Chairman of Conference wurde Philip Noel-Baker genannt. Das Programm der Veranstaltung und ein 15seitiger Bericht befinden sich in: AdsD Bonn, PV-Emigration Mappe 36. Die Konferenz hatte noch Folgen. Wardlaw-Milne, MP, berichtete im Kontext der Kampagne gegen NB am 15. Oktober 1942 an Brendan Bracken über zwei „verdächtige" Äußerungen auf der FIB-Konferenz am 15. März 1942 und erwähnte u.a. Crossman und Clarke. Der Vorgang sorgte innerhalb der PWE für enorme Aufregung und wurde als Beweis für die Unzuverlässigkeit der deutschen Anti-Nazis (auch der sozialistischen) gewertet. PRO London, FO, 898/191. – Bracken, Brendan, 1901–1958, 1941–45 Minister of Information.

3 Smith, Rennie, 1888–1962, Mitglied der Labour-Party, in den 20er Jahren MP, Parlamentarischer Privatsekretär für Dalton, 1929 Unterstaatssekretär für Foreign Affairs 1929, 1940–46 Mitherausgeber des „Central European Observer" 1940–46. – Das Auftreten Schiffs hielt man für notwendig, da man erwartete, daß Smith als Repräsentant der FFF-Gruppe (Geyer, Loeb) besonders Schiff angreifen werde.

Es wird beschlossen, die nächste Sitzung des Arbeitsausschusses, die wieder gemeinsam mit der Leitung der Landesgruppe der Gewerkschaften stattfinden soll, in der zweiten Hälfte des Monats März abzuhalten.

Die nächste Sitzung der Exekutive der „Union" wird am Dienstag, den 3. März, stattfinden und sich mit den Vorbereitungen zur Maifeier beschäftigen.

NR. 63

Protokoll der Exekutivkomiteesitzung am 3. März 1942

AdsD Bonn, PV-Emigration, Mappe 4

Sitzung der Exekutive der „Union" am 3. März 1942

Anwesend: Vogel, Ollenhauer, Eichler, Schoettle, Walter, Gottfurcht, Kamnitzer.

Die Sitzung dient der Vorbereitung der Maifeier. **Gottfurcht** berichtet über seine Vorbesprechungen mit Kamnitzer über die künstlerische Ausgestaltung der Feier und teilt gleichzeitig mit, daß die Leitung der Landesgruppe der Gewerkschafter beschlossen hat, sich an der Maifeier der „Union" zu beteiligen.

Es wird beschlossen, die Vorbereitung des Programms einer Kommission, bestehend aus den Genossen Gottfurcht, Kamnitzer und Ollenhauer, zu übertragen.

Genosse Gottfurcht wird beauftragt, mit der Caxton Hall[1] über die Mietung des Saales zu verhandeln.

Als Eintrittspreis wird in Aussicht genommen 1sh für Verdienende und 6d für Unterstützte.

Die Feier findet am 1. Mai, abends 6.45 Uhr statt.

Hinsichtlich der Vorbereitung der Diskussion auf der Fabier-Konferenz wird beschlossen, daß die Diskussionsredner sich in ihren Darlegungen über konkrete Forderungen und Vorschläge an die Beschlüsse der „Union" zu halten haben, um ein einheitliches Bild der politischen Haltung der deutschen Sozialisten zu erzielen.

---

1 Caxton Hall war ein bekannter Versammlungssaal in der Caxton Street nahe beim St.James Park und der gleichnamigen Underground-Station. Hier sprach auch Winston Churchill 1940–43 des öfteren.

Nr. 64

Protokoll der Exekutivkomiteesitzung am 24. März 1942

AdsD Bonn, PV-Emigration, Mappe 4

Sitzung der Exekutive der „Union" am 24. März 1942

Anwesend: Vogel, Ollenhauer, Eichler, Walter, Gottfurcht.
            Schoettle ist entschuldigt.

Zur Beratung steht zunächst die Antwort auf die Erwiderung des Rechtsanwalts des „Sunday Dispatch".[1] Es besteht Einmütigkeit, die schriftliche Diskussion nicht fortzusetzen, da offensichtlich ist, daß der „Sunday Dispatch" nicht bereit ist, unsere Erklärung zu veröffentlichen. Eichler wird beauftragt, mit unserem Rechtsanwalt über eine formelle Antwort zu verhandeln, in der festgestellt wird, daß der „Sunday Dispatch" nicht bereit ist, unsere Erklärung zu veröffentlichen, daß wir auf eine Weiterführung der schriftlichen Diskussion verzichten, ohne damit aber die Richtigkeit der in dem Brief des Rechtsvertreters des „Sunday Dispatch" enthaltenen Behauptungen anzuerkennen.

Ollenhauer berichtet über die Vorbereitungen der Kommission für die Maifeier. Der Saal in der Caxton Hall ist bewilligt. Das Programm wird im Laufe der nächsten Woche endgültig festgelegt werden. In der nächsten Sitzung soll über die Frage des Redners entschieden werden. Hans Gottfurcht wird gebeten, die Frage zu klären, ob Citrine bereit ist, eine kurze Ansprache zu halten.

Es wird beschlossen, die Erinnerungsfeier der italienischen Sozialisten an Turati[2] am 28. März zu besuchen. Gleichzeitig wird verabredet, den Genossen Treves[3] über die

---

1 Die Korrespondenz mit den von Auerbach empfohlenen Rechtsanwälten Elwell & Binford Hole führte Eichler. Vgl. AdsD Bonn, ISK, Box 43. Hole schlug zunächst vor, die angegriffenen Personen sollten Berichtigung auf der ersten Seite verlangen und, wenn dies nicht akzeptiert werde, auf Schadensersatz klagen. Hole wollte sich aber nach diesen vorläufigen Vorschlägen erst noch beraten. Am 19. Februar 1942 schrieb Hole an den „Sunday Dispatch" mit der Aufforderung, die beigelegte Stellungnahme der Union abzudrucken. Am 27. Februar 1942 sandten die Assoc. Newspapers Ltd. (unterzeichnet Geddes) für den „Sunday Dispatch" an Elwell & Binford Hole ihre ablehnende Stellungnahme zur Erklärung und zur Kritik am „Sunday Dispatch"-Artikel, ohne auf die Forderungen der Union einzugehen. Am 1. April 1942 rieten die Rechtsanwälte in einem Schreiben an Eichler von einer weiterer Verfolgung der Sache ab, obwohl die Antwort des „Sunday Dispatch" unbefriedigend sei. Es sei schon zu lange Zeit seitdem verstrichen und ein erneutes Aufgreifen könne möglicherweise den gegenteiligen Effekt haben.
2 Turati, Filippo, 1857–1932, Mitgründer der Partito Socialista Italiano und einer ihrer einflußreichsten Führer. Turati war am 29.3.1932 im Exil in Paris gestorben. Vgl. Enciclopedia dell'- Antifascismo e della Resistenza, Volume VI, La Pietra 1989, S. 179–183.
3 Vermutlich Paolo Treves.

„Antifaschistische Föderation der Italiener"[4] zu befragen, die uns zur Zusammenarbeit eingeladen hat.

Die nächste Sitzung des Arbeitsausschusses der „Union" und des Vorstandes der Landesgruppe der Gewerkschafter wird für Mittwoch, den 8. April, abends 7 Uhr im Austrian Labour Club[5] in Aussicht genommen. Thema: Föderiertes Europa? Referent Hans Gottfurcht.

Die nächste Sitzung der Exekutive findet am 3. April, nachmittags 3 Uhr im Trade Union Club statt.

Vogel berichtet über seine Unterhaltung mit Hiller und über einen an ihn gerichteten Brief Hillers[6], der sich mit der Abhaltung einer Besprechung von Vertretern der deutschen Opposition beschäftigt. Die Aussichten eines solchen Versuchs werden allgemein sehr skeptisch beurteilt, es bleibt den einzelnen Organisationen überlassen, über ihre Teilnahme zu entscheiden, wenn die Einladungen zu einer Besprechung tatsächlich erfolgen sollten.

---

4 Bei der „Antifaschistischen Föderation der Italiener" handelte es sich vermutlich um eine kommunistische oder kommunistisch orientierte Organisation.
5 Der Austrian Labour Club in 31, Broadhurst Gardens, (Nähe Underground-Station Finchley Road) in South Hampstead war das Versammlungszentrum der österreichischen Sozialisten. Der Club wurde aber auch von der Union und der SPD häufig für Sitzungen und Veranstaltungen genutzt.
6 Der Brief Hillers vom 29.3.1941 befindet sich in: AdsD, PV-Emigration, Mappe 54.

NR. 65

Protokoll der Exekutivkomiteesitzung am 8. April 1942

AdsD Bonn, PV-Emigration, Mappe 4

Sitzung der Exekutive der „Union" am 8. April 1942

Anwesend: Vogel, Ollenhauer, Schoettle, Walter, Gottfurcht.

Es wird zunächst über die Maifeier beraten. Die Einzelheiten des künstlerischen Programms sollen in der Kommission, bestehend aus den Genossen Gottfurcht, Kamnitzer und Ollenhauer, festgelegt werden.

Die Eintrittskarten sollen so rechtzeitig fertiggestellt werden, daß sie in der Versammlung der Gewerkschaften am 14. April ausgegeben werden können. Als Redner für die „Union" wird der Genosse Schoettle bestimmt. Es soll weiter versucht werden, einen englischen Redner zu gewinnen. Falls die Bemühungen des Genossen Gottfurcht zu keinem Erfolg führen, soll versucht werden, die Genossin Barbara Gould[1] zu gewinnen.

Die Anfrage der antifaschistischen Liga der Italiener wird nach Rücksprache mit unseren italienischen Genossen unbeantwortet gelassen.

Die Rücksprache mit dem Rechtsanwalt wegen eines weiteren Schreibens an den „Sunday Dispatch" ist erfolgt, er gibt den Rat, die Angelegenheit nicht weiter zu verfolgen, nachdem die „Union" nicht die Absicht hat, die Sache auf rechtlichem Wege auszutragen.

Vogel informiert über seinen Briefwechsel mit Hiller, der resultatlos verlaufen ist.

---

1 Ayrton-Gould, Barbara Bodichon, 1888–1950, 1929–50 Mitglied des NEC der LP, 1939/40 Chair- man der LP, 1945–50 MP.

Nr. 66

Protokoll der Arbeitsausschußsitzung am 8. April 1942

AdsD Bonn, PV-Emigration, Mappe 4

Sitzung des Arbeitsausschusses der „Union" und der Leitung der Landesgruppe deutscher Gewerkschafter am 8. April 1942 im Austrian Labour Club.

Die Sitzung beschäftigt sich auf Grund eines Referats des Genossen **Hans Gottfurcht** über das Thema „Föderiertes Europa?" mit den Möglichkeiten einer föderativen Lösung in Europa nach dem Krieg. Das Referat des Genossen Gottfurcht geht von seinen Erfahrungen in den Beratungen der Federal Union über dieses Thema aus und beleuchtet die verschiedenen Probleme, die in den Beratungen der Federal Union aufgetaucht sind.

Die Diskussion beschränkt sich auf eine allgemeine Erörterung der mit dem Thema zusammenhängenden Fragen.

NR. 67

Protokoll der Exekutivkomiteesitzung am 29. April 1942

AdsD Bonn, PV-Emigration, Mappe 4

Sitzung der Exekutive der „Union" am 29. April 1942

Anwesend: Vogel, Ollenhauer, Gottfurcht, Eichler, Schoettle, Walter.

Vogel eröffnet die Sitzung. Zur Beratung steht die Vorbereitung der Maifeier.[1] Die Grundgedanken der Rede des Genossen Schoettle[2] werden gebilligt. Es werden dann eine Reihe technischer Einzelheiten besprochen und beschlossen.

Ollenhauer berichtet über die Unterhaltungen mit dem Genossen Ciołkosz über die Internationale Maifeier am Nachmittag des 1. Mai. Genosse Ciołkosz hat auf ausdrückliches Befragen erklärt, daß die Feier unter der Verantwortung der polnischen Genossen stattfindet. Es besteht Übereinstimmung darüber, daß unter dieser Voraussetzung die Teilnahme der Mitglieder der „Union" erwünscht ist.

Es liegt ein Brief der Clarity-Group[3] vor, in dem um die Stellungnahme der „Union" zum Fall Loeb[4] gebeten wird. Die Exekutive ist der Meinung, daß nach der Äußerung der Genossen Vogel und Ollenhauer gegenüber dem Genossen Gordon Walker und dem Genossen Gillies eine weitere Erklärung der „Union" nicht erforderlich erscheint. Die

---

1 Vgl. Nr. 68.
2 Der Text der Rede Schoettles findet sich: AdsD Bonn, NL Schoettle, Mappe 64.
3 Zur Socialist Clarity Group vgl. Einleitung, Abschnitt V.3.
4 Zu den Auseinandersetzungen um Walter Loeb vgl. Einleitung, Abschnitt II.4.2. und III.4.1. Der hier angesprochene „Fall Loeb" entstand aus einem Angriff auf Loeb in der Zeitschrift der Socialist Clarity Group, „Labour Discussion Notes", vom März 1942 unter dem Titel „Prejudice on the German Problem". Dort war u.a. Loebs Vertrauenswürdigkeit bezweifelt worden. Loeb übersandte Gillies am 13. März 1942 den Artikel und seine eigene Stellungnahme: LHASC Manchester, LP/JSM (Int) Box 6 FFF. Der Angriff wurde von Gillies u.a. Labour-Repräsentanten, zu denen Loeb gute Beziehungen besaß, als Affront betrachtet. Die Labour Party leitete deswegen eine Untersuchung gegen die SCG ein. Am 16. März 1942 beschloß das ISC, daß keine Zweifel an der Vertrauenswürdigkeit Loebs bestünden. Gillies forderte die SCG am 23. März 1942 zu einer Stellungnahme auf, die von dieser in der LDN, Nr. 32 vom 8. April 1942 mit dem Titel „The German Socialists and Mr. Loeb" veröffentlicht wurde: AdsD Bonn, PV-Emigration, Mappe 150. Am 10.4.1942 schrieb Gillies an Vogel, Ollenhauer, Schiff und Gottfurcht, übersandte die Materialien und bat um deren Stellungnahme: AdsD Bonn, PV-Emigration, Mappe 68. Vogel/Ollenhauer und Gottfurcht antworteten am 14. April 1942: LHASC Manchester, LP/ISM (Int) Box 6 FFF. In derselben Angelegenheit wurde Vogel von der SCG am 20. April 1942 um eine Stellungnahme zur Person Loebs gebeten: AdsD Bonn, PV-Emigration, Mappe 68. Vogel übersandte am 16. Mai 1942 LP-Sekretär Middleton seine Stellungnahme: AdsD Bonn, PV-Emigration, Mappe 140, 150. Ollenhauer an Stampfer, 29. September 1942: AdsD Bonn, PV- Emigration, Mappe 81, Vogel an Gillies 14. April 1942 und an Middleton 16. Mai 1942, ebd., Mappe 140, Statements der Socialist Clarity Group und Loebs in: ebd., Mappe 150.

Genossen Eichler und Schoettle werden gebeten, in dem Sinne mit dem Genossen Walker zu sprechen.

NR. 68

Programm der Maifeier der „Union" am 1. Mai 1942 in der Caxton Hall

Anlage zum Protokoll vom 29. April 1942

AdsD Bonn, ISK, Box 44[1]

Union deutscher sozialistischer Organisationen in Großbritannien
Landesgruppe deutscher Gewerkschafter in Großbritannien

Maifeier 1942
Programm

Musik	Dr. Friedrich Berend
Gesang	Ernst Urbach
	Mozart: Freimaurer-Kantate / Schubert: Prometheus
Ansprache:	Mrs. Barbara Ayrton-Gould, J.P., Mitglied der Exekutive der Labour Party
Rezitationen	Ilsabe Dieck, Felix Knüpfer
	Gottfried Keller: Frühlingsglaube / Unter dem Himmel
	Kurt Doberer: Rote Fahnen
Ansprache:	Erwin Schoettle, Mitglied der Exekutive der Union deutscher sozialistischer Organisationen in Großbritannien

Gemeinsamer Gesang:
> Brüder, zur Sonne, zur Freiheit

Lieder
> Herwegh: Bet' und arbeite / Dehmel: Mahle, Mühle, mahle
> Klabund: Es wird gehen – Vertonungen: Bela Reinitz

Rezitationen
> Gedichte von Dingelstedt, Herwegh, Keller und Meissner

Lieder von Goethe
> Die Gedanken sind frei (Volkslied) – Copthisches Lied
> (Hugo Wolf) – Feiger Gedanken bängliches Schwanken
> (Reichardt)

Gemeinsamer Gesang:
> Die Internationale

Im Chair: Hans Gottfurcht – Musikalische Leitung: Dr. Fr. Berend

---

1 Das Programm der Maifeier 1942, eine Eintrittskarte und die Abrechnung finden sich in: AdsD Bonn, ISK, Box 44. Die SM berichteten darüber unter dem Titel „Unsere Maifeier in London 1942": SM, Nr. 37, Anfang Mai 1942, S.23.

NR. 69

Protokoll der Exekutivkomiteesitzung am 16. Juni 1942

AdsD Bonn, PV-Emigration, Mappe 4

Sitzung der Exekutive der „Union" am 16. Juni 1942

Anwesend: Vogel, Ollenhauer, Eichler, Gottfurcht, Schoettle, Walter.

Zur Beratung steht ein Entwurf einer Erklärung gegen den Naziterror in der Tschecho-slowakei und der Vorschlag, diese Erklärung zum Gegenstand einer Beratung in einem Kreise von Vertretern der deutschen Opposition, wie er im Dezember 1941 beraten hat, zu machen.

Nach einer allgemeinen Diskussion, in der vor allem **Paul Walter** seine Bedenken gegen den vorliegenden Entwurf wegen seiner allgemeinen Formulierungen und seine Ablehnung des Vorschlags der Beratung in einem erweiterten Kreis zum Ausdruck bringt, wird in die Einzelberatung des vorliegenden Entwurfs eingetreten. Er wird in der ebenfalls hier beigefügten Fassung angenommen.[1]

Paul Walter hält seine Bedenken gegen die nachfolgende erweiterte Beratung auf-recht.

Es wird beschlossen, eine neue Sitzung der Exekutive der „Union" am Dienstag, den 23. Juni, nachmittags 3 Uhr im Bloomsbury House abzuhalten.

---

1 Der Vorschlag befindet sich als Anlage beim Protokoll. Auf den Abdruck dieses Entwurfs wurde hier verzichtet, da er mit nur geringfügigen Änderungen in der anschließenden Besprechung angenommen wurde. Die Erklärung ist in ihrer endgültigen Form als Nr. 71 aufgenommen. Die SAP verabschiedete eine eigene Entschließung mit dem Titel „Declaration by the SAP on the Punishing of those responsible for Nazi-Terror in War", Juni 1942, 3 S., in: IfZ München, ED 200/2.

NR. 70

Protokoll der Besprechung des Exekutivkomitees mit Vertretern anderer Gruppen der deutschen politischen Emigration über eine Erklärung gegen den NS-Terror in der ČSR am 16. Juni 1942

AdsD Bonn, PV-Emigration, Mappe 4

Besprechung über eine Erklärung von Vertretern der deutschen Emigration in England gegen den Naziterror in der Tschechoslowakei.
16. Juni 1942, nachmittags 17 Uhr im Trade Union Club

Anwesend: siehe Anwesenheitsliste.[1]

Hans Vogel eröffnet die Sitzung und erläutert kurz die Veranlassung zu der Einladung dieses Kreises. Er dankt den Erschienenen für ihr Interesse, und er schlägt vor, in die Beratung des vorliegenden Entwurfs einzutreten.

In der folgenden kurzen Aussprache werden lediglich einige technische und stilistische Änderungen vorgeschlagen, und der Entwurf wird dann in der beiliegenden Fassung einstimmig angenommen.

Die Konferenz erklärt auch ihre Zustimmung zu den Vorschlägen für die Verbreitung der Erklärung. Sie wird in englischem und deutschem Text vervielfältigt werden, und sie wird sowohl an interessierte englische wie an die hier vertretenen alliierten Stellen und an die Presse verschickt werden.

Genosse **Vogel** schließt die Besprechung mit dem Dank an die Teilnehmer für die schnelle Arbeit und das positive Resultat und stellt eine neue Einladung in Aussicht, sobald ein geeigneter konkreter Anlaß gegeben ist.

---

1 Eingetragen in Anwesenheitsliste:

Paul Bondy	Gottfurcht	Kurt Hiller	E. Ollenhauer	Hans Vogel
F. Demuth	W. Heidorn	Hans Jaeger	Kurt Romm	W. Westphal
Dr. Hans Ebeling				

Nr. 71

Erklärung der Vertreter deutscher Emigrationsorganisationen am 16. Juni 1942 gegen die Terroraktion in Lidiče

Anlage zum Protokoll vom 16. Juni 1942

AdsD Bonn, PV-Emigration, Mappe 4[1]

Beschluß erweiterte Sitzung[2]

Erklärung.[3]

Der grausame Rachefeldzug der Hitlerdiktatur, der in der unmenschlichen Vernichtungsaktion gegen das tschechische Dorf Lidiče[4] einen neuen Höhepunkt erreicht hat, veranlaßt die unterzeichneten Vertreter der deutschen[5] Emigration zu folgender Erklärung:

Wir fühlen uns in dieser Stunde zuerst und zutiefst verbunden mit den tschechoslowakischen Freiheitskämpfern.

Wir sehen in dem Freiheitskampf des tschechoslowakischen Volkes wie aller von Hitlerdeutschland unterdrückten Völker auch einen Appell an die Gegner des Nationalsozialismus[6] in Deutschland selbst, ihre Solidarität mit den für ihre Befreiung kämpfenden Völkern aktiv zu bekunden.

Die Hitlerdiktatur, die die Arbeiter von Mannheim[7] und die Arbeiter von Lidice mordet, ist der gemeinsame Feind.

Dem System, das die Völker Europas mit blutiger Gewalt unterdrückt, gilt unser gemeinsamer Kampf.

---

1 Der Beschluß ist bis auf wenige Korrekturen, die nachfolgend angemerkt sind, identisch mit dem Vorschlag der „Union".
2 Vorlage: „Beschluß erweiterte Sitzung" hs. eingefügt.
3 Vorlage: „Erklärung" ms. unterstrichen.
4 Nach dem erfolgreichen Anschlag auf den stellvertretenden Reichsprotektor Reinhard Heydrich am 27. Mai 1942 wurden als Vergeltungsmaßnahme 1.357 Tschechen erschossen. Das Dorf Lidiče wurde zerstört, die 199 Männer des Dorfes an Ort und Stelle erschossen, die Frauen in das KZ Ravensbrück und die Kinder in „Erziehungs"-Lager verschleppt.
5 Vorlage der Union: „deutschen politischen".
6 Vorlage der Union: „deutschen Faschismus".
7 Am 15. Mai 1942 hatte der 2. Senat des VGH auf einer Sitzung in Mannheim alle 14 angeklagten Mitglieder der Widerstandsgruppe um Georg Lechleiter (KPD) zum Tode verurteilt. Die Hinrichtung erfolgte am 15. September 1942. In den SM, Nr. 42, Anfang September 1942, erschien ein Hinweis auf die Hinrichtungen in Mannheim ebenso in Eichlers „Europe speaks". Vgl. auch Fritz Salm, Im Schatten des Henkers. Widerstand in Mannheim gegen Faschismus und Krieg, Frankfurt/M. 1979, S. 193; Max Oppenheimer, Der Fall Vorbote – Zeugnisse des Mannheimer Widerstandes, Frankfurt/M. 1969.

Wir erneuern die[8] Erklärung, mit allen unseren Kräften mitzuhelfen an der vollständigen Vernichtung der Hitlerdiktatur und der deutschen Kriegsmaschine.

Wir bekunden unsere Übereinstimmung mit der Erklärung der Alliierten Regierungen vom 13. Januar 1942, daß man[9] die Schuldigen an den Verbrechen, die im Namen der gegenwärtigen Machthaber Deutschlands verübt werden und verübt wurden[10], ihrer gerechten Strafe zuführt.[11]

Wir erneuern unsere Solidaritätserklärung mit allen[12] Kämpfern für die Freiheit in der festen Überzeugung, daß der Tag näher kommt, an dem die Gegner des Hitlerregimes in Deutschland selbst mithelfen werden, die[13] Diktatur zu zerbrechen und an denen gerechte Vergeltung zu üben, die zuerst in Deutschland und dann in ganz Europa die Herrschaft des Schreckens und des Verbrechens errichteten.

London, den 16. Juni 1942.

Union deutscher sozialistischer Organisationen in Großbritannien
(Union of German Socialist Organizations in Great Britain)
Hans Vogel
Landesgruppe deutscher Gewerkschafter in Großbritannien
(Trade Union Centre for German Workers in Great Britain)
Hans Gottfurcht
Emergency Aid Committee for German Scholars in Exile
F. Demuth
Freiheitsbund deutscher Sozialisten
(German Socialist Freedom League)
Kurt Hiller
Auslandsvertretung der D.F.P.
W. Westphal
Deutsche Volkssozialisten
Hans Jaeger
„Kameradschaft" Bündische Opposition
(Jungnationale, Jungkatholiken und freie Bünde)
Hans Ebeling

---

8 Vorlage der Union: unsere.
9 Vorlage der Union: daß die.
10 Vorlage der Union: verübt wurden oder verübt werden.
11 Vorlage der Union: zugeführt werden.
12 Vorlage: „Kräften" ms. gestrichen.
13 Vorlage der Union: die Tyrannei der Diktatur.

NR. 72

Protokoll der Exekutivkomiteesitzung am 23. Juni 1942

AdsD Bonn, PV-Emigration, Mappe 4

Sitzung der Exekutive der „Union" am 23. Juni 1942

Anwesend: Vogel, Ollenhauer, Eichler, Gottfurcht und Schoettle.

Vogel eröffnet die Sitzung.

Ollenhauer berichtet über den Konflikt Huysmans-Vogel, der durch die Entscheidung Huysmans entstanden ist, als deutschen Vertreter auch Geyer zu den Beratungen der von ihm geleiteten Internationalen Kommission[1] hinzu[zu]ziehen. Der Bericht wird zur Kenntnis genommen, eine neue Beratung soll erfolgen, wenn die Resultate der geplanten weiteren Unterhaltung mit de Brouckère und anderen Freunden in der Internationalen Kommission vorliegen.

Ollenhauer berichtet über den Vorschlag, den die Kommunisten Vogel unterbreitet haben und der die Schaffung einer Einheitsfront zur Verstärkung des War efforts der 40000 in England lebenden Flüchtlinge zum Ziel haben soll.[2] Vogel hat bisher die Beantwortung dieses Vorschlags und eine mündliche Unterhaltung mit Schmidt abgelehnt. Wir sehen keinen Anlaß, unsere bisherige ablehnende Haltung gegenüber den Kommunisten aufzugeben. Die anderen Gruppen der „Union" haben bisher derartige Anfragen der Kommunisten nicht erhalten.

---

1 Das ISC der LP hatte am 18. Juli 1941 auf Betreiben Huysmans beschlossen, ein eigenes Komitee einzurichten: „a consultative committee with a British secretary, working in the closest cooperation and agreement with the British Labour Party and composed of representative Socialists with or without mandates from their Parties". Als Mitglieder wurden in dem Beschluß u.a. genannt: de Brouckère (B), Lévy (F), Albarda (NL), Ciołkosz (PL), Locker (Palestine), je ein Vertreter der tschechischen Partei und der DSAP sowie Vogel (SPD) und Pollak (RSÖ): LHASC Manchester, LP-NEC-Min., Box XIX. Im Dezember 1941 konstituierte sich das Komitee und tagte dann ein bis zweimal monatlich, wobei jeweils führende Vertreter der Labour Party teilnahmen. Im Sommer 1942 kam es zu einem Konflikt, als Vogel gegen die Einbeziehung Geyers protestierte und deswegen den Sitzungen fernblieb: AdsD Bonn, PV-Emigration, Mappe 68 und 140; vgl. auch Röder, Exilgruppen, S. 168f.
2 Heinz Schmidt (KPD) hatte am 19. Juni 1942 wegen einer Unterredung an Vogel geschrieben und dabei den „Offenen Brief" beigelegt: AdsD Bonn, PV-Emigration, Mappe 113. Auch in einem Rundbrief an die Mitglieder der Schmidt-Gruppe des CRTF war im Juli 1942 der Aufruf zum „Einsatz aller Kräfte zur Steigerung der Produktion für die entscheidende Niederlage Hitlers im Jahre 1942" enthalten: SAPMO/ZPA Berlin, SgY 13/V239/5/55; vgl. auch Leske/Reinisch, Exil, S. 184, Röder, Exilgruppen, S.195.

Ollenhauer beschäftigt sich dann mit der Veröffentlichung der Broschüre des ISK: „Calling all Europe"[3], in der Willi Eichler den Inhalt seines Vortrages auf der Ostertagung des ISK wiedergegeben hat und in der er als Mitglied der Exekutive der „Union" vorgestellt wird. Ollenhauer ist der Auffassung, daß Hinweise auf die Funktionen in der „Union" nur dann erfolgen sollten, wenn es sich um Kundgebungen der „Union" oder um Stellungnahmen im Rahmen der vorliegenden Beschlüsse der „Union" handelt.[4] Er kritisiert außerdem den Beitrag des polnischen Redners[5], der nach dem gedruckten Bericht die Auffassung vertritt, daß deutschen Sozialdemokraten auch dann kein Vertrauen entgegengebracht werden könne, wenn ihre jetzigen Erklärungen ganz vernünftig und angenehm klingen. Eine derartige Haltung müsse jede Basis für eine fruchtbare Zusammenarbeit zerstören.

Eichler erklärt sich damit einverstanden, daß in der Zukunft in Hinblick auf die Funktionsbezeichnungen in der „Union" so verfahren wird, wie es Ollenhauer vorgeschlagen hat. Hinsichtlich der polnischen Auffassung teilt er die Befürchtungen von Ollenhauer nicht, da diese Bemerkungen nur einen unwesentlichen Teil des Referats darstellten, während das Referat im allgemeinen vernünftige Auffassungen entwickelte.

Gottfurcht weist darauf hin, daß der Redner in zahlreichen englischen Veranstaltungen auftritt und dort noch viel schärfer zu der deutschen Frage Stellung nimmt. Er verweist in diesem Zusammenhang auf seine Erfahrungen auf einer Tagung der sozialistischen Studenten in Oxford.

Ollenhauer informiert kurz über die Art des Versands der Entschließung vom 16. Juni.

Es wird verabredet, die nächste Sitzung der Exekutive am 1. Juli, nachmittags 15 Uhr abzuhalten.

---

3 Die Broschüre „Calling all Europe. A Symposon of Speeches on the Future Order of Europe", London o.J., April 1942, war von der Socialist Vanguard Group, dem britischen Ableger des ISK herausgegeben worden. Sie gab die Beiträge einer Konferenz der SVG vom Frühjahr 1942 wieder.

4 Anlaß war ein Brief Höltermanns an Vogel vom 2. Juni 1942, in dem dieser darauf hinwies, daß die Broschüre auch als Stellungnahme der „Union" mißverstanden werden könne. AdsD Bonn, PV-Emigration, Mappe 55.

5 Es handelte sich um Bernard Drzewieski, nicht ermittelt.

NR. 73

Protokoll der Exekutivkomiteesitzung am 1. Juli 1942

AdsD Bonn, PV-Emigration, Mappe 4

Sitzung der Exekutive der „Union" am 1. Juli 1942

Anwesend: Vogel, Ollenhauer, Eichler, Schoettle, Walter, Gottfurcht.

Zur Beratung steht der Brief der SAP[1], in dem gegen die Art der Beschlußfassung über die Protestentschließung, gegen das Zusammengehen mit anderen Gruppen der Emigration protestiert und die Forderung erhoben wird, in Zukunft bei ähnlichen gemeinsamen Aktionen die Kommunisten hinzu[zu]ziehen. Zur Beratung steht ferner ein Brief des Kommunisten Schmidt[2], in dem vorgeschlagen wird, die Entschließung vom 16. Juni zur Grundlage gemeinsamer Besprechungen über gemeinsame Aktionen zu machen.

Ollenhauer berichtet noch einmal über die Vorgeschichte der Entschließung. Die Zusammenarbeit mit den anderen Gruppen der deutschen Emigration basiert auf einem Beschluß der Exekutive vom Herbst vorigen Jahres. Damals wurde diese Zusammenarbeit im Prinzip für gut befunden, und damals wurde die Hinzuziehung der Kommunisten abgelehnt. Der Vorschlag der SAP stellt uns für die Zukunft vor eine neue Situation.

Walter begründet den Vorschlag mit dem Hinweis auf die gestiegene öffentliche Bedeutung der Kommunisten. Bei allem Mißtrauen gegen die Kommunisten müsse man doch ihre Hinzuziehung bei gemeinsamen Aktionen in Betracht ziehen. Er bestehe allerdings nicht darauf, daß diese Haltung schon jetzt im Hinblick auf die Entschließung vom 16. Juni und im Hinblick auf den Vorschlag der Kommunisten eingenommen werde.

Schoettle verweist darauf, daß es sich bei der Entschließung vom 16. Juni nicht um eine politische Prinzipienerklärung, sondern um eine allgemein gehaltene Protesterklärung handelt, bei der man den Kreis der Unterzeichner viel weiter ziehen könne. Auch seine Gruppe befürwortet die Hinzuziehung der Kommunisten bei ähnlichen späteren Gelegenheiten. Man müsse sich darüber klar sein, daß die Kommunisten einen Faktor darstellen, den man nicht übersehen könne. Es genügt nicht, eine rein negative Haltung ihnen gegenüber einzunehmen, sondern man muß sich mit ihren Argumenten auseinandersetzen und ihrer Aktivität die unsere gegenüberstellen.

---

1 Der Protest bezog sich auf die Besprechung am 16. Juni 1942 (Nr. 70), zu der die KPD nicht eingeladen worden war. SAP-Gruppe London (Walter, Schäffer) an Union 27. Juni 1942: SAPMO Berlin, SgY 13/V 239/10/39; Rundschreiben der SAP-Gruppe London vom 27. Juni 1942: AdsD Bonn, ISK, Box 44.
2 Schmidt an Vogel 29. Juni 1942, in: AdsD Bonn, PV-Emigration, Mappe 113.

Eichler lehnt für seine Gruppe jede Zusammenarbeit mit deutschen Kommunisten auf Grund der früheren Erfahrungen ab. Er ist einverstanden mit einer größeren Aktivität der „Union", um der kommunistischen Betriebsamkeit entgegenzuwirken.

Vogel erklärt, daß die SPD nicht in der Lage wäre, einem Vorschlag zur Zusammenarbeit mit den Kommunisten auf Grund des jetzt von den Kommunisten vorliegenden Briefes zuzustimmen. Wir sehen keine Änderung in dem Verhältnis zwischen uns und den Kommunisten, die eine Aufgabe unserer ablehnenden Stellung rechtfertigen würde. Vogel erklärt, daß er in dem Brief der SAP auch ein Mißtrauen gegen ihn als Vorsitzenden der „Union" sehen müsse, und er wolle erklären, daß die SPD in keiner Weise ein Hindernis für eine Änderung in der Leitung der „Union" sein wolle, wenn das im Interesse einer größeren Aktivität wünschenswert erscheine.

Walter bestreitet, daß der Brief der SAP diese Absicht verfolge, er sei lediglich von dem Wunsch diktiert, der SAP die volle Mitarbeit an den Entscheidungen der „Union" zu sichern.

Es wird beschlossen, die grundsätzliche Frage der Zusammenarbeit mit den Kommunisten in einer weiteren Sitzung zu diskutieren, es besteht aber Übereinstimmung, daß der Anregung der Kommunisten in Zusammenhang mit der Entschließung vom 16. Juni, mit ihnen in Verhandlungen einzutreten, nicht Folge geleistet werden soll.

Es wird beschlossen, die nächste Sitzung am Mittwoch, den 8. Juli, nachmittags 14.30 Uhr abzuhalten.

NR. 74

Protokoll der Exekutivkomiteesitzung am 8. Juli 1942

AdsD Bonn, PV-Emigration, Mappe 4

Sitzung der Exekutive der „Union" am 8. Juli 1942 im TUC

Anwesend: Vogel, Ollenhauer, Eichler, Gottfurcht, Schoettle, Walter.

Vogel eröffnet die Sitzung. Es wird zunächst über die Beantwortung des Briefes der Kommunisten[1], in dem sie Verhandlungen auf der Grundlage der Entschließung vom 16. Juni vorschlagen, beraten. Vogel empfiehlt mitzuteilen, daß wir die Entschließung vom 16. Juni jetzt nicht zum Gegenstand einer neuen Beratung machen wollen, daß wir aber auf den Vorschlag der Kommunisten zurückkommen werden, wenn ein neuer aktueller Anlaß vorliegt.

Gottfurcht hält auch die Diskussion über allgemeine politische Probleme mit den Kommunisten für zwecklos. Er berichtet über eine Unterhaltung mit Becker, der ihm auseinandergesetzt hat, daß die Kommunisten jetzt ohne Hintergedanken für die Zusammenarbeit sind. Der offene Brief der Kommunisten wird jetzt gedruckt.

Schoettle glaubt, daß wir um eine Stellungnahme zur Frage der Zusammenarbeit mit den Kommunisten nicht herumkommen. Wenn der offene Brief erscheint, sollten wir sachlich öffentlich erwidern.

Walter ist für einen Brief im Sinne der Anregung von Hans Vogel.

Eichler ist mit der Absendung dieses Briefes ebenfalls einverstanden. Es wird die Absendung des Briefes[2] beschlossen, und es besteht Übereinstimmung, daß die Diskussion über das allgemeine Problem vertagt werden soll, bis ein konkreter Anlaß für die Diskussion gegeben ist.

Es entspinnt sich dann eine längere Debatte über den Vorschlag von **Schoettle**, einige Experten mit einer Untersuchung des Inhalts der Broschüre Geyer-Loeb[3] und mit einer

---

1 Vgl. Nr. 73, Anm. 2.
2 Hans Vogel schrieb im beschlossenen Sinne an Heinz Schmidt am 10. Juli 1942 und bezeichnete eine nachträgliche gemeinsame Beratung nicht für sinnvoll: AdsD Bonn, PV-Emigration, Mappe 140.
3 Curt Geyer/Walter Loeb, Gollancz in German Wonderland, London etc. 1942, Vorwort von James Walker MP. Eine Zusammenfassung „Grundgedanken der Schrift: ‚Gollancz in German Wonderland' " findet sich: AdsD Bonn, PV-Emigration, Mappe 189. Die Broschüre war eine Reaktion auf die Schrift von Victor Gollancz, Shall Our Children Live or Die? A Reply to Lord Vansittart on the German Problem, London 1942. Geyer/Loeb setzten sich insbesondere mit dem Verhalten der deutschen Bevölkerung im Ersten Weltkrieg und in der Weimarer Republik kritisch auseinander. Sie warfen Gollancz Unkenntnis der wirklichen Verhältnisse und Beschönigung vor insbesondere auch hinsichtlich seiner zentralen Aussage, daß die totale Niederlage Hitler-Deutsch-

Beantwortung zu beauftragen. Es wird beschlossen, die Genossen Ollenhauer und Schoettle zu beauftragen, sobald als möglich in der Exekutive der „Union" über den Inhalt der Broschüre zu berichten, damit die Exekutive sich über die Hauptlinien unserer Antwort unterhalten kann. Es soll dann auch entschieden werden, ob Experten mit der Beschaffung des für die Antwort unerläßlichen Materials beauftragt werden sollen. Ebenso soll der Genosse bestimmt werden, der die erste Ausarbeitung der Antwort übernehmen soll.

Es wird eine Versammlung aller Mitglieder der der „Union" angeschlossenen Organisationen in Aussicht genommen. Sie soll am 16. August stattfinden, und sie soll den Zweck einer klärenden Aussprache über unsere Vorstellungen über die Zukunft Deutschlands haben. Falls in dieser Versammlung ein positives Resultat erreicht wird, sollen die gemeinsamen Vorstellungen der „Union" in einer öffentlichen Kundgebung dargelegt werden. Als Referent für die Versammlung am 16. August wird Hans Gottfurcht bestimmt, der auf der Grundlage seines Referats vor englischen Organisationen „German Labour and [the] German Question"[4] sprechen soll.

---

lands durch eine innere Umwälzung vervollständigt werden müsse, den Sturz der Militaristen, Junker und Industriellen durch eine demokratische (sozialistische) Revolution; nur so könne auf Dauer Frieden bewahrt werden – Gollancz, S. 33. Geyer/Loeb bezogen auch die Emigration in ihre Kritik ein: „Our answer in these pages is also directed against all those so-called ‚political exilés' whose evasions, subterfuges and untruthfulness in what concerns the Germany of yesterday are already contributing, whether they know it or not, to the preparation of ‚The Third German World War'." Geyer/Loeb, Gollancz, S. 6.

4 Gottfurcht hatte sich schon 1941 mit dem Thema befaßt und am 24. August 1941 in der Union eine sechsseitige Ausarbeitung mit dem Titel „Das deutsche Problem. Grundlage für eine Diskussion", verbreitet: AdsD Bonn, ISK, Box 42. Sein Vorschlag an den IGB, eine Aussprache über das „deutsche Problem" (d.i. die Meinung der Engländer über die Deutschen) abzuhalten, wurde von Schevenels am 17. Dezember 1941 abgelehnt: IISG Amsterdam, IFTU, Mappe 261.

NR. 75

Protokoll der Exekutivkomiteesitzung am 12. August 1942

AdsD Bonn, PV-Emigration, Mappe 4

Sitzung der Exekutive der „Union" am 12. August 1942 im Trade Union Club

Anwesend: Vogel, Ollenhauer, Schoettle, Eichler, Walter, Gottfurcht.

Vogel eröffnet die Sitzung.

Es werden zunächst einige technische Einzelheiten über die Versammlung am 16. August besprochen.

Die Diskussion über den Entwurf einer Antwort auf die Geyer-Loeb Broschüre, den Ollenhauer vorlegt hat[1], ergibt, daß alle Mitglieder der Exekutive darin übereinstimmen, daß sich der vorliegende Entwurf besser als eine Veröffentlichung der Sozialdemokratischen Partei als als eine Veröffentlichung der „Union" eignet, da er sich im wesentlichen mit den Angriffen gegen die Politik der deutschen Sozialdemokratie vor 1933 auseinandersetzt. Es soll jedoch der Versuch gemacht werden, in einer Veröffentlichung der „Union" die Möglichkeiten einer kommenden deutschen Revolution zu untersuchen. Genosse Schoettle übernimmt es, eine Diskussionsgrundlage für eine solche Untersuchung auszuarbeiten.

Schoettle berichtet, daß der Loeb-Kreis[2] jetzt auch eine englische Übersetzung der Broschüre „Der kommende Weltkrieg"[3] verbreitet. Die Übersetzung ist im wesentlichen korrekt, die vierseitige Einleitung ist jedoch voller Entstellungen und Verdrehungen.

---

1 Vogel hatte den Entwurf Ollenhauers am 8. August 1942 an die Mitglieder des Exekutivkomitees übersandt. Anschreiben ohne Beilage: AdsD Bonn, ISK, Box 45. Im September 1942 versandte der SPD-PV die Stellungnahme „Die deutsche Arbeiterbewegung und der deutsche Nationalismus", 33 S., in deutscher und englischer Sprache (The German Workers' Movement and German Nationalism. Some Reflections on the Pamphlet: ‚Gollancz in German Wonderland', Submitted by the Executive of the Social Democratic Party of Germany, 41 S.) mit einem Vorwort von Hans Vogel, Erich Ollenhauer und Fritz Heine. Die SM, Nr. 42, Anfang Oktober (1942), gaben auf S. 10–13 unter dem Titel, Die deutsche Arbeiterbewegung und der deutsche Nationalismus. Bemerkungen zu der Broschüre: „Gollancz in German Wonderland", einen Auszug wieder: AdsD Bonn, PV-Emigration, Mappe 12 (deutsche Version), Mappe 189 (englische Version).

2 Zum Kreis um Walter Loeb und Curt Geyer, die dem Parteivorstand und der „Union" „Nationalismus" vorwarfen, gehörten die Sozialdemokraten Carl Herz, Bernhard Menne, Kurt Lorenz und Fritz Bieligk, auch Otto Lehmann-Russbueldt stand ihm nahe. Herz und Geyer als ehemalige USPD-Mitglieder und Lehmann-Russbueldt als Pazifist lieferten die inhaltliche Begründung für den Vorwurf der Unterstützung des Nationalismus und Militarismus durch die SPD im 1. Weltkrieg und in der Weimarer Republik. Loeb verfügte über gute Verbindungen zur Labour-Führung und arbeitete mit Lord Vansittart zusammen.

3 Die Broschüre aus dem Jahre 1939 hatte bereits im März 1941 zu Diskussionen in der Union mit Gillies geführt (vgl. Nr. 2). Nach den seinerzeitigen Erwartungen ihrer Autoren sollte der Sturz

Eichler wünscht, daß in einer Veröffentlichung der „Union" auch gegen die Grundtendenz der „Fight for Freedom" Gesellschaft Stellung genommen wird.

Es wird dann der Brief der Kommunisten[4] beraten, die eine gemeinsame Aktion zur Verhinderung der Auslieferung der in Castres inhaftierten deutschen Antifaschisten[5] anregen.

Hans Vogel berichtet über den Besuch Koenens[6] bei ihm und teilt mit, daß er Koenen die Unterzeichnung eines Telegramms an Roosevelt abgelehnt habe.

Gottfurcht teilt mit, daß Becker mit der gleichen Bitte an ihn herangetreten sei, daß er aber darauf verwiesen habe, daß die Entscheidung durch den Arbeitsausschuß der Landesgruppe erfolgen müsse.

Es wird beschlossen, die Anregung der Kommunisten auf gemeinsame Besprechungen abzulehnen, aber die einzelnen Organisationen der „Union" zu beauftragen, ihre Freunde in USA zu informieren, damit sie in geeigneter Weise in Washington intervenieren. Den Kommunisten soll diese Entscheidung mitgeteilt werden, Abschrift des Briefes anbei.[7]

Hitlers durch eine – von der Sowjetunion unterstützte – Revolution erfolgen, gegen die die imperialistischen Westmächte (Frankreich, Großbritannien) intervenieren würden – dies sei der kommende Krieg. Nun wurde die Schrift auf Initiative von Loeb in einer englischen Übersetzung mit einem kurzen Vorwort herausgegeben. Vansittart sandte die Druckfahnen am 18. Juli 1942 an Außenminister Eden mit dem Kommentar: „This is the worst case of the Trojan horse that I have ever come across." Am 10. August 1942 übersandte Vansittart seine Analyse der Broschüre an das Foreign Office: PRO London, FO, 898/191. Dies führte zu einer Untersuchung gegen Neu Beginnen auf sehr hoher Ebene (Bracken, Eden). Es wurde überprüft, wer Mitglied war und welche Funktionen NB-Mitglieder im PWE einnahmen. Der Vorgang sorgte für immense Aufregung im Foreign Office und wurde als Beweis für die Unzuverlässigkeit der sozialistischen Anti-Nazis (sie seien schließlich auch „Deutsche") interpretiert. Braunthal hatte von einem Freund in der Regierung ein Exemplar der Druckfahnen erhalten und sich an Löwenthal gewandt, damit die Fehlinterpretation korrigiert werde. NB reagierte mit einem hektografierten 5seitigen Rundschreiben mit kurzen Beiträgen von Schoettle, de Brouckère und Löwenthal. Braunthal an de Brouckère am 28.8.1942: IISG Amsterdam, NL Julius Braunthal, Mappe 41; Fahnenabzug „The Coming World War": IISG Amsterdam, Neu Beginnen, Mappe 21.

4 Schmidt hatte am 17. Juli 1942 an Vogel geschrieben: AdsD Bonn, PV-Emigration, Mappe 113.
5 In Castres bei Toulouse, im unbesetzten Teil Frankreichs, waren mehrere führende Kommunisten wie Franz Dahlem, Siegfried Rädel und Heinrich Rau interniert, deren Auslieferung an die Gestapo befürchtet wurde. Die KPD schlug vor, gemeinsame Aktionen für die Rettung dieser und anderer Antifaschisten zu unternehmen und ein Telegramm an Präsident Roosevelt zu senden.
6 Leske, KPD, S. 125, erwähnt Kontakte im Juli 1942.
7 Union an Schmidt, 15. August 1942: AdsD Bonn, PV-Emigration, Mappe 42. Am gleichen Tag schrieb Hans Vogel an Katz in New York und informierte ihn über den Vorgang. Die Union habe auf Bitte des Freundes Hirschberg, Marseille, keine öffentlichen Schritte unternommen und erwarte auch nicht, daß sie positive Resultate brächten. Vogel bat die GLD auf die US-Regierung einzuwirken, daß die Auslieferung vermieden werde und daß mexikanische Visa bereitgestellt würden. AdsD Bonn, PV-Emigration, Mappe 140; in ähnlicher Weise Eichler an Erna Blencke am 20.8.1942, ISK, Box 45.

In Zusammenhang mit einer kurzen Diskussion über die Ausstellung „Allies inside Germany"[8], die durch eine Anfrage des Freien Deutschen Kulturbundes an die Gruppe „Neu Beginnen" und an die Gewerkschaftsgruppe um Material ausgelöst wird, wird in Aussicht genommen, das Problem Freier Deutscher Kulturbund in der Sitzung der Landesleitung der Gewerkschaften am 23. August[9] unter Hinzuziehung von Vogel und Ollenhauer zu diskutieren.

An der von der Gewerkschaftsgruppe für den 19. August einberufenen Sitzung über „Kulturelle Aktivitäten"[10] wird für die „Union" Ollenhauer teilnehmen.

8 Der FDKB arbeitete mit dem von Lord Wedgewood geleiteten „Allies Inside Germany Council" zusammen. Führer zur Ausstellung „Allies inside Germany". Guide to the Exhibition (London 1942): SAPMO Berlin, Bibliothek; vgl. auch Luise Dornemann, Die Arbeit des Allies inside Germany Council in Großbritannien (1942–1950), in: BzG 23, 1981, S. 872–891; Röder, Exilgruppen, S. 52.
9 In der Sitzung wurde ausführlich über den Kulturbund gesprochen. Außerdem ist im Protokoll vermerkt: „Gottfurcht berichtet über die Vorbereitungen zu einer einheitlichen Kulturorganisation der verschiedenen nationalen Gewerkschaftsgruppen und über seine diesbezüglichen Vorschläge. Die anwesenden Kollegen sind mit diesen Vorschlägen einverstanden." Protokoll der Sitzung des AA der LdG vom 23.8.1942: AdsD Bonn, HBA, NL Gottfurcht, K 5.
10 Kein Protokoll vorhanden.

NR. 76

Protokoll der Mitgliederversammlung am 16. August 1942

AdsD Bonn, PV-Emigration, Mappe 4

Mitgliederversammlung der „Union" am 16. August [1942] im Austrian Labour Club.[1]

---

1 In die Anwesenheitsliste hatten sich eingetragen (mit Angabe der Organisation):

Beyer	Anna	ISK		Lichtenstein	A.	—
Bienenstock	T.	ISK		Löwenheim	Traude	SPD [*]
Dannenberg		ISK		Löwenthal	Richard	NB
Derkow	Willy	SPD		Melcher	E.	TU
Dyhrenfurth		SPD		Meyer	Herm.	SPD
Eichler	Willi	ISK		Miller	Susie	ISK
Fliess	Jenny	ISK		Möller-Dostali	R.	SPD
Fliess	Walter	ISK		Neumann	Robert	SAP
Freudenberg	R.			Ollenhauer	E.	SPD
Fröhlich		SAP		Plöger	M.	—
Galliner	Peter	Gewerksch.		Rauschenplat	H.	Gewerksch.
George	M.	SAP		Rawitzki		SPD
Gleinig	Emmi	ISK		Rosenfeld	Siegfried	SPD [*]
Gleissberg		SPD		Salomon	Friedrich	SPD
Gotthelf		SPD		Sander	Willy	SPD
Gottfurcht	Hans	SPD		Schoettle	E.	NB [*]
Graetzer	Rosi	SPD		Schoettle	H.	
Graf	Ernst	SPD		Segall	Fritz	SPD [*]
Gräupner		SPD [*]		Sieder	I.	ISK
Heidorn	Willi	ISK		Sorg	Heinrich	SPD
Henry	Margarete	ISK		Specht	M.	
Irmer	E.	ISK		Spreewitz	Gustav	SAP
Janovsky	N.	SAP		Vogel	Hans	SPD
Jansen	Walter	SPD		Walter	Paul	SAP
Kamnitzer	H.			Weckel	Curt	SPD [*]
Korn	Wilhelm	SPD		Williams	Mrs.	SPD [*]
Kretzschmar	R.	SPD				

ein Name unleserlich.

* kamen während der Veranstaltung

Bienenstock, Tauba, später verh. Green, ISK und SJ.

Dyrenfurth, Herbert, *1898, Vertreter, SPD Berlin, Bezirksführer, 1939 GB.

Freudenberg, R. , nicht ermittelt.

Galliner, Peter, *1920, 1938 GB, 1942–45 Bibliothekar, 1944–47 Nachrichtenagentur Reuter.

Gleinig, Emmi, *1908, Arbeiterin, ISK, 1938 Schweiz, 1938 GB.

Graf, Ernst, *1898, Schlosser, SPD, 1928–33 Stadtverordneter Crimmitschau/Sachsen, RB, 1933 ČSR, 1940 GB, SPD London.

Gräupner, Rudolf, *1907, Jurist, SPD Berlin, 1938 GB.

Janovsky, Nelly, *1907, SPÖ, 1934 ČSR, 1939 GB, dort SAP, 1945 SPD.

Jansen, Walter, *1908, Gemeindebeamter, SPD, RB, 1934 ČSR, 1938 GB, LdG.

Korn, Wilhelm, *1900, Angestellter, SPD, ZdA, 1933 ČSR, 1939 GB.

Kretzschmar, Richard, *1887, SPD, RB, 1933 ČSR, 1938/39 GB, SPD London.

Am 16. August fand im Austrian Labour Club die erste gemeinsame Mitgliederversammlung der der „Union" angeschlossenen Gruppen statt. Genosse **Hans Gottfurcht** sprach über das Thema: „Die deutsche Arbeiterbewegung und das deutsche Problem".[2] Dem Vortrag folgte eine Aussprache, an der sich die Genossen **Eichler, Sering**[3]**, Fliess, Heidorn, Gleissberg** und **Gräupner** beteiligten.

Eine Anregung, derartige Mitgliederversammlungen regelmäßig in Abständen von vier Wochen zu veranstalten, wurde der Exekutive zur Erledigung überwiesen.

Lichtenstein, Abraham, *1890, Kaufmann, 1935 ČSR, 1939 GB, 1944 SPD.

Löwenheim, Traute, geb. Williams, *1908, Sekretärin, SPD Berlin, 1935 ČSR, 1936 GB Ehefrau von Walter Löwenheim.

Melcher, Ernst, *1909, Kfm. Angestellter, SPD, dann SAP Berlin, 1938 GB, Kellner.

Meyer, Hermann, *1875, Kaufmann, SPD Berlin, 1933 Polen, 1935 ČSR, 1939 GB.

Miller, Susanne, geb. Strasser, *1915, Sekretärin, Soz. Studentenbund Wien, 1934 GB, ISK, seit 1939 durch Heirat brit. Staatsbürgerin.

Plöger, Marga, *1910, Kontoristin, ZdA, ISK/USG, 1939 GB, beschäftigt in VEGA.

Schoettle, Helene, geb. Oswald, 1903–1994, SAJ, 1934 Schweiz, 1939 GB, 1946 Rückkehr nach Deutschland, Ehefrau von Erwin Sch.

Sieder, Ingrid, *1912, kfm.Angest., ZdA, ISK, 1938 Schweiz, Juni 1939 GB, LdG.

2 Kurzbericht über das Referat in: SM, Nr. 41, Anfang September 1942, S.7; Ausarbeitung Gottfurchts zum gleichen Thema in: AdsD Bonn, ISK, Box 43.

3 Das ist Richard Löwenthal.

NR. 77

Protokoll der Exekutivkomiteesitzung am 29. September 1942

AdsD Bonn, PV-Emigration, Mappe 4

Sitzung der Exekutive der „Union" am 29. September 1942 im Trade Union Club

Anwesend: Vogel, Ollenhauer, Eichler, Schoettle, Walter und Gottfurcht.

Ollenhauer berichtet zunächst über die Bemühungen, die noch im unbesetzten Frankreich lebenden deutschen politischen Flüchtlinge durch die Beschaffung eines Zielvisums in Sicherheit zu bringen[1]. Die Verhandlungen, die teils mit Huysmans, teils mit Walter Schevenels geführt wurden, lassen die Hoffnung zu, daß es in absehbarer Zeit gelingt, Visen für die politischen Flüchtlinge zu erhalten, die ihnen die Ausreise aus Frankreich erleichtern. Der Bericht wird zur Kenntnis genommen.

Ollenhauer berichtet dann über die gegenwärtige Situation in der Huysmans-Kommission. Der Protest gegen die Hinzuziehung von Geyer hat keinen Erfolg gehabt. Die Genossen Lévy und de Brouckère hielten es auch nicht für zweckmäßig, jetzt weitere Schritte in der Angelegenheit zu unternehmen und entschieden sich für die Wiederteilnahme an den Sitzungen der Kommission. Die österreichischen Genossen haben dem Genossen Huysmans ihren Standpunkt schriftlich noch einmal unterbreitet, sie haben aber ebenso wie de Brouckère an der letzten Sitzung teilgenommen. Hans Vogel ist der Sitzung ferngeblieben, ohne seinen Austritt aus der Kommission zu erklären.

Die Angelegenheit hat damit ihr vorläufiges Ende gefunden, ohne daß das gewünschte Resultat erzielt werden konnte.

Die Frage, ob jetzt auch die anderen Mitglied-Gruppen Anträge auf Hinzuziehung zu den Beratungen der Kommission stellen sollen, wird von den Mitgliedern der Exekutive in ihren Organisationen besprochen werden, die überwiegende Meinung ging jedoch dahin, daß ein Erfolg eines solchen Antrags zur Zeit nicht zu erwarten ist und daß auch die Struktur der Kommission nicht zu einem solchen Antrag ermutigt. **Eichler** insbesondere unterstreicht diese Auffassung und wünscht eine Aktivität, um unabhängig von der Kommission einen internationalen Zusammenschluß herzustellen.

[Got]tfurcht berichtet, daß die österreichischen Genossen ihn gebeten haben, [auf] ihrer Revolutionsfeier[2] für die deutschen Sozialisten zu sprechen. Er hat unter der Bedin-

---

1 Vgl. Nr. 275.
2 Für den „Austrian Republic Day" am 12. November 1942 waren u.a. als Redner angekündigt: Middleton, Nečas, Paolo Treves, Gottfurcht, Jaksch, Czernetz: London Information, Nr. 19, October 15th, 1942.

gung der Zustimmung der Exekutive der „Union" zugesagt. Die Exekutive ist einverstanden.

Über die Frage der Einberufung einer neuen Mitgliederversammlung der Union entspinnt sich eine längere Debatte. Es wird beschlossen, zunächst noch keinen Termin für eine neue Mitgliederversammlung anzusetzen, aber für den Mittwoch, den 14. Oktober, abends 7 Uhr eine Arbeitsausschuß-Sitzung der „Union" einzuberufen, in der Willi Eichler über das Thema: Formen und Aufgaben der zukünftigen deutschen Arbeiterbewegung referieren soll. Von dem Verlauf der Aussprache soll es abhängig gemacht werden, ob das gleiche Thema dann auch in einer Mitgliederversammlung erörtert werden soll. Es ist den Organisationen freigestellt, zu der Sitzung des AA auch noch einige andere interessierte Funktionäre ihrer Gruppen hinzuzuziehen.

Es wird in Aussicht genommen, am 30. Januar 1943 eine öffentliche Veranstaltung der „Union" durchzuführen.

Auf Grund einer Beratung in der Landesleitung der Gewerkschaften wird die Frage der Schaffung einer Jugendgruppe der „Union" erörtert. Es wird beschlossen, die Gründung einer solchen Gruppe nicht ins Auge zu fassen, solange die Jugendlichen noch die Möglichkeit haben, in der bisherigen Weise an den Veranstaltungen der Österreicher bzw. der Sudetendeutschen teilzunehmen.

Auf eine Anfrage von **Paul Walter**, ob es richtig sei, daß sowohl der Parteivorstand als auch die Gruppe Neu Beginnen Verhandlungen mit den Kommunisten geführt haben, erklären die Vertreter beider Gruppen, daß diese Information falsch ist.

Es entspinnt sich dann eine Debatte über einen Artikel in der Zeitschrift „Free Europe" vom 25. September 1942 unter dem Titel: „Germans in Britain".[3] Die Diskussion endet mit dem Resultat, daß die einzelnen Gruppen der „Union" selbst zu den Behauptungen dieses Artikel Stellung nehmen sollen.

---

3 Germans in Britain: Their Organisations and Political Programs, by A German Emigré, in: Free Europe. Fortnightly Review of International Affairs, Nr. 75, 25. September 1942, S.105–106. Vogel protestierte in einem Schreiben an „Free Europe" am 7. Oktober 1942 gegen den Artikel: AdsD Bonn, PV-Emigration, Mappe 141. „Free Europe" veröffentlichte in Nr. 77 am 23. Oktober 1942 Leserbriefe Walters und Schoettles (zur Geyer-Broschüre) und die Union-Stellungnahme durch Vogel.

NR. 78

Protokoll der Exekutivkomiteesitzung am 14. Oktober 1942

AdsD Bonn, PV-Emigration, Mappe 4

Sitzung der Exekutive der „Union" am 14. Oktober 1942 im Austrian Labour Club

Anwesend: Vogel, Ollenhauer, Gottfurcht, Eichler, Schoettle und Fröhlich.

Vogel berichtet über den Anlaß der Sitzung, die Einladung zu einer Vorbesprechung über die Veranstaltung einer Feier der deutschen antifaschistischen Emigration in London aus Anlaß des fünfundzwanzigjährigen Bestehens der Sowjetunion, die unter anderem auch von Schoettle und Sering unterschrieben ist.[1]

Schoettle gibt eine Darstellung der Vorgeschichte dieser Einladung. Die Gruppe „Neu Beginnen" hat vom Kulturbund die Anfrage erhalten, ob sie bereit sei, an der Vorbereitung einer solchen Feier mitzuwirken. Die Gruppe hat dem Kulturbund mitgeteilt, daß sie prinzipiell bereit sei mitzuwirken unter der Voraussetzung, daß die Veranstaltung keine Veranstaltung des Kulturbundes oder der KPD werde und daß mit den verantwortlichen Vertrauensleuten der deutschen Emigration verhandelt werde, so mit Vogel und Gottfurcht. Dann hat Becker den Genossen Schoettle in der gleichen Angelegenheit aufgesucht, und Schoettle hat ihm noch einmal mündlich den Standpunkt seiner Gruppe auseinandergesetzt.

Zu seiner Überraschung hat Schoettle dann am Montag Morgen die Einladung zu der gemeinsamen Besprechung erhalten, auf der auch sein und Serings Name genannt seien, ohne daß sie beide dazu die Ermächtigung gegeben hätten. In dem Text des Einladungsschreibens seien allerdings die Wünsche hinsichtlich der neutraleren Form berücksichtigt worden. Schoettle ist sich darüber klar, daß bei den übrigen Mitgliedern der Union der Eindruck entstehen mußte, sie sollten unter Druck gesetzt werden, aber diese Absicht habe ihm und seinen Freunden völlig fern gelegen. Sein Versäumnis sei es allerdings, daß er Hans Vogel über die Vorgeschichte nicht sofort unterrichtet habe, das sei aber aus rein persönlichen Gründen unterblieben. Er verstehe, daß durch den jetzigen Verlauf der Dinge die Aussichten für ein Zustandekommen der Veranstaltung unter Mitwirkung der

---

1 Der Vorgang bezieht sich auf das auf Initiative der KPD-Organisation im Oktober 1942 gegründete „Deutsche Flüchtlingskomitee 7. November 1942". Das Komitee rief anläßlich des 25. Jahrestages der Oktoberrevolution zu gemeinsamen Kundgebungen auf. Außer Schoettle und Löwenthal hatte auch Ernst Fröhlich für die SAP an den Vorbereitungssitzungen teilgenommen. Fröhlich lehnte dann in einem Schreiben an Heinrich Fraenkel vom 14.10.1942 wegen der Verwendung der Unterschrift Schoettles und Löwenthals ohne deren Autorisierung die weitere Teilnahme ab: AdsD Bonn, ISK, Box 45; s.a. Nr. 80. Zur Haltung Löwenthals, der auf der Veranstaltung sprach, vgl. dessen Brief an Karl Frank vom 28. Oktober 1942, Nr. 322.

Sozialisten sehr verringert seien. Er werde an der Sitzung am Freitag teilnehmen und feststellen, ob Garantien für die Erfüllung der von ihnen gestellten Bedingungen für den Charakter der Feier gegeben werden.

Vogel erklärt für die Sozialdemokraten, daß er sich mit der Erklärung von Schoettle über die Umstände, die zu der Einladung geführt hätten, zufrieden gäbe, daß aber eine Beteiligung der Partei an der Veranstaltung nicht infrage komme, da sie bei aller Anerkennung für die Leistung des russischen Volkes im gegenwärtigen Krieg ihre Vorbehalte gegenüber dem politischen System der Sowjetunion aufrechterhalten müsse.

Eichler erklärt, daß er und seine Freunde geneigt waren, einer Beteiligung zuzustimmen unter der Voraussetzung, daß sich die „Union" beteilige und daß es sich um eine Revolutionsfeier handeln würde, die ein wahrheitsgetreues Bild der großen russischen Revolution geben würde. Nachdem nach der Erklärung von Vogel eine Beteiligung der „Union" ausscheide, werde sich auch der ISK nicht beteiligen.

Fröhlich erklärt für die SAP, daß auch seine Gruppe im Grunde positiv zu dem Gedanken einer solchen Feier stehe, daß sie aber unter den Umständen, die jetzt klargestellt worden seien, ihre Entscheidung sich noch vorbehalten werde, ob sie an der Freitag-Sitzung teilnehme.

Gottfurcht teilt mit, daß er die Angelegenheit in der Sitzung des Landesvorstandes der Gewerkschaftsgruppe zur Sprache bringen werde. Er glaube nicht, daß er an der Vorbesprechung teilnehmen werde, da eine solche Beteiligung im Widerspruch stehen würde zu einem kürzlichen Beschluß der Landesleitung, sich an Veranstaltungen des Kulturbundes nicht zu beteiligen.

Es wird festgestellt, daß die „Union" sich nicht beteiligen kann, da die erforderliche Einstimmigkeit nicht zu erreichen ist. Es bleibt den einzelnen Gruppen bzw. den eingeladenen Genossen überlassen, wie sie sich entscheiden.

NR. 79

Protokoll der erweiterten Arbeitsausschußsitzung am 14. Oktober 1942

AdsD Bonn, PV-Emigration, Mappe 4

Erweiterte Arbeits-Ausschuß-Sitzung der „Union" am 14. Oktober 1942 im Austrian Labour Club.

Anwesend: Siehe Anwesenheitsliste.[1]

Vogel eröffnet die Sitzung.

Eichler spricht über das Thema: Zukünftige Formen und Möglichkeiten der deutschen Arbeiterbewegung[2]. Nach einer kurzen geschichtlichen Darstellung über die Entstehung der modernen Arbeiterbewegung und über ihre Entwicklungstendenzen in der Zeit bis zum Hitlerregime entwickelt er einige Grundgedanken über die Formen der kommenden neuen Arbeiterbewegung. Seine Grundeinstellung ist, daß die kommende Arbeiterbewegung von der Einsicht getragen sein muß, daß das Tempo und das Ausmaß der Entwicklung zum Sozialismus in erster Linie von dem Willen und dem persönlichen Einsatz der Sozialisten selbst abhängt. Die neue Arbeiterbewegung muß daher entscheidendes Gewicht auf die Entfaltung der individuellen Kräfte für eine aktive sozialistische Politik legen. Unter diesem Gesichtspunkt muß auch die Frage der Massenorganisation einer neuen Prüfung unterzogen werden. Eichler hält eine Bewegung von 100 000 Mitgliedern, die in höchstem Maße aktiv im Sinne des Sozialismus sind, für wirksamer als eine Massenbewegung, deren Anhänger nur zu einem kleinen Teil überzeugte und geschulte Anhänger des Sozialismus sein können und die auch nur zu einem kleinen Teil bereit sind, die notwendigen persönlichen Opfer für die Erreichung des sozialistischen Ziels zu bringen. Die Aufgabe der Massenerfassung müsse den Gewerkschaften überlassen bleiben, die auch dazu infolge ihrer Orientierung an den Alltagsfragen des Arbeiters dafür geeigneter seien.

An der ersten allgemeinen Aussprache beteiligen sich **Schoettle, Fröhlich** und **Sander**.

---

1 Auf der Anwesenheitsliste sind eingetragen:
  Anna Beyer, Alfred Dannenberg, Jenny Fliess, Walter Fliess, Ernst Fröhlich, Hans Gottfurcht, Herta Gotthelf, Willi Heidorn, Margaret Henry, Heinrich Kamnitzer, Robert Neumann, Erich Ollenhauer, Willy Sander, Helene Schoettle, Erwin Schoettle, Fritz Segall, Heinrich Sorg, Minna Specht, Gustav Spreewitz. Willi Eichler und Hans Vogel waren anwesend, sind aber auf der Liste nicht vermerkt.
2 Das Referat Eichlers war nicht zu ermitteln.

Es wird beschlossen, die Aussprache am 28. Oktober fortzusetzen mit einem einleitenden Referat des Genossen Schoettle, das sich vor allem mit den in Deutschland voraussichtlich gegebenen Voraussetzungen für die neue Arbeiterbewegung beschäftigen soll.[3]

---

3 Das Protokoll der Arbeitsausschußsitzung vom 28. Oktober 1942 fehlt in der Protokollüberlieferung. Im Nachlaß Schoettle findet sich ein 9seitiges Manuskript „Die kommende Partei" (Union), vermutlich Schoettles Ausführungen in der Sitzung: AdsD Bonn, PV-Emigration, Mappe 64.

NR. 80

Protokoll der Exekutivkomiteesitzung am 6. November 1942

AdsD Bonn, PV-Emigration, Mappe 4[1]

Sitzung der Exekutive der „Union" am 6. November 1942 im Trade Union Club

Anwesend: Vogel, Ollenhauer, Gottfurcht, Eichler, Schoettle, Walter.

Ollenhauer berichtet über ein Schreiben der Genossin Anna Beyer, in dem sie die Bildung einer Jugendgruppe der Union anregt.[2] Da die bisher bestehenden Bedenken gegen die Bildung einer Jugendgruppe infolge der Beteiligung der infrage kommenden Jugendlichen bei den Österreichern bzw. den Sudetendeutschen nicht mehr bestehen, schlägt Ollenhauer vor, die Anregung im positiven Sinne zu beantworten und zwei Genossen der Exekutive der „Union" mit einer Vorbesprechung mit den Jugendlichen über Form und Inhalt der Gruppe zu beauftragen.

Nach einer kurzen Diskussion wird in diesem Sinne beschlossen, und die Genossen Eichler und Gottfurcht werden mit der Durchführung dieser Besprechung beauftragt.

Es wird dann die Frage der Fortführung der Diskussion über die Möglichkeiten und die Aufgaben einer sozialistischen Einheitspartei[3] behandelt. Nach kurzer Diskussion wird beschlossen, am Sonntag, dem 6. Dezember, vormittags 10 Uhr eine Mitgliederversammlung der „Union" abzuhalten, in der über den Inhalt und den Verlauf der beiden Aussprachen im Arbeitsausschuß der „Union" berichtet werden soll. Zum Berichterstatter wird der Genosse Ollenhauer bestimmt. Am Mittwoch, den 18. November, nachmittags 15 Uhr soll eine Sitzung der Exekutive stattfinden, in der die in der Diskussion des Arbeitsausschusses aufgetauchten Probleme behandelt werden sollen.

Schoettle berichtet dann über seine Verhandlungen mit dem sogenannten Flüchtlingskomitee 7. November 1942.[4] Er unterstreicht, daß N.B. nur seine Mitarbeit für diese

---

1 Über diese Sitzung gibt es auch eine kurze Notiz von Gottfurcht, in: Archiv Dr. Gerhard Beier, Kronberg, TNL Gottfurcht, Akte O I.

2 In ihrem Brief vom 25. Oktober 1942 an den Arbeitsausschuß der Union wies Anna Beyer darauf hin, daß die Hindernisse wie u.a. die Zusammenarbeit mit der österreichischen Jugend beseitigt seien, und bat um eine Entscheidung des Exekutivkomitees über die Gründung der Jugendgruppe. AdsD Bonn, PV-Emigration, Mappe 18.

3 Der Arbeitsausschuß hatte am 14. und 28. Oktober 1942 mit Referaten von Eichler und Schoettle diese Diskussion eröffnet. Vgl. Nr. 79, das Protokoll zum 28. Oktober fehlt.

4 Das „Flüchtlingskomitee 7.11.1942" war ein Gesprächskreis, der die Feier zum 25. Jahrestag der Oktoberrevolution am 7. November 1942 vorbereitete. Trotz der aufgetretenen Differenzen (vgl. Nr. 78) hatten Schoettle und Löwenthal die Gespräche über die Beteiligung von NB fortgeführt. In der Veranstaltung in der Londoner Conway Hall sprachen Johann Fladung (KPD, 2. VS d.FDKB) und Richard Löwenthal (NB) als Hauptredner, den Vorsitz führte der bekannte britische Journalist H.N. Brailsford. In den Reden wurde die Notwendigkeit betont, die Spaltung der deut-

---

Veranstaltung zugesagt hat. Die Erfahrungen bei der Zusammenarbeit im Komitee zur Vorbereitung der Kundgebung am 7. November haben die Gruppe in ihrem Beschluß bestärkt, nach der Kundgebung aus dem Komitee auszuscheiden.

Walter erklärt, daß sich die SAP zur Teilnahme an dieser Veranstaltung erst entschlossen hat, nachdem ihr Versuch, eine gemeinsame Revolutionsfeier mit der „Union" zu veranstalten, gescheitert war. Er hält daher auch die vom Genossen Sander gegen die SAP erhobenen Vorwürfe für unberechtigt.[5] Im übrigen halte er seine Behauptung aufrecht, daß zwischen Neubeginnen und der KPD Verhandlungen stattgefund[en] haben.

Schoettle bestreitet solche Verhandlungen. Wenn sie stattfinden sollten, werde er die „Union" informieren. Er rechnet jedoch nicht damit, daß sie nach den Erfahrungen in dem Flüchtlingskomitee stattfinden werden. Wenn die Gruppe Neubeginnen zu entscheiden habe zwischen Union und Kommunisten, dann werde sie sich für die Union entscheiden.

Ollenhauer verweist darauf, daß nach der Entscheidung der „Union", an der Veranstaltung der Kommunisten als Union nicht teilzunehmen, jede Organisation in ihren Entscheidungen frei war. Die Anregung zu einer Revolutionsfeier der Union ist nie gemacht worden. Auf der anderen Seite müssen sich die Mitglieder der „Union" darüber klar sein, daß ein Verhalten wie im Falle der Mitarbeit an dem kommunistischen Komitee nicht geeignet ist, die Grundlagen der Zusammenarbeit in der „Union" zu bessern.

Die Angelegenheit wird durch die abgegebenen Erklärungen als erledigt betrachtet.

Gottfurcht berichtet über den Plan der „Fight for Freedom" Gruppe, am 18. Dezember eine Round-Table-Konferenz über die Zukunft Deutschlands abzuhalten.[6] Deutsche Sozialisten sind zu dieser Konferenz nicht eingeladen.

Die Fabian Society veranstaltet am 12. und 13. Dezember eine Konferenz in Oxford, an der auch drei deutsche Sozialisten teilnehmen sollen. Über die Einzelheiten soll beraten werden, wenn die Einladungen vorliegen.

---

schen Arbeiterbewegung zu überwinden. Die SPD hielt am gleichen Wochenende eine Konferenz ab, auf der Vogel über die sozialistische Bewegung vor und nach dem Kriege sprach. Vgl. Leske/Reinisch, Exil, S. 185. Vgl. auch Anm. 1 zu Nr. 78.

5 Fröhlich war dem Komitee beigetreten wie Gottfurcht notierte (vgl. Anm. 1). Die SAP hatte demnach aber trotz der Absage Fröhlichs weiter an den Vorbereitungsgesprächen teilgenommen. Worauf sich die Vorwürfe Sanders beziehen, ist nicht festzustellen, auch nicht, ob Sander möglicherweise bei der Exekutivkomiteesitzung anwesend war.

6 Die Round-table-Konferenz am 18. Dezember 1942 ging auf eine Anregung von Carl Herz zurück. Einladung, Teilnehmerliste und die FFF-Broschüre, „Report of the Round Table Conference ‚Germany's Thirty Years' War", 68 S., finden sich in: IISG Amsterdam, NL Carl Herz, Mappen 377–382.

NR. 81

Protokoll der Exekutivkomiteesitzung am 18. November 1942

AdsD Bonn, PV-Emigration, Mappe 4

Protokoll der Sitzung der Exekutive der „Union" am 18. November 1942 im Trade Union Club

Anwesend: Vogel, Ollenhauer, Eichler, Schoettle, Walter, Gottfurcht.

Ollenhauer unterbreitet die Vorschläge für sein Referat in der Mitgliederversammlung der „Union" am 6. Dezember. Er schlägt vor, die bisherige Diskussion über die Frage einer sozialistischen Einheitspartei unter folgenden Haupt-Gesichtspunkten zusammen-zufassen:
1. Organisatorische und politische Aufgaben in der Übergangszeit,
2. Aktionsprogramm der neuen Partei,
3. Die neue Parteiorganisation,
4. Das Verhältnis zu den Kommunisten.
Das Referat soll den Zweck haben, die Mitglieder über den bisherigen Stand der Diskussion zu informieren und sie zu weiteren Beiträgen für die Behandlung des Problems anzuregen.

Nach der Versammlung soll sich die Exekutive über die weitere Vorgangsweise schlüssig werden, es wird notwendig sein, die einzelnen Hauptgebiete nacheinander im erweiterten Arbeitsausschuß zu behandeln, um zu konkreten Formulierungen zu kommen. Das Ziel soll sein, eine gemeinsame Plattform zu erarbeiten.

Die Grundgedanken dieser Vorschläge werden angenommen. In der Sitzung der Exekutive nach der Mitgliederversammlung soll über eine Anregung von Gottfurcht beraten werden, zu den späteren Sitzungen des Arbeits-Ausschusses einige nicht organisatorisch gebundene Sozialisten hinzu[zu]ziehen.

Schoettle informiert die Exekutive über die Vorgeschichte der Mitwirkung von Löwenthal an der Konferenz des „Allies inside Germany Council" am 22. November.[1] Er stellt fest, daß es sich um eine persönliche Teilnahme Löwenthals und nicht um eine Beteiligung der Gruppe „Neubeginnen" handelt. Die Gruppe hält an der von Schoettle in der letzten Sitzung der Exekutive mitgeteilten Auffassung fest, daß sie nach den Erfahrungen mit der Mitarbeit in dem 7. November-Committee die organisatorische Zusam-

---

1 Richard Löwenthal nahm an der vom „Allies Inside Germany" Council gemeinsam mit dem FDKB veranstalteten Konferenz „Hitler's new Order and the anti-Nazi Forces inside Germany" am Sonntag, 22. November 1942, teil. Außerdem sprachen Jürgen Kuczynski, H.N. Brailsford und Dr. Wolfgang von Einsiedel. Programm der Veranstaltung: AdsD Bonn, PV-Emigration, Mappe 16. Vgl. auch Leske/Reinisch, Exil, S.185.

menarbeit mit den Kommunisten nicht fortsetzen wird. Sie wird in Zukunft auch Mitwirkungen an kommunistisch beeinflußten Veranstaltungen wie im vorliegenden Fall in der Organisation entscheiden. Nach einer Aussprache, an der sich alle Teilnehmer der Sitzung beteiligen, wird die Erklärung Schoettles zur Kenntnis genommen.

Es wird beschlossen, am 30. Januar 1943 eine öffentliche Kundgebung der „Union": „Zehn Jahre Hitlerdiktatur" in der Caxton Hall zu veranstalten. Der Saal soll bereits jetzt bestellt werden, über das Programm wird später beraten.

NR. 82

Protokoll der Mitgliederversammlung am 6. Dezember 1942

AdsD Bonn, PV-Emigration, Mappe 4[1]

Mitgliederversammlung der „Union" am 6. Dezember 1942 im Austrian Labour Club

Vorsitz: Hans Vogel

Thema: Möglichkeiten und Aufgaben einer sozialistischen Einheitspartei
Referent: Erich Ollenhauer.

Anwesend: siehe anhängende Anwesenheitsliste.[2]

---

1 Zum Text des Referates vgl. Nr. 83. Ein Bericht über das Referat und die Diskussion finden sich auch in SM, Nr. 46, Februar 1943, S. 18–19.
2 Eingetragen auf der Anwesenheitsliste:

Beyer	A.	ISK	Meyer	Herm.	SPD
Bienenstock	T.	ISK	Möller-Dostali	R.	SPD
Dannenberg	Alfred	ISK	Neumann	R.	SAP
Derkow	W.	SPD	Ollenhauer	E.	SPD [*]
Dyrenfurth		SPD	Plöger	Marga	
Eichler	W.	ISK	Posner	A.	SPD
Fliess	J.	ISK	Salomon		SPD
Fliess	W.	ISK	Sander	W.	SPD
Friedlander	M.	ISK	Schäffer	Peter	SAP
Fryd	T.	ISK	Schiff	Victor	SPD [*]
Gaevernitz	R.S.	SPD	Schoettle	H.	NB
Gleinig	E.	ISK	Schoettle	E.	NB
Gleissberg		SPD	Segall	Fritz	SPD [*]
Gottfurcht	Hans	SPD	Segall	Dora	SPD [*]
Gotthelf		SPD	Sieder	I.	ISK
Graetzer		Union	Sorg	Heinrich	SPD
Heidorn	W.	ISK	Specht	Minna	ISK
Henry	M.	ISK	Spreewitz	G.	SAP
Irmer	E.	ISK	Tille	G.	SPD
Kappius	J.	ISK	Vogel	Hans	SPD
Kressmann	Willy	SPD	Walter	P.	SAP
Kreyssig		SPD	Walter	F.	SAP
Lewin	Hans	SPD	Walter	N.	ISK
Löwenthal		NB [*]	Weckel	Kurt	SPD
Mansbach		SPD	Wittelshöfer		SPD

ein Name unlesbar.
Die „*" gekennzeichneten Namen befinden sich am Ende der Liste und sind von Hans Vogel nachgetragen.
Am Ende der Liste findet sich folgende Aufstellung über die Zahl der Teilnehmer:
25 SPD 16 ISK 5 SAP 2 ? 3 NB gesamt: 50

Dem Referat[3] folgt eingehende Aussprache, in der neben praktischen Anregungen für das Programm und die organisatorische Form der neuen einheitlichen Partei vor allem die Zustimmung zu dem Versuch zum Ausdruck gebracht wird, die bisherige Zersplitterung im sozialistischen Lager zu überwinden.

Es besteht Übereinstimmung darüber, daß die weitere Bearbeitung des Themas in Arbeitsgemeinschaften oder Kommissionen erfolgen soll. Die Festlegung der Einzelheiten wird der Exekutive übertragen.

Fryd, „Tolle" Bertha, *1906, Köchin, ISK, 1935 GB, seitdem engl. Staatsangehörigkeit.
Gaevernitz, Ruth S., *1898, Lehrerin, SPD-Parteirednerin, Berlin, 1933 Frankreich, 1933 GB.
Lewin, Hans, *1907, Kaufmann, SPD, RB, Berlin, 1933 ČSR, 1939 GB.
Mansbach, Alfred, 1893, Gewerkschaftsangest., SPD/RB, Berlin, 1939 GB, dort Holzarbeiter.
Tille, Gustav, 1880, Amtsvorsteher, SPD, 1933 ČSR, 1939 GB.
Walter, Nora, 1923, 1934 mit Eltern Emigr. Frankreich, 1938 GB, ISK, SJ, LdG, Köchin in der VEGA.
3 Vgl. Nr. 83.

NR. 83

Referat Erich Ollenhauers in der Mitgliederversammlung am 6. Dezember 1942

AdsD Bonn, PV-Emigration, Schriften[1]

Möglichkeiten und Aufgaben einer geeinten sozialistischen Partei in Deutschland[2]

Grundgedanken eines Referates von Erich Ollenhauer in der Mitglieder-Versammlung der „Union" am 6. Dezember 1942 in London

Inhalt: Vorbemerkungen
Die Rolle der Emigration
Die Aufgaben in der Übergangszeit
Die organisatorische Aufgabe in der Übergangszeit
Das Aktionsprogramm der neuen Partei
Das Verhältnis zu den Kommunisten
Die neue Sozialistische Arbeiter-Internationale
Schlußbemerkungen

Vorbemerkung.[3]

Die nachstehenden Betrachtungen über die Möglichkeiten und Aufgaben einer geeinten sozialistischen Partei in Deutschland nach dem Sturz der Hitlerdiktatur sind eine Diskussionsgrundlage.

Sie enthalten die Hauptgesichtspunkte einer Diskussion, die in mehreren Veranstaltungen der „Union deutscher sozialistischer Organisationen in Großbritannien" geführt wurde.[4]

Im Verlauf dieser Aussprachen waren sich alle Teilnehmer einig in der Erkenntnis, daß die bisherige Zersplitterung der deutschen Arbeiterbewegung im Hinblick auf ihre schweren und großen Zukunftsaufgaben überwunden werden muß. Die sachliche und kameradschaftliche Atmosphäre, in der diese Aussprachen geführt wurden, hat eine wesentliche Voraussetzung für ein positives Resultat weiterer Einzelberatungen über die Formen und Aufgaben dieser neuen, geeinten sozialistischen Partei geschaffen.

---

1 Der überarbeitete Vortragstext wurde als hektografierte Broschüre im Format und in der Gestaltung der SM verbreitet. Der Text ist abgedruckt in: Dowe/Klotzbach, Programmatische Dokumente, S. 233–247.
2 Vorlage: „Möglichkeiten und Aufgaben" hs. kursiv, „einer ... Deutschland" hs. Blockschrift. Ab dann ms.
3 Vorlage: Die Überschriften sind ms. unterstrichen.
4 Vgl. Nr. 77ff.

Es ist daher der Wille aller Beteiligten, über die hier entwickelten allgemeinen Gedankengänge hinaus eine programmatische Grundlage für die Zielsetzung und die organisatorischen Formen der kommenden deutschen sozialistischen Partei zu schaffen.

Die folgenden Ausführungen werden dieser Einzelberatung zugrunde liegen. Sie sollen ferner dazu dienen, die deutsche sozialistische Emigration in anderen Ländern über den Stand und den Inhalt der bisherigen Aussprache zu informieren und sie zur Mitarbeit und zur Kritik anzuregen.[5]

Die Rolle der Emigration.

Die entscheidenden Kräfte, die die neue sozialistische Partei in Deutschland nach dem Sturz der Hitlerdiktatur tragen, ihre Ziele und ihre Formen bestimmen werden,

---

5 Ollenhauers Vortrag, der auf den vorangegangenen Referaten von Eichler und Schoettle aufbaute, war von grundlegender Bedeutung für die weitere Diskussion der Union zur Frage der sozialistischen Einheitspartei. Durch die Übersendung der Broschüre und durch Briefe wurde die sozialdemokratische Emigration in den anderen Emigrationsländern über den Stand der Beratungen informiert. Am 7. Dezember 1942 hatte Ollenhauer optimistisch an Brost u.a. geschrieben: „Augenblicklich haben wir in der „Union" ganz erfolgversprechend Verhandlungen über die programmatische Grundlage und die organisatorischen Formen einer kommenden einheitlichen sozialistischen Partei in Deutschland. Die Bereitschaft, zu einer Überwindung der alten Zersplitterung im sozialistischen Sektor zu kommen, ist sehr groß und auch in den sachlichen Vorstellungen über die zukünftigen Aufgaben ist eine weitgehende Annäherung erfolgt. Wir überschätzen die Bedeutung dieser Entwicklung im kleinen Sektor der Emigration nicht, aber auf der anderen Seite hat die Emigration im Gegensatz zu den Freunden im Lande jetzt schon die Möglichkeit, sich eingehender und gründlicher mit diesen Fragen zu beschäftigen, und jedes Resultat solcher Unterhaltungen kann für später nur nützlich sein. Aus einem Brief von Tarnow ersehen wir übrigens, daß dort in der letzten Zeit ähnliche Besprechungen mit den Genossen der SAP stattgefunden haben und daß sie in der Sache im wesentlichen zu den gleichen Ergebnissen geführt haben." Mitglieder der New Yorker ISK-Gruppe und andere Sozialisten diskutierten das Referat und formulierten eine mehrseitige Stellungnahme. In: AdsD Bonn, ISK, Box 51. Weniger freundlich war die Stellungnahme Stampfers vom 1. März 1943, der „schärfsten Meinungsgegensatz" feststellte und dem Parteivorstand in London vorwarf, die Partei im Verhältnis zu den Gruppen der Union „zu liquidieren". Insbesondere wandte er sich gegen die von Ollenhauer angesprochene „Bildung der neuen Partei ... in Deutschland" und betonte demgegenüber die Treuhänderschaft. Nur die Parteigenossen in Deutschland selbst könnten eine Entscheidung fällen. Er riet, sich aus der „Union" zurückzuziehen und bot an, zur Rückendeckung entsprechende Erkärungen und Unterschriften zu besorgen. In einem weiteren Brief am 12. April 1943 wiederholte er seine Ablehnung und fand sie eher noch zu zahm. Vogel antwortete am 14. April 1943, setzte sich ausführlich mit Stampfers Einwänden auseinander und beharrte auf der Zusammenarbeit mit den sozialistischen Gruppen, wenngleich auch er konzedierte, „daß die Endentscheidung ja doch im Reiche selbst fallen muß". Stampfer beharrte zwar in seiner Antwort am 13. Mai 1943 auf der „Entscheidung im Inland", äußerte aber auch seine Zuversicht, „daß ihr mit der Zeit einen Weg finden werdet, um wieder herauszukommen". Möglicherweise war es seine Ablehnung, die dazu führte, daß die Frage der Einheitspartei in den Unionsberatungen erst sehr spät wieder aufgegriffen wurde und die Diskussion erst kurz vor der Rückkehr mit einer wenig gehaltvollen Richtlinie abgeschlossen wurde. Vgl. Nr. 192. Die Briefe sind wiedergegeben in: Mit dem Gesicht nach Deutschland, S. 583–593. Daß auch die KPD Ollenhauers Referat aufmerksam registrierte, zeigt das mit handschriftlichen Anstreichungen versehene Exemplar der Broschüre im Nachlaß Wilhelm Koenens. In: SAPMO Berlin, NL Koenen, NL 74/107.

leben in[6] Deutschland. Der geschichtliche Prozeß, der zur Bildung der neuen Partei führen wird, wird sich in Deutschland vollziehen. Man kann daher über die Bildung der neuen sozialistischen Partei nicht durch einen organisatorischen Beschluß in der Emigration entscheiden.

Trotzdem fällt der sozialistischen Emigration in dieser Frage eine wichtige Funktion zu. Sie hat gegenüber den Freunden im Reich den großen Vorteil, jetzt schon in viel größerer Freiheit und Unabhängigkeit die notwendigen klärenden Diskussionen über Formen und Aufgaben der neuen Partei führen zu können. Die Ausnutzung dieser Möglichkeit ist sogar die besondere politische Verpflichtung der Emigration gegenüber der Bewegung im Lande. Eine ernsthafte und sachliche Vorbereitungsarbeit in der Emigration kann die ersten Schritte der neuen Bewegung wesentlich erleichtern. Sie kann von großer, vielleicht entscheidender Bedeutung für die ersten Handlungen und für die zukünftige Zielrichtung dieser neuen Bewegung werden. Die Entwicklung des Krieges und die innere Bereitschaft in der sozialistischen Emigration zur gemeinsamen Arbeit an der Lösung der Probleme machen die Inangriffnahme dieser Arbeit notwendig und möglich.

Die Aufgaben in der Übergangszeit.

Für uns Sozialisten ist die Partei das Instrument unseres politischen Kampfes zur Durchsetzung unserer sozialistischen Ziele. Formen und Aufgaben einer sozialistischen Partei werden daher bestimmt von den Bedingungen und Aufgaben des Kampfes. Es ist deshalb zunächst die Frage zu untersuchen, welche Bedingungen wir nach dem Sturz der Hitlerdiktatur in Deutschland vorfinden und vor welche Aufgaben wir gestellt sein werden.

Es ist unsere gemeinsame Überzeugung, daß der Sturz der Hitlerdiktatur die Folge eines eindeutigen militärischen Sieges der Alliierten und[7] einer revolutionären Erhebung der antifaschistischen Kräfte in Deutschland selbst sein wird. Wir gehen bei unseren Überlegungen weiter von der Annahme aus, daß die militärischen Sieger, abgesehen von den von ihnen als notwendig erachteten Sicherungsmaßnahmen gegen eine Wiederholung einer deutschen Aggression, die Entwicklung und die Tätigkeit einer freien sozialistischen Arbeiterbewegung in Deutschland als eine der wesentlichsten inneren Garantien für eine demokratische und friedliche Entwicklung des neuen Deutschland ermöglichen.

Auch in diesem Fall werden wir in Deutschland vor einer außergewöhnlichen und außerordentlich schwierigen Situation stehen. Sie wird in keiner Weise der des Jahres 1918 gleichen. Damals konnte das alte kaiserliche Deutschland abgelöst werden durch eine Opposition, die auch während des Krieges ihre Organisationen, ihre parlamentarischen Vertretungen und ihre Presse hatte. Diesmal gibt es in Deutschland keine derartige organisierte Alternative. Zehn oder vielleicht sogar zwölf Jahre totaler Diktatur haben die

---

6 Vorlage: „in" ms. unterstrichen.
7 Vorlage: „und" ms. unterstrichen.

alten organisatorischen Formen der Arbeiterbewegung restlos zerstört, ihre Anhänger-schaft atomisiert, ihre geschulten Kräfte dezimiert.

In dieser Lage wird die neue Bewegung vor einem Umbruch von ganz anderen Di-mensionen stehen als im Jahre 1918. Der totalen Diktatur wird ein totaler Zusammen-bruch, dem totalen Krieg die totale Niederlage mit allen ihren weitreichenden Folgen für das deutsche Volk folgen. Auf der anderen Seit werden Umfang und Inhalt der Maß-nahmen in dieser Übergangzeit von entscheidender Bedeutung für die Zukunft des deutschen Volkes und der deutschen Arbeiterbewegung sein.

Das Programm der neuen Partei für die Übergangzeit muß daher Maßnahmen prin-zipieller Natur zur dauernden Sicherung der neuen deutschen Demokratie enthalten. Diese Maßnahmen dürfen sich nicht beschränken auf die Vernichtung und Unschäd-lichmachung der Träger des Nazisystems. Diese notwendige Abrechnung mit den Schuldigen wird sich außerdem ohne programmatische Ankündigung als die selbstver-ständliche und unabwendbare Folge des Zusammenbruchs der Diktatur vollziehen. Es dürften dabei alle die auf ihre Rechnung kommen, denen die Revolution von 1918 zu unblutig war.

Das wesentliche Ziel der neuen Partei in dieser revolutionären Übergangsperiode muß vielmehr ein tiefer Eingriff in die alte gesellschaftliche Ordnung sein. Zur dauern-den Sicherung der neuen deutschen Demokratie, ihres sozialen Charakters und ihrer friedlichen Außenpolitik müssen dem Großgrundbesitz, der Schwerindustrie und der Hochfinanz, der nazistisch-reaktionären Bürokratie und dem Militarismus die Verfü-gungsgewalt über Produktion und Staatsapparat für dauernd entzogen werden.

Diese Maßnahme muß sofort, kraft revolutionären Rechts, erfolgen, und die erste dringende Aufgabe einer Vorbereitung des Aktionsprogrammes der neuen Partei in der Übergangzeit muß es sein, konkrete Vorschläge für die Verwirklichung dieses Prinzips auszuarbeiten. Die Art der Enteignung, die Art der zukünftigen Verfügungsgewalt, die Grundsätze der neuen Staatsverwaltung müssen konkret bestimmt werden.

Eine zweite dringende Aufgabe ist der engste Kontakt und der Gedankenaustausch mit den Vertretern der sozialistischen Bewegung in den anderen europäischen Ländern. Die engste praktische Verbindung mit der sozialistischen Arbeiterbewegung außerhalb Deutschlands wird eine Lebensnotwendigkeit für die neue Bewegung und für das neue Deutschland sein.

Schon heute liegen genügend Anzeichen dafür vor, daß es innerhalb und außerhalb Deutschlands einflußreiche Kräfte gibt, die entgegen dem Willen der Sozialisten und Demokraten aus Sorge um die Existenz ihrer bisherigen gesellschaftlichen Machtstel-lung die deutsche Aggression nach dem Motto bekämpfen möchten: Wascht den Pelz, aber macht ihn nicht naß.

Die organisatorische Aufgabe in der Übergangzeit.

In dieser Übergangzeit muß auch der organisatorische Aufbau der neuen Partei er-folgen. Eine Anknüpfungsmöglichkeit an die alte Organisation besteht nicht mehr. Wir werden vielmehr einer Vielzahl und Vielfalt von örtlich oder gar betrieblich begrenzten

Widerstandszentren oder traditionell gebundenen Gruppen gegenüberstehen. Diese Kräfte werden weder einheitlich geführt noch organisatorisch zentral zusammengefaßt sein.

In jedem Fall werden wir es aber mit aktiven, erprobten und zuverlässigen Gruppen und Menschen zu tun haben, die die Keimzellen und den Organisationskern der neuen Partei bilden werden.

Das erste praktische Problem ist, daß wir uns sobald als möglich – selbstverständlich intern – auf Grund unserer Erfahrungen und Personalkenntnisse eine Übersicht über diese Kräfte verschaffen. In der Hitlerdiktatur erprobte Vertrauensleute in großen Betrieben, bewährte Funktionäre und Mitglieder in den einzelnen Orten oder in den Wohnbezirken der Großstädte werden in der ersten Zeit gleichzeitig das organisatorische Zentrum der neuen Bewegung und ihre Vertrauensleute oder Kommissare gegenüber der öffentlichen Verwaltung sein müssen. Oft – vor allem in kleinen Orten – wird in den ersten Tagen ein Mann, bewährt in seiner Gesinnungstreue und daher anerkannt von den Arbeitern und den demokratischen Elementen der Bevölkerung, das Zentrum der neuen Partei sein müssen.

Die Ausarbeitung einer Übersicht, an welchen Orten und in welchen wichtigen Zentren, betrieblich oder wohnbezirklich, wir mit Sicherheit mit solchen Vertrauensleuten rechnen können, wird für die Lösung der ersten organisatorischen und politischen Aufgaben von der größten praktischen Bedeutung sein.

Andere vordringliche Fragen müssen untersucht werden: der provisorische örtliche und bezirkliche Aufbau der Partei, die Schaffung einer provisorischen Reichsleitung und die Wiederherausgabe einer freien sozialistischen Presse.

Eine andere wichtige Aufgabe wird die Klarstellung der Funktionen der Vertrauensleute der Partei im Hinblick auf die Aufrechterhaltung der lebenswichtigen Betriebe (Lebensmittelversorgung, Kraftversorgung, Verkehr, Fürsorgeeinrichtungen) sein.

Richtung und Inhalt der neuen Entwicklung in Deutschland soweit sie von den innerdeutschen Kräften abhängen wird, werden in hohem Maße davon bestimmt werden, daß der Wille der neuen sozialistischen Bewegung an allen entscheidenden Punkten des öffentlichen Lebens schnell und wirksam durch die Vertrauensleute der Bewegung zur Geltung gebracht wird.

Die Bedingungen und die Aufgaben, die sich unmittelbar nach dem Sturz des Hitlerregimes ergeben werden, werden es mit sich bringen, daß die neue Bewegung weder nach der Zusammensetzung ihres Kerns, noch hinsichtlich der vordringlich zu lösenden Aufgaben immer streng unterscheiden kann zwischen rein politischen und rein gewerkschaftlichen Aufgaben. Es muß aber ihr Ziel sein, sobald als möglich aus dem Kern sowohl die neue Gewerkschaftsbewegung als [auch] die neue Partei zu entwickeln.

Das Aktionsprogramm der neuen Partei.

Alle organisatorischen und politischen Maßnahmen der neu entstehenden sozialistischen Partei müssen unter einheitlichen Gesichtspunkten in Angriff genommen werden, die in ihren Grundzügen in der Form eines Aktionsprogramms schon jetzt entwickelt werden müssen.

Wir haben bisher nur von der Notwendigkeit gesprochen, im Zuge einer revolutionären innerdeutschen Entwicklung die wirtschaftlichen und sozialen Triebkräfte des deutschen Faschismus und des deutschen Militarismus durch einschneidende Eingriffe in die alte gesellschaftliche Ordnung zu zerstören. Sie müssen Teil eines Programms sein, das die neue sozialistische Partei zur führenden politischen Kraft werden läßt und das die Mittel und Wege zeigt, den Versuch von 1918 mit Erfolg und Bestand zu erneuern und weiterzuführen.

Dabei müssen wir von der Erkenntnis ausgehen, daß programmatische Formulierungen allgemeiner Art und allgemeine Bekenntnisse zum Sozialismus nicht mehr ausreichen werden. Wir müssen auf konkrete Fragen konkrete Antworten, sachlich und eindeutig, geben.

Die neue Partei muß festhalten an unseren grundsätzlichen Vorstellungen über den freiheitlichen und demokratischen Charakter einer sozialistischen Partei. Sie haben durch die Ereignisse eine neue Rechtfertigung erfahren.

Die Hitlerdiktatur, die sich das Ziel gesetzt hatte, den Freiheitswillen der Menschen zu vernichten, hat das Verlangen nach persönlicher Freiheit und sozialer Sicherheit, nach Recht und Frieden mit neuer elementarer Kraft erfüllt. Dieses Verlangen wird heute von weiten Kreisen des Volkes über die Arbeiterschaft hinaus geteilt. In dieser Entwicklung liegt die große Chance der neuen Partei. Durch ihre Zielsetzung und durch ihr praktisches Handeln muß sie sich zur Führerin dieser Bewegung machen.

Hinter dem Schlagwort von der „antikapitalistischen Sehnsucht" breiter Volksschichten steckt mehr als ein erfolgreicher Propagandatrick der Nazis.

Die Erkenntnis, daß die alte kapitalistische Wirtschaftsordnung nicht in der Lage ist, den Menschen Sicherheit der Existenz und Schutz vor den Wechselfällen des Lebens zu geben, hat in der Weltwirtschaftskrise von 1930 bis 1934 große Fortschritte gemacht. Unter der Hitlerdiktatur hat sich der Scheinsozialismus der Nazis als Betrug erwiesen. Sie hat vor allem das Problem der neu proletarisierten Mittelschichten [und] die Schaffung einer neuen Existenzsicherheit nicht gelöst. Die alte Forderung der sozialistischen Arbeiterbewegung nach einer Ablösung der kapitalistischen Ordnung durch eine durch das Interesse der Allgemeinheit bestimmte neue Ordnung wird daher auch die Unterstützung dieser Mittelschichten finden.

Die von uns geforderten Eingriffe in die bisherige gesellschaftliche Ordnung, die Aufhebung der Verfügungsgewalt der Schwerindustrie, der Hochfinanz und des Großgrundbesitzes über Produktion und Staatsverwaltung, sind daher nicht nur eine lebensnotwendige politische Maßnahme zur Sicherung der neuen deutschen Demokratie, sie sind gleichzeitig der Ausgangspunkt für eine Ordnung der sozialen Sicherheit für alle.

Die erste dringende Aufgabe der neuen Demokratie wird die Umstellung der deutschen Wirtschaft auf eine reine Bedarfs- und Friedenswirtschaft sein.

Es ist damit zu rechnen, daß dem neuen deutschen Staat nach dem Sturz der Hitlerdiktatur Maßnahmen in dieser Richtung von den Alliierten als Sicherungen gegen eine
neue deutsche Aggression auferlegt werden.

Die absolute und vollständige Umstellung der heutigen deutschen Kriegswirtschaft
auf eine Bedarfs- und Friedenswirtschaft unter Führung und Planung durch den demokratischen Staat entspricht aber unabhängig von diesen außenpolitischen Eingriffen
einem lebenswichtigen Interesse der neuen deutschen Demokratie.

Der Eingriff in die bisherigen Besitzverhältnisse wird dem neuen Staat eine gerechte
Verteilung des Arbeitsertrags zugunsten der Arbeitenden und Unbemittelten und den
Aufbau einer Sozialfürsorge ermöglichen, die auch den wirtschaftlich gefährdeten
Mittelschichten eine größere Existenzsicherheit verschafft.

Es wird die Aufgabe von Einzelberatungen sein, die Vorstellungen über diese neue
wirtschaftliche und soziale Ordnung im einzelnen zu entwickeln.

Die neue Partei muß nicht nur auf wirtschaftlichem Gebiet in ihrer praktischen Politik
über die Politik der Arbeiterbewegung zwischen 1918 und 1933 hinausgehen, sie muß
diesen Schritt nach vorwärts auch auf politischem Gebiet tun.

Auch auf politischem Gebiet ist der Angriff der Hitlerdiktatur auf die alten Vorstellungen, die auch die sozialistische Arbeiterbewegung getragen haben, die Vorstellungen,
daß sich der Fortschritt der Menschheit nur auf dem Boden eines demokratischen
Rechtsstaates dauerhaft und beständig entwickeln kann, gescheitert.

Die totale Diktatur hat dem Verlangen nach Recht, Gesetzlichkeit und Schutz der
Persönlichkeit vor Willkür und Gewalt neue Impulse gegeben. Neben dem Verlangen
nach sozialer Sicherheit ist das Verlangen nach Freiheit und Rechtssicherheit die stärkste
Triebkraft aller oppositionellen Regungen gegen das Naziregime. Sie wird nach dem
Sturz der Hitlerdiktatur ihre Erfüllung suchen.

Wir dürfen die Hoffnung hegen, daß die Kraft, die das Böse wollte, das Gute schafft,
das heißt, daß nach dem bitteren Experiment der totalen Diktatur breite Schichten des
deutschen Volkes den Wert eines freiheitlichen Regimes und eines Rechtsstaates besser
zu schätzen wissen als in der Zeit nach der Novemberrevolution von 1918. Eine sozialistische Partei, die die Schaffung eines Rechtsstaates auf dem Boden einer freiheitlichen
Demokratie in Angriff nimmt, wird daher auch auf diesem Gebiet auf die Zustimmung
und die Unterstützung von Volksschichten über die Arbeiterschaft hinaus rechnen können.

Diese Möglicheiten entheben uns nicht der Verpflichtung, aus unseren Erfahrungen
in der demokratischen Periode von 1918 bis 1933 unsere Schlüsse zu ziehen und nach
Mitteln und Wegen zu suchen, um die Fehler von damals und die schließliche Vernichtung der Demokratie zu vermeiden.

Auch wenn wir die Existenz der neuen deutschen Republik durch einschneidende
Änderungen in der wirtschaftlichen Struktur stärker unterbauen als es 1918 geschah, so
sind damit nicht alle politischen Gefahren für die neue Demokratie gebannt. Der deut-

sche Nationalismus wird selbst nach der Niederlage der Hitlerdiktatur als ideologische und politische Kraft fortbestehen, und er wird den Kampf um die Macht nicht aufgeben.

Die neue deutsche Demokratie muß von Anfang an eine eindeutige Kampfstellung gegen diesen Nationalismus beziehen, die neue deutsche Demokratie muß eine kämpferische Demokratie sein.

Die neue Partei muß auch alle die Erfahrungen und Beobachtungen in ihre Betrachtungen und Entscheidungen über ihre Politik in der neuen Demokratie einbeziehen, die in anderen demokratischen Ländern Europas in den letzten zwanzig Jahren gemacht wurden.

In allen demokratischen Ländern, selbst in den klassischen Ländern demokratischer Selbstverwaltung, haben sich im Laufe der letzten zwei Jahrzehnte Entwicklungen vollzogen und vollziehen sich weiter, die die Formen demokratischer Selbstverwaltung und demokratischer Staatsführung weitgehend verändert haben und noch verändern werden.

Für die neue deutsche Demokratie und für alle Demokratien, die sich mehr und mehr zu sozialen Demokratien mit weitgehenden Eingriffen des Staates in das Wirtschaftsleben und mit planmäßiger Gestaltung des wirtschaftlichen und sozialen Lebens durch den Staat entwickeln, ergeben sich zahlreiche neue und schwerwiegende Probleme aus der Notwendigkeit, einen Ausgleich [zwischen] staatlich dirigierter Planung, wachsender bürokratischer Verwaltung und der politischen und persönlichen Freiheit des einzelnen Staatsbürgers zu finden.

In Deutschland wird die neue Partei als die entscheidende Trägerin eines wirklichen demokratischen Volkswillens zunächst vor der dringenden Aufgabe der politischen Sicherung der neuen Demokratie gegen ihre innerpolitischen Gegner stehen. Sie kann und darf den Feinden der Demokratie, den prinzipiellen Gegnern einer demokratischen Selbstverwaltung des Volkes, nicht wieder die Möglichkeit geben, mit den Mitteln der Demokratie die Demokratie zu untergraben.

Für eine absehbare Zeit können und dürfen z.B. die aktiven Träger des Naziregimes nicht in den Genuß staatsbürgerlicher Rechte der Demokratie kommen.

Die neue Demokratie muß den Mut haben, diesen Feinden der Demokratie die demokratischen Rechte zu verweigern. Die praktische Aufgabe der Einzelberatung muß es sein, den Ausgleich zwischen dieser Maßnahme und der Lebensmöglichkeit einer für eine lebendige Demokratie lebensnotwendigen Opposition auf dem Boden der demokratischen Ordnung zu finden.

Mit dem Übergang vom faschistischen zum demokratischen System wird der Weg für die Eingliederung des deutschen Volkes in die Gemeinschaft der europäischen demokratischen Völker wieder frei, aber gleichzeitig wird diese neue deutsche Demokratie auch wieder in die Problematik moderner demokratischer Staatsführung einbezogen. Sie hat sich in dem Jahrzehnt seit 1933 weiter kompliziert, nachdem der Einfluß und das Aufgabengebiet des Staates durch den Ausbau staatlicher Wirtschafts- und Sozialpolitik ständig im schnellen Wachstum begriffen sind.

Angesichts dieser Entwicklung stehen alle Demokratien vor der Aufgabe, eine neue Einheit zu finden zwischen der Notwendigkeit einer starken Führung, die auf lange Sicht planen kann, und der Notwendigkeit der Schaffung eines lebendigen demokratischen Bewußtseins im Volke.

Die neue deutsche Demokratie wird versuchen müssen, in erster Linie ein lebendiges demokratisches Bewußtsein im Volke zu entwickeln und zu erhalten. Der Kontakt zwischen dem Wähler und dem Gewählten muß enger gestaltet werden, als es in der Weimarer Republik der Fall war. Das frühere Listensystem hat in hohem Maß die Entfremdung zwischen den Volksvertretern und den Wählern gefördert. Bei Aufrechterhaltung des Prinzips des allgemeinen und gleichen Wahlrechts für alle Staatsbürger ohne Rücksicht auf Geschlecht, Rasse oder soziale Stellung muß der Wähler die Möglichkeit erhalten, eine Persönlichkeit und nicht nur eine Liste zu wählen.

Der unmittelbare Anteil des Volkes an der Verwaltung seiner Geschicke muß durch einen Ausbau der Selbstverwaltung, vor allem in den unteren kommunalen Gliederungen gesteigert werden. Die Heranziehung breitester Volksschichten zur praktischen Mitarbeit wird auch eines der wesentlichen Erziehungsmittel der neuen Demokratie zu demokratischer Haltung und zur Beherrschung der Technik der politischen Verwaltung sein müssen.

Das Parlament, gestützt auf den direkten und ständigen Kontakt mit den Wählern, wird in der neuen Demokratie wieder zur vollen Ausübung seiner Grundrechte kommen. Die Grundlinien der Innen- und Außenpolitik unterliegen der Entscheidung des Parlaments. Die Entscheidung über Krieg und Frieden, die Budgetfeststellung und die Budgetkontrolle sind das ausschließliche Recht des Parlaments.

Dagegen wird die neue Demokratie sich gegen eine Wiederholung der Auflösungserscheinungen des Weimarer Parlaments schützen müssen. Dazu gehören Sicherungen gegen die Parteizersplitterung, die schließlich zur Entstehung einer Vielzahl von Splittergruppen im Weimarer Parlament geführt hat. Dazu gehört auch eine neue Abgrenzung der Rechte der Regierung und des Parlaments. Die Regierung bedarf zu ihrer Amtsführung der Zustimmung der Mehrheit des Parlaments, aber die Entziehung des Vertrauens muß gebunden sein an eine prinzipielle Entscheidung über die Politik der Regierung.

Die neue Demokratie muß der Erziehung eine bedeutsamere Stellung einräumen. Die Anforderungen an die in der öffentlichen Erziehung tätigen Personen müssen dem gleichen strengen Maßstab für die zuverlässige demokratische und soziale Gesinnung unterliegen, die für alle anderen Funktionäre des Staates bindend sein werden. Die Erziehung ist eine öffentliche Angelegenheit, ihre Grundlagen müssen eindeutig demokratisch und sozial sein. Das Erziehungsziel muß mit bewußter Unterstreichung des prinzipiellen Gegensatzes zu der nazistischen und nationalistischen Zielsetzung der Vergangenheit auf die Erweckung einer sozialen, humanen und friedlichen Gesinnung gerichtet sein.

Die neue Demokratie muß sich aus eigenem Entschluß, als Ausfluß ihrer neuen geistigen und politischen Haltung, zu einer eindeutigen friedlichen Außenpolitik bekennen.

Sie muß den Krieg und die Anwendung von Gewalt oder die Drohung mit der Gewalt als Mittel ihrer auswärtigen Politik grundsätzlich ablehnen. Das schließt ein die radikale und bedingungslose Vernichtung des deutschen Militarismus als Organisation und als Ideologie. Friedens- und Verständigungspolitik müssen eine der wesentlichen Grundlagen der öffentlichen Erziehung der Jugend und der öffentlichen Meinungsbildung, insbesondere im Rundfunk und Film, bilden.

Alle diese Bemerkungen sind nicht mehr als eine Zusammenfassung der Hauptgesichtspunkte der Politik der neuen sozialistischen Partei, die gleichermaßen getragen sein muß von der Entschlossenheit, die neue demokratische Ordnung zu sichern, daß sie sich gegenüber neuen nationalistischen und reaktionären Angriffen behaupten kann, und von dem Willen, auf ihrem Boden planmäßig und zielbewußt die Elemente einer sozialistischen Ordnung, dem obersten Ziel der Politik der Partei, zu entwickeln.

Wesen und Form der neuen Partei.

Über die Betrachtung über die Aufgaben der Partei hinaus ist noch eine Untersuchung über Wesen und Form der neuen Partei selbst notwendig. Auch hier müssen wir die Erfahrungen und Erkenntnisse der Zeit vor und während der Hitlerdiktatur in Betracht ziehen.

Es liegt im Wesen einer demokratisch und freiheitlich orientierten sozialistischen Partei, daß sie ständig danach streben muß, immer neue Schichten der Bevölkerung für ihre Ansichten und Aufgaben zu gewinnen und sie von der Richtigkeit ihrer Vorstellungen und Zielsetzungen zu überzeugen.

Im Prinzip muß daher die neue Partei jedem offen stehen, der sich mit ihren Zielen und ihrer Politik verbunden fühlt und bereit ist, für ihre Erfüllung zu wirken. Auf der anderen Seite stellen die wachsenden Aufgaben, die im Zuge der Durchsetzung immer größerer Teile unserer Forderungen entstehen, immer größere Anforderungen an die Kenntnis und die Einsatzbereitschaft jedes einzelnen Mitgliedes.

Auch in der Partei wird daher die Erziehung im weitesten Sinne des Wortes, die innere Verpflichtung des Einzelnen für die Aufgabe, von wachsender Bedeutung sein. Das Gewicht der Zahl der Anhänger muß verstärkt werden durch die Kraft entwickelter Persönlichkeiten. Die Partei wird auch aus einem anderen Grunde für die Vertiefung ihres inneren geistigen Lebens wirken müssen.

Die Einsicht in die Notwendigkeit der Änderung der gegenwärtigen gesellschaftlichen Ordnung wird heute von allen einsichtigen und denkenden Menschen geteilt. Die neue Partei muß bereit sein, ohne doktrinäre Enge, die Führung dieser Kräfte im Volke zu übernehmen und sich zum Zentrum des Kampfes für eine gerechte und soziale Ordnung für alle Volksschichten zu entwickeln. Sie kann es nur werden, wenn sie gegenüber weltanschaulichen, religiösen oder anderen philosophischen Motivierungen einer fortschrittlichen sozialen Einstellung des Einzelnen tolerant ist.

Die notwendige Einheitlichkeit der politischen Aktion muß in der Partei mit Hilfe einer starken Parteidemokratie erarbeitet werden.

Das Problem der Parteidemokratie muß auch noch unter einem anderen Gesichtspunkt untersucht werden. Die neue Partei bedarf zu ihrer Verwaltung und zur Erfüllung der praktischen politischen Aufgaben einer Bürokratie. Diese Bürokratie wird wachsen in dem Maße, als die Partei als entscheidender Träger des Volkswillens in die Verwaltung der Gesellschaft eingreift. Sie wird sich weiter spezialisieren und damit werden auch in ihr alle Tendenzen der Mechanisierung und der Entpersönlichung wirken, die heute in jeder modernen Demokratie zu finden sind. Das praktische Problem ist, einen Ausgleich der Spannung zwischen der politischen Führung der Partei, der Mitgliedschaft und der Parteibürokratie zu finden.

Im Prinzip wird man dabei von der Auffassung ausgehen müssen, daß die organisatorischen Leiter und die fachlichen Mitarbeiter der Partei nicht identisch sein müssen mit der politischen Führung der Partei, sowohl in der zentralen Körperschaft wie in den verschiedensten Untergliederungen der Partei.

Das Verhältnis zu den Kommunisten.

Die neue Partei muß sich schließlich mit ihrem Verhältnis zu den Kommunisten auseinandersetzen.

Selbstverständlich muß sie das Ziel verfolgen, das Unglück der Spaltung der Arbeiterschaft endgültig zu überwinden.

Im Prinzip wird die Frage der alten Parteizugehörigkeit bei dem Aufbau der neuen Partei keine Rolle spielen. In der Illegalität haben viele frühere Kommunisten ihre Überzeugungstreue und ihre Zuverlässigkeit ebenso unter Beweis gestellt wie die früheren Sozialisten.

Die gemeinsame Gefahr hat auch vor allem in den örtlichen und betrieblichen Einheiten der illegalen Bewegung Ansätze für ein neues Vertrauensverhältnis zwischen solchen früheren Kommunisten und Sozialisten geschaffen. Nur ein Teil der früheren Kommunisten war von den Sozialisten durch wirkliche prinzipielle Gegensätze getrennt, bei vielen gab das Bedürfnis nach einer „radikaleren" entschlosseneren Politik den Ausschlag für die Orientierung zu der Partei „links von den Sozialdemokraten".

Viele dieser Kommunisten werden einem konstruktiven sozialistischen Programm der neuen sozialistischen Partei aus innerster Überzeugung zustimmen, und eine aktive Politik der neuen Partei kann viele Ursachen für die Existenz einer selbständigen Arbeiterpartei links von den Sozialisten aufheben. Eine solche Entwicklung zur Einheit soll die neue Partei bewußt und freudig fördern.

Dagegen darf man die Augen nicht vor der Tatsache verschließen, daß damit die Frage des Verhältnisses zu der KPD als Organisation nicht gelöst ist.

Die Spaltung zwischen Sozialisten und Kommunisten nach dem letzten Krieg in allen Ländern der Welt hat tiefere Ursachen, die zum Teil noch heute fortbestehen und die auch die neue sozialistische Partei nicht auf dem Wege eines Kompromisses oder einer neuen eigenen Orientierung zu lösen vermag. Diese Ursachen liegen nicht in erster Linie in den Unterschieden der Form und der Methoden des politischen Kampfes um den Sozialismus.

Die neue sozialistische Partei im besonderen wird sich bewußt sein, daß vor allem in der Übergangszeit nach dem Sturz der Diktatur die Grundlagen der neuen Ordnung nicht auf demokratisch-parlamentarischem Weg im alten Sinne durchgesetzt werden können und daß die Notwendigkeit der Sicherung der Demokratie die Gewährung der staatsbürgerlichen Rechte unterschiedslos für alle Staatsbürger in der Übergangszeit ausschließt.

Darüber hinaus und in ihrem Wesen will aber die neue sozialistische Partei die Partei eines freiheitlich-demokratischen Sozialismus sein. Für sie ist daher die innere Parteidemokratie die entscheidende Grundlage ihres Organisationslebens.

Die Kommunistischen Parteien sind dagegen auf organisatorischen Prinzipien begründet, die im unvereinbaren Gegensatz zu unseren Vorstellungen stehen.

Die Kommunistischen Parteien kennen keine Parteidemokratie. Die Entscheidung über die Politik der Partei fällt in der KPD nicht in der Meinungs- und Willensbildung durch die Mitgliedschaft der Partei. Sie fällt in der Parteiführung, die in den einzelnen Landessektionen wiederum abhängig ist von den Entscheidungen der Komintern, einem Instrument, das von der russischen Kommunistischen Partei dirigiert wird, deren Entscheidungen allein der Kontrolle der russischen Diktatur unterliegen.

Die KPD hat heute die rein kommunistische Propaganda zugunsten einer demokratischen und allgemein antifaschistischen Propaganda zurückgestellt, aber diese Änderung ist bis jetzt nur eine rein taktische, denn am inneren Aufbau der KPD und der Komintern hat sich nichts geändert.

Solange die neue sozialistische Partei an ihren Prinzipien eines freiheitlichen Sozialismus festhält und solange die KPD sich nicht zu einer unabhängigen deutschen Arbeiterpartei entwickelt, bedeutet eine organisatorische Verschmelzung der Sozialisten und Kommunisten in einer Partei die Unterstellung dieser vereinten Partei unter den direkten Einfluß der Prinzipien und der Politik der Komintern.

Die neue Partei würde vom ersten Augenblick ihrer Existenz an der Möglichkeit einer freien Meinungs- und Willensbildung beraubt sein, weil ein Teil ihrer Mitglieder von Weisungen abhängig sein würde, die völlig außerhalb der Kontrolle und Einwirkungsmöglichkeiten der Partei liegen.

Die innere Organisation der KPD als eine Sektion der Komintern schließt eine Lösung des Problems auf nationaler Basis aus. Es sei dahin gestellt, ob eine Lösung zur Zeit überhaupt möglich ist.

Auf jeden Fall ist sie nur möglich auf internationaler Basis, auf dem Wege von Verhandlungen zwischen der Repräsentation der internationalen sozialistischen Arbeiterbewegung und der Komintern.

Die neue Sozialistische Arbeiter-Internationale.

Der wichtigste Schritt zur Sammlung aller Kräfte für eine aktive sozialistische Politik ist daher zunächst die Vereinigung der verschiedenen Gruppierungen im sozialistischen Lager und die schnellste Wiederherstellung der Sozialistischen Arbeiter Internationale

(SAI). Dabei gehen wir von der Überzeugung aus, daß auch die SAI über ihre alte Form hinaus entwickelt werden muß. Unter Aufrechterhaltung des Grundsatzes, daß sie der freiwillige Zusammenschluß freier sozialistischer Parteien sein muß, muß sie sich zu einem Aktionszentrum praktischer internationaler Politik entwickeln.

Auch die sozialistischen Parteien müssen bereit sein, Teile ihrer Selbständigkeit zugunsten frei gefaßter Beschlüsse in der Internationale aufzugeben und solche internationalen Beschlüsse als bindend für die eigene Politik zu betrachten.

In einem Europa, das eine übernationale Politik anstrebt und durchführt, muß es auch eine gemeinsame praktische europäische Politik der sozialistischen Arbeiterbewegung geben.

Schlußbemerkungen.

Es sei noch einmal unterstrichen, daß dieses Referat eine erste Zusammenfassung der wesentlichen Grundgedanken ist, die bisher in den vorbereitenden Aussprachen aufgetaucht sind.

Viele Einzelheiten müssen noch erarbeitet werden, und nicht in allen Fragen besteht ·volle Übereinstimmung. Aus dem bisherigen Verlauf der Diskussion kann man jedoch die Hoffnung schöpfen, daß das Gemeinsame stark genug ist, um mit Erfolg den Versuch zu unternehmen, das Aktionsprogramm und die politischen und organisatorischen Grundlagen der neuen Partei zu erarbeiten und dadurch einen wichtigen Beitrag der deutschen sozialistischen Emigration zu den schweren Aufgaben der deutschen Arbeiterbewegung in der Zukunft zu leisten.

Union deutscher sozialistischer Organisationen in Großbritannien.
Vorsitzender[8]: Hans Vogel, 3 Fernside Avenue, London, NW7.

---

8 Vorlage: Wort ms. unterstrichen.

NR. 84

Protokoll der Exekutivkomiteesitzung am 18. Dezember 1942

AdsD Bonn, PV-Emigration, Mappe 4

Sitzung der Exekutive der „Union" am 18. Dezember 1942 im Trade Union Club

Anwesend: Vogel, Ollenhauer, Eichler, Gottfurcht, Schoettle, Walter.

Es wird zunächst über Termin und Programm der Kundgebung der „Union" Ende Januar 1943 gesprochen.[1] Mit Rücksicht auf die Saalschwierigkeiten am 30. Januar wird beschlossen, die Kundgebung am Freitag, dem 29. Januar, abends 7 Uhr in der Caxton Hall abzuhalten.

Es wird weiter beschlossen, den ersten Teil künstlerisch in der Form einer Gedächtnisfeier für die Opfer des Faschismus auszugestalten. Die Genossen Eichler und Schoettle werden mit der Vorbereitung des Programms beauftragt.

Als Redner werden vorgesehen: Hans Vogel für die „Union", Louis de Brouckère und ein Vertreter der Labour Party, um dessen Benennung der Genosse Middleton bereits gebeten wurde. Später wird vereinbart, auch den Genossen Schevenels um eine Ansprache zu bitten. Als Chairman für die Kundgebung wird Willi Eichler bestimmt. Willi **Eichler** meldet gleichzeitig den Anpruch des ISK an, bei der nächsten Veranstaltung der „Union" den Redner zu stellen.

In Zusammenhang mit diesen Beratungen berichtet Hans **Vogel** über eine Unterhaltung, die auf ihren Wunsch mit den Vertretern des Kulturbundes Zimmering[2] und Fladung stattgefunden hat und in der die Vertreter des Kulturbundes eine gemeinsame Veranstaltung am 30. Januar anregten. Vogel hat sich darauf beschränkt, die Anregung weiterzugeben. Im gleichen Sinn haben die Vertreter des Kulturbundes mit Gottfurcht gesprochen. Es ist auch der Versuch gemacht worden, auf den Vertreter von „Neu Beginnen" in diesem Sinne einzuwirken. Es wird beschlossen, an der selbständigen Veranstaltung der „Union" festzuhalten.

Der beifolgende Entwurf einer Entschließung über die Verfolgung der Juden durch das Naziregime wird nach kurzer Aussprache angenommen.[3] Die Entschließung wird den Genossen Zygielbojm und Locker übermittelt werden, außerdem wird sie den Genossen Gillies und Schevenels[4] zur Kenntnis gebracht.

---

1 Vgl. Nr. 88.
2 Zimmering, Max, 1909–73, Schriftsteller, KPD, 1933 F, 1934/35 Palästina, 1935 ČSR, 1939 GB, Mitarbeiter der „Freien Deutschen Kultur" und der „Freien Tribüne", 1946 Rückkehr in die SBZ.
3 Vgl. Nr. 85.
4 Schevenels wies die Kritik Gottfurchts an einer IGB-Resolution, die die deutsche Arbeiterschaft für die Verbrechen an den Juden mitverantwortlich machte, scharf zurück. Schevenels an Gottfurcht, 23. Februar 1943: IISG Amsterdam, IFTU, Mappe 266.

Für die weitere Diskussion über die Aufgaben und Möglichkeiten einer einheitlichen sozialistischen Partei werden die Vorschläge Ollenhauers angenommen. Es werden zwei Arbeitsgemeinschaften aus je zwei Vertretern der angeschlossenen Organisationen gebildet. Arbeitsgemeinschaft I soll sich mit der Ausarbeitung eines Aktionsprogramms beschäftigen, und zwar sowohl im Hinblick auf die Maßnahmen in der Übergangszeit wie auf die programmatischen Richtlinien für die Politik der Partei.

Die Arbeitsgemeinschaft II soll den Aufbau und die Grundlagen der neuen Parteiorganisation behandeln. Auch hier soll zwischen Maßnahmen in der Übergangszeit und den programmatischen Richtlinien für den Aufbau der neuen Partei unterschieden werden.

Wenn möglich, sollen die Grundgedanken des Referats Ollenhauer den Mitgliedern der beiden Arbeitsgemeinschaften schriftlich vorgelegt werden.

Von den beiden Mitgliedern jeder Organisation soll ein Mitglied ständiges Mitglied sein, während das zweite je nach dem zu behandelnden Sachgebiet ausgewechselt werden kann.

Eine allgemeine, einführende Aussprache aller in Aussicht genommenen Mitglieder der beiden Arbeitsgemeinschaften soll sobald als möglich zu Beginn des neuen Jahres stattfinden.

Genosse Hans Gottfurcht wird eingeladen, an den Beratungen beider Arbeitsgemeinschaften teilzunehmen.

Es wird beschlossen, die Mitgliedschaft in den beiden Arbeitsgemeinschaften vorläufig auf die Mitglieder der angeschlossenen Organisationen zu beschränken. Von Fall zu Fall kann über die Heranziehung von Spezialisten gesprochen werden.

Die vom Genossen Tarnow eingeschickten Richtlinien über das gleiche Thema, die in Stockholm erarbeitet wurden[5], sollen als Material für die Beratungen verwendet werden.

Genosse **Vogel** berichtet über eine Sitzung, in der über Hilfsmaßnahmen für Flüchtlinge in Frankreich, Spanien und Nordafrika gesprochen wurde.[6] An der Sitzung nahmen

---

5 Hans Vogel hatte am 8. Dezember 1942 den Mitgliedern des Exekutivkomitees die beiden von Tarnow übermittelten Ausarbeitungen „Gedanken zur Bildung einer sozialistisch-demokratischen Einheitspartei im neuen Deutschland" und „Entwurf einer öffentlichen Erklärung nach der Einigung der demokratisch-sozialistischen Gruppen in der Emigration" übersandt. Über zwei weitere Briefe Tarnows, vermutlich die Schreiben vom 26. Oktober und vom 3. November 1942, sollte auf der EK-Sitzung am 18. Dezember 1942 informiert werden: AdsD Bonn, PV-Emigration, Mappe 12.

6 Es handelte sich um das im Juli 1942 gegründete „Emergency Bureau for the Rescue of German Anti-Nazi Refugees", eines der wenigen Gremien, in denen Sozialdemokraten mit Kommunisten zusammenarbeiteten. Vgl. Dieter Lange, SPD und Hitlerfaschismus. Der Weg der deutschen Sozialdemokratie vom 30. Januar 1933 bis zum 21. April 1946, Phil. Diss. Inst. f. Gesellschaftswiss. beim ZK der SED, Berlin 1965, S. 244; ders., Der faschistische Überfall auf die Sowjetunion und die Haltung emigrierter deutscher sozialdemokratischer Führer. Zu den Anfängen einer Zusammenarbeit von Kommunisten und Sozialdemokraten in der englischen Emigration, in: ZfG 14, 1966, S. 542–567, hier S. 563.

auch Tschechen, Engländer und von deutscher Seite[7] neben Hans Vogel und Willi Sander kommunistische Vertreter teil. Es wurde eine Kommission zur Weiterführung der Arbeiten gebildet, an deren erster Sitzung Willi Sander teilgenommen hat. Die Möglichkeiten der Kommission wurden skeptisch beurteilt, die Haltung Vogels wurde gebilligt.

Hans **Gottfurcht** berichtet über die Internationale Konferenz der Fabian Society in Oxford am 12. und 13. Dezember[8], an der von deutscher Seite Sering, Gottfurcht und Ollenhauer teilgenommen haben. Der Verlauf der Tagung war in jeder Beziehung zufriedenstellend, das Thema: Hilfe und Rekonstruktion in Europa nach dem Krieg wurde von allen Teilnehmern sachlich und mit großer Sachkenntnis diskutiert.

Die nächste Sitzung der Exekutive wurde auf Freitag, den 8. Januar 1943, nachmittags 15 Uhr im Trade Union Club festgesetzt.

---

7 Vorlage: Am Rand wurde hs. „Schitt" hinzugefügt.
8 Die internationale Konferenz der Fabian Society, „When hostilities cease – the first steps", am 12./13. Dezember 1942 in Oxford, beschäftigte sich mit den Hilfsmöglichkeiten und dem Wiederaufbau Europas nach dem Krieg. Einladung, Tagungsbericht und weitere Materialien: AdsD Bonn, PV-Emigration, Mappe 36.

NR. 85

Erklärung der „Union" über die Bestrafung der NS-Verbrechen an Juden vom 18. Dezember 1942

Anlage zum Protokoll vom 18. Dezember 1942

AdsD Bonn, ISK, Box 46[1]

[18.12.42][2]

Gerechte Strafe für die Naziverbrechen an den Juden.[3]
Eine Kundgebung deutscher Sozialisten in England.

Die „Union deutscher sozialistischer Organisationen in Großbritannien" hat am 18. Dezember 1942 folgende Kundgebung beschlossen:
„Wir deutschen Sozialisten teilen mit der ganzen zivilisierten Welt die Empfindungen des Schmerzes, des Abscheus und der Erbitterung über den beispiellos grausamen und unfaßbar unmenschlichen Vernichtungsfeldzug des Hitlerregimes gegen die Juden in allen von Hitlerdeutschland okkupierten Ländern Europas. In der kaltblütigen vorsätzlichen Ermordung von Millionen wehrloser Männer und Frauen, Greisen und Kindern offenbart sich von neuem der wahnwitzige Barbarismus der Nazidiktatur.
Wir gedenken in dieser Stunde besonders der tapferen jüdischen Arbeiter, Bauern und Intellektuellen, die als Sozialisten die Bedrohung von Freiheit und Menschlichkeit durch den Faschismus von Anfang an erkannten und sich ihm gemeinsam mit den organisierten Arbeitern im offenen Kampf – wie in der heldenmütigen Verteidigung von Warschau[4] – und im Dunkel der Illegalität unter Einsatz ihres Lebens entgegenstellten.
In unserem Kampf gegen den Nationalsozialismus war neben der Ablehnung der sozialreaktionären und national-militaristischen Tendenzen des Nationalsozialismus die grundsätzliche und unbedingte Gegnerschaft gegen das Rassen- und Herrenvolk-Prinzip der Nazis, das heute in der physischen Vernichtung des europäischen Judentums seinen brutalsten Ausdruck findet, eines der wesentlichen geistigen und sittlichen Elemente unseres Widerstandes.
Wir verbinden auch heute den Ausdruck unseres Schmerzes und unseres Protestes mit dem erneuten Bekenntnis zu dem fundamentalen Prinzip sozialistischer Anschauungen, daß jeder Mensch, welcher Rasse oder Farbe er angehören mag, das gleiche Recht

---

1 Die Entschließung wurde veröffentlicht in SM, Nr. 45, Anfang Januar 1943, S. 1f. Sie wurde auch 1945 abgedruckt in der Broschüre, Zur Politik deutscher Sozialisten, S. 30.
2 Vorlage: „[18.12.42]" hs. am oberen Blattrand vermerkt.
3 Vorlage: Zeile doppelt ms. unterstrichen.
4 Im September 1939.

auf persönliche Freiheit, auf soziale Sicherheit und auf politische Mitbestimmung haben muß. Das Schreckensregiment der Hitlerdiktatur und die Leiden, die die europäischen Juden jetzt durch diese Diktatur erfahren, haben unseren Entschluß zum Kampfe für die Überwindung der Hitlerdiktatur durch eine sozialistische Ordnung, frei von Rassenwahn und Rassenhaß, nur verstärken können.

Wir sprechen heute als deutsche Sozialisten in der Emigration, fern von unseren Kameraden in der Heimat, die seit einem Jahrzehnt durch das gleiche Regime unterdrückt, verfolgt und gemartert werden. Wir wissen, daß sie, getreu ihrer sozialistischen Gesinnung, unsere Empfindungen und Auffassungen teilen und zu ihrem Teil aktiv am Sturz des Hitlerregimes mithelfen werden. Sie werden auch mit uns einig sein in der Entschlossenheit, alles zu tun, damit die Verantwortlichen und die Werkzeuge des Hitlerregimes für alle ihre Verbrechen innerhalb und außerhalb Deutschlands ihre gerechte Strafe erleiden."

Die Entschließung wurde dem Vertreter des „Bund" in London, Mr. S. Zygielbojm, und der „Poale Zion" in London, Mr. Berl Locker, übermittelt.

Der „Union deutscher sozialistischer Organisationen in Großbritannien" gehören die folgenden Organisationen deutscher Sozialisten in England an: Vorstand der Sozialdemokratischen Partei Deutschlands, Leitung der Sozialistischen Arbeiter-Partei in Großbritannien, Vorstand des Internationalen Sozialistischen Kampfbundes und Auslandsbüro „Neu Beginnen".

NR. 86

Protokoll der Exekutivkomiteesitzung am 8. Januar 1943

AdsD Bonn, PV-Emigration, Mappe 5

Sitzung der Exekutive der „Union" am 8.1.43, nachmittags 3 Uhr im Trade Union Club

Anwesend: Vogel, Ollenhauer, Walter, Eichler, Schoettle, Gottfurcht.

Es werden zunächst die Einzelheiten der Kundgebung am 29. Januar in der Caxton Hall besprochen. Die Vorschläge von **Eichler** und **Schoettle** für das Programm der Gedenkfeier für die Opfer des Faschismus werden gebilligt. Als Redner haben zugesagt: Schevenels und de Brouckère. Für die Labour Party wird voraussichtlich David Grenfell[1] sprechen. Zu der Kundgebung sollen die österreichischen und sudetendeutschen Genossen besonders eingeladen werden.

Eintrittskarten sollen verschickt werden an die Mitglieder [der] Exekutive der Labour Party, der Internationalen Subkommission der Labour Party, an die in England lebenden Vertreter der exilierten sozialistischen Parteien. Hans Gottfurcht übernimmt die Einladung der englischen und der ausländischen Gewerkschaften. Von der Presse sollen lediglich eingeladen werden: Daily Herald, Reynolds News, New Statesman and Nation, Tribune, Labour Discussions Notes, Evening Standard und Manchester Guardian. Für die weitere Einladung von Einzelpersönlichkeiten sollen die Mitglieder der Exekutive Vorschläge machen.

Mit den technischen Vorarbeiten für den Druck des Programms werden Eichler und Schoettle beauftragt.

Die erste Sitzung der Mitglieder der beiden Arbeitsgemeinschaften für die Programmberatung soll am Samstag, dem 23. Januar, abends 6.30 [Uhr] im Austrian Labour Club stattfinden.

Genosse **Vogel** berichtet über seinen Briefwechsel mit dem Kommunisten Becker über den kommunistischen Vorschlag eines Aufrufes ehemaliger deutscher Abgeordneter an das deutsche Volk zu den Judenverfolgungen der Nazis.[2] Vogel hat die Unterzeichnung abgelehnt.

Die Genossen Locker und Zygielbojm haben den Empfang unserer Entschließung gegen die Nazigreuel an den Juden bestätigt.

---

1 Grenfell, David R., Labour-MP.
2 Becker an Vogel, 28.12.1942, in: Adsd Bonn, PV-Emigration, Mappe 150; Vogel an Becker, 3.1.1943, in: ebd., Mappe 141. Vogel lehnte die Unterzeichnung unter Verweis auf die Unions-Resolution und wegen inhaltlicher Bedenken ab.

Paul Walter regt an, auf der nächsten Mitgliederversammlung der „Union" einen Vortrag über die Lage in Deutschland durch Walter Fischer halten zu lassen. Der Anregung wird zugestimmt, über den Termin wird später beschlossen.

NR. 87

Protokoll der Exekutivkomiteesitzung am 27. Januar 1943

AdsD Bonn, PV-Emigration, Mappe 5

Sitzung der Exekutive der „Union" am 27. Januar 1943 im Trade Union Club

Anwesend: Vogel, Ollenhauer, Eichler, Schoettle und Walter.

Es werden zunächst noch einige Einzelheiten der Kundgebung am 29.1. besprochen.[1] Wir haben mehr als 100 Einladungen an englische und internationale Freunde verschickt.[2] Die Redner haben alle zugesagt.

Es wird vereinbart, Dr. Friedrich Berend[3] ein Honorar von einer Guinee zu zahlen.

Als Termin für die erste Sitzung der Teilnehmer der geplanten Arbeitsgemeinschaften[4] wird Sonntag, der 21. Februar, vormittags 10 Uhr verabredet. Vor dieser Sitzung soll noch eine Sitzung der Exekutive stattfinden, die sich mit der Vorbereitung der Tagung beschäftigen soll. Der Termin wird später vereinbart werden. Die Tagung der Arbeitsgemeinschaft soll im Austrian Labour Club stattfinden.

Die Genossin Beyer hat schriftlich über den Abschluß der Besprechungen über die Bildung einer Jugendgruppe berichtet.[5] Die Gruppe hat ihre Arbeit nach Überwindung einiger Schwierigkeiten aufgenommen. Der Vorschlag, eine Jugendkommission, bestehend aus der Genossin Anna Beyer und den Genossen Peter Sander, Gustav Spreewitz und Heinz Putzrath, zu bestätigen und sie als Verbindung zwischen der „Union" und der Jugendgruppe anzuerkennen, wird akzeptiert. Die Exekutive ist auch im Prinzip bereit, einen finanziellen Zuschuß zu den Kosten der Arbeit der Gruppe zu leisten. Der Genosse Ollenhauer wird beauftragt, über die Höhe der Beihilfe eine Verständigung mit der Genossin Beyer herbeizuführen.

Genosse **Schoettle** bringt seine Bedenken gegen gewisse Vorgänge bei der Aufstellung der Kandidaten für die Landesleitung der Gewerkschaftsgruppe zur Sprache.[6] Er beanstandet den Vorschlag von Heidorn, Krautter[7] als Kandidaten zu benennen und

---

1 Vgl. Nr. 88.
2 Einladungsliste in: AdsD Bonn, ISK, Box 47.
3 Berend, Dr. Fritz, 1889–1955, Theaterdirektor, Musiker und Dirigent, 1937 Italien, 1939 GB.
4 Vgl. Nr. 91.
5 Der Brief Anna Beyers vom 6.1.1943 befindet sich in: AdsD Bonn, PV-Emigration, Mappe 18.
6 SM, Nr. 47, Anfang März (1943) berichtete über die Wahlen zur LdG-AA.
7 Gegen Rudolf Krautter wurde von kommunistischer Seite der Vorwurf erhoben, er habe bei seiner Haftentlassung eine Verpflichtungserklärung für die Gestapo unterschrieben. – Krautter, Rudolf 1908, Lagerverwalter, bis 1938 KPD, 1936 ČSR, 1939 GB, 1945 SPD, 1952–72 Bezirksleiter Gewerkschaft Nahrung-Genuß-Gaststätten Niedersachsen. Zur Biographie Krautters, vgl. Rein-

fragt, ob es richtig ist, daß die SAP beschlossen hat, den Genossen Schoettle auf der Stimmliste zu streichen. Er macht darauf aufmerksam, daß die Gefahr von Komplikationen für die politische Zusammenarbeit gegeben ist, wenn in dieser Weise vorgegangen wird.

Eichler stellt fest, daß es sich bei dem Vorschlag von Heidorn nicht um einen Vorschlag des ISK gehandelt habe. **Walter** stellt fest, daß der von Schoettle erwähnte Beschluß von der SAP nicht gefaßt worden ist. Jedes Mitglied sei natürlich in der Art seiner Wahl frei.

––––––––––

hard Jacobs, Leben in Arbeiterorganisationen und -bewegungen: zur Biografie von Rudolf Krautter, vor allem seiner Emigrantenzeit in Großbritannien 1939–1946, Hannover 1988.

NR. 88

Programm der Veranstaltung „10 years of Nazi Dictatorship" am 29. Januar 1943

Anlage zum Protokoll vom 27. Januar 1943

AdsD Bonn, Box 47[1]

The Victims of Fascism
Funeral March from the Sonata in A flat major   Beethoven
Recitation „An die Illegalen"   Erich Weinert
To the Martyrs of Fascism   Adress of the Chairman
Recitation „Die Kette"   Kurt Doberer
Prelude and Fuge in E flat major   Bach

International Solidarity
Speeches by
The R[igh]t Hon[ourable] David Grenfell M.P.
Walter Schevenels, General Secretary of the I.F.T.U.
Louis de Brouckère, former President of the Socialist & Labour International
Hans Vogel, former Member of the German Reichstag, Chairman of the Union of German Socialist Organizations in Great Britain.
In the Chair: Willy Eichler – Piano: Dr. Friedrich Berend – Recitations: Mrs. Dora Segall and Walter Hertner[2]

---

1 Die Vorlage besteht aus einem hektografierten DIN A5 Faltblatt, wobei die jeweils durch hs. Überschriften markierten Hauptteile (The Victims of Fascism, International Solidarity) je eine Seite bilden. Die letzte Zeile erstreckt sich in der Vorlage über beide Seiten. Die Überschriften, die Musikstücke, „Recitation" und die Namen der Mitwirkenden sind durch Großbuchstaben hervorgehoben. Ein Bericht über die Veranstaltung und die Wiedergabe der Reden findet sich in den SM, Nr. 46, Februar 1943, S. 1–9. Eine englische Fassung wurde als Broschüre verbreitet, in: AdsD Bonn, ISK, Box 47.
2 Hertner, Walter, 1908–78, Schauspieler, Mitglied des Ensembles des Jüdischen Kulturbundes in Berlin, ab 1940 Arbeit für BBC.

NR. 89

Protokoll der Exekutivkomiteesitzung am 16. Februar 1943

AdsD Bonn, PV-Emigration, Mappe 5

Sitzung der Exekutive der „Union" am 16. Februar 1943 im Trade Union Club

Anwesend: Vogel, Ollenhauer, Eichler, Schoettle, Gottfurcht, Walter.

Vogel eröffnet die Sitzung.

Es werden zuerst Vorschläge beraten, die **Ollenhauer** für die Sitzung der Mitglieder der Arbeitsgemeinschaften am Sonntag, dem 21. Februar, vorschlägt und erläutert.[1] Die Sitzung stimmt den Vorschlägen im allgemeinen zu. Die Frage der Bestellung der Vorsitzenden der beiden Kommissionen und der Fachreferenten soll in einer weiteren Sitzung der Exekutive am Sonntag, dem 21., vormittags 3/4 10 entschieden werden.[2]

Hans **Gottfurcht** berichtet über eine beabsichtigte Unterschriftensammlung der Federal Union für eine Petition im Sinne der Zielsetzungen der Federal Union.[3] Die Exekutive ist mit den Vorschlägen Gottfurchts für die von ihm beabsichtigte abwartende Stellungnahme einverstanden.

Der Gedanke einer Veranstaltung aus Anlaß des hundertfünfundzwanzigjährigen Geburtstags von Karl Marx soll in einer späteren Sitzung erneut diskutiert werden.

---

1 Vgl. Nr. 91.
2 Die Sitzung fiel aus, die Entscheidung über den Vorsitz wurde erst am 5. März 1943 getroffen. Vgl. Nr. 90. Vogel hatte am 3. Februar 1943 Fritz Tarnow in Schweden über die Programmberatungen informiert: AdsD Bonn, PV-Emigration, Mappe 141.
3 Gottfurcht hatte in einem Schreiben an die Mitglieder des Arbeitsausschusses der LdG und des Exekutivkomitees der Union am 3. Februar 1943 mitgeteilt, daß sich die „Federal Union" im Augenblick damit beschäftige, englische Unterschriften zu sammeln, um für die Idee einer Welt-Föderation Propaganda zu machen. Er forderte Union und LdG zur Unterstützung dieser Aktion auf: AdsD Bonn, ISK, Box 47.

NR. 90

Protokoll der Exekutivkomiteesitzung am 5. März 1943

AdsD Bonn, PV-Emigration, Mappe 5

Sitzung der Exekutive der „Union" am 5. März 1943 im Trade Union Club

Anwesend: Vogel, Ollenhauer, Eichler, Schoettle, Walter, Gottfurcht.

Vogel eröffnet die Sitzung.

Es wird zunächst über die Bestellung der Fachreferenten für die einzelnen Arbeitsgebiete der Kommissionen gesprochen. Die Vorschläge sind im einzelnen aus der beiliegenden Aufstellung zu ersehen.

Zu Vorsitzenden der Kommission 1 (Aktionsprogramm) werden die Genossen Ollenhauer und Heidorn bestimmt.

Zu Vorsitzenden der Kommission 2 (Organisation) werden die Genossen Schoettle und Neumann bestimmt.

Ollenhauer berichtet über die Unterhaltung mit Ciołkosz über eine internationale Veranstaltung aus Anlaß des 60. Todestags von Karl Marx am 14. März. Es wird beschlossen, die in Aussicht gestellte Einladung des Genossen Huysmans abzuwarten, im übrigen bleibt es aber bei der Veranstaltung der deutschen Sozialisten am Nachmittag des 14. März, wie sie in den „S[ozialistischen] M[ittei- lungen]" angekündigt worden ist.[1]

Die Diskussion über die diesjährige Maifeier wird zurückgestellt, bis zu übersehen ist, ob die geplante internationale Maifeier der Labour Party zustandekommt.

Hans **Gottfurcht** berichtet über eine Fühlungnahme mit Quäkern[2], die sich mit der Hilfsarbeit in Deutschland nach dem Krieg beschäftigen.

Nach Austausch einiger anderer interner Informationen wird die Sitzung geschlossen.

---

1 Für den 14. März war eine gemeinsame Wanderung vom U-Bahnhof Highgate zum Grab von Karl Marx und die Niederlegung einer Blumenspende angekündigt. Vgl. SM, Nr. 47, März 1943.

2 Die Verbindungen liefen zu Corder Catchpool und Bertha Bracey. – Bracey, Bertha, 1893–1989, ab 1924–1929 im Rahmen des Friends Service in Deutschland, ab dann Sekretärin des neu gegründeten Germany Emergency Committee (später Friends Committee for Refugees & Aliens) bis 1946, mitbeteiligt an der Rettungsaktion für die jüdischen Kinder 1938/39, 1946 Mitarbeit in der Allied Control Commission.

NR. 91

Aufstellung über die Kommissionen, Arbeitsgebiete, Referenten und Richtlinien der Programmberatungen, vorgelegt am 5. März 1943

Anlage zum Protokoll vom 5. März 1943

AdsD Bonn, PV-Emigration, Mappe 5

Arbeitsprogramm für die Programmberatung der „Union".

A. Kommission 1 (Aktionsprogramm):
1. Vorsitzende: Erich Ollenhauer, W. Heidorn (ISK)
2. ordentliche Mitglieder: Hans Vogel, Erich Ollenhauer
   (je zwei Mitglieder jeder Organisation der „Union")
3. Arbeitsgebiete und Fachreferenten:
   a) Wirtschaftsfragen
      G. Kreyssig, F. Schönbeck[1], F. Schleiter[2], Fliess (ISK), Bennemann (ISK), Klatt (NB) , Fröhlich (SAP)[3]
      1.) Wirtschafts- und Handelspolitik:
      2.) Finanzen und Steuern:
      3.) Agrarpolitik:
   b) Sozialpolitik: Willi   Derkow
   c) Verfassungsfragen: K. Rawitzki, Grete Hermann (ISK), W. Fischer (SAP)
   d) Verwaltungsfragen und Justiz: Wittelshöfer, Posner
   e) Kulturpolitik, Schule und Erziehung:
      K. Weckel, G. Gleissberg, Minna Specht (ISK)
   f) Internationale Politik: Hans Vogel, Victor Schiff, Willi Eichler (ISK)
   g) Maßnahmen in der Übergangszeit zur Liquidierung des Nazi-Systems, einschließlich Strafmaßnahmen: R. Moeller-Dostali
   h) Funktionen der Bewegung in der Verwaltung und in der öffentlichen Versor-gung (Ernährung, Transport, öffentliche Wohlfahrt) in der Übergangszeit:
      Erich Ollenhauer
   i) Die Frau in der Gesellschaft: Herta Gotthelf

---

1 Schönbeck, Fritz 1888–1971, Rechtsanwalt und Syndikus der Deutschen Arbeiterbank, 1933 in Haft, bis 1939 Rechtsanwaltspraxis, 1939 Emigration GB, nach 1945 Leiter Deutsches Amt für Wertpapierbereinigung.
2 Schleiter, Franz, 1899, Journalist, KPD, KPO, SPD, NB, Berlin, 1935 GB.
3 Vorlage: Die Namen stehen rechts am Rande neben den hier nachfolgend genannten Punkten 1–3. Eine hs. Klammer vor den Namen macht deutlich, daß es sich dabei nicht um eine Zuordnung handelt.

B. Kommission 2 (Organisation):
1. Vorsitzende: Erwin Schoettle (NB), Robert Neumann (SAP)
2. ordentliche Mitglieder: Willi Sander, Fritz Heine
3. Arbeitsgebiete und Fachreferenten:
    a) Richtlinien für den Aufbau der Organisation in der Übergangszeit:
        Erich Ollenhauer
    b) Die organisatorischen Grundlagen der Partei:
        Willi Sander, Willi Eichler (ISK), E. Schoettle
        (NB), R. Neumann, P. Walter (SAP)
    c) Wiederaufbau einer freien Arbeiterpresse: Fritz Heine
    d) Das Verhältnis zwischen Partei und Gewerkschaften:
        Hans Gottfurcht, W. Heidorn (ISK)
    e) Das Verhältnis zwischen Partei und sozialistischen Kulturorganisationen:
        Heinrich Sorg, Fritz Segall
    f) Partei und Internationale: Hans Vogel

C. Richtlinien für die Arbeitsmethode der Kommissionen und der Fachreferenten:
1. allgemeine Grundlage: Referat Ollenhauer vom 6. Dezember 1942[4].
2. generelle politische Voraussetzungen:
    a) Deutschland in den territorialen Abgrenzungen der Weimarer Republik
    b) Abrüstung Deutschlands
    c) im Falle der Besetzung keine Behinderung im Aufbau und in der politischen
        Aktivität einer neuen Arbeiterbewegung im Rahmen eines freiheitlichen inner-
        politischen Systems von außen her.
3. generelle organisatorische Voraussetzungen:
    a) im Prinzip Aufrechterhaltung der bisherigen Gliederung der Arbeiterbewegung in
        gewerkschaftliche und politische Organisationen
    b) Untersuchung des Verhältnisses zu den Kommunisten nach der Klärung unserer
        Vorstellungen über die politischen und organisatorischen Grundlagen der neuen
        sozialistischen Partei.
4. Unterscheidung zwischen Maßnahmen in der Übergangszeit und den programmati-
    schen Richtlinien für die Politik und den organisatorischen Aufbau der neuen Partei.
5. Erarbeitung von allgemeinen Richtlinien und Grundsätzen, nicht von Spezialpro-
    grammen und Einzelvorschlägen.
6. Arbeitstermine:
    a) Vorlage der schriftlichen Entwürfe der Fachreferenten in der Kommission bis zum
        30. April 1943.

---

4 Vgl. Nr. 83.

b) Abschluß der Beratungen der Kommissionen über einen Gesamtentwurf für ihr Arbeitsgebiet bis zum 30. Juni 1943.

NR. 92

Vorschlag Willi Derkows (SPD) für die Programmberatung über die Sozialpolitik, eingegangen am 10. April 1943

AdsD Bonn, PV-Emigration, Mappe 167

Union deutscher sozialistischer Organisationen in Großbritannien[1]

Vorschläge für die Programmberatung Vorlage Nr. 1
Kommission 1 (Aktionsprogramm) Zu 3b : Sozialpolitik
(Vorschlag des Gen[ossen] Willi Derkow)

Einleitung
    Die nachfolgenden Gedanken, die als Skizze selbstverständlich offen stehen für sachliche Diskussionen und redaktionelle Änderungen, sind niedergeschrieben unter der Voraussetzung, daß die staatliche Einheit Deutschlands auch nach dem Kriege erhalten bleibt und evtl. Eingriffe etwaiger Besatzungsbehörden in die innere Verwaltung noch genügend Raum für eine freie Entwicklung auf sozialem Gebiet lassen.
    Es können und sollen hier keine langen theoretischen Erörterungen abgehandelt werden. Der Raummangel zwingt dazu in der eigentlichen Vorlage nur die konkreten Forderungen in gedrängter Form zusammenzufassen. Nur insoweit das zu ihrem besseren Verständnis unbedingt nötig ist, werden sie hier durch einen kurzen Kommentar ergänzt.
    Das „Experiment von Weimar" hat gelehrt, daß man Sozialpolitik nicht in den luftleeren Raum hinein betreiben kann. Die seinerzeit vorbildliche deutsche Sozialverfassung mußte an ihren inneren Widersprüchen und an der mangelhaften Fundierung zugrunde gehen. Eine Wiederholung dieser Fehler zu vermeiden, gehört daher mit zu den wichtigsten Aufgaben der Zukunft.
    Ganz abgesehen von den politischen und ökonomischen Auswirkungen wird, noch stärker als nach dem letzten Krieg, die diesmal unvorstellbar größere Not weitester Volkskreise zu sofortigen durchgreifenden Maßnahmen zwingen. Die sich überall im Verlaufe der politischen Umwälzungen teilweise bereits jetzt anbahnende soziale Neugestaltung drängt auch in Deutschland zweifellos nach dem fortschreitenden Ausbau dessen, was heute allgemein mit sozialer Sicherheit bezeichnet wird. Die nach dem Kriege, schon durch die wahrscheinliche überstaatliche Kontrolle, ganz besonders in Deutschland verstärkten gemeinwirtschaftlichen Tendenzen dürften die Lösung dieses Problems wesentlich erleichtern.

---

1 Vorlage: Überschrift doppelt ms. unterstrichen, die beiden folgenden Zeilen (ohne „Aktionsprogramm") sind ms. unterstrichen.

Das Recht auf Arbeit und der Anspruch auf soziale Sicherheit müßten verfassungs-mäßig garantiert sein. Der Reichsarbeitsverwaltung sollte ein einheitliches Arbeitsgesetz entsprechen. Schlichtungsstellen, welcher Art auch immer sie sein mögen, haben nur als Vermittler zu fungieren. Schiedssprüche können grundsätzlich nicht mehr als Empfeh-lungen sein. Nur da, wo Konflikte die öffentliche Ruhe, Ordnung und Sicherheit ge-fährden, sind staatliche Eingriffe tragbar. Für unverschuldete Erwerbsunfähigkeit darf es keinerlei Beschränkungen im Hinblick auf Unterstützungsdauer oder Bedürftigkeit geben. Eine so weitgehende Gemeinschaftsgarantie setzt selbstverständlich gewisse Sicherungen gegen Mißbrauch voraus. Dazu würde die Verpflichtung zur Annahme vertretbarer und zumutbarer Notstandsarbeiten, Umschulungs- und Umsiedlungsmaß-nahmen etc. gehören. Eine wirkliche Sanierung der Sozialversicherung ist nur durch den Staat, der ja auch für ihre Ausplünderung verantwortlich war, im Rahmen einer grund-sätzlichen Reform möglich. Jeder Versuch diese Aufgabe auf den Kreis der Versicherten abzuwälzen, müßte bei dem Umfang und der Schwere der Vorbelastung scheitern.

Staatliche oder noch besser paritätisch zusammengesetzte Stellen, hätten die Durch-führung der letzten beiden Punkte zu überwachen.

Vorschlag

Die Schaffung einer einheitlichen und unabhängigen Reichsarbeitsverwaltung[2], die ihre Aufgabe nicht nur als Anhängsel der Wirtschaftsführung betrachtet, ist eine uner-läßliche Voraussetzung für den Wiederaufbau.

In ursächlichem Zusammenhang damit und somit im Vordergrund stehen die Neuge-staltung des Arbeitsrechtes und des Arbeitsschutzes[3].

Unter Wiedereinführung einer weitgehenden Selbstverwaltung müssen alle autoritä-ren Einschläge ausgemerzt werden.

In Berücksichtigung der veränderten Situation und der praktischen Erfahrungen sind die vielen über unzählige Gesetze verstreuten Bestimmungen zum Kollektivvertrag, zur Betriebsverfassung, zur Arbeitsgerichtsbarkeit, zum Frauen- und Jugendschutz[4] zu sammeln und fortschrittlich weiter zu entwickeln. Dabei wäre insbesondere der Ausbau des Betriebsräterechtes – auch in regionaler und nationaler Basis – zu einer vollkomme-nen Wirtschaftsdemokratie, die paritätische Besetzung aller Verwaltungs-, Rechtspre-chungs- und Aufsichtsorgane zu fördern.

Die Arbeitszeit, die Lohnpolitik und das Schlichtungswesen[5] sind im Hinblick auf die Probleme der Kriegs- und Übergangszeit in Anlehnung an die international aner-kannten Grundsätze aufzubauen. Minimallöhne sind festzusetzen, der Reallohn ist den

---

2 Vorlage: „Reichsarbeitsverwaltung" ms. unterstrichen.
3 Vorlage: „Arbeitsrechtes" und „Arbeitsschutzes" jeweils ms. unterstrichen.
4 Vorlage: „Kollektivvertrag", „Betriebsverfassung", „Arbeitsgerichtsbarkeit", „Frauen-" und „Ju-gendschutz" jeweils ms. unterstrichen.
5 Vorlage: „Arbeitszeit", „Lohnpolitik" und „Schlichtungswesen" jeweils ms. unterstrichen.

Lebenshaltungskosten anzupassen, staatliche Eingriffe dürfen nur im öffentlichen Interesse zulässig sein.

Besondere Aufmerksamkeit wird dem Arbeitsmarkt, der Vermittlung, der Berufsberatung, der Berufsausbildung und der Fürsorge für Erwerbslose[6] geschenkt werden müssen. Nicht nur die Ordnung des inländischen Arbeitsmarktes und die Regelung der Beziehungen zum Ausland sind zu beachten, sondern auch die Schaffung bzw. Vermehrung von Arbeitsgelegenheiten in der Privat- und Gemeinwirtschaft, sowie die evtl. Bereitstellung von Notstandsarbeiten.

Falls sich das Recht auf Arbeit nicht im normalen Wege verwirklichen läßt, muß es die Allgemeinheit durch eine produktive Erwerbslosenfürsorge garantieren. Eine gelenkte Berufswahl, Lehrlingshöchstzahlen, öffentliche Kontrolle der Ausbildung und Umschulung sind vorzusehen.

Eines der schwierigsten Probleme bildet die Sanierung und Reform der Sozialversicherung[7]. Auf dem Wege zur Lösung stellt die endgültige Vereinheitlichung nur den ersten Schritt dar. Der Risikoausgleich gegen alle Mißgeschicke des beruflichen und privaten Lebens sollte möglichst auf das ganze Volk nach Maßgabe seiner individuellen Leistungsfähigkeit verteilt werden. Ob das überwiegend durch feste Anteile aus dem Aufkommen einer progressiven Steuergesetzgebung, durch direkte Beiträge oder durch beides geschieht, ist unerheblich. Die Krisenfestigkeit könnte durch eine Kopplung an den Staatshaushalt gewahrt werden.

Nach gleichen Gesichtspunkten ist ein einheitliches Fürsorgerecht für die allgemeine Wohlfahrtspflege sowie für die Versorgung der Kriegsbeschädigten und Kriegshinterbliebenen[8] zu schaffen. Dem letzteren gleichzustellen wären die Opfer des Bürgerkrieges seit 1933.

Das Wohnungs- und Siedlungswesen[9] ist unter öffentliche Kontrolle zu bringen. Nur gemeinnützige Baugesellschaften können an der Beseitigung der Wohnungsnot durch eine geplante Neu- und Umsiedlung mitwirken.

Nach den gleichen Grundsätzen ist das gesamte Medizinal- und Gesundheitswesen[10] umzugestalten. Der Betrieb von Krankenhäusern und Sanatorien, die Ausübung einer Arztpraxis sowie die Herstellung und der Vertrieb von Heil- und Arzneimitteln dürfen nur nach sozialen Gesichtspunkten unter staatlicher Kontrolle erfolgen.
(Eingegangen: 10. April 1943)

---

6 Vorlage: „Arbeitsmarkt", „Vermittelung", „Berufsberatung", „Berufsausbildung" und „Fürsorge für Erwerbslose" jeweils ms. unterstrichen.
7 Vorlage: „Sozialversicherung" ms. unterstrichen.
8 Vorlage: „Wohlfahrtspflege", „Kriegsbeschädigten" und „Kriegshinterbliebenen" jeweils ms. unterstrichen.
9 Vorlage: „Wohnungs-"und „Siedlungswesen" ms. unterstrichen.
10 Vorlage: „Medizinal-" und „Gesundheitswesen" jeweils ms. unterstrichen.

NR. 93

Protokoll der Exekutivkomiteesitzung am 14. April 1943

AdsD Bonn, PV-Emigration, Mappe 5

Sitzung der Exekutive der „Union" am 14. April 1943 im Trade Union Club

Anwesend: Vogel, Ollenhauer, Gottfurcht, Schoettle, Walter und in Vertretung von Eichler Heidorn.

Es wird beschlossen, mit Rücksicht auf die Internationale Maifeier des International Bureau der Fabian Society am Nachmittag des 1. Mai und auf die Maidemonstration der Londoner Labour Party und der Londoner Trade Unions am Sonntag, dem 2. Mai, von einer eigenen Maifeier der „Union" in diesem Jahr Abstand zu nehmen.

Es wird beschlossen, keine besondere Veranstaltung aus Anlaß des 125. Geburtstags von Karl Marx abzuhalten, jedoch in der nächsten Mitgliederversammlung der „Union" dieses Jubiläums zu gedenken.

Die nächste Mitgliederversammlung der „Union" wird am Sonntag, dem 9. Mai, vormittags 10 Uhr im Austrian Labour Club stattfinden. In einem Referat soll kritisch zu dem Bericht „Education and the United Nations" Stellung genommen werden. Als Referent werden Burmeister[1] oder falls dieser absagt, Rauschenplat in Aussicht genommen.[2] Einladungen werden erfolgen, sobald die Zusage des Referenten vorliegt.[3]

---

1 Burmeister, Werner, Pädagoge, Mitarbeiter bei GER.
2 Die Denkschrift hatte eine Arbeitsgruppe unter Beteiligung von Rauschenplat ausgearbeitet. Vgl. Eichler an Erna Blencke, 19. August 1943, Box 49. Ein ausführlicher Bericht über die Denkschrift findet sich in: SM, Nr. 19, Mai 1943, S.2–6. In der gleichen Nummer wird der Vortrag von Helmut von Rauschenplat über „Education and the United Nations" angekündigt.
3 Vogel lud am 29. April 1943 zu dieser Mitgliederversammlung ein. Sie fand jedoch nicht statt, da Rauschenplat verhindert war. So die hs. Eintragung in Gottfurchts Terminkalender, in: Archiv Dr. Gerhard Beier, Kronberg, TNL Gottfurcht.

NR. 94

Vorschlag Dr. Gerhard Gleissbergs (SPD) für die Programmberatung über die Kulturpolitik, eingegangen am 16. April 1943

AdsD Bonn, PV-Emigration, Mappe 167

Union deutscher sozialistischer Organisationen in Großbritannien[1]
Vorschläge für die Programmberatung   Vorlage Nr. 2
Kommission 1 (Aktionsprogramm) Zu 3 e : Kulturpolitik, Schule und Erziehung (Vorschlag des Gen[ossen] Dr. Gerh[ard] Gleissberg)

I. Presse
   Für die Übergangszeit ist an Pressefreiheit im alten Sinne nicht zu denken. Nicht nur die Ausschaltung aller unter dem Hitler-Regime als Redakteure tätig gewesenen Journalisten und eine scharfe Aussiebung aller übrigen ist nötig. Das Weiter-Erscheinen bestehender und die Herausgabe neuer Zeitungen ist von einer Lizenz-Erteilung abhängig zu machen. Sie sollte von der Zustimmung des örtlichen Selbstverwaltungskörpers am Erscheinungsorte abhängig gemacht werden, und die Auswahl der Redakteure sollte von der Zustimmung einer neu zu schaffenden – zunächst aus heimgekehrten Emigranten-Journalisten zu bildenden – Journalisten-Gewerkschaft abhängig sein, während die Buchdruckergewerkschaft bei der Regelung der Arbeitsbedingungen in der Setzerei und Druckerei des Blattes mitbestimmen sollte.
   Eine Instanz, die ungefähr dem britischen Informations-Ministerium entspricht, sollte die Aufgabe haben, die Presse mit offiziellen Verlautbarungen und Darstellungen der wichtigsten politischen Geschehnisse zu versorgen. Die Zeitungen hätten das Recht, diese Verlautbarungen und Darstellungen zu kommentieren, nicht aber, sie unveröffentlicht zu lassen oder ohne Genehmigung der genannten Instanz zu ändern.
   Telegraphen- und Nachrichtenagenturen innerhalb Deutschlands sollten – genau wie der Rundfunk – zu öffentlichen Monopolbetrieben werden oder mindestens strenger öffentlicher Kontrolle unterstehen.
   Klare und wirksame Pressegesetze sollten sich nicht nur gegen wissentlich unwahre und aufhetzende Veröffentlichungen richten. Sie sollten z.B. auch die Annahme privater Subventionen durch Zeitungsverleger oder Bestechungen von Redakteuren[2] und das Anbieten solcher Subventionen oder Bestechungen strafbar machen. Subventionen von Seiten politischer oder gewerkschaftlicher Organisationen sowie öffentlicher Behörden könnten jedoch zulässig sein. Der Zweck dieser Maßnahmen ist die Entwicklung einer

---

1 Vorlage: Überschrift doppelt ms. unterstrichen, die beiden folgenden Zeilen (ohne „Aktionsprogramm") sind ms. unterstrichen ebenso die folgenden Überschriften.
2 Vorlage: „durch Redakteure"

Presse mit öffentlichem Veranwortungsgefühl, die von vertrauenswürdigen, pflichtbewußten und unbestechlichen Journalisten geleitet wird, die in erster Linie der Öffentlichkeit und ihrem Berufsstande und nicht ihren Arbeitgebern verantwortlich sind.

Wenn die Maßnahmen in der Übergangszeit ihren Zweck erfüllt haben, ist eine Mil-
derung der Pressegesetze, und, falls seitens der Presse der Wunsch danach besteht, eine
Einschränkung der Tätigkeit der „Informations-Instanz" vorzunehmen.

Die Kontrolle der Neu-Erscheinungen und der Bestellung von Redakteuren sollte
mehr und mehr und schließlich ganz in die Hände der Journalistengewerkschaft übergehen, die im Interesse der Wahrung des Berufs-Niveaus auf sorgfältige Auslese der Redakteure achten und durch Disziplinar-Befugnisse imstande sein sollte, gegen Mißbräu-
che rasch und wirksam einzuschreiten.

II. Film

Im Unterschied zur Presse ist die Filmproduktion und der Filmverleih in der Übergangszeit völlig unter zentrale Kontrolle zu stellen. Am besten wäre es, einen zentralen
Film-Ausschuß für Deutschland einzusetzen, der aus Vertretern aller Zweige der Filmproduktion (Regisseure, Schauspieler, Manuskriptverfasser usw.) und Vertretern der
Literatur, Volksbildung und der politischen Propaganda (etwa der unter I erwähnten
Informationsinstanz) bestehen sollte. Derselbe – oder ein ähnlicher Ausschuß sollte auch
die Einfuhr ausländischer Filme kontrollieren.

Bei der Handhabung der Kontrolle wäre von vornherein darauf zu achten, daß positive Förderung guter Filmproduktion noch wichtiger ist als die Verhinderung schlechter.
Der Film-Ausschuß sollte deshalb nicht bloß negative Zensur üben, indem er verhetzen-
de nationalistische, verlogen-romantische, reaktionäre und solche Filme ablehnt, die
weder künstlerisch noch realistisch sind.

Er sollte die Herstellung künstlerischer, instruktiver, erzieherischer, völkerverbinden-
der und fortschrittlicher Filme durch Aussetzung von Preisen für Manuskript-Ver-
fasser und Regisseure und durch Subventionen für Produzenten solcher Filme unterstützen.

Möglichst bald sollte – nach dem Vorbild der alten Volksbühne – eine Volks-Film-
Organisation ins Leben gerufen werden, die als Organisation des Filmpublikums ihren
Einfluß auf die Filmproduktion immer mehr geltend machen sollte, evtl. selbst die
Produktion von Filmen übernehmen könnte.

Nach Beendigung der Übergangszeit sollte die Zusammenarbeit zwischen dem zentralen Film-Ausschuß und der Volks-Film-Organisation soweit gediehen sein, daß beide
ein dauerndes System zur Regelung der Filmproduktion und zur Ausgestaltung des
Kinowesens errichten könnten.

III. Theater und Rundfunk

Wie unter I bereits erwähnt, sollte der Rundfunk zum öffentlichen Monopolbetrieb
werden. Seine Hauptaufgabe wäre – neben musikalischen und literarischen Darbietun-

gen – die Vermittlung untendenziöser Nachrichten, instruktiver Vorträge und konstrukti-ver Propaganda im Sinne friedlichen Wiederaufbaus, internationaler Zusammenarbeit und Vernichtung aller materiellen und ideologischen Überreste der Reaktion und des Nazismus. Die Rundfunk-Programme sollten der Genehmigungspflicht einer zentralen Kommission unterliegen, die aus Politikern und Vertretern der Literatur und Musik zu bilden wäre und dem unter I erwähnten Film-Ausschuß ähneln würde.

Der Theater-Betrieb wird sich kaum so zentral kontrollieren lassen wie Film und Rundfunk. Er ließe sich ähnlich regeln wie das Zeitungswesen: zur Eröffnung eines Theaters wäre die Lizenz der örtlichen Selbstverwaltung erforderlich, und eine Gewerk-schaft der Schauspieler und Regisseure sollte bei der Auswahl des Personals mitbestim-men, während ein neuzugründender Autorenverband, der zunächst aus Schriftstellern bestehen sollte, die nicht der „Reichsschrifttums-Kammer"[3] angehörten (also in erster Linie aus der Emigration zurückgekehrten und aus den Konzentrationslagern befreiten Autoren) bei der Aufstellung der Programme zu Rate gezogen werden sollte.

Möglichst bald sollte eine Volksbühnen-Organisation ins Leben gerufen werden, die auf dem Gebiete des Theaters dieselbe Funktion zu erfüllen hätte wie die Volks-Film-Organisation auf dem Gebiete des Films.

IV. Literatur

Auf dem Gebiete der Literatur sollte die erste Maßnahme der Übergangszeit die Ver-nichtung der Nazi-Literatur sein:

Ablieferungszwang für alle nazistischen Bücher, die auf einer öffentlich plakatierten Liste verzeichnet sind und sofort nach der Ablieferung eingestampft werden sollten. Der Besitz dieser Bücher nach Ablauf einer festgesetzten Frist ist unter Strafe zu stellen; der Nachdruck solcher Bücher sollte schwerste Strafen zur Folge haben; ihre Einfuhr aus dem Ausland sollte mit allen Mitteln verhindert werden.

Die gleiche Kommission, welche die Liste der zu vernichtenden Bücher aufstellt (und mit dem unter III erwähnten Autorenverband identisch sein könnte), könnte sich zur Überwachungs- und Zensur-Instanz für die gesamte deutsche Buchproduktion und den Buchhandel entwickeln. Um ihre Arbeit wirksam zu gestalten, sollte der Besitz und Betrieb von Druckerpressen und Vervielfältigungs-Apparaten in ganz Deutschland anmeldepflichtig sein und die Einfuhr von Büchern zum Monopol einer öffentlichen oder öffentlich kontrollierten Gesellschaft werden, aus der sich eine Art Staatsbuch-handlung und Staatsverlag entwickeln könnte.

Ähnlich wie bei der Filmkontrolle sollte auch bei der Überwachung der Buchpro-duktion der Gesichtspunkt maßgebend sein, daß nicht nur Schädliches verboten und verhindert werden, sondern Gutes und Nützliches geschaffen und gefördert werden soll.

---

3 Nach dem Schriftleitergesetz vom 4. Oktober 1933 (RGBl. I, 1933, S.713f.) mußten hauptberuf-liche Journalisten und Redakteure in die Berufsliste der Schriftleiter eingetragen sein.

Internationale Verlage, besonders solche, die während der Hitler-Zeit freiheitliches deutsches Schrifttum im Ausland pflegten, sollten ermutigt werden, in Deutschland Bücher zu produzieren. Preise für politisch, kulturell und künstlerisch wertvolle Bücher sollten ausgesetzt werden.

Partei und Gewerkschaften sollten möglichst bald zur Bildung von Buch-Gemeinschaften (nach dem Muster der „Bücher-Gilde") schreiten, die immer stärkeren Einfluß auf die Buchproduktion und das Bildungsbedürfnis und den Geschmack der Leser ausüben könnten.

Mit dem Ende der Übergangszeit wären die Zensur-und Strafbestimmungen zu lokkern, während die fördernden Maßnahmen noch verstärkt werden sollten. Die Kontrolle könnte mehr und mehr Sache der Buchgemeinschaften werden. Aus den Autoren, die sich in der Übergangszeit bewährt haben, könnte der Kern einer Schriftsteller-Gemeinschaft gebildet werden, deren Aufgabe es wäre, die Interessen der Schriftsteller gegenüber Behörden und Verlegern zu vertreten und – zusammen mit den Buchgemeinschaften – ähnlichen Einfluß auf die Literatur auszuüben wie die unter I erwähnte Journalistengewerkschaft auf die Presse.

(Eingegangen: 16. April 1943)

NR. 95

Vorschlag Karl Rawitzkis (SPD) für die Programmberatung über Verfassungsfragen, eingegangen am 21. April 1943

AdsD Bonn, PV-Emigration, Mappe 167

Union deutscher sozialistischer Organisationen in Großbritannien[1]

Vorschläge für die Programmberatung   Vorlage Nr. 3
Kommission 1 (Aktionsprogramm) Zu 3 c : Verfassungsfragen
(Vorschlag des Gen[ossen] Karl Rawitzki)

Präambel

Freiheit der Persönlichkeit in allen ihren Ausstrahlungen ist die unabänderliche Grundlage und Voraussetzung des staatlichen und gesellschaftlichen Lebens Deutschlands. Unabänderlich soweit nicht die Staatsnotwendigkeit zeitlich eng begrenzte Notmaßnahmen erforderlich macht.

Alle Macht geht vom Reich aus, das seinen Gliedern in diesem Rahmen Rechte delegiert. Keine Einzelparlamente. Lokalverwaltungen aller Grade, die unter der Aufsicht des Gliedes oder des Reiches stehen.

Starke Exekutive. Nach englischem Vorbild kann ohne ihre Zustimmung kein Antrag eingebracht werden, der das Reich belastet.

Nur eine Kammer für die Gesetzgebung. Wahlalter 25 Jahre. Mitglieder der NSDAP erhalten aktives und passives Wahlrecht erst 5 Jahre nach dem Inkrafttreten der Verfassung und nicht vor Erreichung des 40. Lebensjahres. Weibliche Mitglieder der NSDAP verlieren aktives und passives Wahlrecht für die Dauer.

Überlebende Mitglieder der SS, der Gestapo und Amtswalter verlieren das Wahlrecht für die Dauer.

Reichspräsident vom Parlament gewählt in der ersten Sitzung jeder Wahlperiode.

Ministerium durch ausdrückliches Mißtrauensvotum stürzbar.

Verfassungsänderungen durch einfache Mehrheit einer neuzuwählenden Versammlung, die dann als Parlament weiter fungiert.

Im Ausnahmezustand kann vorübergehend jedes Recht aufgehoben werden. Eine solche Verordnung ist unverzüglich dem Parlament zur Gutheißung vorzulegen.

Trennung von Kirche und Staat.

Enteignung im allgemeinen[2] Interesse ohne Entschädigung bzw. nur Vergönnung.

---

1 Vorlage: Überschrift doppelt ms. unterstrichen, die beiden folgenden Zeilen (ohne „Kommission 1 (Aktionsprogramm)") sind ms. unterstrichen ebenso die folgende Überschrift.
2 Vorlage: „allgemeinen" ms. unterstrichen.

Keine Nachprüfung der Gesetze durch Gerichte.
Einzel-Einmannwahlkreise.
(Eingegangen: 21. April 1943)

NR. 96

Vorschlag Rudolf Möller-Dostalis (SPD) für die Programmberatung über die Maßnahmen zur Liquidierung des Nazisystems, eingegangen am 20. April 1943

AdsD Bonn, PV-Emigration, Mappe 167

Union deutscher sozialistischer Organisationen in Großbritannien[1]
Vorschläge für die Programmberatung Vorlage Nr. 4
Kommission 1 (Aktionsprogramm) Zu 3 g: Maßnahmen in der Übergangszeit zur Liquidierung des Nazisystems, einschl[ießlich] Strafmaßnahmen
(Vorschlag d[es] Gen[ossen] R. Möller-Dostali)

I. Voraussetzung
a) Die volle Erkenntnis, daß die Nationalsozialistische Arbeiter-Partei und ihre Führung im speziellen, die uneingeschränkte Verantwortung für den Bruch der Weimarer Verfassung, für den Krieg und für alle Verbrechen trägt, die seit 1933 in und außerhalb Deutschlands im Namen des deutschen Volkes begangen worden sind.
b) Die Liquidierung des Nazisystems ist zunächst ein revolutionär-strafrechtliches und organisatorisches Problem, dessen Lösung, die Voraussetzung für die ideologische Ausrottung des Nazismus bildet.
c) Alle Maßnahmen gegen die Nazis haben unter dem Gesichtspunkt strengster Gerechtigkeit, der Sühne und der Wiedergutmachung zu erfolgen.

II. Gerichtshöfe
a) Unter obigen Gesichtspunkten gesehen sollen sofort gebildet werden: ein oberstes Volkstribunal sowie regionale Volkstribunale, deren Mehrheit aus Laien zusammengesetzt ist und deren Geschäftsführung in der Hand zuverlässiger Juristen liegt.
b) In Zweifelsfällen entscheidet das oberste Volkstribunal.

III. Die Anklage
Die Hauptpunkte der Anklage gegen die Nazis sollen sich auf folgende Punkte stützen:
a) Volksverrat
b) Verantwortlichkeit im Kriege

---

1 Vorlage: Überschrift doppelt ms. unterstrichen, die beiden folgenden Zeilen (ohne „Aktionsprogramm" und „Maßnahmen ...") sind ms. unterstrichen ebenso die folgenden Überschriften.

c) Mord und Geiselmord

d) Freiheitsberaubung und Mißhandlung

e) Diebstahl an Volks- und Staatsgut, an Organisationseigentum und Diebstahl an Privateigentum.

IV. Die Angeklagten

1) Es werden zwei Gruppen von Angeklagten unterschieden:

   a) Alle unmittelbar Verantwortlichen und alle, die sich der Beihilfe an den angegebenen Verbrechen schuldig gemacht haben.

   b) Die ideologisch Verantwortlichen.

2) Unter obigen Ansatz 1 a) fallen folgende Personen:

   a) Alle Funktionäre der NSDAP und ihrer überparteilichen Organisationen von einem best[immten] Rang an aufwärts.

   b) Alle Mitglieder der SS, der Totenkopfverbände und ähnlicher Gliederungen.

   c) Alle Mitglieder der SA von einem best[immten] Rang an aufw[ärts]

   d) Alle Gestapobeamtc

   e) Alle Offiziere und Mannschaften der Schutzpolizei, sofern sie sich an einem der obigen Verbrechen mittelbar beteiligt haben.

   f) Alle Personen in Staat und Wirtschaft, die direkt oder intellektuell für die vorgenannten Verbrechen haupt- oder mitverantwortlich sind, auch wenn sie der NSDAP nicht angehören. (Herrenclub etc.)

   g) Alle Personen, die sich an einem der gen[annten] Verbrechen mittelbar oder unmittelbar beteiligt haben, auch wenn sie nicht der NSDAP angehören.

V. Urteile

   a) Alle Personen, die sich an einem der unter III. a.b.c. genannten Verbrechen schuldig gemacht haben, werden mit dem Tode, odcr bei Beihilfe, je nach der Schwere des Falles mit längerer Zuchthausstrafe und Zwangsarbeit verurteilt.

   b) Alle Personen, die sich des unter Abs. III. d genannten Verbrechens schuldig gemacht haben, werden mit dem Tode, Zuchthaus und Zwangsarbeit verurteilt.

   c) Alle unter III. e genannten Verbrechen werden mit Zuchthaus und Zwangsarbeit verurteilt.

   d) Alle unter IV. a–g bezeichneten Personen verlieren auf Lebensdauer alle bürgerlichen Ehrenrechte; soweit sie sich an keinem der genannten Verbrechen schuldig gemacht haben, können die bürgerlichen Ehrenrechte auf dem Gnadenwege nach einer best[immten] Zeitdaucr wieder verliehen werden.

VI. Die übrigen Angeklagten.

   e) Unter IV. b) fallen folgende Personen:

   1) Alle Funktionäre der SA von einem best[immten] Rang an abwärts.

2) Alle Funktionäre der NSDAP von einem best[immten] Rang an abwärts.
3) Alle Personen, die vor dem Jahre 1933 Mitglied der NSDAP waren.
4) Alle übrigen Mitglieder der NSDAP.

VII. Strafmaßnahmen
a) Alle Personen, die unter VI 1–2 fallen und an keinem der genannten Verbrechen mittelbar oder unmittelbar beteiligt sind, verlieren auf 25 Jahre alle bürgerlichen Ehrenrechte. Die Aufhebung der Strafmaßnahmen ist nach einer best[immten] Zeitdauer auf dem Gnadenwege möglich. Alle in diese Kategorie fallenden Personen sind zur Teilnahme an Wiedergutmachungsarbeiten verpflichtet.
b) Alle unter VI. 3 genannten Personen verlieren auf die Dauer von 10 Jahren alle bürgerlichen Rechte und sind zu Wiedergutmachungs-Arbeiten verpflichtet. Aufhebung[en] der Maßnahmen sind auf dem Gnadenwege möglich.
c) Alle unter VI. 4 genannte Personen verlieren auf die Dauer von 5 Jahren alle demokratischen Rechte (Wahlrecht etc.).

VIII. Weitere Maßnahmen
a) Alle Nazi-Organisationen sind sofort aufzulösen, ihr Vermögen ist zu beschlagnahmen.
b) Das gesamte Privatvermögen der unter IV. 2 a–g genannten Personen ist zu beschlagnahmen und einem Wiedergutmachungsfond zuzuführen.
c) Das Vermögen der überparteilichen Organisationen wird durch einen demokratischen Ausschuß der betreffenden Organisationen verwaltet.
d) Alle Banken und Sparkassen dürfen keinerlei Zahlungen an Mitglieder der Nazi-Partei oder ihrer Nebenorganisationen auszahlen.
e) Alles Eigentum das unter III. e fällt, auch wenn es durch zweite und dritte Hand in fremden Besitz gelangt ist, wird durch den Staat eingezogen.

IX. Beamtenschaft
a) Alle Beamte des Naziregimes, sofern sie nicht unter Abs. V und VI fallen, werden aus dem Beamtenverhältnis bis auf weiteres entlassen, können aber ihre Funktion weiter ausüben.
b) Alle von den Nazis entlassenen Beamte aus der Weimarer Zeit werden sofort zurückgerufen.
c) Einsetzung eines politischen Kommissars mit einem Beirat für alle Amtsbereiche.

X. Justiz
a) Dasselbe gilt für den Bereich der Justiz. Alle politischen Urteile der Nazis sind sofort aufzuheben.
b) Alle gegen die demokratischen Grundsätze in Kraft befindlichen nazistischen Gesetzesakte verlieren sofort ihre Gültigkeit.

XI. Diplomatischer Dienst

Alle sich im Auslandsdienst befindlichen Beamte des Reiches sind sofort zurückzuberufen. Gegen sie wird ein Disziplinarverfahren eingeleitet. Bei Nichtbefolgung des Heimkehrbefehls verfällt das Privatvermögen der betreffenden Personen der staatlichen Beschlagnahme.

XII. Sicherungen

   a) Schutzpolizei und Gestapo sind sofort aufzulösen, an ihre Stelle tritt in Übereinstimmung mit den Besatzungsbehörden ein demokratischer Sicherheits- und Polizeidienst.
   b) Für alle Provinzen wird ein vorläufiger politischer Kommissar ernannt, dem ein Volksbeauftragten-Rat zur Seite steht, dem alle demokratischen Gruppen angehören können.

(Eingegangen: 20. April 1943)

Nr. 97

Vorschlag Wilhelm Heidorns (ISK) für die Programmberatung über das Verhältnis Partei – Gewerkschaften, eingegangen am 30. April 1943

AdsD Bonn, PV-Emigration, Mappe 167

Union deutscher sozialistischer Organisationen in Großbritannien[1]

Vorschläge für die Programmberatung Vorlage Nr. 5

Kommission 2 (Organisation) Zu 3 d: Das Verhältnis zwischen Partei und Gewerkschaften

(Vorschlag des Gen[ossen] Wilh[elm] Heidorn)

Im Rahmen des Befreiungskampfes der Arbeiterbewegung haben freie Gewerkschaften und eine sozialistische Partei im wesentlichen von einander getrennte Aufgaben zu erfüllen:

Die Aufgabe einer sozialistischen Partei ist es, den politischen Kampf um die Eroberung der Staatsmacht[2] zu führen, um damit die Voraussetzungen für den Aufbau des Sozialismus schaffen und seine Durchführung sichern zu können.

Freie Gewerkschaften sind ihrem Wesen nach wirtschaftliche Interessenvertretungen der Arbeiterklasse, die den Kampf gegen die wirtschaftliche Ausbeutung der Werktätigen zu führen haben und zwar im wesentlichen im unmittelbaren[3] Kampf gegen die Unternehmerklasse.

Dieses heißt weder, daß freie Gewerkschaften in einem demokratisch-kapitalistischen[4] Staat politisch neutral sind, also nicht mittelbar[5] einen Druck auf die Staatsmacht ausüben sollen und bestimmte Maßnahmen, die die Interessen der Arbeiterschaft berühren, fordern und unterstützen oder ablehnen und bekämpfen sollen. Noch heißt es, daß sie an der politischen Herrschaftsform uninteressiert sind. Doch es heißt, daß das Hauptarbeitsgebiet einer Gewerkschaft in den Betrieben[6] liegt und nicht in den Ver-

---

1 Vorlage: Überschrift doppelt ms. unterstrichen, die beiden folgenden Zeilen (bis „Kommission 2") sind ms. unterstrichen.
2 Vorlage: „sozialistische Partei", „politischen Kampf" und „Eroberung der Staatsmacht" jeweils ms. unterstrichen.
3 Vorlage: „Freie Gewerkschaften", „wirtschaftliche Interessenvertretungen" und „unmittelbaren" jeweils ms. unterstrichen.
4 Vorlage: „kapitalistischen" ms. unterstrichen.
5 Vorlage: „politisch neutral" und „mittelbar" jeweils ms. unterstrichen.
6 Vorlage: „Hauptarbeitsgebiet" und „ in den Betrieben" jeweils ms. unterstrichen.

handlungszimmern von Regierungen. Es heißt, daß die Hauptaufgaben[7] einer freien Gewerkschaft außerhalb des unmittelbaren Interessen- und Arbeitsbereichs einer politischen Partei liegen.

Im Rahmen des Befreiungskampfes der Arbeiterklasse stellt die sozialistische Partei die Avantgarde dar und hat ihren Zielen und ihren Mitteln nach kompliziertere Aufgaben zu erfüllen als die Gewerkschaften. Durch ihren einfacheren Aufgabenbereich ist es den Gewerkschaften möglich, größere werktätige Massen zu erfassen. Sie können die Einheitsorganisation[8] der Werktätigen sein, die die Massen zum Klassenbewußtsein erziehen und für den politischen Kampf vorbereiten.

Bei der Vermengung der Aufgabenbereiche der sozialistischen Partei und der freien Gewerkschaften oder bei einer Verfilzung der parteilichen und gewerkschaftlichen Organisationen wird entweder die sozialistische Partei nur zu einer Organisation, die sich in ihren Forderungen und Kampfmethoden den notwendigerweise weniger umfassenden Zielen und Erfordernissen einer breiten gewerkschaftlichen Massenbewegung anpaßt[9], – wie wir dies am deutlichsten in der englischen Arbeiterbewegung sehen.

Oder die Gerwerkschaften werden bloße Parteifilialen[10], die in kürzerer oder längerer Zeit jeden Einfluß auf die große Masse der Arbeiterschaft verlieren, wie es alle kommunistischen Versuche gezeigt haben, bloße „gewerkschaftliche" Hilfsorganisationen der kommunistischen Parteien aufzubauen.

Da wir außerdem in dem von uns vorgesehenen staatspolitischen Aufbau ein Mehrparteiensystem[11] zulassen, auf der andern Seite aber darauf hinarbeiten wollen, daß es zum Aufbau einer Einheitsgewerkschaft kommt, gewinnt die Forderung nach parteipolitischer[12] Unabhängigkeit dieser Gewerkschaftsbewegung noch an Gewicht. Es wäre eine Katastrophe für die Gewerkschaften, wenn sie wieder zum Tummelplatz fraktioneller[13] Kämpfe würden.

Selbst in einem Staat, in dem die Klassenherrschaft zerstört ist und in dem sich sicher ein Wechsel gewerkschaftlicher Aufgaben und Kampfmethoden ergibt, erübrigt dieser Funtionswechsel nicht das Bestehen von wirtschaftlichen Selbstverwaltungsorganisationen der Arbeiterschaft, die sowohl dem Staatsapparat als auch der sozialistischen Partei gegenüber ein weitgehendes Maß von Unabhängigkeit haben müssen, z.B. in Bezug auf die Wahl ihrer Leitungen.[14]

---

7 Vorlage: „Hauptaufgabe" ms. unterstrichen.
8   Vorlage: „Einheitsorganisation" ms. unterstrichen.
9 Vorlage: „Vermengung", „Verfilzung" und „anpaßt" jeweils ms. unterstrichen.
10 Vorlage: „Parteifilialen" ms. unterstrichen.
11 In der Vorlage ist der Teil „Mehrparteien" des Wortes „Mehrparteiensystems" ms. unterstrichen.
12 Vorlage: „Einheitsgewerkschaft" und „parteipolitischer" jeweils ms. unterstrichen.
13 Vorlage: „fraktioneller" ms. unterstrichen.
14 Vorlage: „Klassenherrschaft zerstört", „erübrigt", „nicht", „Staatsapparat" und „sozialistische Partei" jeweils ms. unterstrichen.

Die besonderen Aufgaben der Gewerkschaften als selbständige wirtschaftliche Interessenvertretungen der Arbeiterschaft werden unter jedem freiheitlichen System bestehen bleiben, denn in jedem nicht-totalitären Staatsaufbau verlangen die Interessen der Werktätigen eine Vertretung, die nicht durch einen staatlichen Apparat und auch nicht durch eine Partei wahrgenommen werden können.

Schlußfolgerungen:

1) Freie Gewerkschaften und alle fortschrittlichen Parteien sollten Hand in Hand arbeiten. Die Gewerkschaften sollten diese Zusammenarbeit nur von der Beurteilung der Taten der Parteien abhängig machen, soweit sie Gewerkschaftsinteressen betreffen[15]. Jedes allgemeine[16] Urteil dagegen zugunsten oder zuungunsten einer Partei widerstreitet der parteipolitischen Neutralität der Gewerkschaften und ist deshalb unerlaubt. Die Gewerkschaften dürfen also weder eine Partei einseitig bevorzugen noch dürfen die Parteien die Gewerkschaften bevormunden[17].

2) In den örtlichen, bezirklichen sowohl als den zentralen Leitungen ist jede Form von Personalunion[18] der parteilichen und gewerkschaftlichen Funktionen unerlaubt.

3) Bei der Wahl gewerkschaftlicher Funktionäre sollte nur ihre Fähigkeit und ihre gewerkschaftliche Zuverlässigkeit den Ausschlag geben; die parteipolitische Zugehörigkeit darf weder ein Grund für die Bevorzugung noch für die Ablehnung sein.

4) Jede Form von Fraktionsbildungen in der Gewerkschaftsbewegung ist zu bekämpfen, weil sie den Keim für Spaltungen der Gewerkschaftsbewegung legen.

5) Ein regelmäßiger Kontakt zwischen der sozialistischen Partei (wie mit jeder anderen Partei, die durch Taten zeigt, daß ihr auch die Rechte der Arbeiterschaft am Herzen liegen) und den Gewerkschaften sollte dadurch aufgebaut werden, daß sowohl örtlich, bezirklich als auch zentral ständige Einrichtungen geschaffen werden, in der die Vorstände der Partei und der Gewerkschaften laufend die Fragen beraten können, die von gemeinsamem Interesse sind.

6) Zu den Vorstandssitzungen der Partei, bei denen Fragen auf der Tagesordnung stehen, die gewerkschaftliche Interessen berühren, sollten Gewerkschaftsvertreter mit beratender[19] Stimme zugelassen werden.

7) Auch nach der revolutionären Umwälzung, während des sozialistischen Aufbaus, haben die Gewerkschaften als wirtschaftliche Selbstverwaltungsorganisationen der Arbeiterschaft eine beratende und kontrollierende Funktion zu erfüllen.

---

15 Vorlage: „nur", „Beurteilung der Taten" und „soweit sie Gewerkschaftsinteressen betreffen" jeweils ms. unterstrichen.
16 Vorlage: „allgemeine" ms. unterstrichen.
17 Vorlage: „einseitig bevorzugen" und „bevormunden" jeweils ms. unterstrichen.
18 Vorlage: „Personalunion" ms. unterstrichen.
19 Vorlage: „beratender" ms. unterstrichen.

Das erfordert:

a)   daß die Koalitionsfreiheit[20] gewährleistet ist.

b)   daß die Gewerkschaften in der Wahl ihrer Funktionäre unabhängig sind von Partei- und Staatsbefehlen.

c)   daß in den privaten und sozialisierten Betrieben Einrichtungen vorhanden sind, die die Interessenvertretung der Arbeiterschaft gewährleisten.

d)   daß die Gewerkschaften auch zu den sonstigen Einrichtungen der Selbstverwaltung hinzugezogen werden.

e)   daß die Gewerkschaften mit beratender Stimme zugezogen werden, wenn administrative oder gesetzgeberische Maßnahmen getroffen werden sollen, die die wirtschaftlichen Interessen der Arbeiterschaft unmittelbar berühren.

(Eingegangen: 30. April 1943)

---

20 Vorlage: „Koalitionsfreiheit" ms. unterstrichen.

NR. 98

Vorschlag Hans Gottfurchts (SPD, LdG) für die Programmberatung über das Verhältnis Partei – Gewerkschaften, eingegangen am 1. Mai 1943

AdsD Bonn, PV-Emigration, Mappe 167

Union deutscher Sozialistischer Organisationen in Großbritannien[1]

Vorschläge für Programmberatung Vorlage Nr. 6

Kommission 2 (Organisation) Zu 3 d: Das Verhältnis zwischen Partei und Gewerkschaften

(Vorschlag des Gen[ossen] Hans Gottfurcht)

1. Die Aufgabe dieser Niederschrift ist, das Verhältnis der Gewerkschaft zur Partei zu untersuchen. Hier soll nicht der Charakter der zukünftigen Gewerkschaften dargestellt werden. Es ist jedoch unmöglich, das Verhältnis der Organisationen zueinander zu erörtern, ohne einen bestimmten Ausgangspunkt zu haben.
2. Soweit bisher Beratungen im nationalen oder internationalen Rahmen stattgefunden haben, wird allgemein von der Notwendigkeit der Schaffung einer einheitlichen Gewerkschaftsbewegung für jedes Land, ohne Rücksicht auf politische, religiöse und sonstige Meinungsverschiedenheiten gesprochen. Das bedeutet, daß für Deutschland das Wiederauferstehen getrennter Gewerkschaftsrichtungen nicht zum Ausgangspunkt unserer Betrachtungen gemacht werden kann.
3. Im Falle eines fortschrittlichen demokratischen, aber immer noch kapitalistischen Deutschlands ist mit dem Bestehen von mindestens einer sozialistischen Partei, mit dem möglichen Bestehen einer kommunistischen Partei, mit dem sicheren Bestehen einer bürgerlich demokratischen Partei und mit dem wahrscheinlichen Bestehen einer oder mehrerer (möglicherweise getarnter) reaktionärer Parteien zu rechnen.
4. Ich bin nicht der Meinung, daß das englische System[2] für uns annehmbar ist, d.h., ich bin nicht der Meinung, daß die politische Partei der Linken im wesentlichen Aus-

---

1 Vorlage: Überschrift doppelt ms. unterstrichen, die beiden folgenden Zeilen (ohne „(Organisation)" und „Das Verhältnis...") sind ms. unterstrichen.
2 Die britischen Gewerkschaften waren auf Berufsverbänden aufgebaut und daher stark zersplittert. Dem Trade Union Congress als Dachverband waren Ende 1945 192 Einzelgewerkschaften mit 6,6 Mio. Mitgliedern angeschlossen. Die Trade Unions übten beherrschenden Einfluß auf die Labour Party aus, da ein Teil der Verbände kollektiv Mitglied der Labour Party war, dies galt 1945 für 69 Gewerkschaften mit 2,5 Mio. Mitgliedern, während die LP selbst nur knapp eine halbe Million Einzelmitglieder zählte. Die Trade Unions finanzierten und entsandten auch eigene Abgeordnete

druck und Instrument der Gewerkschaftsbewegung sein soll. Ich glaube vielmehr, daß die Dreiteilung der Bewegung in Partei, Gewerkschaft und Genossenschaft und die organisatorische Selbständigkeit der drei Zweige wiederhergestellt werden soll. Anzunehmen vom englischen System wäre die Schaffung eines übergeordneten Zentralorgans der Arbeiterbewegung, wie hier das National Council of Labour.[3] Mit der Schaffung einer solchen Einrichtung wäre unser Problem zum Teil gelöst.

5. Parteien und Gewerkschaft werden mutmaßlich bezirklich und regional aufgegliedert sein. Zweckmäßigerweise sollten diese Aufgliederungen für alle politischen und organisatorischen Zwecke gleichartig sein (Beispiel aus der Weimarer Republik: die 13 Landesarbeitsämter). In den leitenden Körperschaften der sozialistischen Partei dieser politischen Einheiten sollte die Gewerkschaft vertreten sein. Ebenso sollte die Partei ihre Vertreter in den korrespondierenden gewerkschaftlichen Gliederungen haben. Sollten diese Einteilungen so erfolgen, daß sie mit dem Geltungsbereich gesetzgebender Körperschaften übereinstimmen (Reichstag, Landtage, Provinzial-Landtage etc.), dann müßte auch die Gegenseitigkeits-Vertretung entsprechend erfolgen.

6. Die Frage entsteht, wie bei dem Vorhandensein einer einheitlichen Gewerkschaft, deren Interessen in bürgerlich-demokratischen, katholischen und/oder kommunistischen Parteien gewahrt werden kann. Es ist anzunehmen, daß das Schwergewicht immer bei der sozialistischen Partei liegen wird. Immerhin muß erörtert werden, wie ein wesentlich loseres Vertretungs-System auch zwischen anderen Parteien und der Gewerkschaft möglich ist.

7. Es soll hier nicht auf die Funktionen von Partei und Gewerkschaften eingegangen werden. Es muß jedoch darauf hingewiesen werden, daß die Zusammenarbeit einem Hauptzweck zu dienen hat, daß nämlich kein Parteibeschluß möglich sein darf, der in das Interessengebiet der Gewerkschaften eingreift, ohne sie zu befragen und mit entscheiden zu lassen und umgekehrt.

8. Das Verhältnis zwischen Partei und Gewerkschaft im sozialistischen Staat unterscheidet sich nur insofern, als die Zahl der Parteien kleiner, das Bestehen mehrerer Arbeiter-Parteien unwahrscheinlich und der politische Einfluß von Partei und Gewerkschaft stärker ist. Grundsätzlich muß die Unabhängigkeit bestehen bleiben.

---

in das Parlament, die dort mit den anderen LP-Abgeordneten zur „Parliamentary Labour Party" zusammengefaßt waren. Vgl. Price, British Trade Unions, S. 30ff.

3 Das National Council of Labour bestand aus gewählten Delegierten der drei Säulen der britischen sozialistischen Arbeiterbewegung: Der Trade Unions, der Labour Party und der Genossenschaften. Das Council beriet über Fragen von gemeinsamem Interesse und veröffentlichte gemeinsame politische Erklärungen, wenn es für notwendig befunden wurde. Im Dezember 1944 gehörten ihm an: je 8 Vertreter der Trade Unions (u.a. Citrine), der Labour Party (u.a. Ellen Wilkinson, Attlee, Dobbs, Greenwood, Grenfell, Laski, Phillips) und der Genossenschaftsbewegung. Außerdem nahmen an den Sitzungen ein Vertreter der Labour Peers und des „Daily Herald" teil. Vgl. Price, British Trade Unions, S. 33; The Labour Party. Report of the 44th Annual Conference, May 21st to May 25th, 1945, London o.D. (1945), S. 3.

Schlußbemerkung:[4]

Die Exekutive des IGB befindet sich mitten in Beratungen über das Gewerkschafts-problem. Die Landesgruppe beschäftigt sich in einer Arbeitsgemeinschaft mit diesen Fragen und wird sie auch auf einer Wochenend-Konferenz im Juni behandeln. Ich glaube, daß dann wesentliche Ergänzungen zu diesen Ausführungen notwendig sein werden.

(Eingegangen am 1. Mai 1943)

---

4 Vorlage: „Schlußbemerkung" ms. unterstrichen.

NR. 99

Vorschlag Gerhard Kreyssigs (SPD) für die Programmberatung über Wirtschaftsfragen, eingegangen am 6. Mai 1943

AdsD Bonn, PV-Emigration, Mappe 167[1]

Union deutscher sozialistischer Organisationen in Großbritannien[2]

Vorschläge für die Programmberatung Vorlage Nr. 7

Kommission I (Aktionsprogramm) Zu 3 a: Wirtschaftsfragen

(Vorschlag des Gen[ossen] Gerh[ard] Kreyssig)

(1)   Die ...-Partei betrachtet Deutschland als ein Glied Europas, mit dem es sich solidarisch verbunden fühlt in allen Fragen und Problemen, die gesamteuropäische Wirtschaftsinteressen berühren.

(2)   Europa ist zugleich einer der entscheidenden Partner der weltwirtschaftlichen Arbeitsteilung, die die ...-Partei sowohl für Deutschland selbst als auch im Rahmen der europäischen Solidarität, die sie anstrebt, mit allen Kräften fördert.

(3)   Leitgedanke der Wirtschafts- und Außenhandelspolitik Deutschlands kann deshalb nur sein, alles zu tun, was das wirtschaftliche Zusammenleben der weitgehend aufeinander angewiesenen Völker Europas und die wirkungsvolle Eingliederung Europas in den Prozeß der internationalen Arbeitsteilung fördert, – bzw. alle Maßnahmen zu vermeiden, die die wirtschaftliche Zusammenarbeit, sowohl innerhalb Europas als im Rahmen der Weltwirtschaft erschweren könnten.

(4)   Die ...-Partei tritt für eine Wirtschaftspolitik auf der Basis friedlicher Zusammenarbeit mit allen Völkern und echter Völker-Solidarität ein, die jeden Hegemoniegedanken ebenso ausschließt wie engstirnige, nationalistische Autarkiepolitik.

(5)   Im Rahmen der Weltwirtschaft wird die ...-Partei alles tun, um Deutschland bzw. Europa wirkungsvoll in diejenigen planwirtschaftlichen Institutionen internationalen Ausmaßes einzugliedern, ohne deren Schaffung und Funktionieren eine friedliche Arbeitsteilung, die Sicherung wirtschaftlicher Gleichberechtigung aller Länder und Erdteile, die gemeinsame Erschließung aller Wirtschaftskräfte und Reichtümer der Welt, die Lösung des Rohstoffproblems und vieler anderer wichtiger Fragen nicht denkbar ist.

(6)   Die ...-Partei vertritt den Standpunkt,

---

1 Der Vorschlag ist abgedruckt bei Röder, Exilgruppen, S. 272ff.
2 Vorlage: Überschrift doppelt ms. unterstrichen, die beiden folgenden Zeilen (ohne „Aktionsprogramm") sind ms. unterstrichen.

daß eine endgültige Sicherung des Friedens und friedlicher Wirtschaftsbeziehungen alles entscheidende Voraussetzungen für die wirtschaftliche Weiterentwicklung der Welt sind,

daß die volle Ausnutzung der wirtschaftlichen Möglichkeiten der Welt Voraussetzung für das wirtschaftliche Wohlergehen aller Völker ist,

daß nur internationale vertrauensvolle und vorbehaltlose Kooperation zur vollen Entfaltung der wirtschaftlichen Kräfte der Welt führen kann,

daß Vollbeschäftigung und reichliche Bedarfsbefriedigung der Massen als oberstes und vornehmstes Ziel der menschlichen Betätigung überhaupt ohne die volle Entfaltung der Produktivkräfte der Welt unmöglich ist und dauerhaft nur im Rahmen internationaler Wirtschafts-Kooperation erreicht und gesichert werden kann,

daß ohne solche wirtschaftliche Zusammenarbeit im internationalen Maßstab und ohne volle Gleichberechtigung aller Völker die Wiederkehr verheerender Wirtschaftskrisen – national und im Weltmaßstab – unvermeidlich ist und

daß die Gefahr neuer Kriege latent bleibt, solange nicht als Folge intern[ationaler] Verständigung und intern[ationaler] Kooperation planwirtschaftliche, intern[ational] beschlossene Wirtschaftsmaßnahmen getroffen und anerkannt werden, die die Vollbeschäftigung sichern und Wirtschaftskrisen ausschalten.

(7) Entsprechend diesen Leitgedanken erklärt die ...-Partei ihre jederzeitige Bereitschaft, international gefaßte und auf der Basis voller Gleichberechtigung unter Mitwirkung Aller zustande gekommene Beschlüsse für Deutschland als verpflichtend und bindend anzuerkennen und in die Wirtschafts-, Handels- und Finanzpolitik Deutschlands einzubauen.

(8) Die ...-Partei setzt sich dafür ein, daß die internen Maßnahmen der Wirtschaftspolitik Deutschlands auch ohne solche international verpflichtende Abkommen jederzeit von den Prinzipien friedlicher wirtschaftlicher Zusammenarbeit und friedlichen Wettbewerbes geleitet und auf die Erreichung bzw. Erleichterung intereuropäischer und weltwirtschaftlicher Zusammenarbeit abgestellt werden.

(9) Das oberste Prinzip, dem die ...-Partei, unbeschadet der internationalen Verhältnisse und Tatbestände, die Lenkung der Wirtschaft in Deutschland unterstellt, ist: die Sicherung der Vollbeschäftigung aller Staatsbürger auf der Basis des maximal erreichbaren Lebensstandards, der durch die jeweilige Entfaltung und Nutzung der Produktivkräfte Deutschlands bestimmt wird und bei voller Entfaltung aller Produktivkräfte sein Optimum erreicht.

(10) Die Verwirklichung dieses Zieles erfordert, daß die Wirtschafts- und Finanzpolitik des Staates nach sozialistischen Prinzipien geleitet und die Wirtschaft unter sozialistischen Gesichtspunkten planmäßig gelenkt wird.

(11) Ohne ein ordnendes Prinzip, ohne gewisse Kollektivmaßnahmen im Interesse Aller und ohne bestimmte, allgemein bindende Direktiven lassen sich Vollbe-

schäftigung und volle Produktionsentfaltung nicht erzielen, – können wirtschaftliche Sicherheit und soziale Gerechtigkeit nicht verwirklicht werden.

(12) Die wechselseitige Verbundenheit und gegenseitige Abhängigkeit der verschiedenen Bestandteile der Gesamtwirtschaft erfordern, daß das Prinzip der solidarischen Dienstleistung im Interesse des Volksganzen überall da über die persönlichen Interessen Einzelner gestellt werden muß, wo lebenswichtige Interessen des ganzen Volkes in Frage stehen oder wirtschaftliche Machtpositionen vorhanden (oder im Entstehen begriffen) sind, die gegen die Interessen der Allgemeinheit ausgenutzt werden können. Dies gilt gleicherweise für Industrie, Landwirtschaft, Handel und Gewerbe.

(13) Die ...-Partei läßt das Privateigentum des Einzelnen im Prinzip unangetastet, unterstellt die Organisierung der Wirtschaft als Dienst am ganzen Volk jedoch dem Leitgedanken, daß die Entprivatisierung von Betrieben oder wirtschaftlichen Machtpositionen überall dort zu erfolgen hat, wo die Trennung von Eigentum und die Kontrolle des Eigentums im Laufe der wirtschaftlichen Entwicklung erfolgt ist.

(14) Jeder Zustand privater Wirtschaftsmacht über die Gesellschaft ohne Kontrolle durch die Gesellschaft wird in Deutschland beseitigt, weil er unvereinbar ist mit der sozialen Verantwortlichkeit gegenüber der Allgemeinheit. Statt dessen wird das Prinzip der öffentlichen Dienstleistung auf demokratisch verantwortlicher Basis verwirklicht und durch die Schaffung entsprechender Institutionen unter öffentlicher Kontrolle und mit öffentlicher Rechenschaftsablegung sichergestellt.

(15) Darüber hinaus werden die Freiheitsrechte des Bürgers hinsichtlich seiner wirtschaftlichen Betätigung wie seines Privateigentumes und hinsichtlich der Verfügung über sein Privateigentum nur da und auch nur insoweit eingeschränkt, als sie gegen die Allgemeininteressen des Volkes verstoßen bzw. insoweit es zur planmäßigen Lenkung und Einordnung in die Gesamtaufgabe der Sicherung der Vollbeschäftigung zwingend notwendig ist.

(16) Das Erreichen der gesteckten Ziele im Dienst und im Interesse des ganzen Volkes und aller Schichten des Volkes ist nur möglich, wenn die Allgemeinheit in öffentlich kontrollierbarer Form die Verfügungsgewalt über die wichtigsten Kommando-Hebel solcher Planwirtschaft innehat.

(17) Voraussetzung dazu ist:

a) Entprivatisierung der Notenbank und der privaten Großbanken. Organisierung des gesamten Bank- und Kreditwesens als öffentlicher Dienst. Kreditkontrolle und Investitionskontrolle.

b) Entprivatisierung aller Monopolpositionen im Rahmen der deutschen Wirtschaft. Entprivatisierung und Überführung der Konzerne und Betriebe der monopolistischen Schlüsselindustrien der Wirtschaft – vor allem Schwereisenindustrie, Bergbau, Chemie- und Baustoff-Industrien – in öffentliches Eigentum.

c) Organisierung aller lebenswichtigen öffentlichen Dienste – Transport, Licht, Strom, Gas- und Wasserversorgung – auf genossenschaftlicher Selbstkostenbasis.

(18) Die planmäßige Sicherung der Vollbeschäftigung setzt darüber hinaus ein sorgfältig ausgewogenes Verhältnis zwischen industrieller Produktion und landwirtschaftl[icher] Erzeugung voraus; die Entprivatisierung des Großgrundbesitzes ist eine der Voraussetzungen dazu.

(19) Die Staatshaus[halts]politik – auf längere Wirtschaftsperioden abgestellt – muß unter Bevorzugung direkter Besteuerung konsequent in den Dienst der Finanzierung der Vollbeschäftigung und der vollen Erschließung aller Produktivkräfte der Volkswirtschaft gestellt werden und der öffentlichen Hand die notwendigen Kapitalien zur wirtschaftlichen Betätigung neben der Privatwirtschaft sichern.

(20) Durch progressive, direkte Steuern und gestaffelte Erbschaftsbesteuerung muß eine dem Zahlungsvermögen angepaßte, gleichmäßig verteilte wirtschaftliche Belastung Aller mit der Zielsetzung erfolgen, krasse Vermögensunterschiede und unsoziale Einkommensverhältnisse zu beseitigen.

(21) Gesunde Bauernpolitik und großzügige Wohnungsbau-Politik für die Industriearbeiter sind neben der allgemeinen Sozialpolitik die beiden Hauptbetätigungen der öffentlichen Wirtschaftsführung im Rahmen der Planung für die Vollbeschäftigung.

(22) In der Außenwirtschaft sind Kontrolle und Lenkung des Außenhandels sowohl hinsichtlich einer geordneten Rohstoffversorgung der Wirtschaft wie im Interesse der Erzielung einer ausgeglichenen Handelsbilanz unerläßlicher Bestandteil jedes Plans der Vollbeschäftigung und zugleich notwendige Voraussetzung einer gesicherten Währungspolitik.

(Eingegangen am 6. Mai 1943)

NR. 100

Vorschlag Fritz Segalls (SPD) für die Programmberatung über das Verhältnis der Partei zu den sozialistischen Kulturorganisationen, ohne Eingangsdatum

AdsD Bonn, PV-Emigration, Mappe 167

Union deutscher sozialistischer Organisationen in Großbritannien[1]

Vorschläge für die Programmberatung

Kommission 2 (Organisation) Vorlage Nr. 8
Zu 2 e: Das Verhältnis zwischen Partei u[nd] sozialistischen Kulturorganisationen

(Vorschlag des Gen[ossen] Fritz Segall)

Es wird vorausgesetzt, daß keine Behinderungen im Aufbau und in der politischen Aktivität einer neuen Arbeiterbewegung vorhanden sind. Es kann deshalb auch damit gerechnet werden, daß einer Kulturarbeit innerhalb und außerhalb der sozialistischen Kulturwelt keinerlei wesentliche Schwierigkeiten bereitet werden.

Es wird ferner angenommen, daß eine sozialistische Kultur auch in ihrer ersten Entwicklungsstufe nicht vorhanden ist und ebensowenig in den nächsten Jahrzehnten als Allgemeingut Verbreitung oder Aufnahme findet. Im besten Falle wird eine politisch-propagandistische Tendenzkultur spürbar sein, die – manchmal gut, manchmal schlecht – mit einem echten Kulturgeschehen nichts gemein hat. Die sozialistische Kulturbewegung wird deshalb vor einer sehr schwierigen Aufgabe stehen: sie hat die Verpflichtung, neue schöpferische Kraft zu entfalten und wird es nicht können. Deshalb müßte sie sich darauf beschränken, die Umgestaltung vorhandener Kulturgüter vorzunehmen, eine Aufgabe, die, auf die Dauer gesehen, unproduktiv ist. Daß die Kulturorganisation auch gleichzeitig noch als Auffangorganisation für politisch indifferente Menschen zu gelten hat, die nur mit neuen Ideen zu gewinnen sind, macht ihre Aufgabe nicht leichter.

Vor 1933 war die Kulturarbeit im weitesten Maße dezentralisiert. Wohl hatte die Partei als Spitzenorganisation und als örtliche Instanzen die Kultursekretariate, daneben gab es aber auch noch die Arbeiter-, Sport- und Kulturkartelle, die Kulturzentralen und Unterabteilungen der Gewerkschaften und der übrigen größeren und kleineren Organisationen der Arbeiterschaft.

---

1 Vorlage: Überschrift doppelt ms. unterstrichen, die drei folgenden Zeilen (ohne „Organisation") sind ms. unterstrichen.

Alle diese Instanzen hatten zumeist ihre eigenen „Kulturbestrebungen", die sich vielfach nicht mehr mit wirklicher Kulturarbeit vereinigen ließen und die Kräfte zersplitterten.

Es wäre unzweckmäßig sagen zu wollen, daß in einem neuen Staat die Organisationsfreiheit, soweit sie sich auf die sozialistische Kulturarbeit bezieht, eingeschränkt werden sollte.

Im Gegenteil sollten Verbände wie z.B. Volksbühnen, Sozialistische Buchgemeinschaften u.s.f. wieder bestehen und als ausführend aktive Organe der Kulturbewegung wie auch als Auffangorganisationen alle Förderung erfahren.

Die einzige Beschränkung, der alle Kulturorganisationen gleichmäßig unterliegen sollten, wäre, daß sie innerhalb ihres Rahmens nur die Kulturarbeit zu leisten haben, die ihrer Aufgabe entsprechen (Buchgemeinschaften können z.B. keine Filmangelegenheiten entscheiden). Organisationen, die nicht unmittelbar mit der eigentlichen Kulturarbeit verbunden sind, wie z.B. die Gewerkschaften, die Sportbewegung, hätten von jeder allgemeinen kulturellen Betätigung abzusehen. – Als Zentrale der Kulturarbeit soll wie früher der sozialistische Kulturbund gelten. In ihm sollen Einzelpersönlichkeiten wie die Angehörigen der zentralen Körperschaften anderer kultureller und nicht kultureller Organisationen vertreten sein. Von hier aus sollen die Verbindungen zu den staatlichen Organen ausgehen und soll die sozialistische Kulturarbeit innerhalb der Organisationen bestimmt und gefördert werden. Es würde sich in folgende Abteilungen zu gliedern haben: Bildungswesen für Erwachsene und Jugendliche, Theater und Rundfunk, Buch und Zeitschrift, Musik und Film. Entspr[echend] dieser zentralen Einrichtung sollten örtliche Instanzen mit ähnlichem Aufgabenkreis bestehen.

Nr. 101

Vorschlag Minna Spechts (ISK) und Kurt Weckels (SPD) für die Programmberatung über Schule und Erziehung, eingegangen am 11. Mai 1943

AdsD Bonn, PV-Emigration, Mappe 167

Union deutscher sozialistischer Organisationen in Großbritannien[1]

Vorschläge für die Programmberatung

Kommission 1 (Aktionsprogramm) Vorlage Nr. 9
Zu 3 e: Kulturpolitik, Schule u[nd] Erziehung

(Vorschlag der Genossin Minna Specht und des Genossen Kurt Weckel)

Erziehung zur Demokratie

Die Erziehung zur Demokratie hat im frühesten Kindesalter zu beginnen und ist fortzusetzen bis weit über das jugendliche Alter hinaus. – Zur Erfüllung dieser Aufgabe sind Bildungs- und Erziehungseinrichtungen zu schaffen für Kinder, Jugendliche und Erwachsene.

1.

Bildungs- und Erziehungseinrichtungen

Für Kinder gilt die allgemeine Schulpflicht vom 3. bis zum 16. Lebensjahre. Sie erstreckt sich auf den Besuch

der Kleinkinderschule vom 3. bis 6.,

der Grundschule vom 6. bis 12.,

der Mittelschule vom 12. bis 16. Lebnsjahre.

Die Mittelschulen sind zu gliedern in naturwissenschaftlich-technische und sozialwissenschaftlich-humanistische Bildungsanstalten.

Jugendliche, die mit 16 einen Beruf ergreifen, haben die Berufsschule vom 16. bis 18. Lebensjahre zu besuchen.

Für körperlich und geistig nicht Vollwertige sind entsprechende Einrichtungen zu schaffen.

Der Übergang von einer Mittelschule zur anderen und von einem Berufe zum anderen ist zu ermöglichen, wenn Schüler, Eltern und Lehrer die Wahl eines Bildungsganges als Irrtum erkannt haben.

---

1 Vorlage: Überschrift doppelt ms. unterstrichen, die drei folgenden Zeilen (ohne „Aktionsprogramm") sind ms. unterstrichen, ebenso die folgenden Überschriften.

Jugendliche, die die Befähigung und Neigung haben, und die auch die charakterliche Eignung besitzen, können nach erfülltem 17. Lebensjahre und nach einem Jahre praktischer Arbeit auf wirtschaftlichem oder sozialem Gebiet in die Hochschule eintreten.

Für Jugendliche und Erwachsene, die sich in späteren Jahren dem Hochschulstudium widmen wollen, sind an den Hochschulen besondere Einrichtungen zu schaffen.

Die Volkshochschule übernimmt die Aufgabe der Erwachsenenbildung. Sämtliche Bildungseinrichtungen sind gleichwertig auszustatten. Die Lehrer an allen Schulen haben Hochschulbildung nachzuweisen.

Alle Schulen sind öffentliche Einrichtungen des Reiches und der Gemeinden. Sie stehen allen offen ohne Unterschied der Herkunft und des Glaubensbekenntnisses. Ihre Benutzung und der Gebrauch der Lehrmittel sind frei von allen Gebühren.

Für den Eintritt in eine Hochschule sind nur Befähigung, Neigung und charakterliche Eignung der Studenten entscheidend. Er darf nicht abhängig gemacht werden von dem Vermögen der Eltern.

Die Auswahl der Studenten geschieht durch Ausschüsse, zu denen neben den Lehrern auch andere an der Erziehung beteiligte [Persön]lichkeiten gehören.

Bedürftigen Studenten sind Beihilfen zum Lebensunterhalt zu gewähren.

2.

Aufgabe und Ziel der Erziehung

Die Erziehung zur Demokratie darf nicht allein die Aufgabe der in den Schulen und den Bildungseinrichtungen tätigen Persönlichkeiten sein. In breiten Schichten der Gesellschaft sind daher das erzieherische Verantwortungsbewußtsein zu wecken und der Wille zur bewußten Miterziehung zu stärken.

Für diesen Zweck ist der Schulleitung ein aus Lehrern und Eltern bestehender Beirat zur Seite zu stellen.

An den Berufsschulen sind die Beiräte aus Lehrern, Betriebsleitern und Gewerkschaftern zu bilden.

Den Schulverwaltungen ist eine wissenschaftliche Abteilung anzugliedern, in der neben Lehrern, Eltern, Ärzten und Psychologen auch die Wirtschaft und die Technik, die Wissenschaft und die Kunst vertreten sind.

Schule und Gesellschaft, Erwachsene und Jugendliche, Bildung und Arbeit dürfen erzieherisch nicht in verschiedene Richtungen wirken. Lebendige Demokratie erfordert möglichst enge Zusammenarbeit.

Unterricht und Erziehung haben daher in zunehmenden Maße ihre Aufgaben dem wirklichen Leben der Gesellschaft zu entnehmen. Und die Gesellschaft hat Kinder und Jugendliche in demselben Maße tätigen Anteil nehmen zu lassen bei praktischen Arbeiten und bei festlichen oder ähnlichen Veranstaltungen in der Gesellschaft.

Zu diesem Aufgabenkreis der Erziehung gehört auch die Übung und Gewöhnung an die rechte Nutzung der Freiheit. In der Schule und außerhalb der Schule sind die notwendigen Einrichtungen zu schaffen und die geeigneten Veranstaltungen durchzuführen.

Die Demokratie wird nicht nur als eine Notwendigkeit anerkannt, sondern auch als ein Wert erlebt, wenn sie dem einzelnen die freie Entwicklung seiner für das Leben notwendigen Kräfte ermöglicht unter Wahrung der Gleichberechtigung der anderen.

In einer sich erst entwickelnden, zum Teil noch umkämpften Demokratie und in einer Zeit, die dauernd und oft sogar plötzlich Veränderungen und neue Aufgaben bringt, hat die Erziehung besonders zu pflegen:

a) Die Schulung im selbständigen naturwissenschaftlich-technischen Denken und Arbeiten und die Schulung im selbständigen sozialwissenschaftlich-humanistischen Denken und Gestalten;

b) die Entwicklung der schöpferischen Fähigkeiten, theoretische und praktische Probleme zu sehen und selbständig zu lösen;

c) die Übung in der Selbstverwaltung kleinerer und größerer Arbeitsgemeinschaften und die Gewöhnug an kameradschaftliches Zusammenarbeiten;

d) die Bildung von zuverlässigen Charakteren, die sich der Verantwortung gegenüber der eigenen und gegenüber der Würde anderer Persönlichkeiten bewußt sind.

Oberstes Ziel der demokratischen Erziehung hat zu sein:

Menschen zu bilden, denen die Demokratie nicht nur eine von außen her bestimmte Staatsform ist, sondern, und vor allem, auch eine von ihrem sittlichen Wollen getragene Lebensform.

3.

Internationale Einrichtungen.

Die Erziehung zur demokratischen Lebenshaltung weist über die Grenzen des Staates hinaus zur internationalen Zusammenarbeit nach denselben Grundsätzen.

Für die Zwecke der internationalen Zusammenarbeit auf dem Gebiete der Bildung und Erziehung sind einzurichten:

ein internationales Erziehungsamt und

internationale Ausschüsse der Lehrer, Studenten und älteren Jugendlichen.

Als praktisches Mittel der internationalen Erziehung sind zu fordern Lehrer- und Schüleraustausch, Arbeitsgelegenheiten in ausländischen Betrieben, internationale Treffen und Lager.

Übergangsmaßnahmen

1. Unterbrechung des Schulunterrichts durch eingelegte Ferien.

2. Einrichtung eines Reichserziehungsamtes, dem die geistige Umstellung auf dem Gebiete der Erziehung zu übertragen ist. Einrichtung von Landes-, Bezirks- und Ortserziehungsämtern, denen alle Schularten zu unterstellen sind.

Die Ämter sind zu bilden aus politisch zuverlässigen Lehrern, Eltern, Ärzten, Psychologen, Technikern, Arbeitern.

Die Erziehungsämter haben mit den Fürsorgestellen zusammenzuarbeiten bei den Kinderspeisungen, bei der Unterbringung von Waisen und Erholungsbedürftigen und bei anderen Notwendigkeiten der Jugendwohlfahrtspflege.

3. Berufung politisch zuverlässiger Lehrer als verantwortliche Schuldirektoren und Schulinspektoren.

4. Bildung von Vertrauensräten aus Lehrern und Eltern an den Schulen. Die Mitglieder der Vertrauensräte werden von den Schuldirektoren ernannt. An den Berufsschulen sind die Vertrauensräte zu bilden[2] aus zuverlässigen Lehrern, Betriebsleitern und Gewerkschaftern.

5. Wiedereinstellung aller von den Nazis auf Grund des Gesetzes vom April 1933 entlassenen Lehrkräfte; [Lehrkräfte,] die sich nicht aktiv in den Organisationen der NSDAP betätigt haben und die durch ihr Verhalten gezeigt haben, daß sie dem Nationalsozialismus fernstehen, können von den Schulleitern mit Zustimmung der Vertrauensräte weiter zum Schuldienste herangezogen werden.
Alle Lehrer, die aktive Mitglieder der NSDAP und ihrer Unterabteilungen gewesen sind, werden entlassen.

6. Außerkraftsetzung des von den Nazibehörden eingeführten Lehrplanes. Bis zur Einführung eines neuen Lehrplanes verständigt sich der Schuldirektor mit den Lehrern über den Lehrstoff. Systematischer Geschichtsunterricht wird vorläufig nicht erteilt. Die vorgebildeten Lehrkräfte sind zu verpflichten, den an ihrer Schule tätigen Laien mit Rat und Tat Hilfe zu leisten. Einrichtung von Ausbildungs- und Fortbildungskursen für Lehrer und Laien. Herausgabe von schriftlichen oder gedruckten Unterrichtsbeispielen.

7. Säuberung der Schulbücher, Lehrmittelsammlungen und Schulbüchereien von allen nationalsozialistischen, militaristischen und nationalistischen Tendenzen.

8. Schüler, die mit 14 Jahren die Volksschule verlassen, werden in die Berufsschule überführt. Die Lehrer und die Gewerkschaften übernehmen die Erziehungsaufsicht über diese Jugendlichen.

9. Alle höheren Schulen werden für Schüler, die über 16 Jahre alt sind, vorläufig geschlossen.

10. Überführung der Schüler höherer Schulen in Arbeitsgemeinschaften, die am Wiederaufbau zerstörter Gebiete mithelfen. Bei der Organisation und Gestaltung des Lebens in den Arbeitsgemeinschaften sollen die Jugendlichen mitbestimmend und mitverantwortlich sein. Die Leitung hat dafür zu sorgen, daß so bald wie möglich theoretische Kurse [für] alle und besondere Kurse für die mehr beruflich interessierten und befähigten Jugendlichen eingerichtet werden.
Wie lange die Schüler in diesen Arbeitsgemeinschaften zu leben haben, ist zu entscheiden nach den gegebenen Umständen.

11. Auch der Hochschulbetrieb wird durch eingelegte Ferien unterbrochen.

12. Die lebenswichtigen Kliniken und Laboratorien werden weiter betrieben. Sie kommen jedoch unter die Verwaltung des Staates oder der Gemeinden.

---

2 Vorlage: „und"

13. Professoren, Dozenten und Studenten, die aktive Nationalsozialisten waren, sind zu entlassen.

14. Ein aus politisch zuverlässigen Professoren und Dozenten zu bildender Ausschuß hat in Zusammenarbeit mit dem Reichserziehungsamt zu untersuchen, welche Professoren und Dozenten noch zur Verfügung stehen; welche wissenschaftlich gebildeten Kräfte aus dem praktischen Leben zu Vorlesungen und Übungen herangezogen werden können; welche Hochschulen für längere Zeit geschlossen bleiben müssen und welche Hochschulen nach einiger Zeit, wenn auch nicht den ordentlichen, so aber doch einen außerordentlichen Betrieb aufnehmen können.

15. Einem internationalen Komitee ist die Aufgabe zu übertragen, die europäischen, also auch die deutschen Hochschulen mit Lehrpersonal zu versorgen und unter gegebenen Umständen Studenten auf die europäischen Hochschulen zu verteilen. Das Studium im Ausland muß später angerechnet werden.

(Eingegangen am 11. Mai 1943)

NR. 102

Vorschlag Paul Walters (SAP) und Robert Neumanns (SAP) für die Programmberatung über die Parteiorganisation, eingegangen am 14. Mai 1943

AdsD Bonn, PV-Emigration, Mappe 167[1]

Union deutscher sozialistischer Organisationen in Großbritannien[2]

Vorschläge für die Programmberatung Vorlage Nr. 10
Kommission 2 (Organisation) Zu 2b: Die organisatorischen Grundlagen der Partei[3]

(Vorschlag der Gen[ossen] Paul Walter und Robert Neumann)

Wir schicken unserem Entwurf zwei Vorbedingungen voraus, die wohl auf keinen Widerstand stoßen werden:
1) In der Übergangszeit wird die Stoß- und Organisationskraft der Partei mehr in den Betrieben liegen als in den Wohnbezirken.
2) Das Wirken eines jeden Sozialisten müßte das Verschwinden der Grenzen innerhalb Deutschlands sein: Preußen, Bayern, Sachsen etc. sind auszulöschen.
Ganz gleich wie die Gestaltung Deutschlands nach dem Sturz Hitlers aussehen mag, die sozialistische Partei hat auf dieses Ziel ausgerichtet zu sein.
Wir schlagen deshalb vor, das ganze Gebiet in zwölf geographische oder ökonomische Einheiten einzuteilen, die wir hier Länder nennen wollen (Beispiel: Donauland, Unter-Rheinland, Mainland etc.)

Der Organisations-Aufbau der Partei
Grundstock der Partei ist die Abteilung. Diese wird nicht mehr wie früher gebildet, sondern wird nach dem in ihrem Viertel liegenden wichtigsten Betrieb benannt. Beispiel: „Abteilung Knorr-Bremse Lichtenberg" anstatt „Abt[eilung] 137, Lichtenberg".
In ländlichen Gegenden können es Genossenschaften, Domänen oder Güter sein. Um ganz konkret zu sein, geben wir ein praktisches Beispiel.
Der Kreis Wedding bestand früher aus den Abteilungen 16–23. Nach unserem Vorschlag würde er wie folgt aussehen:

---

1 Der Vorschlag ist bei Röder, Exilgruppen, S. 226ff abgedruckt.
2 Vorlage: Überschrift doppelt ms. unterstrichen, die beiden folgenden Zeilen (ohne „Organisation") sind ms. unterstrichen ebenso die folgenden Überschriften.
3 Vorlage: „Kommission" und „Zu 2 b: Die organisatorischen Grundlagen der Partei" ms. unterstrichen.

Abteilung	Gasanstalt, Gellerstr.	= früher	16.Abt.	
"	Schwarzkopf, Schwarzkopfstr.	= "	17.	"
"	A.E.G., Brunnenstr.	= "	18.	"
"	Eisenbahnbetriebswerkstätte Gesundbrunnen	= "	19.	"
"	Schokoladenfabrik Wesemann, Koloniestraße	= "	20.	"
"	Bergmann Elektrische Werke, Liebenwaldstraße	= "	21.	"
"	Virchow Krankenhaus	= "	22.	"
"	Straßenbahnhof Müllerstr.	= "	23.	"

Wir glauben aber, daß die Abt[eilungen] in der Vor-Hitlerzeit zu groß waren, so daß sie alle in zwei oder drei aufgeteilt werden müßten.

Beispiel: 22. Abt[eilung] Virchow Krankenhaus = jetzt drei neue:
          Abt[eilung] Virchow Krankenhaus August Platz
          Abt[eilung] Paul Meyner Lynarstr.
          Abt[eilung] Hochschulbrauerei Ammerstr.

Jede Abt[eilung] mit mehr als 100 Mitgliedern bildet zwei Unterabt[eilungen], d.h. für jede angefangenen 100 Mitglieder wird eine neue Unterabt[eilung] gebildet. (Beispiel: eine Abt[eilung] mit 350 Mitgliedern hat demnach 4 Unterabt[eilungen]) In ländlichen Gegenden müssen die Unterabt[eilungen] sicher noch gegliedert werden; es können dann Ortsgruppen gebildet werden. Diese verlieren den Status einer Ortsgruppe und werden zur Unterabteilung, wenn sie mehr als 100 Mitglieder haben.

Wir wollen hier bemerken, daß wir uns auf die Zahl von 100 nicht festlegen wollen; es wird vielleicht notwendig sein , die Zahl über oder evt. auch unter 100 zu bestimmen.

3–6 Abteilungen je nach Größe bilden einen Parteibezirk, ca. 50 Parteibezirke ein Parteiland, 12 Parteiländer die Partei.

Funktionäre und Wahl der Funktionäre der Partei

Jeder Funktionär der Partei muß 20 Jahre alt und mindestens ein Jahr Mitglied der Partei sein.

Jedes Mitglied des Parteivorstandes, des Parteibeirates, der Kontrollkommission, der Fraktion eines Parlaments oder Kongresses muß 25 Jahre alt und mindestens 3 Jahre Mitglied sein. Alle Wahlen für nachstehende Funktionäre werden in geheimer Wahl durch Stimmzettel durchgeführt.

Jede Abt[eilung] hat einen Vorsitzenden, stellv[ertretenden] Vorsitzenden, Kassierer und Schriftführer zu wählen; hat sie mehr als 100 Mitgl[ieder] 2 Unterabteilungsleiter. Hat die Abt[eilung] 350 Mitglieder, so sind 4 Vorstandsmitglieder und 4 Unterabteilungsleiter zu wählen, insges[amt] 8 Funktionäre. Der Vorsitzende der Abt[eilung] ist der sozialistische Vertrauensmann des Betriebes, nach dem die Abt[eilung] ihren Namen hat. Er wird von den Mitgliedern der Partei in dem Betrieb in geheimer Wahl gewählt. Verliert er die Funktion als Vertrauensmann des Betriebes (siehe Parteifunktionäre im Betrieb), so verliert er automatisch auch die Funktion als Vorsitzender der Abt[eilung]. Wohnt er in einem anderen Wohnbezirk als dem seiner Abteilung, so wird er dort als

Mitglied gestrichen. Er kann seine Funktion nur in seiner Abteilung ausüben. Die anderen Funktionäre der Abt[eilung] (Vorstand und Unterabteilungsleiter) werden durch geheime Wahl in Urabstimmung von den Mitgliedern der Abt[eilung] gewählt.

Vorsitzende der Ortsgruppen werden gleichfalls nach demselben Verfahren gewählt, haben aber dann nur Stimmrecht im Funktionärkreis der Unterabteilung.

Der Parteibezirk besteht aus den Funktionären der Abt[eilung]. Der Vorstand besteht ebenfalls aus Vorsitzenden, stellv[ertretendem] Vorsitz[enden], Kassierer und Schriftführer. Diese werden in geheimer Wahl von den Funktionären des Bezirkes gewählt. Die 1. Vorsitzenden der Abt[eilung] sind nicht[4] wählbar. Werden Funktionäre der Abt[eilung] in diese Funktionen gewählt, so verlieren sie ihre Funktionen in den Abt[eilungen]. Doppelfunktionen müssen statutengemäß verboten werden.

Vier Mitglieder des Parteibezirkes werden in das Parteiland gewählt. Wahlverfahren wie vorher. Die gewählten Funktionäre des Parteilandes wählen dann nach dem gleichen Verfahren ihren Vorstand. Der Vorsitzende ist gleichzeitig Mitglied des Parteibeirates. Seine Wahl muß auf dem Parteitage bestätigt werden.

Die höchste Instanz der Partei ist der Parteitag, der jedes Jahr zu den Ostertagen stattfinden muß. Jedes Parteiland stellt dann 20 Delegierte, zusammen 240 Mitglieder, die in Urwahl von den Mitgliedern der Parteiländer gewählt werden.

Jedes Mitglied kann nur 10 Delegierte nominieren; als Delegierter kann nur benannt werden, der in seinem Lande wohnt und außerdem 1000 Unterschriften erreicht. Als gewählt gelten die 20 mit den meisten Stimmen. Auf dem Parteitag stimmen die Delegierten mit den auf sie entfallenden Stimmen ab.

Auf dem Parteitag wird der sechsköpfige Parteivorstand gewählt. Jeder Delegierte kann 6 Namen für die Wahl nominieren. Ebenfalls auf dem Parteitag werden die 12 Parteibeiräte bestätigt.

Wird einer der letzteren nicht bestätigt, so entscheiden die Mitglieder des Parteilandes in einer Urabstimmung. Sind sie für ihn, so gilt er als gewählt, sind sie gegen ihn, so haben die Funktionäre des Parteilandes eine neue Wahl vorzunehmen.

Auf dem Parteitag nehmen Parteivorstand, Parteibeirat, sowie 12 Vertreter des Parlaments oder Kongresses mit beratenden Stimmen teil. Stehen politische oder organisatorische Fragen auf der Tagesordnung, so ist stets Referat und Korreferat anzusetzen. Ferner werden auf dem Parteitag von den Delegierten 36 Mitglieder (drei für jedes Land) für eine Kommission gewählt, an die Ausschlußanträge, Anträge wegen Funktionsenthebungen zu richten sind.

Bei Ausschlußantrag wird eine Kommission von den genannten 3 Mitgliedern sowie je 2 Mitgliedern von den Antragstellern und von dem Betroffenen gebildet, die zu entscheiden hat. Gegen den Beschluß kann Einspruch beim nächsten Parteitag eingelegt werden. Dessen Beschluß ist endgültig.

---

4 Vorlage: „nicht" ms. unterstrichen.

Verstößt ein Funktionär der Partei gegen Statuten oder das Parteiprogramm, so kann gegen ihn das Verfahren wegen Funktionsenthebung eingeleitet werden, wenn 1/3 der Mitglieder der Abt[eilung] (bzw. Bezirk oder Land oder Partei) es verlangt.

Der Antrag geht an die Mitglieder der Kommission, die eine Urabstimmung der Mitglieder der betreffenden Einheit durchzuführen hat. Fällt der Parteivorstand oder die Fraktion des Parlaments Beschlüsse, die im Gegensatz zum Parteiprogramm oder im Widerspruch zur Mehrheit der Mitglieder stehen, kann eine Aufhebung des Beschlusses durch die Mitglieder verlangt werden.

Der Antrag ist gleichfalls bei der genannten Kommission zu stellen und, wenn von 1/3 der Mitglieder unterstützt, zur Urabstimmung zu bringen. Die Entscheidung der Abstimmung ist endgültig.

Die Kommission hat auch zu prüfen, daß alle politischen Fragen vor der Mitgliedschaft diskutiert werden.

Bei möglichst allen Fragen sind Referenten und Koreferenten zu stellen. Diese Kommission wird ebenfalls wie alle Funktionäre der Partei jedes Jahr neu gewählt. Kein Mitglied der Kommission kann das nächste Jahr wiedergewählt werden.

Funktionär und Wahl der Funktionäre in den Betrieben.

Jeder Betrieb mit mehr als 12 Parteimitgliedern wählt einen Vertrauensmann der Partei. In größeren Betrieben werden Abteilungs-Vertrauensleute gewählt, die dann ein Mitglied der Partei als Hauptvertrauensmann vorschlagen, der dann in geheimer Wahl gewählt wird. Dieser kann in kapitalistischen Betrieben auch Funktionär der Gewerkschaften und Betriebsratsmitglied sein.

In Staatsbetrieben, kommunalen Betrieben, Betrieben, die der Partei gehören oder ihr nahe stehen oder in sozialisierten Betrieben darf der Hauptvertrauensmann keine anderen Funktionen bekleiden. Nimmt er andere Funktionen an, hat er sein Mandat sofort niederzulegen. Ebenso verliert er sofort sein Mandat, falls er einen Posten in seinem Betrieb erhält, der ihn seines Charakters als Arbeitnehmer enthebt.

Der Vertrauensmann hat auch die Pflicht und Aufgabe, die im Betrieb arbeitenden Mitglieder zur Parteiarbeit anzuhalten und desgleichen Funktionäre der Gewerkschaften oder Betriebsratsmitglieder (falls sie Mitglieder der Partei sind) zu kontrollieren, daß sie in ihren Funktionen nicht gegen die Partei verstoßen.

Bei Verstößen hat er die Pflicht, diese der Kommission zu melden, die die Untersuchung einzuleiten und evtl. den Antrag auf Ausschluß aus der Partei durchzuführen hat.

Der Vertrauensmann im Betrieb ist jedes Jahr neu zu wählen. Verstößt er gegen Statut oder Parteiprogramm, so ist der Antrag auf Funktionsenthebung ebenfalls bei der Kommission zu stellen. Liegen seine Verstöße im Betrieb, so muß 1/3 der Mitglieder im Betrieb, liegen seine Verstöße in seinem Verhalten als Vorsitzender der Abt[eilung], so muß 1/3 der Mitglieder der Abt[eilung] den Antrag stellen. Die Kommission hat dann genauso wie im Ausschlußverfahren zu handeln. Von jeder Seite sind 2 Mitglieder hinzuziehen; sie hat nach Untersuchung den Beschluß zu fassen.

Gegen diesen kann dann beim Parteitag Revision eingelegt werden. Der Beschluß des Parteitages ist endgültig.

(Eingegangen am 14. Mai 1943)

NR. 103

Protokoll der Exekutivkomiteesitzung am 21. Mai 1943

AdsD Bonn, PV-Emigration, Mappe 5

Sitzung der Exekutive der „Union" am 21. Mai 1943 im Trade Union Club

Anwesend: Vogel, Ollenhauer, Schoettle, Walter, zu Beginn: Gottfurcht.

Vogel eröffnet die Sitzung.

Es wird zunächst über die Einberufung der ersten Sitzung der beiden Programm-Kommissionen beraten. Es wird beschlossen, eine Sitzung der Mitglieder der Exekutive und der beiden Kommissionen am Dienstag, dem 1. Juni, abends 19.30 Uhr im Austrian Labour Club abzuhalten.[1]

Beratungsgegenstand dieser ersten Sitzung soll die Arbeitsweise der beiden Kommissionen sein. Nach einer gemeinsamen Beratung der Mitglieder beider Kommissionen soll jede Kommission für sich tagen und die Tagesordnung ihrer ersten Arbeitssitzungen an Hand der vorliegenden Entwürfe festlegen.

An[2] den Arbeitssitzungen der Kommissionen sollen außer den Mitgliedern [der] Kommissionen die Fachreferenten des zu behandelnden Themas teilnehmen. Außerdem ist der Vorsitzende der Kommission berechtigt, andere sachkundige Genossen auf Vorschlag der Gruppenvertreter hinzu[zu]ziehen.

Hinsichtlich der Anfrage der USA-Botschaft nach Namenslisten von Naziopfern der deutschen Opposition wird beschlossen, zunächst in einer persönlichen Unterhaltung mit dem Sachbearbeiter der Botschaft die Zweckbestimmung der Listen zu klären.[3] Die

---

1 Für diese Sitzung liegt kein Protokoll vor. Während Ollenhauer diesen Termin notiert hatte, findet sich im Kalender Gottfurchts keine entsprechende Eintragung. Es ist auffallend, daß bis zum 27. Juli 1943 (vgl. Nr. 115) keine weitere Exekutivkomiteesitzung belegt ist. Allerdings fanden nach Ollenhauers Eintragungen im Terminkalender am 22. Juni, am 1. und am 8. Juli 1943 Sitzungen der Programmkommission 1 bei Heidorn in Alvanley Gardens statt. In der Einladung an Segall und Sorg zum Treffen am 8. Juli vermerkte Ollenhauer als Thema das Verhältnis der sozialistischen Partei zu den Kulturorganisationen (vgl. Nr. 100 und 108). Kalender in: AdsD Bonn, Nachlaß Ollenhauer, Mappe 3; Einladung in: PV-Emigration, Mappe 12.
2 Vorlage: Zu.
3 Dem Protokoll liegt das Schreiben der US-Botschaft in London vom 18. Mai 1943 bei, in dem Auskunft über Mitglieder oder Anhänger erbeten wird, die von den Nazis ermordet wurden. Die daraus resultierende Zusammenstellung wurde 1946 veröffentlicht. Vgl. Material zu einem Weißbuch der Deutschen Opposition gegen die Hitlerdiktatur. Erste Zusammenstellung ermordeter, hingerichteter oder zu Freiheitsstrafen verurteilter deutscher Gegner des Nationalsozialismus. Als Manuskript vervielfältigt, London, Vorstand der Sozialdemokratischen Partei Deutschlands, 1946, hekt., 188 S., mit Vorwort Hans Vogels vom Juli 1945.

Genossen Gottfurcht und Ollenhauer werden ermächtigt, diese Unterhaltung zu führen.[4] Nach ihrem Bericht wird sich die Exekutive über ihr Verhalten schlüssig werden.

Die in Aussicht genommene Unterhaltung über praktische Schritte der Union, um mit den Verfassern der Denkschrift über die „re-education" des deutschen Volkes in Verbindung zu kommen, wird zurückgestellt, bis die Arbeitsgemeinschaft Borinski[5] zu einer Formulierung ihrer Stellungnahme zu dem Bericht gekommen ist. Sobald dieser Bericht vorliegt, sollen die Genossen Borinski und Rauschenplat gebeten werden, in einer Sitzung der Exekutive zu berichten, damit die Exekutive dann entscheiden kann, ob sie sich dem Gutachten dieser Arbeitsgemeinschaft anschließen kann. Es wird als zweckmäßig angesehen, wenn zunächst versucht wird, über diese Arbeitsgemeinschaft den Kontakt mit den Verfassern der Denkschrift herzustellen.

Die Exekutive beschäftigt sich dann mit einem Vorschlag der Jugendgruppe der „Union", einen Vertreter der Jugendgruppe regelmäßig zu den Sitzungen der Exekutive hinzu[zu]ziehen, um die Verbindung mit der Jugendgruppe enger zu gestalten. Es wird beschlossen, aus prinzipiellen Erwägungen dieser Anregung nur insoweit stattzugeben, daß ein Vertreter der Jugendgruppe zu den Beratungen der Exekutive hinzugezogen wird, die Angelegenheiten der Jugendgruppe betreffen.

---

4 Es handelte sich um die erste Kontaktaufnahme der Union mit dem OSS. Vgl. Einleitung, Abschnitt II.3.5.

5 Gemeint war vermutlich die Gruppe der in Bildung begriffenen „German Educational Reconstruction" (GER) um Fritz Borinski, Prof. Werner Milch, Minna Specht, Hilda Monte, Walter Auerbach, Werner Burmeister, Hellmut von Rauschenplat und Professor Kahn-Freund, die im Juni 1943 offiziell gegründet wurde. Vgl. Röder, Exilgruppen, S.84. Borinski stand in regelmäßigem Kontakt mit Ollenhauer, wie dessen Notizbucheintragungen zeigen: AdsD Bonn, NL Ollenhauer, Mappe 3.

Nr. 104

Vorschlag Herta Gotthelfs (SPD) für die Programmberatung über die Stellung der Frau in der Gesellschaft, eingegangen am 21. Mai 1943

AdsD Bonn, PV-Emigration, Mappe 167

Union deutscher sozialistischer Organisationen in Großbritannien[1]

Vorschläge für die Programmberatung Vorlage Nr. 12
Kommission 1 (Aktionsprogramm) Zu 2 i: Die Frau in der Gesellschaft[2]

(Vorschlag der Gen[ossin] Herta Gotthelf)

Es gibt keine besonderen „Frauenfragen". Alle Probleme, die sich mit der Stellung der Frau innerhalb der Gesellschaft befassen, berühren das Leben der Allgemeinheit. Die Entrechtung oder Schlechterstellung einer bestimmten Gruppe innerhalb der Gesellschaft gefährdet zugleich das Recht und den Lebensstandard der Allgemeinheit.

Die folgenden Mindestforderungen müssen daher im Interesse der Gesamtheit erfüllt werden:

1.[3] Männer und Frauen haben die gleichen Rechte und Pflichten.
2.   Alle Posten in Staat, Verwaltung und Wirtschaftsleben sollten Männern und Frauen gleichmäßig zugänglich sein.
      Dasselbe gilt auch für die Arbeiterorganisationen.
3.   Das Prinzip „Gleicher Lohn für gleiche Leistung" muß überall durchgeführt werden. Frauen müssen in allen Berufen dieselben Aufstiegsmöglichkeiten haben wie Männer.
4.   Mädchen sollen dieselben Erziehungsmöglichkeiten haben wie Knaben.
5.   Soweit bestimmte Arbeitsprozesse für die weiblichen Körper besonders gesundheitsschädlich sind, müssen besondere Arbeitsschutzgesetze für arbeitende Frauen geschaffen werden.
6.   Für schwangere Frauen und stillende Mütter müssen besondere Schutzmaßnahmen getroffen werden. Das Washingtoner Abkommen muß erweitert werden. Staatliche Entbindungsheime müssen jeder Mutter unentgeltlich zur Verfügung stehen. Stillende Mütter müssen ausreichende Unterstützungen erhalten.

---

1 Vorlage: Überschrift doppelt ms. unterstrichen, die beiden folgenden Zeilen (ohne „(Aktionsprogramm)") sind ms. unterstrichen.
2 Es war einer der wenigen Vorschläge, die keinen Eingang in die späteren Richtlinien fanden.
3 In der Vorlage steht Punkt 2 vor Punkt 1.

7. Andererseits sollte jede kinderlose verheiratete Frau nicht nur das Recht, sondern die Pflicht haben, berufstätig zu sein. Ehe „an sich" sollte aufhören ein „Beruf" zu sein.

8. Vernünftige Wohnpolitik, billige Herstellung von arbeitssparenden Haushaltsgegenständen, kommunale Einrichtungen aller Art sollten dazu beitragen, Hausarbeit rationell zu gestalten und den Hausfrauen zu ermöglichen, auch außerhalb ihres Familienkreises aktiven und produktiven Anteil am Leben der Allgemeinheit zu nehmen.

9. Uneheliche Kinder sind den ehelichen Kindern gesetzlich gleichzustellen. Alle Mütter ohne Unterschied sollten das gleiche Recht an staatlicher Hilfe und Unterstützung haben.

10. Im Eherecht sollten Männer und Frauen die gleichen Rechte und Pflichten haben.

11. Abtreibung sollte unter bestimmten Voraussetzungen straflos sein. Da jedoch jede Abtreibung ein schwerer, gesundheitsschädlicher Eingriff ist, sollen Mittel zu einer vernünftigen Geburtenregelung allgemein zugänglich sein.

12. Soweit in einer Übergangszeit noch eine gesonderte Frauenbewegung innerhalb der Arbeiterbewegung notwendig sein sollte, so muß ihr Ziel sein, Männer und Frauen dahin zu erziehen, eine gesonderte Frauenbewegung überflüssig zu machen.

(Eingegangen am 21. Mai 1943)

NR. 105

Vorschlag Grete Hermanns (ISK) für die Programmberatung über Verfassungsfragen, eingegangen am 1. Juni 1943

AdsD Bonn, PV-Emigration, Mappe 167

Union deutscher sozialistischer Organisationen in Großbritannien[1]

Vorschläge für die Programmberatung Vorlage Nr. 13
Kommission 1 (Aktionsprogramm) Zu 3 c: Verfassungsfragen

(Vorschl[ag] d[er] Genossin Grete Hermann)

Die hier gemachten Vorschläge für die Verfassung einer sozialistischen Republik gelten unter der Voraussetzung, daß einigermaßen ruhige Verhältnisse in Deutschland wieder eingetreten sind. Für die Übergangszeit, beginnend mit dem Tag der Revolution, wird die aus der Revolution hervorgegangene vorläufige Regierung tätig sein. Sie bedarf zu ihrer Unterstützung, und um sicher zu sein, mit dem Volk Hand in Hand zu arbeiten, eines Räteparlaments, das aus den Vertrauensleuten derjenigen Schichten des Volkes zusammengesetzt ist, die in der Revolution u[nd] dem Aufbau der sozialistischen Republik führend sind. Die in diesem Entwurf genannte Politische Kommission sollte aus den selben Schichten, ebenfalls mögl[ichst] bald, mindestens in ihren rohen Umrissen konstituiert werden.

I.

Die „Union ..." tritt ein für eine Regierungsform, die geeignet ist, die folgenden gesellschaftlichen Bedingungen zu erfüllen:

Einrichtung und Sicherung gerechter gesellschaftlicher Zustände. Schutz der persönlichen Freiheit[2], sofern er mit den Anforderungen der sozialen Gerechtigkeit, insbes[ondere] mit der Beseitigung und Verhinderung gesellschaftlicher Privilegien vereinbar ist.

Öffentlichkeit der Regierungsführung[3], die es jedem Staatsbürger ermöglicht, die getroffenen Einrichtungen und Maßnahmen an den Idealen der Gerechtigkeit und Freiheit zu messen, und, den eigenen Kräften gemäß, dazu beizutragen, daß diese Ideale verwirklicht werden.

Zur Sicherung dieser Forderungen ist die bloße parlamentarische Ordnung, wie alle Erfahrung gezeigt hat, unzureichend. Die stetige Annäherung an die sozialistischen

---

1 Vorlage: Überschrift doppelt ms. unterstrichen, die beiden folgenden Zeilen (ohne „(Aktionsprogramm)") sind ms. unterstrichen.
2 Vorlage: „Einrichtung...Freiheit" ms. unterstrichen.
3 Vorlage: „Öffentlichkeit der Regierungsführung" ms. unterstrichen.

Ideale darf nicht den Ergebnissen von Wahlkämpfen mit all ihrer Stimmenjagerei und der Verführung zur Demagogie ausgesetzt werden. Die folgenden Vorschläge gehen darauf hinaus, den Zufall der Abstimmungen einzuschränken, ohne das gute zu vereiteln, das mit deren Einführung bezweckt wurde und das darin besteht, jedem Staatsbürger das freie und uneingeschränkte Recht zur Kritik an seiner Regierung zu ermöglichen und ihm zu garantieren, daß seine Kritik berücksichtigt wird.

II.

Diesem Zweck dienen die folgenden Staatsorgane:

1) Die Regierung[4]; sie besteht aus einem Ministerrat unter dem Vorsitz eines Präsidenten. Der Präsident ernennt die Minister. Ihm selber wird sein Amt jeweils für eine Amtsdauer von sieben Jahren übertragen. Über sein Verbleiben im Amt nach dieser Zeit oder seine Ersetzung durch einen anderen entscheidet die Politische Kommission.

2) Das Parlament; es wird alle vier Jahre gewählt von allen Staatsbürgern, die das 25. Lebensjahr erreicht haben, sofern ihnen das Wahlrecht nicht durch Gesetz oder Gerichtsbeschluß aberkannt worden ist. Die Wahl soll erfolgen in gleichem, geheimen und direkten Wahlverfahren, und zwar so, daß es den Wählern möglich ist, den zu Wählenden aus seiner bisherigen politischen Tätigkeit zu kennen. Das Parlament wählt sich eine Leitung und gibt sich selber seine Geschäfts- und Tagesordnung.

3) Die Politische Kommission; sie besteht aus politisch erfahrenen Menschen aller Schichten der Gesellschaft, die sich im öffentlichen Leben der Sozialistischen Republik Verdienste erworben haben.

Ihr werden also z.B. Vertreter von Gewerkschaften und Selbstverwaltungskörperschaften, Juristen, Lehrer und Hochschullehrer, Schriftsteller und Gelehrte angehören. Die Mitgliederzahl der Kommission soll groß genug sein, um Vertretern der verschiedenen gesellschaftlichen Gruppen die Mitarbeit in der Kommission zu ermöglichen, andererseits aber so beschränkt, daß in den Vollversammlungen der Kommission eine fruchtbare und tiefgehende Diskussion durchgeführt werden kann.

Jedes Jahr soll ein Fünftel der Kommissionsmitglieder ausscheiden, für die von den übrigbleibenden Mitgliedern die gleiche Anzahl neuer Mitglieder kooptiert wird. Die Politische Kommission wählt [aus] ihrer Mitte fünf Vorsitzende. Auch von diesen scheidet jedes Jahr einer aus; die Kommission wählt an seiner Stelle ein anderes Mitglied, das der Kommission seit mindestens zwei Jahren angehört. Außer den fünf gewählten Vorsitzenden gehört jeweils der Leiter der Funktionärschule zum Vorsitz der Politischen Kommission.

III.

Diesen Staatsorganen fallen folgende Aufgaben zu:

---

4 Vorlage: „Die Regierung" ms. unterstrichen, ebenso die unter 2) und 3) genannten Staatsorgane.

Die Regierung führt die Staatsgeschäfte[5]. Es ist anzustreben, daß ein möglichst großer Teil des politischen Lebens nach dem Grundsatz der Selbstregierung und Selbstverwaltung geregelt wird. Nur soweit es zur Sicherung der sozialistischen Ideale unerläßlich ist, sollen die Staatsaufgaben zentral von der Regierung durchgeführt werden.

Das Parlament hat grundsätzlich gesetzgebende Gewalt[6]. Es hat darüber hinaus besonders die Aufgabe, die Regierung in allen Fragen des öffentlichen Lebens zu beraten und mit eigenen Vorschlägen zu unterstützen. Die Regierung hat das Recht, gegen jeden Parlamentsbeschluß ihr Veto einzulegen. Es bedarf der schriftlichen Begründung. Im Streitfall entscheidet die Regierung.

Die Minister sind verpflichtet, an den Sitzungen des Parlaments teilzunehmen und auf Fragen und Vorschläge des Parlaments einzugehen. Die Sitzungen des Parlaments sind öffentlich.

Die Politische Kommission veröffentlicht jährlich eine Stellungnahme zur Politik der Regierung.[7] Die Regierung hat auf diese Kritik öffentlich zu antworten. Kommt die Politische Kommission mit qualifizierter Mehrheit zu dem Urteil, daß ein Mitglied der Regierung die in der Verfassung festgelegten Grundsätze verletzt hat, so hat dieses Regierungsmitglied auszuscheiden. Handelt es sich um einen Minister, so ernennt der Präsident dessen Nachfolger. Handelt es sich um den Präsidenten selber, so tritt die ganze Regierung zurück und die Vorsitzenden der Politischen Kommission ernennen einstimmig einen neuen Präsidenten. Auf Antrag des Parlaments hat die Politische Kommission ein besonderes Gutachten darüber abzugeben, ob gewisse gegen ein Regierungsmitglied vorgebrachte Beschuldigungen hinreichen, eine Verletzung der verfassungsmäßigen Grundsätze nachzuweisen.

IV.

Die Regierung eines Staates auf der hier beschriebenen Grundlage setzt die planmäßige Schulung und Erziehung des ganzen Volkes und besonders der politischen Funktionäre voraus.

Es müssen deshalb sofort Einrichtungen getroffen werden, die diesem Ziel dienen.

Die Funktionärschule[8] ist eine Forschungs- und Erziehungsstätte, an deren Kursen mehr und mehr möglichst jedes Regierungsmitglied und jeder höhere Beamte teilgenommen haben soll. Zulassung zu diesen Kursen steht jedem Staatsbürger offen, der gewissen Aufnahmebedingungen genügt, die nur seine körperliche, geistige und charakterliche Eignung betreffen dürfen.

Freiheit der Meinungsbildung und Meinungsäußerung[9] ist unerläßlich, um die Öffentlichkeit der Regierungsführung zu garantieren. Abgesehen von der Übergangszeit,

---

5 Vorlage: „Die Regierung führt die Staatsgeschäfte" ms. unterstrichen.
6 Vorlage: „Das Parlament hat grundsätzlich gesetzgebende Gewalt" ms. unterstrichen.
7 Vorlage: Satz ms. unterstrichen.
8 Vorlage: „Die Funktionärschule" ms. unterstrichen.
9 Vorlage: „Freiheit der Meinungsbildung und Meinungsfreiheit" ms. unterstrichen.

für deren Ablauf hier keinerlei Bestimmungen getroffen werden können, soll daher volle Koalitions- und Versammlungsfreiheit herrschen und ebenso volle Freiheit der politischen Meinungsäußerung in Presse, Schrift, Radio und sonstigen Institutionen. Je mehr der angestrebte[10] politische Aufbau zu normalen und übersichtlichen Verhältnissen zurückführt, desto weniger Grund hat die Regierung, in die öffentliche und freie Kritik einzugreifen. Solche Eingriffe werden schließlich nur noch da nötig sein, wo es sich um böswillige und klar ersichtliche Verdrehungen der Wahrheit oder um eine andere nachgewiesene Täuschung der öffentlichen Meinung handelt.

(Eingegangen am 1. Juni 1943)

---

10 Vorlage: herangestrebte.

NR. 106

Vorschlag Otto Bennemanns (ISK) und Walter Fliess' (ISK) für die Programmberatung über Wirtschaftsfragen, eingegangen am 11. Juni 1943

AdsD Bonn, PV-Emigration, Mappe 167

Union deutscher sozialistischer Organisationen in Großbritannien[1]

Vorschläge für die Programmberatung Vorlage Nr. 14
Kommission 1 (Aktionsprogramm) Zu 3 a: Wirtschaftsfragen

(Vorschlag der Gen[ossen] O. Bennemann u[nd] W. Fliess)

I. Teil
Ziel Sozialistischer Wirtschaftspolitik

Die Wirtschaftspolitik der sozialistischen Republik hat die Aufgabe, anstelle der Klassengesellschaft eine solche Wirtschaftsordnung zu setzen, in der sozial gerechte Zustände gesichert sind, d.h. in der Jedem die gleiche wirtschaftliche Möglichkeit gegeben ist, zu Wohlstand und Bildung zu gelangen, und in der die Freiheit der Person und Freiheit wirtschaftlicher Betätigung als wertvolle Interessen berücksichtigt werden. Zu den hierfür erforderlichen wirtschaftlichen Maßnahmen gehören an erster Stelle diejenigen zur Sicherung der Vollbeschäftigung und zur Sicherung des Friedens.

Die Sicherung des Friedens

Der gesellschaftliche Aufbau Deutschlands erfordert tiefgreifende strukturelle Änderungen, um die sozialen Voraussetzungen des deutschen Imperialismus zu zerstören.

Die sozialistische Partei bekämpft jede autarki[sti]sche oder imperialistische Tendenz der Wirtschaftspolitik, auf der anderen Seite wird sie alle Bemühungen unterstützen und fördern, die der internationalen wirtschaftlichen Zusammenarbeit dienen. Im internationalen Rahmen tritt die Partei für eine europäische Föderation[2] und darüber hinaus für eine Weltföderation ein. Sie ist sich bewußt, daß selbst innerhalb einer europäischen Föderation die starke Industrialisierung Deutschlands, seine zentrale Lage und Größe besondere Maßnahmen erfordern, um eine dadurch bedingte Vormachtstellung aufzuheben.

---

1 Vorlage: Überschrift doppelt ms. unterstrichen, die beiden folgenden Zeilen (ohne „(Aktionsprogramm)") sind ms. unterstrichen ebenso die folgenden Überschriften.
2 Vorlage: Fußnote: „Föderation = Übergabe gewisser souveräner Rechte der Staaten an eine Zentralgewalt der Föderation."

Die Sicherung sozialer Gerechtigkeit

Jeder hat das Recht auf Arbeit und auf einen gerechten Anteil am gesellschaftlichen Reichtum, und zwar ohne Rücksicht auf seine soziale Herkunft, auf Rasse, Religion, oder Geschlecht.

Klassenprivilegien müssen verschwinden. Dazu gehört in erster Linie die Beseitigung der großen privaten Vermögen. Wieweit diese Forderung verwirklicht werden kann, richtet sich nach den politischen Machtverhältnissen.

Die Sicherung der Freiheit

Die Freiheit wirtschaftlicher Betätigung und die Verfügungsgewalt über wirtschaftliche Güter sollen nur soweit eingeschränkt werden, als dies zur Beseitigung der Arbeitslosigkeit und darüber hinaus zur Sicherung sozialer Gerechtigkeit notwendig ist.

Staatseingriffe sind hauptsächlich dort notwendig, wo

a) Private Monopole bestehen oder sich bilden, oder

b) ernsthafte gesellschaftl[iche] Störungen anderer Art zu befürchten sind.

Abgesehen im wesentlichen von diesen Einschränkungen soll in der sozialistischen Wirtschaft ein freier Sektor zugelassen werden, in dem freie Berufswahl und Freizügigkeit sowie private Unternehmungen möglich sind. Vor allem soll den bäuerlichen, handwerklichen und Handels-Betrieben nicht nur in Bezug auf privates oder genossenschaftliches Eigentum, sondern auch in Bezug auf wirtschaftliche Betätigung eine weitgehende Möglichkeit zu freier Initiative gegeben werden.

Wirtschaftsverwaltung

Es müssen Maßnahmen ergriffen werden, die die planwirtschaftl[iche] Verwaltung vor der Bürokratisierung bewahrt, d.h. Maßnahmen, die die persönliche Verantwortung [und] Initiative der Staatsbeamten fördern und die sichern, daß nicht eine neue Klasse von Privilegierten (z.B. durch Vetternwirtschaft) aufkommen kann.

II. Teil
Wirtschaftspolitische Maßnahmen

1. Industrie

a) Überführung der Konzernbetriebe der Schlüsselindustrien in öffentliches Eigentum und Verwaltung. Hierzu gehört vor allem die Schwereisen-Industrie, der Bergbau und die Großbetriebe der chemischen Industrie.

b) Die Organisierung aller lebenswichtigen öffentlichen Dienste – Transport, Elektrizitäts-, Gas- und Wasserversorgung – als Staats- oder andere öffentliche Betriebe oder auf der Basis genossenschaftlicher Selbstversorgung.

c) Aufhebung monopolistischer Preis- und anderer Restriktionsvereinbarungen und die Aufhebung jedes staatlichen Schutzes privater Monopole (Reform des Patentrechts?)

d) Die Förderung von Produktiv-Genossenschaften in dazu geeigneten Industriezweigen.

2. Landwirtschaft
   a) Der private Großgrundbesitz als wirksames Monopol und als wichtige Stütze der deutschen Reaktion und des Militarismus wird enteignet und zunächst in Staatseigentum überführt.
   b) Bäuerliche Familienbetriebe bleiben grundsätzlich bestehen. Die Verbesserung der Lage aller in der Landwirtschaft Beschäftigten soll erreicht werden durch Förderung bäuerlicher Selbsthilfe-Organisationen (Genossenschaften usw.), durch Förderung der bäuerlichen Veredelungswirtschaft (z.B. durch Herabsetzung der Einfuhrzölle für Futtermittel), durch Gewährung von Krediten an Bauern und Siedler und durch andere geeignete Maßnahmen, die in ähnliche Richtung gehen.
3. Finanzwirtschaft
   a) Bank- und Kreditwirtschaft
   Die deutsche Reichsbank als wichtigstes Finanzinstrument des Staates ist von allen privaten Einflüssen zu befreien. Die Großbanken sind zu verstaatlichen und das gesamte Bank-, Kredit-, und Versicherungswesen einer strikten staatlichen Kontrolle zu unterstellen.
   b) Staatshaushalt und Steuern
   Die Staatshaushaltspolitik muß, unter Bevorzugung direkter Besteuerung, nach Deckung der administrativen und sozialen Ausgaben in den Dienst der Vollbeschäftigung gestellt werden, d.h. der öffentlichen Hand müssen hinreichende Mittel zur wirtschaftlichen Betätigung zur Verfügung stehen.
   Durch progressiv stark ansteigende Einkommen-Steuern und eine radikale Erbschaftssteuer müssen unsoziale Einkommens- und Vermögensunterschiede ausgeschlossen werden.
   Privater Besitz an Grund und Boden wird nach Beseitigung der großen Vermögen im wesentlichen nur noch in Form von Bauernwirtschaften und Grundstücken für Eigenheime vorhanden sein. Die Besteuerung erfolgt nach dem Prinzip der Bodenwertsteuer.
4. Vollbeschäftigung
   Die Wirtschaftspolitik zur Beseitigung der Arbeitslosigkeit und Krisen erfordert die Beseitigung aller privaten Monopole, wie dies bereits auf den Gebieten der Industrie, der Landwirtschaft, der Finanzen und des Handels gefordert wurde.
   Darüber hinaus ist eine Lohnpolitik nötig, die den Arbeitern einen solchen Anteil am Arbeitsertrag sichert, daß die mit dem bestehenden und ständig weiter auszubauenden Produktionsapparat erzeugten Verbrauchsgüter von ihnen gekauft werden können.
   Es ist ferner eine Investitions-Politik und -Kontrolle nötig mit der zweifachen Aufgabe:
   (1) für die Stetigkeit von Neu-Investitionen zu sorgen, unter Umständen durch ein sogenanntes Arbeitsbeschaffungsprogramm, und

(2)   ein Aufblähen des Produktions-Apparates auf Kosten der Massenkaufkraft zu
       verhindern.
Der Erfolg einer solchen Wirtschaftspolitik ist weitgehend abhängig von dem Maß
internationaler oder mindestens Europäischer Zusammenarbeit.

5. Internationale Zusammenarbeit
Die interne Wirtschaftspolitik der sozialistischen Republik wird jederzeit von den
Prinzipien friedlicher wirtschaftlicher Zusammenarbeit mit anderen Ländern und
friedlichen Wettbewerbs geleitet sein und auf die Erreichung bzw. Erleichterung in-
ter-europäischer und weltwirtschaftlicher Zusammenarbeit abzielen. Die in dieser
Zusammenarbeit zustande gekommenen Vereinbarungen sind verpflichtend und
werden in die Wirtschafts-, Handels-, und Finanzpolitik der sozialist[ischen]
R[epublik] eingebaut.

(Eingegangen am 11. Juni 1943)

NR. 107

Vorschlag Minna Spechts (ISK) für die Programmberatung über Schule und Erziehung, eingegangen am 14. Juni 1943

AdsD Bonn, PV-Emigration, Mappe 167

Union deutscher sozialistischer Organisationen in Großbritannien[1]

Vorschläge für die Programmberatung: Vorlage Nr. 15
Kommission 1 (Aktionsprogramm) Zu 3e: Kulturpolitik, Schule und Erziehung.

(Vorschlag der Genossin Minna Specht)

Es ist die Aufgabe der Sozialistischen Republik [= S.R.], allen die gleiche Möglichkeit zu sichern[2], an den Bildungseinrichtungen der S.R. teilzunehmen. Hieraus folgt die weitere Aufgabe, alle so zu schulen[3], daß sie hierzu gemäß ihren Kräften und ihren Interessen fähig sind.

Bildungsunterschiede[4] werden daher nur noch darauf beruhen, daß die Einzelnen einen verschiedenen Gebrauch von den Bildungseinrichtungen machen

Dieses Ziel, durch Einrichtungen das Recht auf Bildung zu sichern, nötigt dazu, Organisationen[5] zu verbieten, die den Bildungsgang des Menschen aufzuhalten oder unmöglich zu machen versuchen, indem sie ihn geistig in Abhängigkeit halten. Freie Selbstbestimmung ist das Ziel, dem der Mensch in der S.R. auch in Bezug auf sein kulturelles Leben zustreben soll. Die Aufgabe des Staates liegt ferner darin, alle Einrichtungen zu fördern[6] oder, wenn nötig, selber ins Leben zu rufen, die eine schnelle und allgemeine Hebung der Kultur zum Zweck haben. Unter diesen werden diejenigen eine wichtige Rolle spielen, die das Verständnis für ein sozialistisches Gemeinwesen wecken, d.h. Aufklärung über die Gegner – Ausbeuter und Vormünder – auf der einen Seite und über die Natur seiner eigenen Einrichtungen auf der andern Seite.

Erziehung und Unterricht der Jugend

Da die Jugend ihr Recht, zur Bildung zu gelangen, Kenntnisse und Fertigkeiten zu erwerben, nicht wahrnehmen kann oder doch nur unter Hilfe, soll der sozialistische Staat Schulen gründen, in denen dieser Anspruch der Jugend erfüllt wird. Die Schule hat einen

---

1 Vorlage: Überschrift doppelt ms. unterstrichen, die beiden folgenden Zeilen (ohne „(Aktionsprogramm)") sind ms. unterstrichen ebenso die folgenden Überschriften.
2 Vorlage: „allen die gleiche Möglichkeit zu sichern" ms. unterstrichen.
3 Vorlage: „alle so zu schulen" ms. unterstrichen.
4 Vorlage: „Bildungsunterschiede" ms. unterstrichen.
5 Vorlage: „Organisationen" ms. nterstrichen.
6 Vorlage: „Einrichtungen zu fördern" ms. unterstrichen.

Nützlichkeitswert und einen Bildungswert[7]. Der erste besteht darin, das Kind mit den Mitteln zu versehen, die ihn als Erwachsenen instand setzen, ein selbstständiges Mitrglied der S.R. zu sein. Der andere besteht darin, es in die Welt der Wissenschaft, der Kunst, des Gemeinschaftslebens einzuführen, die das Leben des Einzelnen bereichern.

Die Schule wird allen offen stehen, unabhängig von den wirtschaftlichen Verhältnissen der Eltern.[8] Sie wird unentgeltlich sein.

Der Staat wird weiter dafür sorgen, daß die Jugend Zutritt zu allen Einrichtungen hat, die ihrem körperlichen und geistigen Wachstum förderlich sind. D.h. er wird, wenn nötig, Mittel zur Verfügung stellen, die das Kind von den wirtschaftlichen Verhältnissen des Elternhauses unabhängig machen.

Grundsätzlich wird die S.R. die Erziehung mit den Eltern teilen.[9]

Sie wird die Schulung der Eltern fördern. Sie wird eingreifen, wo das Recht des Kindes auf eine gesunde Entwicklung vernachlässigt wird. Sie wird durch Wohnungspolitik, durch Krippen, Kindergärten, Schulen und Hochschulen die erzieherischen Aufgaben der Eltern unterstützen. Sie wird endlich während der ganzen Erziehungszeit die Eltern heranziehen, um sie zur tätigen Anteilnahme an dem Gesamterziehungswerk zu befähigen.

Weitere allgemeine Richtlinien:

Die Schulen der S.R. sind weltlich.[10]

Körperliche[11] Strafen sind verboten.

Die Schulen und ihre Einrichtungen sollen als Gemeinbesitz[12] betrachtet werden, den die Kinder mit wachsender Selbstständigkeit mehr und mehr selber verwalten.

Lehrer-Eltern-Schüler Rat[13] soll den Zusammenhang mit der Umwelt pflegen.

Sonnabende sind schulfrei.[14] Die Räume der Schule wie Bibliotheken, Spielplätze und Werkstätten stehen offen.

Die Schule der S.R. soll mehr und mehr ein Zentrum[15] der Bildung werden, in dem Kinder und Erwachsene gemeinsam ihre Freizeit verbringen; durch Feste, durch Bibliotheken, Versammlungen, Klubleben, Olympiaden, die nicht nur sportliche Veranstaltungen sind etc. soll dieses Leben gefördert werden.

---

7 Vorlage: „Nützlichkeitswert und Bildungswert" ms. unterstrichen.
8 Vorlage: „unabhängig von den wirtschaftlichen Verhältnissen der Eltern" ms. unterstrichen.
9 Vorlage: „mit den Eltern teilen." ms. unterstrichen.
10 Vorlage: „weltlich" ms. unterstrichen.
11 Vorlage: „Körperliche" ms. unterstrichen.
12 Vorlage: „Gemeinbesitz" ms. unterstrichen.
13 Vorlage: „Lehrer-Eltern-Schüler Rat" ms. unterstrichen.
14 Vorlage: „Sonnabende sind schulfrei" ms. unterstrichen.
15 Vorlage: „ein Zentrum" ms. unterstrichen.

Internationale Zusammenarbeit[16] soll gepflegt werden. Einführung internationaler Standards für Wissenschaft, Technik, Austausch von Kindern und Schulen. Gründung internationaler Kulturorganisationen. Kongresse, Lager, Ausnutzung von Film, Radio, Verkehrsmitteln.

Die Stufen der allgemeinen Volksschule (Einheitsschule)

Die Schule hat grundsätzlich keine untere Altersgrenze.[17] Es werden Anstalten getroffen werden, die Kinder vom frühesten Alter an in Heimen Freiheit und Schutz [zu] gewähren, wo dies nötig ist.

Anmeldepflicht[18] besteht für die Eltern, wenn das Kind sein 6. Jahr erreicht hat. Vorher werden Eltern und Wohlfahrtsinstitute gemeinsam die Betreuung des Kindes beraten und seine Unterbringung in Kindergärten, Schulen oder Elternhaus beschließen.

Die Unterstufe[19] schließt ab mit dem vollendeten 7. Jahr. Die Ausdehnung bis in dieses Alter hat den Nutzen, daß das heranwachsende Kleinkind Gelegenheit hat, jüngere zu betreuen und selber nicht intellektuell überlastet zu werden. Die Kunst, lesen, schreiben und rechnen zu können, ist nicht notwendiges Erfordernis auf dieser Stufe. Bewegungsfreiheit in jeder Hinsicht soll das Leben auf dieser Stufe kennzeichnen.

Die Mittelstufe[20] (8–12 incl.) geht zu planmäßiger Arbeit über. Elementarunterricht, möglichst als Gesamtunterricht, mit viel praktischer Arbeit, Gemeinschaftserziehung und Entfaltung der eigenen Talente und Neigungen sollen in dem Kind das Bewußtsein wecken, daß sein Drang[21] nach Kenntnissen, nach Umgang, nach Betätigung im Feld seiner Liebhabereien in der Schule weitgehend befriedigt wird. Das Kind soll am Ende dieser Stufe ferner imstande sein, sich frei und sicher zu bewegen in dem Bezirk, in dem seine Schule und sein Elternhaus liegen. Der Bezirk soll seine Kinder kennen und den Umgang mit ihnen auf mannigfache Weise pflegen.

Die Oberstufe.[22] (13–16 incl.) führt das Kind während des ersten Jahres in die neue Aufgabe dieser Stufe ein, indem sie ihm Gelegenheit gibt, die Frage seiner Berufswahl und Berufsmöglichkeiten zu prüfen. Lehrgänge und Lehrabteilungen, Berufsberatung, Besichtigungen und Lektüre sollen während dieses ersten Jahres neben der Fortsetzung eines allgemeinen Unterrichts einen breiten Raum einnehmen. Nach diesem Jahr wird es entscheiden, zusammen mit dem Rat, welchem Zweig der Ausbildung es sich zuwenden wird. Späterer Wechsel wird nach sorgsamer Prüfung möglich sein.

---

16 Vorlage: „Internationale Zusammenarbeit" ms. unterstrichen.
17 Vorlage: „keine untere Altersgrenze" ms. unterstrichen.
18 Vorlage: „Anmeldepflicht" ms. unterstrichen.
19 Vorlage: „Unterstufe" ms. unterstrichen.
20 Vorlage: „Die Mittelstufe" ms. unterstrichen.
21 Vorlage: „sein Drang" ms. unterstrichen.
22 Vorlage: „Die Oberstufe." ms. unterstrichen.

Die Schule auf dieser Stufe wird sich gabeln in technische, wissenschaftliche, künstlerische, soziale Abteilungen mit fortlaufender allgemeiner Bildung, die freilich einer erheblichen Erneuerung bedarf in der Überwindung des Nationalismus, in der Einführung in die soziale Umwelt. Weitgehende Selbstverwaltung in allen Schulangelegenheiten wird die soziale Ausbildung fördern.

Der Abschluß auf dieser Stufe erfolgt durch eine Prüfung, die Tests, Aussprachen, frei angefertigte Arbeiten benutzt. Solche Prüfung hat den Zweck, das Selbstvertrauen der Jugend zu stärken und den Anspruch der Gesellschaft zu befriedigen, geschulte Mitbürger, lernbereite und lernfähige, zu bekommen.

Verwaltung

Der Selbstverwaltungscharakter[23] der einzelnen Schulen ist der Grundsatz, nach dem die Verwaltung aufgebaut werden wird. Die lokalen Schulen werden durch Vertretungen, an denen ältere Schüler teilnehmen, zu regionalen Verbänden zusammengefaßt werden. Distriktseinrichtungen werden die lokalen Anstalten ergänzen. Jede solche Körperschaft wird Regierungsvertreter haben, die den Vorsitzenden bestätigen, den Bezirk beaufsichtigen und denen ein Vetorecht zusteht.

Die Spitze dieses Baus wird das Volksbildungsministerium[24] bilden, in dem ein Staatsbeamter den Vorsitz führt.

Ein Netz von Beratern wird von diesem Amt aus die Verbindung mit allen Schulen und Körperschaften herstellen. Dieses Ministerium wird ferner dem Internationalen Erziehungsrat angehören, dessen Bildung von der S.R. kräftig unterstützt werden wird, sobald die internationale Politik solche Unterstützung ermöglicht.

Fortbildungsschulen

Die Schulpflicht[25] hört mit dem 16. Jahr auf. Aber die S.R. wird sorgen,

1) daß die Berufsausbildung durch Einrichtungen möglich ist, daß die Jugend Zeit und Mittel hat, ihre Berufsausbildung fortzusetzen. Dieses Recht steht ihr grundsätzlich bis zum vollendeten 18. Jahr zu. Danach wird der Staat über eine weitere Ausbildung ein Mitbestimmungsrecht haben, einerseits um eine Überfüllung von Berufen zu verhindern, andererseits, was wichtiger ist, um einem falschen Anspruch auf bloße Bildung entgegentreten zu können. Auf eigenen Füßen stehen ist eine der Aufgaben, die die Mitbürger der S.R. achten. Die wirtschaftl[ichen] Arbeitsbedingungen sollen so sein, daß jeder Freizeit hat, seine Bildung neben seiner Berufsarbeit fortzusetzen.

2) daß Weiterbildung nicht nur die Verpflichtung der Jugendlichen[26] ist, die mit einem gewissen Alter aufhört. Es ist im Gegenteil so, daß eine lange Lehrzeit vom 2.–18.

---

23 Vorlage: „Der Selbstverwaltungscharakter" ms. unterstrichen.
24 Vorlage: „Volksbildungsministerium" ms. unterstrichen.
25 Vorlage: „Die Schulpflicht" ms. unterstrichen.
26 Vorlage: „Jugendlichen" ms. unterstrichen.

Lebensjahr eine Pause wünschenswert macht, nach der eine freie Zuwendung zu Bildungsgütern wieder möglich ist. Anstalten, die diesem Bedürfnis Rechnung tragen, wie Volkshochschulen und Akademien, werden entstehen. – Im allgemeinen gilt auf dieser Stufe der Erwachsenbildung der Grundsatz, daß die S.R. mit wachsender Sicherung ihrer Gesamtposition die Bildungsarbeit der freien Initiative überläßt; sie gewährt Schutz und Aufsicht und sie greift da ein, wo größere Mittel nötig sind, als private Organisationen sie in der S.R. zur Verfügung haben.

Lehrerbildung

Gleiche Ausbildungsmöglichkeit, gleiche Aufstiegsmöglichkeit auf Grund von Bewährung, gleichwertige Bezahlung soll in der S.R. den Grundsatz zur Anwendung bringen, daß Bildungsarbeit, an wem auch immer, gleichen Wert hat. Vom Hochschullehrer bis zum Kindergärtner sind alle gleichgeachtete Mitarbeiter, was in ihrer sozialen und materiellen Stellung zum Ausdruck gebracht werden wird. Neben wissenschaftlicher Ausbildung werden alle Lehrer eine soziale Ausbildung erhalten, die theoretisch und praktisch sein wird und Verbindung zur Berufsarbeit hat.

Lehrer werden nach einer längeren Periode im Amt, etwa 7–10 Jahren, eine längere Zeit Urlaub haben, nicht nur um sich aufzufrischen, sondern um der Routine, der Autoritätsgefahr, der Einseitigkeit zu entgehen. Sie werden in dieser Zeit möglichst Lernende sein, nicht Lehrende. Ihre berufliche Interessenvertretung wird auf gewerkschaftlicher Basis erfolgen, die so bald wie möglich einen internationalen Anschluß finden sollte. Sonderorganisationen zur Pflege bestimmter Berufsinteressen sind selbstverständlich neben der gewerkschaftlichen Organisation zulässig.

Fortsetzung

Hochschule, Kirche, Jugendbewegung, Zusammenarbeit mit Wirtschaft und Politik.[27]
(Eingegangen am 14. Juni 1943)

---

27 Die hier angekündigte Fortsetzung fehlt in den Unterlagen. Ob dieser Teil ausgearbeitet wurde, ließ sich nicht ermitteln. Er ist aber in der Richtlinie enthalten. Vgl. Nr. 161.

NR. 108

Vorschlag Heinrich Sorgs für die Programmberatung über das Verhältnis der Partei zu den sozialistischen Kulturorganisationen, eingegangen am 17. Juni 1943

AdsD Bonn, PV-Emigration, Mappe 167

Union deutscher sozialistischer Organisationen in Großbritannien[1]

Vorschläge für die Programmberatung Vorlage Nr. 11
Kommission 2 (Organisation) Zu 2 e: Das Verhältnis zwischen Partei und sozialistischen Kulturorganisationen

(Vorschlag des Genossen Heinr[ich] Sorg)

Von einem Verhältnis zweier Organisationen zu einander zu sprechen ist schwer, wenn keine dieser Organisationen besteht noch vermutet werden kann, ob und in welcher Form sie zukünftig bestehen werden. Es erscheint deshalb notwendig, besonders auf die Mängel der Vergangenheit hinzuweisen und daraus Schlüsse zu ziehen, ohne Rücksicht darauf, ob sie einer speziellen Partei von besonderem Nutzen sind oder nicht.

Ähnlich der Lage der Gewerkschaften sollte eine sozialistische Kulturbewegung „sozialistisch" und nicht „parteipolitisch" orientiert werden.

Wie es war.

Neben den Gewerkschaften galten die Kulturorganisationen als die dritte Säule der Arbeiterbewegung. Vor der Spaltung eine Stätte der Pflege sozialistischer Arbeiterkultur. Nach der Spaltung wurden die Kulturorganisationen oft eine Stätte wüster Parteistreitigkeiten.

Die Versuche, den politischen Streit aus den Reihen der Kulturvereine fern zu halten, schlugen fehl. Die Folge war, daß auch die Kulturvereine sich für die eine oder andere Richtung zu entscheiden hatten.

Wenn auch die große Mehrheit sich der sozialdemokratischen Richtung anschloß, war doch die eigentliche Aufgabe schwer beeinträchtigt worden. Die Kulturorganisationen sanken auf ein Anhängsel einer politischen Partei herab. Ihre Tätigkeit und ihre Anziehungskraft litt darunter beträchtlich. Große Rückschläge waren die Folgen, von denen sie sich nicht wieder erholen konnten.

---

1 Vorlage: Überschrift doppelt ms. unterstrichen, die beiden folgenden Zeilen (ohne „(Organisation)") sind ms. unterstrichen ebenso die folgenden Überschriften.

Im Dritten Reich

Nicht nur die sozialistischen Organisationen sind verschwunden, auch alle übrigen Organisationen sind in einer einzigen großen Organisation zusammengefaßt.

Was folgt daraus!

Wenn auch angenommen werden kann, daß die Mehrzahl unserer ehemaligen Mitglieder der Arbeiter-Kulturorganisationen ihren Idealen treu geblieben sind, so dürfte doch kaum außer Frage stehen, daß sich ein ganz neues Verhältnis zwischen den Menschen der verschiedenen früheren, getrennt gegenüberstehenden Organisationen herausgebildet hat.

Nicht zu vergessen ist, daß 10 neue Jahrgänge hinzugestoßen sind, die keine Erinnerungen an die alte Zeit haben.

Es kann angenommen werden, daß die Differenzen unter den ehemals sozialistischen Menschen verschwunden sind. Ja es kann sein, daß selbst viele ehemals bürgerlich eingestellte Menschen sich unseren Genossen angeschlossen haben.

Kann man nun annehmen, daß diese Menschen bereit sein werden, sich wieder nach politischen Organisationen zu richten und aufzuspalten?

Dies erscheint mir unwahrscheinlich. Viel mehr will mir scheinen, daß unsere Genossen dazu übergehen werden die heute bestehende Organisation mit ihren Besitzungen in sozialistische Verwaltung und Leitung zu nehmen. Diese Organisationen eignen sich bestens für eine Umerziehung der Jugend.

Ein sozialistischer Staat würde eine große Hilfe haben, wenn er diese Kultur-Organisationen für die Zwecke verwenden würde, für die sie bestimmt sind. Sie als Rekrutierungsgebiet für politische Parteien zu verwenden halte ich für das unglücklichste Unternehmen.

(Eingegangen am 17. Juni 1943)

Nr. 109

Vorschlag Fritz Heines für die Programmberatung über den Wiederaufbau der Arbeiterpresse, eingegangen am 26. Juni 1943

AdsD Bonn, PV-Emigration, Mappe 167

Union deutscher sozialistischer Organisationen in Großbritannien[1]

Vorschläge für die Programmberatung Vorlage Nr.16
Kommission 2 (Organisation) Zu 3 c: Wiederaufbau einer freien Arbeiterpresse

(Vorschlag des Gen[ossen] B. F. Heine)

I. Vorbemerkung:

Der Mangel an Quellenmaterial, die Schwierigkeiten der Arbeit und der Korrespondenz und die Ungewissheit über die weitere Entwicklung in Deutschland sind eine große Erschwerung für die Ausarbeitung von Vorschlägen über die Zukunft der deutschen Arbeiterpresse.

Jede Untersuchung über die praktischen Möglichkeiten und Grenzen setzt jedoch eine Untersuchung der gegenwärtigen Situation und der wahrscheinlichen Entwicklung nach dem Waffenstillstand voraus.

II. Die gegenwärtige Situation:

Die gegenwärtige Zahl der Tageszeitungen in Deutschland (einchl[ießlich] Österreich) dürfte 1 100 bis 1 200 betragen. (Die Vergleichsziffern für das alte Reichsgebiet sind: 1914: über 4 000, 1933: über 3 000 und 1939: 2 400).

Von den jetzt erscheinenden 1100 bis 1200 Tageszeitungen sind ca. 650 Tageszeitungen mit einer Auflage von 5 000 und mehr und ca. 500 bis 600 kleine Lokalzeitungen mit einer Auflage unter 5 000. Die meisten Zeitungen gehören der NSDAP (rund zwei Drittel der Gesamtauflage aller Zeitungen). Im Privatbesitz befinden sich kleine lokale Blätter und einige wenige große Zeitungen von internationaler Bedeutung.

Die Gesamtauflage aller Zeitungen, einschl[ießlich] der Wochenzeitungen beträgt zur Zeit 29 Millionen.

Diese Entwicklung des deutschen Zeitungswesens unter der Hitlerdiktatur hat weitreichende Konsequenzen:

1. Die sinkende Zahl der Zeitungen:

Gegenwärtig haben nur wenige deutsche Städte mehr als eine Tageszeitung. (Mehr als drei haben Berlin und Wien, Hamburg hat drei, München, Frankfurt a.M. und

---

1 Vorlage: Überschrift in Großbuchstaben und doppelt ms. unterstrichen, die beiden folgenden Zeilen (ohne „(Organisation)") sind ms. unterstrichen, ebenso die folgenden Überschriften.

Breslau haben zwei oder drei, Kassel, Hannover, Stuttgart, Nürnberg, Dresden und Chemnitz haben je zwei, nahezu alle anderen deutschen Städte haben nur eine[2] Tageszeitung)

2. Die Steigerung der durchschnittlichen Auflage:
   Vor Hitlers Machtantritt war die durchschnittliche Auflage a) aller deutscher Zeitungen: rund 10 000, b) der Arbeiterpresse allein: rund 5 000. Jetzt ist die durchschn[ittliche] Auflage aller Zeitungen rund 25 000.

3. Die Absolute Kontrolle der Presse durch die NSDAP
   besteht de facto und de jure durch Terror, Gesetz und Zwangsmitgliedschaft des redaktionellen und technischen Zeitungspersonals in Fachorganisationen, die die Tätigkeit von unerwünschten Redakteuren und Verlegern verhindern.

4. Veränderung der Druckbedingungen:
   Die Folge der Einstellung von fast 2 000 Zeitungen (über 60% des alten Standes) in zehn Jahren ist die Schließung vieler Druckereien. Viele Maschinen wurden verschrottet, und viele technische Arbeiter haben ihren Beruf gewechselt.

III. Wahrscheinliche Veränderungen bis und nach der Niederlage
Die Fortdauer des Krieges, Ereignisse im letzten Stadium und nach dem Zusammenbruch des Hitlerregimes können einen weiteren Rückgang in der Zahl der Zeitungen und eine weitere Verschlechterung der Bedingungen für die technische Herstellung der Zeitungen mit sich bringen. Die Gründe für eine solche Entwicklung können sein:

1. Weitere Einschränkungsmaßnahmen der Hitlerdiktatur
   als Folge des Mangels an Arbeitskräften und an Rohmaterial und des Wunsches nach einer noch stärkeren Kontrolle.

2. Weitere Zerstörung von Druckereien
   durch Bombenangriffe oder andere militärischer Aktionen der Alliierten und durch Sabotage von Antifaschisten.

3. Nach dem Zusammenbruch: Beschlagnahme der technischen Einrichtungen
   durch die Alliierten für ihre Zwecke (Propaganda, Information) und die Transferierung von Druckerei-Einrichtungen in die bisher von Hitler besetzten Länder zur Beseitigung dort bestehender Mängel an geeigneten Einrichtungen und als Teil der Wiedergutmachung für das von der Hitlerdiktatur geraubte Material.

4. Rückgang der Leistungsfähigkeit des Materials
   infolge mangelnder Pflege und Reperaturen, schlechter Behandlung und schlechten Materials etc.

Nach dem Abschluß des Waffenstillstandes wird die Situation in jeder Beziehung, auch in Bezug auf den Zeitungsvertrieb, völlig verschieden von der im Jahre 1933 sein und wahrscheinlich noch viel schlechter, als sie heute schon ist.

---

2 Vorlage: Alle Zahlenangaben ms. unterstrichen.

Gegenüber einem großen Mangel an technischen Einrichtungen werden sehr viele Ansprüche der verschiedensten Gruppen und Kräfte stehen. Das ist die technische Seite der Situation, der wir gegenüberstehen werden. Mit diesen technischen Schwierigkeiten müssen wir als Fakten rechnen, ganz abgesehen von den politischen Problemen, die sich ergeben werden.

Unsere Position als Arbeiterbewegung wird noch in einem besonderen Punkt besonders schwierig sein. Wir werden einem großen Mangel an guten Redakteuren gegenüberstehen. Schon vor 1933 hatte die Arbeiterbewegung einen Mangel an qualifizierten Redakteuren und Verlegern aus ihren eigenen Reihen. Seitdem hat sich die Situation wesentlich weiter verschlechtert. Viele der früheren Redakteure sind tot oder zu alt, viele haben den Beruf gewechselt, manche auch ihre Überzeugung. Wir werden nicht genug qualifizierte und erfahrene Redakteure haben, um eine Arbeiterpresse auch nur in der Hälfte des Umfangs unserer Presse vor 1933 zu leiten. Dabei war auch damals die Arbeiterpresse nur ein Teil der gesamten deutschen Presse.

IV. Die Ziele:

Niemand weiß heute, wer Deutschland nach dem Zusammenbruch der Diktatur regieren wird: Besetzung, Restauration oder Revolution, jede dieser Lösungen ist möglich und jede dieser Lösungen enthält in sich wieder unzählige Variationen. Diese Umstände werden unsere taktischen und praktischen Maßnahmen zu bestimmen haben, aber sie können nicht unsere Ziele beeinflussen. Sie sind:

Jede Zeitung – wie jede andere öffentliche Einrichtung – hat dem Allgemein-Interesse des Volkes zu dienen. Deshalb muß die Arbeiterbewegung als die bedeutsamste Vertretung des Volkes ihren vollen Anteil an der Leitung und dem Besitz der Presse haben. Keine Zeitung und kein Einfluß, von welcher Seite er auch kommen mag, darf erlaubt werden, der nicht dem Allgemein-Interesse des Volkes dient. Das heißt nicht „Totalitarismus". Falls sich neben der Arbeiterbewegung andere Gruppierungen ergeben oder entwickeln, die zweifelsfrei dem Allgemein-Interesse des Volkes dienen, so sollen ihnen keine Hindernisse bereitet werden. Aber Nationalismus, Kapitalismus, Stalinismus dienen nicht dem Allgemeininteresse des Volkes und sind daher von der Beteiligung oder Benutzung der Presse auszuschließen. Es darf keine Meinungsfreiheit für irgendeinen Feind der Volksrepublik geben.

Um diese Ziele durchzusetzen, müssen wir schon jetzt alle möglichen Vorarbeiten leisten: Beschaffung aller möglicher Unterlagen über die tatsächliche Situation, Herausbildung der notwendigen Kräfte zur redaktionellen und technischen Führung einer freien Arbeiterpresse und Vorbereitung der materiellen und technischen Voraussetzungen für das Wiedererscheinen einer freien Arbeiterpresse.

V. Die nächsten Schritte:

Es ist unwahrscheinlich, daß diese Ziele in der nächsten Zukunft durchgesetzt werden können. Ohne Zweifel wird Deutschland durch die Alliierten Streitkräfte besetzt werden, sehr wahrscheinlich für Jahre.

Es ist Zweifelhaft, ob es eine Zwischenperiode zwischen dem Zusammenbruch der Hitlerdiktatur und der Besetzung geben wird, eine Periode, in der revolutionäre oder andere Kräfte gewisse Grundlagen für die neue Ordnung legen können.

Falls eine solche Situation eintritt, dann würde es die Aufgabe der Arbeiterbewegung sein (soweit die Presse infrage kommt) soviele Zeitungen und Druckereien zu beschlagnahmen, als die Macht und der Einfluß der Arbeiterbewegung ausreichen, um sie zu benutzen und die Eigentumsrechte zu sichern.

Ich glaube nicht, daß dieser Fall eintreten wird.

Es ist mehr wahrscheinlich, daß die Besatzungsmacht alle oder die meisten der großen Zeitungen und Druckereien beschlagnahmt, so daß sie in der Lage ist, darüber zu entscheiden, wer diese Einrichtungen verwalten und verwenden soll. Es ist wahrscheinlich, daß zuverlässige Redakteure im voraus ausgewählt werden.

In diesem Fall scheint es mir die Aufgabe der Arbeiterbewegung zu sein, ihre Ansprüche als die antifaschistische Bewegung, die einen mehr als zehnjährigen Kampf für die Freiheit und Demokratie geführt hat, anzumelden. Als die wichtigste Vertretung der demokratischen Kräfte im deutsche Volk muß sie ihren Anteil an der „re-education" des deutschen Volkes fordern und ihre Rechte auf die Rückgabe von mehreren hundert Zeitungen und Druckereien, die Hitler geraubt hat, geltend machen.

Um einen Erfolg dieser Bemühungen zu erreichen, ist es notwendig:

1. Die Alliierten Regierungen davon zu überzeugen, daß unsere politischen und materiellen Ansprüche gerechtfertigt sind.

2. Die Zusammenarbeit mit den fortschrittlichen Elementen der Vereinigten Nationen zu suchen und zu sichern.

3. Schon jetzt die Sache der neuen deutschen Arbeiterbewegung gegenüber all denen zu vertreten, die mit diesen Fragen befaßt sind oder über sie zu entscheiden haben werden.

Das bedeutet, so schnell als möglich einen genauen Arbeitsplan auszuarbeiten und ins Werk zu setzen.

Jeder erfolgreiche Schritt, der unternommen wird, bevor der Krieg zu Ende ist, wird die spätere Aufgabe der Arbeiterbewegung wesentlich erleichtern.

(Eingegangen am 26. Juni 1943)

Nr. 110

Vorschlag Arnold Posners (SPD) und Friedrich Wittelshöfers (SPD) für die Programmberatung über Verwaltung und Justiz, eingegangen am 3. Juli 1943

AdsD Bonn, PV-Emigration, Mappe 167

Union deutscher sozialistischer Organisationen in Großbritannien[1]

Vorschläge für die Programmberatung Vorlage 17
Kommission 1 (Aktionsprogrammm) Zu 3 d: Verwaltung und Justiz

(Vorschlag der Gen[ossen] Arnold Posner und Friedrich Wittelshöfer)

A. Verwaltung

Die öffentliche Verwaltung in Deutschland ist seit den Anfängen einer Mitverantwortung der Bevölkerung zwischen Staatsverwaltung und kommunaler Selbstverwaltung aufgeteilt gewesen.

Die kommunale Selbstverwaltung, ursprünglich eingeführt zur Schulung des Bürgers
für politische Verantwortung war zum mindesten in den Gemeinden mit freiheitlich
gesinnter Bevölkerung in einen Gegensatz zum Obrigkeitsstaat geraten. Auch nach
dessen Zusammenbruch ist trotz der völlig veränderten Verhältnisse diese Haltung nicht
nur in den freiheitlich gesinnten Gemeinden nicht völlig und nicht immer aufgegeben
worden. Vielmehr haben darüber hinaus, was viel schlimmer war, in den Gemeinden mit
reaktionären Mehrheiten oder starken reaktionären Minderheiten, die der Republik und
der Demokratie feindlichen Parteien die[2] Rechtslage, die den Staat wesentlich auf die
Rechtskontrolle beschränkte, ausgenutzt, um durch ihre Agitationsanträge entweder die
republikanischen Parteien vor sich her zu treiben oder, wenn sie die Mehrheit hatten, die
Gemeindeverwaltungen unmittelbar ihren Zwecken dienstbar zu machen. Gegen Ende
der Republik hat das vielfach zu Eingriffen des Staates geführt, die mit der Natur der
Selbstverwaltung kaum noch vereinbar waren.

Die Naziherrschaft hat die Gesamtheit der Bevölkerung systematisch der Verantwortung für politische Entscheidungen entwöhnt. Außerdem sind die das Nazisystem ablehnenden Kreise, die für eine aktive Betätigung in einer zukünftigen Selbstverwaltung nur
in Frage kommen können, von der öffentlichen Verwaltung und damit von der für diese
notwendigen Erfahrung ferngehalten worden.

---

1 Vorlage: Überschrift doppelt ms. unterstrichen, die beiden folgenden Zeilen (ohne „(Aktionsprogramm)") sind ms. unterstrichen, ebenso die folgenden Überschriften.
2 Vorlage: sich die.

Endlich wird in Zeiten finanzieller Not der örtliche Ehrgeiz hinter den Notwendigkeiten der größeren Einheit mehr zurückstecken müssen als je.

Aber auch nur wenn die Selbstverwaltung nicht wieder zum Tummelplatz und Aufmarschgebiet der nationalistischen Opposition wird, kann eine künftige deutsche Regierung die volle Verantwortung für eine friedvolle Außenpolitik übernehmen und für die Erfüllung der von ihr übernommenen Verpflichtungen einstehen. Dies setzt eine Rechtslage voraus, die es zum mindesten ermöglicht, der Betätigung einer solchen Opposition enge Grenzen zu setzen.

Zumindest für eine längere Übergangszeit bedarf es daher einer Regelung, die die Bevölkerung durch die Verwaltung ihrer eigenen örtlichen Angelegenheiten an die Übernahme von Verantwortungen wieder gewöhnt, dem Staate aber die Möglichkeit von Mitwirkungen so lange gibt, als dieser Zustand nicht erreicht ist und der Gedanke friedlicher Zusammenarbeit der Völker nicht Allgemeingut der deutschen Bevölkerung geworden ist.

Es werden daher folgende Vorschläge gemacht:

1. Gliederung des Staatsgebietes.

   Unter Fortfall der Länder ist der deutsche Staat in Gebiete zu teilen, die den ihnen zugewiesenen oder überlassenen Aufgaben wirtschaftlich gewachsen sein müssen. Die Abgrenzung dieser Gebiete hat nicht auf einen bisherigen oder früheren Zusammenschluß auf Grund zufälliger gemeinsamer dynastischer Vergangenheit Rücksicht zu nehmen, sondern soll möglichst wirtschaftlich zusammengehörige Gebiete vereinigen und nur unter diesem Vorbehalt auf die Stammesabgrenzung Rücksicht nehmen.

   Die Bezirke der früheren Landesarbeitsämter können dabei eine wertvolle Richtlinie bilden.

   Durch eine solche Gliederung erledigt sich die „preußische Frage" von selbst.

2. Staatliche Verwaltungsbezirke zugleich Gebietskörperschaften der Kommunalen Selbstverwaltung.

   Die Gebiete (Provinzen oder Bezirke) sind in erster Linie staatliche Verwaltungsbezirke mit einem nur der Staatsregierung verantwortlichem Beamten und seinem Stabe an der Spitze.

   Außerdem sind sie Gebietskörperschaften (weitere Kommunalverbände). Als solchen werden ihnen Aufgaben überwiesen oder zur selbständigen Erledigung überlassen, die z.B. infolge der Notwendigkeiten eines Lastenausgleichs nur überörtlich erfüllt werden können (z. B. Straßenbau, Anstaltswesen etc.). Zur Aufbringung der Mittel können ihnen Anteile an Staatssteuern überwiesen, Rechte zur Besteuerung der Gebietskörperschaften, aus denen sie bestehen, und die Erhebung der Gebühren für die Benutzung der von ihnen betriebenen Anstalten und Veranstaltungen eingeräumt werden.

3. Erweiterte Staatsaufsicht über die Selbstverwaltung.

Der leitende Beamte des staatlichen Verwaltungsbezirks hat die Aufsicht über den Kommunalverband und das Recht des Einspruchs, wenn dessen Beschlüsse seine Zuständigkeit überschreiten oder auf die Dauer ohne finanzielle Hilfe des Staates nicht durchgeführt werden können oder seine Maßnahmen mit der Staatspolitik nicht vereinbar sind. Dieser Einspruch unterliegt keinem Rechtsmittel. Ähnlich ist das Verhältnis der engeren Kommunalverbände (Landkreis), der kreisfreien Städte und der sonstigen Einzelgemeinden zu gestalten, die ebenfalls staatliche Verwaltungsbezirke oder Teile eines solchen und Gebietskörperschaften sind. Ihnen können durch Gesetz auch Rechte zur Besteuerung ihrer Einwohner und der in [ihrem Gebiet][3] belegenen Betriebe und Liegenschaften eingeräumt werden.

4. Bestellung der Organe der Selbstverwaltung.

Jede Gemeinde oder [jeder] Gemeindeverband hat eine Vertreterversammlung, die unmittelbar von ihren Einwohnern gewählt wird.

Das aktive und passive Wahlrecht regelt sich nach den Bestimmungen des Wahlrechts zum Staatsparlament. Darüber hinaus kann es an eine bestimmte Mindestdauer des Aufenthalts geknüpft werden. Der Leiter des engeren Kommunalverbandes (Landkreis) wird vom Staate ernannt. Er ist zugleich der Leiter des Landkreises als staatlichem Verwaltungsbezirk. Im übrigen werden die Leiter und die Mitglieder etwaiger kollegialer Verwaltungsorgane der kommunalen Selbstverwaltung auf Zeit gewählt. Die Wahl unterliegt einem befristeten Veto der Staatsaufsichtsbehörde. Die Person, gegen die sich ein Veto richtet, darf bei der Wiederholung der Wahl nicht zur Wahl gestellt werden. Verfällt auch die zweite Wahl einem Veto, so erfolgt die Besetzung des Postens durch staatliche Ernennung.

Im übrigen hat die Vertreterversammlung die Kommunalverwaltung im Rahmen der vom Staate gesetzten Grenzen zu kotrollieren und den Haushaltsplan aufzustellen. Sie kann aus ihrer Mitte besondere Verwaltungsausschüsse wählen, sie auch durch höchstens die gleiche Anzahl sonstiger wahlberechtigter Einwohner ergänzen.

5. Einheitliche Behördenorganisation und Aufgabenverteilung.

Die Bezeichnung der Behörden, Dienststellen und Beamten der Staats- wie der Selbstverwaltung hat im ganzen Staatsgebiet einheitlich zu sein. Ebenso ist ein Zweig der Verwaltung einheitlich für das ganze Staatsgebiet entweder eine Funktion einer Staatsbehörde oder der Organe einer Gebietskörperschaft.

6. Polizei.

Für die Polizei ist, soweit sie nicht vom Staat selbst ausgeübt wird, der staatliche Einfluß besonders zu gewährleisten.

B. Justiz.

Die Rechtsprechung

wird von unabhängigen, nur dem Gesetze unterworfenen Gerichten ausgeübt. Sie ist

---

3 Vorlage: „ihnen"

in der Regel öffentlich. Den Minderbemittelten ist im weiten Umfang Gebührenfreiheit und kostenloser Rechtsbeistand sicherzustellen.

In arbeitsrechtlichen Streitigkeiten

müssen Vertreter der Arbeitnehmer und der Arbeitgeber in gleicher Anzahl stimmberechtigt mitwirken.

In Strafsachen

haben in jeder Tatsacheninstanz Laienrichter mitzuwirken. Die Revision ist zum mindesten zuzulassen, wenn nicht zwei Tatsacheninstanzen gegeben sind.

Im materiellen Strafrecht

ist die von der Naziregierung eingeführte Analogie zu beseitigen. Der Grundsatz, daß eine Handlung nicht höher bestraft werden darf, als das zur Zeit ihrer Begehung geltende Strafgesetz zuläßt, ist verfassungsmäßig sicher zu stellen.

Eine Abweichung im Wege ausdrücklicher, einfacher Gesetzgebung ist für eine Übergangszeit zuzulassen, soweit durch die Nazigesetzgebung Lücken zwischen dem Strafrecht vor der Nazizeit und neu zu erlassenen Bestimmungen entstanden sind.

Strafrechtsprechung und Strafvollzug

haben nicht von dem Gedanken der Wiedervergeltung, sondern von dem der Besserungsmöglichkeit des Täters und den Grad seiner voraussichtlichen Besserungsfähigkeit auszugehen.

Für Unverbesserliche ist die richterliche Anordnung von sichernden Maßnahmen, insbesondere von Sicherungsverwahrung vorzusehen. Die Anordnung einer Freiheitsentziehung als sichernde Maßnahme kann befristet oder unbefristet erfolgen.

Eine befristete Anordnung kann jeweils vor ihrem Ablauf erneuert, eine unbefristete ist periodischer richterlicher Nachprüfung der Notwendigkeit ihrer Fortdauer zu unterwerfen.

C. Beamte

1. Beamtenrecht.

Das Beamtenrecht und die Vorschriften über die Beamtenlaufbahn sind in einer Weise umzugestalten, die die Auslieferung der Verwaltung und sonstiger staatlicher Funktionen an die Macht einzelner Klassen verhindert.

Um eine einheitliche Personalpolitik im ganzen Staat zu gewährleisten, ist die Bestellung der Personalreferenten in der Staatsverwaltung an die Zustimmung des für die Beamtenpolitik verantwortlichen Ministers gebunden.

2. Entfernung der Nazibeamten.

Beamte des Staats, der Kommunalen Selbstverwaltung und der sonstigen öffentlichen Körperschaften, die ohne den für ihre Tätigkeit sonst erforderlichen Vorbereitungsdienst nach dem 29. Januar 1933 einberufen wurden, sind ohne Ansprüche auf Versorgung zu entfernen.

Das gleiche gilt für solche Beamte, die Amtsträger der NSDAP oder ihrer Gliederungen waren.

Auf Arbeiter und Angestellte der öffentlichen Körperschaften finden diese Grundsätze sinngemäße Anwendung.

Darüber hinaus sind die Richter für eine durch Gesetz zu bestimmende Übergangszeit durch einfache Verfügung der obersten Justizverwaltungsbehörde versetzbar und unter Gewährung ihrer erdienten Versorgungsbezüge absetzbar.

3. Wiedereinstellung von Beamten der Vornazizeit.

Alle früheren[4] Beamten der öffentlichen Körperschaften, die ohne die von den Nazis erlassenen Bestimmungen

a) nicht hätten entfernt werden können oder

b) ihrer erdienten Versorgungsbezüge nicht verlustig gegangen wären, sind wieder einzustellen bzw. ihre Versorgungsbezüge unter Nachzahlung der ihnen von den Nazis vorenthaltenen Bezüge zu zahlen.

Alle früheren Arbeiter und Angestellten der öffentlichen Körperschaften sind auf Antrag[5] wieder einzustellen.

Im übrigen ist die Zahlung der von ihnen vor ihrer Entlassung erdienten Versorgungsbezüge wiederaufzunehmen, soweit ihnen nicht eine Beschäftigung im öffentlichen Dienst mit einem ihrer früheren Tätigkeit entsprechenden Entgelt angeboten wird.

Wieder in den Dienst eingestellten Beamten, Angestellten und Arbeitern ist die Zeit der Unterbrechung während der Naziregierung auf ihr Besoldungs- und Versorgungsdienstalter in gleicher Weise wie den im Dienst verbliebenen anzurechnen.

Die Grundsätze für die Wiedereinstellung und für die Wiederaufnahme der Zahlung von Versorgungsbezügen gelten nicht für frühere Beamte, Arbeiter und Angestellte, die Amtsträger der NSDAP oder ihrer Gliederungen geworden sind.

(Eingegangen am 3. Juli 1943)

---

4 Vorlage: „früheren" ms. unterstrichen.
5 Vorlage: „auf Antrag" ms. unterstrichen.

NR. 111

Vorschlag Willi Eichlers (ISK) für die Programmberatung über die Parteiorganisation, eingegangen am 7. Juli 1943

AdsD Bonn, PV-Emigration, Mappe 167[1]

Union deutscher sozialistischer Organisationen in Großbritannien[2]

Vorschläge für die Programmberatung Vorlage 18
Kommission 2 (Organisation) Zu 2b: Die organisatorischen Grundlagen der Partei

(Vorschlag des Gen[ossen] Willi Eichler)

Vorschlag für das Organisations-Statut einer Vereinigten Sozialistischen Partei Deutschlands.

Bevor es einen großen Sinn hat, im einzelnen Vorschläge für ein Organisations-Statut zu entwerfen, scheint es mir notwendig zu sein, die Prinzipien klar zu stellen, die durch die Bestimmungen eines solchen Statuts angewandt und geschützt werden sollen.

Ich schlage vor über folgende Grundsätze zu sprechen:

a) Das bloß formale demokratische Prinzip, nach dem jeder Funktionär jederzeit von jeder Mitgliederversammlung abgesetzt werden kann, hat drei bedeutende Mängel:
   1) Es verführt die Funktionäre, sich bei der Bemühung um die Gunst der Wähler hinterhältiger, intrigenhafter oder noch schlechterer Mittel zu bedienen.
   2) Es verführt die Parteileitung, durch dunkle Maßnahmen aller Art (Tricks, die allen bekannt sind) das sogenannte demokratische System zu einer Farce zu machen. Dadurch wird das Verhältnis zwischen Mitgliedern und Funktionären vergiftet; u[nd] die Mehrheit der Mitglieder in Indifferenz und Indolenz getrieb[en].
   3) Es schwächt auf diese Weise alle Werbekraft der Partei auf neue und vor allem: jüngere Menschen.

b) Eine unkontrollierte Parteileitung kommt natürlich nicht in Frage, da die Inaktivität der Mitglieder dadurch nicht behoben[3] und die Partei selber dadurch ganz den privaten Neigungen der Führung ausgeliefert würde.

c) Die Parteileitung sollte auf längere Perioden gewählt werden – mit der Verpflichtung:
   1) Der Mitgliedschaft gegenüber regelmäßig Rechenschaft abzulegen über die Politik und die Pläne der Partei;

---

1 Abgedruckt bei Röder, Exilgruppen, S. 289.
2 Vorlage: Überschrift doppelt ms. unterstrichen, die beiden folgenden Zeilen (ohne „(Organisation)") sind ms. unterstrichen, ebenso die folgende Überschrift.
3 Vorlage: gehoben.

2) einen regelmäßigen Kontakt aufrechtzuerhalten mindestens mit einem relativ großem, von allen Mitgliedern gewählten Arbeits-Ausschuß, der die Interessen und die Schichten der gesamten Mitgliedschaft wirklich widerspiegelt;

3) Diesem Arbeits-Ausschuß gegenüber alle ihre wesentlichen Schritte eingehend zu begründen.

d) Für eine längere Übergangszeit sollten die Funktionäre von diesem Arbeits-Ausschuß gewählt werden und nicht von der gesamten Mitgliedschaft.

Das sind einige Überlegungen, wie man die Mitarbeit der Mitglieder sichern und die Führung wenigstens relativ stabilisieren könnte, ohne zu bloßen, sogenannten demokratischen Kontrollen seine Zuflucht nehmen zu müssen.

Selbstverständlich müßte Hand in Hand mit solchen Bestimmungen eine regelmäßige Ausbildung und Erziehung der Mitgliedschaft in Parteischulen und Kursen gehen, die die Kenntnisse und das Verantwortungsgefühl der Genossen stetig steigern und vertiefen.

Dadurch und durch eine durchsichtige und politisch feste und kluge Partei-Politik wird schließlich das Vertrauensverhältnis innerhalb der Partei und zwischen Funktionären und Mitgliedern entstehen, ohne welches die Partei für den Kampf um den Sozialismus nicht reif werden und nur die schlechten Ergebnisse vorangegangener Versuche wiederholen kann.

(Eingegangen am 7. Juli 1943)

NR. 112

Vorschlag Wilhelm Sanders (SPD) für die Programmberatung über die Parteiorganisation, eingegangen am 7. Juli 1943

AdsD Bonn, PV-Emigration, Mappe 167

Union deutscher sozialistischer Organisationen in Großbritannien[1]

Vorschläge für die Programmberatung Vorlage Nr. 19
Kommission 2 (Organisation) Zu 2b: Die organisatorischen Grundlagen der Partei

(Vorschlag des Gen[ossen] Wilh[elm] Sander)

Einige Gesichtspunkte für den Wiederaufbau einer politischen Organisation in Deutschland nach Hitlers Zusammenbruch.

Die politische Arbeit der sozialistischen Arbeiterschaft in Deutschland nach dem Sturz der Hitlerdiktatur wird sich vollziehen

a) im Bekenntnis zur Anwendung prinzipiell demokratischer Formen der weiteren Entwicklung in Deutschland und Europa und

b) im Bekenntnis zur Demokratie, zu internationaler Verständigung (und Wiedergutmachung!) und zum Sozialismus.

Die auf dem Boden der Demokratie und des Sozialismus stehende Arbeiterschaft wird bei dem Wiederaufbau ihrer politischen Organisation das Erbe der sozialdemokratischen Tradition vergangener Jahrzehnte mit den Erfahrungen der illegalen Arbeit in Deutschland unter der Hitlerdiktatur und neugewonnenen Erkenntnissen im Zusammenleben mit sozialistischen Bruderparteien im Auslande verschmelzen.

Die neue geeinte, auf dem Boden der Demokratie und des Sozialismus stehende Partei wird eine innere Parteidemokratie erst nach und nach entwickeln können.

Die Mitgliederaufnahme ist an ganz bestimmte Voraussetzungen (Zuverlässigkeit, frühere Zugehörigkeit zu einer der Arbeiterorganisationen, Verhalten gegenüber der Hitlerdiktatur, Verfolgung durch faschistische Stellen usw.) gebunden.

Die örtlichen, bezirklichen und zentralen Leitungen haben zunächst weitgehende Machtvollkommenheiten.

Erst nach und nach wird sich eine stärkere innere Demokratie des Parteilebens entwickeln können und wird sich die Organisation zur Massenpartei entwickeln.

---

1 Vorlage: Überschrift doppelt ms. unterstrichen, die beiden folgenden Zeilen (ohne „(Organisation)") sind ms. unterstrichen, ebenso die folgende Überschrift.

Aber bereits im ersten Stadium ihrer politischen und organisatorischen Arbeit wird diese neue geeinte Sozialdemokratische Partei folgenden vordringlichen Aufgaben gegenüberstehen:
1. Dem Kampf gegen die verschiedenen, vermutlich getarnten und illegalen nationalistischen Organisationen, Gruppen usw.,
2. Der Notwendigkeit einer intensiven Aufklärungs- Erziehungs- und Propagandaarbeit, die nicht nur der demokratischen Umerziehung des ganzen Volkes, der internationalen Völkerverständigung, sondern auch der Schaffung und dem Ausbau eigener Einrichtungen und Gründungen der Arbeiterbewegung die diesem Ziele und der Schulung und Heranziehung von verantwortlichen Funktionären der Arbeiterbewegung dienen.
3. Praktische Arbeit in der Gemeinde auf nahezu allen Gebieten des kommunalen und sozialen Lebens.

Die aktive Mitarbeit auf den verschiedensten Gebieten der Gemeindetätigkeit hat schnell zu erfolgen, möglicherweise in einem Stadium, in dem die Frage der Neugliederung Deutschlands, einer parlamentarischen Volksvertretung usw. noch nicht völlig geklärt ist.

Die Frage der Lebensmittelverteilung, des Gesundheitswesens, der Fürsorge für Mutter und Kind, der Wohnungsversorgung, der Elektrizitäts-, Gas und Wasserversorgung, der Verkehrsregelung usw. usw. müssen von der Arbeiterschaft sofort beeinflußt werden.

Um stärkeren Einfluß auf die Gestaltung und Lösung all dieser lebenswichtigen und aktuellen Fragen nehmen zu können, wird die Partei sofort mit Gewerkschafts- und Betriebsvertretungen – die wahrscheinlich auf ihrem besonderen Tätigkeitsgebiet bereits aktiv arbeiten – zusammenarbeiten.

Die Partei muß aber beim Wiederaufbau einer politischen Organisation und bei der Vertretung der Interessen der minderbemittelten und werktätigen Bevölkerung auch um andere Schichten des arbeitenden Volkes werben.

Außer den Industriearbeitern in Großbetrieben muß sich die Partei der Arbeiter der kleinen Industrie, des Handwerks und Handels, der Heim- und Hausarbeit, der landwirtschaftlichen Arbeiter und Angestellten, der Geistesarbeiter (Ingenieure, Lehrer, Künstler usw.) annehmen, einer Aufgabe, die nicht im industriellen Großbetrieb, sondern vornehmlich im Wohnbezirk gelöst werden kann.

Dem Ortsverein der Partei fällt deshalb in der ersten Zeit des Wiederaufbaus der Partei bereits eine große Aufgabe zu.

Die Ortsvereine werden zusammengefaßt im Wahlkreis zur Volksvertretung, der nicht so groß wie einer der 35 Wahlkreisverbände[2] der Weimarer Republik, sondern ein sogenanter Ein-Abgeordneter Wahlkreis (der beispielsweise 397 Wahlkreise zum Deutschen Reichstag des kaiserlichen Deutschlands) sein soll.

---

2 Vorlage: „verbände" ms. unterstrichen.

(Die Wahlkreisverbände der Weimarer Zeit hatten folgende Gliederung und Stimm-berechtigte in Tausend:

1. Ostpreußen	1 497	2. Berlin	1 368
3. Potsdam II	1 459	4. Potsdam I	1 591
5. Frankfurt a.d. Oder	1 134	6. Pommern	1 339
7. Breslau	1 333	8. Liegnitz	865
9. Oppeln	877	10. Magdeburg	1 184
11. Merseburg	1 011	12. Thüringen	1 636
13. Schleswig-Holstein	1 186	14. Weser-Ems	1 092
15. Osthannover	771	16. Südhannover-Braunschweig	1 406
17. Westfalen Nord	1 750	18. Westfalen Süd	1 729
19. Hessen-Nassau	1 801	20. Köln-Aachen	1 572
21. Koblenz-Trier	902	22. Düsseldorf-Ost	1 517
23. Düsseldorf-West	1 201	24. Oberbayern-Schwaben	1 650
25. Niederbayern	887	26. Franken	1 786
27. Pfalz	622	28. Dresden-Bautzen	1 379
29. Leipzig	953	30. Chemnitz-Zwickau	1 293
31. Württemberg	1 752	32. Baden	1 665
33. Hessen-Darmstadt	960	34. Hamburg	462
35. Mecklenburg	462[3]		

In welchem Tempo eine politisch erfolgreiche und agitatorisch wirksame Organisati-on von der Ortsgruppe über den Ein-Mann-Wahlkreis und der staatlichen Gliederung (Land, Landesarbeitsamt, Reichswirtschaftsbezirk, Provinz, Kreishauptmannschaft oder wie immer die Gliederung sein mag) bis zur Parteizentrale der zentral geleiteten Reichs-organisation geschaffen werden kann, hängt von den Bedingungen ab, die im gegen-wärtigen Zeitpunkt schwer abzuschätzen sind.

(Auflösung der Rüstungsbetriebe, Umstellung der Kriegsindustrie zur Friedensindu-strie, Rückführung der inneren Emigration, Erschließung neuer Wohngebiete, Wieder-aufbau der zerstörten Gebiete in Europa und der damit verbundenen besonderen Proble-me, die bis in jede Gemeinde spürbar werden und deren Wirkung erst später richtig abgeschätzt werden können.)

Die Zusammenfassung der Ortsvereine in Wahlkreise und Länder etc. sollte in erster Linie nach wirtschaftlichen Gesichtspunkten erfolgen, wobei es sich jedoch empfiehlt, bestimmten historischen und industriellen Entwicklungen der Vorhitlerzeit aus rein praktischen Gründen Rechnung zu tragen. Grundsätzlich sollte sich die Gliederung der Parteiorganisation im Prinzip der staatlichen Gliederung anpassen.

---

3 Vorlage: Die Einordnung von 20 Köln-Aachen ist aus der Vorlage übernommen.

Der Parteivorstand hat für die grundsätzliche Haltung der Organisationen und ihrer Vertretungen in Gemeinde, Provinz und Parlament Richtlinien herauszugegeben, ebenfalls für die unter der Verantwortung der Partei herausgegebenen Zeitungen und Druckerzeugnisse.

Der Parteivorstand sollte recht schnell zentrale Spezial- bzw. Fachausschüsse einsetzen. Diese sollten Richtlinien, Ratschläge und Mitteilungen grundsätzlichen und fachlichen Charakters an alle in Frage kommenden Funktionäre und Organe herausgeben und sollen einen Erfahrungsaustausch organisieren, damit in wichtigen Fragen der politischen Arbeit grundsätzlich, sachlich und fachgerecht vorgegangen wird.

Folgende fachliche Zentralstellen werden zunächst besonders wichtig sein:
a) Zentralstelle für Verwaltung und kommunalpolitische Arbeit
b) Zentralstelle für Schul- und Erziehungsarbeit
c) Zentralstelle für die Parteipresse und die politische Propaganda (Evtl. die Re-Etablierung der „Konzentration" und „Werbeabteilung", deren Verschmelzung und neue, durch besondere politische Lage erforderliche Aufgaben prüfen!)
d) Zentralstelle für den politischen Abwehrkampf
   Außer den vom Parteivorstand benannten Vertretern und Fachleuten sollen [regi]onale[4] Vertretungen der Partei in diesen zentralen Fachausschüssen mitarbeiten.
Außer diesen für die staatspolitische, parteipolitische und kulturelle Fragen tätigen Partei-Zentralstellen sollte eine Stelle geschaffen werden, die sich mit allen Detailfragen des Organisationslebens und dem Aufbau der neuen Partei zu beschäftigen und die Ergebnisse seiner Arbeit evtl. dem ersten Parteitag vorzulegen hat.

Einige der zu klärenden Fragen wären:
a) Bedingungen für die Aufnahme von Mitgliedern in die Partei, Partei-Ausschluß-verfahren.
b) Bedingungen für die Übernahme von Vertrauensstellen, Vertretungen in den Gemeinden, Selbstverwaltungskörperschaften, Volksvertretung usw.
c) Organisatorische Gliederung der Partei unter Anpassung an die Gliederung des Reiches, der Länder, Provinzen, Wahlkreise usw.
d) Finanzierung der Partei und der Parteiunternehmungen.
e) Gründung eines zentralen Rates aus Vertretern der Partei, der Gewerkschaften und Genossenschaften (unter Verwendung der Erfahrungen in der englischen Arbeiterbewegung) und sinngemäße Anwendung in den unteren Gliederungen der drei Organisationseinrichtungen.
f) Vorbereitung und Vorlage eines Organisations-Statutes.
(Eingegangen am 7. Juli 1943)

---

4 Vorlage: Wort teilweise unlesbar.

NR. 113

Satzung der Sozialistischen Jugend vom 9. Juli 1943

AdsD Bonn, PV-Emigration, Sopade-Schriften, ISK, Box 48 [1]

Satzung der Sozialistischen Jugend.[2]
Einstimmig angenommen von der Mitgliederversammlung am 9. Juli 1943 in London.[3]

Satzung der Sozialistischen Jugend.

Name.
   Die Organisation führt den Namen: Sozialistische Jugend. (S. J.)

Zweck der Gruppe.
   Die Mitglieder sollen mit den Ideen des Sozialismus vertraut gemacht werden, so daß ihnen eine Stellungnahme und aktive Mitarbeit in der sozialistischen Bewegung möglich ist. Das soll erreicht werden durch den Aufbau eines Gemeinschaftslebens und Erziehung zur Solidarität sowie Ausbildung der eigenen Urteilskraft. Zur Erreichung dieses Zieles dienen: Schulungskurse, Fahrten, Liederabende, Spiele sowie praktische Zusammenarbeit mit der Union.

Mitgliedschaft.
   Mitglied der S. J. kann jeder Jugendliche werden, der einige Zeit am Gruppenleben teilgenommen hat und die Satzung der Gruppe anerkennt. Für die endgültige Aufnahme ist das Einverständnis der Jugendleitung und eine 2/3 Mehrheit der Mitgliedschaft erforderlich. – Die Mitgliedschaft endet außer durch Austritt, wenn die Jugendleitung und 2/3 der Mitgliedschaft feststellen, daß das Mitglied gegen die Satzung verstößt.

Die Jugendleitung.
   Die Jugendleitung besteht aus drei Mitgliedern, die ihre Entscheidungen einstimmig treffen müssen. – Die Mitglieder der Jugendleitung sollen bestimmen, wer von ihnen den Vorsitz für die Gruppe führt. – Die Jugendleitung ist verantwortlich für das Gruppenleben. – Etwa alle 4 Monate soll die Jugendleitung einen Tätigkeitsbericht geben, der den Mitgliedern Gelegenheit zur Kritik und zur Planung der Gruppenarbeit gibt. – Am Jahresanfang wird die Leitung der Gruppe mit 2/3 Mehrheit von den Mitgliedern ge-

---

1 Hier wird die endgültige Fassung dokumentiert.
2 Vorlage: Alle Überschriften sind ms. unterstrichen.
3 Vorlage: „London" hs. unterstrichen.

wählt. Die Wahlvorschläge müssen begründet sein. – Nach derselben Regel sollen auch alle übrigen Ämter besetzt werden.

Beiträge.
Der Mindestbeitrag beträgt 6d pro Monat.

Verhältnis zu anderen Organisationen.
Die S. J. ist daran interessiert, mit Jugendgruppen, die ähnliche Bestrebungen verfolgen wie die S. J., zusammenzuarbeiten. – Die S. J. ist mit der „Union deutscher sozialistischer Organisationen in Großbritannien" durch das von der „Union" ernannte Jugendkomitee verbunden. Die Mitglieder des Jugendkomitees gehören der Jugendgruppe an. Das Jugendkomitee delegiert eines seiner Mitglieder in die Jugendleitung. Dieser Delegierte hat dieselben Rechte und Pflichten wie die Jugendleitung und ist gleichzeitig dem Jugendkomitee gegenüber verantwortlich.

Satzungsänderungen und die Auflösung der Gruppe.
Satzungsänderungen und die Auflösung der Gruppe können nur mit 2/3 Mehrheit und mit Zustimmung der Union erfolgen.

NR. 114

Vorschlag Erich Ollenhauers (SPD) für die Programmberatung über die Parteiorganisation in der Übergangszeit, eingegangen am 16. Juli 1943

AdsD Bonn, PV-Emigration, Mappe 167

Union deutscher sozialistischer Organisationen in Großbritannien[1]

Vorschläge für die Programmberatung Vorlage Nr. 20
Kommission 2 (Organisation) Zu 2 a: Richtlinien für den Aufbau der Organisation in der Übergangszeit.

(Vorschlag des Gen[ossen] Erich Ollenhauer)

Jeder Vorschlag für den Aufbau der Organisation der Partei in der Übergangzeit muß von bestimmten Vorstellungen über die Bedingungen ausgehen, unter denen nach dem Sturz der Diktatur der Aufbau einer legalen Organisation begonnen werden kann.

Die nachfolgenden Vorschläge setzen folgende Bedingungen als gegeben voraus:
1. Im letzten Stadium der Diktatur oder unmitelbar nach dem Zusammenbruch werden Zentren oder Stützpunkte einer freiheitlich-sozialistischen und demokratischen Bewegung in Deutschland sichtbar.
2. Diese Zentren oder Stützpunkte werden verschiedenen Ursprungs sein. Im wesentlichen werden sich folgende Gruppierungen zeigen:
   a) In Betrieben und Wohnbezirken Gruppierungen um Vertrauensleute der alten Bewegung, die in ihren Betrieben oder Wohnbezirken als die Vertrauensleute der Bewegung unumstritten sind.
   b) Die illegalen Zirkel und Gruppen sozialistischer Tendenz, die sich unter der Diktatur entwickelt haben und nun ebenfalls zur Legalisierung ihrer Existenz in eine politische Partei drängen.
   c) Spontane Gründungen oppositioneller Elemente, die als Folge spontaner Bewegungen im Augenblick des Zusammenbruchs der Diktatur in Erscheinung treten.
3. Die Errichtung der neuen legalen Organisation der Partei kann im Sinne der Atlantik-Charta, die jedem Volk das Recht der freien Entscheidung über seine Regierungsform zuerkennt, ohne Eingriffe von außen oder durch eine Besatzungsbehörde erfolgen.

---

1 Vorlage: Überschrift doppelt ms. unterstrichen, die beiden folgenden Zeilen (ohne „(Organisation)") sind ms. unterstrichen.

Unter diesen Voraussetzungen scheinen folgende Richtlinien für den Aufbau der Organisation der Partei in der Übergangszeit zweckmäßig:

1.[2] In jedem Ort wird so schnell als möglich eine provisorische Leitung der örtlichen Parteiorganisation konstituiert.

In kleinen Orten wird die Bestimmung eines Vertrauensmannes genügen, der durch seine politische Vergangenheit und Tätigkeit das Vertrauen der Anhänger einer freiheitlich-sozialistischen Bewegung gewonnen hat.

In größeren Orten sollte die provisorische Leitung der Ortsgruppe aus den Vertrauensleuten der unter 2a und 2b genannten Gruppen in den Betrieben und Wohnbezirken gebildet werden.

Die Frage der Eingliederung der [unter] 2c genannten spontanen Gründungen in die Parteiorganisation sollte erst nach eingehender Prüfung der Zielsetzung und der sie repräsentierenden Personen durch die provisorische Leitung der Ortsgruppen erfolgen.

2. Die Aufnahme von Mitgliedern in die neuen örtlichen Parteiorganisationen muß bis zur Schaffung einer Reichsorganisation und bis zur Festlegung von einheitlichen Richtlinien für die Erlangung der Mitgliedschaft in der Partei Beschränkungen unterworfen werden. Diese Beschränkungen müssen unter dem Gesichtspunkt erfolgen, daß insbesondere in der kritischen Übergangszeit nicht die Zahl der Mitglieder, sondern ihre politische Zuverlässigkeit und Aktivität für die schnelle Wiederherstellung der Aktionskraft der Partei entscheidend sein werden.

Soweit die politische Zuverlässigkeit als Sozialist nicht von vornherein durch das frühere Verhalten des Antragstellers außer jedem Zweifel steht, ist die Benennung von mindestens einem Mitglied der Partei als Bürgen zur Bedingung zu machen.

3. Der Kontakt zwischen den örtlichen provisorischen Leitungen der Parteiorganisation und den örtlichen Leitungen der Gewerkschaften ist sofort sicher zu stellen.

4. Soweit die örtlichen Voraussetzungen gegeben sind, muß die Parteiorganisation die schnellstmögliche Herausgabe einer Parteizeitung sicherstellen.

Falls die Voraussetzungen für die Herausgabe einer Parteizeitung nicht gegeben sind oder nicht sofort geschaffen werden können, müssen die Parteimitgliedschaft und die Öffentlichkeit durch andere Formen der Vervielfältigung Informationen über die Aktivität und die Zielsetzung der Partei erhalten.

5. Jeder örtliche Vertrauensmann und jede provisorische Ortsgruppenleitung soll versuchen, so schnell als möglich mit den Leitungen benachbarter Ortsgruppen und mit den Ortsgruppenleitungen in den früheren Vororten der Unterbezirke und Bezirke in Verbindung zu kommen.

---

2 Vorlage: Punkte „1." – „10." ms. unterstrichen.

Die Schaffung fester organisatorischer Gliederungen über den Ortsverein hinaus ist zurückzustellen bis zur Herausgabe von Richtlinien durch die zentrale provisorische Parteileitung.

6. Das Fehlen einer Reichsorganisation im Augenblick des Neuaufbaus der Partei macht die Einsetzung einer provisorischen Reichsleitung der Partei notwendig. Sie sollte erfolgen auf der Grundlage einer Vereinbarung zwischen den in der früheren Organisation der Partei führenden Genossen und den in der Hitlerzeit entstandenen illegalen sozialistischen Gruppen, die bereit sind, in einer freiheitlich-sozialistischen Partei aufzugehen.

   Die Einzelheiten einer solchen provisorischen Regelung müssen in erster Linie von den im Lande lebenden Genossen und unter Berücksichtigung der im gegebenen Augenblick bestehenden Bedingungen entschieden werden.

7. Die provisorische Reichsleitung der Partei muß den organisatorischen Aufbau der Partei im Lande fördern durch die Bestellung von provisorischen Vertrauensleuten in den früheren Parteibezirken, die ohne der endgültigen Untergliederung der Partei in Bezirks- oder Reichsprovinzorganisationen vorzugreifen, den Kontakt mit den örtlichen Gruppen der Partei herstellen und die Einheitlichkeit des Aufbaus der Partei in den örtlichen Gliederungen sicherstellen.

8. Sobald die provisorische Organisation der Partei im Land geschaffen ist, spätestens nach Ablauf eines Monats nach der Aufnahme der Tätigkeit der provisorischen Reichsleitung, beruft die provisorische Reichsleitung eine Reichskonferenz der Partei ein, die zu einem politischen Aktionsprogramm und zu einem Organisationsstatut Stellung zu nehmen hat.

   Diese Reichskonferenz hat auch das Recht, über Änderungen oder Ergänzungen in der provisorischen Reichsleitung zu beschließen.

9. Im Einvernehmen mit der Reichskonferenz bereitet die provisorische Reichsleitung der Partei die Einberufung des ersten ordentlichen Parteitages vor, der endgültig über das Aktionsprogramm und den Aufbau der Parteiorganisation zu beschließen und den Reichsvorstand der Partei zu wählen hat.

10. Zu den Sofortaufgaben der provisorischen Reichsleitung der Partei gehört die Herstellung des Kontaktes mit der Reichsleitung der deutschen Gewerkschaften und mit den sozialistischen Bruderparteien im Ausland.

(Eingegangen am 16. Juli 1943)

NR. 115

Protokoll der Exekutivkomiteesitzung am 27. Juli 1943

AdsD Bonn, PV-Emigration, Mappe 5

Sitzung der Exekutive der „Union" am 27. Juli 1943 im Trade Union Club

Anwesend: Vogel, Ollenhauer, Eichler, Gottfurcht, Schoettle, Walter.

Ollenhauer berichtet über die Besprechungen, die Vogel und Ollenhauer mit Koenen und Becker bzw. Kahle gehabt haben.[1] Sie fanden unter dem Vorsitz des alten Kuczynski statt und verfolgten das Ziel, einen Zusammenschluß der deutschen Emigration herbeizuführen. Vorausgegangen waren Besprechungen in einem Komitee des Kulturbundes[2], an dem Rawitzki beteiligt war.

Die Besprechungen verliefen negativ, weil Vogel und Ollenhauer erklärten, daß sie die Voraussetzungen für eine organisierte Zusammenarbeit zwischen Sozialdemokraten und Kommunisten zur Zeit nicht als gegeben betrachten.

Die Moskauer Gründung[3] wurde erst am Tage der letzten Besprechung hier bekannt. Die Kommunisten betrachteten sie als eine starke Unterstützung ihrer Forderung nach Zusammenarbeit, während die Sozialdemokraten vorbehaltlich einer genaueren Prüfung

---

1 Robert R. Kuczynski hatte am 21. Juni 1943 Vogel und Ollenhauer in getrennten Briefen unter Bezug auf eine Unterredung Vogels mit Rawitzki zu einer Besprechung bei ihm am 1. Juli mit Karl Becker und Wilhelm Koenen (beide KPD) eingeladen. Ollenhauer informierte Heine am 9. Juli 1943 darüber und schrieb in Bezug auf Koenen: „He is now a pure democrat and tried very hard to find any kind of co-operation with us. We think that the time for such an experiment has not yet arrived." AdsD Bonn, PV-Emigration, Mappe 82. Vogel hatte Rawitzki am 8. Juli 1943 über ein weiteres geplantes Gespräch mit R.R. Kuczynski informiert und am 18. Juli 1943 über ein (drittes?) geplantes Gespräch am 21. Juli 1943. AdsD Bonn, PV-Emigration, Mappe 141. Koenen schreibt in seinen Erinnerungen über die Gespräche im Vorfeld der Gründung der Freien Deutschen Bewegung: „Seit Mai 1943 wurden solche allseitigen Besprechungen und Diskussionen geführt. Zu diesem Zweck bildeten wir einen Initiativausschuß, dessen Vorsitzender der bekannte Bevölkerungsstatistiker Dr. R.R. Kuczynski war. In diesen Ausschuß delegierte die Gruppe der deutschen Kommunisten ihre Vertreter, während die Sopade (SPD) nicht dazu zu bewegen war, jedoch gestattete sie, daß einzelne ihrer Mitglieder im Initiativausschuß mitarbeiteten. Dr. Rawitzki sogar als Vorsitzender des FDB." SAPMO Berlin, ZPA, NL Koenen 74/31. Über sein erstes Gespräch mit Vogel am 3. Juni 1943 schrieb Koenen eine 5seitige Aufzeichnung. Außerdem verfaßte er eine Ausarbeitung über die Strömungen in der Sozialdemokratie in dieser Zeit; ebd. 74/125.

2 Vermutlich handelte sich um die Arbeitsgemeinschaft „Probleme der Einheit der deutschen Emigranten" des FDKB, deren erstes Treffen am 15. April 1943 stattgefunden hatte. Vgl. Leske/Reinisch, S. 186 und die Erklärung Karl Rawitzkis: Die Freie Deutsche Bewegung und die Sozialdemokratie, 3 S.: SAPMO Berlin, ZPA, NL Koenen, 74/125, Bl. 89–91.

3 Es handelt sich um die Gründung des „Nationalkomitee Freies Deutschland" am 12./13. Juli 1943 in Krasnogorsk bei Moskau.

der Dokumente in der Gründung eher eine Erschwerung der Situation erblickten. Die Besprechungen wurden ohne Vereinbarung eines neuen Termins für eine Zusammenkunft beendet. Es ist jedoch anzunehmen, daß die Kommunisten jetzt ihre Bemühungen für eine Zusammenarbeit verstärken werden.

In der Aussprache, an der sich **Eichler, Schoettle, Gottfurcht** und **Walter** beteiligen, besteht Übereinstimmung, daß die Gruppen der „Union" Einladungen zu Einzelbesprechungen mit den Kommunisten ablehnen werden. Falls solche Einladungen erfolgen, soll auf die „Union" als Verhandlungspartner verwiesen werden.

Es wird weiter verabredet, in einer besonderen Sitzung zu dem Moskauer Komitee und zu seinem Aufruf Stellung zu nehmen. Die Sitzung wird für Dienstag, den 3. August, nachmittags 3 Uhr, im Transport House vereinbart.

Die Exekutive nimmt dann von den Satzungen der Sozialistischen Jugend Kenntnis.[4] Es wird beschlossen, der Jugendgruppe zu empfehlen, den Satz: „Die SJ ist der ‚Union' angeschlossen" in folgender Weise zu ändern: „Die SJ ist mit der ‚Union' durch das von der ‚Union' ernannte Jugendkomitee verbunden."

---

4 Anna Beyer hatte am 23. Juli 1943 die von der Sozialistischen Jugend verabschiedete Satzung an das Exekutivkomitee übersandt und nach dem Einverständnis gefragt: AdsD Bonn, PV-Emigration, Mappe 18. Der Jugendleitung gehörten an: Rudi Bach (Sekretär), Alex Natanson, Ingrid Sieder, Anna Beyer (als Vertreter der Jugend-Komitees in der Union). Ollenhauer informierte Anna Beyer am 28.7.43 über den Exekutivkomitee-Beschluß zur Satzung der SJ und die Einladung an die Mitglieder des Jugendkomitees und der Jugendleitung zu Arbeitsausschuß-Sitzungen. Die Hinzuziehung eines Vertreters der Jugendgruppe zu den Beratungen der Union war vom Exekutivkomitee schon zuvor abgelehnt worden. Vgl. Nr. 103. Ollenhauer an Beyer am 22. Mai 1943; in: AdsD Bonn, PV-Emigration, Mappe 82. Korrigierte „Satzung der Sozialistischen Jugend. Einstimmig angenommen von der Mitgliederversammlung am 9. Juli 1943 in London", vgl. Nr. 113. – Bach, Rudi, vermutlich Sohn von Otto Bach. Natanson, Alex, nicht ermittelt.

NR. 116

Protokoll der Exekutivkomiteesitzung am 4. August 1943

AdsD Bonn, PV-Emigration, Mappe 5

Sitzung der Exekutive der „Union" am 4. August 1943 im Transport House

Anwesend: Vogel, Ollenhauer, Schoettle, Walter, Gottfurcht und in Vertretung von Eichler Heidorn.

Ollenhauer berichtet über den politischen Inhalt und die mutmaßlichen politischen Hintergründe des Manifests des „Nationalkomitees Freies Deutschland" in Moskau.[1] Seine Auffassung ist, daß die in dem Manifest vertretene Politik von deutschen Sozialisten nicht akzeptiert werden kann. Er empfiehlt, unseren Standpunkt der Exekutive der britischen Labour Party darzulegen und in diesem Zusammenhang noch einmal die alte Forderung der „Union" nach einer positiven Ausgestaltung der britischen Propaganda nach Deutschland zu unterstreichen.

In der Diskussion, an der sich alle Teilnehmer der Sitzung beteiligen, wird in der Sache selbst keine abweichende Meinung vertreten. Der Genosse **Schoettle** entwickelt jedoch den Vorschlag, den Sturz Mussolinis in Italien zu einem Appell an die deutschen Arbeiter und Sozialisten zu benutzen. Man sollte einen Entwurf für einen solchen Appell ausarbeiten und an Hand dieses Entwurfes mit den zuständigen britischen Stellen über die Notwendigkeit der Verbreitung eines solchen Aufrufs durch die britischen Einrichtungen verhandeln. Vielleicht ist der gegenwärtige Zeitpunkt geeignet, die britischen Stellen zu einer positiven Entscheidung zu bewegen.

Die Sitzung endet mit der Vereinbarung, daß der Genosse Schoettle den Mitgliedern des Exekutivkomitees einen Entwurf für einen solchen Aufruf zustellt, während der Genosse Ollenhauer beauftragt wird, den Entwurf eines Statements zu dem Moskauer Komitee zu machen.

---

1 Vgl. Nr. 120.

Nr. 117

Vorschlag Hans Vogels und Willi Eichlers für die Programm-beratung über die internationale Politik, eingegangen am 6. August 1943

AdsD Bonn, PV-Emigration, Mappe 167[1]

Union deutscher sozialistischer Organisationen in Großbritannien[2]

Vorschläge für die Programmberatung Vorlage Nr. 21
Kommission 1 (Aktionsprogramm) Zu 2 f: Internationale Politik

(Vorschlag der Genossen Hans Vogel und Willy Eichler)

Die nachfolgenden Thesen über die Außenpolitik der Partei sind nicht fertige Formulierungen für den betreffenden Teil der Programm-Erklärung der sozialistischen Partei. Sie stellen nur eine Diskussionsgrundlage dar für die Aussprachen der Programm-Kommission.

1) Grundlage jeder Außenpolitik Deutschlands ist selbstverständlich, daß Deutschland selber als ein Land besteht, in dem gemäß den Bestimmungen der Atlantik-Charta die äußeren Voraussetzungen für eine friedliche und freie Entwicklung gegeben sind.

2) Selbstverständlich anerkennt die Partei die militärische Abrüstung Deutschlands als eine berechtigte Forderung.

3) Die Außenpolitik Deutschlands soll geleitet werden vom Geist der Völker-Verständigung und der radikalen Verwerfung jedes Krieges als eines Mittels der internationalen Politik.

4) Dieser für die Gestaltung einer Verständigungspolitik nötige Geist der Freiheit und Verantwortung soll innerpolitisch geschaffen werden durch einen vollständigen Umbau des deutschen Erziehungs- und Unterrichtswesens.

5) Außenpolitisch kommt die deutsche Verständigungsbereitschaft zum Ausdruck in dem Wunsch Deutschlands und seiner Bereitschaft, sich in eine Föderation freier Völker einzuordnen, die auf einen Teil ihrer staatlichen Souveränität verzichten zu Gunsten einer gesamteuropäischen Völker-Gemeinschaft.

6) Diese zu schaffende europäische Föderation, von der Deutschland ein Teil ist, soll ihrerseits nur ein Teil der Weltföderation aller Völker sein, schon damit sich unter

---

1 Der Vorschlag ist abgedruckt bei Röder, Exilgruppen, S. 271; Klaus Voigt (Hrsg.), Friedenssicherung und europäische Einigung. Ideen des deutschen Exils 1939–1945. 30 Texte, Frankfurt/Main 1988, S. 89–90.
2 Vorlage: Überschrift doppelt ms. unterstrichen, die beiden folgenden Zeilen (ohne „(Aktionsprogramm)") sind ms. unterstrichen.

keinen Umständen nur ein besser organisierter Kontinent mit vergrößertem Kriegspotential entwickelt, der die anderen Völker-Föderationen zu neuen Rüstungen und damit die Welt in neue Kriege treiben würde.

7) Die Partei wird alles versuchen, ein solches Vertrauen der nichtdeutschen Völker, und vor allem der nichtdeutschen Sozialisten in das neue Deutschland zu begründen und zu festigen, ohne das die Eingliederung Deutschlands in die europäische und Welt-völkergemeinschaft außerordentlich erschwert würde. Diese Eingliederung sollte in möglichst reibungsloser und für alle Teile würdiger Form vor sich gehen, und zwar im Interesse einer möglichst schnellen Verwirklichung einer auf Verständigung auf-gebauten Gemeinschaft der Völker.

8) Insbesondere bei der Umgestaltung der deutschen Erziehung, also bei einer Erzie-hung zur Freiheit und Selbstbestimmung, sollte jeder äußere Druck und Zwang ver-mieden werden.

Andererseits soll selbstverständlich jede Kontrolle ermöglicht und erleichtert werden, die den Völkern, die zunächst noch Sorgen haben werden vor einem neuen deutschen Angriff, die Garantie geben kann, daß die neue Erziehung des deutschen Volkes eine Tatsache ist und nicht vorgetäuscht wird.

9) Aber nicht nur auf erzieherischem Gebiet ist die Selbstbestimmung des deutschen Volkes wesentlich. Das gleiche gilt für das gesamte kulturelle Leben Deutschlands und auch für den Aufbau eines innenpolitisch freien und sozialistischen Staates. Das Selbstbestimmungsrecht, das wir hier beanspruchen, hat selbstverständlich seine Grenzen in dem Recht der größeren Völkergemeinschaft, die Bestimmungsgewalt der Mitgliedstaaten im Sinne des Punktes 5 zu beschränken.

10) Die Partei sieht es als ihre Pflicht an, alle auf der Grundlage einer solchen übernatio-nalen Organisation der Völker zustande gekommenen Entscheidungen und Gesetze als für Deutschland bindend zu betrachten und loyal durchzuführen.

(Eingegangen am 6. August 1943)

NR. 118

Entwurf Erwin Schoettles für eine Erklärung zum Sturz Mussolinis vom 17. August 1943

AdsD Bonn, PV-Emigration, Mappe 5

Entwurf Erwin Schoettle (17.8.43)[1]

Deutsche Antifaschisten!

Der Sturz Mussolinis hat das deutsche Naziregime ins Herz getroffen. Millionen Deutsche haben erkannt: Eine faschistische Diktatur kann gestürzt werden.

Selbst die Nazis fühlen heute: Die Stunde der Abrechnung ist nah. Vergeblich schwingen sie das Henkerbeil. Die Waffe des Terrors ist stumpf geworden. Die Furcht der Henker vor der Empörung des eigenen Volkes ist heute schon stärker als die Furcht vor dem Terror.

Italien hat bewiesen: Selbst nach zwanzig Jahren totaler Entrechtung kann ein Volk sein Geschick in die eigenen Hände nehmen. Mit Massendesertionen, mit Streiks, mit immer offeneren Demonstrationen haben die Italiener ihren Willen bekundet, sich nicht weiter in die Katastrophe führen zu lassen. Die faschistische Terrormaschine ist zerfallen. Mussolinis Nachfolger versuchen, dem Volke Frieden und Freiheit vorzuenthalten, aber sie haben bereits nicht mehr die Kraft, die antifaschistische Bewegung am offenen Auftreten zu hindern: Unter der Führung der antifaschistischen Parteien, unter der Führung der Illegalen von gestern, ist das italienische Volk auf dem Marsch, um sich Frieden und Freiheit zu erkämpfen.

Deutsche Antifaschisten! Zehn bittere Jahre lang habt Ihr ausgehalten – nicht nur gegen den Terror, sondern gegen die moralische Wirkung der Siege Hitlers, gegen die Apathie der Massen. Jetzt ist Eure Stunde gekommen. Jetzt, wo vor dem Grauen des Bombenkrieges die Propagandaphrasen versagen und der faschistische Mythos fadenscheinig wird, jetzt hören die Menschen auf Euch. Jetzt ist es an Euch, die dumpfe Verzweiflung in organisierte Aktion zu verwandeln und den Nazis die letzte Waffe aus der Hand zu schlagen, die ihnen geblieben ist: Die Furcht vor der Niederlage und ihren Folgen.

Hitler hat unser Volk in Europa verhaßt gemacht, hat unsere Jugend dem Verbluten, unsere Städte und Fabriken der Zerstörung preisgegeben. Und dieses Regime sagt heute: Ihr müßt weiter kämpfen – weil die Niederlage dieses erschöpften, ausgebluteten, verhaßten Deutschland furchtbar sein wird.

Ist das wirklich ein Grund, mehr Deutsche verbluten, mehr Städte zerstören zu lassen – ohne die geringste Hoffnung, die Niederlage abzuwenden? Ist ein Schrecken ohne

---

1 Vorlage: Zeile ms. unterstrichen. Zur Beratung des Entwurfs vgl. Nr. 119.

Ende wirklich besser als ein Ende mit Schrecken? Es ist wahr: Für die Träger des Nazi-Regime gibt es keine Hoffnung. Wohl aber gibt es eine Rettung für das deutsche Volk. Je eher, je aktiver, je selbständiger es seine Geschicke in die Hand nimmt und mit Hitlers Krieg Schluß macht, desto leichter wird der Weg eines freien Deutschland sein, der Weg aus der Tiefe der Katastrophe heraus zur Rückkehr in die freie Gemeinschaft der europäischen Völker – der Weg zu einem Deutschland, das jedermanns Freund, aber niemandens Knecht sein will.

Das ist es, was jeder Deutsche, der sein Land und Volk liebt, heute verstehen muß. Die deutschen Antifaschisten waren die wirklichen Patrioten, als sie sich gegen Hitlers Eroberungskrieg wandten: Sie sind heute die wahren Patrioten, weil sie für die schnelle Beendigung des Krieges eintreten. Es ist Eure Aufgabe, diese Erkenntnis zu verbreiten, das deutsche Volk für sie zu gewinnen.

Deutsche Antifaschisten! Wir deutschen Sozialisten im Ausland haben uns niemals angemaßt, Euch Vorschriften für Euren Kampf zu machen. Wir sind auch heute überzeugt, daß Ihr am besten wißt, welche Formen des Kampfes in jedem Augenblick möglich und zweckmäßig sind. Aber wir würden unsere Pflicht verletzen, wenn wir Euch nicht in dieser Stunde sagen würden:

Der Sturz des italienischen Faschismus ist das Signal zum Untergang des Nazi-Regimes.

Die Stunde des Handelns ist gekommen.

Die Antifaschisten der Welt blicken auf Euch.

In Euren Händen liegt die Zukunft Deutschlands, die Zukunft von Freiheit und Frieden in Europa.

NR. 119

Protokoll der Exekutivkomiteesitzung am 1. September 1943

AdsD Bonn, PV-Emigration, Mappe 5

Sitzung der Exekutive der „Union" am 1. September 1943[1] im Trade Union Club

Anwesend: Vogel, Ollenhauer, Eichler, Walter und Löwenthal.

Es wird zunächst der Entwurf des Genossen Schoettle für einen Aufruf an die deutschen Antifaschisten aus Anlaß des Sturzes von Mussolini besprochen.[2]

Aus technischen Gründen hat sich die Fertigstellung dieses Entwurfes verzögert, und es besteht Übereinstimmung darüber, daß es jetzt für die Verbreitung dieses Entwurfes zu spät ist. Um in Zukunft schneller auf wichtige politische Ereignisse reagieren zu können, wird vereinbart, bei wichtigen politischen Anlässen sofort zusammenzutreten und gegebenenfalls auch ohne einen formellen Beschluß aller Mitglieder der Exekutive zu handeln.

Die Sitzung berät dann über den Entwurf eines Memorandums des Genossen Ollenhauer, der gegenüber der Exekutive der Labour Party unseren Standpunkt gegenüber dem Moskauer Komitee und der von diesem Komitee vertretenen Propagandalinie darlegen soll.[3] Im allgemeinen besteht Übereinstimmung. Genosse **Löwenthal** wünscht jedoch eine vorsichtigere Fassung des Passus über die möglichen außenpolitischen Absichten, die die russische Regierung mit der Gründung und der Zielsetzung dieses Komitees verfolgt. Genosse Löwenthal übernimmt es, seine Vorschläge schriftlich dem Genossen Ollenhauer einzuschicken. Der veränderte Entwurf soll dann ins Englische übersetzt werden, und die Exekutive wird dann entscheiden, ob sie den englischen Text akzeptiert und in welcher Weise das Memorandum außer der Exekutive der Labour Party zur Kenntnis gebracht werden soll.[4]

Ollenhauer berichtet über den bisherigen Verlauf der Beratung der politischen Kommission.[5] Die Beratungen über das Kapitel der Erziehungs- und Kulturfragen sind

---

1 Vogel hatte am 19. August 1943 zunächst für den 25. August 1943 eingeladen, in einem weiteren Schreiben unter diesem Datum dann die Sitzung auf den 1. September 1943 festgelegt. In: AdsD Bonn, PV-Emigration, Mappe 12.
2 Vgl. Nr. 118. Mussolini war am 25. Juli 1943 gestürzt worden.
3 Vgl. Nr. 120.
4 Die Weiterleitung an die Labour Party und die Veröffentlichung unterblieben. Vgl. Nr. 124.
5 In einem Brief an Georg Reinbold in New York am 8. September 1943 berichtete Ollenhauer über die Arbeit der Union und die Beratungen in den Arbeitsgemeinschaften: „Die Arbeit geht nur langsam voran. Es gibt technische Schwierigkeiten, die meisten Genossen stehen in Arbeit und haben wenig Zeit. Die nicht minder große sachliche Schwierigkeit ist, daß man mehr oder weniger im luftleeren Raum baut, weil man nicht weiß, unter welchen Umständen und Bedingungen

jetzt abgeschlossen.[6] Es ist jetzt zu entscheiden, welche anderen Gebiete nun in Angriff genommen werden sollen. Notwendig ist jedoch in jedem Fall, daß an den Beratungen der Kommission Vertreter aller Organisationen der „Union" teilnehmen.

Es wird auf Anregung von **Löwenthal** beschlossen, als nächsten Punkt die Richtlinien von Vogel und Eichler über die internationale Politik zu behandeln.[7] Als Termin der Sitzung wird Sonntag, der 12. September, beschlossen. Die Sitzung wird in der Wohnung des Genossen Paul Walter stattfinden.

Genosse Paul **Walter** wünscht eine stärkere Aktivität der „Union" in der Öffentlichkeit. Er regt an, eine Versammlung der Mitgliedschaft in absehbarer Zeit durchzuführen. Beschlossen wird, den Plan einer Mitgliederversammlung unter Hinzuziehung von englischen und internationalen Gästen durchzuführen, die sich mit den Auswirkungen und Lehren der italienischen Ereignisse für die deutsche Arbeiterbewegung beschäftigen soll. Über die Einzelheiten soll im Zusammenhang mit der Sitzung der politischen Kommission am 12. September gesprochen werden.

---

wir in Deutschland wieder zum Zug kommen. Immerhin scheinen die Aussprachen nützlich, weil sie in einer sachlichen Atmosphäre geführt werden und sicher zur Klärung beitragen. Alle diese Fragen werden zweifellos mit größerer Energie von allen Beteiligten behandelt werden, wenn die Ereignisse ihre Klärung zur zwingenden Notwendigkeit machen." AdsD Bonn, PV-Emigration, Mappe 82. – Reinbold, Georg, 1885–1946, führender SPD-Politiker in Baden, 1933 Saargebiet, Sopade-Grenzsekretär, 1935 Luxemburg, 1940 Südfrankreich, 1941 USA.

6 Vgl. hierzu die entsprechenden Vorschläge: Nr. 94, 101, 107.
7 Vgl. Nr. 117.

NR. 120

Entwurf Erich Ollenhauers für ein Memorandum über das Nationalkomitee Freies Deutschland, vorgelegt am 1. September 1943

Anlage zum Protokoll vom 1. September 1943

Privatbesitz Fritz Heine, Mappe „Union"[1]

Entwurf

Das Nationalkomitee „Freies Deutschland" in Moskau[2]
Stellungnahme der „Union deutscher sozialistischer Organisationen"[3]

1. Die Tatsachen

Am 12. und 13. Juli 1943 fand in Moskau die Gründungskonferenz des Nationalkomitees „Freies Deutschland" statt.[4]

Die Konferenz war von mehreren hundert Teilnehmern besucht. Die Mehrzahl waren deutsche Kriegsgefangene, die als Delegierte aus den verschiedenen Kriegsgefangenenlagern nach Moskau gekommen waren. Den Rest bildeten deutsche Kommunisten, die als politische Flüchtlinge in Rußland leben.

Die Konferenz beschloß nach zahlreichen Referaten einstimmig die Gründung des Nationalkomitees „Freies Deutschland".

Als Mitglieder des „Nationalkomitee" wurden 34 Teilnehmer der Konferenz gewählt. Von diesen 34 Mitgliedern sind 22 durch die Angabe ihres militärischen Ranges als deutsche Kriegsgefangene erkennbar, während es sich bei den restlichen zwölf ausnahmslos um deutsche Kommunisten handelt. Unter den 22 Kriegsgefangenen befinden sich zehn Offiziere.

Den Angaben über den militärischen Rang der Kriegsgefangenen ist der frühere Zivilberuf und der Wohnort der Gefangenen hinzugefügt. Die Zusammenstellung läßt erkennen, daß unter den Gefangenen alle wesentlichen Berufs- und Gesellschaftsschichten vertreten sind und daß die Auswahl der Gefangenen auch unter dem Gesichtspunkt

---

1 Ein weitgehend deckungsgleicher Vorentwurf der Stellungnahme befindet sich in: AdsD Bonn, PV-Emigration, Mappe 169. Entsprechend der Bedeutung dieser Stellungnahme ist davon auszugehen, daß sie mit Vogel und Heine abgestimmt worden war. Vgl. auch Röder, Exilgruppen, S. 204f.

2 Zum NKFD vgl. Erich Weinert, Das Nationalkomitee „Freies Deutschland" 1943–1945, Berlin 1957; Bodo Scheurig, Freies Deutschland – Das Nationalkomitee und der Bund Deutscher Offiziere in der Sowjetunion 1943–1945, München 1960.

3 Vorlage: Die ersten drei Zeilen und die folgenden Überschriften sind ms. unterstrichen.

4 Vorlage: „Moskau" und „Nationalkomitee ‚Freies Deutschland' " ms. unterstrichen.

erfolgte, durch sie alle Gebietsteile Deutschlands repräsentieren zu lassen. Vier der Kriegsgefangenen werden als Berufssoldaten bezeichnet.

Angaben über die frühere politische Einstellung oder die Organisationszugehörigkeit der Gefangenen werden nicht gemacht.

Zum Vorsitzenden des „Nationalkomitee" wurde der kommunistische Schriftsteller Erich Weinert[5] gewählt.

Die beiden Vizepräsidenten sind der Major Karl Hetz[6] und der Leutnant der Luftwaffe Graf Heinrich von Einsiedel[7].

Karl Hetz stammt aus einer alten Königsberger Offiziersfamilie. Graf von Einsiedel ist ein Urenkel des Reichskanzlers Otto von Bismarck. Das „Nationalkomitee" hat ein Manifest an „die deutsche Wehrmacht und das deutsche Volk"[8] veröffentlicht, das nach russischen Berichten auch als Flugblatt mit den faksimilierten Unterschriften der Mitglieder des „Nationalkomitee" über den deutschen Linien an der Ostfront abgeworfen wurde.

Das „Nationalkomitee" gibt in Moskau eine deutschsprachige Zeitung[9] „Freies Deutschland" heraus, deren erste Nummer am 19. Juli veröffentlicht wurde.[10] Die „Prawda" übernahm in ihrer Ausgabe vom 21. Juli aus dieser ersten Nummer einen Bericht über die Konferenz und den Wortlaut des Manifests.

In welchen Abständen die Zeitung „Freies Deutschland" erscheint, ist aus den bisherigen Informationen nicht zu ersehen.

Das „Nationalkomitee" verfügt über einen Rundfunksender[11], auf dem es dreimal täglich sendet (7,30 a.m. auf Wellenlänge 19,25 und 29 Meter, 7, 45 p.m. auf Wellenlänge 47,48 und 492 Meter und 9,15 p.m. auf Wellenlänge 32,42 und 492 Meter).

---

5 Vorlage: „Vorsitzenden" und „Erich Weinert" ms. unterstrichen. – Weinert, Erich, 1890–1953, Schriftsteller, KPD, 1933 Frankreich, 1937 Teilnahme am spanischen Bürgerkrieg, 1939 SU, Juli 1943 Mitgründer NKFD, 1946 Rückkehr nach Deutschland (SBZ), Vizepräs.d. Dt. Zentralverwaltung für Volksbildung.

6 Hetz, Karl, 1907–85, Major im Stab der 371. Infanterie-Division, nach 1945 SBZ, Direktor Reichsbahn-Direktion Halle.

7 Vorlage: „Vizepräsidenten", „Major Karl Hertz", „Leutnant" und „Graf Heinrich von Einsiedel" jeweils ms. unterstrichen. – Einsiedel, Heinrich Graf von, *1921 Leutnant, III. Jagdgeschwader „Udet", 1945 SBZ, 1948 Westzonen, SPD.

8 Vorlage: „Manifest" ms. unterstrichen. – Manifest des Nationalkomitees „Freies Deutschland" an die Wehrmacht und an das deutsche Volk, 13. Juli 1943, veröffentlicht in: Freies Deutschland, Nr. 1, 19. Juli 1943.

9 Vorlage: „Zeitung" ms. unterstrichen.

10 Freies Deutschland. Organ des Nationalkomitees „Freies Deutschland". Vgl. hierzu Maas, Handbuch, Bd. 1, S.254ff.

11 Vorlage: „Rundfunksender" ms. unterstrichen. Zum Sender „Freies Deutschland" vgl. Pütter, Rundfunk, S. 280–285.

2. Stellung der Sowjetregierung zum „Nationalkomitee"

Die Bedeutung der Gründung des „Nationalkomitee" liegt zunächst in der Tatsache, daß diese Gründung nicht möglich gewesen wäre ohne die aktive Unterstützung der amtlichen Stellen der Sowjetunion.

Die weitgehende Publizität, die dem Bericht über die Gründungskonferenz und dem Manifest in den russischen Zeitungen und in amtlichen russischen Publikationen außerhalb Rußlands gegeben wurde, die Bereitstellung eines Senders für die Propaganda des „Nationalkomitee", die schnelle Herausgabe der Zeitung des „Nationalkomitee" sprechen sogar dafür, daß die Gründung des Komitees nicht in erster Linie auf die Initiative der deutschen Gründer des Komitees, sondern auf das Interesse der russischen Regierung an dem Zustandekommen eines solchen Komitees zurückzuführen ist.

Man kann daher mit guten Gründen bei der Untersuchung der Zielsetzung und der Aufgaben des Komitees von der Annahme ausgehen, daß das „Nationalkomitee" in erster Linie ein Instrument der Kriegspropaganda und der Außenpolitik der Sowjetunion ist.

3. Das Programm des Nationalkomitee „Freies Deutschland"

Der Inhalt des Manifests des „Nationalkomitee" basiert auf der Vorstellung, daß das Hitlerregime mit dem deutschen Volk nicht gleichzusetzen ist. Die These des Manifests ist, daß die Hitlerdiktatur die deutsche Nation in eine Katastrophe geführt hat, aus der es nur durch eine nationale Freiheitsbewegung zum Sturz dieser Diktatur gerettet werden kann. Das Manifest erklärt daher, daß es die patriotische Pflicht eines jeden guten Deutschen in der Armee und in der Heimat ist, durch den sofortigen Abbruch des Krieges und den Sturz Hitlers die nationale Zukunft und Sicherheit des deutschen Volkes zu sichern.

An die Stelle der Hitlerdiktatur soll eine „wahrhaft demokratisch-nationale Regierung" treten. „Die neue Regierung muß stark sein, um mit Hitler und seinen Hintermännern aufzuräumen, um eine feste Ordnung zu schaffen und um Deutschland nach außen würdig zu vertreten. Die neue Regierung soll sich stützen auf die Kampfgruppen, die aus dem nationalen Freiheitskampf des deutschen Volkes hervorgehen. Dabei müssen die ‚volks- und vaterlandstreuen Kräfte in der Armee' eine entscheidende Rolle spielen. An die Soldaten und Offiziere der Armee wird die Aufforderung gerichtet: ‚Ihr habt die Waffen, bleibt unter den Waffen'."

Das neue Regime soll alle auf Völker- und Rassenhaß beruhenden Gesetze aufheben. Es soll alle politischen und bürgerlichen Freiheiten wiederherstellen. Es soll die Freiheit der Wirtschaft, des Handels und des Gewerbes sichern. Es soll das Recht auf Arbeit und das rechtmäßig erworbene Eigentum garantieren. Es soll die Rückgabe des durch die nationalsozialistische Diktatur geraubten Eigentums durchführen, die Kriegsverbrecher bestrafen, die Kriegsgewinne beschlagnahmen, und es soll allen Hitleranhängern Amnestie gewähren, die sich rechtzeitig durch ihre Taten von Hitler lossagen und sich der Bewegung für ein freies Deutschland anschließen.

Als geschichtliches Vorbild für diesen nationalen Befreiungskampf wird auf die Taten des Freiherrn vom Stein, von Ernst Moritz Arndt, Clausewitz und Yorck vor 130 Jahren verwiesen, die auch von Rußland aus eine solche nationale Freiheitsbewegung förderten und führten.

Als außenpolitisches Ziel der nationalen Freiheitsbewegung wird der Verzicht auf alle eroberten Gebiete und der Abschluß eines Friedens bezeichnet, der Deutschlands Stellung in der Gemeinschaft gleichberechtigter Völker sichert. Auf der Gründungskonferenz wurde nur ein Referat über außenpolitische Fragen gehalten. Graf von Einsiedel sprach über die Beziehungen des neuen demokratisch-nationalen Deutschland zur Sowjetunion und forderte ein enges Freundschaftsverhältnis zwischen dem neuen Deutschland und der Sowjetunion.

4. Die Aufgaben des Komitees

Über die Absichten, die die Sowjetregierung mit der Gründung des „Nationalkomitee" und mit der Veröffentlichung des oben skizzierten Programms verfolgt, gibt es keine authentischen Erklärungen.

Eine Aufgabe des „Nationalkomitee" ist jedoch zweifelsfrei klar: Die Sowjetregierung hält den Zeitpunkt für gekommen, um die Zersetzungspropaganda in größtem Umfang als ein Mittel ihrer offensiven Kriegführung gegen Hitlerdeutschland einzusetzen. Sie bedient sich in dieser Propaganda einer Sprache, die ihr geeignet erscheint, auch in den „nationalen Kreisen" der Armee und des deutschen Volkes den Auflösungsprozess zu fördern. Sie entwickelt ein politisches Programm, das das Schreckgespenst eines bolschewistischen Deutschlands im Falle des Sturzes der Hitlerdiktatur, das sich bisher als die wirksamste Waffe der Goebbels-Propaganda erwiesen hat, überwinden soll.

Ob diese Art der Propaganda Erfolg haben wird, kann nur die Erfahrung lehren. Die schwachen Punkte einer solchen Propaganda von der Sowjetunion aus liegen auf der Hand. Die kritische Einstellung gegenüber jeder Propaganda aus der Sowjetunion geht in Deutschland weit über die Nazianhänger hinaus. Sie ist nicht das Resultat der Goebbels-Propaganda, sondern sie liegt in der grundsätzlichen Ablehnung sowjet-russischer Politik und Staatsführung in fast allen gesellschaftlichen Schichten des deutschen Volkes. Zum anderen ist ein Programm der Freiheit in Staat und Wirtschaft, der Sicherung des rechtmäßig erworbenen Eigentums und der persönlichen Freiheit, das von einem Diktaturstaat aus propagiert wird, nicht sehr überzeugend. Selbst der bemerkenswerte Umstand, daß in Moskau Deutsche unter ihrem Namen über dieses Programm sprechen und für die Ziele des „Nationalkomitee" werben können, dürfte nur zum Teil ausreichen, um die inneren Widerstände gegen eine solche Propaganda zu überwinden.

Die zweite wichtigere Frage, die bei einer Untersuchung der Aufgaben des Komitees zu stellen ist, ist die Frage, ob die Gründung des „Nationalkomitee" als ein Ausdruck russischer Außenpolitik angesehen werden muß. Diese Frage ist, wenn man sie bejaht oder wenn sie durch die weitere Entwicklung bejaht wird, von der größten Bedeutung für die Zukunft Europas.

Was bedeuten die Gründung des „Nationalkomitee" und die politischen Grundtendenzen des Moskauer Manifests unter diesem Gesichtspunkt?

Zunächst kann man in der nationalistischen Tendenz des Aufrufs des „Nationalkomitee" einen neuen Beweis für die Auffassung der Sowjetpolitik sehen, daß die arbeitenden Massen der Völker nicht mehr die natürlichen und stärksten Verbündeten in der Sicherheitspolitik der Sowjetunion darstellen. Die Vorstellung, die äußere Sicherheit der Sowjetunion durch ein Weitertreiben der Weltrevolution im bolschewistischen Sinne zu erreichen, ist als eine für eine absehbare Zeit aussichtslose Politik aufgegeben worden. Die Sowjetunion hat sich entschieden, ihre Sicherheitsprobleme nach diesem Krieg im Sinne einer rein russisch-nationalen Politik zu lösen.

In diesem Fall gewinnen der in dem Aufruf des „Nationalkomitee" enthaltene starke Appell an die deutsche Wehrmacht, die Zusicherung der Erhaltung einer starken Armee, die Aufstellung eines liberalen und privatkapitalistischen Programms für ein Deutschland nach dem Sturz Hitlers eine besondere Bedeutung.

Wir stünden dann hier vor dem Versuch, einflußreiche Armee- und Wirtschaftskreise in Deutschland zu bewegen, sich unter Ausschaltung Hitlers und der engeren Mitträger seiner Diktatur, für eine Verständigung mit Rußland zu entscheiden. Für den Preis einer Bündnispolitik mit der Sowjetunion verspricht Rußland diesen „nationalen Kräften" in Deutschland die Erhaltung einer starken Armee und ihrer wirtschaftlichen und sozialen Privilegien.

Angesichts der heutigen Kriegslage Deutschlands und angesichts der Ereignisse in Italien ist ein Erfolg einer derartigen Politik gegenüber der deutschen Armee und dem deutschen Nationalismus nicht ausgeschlossen.

In der deutschen Armee hat es schon immer eine starke Strömung für eine Ostorientierung gegeben.

Für den deutschen Nationalismus und die hinter ihm stehenden Wirtschaftskreise ist die Annahme eines solchen Angebots keine Prinzipien-, sondern nur eine Zweckmäßigkeits- und Machtfrage.

Von den deutschen Kommunisten ist keine Opposition zu erwarten. Sie haben bereits in der Zeit der Weimarer Republik unter der Parole des „Nationalbolschewismus" das Bündnis mit dem deutschen Nationalismus praktiziert. Heute sprechen sich die deutschen Kommunisten in England bereits öffentlich für die Schaffung eines „demokratisch-nationalen" Deutschlands im Sinne des Moskauer Aufrufs aus. Sie erklären ebenfalls öffentlich, daß sie im Kampf gegen Hitler bereit sind, unter Schwarz-Weiß-Rot in einer Einheitsfront vom Urenkel Bismarcks bis Pieck zu kämpfen.

Dabei haben die in London lebenden führenden deutschen Kommunisten von der Gründung des „Nationalkomitee" erst durch die Veröffentlichungen in der englischen Presse erfahren. Der Moskauer Gründung ist also auf keinen Fall eine Befragung oder ein Meinungsaustausch unter führenden deutschen Kommunisten in Moskau, London oder in anderen Asylländern vorausgegangen.

Die Haltung der deutschen Kommunisten in England ist übrigens auch ein Beweis dafür, daß sie auch nach der Auflösung der Komintern bereit sind, sich kritiklos jeder politischen Parole aus Moskau unterzuordnen.

Die These, daß die Sowjetunion den Versuch unternimmt, die zukünftige Friedensregelung in Ost- und Mitteleuropa ausschließlich unter russisch-nationalen Gesichtspunkten durchzusetzen, findet mit[12] eine Stütze in einer Reihe von anderen Tatsachen. Wir haben neben dem neuen deutschen „Nationalkomitee" ein polnisches Komitee in Moskau, das eine Art Gegenregierung zu der polnischen Regierung in London darstellt. Wir haben die russischen Versuche, die tschechoslowakische Regierung von London nach Moskau zu bringen. Wir haben den offenen Gegensatz zwischen Rußland und den Westmächten in Jugoslawien. Wir finden in dem Aufruf des deutschen „Nationalkomitee" zwar die Forderung, daß die deutschen Truppen sich an die Reichsgrenzen zurückziehen und alle eroberten Gebiete aufgeben sollen, aber die Frage bleibt offen, ob in diesem Fall Österreich als zu Deutschland gehörig oder als erobertes Gebiet betrachtet wird. Die österreichischen Kommunisten in London, die hier gemeinsam mit den österreichischen Monarchisten für ein unabhängiges Österreich eintreten, sind jedenfalls über diese Unklarheit sehr beunruhigt.

Wie immer man aber die Absichten beurteilt, die die Sowjetregierung mit der neuen Moskauer Gründung verfolgt, sicher ist, daß Rußland mit seiner Erklärung, den Aufbau eines starken nationalen Deutschland ohne Hitler begünstigen zu wollen, den neben Hitler herrschenden Kräften in Deutschland, Armee und Reaktion, eine Alternative gegenüber der Casablanca-Forderung nach der bedingungslosen Kapitulation gegeben hat.

Wenn die Sowjetunion mit der Möglichkeit rechnet, daß sie sich mit den Westmächten über eine Friedensregelung, die ihren Sicherheitsbedürfnissen entspricht, nicht verständigen kann, dann liegt der Versuch einer Verständigung mit einem „nationaldemokratischen" Deutschland ohne Hitler, die die russische Sicherheitszone bis an den Rhein vorschiebt, durchaus im Bereich des Möglichen.

Es kann sein, daß eine solche hochpolitische Bewertung der Moskauer Gründung weder in den Intentionen der russischen Politik noch in der weiteren Entwicklung der Alliance zwischen den Westmächten und der Sowjetunion eine Stütze findet, aber die Möglichkeit einer so weitgehenden Interpretation erscheint uns insoweit durch die Ereignisse der letzten Zeit gerechtfertigt, daß es nützlich ist, auf diese Möglichkeiten hinzuweisen.

5. Schlußfolgerungen

Soweit die mit der Gründung des „Nationalkomitee" verfolgte Politik die Beziehungen zwischen Rußland und den Westmächten berührt, beschränkt sich unsere Aufgabe

---

12 Vorlage: „ ...findet eine Stütze noch in einer ...". Die Abänderungen wurden hs. vorgenommen.

auf die Aufzeigung der Möglichkeit einer neuen Orientierung der russischen Außenpolitik.

Soweit die Gründung des „Nationalkomitee" die Frage der politischen Kriegführung und Propaganda gegenüber Deutschland berührt, sollte sie die Alliierten und insbesondere England zu einer ernsthaften Überprüfung ihrer bisherigen Praxis veranlassen.

Wir deutschen Sozialisten sind nicht bereit, das von dem Moskauer Komitee beschlossene Programm als Programm für ein zukünftiges demokratisches Deutschland oder als Grundlage für die politische Propaganda nach Deutschland zu akzeptieren.

Dagegen sind wir davon überzeugt, daß die Erfolgsaussichten für eine eindeutige, positive Propaganda, die sich an die demokratischen und antifaschistischen Kräfte in Deutschland wendet, heute größer sind als in irgend einem früheren Stadium des Krieges.

Es kann kein Zweifel darüber bestehen, daß die englische Propaganda in Deutschland die weitaus stärkste Resonanz im Verhältnis zu jeder anderen Auslandspropaganda hat. Ein demokratisches, konstruktives Programm auf der Basis der Atlantik-Charta, von England aus gesendet, hat werbende Kraft.

Es wird nicht nur die Kräfte stärken, die gegen das Hitlerregime und seine Kriegsmaschine wirken,[13] es kann gleichzeitig den demokratischen und sozialistischen Kräften in Deutschland das Bewußtsein geben, daß es tatsächlich außer der Wahl zwischen Hitler und einem mit Sowjetrußland verbündeten „nationalen Deutschland" noch die Lösung eines demokratischen Deutschland in einem demokratischen Europa gibt.

Die Wirkung einer solchen positiven Propaganda in Deutschland kann nach unserer Überzeugung wesentlich verstärkt werden, wenn in diesem Rahmen führenden deutschen demokratischen und sozialistischen Emigranten die Möglichkeit gegeben wird, unter ihrem Namen und unter ihrer Verantwortung an dieser Propaganda mitzuwirken.

Wir wenden uns mit diesem Statement an die Exekutive der Labour Party. Wir halten es für unsere Pflicht, unsere britischen Freunde in einer Frage, die vielleicht weitgehende politische Konsequenzen hat, über unseren Standpunkt voll zu informieren.

Darüber hinaus sind wir der Ansicht[14], daß die Bildung des „Nationalkomitee" in Moskau[15] ein Symptom für eine politische Entwicklung auf dem europäischen Kontinent sein kann, die gerade für die europäische demokratische und sozialistische Arbeiterbewegung von der weittragendsten Bedeutung sein müßte.

Eine politische Entwicklung in Deutschland im Sinne des Moskauer Aufrufs, die Deutschland nach diesem Krieg im Zuge einer neuen Blockpolitik zu einem Bündnis mit

---

13 Vorlage: „Es kann nicht nur die Kräfte, die gegen das Hitlerregime und seine Kriegsmaschine wirken, stärken, es kann ..." Veränderungen wurden hs. vorgenommen.
14 Vorlage: „ ...davon überzeugt ..." hs. durchgestrichen und durch „ ... der Ansicht ..." ersetzt.
15 In der Vorlage ist hinter „Moskau" das Wort „vielleicht" ms. gestrichen worden.

Sowjetrußland führt, bedeutet für absehbare Zeit[16] die Zerschlagung aller Aussicht für das Wiedererstehen einer freien Arbeiterbewegung in Deutschland.[17]

Wenn aber die britische Labour Party in der Zukunft ihr konstruktives Programm einer internationalen Friedenspolitik durchsetzen will, dann bedarf sie dazu der Existenz und der Macht einer starken freien Arbeiterbewegung auf dem Kontinent einschließlich Deutschlands.

Wir glauben daher, daß unsere Anregungen für eine konstruktive, positive Politik und Propaganda gegenüber den demokratischen und antifaschistischen Teilen des deutschen Volkes identisch sind mit den Interessen der britischen Labour Party.[18]

---

16 Vorlage: „für absehbare Zeit" hs. ergänzt.
17 Vorlage: „ ...bedeutet die Zerschlagung aller Aussichten für das Wiedererstehen einer freien Arbeiterbewegung in Deutschland in einer absehbaren Zukunft" hs. ausgeführt.
18 Auf die Weiterleitung an die Labour Party bzw. eine Veröffentlichung wurde später verzichtet. Vgl. Nr. 124.

NR. 121

Protokoll der Exekutivkomiteesitzung am 10. September 1943

AdsD Bonn, PV-Emigration, Mappe 5

Besprechung mit dem Genossen Eichler am 10. September 1943

[A]uf Anregung des Genossen Löwenthal war eine Sitzung der Exekutive der „Union" für Freitag, den 10. September, vorgesehen, die sich mit der Frage eines Aufrufes an die deutschen Antifaschisten aus Anlaß der Kapitulation Italiens beschäftigen sollte. Aus technischen Gründen kam es nur zu einer Besprechung zwischen den Genossen Eichler und Ollenhauer. Beide Genossen verständigten sich über den Text eines Aufrufes, der hier beiliegt[1], und Genosse Eichler übernahm es, seine Verbreitung durch die deutsche Sendung des BBC zu versuchen.

Diese Bemühungen wurden am gleichen Tag unternommen, die Verbreitung eines Auszugs wurde abgelehnt.

---

1 Vgl. Nr. 122.

Nr. 122

Aufruf der „Union" anläßlich der Kapitulation Italiens vom 10. September 1943

Anlage zum Protokoll vom 10. September 1943

AdsD Bonn, PV-Emigration, Mappe 181[1]

Aufruf der „Union deutscher sozialistischer Organisationen in Großbritannien" vom 10. September 1943[2]

Deutsche Antifaschisten, Sozialisten und Gewerkschafter!

Mussolini ist gestürzt. Italien hat kapituliert. Die Achse ist zerbrochen. Deutschland steht allein in einem aussichtslosen Kampf gegen die militärische und wirtschaftliche Übermacht der Vereinten Nationen.

Italien hat bewiesen, daß Diktaturen gestürzt werden können. Mussolini und der Faschismus fielen unter den Schlägen der militärischen Übermacht der Alliierten und unter dem Druck der Massen des italienischen Volkes, die Frieden und Freiheit forderten.

Die Hitlerdiktatur hat das deutsche Volk und die ganze Welt in das Verbrechen dieses Krieges gestürzt. Das Hitlersystem muß in der Katastrophe seiner Niederlage untergehen. Deutsche Antifaschisten können und sollten diesen Zusammenbruch mit allen Mitteln beschleunigen helfen.

Deutsche Antifaschisten! Zehn Jahre lang habt Ihr dem Terror der Hitlerdiktatur standgehalten. Ihr habt Euch nicht gebeugt, weil Ihr wußtet, daß der Tag der Abrechnung und der Befreiung kommen würde. Jetzt bedürfen Millionen verzweifelter und hoffnungsloser Menschen Eurer Führung in ihrem Wunsch nach Freiheit und Frieden.

Dem deutschen Nationalsozialismus muß das Schicksal des italienischen Faschismus bereitet werden. Handelt nach Eurem Ermessen. Ihr allein könnt die Möglichkeiten und Mittel des Kampfes abschätzen.

Millionen Freiheitskämpfer, Sozialisten und Gewerkschafter in der ganzen freien Welt blicken auf Euch. Ihr Feind ist Euer Feind: Die Hitlerdiktatur und die deutsche Kriegsmaschine. Ihr Ziel ist Euer Ziel: Frieden und Freiheit. Die Zukunft eines freien, demokratischen und sozial fortschrittlichen Deutschlands hängt entscheidend vom Einsatz deutscher Antifaschisten ab.

---

1 Englische Fassung des Aufrufs: AdsD Bonn, PV-Emigration, Mappe 181.
2 Vorlage: Überschrift ms. unterstrichen.

NR. 123

Protokoll der Exekutivkomiteesitzung am 12. September 1943

AdsD Bonn, PV-Emigration, Mappe 5

Sitzung der Exekutive der „Union" am 12. September 1943 in der Wohnung des Genossen Paul Walter[1]

In Verbindung mit der Sitzung der Politischen Kommission der „Union" wurde eine Sitzung der Exekutive der „Union" abgehalten. Von der Exekutive waren anwesend: Hans Vogel, Erich Ollenhauer, Paul Walter, Willi Eichler und Löwenthal.[2]

Ollenhauer berichtet zunächst über die Besprechung mit dem Genossen Eichler und über die Bemühungen des Genossen Eichler, einen Aufruf an die deutschen Antifaschisten aus Anlaß der Kapitulation von Italien durch das BBC zu verbreiten. Genosse **Eichler** ergänzt den Bericht, die Ablehnung der Verbreitung ist durch die politischen verantwortli[c]hen Stellen des BBC ausgesprochen.

[Na]ch längerer Diskussion wird beschlossen.

[D]er Text des Aufruts wird beschlossen, seine Veröffentlichung in uns nahestehenden englischen Zeitungen soll versucht werden.

Die Ablehnung des BBC soll benutzt werden, um durch Interventionen uns nahestehender englischer M.P. eine Änderung der prinzipiellen Haltung englischer amtlicher Stellen zur Frage der Mitwirkung von Deutschen oder deutschen Organisationen herbeizuführen. Es wird beschlossen, den Genossen Noel-Baker und John Parker die Angelegenheit zu unterbreiten.

Es wird beschlossen, die in der letzten Sitzung vorbesprochene Versammlung durchzuführen. Sie soll Ende September oder am 2. Oktober abends 7.30 Uhr mit dem Thema: „Italien – Die Lehren für Deutschland" stattfinden. Als Redner werden in Aussicht genommen: Willi Eichler, Paolo Treves und John Parker. Jeder Redner soll eine halbe Stunde sprechen. Die Referate sollen in Englisch gehalten werden. Eingeladen werden die Mitglieder der „Union", englische und internationale Freunde. Das Tagungslokal wird noch bestimmt werden. Den Vorsitz soll Ollenhauer führen.

Genosse **Löwenthal** überreicht seine Ergänzungsvorschläge für das Memorandum Ollenhauers über das Moskauer Komitee. Der englische Text des Memorandums wird später beraten werden.

[E]ine neue Sitzung der „Union" wird in Aussicht genommen, sobald die Vorbereitungen für die Versammlung einen endgültigen Beschluß ermöglichen.

---

1 Paul Walter, 9, Trinity Court, Gray's Inn Road, London W.C.1
2 Vorlage: „Hans Vogel ..." bis „ ... Löwenthal" ms. unterstrichen.

NR. 124

Protokoll der Exekutivkomiteesitzung am 29. September 1943

AdsD Bonn, PV-Emigration, Mappe 5

Sitzung der Exekutive der „Union" am 29. September 1943, abends 19.30 Uhr in der Wohnung des Genossen Heidorn

Anwesend: Vogel, Ollenhauer, Eichler, Schoettle, Neumann, Gottfurcht.

Zur Beratung steht die Frage, ob die „Union" in einer Erklärung ihre Stellung zu dem am 25. September gegründeten Nationalkomitee in London zum Ausdruck bringen soll.[1]

Nach einem Bericht des Genossen **Ollenhauer** über die bisher vorliegenden Informationen über die Versammlung und die Gründung ergibt eine Aussprache, an der sich alle Mitglieder der Exekutive beteiligen, daß die „Union" von einer Erklärung mit einer Begründung ihres ablehnenden Standpunktes in diesem Zeitpunkt absieht.

Es wird jedoch die Formulierung unseres eigenen Standpunktes im Zusammenhang mit den Kommissionsberatungen über die internationale Politik deutscher Sozialisten für notwendig gehalten.[2] Wenn dann neue Versuche gemacht werden, die „Union" und ihre Organisationen für die Mitarbeit im Londoner Komitee zu gewinnen, kann auf eine solche eigene Erklärung als Grundlage für derartige Unterhaltungen verwiesen werden.

Im übrigen besteht schon jetzt die Möglichkeit, die Stellungnahme der einzelnen Gruppen bekanntzugeben, soweit das zur Information der eigenen Anhänger und der englischen Öffentlichkeit notwendig erscheint.[3]

---

1 Vgl. Nr. 120.
2 Vgl. Nr. 127.
3 Für die gemeinsame Sitzung der Exekutive und der Politischen Kommission am 12. Oktober 1943 bei Löwenthal, zu der Vogel am 5. Oktober 1943 eingeladen hatte und die auch in den Terminkalendern von Ollenhauer und Gottfurcht notiert ist, fehlt das Protokoll. Einladung in: AdsD Bonn, PV-Emigration, Mappe 12; Kalender in: ebd., Nachlaß Ollenhauer, Mappe 3; Archiv Dr. Gerhard Beier, Kronberg, TNL Gottfurcht,

NR. 125

Protokoll der Mitgliederversammlung am 10. Oktober 1943

AdsD Bonn, PV-Emigration, Mappe 5

Mitgliederversammlung der „Union" am Sonntag, dem 10. Oktober 1943 im Austrian Labour Club

Anwesend: siehe Anwesenheitsliste[1]

Genosse **Vogel** leitet die Versammlung.

Genosse Paolo **Treves** spricht über das Thema „Die italienische Arbeiterschaft im Kampf für Freiheit und Frieden".

In der Aussprache werden vor allem die Rückwirkungen der italienischen Ereignisse und Erfahrungen auf die Entwicklung in Deutschland und auf die Politik der deutschen Arbeiterbewegung diskutiert.

---

1 Eine Anwesenheitsliste liegt nicht vor.

NR. 126

Protokoll der Exekutivkomiteesitzung am 23. Oktober 1943

AdsD Bonn, PV-Emigration, Mappe 5

Sitzung der Exekutive der „Union" am 23. Oktober im Trade Union Club

Anwesend: Vogel, Ollenhauer, Eichler, Schoettle, Walter, Gottfurcht.

Es werden zunächst noch einige stilistische Änderungen im Text der Entschließung über die internationale Politik deutscher Sozialisten beschlossen.[1] Der beschlossene Wortlaut der Erklärung in deutsch und englisch liegt bei.

Es wird beschlossen, von dem englischen Text zweitausend Exemplare drucken zu lassen und den Text möglichst bald mit einem kurzen Begleitschreiben zu verschicken.

Von dem deutschen Text soll eine kleinere Auflage auf dem Wege der Vervielfältigung hergestellt werden.

Der Versand an die Presse soll zwei Tage vor dem allgemeinen Versand erfolgen.

Im Prinzip wird dem Vorschlag der Genossin Gotthelf zugestimmt, einen kleineren Kreis englischer und internationaler Sozialisten einzuladen, in dem nach einer kurzen Einführung eine Diskussion über den Inhalt der Entschließung herbeigeführt werden soll.[2] Genosse de Brouckère soll ersucht werden, den Chair zu übernehmen. Über Termin und sonstige Einzelheiten soll in der nächsten Sitzung am Freitag, den 29., abends 18.15 Uhr beschlossen werden.[3]

Ollenhauer unterbreitet einen Vorschlag für eine Vervielfältigung der bisher vorliegenden Beschlüsse der „Union", der in der nächsten Sitzung zur Diskussion stehen soll.[4]

Es wird beschlossen, von der Veranstaltung einer Feier der „Union" am 25. Jahrestag der deutschen Revolution abzusehen, nachdem die Versammlung der Gewerkschaftsgruppe am 9. November als Revolutionsfeier ausgestaltet werden wird.

Eine längere Aussprache entspinnt sich über eine Anregung aus dem Hiller-Kreis, die Hiller-Gruppe in die „Union" aufzunehmen. In diesem Zusammenhang wird die Frage erörtert, ob eine Möglichkeit besteht, einen ständigen Kontakt und eine gewisse Zusammenarbeit mit anderen politischen Gruppen der deutschen Emigration herbeizuführen. Es wird außerdem erneut diskutiert, in welcher Form man den Anschluß von Einzelper-

---

1 Vgl. Nr. 127.
2 Vgl. Nr. 131.
3 Vgl. Nr. 128.
4 Die Veröffentlichung wurde in der Exekutivkomitee-Sitzung am 2. November 1943 zurückgestellt und erst in der Sitzung am 1. September 1944 erneut behandelt. Es handelt sich um die Broschüre „Die neue deutsche Republik," die Ende 1944 im Druck erschien und nicht wie häufig angegeben, im Oktober 1943.

sonen, die keiner der Gruppen der „Union" angehören, an die „Union" ermöglichen kann.

Die Aussprache, an der sich alle Mitglieder der Exekutive beteiligen, wird nicht abgeschlossen. Das vorläufige Resultat ist jedoch, daß die Aufnahme der[5] Hiller-Gruppe als nicht möglich angesehen wird. Die Frage eines weiteren Zusammenschlusses soll weiter untersucht werden. Die Frage der Aufnahme von Einzelmitgliedern in die „Union" soll ebenfalls untersucht werden, Gottfurcht wird gebeten, in der nächsten Sitzung eine Liste der Mitglieder der Gewerkschaftsgruppe vorzulegen, die keiner der Gruppen der „Union" angehören und nich[t] Kommunisten sind.

Schoettle nennt eine Reihe von Namen, die für eine Unterhaltung über die Aufnahme eines engeren ständigen Kontakts infrage kommen: Pastor Büsing[6], Professor Ehrenberg[7], ein junger Katholik, Weber, Westphal, Mende, Schütz, Demuth, Hiller, Höltermann.[8]

---

5 Vorlage: „in die" anstelle von „der".
6 Büsing, W., Pastor der deutschen evangelischen Gemeinde in London.
7 Ehrenberg, Dr. Hans, 1883–1958, Universitätsprofessor, Pastor, 1938 KZ Sachsenhausen, 1939 GB.
8 Vgl. auch Nr. 129.

NR. 127

Erklärung der „Union" über die „Internationale Politik deutscher Sozialisten" vom 23. Oktober 1943

Anlage zum Protokoll vom 23. Oktober 1943

AdsD Bonn, PV-Emigration, Mappe 180[1]

Erklärung über die internationale Politik deutscher Sozialisten[2]

Die „Union deutscher sozialistischer Organisationen in Großbritannien" hat folgende Erklärung über die internationale Politik deutscher Sozialisten beschlossen:

1. Als internationale Sozialisten erstreben wir eine internationale Ordnung, die die Ursachen kriegerischer Konflikte beseitigt.

   Wir sehen in der internationalen sozialistischen Arbeiterbewegung und in den anderen demokratischen Bewegungen, vor allem der Bauern und der Intellektuellen, die entscheidenden Kräfte für die Erreichung dieses Zieles.

   Wir erstreben die engste Zusammenarbeit der organisierten Arbeiterschaft aller Länder in einer neuen internationalen Organisation, die eine gemeinsame Politik der sozialistischen Arbeiterbewegung erarbeitet und verwirklicht.

2. Wir setzen uns ein für eine Föderation aller europäischen Völker, da die volle nationalstaatliche Souveränität nicht länger mit den wirtschaftlichen und politischen Existenzbedingungen in Europa vereinbar ist.

   Es ist ein Lebensinteresse der deutschen und europäischen Demokraten und Sozialisten, daß der Frieden Europas durch die Zusammenarbeit der Britischen Völkergemeinschaft, der Sowjetunion und der Vereinigten Staaten von Amerika eine stabile Grundlage erhält. Nur in der freundschaftlichen Zusammenarbeit mit allen diesen Mächten, nicht in Anlehnung nur an eine oder die andere Seite, kann sich ein einiges und freiheitliches Europa entwickeln.

   In der Schaffung von Föderationen, die nur Gruppen von Völkern umfassen, sehen wir nur dann eine Friedenssicherung, wenn sie sich einer internationalen Organisation ein- und unterordnen.

---

1 Die englische Fassung „The International Policy of German Socialists" wurde in gedruckter Form verbreitet, in: AdsD Bonn, PV-Emigration, Mappe 180. Die Resolution wurde auch in den SM, Nr. 55/56, Mitte November 1943, S. 1–2, veröffentlicht. Sie ist außerdem abgedruckt in den beiden Veröffentlichungen der Union: Die neue deutsche Republik; Zur Politik deutscher Sozialisten, ferner bei Voigt, Friedenssicherung und europäische Einigung, S. 105–107; Lipgens, Europaföderationspläne, S. 498; Gerhard Gleissberg, SPD und Gesellschaftssystem. Aktualität der Programmdiskussion von 1934 bis 1946, Frankfurt/M. 1973, S. 94–96 sowie in anderen Veröffentlichungen.

2 Vorlage: Überschrift ms. unterstrichen.

3. Die Außenpolitik deutscher Sozialisten nach dem Krieg muß in erster Linie der Eingliederung eines demokratischen Deutschlands in eine solche internationale Ordnung dienen.

Für den Erfolg einer solchen Politik ist es wesentlich, daß die Grundsätze der Atlantik-Charta in vollem Umfang auch auf ein demokratisches Deutschland Anwendung finden.

Wir deutschen Sozialisten erkennen die realen Sicherheitsbedürfnisse der jetzt von den nationalsozialistischen und faschistischen Angreifern überfallenen und unterdrückten Völker an.

Wir sind dabei überzeugt, daß alle technischen Friedenssicherungen nur dann auf die Dauer wirksam sein können, wenn sie eingebaut werden in ein wahrhaft internationales Sicherheitssystem. Dieses System muß eine starke Exekutivgewalt zur Niederhaltung von Angreifern mit weitgehenden Schiedsvollmachten zur friedlichen Beilegung von Konflikten vereinigen. Ein solches System der kollektiven Sicherheit wird auch den Frieden und die Sicherheit eines demokratischen Deutschlands gewährleisten.

Der erste Beitrag eines demokratischen Deutschlands zu diesem System wird die sofortige militärische Abrüstung Deutschlands sein.

Wir sind überzeugt, daß die Vernichtung des deutschen Militärapparates nicht genügt. Wir sind entschlossen, die gesellschaftlichen Machtpositionen der wirtschaftlichen und politischen Träger des deutschen Militarismus durch die Enteignung der deutschen Kriegsindustrie und des Großgrundbesitzes und durch den demokratischen Neuaufbau des Verwaltungsapparates von Grund auf zu beseitigen.

Wir betrachten es als eine Ehrenpflicht des kommenden freien Deutschlands, an der Wiedergutmachung des Unrechts, das Hitlerdeutschland den Völkern zugefügt hat, und am Wiederaufbau Europas mit allen Kräften mitzuhelfen.

Eine unserer wesentlichen Aufgaben wird es sein, durch eine tiefgreifende Reform des deutschen Erziehungswesens die geistigen und sittlichen Voraussetzungen für die Durchführung einer konsequenten Verständigungs- und Friedenspolitik der neuen deutschen Demokratie zu schaffen.

Die Gewinnung des deutschen Volkes für eine solche Politik hängt in hohem Maße davon ab, daß dem deutschen Volke Gelegenheit gegeben wird, in der Gestaltung seiner inneren politischen, sozialen und kulturellen Angelegenheiten seiner eigenen Initiative zu folgen. Vor allem müßte die Auferlegung von Bedingungen, die langandauernde Massenarbeitslosigkeit hervorrufen und eine wirksame Politik der sozialen Sicherung unmöglich machen würden, verhängnisvolle Folgen für die innere Entwicklung Deutschlands haben.

4. Wir werden den innerpolitischen Kampf für eine solche Außenpolitik auch nach dem Sturz der Hitlerdiktatur gegen starke reaktionäre Kräfte zu führen haben. Wir hoffen, daß wir in diesem Kampf das Vertrauen und die aktive Unterstützung der Kräfte der

internationalen Arbeiterbewegung, des Fortschritts und des Friedens in allen Völkern finden werden.

Union deutscher sozialistischer Organisationen in Großbritannien

London, den 23. Oktober 1943

NR. 128

Protokoll der Exekutivkomiteesitzung am 29. Oktober 1943

AdsD Bonn, PV-Emigration, Mappe 5

Sitzung der Exekutive der „Union" am 29. Oktober 1943 im Trade Union Club

Anwesend: Vogel, Ollenhauer, Eichler, Neumann, Schoettle, Gottfurcht.

Ollenhauer berichtet über den Versand der internationalen Entschließung der „Union".
Der Presseversand erfolgt morgen[1], der Einzelversand wird am Dienstag erfolgen. Es
werden etwa 500 bis 600 Exemplare versandt werden.

Den Versand an die Gewerkschaftspresse und an wichtige Vertrauensleute in den
Trade Unions übernimmt Hans Gottfurcht. Er erfolgt ebenfalls Mitte nächster Woche.

Es wird dann die Durchführung einer internationalen Diskussion über die Entschließung besprochen.[2] **Ollenhauer** teilt mit, daß Genosse de Brouckère bereit ist, den Chair
zu übernehmen. Als Termin ist mit ihm vorläufig der 16. November vereinbart worden.

Der Entwurf eines Einladungsschreibens wird akzeptiert. Schoettle übernimmt die
Übersetzung und Vervielfältigung.

Es wird dann der Kreis der Einzuladenden aus der englischen Bewegung, der internationalen und deutschen Emigration festgelegt.

Für die Veranstaltung selbst wird vereinbart, daß Hans Vogel als Vorsitzender der
„Union" die Versammlung begrüßt und Louis de Brouckère den Vorsitz übergibt. Genos-
se Eichler wird beauftragt, in Englisch eine kurze Einführung über den Zweck und den
Hauptinhalt der Entschließung zu geben.

Als Termin für die nächste Sitzung der Exekutive wird Dienstag, der 2. November,
festgelegt.

---

1 Vorlage: „ist heute erfolgt" ms. gestrichen, „erfolgt morgen" am Rande ms. eingefügt.
2 Vgl. Nr. 131.

Nr. 129

Protokoll der Exekutivkomiteesitzung am 2. November 1943

AdsD Bonn, PV-Emigration, Mappe 5

Sitzung der Exekutive der „Union" am 2. November 1943 im Trade Union Club

Anwesend: Vogel, Ollenhauer, Eichler, Gottfurcht, Schoettle, Walter.

Ollenhauer teilt mit, daß für die vorgesehene Internationale Aussprache am 16. November der Saal im Austrian Labour Club gesichert ist und daß die Einladungen am Wochenende verschickt werden.

Es wird dann die Frage der Aufnahme von Einzelmitgliedern in die „Union" diskutiert. An der Aussprache beteiligen sich alle Mitglieder der Exekutive. Es besteht Übereinstimmung darüber, daß die Schaffung von Einzelmitgliedschaften den Charakter der „Union" als Arbeitsgemeinschaft von Organisationen verändern würde und daß deshalb von der Aufnahme von Einzelmitgliedern abgesehen werden soll.

Es soll jedoch der Versuch gemacht werden, einen engeren Kontakt mit den sozialistischen Flüchtlingen herzustellen, die keiner der Gruppen der „Union" angehören. Beschlossen wird, in kürzeren Abständen Mitgliederversammlungen der „Union" zu veranstalten und zu diesen Versammlungen auch Interessenten einzuladen. Die Einladung soll bei der nächsten geeigneten Gelegenheit mit einem besonderen Rundschreiben geschehen, in dem auch um einen ausdrücklichen Bescheid gebeten werden soll, ob die Betreffenden an einem solchen engeren Kontakt mit der „Union" Interesse haben.

Hinsichtlich der Fühlungnahme mit Vertretern politischer Gruppen der deutschen Emigration, die ebenfalls in der vorigen Sitzung diskutiert wurde, besteht Übereinstimmung darüber, daß vor der Aufnahme solcher Besprechungen eine Verständigung über die politischen Grundlagen erfolgen muß, auf denen solche Unterhaltungen geführt werden sollen. Genosse Schoettle ist bereit, einen Entwurf für eine solche programmatische Grundlage und Vorschläge für den Kreis der in Frage kommenden Personen auszuarbeiten. Es wird beschlossen, die Beratung bis zur Vorlage dieser Vorschläge zurückzustellen.[1]

Die vorgesehene Publikation der Beschlüsse der „Union" wird zurückgestellt.[2]

Die nächste Sitzung der „Union" wird für Dienstag, den 16. November, nachmittags 5 Uhr vereinbart.

---

1 Vgl. Nr. 126, 130. Anscheinend war daran gedacht, der Freien Deutschen Bewegung ein Gegenmodell entgegenzustellen. Die Bemühungen blieben ergebnislos.
2 Vgl. Nr. 125.

NR. 130

Protokoll der Exekutivkomiteesitzung am 16. November 1943

AdsD Bonn, PV-Emigration, Mappe 5

Sitzung der Exekutive der „Union" am 16. November 1943 in 9, Alvanley Gardens, [London] N.W.6

Anwesend: Vogel, Ollenhauer, Eichler, Walter, Schoettle.

Es wird zunächst die Durchführung der internationalen Diskussion am gleichen Abend besprochen. Die Disposition von Eichler[1] für seine einführenden Bemerkungen wird gebilligt.

Die Anregung des Londoner Ausschusses der SPD, am 26. November eine Mitgliederversammlung der „Union" mit dem Thema: „Die Moskauer Konferenz" zu veranstalten, wird gebilligt. Genosse Richard Löwenthal wird als Referent bestimmt.[2]

Die Exekutive ist damit einverstanden, daß die Politische Kommission zur Beschleunigung ihrer Beratungen mit der Generaldebatte über die Verfassungsfragen beginnt, falls die weitere Beratung des Wirtschaftsprogramms zu weiteren Beratungen in Unterkommissionen führt.[3] Es besteht Übereinstimmung, daß der Genosse Rawitzki als Fachreferent zu den Beratungen der Kommission nicht hinzugezogen wird.[4]

Genosse Schoettle wird jetzt einen gemeinsamen Entwurf für die Beratung der Organisationsfragen ausarbeiten, damit in naher Zukunft eine Sitzung der Organisationskommission stattfinden kann.[5]

Zur nächsten Sitzung der Exekutive wird schriftlich eingeladen werden.

---

1 Die stichwortartigen Notizen Eichlers finden sind in AdsD Bonn, ISK, Box 50, die Einladung, Einladungsliste und Teilnehmerliste in PV-Emigration, Mappe 180.
2 Vgl. Nr. 132.
3 Vorlagen für die Verfassungsdiskussion vgl. Nr. 95, 105.
4 Rawitzki wurde nicht zugezogen, da er mit seinem Engagement in der Freien Deutschen Bewegung gegen die ablehnenden Beschlüsse der Londoner SPD-Organisation und der Union verstieß.
5 Nicht ermittelt.

NR. 131

Protokoll der Aussprache mit Vertretern europäischer Arbeiterparteien über die Erklärung „Zur internationalen Politik deutscher Sozialisten" am 16. November 1943

AdsD Bonn, PV-Emigration, Mappe 180

Internationale Diskussion der „Union" am 16. November 1943

Hans Vogel begrüßt die Erschienenen[1] und erläutert den Zweck der Zusammenkunft. Wir haben nicht die Absicht, eine neue Internationale zu schaffen, sondern wir wollten

---

[1] Anwesend nach Anwesenheitsliste:

Auerbach	Walter	Germany	Neumann	R.	Germany
Blit	Lucjan	Poland (Bund)	Ollenhauer	E.	Germany
Bondy	Paul	Germany	Pollak	Marianne	Austria
Borinski	F.	Germany	Rauschenplat	H.	Germany
Braunthal	Julius	Austria	Rawitzki		Germany
Broido	D.	Russian	Reitzner	R.	
de Brouckère	Lucia	Belgium	Rosenzweig	C.R.	Austrian
de Brouckère		Belgium	Rosenzweig	Wilhelm	Austria
Eichler	Willi	Germany	Salomon	Friedrich	Deutschland
Gottesmann	Gustav	Polish Socialist Party	Schoettle	E.	Germany
Heidorn	W.	Germany	Smets		
Hermann	Grete	Deutschland	Sorg	Rosa	Deutschland
Kreyssig	G.	Deutschland	Sorg	Hch.	Deutschland
Löwenthal	R.	Germany	Specht	Minna	Deutschland
Maurer	Dr. Emil	Austria	Sternfeld	W.	
Meyer	Hermann		Tofahrn	P.	Belgique
Middleton	G.S.D	Labour Party	Walter	Paul	Germany
Möller-Dostali	R.	Germany	Winter	Charlotte	Austria
Monte	H.		Wittelshoefer	F.	Germany

ein Name unleserlich
Die Teilnehmerliste ist unvollständig, so fehlen zum Beispiel die sudetendeutschen Sozialdemokraten Robert Wiener und Wenzel Jaksch. Ausführliche Einladungslisten: AdsD Bonn, PV-Emigration, Mappe 180.
Blit, Lucjan, 1904–78, Jugendfunktionär des Allgemeinen Jüdischen Arbeiterbundes in Polen („Bund"), 1939–42 in sowjetischem Arbeitslager, 1942 GB, Repräsentant des „Bund" in GB, nach 1945 Korrespondent und Universitätslehrer.
de Brouckère, Lucia, Ehefrau von Louis de Brouckère.
Gottesmann, Gustav, Repräsentant der PSP in GB.
Maurer, Dr. Emil, 1884–1967, Wien, SDAP, Schutzbund, 1939 GB, Mitglied Austrian Labour Club, 1946 Rückkehr nach Österreich, führende Positionen in den Israelit. Kultusgemeinden.
Pollak, Marianne, 1891–1963, Wien, SDAP, 1935 ČSR, 1938 Frankreich, 1940 GB, Mitglied Austrian Labour Club, 1945 Rückkehr, SPÖ, Mitglied des Nationalrats.
Reitzner, Richard, 1893–1962, DSAP, 1938 GB, Treugemeinschaft, Leitung der London Representative of the Sudeten German Refugees, 1946 Übersiedlung nach Deutschland, SPD 1949–62 MdB.

lediglich eine freie Aussprache unter englischen und internationalen Freunden über unser Statement[2] über die internationale Politik deutscher Sozialisten herbeiführen. Wir haben dieses Statement erarbeitet, um unsere Auffassungen in dieser Frage formuliert vorzulegen und unseren Beitrag zu der Diskussion über die Aufgaben deutscher Sozialisten in der internationalen Politik zu leisten.

Louis de Brouckère übernimmt den Vorsitz und eröffnet die Aussprache.

Paul Tofahrn begrüßt die Tatsache der Abfassung und der Veröffentlichung des Statements an sich. Seine Kritik richtet sich gegen die Tatsache, daß es sich um ein Statement über die internationale Politik einer nationalen Gruppe von Sozialisten handelt. Es löst nicht das Problem, vor dem wir stehen: Eine internationale Basis für eine internationale Politik der Sozialisten zu schaffen, die die Ursachen kriegerischer Konflikte durch die Schaffung einer internationalen sozialistischen Ordnung beseitigt. Diese Aufgabe muß in Angriff genommen werden.

Robert Wiener sieht in der starken Unterstreichung der Notwendigkeit der Zusammenarbeit mit den drei Großmächten die Gefahr, daß es doch wieder zu der alten Machtpolitik kommt, die neue Kriegsgefahren auslösen muß.

Louis de Brouckère ist mit vielen Formulierungen und Vorschlägen der Entschließung einverstanden. Das große Problem sei die wirkliche Demokratisierung Deutschlands. Hier liegt die erste große Aufgabe der deutschen Sozialisten. Die Alliierten können dabei Hilfe leisten, wenn in der Zeit der Besatzung die Abrüstung, die Enteignung des Großgrundbesitzes und der Schwerindustrie durchgeführt wird.

Erhebliche Bedenken hat **de Brouckère** gegen die Forderung nach der Schaffung einer europäischen Föderation. Er ist für eine engere Zusammenarbeit der Staaten des europäischen Kontinents, glaubt aber, daß eine Europäische Föderation dafür nicht das geeignete Mittel ist. Die wirtschaftliche Verflechtung der europäischen Länder geht weit über die Grenzen des europäischen Kontinents hinaus, sie ist international und die europäischen Wirtschaftsprobleme können nur im internationalen Maßstab gelöst werden. Er verweist in diesem Zusammenhang auf das besondere Problem der Kolonien der europäischen Staaten. Die Erfahrung beweise übrigens, daß eine größere Wirtschaftseinheit durchaus nicht krisenfester sei als kleine Länder. Eine internationale Politik ist auch nicht nur abhängig von der technischen Lösung der Zusammenarbeit, sondern von einer

---

Rosenzweig, Claire Ruth, geb. Kollmann, *1914, Ehefrau von Wilhelm R.
Rosenzweig, Wilhelm, *1908, Rechtsanwalt in Wien, SDAP, 1938 GB, Mitglied Austrian Labour Club u. Londoner Büro, 1945 Rückkehr nach Wien, SPÖ, später Verfassungsrichter.
Smets, I., belgischer Gewerkschafter.
Sternfeld, Wilhelm, (Willi),, 1888, Schriftsteller, Journalist, SPD.
Tofahrn Paul, belgischer Gewerkschafter.
Winter Charlotte, österreichische Sozialistin.
Wiener, Robert, 1895–1948, Rechtsanwalt, DSAP, 1938 GB, Mitglied TG-Landesvorstand.
2 Erklärung vom 23. Oktober 1943, vgl. Nr.127.

wirklich internationalen Meinung der Mitglieder einer überstaatlichen Organisation. In der Bildung einer solchen internationalen Opinion bilden die kleinen Staaten einen lebenswichtigen Faktor, weil die Großmächte immer in ihren Entscheidungen von Machtinteressen bestimmt sind. Beweis: Die Botschafterkonferenz der Großen oder der Völkerbundsrat sind nie oder nur in Ausnahmefällen zu einheitlichen Entscheidungen gekommen, während das Plenum des Völkerbundes oft wirklich internationale Entscheidungen gefällt hat. Die Lösung liegt in der Schaffung einer internationalen Organisation und nicht in einer europäischen Isolierung.

Löwenthal erläutert die Überlegungen, die die „Union" zur Formulierung ihrer Forderung nach einer europäischen Föderation veranlaßt haben.

Wenzel Jaksch begründet seine Zustimmung zu der Forderung nach der Europäischen Föderation mit der Möglichkeit, im Rahmen einer solchen Föderation einen befriedigenden Ausgleich zwischen dem industriellen Westen und dem agrarischen Osten des Kontinents zu finden.

Karl Höltermann hält eine Anzahl von Formulierungen für zu wenig abgewogen und geeignet, Mißverständnisse und neue Angriffe von böswilligen Kritikern gegen die deutschen Sozialisten auszulösen. Die deutschen Sozialisten[3]

Eichler, der zu Beginn eine Übersicht über das Zustandekommen der Entschließung [gegeben] und sich mit den wesentlichen bis jetzt vorliegenden kritischen Einwendungen beschäftigt hatte, nahm abschließend zu den Anregungen der Diskussion Stellung.[4]

---

3 Vorlage: Satz bricht hier ab.
4 Die Notizen Eichlers für seine Einleitung finden sich in: AdsD Bonn, ISK, Box 50.

NR. 132

Protokoll der Mitgliederversammlung am 26. November 1943

AdsD Bonn, PV-Emigration, Mappe 5

Mitgliederversammlung der „Union" am 26. November 1943 im Austrian Labour Club[1]

Unter dem Vorsitz des Genossen Vogel spricht der Genosse Richard **Löwenthal** über die Bedeutung der Beschlüsse der Moskauer Konferenz.[2] Er untersucht den sachlichen Inhalt der Beschlüsse der Konferenz, soweit sie durch die Veröffentlichungen bekannt geworden sind, und stellt ihre Bedeutung im Hinblick auf die Politik der deutschen Sozialisten dar.

Dem interessanten Vortrag folgt eine lebhafte Fragestellung.

---

1 Eine Teilnehmerliste liegt nicht vor.
2 In der Moskauer Konferenz der Außenminister der UdSSR, USA, Großbritanniens und Chinas vom 19.–30. Oktober 1943 waren Festlegungen für die europäische Nachkriegsordnung getroffen worden. Unter anderem war die Gründung einer neuen internationalen Organisation besprochen sowie die Wiederherstellung Österreichs und die Anklageerhebung gegen Kriegsverbrecher beschlossen worden. Differenzen bestanden über eine Aufteilung Deutschlands. Auszüge aus der Erklärung der vier Nationen vom 1. November 1943 in: Hans-Jörg Ruhl, Neubeginn und Restauration. Dokumente zur Vorgeschichte der Bundesrepublik Deutschland 1945–1949, München 1982, S. 19f.

NR. 133

Protokoll der Exekutivkomiteesitzung am 8. Dezember 1943

AdsD Bonn, PV-Emigration, Mappe 5

Sitzung der Exekutive der „Union" am 8. Dezember 1943 im Trade Union Club

Anwesend: Vogel, Ollenhauer, Eichler, Gottfurcht, Schoettle, Walter.

Ollenhauer berichtet zunächst, daß auf Wunsch von Auerbach Besprechungen zwischen ihm und den Genossen Vogel und Ollenhauer stattgefunden haben, in denen Auerbach über seine persönlichen Unterhaltungen mit Kommunisten berichtet hat.[1] Gegenstand der Unterhaltungen war die Frage, ob die Bildung einer Gesamtvertretung der deutschen politischen Emigration auf der Grundlage eines gemeinsamen Aktionsprogramms anstelle des „Free Germany Committee" möglich wäre. Auerbach hält die Bildung einer solchen Vertretung für nützlich, er glaubt, die Kommunisten dafür gewinnen zu können, und er sieht auch die Möglichkeit, geeignete Vertreter der nichtsozialistischen politischen Emigration finden zu können. Alle bisherigen Besprechungen sind auf rein privater Grundlage geführt worden, für ihre Fortführung sei jedoch die prinzipielle Bereit-schaftserklärung der „Union", möglicherweise an einer solchen Gesamtvertretung teilzunehmen, notwendig. Auerbach hat auch einen ersten Entwurf für ein gemeinsames Aktionsprogramm ausgearbeitet. In der letzten Unterhaltung mit Auerbach ist er darauf aufmerksam gemacht worden, daß nach dem Verlauf der Teheran-Konferenz die Aus-sichten für eine positive Arbeit einer solchen Gesamtvertretung sehr gering seien und daß es daher zweifelhaft sei, ob der gegenwärtige Augenblick der geeignete Zeitpunkt für eine solche Initiative sei.

In der Diskussion über diesen Bericht ergibt sich, daß Übereinstimmung darüber be-steht, im Augenblick die Sache nicht weiter zu verfolgen und Auerbach in diesem Sinne zu informieren.

Eine Diskussion über einen Vorschlag von Hiller, eine sozialistische Einheitspartei unter maßgebender Beteiligung der „Union" und unter Hinzuziehung der anderen sozialistischen Gruppen zu bilden, ergibt, daß die Exekutive keine Veranlassung sieht, diesen Vorschlag näher zu diskutieren.[2]

---

1 Auerbach hatte am 25. November 1943 einen kritischen Kommentar an Vogel zur Resolution der Union über die Internationale Politik gesandt. AdsD Bonn, PV-Emigration, Mappe 17. Vgl. Rö-der, Exilgruppen, S. 206.

2 Kurt Hiller (FDS) hatte am 2. November 1943 an Vogel seine Stellungnahme zur Deklaration der Union gesandt. Am 20. November 1943 schrieb er nochmals zur Deklaration und unterbreitete einen etwas unklaren Vorschlag zur Bildung eines auf Einzelpersonen gegründeten Arbeitskreises der Emigration. AdsD Bonn, PV-Emigration, Mappe 43. Als Vogel ihm am 12. Dezember 1943

Genosse **Vogel** berichtet über eine Unterhaltung mit Carl Herz, der mit der „Fight for freedom" gebrochen habe.[3] Herz hat in dieser Unterhaltung wiederum auf seine großen Erfahrungen auf dem Gebiet der öffentlichen Verwaltung verwiesen und die bisher vorliegenden Vorschläge auf diesem Gebiet für die Programmberatungen der „Union" kritisiert. Er wäre bereit, vor einem größeren Kreis der „Union" seine Vorstellungen zu entwickeln.

Es besteht bei allen Mitgliedern der Exekutive keine Neigung, diesem Angebot Rechnung zu tragen, und Vogel zieht daraufhin seine Anregung zurück.

Es wird beschlossen, die nächste Versammlung der „Union" am 21. Januar abzuhalten. Über das Thema soll in einer späteren Sitzung Beschluß gefaßt werden.[4]

---

mitteilte, er würde ihm gerne das Ergebnis der Unions-Besprechung in einem persönlichen Gespräch im Beisein Ollenhauers mitteilen, stellte Hiller Bedingungen für eine Aussprache. Daraufhin zog Vogel in seinem Schreiben am 16. Dezember 1943 das Angebot zurück. AdsD Bonn, PV-Emigration, Mappe 141. Am 29. Dezember 1943 bestätigte Hiller den Eingang des Briefes von Vogel mit der Ablehnung von Geprächen über eine einheitliche Partei Deutscher Sozialisten. AdsD Bonn, PV-Emigration, Mappe 43; vgl. auch Nr. 137.

3 Herz hatte Loeb in einem Brief vom 11. August 1943 vorgeworfen, ihn aufgrund eines Vortrages ohne Anhörung verurteilt und ihm Verbeugung vor den Russen, Angriff auf die USA und scharfe antipolnische Stellung vorgehalten zu haben. Herz schied nach dreijähriger Zusammenarbeit mit Loeb aus der FFF aus. In: IISG Amsterdam, NL Herz, Mappe 56.

4 Eine weitere Sitzung der Exekutive ist in den Notizkalendern von Ollenhauer und Gottfurcht am 23. Dezember 1943 eingetragen. Ein Protokoll für diese Sitzung liegt nicht vor.

NR. 134

Protokoll der Exekutivkomiteesitzung am 11. Januar 1944

AdsD Bonn, PV-Emigration, Mappe 5

Sitzung der Exekutive der „Union" am 11. Januar 1944 in der Alliance Hall[1]

Anwesend: Vogel, Ollenhauer, Gottfurcht, Eichler, Schoettle und Neumann.

Zur Beratung steht die Versammlung der „Union" am 21. Januar. Es wird beschlossen, zunächst den Versuch zu machen, den Genossen Emanuel Scherer zu einem Vortrag über die amerikanische Arbeiterbewegung zu gewinnen. Falls der Genosse Scherer nicht zusagt, soll mit dem Genossen Paul Anderson (Peter Petersen)[2] gesprochen werden, um ihn für einen Vortrag über die Lage in Deutschland zu erhalten.

Beschlossen wird, zu dieser Versammlung eine Reihe von Genossen einzuladen, die keiner der der „Union" angeschlossenen Organisationen angehören. Es wird über die Liste der einzuladenden Genossen und über den Text des ihnen zuzusendenden Schreibens Übereinstimmung erzielt.

Als Termin für die gemeinsame Sitzung der Exekutive und der Politischen Kommission zur Beratung der Vorschläge für das Programm über Erziehungs- und Kulturfragen wird Sonnabend, der 22. Januar[3], nachmittags 3 Uhr festgelegt.

---

1 Die Alliance Hall befand sich im Stadtteil Westminster, Ecke Palmer und Caxton Street.
2 Paul Anderson (Pseudonym Peter Petersen) war seit 1942 Mitarbeiter (Autor, Sprecher, Kommentator) im Deutschen Dienst der BBC, u.a. der Arbeiterstunde. Vgl. Pütter, Rundfunk, S. 87.
3 Vorlage: „November". – Die Sitzung wurde auf den 5. Februar 1944 verschoben und sollte bei Heidorn in Alvanley Gardens stattfinden. Für die Sitzung liegt kein Protokoll vor. Hs. Vermerk Ollenhauers auf der Einladung vom 14. Januar 1944; in: AdsD Bonn, PV-Emigration, Mappe 13.

NR. 135

*Kassenbericht der „Union" für die Jahre 1941, 1942 und 1943
vom 14. Januar 1944*

Adsd Bonn, PV-Emigration, Mappe 13

Union deutscher sozialistischer Organisationen in Grossbritannien.[1]

A. Kassenbericht 1941.

1. Einnahmen:

Mai	6.	ISK, Beitrag Mai 1941	£ 2. –. –
"	9.	Neu Beginnen, Beitrag Mai 1941	£ 2. –. –
"	12.	SPD, Beitrag Mai 1941	£ 2. –. –
Juni	13.	Überschuß Maifeier 1941	£ –.19. 9
		SAP, Beitrag Mai-Juni 1941	£ 4. – –
		ISK, Beitrag Juni 1941	£ 2. –. –
		SPD, Beitrag Juni 1941	£ 2. –. –
"	30.	News Letter, Zahl[un]g Ciołkosz	£ –. 3. –
Juli	8.	ISK, Beitrag Juli 1941	£ 2. –. –
"	23.	SAP, Beitrag Juli 1941	£ 2. –. –
		SPD, Beitrag Juli 1941	£ 2. –. –
Aug.	13.	News Letter, Zahl[un]g Auerbach	£ –. 5. –
		News Letter, Zahl[un]g IGB	£ –.10. –
"	14.	News Letter, Zahl[un]g M[inistry] of I[nformation]	£ –. 5. –
"	21.	News Letter, Zahl[un]g Centr[al] News Ag[ency] China	£ –.10. –
Sept.	1.	News Letter, Zahl[un]g H. Preiss	£ –. 5. –
"	3.	SAP, Beitrag August 1941	£ 2. –. –
		SPD, Beitrag August 1941	£ 2. –. –
"	10.	ISK, Beitrag Aug[ust]-Sept[ember] 1941	£ 4. –. –
	16.	SAP, Beitrag Sept[ember] 1941	£ 2. –. –
		News Letter, P. Beard-Oxford	£ –. 3. –
Nov.	24.	SAP, Beitrag Okt[ober]-Nov[ember] 1941	£ 2. –. –
		SPD, Beitrag Sept[ember], Okt[ober], Nov[ember] 1941	£ 4. –. –
"	28.	ISK, Beitrag Okt[ober]-Dez[ember] 1941	£ 3. –. –
"	29.	News Letter, Princeton University	£ –.10. –
Dez.	20.	News Letter, London School of Economics	£ –. 5. –

---

1 Vorlage: Überschrift ms. doppelt unterstrichen, weitere Überschriften ms. unterstrichen.

Dez.	31.	News Letter, M[inistry] of I[nformation]	£ –. 5. –
		SPD, Beitrag Dezember 1941	£ 1. –. –
			£44. –. 9

2. Ausgaben

Juni	13.	Druckrechnung „News Letter Nr. 1" (Schuricht)	£ 1. 5. 8
		Papier, Rundschr[eiben]	
		„News Letter Nr.1" (Schuricht)	£ 4. 2. –
		Portokosten Versand News Letter Nr.1	£ 1.11. –
”	30.	Vervielfältigungen (Lorenz)	£ –.10. 3
		Portoauslagen März bis Mai 1941	£ –.10. 5
Juli	31.	Saalmiete TUC	£ –. 5. –
Aug.	8.	Portokosten Versand News Letter Nr. 2	£ 1.12. 8
		Portokosten bis 8. 8.	£ –. 2. 1
”	27.	Druckrechnung News Letter Nr. 2 (Lorenz)	£ 1. 9. 6
”	31.	Portoauslagen August	£ –. 1. 6
Sept.	30.	Portoauslagen September	£ –. 5. 9 1/2
Okt.	31.	Portoauslagen Oktober	£ –. 1. 5 1/2
Nov.	30.	Portoauslagen November	£ –. 1. – 1/2
Dez.	9.	Saalmiete Conway Hall	£ –.11. –
”	23.	Telegramm Siemsen-Buenos Aires	£ 1. 9.10
”	31.	Portokosten Versand Entschließung	£ 1.13.11 1/2
		Portoauslagen Dezember	£ –. 6. 2
		Druckkosten Entschließung (Lorenz)	£ 2.12. 9
”	31.	Bestand	£25. 8. –
			£44. –. 9

B. Kassenbericht 1942

1. Einnahmen:

Januar	1.	Kassenbestand	£25. 8. –
”	30.	SAP, Beitrag Dez[ember] 41, Jan[uar] 42	£ 2. –. –
Febr.	6.	Neu Beg[innen], Beitrag Dez[ember] 41 – Juni 42	£ 2. –. –
		ISK, Beitrag Jan[uar] – Feb[ruar] 1942	£ 2. –. –
März	2.	News Letter, Zahl[un]g Jewish Labour Tel Aviv	£ 2. –. –
April	8.	SAP, Beitrag Februar – April 1942	£ 3. –. –
		Neu Beg[innen], Beitrag Okt[ober] – Nov[ember] 41,	
		Febr[uar] 42	£ 3. –. –
Mai	7.	ISK, Beitrag März – April 1942	£ 2. –. –
”	31.	Überschuß Maifeier 1942	£ 2.13.11 1/2
Juli	8.	Neubeg[innen] Beitrag März 1942	£ 1. –. –
August	12.	SAP, Beitrag Mai – Juli 1942	£ 3. –. –
”	31.	SPD, Beitrag Januar – Juni 1942	£ 6. –. –

Dezember31.		SPD, Beitrag Juli – Dezember 1942	£ 6. –. –
			£ 60. 1.11 1/2

2. Ausgaben:

Januar	31.	Portoauslagen Januar	£ –. 2. 6
Februar	16.	Vervielfältigung Erklärung (Schuricht)	£ 1. 6. 6
"	25.	Portokosten Versand Erklärung	£ 1. 3. 4
"	28.	Portoauslagen Februar	£ –. 3. 8
"	28.	Saalmiete TUC (Jan.-Februar)	£ –.12.6
März	31.	Portoauslagen März	£ –. 1. – 1/2
April	8.	Saalmiete ALC	£ –. 6. –
"	21.	Übersetzungshonorar	£ –. 6. –
"	30.	Portoauslagen April	£ –. 9. 4 1/2
Mai	31.	Portoauslagen Mai	£ –. 1. 3
Juni	20.	Portokosten Versand Erklärung Lidiče	£ 1.12.9
"	30.	Adressbuch alliierte Regierungen	£ –. 5. 6
"	30.	Zuschuß internationaler Frauenabend	£ –. 7. 6
"	30.	Portoauslagen Juni	£ –. 8.11 1/2
Juli	8.	Saalmiete TUC	£ –.15.–
"	27.	Papier und Druck Erklärung Lidice	£ 3.17.7
"	31.	Portoausgaben Juli	£ –. 2. 1
August	16.	Saalmiete ALC	£ –.10.–
"	31.	Portoauslagen August	£ –. 4. 7
Sept.	30.	Portoauslagen September	£ –. 2. 8 1/2
Oktober	14.	Saalmiete ALC	£ –. 6. –
"	30.	Saalmiete ALC	£ –. 7. –
"	31.	Portoauslagen Oktober	£ –. 2. 8 1/2
November30.		Portoauslagen November	£ –. 1. – 1/2
		Saalmiete TUC	£ –.10.–
Dezember 1.		News Letter, Rückzahlung Princeton University	£ –. 5. –
"	10.	Saalmiete ALC	£ –.12.6
"	31.	Zuschuß Sport-Internationale	£ 1. –. –
"	31.	Portoauslagen Dezember	£ –.11. 9 1/2
		Büromaterial 1942 (Pauschale, 10 sh à Monat)	£ 6. –. –
"	31.	Bestand	£ 37. 7. 1
			£ 60. 1.11 1/2

Union deutscher sozialistischer Organisationen in Großbritannien
C. Kassenbericht 1943

1. Einnahmen

Januar 1.		Kassenbestand	£ 37. 7. 1
"	20.	ISK, Beitrag Mai – Dez[ember] 1942, Jan[uar] – Febr[uar] 43	" 10. –. –

„	27.	SAP, Beitrag August – Dezember 1942	„	5. –. –
April	14.	Neu Beg[innen], Beitrag Juni – August 1941	„	6. –. –
Mai	9.	SAP, Beitrag Januar – Mai 1943	„	5. –. –
Juli	27.	Neu Beg[innen], Beitrag Sept[ember] 41, April – Juni 42	„	5. –. –
„	28.	ISK, Beitrag März – Dezember 1943	„	10. –. –
Dezember	9.	Neu Beg[innen] Beitrag Juli – November 1942	„	5. –. –
„	9.	ISK, Zahlung für Sonderdruck Statement	„	1.16. –
„	31.	SAP, Beitrag Juni – Dezember 1943	„	7. –. –
„	31.	SPD, Beitrag Januar – Dezember 1943	„	12. –. –
				£ 104.3. 1

2. Ausgaben

Januar	20.	Saalmiete Caxton Hall	£	6. 6. –
„	30.	Honorar Berend	„	1. 1. –
„	30.	Portoauslagen Kundgebung 29.1.	„	–. 9. 7 1/2
„	31.	Portoauslagen Januar	„	–. 3. 10 1/2
Februar	18.	Zahl[un]g Schuricht (Drucks[ache] Kundg[ebung])	„	2. 11. –
„	18.	Zahl[un]g Schuricht (Druck Ref[erat] Ollenh[auer])	„	2. 11. –
„	28.	Portoauslagen Februar	„	1. –. – 1/2
März	6.	Saalmiete Trade Union Club	„	–. 12. 6
„	23.	Zahl[un]g Schuricht (Ber[icht] Kund[gebung] 29. 1.)	„	2. 2. 6
„	26.	Zuschuß Sozialistische Jugend	„	3. –. –
„	31.	Portoauslagen März	„	–. –. 7 1/2
April	29.	Jahresbeitrag Trade Union Club	„	1. 1. –
„	30.	Portoauslagen April	„	–. 2. 6
Mai	14.	Miete Sudetenheim	„	–. 10. –
„	31.	Portoauslagen Mai	„	–. 5. 6
„	31.	Büromaterial	„	–. 6. –
Juni	30.	Zahl[un]g Schuricht (Vorschl[ag] Progr[amm] Ber[atung])	„	3. 18. 3
„	30.	Miete Austrian Labour Club	„	1. 1. –
„	30.	Portoauslagen Juni	„	–. 5. 10 1/2
Juli	31.	Portoauslagen Juli	„	–. 4. 2 1/2
August	31.	Portoauslagen August	„	–. 4. 6 1/2
„	31.	Miete Trade Union Club	„	–. 10. –
Septemb[er]	30.	Portoauslagen September	„	–. 5. 11 1/2
Oktober	10.	Miete Austrian Labour Club	„	–. 12. 6.

Oktober	18.	Zahl[un]g Schuricht (Vorschl[ag] Progr[amm] Ber[atung])	"	1. 9. 9[2]
"	31.	Porto Versand Intern[ationale] Entschließung	"	2. 17. 8 1/2
"	31.	Portoauslagen Oktober	"	−. 5.10.
November	18.	Miete Austrian Labour Club	"	−.12. 6.
"	30.	Druckrechnung Inter[nationale] Entschließung	"	5.10. −
"	30.	Portoauslagen November	"	−. 13. 2 1/2
Dezember	22.	Wachspl[atten] u[nd] Beschr[eiben] Vorschl[ag] Progr[amm] Ber[atung]	"	4. 14. −
"	29.	Zahl[un]g Schuricht (Vorschl[ag] Progr[amm] Ber[atung])	"	1. 10. −
"	29.	Miete Austrian Labour Club	"	−. 12. 6
"	29.	Miete Trade Union Club	"	−. 10. −
"	31.	Portoauslagen Dezember	"	−. 3. 4
"	31.	Rückzahl[ung] an SPD f[ür] Bürounkosten	"	6. −. −
"	31.	Bestand	"	50. 17. 9
				£ 104. 3. 1

14. Januar 1944

---

2 Vorlage: Letzte Zahl unleserlich, ergänzt nach Rechnung.

NR. 136

Protokoll der Mitgliederversammlung am 21. Januar 1944

AdsD Bonn, PV-Emigration, Mappe 5

Mitgliederversammlung der „Union" am 21. Januar 1944[1] im Austrian Labour Club

Anwesend: siehe Anwesenheitsliste[2]

---

1 Vorlage: Ms. geschriebenes Datum „26. November 1943" durchgestrichen, „21. Januar 1944" hs. eingesetzt.

2 Anwesend nach Anwesenheitsliste:

Bondy	Paul	Heidorn	W.	Plöger	M.
Brakemeier		Kamnitzer	Heinrich	Pringsheim	K.
Dannenberg	Alfr.	Kappius	J.	Pringsheim	L
Doberer	Kurt	Klatt	G.	Putzrath	E.
Dyrenfurth		Kohane	Lotte	Putzrath	Heinz
Ehlmann	K.	Krautter	R.	Salomon	Friedrich
Fink	H.H.	Levi	A.	Sander	Wilhelm
Fliess	Jenny	Lewin	Hans	Scherer	Emanuel
Fliess	L.	Lichtenstein	A.	Schiff	Victor
Freudenberg	R.	Löwenstamm	Ilse	Schoettle	Erwin
Friedlander		Luetkens	Ch.	Segall	Fritz
Fröhlich	Ernst	Mayer	Erna	Sorg	Heinrich
George	H.	Meyer	Hermann	Spreewitz	Gustav
Gleinig	Emmi	Möller-Dostali	Rudolf	Straus	
Grae[tzer	Rosi]	Neumann	Robert	Vogel	Hans
Guttsman(n)	S.	Olbrisch		Vogel	Dina
Guttsman(n)	Willi	Ollenhauer	Martha	Wills	Eug.

Am Ende der handschriftlichen Liste ist vermerkt: 51 Personen.

Brakemeier, Rudolf, *1903, Mechaniker, FAV, 1938 ČSR, GB.

Ehlmann, Karl Heinrich, *1898, KZ-Haft, 1935 Dänemark, 1939 Norwegen, 1940 GB.

Fink, Heinz, 1914, SAP, Chemiker, 1934 GB.

Fliess, Leni, ISK, SJ.

Guttsman, Wilhelm Leo, (Willi), *1920, Angestellter, 1939 GB, London School of Economics und Bibliothekar in Norwich, SJ.

Klatt, Grete, (geb Buchholz), *1902 Ehefrau von Werner Klatt, 1939 Schweiz, GB.

Kohane, Lotte (geb. Schwalb), *1912, Sekretärin, urspr. poln., SAP, 1936 Schweiz, 1937 GB.

Levi, Arthur, *1922, 1937 GB, Metallarbeiter, ISK, SJ, 1946 Rückkehr, u.a. Bürgermeister von Göttingen.

Löwenstamm, Ilse, *1908, Fürsorgerin, ZdA, ISK – 1932, 1939 GB.

Luetkens, Dr. Charlotte, 1896–1967, 1920–22 Sekretärin d. dt. SAI-Sektion, Auslandskorrespondentin, 1937 GB, bis 1949 Dozentin für Soziologie an Universität London, enge Kontakte zur Labour Party und Neu Beginnen, CEJC, als Leiterin des Advisory Committee der LP mit Beratung der brit. Deutschland-Propaganda befaßt, 1943 GER, 1949 Rückkehr nach Deutschland (Bonn), verschiedene Ämter in Europa-Institutionen.

Mayer, Erna, nicht ermittelt.

Olbrisch, Charlotte, *1910, Stenotypistin, KPD 1926–1936, ZdA, 1933–36 KZ, 1937 ČSR, 1939 GB, 1946 SPD.

Genosse **Vogel** eröffnet die Sitzung und begrüßt den Genossen Scherer. Er verbindet seine Begrüßung mit der Erinnerung an die gute Zusammenarbeit mit dem Genossen Zygielbojm und bringt dem Genossen Scherer die Sympathie der deutschen Sozialisten mit dem leidenden und kämpfenden polnischen Volk und vor allem mit den jüdischen Arbeitern in Polen zum Ausdruck. Er gibt der Hoffnung Ausdruck, daß das Verhältnis zwischen der Arbeiterbewegung in Polen und der deutschen Arbeiterbewegung auch in der Zukunft getragen sein möge vom Geist der internationalen Verständigung und der Solidarität.

Genosse **Scherer** dankt zunächst für die Begrüßung durch den Vorsitzenden und erklärt, daß die Genossen des „Bund" auch in der Zukunft einen Unterschied machen werden zwischen jenen Deutschen, die für das Schreckensregime in Polen, vor allem unter den Juden in Polen, verantwortlich sind, und den deutschen Sozialisten, die der Sache der Freiheit und des Sozialismus treu geblieben sind.

In seinem Vortrag über die amerikanische Arbeiterbewegung gibt der Genosse Scherer einen sehr instruktiven Überblick über den Stand der amerikanischen Arbeiterbewegung und hebt besonders ihre Verschiedenheiten gegenüber der europäischen Arbeiterbewegung hervor. Der Vortrag findet starken Beifall. Es folgen Fragestellungen.

Pringsheim, Karl, *1907, SPD 1926, SPD-OV-VS Darmstadt, 1933 Emigr. Wien.
Pringsheim, Lilly, *1906, Österreicherin, Kontoristin, SPÖ, Wien, 1938 ČSR, 1938 GB, Ehefrau von Karl P.
Putzrath, Edith, nicht ermittelt.
Straus, Margarete, *1908, Fabrikarbeiterin, Brüder SPD, London 1939, LP.
Wills, Eugene, d.i. Eugen Aronson, SPD, RB, KZ, 1935 ČSR, GB 1938, LdG.

NR. 137

Protokoll der Exekutivkomiteesitzung am 29. Januar 1944

AdsD Bonn, PV-Emigration, Mappe 5

Sitzung der Exekutive der „Union" am 29. Januar 1944 Alvanley G[a]rd[en]s[1]

Anwesend: Vogel, Ollenhauer, Gottfurcht, Eichler, Schoettle, Walter.

Ollenhauer berichtet zunächst über die Differenzen, die im Freien Deutschland Komitee, London, zwischen Sozialdemokraten, Bürgerlichen auf der einen und den Kommunisten auf der anderen Seite entstanden sind. Schiff forderte eine Stellungnahme des Komitees zu den Annexionsforderungen der polnischen Patrioten in Moskau.[2] Die Kommunisten lehnten ab. Es wird jetzt noch in einer Unterkommission über eine Kompromißlösung beraten, es ist aber unwahrscheinlich, daß eine Verständigung zustande kommt.

Die Meldungen des Moskauer Rundfunks über die Gründung eines Frei[en] Deutschland-Komitees unter Führung und Beteiligung von Gewerkschaftern und Sozialdemokraten ist falsch. Tarnow und Polenske haben mitgeteilt, daß es sich um die Gründung eines Kulturbundes mit absolut unpolitischen Zielsetzungen handelt.[3] Auch aus

---

1 In Alvanley Gardens 9, einem Einfamilienhaus in London NW wohnten mehrere Mitglieder des ISK, z.B. Willi Heidorn. Das Haus mit seinem geräumigen Wohnzimmer war seit 1943 zu einem der Treffpunkte für Besprechungen im Rahmen der Union geworden.

2 Auf der Konferenz in Teheran war am 1. Dezember 1943 die Frage der künftigen polnischen Grenzen behandelt worden. Die Grenze zur Sowjetunion sollte durch die Curzon-Linie gebildet werden, im Westen sollte Polen zum Ausgleich die deutschen Gebiete bis zur Oder erhalten (Ostpreußen, Hinterpommern und Schlesien). Am 11. Januar 1944 veröffentlichte die Sowjetunion eine entsprechende Erklärung. Während der um die Jahreswende gebildete polnische Landesnationalrat diese Pläne akzeptierte und forderte, „daß die Gebiete im Westen und Norden, die zwangsweise germanisiert worden waren, an Polen zurückgegeben werden" (Waldemar Tuszynski/Tadeusz Tarnogrodzki, Geschichte des polnischen Widerstandskampfes 1939–1945. Militärhistorischer Abriß, Berlin 1980, S. 193), weigerte sich die polnische Exilregierung in London, die Curzon-Linie zu akzeptieren. Die beabsichtige Abtrennung deutscher Gebiete führte zum Konflikt in der FDB zwischen den Kommunisten, die dies befürworteten, und einem Teil der nichtkommunistischen Mitglieder, die dies ablehnten. Vgl. Alexander Fischer (Hrsg.), Teheran Jalta Potsdam. Die sowjetischen Protokolle von den Kriegskonferenzen der ‚Großen Drei', Köln 1968; Lothar Gruchmann, Der Zweite Weltkrieg. Kriegführung und Politik, München 1967, S. 357; Röder, Exilgruppen, S. 212f.

3 Fritz Tarnow hatte am 6. Dezember 1943 Vogel sein Einverständnis mit der Erklärung der Union über die internationale Politik mitgeteilt und ihn über eigene ähnliche Erklärungen und die Zusammenarbeit mit der KPD informiert. Am 28. Januar 1944 telegrafierten Tarnow/Polenske an Vogel: „Moscowreport about Stockholm Committee false stop founded Kulturbund absolute nonpolitical purpose guaranted = Fritz Tarnow Polenske". Vogel berief sich in einem Schreiben an Hiller vom 9. März 1944 auf die von Tarnow mit diesem Brief übersandten Materialien wie die

anderen Mitteilungen ist ersichtlich, daß es sich bei der Stockholmer Gründung um den Versuch handelt, durch kulturelle und wissenschaftliche Veranstaltungen das Ansehen der freien deutschen Kultur und Wissenschaft in schwedischen Kreisen zu erhalten und zu fördern.

Die Mitglieder der Exekutive erhalten eine Abschrift des Programms der deutschen Sozialisten in der Schweiz[4], das uns durch Willi Eichler zugestellt wurde und das auch den Freunden in USA zugestellt werden soll.

Es wird beschlossen, die nächste Mitgliederversammlung der „Union" am Freitag, dem 18. Februar, im Austrian Labour Club abzuhalten. Da der Genosse Anderson nicht in der Lage ist zu sprechen, wird der Genosse Erwin Schoettle gebeten, über die Lage in Deutschland zu sprechen. Das genaue Thema wird noch vereinbart werden.[5]

Die Einladung von Gästen zu den Versammlungen der „Union" hat einen guten Erfolg gehabt. Es liegt noch eine Reihe von Vorschlägen für derartige Einladungen vor, die im einzelnen besprochen werden und über die Einverständnis erzielt wird.[6]

Ollenhauer berichtet über eine Unterhaltung mit Hiller, Bondy und Dr. Kaufmann, die durch die Vermittlung von Bondy zustande kam und dem Zweck diente, die Möglichkeiten für ein besseres freundschaftliches Verhältnis mit dem Freiheitsbund deutscher Sozialisten zu untersuchen.[7] Inzwischen hat auch eine Aussprache Schoettle-Hiller stattgefunden, eine Aussprache Eichler-Hiller ist vorgesehen. In der Besprechung zwischen Vogel und Hiller wurden die beiderseitigen Auffassungen offen und freundschaftlich dargelegt. Die Aussprache endete mit der Vereinbarung, den Versuch zu machen, eine ähnliche unverbindliche und freundschaftliche Aussprache mit allen Mitgliedern der Exekutive der „Union" durchzuführen. Hinsichtlich der Möglichkeit einer ständigen

---

Satzung des FDKB, die unpolitisch sei. AdsD, HBA, NL Tarnow, K 1; NL Gottfurcht K 4; PV-Emigration, Mappen 134, 142.

4 Zwei Abschriften der Erklärung mit verschiedenem Titel „Programmatische Vorschläge deutscher Sozialisten in der Schweiz" vom 18. Oktober 1943, bzw. „Einige Thesen zum Wiederaufbau Deutschlands, aufgestellt von einer Gruppe deutscher Sozialisten in der Schweiz" finden sich in: AdsD Bonn, PV-Emigration, Mappe 184; abgedruckt in: SM, Nr. 58/59, Januar-Februar 1944, S. 22. In acht stichwortartigen Punkten wird u.a. die „Ausrottung des preußisch-deutschen Militarismus", die Beseitigung von NS-Gesetzen und Organisationen, die „Reinigung des Staatsapparates von allen Nationalsozialisten", „die Enteignung der Großgrundbesitzer, Sozialisierung der Schwerindustrie und des Banken- und Kreditwesens" gefordert. Das neue Deutschland sollte eine „föderative Republik" mit „demokratische[r] Selbstverwaltung der Länder und Gemeinden" sein, die Volkswirtschaft „nach einem einheitlichen Plan unter Ausschaltung des kapitalistischen Profitstrebens" aufgebaut und Deutschland in eine „europäische und internationale Rechtsgemeinschaft" integriert werden.

5 Das Protokoll der Versammlung am 18. Februar fehlt. Zur Diskussion über dieses Referat vgl. Nr. 139.

6 Eine Vorschlagsliste des ISK findet sich in: AdsD Bonn, ISK, Box 51.

7 Trotz der Rücknahme des Angebots von Vogel war es anscheinend zu einer Aussprache mit Hiller gekommen. Ein weitere Aussprache der Union mit Hiller fand am 29. März 1944 statt. Vogel an Hiller vom 22.3.1944, AdsD Bonn, PV-Emigration, Mappe 142.

Zusammenarbeit mit Hiller im Rahmen der „Union" sind die meisten Mitglieder der Exekutive skeptisch, es besteht aber die Bereitschaft, eine Aussprache im Sinne der Anregung Vogels durchzuführen.

Auf Anregung von **Gottfurcht** wird beschlossen, die von Gottfurcht verauslagten Unkosten für die Gründung von Internationalen Labour Clubs in Manchester und Glasgow zu übernehmen[8].

---

8 Da der größte Teil der in der LdG organisierten Mitglieder außerhalb Londons lebte, waren auch Gruppen in Leeds, Yorkshire, Manchester, Salford, Glasgow, Birmingham, Llangollen, gegründet worden. Vgl. Röder, Exilgruppen, S. 61.

NR. 138

Protokoll der Exekutivkomiteesitzung am 29. Februar 1944

AdsD Bonn, PV-Emigration, Mappe 5

Sitzung der Exekutive der „Union" am 29. Februar 1944 im Trade Union C[lub]

Anwesend: Vogel, Ollenhauer, Eichler, Schoettle, Walter, Gottfurcht.

Es wird zunächst über die Fortführung der letzten Versammlung mit dem Referat Schoettle beraten. Nach einer längeren Aussprache wird beschlossen, die nächste Versammlung der „Union" zu einer Aussprache über das Referat zu benutzen. Schoettle wird beauftragt, noch einmal die wichtigsten Punkte seines Referats darzustellen und eine Übersicht der Reaktion in der englischen Presse auf die letzte Churchill-Rede[1] zu geben. Die Einführung soll etwa zwanzig Minuten dauern, damit zwei Stunden für die Aussprache zur Verfügung stehen. Die Versammlung wird am Sonntag, dem 19. März, vormittags 10.15 Uhr im Austrian Labour Club stattfinden.[2]

Eichler wird gebeten, dem Genossen Reichenbach auf seinen Beschwerdebrief[3] noch im Namen der Exekutive zu antworten und zu unterstreichen, daß eine Abwürgung der Diskussion nicht beabsichtigt war.

In einer späteren Sitzung der „Union" soll über eine eventuelle Stellungnahme der „Union" zu den letzten Erklärungen Churchills und Edens[4] beraten werden. Eichler wird gebeten, einen Entwurf für eine solche Stellungnahme auszuarbeiten.

Auf Grund weiterer Vorschläge für einzuladende Gäste zu den Versammlungen wird beschlossen, in Zukunft auch einzuladen: Walter Kühnberg[5], Wilhelm Russo[6], Dr. Her-

---

1 Vgl. weiter unten Anm. 4
2 Vgl. Nr. 139.
3 Bernhard Reichenbach hatte am 21. Februar 1944 an das Exekutivkomitee der Union geschrieben und gegen das Beenden der Diskussion nach dem Vortrag von Schoettle am 18. Februar protestiert. AdsD Bonn, ISK, Box 51.
4 Vgl. die Auszüge aus den Reden Churchills und Edens im Unterhaus am 22. bzw. 23. April 1944 in: SM, Nr. 60/61, März/April 1944, S. 20–22. Beide betonten darin das Einverständnis mit der Sowjetunion über die Verlegung der sowjetisch-polnischen Grenze an die Curzon-Linie und die Entschädigung Polens durch deutsche Gebietsabtretungen im Westen und Norden Polens. Außerdem wiesen sie darauf hin, daß „unconditional surrender" die Nichtanwendung der „Atlantic Charter" auf Deutschland beinhalte. Im Augenblick der Kapitulation würden die Verbündeten gegenüber Deutschland durch keinerlei Verträge und Verpflichtungen gebunden sein. Vgl. auch Gruchmann, Der Zweite Weltkrieg, S. 362.
5 Kühnberg, Walter, *1911, Journalist, SAP, 1934 ČSR, dann NB, 1939 GB, Mitglied Fabian Society, ab 1942 Bibliothekar bei Reuters Ltd.
6 Russo, Dr. Wilhelm, *1900, Journalist, Sprachlehrer, KPD, ISK, 1936 ČSR, 1939 Frankreich, 1939 GB, 1940/41 interniert, Sprachlehrer in London, GER, 1945 SPD.

bert Friedenthal[7], Dr. Kurt Hiller, Felix Kaufmann[8]. Die Einladung von Dr. Dosio Koffler[9] soll davon abhängig gemacht werden, daß Koffler deutscher Staatsbürger ist.

Es wird beschlossen, im Anschluß an die Maifeier des International Bureau der Fabian Society[10] eine Maifeier für die Mitglieder der „Union" zu veranstalten. Die Feier soll am Sonntag, dem 30. April, abends 8 Uhr entweder in der Conway Hall oder im Heim der sudetendeutschen Genossen[11] stattfinden. Einzelheiten des Programms sollen später beraten werden.

Ein Antwortbrief der General Federation of Jewish Labour in Palestine[12] auf die internationale Entschließung der „Union" wird zur Kenntnis genommen.

7 Friedenthal Herbert H. (später Freeden), *1909, Journalist, Jüdischer Kulturbund, 1939 GB, nach Internierung Freiwilliger in der brit. Armee, 1942–50 Abteilungsleiter Jewish National Fund in GB, 1950 Israel.
8 Kaufmann, Felix, FDS.
9 Koffler, Dr. Dosio, 1892–1955, Schriftsteller, 1935 ČSR, 1939 GB, FDS.
10 Das Programm der Maifeier der Fabian Society und der dort gehaltene kurze Redebeitrag Ollenhauers findet sich in: AdsD Bonn, PV-Emigration, Mappe 36.
11 Der Sudetendeutsche Club befand sich in Hampstead, 90, Fitz Johns Avenue, London NW6 (Nähe Underground-Stationen Swiss Cottage, Finchley Road).
12 Das Executive Committee der Federation erklärte in seinem Brief vom 9. Januar 1944, als Sozialisten wäre für sie das Statement von großem Interesse, aber als Juden vermißten sie einen Punkt, der sich mit der Vernichtung der Juden beschäftige. Auf die damit verknüpfte Frage nach der Haltung zur Schaffung eines jüdischen Nationalstaates in Palästina antwortete Vogel namens der Union am 26. April 1944 ausweichend. AdsD Bonn, PV-Emigration, Mappen 44 und 142.

Nr. 139

Protokoll der Mitgliederversammlung am 19. März 1944

AdsD Bonn, PV-Emigration, Mappe 5

Mitgliederversammlung der „Union" am Sonntag, dem 19. März 1944 im Austrian Labour Club

Anwesend: siehe Anwesenheitsliste [1]

---

1 Anwesend nach Anwesenheitsliste:

Auerbach	Walter	independent	Miller	Susie	ISK
Bienenstock	Tauba	ISK	[Möller]-Dostali		SPD
Blumenreich	Erich	SPD	Neumann	Robert	SAP
Bondy	Paul	eingeladen	Olbrisch	Lotte	eingel[aden]
Burchett	E.	eingel[aden]	Ollenhauer	Erich	SPD
Dannenberg	Alfr.	ISK	Oppenheim	G.	eingel[aden]
Doberer	Kurt	SPD	Plöger	Marga	ISK
Dyrenfurth	Herbert	SPD	Putzrath	Edith	Unionsjugend
Ehlmann	K.	eingel[aden]	Putzrath	Heinz	Unionsjugend
Fichler	Willy	ISK	Rauschenplat	Hellmut v.	eingel[aden]
Fliess	Jenny	ISK	Reichenbach	Bernhard	eingel[aden]
Fliess	Leni	eingel[aden]	Russo	W.	e[ingeladen]
Friedenthal	Dr. Herbert	eingel[aden]	Salomon	Friedrich	SPD
Friedenthal	Marianne	eingel[aden]	Sander	Wilhelm	SPD
Fryd	B.	ISK	Schäffer	Peter	SAP
Gleinig	Emmi	ISK	Scheer	Kurt	SPD
Gleissberg	Gerhard	SPD	Schiff	Victor	SPD
Gotthelf	Herta	SPD	Schleiter	F.	eingel[aden]
Grae[tzer	Rosi]	SPD	Schoettle	Erwin	NB
Heidorn	Wilhelm	ISK	Schoettle	Helene	NB
Hermann	Grete	ISK	Sieder	I.	ISK
Jacob	C.	ISK	Sorg	Heinrich	SPD
Janovsky	Nelly	SAP	Spreewitz	Gustav	SAP
Kühnberg		eingel[aden]	Spreewitz	Heidi	SAP
Kappius	J.	ISK	Strobl	Anna	eingel[aden]
Kaufmann	Felix	e[ingeladen]	Urbann	Hedwig	ISK
Lewin	Hans	SPD	Vogel	Hans	SPD
Lichtenstein	A.	e[ingeladen]	Walter	Frida	SAP
Luetkens	Ch.	SPD	Walter	Nora	ISK
Mansbach	A.	SPD	Walter	Paul	SAP
Mayer	Erna	eingel[aden]	Wettig	L.	ISK
Meyer	Hermann	SPD	Wiest		eingel[aden]

Am Ende der Liste findet sich die hs. Aufstellung Vogels:

SPD	18
ISK	16
NB	2
SAP	7

Thema:[2] Diskussion über den Vortrag des Genossen Erwin Schoettle in der letzten Mitgliederversammlung der „Union": „Was wissen wir über Deutschland am Vorabende der Entscheidung".[3]

Gäste	18
Jugend	2
Auerbach	1
	64

Blumenreich, Erich, *1893, Kaufmann, 1933 ČSR, 1939 GB.

Friedenthal, Dr. Marianne, geb. Hochdorf, Ehefrau von Herbert F.

Jacob, Johanna Charlotte, ab 1945 verh. Heckmann, *1909, Tänzerin, Erzieherin, ISK, 1938 Dk, GB.

Oppenheim, G., nicht ermittelt.

Reichenbach, Bernhard, 1888–1975, KAPD, dann 1925 SPD, 1931 SAP, Rote Kämpfer, 1935 GB, Beitritt Labour Party, 1941–48 Mitarbeit bei Kriegsgefangenenschulung, Redakteur.

Spreewitz, Heidi, *1917, Kinderpflegerin, 1933 ČSR, 1939 GB, Antrag 22.4.1945 auf SPD-Mitgliedschaft.

Strobl, Anna, *1902, SAJ, KPO, 1934 Norwegen, 1940 GB.

Urbann, Hedwig, *1896, Fabrikarbeiterin, ISK, 1933 Frankreich, 1937 GB, LdG.

Wettig, Lieselotte, *1907, Lehrerin (Walkemühle), ISK, 1933 Österreich, Dk, 1938 GB, LdG, GER-Hauptausschuß.

Wiest, Fritz, *1895, DMV, KPO, 1936 ČSR, 1938 Norwegen, 1940 GB.

2 Vorlage: „Thema" ms. unterstrichen.

3 Für die Mitgliederversammlung am 18. Februar gibt es kein Protokoll, aber eine Teilnehmerliste. Von Schoettles Vortrag existieren seine Redenotizen „Randbemerkungen zur Lage in Deutschland", 10 S., und eine „Einleitung zur Diskussion", 2 S., die sich auf die Versammlungen am 18. Februar bzw. am 19. März 1944 beziehen: AdsD Bonn, NL Schoettle, Mappe 64.

Laut Anwesenheitsliste nahmen an der Unions-Versammlung am 18. Februar 1944 teil:

Auerbach	Walter	Gottfurcht	Hans	Milch	Toni
Bennemann	O.	Grae[tzer	Rosi]	Milch	Werner
Beyer	Anna	Gruenthal	Hedwig	Moeller-Dostali	Rudolf
Bienenstock	Tauba	Gruenthal	Martin	Neumann	R.
Blank	S.	Guttsman(n)	S.	Olbrisch	
Blumenreich	Erich	Guttsman(n)	Willy	Ollenhauer	Erich
Bondy	Paul	Heide	Paul	Ollenhauer	Martha
Borchardt	Lucy	Heidorn	Wilhelm	Plöger	Marga
Brakemeier	Rudolf	Hermann	Grete	Putzrath	E.
Dannenberg	Alfr.	Jahn	Hans	Putzrath	Heinz
Dyrenfurth	Herbert	Janovsky	N.	Rauschenplat	Hellmut
Ehlmann	K.	Kappius	J.	Rawitzki	K.
Eichler	W.	Klatt	G.	Reichenbach	Bernhard
Fink	H.H.	Krautter	Rudolf	Russo	
Fliess	Jenny	Leibetseder	H.	Salomon	Friedrich
Fliess	L.	Lesser	Erwin	Sander	Dorle
Friedländer	Martha	Lewin	Hans	Sander	Wilhelm
Fryd	T.	Lichtenstein	A.	Schachter	Karl, ALC
Galliner	P.	Löwenstamm	H.	Schäffer	Peter, SAP
Gaevernitz	R.S.	Löwenstamm	Ilse	Schiff	Victor
George	H.	Mansbach	A.	Segall	Fritz, SPD
Gleinig	E.	Mayer	Erna	Sonntag	Charlotte
Gleissberg		Meyer	Hermann	Sieder	I.

Die Aussprache wurde mit einer kurzen Übersicht des Genossen **Schoettle** über den Inhalt des Referats und mit einigen Bemerkungen über die inzwischen eingetretenen Ereignisse, insbesondere über die Churchill-Rede, eingeleitet. In der Diskussion wurde u.a. erörtert, ob und in welcher Weise die „Union" zu der Erklärung Churchills über die Atlantik-Charta[4] Stellung nehmen soll. Die Entscheidung über diese Frage wurde der Exekutive überlassen.

Sorg	Heinrich	Strobl	A.	Vogel	Hans
Sorg	Rosa	Thelen	H.	Walter	Nora
Specht	Minna	Urban(n)	H.	Wiest	
Spreewitz	Gustav	Vogel	Dina	Wolff	Fritz

Blank, Sally, nicht ermittelt.
Borchard, Lucy, 1877–1969, Reederin, 1938 Emigration GB.
Friedländer, Martha, *1896, Lehrerin, ISK, 1936 Dänemark, 1937 GB.
Grünthal, Hedwig, *1911, Verkäuferin, SPD, ZdA, Berlin, 1936 ČSR, 1939 GB.
Grünthal, Martin, nicht ermittelt.
Leibetseder, H., nicht ermittelt.
Lesser, Erwin, *1902, Verkäufer, SPD Berlin, 1935 ČSR, 1939 GB.
Löwenstamm, Hans, *1905, Kfm. Angestellter, KPD, KZ-Haft, 1939 GB.
Milch, Toni, Ehefrau von Werner Milch.
Sander, Dora, *1899, Stenotypistin, SPD Berlin, 1933 ČSR, 1938 GB, Ehefrau von Willy Sander.
Schachter, Karl, nicht ermittelt.
Sonntag, Charlotte, ISK, nicht ermittelt.
Wolff, Fritz, 1897–1946, KPD, Publizist und Graphiker, Emigration 1933 Frankreich, 1939–40 Hrsg. „Pariser Tageszeitung", 1942 GB, Sekretär des im Juli 1942 gegr. Emergency Bureau for the Rescue of German Anti-Nazi Refugees, 1943 FDB, 1944 Austritt, 1946 SPD London.

4 Churchill hatte in seiner Rede am 22. Februar 1944 erklärt, daß die Atlantik Charter nicht auf Deutschland anwendbar sei, es also nicht die dort festgelegten Rechte in Anspruch nehmen könne. Vgl. Nr. 138, Anm. 4.

NR. 140

Protokoll der Exekutivkomiteesitzung am 29. März 1944

AdsD Bonn, PV-Emigration, Mappe 5

Sitzung der Exekutive der „Union" am 29. März 1944 bei Heidorn

Anwesend: Vogel, Ollenhauer, Eichler, Schoettle, Robert Neumann, Gottfurcht.

Es wird beschlossen, die Maifeier der „Union" am Sonntag, dem 30. April, abends 7 Uhr im Sudetenheim abzuhalten. Mit der Ausarbeitung des Programms werden die Genossen Eichler, Schoettle und Anna Beyer beauftragt[1]. Die Ausgestaltung des Programms soll unter Hinzuziehung der Sozialistischen Jugend erfolgen. Als Redner wird Willi Eichler bestimmt.

Als Termin für die nächste Mitgliederversammlung der „Union" wird Freitag, der 19. Mai, in Aussicht genommen.

Die Anregung von Moeller-Dostali, eine „Roundtable-Konferenz" zur Besprechung des deutschen Problems zu veranstalten, wird abgelehnt. Es wird jedoch in Aussicht genommen, die Stellungnahme der „Union" zu der durch die Erklärung Churchills über die Gültigkeit der Atlantik Charter gegenüber Deutschland und zu der jüngsten Entwicklung der internationalen Politik in einem Statement der Labour Party zur Kenntnis zu bringen.[2] Der Genosse Eichler wird mit der Ausarbeitung eines Entwurfs beauftragt.

Die für heute in Aussicht genommene gemeinsame Besprechung der Mitglieder der „Union" und einiger Mitglieder des Hillerschen Bundes freiheitlicher Sozialisten ist nicht möglich, weil der Genosse Bondy an der Teilnahme verhindert war. Außerdem haben sich aus einem Briefwechsel zwischen Vogel und Hiller über die Vorgänge in der Stockholmer Emigration durch die Angriffe Hillers auf Tarnow neue Schwierigkeiten ergeben.[3] **Vogel** sieht keine Möglichkeiten, seine Bemühungen für eine Verbesserung der Beziehungen zwischen Hiller und uns fortzusetzen, solange Hiller seine persönlichen Angriffe gegen Tarnow nicht zurücknimmt. Vogel hat Bondy gebeten, diese Auffassung

---

1 Vorlage: bestimmt.
2 Vgl. Nr. 143.
3 Hiller hatte Tarnow in einem Schreiben an Vogel vom 7. März 1944 vorgeworfen, einen Zusammenschluß mit der KPD zu einer Einheitspartei zu beabsichtigen, und in einem weiteren Schreiben am 13. März 1944 die Vorwürfe präzisiert: AdsD Bonn, PV-Emigration, Mappe 43. Vogel antwortete Hiller am 9. März 1944 und verwies auf den von Tarnow erhaltenen Brief vom 6. Dezember 1943, wonach der Kulturbund nach seiner Satzung völlig unpolitisch sei. In einem zweiten Brief an Hiller am 22. März 1944 teilte ihm Vogel den neuen Termin für die verlegte Aussprache mit der Union am 29. März 1944 in Alvanley Gardens mit und verwies auf einen ausführlichen Brief von Tarnow in Sachen FDKB. AdsD Bonn, PV-Emigration, Mappe 142.

Hiller zur Kenntnis zu bringen. Vogel ist nicht bereit, neue Vermittlungen mit Hiller zu versuchen, wird aber keinen Einwand erheben, wenn ein anderes Mitglied der Exekutive vermittelnd eingreifen will.

Die Mitglieder der Exekutive billigen den Standpunkt Vogels und sehen keine Veranlassung, von sich aus weitere Schritte in der Angelegenheit zu unternehmen.

Die nächste Sitzung der Exekutive wird für Mittwoch, den 12. April, nachmittags 3 Uhr im Trade Union Club in Aussicht genommen.

Im Anschluß an die Sitzung der Exekutive findet eine weitere Besprechung über die Frage der Zusammenarbeit mit alliierten Relieforganisationen[4] statt. Es besteht Übereinstimmung, daß diese Frage vor allem mit dem Genossen Schevenels in informeller Weise besprochen werden soll. Zur weiteren Verfolgung der Angelegenheit wird ein Ausschuß, bestehend aus den Genossen Gottfurcht, Eichler, Schoettle, Neumann, Ollenhauer und Jahn eingesetzt, der ebenfalls am 12. April eine Sitzung abhalten soll.

---

4 Mit „Relief-Organisationen" war der OSS gemeint. Zur Zusammenarbeit mit dem OSS und der SOE vgl. Einleitung, Abschnitt II.3.5. Ollenhauer vermerkt in seinem Kalender ein Treffen wegen der „Relief-Organisationen" am 25. April 1944 im Anschluß an die Sitzung des Union-AA: AdsD Bonn, NL Ollenhauer, Mappe 3.

NR. 141

Protokoll der Exekutivkomiteesitzung am 12. April 1944

AdsD Bonn, PV-Emigration, Mappe 5

Sitzung der Exekutive der „Union" am 12. April 1944 im Trade Union Club

Anwesend: Vogel, Ollenhauer, Eichler, Schoettle, Walter, Gottfurcht.

Der Genosse Eichler hat einen Entwurf für ein Statement für die Exekutive der Labour Party über die jüngste Entwicklung der internationalen Politik gegenüber Deutschland vorgelegt.[1] Nach einer allgemeinen Aussprache wird beschlossen, den Entwurf zu einer weiteren Bearbeitung den Genossen Eichler und Ollenhauer zu überweisen.

Die nächste Sitzung der Exekutive wird für Dienstag, den 25. April, nachmittags 3 Uhr in Aussicht genommen. Am gleichen Tage soll auch eine weitere Sitzung der sogenannten Relief-Kommission stattfinden.

Es werden noch einige organisatorische Einzelheiten für die Maifeier der „Union" am 30. April beschlossen.

Auf Vorschlag des Genossen **Gottfurcht** wird beschlossen, eine Kommission aus je einem Vertreter der angeschlossenen Gruppen einzusetzen, die sich mit Jugendfragen, vor allem mit einem Vorschlag des provisorischen Komitees der SASI[2], beschäftigen soll. Als Mitglieder dieser Kommission werden bestimmt: Frida Walter, Heinz Putzrath, Anna Beyer und Erich Ollenhauer. Mit der Federführung dieses Komitees wird der Genosse Ollenhauer beauftragt.

---

1 Eichler hatte am 5. April 1944 seinen Entwurf an Vogel und Ollenhauer gesandt. Die gemeinsam mit Ollenhauer überarbeitete endgültige Vorlage wurde am 22. April 1944 den Mitgliedern des Exekutivkomitees zugeleitet. AdsD Bonn, ISK, Box 52. Vgl. Nr. 143.
2 Die Socialist Workers' Sports International – Provisional Committee – The Youth Movement (SASI), hatte am 27. Oktober 1943 einen Aufruf an den IGB und die politische Arbeiterbewegung herausgegeben. Darin hatte sie den Neuaufbau sowie Kontakte mit den Adressaten, der britischen Regierung und den Exilregierungen angekündigt. AdsD Bonn, PV-Emigration, Mappe 122.

Nr. 142

Protokoll der Exekutivkomiteesitzung am 25. April 1944

AdsD Bonn, PV-Emigration, Mappe 5

Sitzung der Exekutive der „Union" am 25. April 1944 im Trade Union Club

Anwesend: Vogel, Ollenhauer, Eichler, Schoettle, Walter, Gottfurcht.

Es wird zunächst über den gemeinsamen Entwurf Eichler-Schoettle[1] für ein Statement an die Exekutive der Labour Party beraten. Der Entwurf wird mit einigen kleinen Änderungen angenommen.[2]

Der englische Text soll vervielfältigt und durch die Gruppen der „Union" interessierten Engländern zugestellt werden.

Ollenhauer berichtet über die Verhandlungen in der internationalen Laski-Gruppe, in der die Veröffentlichung eines Statements über die deutsche Frage auf Grund eines Entwurfs des Genossen Brailsford beschlossen wurde.[3]

Ollenhauer berichtet über die letzte Sitzung der Huysmans-Kommission, in der eine erste allgemeine Aussprache über die Frage stattfand, ob diese Körperschaft sich auf eine Erklärung über einige gemeinsame Prinzipien internationaler sozialistischer Politik einigen könne. In der nächsten Sitzung soll über den Entwurf einer solchen Erklärung beraten werden.

Es wird beschlossen, in der nächsten Versammlung der „Union" einen Vortrag über die politische Lage halten zu lassen und eventuell die Versammlung mit der Vorführung des Films des jüdischen Bund über sein Kinderheim in der Nähe Warschaus abzuschließen[4].

---

1 Nach dem Protokoll vom 12. April 1944 waren Eichler und Ollenhauer mit der Überarbeitung beauftragt worden und hatten sie auch durchgeführt. Es bleibt unklar, ob Schoettle zusätzliche Änderungen eingebracht hatte, vermutlich liegt aber eine Personenverwechslung vor.
2 Vgl. 143.
3 Vermutlich ist damit die Gruppe um das „International Socialist Forum" gemeint, deren Chairman Laski war. Laski hatte Ollenhauer und Vogel am 30. März 1944 zu einem privaten Treffen im Friends House eingeladen, bei dem über die Haltung der internationalen Sozialisten zur Nachkriegszeit gesprochen werden sollte. Ergebnis war die Erklärung „Germany and the Atlantic Charter", die von mehreren britischen und europäischen Sozialisten, unter anderem Ollenhauer und Vogel unterzeichnet war. AdsD Bonn, PV-Emigration, Mappe 71. Im Notizkalender Ollenhauers sind mehrmals Treffen mit der „Laski-Gruppe" verzeichnet. AdsD Bonn, NL Ollenhauer, Mappe 3.
4 Es handelt sich um den 1937 von Alexander Ford gedrehten Film „Mir kumen on" über das Vladimir Medem Sanatorium des „Bund" in Miedzeszyn bei Warschau.

Nr. 143

Statement der „Union" für das National Executive Committee der Labour Party vom 25. April 1944

Anlage zum Protokoll vom 25. April 1944

AdsD Bonn, PV-Emigration, Mappe 142[1]

Statement[2] an die Exekutive der Labour Party
Union deutscher sozialistischer Organisationen in Großbritannien[3]

Vorsitzender: Hans Vogel
London, N. W. 7, 25. April 1944
3, Fernside Avenue

An das National Exekutivkomitee der Labour Party, Transport House, Smith Square, London S. W. 1[4]

Werte Genossen,

die Exekutive der „Union deutscher sozialistischer Organisationen in Großbritannien" hat sich wiederholt mit der Entwicklung der internationalen Politik seit den Konferenzen von Moskau und Teheran beschäftigt.

In der internationalen Diskussion über die Politik der Friedenssicherung in Europa nach der Niederlage des deutschen Militarismus und nach dem Sturz der Hitlerdiktatur ist in wachsendem Maße eine rein machtpolitische Lösung des europäischen Sicherheitsproblems vertreten worden. Soweit Deutschland infrage kommt, sind in der letzten Zeit vor allem die folgenden konkreten Pläne in der Öffentlichkeit behandelt worden.

Mr. Churchill hat im Namen der englischen Regierung erklärt, daß die Grundsätze der Atlantik-Charta in bezug auf territoriale Änderungen als Resultat dieses Krieges auf Deutschland keine Anwendung finden werden.

Im Zusammenhang mit dieser prinzipiellen Erklärung hat Mr. Churchill die Annexion deutschen Gebietes zugunsten Polens angekündigt. In den amtlichen Erklärungen der englischen und der russischen Regierung ist über das Ausmaß dieser Annexionen nichts

---

1 Hier befindet sich auch die englische Version des Entwurfs, der Originalbrief in: LHASC Manchester, LP/ISM (Int) Box 9.
2 Die Vorlage trägt am Kopfende hs. die Ergänzung: „endgültige Fassung".
3 Vorlage: Die beiden ersten Zeilen sind ms. unterstrichen.
4 Vorlage: „London, S. W. 1" ms. unterstrichen. – Die ISC der Labour Party beschloß als Reaktion: „no action". Dies galt auch für die Entschließung vom 23. Oktober 1943, die in der gleichen Sitzung behandelt wurde. Vgl. ISC-Protokoll vom 20.6.1944: LHASC Manchester, LP/ISC Minutes 1942–49.

gesagt worden, aber die polnischen Patrioten in Moskau propagieren die Annexion Ostpreußens, Schlesiens und eines Teils der Provinz Pommern.

Angeblich offizielle Pläne, die in der amerikanischen und englischen Öffentlichkeit diskutiert werden, sehen eine Aufteilung des deutschen Reichsgebiets vor 1933 in vier oder fünf selbständige Einzelstaaten vor.

Über diese territorialen Veränderungen hinaus werden weitgehende Eingriffe in die innere Verwaltung und Wirtschaftsführung eines Nachkriegsdeutschlands gefordert. Wir wollen in diesem Zusammenhang nur hinweisen auf die in der Presse veröffentlichten und Professor Eugen Varga zugeschriebenen Vorschläge über die Zwangsverschickung deutscher Arbeiter nach Rußland zum Wiederaufbau der zerstörten Gebiete.

Wir deutschen Sozialisten in England haben wiederholt unsere Entschlossenheit zum Ausdruck gebracht, in einem vom Hitlerismus und vom Militarismus befreiten Nachkriegsdeutschland und im Rahmen einer internationalen und europäischen Friedenspolitik mit allen Kräften an der Sicherung des zukünftigen Friedens mitzuarbeiten. In unserer Erklärung vom 23. Oktober 1943 über die internationale Politik deutscher Sozialisten haben wir eine Reihe von konkreten Vorstellungen entwickelt, die nach unserer Überzeugung einen positiven Beitrag zu einer dauerhaften und fruchtbaren Friedenspolitik in Europa bilden.

Im Geiste der in dieser Erklärung vertretenen Politik der europäischen Zusammenarbeit möchten wir unseren englischen Genossen gegenüber unsere tiefe Sorge über die jüngste Entwicklung der alliierten Politik zum Ausdruck bringen.

Wir deutschen Sozialisten sind überzeugt, daß große Teile des deutschen Volkes nach diesem schrecklichen Krieg bereit sein werden, einer Politik zu folgen, die die Schäden des Krieges heilen hilft und die durch tiefgehende Eingriffe in die staatliche und wirtschaftliche Struktur Deutschlands die Machtpositionen des deutschen Militarismus zerstört und damit die Wiedereingliederung eines demokratischen und friedlichen Deutschlands in die Gemeinschaft der freien Völker vorbereitet.

Wenn aber dieser Krieg endet mit der Vernichtung der Existenzgrundlagen des deutschen Volkes, sei es durch weitgehende Annexionen oder durch die Aufteilung des Reiches, werden die demokratischen und fortschrittlichen Kräfte im deutschen Volk, die allein eine wirkliche innere Wandlung in Deutschland durchzuführen vermögen, einem neuen aggressiven Nationalismus gegenüberstehen, der eine politische Gesundung unmöglich machen wird. In einem solchen Zustand wird auch die Normalisierung der politischen und sozialen Verhältnisse in Deutschland, die eine elementare Voraussetzung für eine dauerhafte friedliche Entwicklung Europas ist, nicht verwirklicht werden können.

Nur ein Frieden, der einem demokratischen Deutschland die nationalen und wirtschaftlichen Existenzmöglichkeiten erhält, wird der kommenden deutschen Arbeiterbewegung die Basis für eine aktive und erfolgreiche Friedenspolitik in der Gemeinschaft der europäischen Völker und im Rahmen der internationalen sozialistischen Arbeiterbewegung schaffen können.

Wir halten es für unsere Pflicht, der Leitung der Bruderpartei unseres Gastlandes unsere Auffassungen zur Kenntnis zu bringen. Wir fühlen uns mit der Labour Party verbunden in den sozialistischen Vorstellungen über die Voraussetzungen eines dauernden Weltfriedens, und wir sind überzeugt, daß auch die Labour Party den Abschluß dieses Krieges durch einen Frieden anstrebt, der der neuen sozialistischen Arbeiterbewegung im Nachkriegsdeutschland die Gewinnung der Mehrheit des deutschen Volkes für eine Politik des Friedens und der Zusammenarbeit mit allen Völkern Europas ermöglicht.

Mit sozialistischen Grüßen

gez. Hans Vogel,

Vorsitzender

NR. 144

Programm der Maifeier der „Union" am 30. April 1944

AdsD Bonn, PV-Emigration, Mappe 180

Union deutscher sozialistischer Organisationen in Großbritannien

Mai-Feier 1944
am Sonntag, 30. April, abends 7 Uhr im Heim der Sudetendeutschen Sozialdemokraten,
90, Fitz John's Avenue, London N.W.3
Programm:

Leonoren-Ouvertüre Nr. 3	Beethoven
Die Schiene	Kurt Doberer
Jugend-Chor:	Wir sind die Schmiede der Zukunft
	Brüder, seht die rote Fahne
Frühlingsglaube	Gottfried Keller
Rede:	Willi Eichler
Internationale	Gemeinsamer Gesang
Rezitationen und Lieder:	Sozialistische Jugend

Nr. 145

Protokoll der Mitgliederversammlung am 19. Mai 1944

AdsD Bonn, PV-Emigration, Mappe 5

Mitgliederversammlung der „Union" am 19. Mai 1944 im Austrian Labour Club

Anwesend: siehe Anwesenheitsliste[1]

---

1 Anwesend nach Anwesenheitsliste:

Bach	R.	SJ		Löwenstamm	Hans	—
Bennemann	Franziska			Löwenstamm	Ilse	—
Bennemann	Otto	ISK		Mansbach	A.	SPD
Beyer	Anna	ISK		[Möller]-Dostali		SPD
Brakemeier	Rudolf			Nelki	Wolfgang	
Broh		SPD		Neumann	Robert	SAP
Dannenberg	Alfr.	ISK		Ollenhauer	Erich	SPD
Doberer	Kurt	SPD		Ollenhauer	Martha	SPD
Dyrenfurth	Herbert	SPD		Pfaffel		SPD
Eichler	Willy	ISK		Plöger	Marga	ISK [2x eingetragen]
Fink	H.H.	SJ		Posner	A.	SPD
Fliess	Leni	SJ		Putzrath	Edith	SJ [2x eingetragen]
Fryd	Tolle	ISK		Putzrath	Heinz	SJ
Gaevernitz	R.S.	SPD		Rauschenplat	Hellmut	TU
George	H.	—		Russo	W.	ISK
George	W.	—		Saks	Aron	
Gleinig	Emmi	ISK		Salomon	Friedrich	SPD
Gleissberg	Gerhard	SPD		Sander	Wilhelm	SPD
Goldschmidt	H.	SPD		Schäffer	Peter	SAP
Gottfurcht	Hans	SPD		Schaffer	S.	SAP
Guttsman(n)	Willi	SJ		Schiff	Victor	SPD
Heidorn	Wilhelm	ISK		Schütz	Erna	
Hermann	Grete	ISK		Schultz	Ilse	
Hiller	Kurt	FDS		Schultz	Walter	
Jakubowicz		SP		Segall	Dora	SPD [2x eingetragen]
Janovsky	Walter			Segall	F.	SPD
Kamnitzer	Heinrich	SPD		Sieder	I.	ISK
Kaufmann	Felix	FDS		Sorg	Heinrich	SPD
Koffler	Dosio	FDS		Straus	Marg.	SPD
Kohane	Lotte	SAP		Thelen		
Krautter	Rudolf			Urbann	Hedwig	ISK
Leibetseder	H.	SP		Vogel	Hans	SPD
Levi	A.	TU		Vogel	Dina	SPD
Lewin	Hans	SPD		Weckel	Curt	SPD
Lichtenstein	A.	TU		Wettig	L.	ISK
Lichtenstein	Gertrud	TU		Wolff	Fritz	N.S.

Bennemann, Franziska, *1905, techn. Zeichnerin, ISK, 1939 GB, 1946 SPD.
Goldschmidt, Hermann, *1890, Kfm. Angestellter, ZdA, Arbeiter-Athleten Club Bischofsheim, 1938 KZ Buchenwald, 1939 GB.

Die Versammlung nahm ein Referat des Genossen **Lucjan Blit** vom „Bund" Polen über die Kämpfe im Warschauer Ghetto und über die Aktivität des Bundes unter der deutschen Besatzung in Polen entgegen.

Eine Aussprache fand nicht statt.

Janovsky, Walter, nicht ermittelt.

Lichtenstein, Gertrud, nicht ermittelt.

Nelki, Wolfgang, *1911, Soz. Schülerbund, 1933 Belgien, 1939 GB.

Ollenhauer, Martha, 1900–85, Ehefrau von Erich O., SPD, Berlin, 1933 ČSR, 1938 Frankreich, 1941 GB.

Pfaffel, Josef, *1895, Kaufmann, SPD/RB, München, RB techn. GL, 1933 ČSR, 1938 GB.

Saks, Aron, nicht ermittelt.

Schaffer, S., nicht ermittelt.

Schütz, Erna, nicht ermittelt.

Schultz, Ilse, *1912, Erzieherin, KPD 1938, ZdA, 1933 ČSR, 1939 GB.

Schultz, Walter D., 1910–1964, Journalist, ZdA, SPD, 1931–38 KPD, 1934 ČSR, 1938 GB, Arbeit für BBC, 1946 SPD, 1948 Rückkehr, Abteilungsleiter bei NDR.

Nr. 146

Protokoll der Exekutivkomiteesitzung am 13. Juni 1944

AdsD Bonn, PV-Emigration, Mappe 5

Sitzung der Exekutive der „Union" am 13. Juni 1944 im Trade Union Club

Anwesend: Vogel, Ollenhauer, Eichler, Schoettle, Walter, Gottfurcht.

Gottfurcht berichtet über die Unterhaltung, die Hiller mit ihm über eine gemeinsame Besprechung zwischen Vertretern des Freiheitsbundes und den Mitgliedern der Exekutive der „Union" gehabt hat. Die Exekutive ist mit einer solchen Aussprache einverstanden, obwohl gegen die Hinzuziehung von Seidel als Mitglied der Delegation des Freiheitsbundes Bedenken geäußert werden.[1] Gottfurcht wird gebeten, diese Bedenken auch Hiller zur Kenntnis zu bringen. Gottfurcht wird sich mit Hiller über den Termin verständigen.

(Nach Vereinbarung mit Hiller soll die Besprechung am Dienstag, den 4. Juli, abends 7.30 Uhr in der Wohnung von Gottfurcht stattfinden.)

Hans Vogel berichtet in diesem Zusammenhang über eine Unterhaltung mit August Weber, in der dieser den Plan entwickelte, eine „Union bürgerlicher demokratischer Gruppen" zu schaffen, die dann in eine Arbeitsgemeinschaft mit der „Union" treten könnte. Der Bericht wird zustimmend zur Kenntnis genommen.

Als Termin für die nächste Versammlung der „Union" wird der 7. oder 14. Juli in Aussicht genommen. Der Genosse Haas-Picard[2] soll gebeten werde, über „Frankreich im Zeichen der Invasion" zu sprechen. Der endgültige Termin soll von den Dispositionen des Genossen Haas-Picard abhängig gemacht werden.[3]

Es folgt eine informative Aussprache über die Besprechungen unter Führung der Genossen Auerbach und Jahn über die Herausgabe eines Aufrufes deutscher Gewerkschafter an die deutschen Arbeiter.[4] Es besteht Übereinstimmung, daß der bis jetzt vorliegende Entwurf nicht geeignet ist, daß aber unter Umständen ein allgemein gehaltener Aufruf, der die deutschen Arbeiter auffordert, in ihrem eigenen Interesse den Kampf für den

---

1 Gemeint ist Alexander Seidel, der zum Londoner Kreis der FDS gehörte. Worauf sich die Vorbehalte gegen Seidel gründeten, ließ sich nicht feststellen.
2 Haas-Picard, Raymond, 1906–1971, frz. Sozialist, 1945–49 im frz. Innenministerium tätig.
3 Die Mitgliederversammlung kam nicht zustande. Der Termin ist im Terminkalender Ollenhauers gestrichen.
4 Der Auerbach-Gruppe waren unter anderem Hans Jahn und Helmut von Rauschenplat zuzurechnen. Der erwähnte Aufruf der Gruppe wurde am 22. Juni 1944 veröffentlicht: Aufruf einiger deutscher Gewerkschafter an die arbeitende Bevölkerung Deutschlands, in: AdsD Bonn, NL Auerbach, Mappe 112.

Sturz der Hitlerdiktatur zu aktivieren, zur Verbreitung durch das BBC vorgeschlagen werden könnte. **Eichler** erklärt sich bereit, den Entwurf eines solchen Aufrufs in der nächsten Sitzung der Auerbach-Gruppe vorzulegen.

Genosse **Ollenhauer** bringt den Wunsch der Sozialistischen Jugend zur Kenntnis, in den Reihen der Mitglieder der „Union" stärker für die Mitgliedschaft der Jugendlichen der „Union" in der Jugendgruppe zu werben.

Nr. 147

Protokoll der Exekutivkomiteesitzung am 18. Juli 1944

AdsD Bonn, PV-Emigration, Mappe 5

Sitzung der Exekutive der „Union" am 18. Juli im Trade Union Club

Anwesend: Vogel, Ollenhauer, Eichler, Schoettle, Gottfurcht.

Zur Beratung steht zunächst der Vorschlag von Hiller, ein „Komitee Sozialistischer Einheit"[1] zu bilden, das die Mitglieder des Komitees in regelmäßigen Abständen zu Diskussionen über sozialistische Fundamentalprobleme einladen soll. Mitglied des Komitees soll jeder freiheitliche Sozialist werden können ohne Rücksicht darauf, ob er einer der bestehenden sozialistischen Parteien oder Gruppen zur Zeit angehört. Die Leitung des Komitees soll einem Arbeitsausschuß obliegen, der auch über die Aufnahme von Mitgliedern in das Komitee entscheiden soll.

In Abänderung dieses Vorschlags hatte **Hans Gottfurcht** einen Vorschlag für die Schaffung eines „Forum ‚Sozialistische Einheit' "[2] ausgearbeitet, das sich nur auf die Einzelmitgliedschaft von freiheitlichen Sozialisten ohne Bindung der Gruppen stützen soll. Die Leitung des „Forums" soll aus einem dreiköpfigen Ausschuß bestehen.

Nach der Abfassung des Vorschlags erhielt Hans Gottfurcht einen neuen Brief von Hiller[3], in dem er wieder in seiner bekannten Weise Zensuren über einzelne Mitglieder der Exekutive der „Union" ausstellte in einer Weise, die erneut die Unmöglichkeit eines organisatorischen Zusammengehens mit Hiller bestätigte.

Nach kurzer Diskussion wurde beschlossen, von der Weiterverfolgung der Angelegenheit abzusehen. Hans Gottfurcht wurde beauftragt, einen Brief in diesem Sinne an Hiller zu entwerfen und ihn vor der Absendung an Hiller den Mitgliedern der Exekutive zur Kenntnis zu bringen.[4]

---

1 Kurt Hiller hatte am 4. Juli 1944 in einer Besprechung mit Hans Vogel und Hans Gottfurcht die Bildung einer „Provisorischen Auslandsleitung einer Partei Deutscher Sozialisten" vorgeschlagen. Dies lehnten die beiden ab, aber auf eine Anregung Gottfurchts hin legte Hiller diesem am 5. Juli 1944 ein Konzept für ein zu gründendes „Komitee sozialistische Einheit" vor, eine lose Verbindung von freiheitlichen Sozialisten, mit einem Arbeitsausschuß an der Spitze, das durch planmäßige Diskussionen die Einheit vorbereiten sollte. Gottfurchts Vorschlag „Forum ‚Sozialistische Einheit' " war demgegenüber weniger verbindlich und sah „Diskussionen über sozialistische Fundamentalprobleme" vor. Beide Vorschläge in: AdsD Bonn, PV-Emigration, Mappe 45. Die Mitteilung Vogels an die Mitglieder des Exekutivkomitees vom 9. Juli 1944, ebda., Mappe 13.
2 Der Vorschlag über das „Forum Sozialistische Einheit" befindet sich beim Schreiben Gottfurcht an Ollenhauer vom 7. Juli 1944. AdsD Bonn, PV-Emigration, Mappe 45.
3 Im Nachlaß Gottfurchts nicht zu ermitteln.
4 Gottfurcht benachrichtigte Hiller am 26. Juli 1944 über die ablehnende Haltung der Union. AdsD Bonn, PV-Emigration, Mappe 45.

Walter Fliess hat **Hans Vogel** über Besprechungen informiert, die auf Veranlassung der Genossin Bamford von der Fabian Society zustande gekommen waren und sich mit dem Problem der Wiederherstellung einer internationalen Zusammenarbeit der Sozialisten beschäftigten.[5] Auf Veranlassung von Frau Bamford hatte Fliess angeregt, einen Vertreter der „Union" zu diesen Besprechungen zu entsenden, um eine offizielle Vertretung der deutschen Sozialisten zu erreichen.

Die Exekutive war einstimmig der Meinung, sich an diesen privaten Diskussionen als „Union" nicht zu beteiligen, da von ihnen ein positives Resultat nicht zu erwarten sei.

Erwin Schoettle berichtet über einen Artikel in der „Prawda", der scharfe Angriffe gegen Hans Vogel wegen seines in der letzten Nummer der „S.M." veröffentlichten Referats enthält.[6] Die in diesem Referat enthaltenen Auffassungen werden als eine aktive Unterstützung des deutschen Imperialismus bezeichnet.

---

5 Walter Fliess hatte am 6. Juli 1944 Vogel in einem Brief über die Beratungen des Fabian International Bureau über eine künftige Arbeiter-Internationale informiert, zu denen auch Vertreter der Union zugezogen werden sollten, und eine Blanko-Einladung mit der Beilage „International Labour Unity" (Diskussionsstand) übersandt. Am 16. Juli 1944 beklagte sich Fliess bei Vogel über die Exekutive der Union, daß bei der Besprechung kein Vertreter der Union anwesend gewesen sei. Er wäre sonst gern selber hingegangen. AdsD Bonn, PV-Emigration, Mappe 42.

6 Der „Prawda"-Artikel vom 16. Juli 1944 ist in den SM, Nr. 65/66 vom 3. September 1944 wiedergegeben. Der Angriff bezog sich auf den Artikel: Deutschland und Europa in der Nachkriegszeit, Grundgedanken des Vortrags Hans Vogels vor der London-Gruppe der SPD am 16.6.1944, in: SM, Nr. 63/64, Juni-Juli 1944, S.1–9. Die Prawda griff Vogel wegen seiner Gegnerschaft zu deutschen Gebietsabtrennungen an. Der Artikel war von der britischen Botschaft in Moskau per Fernschreiben an das Foreign Office gegangen. PRO London, FO 371/39119-C9324.

NR. 148

Protokoll der Exekutivkomiteesitzung am 26. Juli 1944

AdsD Bonn, PV-Emigration, Mappe 5

Sitzung der Exekutive der „Union" am 26. Juli 1944 im Trade Union Club

Anwesend: Vogel, Ollenhauer, Eichler, Walter, Gottfurcht, Löwenthal.

Zur Diskussion steht die Frage, ob die „Union" zu den letzten Vorgängen in Deutschland (Generalsrevolte)[1] in einer Erklärung Stellung nehmen soll. Die Aussprache ergibt Übereinstimmung darüber, daß die Abfassung einer solchen Erklärung nur dann Sinn hat, wenn die Möglichkeit besteht, sie durch den Rundfunk nach Deutschland zu bringen.

Da der Versuch, einen Aufruf von Gewerkschaftern[2] durch das BBC zu verbreiten, noch nicht abgeschlossen ist, wird beschlossen, das Resultat dieser Bemühungen abzuwarten.

Eine Aussprache über die Frage, ob die jetzt bekanntgewordenen Waffenstillstandsbedingungen[3] nicht eine neue Formulierung unseres Standpunktes zu den Aufgaben der Bewegung in Nachkriegsdeutschland notwendig machen, führt zu dem Beschluß, am 13. August eine gemeinsame Sitzung des Arbeitsausschusses und der Politischen Kommission zur Beratung dieser Frage abzuhalten. Das einleitende Referat wird Hans Vogel halten.

---

1 Gemeint ist das gescheiterte Attentat vom 20. Juli 1944.
2 Vgl. Nr. 146.
3 Am 25.7.1944 hatten die Delegationen der drei Alliierten in der European Advisory Commission einen gemeinsamen Entwurf für die Kapitulationsbestimmungen vorgelegt. Darin war festgelegt: Einstellung der Kampfhandlungen, Räumung der besetzten Gebiete, Übergabe aller Waffen und militärischen Einrichtungen, Alliierte als oberste Gewalt in Deutschland mit dem Recht zum Erlaß zusätzlicher Bestimmungen. Vgl. Albrecht Tyrell, Großbritannien und die Deutschlandplanung der Alliierten 1941–1945, Frankfurt/M. 1987, S. 226.

NR. 149

Protokoll der gemeinsamen Sitzung von Arbeitsausschuß und Politischer Kommission am 13. August 1944

AdsD Bonn, PV-Emigration, Mappe 5

Sitzung des Arbeitsausschusses und der Politischen Kommission der „Union" am 13. August 1944 im Austrian Labour Club

Anwesend: siehe Anwesenheitsliste[1]

Genosse **Vogel** hält ein einleitendes Referat über den Inhalt der bis jetzt bekannt geworndenen Bedingungen für den Waffenstillstand und für die Gestaltung Deutschlands nach der Niederlage.[2] Er untersucht die Frage, ob die voraussichtliche Lage Deutschlands nach dem Krieg die Fortführung unserer bisherigen Diskussionen über die praktischen Aufgaben und die programmatische Grundeinstellung einer kommenden sozialistischen Partei Deutschlands in der bisherigen Weise rechtfertigt. Seine Schlußfolgerung ist, daß die Aufgabe, eine neue kommende sozialistische Partei in Deutschland wiederaufzubauen und sie durch praktische Arbeit im Rahmen der gegebenen Möglichkeiten zum politischen Einsatz zu bringen, bestehen bleibt.

An der folgenden Aussprache beteiligen sich die Genossen **Eichler, Spreewitz, Löwenthal, Borinski, Schiff, Heine, Wittelshöfer, Robert Neumann** und **Auerbach**.

Es wird beschlossen, die Aussprache am Sonntag, den 20. August, fortzusetzen.

---

1 Anwesend nach Anwesenheitsliste:

Auerbach	Walter	Gew	Putzrath	Heinz	NB
Borinski		SPD	Rauschenplat		Gew.
Eichler	Willi	ISK	Salomon		SPD
Fliess	W.	ISK	Segall		SPD
Gottfurcht		LdG	Schäffer	Peter	SAP
Heidorn		ISK	Schiff		SPD
Klatt	W.	NB	Spreewitz	Gustav	SAP
Löwenthal	R.	NB	Walter		SAP
Möller-Dostali		SPD	Wittelshöfer		SPD
Neumann		SAP			

Nicht aufgeführt, aber anwesend waren nach dem Protokoll und den Notizen Vogels: Ollenhauer, Erich, SPD; Sander, Willy, SPD; Vogel, Hans, SPD; Heine, Fritz, SPD

2 Vgl. Nr. 148, Anm. 3.

NR. 150

Notizen Hans Vogels für seine Ansprache in der gemeinsamen Sitzung von Arbeitsausschuß und Politischer Kommission am 13. August 1944

Anlage zum Protokoll vom 13. August 1944

AdsD Bonn, PV-Emigration, Mappe 159

„Union", 13./20.8.1944[1]

Wenn Sie von mir etwa ein Aneinanderreihen neuer Fakten erwarten, werden Sie mit großen Enttäuschun[gen] nach Hause gehen.

Was ich zu sagen habe, erhebt nicht einmal Anspruch auf ein ordentl[iches] Referat. – Meine Aufgabe ist lediglich, eine durch die politische Entwicklung der letzten Zeit bedingte Aussprache in unserem Kreise einzuleiten. – Keine fertigen Thesen.

Wir sind bei all unseren früheren Vorstellungen und Erklärungen immer davon ausgegangen, daß die A[tlantik] Ch[arta] wenigstens sinngemäß auch auf Deutschl[and] Anwendung finden würde und

daß be[i]sp[ielsweise] in Verbindung damit trotz einer Aufteilung D[eu]tschl[ands] in versch[iedene] Besatzungszonen die polit[ische] Einheit des Reiches aufrechterhalten würde.

Unsere Vorstellungen gipfelten auch in der Wiedererstehung einer starken einheitl[ichen] d[eu]tsch[en] Arb[eiter]Beweg[un]g – sowohl der Partei wie der Gewerkschaften und ihre Förderung oder doch mindestens wohlwollende Duld[un]g durch die alliierten Besatz[un]gsmächte.

Wir haben damit gerechnet, daß diese Bes[atzungs]mächte bei dem Aufbau einer gesunden, demokr[atischen] Verwaltung auf die Mitarbeit der P[artei] und G[ewerkschaft] zurückgreifen würden und auch damit beiden bei der

Neugestalt[un]g eines wirklich demokr[atischen] freiheitl[ichen] D[eu]tschlands ein entscheidender Einfluß zukommen würde.

Haben an die letztere Möglichkeit wenigstens solange geglaubt, solange angenommen werden konnte, daß dieser Krieg tatsächlich um Ideologien geführt wird und man unmöglich annehmen konnte, daß dieser Krieg zur allg[emeinen] Durchsetzung und Verwirklichung der Demokr[atie] damit abschließen würde, daß den Geschlagenen die Demokr[atie] verweigert wird.

---

1 Die ms. gefertigten stichwortartigen Redenotizen werden hier mit den hs. hinzugefügten Verbesserungen und Ergänzungen wiedergegeben. Offensichtliche orthographische und Interpunktionsfehler wurden korrigiert, Abkürzungen aufgelöst.

Mr. Churchill sicher im Rechte, wenn in einer seiner Reden davon gesprochen, daß „je weiter der Krieg fortschreite, er auch um so mehr seinen ideolog[ischen] Charakter verliere[".].

So gewiß auch nicht Wunder nehmen, daß auch die A[tlantik] Ch[arta] immer mehr in den Hintergrund getreten ist und in dem gleichen Maße mehr in den Vordergrund die wirkl[ichen] und vermeintl[ichen] Interessen der einzelnen Verbündeten.

Es wird ein Friede gesucht, der dem Ausgleich dieser Interessen dienen soll, und er kann nur gefunden werden auf Kosten der Besiegten.

Sehr aufschlußreich dafür ein Art[ikel] der „Y[orkshire] P[ost]" vom 4. August.

Er beschäftigt sich mit dem vielfach gehörten Argument, daß jetzt für die Alliierten die Zeit gekommen sei, eine Erklärung der unmittelb[aren] Beding[un]gen für D[eu]tschl[and] im Falle einer Kapitulation abzugeben.

Eine solche Erklär[un]g sei notwendig, um den oppos[itionellen] Kräften einen Sammelpunkt zu geben, da diese ohne einige Kenntnis von dem, was D[eu]tschl[and] zu erwarten habe, keine Möglichkeit hätten, den Naziprophezeihungen über ein mit Bestimmtheit zu erwartendes entsetzl[iches] Verhängnis wirksam entgegenzutreten.

Diesen Argumenten gegenüber verweist die „Y[orkshire] P[ost]" darauf, daß abgesehen von anderen Schwierigkeiten, Engl[and] für sich allein eine solche Erklärung nicht abgeben könne, daß es aber, selbst wenn eine solche Verständigung erzielt wurde, es nicht sicher sei, daß eine Veröffentlichung der Bedingungen zu diesem Zeitpunkte die oppos[itionellen] D[eu]tsc[hen] ermuntern würde, einen unmittelbaren Frieden zu wünschen, denn die Bedingungen möchten so schwer sein, daß ihr Bekanntwerden die umgekehrte Wirkung auslösen könnte.

Über diese Bedingungen zirkulieren die abenteuerl[ichsten] Gerüchte, so daß ich bez[ü]gl[ich] ihrer Richtigkeit doch noch ein Fragezeichen setzen möchte.

Aber für uns empfiehlt es sich, auch diese Gerüchte mit in den Kreis unserer Betrachtungen zu stellen.

Es wird davon gesprochen, daß die Verbündeten nach der bedingungslosen Unterwerf[un]g D[eu]tschl[and] tun und lassen können, was sie selbst für richtig halten, ohne die, die die bedingungslose Unterwerf[un]g unterzeichnet haben oder irgend jemand anders darüber auch nur zu informieren.

Es wird weiter davon gesprochen, daß D[eu]tschl[and] in 3 Besatzungszonen aufgeteilt werden soll, einer engl[ischen], amerik[anischen] und russ[ischen] – Neuerdings auch fr[an]z[ösischen].

Russ[ische] Demark[ations]Linie soll [nach] diesen Gerüchten bei Stettin beginnen, dann in südwestl[icher] Richt[un]g nach Berlin verlaufen, von dort in westl[icher] Richtung nach Magdeburg und von dort ab genau auf dem östl[ichen] Ufer der Elbe entlang zur alten tschechosl[owakischen] Grenze. Stettin-Dresden. Hamburg-Elbgrenze. Südd[eu]tschl[and] und ein Teil Thüringens würde von den Amerikanern besetzt und der übrig verbleibende Teil von Engl[and] und ev[en]t[ue]l auch Fr[an]kreich.

Berlin selbst soll in 3 Zonen eingeteilt werden, wobei der östl[iche] Teil von den Russen, die übrigen beiden von den Engl[ändern] und Amerik[anern] besetzt würden.

Zugleich aber soll Berlin Sitz eines gemeinsamen Okkup[ations]Komitees werden.

Engl[ands] Außenminister Eden in letzter Zeit wiederholt Auffass[un]g vertreten, daß Grenzfragen bis auf später zurückgestellt werden sollen.

Trotzdem behauptet sich Gerücht, daß Forder[un]g des „Poln[ischen] C[omité] f[ür] N[ationale] Befr[eiun]g" in Moskau auf Abtretung aller östl[ich] der Oder gelegenen d[eu]tsch[en] Gebietsteile, einschließl[ich] Danzigs, sofort Rechn[un]g getragen werden soll. Königsberg

Dabei soll die d[eu]tsch[e] Bevölk[erun]g dieser Gebiete nach dem verbleibenden Reichsgebiet deportiert werden.

Außer den D[eu]tsch[en] dieser genannten Gebiete sollen auch die D[eu]tsch[en] aus dem alten tschechosl[owakischen] Staatsgebiet deportiert werden, nicht nur Sudetend[eu]tsc[he].

Diese Dep[ortation] ist befristet auf 5 Jahre. „Menschenfreundlich". de Gaulle Anspruch Fr[an]kr[eichs] links Rhein[...] Churchill wohl so zu deuten, daß dem entsprochen werden soll. Algier

Wird weiter davon gesprochen, daß 1 Million gelernter und 2 Millionen ungelernter Arb[eiter] aus D[eu]tschl[and] nach Rußl[and] gehen sollen, um dort zwangsweise zum Wiederaufbau verwendet zu werden, und wieder wird davon gesprochen, daß die gesamte d[eu]tsch[e] Wehrmacht als kriegsgefangen erklärt werden soll,

was techn[isch] vielleicht daraus erklärt werden könnte, daß infolge der sofortigen Auflösung der d[eu]tsch[en] Armee und der völligen Abrüst[un]g D[eu]tschl[ands] nicht die notwendigen d[eu]tsch[en] Stellen für die Entlassung der Heeresangehörigen vorhanden sein würden und die Entlassung nur von Alliierten erfolgen könne.

Vielleicht dabei auch vorzubeugen versucht, [daß sich] Kriegsverbrecher ihrer Verfolg[un]g und Bestraf[un]g entziehen könnten.

Wenn auch nur Teil dieser Gerüchte Wahrheit entsprechen sollte, dann Befürchtungen „Y[orkshire] P[ost]" durchaus verständlich.

Wie lange der so gedachte neue Friede halten wird, kann niemand wissen.

Interessen und Machtverhältnisse verändern sich, und Bündnisse entstehen und vergehen. – Im Laufe der letzten 150 Jahre haben Preußen und Engländer, Russen und Fr[an]z[osen], Engl[änder] und Japaner, Fr[an]z[osen] und Ital[iener], Russen und Polen bald miteinander, bald gegeneinander gekämpft.

Wer weiß, wie die bunte Reihe das nächste Mal aussehen mag. – Mag auch dieser Krieg immer mehr seinen ideolog[ischen] Charakter verlieren, so bleibt doch der Trost, daß mit ihm die Weltgeschichte noch nicht zu Ende ist.

Ideologien haben ein längeres Leben als Machtkoalitionen und Machtpositionen, und „Ideen sind zum Schlusse immer stärker als Kanonen." Das sagte Napoleon und der wußte Bescheid.

Lassen Sie mich in diesem Zusammenhange zur Frage Polens und Rußlands nur 2 kurze Bemerk[un]g[en] machen.

Die Grundlehre der poln[ischen] Geschichte ist, daß Polens Schicksalsfrage sein Verhältnis zu Rußl[and] und Deutschland ist und daß keine einseitige Machtlösung nach der einen oder anderen Seite Aussicht auf Bestand hat.

Daraus folgt, daß die poln[ische] Frage, ebenso wie die deutsche Frage, nur innerhalb einer ges[amten] europ[äischen] Lösung ihre Regelung finden kann. Nur im Rahmen einer ges[amten] europ[äischen] Lösung, die Interessenzonen, Sanitätskordone u[nd] d[er]gl[eichen] ausschließt, die aber die Grundlagen der inner-europ[äischen] Beziehungen garantiert, d. h. unter den gemeinsamen Schutz der Weltmächte [ge]stellt, ist die poln[ische] wie die d[eu]tsch[e] Frage lösbar.

Und was Rußland anbelangt, steht dessen gewaltiger Beitrag an diesem Kriege außerhalb jeder Diskussion. – Das kann aber nicht hindern auszusprechen, daß wir keine Friedensgarantien darin zu erblicken vermögen, wenn Europa nach diesem Kriege etwa „sowjetisiert" werden sollte.

Dagegen haben wir uns auch nach 1918 gewehrt. – Das bedeutet aber nicht eine Stellungnahme gegen Rußl[and] selbst.

Schließlich war D[eu]tschl[and] und seine Rep[ub]l[ik] das erste Land, das Sowjetrußland anerkannte, und das erste Land, das im Aug[ust] [19]24 den ersten Handelsvertrag mit der Sowjetunion abgeschlossen hat.

Schließlich Sowjetunion auch die engsten, wenn auch geheimen Beziehungen selbst zur d[eu]tsch[en] Reichswehr unterhalten.

Wir keinerlei Absicht, uns in die ureigensten Angelegenheiten Rußl[ands] einzumischen, ebensosehr aber wünschen wir auch, daß sich Rußl[and] einer Einmischung in die pol[itischen] Verhältnisse D[eu]tschl[ands] enthalten möge. – Und wir wünschen für die Zukunft zu Rußl[and] ein nicht weniger freundschaftl[iches] Verhältnis herstellen zu können, wie zu Engl[and], Amerika und zu all den anderen Mächten der Welt.

Daran nicht den leisesten Zweifel gelassen in einem Vortrag, den ich vor einigen Wochen in einer Versammlung der Londoner Ortsgruppe meiner Partei gehalten und über den in „S[ozialistische] M[itteilungen]" ausführlicher Bericht erschienen, so daß nicht notwendig, im einzelnen auf ihn einzugehen.[2]

Dieser Vortrag höchsten Unmut der „Pravda" ausgelöst. – Polemisiert in höchst gehässiger Weise, die mich aber doch auch wieder sehr amüsiert hat.

Unterschiebt sie mir doch nichts weniger, als den Versuch, Hitlerdeutschland weiß zu waschen und die schamloseste Verteidig[ung] der Interessen des d[eu]sch[en] Imperialismus zu propagieren.

---

2 Deutschland und Europa in der Nachkriegszeit, Grundgedanken des Vortrags Hans Vogels vor der London-Gruppe der SPD am 16.6.1944, SM, Nr. 63/64, Juni-Juli 1944, S. 1–9.

Schließlich reibt sie sich auch noch an Brailsford, indem sie die Frage stellt, ob es nicht ganz klar sei, daß Vogel, Brailsford und ihre Anhänger die geschmacklose Rolle von Advokaten Hitlerdeutschl[ands] auf sich genommen haben.

Der Zar ist weit, und in Moskau kann man sich solche Tänze schon leisten.

Mir kam es in jenem Vortrage nicht einmal so sehr darauf an, zu den pol[itischen] Problemen in erster Linie vom Standpunkt eines D[eu]tsch[en] oder eines d[eu]tsch[en] Soz[ialdemokraten] Stellung zu nehmen, sondern mehr vom Standpunkte eines intern[ationalen] Soz[ialisten] – Kann es schon begreifen[3], daß „Pravda" heute für solche Betracht[un]g das notwendige Verständnis fehlt.

Dieses mangelnde Verständnis berechtigt sie aber noch lange nicht, den Sinn einer Rede in das gerade Gegenteil zu verkehren und sie in einer unmißverständlichen Weise zu denunzieren.

Schließlich wird es sich ja wohl auch noch zu erweisen haben, ob und inwieweit die Nachkriegspolitik Sowjetrußl[ands] mit dem Soz[ialismus] überhaupt noch etwas gemein hat. – Damit aber soll es sein Bewenden haben.

Was aber die Entwickl[un]g der Politik in der letzten Zeit anbelangt, so kann heute wohl niemand mehr sagen, daß das d[eu]tsch[e] Volk sich durch eine Erheb[un]g gegen Hitler vor einem schlechten Frieden noch retten könnte. – Dazu ist es jetzt zu spät.

Frage mich immer wieder, woher die d[eu]tsch[en] Generale des Mosk[auer] F[ree] G[erman] C[ommittee] den Mut aufbringen, immer noch den gegenteiligen Glauben zu erwecken.

Ich halte es freilich auch für richtig, daß nur eine völlige und rasche Abwendung des d[eu]tsch[en] Volkes von dem gegenwärtigen verderbl[ichen] System und dessen völlige Zerstörung etwas für die Zukunft retten kann.[4]

Zu wünschen, auch von Freunden im Reich erkannt. Gegebene Möglichk[eiten] ausgenutzt.

Je länger dieser Krieg dauert und je mehr seine Wildheit wächst, desto besser werden die Aussichten der Anhänger eines Rachefriedens, zu ihrem Ziele zu gelangen.[5]

Deshalb liegt ein entscheidender und rascher Sieg der Alliierten sowohl im Interesse der ganzen gequälten Menschheit als auch im bes[onderen] Interesse des d[eu]tsch[en] Volkes, dem er überflüssige Qualen ersparen wird.[6]

Und damit komme ich zu der entscheidenden Frage, welches unsere eigene Stellung der veränderten Situation gegenüber sein kann.

Ich hoffe, bei Ihnen alle Zustimmung zu finden, wenn ich sage, daß die veränderte Situation keinen Anlaß für uns gibt, einen Wechsel in den großen Linien der von uns bisher verfolgten Politik vorzunehmen.

---

3 Vorlage: „Kann es schon begreifen" hs. eingefügt für „Habe durchaus Verständnis dafür".
4 Vorlage: Absatz am Rand hs. mit „2)" gekennzeichnet.
5 Vorlage: Absatz am Rand hs. mit „3)" gekennzeichnet.
6 Vorlage: Absatz am Rand hs. mit „1)" gekennzeichnet.

Die Stellung, die wir der A[tlantik] Ch[arta] gegenüber eingenommen haben, wie die Erklärung zur zukünftigen d[eu]tsch[en] Außenpolitik haben heute noch die gleiche, wenn nicht eine erhöhte Bedeut[un]g, als zur Zeit ihrer Abgabe.

Die veränderte Situation läßt es mir aber ratsam erscheinen, in der Abgabe neuer Erklär[un]g[en] und Prokl[amationen] die stärkste Zurückhalt[un]g zu üben.

Vor allem hüten, Erklärungen abzugeben und Handl[un]g[en] vorzunehmen, die als eine Zustimmung zu der veränderten Politik betrachtet werden könnten.

Wie schwierig mitunter eine aktuelle Stellungnahme zu akt[uellen] Ereignissen sein kann, hat sich gelegentl[ich] der Revolte der d[eu]tsch[en] Generale gezeigt.

„Müssen aktiv und selbst lebendig werden." In welcher Richtung? – Wie konnten wir ohne die leiseste Kenntnis der Tatsachen, ihres Umfanges und der wirkl[ichen] pol[itischen] Absichten einen tragbaren, verantwortungsbewußten Appell an die Freunde im Reiche erlassen?

Ganz abgesehen davon, daß selbst die techn[ischen] Möglichkeiten zur Verbreit[un]g nach D[eu]tschl[and] und an die Fronten gefehlt hätten.

In solchen Situationen kann die eigentl[iche] Entscheidung m. E. nur bei den Freunden im Reiche selbst liegen, wir können ihnen von außen unmöglich das Gesetz des Handelns vorschreiben.

1. Versuch einer Revolte fehlgeschlagen. Ich glaube nicht, daß er endgültig niedergeschlagen ist und sich nicht wieder erheben wird.

Glaube, mir eine Untersuchung der Frage sparen zu können, ob und inwieweit Mos[kauer] d[eu]tsch[e] Generale an Vorbereit[un]g beteiligt.

In welcher Form wohl wird sich das Schicksal D[eu]tsch[lands] durch die Entscheid[un]g der Alliierten abwickeln?

Es wird allg[emein] davon gesprochen, daß der eigentliche Friedensvertrag erst nach einer Reihe von Jahren abgeschlossen werden wird und daß eine Reihe auch sehr entscheidender Fragen bereits im Waffenstillstand ihre Regel[un]g finden sollen.

Zu befürchten, daß Maßnahmen, die sich als Fehlentscheidungen herausstellen werden, nur schwer einer Korrektur unterworfen werden können.

Da keine verhandlungsfähige, von den Alliierten anerkannte Reg[ierun]g vorhanden sein wird, Waffenstillst[and] mit seinen Beding[un]g[en] nur von Armee gegengezeichnet werden. – Wir selbst brauchen uns wahrlich nicht darnach zu reißen, auch dabei zu sein.

Alliierten werden das ganze Land besetzen und eine eigene Zivilverwaltung einsetzen. – Ganz unmöglich, daß sie allein mit ihrem Stabe das ganze Land verwalten können.

Sie werden, ob gewollt oder nichtgewollt, auf die weitestgehende Mitarbeit gutgewillter und gutgesinnter Deutscher mit den notwendigen Voraussetz[un]g[en]. angewiesen sein.

Früher oder später muß dann der Friede geschlossen werden, wozu auch auf d[eu]tsch[er] Seite eine Reg[ierun]g notwendig sein wird.

Werden die Alliierten den Frieden mit einer für das ganze d[eu]tsch[e] Gebiet zuständigen zentralen Reg[ierun]g oder mit Reg[ierun]g[en] einzelner selbst[ändiger] Länder abschließen?

In Verbindung damit wird sich sicher zeigen, daß so, wie sich die Alliierten oder einzelne von ihnen die Behandl[un]g D[eu]tschl[ands] vorstellen, eine allseits befriedigende Regelung nicht möglich ist.

Sie werden wohl, gleich wie in Italien, schon vor dem endgültigen Friedensschluß einige ihrer Vorstellungen aufgeben müssen.

Sie werden einsehen müssen, daß ohne eine vernünftige und humane Regelung der Lebensbedingungen D[eu]tschl[ands] die Stabilisierung eines demokr[atisch]-freih[eitlichen] D[eu]tschl[ands] und dessen Einbau in ein wahrhaft intern[ationales] kollekt[ives] Sicherheitssystem eine unmögliche Aufgabe ist.

So bin ich auch fest davon überzeugt, daß auch die Zeit wiederkommen wird für die Erstehung und das Wiedererstarken einer starken und mächtigen d[eu]tsch[en] Arbeiterbewegung, sowohl einer pol[itischen] wie gewerksch[aftlichen] mit all ihren übrigen Verzweigungen.

Sie wird wieder kommen, mögen sich Kräfte in den versch[iedenen] Lagern der Alliierten auch noch so sehr dagegen zur Wehr setzen.

Schließl[ich] d[eu]tsch[e] Arb[eiter]Beweg[un]g beste und sicherste Garant[ie] gegen Wiederholung einer d[eu]tsch[en] Aggression und für die Sicherung eines freih[eitlich]-demokr[atischen] D[eu]tschl[ands].

Das scheinen inzwischen, wie ein Art[ikel] von Lord Vansittart in der Nummer vom 4. Aug[ust] der „Y[orkshire] P[ost]" zeigt, allmählich selbst Leute einzusehen, die auch d[eu]tsch[en] Arb[eitern] bis in jüngster Vergangenheit scharf ablehnend und anklägerisch gegenüberstanden.

In diesem Art[ikel] schreibt Lord Vansittart: „Wir können das d[eu]tsch[e] Volk nicht freisprechen, aber wir können differenzieren. Das d[eu]tsch[e] Volk oder die d[eu]tsch[en] Arb[eiter] sind weniger, beträchtlich weniger schuldig als die Militärs, die Junker und Schwerindustriellen.

Diese drei müssen als Klasse wie als polit[itische] Kraft ausgeschaltet werden. – Niemand träume von einer anderen als vernünftigen und menschl[ichen] Behandlung der d[eu]tsch[en] Arbeiter. – Auch sie sind schuldig, und dieser Tatsache gegenüber Scheuklappen anzulegen, würde nur zu neuem Unglück führen." – Um Irrtum auszuschließen: Lord Vansittart, der dieses schreibt.

Das klingt gewiß ganz anders, als es noch vor einiger Zeit geklungen hat. „Mehr Freude über Sünder, der Buße tut, als über 10 Gerechte."

Wenn ich stärkste Zurückhalt[un]g empfohlen habe, so meinte ich damit auch die Ablehnung jedweder Katastrophenpolitik. – Eine solche können wir uns nicht leisten, dazu sind die Zeiten und die Verhältnisse viel zu ernst. – Und sie würde ganz bestimmt zu unserem eigenen Schaden ausschlagen.

Wir können unmöglich daran denken, in Zukunft etwa den einen der Alliierten gegen den anderen ausspielen zu wollen.

D[eu]tschl[ands] Zustand nach dem Kriege wird so katastrophal sein, daß wir alles tun müssen, zu allen Ländern in einem gleich guten freundschaftl[ichen] Verhältnis zu stehen. Voraussetz[un]g allerdings, daß es uns die anderen nicht unmöglich machen oder es von Bedingungen abhängig machen, die einer Preisgabe unserer eigenen Selbstachtung gleichkämen.

Das werktätige d[eu]tsch[e] Volk wird ganz besonders in den Zeiten der kommenden Katastrophe auf eine starke, einflußreiche und sich ihrer Verantwortung bewußte Arb[eiter]Beweg[un]g angewiesen sein.

Diese Bewegung wird ihrer Aufgabe und Verantwortung dann gerecht werden können, wenn sie sich der großen Tradition der d[eu]tsch[en] Sozialist[ischen] Beweg[un]g bewußt bleibt.

Ein großes Maß von Einwirkungsmöglichkeiten, von Arbeit und Verantwortung wird bei dem Wiederaufbau und der Neufundierung der d[eu]tsch[en] Arb[eiter]Beweg[un]g der Emigr[ation] zufallen.

Nur sollten wir uns nicht einbilden, daß die Freunde im Reiche nur auf uns warten, um sich unserer Führung unterwerfen zu können.

Kein Zweifel, daß wir die Schule, die [wir] in Emigration durchgemacht haben, mit großem Nutzen für die gemeinsame Sache verwerten können. – Raum und Möglichkeiten zur Betätigung werden für alle in gleicher Weise gegeben sein.

Auf die gemeinsam zu lösende Aufg[abe] jetzt immer intensiver [...][7] u[nd] Kräfte konzentrieren.

---

7 Vorlage: nicht lesbares Wort.

Nr. 151

Protokoll der gemeinsamen Sitzung von Arbeitsausschuß und Politischer Kommission am 20. August 1944

AdsD Bonn, PV-Emigration, Mappe 5

Sitzung des Arbeitsausschusses und der Politischen Kommission der „Union"[1] am 20. August 1944 im Austrian Labour Club

Anwesend: siehe Anwesenheitsliste[2]

Die Aussprache über das Referat des Genossen Vogel wird fortgesetzt.

An der Aussprache beteiligen sich die Genossen **Möller-Dostali, Wilhelm Heidorn, Paul Walter, Hans Gottfurcht, Hellmut [von] Rauschenplat, Hans Vogel, Willi Eichler, Peter Schäffer, Fritz Borinski, Putzrath, Heinrich Sorg**.

In den abschließenden Bemerkungen stellt der Vorsitzende **Ollenhauer** fest, daß die Sitzung der Auffassung ist, daß die Programmberatungen der Kommission fortzusetzen sind, unter besonderer Berücksichtigung der Vorschläge für ein sogenanntes örtliches Sofortprogramm.[3]

Weitere Anregungen der Aussprache werden der Exekutive der „Union" überwiesen, so die Frage der Veröffentlichung einer neuen politischen Stellungnahme der „Union" und die Stellungnahme der „Union" zu den verschiedenen „Free Germany Committees".

Es wird eine weitere Sitzung des Arbeitsausschusses und der Politischen Kommission für einen späteren Zeitpunkt in Aussicht genommen.

---

1 Vorlage: „Union" in Großbuchstaben.
2 Anwesend nach Anwesenheitsliste:

Beyer	Anna	ISK	Rauschenplat		Gew.
Borinski		SPD	Salomon	Fritz	SPD
Eichler	Willi	ISK	Sander	W.	SPD
Gleissberg		SPD	Schäffer	Peter	SAP
Gottfurcht		LdG	Segall		SPD
Heidorn		ISK	Sorg	Hch.	SPD
[Möller-]Dostali		SPD	Spreewitz	Gustav	SAP
Ollenhauer	E.	SPD	Vogel	Hans	SPD
Putzrath	Heinz	NB	Walter		SAP

3 In den Programmvorschlägen des Jahres 1943 waren zum Teil bereits Sofortmaßnahmen angeregt worden. Auch die im Herbst 1944 veröffentlichte Broschüre „Die neue Republik" enthielt entsprechende Vorschläge. Ein eigenes Sofortprogramm für die öffentliche Verwaltung erschien im Sommer 1945. Vgl. Nr. 179.

NR. 152

Notizen Hans Vogels für die Einleitung der gemeinsamen Sitzung des Arbeitsausschusses und der Politischen Kommission am 20. August 1944

Anlage zum Protokoll vom 20. August 1944

AdsD Bonn, PV-Emigration, Mappe 159

1944, Aug. oder Sept.[1]

Schlußwort[2] nicht mißbrauchen, deshalb nur zu einigen Punkten äußern, die neu in Diskussion aufgeworfen oder bei denen sich gegensätzl[iche] Auffassungen ergeben haben.

Gleich mit Willi Eichler beginnen. – Keine leichte Aufgabe, gegen ihn zu polemisieren, und zwar aus dem einfachen Grunde, weil er mit einem 100% Glauben sei[ne] Auffass[un]g vertreten hat und

bei ihm der Wunsch ebenso stark ist, daß er mit seinem Glauben recht haben möchte.

Natürlich kann sich E[ichler] mit vollem Rechte auf Berichte aus D[eu]tschl[and] berufen. – Auch wir erhalten solche.

Wir u[nd] er kennen aber auch andere Berichte. So b[ei]sp[iels]w[eise] den Bericht jenes SAP-Genossen, der sich gegen Ende des letzten Jahres einige Monate illegal in D[eu]tschl[and] aufhielt und

den der ISK. jetzt erst, am 12. Aug[ust], veröffentlicht hat.

Dieser Genosse glaubt, daß eine Arb[eiter]-Revolte nicht vor einer offenkundigen milit[ärischen] Niederlage erwartet werden darf. – Und daß ein solch vorzeitiger Versuch nur nutzloses Gemetzel an Einzelpersonen oder auch an Volksmassen bedeuten würde.

Auch Akte einer offenen Sabotage in irgendeinem beträchtlichen Ausmaße sei[en] wegen der Wachsamkeit der Nazi-Spione in den Betrieben unmöglich.

Aus diesen Gründen sei die polit[ische] Oppos[ition] gegen die Nazi auf den Tag der Niederlage und die Zukunft im allg[emeinen] eingestellt.

---

1 Vorlage: Datierung hs. oben rechts eingefügt, vermutlich bei nachträglicher Bearbeitung des Bestandes. Es handelt sich um den August 1944, um die Fortsetzung der Beratungen vom 13. August 1944 (vgl. Nr. 150). Die ms. Redenotizen von Hans Vogel sind mit den hs. Ergänzungen wiedergegeben. Hs. ist auf der ersten Seite, quer über die Notizen, „Schlußwort" vermerkt. – Orthographische und Interpunktionsfehler wurden korrigiert, Abkürzungen aufgelöst.

2 Obwohl im Manuskript von „Schlußwort" die Rede ist, handelte es sich nur um die Zusammenfassung der Diskussion der letzten Sitzung (vgl. Nr. 150). Das Schlußwort am Ende der 2. Sitzung hielt laut Protokoll Ollenhauer. Von ihm liegen hs. Notizen für den 20. August 1944 vor. Sie sind nur bruchstückhaft und schwer lesbar. Auf eine Übertragung wurde deshalb verzichtet, in: AdsD Bonn, PV-Emigration, Mappe 159.

Halte es nicht für ratsam, die einlaufenden Berichte weder in der einen noch anderen Form zu verallgemeinern. – Auch Hinweis auf Streikbeweg[un]g in Nord Ital[ien] kann leicht zu Fehlschlüssen führen.

In Italien weder Fasch[ismus] noch die Nazi über gleichen Terror- und Spionageapparat verfügt wie in D[eu]tschl[and]. Wie schwierig, wenn nicht überhaupt unmöglich eine Erheb[un]g gegen SS u[nd] Gestapo zeigt wohl Tatsache, daß 12 Millionen ausl[ändischer] Arb[eiter] sich [...] zur Sklavenarbeit für den verhaßten Feind bequemen würden, wenn ein Aufstand auch nur den geringsten Erfolg verspräche. Vielleicht auch sagen, daß separat [Aufstand] Armee v[on] Arb[eitern] keinerlei Aussicht auf Erfolg. – Vorausgehend Verständ[i]g[un]g. [...].

Ich fürchte und ich stütze mich dabei auf immer wieder gemachte Erfahr[un]g[en] der Vergangenheit – aus einer zu optimist[ischen] Darstellung der Stärke und des Umfangs der Oppos[itions]beweg[un]g in D[eu]tschl[and] und ihrer Wirkungsmöglichkeiten einen höchst schädlichen Rückschlag in der öffentl[ichen] Meinung des Ausl[ands] der Oppos[ition] wie dem d[eu]tsch[en] Volke ganz allg[emein] gegenüber.

Über Meinungsverschiedenh[eiten] uns auszusprechen, in Exekutive Möglichkeiten.

Borinski ernsten Appell für Pflege besserer Verbindungen zu Persönlichkeiten des öffentl[ichen] Lebens Engl[ands] und zu Freunden der Soz[ialistischen] Internationale und gesteigerte Aktivität gerichtet. –

Durchaus mit ihm einverstanden, nur bitten, nicht alles Heil von Exekutive zu erwarten.

B[orinski] auf seine pers[önlichen] Erfahr[un]g[en] bez[ü]gl[ich] Zusammenarbeit mit Engl[and] und Angehörigen anderer Länder auf dem Gebiete der fachl[ichen] Zukunftsaufgaben verwiesen. –

Hier Zus[ammen]arbeit sicher viel leichter als in den Fragen der allg[emeinen] und großen Politik.

Fachl[iches] Arbeitsgebiet viel zu umfangreich, als daß es von kleinerem Kreis von Pers[onen] erfüllt werden könnte, zumal wenn diese mit eigenen Sorgen und Arbeit belastet sind. – Bitte auch zu berücksichtigen, daß unsere Aktivität stark von unseren finanz[iellen] Verh[ältnissen] beeinflußt ist und ganze Arbeit ehrenamtl[ich] erledigt werden muß.

Und Erfahr[un]g, die bei Pflege von Verbind[un]g[en] gemacht auch nicht immer sehr ermutigend. – „Statements["]

Und über Briefkopf, auf den Reihe von Namen brillieren könnten, verfügt „Union" nicht. Grundsätzlich, das möchte ich aber doch sagen, halte ich B[orinskis] Appell in jeder Hinsicht für unterstützungswert.

Victor Schiff ziemlich in Untergangsstimmung gemacht. – Um ihn aber wegen dieser Bemerk[un]g zu versöhnen, bekenne ich, daß ich bez[ü]gl[ich] der Rückkehr seine Befürcht[un]g teilte.

Eigentümlich: in dem Augenblick, als er seine Bemerkungen machte, sagte ich mir, vielleicht nehmen wir uns selbst in dieser Frage zu wichtig und vielleicht behandeln uns die Engl[änder] auch in diesem Falle ganz bagatellmäßig. –

Selbstverständlich von uns aus alle Anstreng[un]g[en], so frühzeitig wie möglich zurückkehren zu können. – Das ist eine unserer Aufg[aben] als polit[ische] Emigr[anten] im Gegensatz zu den wirtschaftl[ichen].

Was seine Bemerk[un]g[en] über den Zerfall des Reiches und den zu erwartenden Separatismus anlangt, müßig zu bestreiten, daß es eine solche Strömung geben wird.

Nicht verallgemeinern. – Kann nicht glauben, daß unsere Freunde im Reiche sich Separatismus zuwenden werden, Loslösung vom Reiche.

Soweit unter Weimarer Rep[ub]l[ik] Arbeiter an sep[aratistischer] Beweg[un]g beteiligt, handelte es sich um selbst[ändige] Rep[ub]l[iken] innerhalb Weimarer Rep[ub]l[ik].

Pfalz: Druck auf reakt[ionäre] bayer[ische] Reg[ierun]g, nicht zuletzt wegen deren Reichsfeindschaft.[3]

Hätte Schiff mit seiner Verallgemeinerung Recht, dann d[eu]tsch[es] Volk nichts Besseres verdient und zugleich Grund, an Sozialistischer] Arb[eiter]beweg[un]g überhaupt zu verzweifeln.

Sehe z.Z. keinen Grund zu Pessimismus, wie ihn Schiff vertreten.

Wittelshöfer angeregt, eine Erklärung gegen Gebietsabtretungen – „Statements" darüber bereits vorhanden, wenn auch keine öffentl[ichen] Erklär[un]g[en], Exekutive sollte sich darüber beraten.

Dann hat sich W[ittelshöfer] auch eingehender zur Frage der zentr[alen] oder lokalen Verwaltung geäußert und für die erstere plädiert.

Einheitl[iches] D[eu]tschl[and] erfordert sicher auch zentr[ale] Reg[ierun]g und Verwaltung. – Wirklich demokr[atisches] D[eu]tschl[and] u[nd] Erzieh[un]g des d[eu]tsch[en] Volkes zur Demokr[atie] erfordert aber auch die Mitarbeit der breiten Volksschichten in der Verwaltung und Reg[ierun]g – Mitarbeit m. E. mehr von unten nach oben erfolgen.

Es wird darauf ankommen, für beide Aufgaben den richtigen Weg zu finden. – Wenn ich zu entscheiden hätt[e] zwischen der strengen Zentralgewalt Frankreichs und der weitreichenden lokalen Selbstverwaltung Engl[ands], dann für letztere entscheiden.

Rein keines von den beiden Systemen übernehmen könne[n]. Unser eigenes System herausbilden. – Manches ausgefahrene Geleise aufgeben.

Sollten nie vergessen, daß sich Stell[un]g zur Demokr[atie] in den 2 Jahrzehnten von 1919–1939 wesentlich gewandelt hat. Daß sie nämlich von einem Werte an sich zu einem Mittel zum Zweck geworden ist.

Solange die Demokr[atie] als ein Wert an sich empfunden wurde, war ihr Wert bereits durch ihre Existenz gegeben, aus der sich automatisch ihre Segnungen ergeben sollten.

---

3 Bis 1933 hatte die linksrheinische Pfalz zu Bayern gehört.

Wenn aber die Demokr[atie] als Mittel zum Zwecke empfunden wird, erhält sie ihren Wert erst dadurch, daß sie die Erfüll[un]g der ihr zugeschriebenen Zwecke auch erreicht.

Im 1. Falle war ihre Existenz schon ihr Ethos, im letzteren muß sie ihr Ethos erst durch ihre Leist[un]g[en] erweisen. – Im ersteren besteht ihr Ethos darin, daß sie ist, im letzteren darin, was sie zur Erreichung ihres anerkannten Zieles tut.

Darüber wäre vieles zu sagen, – mit diesen Andeut[un]g[en] begnügen.

Es ist dann von Fritz Heine die Notwendigkeit einer Erklärung unserer Stell[un]g zu dem „Freien D[eu]tsch[land]" betont worden. – Ich hätte geglaubt, daß diese bereit[s] festgelegt wäre.

Sind uns wohl alle darin einig, daß Fr[eie] D[eu]tsch[e] Bew[egun]g. nichts anderes als eine der vielen getarnten komm[unistischen] Org[anisationen].

Tätigkeit der versch[iedenen] Committees zeigt, daß die Kommunisten trotz der Auflösung der Komintern immer noch an Weisungen von Moskau gebunden sind und daß die russ[ische] Außenpolitik bedingungslose Richtschnur ihres eigenen Verhaltens ist.

Für die d[eu]tsch[en] Komm[unisten] ist heute die Frage der prolet[arischen] Einheit von zweitrangiger Bedeutung. – Heute verfolgen sie über die Volksfront hinaus die nationale Einheitsfront, von Wilh[elm] Pieck[4] über den Feldmarschall Paulus zu den SA- und SS-Führern.

Dabei wird das, was die Komm[unisten] wirklich wollen, offen bleiben, solange die Politik der Sowjetunion gegenüber Nachkriegsd[eu]tschl[and] nicht klargestellt ist.

Über seine beiden anderen Anreg[un]g[en]. – Beschleunig[un]g der Progr[amm] Berat[un]g und der Einigung der soz[ialistischen] Emigr[ation] auch außerhalb Engl[ands] gleich unserer „Union" möchte ich in diesem Augenbl[ick] nicht eingehen. – In Exekutive darüber beraten.

Und was schließlich die in der Aussprache wiederholt angeregte engere Verbindung zu den Freunden der SAI und den Wiederaufbau der SAI selbst anlangt, so bisher an entsprechenden Versuchen nicht gefehlt.

Jede der der „Union" angehörenden Gruppen hat ihre Bezieh[un]g zu Freunden der SAI und so ganz selbstverständlich auch die „Union" selbst.

Für die Neubelebung der SAI und ihre Aktivierung verschiedene Bemühungen im Gange.

Huysmans Committee. Laski-Gollancz-Mampfert[5]. Soz[ialistisches] Forum. – Schlüsselstell[un]g bei Labour Party.

---

4 Vorlage: Piek. – Pieck, Wilhelm, 1876–1960, 1918 Mitbegründer der KPD, 1921–28 und 1932/33 MdL Preußen, 1928–33 MdR, 1933 Emigration Frankreich und UdSSR, ab 1935 Vorsitzender der KPD, 1943 Mitbegründer NKFD, 1946–1954 zusammen mit Otto Grotewohl Vorsitzender der SED, ab 1949 Präsident der DDR.
5 Mampfert, nicht ermittelt.

NR. 153

Protokoll der Exekutivkomiteesitzung am 1. September 1944

AdsD Bonn, PV-Emigration, Mappe 5

Sitzung der Exekutive der „Union" am 1. September 1944 im Trade Union Club

Anwesend: Vogel, Ollenhauer, Schoettle, Eichler, Gottfurcht.

Zur Beratung stehen die Ergebnisse der gemeinsamen Sitzung des Arbeitsausschusses und der Politischen Kommission am 13. und 20. August.

Es wird zunächst beschlossen, die Beratungen der Politischen Kommission mit der Beratung des Abschnitts über Verfassungs- und Verwaltungsfragen wieder aufzunehmen. Als Termin für diese Sitzung wird der 8. September festgelegt.[1]

Es wird ferner beschlossen, die Arbeiten der Organisationskommission zu beginnen, die erste Sitzung wird für den 15. September einberufen.[2]

In Bezug auf die Anregung der Sitzung, eine neue politische Entschließung der „Union" zu veröffentlichen, wird beschlossen, von der Beschlußfassung über eine solche Entschließung im gegenwärtigen Augenblick abzusehen. Dagegen wird beschlossen, die bereits früher in Aussicht genommene Veröffentlichung der bisherigen Beschlüsse der „Union" in deutsch und englisch vorzunehmen.[3] In die Zusammenstellung soll auch der Brief der „Union" an die Exekutive der Labour Party aufgenommen werden.[4] Die Zusammenstellung soll mit einem kurzen Vorwort eingeleitet werden. Der Genosse Ollenhauer wird mit der Ausarbeitung des Entwurfs beauftragt. Der Genosse Schoettle wird mit der Beschaffung einer Kalkulation für die Drucklegung beauftragt.[5]

Es wird beschlossen, einen informatorischen Bericht über die verschiedenen „Free Germany Committees" vorzubereiten. Mit der Materialsammlung werden beauftragt: Eichler für das Moskauer Komitee, Schoettle für das Komitee in New York, Auerbach

---

1 Über diese Sitzung gibt es keine Aufzeichnungen.
2 Über diese Sitzung gibt es keine Aufzeichnungen.
3 Vgl. Nr. 126, 129.
4 Die Aufnahme des Briefes (vgl. Nr. 143) unterblieb. Vgl. Anm. 6.
5 Es handelt sich um die Broschüre „Die neue deutsche Republik", vgl. Einleitung, Abschnitt II.2. Sie enthielt neben einem Katalog von Sofortmaßnahmen, die in das spätere Sofortprogramm eingingen (vgl. Nr. 179), die Richtlinien für die Wirtschaftspolitik (vgl. Nr. 159), für Kulturpolitik (vgl. Nr. 160) und für Erziehungspolitik (vgl. Nr. 161) sowie die Resolution zur internationalen Politik (vgl. Nr. 127). Es fällt auf, daß in den Jahresabrechnungen keine Zahlungen für den Druck und die Versendung der Broschüre nachgewiesen sind. Aus dem Kontext der Besprechungen im Spätsommer/Herbst 1944 spricht vieles dafür, daß die Broschüre für die Verteilung im befreiten Deutschland (durch die „guides") vorgesehen war.

für das Komitee in Mexico, Ollenhauer für die Komitees in Stockholm, Bolivien und Argentinien.[6]

---

6 Vgl. Nr. 156.

NR. 154

Protokoll der Mitgliederversammlung der Sozialistischen Jugend am 8. September 1944

AdsD Bonn, PV-Emigration, Mappe 128

Protokoll der Mitgliederversammlung – 8.9.1944[1]

Heinz P[utzrath] gab einen Bericht über die Entwicklung und Arbeit der Gruppe seit Januar:

Die Zahl der Mitglieder war 17 im Januar und ist jetzt 15. 3 Mitglieder sind von der Mitgliedsliste gestrichen worden – nämlich Bessie[2], Alex[3] und Peter Galliner. Peter Ollenhauer[4] und Inge[5] sind ausgetreten[6]; Peter Sander[7] will versuchen, öfter zu Gruppenabenden zu kommen.

Die Schulungsarbeit: „Warum wurde der Frieden nicht gesichert" hat 15 Abende in Anspruch genommen. 4 Abende wurden verwendet, um politische Tagesfragen zu diskutieren. 4mal besuchten wir Unionsversammlungen. An 5 Abenden waren allgemeine Themen vorgenommen, mit Vorlesen, Singen, etc. und 4mal waren wir auf Fahrt. Wir veranstalteten 4 öffentliche Abende:

Im Februar sprach Genosse Lenk[8] über die Februarkämpfe in Österreich.

Im Mai sprachen Willi G.[9] und Minna Specht über „Erziehung der Jugend im Nachkriegs-Deutschland".

Im Juni sprach Marga [Plöger] über „Wie lebt die deutsche Jugend?"

Im Juli sprachen Ingrid [Sieder] und Erich Ollenhauer über „Probleme der sozialistischen Jugend".[10]

---

1 Vorlage: Überschrift ms. unterstrichen.
2 Vermutlich Bessie Mayer, nicht zu ermitteln.
3 Vermutlich Alex Natanson, nicht ermittelt.
4 Ollenhauer, Peter, *1923, Sohn von Erich Ollenhauer, SJ.
5 Kreyssig, Inge, *1925, Tochter von Gerhard Kreyssig.
6 Anlaß waren nicht politische Differenzen, sondern die Heirat von Peter Ollenhauer und Inge Kreyssig.
7 Sander, Peter, 1924–1972, Mitglied des Jugendkomitees der Union.
8 Lenk, Hans, 1905–1945, SDAP, Rep. Schutzbund Wörgl, Teilnahme Februarkämpfe 1934, 1936 Emigration Schweiz, ČSR, Verbindung mit NB, 1939 GB, ab 1941 Sprecher bei BBC, ab 1943 Mitarbeit bei PID, zeitweise Mitglied London Büro.
9 Vermutlich das SJ-Mitglied Willi Guttsmann.
10 Das Manuskript Ingrid Sieders „Probleme der sozialistischen Jugendbewegung in Deutschland – Vergangenheit und Zukunft", 28.7.1944, 4 S., findet sich in: HHStA Wiesbaden, Abt. 1213, NL Beyer.

Die öffentlichen Abende haben zum Teil ihren Zweck erreicht, indem sie neue Freunde zu der SJ gebracht haben und andere Jugendliche angeregt haben. Es waren leider nie sehr viele neue Jugendliche, die zu diesen Abenden kamen.

Im Januar hatten wir vor, eine größere Werbearbeit anzufangen, indem wir zu anderen Jugendgruppen gehen wollten und auch zu „Refugee Hostels". Es ist leider nicht sehr viel aus dieser Arbeit geworden. Es wurde uns nicht erlaubt, in die Hostels zu gehen. Mit anderen Jugendgruppen hatten wir nicht sehr viel Erfolg, obgleich wir einmal in Redhill bei den Zionisten waren und ganz guter Kontakt besteht mit der BFYC (British Federation of Young Co-operators). Wir haben 7 Freunde, die mehr oder weniger regelmäßig zu unseren Gruppenabenden kommen: Hans Freund, Felix, Hans Fabian, Brigitte, Renate Wolff, René, Paul Heinic.[11] Ein Problem kam hier zum Vorschein, das ist die Klärung, wie wir uns zur FDJ stellen oder viel mehr zu einzelnen Mitgliedern der FDJ, die diese Organisation schon kritisch ansehen. Da die SJ weder nur eine politische Gruppe oder nur eine Lebensgemeinschaft ist, sondern ein Mittelding, ist es vielleicht nicht so leicht für neue Freunde, sich zurecht zu finden und wohl zu fühlen. Deshalb wollen wir diese Freunde mehr außerhalb der Gruppenabende einladen und mit ihnen diskutieren, um einen engeren Kontakt herzustellen.

Im letzten halben Jahr haben wir keine finanzielle Unterstützung von der Union bekommen und haben es wohl auch nicht nötig. Mehrere von uns kennen die Union noch nicht richtig und es wäre wünschenswert, wenn wir enger mit der Union zusammenarbeiten würden; deshalb ist im September der Vortrag von Erich Ollenhauer festgesetzt worden. Die Maifeier haben wir gemeinsam mit der Union gemacht.

Mehrere Sachen sind von der Leitung verschlampt worden, oft weil Rudi [Bach] nicht genug Zeit hatte. Insbesondere Verständigungen zu Gruppenabenden und andere technische Dinge haben nicht gut geklappt. Es wurde daher vorgeschlagen, Ingrid [Sieder] zum Sekretär zu machen, weil sie mehr Zeit hat. Anna [Beyer] und Rudi [Bach] sind in letzter Zeit öfters nicht zu Gruppenabenden gekommen und es wurde der Vorschlag gemacht, die Leitung zu ändern.

Vorschläge für zukünftige Arbeit: Da viele der Mitglieder vorhaben, nach dem Krieg nach Deutschland zurückzugehen, sollte der nächste Schulungskurs sich mit der deutschen Jugend befassen. Er würde aus 3 Teilen bestehen:
1.- Probleme der zukünftigen sozialistischen deutschen Jugendbewegung. Dieses Thema haben wir schon angefangen.
2.- Was lernt die deutsche Jugend heute über die Weimarer Republik; und was sind die wahren Tatsachen über die Weimarer Republik.
3.- Die Struktur der deutschen Jugend, die HJ etc.

---

11 Nicht zu ermitteln.

Kassenbericht: Seit Januar haben wir £ 2.17.11 an Beiträgen eingenommen. Der Bestand der Kasse ist £ 2.11.10. Die Ausgaben bestanden hauptsächlich aus Miete und Porto.

Aussprache:

Es wurde vorgebracht, daß, obwohl viele von uns nach Deutschland zurückgehen wollen, mehrere nicht vorhaben, zurückzugehen. Wenn wir unser Programm zu eng machen, schließen wir einige Mitglieder aus, weil ihr Interesse mehr international oder bei einem anderen Land liegt; auch sperren wir leicht neue Freunde aus. Es wurde vorgeschlagen, uns einen ganzen Abend über das Problem – nach Deutschland zurückzugehen – zu unterhalten. Wir kamen zu dem Ergebnis, daß das Programm nicht zu eng sei, da nur 2 Abende im Monat mit der Schulungsarbeit ausgefüllt sind und auch in dieser Arbeit gibt es viele Probleme, die nicht nur deutsche Probleme sind.

Zu Punkt 2 der Schulungsarbeit meinten wir, daß die Hauptarbeit darin besteht, die Weimarer Republik besser kennenzulernen und außerdem aus jetzigen deutschen Schulbüchern zu entnehmen, was die deutsche Jugend über die Weimarer Republik lernt. Als Grundlage zu der Schulungsarbeit wollen wir Material sammeln und ein Archiv einrichten. Edith [Putzrath], Heinz P[utzrath], Heinz F[ink], Marga [Plöger] und Tauba [Bienenstock] wollen sich besonders mit diesem Archiv beschäftigen.

Es wurde gesagt, daß meistens einer der Leitung den Vorsitz in unseren öffentlichen Abenden hätte, auch daß meistens einer der Leitung unsere anderen Diskussionen leitete und nicht immer gerecht wäre. Dies hoffen wir zu verbessern. Wenn Kritik an einer Diskussionsleitung ist, soll sie, wenn möglich, am selben Abend angebracht werden. Anna und Rudi sollen ihre Lage bei der nächsten Mitgliederversammlung klären. Bis dahin werden sie wissen, ob sie genug Zeit haben für die Gruppe und die Leitung oder nicht.

Über die Werbearbeit wurde noch gesagt, daß Ingrid guten Kontakt mit der Co-op Jugend gemacht hat und daß wir sehen wollen, mehr mit ihr zusammenzuarbeiten. Wir wollen außerdem probieren, mehr persönliche Kontakte zu machen. Hier kam das Problem der FDJ auf. Wie stellen wir uns zu Mitgliedern der FDJ, die anfangen der FDJ gegenüber kritisch zu werden? Sollen wir sie zu unseren Gruppenabenden einladen? Wir meinten, daß wir sie einladen sollten; falls sie aber bei uns Mitglieder würden, müssen sie bei der FDJ austreten und ihre Verbindungen zu ihr abbrechen.

NR. 155

Protokoll der Exekutivkomiteesitzung am 22. September 1944

AdsD Bonn, PV-Emigration, Mappe 5

Sitzung der Exekutive der „Union" am 22. September [1944][1] im Trade Union Club

Anwesend: Vogel, Ollenhauer, Eichler, Schoettle und Walter.

Es wird zunächst eine Anregung der Ortsgruppe London der SPD besprochen, eine Kundgebung der „Union" gegen die Nazimorde an der innerdeutschen Opposition zu veranstalten.[2]

Der Anregung wird zugestimmt. Als Termin wird Sonnabend, der 7. Oktober, in Aussicht genommen. Als Ort wird die Trinity Church in Finchley Road in Aussicht genommen.

Als Redner sollen angefragt werden: John Middleton und Creech Jones. Als Redner der „Union" wird Hans Vogel bestimmt, zum Chairman Hans Gottfurcht.

Erwin Schoettle übernimmt die Herstellung der Einladungen, die Veranstaltung soll außerdem im „New Statesman" und in der „Tribune" angekündigt werden.

Im weiteren Verlauf der Sitzung stehen Besprechungen mit amerikanischen Stellen über die Rückkehr und die lokale Mitarbeit von politischen Emigranten zur Diskussion.[3] Es wird vereinbart, die gegenseitige Information über den Fortgang dieser Besprechungen beizubehalten und eine einheitliche Stellungnahme in diesen Fragen herbeizuführen.

Die nächste Sitzung der Exekutive wird für Dienstag, den 3. Oktober, nachmittags 3 Uhr in Aussicht genommen.

---

1 Das Protokoll ist in der Überlieferung irrtümlich 1945 eingereiht.
2 Vgl. Nr. 158.
3 Es handelt sich um die im Herbst 1942 angebahnten Kontakte zum OSS Labor Desk in London, an denen vor allem Gottfurcht, Eichler, Ollenhauer und Jahn beteiligt waren. Es ging u.a. um den Einsatz von sogenannten „guides", die mit den alliierten Truppen in die ihnen zugewiesenen Städte kommen und dann dort den politischen und gewerkschaftlichen Neubeginn beeinflussen sollten. Aus dem Bereich der Union waren u.a. Anna Beyer (Frankfurt), Willi Heidorn (Ruhrgebiet), Brost (Ruhrgebiet, Berlin, Hamburg), Bennemann (Braunschweig), Paul Walter (Frankfurt) eingesetzt. Die Beziehungen zum OSS sind dokumentiert in: AdsD Bonn, HBA, NL Gottfurcht, K 37 (Akte 8444); vgl. Einleitung, Abschnitt II.3.5.

NR. 156

Protokoll der Exekutivkomiteesitzung am 3. Oktober 1944

AdsD Bonn, PV-Emigration, Mappe 5

Sitzung der Exekutive der „Union" am 3. Oktober [1944][1] in Alvanley G[ar]d[en]s.

Anwesend: Vogel, Ollenhauer, Eichler, Schoettle, Gottfurcht, Walter.

Es werden zunächst technische Einzelheiten der Kundgebung am 7. 10. besprochen. Die Reihenfolge der Redner wird so festgelegt, daß zuerst[2] Miss Wilkinson, dann evtl. Schevenels, dann Middleton, dann Louis Lévy und zum Schluß Hans Vogel sprechen werden.

Von einer Sammlung am Ende der Kundgebung wird abgesehen.

Es folgt dann eine erste informative Aussprache über die verschiedenen „Free Germany Committees", die von **Eichler** mit einigen Bemerkungen über die Zusammensetzung und die Tätigkeit des Moskauer Komitees eingeleitet wurde und dann von **Schoettle** mit kurzen Mitteilungen über den Council for a Democratic Germany in New York[3] ergänzt wurde. Die Aussprache wird fortgesetzt.[4]

---

1 Das Protokoll ist in der Überlieferung irrtümlich 1945 eingereiht.

2 Vorlage: „Middleton, dann evtl. Schevenels" ms. gestrichen.

3 Das „Council for a Democratic Germany" war im März/April 1944 in New York entstanden. Ihm gehörten Sozialdemokraten (Siegfried Aufhäuser, Albert Grzesinski u.a.), Mitglieder sozialistischer Gruppen (Paul Hagen/Neu Beginnen, Jacob Walcher/SAP), Kommunisten, Zentrumspolitiker und Vertreter kirchlicher Kreise an. Mehrere Ausschüsse arbeiteten an programmatischen Erklärungen für das künftige Deutschland. Am 14. Juli 1944 wurde die „Denkschrift über den Wiederaufbau der Gewerkschaftsbewegung in Deutschland" beschlossen und dann publiziert. An den Differenzen über die Beschlüsse der Alliierten in Jalta zerbrach das Council. Vgl. hierzu Joachim Radkau, Die deutsche Emigration in den USA, Düsseldorf 1971, S. 193–203; Ursula Langkau-Alex/Thomas M. Ruprecht (Hrsg.), Was soll aus Deutschland werden? Der Council for a Democratic Germany in New York 1944–45, Frankfurt/M. 1995. – Grzeszinski, Albert, 1879-1947, SPD-MdL, Preuß. Innenminister 1926–30, 1933 Schweiz, Frankreich, 1937 Peru, USA, 1939–43 Vorsitzender der GLD, 1944 Mitglied des CDG.

4 Wann die nächste Sitzung der Exekutive erfolgte, bleibt unklar. In Ollenhauers Terminkalender findet sich am 12. November 1944 die Eintragung „Union", Gottfurchts Kalender enthält für diesen Tag keinen Eintrag. Ein Protokoll fehlt.

NR. 157

Protokoll der Sitzung der Organisationskommission am 6. Oktober 1944

AdsD Bonn, ISK, Box 53

Kommission für die Ausarbeitung von Richtlinien für das Parteistatut einer kommenden Einheitspartei Deutscher Sozialisten.

Protokoll der Aussprache vom Freitag, 6.10. 44.

In der vorhergehenden Sitzung waren die ISK-Genossen gebeten worden, einmal kurz darzulegen, welche Gründe für eine Beibehaltung des ISK als einer Sonderorganisation sprechen, auch wenn die deutsche sozialistische Einheitspartei zustandekommen sollte. Von den ISK-Genossen wurde auf Grund dieser Anfrage erklärt:

Die besonderen Aufgaben, die der ISK zu erfüllen für notwendig hält und die nicht ohne weiteres von einer in der nächsten Zeit zustande kommenden deutschen sozialistischen Einheitspartei übernommen werden, leiten sich aus drei Erwägungen her:

Die erste betrifft die Frage der sozialistischen Theorie. Die marxistische Theorie hat für den sozialistischen Kampf wertvolles soziologisches Material beigesteuert insofern, als sie die soziologischen und ökonomischen Hintergründe der bestehenden Klassengesellschaft weitgehend aufgedeckt und damit die Richtung, die dieser Kampf zu nehmen hat, klargestellt hat.

Der sozialistische Kampf hat allerdings nicht nur diese Bereicherung von der marxistischen Theorie erhalten, sondern ist, sehr zu seinem Nachteil, von den Versuchen beeinflußt worden, in der marxistischen Soziologie auf die eine oder andere Weise eine Begründung für die Notwendigkeit des Sozialismus zu finden. Näher auf den Schaden einzugehen, den diese Auffassung angerichtet hat da, wo sie breitere Volksmassen erfaßt hat, wie in Deutschland z.B., kann nicht die Aufgabe dieser Erklärung sein. Es genügt festzustellen, daß die Versuche der Marxisten, das Kommen des Sozialismus dialektisch zu erklären, praktisch zu einer fatalistischen Auffassung geführt haben, wonach man glaubt, auf die Aufgabe verzichten zu dürfen, die Arbeiterbewegung mit dem Geist der Verantwortung für eine neue, sozialistische Ordnung zu erfüllen. Der ISK sieht es als seine besondere Aufgabe an, die Begründung des Sozialismus als eines sittlich vorzugswürdigen Ziels wissenschaftlich klarzustellen. Er stützt sich dabei auf die Schule der kritischen Philosophie, d.h. Kant, J.F. Fries und L. Nelson, deren Arbeiten zwar weiterer Bearbeitung bedürfen, aber, der Meinung des ISK nach, die gesicherte Grundlage abgeben für eine hieb- und stichfeste sozialistische Theorie.

Aus dieser Aufgabe des ISK leitet sich die zweite, eine organisatorische von selber ab. Die Möglichkeit wissenschaftlicher Entscheidungen, und d.h. objektiver Feststellungen über das, was geschehen soll, läßt keinen Raum frei für die heute allgemein übliche Methode, politische Entscheidungen von der Mehrheit der in Frage kommenden Organisationen treffen zu lassen. Der ISK hat deshalb Versuche angestellt und Methoden entwickelt, in einer Organisation den Grundsatz zu verwirklichen, der den demokratischen Vorkämpfern des Fortschritts und des Sozialismus vorgeschwebt hat: die aktive Teilnahme aller Mitglieder an der Gestaltung der Arbeit der Organisation, – ohne daß es dabei in dieser Organisation irgendwo zu Abstimmungen kommt, sei es bei der politischen Arbeit, sei es bei der Ernennung der Funktionäre.

Eine Konsequenz aus den beiden genannten Arbeiten des ISK ist eine pädagogische Aufgabe. Funktionäre, die von der Mitgliedschaft nicht abberufen werden können, müssen dahin geschult werden, für ihr eigenes Verhalten sich nur auf ihre eigene rechtliche Auffassung zu verlassen. Sie bedürfen deshalb einer besonderen Erziehung, die selbstverständlich auch die Mitglieder als potentielle Funktionäre erfassen soll, und die dahin geht, dieses Bewußtsein ständig zu vertiefen und ein Gefühl für die Notwendigkeit der Selbstkontrolle zu verschaffen, die an die Stelle der in anderen Organisationen angeblich von den Mitgliedern vorgenommenen Kontrolle tritt. Der ISK hält sich nicht für berechtigt, seine, auf Grund langer Erfahrungen gewonnenen Erkenntnisse auf diesem Gebiet einfach beiseite zu setzen zu Gunsten einer Massenpartei, die solche Versuche ihrer Natur nach gar nicht in Angriff nehmen kann.

Die drei hier angedeuteten Sonderaufgaben des ISK erfordern eine besondere persönliche Anstrengung jedes Einzelnen, die von den Mitgliedern der heutigen großen Parteien traditionsgemäß nicht übernommen wird. Abgesehen von diesen drei Sonderaufgaben sieht der ISK andererseits keinerlei Grund, sich von dem Programm der sozialistischen Einheitspartei in irgendeiner Hinsicht zu distanzieren. Seine Sonderaufgaben dienen vielmehr, streng genommen, lediglich dem Zweck, die Durchführung dieses Programms möglichst weitgehend dem Zufall zu entziehen. Das bedeutet, daß der ISK keineswegs eine bloße Sonderfraktion innerhalb der Arbeiterbewegung ist, sondern daran interessiert ist, seine Arbeit so weit wie möglich bekannt zu machen und jedem die Teilnahme zu ermöglichen, der sich den daraus folgenden Anforderungen persönlicher und politischer Art zu widmen bereit ist.

Wir hatten in der vorhergehenden Sitzung erörtert, ob der ISK in ähnlicher Weise der neuen Einheitspartei angeschlossen werden sollte, wie etwa die Fabian Society der Labour Party angehört.[1] Da diese Art der Organisation dem deutschen Parteienleben völlig fremd wäre und außerdem ein solcher Anschluß anderen Gruppen als willkommener Präzedenzfall dienen könnte, was von den deutschen Sozialisten keineswegs gewünscht wird, glauben wir, daß es vernünftiger wäre, die ISK-Mitglieder schlössen sich der neuen Einheitspartei als Einzelmitglieder an und behalten sich das Recht vor, außerhalb der neuen Partei ihre eigene Organisation weiter zu führen.

---

1 Die Fabian Society war eine eigenständige Organisation der marxistisch orientierten Linken in der LP, die als Organisation mit der LP verbunden (affiliated) war. Eine Liste der angeschlossenen „Socialist Societies" findet sich in: The Labour Party. Report of the 40th Annual Conference, June 2nd, 3rd, and 4th 1941, London o.D. (1941), S. 82.

In der Diskussion wurde die naheliegende Frage aufgeworfen, ob die Mitglieder des ISK bei einer solchen Lösung nicht vor dem Dilemma der Loyalität zwei politischen Organisationen gegenüber stünden. Es wurden Bedenken vorgebracht, daß die Gefahr einer Spaltung damit schon in den Anfängen festgelegt würde. Dagegen wurde gesagt, daß die auftretenden Konflikte politischer Art, wie sie gewöhnlich zu Spaltungen politischer Organisationen führen, keineswegs größer zu werden drohen im Verhältnis der ISK-Genossen zur Einheitspartei, als sie sich auch sonst zwischen irgendwelchen Mitgliedern der Partei auf Grund bestimmter Meinungsverschiedenheiten über die von der Partei zu verfolgende Taktik bilden können. Was den ISK bewegt, seine Sonderorganisation aufrechtzuerhalten, sind ja nicht Auffassungen des politischen Tageskampfes oder des politischen Programms, sondern wissenschaftliche und pädagogische Aufgaben, die, da sie in der Massenpartei ohnehin nicht, oder nur in geringem Maß in Angriff genommen werden, nicht zu Meinungsverschiedenheiten mit ähnlichen in der Partei arbeitenden Gruppen führen können. Selbstverständlich wird sich innerhalb der Arbeit des ISK, da es sich dabei um eine politische Theorie und eine politische Erziehung handelt, die nicht in der Studierstube, sondern im politischen Leben vorgenommen wird, als unvermeidlich herausstellen, daß die Mitglieder des ISK zu bestimmten politischen Fragen eine bestimmte politische Meinung haben. Diese Meinung in der Partei und in deren Kampf durchzusetzen werden sie sich aber, gerade dank der im ISK gewonnenen Erziehung, der Mittel und nur der Mittel bedienen, die das Parteiprogramm und das Parteistatut dafür vorsehen. Das entkräftet auch den Einwand, daß eine mögliche Opposition des ISK gefährlicher sei als andere Oppositionen, weil sie von vornherein eine organisierte Opposition ist. Wir können nur wiederholen, daß der ISK keineswegs prinzipiell in Opposition zu der neuen Partei steht, sondern ganz im Gegenteil entschlossen ist, ihre Arbeit mit allen Kräften und ohne jeden Vorbehalt zu unterstützen.

Ob sich im Lauf der Zeit zwischen der Arbeit der neuen Partei und dem ISK so tiefgehende Meinungsverschiedenheiten herausbilden, daß sie zu einer organisatorischen Trennung führen, läßt sich heute selbstverständlich ebensowenig ausschließen, wie sich ausschließen läßt, ob die neue Partei – unabhängig von der Existenz oder der Nicht-Existenz des ISK – in der Zukunft einer Spaltung unterworfen sein wird.

gez.: Grete Herrmann[2]

_____

2 Vorlage: „gez.: Grete Herrmann" hs. von Grete Hermann gezeichnet.

Nr. 158

Programm der Veranstaltung „Hitlers Total War Against The German Opposition" am 7. Oktober 1944

AdsD Bonn, PV-Emigration, Mappe 160[1]

Union of German Socialist Organizations in Great Britain

We invite you to a public meeting in memory of
Wilhelm Leuschner[2]
Rudolf Breitscheid
Ernst Thälmann[3]
and thousands of German Anti-Fascists, Trade Unionists, Socialists and Communists who have during the last few months been murdered or arrested by the Gestapo.
The meeting will take place on Saturday, 7th October, 1944 6 p.m. in Caxton Hall (near St. James Park Tube Station)
Speakers:
Ellen Wilkinson, M.P.
Chairman of the National Executive of the Labour Party.
Jim Middleton,
General Secretary of the Labour Party.
Louis Lévy,
London Representative of the French Socialist Party.
Hans Vogel,
Chairman of the Union of German Socialist Organizations in Great Britain.
In the Chair: Hans Gottfurcht, chairman of the Trade Union Centre for Workers in Great Britain.

---

1 Die auf der Veranstaltung gehaltenen Reden sind in SM, Nr. 67/68, Oktober/November 1944 abgedruckt. Diese Ausgabe der SM wurde auch als Sonderdruck verbreitet.
2 Leuschner, Wilhelm, 1890–1944, 1932 stellv. ADGB-VS, 1944 wegen Verbindung zum 20. Juli verhaftet und hingerichtet.
3 Thälmann Ernst, 1886–1944, 1924–33 MdR, ab 125 VS der KPD, im August 1944 im KZ Buchenwald ermordet.

NR. 159

Programmatische Richtlinien für die Wirtschaftspolitik, 13. November 1944

Zur Politik deutscher Sozialisten, S.3f.[1]

Programmatische Richtlinien.[2]

Diese Richtlinien sind das Ergebnis eingehender Beratungen deutscher Sozialisten im Rahmen der „Union deutscher sozialistischer Organisationen in Großbritannien".

Die Richtlinien erheben keinen Anspruch auf Vollständigkeit und sind nicht als Programmentwurf gedacht. Sie sollen ein Beitrag sein zu den kommenden Diskussionen über das Programm und die Politik der jetzt in Deutschland wieder erstehenden Sozialdemokratischen Partei.

I. Richtlinien für die Wirtschaftspolitik.

A. Die Ziele der Sozialisten in der Wirtschaft sind:
    Freiheit von wirtschaftlicher Ausbeutung,
    Gleichheit der wirtschaftlichen Entwicklungsmöglichkeiten
    Sicherung einer menschenwürdigen Existenz für alle,
    Vollbeschäftigung aller Arbeitsfähigen,
    Hebung des allgemeinen Wohlstandes und
    freie Entfaltung der Fähigkeiten aller.
B. Die Mittel ihrer Verwirklichung sind:
    die Befreiung der Wirtschaft von den Fesseln des privaten Monopoleigentums und
    die Planung der Wirtschaft für das Volk und durch das Volk.

---

1 Die Einordnung in die zeitliche Reihenfolge der Richtlinien für Wirtschaftpolitik (Nr. 158), Kulturpolitik (Nr. 159) und Erziehungspolitik (Nr. 160) wird hier nach der ersten vorgefundenen Ausfertigung, jeweils vom 13. November 1944, vorgenommen. Die Richtlinien werden in der Fassung der Veröffentlichung in der Broschüre „Zur Politik deutscher Sozialisten" (Dez. 1945) wiedergegeben. Die Erstfassungen der Richtlinien wurden mit geringfügigen redaktionellen Änderungen in der Broschüre „Die neue deutsche Republik" Ende 1944 veröffentlicht. Die hier vorgelegten Fassung weisen neben redaktionellen Korrekturen auch einige inhaltliche Veränderungen auf. Bei der Richtlinie für Wirtschaftspolitik vom November 1944, Abschnitt B.3., fehlt noch die Einleitung „Die planmäßige Ausrichtung der Gesamtwirtschaft auf die angegebenen Ziele", bei C. ist für die Enteignung noch keine Entschädigung vorgesehen, in C.2. wurde später die Verstaatlichungsforderung auch für Konzerne und Großbetriebe der metallverarbeitenden und der Konsumgüterindustrie zugunsten der Formulierung „monopolartiger Konzerne" weggelassen, in C.4. heißt es noch „Enteignung" statt „Verstaatlichung". Die in der ersten Richtlinie enthaltenen Abschnitte „Örtliche und bezirkliche Sofortmaßnahmen" und „Zentrale Sofortmaßnahmen" sind in das Sofortprogramm (s. Nr. 179) aufgenommen und in der 1945 veröffentlichten Version nicht mehr enthalten.
2 Vorlage: Alle Überschriften in Fettdruck.

Dazu ist notwendig,

1. die großen Vermögensunterschiede durch eine einmalige progressiv gestaffelte Vermögensabgabe zu beseitigen,
2. die wirtschaftlichen Schlüsselstellungen in öffentliches Eigentum zu überführen und alle Großkonzerne, die als private Gebilde selbständige Machtpositionen darstellen, zu enteignen.
3. mit Hilfe dieser Schlüsselstellungen die Gesamtwirtschaft staatlich zu planen, insbesondere durch die Entscheidung über Umfang und Zweck der Investitionen,
4. die Festsetzung des zentralen Planes durch demokratische Entscheidung nach freier öffentlicher Diskussion, die Mitwirkung demokratischer Selbstverwaltungsorgane bei seiner Anpassung an die Bedürfnisse der einzelnen Gebiete und Industrien und die demokratische Kontrolle seiner Durchführung auf allen Stufen,
5. innerhalb des zentralen Planes die größtmögliche Freiheit der Initiative und des wirtschaftlichen Wettbewerbs für die einzelnen öffentlichen, genossenschaftlichen und privaten Betriebe und für die regionalen und fachlichen Organe der Wirtschaft.

C. Die Durchführung einer sozialistischen Planung erfordert eine Reihe von Enteignungsmaßnahmen und Kontrollen

Die Enteignung soll grundsätzlich gegen angemessene Entschädigung stattfinden.
Die Entschädigungen werden aus dem Ertrag der Vermögensabgabe finanziert.
Im Einzelnen sind folgende Maßnahmen notwendig:

1. Kreditwesen.
Verstaatlichung der privatkapitalistischen Banken und Versicherungsinstitute.
Zulassung und Förderung von gemeinnützigen Spar-, Kredit- und Versicherungsanstalten der Kommunen und Genossenschaften.
2. Industrie- und Verkehrswirtschaft.
Verstaatlichung der Bodenschätze, des Bergbaus, der chemischen und metallurgischen Großindustrie.
Überführung der gesamten Energie- und Verkehrswirtschaft sowie der Versorgungsbetriebe in die öffentliche Hand.
Verhinderung monopolistischer Vereinbarungen und Praktiken im verbleibenden privaten Sektor der Wirtschaft und Überführung monopolartiger Privatkonzerne und -unternehmungen in öffentliches oder genossenschaftliches Eigentum.
3. Wohnungswirtschaft.
Verstaatlichung der Großproduktion von Baustoffen.
Überführung des Baulands in öffentliches Eigentum.
Organisation des Wohnungsbaus und der Wohnungsbewirtschaftung als öffentlicher Dienst durch Staat, Kommunen und Genossenschaften.
4. Landwirtschaft.
Enteignung des Großgrundbesitzes und Übergabe des geeigneten Landes an Kleinpächter, landarme Bauern und Neusiedler in Erbpacht.

Sicherung des bäuerlichen Eigentums und Verhinderung der Neubildung von Großgrundbesitz durch Kontrolle der Veräußerung und Verpachtung von Grund und Boden.

Staatliche Marktregelung für die wichtigsten landwirtschaftlichen Produkte zum
Schutz der Produzenten und Verbraucher gegen übermäßige Preisschwankungen.

5. Außenwirtschaft.

Staatskontrolle des gesamten Außenhandels zur Sicherung des inneren Wirtschaftsplanes unter größtmöglichem Einbau in die europäische und Weltwirtschaft.

Engste Zusammenarbeit mit anderen sozialistischen und fortschrittlichen Planwirt-
schaften zur Förderung der gemeinsamen Ziele.

Nr. 160

Programmatische Richtlinien auf dem Gebiet der Kulturpolitik, 13. November 1944

Zur Politik deutscher Sozialisten, S. 13[1]

IV. Richtlinien für die Kulturpolitik.

A. Die Presse.[2]
1. Die in der Verfassung gewährleistete Freiheit der Meinungsäußerung und der Kritik muß auch in der Freiheit der Presse ihren Ausdruck finden.
2. Die Verbreitung bewußt falscher oder irreführender Nachrichten ist unter Strafe zu stellen.
3. Das Anzeigewesen ist unter öffentliche Kontrolle zu stellen.
4. Zeitungen in privatem Besitz haben öffentlich über ihre Besitzverhältnisse und Finanzgebarung periodisch Rechenschaft zu geben.
5. Alle für die Neuregelung des Pressewesens notwendigen Bestimmungen sind in einem Reichspressegesetz zusammenzufassen.
6. Die Berufsorganisation der Journalisten kann als deren Selbstverwaltungskörperschaft Maßnahmen und Einrichtungen treffen, die der Entwicklung einer Presse mit öffentlichem Verantwortungsbewußtsein dienen und die Heranbildung von vertrauenswürdigen, pflichtbewußten und unbestechlichen Journalisten fördern.
7. Die Regierung soll ständig enge Fühlung mit der Presse halten.
7. Telegraphen- und Nachrichten-Agenturen unterstehen der öffentlichen Kontrolle.

B. Rundfunk, Film, Theater und Literatur.
1. Die Förderung von Rundfunk, Film, Theater und Literatur ist eine öffentliche Aufgabe. Vor allem soll die Produktion und Programmgestaltung im Geist der Demokratie, der sozialen Verantwortung und der Völkerverständigung, sowie jedes andere künstlerisch wertvolle Schaffen angeregt und unterstützt werden. Die freien Organisatio-

---

1 Mit den Diskussionen über die Vorlagen im Bereich Kultur und Erziehung war bereits im Juni 1943 begonnen worden. Am 22. Januar 1944 befaßten sich Exekutivkomitee und Politische Kommission gemeinsam mit dem Ergebnis der bisherigen Beratungen. Für diese Sitzung existiert kein Protokoll. Die ausformulierten Richtlinien lagen am 13. November 1944 (Stempelaufdruck der hektografierten Ausführung) vor: Vgl. Anm. 1 zu 158. Die hier aufgenommene Endfassung in der Broschüre „Zur Politik deutscher Sozialisten" ist inhaltlich nahezu identisch mit den Versionen vom Herbst 1944. Neben redaktionellen Veränderungen sind an zwei Stellen frühere restriktive Formulierungen (mögliche Einschränkungen der Pressefreiheit, Grenzen der Freiheit der künstlerischen und literarischen Produktion) weggelassen. Der in der Erstfassung enthaltene Abschnitt über Sofortmaßnahmen wurde in das „Sofortprogramm" übernommen; vgl. Nr. 179.
2 Vorlage: Alle Überschriften in Fettdruck.

nen der Kunst, der Literatur und der Volksbildung sollen hierbei im weitesten Maße herangezogen werden.

2. Das Ministerium für Erziehung und Volksbildung soll diese Aufgabe für das gesamte Staatsgebiet zusammenfassen.

3. Alle Rundfunksender sind öffentliches Eigentum.

4. Filmproduktion und Film-Verleih unterliegen der öffentlichen Kontrolle.[3]

---

3 In der Vorlage vom 13. November 1944 folgte hier: „Die literarische und künstlerische Produktion ist frei, soweit sie nicht durch allgemeine Bestimmungen beschränkt wird, die jede Betätigung und Propaganda untersagen, falls sie das Ziel der Aufhebung demokratischer Einrichtungen und Freiheiten verfolgen."

Nr. 161

Programmatische Richtlinien auf dem Gebiet der Erziehungspolitik, 13. November 1944

Zur Politik deutscher Sozialisten, S. 14f.[1]

V.　　Richtlinien für die Erziehungspolitik

A. Das Erziehungsziel.[2]
Die Schulen sollen die Jugend frei von totalitären und dogmatischen Anschauungen erziehen im Geist der Humanität, der Demokratie, der sozialen Verantwortung und der Völkerverständigung.
In diesem Sinne erstreben wir:
die Heranbildung zuverlässiger Charaktere,
die Erziehung zu selbständigem Denken und Gestalten,
die Entwicklung schöpferischer Fähigkeiten,
die Gewöhnung an Gemeinschaftsleben und die Übung in der Selbstverwaltung.

B.　　Grundsätze für den Aufbau und die Organisation des Schulwesens.
1. Alle Schulen sind öffentliche Einrichtungen des Staates oder der gemeindlichen Selbstverwaltung.
2. Ihr Besuch ist frei von Gebühren. Die Lehrmittel werden unentgeltlich bereitgestellt.
3. Die Schulen stehen allen offen ohne Unterschied der Herkunft und des Glaubensbekenntnisses.
4. Die allgemeine Schulpflicht beginnt mit dem sechsten und endet mit dem sechzehnten Lebensjahr. Jugendliche zwischen 16 und 18 Jahren sind zum Besuch einer Berufs- oder Fachschule oder einer höheren Schule verpflichtet.
5. Für noch nicht schulpflichtige Kinder werden Einrichtungen getroffen, die ihnen die Möglichkeit zum Gemeinschaftsleben mit Gleichaltrigen geben.
6. Die allgemeine Schulpflicht wird in der Einheitsschule erfüllt. Diese gliedert sich in den höheren Klassen in verschiedene Züge nach den Interessen, Fähigkeiten und Berufsmöglichkeiten der Kinder.

---

1 Vgl. Anm. 1 zu Nr. 159. Die mit „13. November 1944" gestempelte erste Fassung enthielt noch nicht die Abschnitte über Hochschule, Erwachsenenbildung und Jugendbewegung. Der in der ersten Fassung enthaltene Abschnitt „Übergangsmaßnahmen" fand Eingang in das „Sofortprogramm" (vgl. Nr. 179) und ist hier nicht enthalten. Die sonstigen Abweichungen sind bis auf wenige Ausnahmen redaktioneller Art. Zum Beispiel waren in der früheren Version nur staatliche Schulen zugelassen, nun auch gemeindliche (vgl. B.1.).
2 Vorlage: Alle Überschriften in Fettdruck.

Die Verteilung der Kinder auf diese Züge erfolgt im Zusammenwirken mit besonderen Erziehungsberatungsstellen.

7. In ländlichen Bezirken müssen die Schulbehörden die notwendigen Transportmittel und technischen Einrichtungen bereitstellen, um die volle erzieherische Ausbildung zu ermöglichen.

8. Die Fach- und Berufsschulen dienen der weiteren Ausbildung der Jugendlichen, die in das Erwerbsleben oder in die Berufsausbildung übergehen.
Die Unterrichtsstunden für Schulpflichtige fallen in die Arbeitszeit und müssen vom Arbeitgeber als Arbeitszeit bezahlt werden.

9. Für die Jugendlichen zwischen 16 und 18 Jahren, die sich für das Hochschulstudium entscheiden und dafür geeignet sind, dient die höhere Schule als Vorbereitung für das Hochschulstudium.

10. Allen in der Berufsausbildung stehenden Jugendlichen sind, wenn nötig, Beihilfen zum Lebensunterhalt zu gewähren.

C. Die Verwaltung des Schulwesens.
1. Die Einheitlichkeit des Erziehungsziels, des Unterrichts und des Schulsystems wird durch ein Gesetz gesichert.
Es soll eine weitgehende Selbstverwaltung der Schulen vorsehen. Elternbeiräte, Erzieher und an der Jugenderziehung beteiligte Gemeinschaften sind zu tätiger Teilnahme heranzuziehen.

2. Die lokale Schulverwaltung wird bezirks- und länderweise zusammengefaßt. Diesen überörtlichen Schulverwaltungen steht ein Beirat aus Vertretern der Wissenschaft, der Wirtschaft und der Kunst zur Seite.

D. Lehrerbildung.
Alle Lehrer werden wissenschaftlich an der Hochschule ausgebildet. Ihre praktische Ausbildung im Schuldienst ist durch Mitarbeit in der sozialen Arbeit zu ergänzen.

E. Hochschule.
1. Universitäten und Fachhochschulen sind gleichberechtigt. Sie sollen planmäßig zusammenarbeiten und sich ergänzen. Sie sind öffentliche Einrichtungen. Ihr Bestand ist aus öffentlichen Mitteln sicherzustellen.

2. Das Hochschulstudium steht grundsätzlich jedem offen, der nachweisbar die hinreichende Fähigkeit und Neigung besitzt. Die Zulassung zur Hochschule erfolgt im Einvernehmen mit der öffentlichen Berufsberatung, um die Überfüllung einzelner Berufe nach Möglichkeit zu vermeiden.
Das Studium soll frühzeitig mit praktischer Arbeit verbunden sein, die das soziale Verantwortungsbewußtsein weckt und stärkt. Die Studentenschaft soll eine demokratische Vertretung erhalten, die Einrichtungen der studentischen Selbsthilfe schaffen

soll und der sonstige die Studentenschaft angehende Aufgaben zur Selbstverwaltung überlassen werden sollen.

3. Die Berufung und Zulassung von Hochschullehrern erfolgt weitgehend auf Vorschlag der Hochschulen. Jedoch soll sichergestellt werden, daß sie, soweit zu ihren Aufgaben die Berufausbildung von Studenten gehört, das hierfür notwendige pädagogische und soziale Verständnis haben.

Die Hochschulen sollen sich selber verwalten. Die Dozenten sollen nicht auf dem Verwaltungsweg abberufen und versetzt werden können. Enge Zusammenarbeit mit Körperschaften und Organisationen des öffentlichen Lebens ist anzustreben. Die Gründung von sozialwissenschaftlichen Instituten, in denen unter Mitarbeit von Vertretern der Arbeiterbewegung, die Erfahrungen und Probleme von Gewerkschaften, Genossenschaften u.a. behandelt werden, sollen gefördert werden.

F. Erwachsenenbildung.

1. Bildungsstätten für Erwachsene in Form freier Arbeitsgemeinschaften sollen aus öffentlichen Mitteln gefördert werden (Abendvolkshochschulen, Heimvolkshochschulen). Sie sollen eine lebendige, demokratische Volkskultur pflegen und zu wertvoller Freizeitgestaltung anregen. Es ist darauf hinzuwirken, daß diese Einrichtungen den Anforderungen der modernen Sozialpädagogik gerecht werden. Am inneren Schulbetrieb sollen Hörer und Heimschüler im Geist der Selbstverwaltung weitgehend beteiligt werden. In den Verwaltungsorganen dieser Einrichtungen sind Vertreter der Arbeiterbewegung zur aktiven Mitarbeit heranzuziehen.

2. Die Arbeiterbewegung braucht neben diesen öffentlichen Einrichtungen ein eigenes Bildungswesen. Gute Zusammenarbeit zwischen der Arbeiterbildung und der sonstigen Erwachsenenbildung ist notwendig.

3. Volksbüchereien sind aus öffentlichen Mitteln zu errichten und zu fördern.

G. Jugendbewegung.

1. Für die Entwicklung einer lebendigen Demokratie spielen freie Jugendorganisationen eine bedeutsame Rolle.

Die Bildung und Tätigkeit von Jugendverbänden oder -gruppen ist frei, soweit sie nicht die Aufhebung demokratischer Einrichtungen und Freiheiten zum Ziel haben oder Haßpropaganda und Völkerverhetzung treiben.

2. Die freie Jugendarbeit soll die Kräfte der Selbsthilfe und Initiative entfalten, ist hierbei aber durch öffentliche Maßnahmen (Jugendschutz, Jugendheime und Jugendherbergen, Ausbildung von Jugendführern usw.) zu fördern.

3. Für die Erreichung des sozialistischen Erziehungszieles ist die Entwicklung einer eigenen sozialistischen Jugend- und Erziehungsbewegung notwendig. Die Sozialisten haben die Aufgabe, diese sozialistische Jugend- und Erziehungsbewegung zu fördern und zu unterstützen.

NR. 162

Protokoll der Exekutivkomiteesitzung am 28. November 1944

AdsD Bonn, PV-Emigration, Mappe 5

Sitzung der Exekutive der „Union" am 28. November 1944 in der Wohnung von Paul Walter

Anwesend: Vogel, Ollenhauer, Gottfurcht, Heidorn, Walter, Löwenthal.

Es wird beschlossen, am Sonntag, den 17. Dezember, nachmittags 3 Uhr eine Mitgliederversammlung der „Union" in dem Heim der Sudetendeutschen abzuhalten.

Es wird ein Vortrag über die Lage in Frankreich in Aussicht genommen. Als Redner soll Louis Lévy gewonnen werden, falls er noch nicht zurück oder verhindert ist, William Pickles.

Es entspinnt sich eine längere Debatte über den Vorschlag der Redaktion der „Zeitung"[1], ein „Open Forum" für die politische Emigration zu schaffen und für die redaktionelle Leitung dieser Abteilung einen beratenden Ausschuß einzusetzen. Die erste Vorbesprechung soll am Freitag, den 1.12., stattfinden, eingeladen sind: Löwenthal, Ollenhauer, Heidorn, Emmerich[2], Meyer[3], Rosenbaum[4], Auerbach. Den Vorsitz soll Rauschenplat führen. Die Aussprache dreht sich um die Frage der Hinzuziehung der Kommunisten, gegen die **Ollenhauer** Einspruch erhoben hat. Es wird nach längerer Aussprache beschlossen, keinen Kommunisten zur Teilnahme an dem Ausschuß aufzufordern, aber die Mitarbeit von Kommunisten in der Beilage nicht auszuschließen. Im übrigen soll der Verlauf der ersten Besprechung abgewartet werden. Die Teilnahme an dieser Kommission ist eine persönliche und bindet die Organisationen nicht.[5]

Auf Anregung von **Hans Gottfurcht** wird beschlossen, eine Kommission zur Beratung von Fragen, die den Wiederaufbau der deutschen Genossenschaften betreffen,

---

1 Zu „Die Zeitung" vgl. Einleitung, Abschnitt II.3.1.
2 Emmerich, Kurt, *1903, Rechtsanwalt, Pfarrer, SPD, 1935 Frankreich, 1939 GB.
3 Vermutlich: Meyer, Dr. Ernst, *1892, Wissenschaftler (Staatswiss. Politik, VWL), SPD, RB, Görlitz, 1933 Luxemburg, 1933 GB, Journalist, LP, LdG.
4 Rosenbaum, Eduard, 1887–1979, Wirtschaftswissenschaftler und Bibliothekar, 1934 GB, Bibliothekar London School of Economics.
5 Das nun von der „Zeitung" repräsentierte breitere politische Spektrum schlug sich von Januar bis März 1945 in der Sonderseite „Wege zum neuen Deutschland" nieder, auf der zahlreiche Stellungnahmen von Vertretern der verschiedenen politischen Richtungen, darunter mehrere der Union (Ollenhauer, Heidorn, Fliess u.a.) zu Fragen des künftigen Deutschlands, abgedruckt wurden. Am 21. März 1945 wurde Willi Eichler von der Redaktion der „Zeitung" mitgeteilt, daß die Seite „Wege zum neuen Deutschland" wegen Raumbedarf für andere Teile eingestellt werde. SAPMO/ZPA Berlin, NL Koenen 74/115, Wege zum neuen Deutschland, Ms. 4 S.; AdsD Bonn, ISK, Box 55.

einzusetzen. Als Vorsitzender der Kommission wird Paul Walter bestimmt, als weitere Mitglieder sind in Aussicht genommen: Paul Heide, Rosenberg, evtl. die Genossinnen Bennemann und Schoettle. Die Gruppen werden aufgefordert, weitere geeignete Vorschläge zu machen.[6]

Wegen der Beschaffung von Karten für den Labour Parteitag[7] wird der Genosse Sander beauftragt, mit dem Genossen Gillies in Verbindung zu treten.

Zu der Absicht der SASI, eine Jugendcharter zu beraten und zu beschließen, die die gesamte sozialistische Jugenderziehung zu einer Aufgabe der sozialistischen Sportorganisationen erklärt, wird festgestellt, daß die sozialistische Jugenderziehung, soweit sie über die speziellen Aufgaben der Sportbewegung hinausgeht, Aufgabe der selbständigen sozialistischen Jugendverbände und der sozialistischen Parteien ist.

---

6 Die Befassung mit den Genossenschaften hatten Rauschenplat (ders. an Ollenhauer 1.10.1944, in: IfZ München, NL Eberhard, ED 117, Mappe 1) und die britischen Genossenschaften angeregt (so Ollenhauer an Luetkens 9.9.1945, in: AdsD Bonn, PV-Emigration, Mappe 84). Tatsächlich wurde die Kommission von Ludwig Rosenberg geleitet, Helene Schoettle war nicht Mitglied. Zu den Besprechungen im Frühjahr 1945 wurde auch Werner Klatt für die landwirtschaftlichen Genossenschaften zugezogen. Ein erster Entwurf der Richtlinie wurde im April 1945 vorgelegt. Die endgültigen „Vorschläge für den Wiederaufbau des Genossenschaftswesens" wurden im Juni 1945 verabschiedet. Vgl. Nr. 177. Korrespondenz Rosenberg – Ollenhauer: AdsD Bonn, PV Emigration, Mappe 105; „Vorschläge": ISK Box 56.

7 Die Jahreskonferenz der Labour Party fand vom 11.–15.Dezember 1944 in London statt. Einer der Schwerpunkte war durch die Entschließung „The International Post-War Settlement" bestimmt, die auf der Konferenz verabschiedet wurde. The Labour Party. Report of the 43rd Annual Conference, December 11th to December 15th, 1944, London o.D. (1944)

Protokoll der Mitgliederversammlung am 17. Dezember 1944

AdsD Bonn, PV-*Emigration*, Mappe 5

Mitgliederversammlung der „Union" am 17. Dezember 1944[1] im Heim der sudetendeutschen Sozialdemokraten

Anwesend: siehe Anwesenheitsliste[2]

---

1 Vorlage: 1945
2 Anwesend nach Anwesenheitsliste:

Abraham	Max	SPD		Luetkens	G.	
Bennemann	Franziska	ISK		Meyer	Dr. E.	SPD
Bennemann	Otto	ISK		Meyer	Hermann	SPD
Bienenstock	Tauba	ISK		Miller	Susie	ISK
Bondy	Paul			Möller-Dostali	Rudolf	SPD
Borchardt	Lucy	SPD		Nemenyi	P.	SJ
Brahm	M.			Neumann	Robert	SAP
Brakemeier	Rudolf	SPD		Olbrisch	Lotte	e[ingeladen]
Buckner	E.	SVG		Ollenhauer	Erich	SPD
Doberer	Kurt	SPD		Ollenhauer	Martha	SPD
Dyrenfurth	Herbert	SPD		Ostwald	Dr. W.	SPD
Ehlmann	K.	TU		Plöger	Marga	ISK
Eichler	Willy	ISK		Putzrath	E.	SJ
Fink	H.H.	SJ		Putzrath	Heinz	NB/UJ
Fliess	Jenny	ISK		Rauschenplat	Helmut	
Fliess	Walter	ISK		Reichenbach	Bernhard	SPD
Fryd	B.	ISK		Russo	W.	ISK
George	H.			Salomon	Friedrich	SPD
Gleinig	Emmi	ISK		Sander	Wilhelm	SPD
Goldschmidt	H.			Schiff	Victor	SPD
Gottfurcht	Hans	SPD		Schleiter	F.	
Graetzer	Rosi	SPD		Segall	Fritz	SPD
Gräupner	R.	SPD		Sieder	I.	ISK
Guttsman(n)	Willi	SJ		Specht	Minna	ISK
Heide	Paul	SPD		Spreewitz	Gustav	SAP
Heidorn	Wilhelm	ISK		Strobl	A.	
Jacob	C.	ISK		Urban(n)	Hedwig	ISK
Janovsky	N.	SAP		Vogel	Hans	SPD
Levi	A.	ISK		Vogel	Dina	SPD
Lewin	Hans	SPD		Walter	Frida	SAP
Lichtenstein	A.	SPD		Walter	Paul	SAP
Löwenthal	R.	NB		Wettig	L.	ISK
Löwenstamm	Hans	—		Wessely	K.T.	
Löwenstamm	Ilse	—		Wiest	Fritz	
Luetkens	Ch.	SPD				

Die Versammlung nahm zwei Referate des Genossen **Louis Lévy** und des Genossen **Ernst Meyer**, Cambridge, über die Lage in Frankreich entgegen.

Den Referaten erfolgte eine eingehende Aussprache.

Am Anfang der Liste findet sich die folgende hs. Aufstellung Vogels:

SPD	27
ISK	18
SAP	5
Jugend	4
Andere	16
	72

Abraham, Max, 1904, Lehrer, SPD, nach Haft 1934 ČSR, 1939 GB, LdG, NTUC.
Brahm, Max, 1880, 1938 ČSR, 1938 GB, 1946 SPD.
Buckner, Elsie, SVG, nicht ermittelt.
Nemenyi, Peter, SJ, nicht ermittelt.
Ostwald, Dr. W., SPD, nicht ermittelt.
Wessely, K. T., nicht ermittelt.

NR. 164

Kassenbericht der „Union" für das Jahr 1944, undatiert

AdsD Bonn, PV-Emigration, Mappe 13

Union deutscher sozialistischer Organisationen in Großbritannien.[1]

Kassenbericht für das Jahr 1944

A. Einnahmen

Januar	1.	Kassenbestand	£ 50. 17. 9
Februar	18.	Neu Beginnen, Beitrag Dez[ember] 1942, Jan[uar] – Mai 1943	” 6. –. –
”	18.	ISK, Beitrag Januar-Juni 1944	” 6. –. –
März	8.	Neu Beginnen, Beitrag Juni-Juli 1943	” 2. –. –
Mai	14.	SAP, Beitrag Januar – Juni 1944	” 6. –. –
Sept.	22.	Neu Beg[innen], Beitrag August-Oktober 1943	” 3. –. –
Dez.	31.	SAP, Beitrag Juli – Dezember 1944	” 6. –. –
”	31.	SPD, Beitrag Januar – Dezember 1944	” 12. –. –
			£ 91. 17. 9

1945

Januar	1.	Kassenbestand	£ 56. 2. 1

B. Ausgaben:

Januar	31.	Portoausgaben Januar	£ –. 7. 8
Februar	22..	Saalmiete Austrian Labour Cl[ub] (21.↑., 22.1., 18. 2.[2])	” 1. 13. 6
”	22.	Zuschuß Intern[national] [Labour] Club Glasgow	” –. 14.–
”	29.	Portoausgaben Februar	” –. 6. 9
März	8.	Zahlungen an E. Schoettle für diverse Drucksachen	” 2. –. –
”	31.	Portoausgaben März	” –.5. 9 1/2
April	30.	Portoausgaben April	” –. 10.2
Mai	31.	Saalmiete Austrian Labour Club (19.3., 19.5.)[3]	” 1. 5. –

---

1 Vorlage: Überschrift doppelt, alle weiteren einfach ms. unterstrichen.
2 Vgl. Nr. 136, 139. Für die Nutzung am 22. Januar 1944 finden sich keine Hinweise.
3 Vgl. Nr. 140, 145.

			£
Mai	31.	Zahlung an H. Schuricht (Drucks[achen] u[nd] Papier)	" 3. 2. 6
"	31.	Saalmiete Trade Union Cl[ub] (29.2., 19.4., 25.4.)[4]	" –. 7. 6
"	31.	Portoausgaben Mai	" –. 7.11
"	31.	Saalmiete Maifeier (Sudetenheim)	" –. 10.–
Juli	22.	Zuschuß Intern[ational] Labour Club Glasgow	" –. 11. –
"	22.	Zahlung an H. Schuricht (Einladungen)	" –. 17. 8
"	31.	Portoausgaben Juli	" –. 10. 11 ½
August	31.	Portoausgaben August	" –. 6. 7 1/2
Sept.	24.	Zuschuß Intern[ational] Labour Club Glasgow	" –. 9.10
"	24.	Saalmiete Austrian Labour Club (13.8., 20.8)[5]	" –. 17.–
"	30.	Saalmiete Caxton Hall (7. 10)	" 5. 5. –
"	30.	Unkosten, Porto f[ür] Einladungen Kundgebung 7.10.[6]	" 1. 19. 1
"	30.	Portoausgaben September	" –. 6. 5 1/2
Oktober	31.	Inserat „New Statesman" Kundgebung 7. 10.	" 1. 1. –
"	31.	Portoausgaben Oktober	" –. 2. 1 1/2
November	10.	Vervielfältigung Programm-Vorschläge[7]	" 3. 10. –
"	30.	Portoausgaben November	" –. 2. 4 1/2
Dez.	14.	Inserat „Tribune" Kundgebung 7.10,	" –. 14. –
"	14.	Zuschuß Intern[ational] Labour Club Glasgow	" –. 11. 6
"	31.	Portoausgaben Dezember	" –. 5. 3
"	31.	Saalmiete Versammlung 17.12. (Sudetenheim)[8]	" –. 15. –
"	31.	Rückzahlung an SPD für Bürounkosten	" 6. –. –
"	31.	Kassenbestand	" 56. 2. 1
			£ 91. 17. 9

---

4 Vgl. Nr. 138, 141 (hier falsch datiert), 142.
5 Vgl. Nr. 149, 151.
6 Vgl. Nr. 158.
7 Vgl. Nr. 153, 159–161. Gemeint sind hier die hektografierten Vorlagen, datiert 13.11.1944, nicht der Druck der Broschüre.
8 Vgl. Nr. 163.

NR. 165

Protokoll der Mitgliederversammlung der Sozialistischen Jugend am 21. Januar 1945

AdsD Bonn, PV-Emigration, Mappe 128[1]

Bericht von der Mitglieder-Versammlung am 21. Januar 1945.[2]
(Sozialistische Jugend)[3]

Am 21. Januar 1945 fand unsere jährliche Mitgliederversammlung statt. Anwesend waren von 17 Mitgliedern 15 Jugendgenossen.

Auf der Tagesordnung[4] stand:
1) Bericht der Jugendleitung über die vergangene Arbeit und Aktivitäten der Jugend-gruppe;
2) Kassenbericht;
3) Bericht der Archivkommission;
4) Bestätigung des vierten Leitungsmitglieds als Verbindungsglied zum Jugend-Komitee der Union;
5) Wahl der neuen Jugendleitung;
6) Zukünftige Arbeit;

Zu 1) Die Aktivitäten der Jugendgruppe in der Zeit vom September 1944 bis Februar 1945 verteilten sich auf:
    5 Schulungsabende;
    3 tagespolitische Aussprachen;
    4 Abende, zu denen wir Redner eingeladen hatten (Cynthia Rowland[5]: Die poli-tische Lage in Frankreich; Leon Oler: Die polnische Arbeiterbewegung;[6]

---

1 Der vierseitige Bericht „Rückblick auf die Arbeit der Sozialistischen Jugend London anläßlich ihrer Auflösung. Januar 1943 – Januar 1946" wurde nicht in die Edition aufgenommen, da er kaum über die beiden hier wiedergegebenen Protokolle hinausgeht und vor allem allgemeine Probleme der Jugendarbeit thematisiert. Er findet sich in: HHStA Wiesbaden, Abt. 1213, NL Beyer, Nr. 160.
2 Vorlage: Überschrift ms. doppelt unterstrichen.
3 Vorlage: „(Sozialistische Jugend)" hs. eingefügt.
4 Vorlage: Wort ms. unterstrichen.
5 Rowland, Cynthia, nicht ermittelt.
6 Zu dieser Veranstaltung am 29. Dezember 1944 existiert ein dreiseitiger Bericht von Nora Walter, in: HHStA Wiesbaden, Abt. 1213, NL Beyer. – Oler, Leon, nicht ermittelt.

Erich Ollenhauer: Was ist die „Union"? Fenner Brockway[7]: Meine Haltung zu diesem Krieg);

1 Buchbesprechung: „Inside the Left" von Fenner Brockway;
2 Informatorische Abende über Radio und Atome;
2 Diskussionsabende
   a) Haben wir in Deutschland eine Aufgabe?
   b) Probleme der zukünftigen deutschen sozialistischen Jugendbewegung;
1 Bericht über den Aufbau der Hitlerjugend;
1 Abend „Aus unserem Archiv".

Ferner als öffentliche Veranstaltung die Filmvorführung „Kameradschaft", in der einer unserer Jugendgenossen und ein Vertreter der „British Co-operative Youth" sprachen.

Die Schulungsarbeit befaßte sich mit dem Thema: Was lernt die deutsche Jugend über die Weimarer Republik? (Judenfrage, Marxismus, Dolchstoßlegende, Versailler Vertrag). Viele von uns hatten den Eindruck, daß diese Arbeit nicht so gründlich und erfolgreich war, wie es zu wünschen gewesen wäre. Vor allem fehlte es an gemeinsamer Vorbereitung, sodaß nur diejenigen, die sich auf einen Abend vorbereiten mußten, dabei lernten.

Erwähnenswert ist unsere Aussprache „Haben wir in Deutschland eine Aufgabe?" Es gibt keine geschlossene Gruppenmeinung darüber. Die meisten von uns haben zwar vor, nach Deutschland zurückzugehen; jedoch gibt es einige unter uns, die nichts wesentliches mit Deutschland verbindet, hauptsächlich deswegen, weil sie sehr jung aus Deutschland weggegangen sind. Es war wichtig festzustellen, daß die Zugehörigkeit zur Jugendgruppe nicht von dieser oder jener Entscheidung des Einzelnen zu dieser Frage abhängig gemacht werden sollte.

Zur Förderung der Beziehung mit der Co-op[erative] Youth schrieben wir einen Artikel über unsere Arbeit, den sie versprachen, in einer ihrer Veröffentlichungen erscheinen zu lassen und der seitdem auch erschienen ist.

Eine Musikgruppe wurde geformt, die wir in der Zukunft besonders fördern wollen.

Zu 2) Der Kassenbestand der Gruppe ist £ 5.18s.11d, dazu Papier im Werte von ca. £ 1.–.–

Zu 3) Eine kurze Übersicht über die Arbeit der Archivkommission wurde gegeben. Die Kommission befaßte sich mit dem Sammeln von Material, das aufschlußreich ist oder war für die Bedingungen, unter denen die heutige Jugend in Deutschland lebt.

Zu 4) Das Jugendkomitee der Union besteht aus Peter Sander, Heinz Putzrath und Tauba Bienenstock, die an Anna Beyer's Stelle getreten ist Eine Ergänzung zu den Satzungen der Jugendgruppe wurde einstimmig angenommen, die der Grup-

---

7 Brockway, Fenner, *1888, Journalist und Schriftsteller, MP, Sekretär der ILP.

pe das Recht einräumt, den von dem Jugendkomitee ernannten Delegierten in die Jugendleitung zu bestätigen oder mit gerechtfertigter Begründung abzulehnen. Tauba Bienenstock wurde als Delegierte des Jugendkomitees vorgeschlagen und einstimmig bestätigt.

Zu 5) In die neue Jugendleitung mit mehr als 2/3 Mehrheit laut Satzung gewählt: Felix Heim[8], Nora Walter, Heinz Putzrath.

Zu 6) Die zukünftige Arbeit konnte leider aus Zeitmangel nicht gründlich besprochen werden. Die Vorschläge sollten von der neuen Jugendleitung zur weiteren Erörterung aufgenommen werden.

Sekretärin: Tauba Bienenstock[9]

---

8 Heim, Felix, nicht ermittelt.
9 Vorlage: „Tauba Bienenstock" hs. unterzeichnet.

NR. 166

Protokoll der Exekutivkomiteesitzung am 3. Februar 1945

AdsD Bonn, PV-Emigration, Mappe 5

Sitzung der Exekutive der „Union" am 3. Februar 1945 in Alvanley G[ar]d[en]s.

Anwesend: Vogel, Ollenhauer, Eichler, Schoettle, Walter, Gottfurcht.

Es wird beschlossen, die nächste Mitgliederversammlung der „Union" am Samstag, den 17. Februar, nachmittags 5 Uhr im Austrian Labour Club abzuhalten. Es soll versucht werden, einen Schweizer Genossen als Referenten zu gewinnen. Wenn das nicht möglich ist, soll Hans Gottfurcht einen Bericht über die Tagungen des IGB und des Weltkongresses der Gewerkschaften geben.

Es wird dann ein Bericht über die Ausschußsitzung des IGB durch den Genossen **Hans Gottfurcht** entgegengenommen. Beschlossen wird, die Frage der sozialistischen Gewerkschaftspolitik in der Landesgruppe in einer Sitzung der Exekutive der „Union" zu besprechen. Diese Sitzung wird am Samstag, den 24. Februar, nachmittags 15.30 Uhr in Alvanley Gardens stattfinden. Die Aussprache über diese Frage soll im Anschluß an diese Beratung der Exekutive in einem größeren Kreis der aktiv in der Gewerkschaftsarbeit tätigen Genossen fortgesetzt werden. Die Einzelheiten werden in der Sitzung am 24.2. beschlossen werden.

Willi Eichler berichtet über seine Eindrücke und Unterhaltungen während seines kürzlichen Aufenthaltes in der Schweiz und in Frankreich.[1]

---

1 Willi Eichler hatte vom 4.11. bis 8.12.1944 Frankreich und die Schweiz bereist, wo er mit den dortigen ISK-Mitgliedern, zahlreichen Emigranten und Verbindungspersonen Kontakt aufgenommen hatte. Sein 14seitiger Bericht, Experiences of my journey to the Continent from November 4th till December 8th, 1944, vom 1.1.1945, befindet sich in: AdsD Bonn, ISK, Box 55.

NR. 167

Protokoll der Mitgliederversammlung am 17. Februar 1945

AdsD Bonn, PV-Emigration, Mappe 5

Mitgliederversammlung der „Union" am Sonnabend, den 17. Februar 1945, im Austrian Labour Club

Anwesend: siehe Anwesenheitsliste[1]

---

1 Anwesend nach Anwesenheitsliste:

Arndt	Käthe		Loewengard	H.	SPD
Bennemann	Otto	ISK	Löwenstamm	Hans	—
Benninghaus	Walter	SP	Löwenstamm	Ilse	—
Bienenstock	Tauba	ISK	Mayer	B.	SJ
Blumenreich	Erich	SPD	Meyer	Herm.	
Bondy	Paul		Meier	G.	SPD
Borinski	Fritz	SPD	Miller	Susie	ISK
Dannenberg	Alfred	ISK	Möller-Dostali	Rudolf	SPD
Ollenhauer	Erich	SPD	Nemenyi	Peter	SJ
Dyrenfurth	Herbert	SPD	Neumann	Robert	SAP
Ehlmann	K.	Gew	Ollenhauer	Martha	SPD
Eichler	Willy	ISK	Ostwald	W.	SPD
Fliess	Walter	ISK	Pringsheim	K.	
Friedländer	Martha		Putzrath	Heinz	NB/UJ
Fryd	Tolle	Union	Rauschenplat	Hellmut	LGd/TU
George	W.	—	Rischowski	Ira	SPD
Goldschmidt	H.		Robertson	H.	TU
Grae[tzer	Rosi]	Union	Russo	Wilhelm	ISK
Graf	Ernst	SPD	Salomon	Fritz	SPD
Heide	Paul	SPD	Sander	Peter	
Heim	F.	SJ	Sander	Dorle	
Hirsch		SPD	Hermann	Grete	ISK
Hofna	D.	SPD	Sander	Wilhelm	SPD
Innis	Elisabeth	ISK	Schäffer	Peter	SAP
Jahn	Hans	NB	Schmidt	Mr.	
Jakubowicz		SPD	Schoettle	Erwin	
Jansen	Walter	SPD	Schultz	Ilse	
Kamnitzer	Heinrich	SPD	Schultz	Wilhelm	
Kamnitzer	Ellen	SPD	Schwartz	Oscar	SPD
Klatt	G.	NB	Segall	Fritz	SPD
Klatt	Werner	NB	Sieder	I.	ISK
Korn	Dr.	SPD	Sorg	Heinrich	SPD
Krautter	Gerda		Spreewitz	Gustav	SAP
Krautter	Rudolf		Tille	Gustav	SPD
Levi	A.	TU/ISK	Urban(n)	Hedwig	ISK
Lewin	Hans	SPD	Vogel	Hans	SPD
Lichtenstein	A.	SPD	Vogel	Dina	SPD

Die Versammlung nahm einen Bericht des Genossen **Hans Gottfurcht** über den Weltgewerkschaftskongreß und über die Ausschußsitzung des IGB entgegen.[2]
Nach dem Referat beantwortete der Referent eine Anzahl von Fragen.

Die Versammlung erklärte sich mit dem Vorschlag einverstanden, die Exekutive der „Union" zu beauftragen, die Stellungnahme der „Union" zu der Krim-Konferenz und zu der Weltgewerkschaftskonferenz[3] zu formulieren und in einer späteren Versammlung darüber zu berichten.

Waldschmidt	F.		Walter	Paul	SAP
Walter	Frida	SAP	Weckel	Curt	SPD
Walter	Nora	ISK	Wettig	L.	ISK

Am Anfang der Liste findet sich die folgende Aufstellung Vogels:

SPD	36	SAP	5	o.A. bzw. Gewerkschaft	18
ISK	18	NB	4	gesamt	81

Arndt, Käthe, *1902, Berlin.
Benninghaus, Walter, *1898, SPD, Gewerkschaftsfunktionär Eisenbahnerverband, 1937 NL, 1944 GB, Mitarbeit bei ITF.
Hirsch, SPD, nicht eindeutig zu ermitteln.
Hofna, D., SPD, nicht ermittelt.
Innis, Elisabeth, geb. Grust, *1903, Büroangest., ISK, ZdA, 1937 Schweiz, Frankreich, 1939 GB.
Kamnitzer, Ellen, *1910, 1939 GB, SPD 1944.
Krautter, Gerda M., *1910, Journalistin, Sekretärin, SPÖ Wien, 1938 ČSR, 1939 GB.
Löwengard, H., SPD, nicht ermittelt.
Meier, G., SPD, nicht ermittelt.
Rischowski, Irene, *1899, Dipl. Ingenieurin, SPD, Neu-Beginnen Berlin, Auslandssekretärin, 1935 ČSR, 1936 GB.
Robertson, Hilda, 1899, Sozialfürsorgerin, seit 1938 brit. Staatsang., Juni 1933 NL, F, 1940 GB, 1946 SPD.
Schmidt, nicht ermittelt.
Schwartz, Dr. Oscar, *1880, Jurist und Syndikus, 1939 Passagier der „St. Louis", November 1944 SPD.
Waldschmidt, Friedrich, 1903, Kaufmann, ZdA, bis 1939 KPD, 1936 ČSR, 1939 GB, 1945 SPD.

2 In den SM, Nr. 72, März 1945, S. 2–18, wurde ein ausführlicher Bericht Gottfurchts über die WGB-Konferenz veröffentlicht. Dieser Bericht wurde auch als hektografierte Broschüre verbreitet: Weltgewerkschaftskonferenz in London, 6.–17. Februar 1945, 19 S., 25.2.1945, H. Gottfurcht, in: AdsD Bonn, ISK, Box 91.
3 Eine Entschließung oder Stellungnahme der Union zu diesen Punkten ist nicht festzustellen. Auf der Konferenz in Jalta auf der Krim hatten sich Churchill, Roosevelt und Stalin bezüglich Deutschlands folgende Punkte geeinigt: bedingungslose Kapitulation, Viermächte-Kontrolle über Deutschland nach der Besetzung, Entmilitarisierung und Zerstörung oder Kontrolle der Rüstungsanlagen, Bestrafung der Kriegsverbrecher, Entnazifizierung, Schadensersatz für Kriegsschäden, Festlegung der Curzon-Linie als Ostgrenze Polens und dafür Entschädigung durch Gebietsabtretungen Deutschlands. Außerdem wurde die Einberufung einer Konferenz der Vereinten Nationen für den 25. April 1945 in San Francisco beschlossen. Das Kommuniqué der Konferenz ist abgedruckt in: Fischer, Teheran Jalta Potsdam, S. 183–189; vgl. auch Jens Hacker, Die Nachkriegsordnung für Deutschland auf den Konferenzen von Jalta und Potsdam, in: Winfried Becker (Hrsg.), Die Kapitulation von 1945 und der Neubeginn in Deutschland. Symposion an der Universität Passau 30.–31.10.1985, Köln-Wien 1987, S. 1–30.

NR. 168

Protokoll der Exekutivkomiteesitzung am 24. Februar 1945

AdsD Bonn, PV-Emigration, Mappe 5

Sitzung der Exekutive der „Union" am 24. Februar 1945 in Alvanley G[ar]d[en]s

Anwesend: Vogel, Ollenhauer, Gottfurcht, Eichler, Schoettle, Walter.

Gottfurcht berichtet zunächst über die Lage in der Gewerkschaftsgruppe, besonders über das Verhältnis zu den Kommunisten.[1] Es besteht in der Aussprache Übereinstimmung, daß der Versuch gemacht werden soll, die Zusammenarbeit mit den Kommunisten fortzusetzen, aber in den Diskussionen der Deutschland-Kommission[2] die Haltung der Kommunisten zu den prinzipiellen politischen Fragen zu klären. Es besteht weiter Übereinstimmung, unsere aktiven Mitarbeiter in der Gewerkschaftsgruppe zu informieren. Die erste informatorische Besprechung wird am Sonnabend, den 3. März, nachmittags 1/2 5 Uhr im Austrian Labour Club stattfinden.

---

1 Die Spannungen mit den Kommunisten entstanden aus der unterschiedlichen Haltung zu den Plänen der Alliierten für die Nachkriegszeit. Dies betraf insbesondere die Gebietsabtrennung im Osten und die damit verbundene Umsiedlung der Bevölkerung sowie die Verpflichtung zur Wiedergutmachung der Kriegsschäden. Während die Kommunisten und die FDB diese Pläne der Alliierten vorbehaltlos guthießen, lehnten die Union und ihre Mitgliedsorganisationen Gebietsabtretungen und Bevölkerungstransfer ab und waren nur in begrenztem Rahmen zu Entschädigungsleistungen bereit. Schon im Frühjahr 1944 war es in der dafür eingerichteten Kommission der LdG zum Konflikt gekommen, als sich die kommunistischen Mitglieder weigerten, über den Varga-Plan (Heranziehung deutscher Arbeiter zum Wiederaufbau in der Sowjetunion) zu diskutieren, und statt dessen die Frage der Mitschuld und Mitverantwortung des deutschen Volkes zum Thema machen wollten. Der LdG-Arbeitsausschuß beschloß daraufhin auf seiner Sitzung am 5.4.1944, die Beratungen darüber einzustellen: AdsD Bonn, HBA, NL Gottfurcht, K 8. Ein weiterer Konflikt entstand um die Endfassung des Deutschlandprogramms der LdG, „da die damalige KPD-Linie das Bekenntnis zur autonomen Politik der deutschen Arbeiterbewegung nach Kriegsende entweder als ‚hoffnungslos utopistisch' oder aber als Unterstützung der reaktionären Kräfte des Westens werten mußte". Die Zusammenfassung der gewerkschaftlichen Programmvorschläge in der Broschüre „Die neue deutsche Gewerkschaftsbewegung. Programmvorschläge für einen einheitlichen deutschen Gewerkschaftsbund", London 1945, 32 S., wurde deshalb nicht von der LdG, sondern ihren führenden nichtkommunistischen Mitgliedern herausgegeben. Vgl. Röder, Exilgruppen, S. 242; Die Kritik der KPD formulierte Erich Krautter: Über den Wiederaufbau der deutschen Gewerkschaften, in: Freie Tribüne, 7. Jg. Nr. 2, Februar 1945; zur Sitzung der Deutschlandkommission am 26.2.1945 vgl. die Aufzeichnung von Fritz Heine in seinem Notizbuch, Privatbesitz Fritz Heine.

2 Die Deutschland-Kommission war von der LdG eingerichtet worden, um Programme für den gewerkschaftlichen und gesellschaftlichen Neuaufbau in Deutschland nach dem Kriege zu formulieren.

In einer weiteren Sitzung der Exekutive am Sonnabend, dem 3. März, nachmittags 1/2 3 Uhr wird sich die Exekutive mit den politischen Ergebnissen der Jalta-Konferenz beschäftigen. In dieser Sitzung soll auch beschlossen werden, wann und in welcher Form in der nächsten Mitgliederversammlung der „Union" zu diesen politischen Problemen Stellung genommen werden soll. Als Termin für die Versammlung wird vorläufig Sonnabend, der 17. März, abends 5 Uhr in Aussicht genommen.

In einer längeren Aussprache wird auch das Problem der Beziehungen zwischen den Kommunisten und Sozialdemokraten erörtert. **Schoettle** und [**Walter**][3] wünschen eine unverbindliche Unterhaltung mit den Kommunisten über die entscheidenden politischen Fragen, wir sollten die Initiative in dieser Frage nehmen. **Eichler, Vogel** und **Ollenhauer** sehen in einem neuen Versuch in dieser Richtung keinen Nutzen; es besteht aber Einmütigkeit darüber, daß von uns aus nichts getan wird, um die Gegensätze zu verschärfen. Im übrigen soll das Resultat der Unterhaltungen in der Gewerkschaftsgruppe abgewartet werden.

In Aussicht genommen wird eine Besprechung im kleinen Kreis mit einer Berichterstattung von Erwin Schoettle über seine Eindrücke über die Haltung deutscher Kriegsgefangener in den politischen Fragen.[4]

---

3 Vorlage: „Eichler". Richtig ist „Walter", da Eichler sich gegen eine Unterhaltung aussprach.
4 Erwin Schoettle hatte mit von Knoeringen zusammen die Kriegsgefangenensendungen des BBC betreut, Vorträge in Kriegsgefangenenlagern gehalten und mit Kriegsgefangenen gesprochen. Vgl. Nr. 323. In seinem Nachlaß und seiner Korrespondenz mit der Union finden sich darüber keine Hinweise, auch nicht auf das vorgesehene Gespräch.

NR. 169

Protokoll der Exekutivkomiteesitzung am 3. März 1945

AdsD Bonn, PV-Emigration, Mappe 5

Sitzung der Exekutive der „Union" am Sonnabend, den 3. März, in Alvanley Gardens

Anwesend: Vogel, Ollenhauer, Gottfurcht, Eichler, Walter, Schoettle.

Es werden zunächst die Einzelheiten der nächsten Mitgliederversammlung der „Union" besprochen und beschlossen. Es wird beschlossen, sie am Sonnabend, den 17. März, abends 19 Uhr im Austrian Labour Club abzuhalten. Thema: „Zwischen Jalta und San Francisco"[1], Referent Erich Ollenhauer.

Von einer formulierten Stellungnahme der „Union" zu den Beschlüssen von Jalta wird zunächst abgesehen.

Die „Sozialistische Jugend" hat angeregt, die diesjährige Maifeier gemeinsam durchzuführen. Die SJ ist bereit, im Rahmen dieser Feier ein Spiel, das die Partisanenkämpfe in Italien behandelt, aufzuführen. Außerdem kann sie durch einige Lieder und Rezitationen das Programm weiter ausgestalten. Der Anregung wird im Prinzip zugestimmt. Die SJ soll um die Vorlage eines Programmvorschlags und des Textes des Spieles gebeten werden. Die Feier wird für den 1. Mai, abends 7 Uhr in Aussicht genommen.

Ollenhauer berichtet über Besprechungen, die auf Anregung des Genossen Hirsch[2] mit Victor Gollancz über die Vorbereitung der Herausgabe deutscher Literatur vom Standpunkt der sozialistischen Arbeiterbewegung[3] geführt wurden. Es ist an die Zusammenstellung einer Vorschlagsliste gedacht, an deren Vorbereitung zur Zeit gearbeitet wird. Der Versuch wird begrüßt. Es wird beschlossen, den Mitgliedern der Exekutive Abschriften der Vorschlagslisten zuzustellen, damit sie Anregungen und Ergänzungen machen können.

---

1 „San Francisco" bezog sich auf die für dort angekündigte Gründungsversammlung der Vereinten Nationen am 25.4.1945.
2 Vermutlich E. S. Hirsch, Mitarbeiter bei GER, evtl. identisch mit: Hirsch, Ernst, 1877, Dipl.Ing., DDP, 1936 Belgien, GB.
3 Ollenhauer hatte am 8. Februar 1945 Gleissberg zu einer Besprechung im kleinen Kreis am 21. Februar 1945 eingeladen, bei der mit Victor Gollancz über Vorbereitungen zur Herausgabe deutscher Literatur für die Zeit nach dem Kriege gesprochen werden sollte. AdsD Bonn, PV-Emigration, Mappe 84.

Protokoll der Mitgliederversammlung am 3. März 1945

AdsD Bonn, PV-Emigration, Mappe 5

Besprechung über Gewerkschaftsfragen am Sonnabend, dem 3. März, im Austrian Labour Club

Die in der Gewerkschaftsgruppe aktiv tätigen Mitglieder der der „Union" angehörenden sozialistischen Gruppen hielten am 3. März unter dem Vorsitz von Paul Walter eine Besprechung über Gewerkschaftsfragen ab. Genosse **Hans Gottfurcht** hielt das einleitende Referat.[1] Dem Referat folgte eine eingehende Aussprache.

Die Teilnehmer an der Aussprache sind aus der anliegenden Teilnehmerliste zu ersehen.[2]

---

1 Im Nachlaß Gottfurcht finden sich keine Aufzeichnungen hierüber.
2 Anwesend nach Anwesenheitsliste:

Benninghaus	Walter	SPD		Lichtenstein	A.	SDP
Brakemeier	R.	SPD		Meyer	Hermann	
Dyrenfurth		SPD		Möller-Dostali		
Eichler	W.	ISK		Neumann	Robert	SAP
Fliess	Walter	ISK		Ollenhauer	E.	SPD
Gleinig	E.	ISK		Rauschenplat		
Gleissberg	G.	SPD		Rosenberg	L.	SPD
Gottfurcht	Hans	SPD		Salomon	F.	SPD
Heckmann	G.	ISK		Sander	W.	SPD
Heide	P.	SPD		Schoettle	[Erwin]	NB
Heidorn		ISK		Segall	F.	SPD
Kamnitzer	Ellen	SPD		Sorg	Heinrich	SPD
Kamnitzer	Heinz	SPD		Spreewitz	Gustav	SAP
Korn	Dr.	SPD		Vogel	Hans	SPD
Kramer		ITF		Walter	F.	SAP
Lewin	Hans	SPD		Walter	Paul	SAP

NR. 171

Protokoll der Mitgliederversammlung am 17. März 1945

AdsD Bonn, PV-Emigration, Mappe 5

Mitgliederversammlung der „Union" am 17. März 1945 im Austrian Labour Club

Anwesend: siehe Anwesenheitsliste[1]

---

1 Anwesend nach Anwesenheitsliste:

Abraham	H.E.	SPD		Löwenstamm	Ilse	
Abraham	M.	SPD		Löwenthal	R.	NB
Arndt	Käthe			Markos	V.	—
Bienenstock	T.	ISK		Meyer	Hermann	SPD
Bondy	Paul			Miller	S.	ISK
Brakemeier	Rudolf	SPD		Möller-Dostali	R.	SPD
Dannenberg	Alfred	ISK		Nemenyi	Peter	SJ
Dyrenfurth		SPD		Ollenhauer	E.	SPD
Ehlmann	K.H.	Gew.		Ollenhauer	M.	SPD
Eichler	Willi	ISK		Ostwald	Dr.	SPD
Ernst	Anna	ISK		Plöger	Marga	SJ/ISK
Fink	Heinz	SJ		Pringsheim	K.	SPD
Fliess	Jenny	ISK		Putzrath	E.	SJ
Fliess	Leni	SJ		Putzrath	Heinz	SJ/NB
Fryd	T.	ISK		Rauschenplat		Gew.
Gleinig	Emmy	ISK		Reichenbach	B.	
Gleissberg	G.	SPD		Russo	W.	ISK
Gottfurcht	Hans	SPD		Salomon	Fritz	SPD
Grae[tzer	Rosi]	Union (SPD)		Sander	W.	SPD
Graf	Ernst	SPD		Schoettle	Erwin	NB
Graf	Toni	SPD		Schultz	Ilse	Gew.
Guttsman(n)	Sosa	SJ		Schultz	Walter	Gew.
Guttsman(n)	Willi	SJ		Schwartz	Dr. Oscar	SPD
Hartmann	H.	SPD		Segall	Dora	SPD
Heckmann	Gustav	ISK		Segall	F.	SPD
Heide	Paul	SPD		Sieder	I.	ISK
Heim	H. Felix	SJ		Sorg	Hch.	SPD
Hiller	Kurt	FDS		Spreewitz	G.	SAP
Jansen	Walter	SPD		Urban(n)	H.	ISK
Innis	Elis.	ISK		Vogel	Dina	SPD
Kamnitzer	Ellen	SPD		Vogel	Hans	SPD
Kamnitzer	Heinrich	SPD		Waldschmidt	Fr.	SPD
Katz	Claire	SPD		Walter	Frida	SAP [2x eingetragen]
Korn		SPD		Walter	Nora	SJ/ISK
Krautter	Rudolf			Walter	Paul	SAP [2x eingetragen]
Lehmann-Russbueldt	O.			Weckel		SPD
Levi	A.	ISK		Wettig	L.	ISK
Lewin	Hans	SPD		Wittelshöfer	F.	SPD

Ein Name nicht lesbar.

Die Versammlung nahm unter dem Vorsitz des Genossen Hans Vogel ein Referat des Genossen **Erich Ollenhauer** über das Thema „Zwischen Jalta und San Francisco" entgegen.[2] Dem Vortrag folgte eine kurze Aussprache.

Abraham, H.E., SPD, nicht ermittelt.
Ernst, Anna, nicht ermittelt.
Graf, Toni, nicht ermittelt.
Guttsmann, Valerie (Sosa), *1918, 1939 GB, Kindergärtnerin.
Hartmann, Hans, *1907, Brauer, SPD, Emigration ČSR, 1939 GB.
Katz, Claire, SPD, nicht ermittelt.
Markos, V., nicht ermittelt.
2 Das zwölfseitige Vortragsmanuskript mit hs. Ergänzungen und Notizen über Diskussionsbeiträge von Gleissberg, Sorg, Löwenthal, findet sich in: AdsD Bonn, PV-Emigration, Mappe 156.

Nr. 172

Programmatische Richtlinien für eine deutsche Staatsverfassung vom Frühjahr 1945

Zur Politik deutscher Sozialisten, S. 5–7[1]

III. Richtlinien für eine deutsche Staatsverfassung.[2]

Präambel:[3]

Die Achtung und der Schutz der Freiheit und der Würde der Persönlichkeit sind die unveräußerlichen Grundlagen des staatlichen und gesellschaftlichen Lebens der deutschen Republik.

In diesem Geiste erstrebt sie

eine gesellschaftliche Ordnung der sozialen Gerechtigkeit, der Humanität und des Friedens;

eine politische und soziale Demokratie, getragen von der Mitbestimmung und Mitverantwortung aller Bürger;

die Befreiung der Wirtschaft von den Fesseln des privaten Monopoleigentums und die Planung der Wirtschaft.

Schutz vor jeder wirtschaftlichen Ausbeutung;

Sicherung einer menschenwürdigen Existenz für alle;

Gleichheit der wirtschaftlichen und kulturellen Entwicklungsmöglichkeiten;

Förderung des geistigen und kulturellen Lebens der Nation und Erziehung ihrer Jugend im Geist der sittlichen Verantwortung, der Demokratie und der Völkerverständigung;

Ausschaltung des Krieges als Mittel der Politik;

internationale Einrichtungen, denen zur Sicherung des Friedens und des Wohlstandes aller Völker die nationalstaatliche Souveränität untergeordnet wird.

---

1 Die Richtlinien sind auch abgedruckt bei Heinrich Potthoff, Die Sozialdemokratie von den Anfängen bis 1945, Bonn/Bad Godesberg 1974, S. 217–222.
2 Die Politische Kommission hatte im November 1943 die Beratung über Verfassungsfragen begonnen, aber spätestens im Januar 1944 wieder unterbrochen. Erneut aufgenommen wurde die Beratung von Verfassungs- und Verwaltungsfragen im September 1944. Die Richtlinien wurden aber erst im Laufe des Jahres 1945 fertiggestellt, denn es existieren keine Vorläuferversionen. In der Broschüre „Die neue deutsche Republik" ist kein entsprechender Abschnitt enthalten. Die Richtlinien orientierten sich in ihrer Struktur und einer Reihe von Einzelbestimmungen an der Weimarer Verfassung.
3 Vorlage: Alle Überschriften jeweils in Fettdruck.

Aufbau des Staates:

Deutschland ist eine Republik mit politischer und sozialer Demokratie. Es ist ein Einheitsstaat mit weitestgehender Dezentralisation und Selbstverwaltung.

Die öffentliche Gewalt geht vom Volk aus.

Das Staatsgebiet gliedert sich in Länder – ohne Rücksicht auf die bisherigen Ländergrenzen. Sie sollen unter wirtschaftlichen und kulturellen Gesichtspunkten gebildet werden, und zwar ungefähr im Umfang und den Grenzen eines durchschnittlichen Landesarbeitsamts der Weimarer Republik.

Die Gesetze und sonstige öffentliche Aufgaben sind weitestgehend durch die Länder und die sonstigen Körperschaften der gemeindlichen Selbstverwaltung durchzuführen.

Gleichheit aller Bürger:

Alle Staatsbürger sind vor dem Gesetz gleich und haben dieselben staatsbürgerlichen Rechte und Pflichten.

Grundrechte:

Die Freiheit der Person,

die Unverletzlichkeit der Wohnung, des Brief-, Post-, Telegramm- und Fernsprechgeheimnisses,

die Freiheit, durch Wort, Schrift, Bild oder in sonstiger Weise seine Meinung zu äußern,

und das Recht, zu Zwecken, die den Strafgesetzen nicht zuwiderlaufen, Vereinigungen zu bilden und sich zu versammeln,

geniessen den Schutz des Staates.

Von der Freiheit der Vereinigung und der Meinungsäußerung ist jedoch grundsätzlich ausgeschlossen der Zusammenschluß und die Werbung für eine staatliche Ordnung, die ohne dauernde Beseitigung der Vereinigungsfreiheit und der Freiheit der Meinungsäußerung nicht aufrechterhalten werden kann.

Weitere Einschränkungen sind nur auf Grund von Gesetzen zulässig, z.B. zur Verhinderung von Bestrebungen, die den Völkerfrieden gefährden.

Der Volksrat:

Der Volksrat besteht aus den Abgeordneten des Volkes. Sie werden in allgemeiner, gleicher, unmittelbarer und geheimer Wahl gewählt. Wahlberechtigt und wählbar sind Männer und Frauen über 21 Jahren.[4] Der Wahltag muß ein Sonntag oder öffentlicher Ruhetag sein. Der Volksrat wird für vier Jahre gewählt.

Gewählt wird nach dem Grundsatz der Einmännerwahlkreise.

---

4 Vorlage: Anmerkung: „Siehe Anhang: Richtlinien für Straf- und Sicherungsbestimmungen gegen Nazis."

Durch besondere Vorkehrungen soll erreicht werden, daß die Reststimmen starker Minderheiten bei der Gesamtzusammenstellung des Volksrats berücksichtigt werden.

Dem Volksrat stehen beratende Körperschaften zur Seite, in denen sowohl Vertreter interessierter Berufs- und Kulturgruppen als auch Sachverständige, die durch den Volksrat oder die Regierung berufen sind, ihren Sitz haben.

Der Staatspräsident und die Regierung.

Der Staatspräsident wird vom Volksrat gewählt. Seine Amtszeit beträgt fünf Jahre. Wiederwahl ist zulässig.

Vor Ablauf seiner Amtszeit kann der Staatspräsident nur durch eine Dreiviertelmehrheit des Volksrats aus dem Amt entfernt werden.

Die Regierung besteht aus dem Ministerpräsidenten und den Staatsministern. Der Ministerpräsident, und auf seinen Vorschlag die Minister, werden vom Staatspräsidenten ernannt. Der Ministerpräsident und die Minister bedürfen zu ihrer Amtsführung des Vertrauens des Volksrats.

Zur Herbeiführung stabiler Regierungen und zur Beschränkung der Vertrauensentziehung auf grundsätzlich wichtige Anlässe ist vorzusehen:

1. daß einzelne Mitglieder oder die ganze Regierung zum Rücktritt nur dann gezwungen werden, wenn der Volksrat ein ausdrückliches Mißtrauensvotum gegen sie angenommen hat;
2. daß nur motivierte Mißtrauensvoten eingebracht werden dürfen;
3. daß der Volksrat kein uneingeschränktes Recht hat, Ausgaben zu beschließen.

Schutz der Verfassungsgrundlagen:

Zur Verteidigung der Grundlagen des Staates wird ein Staatsrat eingesetzt, dessen Mitglieder vom Staatspräsidenten ernannt werden. Er soll aus erfahrenen Personen des öffentlichen Lebens bestehen, unter ihnen hohe richterliche Beamte. Die nichtrichterlichen Mitglieder des Staatsrates sollen die Mehrheit bilden. Die Mitglieder des Staatsrates scheiden mit der Vollendung des 65. Lebensjahres aus.

Dem Staatsrat steht als Verfassungsgerichtshof die ausschließliche gerichtliche Entscheidung darüber zu,

1. ob ein Gesetz, das nicht nach den Vorschriften über Verfassungsänderungen beschlossen worden ist, als mit dem Geist der Verfassung in Widerspruch stehend ungültig ist.
2. welche Betätigungen von der Vereinigungsfreiheit und der Freiheit der Meinungsäußerung ausgeschlossen sind, weil sie eine staatliche Ordnung erstreben, die ohne dauernde Beseitigung der Vereinigungsfreiheit und der Freiheit der Meinungsäußerung nicht aufrechterhalten werden kann.

Mit Zustimmung des Staatsrats kann der Staatspräsident, wenn die öffentliche Sicherheit und Ordnung gefährdet sind, die Freiheit der Person, die Unverletzlichkeit der Wohnung, das Brief-, Post-, Telegramm- und Fernsprechgeheimnis, die Freiheit der Meinungsäußerung und die Vereins- und Versammlungsfreiheit vorübergehend über die in den bestehenden Gesetzen vorgesehenen Einschränkungen hinaus weiter einschränken oder ganz aufheben. Der Staatspräsident hat den Volksrat unverzüglich über die getroffenen Maßnahmen zu unterrichten; auf dessen Verlangen sind sie aufzuheben.

Die Gesetzgebung.

Die Gesetzesvorlagen werden von der Regierung oder aus der Mitte des Volksrates eingebracht. Alle Gesetzesvorlagen sind den beratenden Fachkörperschaften zur Stellungnahme zuzuleiten. Die Gesetze werden im Volksrat beschlossen. Der Staatspräsident hat die beschlossenen Gesetze auszufertigen und binnen Monatsfrist im Gesetzblatt zu verkünden.

Für die Berücksichtigung der Wünsche und Vorschläge starker Minderheiten wird vorgesehen, daß auf ihren Antrag hin nach Ablauf einer Frist von vier Wochen eine erneute Lesung des Gesetzes stattfinden muß. Deren Resultat ist endgültig.

Volksbegehren und Volksentscheid kann ein Mittel der Gesetzgebung sein.

Verfassungsänderungen können beschlossen werden durch eine Zweidrittelmehrheit des Volksrats oder durch einfache Mehrheit des Volksrats, falls diese die Zustimmung der Mehrheit der Stimmberechtigten in einem Volksentscheid erhält.

Die Erteilung einer befristeten Gesetzgebungsvollmacht an die Regierung für einen Notstand kann mit einfacher Mehrheit beschlossen werden. Der Volksrat hat das Recht, die Aufhebung der so erlassenen Vorschriften zu verlangen.

Die Rechtspflege.

Die Berufsrichter einschließlich der Verwaltungsrichter sind unabhängig und nur dem Gesetz unterworfen. Sie werden – abgesehen von Sonderregelungen für die Übergangszeit – auf Lebenszeit ernannt.

Es gibt keine Ausnahmegerichte. Niemand darf seinem gesetzlichen Richter entzogen werden.

Eine Handlung kann nur dann mit einer Strafe belegt werden, wenn diese Strafe gesetzlich bestimmt war, bevor die Tat begangen wurde.

Zum Schutz des Einzelnen gegen unberechtigte Anordnungen und Verfügungen der Verwaltungsbehörde müssen Verwaltungsgerichte bestehen.

Staatsfunktionäre.

Alle Staatsbürger sind nach Maßgabe der Gesetze und entsprechend ihrer Befähigung und ihrer Leistungen zu den öffentlichen Ämtern zugelassen.

Allen Beamten wird die Freiheit ihrer politischen Gesinnung und die Vereinigungsfreiheit gewährleistet. Ihre politische Aktivität muß ihre Grenze finden in ihrer Pflicht, Diener der Gesamtheit, nicht einer Partei zu sein.

Religion und Religionsgesellschaften.

Es besteht Trennung von Kirche und Staat.

Es herrscht Glaubens- und Gewissensfreiheit für alle. Niemand ist verpflichtet, seine religiöse Überzeugung zu offenbaren.

Bildung und Schule.

Die Kunst, die Wissenschaft und ihre Lehre sind frei. Der Staat gewährt ihnen Schutz und nimmt an ihrer Pflege teil.

Das allgemeine Schulwesen ist öffentlich. Jugendfürsorge und Jugendwohlfahrt sind öffentliche Aufgaben.

Die Religionsgesellschaften und andere Weltanschauungsgemeinschaften haben das Recht, außerhalb des staatlichen Unterrichts denjenigen Kindern Unterricht in ihrer Weltanschauung zu erteilen, die selber oder deren Erziehungsberechtigte dies ausdrücklich wünschen.

Die Wirtschaft.

Die Wirtschaft steht im Dienst der Gesellschaft.

Ihre Aufgabe ist, eine menschenwürdige Existenz für alle zu sichern und den allgemeinen Wohlstand zu heben.

Das erfordert die Freiheit von wirtschaftlicher Ausbeutung, die Gleichheit der wirtschaftlichen Entwicklungsmöglichkeiten und die freie Entfaltung der Fähigkeiten aller.

Die wirtschaftlichen Schlüsselstellungen sind öffentlicher Besitz oder unterliegen staatlicher Kontrolle.

Mit Hilfe dieser Schlüsselstellungen und besonders durch die Entscheidung über Umfang und Zweck der Investitionen wird die Gesamtwirtschaft staatlich geplant.

Die Festsetzung des staatlichen Wirtschaftsplanes erfolgt durch Gesetz.

Bei der Aufstellung des Wirtschaftsplanes muß die Wirtschaftskammer, in der die wirtschaftlichen Berufsverbände und sonstigen Interessenvertretungen entsprechend ihrer wirtschaftlichen und sozialen Bedeutung vertreten sind, zur Beratung und Begutachtung herangezogen werden.

Die Kontrolle der Durchführung des Wirtschaftsplanes ist durch demokratische Körperschaften der Wirtschaft auf allen Stufen zu sichern, in den einzelnen Betrieben durch die Mitarbeit von Vertretern der Arbeitnehmern.

Im Rahmen der staatlichen Planung ist der freien Initiative und dem wirtschaftlichen Wettbewerb der einzelnen staatlichen, genossenschaftlichen und privaten Betriebe die größtmögliche Freiheit zu sichern.

Arbeitsrecht.

Es wird ein einheitliches Arbeitsrecht geschaffen. Jedem Staatsbürger soll die Möglichkeit gegeben werden, durch Arbeit seinen Lebensunterhalt zu erwerben. Soweit ihm angemessene Arbeitsgelegenheit nicht nachgewiesen werden kann, hat er einen Anspruch darauf, daß für seinen Unterhalt gesorgt wird.

Jedem wird die gleiche Möglichkeit für seine Berufswahl und Berufsausbildung gegeben.

Die Vereinigungsfreiheit zur Wahrung und Förderung der Arbeits- und Wirtschaftsbedingungen ist für jedermann und für alle Berufe gewährleistet. Alle Abreden und Maßnahmen, die diese Freiheit einzuschränken oder zu behindern suchen, sind rechtswidrig.

Die Arbeitnehmer aller Betriebe und Verwaltungen wählen Betriebsräte zur Vertretung ihrer Interessen.

Fürsorge- und Gesundheitswesen.

Das Fürsorge- und Gesundheitswesen ist eine öffentliche Angelegenheit.

Zur Erhaltung der Gesundheit, zum Schutz der Mutterschaft, zur Vorsorge gegen wirtschaftliche Folgen von Alter oder Unfällen wird eine einheitliche Sozialversicherung geschaffen, bei der die Versicherten maßgebend mitzuwirken haben.

Nr. 173

Protokoll der Exekutivkomiteesitzung am 11. April 1945

AdsD Bonn, PV-Emigration, Mappe 5

Sitzung der Exekutive der „Union" am 11. April 1945 in Alvanley Gardens

Anwesend: Vogel, Ollenhauer, Eichler, Schoettle, Walter, Gottfurcht.

Es wurde zunächst das Programm der Maifeier am 29. April in der Alliance Hall besprochen.[1]

Gegen die Aufführung des von der SJ vorgesehenen Spiels, das die Partisanenkämpfe im nördlichen Italien behandelt, wurden Bedenken laut, weil das Stück zu wenig positive Beziehungen zu den Gedanken der Maifeier hat.

Es wurde vereinbart, mit der SJ über die Aufführung des Stückes im Rahmen einer anderen späteren Veranstaltung zu sprechen und sie um Vorschläge für eine anderweitige Ausgestaltung des Programms zu bitten.

Es soll der Versuch gemacht werden, den Genossen Middleton für eine Ansprache auf der Maifeier zu gewinnen. Für den Fall seiner Zusage soll der Genosse Eichler im Namen der „Union" den Dank der deutschen Sozialisten für die Sympathie und die Unterstützung, die Middleton den deutschen Sozialisten bewiesen hat, zum Ausdruck bringen.

Die Ansprache soll der Genosse Ollenhauer halten.

Mit der Veranstaltung einer Sammlung für die in Frankreich lebenden deutschen Sozialisten ist die Exekutive einverstanden.

Die Vorschläge der Kommission für den Wiederaufbau des Genossenschaftswesens[2] in Deutschland werden von dem Genossen **Walter** kurz begründet. Eine Entscheidung darüber, ob die Vorschläge über die Reinigung der Genossenschaftsverwaltung in die allgemeinen Richtlinien aufgenommen werden sollen, soll in der nächsten Sitzung der Exekutive erfolgen.

Es liegt der Antrag einer Gruppe deutscher Sozialisten in Frankreich vor – unterschrieben von Leopold[3] und Nelke[4], diese Gruppe bei der SFIO zu legitimieren.[5] Ange-

---

1 Vgl. Nr. 175.
2 Vgl. Nr. 177. Der hier vorgelegte Entwurf findet sich in: AdsD Bonn, PV-Emigration, Mappe 105.
3 Leopold, Peter, nicht ermittelt.
4 Nelke, Günter, *1908, 1930 SPD, 1931 SAP, 1933 ČSR, dort zu NB, 1939 Frankreich, 1941–44 Résistance, 1946 Rückkehr, Angestellter beim SPD-PV.
5 Die Gruppe deutscher Sozialisten in Frankreich (Unterzeichner Günter Nelke, Peter Leopold) hatten am 25. März 1945 an die Union geschrieben und um ein Anerkennungsschreiben gebeten,

sichs der kürzlich erfolgten Zusammenfassung der meisten deutschen Sozialisten in der Landesgruppe deutscher Sozialdemokraten in Frankreich[6] hält man es für richtig, die Gruppe zu bitten, sich dieser Gruppe anzuschließen und in jedem Fall vor einer Entscheidung die Auffassung der Landesgruppe einzuholen. In diesem Sinne soll an die Landesgruppe und an die Gruppe Leopold-Nelke geschrieben werden.[7]

Genosse **Erwin Schoettle** berichtet über den Stand der Beratungen der Organisationskommission der „Union". Eine Verständigung über gemeinsame Richtlinien für den Wiederaufbau der Parteiorganisation ist an der Auffassung der Mitglieder der Kommission, die zum ISK gehören, gescheitert, weil die Genossen [des] ISK die Aufrechterhaltung einer eigenen Organisation innerhalb der Partei für unerläßlich halten.[8] Das Resultat dieser Diskussionen ist in einem gemeinsam vereinbarten Protokoll festgehalten. Genosse Schoettle wird der Exekutive in einem schriftlichen Bericht dieses Resultat der Beratungen der Kommission unterbreiten.[9]

Die nächste Sitzung der Exekutive wird für Dienstag, den 24. April, abends 6 Uhr in Aussicht genommen.

---

das sie gegenüber der Section Française de l'Internationale Ouvrière (SFIO) legitimierte: AdsD Bonn, PV-Emigration, Mappe 142.

6 Die Landesgruppe Deutscher Sozialdemokraten in Frankreich wurde von Günther Markscheffel geleitet.

7 Hans Vogel lehnte die Empfehlung im Auftrag des Union-EK ab, da inzwischen auch eine SPD-Landesgruppe unter Markscheffel gegründet worden war, ohne deren Zustimmung man nicht entscheiden wolle. AdsD Bonn, PV-Emigration, Mappe 142. Weitere Briefe Leopolds an Eichler über die Schwierigkeiten in und mit der SPD-Landesgruppe finden sich in: AdsD Bonn, ISK, Box 56.

8 Vgl. hierzu Nr. 157.

9 Das hier genannte Protokoll und der Bericht fehlen. Der Vorschlag Schoettles für die Organisationskommission „Allgemeine Gesichtspunkte für die Diskussion des Organisationsproblems", 2 S., und „Richtlinien für die Organisation einer sozialistischen Partei in Deutschland (Vorschlag Schoettle)" finden sich in: AdsD Bonn, NL Schoettle, Mappe 63.

NR. 174

Protokoll der Exekutivkomiteesitzung am 24. April 1945

AdsD Bonn, PV-Emigration, Mappe 5

Sitzung der Exekutive der „Union" am 24. April 1945 im Austrian Labour Club

Anwesend: Vogel, Ollenhauer, Eichler, Schoettle, Spreewitz, Gottfurcht, Rosenberg als Gast.

Es wird zunächst über die Änderungen im Programm der Maifeier berichtet.[1] Nachdem es nicht möglich war, den Genossen Middleton für eine Ansprache zu gewinnen, wurden die früheren Vorschläge der SJ wieder aufgenommen: Im ersten Teil wird das Spiel „Der Soldat" aufgeführt, im zweiten Teil folgt neben Liedern und Rezitationen die Ansprache.

Die Veränderungen werden gebilligt.

Die Vorschläge der Kommission für den Wiederaufbau des Genossenschaftswesens, einschließlich der Vorschläge für die personelle Reinigung, werden unter Beteiligung des Genossen **Rosenberg** diskutiert.[2] Es wird beschlossen, die Vorschläge für die personelle Reinigung als Teil der Gesamtvorschläge zu betrachten, soweit die Vorlage als Unterlage für Unterhaltungen mit der Genossenschaftsinternationale[3] bestimmt ist. Wenn die Vorlage später in die Programmvorschläge der „Union" aufgenommen werden sollte, wird zu entscheiden sein, ob die personellen Vorschläge so ausführlich wiederholt werden sollen.

In einer Diskussion über die Auswirkungen der Berichterstattung über die Buchenwald-Grausamkeiten[4] wird angeregt, einem kleinen Kreis von Engländern Informationen

---

1 Vgl. Nr. 175.

2 Vgl. Nr. 177.

3 Die Genossenschaftsinternationale hatte ihren Sitz in London.

4 Gemeint sind vermutlich die Berichte über die Befreiung der Lager Buchenwald und Bergen-Belsen. Die „Times" berichtete darüber:

13.4.1945: Erwähnt in den Berichten über die militärischen Operationen die Befreiung politischer Gefangener, am Ettersberg (Buchenwald – d.V.) 21 000 politische Gefangene, darunter auch deutsche befreit.

16.4.1945: Einspaltiger Artikel „Camp of Death and Misery. Liberation at Buchenwald", schildert die Bedingungen, nennt 60 000 Tote.

18.4.1945: Einspaltige Meldung „Forced tour of Buchenwald. Weimar's Citizens shown round", auch über Verhältnisse im Lager.

„Liberated Poland" A record of German atrocities, Bericht über sowjetischen Wochenschaufilm über Lublin/Majdanek.

19.4.1945: "The Captives of Belsen. Internment Camp horrors. British officers' statement", einspaltiger ganzseitiger Artikel, berichtet von 30 000 Toten in den letzten Wochen.

über die Behandlung von deutschen politischen Gefangenen in den Konzentrationslagern, vor allem in der Zeit zwischen 1933 und 1939, zu geben. Nach der Rückkehr des
Genossen Ernst Meyer-Cambridge soll mit ihm die Frage erörtert werden, ob er bereit
ist, über seine Eindrücke in [B]uchenwald vor einem solchen Kreis zu berichten.

„German Concentration and Labour Camps", 5 Fotos von deutschen Konzentrationslagern, u.a.
Überlebende von Nordhausen, Tote in Ohrdruf, Nordhausen (2 000 unbestattete Tote) und Buchenwald.

NR. 175

Programm der Maifeier der „Union" am 29. April 1945 in der Alliance Hall

Anlage zum Protokoll vom 24. April 1945

AdsD Bonn, PV-Emigration, Mappe 84[1]

Union deutscher sozialistischer Organisationen in Großbritannien
Sozialistische Jugend

Programm zur Maifeier 1945
Die Wahrheit bleibt ewig
        (Kanon)
Licht muß wieder werden
        (Rezitation)   Hermann Claudius
Der Soldat
        Ein Spiel von Franco Fortini
        Übersetzt aus dem Italienischen
Pause
Auf Proletarier, heraus aus der Fron
        (Lied)
Geh' Deine Bahn   Ernst Preczang
        (Rezitation)
Dänischer Sozialistenmarsch
        (Lied)
Ansprache von Erich Ollenhauer
Die Internationale
        (Gemeinsamer Gesang)
In der Pause Sammlung für die in Frankreich lebenden deutschen sozialistischen Genossen.

---

1 Die Vorderseite des Programmzettels zeigt eine Zeichnung eines Gefangenen mit gesprengten Ketten, im Hintergrund einen Lagerzaun und zwei Galgen mit Erhängten. AdsD Bonn, PV-Emigration, Mappe 160.

NR. 176

Protokoll der Exekutivkomiteesitzung am 18. Mai 1945

AdsD Bonn, PV-Emigration, Mappe 5

Sitzung der Exekutive der „Union" am 18. Mai 1945 in Alvanley Gardens

Anwesend: Vogel, Ollenhauer, Eichler, Schoettle, Gottfurcht, Spreewitz.

Die Exekutive erklärt sich mit den Vorbereitungen für eine Mitgliederversammlung der „Union" am Sonnabend, den 26. Mai, nachmittags 5 Uhr im Austrian Labour Club einverstanden. Hans Vogel wird über das Thema: „Das Ende der Hitlerdiktatur" sprechen.[1]

---

1 Für die Mitgliederversammlung am 26. Mai 1945 liegt kein Protokoll vor. Die Einladung und die Anwesenheitsliste finden sich in: AdsD Bonn, PV-Emigration, Mappe 5, die Rededisposition Vogels „Nach dem Ende der Hitlerdiktatur", 26.5.1945, 17 S., mit hs. Ergänzungen: Mappe 160 Anwesend nach Anwesenheitsliste:

Abraham	H.E.		Heilfort	L.	SPD
Abraham	Max	SPD	Heim	F.	SJ
Arndt	K.		Hermann	Grete	ISK
Auerbach	Walter	Gast	Heumann	W.	—
Benninghaus	W.	SPD	Hirsch	Ernst	
Bienenstock	T.	ISK	Hirsch	Frau	
Blumenreich	Erich	SPD	Hofmann	M.	SPD
Blumenreich	Mrs.		Hofna	D.	
Bogner	Peter	SPD	Innis	Elisabeth	ISK
Brahm	M.	—	Janovsky	Nelly	SAP
Brakemeier	R.	SPD	Jansen	W.	SPD
Dyrenfurth		SPD	Kühnberg	W.	SPD
Ehlmann	K.	Gew.	Kamnitzer	H.	SPD
Eichler	Willi	ISK	Kappius	J.	ISK
Fink	H.	SJ	Levi	A.	ISK
Fliess	Leni	SJ	Lewin	Hans	SPD
Fliess	Jenny	ISK	Lichtenstein	A.	SPD
Fliess	Walter	ISK	Litten	Irmgard	
Fryd	T.	ISK	Löwenstamm	H.	
Gaevernitz	Ruth S.	SPD	Löwenstamm	Ilse	
George	U.	—	Löwenthal	R.	NB
Gleinig	E.	ISK	Luetkens	C.	
Goldschmidt	H.	SPD	Meier	G.	
Gottfurcht	Hans	SPD	Meyer	Hermann	SPD
Grae[tzer	Rosi]		Miller	Susie	ISK
Graf	Ernst	SPD	Möller-Dostali	Rudolf	SPD
Gräupner	R.		Neumann	und Frau	SPD
Gutmann	J.	SPD	Ollenhauer	M.	SPD
Hall	R.	ISK	Ollenhauer	E.	SPD
Heide	Paul	SPD	Ostwald	W.	SPD

Es folgt dann eine Aussprache, an der sich alle Mitglieder der Exekutive beteiligen, über die allgemeine politische Lage nach dem Ende der Feindseligkeiten und über die Aussichten für die Rückkehr der politischen Emigration nach Deutschland. Die offizielle Haltung ist eindeutig gegen eine baldige Rückkehr der politischen Emigranten. Es besteht Übereinstimmung darüber, sobald als möglich mit den führenden Organisationen der britischen Arbeiterbewegung, vor allem TUC und Labour Party, Besprechungen über die mit der Besetzung Deutschlands und den Wiederaufbauaufgaben zusammenhängenden politischen Fragen herbeizuführen.[2]

Parkin	A.			Segall	Dora	SPD
Pfister	Tom	ISK		Sieder	I.	ISK
Pringsheim	Karl	SPD		Sorg	Hch.	SPD
Putzrath	E.	SJ		Spreewitz	G.	SAP
Putzrath	Heinz	NB/SJ		Strobl	Anna	
Reichenbach	B.	SPD		Tille	G.	SPD
Rischowski		SP		Tille	M.	SPD
Rothfels	J.	Gew.		Urban(n)	Hedwig	ISK
Salomon	Fritz	SPD		Vogel	Frau [Dina]	SPD
Sander	Dorle	SPD		Vogel	Hans	SPD
Sander	W.	SPD		Walter	N.	ISK/JS
Schoettle	Erwin	NB		Walter	Frida	SPD
Schreiber		SPD		Wiest	Fritz	
Schwartz	Dr. Oscar	SPD		Wolff	Fritz	SPD
Segall	Fritz	SPD				

Ein Name unleserlich.
Bei der Liste befindet sich folgende Aufstellung Ollenhauers:

SPD	44
ISK	16
NB	3
SAP	2
Gäste	21
SJ	4
	90

Bogner, Peter, *1896, Bankleiter, SPD München, 1933 Spanien, 1938 GB.
Gutmann, John, *1900, Kaufmann, Commerzialrat, SPD 1929, 1938 GB
Hall, Ruth, *1912, Kindergärtnerin, ISK, 1936 GB, 1937 brit. StA.
Heilfort, Lore, *1903, Sekretärin, SPD, ZdA, Chemnitz, 1933 ČSR, 1936 GB, Landarbeiterin.
Heumann, Wolf, *1897, kfm. Angest., SAP Berlin, ZdA, 1933 ČSR, 1935. Liga f. Menschenrechte, 1935 GB.
Hirsch, Lisa, *1892, Bibliothekarin, SPD, Berlin, 1937 GB.
Hofmann, Max Moritz, 1891–1951, Journalist, SPD, ab 1933 Zweiter Bundesführer RB, Emigration 1933 Frankreich, 1934 Saargebiet, Geschäftsführer „Volksstimme" Saarbrücken, 1935 Frankreich, 1941 Portugal, 1944 GB, 1946 Deutschland.
Parkin, A., nicht ermittelt.
Pfister, Tom, ISK, nicht ermittelt.
Schreiber, Marianne, *1915, Buchhalterin, SAJ, ZdA, Leipzig, 1935 ČSR, 1937 GB.
Tille, Margit, *1894, Sängerin, SPD Berlin, 1937 Italien, 1939 GB .

2 In den überlieferten Akten des FO finden sich keine Hinweise auf Anträge auf Rückkehr vor dem Sommer 1945.

NR. 177

Vorschläge der „Union" für den Wiederaufbau der Genossenschaften, Juni 1945

AdsD Bonn, PV-Emigration, Mappe 185[1]

Union deutscher sozialistischer Organisationen in Großbritannien[2]
Vorsitzender: Hans Vogel 3, Fernside Avenue, London, N.W. 7.

Vorschläge für den Wiederaufbau des deutschen Genossenschaftswesens

Die deutsche Genossenschaftsbewegung ist seit 1933 in einem Zustande zunehmenden Verfalls. Tatsächlich hat sie aufgehört, eine wirkliche Genossenschaftsbewegung zu sein, und das Ziel der Nazis, sie restlos aus dem Wirtschaftsleben des Dritten Reiches auszuschalten, ist weitgehend erreicht worden. Soweit heute noch Genossenschaften bestehen, haben sie nur wenig mit dem gemeinsam, was im allgemeinen unter Genossenschaftsbewegung verstanden wird.

Nach Liquidierung der meisten Genossenschaften und Überführung vieler Betriebe in Privatbesitz oder Parteiverwaltung sind die noch verbliebenen Reste der ehemaligen Genossenschaftsunternehmungen aller genossenschaftlichen Merkmale beraubt und der Deutschen Arbeitsfront unterstellt worden. Soweit Genossenschaften den Intesessen der Landwirte und Bauern dienten, sind sie dem Reichsnährstand unterstellt worden.

Der Wiederaufbau der deutschen Genossenschaftsbewegung wird deshalb in Wirklichkeit ein Neuaufbau zu sein haben, bei dem noch früherer Genossenschaftsbesitz als wirtschaftliche Grundlage wohl zu verwerten ist – soweit noch vorhanden – aber mit genossenschaftlichem Geiste neu erfüllt werden muß.

Der Neuaufbau des Genossenschaftswesens in Deutschland wird sich unter Umständen vollziehen müssen, die von der politischen und wirtschaftlichen Lage Deutschlands nach diesem Kriege bestimmt sein werden. Es ist zur Zeit unmöglich, die politischen und wirtschaftlichen Verhältnisse in Deutschland nach der Niederlage vorauszusehen, und es fehlen deshalb alle Voraussetzungen für eine Planung, die in die weitere Zukunft reichen könnte. Eines ist sicher: Die wirtschaftliche Lage in Deutschland nach diesem Kriege wird nicht allein von dem wirtschaftlichen Chaos bestimmt sein, das die Kriegszerstörungen hinterlassen, sondern auch von den politischen und wirtschaftlichen Maßnahmen der Alliierten.

---

1 An gleicher Stelle liegt auch die englische Version „Proposals for the Reconstruction of the German Co-Operative Movement", die an die Genossenschaftsinternationale in London weitergeleitet wurde. Die „Vorschläge" wurden nicht in die Broschüre, Zur Politik deutscher Sozialisten, aufgenommen.
2 Vorlage: Überschriften Überschriften ms. unterstrichen.

Die alliierten Besatzungsbehörden werden Verwaltung und Wirtschaft in Deutschland von Nazi-Einflüssen säubern, sie werden Wirtschaftsorganisationen der Nazis selbst treuhänderisch verwalten oder von geeigneten Körperschaften verwalten lassen. Dabei können deutsche zuverlässige Genossenschafter durch aktive Mithilfe wertvolle Arbeit leisten.

Den tatsächlichen Neuaufbau der deutschen Genossenschaftsbewegung können alliierte Behörden den deutschen Genossenschaftlern nicht abnehmen. Es kann nur das Werk Deutscher sein, die allerdings nur dann erfolgreich arbeiten können, wenn sie sich der wohlwollenden Duldung durch alliierte Behörden und der tatkräftigen Unterstützung durch die internationalen Genossenschaften erfreuen.

Die besonderen Notstände in Deutschland nach der Niederlage verlangen den Zusammenschluß aller, die den Aufbau eines neuen wirtschaftlichen und gesellschaftlichen Lebens wollen. Auf wirtschaftlichem Gebiet ist die Form der Genossenschaft die solchen Notzeiten am besten angepaßte.

Der frühere Gegensatz zwischen städtischen und ländlichen Genossenschaften muß durch Einigkeit aller Genossenschaften in grundsätzlichen Fragen und durch verantwortungsvolle Zusammenarbeit von Konsumvereinen und landwirtschaftlichen Genossenschaften endgültig beseitigt werden. Dies um so mehr, als der deutschen Genossenschaftsbewegung nach Kriegsende Aufgaben zufallen werden, denen sie sich als soziale Wirtschaftsorganisation nicht entziehen darf.

Von allem Anfang an muß die deutsche Genossenschaftsbewegung bestrebt sein, ihre wirtschaftliche und verwaltungsmäßige Organisation mit den Grundsätzen der internationalen Genossenschaftsbewegung in Einklang zu bringen.

Wir halten es deshalb für notwendig die wesentlichsten dieser Grundsätze an den Anfang aller Planung für den Neuaufbau der Deutschen Genossenschaften zu erstellen:

A. Grundsätze für dem Neuaufbau des Deutschen Genossenschaftswesens
1. Die deutsche Genossenschaftsbewegung wird sich in ihrer Politik und ihren Grundsätzen anpassen und sich bemühen, wieder Mitglied der Internationalen Genossenschaftsbewegung zu werden.
2. Die deutsche Genossenschaftsbewegung wird sich nur durchsetzen können, wenn sie in allen grundsätzlichen Fragen als eine einige Organisation auftritt, die nicht nach „Richtungen", politischen oder religiösen Bekenntnissen gespalten ist, sondern auf breitester Basis alle zu erfassen trachtet, die zum Neuaufbau bereit sind.
3. Die deutsche Genossenschaftsbewegung muß unabhängig sein von Staat und Parteien und von Gruppierungen oder Einrichtungen der nichtgenossenschaftlichen Privatwirtschaft. Sie muß ihre Wirtschaftspolitik und ihre Geschäftsführung einzig und allein den Interessen der breiten Masse in Stadt und Land unterordnen.
4. Die deutsche Genossenschaftsbewegung muß auf der Freiwilligkeit der Mitgliedschaft und der demokratischen Selbstverwaltung der Genossen aufbauen und kann

nur von Personen oder Verwaltungen vertreten werden, die von den Genossen demokratisch gewählt und ihnen allein verantwortlich sind.

5. Die deutsche Genossenschaftsbewegung wird an das anzuknüpfen suchen, was sich in der Zeit der Weimarer Republik bewährt hat. Zugleich wird sie aber die neu an sie herantretenden Aufgaben energisch anpacken. Wo sich alte Genossenschafter zusammenfinden, werden sie oft der Ansatzpunkt für die neue Bewegung oder eine Wiederbelebung der alten Institutionen sein. Zugleich aber wird der Weg offen sein für alle, die guten Willens sind, am Neuaufbau mitzuhelfen und die keine Nazis sind.

B. Sofort-Maßnahmen

1. Genossenschafts-Kommissionen:

Am Ende des Krieges wird die Genossenschaftsbewegung aus bescheidensten Anfängen neu entstehen müssen. Das wird zunächst nicht die Arbeit breiter Massen sein, sondern weniger Funktionäre. Es wird sich daher zweckmäßiger Weise in allen Orten eine Kommission zuverlässiger Anti-Nazis bilden, die die Neubildung von Genossenschaften aktiv zu betreiben bereit sind. Als Mitglieder der Kommission sollten, wo immer möglich, erfahrene Genossen der vor 1933 vorhandenen Genossenschaften herangezogen werden. Junge, willige Genossenschafter, denen die Erfahrung fehlt, sollten aber nicht von der Mitarbeit in den Kommissionen ausgeschlossen werden. Teilhaber oder Geschäftsführer privatwirtschaftlicher Betriebe oder Mitglieder solcher Vereinigungen sollten nicht Mitglieder der Kommission sein.

Die Aufgaben dieser Genossenschafts-Kommission sollten sein:

(a) Die personelle Reinigung der etwa vorhandenen Genossenschafts-Einrichtungen von allen Nazis und die Wiedereinstellung früherer Genossenschaftsarbeitnehmer, die aus politischen, rassischen oder religiösen Gründen seit dem 1. Februar 1933 entlassen worden sind;

(b) Die Feststellung des noch bestehenden und des von den Nazis in einer oder der anderen Form betriebenen Genossenschaftseigentums;

(c) Die Feststellung des von den Nazis enteigneten oder durch Nazi-Zwangsmaßnahmen zur Liquidierung gebrachten oder der Privatwirtschaft zugeführten ehemaligen Genossenschaftseigentums;

(d) Die Überführung des Eigentums a-b in die Hände neu zu gründender Genossenschaften, unter vorläufiger Kontrolle und Verantwortung der Kommission;

(e) Die Einsetzung von kommissarischen Geschäftsführern für die einzelnen von der Kommission verwalteten Betriebe. Diese Geschäftsführer sind für ihren Betrieb der Genossenschafts-Kommisssion voll verantwortlich;

(f) Die Vorbereitung demokratischer Selbstverwaltung der neugegründeten Genossenschaften, insbesondere die weitgehende Heranziehung der Einzelmitglieder bei der Verwaltung der Genossenschaften.

Als Richtlinie für die in Abschnitt (a) erwähnte Aufgabe der Durchführung der Personalreinigung[3] des noch vorhandenen Verwaltungsapparates soll folgendes gelten:

(a) Alle in den betr[effenden] Betrieben Beschäftigten gelten als mit täglicher Kündigung weiterbeschäftigt, bis ihr ordentliches Dienstverhältnis von der Kommission oder der von ihr beauftragten Prüfungsstelle genehmigt ist.

(b) Die Prüfung aller Beschäftigungsverträge hat bis spätestens drei Monate nach Übernahme der Betriebe durch die Kommission zu erfolgen.

(c) Alle verantwortlichen Leiter von Betrieben sowie alle Geschäftsführer und Personal-Referenten haben ihre Geschäfte ordnungsgemäß der Kommission oder ihren Beauftragten zu übergeben und gelten dann als mit sofortiger Wirkung und ohne Rechtsanspruch entlassen. Ihre Geschäftsvollmachten erlöschen gleichzeitig.

(d) Die Vorschriften unter (c) gelten sinngemäß für alle ehrenamtlichen Funktionäre und für alle Mitglieder amtlicher oder anderer Ausschüsse, Aufsichtsräte oder ähnlicher Verwaltungsorgane.

(e) Alle Unterlagen, Geschäftspapiere, Protokolle, Bücher etc. müssen in unbeschädigtem und ordentlichem Zustand den von der Kommission eingesetzten Funktionären übergeben werden, denen alle geschäftlichen Vollmachten sofort zu übertragen sind.

(f) Von Neueinstellung bzw. Bestätigung in Diensten der Genossenschaften sind auszuschließen:

(1) alle Funktionäre der NSDAP oder ihrer angeschlossenen Verbände (insbesondere DAF);

(2) alle Angehörigen der Gestapo[4], des S.D. und ihrer Hilfsorganisationen;

(3) alle aktiven Mitglieder der SS und der Totenkopfverbände.

(g) Bei Neueinstellung sind bevorzugt zu berücksichtigen: -

(1) zuverlässige Mitglieder oder Arbeitnehmer der Genossenschaften aus der Zeit vor dem 1. Februar 1933;

(2) alle wegen politischer, religiöser oder rassischer Gründe von den Nazis Gemaßregelten oder Entlassenen.

2. Arbeitsfeld der Genossenschaften[5]

Am Ende des Krieges werden Millionen Menschen in Deutschland entwurzelt und ihrer Habe beraubt sein. Unzählige werden weder ein Heim, noch Arbeit, noch ausreichenden Lebensunterhalt haben.

Die neue Genossenschaftsbewegung wird sich all diesen Notständen energisch zuwenden müssen und sich nicht auf ihre traditionellen Aufgaben beschränken können.

---

3 Vorlage: „Als Richtlinie" und „Personalreinigung" jeweils ms. unterstrichen.
4 Vorlage: „GESTAPO"
5 Vorlage: „2. Arbeitsfeld der Genossenschaften" ms. unterstrichen.

Aufgabe der Genossenschaften:

(a) Mithilfe bei der Beschaffung und gerechten Verteilung von Lebensmitteln aller Art;

(b) Errichtung von Gemeinschaftsspeiseanstalten, wo die früheren Einrichtungen zerstört sind oder die vorhandenen Einrichtungen nicht ausreichen (insbes[ondere] für Schulkinder, Mütter und Betriebsarbeiter);

(c) Mithilfe bei der Beschaffung und gerechten Verteilung von lebensnotwendigen Gütern des täglichen Bedarfs, insbes[ondere] Kleidung & Hausrat;

(d) Betreuung von Flüchtlingen in Sammellagern, wo ausreichende Unterkunft anderweitig nicht beschafft werden kann;

(e) Mithilfe bei der Beschaffung und gerechten Zuteilung von Reparaturmitteln und Materialien für die Herstellung oder Wiederherstellung von Wohnungen;

(f) Herstellung von genossenschaftlichen Kontakten zwischen ländlichen und städtischen Genossenschaften, sodaß landwirtschaftliche Produzenten und städtische Verbraucher sich gegenseitig in der gemeinsamen Not helfen können und Gegensätze zwischen Stadt und Land von Anfang an vermieden werden.

3. Genossenschafts-Betriebe (Produktions-Verteilungstellen)[6]

Die Genossenschaftsbewegung wird auf den meisten Gebieten von Grund auf neu geschaffen werden müssen und auf manchen Gebieten wird sie völliges Neuland zu betreten haben. Aber nicht alles wird zerstört sein. Manche frühere genossenschaftlichen Betriebe werden den Zusammenbruch der Nazis überdauern und werden den Grundstock der neuen Genossenschaftsbewegung bilden können.

Übernahme, Inbetriebsetzung und Verwaltung der Genossenschaftsbetriebe:

(a) Noch vorhandene Betriebe sollten so rasch wie möglich übernommen und in Betrieb gestellt werden;

(b) Von den Nazis gestohlene ehemalige Genossenschaftsbetriebe sollten – bis zur endgültigen Klärung der Rechtslage – treuhänderisch von den Genossenschafts-Kommissionen übernommenen und in Betrieb gesetzt bzw. weitergeführt werden;

(c) Für solche Betriebe, die durch Flucht, Tod oder Enteignung der früheren Nazi-Inhaber frei werden, gilt dasselbe;

(d) Die Inbetriebsetzung der unter a-c angeführten Betriebe wird zweckmäßgerweise zunächst mit dem Ziel der lokalen Bedürfnisdeckung erfolgen. Wo immer möglich, sollte jedoch der Wirkungskreis sobald als möglich erweitert werden;

(e) Um Fehlorganisation zu vermeiden, wird die Schaffung von Bezirksleitungen zweckmäßig sein, die Richtlinien für die Produktion der im Bezirk bestehenden Produktionsstätten festlegen. Sie sollten aus Vertretern der Betriebe im Bezirk unter Hinzuziehung von Vertretern der lokalen Verteilungsstellen bestehen;

---

6 Vorlage: „3. Genossenschafts-Betriebe (Produktions-Verteilungsstellen)" ms. unterstrichen.

(f) Der Aufbau der Genossenschaften wird von unten auf geschehen müssen. Als Grundlage sollten daher allgemein die kleinsten Bezirke dienen.

Die hier nur in großen Umrissen dargelegten Aufgaben, die vor uns liegen, zeigen bereits eindeutig, mit welchen Schwierigkeiten und unter welchen unsagbar ernsten Bedingungen sich der Neuaufbau der deutschen Genossenschaftsbewegung vollziehen wird.

Wir sind uns dessen bewußt, daß diese Arbeit nur im Rahmen des allgemeinen Wiederaufbaus eines mehr oder weniger normalen Wirtschaftslebens in Deutschland erfolgen kann, glauben aber, daß unter den gegebenen Verhältnissen gerade die künftige Genossenschaftsbewegung für die Anbahnung erträglicher Lebensbedingungen von einer Bedeutung sein kann wie niemals zuvor.

In Erkenntnis der Größe dieser Aufgabe und festen Willens, den genossenschaftlichen Gedanken in alle Kreise des deutschen Volkes zu tragen, wollen wir alle Kräfte sammeln, die schon früher in der Genossenschaftsbewegung tatkräftig mitgearbeitet haben, und die Tore offen halten für jene, die in Stadt und Land ehrlich bereit sind, im Geiste wahren Genossenschaftswesens mitzuarbeiten.

So hoffen wir, daß nach harten Zeiten des Übergangs die neue deutsche Genossenschaftsbewegung wieder ihren Platz einnehmen wird als Glied der großen internationalen Genossenschaftsbewegung, die, wie wir hoffen, uns auch in den schweren Tagen des Neuaufbaus ihren Rat und ihre aktive Unterstützung nicht versagen wird.

London, Juni 1945.

NR. 178

Protokoll der Exekutivkomiteesitzung am 21. Juni 1945

AdsD Bonn, PV-Emigration, Mappe 5

Sitzung der Exekutive der „Union" am 21.6.45, nachmittags 18.30 [Uhr]

Anwesend: Vogel, Ollenhauer, Eichler, Schoettle, Spreewitz, Gottfurcht.

Es wird beschlossen, die nächste Versammlung der „Union" am Sonnabend, den 7. Juli, nachmittags 5 Uhr im Austrian Labour Club abzuhalten.

Als Thema wird vorgeschlagen eine Berichterstattung über die Entwicklung der Verhältnisse in Deutschland seit der Besetzung. Zum Referenten wird der Genosse Richard Löwenthal bestimmt.

Es wird weiter beschlossen, das vorliegende Material über die Entwicklung der innerdeutschen Verhältnisse unter der Besetzung in einem Bericht zusammenzustellen, der in deutscher und englischer Sprache veröffentlicht werden soll. Die Gruppe „Neu Beginnen" hat bereits Vorbereitungen für eine solche Veröffentlichung getroffen, sie wünscht aber die Heranziehung aller Genossen der „Union", die Zugang zu Informationen haben und die Herausgabe der Zusammenstellung durch die „Union".

Es wird beschlossen, die weitere redaktionelle Bearbeitung des Materials einer kleinen Kommission zu übertragen, der außer den Genossen Löwenthal und Schoettle die Genossen Heine, Pringsheim und Eichler angehören sollen.[1]

Der Entscheidung der Kommission wird auch die Frage überwiesen, ob derartige Zusammenstellungen in bestimmten Abständen herausgegeben werden sollen.

Es wird beschlossen, dem Genossen Kühn-Brüssel die von ihm gewünschte Empfehlung der „Union" für eine von ihm herauszugebende Korrespondenz in französischer Sprache über Angelegenheiten der deutschen sozialistischen Emigration und der sozialistischen Arbeiterbewegung in Deutschland auszustellen.[2]

---

1 Der Bericht über die Entwicklung der innerdeutschen Verhältnisse unter der alliierten Besatzung ist vermutlich nicht zustandegekommen. In den Protokollen und Akten finden sich keine Hinweise.

2 Kühn hatte Eichler am 22. Mai 1945 gebeten, ihm in einem Brief der Union zu bestätigen, daß er vertrauenswürdig sei, in: AdsD Bonn, ISK, Box 56. Erst nachdem anscheinend noch weitere Erkundigungen eingezogen worden waren, übersandte Ollenhauer am 5. August 1945 die gewünschte Bestätigung als Vertreter der Union, datiert 31.7.1945. AdsD Bonn, PV-Emigration, Mappe 84.

Die Exekutive ist einverstanden, eine Anregung des Genossen Wiest, eine Hilfskampagne für die aus den Konzentrationslagern entlassenen Antifaschisten zu starten, erst nach den englischen Wahlen zu diskutieren.[3]

Es wird in Aussicht genommen, am Sonntag, den 1. Juli, vormittags 10 Uhr[4] eine gemeinsame Sitzung der Exekutive und der Politischen Kommission zur endgültigen Beschlußfassung über das Sofortprogramm der „Union" einzuberufen.[5]

---

3 Ollenhauer bedankte sich am 16. Juni 1945 bei Wiest für die Übersendung seiner Vorschläge, in: AdsD Bonn, PV-Emigration, Mappe 84. Vgl. auch Dok. 134, 136, 141.

4 Das Protokoll dieser Sitzung bei Heidorn, Alvanley Gardens, fehlt.

5 Die Ursprünge des Sofortprogramms gehen zum Teil auf die ersten Programmvorschläge aus dem Jahre 1943 (vgl. Dok. 92ff.) zurück. Ein zweiseitiger Entwurf eines Sofortprogramms, datiert vom 25. August 1944, wurde von Gottfurcht, Jahn (Kramer), Ollenhauer und Eichler verfaßt. Nach Überarbeitung sandte ihn Eichler am 3. Oktober 1944 an Pratt (OSS). AdsD Bonn, HBA, NL Gottfurcht, K 37/8444. Ausführlicher wurden Sofortmaßnahmen in den im Herbst 1944 fertiggestellten Richtlinien und in der darauf basierenden Broschüre „Die neue deutsche Republik" formuliert. In einem Schreiben an Gottfurcht vom 17. Oktober 1944 erwähnt Ollenhauer „Vorschläge für ein Sofortprogramm für provisorische lokale Selbstverwaltung", in: AdsD Bonn, PV-Emigration, Mappe 82. Am 20.2.1945 übersandte Ollenhauer das offensichtlich im Entwurf fertiggestellte Sofortprogramm mit den anderen Richtlinien an Louis A. Wiener bei US Group CC mit dem Hinweis, daß dies noch keine endgültigen Beschlüsse seien, in: AdsD Bonn, PV-Emigration, Mappe 84. Durch oder über Wiener wurden bereits in Deutschland befindliche oder bald darauf dort eingesetzte Unionsmitglieder mit den Programmen der Union versorgt, wie Berichte an Eichler über deren Aufnahme belegen. René und Hanna Bertholets „Bericht über 8tägige Deutschlandreise" an Eichler am 14. Juni 1945 erwähnt auf S. 10f. das Sofortprogramm, das 1944 eingeschmuggelt wurde, in: AdsD Bonn, ISK, Box 57. Vermutlich bezieht sich der Brief Anna Beyers vom 1. August 1945 über Verhältnisse in Frankfurt auf das gleiche Dokument, wenn es dort heißt: „ ... die Sozialistische Union ist hier an Stelle der alten SP getreten. Kurz nach dem Zusammenbruch war es Kettel gelungen, das Londoner Unionsprogramm drucken zu lassen. Dadurch wurde es das erste Material und von vielen mit Freude aufgenommen." AdsD Bonn, ISK, Box 58. Mit der endgültigen Festlegung des Sofortprogramms wartete man offensichtlich, bis sich die Rahmenbedingungen der Besatzungsherrschaft geklärt hatten. Erst in der Sitzung am 1.7.1945, für die das Protokoll fehlt, wurde das Sofortprogramm (vgl. Dok. 179) verabschiedet und nach der Vervielfältigung ab dem 18.7.1945 versandt.

NR. 179

Sofortprogramm der „Union" für die örtliche Selbstverwaltung vom 1. Juli 1945

AdsD Bonn, PV-Emigration, Schriften[1]

Sofortprogramm für die örtliche Selbstverwaltung

Preis 1 Sh.

Vorschläge und Richtlinien der Union deutscher sozialistischer Organisationen in Großbritannien

Inhaltsverzeichnis
Vorwort
Sofortprogramm für die örtliche Selbstverwaltung[2]

Richtlinien für Straf- und Sicherungsmaßnahmem gegen Nazis[3]

---

1 Das Sofortprogramm wurde in den SM, Nr. 75/76, Juni/Juli 1945, S. 3–19 und als (Sonderdruck) Broschüre: Sofortprogramm für die örtliche Selbstverwaltung. Vorschläge und Richtlinien der Union deutscher sozialistischer Organisationen in Großbritannien, London 1945, hektografiert, 20 S., publiziert. Der Abschnitt „Richtlinien für Straf- und Sicherungsmaßnahmen gegen Nazis" ist abgedruckt in: Clemens Vollnhals (Hrsg.), Entnazifizierung. Politische Säuberung und Rehabilitierung in den vier Besatzungszonen 1945–1949, München 1991, S. 75–81.
2 Vorlage: „Inhaltsverzeichnis", „Vorwort" und „Sofortprogramm für die örtliche Selbstverwaltung" ms. unterstrichen.
3 Vorlage: „Richtlinien für Straf- und Sicherungsmaßnahmem gegen Nazis" ms. unterstrichen.

IV.	Straffreiheit für Anti-Nazis
V.	Liquidierung der Nazi-Organisationen

Sofortprogramm für die örtliche Selbstverwaltung[4]

Vorwort

Die „Union deutscher sozialistischer Organisationen in Großbritannien" ist eine Arbeitsgemeinschaft folgender Vertretungen deutscher sozialistischer Flüchtlinge: Sozialdemokratische Partei Deutschlands (SPD), Sozialistische Arbeiterpartei (SAP), Gruppe „Neu-Beginnen" (NB), Internationaler Sozialistischer Kampfbund (ISK). Die Union wurde im Frühjahr 1941 gegründet. Sie stellte sich die Aufgabe, am Sturz des Hitler-Systems zu arbeiten und an der Seite der Alliierten für die Niederlage Hitlers zu wirken.

Darüber hinaus benutzten wir die Möglichkeit, in einem freien Lande die Voraussetzungen und die Aufgaben einer kommenden einheitlichen sozialistischen Partei in Deutschland zu diskutieren und zu klären. Wir wollten damit unseren Freunden in Deutschland bei der schwierigen Aufgabe helfen, nach dem Sturz der Hitlerdiktatur eine freie sozialistische Arbeiterbewegung aufzubauen. In programmatischen Richtlinien haben wir unsere Gedanken über die Zielsetzung und die praktische Politik einer neuen deutschen sozialistischen Partei entwickelt. Diese Richtlinien werden wir in Kürze veröffentlichen. Zunächst legen wir heute ein Sofortprogramm für die örtliche Selbstverwaltung[5] vor.

Der Aufbau eines neuen freiheitlichen, demokratischen, sozialen und friedlichen Deutschlands und die Beseitigung aller nationalsozialistischen, nationalistischen und militärischen Elemente in Deutschland kann nur gelingen, wenn den demokratischen Kräften im deutschen Volk Freiheit der Organisation und der Aktion gelassen wird.

Wir sind uns der Grenzen bewußt, die unter der Herrschaft der Besatzungsmächte einer selbständigen und aufbauenden Politik deutscher Sozialisten gezogen sind. Aber es gibt ein gemeinsames Interesse der deutschen freiheitlichen Kräfte und der Besatzungsmächte, sofort mit der Reinigung des deutschen Volkskörpers von allen nationalistischen Einflüssen zu beginnen und das tägliche Leben des deutschen Volkes, vor allem Arbeit, Brot und Wohnung, zu sichern. Die Heranziehung und Mitarbeit deutscher sozialistischer und anderer demokratischer Organisationen dient dieser Sicherung. Sie ist gleichzeitig der erste Schritt beim Wiederaufbau eines demokratischen Deutschland.

Das Sofortprogramm soll Richtlinien für diese Arbeit geben.

Sie sind in der Annahme aufgestellt worden, daß die deutschen antifaschistischen Kräfte vor der Aufgabe stehen werden, aus eigener Kraft und eigener Verantwortung das

---

4	Vorlage: Alle folgenden Überschriften ms. unterstrichen.
5	Vorlage: „Sofortprogramm für die örtliche Selbstverwaltung" ms. unterstrichen.

Chaos der Niederlage zu meistern, die notwendige Reinigung zu vollziehen und die Grundlagen für eine neue demokratische und soziale Ordnung in Deutschland zu legen.

Daraus folgt die begrenzte Anwendbarkeit der Richtlinien auf die heute in Deutschland tatsächlich gegebenen Verhältnisse. Auf manchen Gebieten ist unseren Freunden in Deutschland gegenwärtig jeder Einfluß verwehrt. Auf anderen Gebieten sind notwendige Sofortmaßnahmen durch die von den Besatzungsbehörden eingesetzten Verwaltungsorgane nach den Anweisungen der Besatzungsmächte durchzuführen. Die Entwicklung echter demokratischer Selbstverwaltung kann jedoch nur vorbereitet und selbst die dringlichen Notmaßnahmen können nur dann wirksam durchgeführt werden, wenn schon heute alle demokratischen Kräfte und ihre Organisationen zur Mitarbeit herangezogen werden.

Es ist die erklärte Politik der Alliierten, Deutschland nicht selber zu verwalten, sondern die entstehende Verwaltung im Sinne der Sicherungspolitik der Alliierten zu kontrollieren.

Hier liegt die Möglichkeit einer eigenen Initiative unserer Freunde für eine wirkliche Selbstverwaltung. Von der Kraft und dem zielbewußten Einsatz dieser Initiative wird in hohem Maße abhängen, wann und in welchem Umfang den deutschen demokratischen Kräften die Selbstbestimmung in der innerdeutschen Politik zurückgegeben werden wird. Wir glauben, daß unser Sofortprogramm brauchbare Hinweise für Richtung und Inhalt dieser Initiative enthält. Dabei erscheint uns der Geist unserer Richtlinien wichtiger als die Methoden ihrer Durchführung. Diese werden in hohem Maße von örtlichen Verhältnissen abhängen.

Im gleichen Sinne möchten wir die Richtlinien für Straf- und Sicherungsmaßnahmen verstanden wissen. Wir hoffen, daß deutschen Stellen die Möglichkeit gegeben wird, gegen alle Hauptträger, Hintermänner und Helfershelfer der Naziherrschaft, die von den Vereinten Nationen nicht zur Rechenschaft gezogen werden, Strafen und sichernde Maßnahmen nach den vorliegenden Richtlinien zu verhängen. Dieses Sofortprogramm ist ein Versuch, unter den schwierigen Bedingungen der räumlichen Trennung unseren Freunden in Deutschland bei der Durchführung und Lösung ihrer schweren Aufgaben zu helfen. Möge es ein fruchtbarer Beitrag zu unserer gemeinsamen Aufgabe sein, ein neues freiheitliches, demokratisches, soziales und friedliches Deutsch- land zu sein.
London, im Juli 1945

Sofortprogramm für die örtliche Selbstverwaltung
I. Bildung vorläufiger demokratischer Vertretungen für die Selbstverwaltung der Einzelgemeinden und Landkreise
   Die Körperschaften der örtlichen und bezirklichen gemeindlichen Selbstverwaltung mussen ohne Zeitverlust demokratisch gesinnte vorläufige Vertretungen erhalten.
   Mit der Bestellung dieser Vertretungen (vorläufige Orts- und Kreis-(Bezirks-)räte) kann wegen der Dringlichkeit nicht überall gewartet werden, bis demokratische Wahlen möglich sind.

Soweit demokratische Wahlen noch nicht möglich sind, sind die Ortsräte aus Vertretern aller derjenigen Antinaziorganisationen zu bilden, die auch als zuverlässige Kräfte beim Aufbau eines neuen demokratischen und sozialen Staates anzusehen sind.

Neben neu entstehenden politischen Organisationen werden Vertretungen der Betriebsbelegschaften und Gewerkschaften sowie Interessenvertretungen von Arbeitern, Bauern und anderen Bevölkerungsschichten an der Bildung der Ortsräte beteiligt.

Mitglieder der Orts- und Kreis- (Bezirks-)räte können ohne Rücksicht auf Religionskenntnis oder sog[enannte] Rassenzugehörigkeit nur Personen werden, die durch Betätigung in der Illegalität oder durch sonstiges Verhalten in der Zeit der Naziherrschaft ihre antifaschistische und freiheitlich-demokratische Gesinnung bewiesen haben.

Die Orts- und Bezirksräte fällen ihre grundsätzlichen politischen Entscheidungen im demokratisch-parlamentarischen Verfahren. Zur Durchführung ihrer Beschlüsse und für die laufende Verwaltung bestellen sie Ausschüsse oder Vertrauensleute mit den notwendigen Vollmachten.

II. Aufgaben der Orts- und Kreis- (Bezirks)räte

1. Auflösung
der NSDAP, ihrer Gliederungen und angeschlossenen Organisationen. Ihre Vermögen sind zu beschlagnahmen und sicherzustellen. Das beschlagnahmte Vermögen und die Einrichtungen der Organisationen haben die Orts- und Kreis- (Bezirks-)räte bis zur Entscheidung über zukünftige Verwendung zu verwalten.

2. Verhaftung
   a) aller Funktionäre der Naziorganisationen bis herab zu den politischen Leitern der Ortsgruppen;
   b) aller Mitglieder der SS, der Gestapo und des Sicherheitsdienstes (S.D.);
   c) aller Mitglieder der SA und der NSDAP sowie der unteren Funktionäre ihrer Gliederungen und angeschlossenen Organisationen (Blockwarte, Zellenwarte, Betriebsvertrauensleute usw.), die sich aktiv an den Terrormaßnahmen der Nazidiktatur beteiligt haben;
   d) sonstiger Personen, die in führender Stellung durch aktive Hilfe und Rat das Nazisystem absichtlich gefördert und gestützt haben.

Die Verhaftungen haben sofort und ohne Rücksicht auf die Bedeutung der Betreffenden für Verwaltung und Wirtschaft zu erfolgen. Das Vermögen der Verhafteten ist zu beschlagnahmen; die den Verhafteten aus öffentlichen Kassen zustehenden Bezüge sind zu sperren.

3. Übernahme der Kommunalverwaltung
Nicht verhaftete leitende Kommunalbeamte einschl[ießlich] der leitenden Angestellten kommunaler Betriebe, Wohlfahrtseinrichtungen und Fürsorgeeinrichtungen werden ihrer Ämter enthoben; ihre Bezüge werden gesperrt. Über ihre weitere Verwen-

dung wird nach Prüfung ihres dienstlichen und politischen Verhaltens während des Naziregimes entschieden.

Die übrigen nicht verhafteten Kommunalbeamten haben ihren Dienst unter der neuen Verwaltung fortzusetzen, vorbehaltlich einer späteren Entscheidung für ihre künftige Verwendung.

Die Aufgaben der leitenden Kommunalbeamten und Angestellten werden vorläufig Vertrauensleuten der Orts- bzw. Kreis- (Bezirks-)räte übertragen. Bewährte Kommunal- und Verwaltungsbeamte, sonstige zuverlässige Personen mit kommunalpolitischer Erfahrung, zuverlässige leitende Angestellte in kommunalen Unternehmungen oder im landwirtschaftlichen Versorgungs- und Verteilungsapparat aus der Nazizeit sind dabei in erster Linie zu berücksichtigen.

4. Freilassung von Gefangenen

Alle Gefangenen, die aus politischen Gründen oder auf Grund von Ausnahmegesetzen gegen bestimmte Bevölkerungsgruppen sich noch in Haft befinden, werden befreit.

III. Ausübung der Rechtspflege

Soweit nicht bereits wieder Gerichte eingesetzt sind, werden vorläufige Schiedsstellen eingerichtet. Sie werden von den Ortsräten mit vertrauenswürdigen, möglichst rechtskundigen Personen besetzt. Aufgaben der Schiedsstellen sind:

a) in Strafsachen, in denen eine Geldstrafe ausreichend erscheint, eine solche zu verhängen;

b) in Strafsachen anderer Art die Inhaftnahme des Täters anzuordnen, wenn sie [für] die Durchführung eines späteren Strafverfahrens notwendig erscheint;

c) in anderen dringenden Rechtsangelegenheiten vorläufig verbindliche Anordnungen zu treffen.

Die Parteien dürfen nicht von Rechtsanwälten oder berufsmäßigen Rechtsbeiständen vertreten werden, die Mitglieder der NSDAP oder Amtsträger des NS-Rechtwahrerbundes gewesen sind.

Nicht verhafteten richterlichen Beamten und nicht verhafteten höheren Beamten der Staatsanwaltschaft, soweit sie Mitglieder der NSDAP oder Amtsträger ihrer Gliederungen oder der ihr angeschlossenen Verbände waren, sind die Bezüge zu sperren.

Aufgaben der Staatsanwaltschaft, die ihr in der Übergangszeit verblieben sind oder aus der Mitwirkung bei der Tätigkeit der Schiedsstellen erwachsen, sind von den von der Sperrung der Bezüge nicht betroffenen Beamten der Staatsanwaltschaft und erforderlichenfalls von Vertrauensleuten der Ortsräte wahrzunehmen. Dafür sind in erster Linie zuverlässige rechtskundige Personen oder zuverlässige Personen des mittleren Justizdienstes heranzuziehen.

Für die Aburteilung der aktiven Nazis durch besondere Stellen siehe die Richtlinien für Straf- und Sicherungsmaßnahmen gegen Nazis.

IV. Übernahme der Polizeigewalt

Die gemeindlichen Selbstverwaltungskörperschaften schaffen eine neue Polizei. Diese hat

die Auflösung der Naziorganisationen zu überwachen;

die öffentliche Sicherheit aufrecht zu erhalten;

die illegale Weiterexistenz und Tätigkeit der verbotenen Naziorganisationen zu verhindern;

die demokratischen Freiheiten und den demokratischen Neuaufbau zu sichern.

Die neue Polizei tritt an die Stelle der Schutzpolizei und der Gendamerie. Mitglieder der neuen Polizei können nur werden:

Angehörige illegaler antifaschistischer Gruppen,

Mitglieder früherer republikanischer Schutzorganisationen oder Polizeibeamte, die vor 1933 oder in den ersten Jahren der Hitlerdiktatur entlassen wurden, soweit diese Personen sich unter der Nazidiktatur als Antifaschisten bewährt haben.

Beamte der Schutzpolizei, die sich als Antifaschisten bewährt haben, können in die neue Polizei übernommen werden.

Die neue Polizei untersteht der ausschließlichen Befehlsgewalt der vorläufigen Orts- bzw. Kreis-(Bezirks-)räte.

Nur die Mitglieder der neuen Polizei haben das Recht, Waffen zu tragen. Die vorläufigen Orts- bzw. Kreis-(Bezirks-)räte können darüber hinaus einzelnen Personen die Erlaubnis zum Waffentragen erteilen. Alle Waffen in Privat- oder Organisationsbesitz werden beschlagnahmt.

Die Gestapo und der Sicherheitsdienst (S.D.) werden aufgelöst; ihre Angehörigen werden verhaftet.

Die nicht verhafteten leitenden Beamten aller übrigen Zweige der Polizei werden ihrer Ämter enthoben. Ihre Bezüge werden gesperrt. Über ihre weitere Verwendung wird nach Prüfung ihres dienstlichen und politischen Verhaltens unter dem Naziregime entschieden.

Die übrigen nicht verhafteten Beamten stehen zur Verfügung der vorläufigen Orts- bzw. Kreis-(Bezirks-)räte, vorbehaltlich der späteren Entscheidung über ihre endgültige Verwendung.

Alle Arten von Hilfspolizei, die die Nazis zur Sicherung ihres Systems aus- und aufgebaut haben, die Land- und Stadtwacht und Werkspolizei sowie die technische Nothilfe werden aufgelöst.

V. Sicherstellung der Lebensmittelversorgung und der lebensnotwendigen Versorgungsbetriebe

1. Sofortige Inbesitznahme und strenge Überwachung

aller Vorrats- und Reservelager von Lebensmitteln, Konsumgütern, einschließlich der Heeres- und Handelsvorräte.

2. Zur Sicherung der Lebensmittelversorgung
   ist notwendig:
   Volle Aufrechterhaltung des Rationierungssystems, Beseitigung aller Unterschiede in den Rationen nach Nationalität, Religion oder Rasse.
   Große Vorräte sollen zum Ausgleich für Mangelgebiete zur Verfügung gehalten werden.
   Beibehaltung der Preisfestsetzungen und Höchstpreis-Vorschriften.
   Strengstes Vorgehen gegen Schwarz- und Schleichhandel.
   Schärfste Maßnahmen gegen Sabotage aller Art.
   Aufrechterhaltung bzw. Einrichtung von Schul- und Massenspeisungen.
3. Zur Sicherstellung ausreichender Lebensmittellieferungen,
   die nur in engster Zusammenarbeit mit Vertretern der Bauern, Landarbeiter und Genossenschaften erreicht werden kann, ist notwendig:
   Sofortige Übernahme der Betriebe und Einrichtungen des ehemaligen Reichsnährstandes;
   Übernahme und Fortführung des bestehenden Versorgungs- und Verteilungsapparates;
   Beibehaltung von Ablieferungskontingenten für alle landwirtschaftlichen Betriebe;
   Bereitstellung der notwendigen Arbeitskräfte für die Landwirtschaft;
   Regelung des Lebensmitteltransports in enger Zusammenarbeit von städtischen und ländlichen Vertretungskörperschaften;
   schärfstes Vorgehen gegen Lieferungsverweigerung und gegen andere Sabotage der öffentlichen Lebensmittelversorgung.
4. Zur Aufrechterhaltung der lebenswichtigen Betriebe
   ist notwendig:
   Übernahme aller öffentlichen Versorgungsbetriebe (Gas-, Wasser- und Elektrizitätswerke) sowie aller sonstigen öffentlichen Unternehmungen in die eigene Regie der gemeindlichen Selbstverwaltung.
   Öffentliche Kontrolle des gesamten Güterbeförderungswesens.

VI. Fürsorge für die nicht ortsansässige Bevölkerung
   Alle Zivil-Evakuierten oder von auswärts zugezogenen Arbeitskräfte sind, soweit sie arbeitslos werden, in die örtlichen Maßnahmen für die Beschäftigung, Unterbringung und Verpflegung in gleicher Weise und unter den gleichen Bedingungen wie die ortsansässigen einzubeziehen.
   Für Zivil-Evakuierte und Arbeiter, die auf der Rückreise aus den ehemals besetzten Ländern in ihre früheren Wohnorte begriffen sind, müssen die örtlichen Selbstverwaltungskörperschaften Unterkunfts- und Verpflegungsmöglichkeiten bereitstellen.

VII. Maßnahmen gegen Teuerung und Inflation
   Sicherung der Lebensmittelversorgung, Unterbindung von Preiserhöhungen und Ankurbelung der Konsumgüterproduktion wirken auch der Gefahr der Inflation und Teuerung entgegen. Darüber hinaus sind folgende Maßnahmen unerläßlich:

Vorübergehende Sperrung aller Banken und Sparkassen;

Limitierung der Abhebung von Guthaben;

Kontrolle der Verwendung größerer Überweisungen und Abhebung für Lohnzahlungen, Unterstützungszwecke, Betriebskredite usw.;

die Ausgabe von Notgeld muß eine kurzfristig zu liquidierende Notmaßnahme bleiben. Aus dem selben Grund sollen Löhne und öffentliche Unterstützungen und Renten aller Art unveränderte bleiben.

Diese Maßnahmen haben nur dann Erfolg, wenn sie in ihrer Gesamtheit durchgeführt werden. Sollten Anordnungen der Besatzungsbehörden den Erfolg unmöglich machen, so kann nicht mehr die Verhinderung der Inflation, sondern nur die Sicherung der Lebensnotwendigkeiten der arbeitenden Bevölkerung das Ziel sein.

VIII. Mitwirkung bei der Durchführung der Sofortmaßnahmen in der Wirtschaft

Es muß versucht werden, die wirtschaftlichen und sozialen Folgen des Zusammenbruchs abzuschwächen und es nicht zu lang anhaltender Unterbrechung der Produktion kommen zu lassen. Hierfür ist, über die einzelnen Betriebe hinaus, örtliche und bezirkliche Zusammenarbeit der gemeindlichen Selbstverwaltungskörperschaften mit Vertretern der Betriebsbelegschaften von entscheidender Bedeutung.

1. In industriellen und landwirtschaftlichen, privaten und öffentlichen Betrieben sollen die Arbeitnehmer sich sofort kontrollierenden Einfluß auf die Betriebsleitung sichern.

   Diese neuen Betriebsvertretungen, beraten durch technische Sachverständige und Fachausschüsse, sollen bei notwendigen Umstellungen der Betriebe nach folgenden Richtlinien vorgehen:

   möglichst vielen Beschäftigung geben,

   Rohstoffe sparsam verwenden,

   leicht und schnell herstellbare Massengebrauchsgüter zu erzeugen.

   Durch überbetriebliche Verständigung muß versucht werden, die Produktionsmaßnahmen den Gesamtbedürfnissen eines Ortes oder Bezirkes anzupassen, um sie möglichst bald auf noch breiterer Basis planmäßig weiter entwickeln zu können.

2. Maßnahmen gegen Massenarbeitslosigkeit

   Die durch Betriebsstillegungen und Arbeiter-Entlassungen entstehende Arbeitslosigkeit soll durch planmäßige Arbeitsbeschaffung der Arbeitsämter und der gemeindlichen Selbstverwaltungskörperschaften gemildert werden.

   In gebombten Gebieten muß sofort mit Aufräumungs- und Wiederherstellungsarbeiten angefangen werden.

   Überall sind infolge des Krieges lange zurückgestellte Instandsetzungsarbeiten auszuführen, z.B. auf dem Gebiet des Transport-, Wohnungs- und des Gesundheitswesens.

   Die Herstellung von Notstandsquartieren ist, ebenso wie die Anlage und der Betrieb von Massenspeisungen, dringend erforderlich.

Der dringende Bedarf der Landwirtschaft an Arbeitskräften wir[d] und muß durch Arbeiter der städtischen Gebiete mit befriedigt werden.

Alle, die in ihrem Beruf zur Zeit nicht beschäftigt werden können, sollten in Gruppen der Aufbauarbeit zusammengefaßt werden, bis sie in einem normalen Produktionsprozeß wieder eingegliedert werden können.

Die gemeindlichen Selbstverwaltungskörperschaften sollen sich mit den Arbeitsämtern über die Einrichtung von Stellen verständigen, die den aus dem Kriegsdienst oder der Kriegsbeschäftigung Entlassenen bei der Entscheidung über den zu ergreifenden Beruf und ev[entuel]l bei der Ausbildung dafür behilflich sind.

IX. Presse

Die Druckereien und Verlagseinrichtungen der verbotenen Zeitungen und Zeitschriften der Nazizeit sind von den gemeindlichen Selbstverwaltungskörperschaften (und zwar für das Gebiet der Landkreise oder Bezirke von diesen) zu beschlagnahmen und in treuhänderische Verwaltung zu nehmen.

Soweit beschlagnahmte Einrichtungen aus dem früheren Eigentum zuverlässiger demokratischer Organisationen stammen, sind sie diesen zurückzugeben. Die Benutzung der übrigen sichergestellten Einrichtungen ist für die Herstellung und den Vertrieb von Zeitungen, Zeitschriften und sonstigen Presseerzeugnissen ausschließlich zuverlässigen und demokratischen Organisationen zu gestatten.

Die Herausgabe von Zeitungen und Zeitschriften unterliegt der Genehmigung. Sie kann nur bei einer zuverlässig demokratischen Zusammensetzung der Verlags- und Schriftleitung erteilt werden. Sie ist jederzeit widerruflich. Über die Genehmigung entscheiden die gemeindlichen Selbstverwaltungskörperschaften und zwar für ihre Landkreise und Bezirke ausschließlich diese.

X. Erziehungswesen und Kulturpolitik

Die örtlichen und bezirklichen Selbstverwaltungskörperschaften haben auf dem Gebiet der Erziehung folgende Aufgaben:

1. Die Bildung örtlicher und bezirklicher Vertrauensausschüsse aus politisch zuverlässigen Eltern und Lehrern sowie Angehörigen anderer Berufe.

Die Aufgaben dieser Ausschüsse sind:

a) Vorschläge einzubringen über die Entlassung von pädagogisch ungeeigneten Personen aus dem Schuldienst, die nicht ohnehin nach den Bestimmungen über die Entfernung von Nazi-Beamten auszuscheiden haben;

b) Säuberung aller Schulen von nationalsozialistischen und militaristischen Einrichtungen;

c) Vorschläge einzubringen zur Besetzung von Schulleiter- und Lehrerstellen, dabei sind auch Laien mit pädagogischer Begabung zu berücksichtigen;

d) Betreuung der Jugend bis zur Zeit der Wiederaufnahme des Unterrichts. Dafür sind zuverlässige Lehrer und freiwillige Helfer zu bestellen. Politisch zuverlässige

Einrichtungen und freie Organisationen der Jugendwohlfahrt und der Jugendbewegung sollen zur Mitarbeit herangezogen werden.

e) sonstige Vorarbeit für die Wiederaufnahme des Unterrichts.

2. Einrichtungen von Heimen für heimat- und elternlose Kinder; Betreuung von noch nicht aufgelösten Kinderlagern.

3. Einrichtung von Arbeitsstätten, in denen Schulentlassene bis zum Alter von 20 Jahren, die noch nicht im Berufsleben stehen, und noch nicht wieder eingeschulte Schüler der höheren Lehranstalten zu gemeinnütziger Arbeit herangezogen worden.

4. Wiedereröffnung der Schulen unter Einführung eines neuen vorläufigen Lehrplans.

Der systematische Geschichtsunterricht wird erst wieder aufgenommen, nachdem ein neuer Lehrplan in Übereinstimmung mit den Grundsätzen und Zielen des neuen Staates ausgearbeitet worden ist.

Solange eine normale Schulzeit nicht durch den Unterricht in den elementaren Lehrfächern ausgefüllt wird, ist der Unterricht durch praktische Arbeiten und Spiele zu ergänzen.

Es werden pädagogische Einführungskurse für die zum Schuldienst heranzuziehenden Laien und Auffrischungkurse für Lehrer eingerichtet.

5. Schüler der ausgesprochenen nationalsozialistischen Lehranstalten (Nationalpolitische Schulheime, Adolf-Hitler-Schulen und Ordensburgen) werden in Gemeinschaftslagern untergebracht, wo ihre Einführung in die neuen Verhältnisse mit erzieherischen Mitteln versucht werden wird.

6. Alle Hochschulen werden bis zu ihrer gründlichen sachlichen und personellen Umstellung geschlossen.

Institute der Hochschulen, die, wie Kliniken und Laboratorien, nicht nur dem Unterricht und der Forschung dienen, werden weiter geführt.

7. Die Gründung und Wiedereröffnung von Anstalten der Erwachsenenbildung (Abendvolkshochschulen, Volkshochschulheime oder Volksbüchereien) ist zu unterstützen.

8. Die Bildung von freiwilligen Jugendgruppen durch politisch und erzieherisch einwandfreie Personen und Gruppen ist zu fördern.

9. Theater und Filmtheater unterliegen der Kontrolle der Einzelgemeinden, die hierfür Schriftsteller, Schauspieler und Bühnenleiter heranzuziehen haben. Filme und Bühnenstücke mit nationalsozialistischer Tendenz dürfen zur Aufführung nicht zugelassen werden. Dagegen ist die Aufführung von Filmen und Bühnenstücken zu fördern, die den Ideen der Demokratie, der Völkerverständigung und der sozialen Verantwortung Ausdruck geben.

10. Der Verkauf und das Ausleihen von Büchern nationalsozialistischen oder Völker- oder rassenverhetzenden Inhalts ist zu unterbinden. Die öffentlichen Büchereien sollen unter Hinzuziehung von Vertretern der Schriftsteller und der Volksbildung von Büchern solcher Art gereinigt und sobald wie möglich für die öffentliche Benutzung freigegeben werden.

Richtlinien für Strafmaßnahmen gegen Nazis und für die Reinigung der Verwaltung

Die Hauptträger, Hintermänner und Helfershelfer der Naziherrschaft und der Hauptschuldigen am Kriege, soweit sie den militärischen Zusammenbruch und seine unmittelbaren Folgeerscheinungen überleben sollten, können mit den Mitteln des Strafrechts allein nicht unschädlich gemacht werden. Die notwendige Sicherung würde nicht erreicht, wollte man sie auf die Personen beschränken, denen strafbare Handlungen im Sinne des Strafgesetzes nachgewiesen werden können.

Es bedarf vielmehr noch politischer Maßnahmem außerhalb der Rechtspflege, um der Größe des sträflichen Verhaltens all derer gerecht zu werden, die soviel Unheil über das eigene Volk und die Welt gebracht haben. Für die Anwendung dieser Maßnahmen können nicht einzelne Handlungen maßgebend sein, sondern das Gesamtverhalten derer, die die Verantwortung tragen für die geschichtliche Periode, die durch den Zusammenbruch der Naziherrschaft den Urteilsspruch der Geschichte bereits gefunden hat.

Zur Sicherung von Welt und Volk vor der Wiederholung gleich frevelhaften Spiels mit Freiheit und Frieden ist das Naziregime durch folgende, einer zentralen Anordnung bedürfende Maßnahme zu liquidieren.

I. Politische Volkstribunale

Für den Bezirk jeden Oberlandesgerichts werden politische Volkstribunale eingesetzt. Sie sind vorübergehende Einrichtungen zur Durchführung der Reinigung und Sicherung. Sie entscheiden in der Besetzung von drei Mitgliedern, von denen eins die Fähigkeit zum Richteramt haben muß. Den Vorsitz führt der Jurist. Die Mitglieder der Volkstribunale werden von dem vorläufigen Orts- bzw. Kreis- (Bezirks-)rat berufen, der für den Sitz des Volkstribunals zuständig ist. Der Spruch der Volkstribunale ist endgültig.

Die politischen Volkstribunale entscheiden über

1. Personen in Staat, Wehrmacht, Wirtschaft und öffentlichem Leben, die in führender Stellung durch aktive Hilfe und Rat dem Nationalsozialismus zur Machtergreifung verholfen oder die Naziherrschaft oder die Vorbereitung des Krieges absichtlich erheblich gefördert haben;
2. alle Personen, die in der NSDAP den Rang eines Gauleiters oder einen entsprechenden Rang in ihren Gliederungen und angeschlossenen Verbänden bekleidet haben;
3. alle Angehörigen der Gestapo oder des Sicherheitsdienstes, die mindestens im Rang einem politischen Leiter der Ortsgruppen der Partei gleichstanden;
4. alle sonstigen Funktionäre der Naziorganisationen bis herab zum Rang der politischen Leiter der Ortsgruppen der NSDAP, wenn sie sich besonders aktiv an der Durchführung und Aufrechterhaltung der Nazidiktatur beteiligt haben;
5. Personen, die von den Volksgerichten überwiesen werden, weil sie unwiderlegt behaupten, an die Rechtmäßigkeit ihrer Handlungen geglaubt zu haben.

Die Volkstribunale erkennen auf Tod oder lebenslängliche Verwahrung.

Die notwendige Reinigung und Sicherung erlaubt nicht das Weiterleben der Hauptverantwortlichen der Weltkatastrophe und der Hauptträger des System, das zu ihr geführt hat. Sie verlangt dauernde Sicherung gegen ihre bewußten Helfershelfer, insb[esondere] auch gegen die, die sich auf Grund der Verwirrung, die die Naziordnung im Rechts- und Sittlichkeitsbewußtsein angerichtet hat, auf die Rechtmäßigkeit ihres strafbaren Tuns berufen.

II. Volksgerichte

Für den Bezirk jeden Oberlandesgerichts werden Volksgerichte eingesetzt. Sie entscheiden in der Besetzung von 5 Mitgliedern, von denen zwei die Fähigkeit zum Richteramt haben müssen. Den Vorsitz führt einer der Juristen. Die Mitglieder werden von den vorläufigen Orts- und Kreis- (Bezirks-)räten ernannt. Das Verfahren regelt sich nach der Strafprozeßordnung wie sie vor dem 30. Januar 1933 galt. Jedoch brauchen der Verteidigung nicht mehr Rechte eingeräumt zu werden, als sie vor dem Kriegsausbruch hatte.

Die Volksgerichte sind zuständig für folgende im In- oder Ausland begangene Handlungen:

1. alle Arten vorsätzlicher Tötung;
2. Brandstiftung und Sprengstoffvergehen;
3. Freiheitsberaubung;
4. vorsätzliche Körperverletzung;
5. Raub, Diebstahl, Erpressung, alle Arten strafbarer Bedrohung und Nötigung, einschl[ießlich] der Plünderung im Sinne des Militärstrafgesetzbuches;
6. Bestechung;
7. Hochverrat gegen ausländische Staaten, und zwar auch wenn die Gegenseitigkeit nicht verbürgt war oder ein Antrag der ausländischen Regierung nicht gestellt worden ist, wenn diese Handlungen den nationalsozialistischen Bestrebungen oder den Zwecken der Naziherrschaft dienen sollten oder unter Bezugnahme auf diese Zwecke oder unter Ausnutzung der Zugehörigkeit des Täters oder eines der Teilnehmer zur Partei, zu ihren Gliederungen oder angeschlossenen Verbänden begangen wurden;
8. jede Betätigung zur Fortsetzung der nationalsozialistischen Bestrebungen oder Fortführung der Partei, ihrer Organisationen oder ihrer angeschlossenen Verbände.

Für die Strafbarkeit der Handlung gilt im übrigen das Strafrecht einschl[ießlich] des Militärstrafrechts, wie es vor dem 30. Januar 1933 gegolten hat, mit folgenden Änderungen:

a) der strafbare Versuch, die Beihilfe und die Begünstigung, auch wenn sie Angehörigen gewährt wird, sind wie die vollendete Tat zu bestrafen;

b) die Strafe ist je nach der Schwere der Tat, der Hartnäckigkeit der betätigten Gesinnung oder dem Grade der durch sie zutagegetretenen Gefühllosigkeit oder Neigung zur Roheit und Grausamkeit Zuchthaus bis zu 15 Jahren, lebenslängliches Zuchthaus oder Todesstrafe;

c) die Verfolgungsverjährung hat seit dem 30. Januar 1933 geruht, sie beginnt erst mit dem Ablauf eines Jahres seit der Einsetzung der Volksgerichte wieder zu laufen;

d) die Tatsache, daß dem Täter im Fall der Unterlassung der Handlung eine gegenwärtige Gefahr für Leib oder Leben drohte, schließt die Strafbarkeit nicht aus, wenn diese Gefahr aus einer Unterstellung unter die Disziplin der Partei, ihrer Gliederungen, der Gestapo oder des Sicherheitsdienstes folgte;

e) Vorschriften, die ohne in einer für die Allgemeinheit zugänglichen Weise veröffentlicht zu sein, eine sonst strafbare Handlung gestatt[et]en oder zur Pflicht machten, sind nicht zu beachten. Beruft sich ein Täter unwiderlegt darauf, daß er auf Grund solcher Vorschriften an die Rechtmäßigkeit seiner Handlung geglaubt habe, so ist er dem politischen Volkstribunal zu überweisen, das für den Sitz des Volksgerichts zuständig ist. Bei der Überweisung ist eine tatsächliche Feststellung dahin zu treffen, welcher strafbaren Handlung der Angeklagte ohne die Berufung auf die Rechtmäßigkeit als überführt erachtet sein würde. Das politische Volkstribunal ist an diese Feststellung gebunden.

Alle seit dem 30. Januar 1933 erlassenen Vorschriften über Straffreiheit, Niederschlagung von Verfahren und Erlaß von Strafen sind für die unter die Zuständigkeit der Volksgerichte fallenden Straftaten mit rückwirkender Kraft aufzuheben; die Vollstreckungsverjährung beginnt jedoch erneut zu laufen. Bestehen Zweifel, ob eine erlassene Strafe für eine solche Straftat verhängt worden war, so entscheidet darüber auf Antrag des Verurteilten das Volksgericht, in dessen Bezirk das Gericht gelegen war, das die Strafe verhängt hat. Bis zur Entscheidung ist die Unterbringung des Verurteilten in einem Zwangsarbeitslager zulässig.

Sind Personen, die der Zuständigkeit der politischen Volkstribunale unterstehen, einer strafbaren Handlung verdächtig, die der Aburteilung der Volksgerichte unterliegt, so darf und muß das Volksgericht die Verhandlung erst beginnen, wenn feststeht, daß der Verdächtige nicht auf Grund eines Spruches eines politischen Volkstribunals hingerichtet wird.

III. Sichernde Maßnahmen

A) Einschließung zur Zwangsarbeit
Sie ist eine Folge der Verurteilung durch die Volksgerichte und zugleich eine sichernde Maßnahme gegen die große Menge der Handlanger, von denen man gewärtig sein muß, daß sie durch ihre Zugehörigkeit zu berüchtigten Naziorganisationen unfähig sind, sich in eine andere Ordnung einzugliedern.

Als gefährliche Staats- und Volksschädlinge sind auf unbestimmmte Zeit zur Zwangsarbeit in Lager einzuschließen:

1. Alle von den Volksgerichten Verurteilten im Anschluß an die verbüßte Strafe;
2. Personen, gegen die die Vollstreckung einer früheren, von den Nazis erlassenen Strafe für eine unter II fallende Straftat wieder aufgenommen worden ist, nach Verbüßung der Strafe oder des Strafrestes;
3. a) alle Personen, die jemals der SS angehört haben,
   b) alle Personen, die jemals in der NSDAP, ihren Gliederungen und den angeschl[ossenen] Verbänden mindestens den Rang eines politischen Leiters der Ortsgruppen bekleidet haben,
   c) alle Personen, die jemals der Gestapo und dem Sicherheitsdienst angehört haben.
   Die Festnahme dieser Personen und ihre Unterbringung in die Lager erfolgt durch die vorläufigen Orts- bzw. Kreis- (Bezirks-)räte, in deren Bezirk sie ergriffen werden.

B) Verbannung

Im Ausland befindliche Deutsche, die während der Naziherrschaft im Auslandsdienst des Reiches gestanden haben oder Amtsträger der Auslandsorganisation der Partei gewesen sind, kann das Betreten des Reichsgebietes untersagt werden, wenn ihr Verhalten in einem mit Deutschland in diplomatischen Beziehungen stehenden Staat geeignet war, das Vertrauen in ein völkerrechtmäßiges Verhalten der deutschen Auslandsvertretungen oder in den Gehorsam der Auslandsdeutschen gegenüber den Gesetzen der Aufenthaltsstaaten zu erschüttern.

Die Verbannung schließt nicht aus, die Auslieferung zur Aburteilung durch ein Volksgericht oder ein anderes deutsches Gericht zu verlangen.

Die unerlaubte Rückkehr wird mit Zuchthaus bestraft. An die Zuchthausstrafe schließt sich Einschließung zur Zwangsarbeit an.

C) Ehrverlust

1. Die Einschließung zur Zwangsarbeit, die Anordnung der Verwahrung durch das politische Volkstribunal und die Verbannung haben den dauernden[6] Verlust der bürgerlichen Ehrenrechte zur Folge;
2. im übrigen gehen der bürgerlichen Ehrenrecht verlustig:
   a) für die Dauer von 25 Jahren alle politischen Leiter der NSDAP und entsprechende Funktionäre der Gliederungen sowie die Amtsleiter der angeschlossenen Verbände, soweit sie Mitglieder der NSDAP waren;
   b) für die Dauer von 10 Jahren alle Personen, die vor dem Jahre 1933 Mitglieder der NSDAP waren;

---

6 Vorlage: „dauernden" ms. unterstrichen.

c) für die Dauer von 5 Jahren die übrigen Mitglieder der NSDAP.

Der Verlust der bürgerlichen Ehrenrechte hat die dauernde Unfähigkeit zur Folge, für irgendwelche vormundschaftlichen Verrichtungen für andere Minderjährige als eigene Abkömmlinge bestellt zu werden oder mit anderen Aufgaben betraut zu werden, die die Obhut oder Beaufsichtigung solcher Minderjähriger zum Gegenstand haben.

Der Ehrverlust tritt für nach dem 30. Januar 1933 der Partei beigetretenen Personen so lange nicht ein, wie sie im öffentliche Dienst belassen werden.

Die verlustig gegangenen Rechte können vor Ablauf der für den Verlust bestimmten Zeit wiedergewährt werden.

D) Vermögensentziehung

Die Verurteilung durch ein Volksgericht, die Anordnung zur Einschließung zur Zwangsarbeit und die Verbannung haben den Verfall des Vermögens an den Staat zur folge. Das gleiche gilt für Gegenstände, auf die sich eine strafbare Handlung zu II 5 und 6 bezogen hat, auch wenn sie sich nicht oder nicht mehr im Besitz des Verurteilten befinden.

IV. Straffreiheit für Antinazis

Abschnitt I bis III finden keine Anwendung auf Personen, die den Naziorganisationen oder der Nazipolizei bekanntermaßen oder nachweislich nur zum Schein angehört haben in der Absicht, die Nazis zu bekämpfen oder den Kampf gegen sie vorzubereiten (Antinazis).

Sie können hierauf einen Einspruch gegen eine etwaige Einschließung zur Zwangsarbeit oder gegen eine Verfügung stützen, die auf Grund III C 2 den Verlust der bürgerlichen Ehrenrechte feststellt. Über den Einspruch entscheidet das politische Volkstribunal, das für die Stelle zuständig ist, die die Einschließung oder den Verlust der bürgerlichen Ehrenrechte verfügt hat. Es kann das persönliche Erscheinen des Betroffenen anordnen. Es muß dies tun, wenn er es beantragt.

Handlungen von Antinazis, die unter dem Naziregime oder während einer begrenzten Übergangzeit nach dem Zusammenbruch begangen wurden, sind straffrei, wenn sie der Bekämpfung der Nazis oder der Vorbereitung des Kampfes gegen sie zu dienen bestimmt waren. Im Zweifel entscheidet auf Antrag des Angeschuldigten das politische Volkstribunal über die Einstellung des Strafverfahrens.

V. Liquidierung der Nazi-Organisationen

Das Vermögen der NSDAP, ihrer Gliederungen und der ihr angeschlossenen Verbände wird Volks- und Staatsvermögen. Es wird ebenso wie verfallene Vermögen von Einzelpersonen in einem Wiedergutmachungsfond verwaltet. Sachwerte, die die Partei und andere aufgelöste Organisationen aus dem Vermögen anderer Körperschaften oder Organisationen erhalten hat, sind diesen, ihren Rechtsnachfolgern oder ihren ideellen Funktionsnachfolgern zurückzuübertragen.

Herausgegeben von der
Union deutscher sozialistischer Organisationen in Großbritannien
Adresse[7]: Hans Vogel, 3 Fernside Avenue, London, NW. 7.

---

7 Vorlage: „Union ... Adresse" ms. unterstrichen.

Nr. 180

Protokoll der Mitgliederversammlung am 7. Juli 1945

AdsD Bonn, PV-Emigration, Mappe 5

Mitgliederversammlung der „Union" am 7. Juli 1945 im Austrian Labour Club.

Anwesend: siehe Anwesenheitsliste[1]

---

1 Anwesend nach Anwesenheitsliste:

Abraham	Max	SPD	Ludwig	R.	Sudet.Sozdem.P.
Abraham	H.E.	—	Luetkens	G.	SPD
Auerbach	Walter	Gast	Mayer	B.	SJ
Bennemann	Fr.	ISK	Meier	G.	Gew.
Benninghaus	W.	SPD	Meyer	Hermann	SPD
Bienenstock	T.	ISK	Miller	Susie	ISK
Broh	R.	SPD	Möller-Dostali	Rudolf	SPD
Buckner	Elsie	ISK	Nelki	E.	
Ehlmann	M.	TU	Neumann-Epsom	L.	SPD
Eichler	W.	ISK	Ollenhauer	E.	SPD
Fliess	W.	ISK	Ollenhauer	M.	SPD
Fliess	Jenny	ISK	Pringsheim	Karl	SPD
Friedlander	M.	ISK	Pringsheim	Lilly	
Gaevernitz	R.S.	SPD	Putzrath	E.	SJ
George	U.		Reichenbach	B.	SPD
Gleinig	Emmi	ISK	Rischowski	Ira	SPD
Goldschmidt	H.	SPD	Robertson	H.	
Gottfurcht	Hans	SPD	Rosenau	Helen	SJ
Grae[tzer]	Rosi	Union	Russo	W.	ISK
Graf	Ernst	SPD	Salomon	F.	SPD
Heide	Paul	SPD	Sander	W.	SPD
Hermann	G.	ISK	Schoettle	Erwin	NB
Hirsch	Erich	SPD	Schoettle	H.	NB
Hofmann	M.	SPD	Schultz	Ilse	
Innis	Elisabeth	ISK	Schuricht	H.	
Jacob	C.	ISK	Segall	Dora	SPD
Jacubowicz		SPD	Segall	F.	SPD
Janovsky	N.		Sorg	Hch.	SPD
Jansen	Walter	SPD	Specht	Minna	SPD
Kamnitzer	Ellen	SPD	Shortraed	E.	SPD
Kamnitzer	Heinrich	SPD	Sieder	I.	ISK
Klatt	G.	NB	Spreewitz	G.	SAP
Korn	Dr.	SPD	Strobl	A.	
Lehmann-Russbueldt, Otto		Gast	Thelen	H.	
Levi	A.	ISK	Thelen	F.	
Lichtenstein	G. & A.		Tille	Margit	SPD
Löwenstamm	I.		Tille	Gustav	SPD
Löwenstamm	H.		Tomarkin	G.	
Ludwig		Sudet.Sozdem.P.	Urban(n)	H.	ISK

427

Thema: „Politik im besetzten Deutschland"[2]

Referent: Richard Löwenthal

Dem Referat folgten Anfragen und eine kurze Aussprache.

Vogel	Hans	SPD		Weckel	K.	SPD
Vogel	D.	SPD		Wittelshoefer	F.	SPD
Waldschmidt	F.	SPD		Wolff	Fritz	SPD
Walter	F.	SPD				

Ein Name unleserlich.

2 Im Nachlaß Löwenthals finden sich keine entsprechenden Aufzeichnungen.

Nr. 181

Protokoll der Exekutivkomiteesitzung am 24. August 1945

AdsD Bonn, PV-Emigration, Mappe 5[1]

Sitzung der Exekutive der „Union" am 24.8.45 bei H[ans] Gottfurcht

Anwesend: Ollenhauer, Gottfurcht, Fliess, Spreewitz, Schoettle.
Hans Vogel ist wegen Krankheit entschuldigt.

Es wird beschlossen, die nächste Mitgliederversammlung der „Union" am Sonnabend, den 8. September, abends 18 Uhr im Austrian Labour Club abzuhalten.[2] Ein englischer Referent soll über die politische Situation nach dem Labour Sieg[3] sprechen. Als Referent wird der Genosse Warbey[4] in Aussicht genommen, Genosse Schoettle übernimmt es, mit ihm zu verhandeln.

Genosse **Ollenhauer** berichtet über die Besprechung der Genossen Vogel, Ollenhauer und Gottfurcht mit dem Genossen Morgan Phillips über die Fragen, die die Wiederzulassung der politischen Tätigkeit in Deutschland und die Rückkehr der sozialistischen Emigration betreffen.[5] Dem Genossen Phillips wurde ein Statement überreicht, das die einzelnen Fragen behandelt.[6] Es ist anzunehmen, daß eine neue Besprechung Anfang September stattfinden und sich dann mit den einzelnen praktischen Fragen beschäftigen wird.

Auf Anfrage des Genossen **Spreewitz** teilt Genosse **Ollenhauer** mit, daß sich die Unterhaltung nicht nur auf die Mitglieder der SPD, sondern auf die Mitglieder aller Gruppen der „Union" bezieht.[7]

In der Diskussion berichten die Genossen **Fliess** und **Schoettle** über die bevorstehende Neuregelung der Aufenthaltsbewilligungen für alle in England lebenden Ausländer.[8]

---

1 Ein kurzer undatierter Bericht über die Sitzung von Fliess an Eichler in: AdsD Bonn, ISK, Box 59.

2 Diese Mitgliederversammlung hat nicht stattgefunden. Es fehlt ein Protokoll, in den Terminkalendern Ollenhauers und Gottfurchts ist sie nicht vermerkt und in der Jahresabrechnung (vgl. Nr. 205) taucht sie nicht auf.

3 Vgl. Einleitung, Abschnitt II.3.4.

4 Vorlage: „Waubry". Nach Fliess handelte es sich um William Warbey, Labour-MP, von der Clarity Group.

5 Vgl. Nr. 300.

6 Vgl. Nr. 299.

7 Im Statement (vgl. Nr. 299) sind weder die Union, noch – in Bezug auf die Rückkehr – die nicht der SPD angehörenden Mitglieder erwähnt.

8 Mit dem Ende des Krieges und dem Beginn der Besatzungsherrschaft war der Flucht- und damit auch der Aufenthaltsgrund entfallen. Über das Recht zu bleiben oder die Rückkehr mußte von englischer Seite in nächster Zeit entschieden werden.

Soweit die Rückreise in die Heimatländer nicht möglich ist oder soweit die Rückreise nicht gewünscht wird, sollen nur Aufenthaltsbewilligungen für drei Monate gegeben werden.

Genosse **Ollenhauer** gibt einen eingehenden Bericht aus den Informationen, die der PV durch einen befreundeten Genossen über die Zustände in Berlin und über die Auffassungen der führenden Genossen der neuen Berliner Parteizentrale der SPD erhalten hat.[9]

Der Genosse Ollenhauer gibt Kenntnis von einem Brief Hillers, in dem er eine gemeinsame Erklärung der sozialistischen Gruppen zu dem neuen Einigungsversuch der Kommunisten und einzelner Sozialisten vorschlägt.[10] Es besteht Übereinstimmung darüber, den Vorschlag abzulehnen.

Genosse **Schoettle** berichtet über die Grundgedanken seiner Richtlinien für den organisatorischen Aufbau der Partei, die einen Teil der programmatischen Richtlinien bilden sollen.[11] Die Teilnehmer der Sitzung sind mit der Grundtendenz des Entwurfs

---

9 Vermutlich handelte es sich um den Bericht von Fred Sanderson (NB-Mitglied, in die Schweiz emigriert, nun im Auftrag des OSS tätig), der sich im Juli/August 1945 in Berlin aufhielt, wo er mit mit Otto Grotewohl, Paul Löbe, Germer (vermutlich mit Germer sen. und Karl Germer jr., Sekretär des FDGB-Vorsitzenden Schlimme) und anderen zusammenkam. Sandersons Bericht darüber datiert vom 27. August 1945. Er wird bei Hurwitz, Die Anfänge des Widerstandes, auf S. 317 u. S. 624 erwähnt, aber ohne Fundortangabe. Als „Report from Berlin" wurde der Bericht auch an LP-Sekretär Morgan Phillips und den neu ernannten Staatssekretär Noel-Baker übersandt. AdsD Bonn, PV-Emigration, Mappe 142. Der Bericht selbst konnte jedoch bisher nicht festgestellt werden. Nach der Aufzeichnung Fliess' (vgl. Anm. 1) wurde der größte Teil der Sitzung dem Bericht über Berlin gewidmet.

10 Hiller hatte in einem Brief an Vogel vom 16. Juni 1945 für neue gemeinsame Initiativen plädiert: AdsD Bonn, PV-Emigration, Mappe 54. Ollenhauer hatte dem kranken Vogel über die Ablehnung in der Exekutivkomiteesitzung berichtet. Vogel, bei dem Hiller über Sternfeld die ausstehende Antwort moniert hatte, teilte ihm dies am 1. September 1945 mit, in: AdsD Bonn, PV-Emigration, Mappe 142.

11 Von Schoettle wurden eine Reihe von Entwürfen und Überarbeitungen vorgelegt, die schließlich in die Richtlinien über die Organisationspolitik (vgl. Nr. 192) mündeten. Die Vorstufen wurden nicht in die Edition aufgenommen. Da Datumsangaben zumeist fehlen, ist eine zeitliche Einordnung schwierig. Auf den Beginn der Beratungen der Organisationskommission im Herbst 1944 werden zwei Ausarbeitungen Schoettles zu datieren sein, die beide mit „Union deutscher sozialistischer Organisationen, Organisationskommission" überschrieben sind:
– Allgemeine Gesichtspunkte für die Diskussion des Organisationsproblems, 2 S.,
– Richtlinien für die Organisation einer sozialistischen Partei in Deutschland (Vorschlag Schoettle), 2 S.,
beide in: AdsD Bonn, NL Schoettle, Mappe 63. Dort befindet sich ein weiterer Entwurf, überschrieben „Die neue sozialdemokratische Partei. Leitsätze für ihren Aufbau, ihre Organisation und ihre Politik", 2 S., der als Ausgangspunkt für die folgenden Vorlagen zu sehen ist. Er wurde vermutlich am 24. August 1945 vorgestellt. Eine überarbeitete Version „Die neue sozialdemokratische Partei. Leitgedanken über ihren Aufbau, ihre Organisation und ihre Politik", 4 S., wurde als Entwurf in der Sitzung am 28. September 1945 vorgelegt. Der daraufhin veränderte zweite Entwurf trägt den Titel „Die neue sozialdemokratische Partei". Beide Versionen in: AdsD Bonn, ISK, Box 60. Die letzte Fassung ist auch weitgehend die Grundlage für die endgültigen Richtlinien über die Organisationspolitik.

einverstanden, Genosse Schoettle wird gebeten, den Entwurf so bald als möglich fertig-zustellen.[12]

---

12 Fliess (vgl. Anm. 1) bezeichnete die Ausführungen Schoettles, der erst die ersten drei Punkte seines Entwurfs fertiggestellt hatte, als „reichlich verwaschen". Einen Dissens gab es nach Angaben von Fliess in Bezug auf den Namen der neuen Partei: „Einen Aufschub habe ich in Bezug auf Namen gefordert. Schoettle schlug vor, die neue Partei einfach Sozialdemokratische Partei zu nennen oder vielleicht für den Übergang ‚Neue sozialdemokratische Partei'. Die Diskussion hierüber war sachlich. Gustav Spreewitz sagte nichts. Außer Schoettle waren auch die anderen beiden Anwesenden, Gottfurcht und Ollenhauer, für die Bezeichnung SPD. Aus einer Bemerkung Ollenhauers habe ich herausgehört, daß er und seine Freunde sehr über die jetzige Zugkraft der SPD erstaunt sind, er schien anzudeuten, daß unter diesen Umständen natürlich die Partei wieder die Partei sein müsse. Aber vielleicht habe ich mehr herausgehört als O. gesagt oder gemeint hat."

NR. 182

Protokoll der Exekutivkomiteesitzung am 28. September 1945

AdsD Bonn, PV-Emigration, Mappe 5[1]

Sitzung der Exekutive der „Union" am 28. September 1945 bei Walter Fliess

Anwesend: Ollenhauer, Schoettle, Fliess und Spreewitz.

Es wird beschlossen, am Sonnabend, den 6. Oktober, eine Mitgliederversammlung der „Union" abzuhalten und den Genossen Schumacher zu bitten, das Referat zu übernehmen.[2]

Es wird dann der Entwurf des Genossen Schoettle über Organisationsrichtlinien für die neue Partei beraten. Der Genosse Schoettle wird den Mitgliedern der Exekutive Abschriften des abgeänderten Entwurfs zuschicken.[3] In der endgültigen Beratung über den Entwurf soll entschieden werden, ob dieser Teil selbständig oder als ein Teil der programmatischen Richtlinien vervielfältigt werden soll.

---

1 Einen kurzen undatierten Bericht über die Sitzung erstattete Fliess an Eichler: AdsD Bonn, ISK, Box 60. Im Protokoll nicht aufgenommen ist danach der Bericht Ollenhauers über die Schwierigkeiten der Berliner SPD, den Fliess wiedergibt: „Ollenhauer erzählte von der Situation in Berlin und den Schwierigkeiten der Berliner SPD. Die kommunistische ‚Volkszeitung' reitet volle Attacken im alten Stil gegen SP-Funktionäre außerhalb Berlins und auch gegen einige Berliner, z.B. Schlimme. – Mitte September hat eine große SP-Versammlung stattgefunden, in der Grotewohl die Hauptrede hielt. Wilhelm Pieck war als Gast anwesend und sprach auch. Die Londoner SP-Leute haben einen sehr ausführlichen Bericht der Grotewohl-Rede. Grotewohl hat Pieck direkt angesprochen und ihm absolut unverblümt gesagt, daß die Kommunisten ihre Taktik noch sehr ändern müßten, wenn die Zusammenarbeit zwischen SP und KP von Dauer sein sollte. In den Berichten über die Versammlung sind diese Stellen weggelassen." Zur Rede Grotewohls am 14. September 1945 vgl. Kaden, Einheit oder Freiheit, S. 74ff. – Schlimme, Hermann, 1882–1955, Sekretär im Vorstand des ADGB, Mitglied der illegalen Reichsleitung, 1937 deswegen 3 Jahre Zuchthaus, 1945 Funktionär des FDGB und des PV bzw. ZK der SED.
2 Die Mitgliederversammlung fand wegen der Teilnahme Ollenhauers, Heines und Schoettles an der Konferenz in Wennigsen erst am 13. Oktober 1945 statt. E. F. Schumacher hatte zuvor schon am 26. September 1945 im Friends House über seine Studienreise nach Deutschland in einer ISK-Versammlung gesprochen.
3 Vgl. Nr. 181, Anm. 11, 12. Nach der Aufzeichnung Fliess' einigte man sich über die meisten strittigen Punkte, wobei die Einwendungen hauptsächlich vom ISK kamen. Eine weitere Beratung über die Organisationsrichtlinien fand am 10. November 1945 statt (vgl. Nr. 191).

NR. 183

Protokoll der Mitgliederversammlung am 13. Oktober 1945

AdsD Bonn, PV-Emigration, Mappe 5

Versammlung der „Union" am Sonnabend, den 13. Oktober, abends 18.30 Uhr im Austrian Labour Club

Anwesend: siehe Anwesenheitsliste[1]

---

1 Anwesend nach Anwesenheitsliste:

Arndt	Käthe		Heumann		
Bennemann	Franziska	Gast	Heumann	I.	
Benninghaus	Walter		Hiller	Kurt	FDS
Blank	Sally		Hirsch	Erich	SPD
Brahm	M.		Hirsch	Ehefrau	
Brakemeier			Hirsch	Ernst	
Burmeister	Marjorie A.		Hofmann	M.	
Burmeister	Werner		Innis	Elisabeth	ISK
Dyrenfurth		SPD	Jansen	W.	SPD
Ehlen	H.		Kohane		
Ehlmann	K.	Gew.	Krautter	Gerda M.	SPÖ (RS)
Eichler	Willy		Krautter	Rudolf	
Fink	H.	SJ	Kressmann	W.	
Fliess	W.		Lehmann-Russbueldt, O.		
Fliess	Jenny	ISK	Leonhardt	[G.?]	Gast
Fliess	Sonja	SJ	Leonhardt	E.	Gast
Fliess	L.	SJ	Levi	Arthur	ISK
Friedlander	M.	ISK	Lewin	Hans	
Fryd	T.	ISK	Lichtenstein		
George	U.		Litten	Irmgard	
Gleinig	E.	ISK	Loewenheim	Walter	
Gleissberg	G.	SPD	Löwenstamm	H.	
Goldschmidt	H.	SPD	Löwenthal	R.	
Graetzer	Henriette	Gast	Löwenthal	Lotte	NB
Graetzer	R.	SPD	Luetkens	Ch.	
Graf	Ernst	SPD	Luetkens	G.	
Greidinger-Peterborough, J.			Mansbach		
Gutmann	John		Meier	G. + U.	SPD
Guttsman(n)	Willi		Meyer	Hermann	
Guttsman(n)	S.		Miller	Susie	
Hall	R.	ISK	Möller-Dostali	R.	SPD
Hartmann	H.	SPD	Oetlli	M.	
Heckmann	G.		Ollenhauer	Erich	
Heide	Paul		Ollenhauer	M.	SPD
Heim	F.	SJ	Oppenheim	G.	
Heine	B.Fr.	SPD	Plöger	M.	ISK
Hermann	Grete	ISK	Pringsheim	Karl	

433

Pringsheim	Ludwig		Seidel	A.	
Putzrath	E.	SJ	Sieder	I.	ISK
Putzrath	H.		Silber	J. J.	
Rehfisch	H.J.		Soldan	[Ruth?]	
Reichenbach	B.		Sorg	Hch.	SPD
Revestorf	E.		Spreewitz	G.	
Riedel	E.		Spreewitz	Heidi	
Riedl	Emmy	Jaksch-Gruppe	Stamford	Peter	ISK
Rischowski	Ira	SP	Stierer	A.	—
Rothfels	J.	Gew.	Stierer	Hans	ISK
Russo	W.		Teclaw	Elisabeth	SPD
Salomon	Fritz	SPD	Tomarkin	G.	
Sander	Dorle		Urban(n)	Hedwig	ISK
Sander	W.		Waldschmidt	F.	
Scheer	K.		Walter	F.	
Schiff	Mr. + Mrs.		Walter	Nora	ISK
Schleiter	Franz	SP	Weckel		SPD
Schoettle	H.		Wettig	L.	
Schoettle		SP	Wiest	Fritz	
Schultz	Walter	Gew.	Wistuba	Hans	
Schumacher	Helene		Wistuba	Marieluise	
Schumacher	Alfred		Wittelshoefer	C.	
Segall	D.	SPD	Wittelshoefer	F.	SPD
Segall	Fritz		Wolff	F.	SPD

Sechs Unterschriften sind unleserlich.

Burmeister, Marjorie, nicht ermittelt

Fliess, Sonja, *1926, Tochter von Walter F.

Graetzer, Henriette, Mutter von Rosi G.

Heumann, Isabella (Isa), *1910, Direktrice, SAP Berlin, ZdA, 1933 ČSR, 1934 GB.

Löwenthal, Lotte, geb. Abrahamsohn, *1908, Nationalökonomin, SPD Berlin, 1936 GB, 1939/40 Archivarin des „Central European Joint Committee".

Meier, U., SPD, nicht ermittelt.

Revestorf, E., nicht ermittelt.

Riedel, E., nicht ermittelt.

Riedl, Emma (Emmy) Karoline, geb. Hofmann, 1895–1975, DSAP, 1938 GB, ab 1944 Bildung und Mitglied in der TG-Frauengruppe, ab 1945 Schriftführerin im Vorstand der Vereinigung Sudetendeutscher Freigewerkschaftler im Auslande, 1946 Übersiedlung nach Hamburg.

Rothfels, J., Gew., nicht ermittelt.

Rehfisch, Hans J., 1891–1960, Schriftsteller, 1933 Wien, 1938 GB, Arbeit für BBC, Club 1943, 1945 USA, 1950 Deutschland.

Schiff, Else, geb. Kassulke, *1892, Ehefrau von Viktor Schiff, Putzmacherin, Fürsorgerin, 1922 SPD, Emigration über Frankreich nach GB.

Schumacher, Alfred; Sch., Helene; nicht ermittelt, vermutlich Kinder von Ernst F. Sch.

Seidel, A., unklar, ob S. Alexander (s.o.) oder Seidel, Arno, *1894, Verwaltungsinspektor, SPD, Chemnitz, 1933 ČSR, 1941 GB, arbeitete in Oxford in Konsum-Molkerei.

Silber, Julius J., *1897, Kaufmann, Dresden, 1934 GB.

Soldan, Ruth, SPD, *1904, 1933 Sekretärin von Ullstein, 1933 Saargebiet, SU, 1934 ČSR, 1939 Polen, GB.

Stamford, Peter, ISK, nicht ermittelt, nur: Stamford Paul, *1904, Buchdrucker, Feinmechaniker, ISK, 1934 Italien, Frankreich, 1939 GB.

Genosse **Ollenhauer** eröffnete die Versammlung mit einem Nachruf für Hans Vogel.[2]

Dr. E.F. Schumacher sprach über Erfahrungen und Beobachtungen einer dreimona-
tigen Studienreise nach Deutschland.[3]

In der Aussprache beantwortete der Referent zahlreiche an ihn gerichtete Fragen.

Stierer, A., nicht ermittelt.
Stierer, Hans, nicht ermittelt.
Teclaw, Elisabeth, *1901, SPD Danzig, 1939 GB.
Wistuba, Hans, *1901, Journalist, KPD bis 1934, 1933 ČSR, SU, 1934 ČSR, 1939 GB, 1945
SPD
Wistuba, Marieluise, nicht ermittelt.
Wittelshöfer, Dr. Charlotte, geb. Hirsch, Ärztin, 1939 GB.

2 Hans Vogel war am 6. Oktober 1945 im Alter von 64 Jahren in einem Londoner Krankenhaus
gestorben. Nachruf Ollenhauers vgl. Nr. 184. Ein Nachruf auf Hans Vogel findet sich auch in SM,
Nr. 79/80, Oktober/November 1945.

3 Ernst Friedrich Schumacher, tätig am Oxford Institute of Statistics, hatte sich von Juni bis August
1945 als Mitglied der Beobachtergruppe des American Bombing Survey of Germany in Deutschland aufgehalten. Vgl. Barbara Wood, E.F. Schumacher. His Life and Thought, New York etc.
1984, S. 169ff.

NR. 184

*Nachruf Erich Ollenhauers auf Hans Vogel in der Mitgliederver-
sammlung am 13. Oktober 1945*

Anlage zum Protokoll vom 13. Okt. 1945

AdsD Bonn, PV-Emigration, Mappe 5

E[rich] O[llenhauer][1]

Wir vereinigen uns heute zum er[st]en Mal seit dem Tode unseres Vorsitzenden, unseres Genossen Hans Vogel

die „Union" hat besonderen Anlaß, seiner zu gedenken

unter seiner Führung haben wir vor mehr als vier Jahren den Versuch unternommen,
unter Zurückstellung alter Differenzen und Vorurteile

sachlich und kameradschaftlich zusammenzuarbeiten als deutsche Sozialisten

Heute können wir sagen, daß dieser Versuch gelungen ist.

Geist und Inhalt unserer Arbeit sind eine wertvolle Hilfe für unsere Genossen im
Lande beim Aufbau einer einheitlichen sozialistischen Partei

Hans Vogel hat viel zu diesem Erfolg beigetragen

auch hier hat er sich die Anerkennung und das Vertrauen aller erworben

durch Sachlichkeit und Gradlinigkeit

durch seine Menschlichkeit und seine Kameradschaft

[W]ir haben ihn viel zu früh verloren.

Wir müssen sein Werk in Deutschland fortsetzen.

[F]ür die Einheit der kommenden sozialistischen [B]ewegung

für die Sachlichkeit und Toleranz in un-[2] [...]

kommenden [Di]skussion über die Politik und die Taktik der Partei

für den Geist einer wahren Kameradschaft in allen Teilen der Partei

damit die Partei mehr wird als ein Instrument des tagespolitischen Kampfes

damit sie für alle, die sich als Sozialisten fühlen, das wird, was sie für Hans Vogel
war:

die Trägerin ihrer Hoffnungen und Ideale

das Instrument ihres gesellschaftlichen Kampfes

und die Heimstätte eines neuen sozialistischen [Ge]meinschaftslebens.

---

1 Vorlage: „E.O." handschriftlich hinzugefügt.
2 Vermutlich fehlt hier eine Zeile der Vorlage.

NR. 185

Protokoll der Exekutivkomiteesitzung am 20. Oktober 1945

AdsD Bonn, PV-Emigration, Mappe 5

Sitzung der Exekutive der „Union" am 20. Oktober 1945 im A[ustrian] L[abour] Cl[ub]

Anwesend: Ollenhauer, Eichler, Schoettle, Spreewitz.

Genosse **Eichler** berichtet über seine Eindrücke während seines Aufenthalts in Deutschland, vor allem über seine Unterhaltungen mit den Funktionären der Partei in den verschiedenen Ländern.[1]

Über die Frage der Organisierung der Rückkehr von politischen Emigranten und über die Beschaffung von geeignetem Propagandamaterial, vor allem für die Jugend, soll in späteren Sitzungen gesprochen werden.

Es besteht Einmütigkeit darüber, daß in Zukunft an Stelle des Genossen Hans Vogel [Erich Ollenhauer][2] die Geschäfte der „Union" führt.

Es wird beschlossen, in Zukunft den Genossen Sander zu den Sitzungen der Exekutive der „Union" hinzuzuziehen, da er voraussichtlich noch für absehbare Zeit als Auslandsvertreter der Partei in London bleiben wird.

Mit dem Abschluß der Programmberatungen soll die Arbeit der „Union" beendet werden. An die Stelle der „Union" soll dann eine Auslandsgruppe London der Sozialdemokratischen Partei[3] treten.[4] Über die Einzelheiten wird später beraten, es ist jedoch vorgesehen, diese Umstellung bis Ende des Jahres zum Abschluß zu bringen.

---

1 Willi Eichler hatte sich vom 13. August bis September in Deutschland aufgehalten und war mit Mitgliedern des ISK und Sozialdemokraten in Städten von Hamburg bis München zusammengetroffen. Dabei war er auch Kurt Schumacher begegnet. (Vgl. Nr. 318 u. 319). Über seine Reise verfaßte Eichler zwei Berichte:
   – Impressions of Germany, Report given to Major Rokeby, British ME42 u. to MRG, 19.10.1945, 6 S.
   – Die Lage in Deutschland, Bericht für die ISK-Mitglieder 22.10.45, 15 S. (vgl. Nr. 320), beide: AdsD Bonn, ISK, Box 61.
2 Vorlage: Hier fehlt der Name des Nachfolgers, Erich Ollenhauer.
3 Hier wird erstmals in einem Protokoll der Union wieder von der „Sozialdemokratischen Partei" als der künftigen Partei in Deutschland gesprochen. Von außen gesehen markiert dies den Übergang vom gleichberechtigten Bündnis der Union in London zum Anschluß der sozialistischen Gruppen an die wieder erstandene SPD in den westlichen Besatzungszonen. Der Anschluß war Ausdruck der zahlenmäßigen Relationen von SPD, NB, SAP und ISK im befreiten Deutschland. Nimmt man jedoch den innerparteilichen Einfluß und die Bedeutung für die Nachkriegssozialdemokratie insgesamt, so ist das Modell der Union wegweisend und der Einfluß der sozialistischen Gruppen gewichtig.
4 Vgl. Nr. 200ff.

Es wird beschlossen, den Vorschlag des Genossen Möller-Dostali über die Schaffung eines überparteilichen umfassenden Hilfswerk für Deutschland[5] in einer besonderen Sitzung der Exekutive der Union am Montag, den 29. Oktober, unter Hinzuziehung des Genossen Moeller-Dostali zu beraten.[6]

Es wird beschlossen, einer Anregung der sudetendeutschen Genossen zu folgen und mit ihnen eine gemeinsame Besprechung über die besondere Situation der ausgewiesenen sudetendeutschen Sozialdemokraten durchzuführen. Die Sitzung wird für Freitag, den 2. November, abends 7.30 Uhr festgelegt.

In der Sitzung der Exekutive der „Union" am Montag, den 29. Oktober, soll auch die abschließende Beratung des Vorschlags für die organisatorischen Richtlinien des Parteiprogramms erfolgen.[7]

Es wird beschlossen, einer Einladung von Dr. Dunner, Press-Controler der amerikanischen Zone, zu folgen und ihm eine Anzahl von Genossen vorzustellen, die als Redakteure und Verleger für die in der amerikanischen [Zone] vorbereiteten deutschen Zeitungen [in Frage kommen[8]].

---

5 Es handelte sich um das spätere „Hilfswerk für die Notleidenden in Deutschland" (vgl. Nr. 198). Bericht über dessen Präsidiumssitzung am 17. Dezember 1945: AdsD Bonn, PV-Emigration, Mappe 75.
6 Diese Sitzung fand nicht statt, sie ist im Terminkalender Ollenhauers gestrichen. Das Thema wurde in der Sitzung am 2. November 1945 besprochen (vgl. Nr. 189).
7 Vgl. Anm. Nr. 6. Die Organisationsrichtlinien wurden am 10. November verabschiedet. Vgl. Nr. 191.
8 Vorlage: vorzustellen.

Nr. 186

Programmatische Richtlinien für den Aufbau der Verwaltung und die Reform der Justiz, ca. Ende Oktober 1945

Zur Politik deutscher Sozialisten, S. 9–13[1]

III. Richtlinien für den Aufbau der Verwaltung und die Reform der Justiz[2]

A. Verwaltung.
1. Gliederung des Staatsgebiets.

Unter Fortfall der bisherigen Länder gliedert sich das Staatsgebiet in Länder im neuen Sinn, die den ihnen zugewiesenen oder überlassenen Aufgaben wirtschaftlich gewachsen sein müssen. Ihre Abgrenzung darf nicht auf bisherigen Zusammenschluß, der auf zufälliger gemeinsamer dynastischer Vergangenheit beruht, Rücksicht nehmen, sondern soll möglichst wirtschaftlich zusammengehörige Gebiete vereinigen und nur unter diesem Vorbehalt auch der Stammesabgrenzung und gemeinsamer Heimatkultur Rechnung tragen.

2. Staatliche Verwaltungsbezirke zugleich Gebietskörperschaften der kommunalen Selbstverwaltung.

Die Länder sind als weitere oder höhere Kommunalverbände öffentlich-rechtliche Gebietskörperschaften der gemeindlichen Selbstverwaltung; sie sind außerdem Bezirke der Staatsverwaltung.

Die Länder gliedern sich in Landkreise und Stadtkreise, die ebenfalls zugleich Gebietskörperschaften der gemeindlichen Selbstverwaltung und staatliche Verwaltungsbezirke sind. Der Landkreis (engerer Kommunalverband) wird gebildet aus den ihm angehörigen Gemeinden. Diese sind nur Gebietskörperschaften der gemeindlichen Selbstverwaltung, aber keine besonderen staatlichen Verwaltungsbezirke. Die staatliche Verwaltung übt in ihnen der Landkreis aus, dem sie auf dessen Ersuchen Verwaltungshilfe zu leisten haben.

3. Aufgaben der Gebietskörperschaften der kommunalen Selbstverwaltung.

Die Körperschaften der gemeindlichen Selbstverwaltung haben die Staatsgesetze innerhalb ihrer örtlichen Zuständigkeit durchzuführen, soweit der Staat das nicht eigenen Behörden vorbehält. Die höheren Kommunalverbände sind mittlere, die Stadt- und Landkreise sind untere Verwaltungsbehörden.

---

1 In der Broschüre „Die neue deutsche Republik" sind nur Sofortmaßnahmen für diesen Bereich enthalten. Die letzte Beratung, sie betraf den nachträglich aufgenommenen Abschnitt Polizei, fand erst am 23. Oktober 1945 statt. Vgl. Anm. 4.
2 Vorlage: Fußnote „Siehe Anhang: Richtlinien für Straf- und Sicherungsmaßnahmen gegen Nazis." Vgl. hierzu Nr. 179 (Sofortprogramm). Alle Überschriften in Fettdruck.

Den Körperschaften der Selbstverwaltung können bestimmte Aufgaben nach staatlichen Richtlinien zur selbständigen Durchführung überwiesen oder überlassen werden, und zwar den oberen unter Ausschluß der niederen, wenn sie nur überörtlich erfüllt werden können (z.B. Anstaltswesen, Straßenunterhaltung).

Darüber hinaus können die Selbstverwaltungskörperschaften jede Aufgabe in Angriff nehmen, die ihrer finanziellen Leistungsfähigkeit entspricht und dem Wohl, der Förderung und den Bedürfnissen ihrer Einwohner dient. Will eine Körperschaft der Selbstverwaltung höherer Ordnung dies unter Ausschluß ihrer Gliedkörperschaften tun, so bedarf das der staatlichen Genehmigung.

Zur Aufbringung der Mittel sind den Körperschaften der Selbstverwaltung Anteile an Staatssteuern zu überweisen. Sie haben das Recht, ihre Gliedkörperschaften zu besteuern und für die Benutzung der von ihnen betriebenen Anstalten und Veranstaltungen Gebühren zu erheben. Den Land- und Stadtkreisen und den kreisangehörigen Gemeinden soll auch das Recht zur Besteuerung ihrer Einwohner und der in ihnen gelegenen Betriebe und Liegenschaften zustehen.

4. Organe der Selbstverwaltung.

Jede gemeindliche Selbstverwaltungskörperschaft hat eine von ihren Einwohnern gewählte Vertretung. Das Wahlrecht ist das gleiche wie zum Staatsparlament.

Die Vertreterversammlung wählt den Leiter, dessen hauptamtlichen Vertreter und die Mitglieder etwaiger kollegialer Verwaltungsorgane (Landesausschuß, Kreisausschuß, Magistrat) der gemeindlichen Selbstverwaltungskörperschaften. Die Wahl erfolgt auf Zeit. Sie unterliegt für eine Übergangszeit einem befristeten Vetorecht der Staatsaufsichtsbehörde. Die Person, gegen die sich ein Veto richtet, darf bei der Wiederholung der Wahl nicht zur Wahl gestellt werden. Verfällt auch die zweite Wahl einem Veto, so erfolgt die Besetzung des Postens durch staatliche Ernennung.

Für den Landkreis gilt folgende Besonderheit.[3] Sein Leiter wird vom Staat ernannt. Er ist staatlicher Beamter und zugleich oberster Beamter des Landkreises als staatlichen Verwaltungsbezirks. Vor seiner Ernennung ist der Vertreterversammlung die Gelegenheit zu Vorschlägen zu geben.

Der Leiter der Gebietskörperschaft bzw. die Mitglieder des gewählten kollegialen Verwaltungsorgans führen die laufenden Geschäfte im Rahmen der von der Vertreterversammlung aufgestellten Richtlinien und gefaßten Beschlüsse. Im übrigen hat die Vertreterversammlung die Kommunalverwaltung im Rahmen der vom Staat gesetzten Grenzen zu kontrollieren und den Haushaltsplan aufzustellen. Sie kann aus ihrer Mitte besondere Verwaltungsausschüsse wählen, sie auch durch höchstens die gleiche Zahl wahlberechtigter Einwohner ergänzen.

5. Staatsverfassung und Staatsaufsicht.

---

3 Vorlage: Fußnote: „Diese Sonderbehandlung des Landkreises berührt eine alte Streitfrage. Der sich an die Vergangenheit anlehnende Vorschlag ist daher besonderer Erörterung und Prüfung bedürftig."

An der Spitze der staatlichen Verwaltung für den Bezirk eines Landes, soweit sie nicht Sonderbehörden vorbehalten ist, steht der Regierungspräsident. Er wird von der Staatsregierung mit Zustimmung des Landesausschusses ernannt.

Der Regierungspräsident führt die Aufsicht über das Land und die Stadt- und Landkreise, der Leiter des Landkreises die über die kreisangehörigen Gemeinden. Die Aufsichtsbehörde hat das Recht des Einspruches gegen Beschlüsse einer Selbstverwaltungskörperschaft, die deren Zuständigkeit überschreiten, mit den Gesetzen unvereinbar sind oder auf die Dauer ohne finanzielle Hilfe des Staates (oder einer höheren Selbstverwaltungskörperschaft) nicht durchgeführt werden können, und für eine Übergangszeit gegen Maßnahmen, die mit der Staatspolitik unvereinbar sind. Gegen den Einspruch des Leiters des Landkreises ist Beschwerde an den Regierungspräsidenten zulässig. Gegen den Einspruch des Regierungspräsidenten oder dessen eine Beschwerde zurückweisenden Bescheid ist die Anrufung der Verwaltungsgerichte zulässig; sie kann nur auf Rechtsverletzung gestützt werden.

6. Polizei.[4]

Die Polizei ist Diener und Freund des Volkes und des sich in das Gemeinschaftsleben der Demokratie einordnenden Einzelnen. In allen ihren Organen muß das Bewußtsein des Dienstes am Volk und seinen Gliedern wachgehalten werden. Die ihr einzuräumenden Macht- und Zwangsbefugnisse dürfen nicht das Gefühl einer über das Volk gesetzten, einem Selbstzweck dienenden Obrigkeit aufkommen lassen.

Die Polizeigewalt liegt grundsätzlich bei den Stadt- und Landkreisen.

Für jedes Land ist eine staatliche Polizeistelle zu bilden. Sie dient der Bekämpfung des überörtlichen Verbrechertums und der Sicherung des öffentlichen Friedens, soweit dieser durch antidemokratische Kräfte in erheblichem Maße gefährdet ist.

Für das gesamte Staatsgebiet ist eine staatliche Polizei-Zentralstelle zu schaffen, die dem Minister des Innern untersteht. Sie ist die Sammel- und Ausgleichsstelle für alle Erfahrungen der Kriminalpolizei, insbesondere des Erkennungsdienstes. Bei dringender Gefahr für die öffentliche Sicherheit des Staates kann sie über die Kräfte der Landespolizeistellen verfügen.

7. Einheitliche Behördenorganisation und Aufgabenverteilung.

Die Bezeichnung der Behörden, Dienststellen und Beamten des Staats- wie der Selbstverwaltung hat im ganzen Staat einheitlich zu sein. Ebenso ist ein Zweig der Verwaltung einheitlich für das ganze Staatsgebiet entweder eine Aufgabe einer Staatsbehörde oder der Organe einer gemeindlichen Selbstverwaltungskörperschaft.

---

4 Für den Abschnitt „Polizei" hatten im Herbst 1944 Friedrich Wittelshöfer und Dr. Bernhard Weiß einen etwa halbseitigen Vorschlag eingereicht, da dieses Thema in der ursprünglichen Fassung nicht berücksichtigt war: AdsD Bonn, ISK, Box 61. Die abschließende Beratung darüber fand am 23. Oktober 1945 statt.

B. Beamte.

1. Beamtentum.

Es soll eine Beamtenschaft, einschließlich der Richter, herangebildet werden, die dem neuen Staat innerlich verbunden und von Klassenvorurteilen frei ist. Dies soll erreicht werden durch eine besondere Akademie für Anwärter auf politische und Verwaltungsbeamtenposten, in der Beamte zusätzlich zu ihrer fachlichen Ausbildung staatspolitisch geschult werden.

Diese Akademie soll ferner befähigten Menschen, die sich im öffentlichen Leben bewährt haben, außerhalb des üblichen Ausbildungsganges die erforderliche Ausbildung geben und ihnen den Übergang von einem andern Beruf in eine Beamtentätigkeit ermöglichen.

Bei der Auswahl der Lehrer und der Zulassung der Schüler für diese Akademie sind ein politisch-pädagogischer Ausschuß des Volksrats und Vertreter geeigneter Organisationen des öffentlichen Lebens zu beteiligen.

Staat, gemeindliche Selbstverwaltung und sonstige öffentliche Körperschaften sollen jedoch grundsätzlich Beamte neu nur für die Ausübung obrigkeitlicher Tätigkeit und für solche Aufgaben einstellen, bei denen die öffentliche Sicherheit eine Anstellung im Beamtenverhältnis notwendig macht.

Als obrigkeitliche Tätigkeit gilt insbesondere nicht eine Tätigkeit, die sich nach Art und Inhalt nicht von einer Tätigkeit im allgemeinen Wirtschaftsleben unterscheidet, sowie eine Tätigkeit im Verwaltungsdienst, die nur in mechanischen Hilfeleistungen, in Schreibdienst und in einfachen Büroarbeiten besteht.

Um eine einheitliche Personalpolitik im ganzen Staat zu gewährleisten, ist die Bestellung von Personalreferenten in der Staatsverwaltung an die Zustimmung des für die Beamtenpolitik verantwortlichen Ministers gebunden.

2. Entfernung der Nazibeamten.

Beamte des Staates, der kommunalen Selbstverwaltung und der sonstigen öffentlichen Körperschaften, die ohne den für ihre Tätigkeit sonst erforderlichen Vorbereitungsdienst nach dem 29. Januar 1933 einberufen wurden, sind ohne Anspruch auf Versorgung dauernd zu entfernen.

Das Gleiche gilt für solche Beamte, die vor 1933 Mitglieder der NSDAP oder ihrer Gliederungen oder später Amtsträger der Partei, ihrer Gliederungen oder der ihr angeschlossenen Verbände waren.

Für die übrigen Beamten wird durch einen politischen Ausschuß festgestellt, wieweit das Verhalten des einzelnen Beamten, insbesondere während der Nazizeit, sein Verbleiben im Dienst eines demokratischen Staates zuläßt.

Auf Arbeiter und Angestellte des Staates und der öffentlichen Körperschaften finden diese Grundsätze sinngemäße Anwendung.

Darüber hinaus können die Richter für eine durch Gesetz zu bestimmende weitere Übergangszeit durch einfache Verfügung der obersten Justizverwaltungsbehörde in ein anderes Amt oder in den Ruhestand versetzt werden.

3. Wiedereinsetzung von Beamten der Vornazizeit.

Alle früheren Beamten des Staates und der öffentlichen Körperschaften, die ohne die von den Nazis erlassenen Bestimmungen

a) nicht hätten entfernt werden können oder

b) ihrer erdienten Versorgungsbezüge nicht verlustig gegangen wären,

sind wieder einzustellen. Soweit dies nicht möglich ist, ist die Zahlung der erdienten Versorgungsbezüge wieder aufzunehmen.

Alle früheren Arbeiter und Angestellten der öffentlichen Körperschaften sind auf Antrag wieder einzustellen. Wieder in den Dienst eingestellten Beamten, Angestellten und Arbeitern ist die Zeit der Unterbrechung während der Naziregierung auf ihre Besoldungs- und Versorgungsdienstalter in der gleichen Weise wie im Dienst verbliebenen anzurechnen.

Die Grundsätze für die Wiedereinstellung und für die Wiederaufnahme der Zahlung von Versorgungsbezügen gelten nicht für frühere Beamte, Arbeiter und Angestellte, die aktiv für die NSDAP, ihre Gliederungen oder angeschlossenen Verbände tätig gewesen sind.

C. Justiz.

Die Rechtsprechung[5] wird von unabhängigen, nur dem Gesetz unterworfenen, staatlichen Gerichten ausgeübt. Sie ist in der Regel öffentlich. Minderbemittelten ist Gebührenfreiheit und kostenloser Rechtsbeistand sicherzustellen.

Die Erledigung von arbeitsrechtlichen Streitigkeiten[6] erfolgt durch besondere Arbeitsgerichte. An ihnen müssen Arbeitnehmer und Arbeitgeber in gleicher Zahl stimmberechtigt teilnehmen. Die Vertreter der Arbeitnehmer werden von den Arbeitnehmern, die der Arbeitgeber von den Arbeitgebern gewählt. Die betreffenden Organisationen sollen dabei gehört werden.

In Strafsachen haben in jeder Tatsacheninstanz Laienrichter mitzuwirken. Gegen jedes Urteil ist mindestens ein Rechtsmittel (Berufung oder Revision) zuzulassen.

Im materiellen Strafrecht[7] ist die von der Naziregierung eingeführte Analogie zu beseitigen. Bestrafung darf nur auf Grund von gesetzlich fest umrissenen Tatbeständen erfolgen.

Strafrecht, Strafrechtsprechung und Strafvollzug[8] haben neben dem Grundsatz der Sühne und der Abschreckung dem der Besserung des Täters Rechnung zu tragen.

Außer Strafen ist die richterliche Anordnung sichernder Maßnahmen, insbesondere der Sicherungsverwahrung Unverbesserlicher vorzusehen. Die Anordnung einer Freiheitsentziehung als sichernde Maßnahme kann befristet und unbefristet erfolgen.

---

5 Vorlage: Wort in Fettdruck.
6 Vorlage: „arbeitsrechtlichen Streitigkeiten" in Fettdruck.
7 Vorlage: „materiellen Strafrecht" in Fettdruck.
8 Vorlage: Satzanfang in Fettdruck.

Eine befristete Anordnung kann jeweils vor ihrem Ablauf erneuert werden; bei einer unbefristeten ist die Notwendigkeit ihrer Fortdauer periodischer richterlicher Nachprüfung zu unterziehen.

Wiedergutmachung für alle Opfer des politischen Nazistrafrechts:

Das politische Nazistrafrecht ist sofort aufzuheben. Schwebende Verfahren sind einzustellen, nicht verbüßte Strafen kommen in Fortfall. Gezahlte Geldstrafen sind zurückzuzahlen, für Einziehungen ist Entschädigung zu zahlen. Als Richtlinien gelten etwa die Vorschriften über die Entschädigung von im Wiederaufnahmeverfahren wegen erwiesener Unschuld Freigesprochenen. Vermerke im Strafregister oder in sonstigen Listen sind zu tilgen.

Die freie Zulassung zur Rechtsanwaltschaft[9] ist wieder herzustellen. Jedoch sind Nazianwälte unter entsprechender Anwendung der Regeln über die Entfernung von Nazibeamten auszuschließen oder fernzuhalten. Von den Nazis ausgeschlossene frühere Rechtsanwälte sind unter sinngemäßer Anwendung der Regeln über die Wiedereinstellung von Beamten der Vornazizeit wieder zuzulassen.

---

9 Vorlage: Satzanfang in Fettdruck.

NR. 187

Protokoll der Mitgliederversammlung am 27. Oktober 1945

AdsD Bonn, PV-Emigration, Mappe 5

Mitgliederversammlung der „Union" am Sonnabend, dem 27. Oktober, im Austrian Labour Club

Anwesend: siehe Anwesenheitsliste[1]

---

1 Anwesend nach Anwesenheitsliste:

Arndt	Käthe		Kraus	L.
Auerbach	Walter	Gast	Lehmann-Russbueldt	Otto u. Frau
Bennemann	Franziska		Levi	Arthur	ISK
Benninghaus	Walter		Lewin	Hans	SPD
Blank	S.		Löwenstamm	Ilse
Bondy	Charlotte		Löwenstamm	Hans
Brahm	M.		Luetkens	G.
Bratu			Mandelbaum	K.
Burchett	E.		Meyer	Hermann
Carwin			Miller	Susie	ISK
Dyrenfurth		SPD	Möller Dostali	R.	SPD
Ehlen	H.		Oettli	Mascha	ISK
Ehlmann	K.		Ollenhauer	Erich
Fink	Heinz	SJ	Ollenhauer	K
Fischer	W.	SAP	Pick	G.S.	Gast
Fliess	Walter		Plöger	M	ISK
Fliess	Jenny		Pringsheim	L
Fliess	L.	SJ	Pringsheim	Karl	SPD
Fraenkel	Heinrich		Pulvermacher	M.
Friedlander			Pulvermacher	A.
Fryd	T.		Putzrath	E.	SJ
George	U.		Putzrath	Heinz	SJ
Goldschmidt	H.	SPD	Rahmer	B.A.	SPD
Gotthelf			Rawitzki	
Grae[tzer	Rosi]		Reichenbach	B.	SPD
Graf	Ernst		Rischowski	Ira	SPD
Hall	R.		Rosenstock	Susanne	Gast
Heide	P.		Rosenstock	Werner	Gast
Hermann	Grete	ISK	Rosenthal	P.
Heumann	I.		Rothfels	J.
Heumann	W.		Russo	Wilhelm
Janovsky	N.		Salomon	Fritz	SPD
Jansen	Walter	SPD	Sander	W.	SPD
Kamnitzer	Heinrich		Sander	D.
Kamnitzer	Ellen		Schoettle	Helen
Klatt	G.		Schoettle	Erwin
Korn	Wilhelm		Schubart	H.

Das Referat[2] hielt der Genosse **Willi Eichler**, der über seine Erlebnisse und Beobachtungen während seiner Reise durch Deutschland berichtete. Dem Referat folgte eine ausgiebige Fragestellung und eine Diskussion.

Schumacher	E.F.		Stierer	H.	
Schumacher	A.M.		Teclaw	E.	SPD
Schütz	Erna		Tomarkin	G.	
Segall	H.		Urban(n)	Hedwig	ISK
Segall	D.		Walter	Nora	SJ-ISK
Segall	F.		Walter	F.	
Sieder	I.	ISK	Wettig	Liselotte	
Spreewitz	Heidi		Wittelshoefer	F.	
Spreewitz	G.	SAP	Wittelshoefer	C.	
Sternfeld	. Anna		Wolff	F.	
Stierer	A.				

Vier Namen nicht lesbar.

Carwin, nicht ermittelt.

Kraus, L., nicht ermittelt.

Pick, G.S., nicht ermittelt.

Pulvermacher, A., nicht ermittelt.

Pulvermacher, M., nicht ermittelt.

Rahmer, Bernd Anselm, *1909, KPO, Neu Beginnen, Berlin, 1935 ČSR, 1936 GB.

Rosenstock, Susanne, *1908, 1931–33, Rechtsreferendarin, 1939 GB.

Rosenstock, Dr. Werner, *1908, Jurist, 1933 entlassen, bis 1939 Rechtsberater für jüdische Organisationen, 1939 Emigration GB, 1941–76 Generalsekretär der Association of Jewish Refugees in Great Britain.

Rosenthal, Philip, 1916–97, Industrieller, 1934 GB, 1939/40 Frankreich, Algerien, 1942 Flucht nach GB, Mitarbeiter in Propagandaabteilung des FO, Rundfunksendungen, Kriegsgefangenenschulung, begleitete Ende 1945 emigrierte Sozialdemokraten, u.a. von Knoeringen, nach Deutschland, 1947 nach Deutschland, 1950 Eintritt in Rosenthal AG, seit 1972 Vorstandsvorsitzender, ab 1969 SPD-MdB.

Schubart, H., nicht ermittelt.

Segall, Hans (John), *1904, Kaufmann, Emigration GB, Bruder von Fritz S.

2 Das Referat dürfte im wesentlichen dem entsprochen haben, was Eichler in seiner Aufzeichnung für die ISK-Funktionäre festgehalten hatte. Vgl. Nr. 320.

NR. 188

Vorschläge der Sozialistischen Jugend für den Aufbau einer Sozialistischen Jugend in Deutschland vom 27. Oktober 1945

HHStA Wiesbaden, Abt. 1213, NL Beyer, Nr. 160.

Sozialistische Jugend[1]

Aufbau einer sozialistischen Jugend in Deutschland.

Im folgenden versuchen wir, die Ergebnisse einer Arbeitsgemeinschaft wiederzugeben, die sich sich mit den Problemen der Jugendbewegung in Deutschland und mit dem Aufbau einer Sozialistischen Jugend (SJ) im besonderen beschäftigt hat. Die Arbeitsgemeinschaft hofft, daß sie hiermit einen Beitrag liefert, der zu weiterem Gedankenaustausch und zu Diskussionen führen wird.

Wir waren uns alle darüber einig, daß die Schaffung einer SJ in Deutschland notwendig ist. Unsere Ablehnung der Ideen der Bündischen Jugend ist hauptsächlich begründet durch unsere Stellung zur Politik. Wir glauben nicht, wie es im Leben der Bündischen Jugend später zum Ausdruck kam, daß es genügt, die äußeren Formen der Gesellschaft abzulehnen, solange man jung ist, um dann im entsprechenden Alter in der Gedankenwelt[2] der Erwachsenen aufzugehen. Der Gegensatz von Erwachsenen und Jugendlichen beruht nicht nur auf verschiedenen Prinzipien, sondern auf verschiedenen Ausdrucksformen, wie sie sich im Leben der Altersstufen offenbaren. Das Übersehen dieser Tatsache führte in der Bündischen Jugend zu einer Weltfremdheit. Eine erfolgreiche Jugendarbeit muß daher zwei Dinge verbinden:

1) das Schaffen eines der Jugend gemäßen Gemeinschaftslebens, aufbauend auf den natürlichen Bedürfnissen der Jugend nach eigenen Formen, und
2) das Bemühen, sie mit der Gedankenwelt der sie umgebenden Gesellschaft, in die sie später hineinwachsen wird, in Verbindung zu bringen.

Unser Ziel ist nicht das Schaffen eines wirklichkeitsfremden Jugendlandes. Nur wenn eine natürliche Entwicklung vom Jugendgruppenleben zur Mitarbeit in der Gesellschaft der Erwachsenen besteht, kann man von sinnvoller Jugendarbeit sprechen.

Jugend und Politik.

Daher halten wir es für notwendig, junge Menschen im Rahmen einer allgemeinen Erziehung mit politischen Ideen und Faktoren vertraut zu machen. In diesem Zusammenhang verstehen wir unter Politik die Stellung des Einzelnen zur Gesellschaft und die

---

1 Vorlage: Überschrift doppelt, die folgende Überschrift einfach ms. unterstrichen, alle weiteren mit hs. Linie eingerahmt.
2 Vorlage: „Gedankenwelt" ms. unterstrichen.

der gesellschaftlichen Gruppen zueinander – das schließt eine einseitige parteipolitische Orientierung aus. Nach den Schrecken des Krieges und der Zwangsorganisierung während des Hitler-Regimes sind viele Jugendliche indifferent und apathisch geworden. Bei der vorhandenen ökonomischen und politischen Lage stehen viele Jungen und Mädchen ihrer Umwelt teilnahmslos gegenüber und können leicht Beute illegaler Nazi-Gruppen werden. Eine „unpolitische" Jugendarbeit würde den Nazis geradezu in die Hände spielen. Wir wollen in den Jugendlichen das Interesse an ihrer Umwelt und der sie betreffenden Probleme wecken. Der fruchtbarste Weg dazu ist, sie selber beobachten zu lassen, ihnen die Zusammenhänge der Geschehnisse zu erklären und sie zu ermuntern, Konsequenzen[3] aus dem Gelernten zu ziehen. Die Methode derjenigen, die unter politischer Erziehung der Jugend das bloße Lernen von Glaubensbekenntnissen verstehen, ist nicht nur pädagogisch falsch sondern auch aus politischen Gründen verwerflich. Diese Art von „Schulung" kann nur zur Erziehung von politischen Automaten führen und nicht zu selbständig denkenden Menschen.

Wenn man also die Erziehung einer politischen Jugend in dem angeführten Sinne bejaht, bleibt die Frage bestehen: Erziehung wozu? Eine Erziehung zum „kritischen Denken" allein ist unbefriedigend. Sie kann leicht zu einem Zynismus und trotz bester Absichten zur Ablehnung aller Werte führen. Hinzukommen muß eine Weltanschauung, die soziale Verantwortung in dem Jugendlichen weckt. Eine Anwendung dieser Weltanschauung auf die Fragen, die die Gesellschaft und besonders die Jugend beschäftigt, soll kritisch und undogmatisch sein.

Politische Grundlage der SJ.

„Die Mitglieder sollen mit den Ideen des Sozialismus vertraut gemacht werden, sodaß ihnen eine Stellungnahme und aktive Mitarbeit in der sozialistischen Bewegung möglich ist. Das soll erreicht werden durch den Aufbau eines Gemeinschaftslebens und Erziehung zur Solidarität sowie Ausbildung der eigenen Urteilskraft." (Aus der Satzung der Londoner SJ.)

Die SJ sollte Jungen und Mädchen unabhängig ihrer sozialen, nationalen oder religiösen Herkunft zu einer sozialistischen Gesinnung erziehen. Ihre Loyalität gehört der sozialistischen Gesamtbewegung, deren Rückgrat die Arbeiterklasse bildet.

Der Kampf gegen den Militarismus wird eine wesentliche Aufgabe der SJ sein. Unter Entmilitarisierung verstehen wir insbesondere, den Geist des Militarismus auszurotten, d.h. die Verherrlichung des Krieges, das Tragen von Waffen und Uniformen, die Ausnutzung wirtschaftlicher und politischer Mißstände zu nationalistischen Zwecken zu bekämpfen usw. Dem Militarismus müssen wir den Kampf für einen gerechten Frieden, dem Chauvinismus den Geist der internationalen Solidarität und Verständigung aller Völker gegenüberstellen.

---

3 Vorlage: „Konsequenzen" ms. unterstrichen.

Organisatorische Grundlage der SJ.

Die endgültige Organisationsform der SJ kann jetzt noch nicht bestimmt werden. Sie wird sich im Laufe der Zeit aus den Verhältnissen in Deutschland selber ergeben. Hier können wir nur einige Grundgedanken aufstellen, um sie den Genossen in Deutschland als Vorschläge für ihre Arbeit zu unterbreiten.

Wenn man berücksichtigt, daß Jugendliche in ihren verschiedenen Altersstufen eine verschieden starke Urteilskraft besitzen, so ergibt sich daraus, daß die Führung des gesamten Jugendverbandes sowie der einzelnen Gruppen sich aus älteren Jugendgenossen zusammensetzen muß. Für Kinder wird es wahrscheinlich eine Kinderfreundebewegung geben. Diese sollte mit der SJ in einem Sozialistischen Jugend-Verband vereint sein, um eine stetige Erziehung zu ermöglichen. Dieser Verband soll Jugendliche zwischen 10 und 20 Jahren erfassen, ohne im Einzelfall dogmatisch zu sein. Die Jungen und Mädchen der SJ sollte man in jüngere, mittlere und ältere Gruppen aufteilen. Die Hauptverantwortung für den Aufbau einer solchen Organisation fällt natürlich auf die Gruppen der Älteren. Aus ihnen sollen die Leiter mittlerer und jüngerer Gruppen hervorgehen. Es ist gut denkbar, daß auch Genossen der mittleren Gruppe fähig sind, selber eine Gruppe der Jüngeren aufzubauen oder zu übernehmen. Dabei wird es in erster Linie darauf ankommen, daß solche Jugendleiter nicht nur allgemein politisch geschult sind, sondern auch genügend pädagogische Fähigkeiten haben, um ihrer Aufgabe gerecht zu werden.

Auch wenn man innerhalb der Gruppen weitgehendst Selbstverwaltung anstrebt, wäre es unseres Erachtens falsch, die Leiter der jüngeren und mittleren Gruppen auf demokratischem Wege zu wählen. Um eine wirklich erzieherische Arbeit zu gewährleisten, mußt die Leitung in den Händen derjenigen liegen, die bereits durch ihre aktive Teilnahme am Gruppenleben Erfahrung und Urteilskraft gewonnen haben und daher ein größeres Maß von Verantwortung übernehmen können. Die Leiter dieser Gruppen sollten also von der Leitung ausgesucht werden und ihr gegenüber verantwortlich sein. Sie sollen versuchen, weiter am Leben der Gruppe, aus der sie kommen, teilzunehmen, um nicht ihre eigene Erziehung und den persönlichen Kontakt mit Gleichaltrigen zu vernachlässigen. Die Leitung selber soll aus den Reihen der älteren Gruppen gewählt werden.

Obwohl sich die SJ mit der Sozialistischen Partei verbunden fühlen soll, wollen wir doch eine organisatorische Unabhängigkeit bewahren. Wir lehnen eine organisatorische Abhängigkeit von der Sozialistischen Partei ab, weil es unsere erste Aufgabe sein wird, in vielen deutschen Jugendlichen – denen eine Welt zusammengebrochen ist – das Blickfeld für eine neue menschliche und sozialistische Idee in Verbindung mit praktischer Arbeit zu wecken. Erwachsene können sich auf Grund ihrer Überzeugungen zu einer Partei einer freiwilligen Disziplin unterziehen, Jugendliche dagegen, die erst die ersten Schritte zum Finden einer Weltanschauung machen, soll man nicht mit einer vorzeitigen Bindung an eine sozialistische Partei und deren Programm belasten. Wenn unsere Erziehung Erfolg hat, wird der Weg in die Partei die Konsequenz einer freien Entscheidung sein – aber eine derartige Festlegung kann nicht am Beginn einer Jugendarbeit stehen. Vertreter verschiedener Organisationen (sozialistischer und kultureller) sollten aber bei Angelegenheiten von gemeinsamem Interesse herangezogen werden.

Erzieherische Probleme.

Die Mittel und Wege der Gemeinschaftserziehung können nicht schematisch festgelegt werden. Die heutige Notlage in Deutschland stellt an die SJ besonders die Anforderung, praktische Arbeit zu leisten. Heute, wo Tausende von Jugendlichen ohne Beruf, ohne Heim und ohne Schulbetreuung sind, muß auch die SJ diesen Jugendlichen durch Einrichtung von Jugendheimen und durch Beteiligung an notwendiger Aufbauarbeit helfen, sich in das gesellschaftliche Leben einzugliedern. Dabei wird es darauf ankommen, das Interesse der Jugendlichen am Gruppenleben der SJ überhaupt zu wecken. Hier ist das gemeinsame Erlebnis einer Fahrt, eines gelungenen Gruppenabends oder gemeinsam geleistete Arbeit von besonderem Wert. Ist erst einmal das Interesse vorhanden, so sollte man nicht versuchen, die Jugendlichen mit Dingen vor den Kopf zu stoßen, die sie ihrer Reife oder Mentalität nach noch nicht verdauen können. Sehen, verstehen, lernen, kämpfen, das sollte eine etwaige Stufenleiter der schrittweisen Erziehung sein. Die Voraussetzung für das Verständnis der gesellschaftlichen Zusammenhänge ist das Beobachten der Umwelt; die Beurteilung und Bewertung des Gesehenen erfolgt später.

Zweifellos wird es in jeder Gruppe aus den verschiedensten Gründen Differenzen geben in der Beurteilung und Bewertung des Gesehenen. Es soll versucht werden, in den Jugendlichen die Achtung vor der ehrlichen Überzeugung Andersdenkender zu wecken. Innerhalb der SJ sollte genügend Toleranz geübt werden, um in den jungen Menschen die eigene Denkart und Urteilskraft reifen zu lassen. Ausschluß aus der Gruppe sollte nur dann erfolgen, wenn die Gemeinschaft wirklich gestört wird. Die Entfaltung der persönlichen Initiative und Selbständigkeit ist von ebenso großer Bedeutung wie die Erziehung zur Gemeinschaft. Als Einzelne und als Gruppe wollen wir ein menschliches Verhalten entwickeln, das einer sozialistischen Gesinnung entspricht. Wenn wir auch nicht erreichen werden, daß alle Jugendgenossen den konsequenten Weg zur Partei beschreiten, wollen wir doch anstreben, daß die Loyalität zur Gesamtbewegung erhalten bleibt.

Das Verhältnis der Gruppenmitglieder zu den Leitern kann nur auf gegenseitigem Vertrauen beruhen. Die an die Leiter gestellten Anforderungen müssen enorm sein, wenn sie ihren Gruppen ein wirkliches Vorbild sein wollen. Gruppenleiter, Helfer und Mitglieder sollten sich als Glieder einer[4] Gemeinschaft fühlen. Das kann erleichtert werden, wenn die verschiedenen Gruppen nicht hermetisch voneinander abgeschlossen sind, sondern gelegentlich auch miteinander gemeinsam Veranstaltungen machen.

Prinzipiell sind wir der Meinung, daß Koedukation die richtige Erziehungsform ist. Die verschiedenartige Entwicklung von Jungen und Mädchen besonders während der Pubertät kann aber solche Schwierigkeiten hervorrufen, daß ein durchschnittlich begab-

---

4 Vorlage: „einer" ms. unterstrichen.

ter Gruppenleiter diese nicht alle lösen kann. Sollte ein Leiter nicht mit diesen Problemen in der Gruppe fertig werden, so wäre es besser, die Gruppe vorübergehend nach der Art der Interessen der Einzelnen und nicht strikt nach dem Gesichtspunkt Junge oder Mädchen zu teilen. Wir sind der Ansicht, daß die während der Pubertät auftretenden Schwierigkeiten meistens die Folge unfreier und falscher Auffassungen Erwachsener sind, die überkommen werden können, wenn die Jugendlichen rechtzeitig in die Jugendgruppe eintreten und sich so in ihrem Gemeinschaftsleben ein freies und natürliches Verhältnis zwischen Jungen und Mädchen entwickeln kann.

Verhältnis der SJ zu anderen Organisationen.

Ebenso, wie im politischen Leben verschiedene Parteien bestehen, wird eine demokratische Entwicklung auch das Entstehen verschieden gearteter Jugendorganisationen mit sich bringen. Zum Teil werden sie vielleicht nur die allgemein vorhandenen politischen oder religiösen Tendenzen reflektieren oder aber die Ereignisse der letzten Jahre werden zum Zusammenschluß neuer Gebilde führen. Das Entstehen und Vorhandensein verschiedenartiger Jugend-Organisationen beruht auf einem wesentlichen demokratischen Prinzip, nämlich der Freiwilligkeit des Zusammenschlusses. Nach der Niederlage des Nazismus mit seinem Organisationszwang ist die Aufrechterhaltung dieses Prinzips aus vielen Erwägungen heraus eine Notwendigkeit. Ohne Zweifel kann diese Freiwilligkeit mißbraucht werden und auch zum Entstehen von Jugend-Organisationen führen, die vielleicht nur einen Deckmantel für Nazi-Aktivitäten darstellen. Aus diesem Grunde mag es angebracht sein, für die Übergangzeit ein Jugendregister zu schaffen. Jede Jugend-Organisation, die von Älteren geleitet oder stark von ihnen beeinflußt wird, würde sich registrieren müssen, und die dazu bestimmte lokale oder bezirkliche Behörde (Jugendamt) würde eine gewisse Kontrolle auf die Organisation und ihre Leiter ausüben können. So abstoßend im allgemeinen eine solche Kontrolle sein mag, kann sie doch wichtig sein, um eine legale Handhabe gegen etwaige Nazi-Organisationen zu haben und auch um zu verhindern, daß menschlich und politisch unzuverlässige Elemente Jugendliche für ihre eigenen Zwecke mißbrauchen. Alle demokratischen Organisationen, die offen ihre Programme und Aktivitäten propagieren, werden keinerlei Grund haben, hier das Licht der Öffentlichkeit zu scheuen. Wir wissen sehr gut, daß eine solche Handhabe im Kampf gegen nazistische Umtriebe ungenügend ist, trotzdem scheint uns der Weg über das Jugendregister ein besserer zu sein, als der einer negativen Polizei-Aktion, die im Ernstfalle immer nur das letzte Mittel in der Bekämpfung verirrter Jugendlicher sein kann.

Die SJ soll versuchen, enge Beziehungen mit den betreuerischen und erzieherischen Behörden aufzunehmen, um in der Zusammenarbeit mit den Jugendpflegern des Wohlfahrtsamtes, der Schulbehörde usw. die Interessen und Nöte der Jugend zu vertreten.

Ohne Aufgeben der eigenen Autonomie sollten sich alle Jugend-Organisationen in einem Kartell zusammenschließen, um eine regionale oder zentrale Körperschaft zu haben, die ihre Interessen gegenüber den entsprechenden Behörden vertreten kann. In vielen Dingen werden die Organisationen die Unterstützung dieser Behörden gebrauchen (z.B. materielle Unterstützungen wie Fahrpreisermäßigungen, zu Verfügungstellen von Räumen etc.). Eine Interessenvertretung – ähnlich wie der Reichsausschuß deutscher Jugendverbände in der Weimarere Republik – wird die beste Grundlage der Zusammenarbeit zwischen der SJ und anderen Jugendorganisationen sein. Ob über diesen Rahmen hinaus noch eine engere Zusammenarbeit zwischen der SJ und anderen Organisationen möglich ist, wird nur von Fall zu Fall unter Berücksichtigung der jeweils gegebenen Umstände entschieden werden können. Bei allen Verhandlungen und Vereinbarungen der SJ mit anderen Jugend-Organisationen wird es aber von größter Wichtigkeit sein, daß sie offen geführt werden, um auf diese Weise politische und andere Intrigen auszuschalten.

Der Zusammenschluß der Organisationen in einem Jugendkartell sollte auf paritätischer Grundlage erfolgen. Dabei sollte man eine Regelung für die Beschlußfassung finden, die verhindert, daß das Recht jeder Organisation auf gleichberechtige Vertretung nicht zur Gründung von Parallel-Organisationen führt mit dem Zweck, die Stimmenzahl im Kartell zu beeinflussen.

Für die jüngeren Mitglieder der SJ kann eine enge Zusammenarbeit mit anderen Gruppen aus politischen und pädagogischen Gründen nicht in Frage kommen. Eine ständige Berührung mit Jugendlichen anderer Organisationen würde den Aufbau einer Jugendgemeinschaft unmöglich machen und nur zu geistiger Verwirrung führen. Diese Erkenntnis ist die Konsequenz einer Erziehung, die den Aufbau eines geschlossenen Gemeinschaftslebens für richtig hält und nicht unpolitisch sein will.

- Nach dem, was wir über das Prinzip der Freiwilligkeit gesagt haben, müssen wir den Gedanken einer antifaschistischen, demokratischen Einheitsjugend als allgemein anerkannte Jugendorganisation ablehnen. Antifaschismus allein ist etwas Negatives. Obwohl völlige Einigkeit aller Jugend-Organisationen über den Kampf gegen den Faschismus bestehen wird, ist das selbstverständlich keine genügende Grundlage für eine erzieherische Bewegung. Bei der Ausarbeitung eines Erziehungsziels kann es bei dem Vorhandensein verschiedener weltanschaulicher und gesellschaftlicher Richtungen keine Einigung geben, ohne Preisgabe der eigenen Vorstellungen und Überzeugungen.

Wir glauben, daß das Vorhandensein verschiedener Jugendorganisationen ein normaler und gesunder Zustand eines demokratischen Landes ist und daß jede Einheitsjugend die Tendenz zur Staatsjugend, d.h. zur Totalität in sich trägt. Auch das Argument, daß die Mitgliedschaft bei einer Einheitsjugend auf Freiwilligkeit beruhen soll, wird hinfällig, wenn keine anderen Organisationen erlaubt sind.

Aus politischen und erzieherischen Gründen halten wir es für notwendig, daß die verschiedenen Jugend-Organisationen sich frei und offen zu ihren weltanschaulichen Zielen bekennen, und nicht unter dem Deckmantel der Einheit die Ziele einer bestimmten politischen Richtung fördern.

London, den 27. Oktober 1945.

Sekretär: Ingrid Sieder, 86, Greencroft Gardens, London, N.W. 6

NR. 189

Protokoll der Exekutivkomiteesitzung, gemeinsam mit sudetendeutschen Sozialdemokraten, am 2. November 1945

AdsD Bonn, PV-Emigration, Mappe 5

Sitzung der Exekutive der „Union" am Freitag, den 2.11.1945, im Heim der sudetendeutschen Genossen

Anwesend: von der Exekutive der „Union": Ollenhauer, Eichler, Sander, Schoettle, Spreewitz, Gottfurcht[1]
von der Sudetendeutschen Sozialdemokratie: Jaksch, Reitzner, Wiener, de Witte[2], Katz[3].

Der Genosse **Jaksch** berichtete über die Notlage, die durch die Austreibung der Sudetendeutschen aus der CSR auch unter den ausgetriebenen Genossen der sudetendeutschen Partei entstanden ist.[4] Er empfiehlt, den Parteiorganisationen im Reich nahezulc-

---

1 Nach dem Protokoll war Rudolf Möller-Dostali zumindest beim Tagesordnungspunkt 2 (Hilfswerk) anwesend.
2 Witte, Eugen de, 1882–1952, Abgeordneter und DSAP-Funktionär, 1938 GB, Mitglied TG-Landesvorstand.
3 Katz, Franz, 1887–1955, DSAP-Funktionär, 1938 GB, Mitglied im TG-Landesvorstand, 1942 Mitglied der London Representation of the Sudeten German Refugees, 1944 Mitglied Democratic Sudeten Committee.
4 Auf der Konferenz von Jalta im Februar 1945 hatten sich die Alliierten auf die Massenausweisung der deutschen Bevölkerung aus Polen, der Tschechoslowakei und Ungarn geeinigt. Im Mai 1945 befanden sich ca. drei Millionen sudetendeutsche Zivilpersonen auf dem Gebiet der ČSR, hinzu kamen ca. 500 000 einberufene Männer. Schon vor der Potsdamer Konferenz waren in einer ersten „Austreibungswelle" rd. 700 000–800 000 Sudetendeutsche vertrieben worden, davon 150 000 nach Österreich. Auf Weisung der Siegermächte mußten diese Aktionen im August eingestellt werden, bis die Vorschläge des Kontrollrats über den Transfer vorlagen. Die technischen Vorbereitungen liefen aber weiter. Nach einer Note der tschechoslowakischen Regierung kamen rd. 2,5 Millionen Deutsche zur Ausweisung in Frage. Am 20. November 1945 wurde das Gesamtprogramm des Transfers vom Alliierten Kontrollrat angenommen (1,5 Mio. in die US-Zone, 750 000 in die SBZ), 10% sollten noch im Dezember ausgesiedelt werden. Tatsächlich lief die Aktion erst Ende Januar 1946 an. Obwohl Sozialdemokraten als „Antifaschisten" vom Abschub verschont werden sollten, reduzierte sich dies mehr oder weniger auf eine „Sonderbehandlung" bei der Ausweisung, da die meisten nicht bleiben wollten. Denn nachdem im Juni 1945 auch Antifaschisten von den wilden Vertreibungen betroffen gewesen waren, beschlossen die sudetendeutschen Sozialdemokraten eine geschlossene Aussiedlung vorzubereiten. In Absprachen mit Sachsen und Thüringen wurde die Aufnahme von 100 000 Sudetendeutschen vereinbart, erste Ausreisen erfolgten im November 1945, wurden aber dann von Seiten der SBZ gestoppt, sodaß nur 6 000 insgesamt aufgenommen wurden. Auf Initiative von Alois Ullmann, Funktionär der DSAP, wurde in Prag die „Organisation Ullmann" gegründet, die in Verhandlungen mit der ČSR- und US-Militärregierung die Aufnahme von 40 000 (später 50 000, dann unbeschränkt) Antifa-

gen, sich der ausgewiesenen sudetendeutschen Sozialdemokraten besonders anzunehmen und die Genossen im Reich auch auf die Möglichkeit aufmerksam zu machen, daß sich unter diesen ausgetriebenen Genossen auch geeignete Kräfte für den Verwaltungsaufbau und für den Aufbau der Arbeiterbewegung befinden.

In der Aussprache besteht Übereinstimmung über die Notwendigkeit, die Genossen im Reich auf die besondere Situation der sudetendeutschen Genossen aufmerksam zu machen.

An praktischen Maßnahmen soll den Genossen im Reich vorgeschlagen werden, in den besonders betroffenen Bezirken einen zuverlässigen sudetendeutschen Genossen als Vertrauensmann heranzuziehen, der die deutschen Genossen bei der Prüfung von Flüchtlingsangaben über ihre frühere politische Tätigkeit beraten kann. Den Genossen im Reich wird weiter empfohlen, sich in zweifelhaften Fällen mit London in Verbindung zu setzen, damit hier in Zusammenarbeit mit den sudetendeutschen Genossen Nachprüfungen erfolgen können. Die Genossen im Reich sollen aufgefordert werden, die Stellen der Organisation zu benennen, an die sich die sudetendeutschen Genossen in den einzelnen Orten oder Bezirken wenden können.

Zweiter Beratungsgegenstand der Sitzung war die Schaffung eines Hilfswerks für Frauen, Kinder und Flüchtlinge in Deutschland. Die sudetendeutschen Genossen haben von ihren Freunden in Kanada direkte Aufforderungen erhalten, ein solches Hilfswerk im internationalen Maßstab ins Leben zu rufen, da in vielen Ländern, vor allem auf dem amerikanischen Kontinent, große Bereitschaft besteht, Hilfe zu leisten.

Mit diesen Anregungen deckte sich ein Vorschlag des Genossen Möller-Dostali, ein solches internationales Hilfswerk auf überparteilicher und rein caritativer Grundlage aufzubauen. **Möller-Dostali** entwickelte die Grundgedanken seines Vorschlags.

In der Diskussion bestand Übereinstimmung über die Grundgedanken des Planes, und es wurde beschlossen, eine kleine Kommission mit der weiteren Durcharbeitung des Plans und mit einer informativen Fühlungnahme mit anderen Vertretern der deutschen politischen Emigration zu beauftragen. In die Kommission wurden die Genossen Sander, Möller-Dostali und Jaksch gewählt. Die Kommission soll später in einer weiteren gemeinsamen Sitzung über ihre Arbeit berichten.[5]

---

schisten-Familien in der US-Zone erreichte. Erste Transporte erfolgten im Mai 1946, insgesamt wurden rd. 82 600 Personen nach Westdeutschland überführt, ca. 30 000 sudetendeutsche Sozialdemokraten blieben zurück. Sie erhielten erst nach und nach Ausreisegenehmigungen. Vgl. Dokumentation der Vertreibung der Deutschen aus Ost-Mitteleuropa, hrsg. v. Werner Conze u.a., Band IV/1, Die Vertreibung der deutschen Bevölkerung aus der Tschechoslowakei, bearbeitet von Theodor Schieder, Berlin 1957; Wolfgang Benz (Hrsg.), Die Vertreibung der Deutschen aus dem Osten. Ursachen, Ereignisse, Folgen, Frankfurt/M. 1985.

5 Vgl. Nr. 198.

Nr. 190

Brief von Erich Ollenhauer an Waldemar von Knoeringen vom 8. November 1945 mit Bericht über die Besprechung der Exekutive mit den Referenten für Wirtschaft am 5. November 1945

AdsD Bonn, PV-Emigration, Mappe 85[1]

Erich Ollenhauer,
3, Fernside Avenue,
London, N.W. 7,
Telefon: Mill Hill 3854   8. November 1945

Mr. Waldemar von Knoeringen,
10, Devon Rise,
London, N.2.[2]

Lieber Michel[3],

besten Dank für Deinen Brief. Meine Antwort kann sehr kurz sein:

1. Ich habe keine Vorbehalte gegen Dich. Es tut mir leid, wenn Du diesen Eindruck gehabt hast, beabsichtigt war das nicht.

2. Die Besprechung über das Münchener Programm[4] war keine bayerische Angelegenheit. Willi Eichler hat das Programm in München mit der Bitte erhalten, es hier unse-

---

1 Von der Sitzung am 5. November 1945 existiert kein Protokoll, vermutlich da der sonst protokollierende Ollenhauer nicht anwesend war. Ollenhauer hatte am 30. Oktober die Mitglieder des Exekutivkomitees der Union sowie Fischer, Fliess, Heine, Löwenthal und E.F. Schumacher zur Diskussion über das Wirtschafts- und Finanzprogramm der Münchner Gewerkschafter und Sozialdemokraten eingeladen: Archiv Dr. Gerhard Beier, Kronberg, TNL Gottfurcht, Akte O I.

2 Vorlage: „London, N.2." ms unterstrichen.

3 „Michel" war einer der Decknamen von Knoeringens als Sopade-Grenzsekretär gewesen.

4 Es handelte sich um die von Münchener Sozialdemokraten und Gewerkschaftern ausgearbeiteten „Vorschläge zur Sanierung der Deutschen Wirtschaft und des Deutschen Finanzwesens", 3 S.: AdsD Bonn, ISK, Box 61. Das den Beratungen vorliegende Papier war eine stark gekürzte Zusammenfassung von Vorschlägen, die vom Wirtschafts- und Finanz-Ausschuß der bayerischen Gewerkschaften unter Einbeziehung von Arbeiten des Volkswirtschaftsausschusses der bayerischen Regierung (Prof. Dr. Adolf Weber) und in Steuerfragen unter Mitarbeit des Finanzwissenschaftlers Professor Fritz Terhalle (1945/46 bayer. Finanzminister) verfaßt worden waren. Im Abschnitt „Grundsätze zur Lösung der Wirtschafts- und Finanzprobleme" erklärten die Gewerkschaften sich bereit, zum Wiederaufbau der Wirtschaft und Wiederherstellung gesunder Währungsverhältnisse schmerzhafte Eingriffe mitzutragen. Sie forderten jedoch eine entschiedene Ablehnung inflationistischer Lösungsversuche, Neuordnung des Geldwesens durch Beseitigung des Kaufkraftüberhangs, Belastung der Eigentümer von Sachwerten, Entschädigung der Opfer des Krieges und des politischen Terrors, sparsamste Wirtschaftsführung der öffentlichen Hand,

ren Genossen vorzulegen, die an unseren Beratungen über das Wirtschaftsprogramm der „Union" mitgewirkt haben. Das ist am letzten Montag geschehen, eingeladen waren die Mitglieder der Exekutive der „Union" und die „Wirtschaftssachverständigen".[5] Das Resultat der Aussprache soll jetzt in einer Besprechung zwischen Fliess und Schumacher formuliert werden.

Der Besprechung lag ein Auszug aus dem Programm, bearbeitet von Walter Fliess, zugrunde. Ich lege Dir einen Abzug des Auszugs bei. Wenn Du den Wortlaut des Programms sehen willst, kannst Du ihn sicher durch Walter Fliess erhalten. Ich selbst kenne nur den Auszug, da ich nicht in der Sitzung am Montag sein konnte. Die Stellungnahme der Genossen, die jetzt formuliert wird, kann ich Dir ebenfalls geben, sobald ich sie habe.

Ich bin jederzeit zu der Zusammenarbeit bereit, die Du in den Punkten 1 bis 5 formuliert hast. Seit unseren Unterhaltungen mit Dunner habe ich keine neuen Nachrichten aus München. Ich habe an Hoegner einen Brief geschrieben, den Dunner mitgenommen hat, auf den ich aber noch keine Antwort habe.

4. Rufe mich bitte an, damit wir eine Vereinbarung für nächste Woche treffen können.

Ich finde es durchaus in Ordnung, daß Dich die oberbayerischen Dinge besonders interessieren, aber ich glaube wir sind uns auch einig, daß wir jetzt nicht hier draußen eine besondere Auslandsvertretung der bayerischen Sozialdemokratie etablieren sollten. Die Tendenzen zu einer Aufspaltung Deutschlands werden genug durch die Zonenpolitik der Besatzungsmächte gefördert.

Ich hoffe Dich in der nächsten Woche zu sehen.

Mit herzlichen Grüßen

Dein

Planwirtschaft u.a.m. In einem zweiten Teil waren mehrere Gesetzentwürfe vorgestellt, die vor allem eine „gerechte und soziale Verteilung der Kriegslasten" zum Ziel hatten.

5 Für diese Sitzung existiert kein Protokoll.

NR. 191

Protokoll der Exekutivkomiteesitzung am 10. November 1945

AdsD Bonn, PV-Emigration, Mappe 5

Sitzung der Exekutive der „Union" am 10. November 1945 bei H[ans] G[ottfurcht]

Anwesend: Ollenhauer, Eichler, Sander, Schoettle, Spreewitz, Gottfurcht.

Es wird beschlossen, die nächste Mitgliederversammlung der „Union" am Sonnabend, den 24. November, abends 18.30 Uhr im Austrian Labour Club abzuhalten. Als Referat wird der Genosse Klatt in Aussicht genommen. Falls er nicht in der Lage ist, das Referat zu übernehmen, soll der Genosse Schleiter gebeten werden.

In einer längeren Einzelberatung werden dann die Richtlinien für den Organisations-aufbau endgültig formuliert und beschlossen.[1]

Es wird beschlossen, die „Programmatischen Richtlinien" und eine Zusammenstel-lung der wichtigsten Beschlüsse der „Union" in einer Broschüre zu veröffentlichen[2]. Die Broschüre soll in einer Auflage von 2.000 er[s]cheinen.

Es wird beschlossen, noch eine Abschlußerklärung der „Union" zu formulieren und diese ebenfalls in die Broschüre aufzunehmen. Der Genosse Schoettle wird beauftragt, einen Entwurf für eine solche Abschlußerklärung auszuarbeiten.

Genosse **Sander** berichtet kurz über die Beratungen der Kommission für die Organi-sation eines Internationalen Hilfswerks.[3] Es ist eine Besprechung mit Vertretern anderer Gruppen der deutschen Emigration in Aussicht genommen. Sobald ein prinzipieller Beschluß dieses Kreises über die Gründung zustandegekommen ist, soll eine neue gemeinsame Sitzung mit den sudetendeutschen Genossen stattfinden.

Genosse **Ollenhauer** berichtet über Vorbesprechungen von Vertretern der sozialisti-schen Jugendverbände, die aus Anlaß des Weltjugendkongresses in London weilen, über die Einberufung eines Gründungskongresses der Sozialistischen Jugend-Internationale.[4]

---

1 Vgl. Nr. 192. Zur Vorgeschichte vgl. Nr. 181.
2 Es handelt sich um die Broschüre „Zur Politik deutscher Sozialisten", die im Dezember 1945 erschien. Sie enthält die wichtigsten Beschlüsse der Union und die verabschiedeten Richtlinien für Nachkriegsdeutschland, vgl. Nr. 194. AdsD Bonn, PV-Emigration, Schriften.
3 Vgl. Nr. 198.
4 Der Anstoß zur Neuformierung der SJI ging Ende 1944 von den französischen Sozialisten aus und wurde von den schwedischen, den jüdischen polnischen (Bund) und den deutschen Organisa-tionen unterstützt. Ollenhauer hatte als Sekretär der SJI am 15. August 1945 Morgan Phillips über den bevorstehenden Wiederaufbau der Jugendinternationale sowie über die vorbereitende Konfe-renz in Paris am 8. Juli 1945 informiert. Das erbetene Gespräch lehnte Phillips mit dem Hinweis ab, daß die LP noch keine Jugendorganisation innerhalb der Partei aufgebaut habe. Auf der Kon-ferenz in Perpignan im 23./24. April 1946 wurde ein provisorisches Exekutivkomitee ohne deut-

Der Kongreß soll spätestens im März 1946 in Paris stattfinden. Zu ihm sollen alle sozialistischen Jugendverbände ohne Unterschied der Nationalität eingeladen werden.

sche Beteiligung gebildet. LHASC Manchester, LP/ID/CORR/GER, Box 7 SYI; IISG Amsterdam, SJI 1204, 1205.

NR. 192

Programmatische Richtlinien für die Organisationspolitik, beschlossen am 10. November 1945

Zur Politik deutscher Sozialisten, S.18–20[1]

VII. Richtlinien für die Organisationspolitik.[2]

In Deutschland vollzieht sich jetzt überall der Wiederaufbau der Sozialdemokratischen Partei. Wie immer die Umstände beschaffen sein mögen, unter denen sich dieser Aufbau vollzieht, das Ziel der Arbeit aller Genossen kann nur sein: Die Schaffung der umfassenden einheitlichen Partei, die ihr inneres Leben nach den Grundsätzen der Demokratie ordnet. Vieles wird jetzt nur provisorisch geregelt werden können, aber jeder Schritt im einzelnen sollte dem Ziel dienen, die lokalen Organisationen der Partei zu festigen, bis der Augenblick gekommen ist, wo die deutsche Sozialdemokratie als Gesamtorganisation wieder entstehen kann. Dann muß ein Parteikongreß, der aus demokratischen Delegiertenwahlen hervorgegangen ist, Führung und Politik der Partei bestimmen. Die Entscheidungen dieses Parteikongresses sollten ausschließlich geleitet sein von dem Willen, ohne Rücksicht auf die Zufälligkeiten der Übergangsperiode, der neuen Sozialdemokratie die beste Führung für die Erfüllung ihrer großen Aufgabe zu geben: Deutschland als staatliche Einheit zu erhalten, das deutsche Volk herauszuführen aus der materiellen und moralischen Katastrophe, in die es sich vom Nationalsozialismus und seinen Bundesgenossen hat führen lassen, die inneren Verhältnisse unseres Landes im Geist sozialer Gerechtigkeit neu zu ordnen und durch eine klare antifaschistische und demokratische Politik im Innern und nach außen unserem Vaterland das Vertrauen der Welt zurückzugewinnen.

Um unseren Gesinnungsfreunden in Deutschland bei der Erfüllung dieser Aufgaben zu helfen, unterbreiten wird ihnen die nachstehenden

Leitgedanken über Aufbau und Politik der neuen Sozialdemokratischen Partei.
1. Die Interessen des deutschen Volkes nach der Vernichtung der nationalsozialistischen Diktatur verlangen gebieterisch die Schaffung einer einheitlichen, starken und gefe-

---

1 Die Organisationskommission hatte im September 1944 ihre Beratungen über die 1943 vorgelegten Vorschläge (vgl. Nr. 97, 100, 102, 108, 109, 111, 112, 114) aufgenommen. Im April 1945 kamen die Verhandlungen am Widerstand des ISK gegen die Aufgabe der Eigenständigkeit zum Stillstand (vgl. Nr. 173). Erst als sich bei der Deutschlandreise Eichlers abzeichnete, daß die Stimmung im besetzten Deutschland nach einer sozialistischen Einheitspartei verlangte und keine Sonderorganisationen akzeptieren würde, war der ISK zum Einlenken bereit (vgl. Nr. 182). Am 24. August 1945 legte Schoettle einen Entwurf für eine Richtlinie zur Organisationspolitik vor (vgl. Nr. 181), die nach mehrfacher Überarbeitung am 10. November 1945 in der hier aufgenommenen Form beschlossen wurde.
2 Vorlage: Überschriften in Fettdruck.

stigten sozialistischen Partei. Zwölf Jahre nationalsozialistischer Unterdrückung haben jeden ehrlichen deutschen Sozialisten auf eine harte Probe gestellt. Die Erforschung des eigenen Gewissens, die Überprüfung der Politik der Partei in der Vergangenheit auf Fehler und Schwächen hat das politische Bewußtsein der Besten geklärt und ihren Blick für die gewaltige Aufgabe der Sozialdemokratie geschärft. Der Terror konnte wohl die äußere Form der Partei zerschlagen. Aber die Sozialdemokratie im großen historischen Sinne als die organisierte Verkörperung des Freiheitswillens aller arbeitenden Menschen ist heute lebendiger denn je. Um ihre Fahne müssen sich alle jene Deutschen scharen, die [den] Wiederaufbau unserer Heimat im Geiste demokratischer Freiheit und sozialer Gerechtigkeit wollen.

2. Die neue Sozialdemokratie muß alle deutschen Sozialisten umfassen. Taktische und theoretische Differenzen, die in der Vergangenheit zu Absplitterungen und zur Schwächung der Partei geführt haben, haben heute an Bedeutung verloren. Es kommt jetzt nicht mehr darauf an, wer in den Auseinandersetzungen der Vergangenheit in diesem oder jenem Punkt recht gehabt hat, sondern einzig darauf, ob die Sozialdemokratie jene Kraft wird, die den Kampf um die demokratische Erneuerung Deutschlands allein mit Erfolg führen kann. Darum ist die Einheit aller deutschen Sozialisten in der Sozialdemokratie unerläßlich.

3. Die neue Sozialdemokratie muß eine breite Volksbewegung sein. Sie muß ihre Tore weit aufmachen für Menschen aus allen Schichten. In ihren Reihen muß nicht nur Platz sein für die Arbeiter, sondern auch für den vom Nationalsozialismus ruinierten Mittelstand, die Handwerker, die Angehörigen der Intelligenz, die selbständigen kleinen und mittleren Unternehmer. Unter der Fahne der Sozialdemokratie müssen Bauern und Gelehrte am Neubau Deutschlands genau so mitwirken wie die Massen der industriellen Arbeiter. Millionen Menschen, die früher auf Grund ihrer scheinbar gesicherten Existenz sich nicht um politische Fragen kümmerten oder gar in der organisierten Arbeiterschaft eine Gefahr für ihre Stellung in der Gesellschaft sahen, sind aus ihrer Bahn geworfen worden. Sie erblicken in einer sozialistischen Neuordnung ihre einzige Hoffnung. Die Sozialdemokratie muß die Verkörperung dieser Hoffnung und der Träger des Kampfes um ihre Verwirklichung sein.

4. Wenn die Sozialdemokratie eine so umfassende Bewegung werden will, muß sie von der Einsicht ausgehen, daß das Bekenntnis zur Sozialdemokratie aus den verschiedensten Motiven entspringen kann: aus dem Protest gegen wirtschaftliche und gesellschaftliche Benachteiligung, aus der Einsicht, daß sozialistische Planung und demokratische Freiheit die wirksamere Entfaltung der Produktionskräfte und die gerechtere Verteilung der erzeugten Güter ermöglichen oder aus der rein menschlichen Auflehnung gegen die sittenwidrigen Zustände unserer Gesellschaft. Die Sozialdemokratie muß daher in ihrem geistigen Leben und in ihren inneren Auseinandersetzungen über Politik und Taktik Toleranz üben. Diese Toleranz muß jedoch ihre Grenze dort finden, wo die Absicht verfolgt wird, dem sozialistischen Ziel entgegenzuhandeln oder die Stoßkraft der Partei zu schwächen.

5. Die Sozialdemokratie wird diese Grundsätze auch auf ihr Verhältnis zu anderen politischen Gruppen anwenden. Sie erstrebt für sich selbst kein Einpartei-Monopol. Sie wird mit allen politischen Richtungen zusammenarbeiten, die ehrlich auf dem Boden der politischen Demokratie, der Achtung des Andersdenkenden und der rückhaltlosen Ablehnung nationalistischer oder militaristischer Bestrebungen stehen. Sie kann nicht zusammenarbeiten mit politischen Richtungen, die ein Einpartei-Monopol erstreben.

6. Die demokratische Grundeinstellung der neuen Sozialdemokratie muß zuerst in der Partei selber ihren Ausdruck finden. Parteidemokratie muß auf allen Stufen des inneren Lebens der Organisation herrschen. Die großen Linien der sozialdemokratischen Politik müssen gemeinsam von den Mitgliedern und Funktionären der Partei erarbeitet und gebilligt werden. Die Durchführung dieser Politik obliegt einer Führung, die aus der freien Entscheidung der Parteimitgliedschaft hervorgegangen sein muß. Der Parteiapparat, der bei jeder Massenorganisation früher oder später unvermeidlich entsteht, darf nicht zum Beherrscher der Partei werden. Sicherungen gegen eine solche Entwicklung muß die Partei schon in den Anfängen treffen. Die Mitglieder haben die Pflicht, ständig eine wachsame Kontrolle über ihre Vertrauensmänner innerhalb der Partei und im öffentlichen Leben auszuüben und sie zurückzurufen, wenn sie ihre Aufgabe nicht erfüllen oder den Grundsätzen der Partei entgegenhandeln. Darüber hinaus ist es die Pflicht jedes organisierten Sozialisten, seine ganze Kraft aktiv für die Ziele der Partei einzusetzen und ihr in allen Funktionen zu dienen, in die er durch die demokratische Entscheidung der Parteigenossen berufen wird.

Die neue Sozialdemokratie wird ihren Mitgliedern und Funktionären ein hohes Maß politischer und geistiger Erziehung geben müssen. Nur wenn jeder einzelne Sozialdemokrat fähig ist und sich verpflichtet fühlt, die Grundsätze der Partei in seiner persönlichen Haltung zu verwirklichen, wird die Partei als Ganzes die Kraft und das Ansehen haben, die sie für die Erfüllung ihrer Aufgabe benötigt. Und was für den Mann in Reih und Glied der Partei gilt, das muß erst recht Richtschnur für das Handeln der Genossen sein, die durch das Vertrauen der Partei mit größeren Aufgaben oder öffentlichen Ämtern betraut werden. Für sie muß der Grundsatz gelten:
Je höher das Amt, um so größer die Verantwortung gegenüber der Partei.

Nr. 193

Protokoll der Exekutivkomiteesitzung am 20. November 1945

AdsD Bonn, PV-Emigration, Mappe 5

Sitzung der Exekutive der „Union" am 20. November 1945 bei H[ans] G[ottfurcht]

Anwesend: Ollenhauer, Eichler, Sander, Schoettle, Spreewitz, Gottfurcht.

Es wird zunächst über den Vorschlag des Genossen Ollenhauer für die Drucklegung der „Unions"-Broschüre beraten.[1] Zu der von Ollenhauer vorgelegten „Vorbemerkung" liegt ein Gegenvorschlag der Genossen Fischer und Spreewitz vor, der die Vorbemerkung zu einer Einführung in die programmatischen Richtlinien erweitern will.[2] Nach längerer Aussprache kommt die Sitzung zu der Überzeugung, daß eine solche erweiterte Vorbemerkung eingehend mit der Politischen Kommission beraten werden müßte. Das würde die Veröffentlichung der Broschüre mindestens um einen Monat hinauszögern. Genosse **Spreewitz** zieht nach dieser Diskussion seinen Vorschlag zurück. Es wird beschlossen, die „Vorbemerkung" von Ollenhauer anstelle der ursprünglich vorgesehenen Abschlußerklärung zu verwenden. Der Entwurf Ollenhauer wird mit einigen stilistischen Änderungen genehmigt, und es wird beschlossen, die Broschüre unter dem Titel „Zur Politik deutscher Sozialisten. Politische Kundgebungen und programmatische Richtlinien der ‚Union' " erscheinen zu lassen.

Der Genosse Klatt ist nicht in der Lage, in der „Unions"-Versammlung am Sonnabend, den 24. November, zu sprechen. Er ist bereit, in einem kleineren Kreis zu berichten. Es wird beschlossen, diese Information am Freitag, den 30. November, abends 7.30 Uhr im Sudetenheim entgegenzunehmen.[3] Eingeladen werden von dem Vertreter jeder Gruppe drei bis fünf Genossen und die Genossen Jaksch, Wiener und Reitzner.

Es wird beschlossen, Anfang Dezember eine Besprechung der Gewerkschaftsfunktionäre in der „Union" abzuhalten.[4]

Es wird beschlossen, die von den Genossen Fliess und Schumacher ausgearbeiteten Bemerkungen „Währung und Finanzreform"[5] zu den Programmvorschlägen der

---

1 Entwurf mit hs. Korrekturen Eichlers: AdsD Bonn, ISK, Box 61. In der Edition wird die gedruckte Fassung verwendet. Vgl. Nr. 194.
2 Entwurf der SAP für die Vorbemerkung, November 1945, 3 S.: AdsD Bonn, ISK, Box 61.
3 Das Protokoll der Sitzung mit den sudetendeutschen Genossen am 30. November 1945 und über den Vortrag Klatts fehlt. Bei der Ablehnung, in einer öffentlichen Versammlung zu sprechen, mochten die Rücksichten eine Rolle spielen, die Werner Klatt als Landwirtschaftsexperte in britischen Diensten zu nehmen hatte. Er hatte in dieser Funktion alle vier Besatzungszonen bereist, in Berlin Kontakte zu den dortigen Mitgliedern von Neu Beginnen hergestellt und Materialien des Zentralausschusses beschafft. Vgl. Hurwitz, Die Anfänge des Widerstandes, S. 38f., 63, 519.
4 Weitere Hinweise oder Protokolle fehlen.

Münchner Genossen an die Münchner Genossen weiterzugeben mit der Erklärung, daß es sich um die Arbeit einiger sachverständiger Genossen handelt, die die „Union" um diese Arbeit ersucht hat.

---

5 Vgl. E.F. Schumacher/Walter Fliess, Währung und Finanzreform, 16 S., Entwurf dazu in: AdsD Bonn, ISK, Box 64. Vgl. auch Nr. 196, Anm. 3.

Nr. 194

*Vorbemerkung zur Broschüre „Zur Politik deutscher Sozialisten",
Ende November 1945*

Anlage zum Protokoll vom 20. November 1945

Zur Politik deutscher Sozialisten, London 1945, S. 2[1]

Fast fünf Jahre lang haben deutsche Sozialisten in der „Union deutscher sozialistischer Organisationen in Großbritannien" kameradschaftlich und erfolgreich zusammengearbeitet. Die Kundgebungen und Beschlüsse, die wir in dieser Schrift wiedergeben, zeigen Richtung und Inhalt der gemeinsamen Arbeit. Sie sind geboren in den schweren Jahren des Krieges und aus dem Willen heraus, für die Sozialisten in Deutschland zu sprechen, die die Hitlerdiktatur zum Schweigen verurteilt hatte. Als Dokumente dieser härtesten Periode in der Geschichte der deutschen Arbeiterbewegung werden sie auch in der Zukunft Bedeutung behalten.

Die „Union" war ferner bemüht, einen Beitrag zu leisten für den Wiederaufbau der sozialistischen Bewegung in Deutschland nach dem Sturz des Nationalsozialismus. In den programmatischen Richtlinien, die wir nunmehr unseren Freunden in Deutschland vorlegen, haben wir Anregungen und Vorschläge für die kommenden Diskussionen über Programm und Politik der neuen deutschen Sozialdemokratie entwickelt. Manche der vorgeschlagenen Lösungen werden umstritten sein. Wir wissen aus unseren eigenen Beratungen, daß es auch unter Sozialisten ernste sachliche Meinungsverschiedenheiten gibt und wohl auch immer geben wird. Aber unsere Beratungen haben auch bewiesen, daß es unter demokratisch und freiheitlich gesinnten Sozialisten eine breite Basis gemeinsamer Grundauffassungen gibt, stark genug, um darauf eine einheitliche und aktionsfähige Partei aller Sozialisten aufzubauen. Die Tatsache, daß sich jetzt in Deutschland die Errichtung der einheitlichen Sozialdemokratischen Partei vollzieht, ist die stärkste Ermutigung, die wir finden konnten.

Die Aufgabe der deutschen politischen Emigration geht zu Ende. Die Führung des politischen Kampfes der deutschen Sozialisten und die öffentliche Vertretung ihrer Ansichten und Forderungen geht über auf die wiedererstehende Bewegung in Deutschland. Mit der Entstehung einer einheitlichen Sozialdemokratischen Partei in Deutschland verliert die „Union" auch als eine Arbeitsgemeinschaft mehrerer sozialistischer Gruppen ihren Existenzgrund. Unsere Arbeit hat den erfreulichsten und hoffnungsvollsten Abschluß gefunden, der denkbar war. Sie mündet in die Arbeit für den Wiederaufbau, den Kampf und den Sieg der neuen Sozialdemokratischen Partei Deutschlands.

---

1 Die Broschüre enthält die Entschließungen der Union (vgl. Nr. 6, 54, 71, 85, 127, 143) und die verabschiedeten Richtlinien (vgl. Nr. 159–161, 172, 186, 192 und teilweise 179).

Vielen haben wir für das Interesse und die Mitarbeit zu danken, die den Erfolg der „Union" ermöglicht haben. Vor allem aber haben wir unserem Vorsitzenden Hans Vogel zu danken, der in so tragischer Weise kurz vor seiner Rückkehr nach Deutschland verstorben ist. Wir handeln in seinem Geist, wenn wir die Kameradschaft und die Sachlichkeit, die unsere gemeinsame Arbeit in der „Union" unter seiner Führung ausgezeichnet haben, lebendig erhalten in der Arbeit für den Sozialismus und den Frieden, die wir nun wieder in der Sozialdemokratie in Deutschland aufnehmen.

London, Ende November 1945.
Exekutive der „Union deutscher sozialistischer Organisationen in Großbritannien."

Willi Eichler, Hans Gottfurcht, Erich Ollenhauer, Wilhelm Sander, Erwin Schoettle, Gustav Spreewitz.[2]

---

2 Vorlage: Von „Exekutive" bis „Spreewitz" Fettdruck.

NR. 195

Protokoll der Mitgliederversammlung am 24. November 1945

AdsD Bonn, PV-Emigration, Mappe 5

Mitgliederversammlung der „Union" am 24. November 1945
(18.30 Uhr im Austrian Labour Club)

Anwesend: siehe Anwesenheitsliste[1]

---

1 Anwesend nach Anwesenheitsliste:

Benninghaus	W.	SPD		Levi	Arthur	ISK
Bertholet-Grust	Hanna	ISK (Zürich)		Lewin	Hans	SPD
Blank	S.	—		Loewenheim	W.	SPD
Blumenreich	Erich	SPD		Meyer	Hermann	SPD
Blumenreich	Mrs.	SPD		Miller	Susie	ISK
Bondy	Charlotte	Gast		Moeller-Dostali	R.	SPD
Borinski	F.	SPD		Ollenhauer	M.	SPD
Brahm	M.	Gast		Ollenhauer	Erich	SPD
Bruckner	Anton Dr.	Gast		Ostwald	Dr.	SPD
Catchpool	Corder	Gast		Plöger	M.	ISK
Danneberg	Gerhard	ISK		Pringsheim	Karl	SPD
Dresel	P.	TLP		Putzrath	E.	SJ
Dyrenfurth		SPD		Putzrath	Heinz	SJ
Ehlen	Hilde	—		Rahmer	B.A.	SPD
Ehlmann	K.	Gast		Rischowski	Ira	SPD
Fink	H.	SJ		Robertson	H.	Gast
Fliess	Leni	SJ		Salomon	F.	SPD
Fliess	Jenny	ISK		Sander	W.	SPD
Friedlander	Martha	Gast		Schleiter	Franz	SPD
Fryd	Bertha	ISK		Schoettle	H.	Neubeg.
Gleissberg	G.	SPD		Schoettle	Erwin	NB
Goldschmidt	H.	SPD		Schönbeck	F.	SPD
Gotthelf		SPD		Schreiber	M.	SPD
Grae[tzer	Rosi]	Union		Schwartz	Dr. Oscar	SPD
Guttsman(n)	S.	SJ		Schwartz	Frau	SPD
Guttsman(n)	W.	SJ		Shortraed		SPD
Heide	Paul	SPD		Sieder	I.	ISK
Heilfort	L.	SPD		Sorg	Hch.	SPD
Heine	B.F.	SPD		Specht	Minna	ISK
Hermann	Grete	ISK		Spreewitz	G.	SAP
Hidden	G.A.	SJ		Strobl	A.	Gast
Innis	Elisabeth	ISK		Tomarkin	G.	
Kamnitzer	Heinrich	SPD		Ullstein	L.	Gast
Kamnitzer	Ellen	SPD		Urban(n)	Hedwig	ISK
Klatt	W.	Neubeg.		Walter	Nora	ISK-SJ
Kressmann	Wilhelm	SPD		Wettig	Liselotte	ISK
Lauermann	Werner	NB		Wiest	Fr.	Gast

Genosse **Franz Schleiter** sprach über die wirtschaftliche Lage im besetzten Deutschland.[2] Dem Vortrag folgte eine Aussprache.

Wittelshoefer   SPD
Ein Name nicht lesbar.
Am Ende der Liste findet sich folgende Aufstellung Ollenhauers:
35   SPD
15   ISK
4   NB
1   SAP
7   Jugend
13   Gäste
Bruckner, Dr. Anton, nicht ermittelt.
Dresel, Percy L., *1882, Kaufmann, Brit. StA, DSAP, 1938 zurück nach GB.
Hidden, G.A., SJ, nicht ermittelt.
Lauermann, Werner, 1913–1979, ČSR-Bürger, 1927–31 SAJ, 1930–31 SPD, 1931 SAP, 1933 Emigration ČSR, Anschluß an NB, 1939 GB, nach 1945 dort Leiter einer Volkshochschule.
2 Keine weiteren Angaben ermittelt.

NR. 196

Protokoll der Exekutivkomiteesitzung am 8. Dezember 1945

AdsD Bonn, PV-Emigration, Mappe 5

Sitzung der Exekutive der „Union" am Sonnabend, den 8. Dezember 1945

Anwesend: Ollenhauer, Eichler, Sander, Schoettle, Spreewitz, Gottfurcht.

Es werden zunächst Vorschläge für die Überführung der „Union" in die „Vereinigung deutscher Sozialdemokraten in Großbritannien" beraten. Sie werden in der Fassung angenommen, die aus der Anlage zu ersehen ist.[1]

Es wird beschlossen, in der kommenden Woche die Vorschläge in den einzelnen Gruppen zu behandeln und am Sonnabend, den 15. Dezember, abends 6 Uhr in der Vega[2] eine abschließende Beratung der Exekutive der „Union" abzuhalten.

Die Vorschläge für die „London-Vertretung der SPD" werden später gemeinsam mit den Mitgliedern der Exekutive der „Union" beraten werden.

Es wird beschlossen, dem Vorschlag der Genossen Fliess und Schumacher zuzustimmen und die Genossen zu ermächtigen, ihre Arbeit über „Währung und Finanzreform" gedruckt erscheinen zu lassen.[3] Es wird angeregt, in den „SM" eine Zusammen-

---

1 In die Edition wurde die geringfügig korrigierte Fassung (vgl. Nr. 197) aufgenommen, die sich auf der Rückseite der Einladung zur Versammlung am 29.12.1945 befand: AdsD Bonn, PV-Emigration, Mappe 186. Die dem Protokoll beiliegende zweite Fassung ist unvollständig. Die Abweichung bezieht sich auf Punkt 3 der Übergangsbestimmungen. Dort ist in der korrigierten Fassung die Wahl auf den 29. Dezember 1945 festgelegt, die Wahlperiode auf ein Jahr bestimmt. Bei vorheriger Rückkehr von Gewählten nach Deutschland ist die Ergänzung der Leitung durch Kooptierung vorgesehen. Der Wahlvorschlag ist um Mitglieder des ISK (Fliess), Neu Beginnen (Putzrath) und SAP (Spreewitz) ergänzt.

2 Die vegetarischen Gaststätten (Vega) hatten schon in Deutschland ein zentrales Element der ISK-Organisationsstrukturen gebildet. Das „Vega Modern Vegetarian Restaurant Ltd." in London war ein von Mitgliedern des ISK geführtes vegetarisches Restaurant neben dem Leicester Square Theatre in 56–58, Whitcomb Street. Leiter waren Walter und Jenny Fliess und Nora Loewi (GB), mehrere ISK-Mitglieder arbeiteten dort. Die Überschüsse dienten zur Finanzierung der Organisation.

3 Walter Fliess hatte am 26. November 1945 an Ollenhauer wegen der von ihm und E.F. Schumacher verfaßten „Betrachtungen und Vorschläge zur deutschen Währungs- und Finanzreform" (vgl. Nr. 193 Anm. 5) geschrieben, ob die Union sie nicht drucken lassen wolle. Er und Schumacher würden die Kosten übernehmen: AdsD Bonn, PV-Emigration, Mappe 42. Die Vorlage wurde als Broschüre der Union veröffentlicht: E.F. Schumacher und Walter Fliess, Betrachtungen zur deutschen Finanzreform, London, Dezember 1945.

fassung der praktischen Vorschläge für die Verhütung der Inflation zu veröffentlichen.[4]

Es wird beschlossen, gegen die jetzige Praxis der britischen Militärregierung, die von den Beamten die Aufgabe ihrer Mitgliedschaft in den politischen Parteien fordert, beim Genossen Hynd, bei Labour-M.P.'s und in der Presse Stellung zu nehmen.[5] Eine kurze schriftliche Zusammenfassung der von uns geltend zu machenden Gesichtspunkte soll allen Mitgliedern der Exekutive zugestellt werden.

Ein Bericht des Genossen **Sander** über die Konstituierung eines Hilfskomitees für Notleidende in Deutschland wird zur Kenntnis genommen. In der Anlage sind die Richtlinien des Hilfswerks enthalten, die in der konstituierenden Sitzung angenommen wurden.[6]

Genosse **Gottfurcht** berichtet über eine Unterhaltung mit dem Genossen Bell[7] über die Frage der Rückkehr deutscher Gewerkschafter nach Deutschland. TUC ist bereit, die Rückkehr von deutschen Gewerkschaftern, die jetzt in England oder anderen Gastländern leben, zu fördern. Es ist bereit, dem Genossen Gottfurcht eine Besuchsreise nach Deutschland im Januar nächsten Jahres zu ermöglichen.

Genosse **Schoettle** bittet zu erwägen, ob nicht bald die Zeit kommen kann, in der die Exekutive der „Union" im Zusammenhang mit der Diskussion über den Status des Ruhrgebiets und des Rheinlandes zu den territorialen Entscheidungen der Sieger Stel-

---

4 Vgl. SM, Nr. 82, Januar 1946, S. 11–12.

5 Zur Vorgeschichte vgl. Nr. 304, 306; außerdem Wolfgang Rudzio, Die Neuordnung des Kommunalwesens in der Britischen Zone. Zur Demokratisierung und Dezentralisierung der politischen Struktur: eine britische Reform und ihr Ausgang, Stuttgart 1968, S. 45ff. Eichler hatte am 9. November 1945 an den für Deutschland zuständigen Minister John Hynd geschrieben wegen der Anordnung, daß Beamte sich nicht politisch betätigen dürfen, und auch die vorhandenen Widerstände gegen die Säuberung von Polizei und Industrie angesprochen: AdsD Bonn, ISK, Box 62. B. H. Robertson, Berlin (Control Commission – Advanced Headquarters), der vom Ministerium um Stellungnahme gebeten worden war, erklärte dazu am 11. Dezember 1945, es bestehe kein Verbot dieser Art, sondern nur eine Anweisung an kommunale Spitzenbeamte, sich nicht in der Parteipolitik ihres Gebietes zu betätigen: PRO London, FO 371, 46910-C9867. Auf der Akte ist außerdem in Bezug auf Eichlers Rückkehrwunsch am 4. Januar 1946 vermerkt: „The Control Commission will not perhaps be best pleased that we are sending Eichler out to Germany." Am 16. Dezember 1945 informierte Eichler Ollenhauer, daß auch Hynd gegen das Verbot sei: AdsD Bonn, PV-Emigration, Mappe 35. – Robertson, Brian H., 1896–1974, 1945–47 stellv. Militärgouverneur der britischen Zone.

6 Vgl. Nr. 198. Auf dem versandten Programm der Gründungsversammlung der „Vereinigung" fand sich eine Einladung für die erste öffentliche Veranstaltung des Hilfswerks am Sonntag, den 6. Januar 1946. Als Sprecher waren angekündigt Moeller-Dostali, Pastor Rieger, Frau Joh. Meier-Hultschin und Dr. Paul Bondy, der über seine Erlebnisse und Erfahrungen in Deutschland in den letzten neun Monaten sprechen sollte: AdsD Bonn, ISK, Box 63. – Rieger, Dr. Julius, Pastor einer der deutschen evangelischen Gemeinden in London.

7 Bell, Ernest, führender TUC-Funktionär.

lung nehmen muß.[8] Eine Diskussion über diese Frage wird auf eine spätere Sitzung verschoben.

---

8 Dies betraf insbesondere die von der Union abgelehnten Abtretungen ostdeutscher Gebiete an Polen und die Sowjetunion, die Besatzungszoneneinteilung und die Diskussion über einen Sonderstatus des Ruhrgebietes, wie er z.B. im Morgenthau-Plan vorgesehen war. Vgl. Ruhl, Neubeginn und Restauration, S. 24–27; Rolf Steininger, Die Rhein-Ruhr-Frage im Kontext britischer Deutschlandpolitik 1945/46, in: Heinrich August Winkler (Hrsg.), Politische Weichenstellungen im Nachkriegsdeutschland 1945–1953, Göttingen 1979 (GG Sonderheft 5), S. 111–166; Tyrell, Großbritannien und die Deutschlandplanung, S. 597.

Nr. 197

Beschluß über die London-Vertretung der SPD vom 8. Dezember 1945

Anlage zum Protokoll vom 8. Dezember 1945

AdsD Bonn, PV-Emigration, Mappe 5

London-Vertretung der SPD[1]

Auf der Sozialdemokratischen Parteikonferenz in Hannover Anfang Oktober 1945 wurden die in London lebenden Mitglieder des im Jahre 1933 gewählten Vorstandes der Partei, die Genossen Erich Ollenhauer und Fritz Heine[2], mit der Vertretung der Partei in London beauftragt.

Gestützt auf dieses Mandat wollen wir eine „London-Vertretung der SPD" aufbauen, die die Aufgabe haben soll, den Kontakt mit der Partei in Deutschland aufrechtzuerhalten und die Auffassungen und Interessen der Partei gegenüber der britischen Arbeiterbewegung und der britischen Öffentlichkeit zu vertreten, wenn wir selbst nach Deutschland zurückgehen, und solange die Partei in Deutschland nicht selbst eine endgültige Entscheidung über die Besetzung und die Aufgaben der „London-Vertretung der SPD" fällen kann.

Die Leitung dieser „London-Vertretung der SPD" wird nach unserer Rückkehr nach Deutschland in den Händen des Genossen Wilhelm Sander liegen.

Für die Durchführung der Aufgaben der „London-Vertretung der SPD" sollen drei Ausschüsse gebildet werden: ein politischer Ausschuß, ein Ausschuß für Presse und Propaganda und ein Ausschuß der Arbeiter-Wohlfahrt.

Diese Ausschüsse sollen nach Möglichkeit aus Genossen gebildet werden, die über gute Beziehungen zu englischen Kreisen verfügen.

Die Mitglieder der Ausschüsse müssen Mitglieder der „Vereinigung" sein.

Die Zusammensetzung der Ausschüsse soll nach Beratung mit den jetzigen Mitgliedern der Exekutive der „Union" erfolgen.

Der Vorsitzende der „London-Vertretung" ist zugleich Vorsitzender des politischen Ausschusses.

Die Vorsitzenden der beiden anderen Ausschüsse werden zu den Beratungen des politischen Ausschusses hinzugezogen.

---

1 Vorlage: „London-Vertretung der SPD" ms. unterstrichen.
2 Fritz Heine war 1933 nicht in den Parteivorstand gewählt worden. Zur Frage seiner Kooptierung vgl. Einleitung, Abschnitt III.1.

Die Tätigkeit des Presse- und Propaganda-Ausschusses und des Ausschusses der „Arbeiter-Wohlfahrt" muß sich im Rahmen der durch den politischen Ausschuß gezogenen Richtlinien bewegen.

Von Fall zu Fall finden gemeinsame informatorische Besprechungen der Mitglieder aller drei Ausschüsse statt.

Die ständige Verbindung mit der „Vereinigung" wird durch eine gegenseitige Vertretung sichergestellt. Die Mitglieder der Leitung der „Vereinigung" können zu gemeinsamen Beratungen der Mitglieder der „London-Vertretung" hinzugezogen werden.

Die „London-Vertretung" ist ein Organ der Sozialdemokratischen Partei Deutschlands. Sie unterliegt in ihrer Zusammensetzung und in ihrer Arbeit der Kontrolle und der Entscheidung der Leitung der Partei in Deutschland.

Nr. 198

Konzeption eines Hilfsprogramms für die notleidende Bevölkerung in Deutschland, vorgelegt am 8. Dezember 1945[1]

Anlage zum Protokoll vom 8. Dezember 1945

AdsD Bonn, PV-Emigration, Mappe 5

Outline for the Organisation of a Relief Scheme for the Distressed People in Germany.

There is general agreement that Germany is threatened with famine in the coming months, and that she will be in a very grave position for many years. There is only one parallel in recent history: the famine in the Volga districts of Russia.[2]

At that time charitable organizations of many countries combined their efforts to aid Russia in combating starvation and epidemics.

In Germany today the situation is aggravated by the fact that there will be for a considerable time no central government that would be able to organize German self-aid, and that UNRA relief is not extended to Germany. Yet it is agreed that starvation and epidemics in Germany mean a menace to the whole of Europe.

Therefore, a great responsibility rests with those Germans abroad who have a humanitarian outlook and who have proved by deeds that they feel with suffering people irrespective of language or creed. They regard it as their duty to take an active part in any relief scheme that will be organized for Germans in need.

Relief is needed in the first place for children and mothers and for expelled from Eastern provinces and other parts of Europe. There is no reason for any distinction between citizens of the Reich and Germans from Sudetenland, Danzig, Poland and Yugoslavia. It is, in the first instance, a question of material relief; the problem of assisting Germany's spiritual rebuilding must be left for further consideration.

Relief organizations should be set up in every country which is able to contribute money, food, clothing and means of transport.

For these purposes a committee has been constituted in London, [c]omposed mainly of representatives of the democratic and religious German organizations abroad. Members of the presidium are Mr. W. Sander[3], Father Miller, O.S.B., Pastor Rieger, Mr. J. A. Maier-Hultschin and Mr. W. Jaksch.

---

1 Eine ausführlichere, nur auf der ersten Seite identische Ausarbeitung „Vorschläge für die Organisierung eines Hilfswerkes für die Hungernden in Deutschland, 3 S., findet sich in: AdsD Bonn, NL Sander, Mappe 57.

2 Vorlage: „the famine in the Volga districts of Russia" ms. unterstrichen. – Gemeint ist die Hungersnot in der Ukraine im Gefolge der sowjetischen Agrarpolitik um 1930.

3 Vorlage: Alle Namen im Satz ms. unterstrichen.

This Committee has sent an appeal to humanitarian-minded Germans in oversea countries, particularly USA and the South American countries, to form similar committees, the London committee offering to act as European agency. A number of organizations in these countries have already declared their willingness to help. Coordinated in London, the work of such bodies can be more immediately effective.

Thereby the situation in Germany could be considerably eased, and the burden of the Allied administration diminished. The fact that the initiative comes from democratic and Christian Germans may bring encouragement to similar trends in Germany.

In distribution, German charitable organizations, which had a good record in the past, should play their full part. In addition, the good services of allied or neutral relief-organizations should be enlisted.

It will be necessary to mobilize international good-will and to win the support of the Allied Governments for admission of transports and parcels, for aid in distribution and in the search for persons to whom individual help from overseas is offered.

Political propaganda will be, of course, entirely excluded from the Committees activities.

In its constituent meeting the Committee agreed to invite British personalities to act as sponsors.

Protokoll der Exekutivkomiteesitzung am 15. Dezember 1945

AdsD Bonn, PV-Emigration, Mappe 5

Sitzung der Exekutive der „Union" am 15. Dezember 1945 in der Vega

Anwesend: Ollenhauer, Schoettle, Eichler, Sander, Spreewitz.

Die Richtlinien[1] für die Gründung der „Vereinigung deutscher Sozialdemokraten in Großbritannien" werden gebilligt, nachdem einer Anregung der SPD-Gruppe zugestimmt worden ist, die Wahl der Leitung bereits in der Versammlung vom 29.12. vorzunehmen und die Leitung zu ermächtigen, sich im Laufe ihrer einjährigen Wahlperiode durch Kooptierung zu ergänzen, falls Mitglieder der Leitung durch Rückkehr ausscheiden und falls die Leitung die Ergänzung für notwendig hält.

Über die Zusammensetzung der Leitung ergab sich eine Aussprache über einzelne Mitglieder der SPD-Gruppe und der Gruppe „Neu Beginnen".

Die Gründungsversammlung der „Vereinigung" findet am Sonnabend, den 29. Dezember 1945, nachmittags 5.30 Uhr im Austrian Labour Club statt. Das Referat hält der Genosse Ollenhauer. Über die sonstige Ausgestaltung der Veranstaltung soll mit der SJ und mit dem Genossen Kamnitzer verhandelt werden. Die Veranstaltung ist eine geschlossene Mitgliederversammlung.

In der Versammlung wird die Wahl der Leitung stattfinden, zu der die SAP und Neubeginnen noch ihre Vorschläge zu machen haben. ISK schlägt Walter Fliess vor.

Es wird vereinbart, zu der Verordnung der britischen Militärregierung über das Verhältnis zwischen Verwaltung und politischen Parteien ein Statement auszuarbeiten.[2] Beauftragt werden die Genossen Wittelshöfer und Heine, die ermächtigt werden, mit anderen sachverständigen Genossen in Verbindung zu treten, z.B. Fritz Schönbeck, Carl Herz, Guida Call[3].

Willi Sander berichtet über Schritte, die Hans Gottfurcht und er unternommen haben, um eine Beihilfe für die nach Deutschland zurückkehrenden Genossen durch den International Solidarity Fond sicherzustellen, soweit sie nicht durch den Czech Trust Fond oder durch Jewis[h] Aid Committee erfaßt sind.[4] Die Mitglieder der Exekutive werden

---

1 Die Mitglieder der Union erhielten das Programm der Gründungsversammlung mit den Richtli-
· nien der „Vereinigung ..." auf der Rückseite zugesandt. Vgl. Nr. 200.
2 Vgl. Nr. 196 Anm. 5.
3 Call, Guida, nicht ermittelt.
4 Zum International Solidarity Fund (Matteotti-Fond) vgl. Nr. 1, Anm. 2. Der Czech Refugee Trust
   Fond (CRTF), gegründet 1938, unter diesem Namen seit 1940, war als halboffizielle Hilfsorgani-
   sation für alle Personen zuständig, die 1938/39 aus der ČSR nach Großbritannien geflohen waren.

aufgefordert, dem Genossen Sander ein namentliches Verzeichnis der aus ihren Gruppen in Frage kommenden Mitglieder einzureichen.

1939 befanden sich unter den etwa 8 000 betreuten Flüchtlingen auch 2000 Sudetendeutsche, 850 Reichsdeutsche und 475 Österreicher. Vgl. Röder, Exilgruppen, S. 24; zum Jewish Aid Committee vgl. Loewenthal, Bloomsbury House; Wasserstein, Britain and the Jews.

NR. 200

Beschluß über die Bildung der „Vereinigung deutscher Sozialdemokraten in Großbritannien" vom 15. Dezember 1945

Anlage zum Protokoll vom 15. Dezember 1945

AdsD Bonn, PV-Emigration, Mappe 5[1]

Vereinigung deutscher Sozialdemokraten in Großbritannien[2]
(Association of German Socialdemocrats in Great Britain)

1. Die „Vereinigung deutscher Sozialdemokraten in Großbritannien" hat die Aufgabe, die politische Information und Schulung ihrer Mitglieder zu fördern und ihren kulturellen und sozialen Bedürfnissen zu dienen. Sie soll außerdem für die Ideen und Ziele der deutschen sozialistischen Arbeiterbewegung Verständnis erwecken.
2. Die Leitung der „Vereinigung" wird Richtlinien für die Tätigkeit der Organisation, für die Beitragsleistung und für die Aufnahme neuer Mitglieder ausarbeiten.
3. Über die Mitgliedschaft in der „Vereinigung" werden Ausweise ausgestellt, die vom 1. Januar 1946 an gültig sind.
   In den Ausweisen wird auf Wunsch die Mitgliedschaft in den früheren Organisationen der „Union" bescheinigt.
4. Vorbehaltlich der Ausarbeitung weiterer Einzelbestimmungen über die Aufnahme neuer Mitglieder durch die Leitung der „Vereinigung" wird festgelegt, daß Aufnahmeanträge die Namen von mindestens zwei Mitgliedern der „Vereinigung" als Bürgen enthalten müssen.
5. Die von der „London-Vertretung der SPD" herausgegebenen „Sozialistischen Mitteilungen" stehen der „Vereinigung" als Mitteilungsblatt zur Verfügung.
6. Die ständige Verbindung mit der sozialdemokratischen Partei Deutschlands wird durch die gegenseitige Vertretung der Leitung der „Vereinigung" und der „London-Vertretung der SPD" hergestellt.

Übergangsbestimmungen
1. Mit der Auflösung der „Union" werden die Mitglieder der Organisationen, die die „Union" bildeten, Mitglieder der „Vereinigung".

---

1 Der Beschluß ist auf der Rückseite der Einladung zur Versammlung wiedergegeben. Ein Exemplar mit hs. Korrekturen Gottfurchts im Programm der Einladung findet sich in: Archiv Dr. Gerhard Beier, Kronberg, TNL Gottfurcht, Akte O I.
2 Vorlage: Alle Überschriften ms. unterstrichen.

2. Jede der der „Union" angeschlossenen Organisationen übergibt der Leitung der „Vereinigung" ein namentliches Verzeichnis ihrer Mitglieder, soweit sie bereit sind, Mitglieder der „Vereinigung" zu werden.
3. Die Wahl der Leitung der „Vereinigung" erfolgt in der Gründungsversammlung der „Vereinigung" am 29. Dezember 1945. Die Wahlperiode beträgt ein Jahr.

Wenn Mitglieder der Leitung vor Ablauf der Wahlperiode durch Rückkehr nach Deutschland oder aus anderen Gründen ausscheiden, kann sich die Leitung durch Kooptierung ergänzen, wenn sie es für erforderlich hält.

Wahlvorschlag für die Leitung der „Vereinigung deutscher Sozialdemokraten in Großbritannien".
1. Wilhelm Sander[3], Vorsitzender
2. Walter Fliess,
3. Gerhard Gleissberg,
4. Paul Heide,
5. Rudolf Möller-Dostali,
6. Heinz Putzrath,
7. Fritz Segall,
8. Heinrich Sorg,
9. Gustav Spreewitz,
10. Kurt Weckel

Der Leitung gehören ferner an Hans Gottfurcht als Vertreter der Gewerkschaften und ein Vertreter der „London-Vertretung der SPD".

---

3 Vorlage: „Sander" und alle folgenden Familiennamen sind ms. unterstrichen.

NR. 201

Protokoll der Mitgliederversammlung am 29. Dezember 1945

AdsD Bonn, PV-Emigration, Mappe 5

Mitgliederversammlung der „Union" am 29. Dezember 1945 im A[ustrian] L[abour] Cl[ub].[1]

Die Versammlung wurde einberufen, um über die Gründung der „Vereinigung deutscher Sozialdemokraten in Großbritannien" zu beschließen. Über die Arbeit der „Union" und die Aufgaben der „Vereinigung" sprach **Erich Ollenhauer** (siehe Notizen im Anhang).

Nach dem Referat stellte **Willi Eichler** die vorliegenden Richtlinien für den Aufbau und die Aufgaben der „Vereinigung" zur Abstimmung.[2] Die Richtlinien wurden einstimmig angenommen und damit die Gründung der „Vereinigung" vollzogen.

Die Gründungsversammlung wählte dann einstimmig die Leitung der „Vereinigung" in folgender Zusammensetzung:

Wilhelm Sander, Vorsitzender

Walter Fliess,

Gerhard Gleissberg,

Paul Heide,

Rudolf Möller-Dostali,

Heinz Putzrath,

Heinrich Sorg,

Gustav Spreewitz,

Kurt Weckcl,

Fritz Segall

Der Leitung der „Vereinigung" gehören ferner an Hans Gottfurcht als Vertreter der Gewerkschaften und ein Vertreter der „London-Vertretung der SPD".

Die Versammlung wurde durch Rezitationen von Dora Segall und Heinrich Kamnitzer und durch gemeinsame Lieder ausgestaltet.

Über die Gründung wurde die beigefügte offizielle Mitteilung verbreitet.

---

1 Eine Anwesenheitsliste fehlt.
2 Vgl. Nr. 200.

Nr. 202

Presseerklärung über die Gründung der „Vereinigung deutscher Sozialdemokraten in Großbritannien" am 29. Dezember 1945

Anlage zum Protokoll vom 29. Dezember 1945

AdsD Bonn, PV-Emigration, Mappe 5

Zusammenschluß deutscher Sozialdemokraten in Großbritannien[1]

In London wurde am 29. Dezember 1945 die „Vereinigung deutscher Sozialdemokraten in Großbritannien" (Association of German Socialdemocrats in Great Britain) gegründet.

Die neue Vereinigung will die politische Information und Schulung ihrer Mitglieder fördern und deren kulturellen und sozialen Bedürfnissen dienen. Sie will außerdem für die Ideen und Ziele der deutschen sozialistischen Arbeiterbewegung Verständnis wecken.

Die „Vereinigung" tritt an die Stelle der bisher in England bestehenden vier Gruppen deutscher Sozialisten (SPD, SAP, ISK, Neubeginnen), die seit 1941 in der „Union deutscher sozialistischer Organisationen in Großbritannien" zusammengearbeitet hatten.

Die Gründung der Vereinigung wurde in einer Versammlung aller Mitglieder der „Unions"-Organisationen nach einem Referat von Erich Ollenhauer einstimmig beschlossen. Erich Ollenhauer bezeichnete die organisatorische Einigung der deutschen Sozialisten in Großbritannien als die logische Folge der erfolgreichen Zusammenarbeit in der „Union" und der Vereinigung aller freiheitlich und demokratisch gesinnten Sozialisten in Deutschland in der dort wiedererstehenden sozialdemokratischen Partei.

Vorsitzender der „Vereinigung" ist Wilhelm Sander, 33, Fernside Avenue, London N.W.7

---

1 Vorlage: „Zusammenschluß deutscher Sozialdemokraten in Großbritannien" ms. unterstrichen.

Nr. 203

Notizen Ollenhauers für seine Rede über den Abschluß der Tätigkeit der Union am 29. Dezember 1945

Anlage zum Protokoll vom 29. Dezember 1945

AdsD Bonn, PV-Emigration, Mappe 5[1]

E[rich] O[llenhauer][2]
Von der „Union" zur „Vereinigung"[3]

heutige Versammlung Abschluß und Beginn
Abschluß der Tätigkeit der „Union"
vor fast fünf Jahren, im März 1941, gegründet als Arbeitsgemeinschaft der vier sozialistischen Gruppen in der Emigration
drei Aufgaben:
im Kriege an der Seite der militärischen Gegner an der Niederlage der Hitlerdiktatur mitzuwirken
gemeinsam die Auffassungen deutscher Sozialisten zu den aktuellen politischen Fragen zu vertreten
gemeinsam die Wiedererrichtung einer neuen deutschen sozialistischen Arbeiterbewegung in Deutschland vorzubereiten.
Nach langen Jahren der Zersplitterung und Entfremdung der erste Versuch einer sachlichen und kameradschaftlichen Zusammenarbeit.
Ist der Versuch gelungen?[4]
Haben wir die Aufgaben lösen können, die wir uns damals stellten?
Ja und Nein.
Unsere Hoffnungen, daß Einheit der deutschen Sozialisten, die durch die „Union" geschaffen wurde, helfen werde, um die deutschen Sozialisten als einen gleichberechtigten Partner in die Front gegen die Hitlerdiktatur einzuschalten, haben sich nicht erfüllt.
Der Einbruch des Vansittartismus in die britische und internationale Arbeiterbewegung
Die Entwicklung der Kriegspolitik der Alliierten in der zweiten Hälfte des Krieges in der Richtung einer reinen machtpolitischen Auswertung des Sieges über die Hitlerdiktatur

---

1 Ein Auszug aus dem Referat Ollenhauers wurde in SM, Nr. 82, Januar 1946, veröffentlicht. Kurze Notizen zur Veranstaltung, die dem Protokoll entsprechen, und zum Referat Ollenhauers finden sich im Notizkalender Heines 20.12.45–19.1.1946, Privatbesitz Heine.
2 Vorlage: „E.O." wurde hs. hinzugefügt. Der Abdruck gibt die ms. korrigierte Fassung wieder.
3 Vorlage: „Von der „Union" zur „Vereinigung" ms. unterstrichen.
4 Vorlage: Der folgende Satz wurde ms. durchgestrichen, er lautete: „Es war ein erster Versuch".

waren die Hauptursachen für das Scheitern unserer Hoffnungen für eine[5] konstruktive Zusammenarbeit mit den britischen und internationalen Sozialisten.

Wir haben diese Entwicklung nicht verhindern können, unser politisches und moralisches Gewicht war zu schwach.

Die Folgen erleben wir heute. Sie sind unabsehbar schwer und verhängnisvoll.

Nicht nur für die wiedererstehende deutsche Arbeiterbewegung, sondern für die Gesamtheit der europäischen Demokraten und Sozialisten.

In dieser schweren Lage haben wir versucht, durch die „Union" für die deutschen Sozialisten in Deutschland zu sprechen.

Wir haben in der „Union" eine gemeinsame Basis für diese Kundgebungen und Erklärungen gefunden.

Wir haben uns dabei gleichermaßen bemüht, uns freizuhalten von Illusionen und von augenblicksbedingten Werturteilen.

Wir haben keine innerdeutsche sozialistische Revolution angekündigt, aber wir haben unsere Überzeugung nie verleugnet, daß es in Deutschland einen unerschütterten Kern sozialistischer und demokratischer Opposition gibt.

Die Ereignisse haben uns gerechtfertigt.

Die Friedensbewegung des 20. Juli 1944[6]

Das Wiedererstehen der deutschen Arbeiterbewegung auf den Trümmern des Dritten Reichs.

Wir haben in unserer ersten politischen Entschließung die Atlantik-Charta als eine Basis für eine Neuordnung der Beziehungen zwischen den Völkern akzeptiert und ihre Anwendung für alle Völker gefordert.

Wir haben in einem Brief an die Exekutive der Labour Party im April 1944 auf die Folgen einer Friedenspolitik auf der Basis machtpolitischer Gewaltlösungen hingewiesen

Die Ereignisse in der internationalen Politik seit dem Ende der Feindseligkeiten haben unsere Befürchtungen mehr als gerechtfertigt.

Dabei war es nie unser Ziel, die Kriegsschuld der Hitlerdiktatur zu leugnen oder die Verantwortung des deutschen Volkes abzuschwächen, es kam uns darauf an, als internationale Sozialisten einen konstruktiven Beitrag zu den Problemen des Neuaufbaus Europas und der Welt zu leisten.

---

5 Vorlage: „fruchtbare und" ms. gestrichen.

6 So positiv war die Einschätzung des 20. Juli nicht immer gewesen. Im Zusammenhang mit dem NKFD waren Befürchtungen über einen Coup des Militärs und der konservativen Kräfte geäußert worden, die durch die Ausschaltung Hitlers ihre Machtpositionen zu erhalten und eine radikale Umgestaltung Deutschlands zu verhindern suchten (vgl. Nr. 120). In der EK-Sitzung am 26. Juli 1944 war die Rede von einer „Generalsrevolte" (vgl. Nr. 148), und noch in der Gedenkveranstaltung „Hitlers Total War against the German Opposition" hatte Vogel die Verbindung Leuschners zum 20. Juli mit der außergewöhnlichen Lage während des Krieges entschuldigt. Vgl. SM, Nr. 67/68, Oktober/November 1944, S. 11f.

Entschließung über die internationale Politik deutscher Sozialisten vom Oktober 1943

In der abschließenden Veröffentlichung der „Union" haben wir auch den Wortlaut dieser Entschließungen aufgenommen.

Sie dokumentieren die politische Arbeit und Auffassung deutscher Sozialisten in der schwersten Periode der Geschichte der deutschen Arbeiterbewegung, es ist ein Verdienst der „Union", sie ermöglicht zu haben

Wir sind weiter gegangen.

Im Dezember 1942 begannen wir mit dem Versuch, gemeinsame Vorstellungen über die Aufgaben einer kommenden geeinten sozialistischen Partei zu entwickeln.

Die Programmberatungen der „Union" gehören zu dem fruchtbarsten Kapitel unserer Arbeit. Wir alle, die wir fast drei Jahre an diesen Beratungen teilgenommen haben, wissen am besten, daß nicht jeder Teil und jeder Einzelvorschlag der Weisheit letzter Schluß ist.

Wir haben gefunden, daß es unter Sozialisten in wichtigen sachlichen Fragen Meinungsverschiedenheiten gibt. Sie liegen oft in der Natur der Sache, und manche unserer Vorschläge, wenn sie jetzt nach Deutschland kommen, werden auch dort umstritten sein.

Aber wir haben in dieser Arbeit eine breite Basis gemeinsamer Grundauffassungen gefunden, breit genug, um die Grundlage für ein gemeinsames politisches Kampfinstrument, für eine einheitliche Partei aller Sozialisten zu bilden.

Die „Union" als eine Arbeitsgemeinschaft selbständig nebeneinanderstehender Gruppen hat sich selbst überwunden, sie mündete in einem natürlichen Prozeß der geistigen Annäherung in eine höhere Einheit. Sie erreichte das höchste Ziel, das sie sich stecken konnte: sie machte sich überflüssig.

Gerade an diesem Punkt haben wir in den letzten Monaten die beste Erfüllung der Mission einer echten politischen Emigration erlebt: Die Wechselwirkung zwischen Heimat und Emigration.

In der Heimat entwickelte sich unter dem Druck der Erfahrungen unter der Diktatur die neue Einheit in der wiedererstehenden Sozialdemokratie. Dieser Prozeß war für uns eine Ermutigung in unserer Arbeit für die Einheit. Gleichzeitig fanden unsere Genossen im Lande in unserer Zusammenarbeit und in ihren Resultaten eine Bestätigung ihrer eigenen Entscheidung.

So ist auch unser heutiger Entschluß, die „Union" abzulösen durch die „Vereinigung deutscher Sozialdemokraten" mehr als die organisatorisch-technische Folge der Entwicklung im Lande, sie ist zugleich das Resultat unserer eigenen inneren Entwicklung in der Emigration.

Darin liegt die stärkste Gewähr für den Bestand der neugewonnenen Einheit, und das gibt uns allen das Gefühl einer inneren Befriedigung über unseren erarbeiteten Erfolg.

Mit unserer heutigen Gründung beginnt ein neuer Abschnitt in der organisatorischen und politischen Geschichte der deutschen sozialistischen Emigration.

Als politische Emigration geht unsere Mission ihrem Ende en[t]gegen. Die Partei im Lande selbst tritt wieder ins Leben, und die Partei im Lande wird sich die Organe schaffen, die für sie im Ausland sprechen.

Die „Vereinigung" aber soll sich zum Zentrum politischen Denkens und sozialistischen Gemeinschaftslebens für alle die entwickeln, die weiterhin als deutsche Sozialdemokraten im Ausland leben und die die geistige und menschliche Beziehung zur Bewegung in der Heimat nicht aufgeben wollen.

Es wird in der Zukunft viele Deutsche geben, die versuchen werden, im Ausland eine Existenz zu finden. Wir dürfen sie nicht wieder einem neuen deutschen Nationalismus überlassen.

Wir müssen den Versuch machen, möglichst viele von ihnen zu überzeugten Repräsentanten eines neuen, demokratischen und friedlichen Deutschlands zu machen.

Die nächste Zeit wird für die „Vereinigung" noch Übergangszeit sein. Übergang zwischen der Aufgabe von gestern und den Aufgaben von morgen.

Wir alle, die wir durch die harte und bittere Schule der Emigration gegangen sind, müssen in dieser Übergangszeit versuchen, die besten Traditionen der Emigration in der „Vereinigung" zu verankern: Kameradschaft und politisches Verantwortungsbewußtsein.

Das heißt: die besten Traditionen der „Union" sollen in der „Vereinigung" weiterleben.

Wir alle gehen in eine ungewisse und dunkle Zukunft.

Wo immer wir wirken werden: in den Reihen der Partei in Deutschland oder als deutsche Sozialisten im Ausland,

wir stehen vor der Aufgabe, in der Welt neues Vertrauen zu den demokratischen und sozialistischen Kräften zu wecken und für diese Kräfte zu werben.

Der Krieg ist zu Ende. Hitler ist gestürzt, aber das ist nicht das Ende, sondern der Anfang unserer Aufgabe.

Wir müssen den Versuch machen, in Deutschland dem demokratischen und freiheitlichen Sozialismus zum Siege zu verhelfen. Das ist das letzte Ziel und das einzige Mittel, um neue Katastrophen zu verhindern.

Wir werden oft vor Schwierigkeiten stehen, die uns unüberwindlich erscheinen mögen.

Wir werden oft in Versuchung kommen, Kompromißlösungen zu akzeptieren, die schneller ins [F]reie zu führen scheinen.

Wir dürfen weder verzagen noch im Prinzipiellen schwach werden.

Die deutsche Arbeiterbewegung wird nur leben, und sie kann nur siegen, wenn sie sich selbst treu bleibt: als die Bewegung der freien, demokratischen und internationalen Sozialisten.

So fest die Partei in ihrer Grundhaltung nach außen sein muß, so frei muß sie im Innern sein.

Die Welt ist aus den Fugen.

Alle denkenden Menschen suchen nach neuen Formen des Zusammenlebens der Menschen und der Völker.

Die Bereitschaft für eine neue sozialistische [G]esellschaftsordnung war nie größer als heute. Unsere Chance ist groß.

Aber wir können die Suchenden nur dann um unsere Fahne sammeln, und wir können sie im Sturm der Ereignisse nur dann zum einheitlichen Handeln führen, wenn sie in der Partei als freie Menschen frei Richtung und Inhalt der Aktion der Par[t]ei mitbestimmen können, und wenn sie sich frei fühlen in der weltanschaulichen Motivierung ihrer Entscheidung für den demokratischen Sozialismus.

Für uns demokratische Sozialisten sind Sozialisierung in Staat und Wirtschaft nicht Selbstzweck, sie sind Mittel zum Zweck, Voraussetzungen für die Befreiung des Menschen im Menschen.

Wenn es in der geschichtlichen Entwicklung der Menschheit einen Sinn gibt, dann kann sich aus der Orgie von Gewalt, Brutalität, Rechtlosigkeit und Materialismus, deren Zeugen und Opfer wir seit mehr als einem Jahrzehnt sind, eine neue Ära der Menschenwürde und der Rechte, der Freiheit und der Verantwortung entwickeln.

Sie wird nicht von selbst kommen wie ein Naturwunder. Wir müssen sie wollen, und ich glaube, daß wir Sozialisten sie anstreben und in unserer eigenen Gemeinschaft vorleben müssen.

So laßt die Gründung der „Vereinigung" ein neuer Anfang sein. Laßt sie ein geistiges und politisches Zentrum der deutschen Sozialisten in Großbritannien werden, in der alle eine Heimstätte finden, die als Freie[7] Kameradschaft und Toleranz suchen und üben.

---

7 Vorlage: Freie und Freien.

Nr. 204

Protokoll der Exekutivkomiteesitzung am 5. Januar 1946

AdsD Bonn, PV-Emigration, Mappe 5

Sitzung der Exekutive der „Union" am 5. Januar 1946 bei H[ans] G[ottfurcht][1]

Anwesend: Erich Ollenhauer, Fritz B[edrich] Heine, Willi Eichler, Hans Gottfurcht, Willi Sander, Erwin Schoettle, Gustav Spreewitz.

Genosse **Ollenhauer** teilte mit, daß er im Laufe des Januars den Kassenabschluß für das Jahr 1945[2] vorlegen wird. Es ist anzunehmen, daß nach Bezahlung der Kosten für die Programmbroschüre noch ein Überschuß verbleiben wird. Es wird beschlossen, den Überschuß an die neue „London-Vertretung der SPD" zu überweisen. Ebenso sollen die Gruppen noch etwaige Restbestände an Geld oder Material der London-Vertretung überweisen. **Erwin Schoettle** teilt mit, daß die Gruppe „Neu Beginnen" einen Vervielfältigungsapparat und einen Restbestand an Papier übergeben wird.

Protokolle und sonstige Dokumente der „Union" werden ebenfalls der „London-Vertretung der SPD" übergeben.[3]

Es wird dann über die personelle Zusammensetzung der neuen „London-Vertretung" beraten. Nach eingehender Diskussion wird beschlossen, die in der beifolgenden Liste verzeichneten Genossen und Genossinnen zur Mitarbeit in den beiden Kommissionen der „Vertretung" aufzufordern.[4]

Es wird den Vorschlägen des Genossen Sander zugestimmt, auch für die „Arbeiterwohlfahrt" eine definitive Leitung zu wählen.

---

1 Es war dies die letzte Sitzung der „Union". Heine, Ollenhauer und Schoettle kehrten nach Deutschland zurück. Ollenhauer und Heine landeten am 8. Februar in Hamburg, Eichler war schon einige Zeit vorher in Köln eingetroffen. Über die ersten Eindrücke der Rückkehrer wird in den SM, Nr. 83/84, Februar/März 1946, berichtet. Im gleichen Heft wird auch über die SPD-Konferenz in der Britischen Zone Mitte Februar 1946 informiert, an der mit Ollenhauer und Heine erstmals wieder Vertreter des emigrierten PV teilnahmen. Im Rundschreiben 2/1946 vom 16. Februar 1946 teilte Schumacher mit, daß Ollenhauer und Heine im „Büro der Westzonen" mitarbeiteten: AdsD Bonn, NL Schumacher, Mappe 163.

2 Vgl. Nr. 205.

3 Im Bestand PV-Emigration des AdsD in Bonn sind mit Ausnahme der Mappen 4 und 5 (Protokolle der Union) keine reinen Unions-Provenienzen vorhanden. Korrespondenz und Materialien in Sachen Union sind mit denen des PV vermischt.

4 Es handelte sich um die Kommission für Politik und Organisation sowie um die Kommission für Pressefragen. Der ersten Kommission gehörten an: Erich Ollenhauer, Fritz B. Heine, Willi Eichler, Hans Gottfurcht, Erwin Schoettle, Gustav Spreewitz, Walter Fliess, Herta Gotthelf, Karl Pringsheim, Ludwig Rosenberg, Fritz Wittelshöfer, Werner Klatt. Vgl. Namensliste London-Vertretung der SPD: Privatbesitz Fritz Heine, Ordner Willy Sander.

Es wird beschlossen, am Sonnabend, dem 12. Januar, nachmittags 3 Uhr im Austrian Labour Club eine Besprechung der Mitarbeiter der „London-Vertretung" abzuhalten, in der über den Aufbau und die Aufgaben der Vertretung berichtet werden soll.[5] Erich Ollenhauer wird die allgemeine Einleitung geben, während im Anschluß daran F.[B]. Heine mit den an den Pressefragen interessierten Genossen über die Aufgaben der Pressebearbeitung beraten soll.[6]

Es wird beschlossen, daß nur Mitglieder der „Vereinigung"[7] Mitarbeiter der London-Vertretung sein können. [E]s wird jedoch in Aussicht genommen, die in der beigefügten

---

5 Ein kurzes Protokoll, die Anwesenheitsliste und die Redenotizen Ollenhauers zu dieser Sitzung finden sich in: Privatbesitz Fritz Heine, Ordner Willy Sander. Darin wird nach einleitenden Bemerkungen Ollenhauer und Heines vereinbart, vor der Hinzuziehung weiterer Mitarbeiter, dies zu besprechen. Der Hinzuziehung Klatts wurde zugestimmt. Eine weitere Sitzung am 19.1.1946 wird angekündigt, bei der Schoettle über die politischen Zielsetzungen und Vorstellungen der Partei in Deutschland sprechen soll. Nach dem Protokoll dieser Sitzung (ebd.) wurden programmatische Äußerungen Schumachers, Grotewohls und Hoegners behandelt, außerdem das Verhältnis SPD-KPD in der SBZ, die Notwendigkeit der Ausweitung des Wirkungskreises der Partei über die Industriearbeiterschaft hinaus. Eine Vollsitzung der London-Vertretung wurde für 2. Februar festgelegt. Für sie fehlen aber Aufzeichnungen.

6 In einem „Vorschlag für die Presse-Kommission" waren vorgesehen: Sander (VS), Gleissberg, Löwenthal, Schleiter, Kühnberg, als Leitungsmitglieder. Als Aufgabe wird genannt: „Unterrichtung ausländischer Presse und Politiker über Politik und Tätigkeit der SPD. Informierung der Partei und Parteipresse über Vorgänge und Tendenzen im Ausland." Als Organe waren vorgesehen eine wöchentliche Auslandsrundschau, die schon bisher von Löwenthal herausgegeben worden war, und einige weitere Pressedienste, deren Zustandekommen allerdings fraglich war. Nach einer später zu datierenden Liste waren Mitarbeiter der Kommission Gleissberg, Löwenthal, Kühnberg, Broh, Fischer, Segall, von Knoeringen. In: Privatbesitz Heine, Ordner Willy Sander.

7 Die „Vereinigung deutscher Sozialdemokraten in Großbritannien" hatte sich bereits am 4. Januar 1946 mit einer Leitungssitzung konstituiert und folgende Geschäftsverteilung beschlossen:
Wilhelm Sander, Vorsitzender
Walter Fliess, stellv. Vorsitzender
Paul Heide, Kassierer
Gerhard Gleissberg, Schriftführer
Rudolf Moeller-Dostali, stellv. Schriftführer
Kurt Weckel und Gustav Spreewitz, Revisoren
Heinrich Sorg, Verbindungsmann zu Sport und SASI
Heinz Putzrath, Vertreter bei der Sozialistischen Jugend (Jugendbeirat)
Fritz Segall und Heinz Putzrath, Veranstaltungsausschuß.
Außerdem war vereinbart worden, neue Fragebogen für Mitglieder und Mitgliedskarten für zwei Jahre auszugeben. Auch die Höhe des Monatsbeitrags und das Verfahren für die Aufnahme neuer Mitglieder waren festgelegt worden. Eine weitere Leitungssitzung fand am 5. Januar 1946 bei Gottfurcht statt, an der außer den Genannten auch Gottfurcht und Ollenhauer teilnahmen. Über die Richtlinien und die weiteren Veranstaltungen informierte ein undatiertes Rundschreiben von Anfang Januar 1946. AdsD Bonn, NL Segall, Mappe: Vereinigung dt. Sozialdemokraten in GB 1947–56. Die Richtlinien der „Vereinigung", datiert mit 8. Januar 1946, finden sich auch auf einem Aufnahmeformular im gleichen Bestand: Mappe „Vereinigung" 1945–46; Rundschreiben der Vereinigung in: Archiv Dr. Gerhard Beier, Kronberg, TNL Gottfurcht, Akte O I.

Liste unter III genannten Genossen noch zur Mitarbeit einzuladen, wenn sie Mitglieder der „Vereinigung" werden.[8]

---

8 Liste III enthält folgende Namen: Paul Bondy, Walter Auerbach, Werner Burmeister, Gerhard Luetkens, Walter Thelen. Privatbesitz Fritz Heine, Ordner Willy Sander.

Nr. 205

Kassenbericht der „Union" für das Jahr 1945, undatiert

AdsD Bonn, PV-Emigration, Mappe 14

Union deutscher sozialistischer Organisationen in Großbritannien[1]

Kassenbericht für das Jahr 1945

Einnahmen

Januar	1.	Bestand	£	56. 2. 1
Februar	3.	ISK, Beiträge Juli-Dez[ember] 44 u[nd] Jan[uar] – Juni 45	"	12. –. –
Mai	8.	SAP, Beiträge Januar – April 45	"	4. –. –
Mai	26.	Neu Beg[innen], Beiträge Nov[ember] 43 – Oktober 44	"	12. –. –
Dezemb[er]	31.	SPD, Beiträge Januar – Juni 1945	"	6. –. –
			£	90. 2. 1

Ausgaben:

Januar	25.	Zuschuß Intern[ational] [Labour] Club Glasgow	£	–. 9. –
"	31.	Zahl[un]g Schuricht f[ür] Einladung	"	–. 8. 6
"	31.	Portoausgaben Januar	"	–. 3. 9
Februar	28.	Portoausgaben Februar	"	–.10.2
"	28.	Zahlung für Einladungen	"	–. 6. –
März	18.	Saalmieten Austrian Labour Club	"	1.13. 6
"	19.	Zahlungen für Einladungen	"	–. 5. –
"	31.	Portoausgaben März	"	–. 8.10 ½
April	6.	Saalmiete Maifeier	"	1. 7. 6
"	26.	Zuschuß Intern[ational] [Labour] Club Glasgow	"	–.12. –
"	26.	Saalmiete Austrian Labour Club	"	–. 8. 6
"	30.	Portoausgaben April	"	–. 5. 2
Mai	23.	Unkosten Arbeitsgem[einschaft] Genossenschaftsfr[agen]	"	–.11. 7
"	25.	Zahlung für Einladungen	"	–. 6. –
"	31.	Portoausgaben Mai	"	–. 8. 8 1/2
Juni	30.	Portoausgaben Juni	"	–.10. 9

---

1 Überschrift doppelt ms. unterstrichen, folgende Überschriften ms. unterstrichen.

Juli	4.	Vervielfältigung Genossenschaftsmaterial	£ 3.18. –
″	4.	Zahlungen Einladungen	″ –. 5. 6
″	19.	Saalmiete Austrian Labour Club	″ 1. 5. –
″	28.	Vervielfältigung Sofortprogramm	″ 5.11. 3
″	28.	Portoauslagen Juli	″ –. 1. 4
August	31.	Portoauslagen August	″ –. 4. 5 1/2
September	10.	Zuschuß Intern[ational]	
		[Labour] Club Glasgow	″ –.12. –
″	30.	Portoauslagen September	″ –. 2. 4
Oktober	15.	Zahlung für Einladungen	″ –. 7. 6
″	31.	Saalmiete Austrian Labour [Club]	″ 2.10. 6
″	31.	Portoausgaben Oktober	″ –. 5. –
November	30.	Portoausgaben November	″ –. 1. 5 1/2
Dezember	31.	Saalmieten Austrian Labour Club	″ 1. 5. –
″	31.	Zahlung für Einladungen	″ –.10. –
″	31.	Portoausgaben Dezember	″ –. 2. 6
″	31.	Rückzahlung an SPD für Büromaterial	″ 3. –. –
″	31.	Bestand	″ 61. 5. 3
			£ 90. 2. 1

II.
Sozialdemokratische Partei Deutschlands
(Parteivorstand und sozialdemokratische Landesorganisation)

NR. 206

Vortragsdisposition Erich Ollenhauers für seine Rede vor SPD-Mitgliedern in London am 14. Februar 1941

AdsD Bonn, PV-Emigration, Mappe 4

Londongruppe SPD[1]
14.2.41

erste Zusammenkunft – Gelegenheit zur Fühlungnahme mit Parteigenossen
bisher bemüht, Informationen zu erhalten,
auch Stimmung und Auffassung der Parteigenossen kennenlernen
umfassende Informationen unerläßliche Voraussetzung für praktische Arbeit
seit Dezember 1939 wesentliche Änderung der Situation
a[uch] damals schon Krieg, aber im ersten Anfang

1940:	im April	Überfall auf Dänemark und Norwegen
	im Mai	Überfall auf Holland und Belgien
	im Juni	Zusammenbruch Frankreichs
		Eintritt Italiens in den Krieg
	im Sommer	drohende Invasion in England
		schwere Luftangriffe auf England zur Zermürbung der Zivilbevölkerung
	im Herbst	Überfall Italiens auf Griechenland

Hier wie in Frankreich schwere, ereignisreiche Monate
Wir erlebt unter den düsteren Perspektiven des französischen Zusammenbruchs
es gelang uns, dem Zugriff Hitlers zu entgehen
a[be]r wir saßen Monate fest im unbesetzten Frankreich
unsere Mitarbeiter und Parteigenossen verstreut über das ganze Land oder interniert
ohne Verbindung mit der Außenwelt
ohne legale Ausreisemöglichkeit
Im Spätsommer wurde Hilfe der amerikanischen Gewerkschaften und der Regierung wirksam
Im August und September erteilte das amerikanische Konsulat die ersten Gefahrenvisen für politische Flüchtlinge
das war die Rettung in der Not
aber der Weg war noch nicht frei

---

1 Vorlage: Überschrift hs. und unterstrichen. – Der Kreis der Teilnehmer bleibt unklar. Vermutlich handelte es sich nur um einen kleinen ausgewählten Kreis von in London lebenden Sozialdemokraten. Zu den ersten Besprechungen in London im Januar 1941 vgl. Einleitung, Abschnitt III.1.

die Grenze gesperrt
Spanien und Portugal unsichere Faktoren
aber schließlich kam die Ausreise in Gang
Aktion noch längst nicht abgeschlossen.
noch viele in Frankreich, z.T. im Lager unter schrecklichen Bedingungen
keine Unterstützung
keine Lebensmittel
keine Aussicht auf legale Ausreise
[Ge]fahr der Auslieferung
eines der trübsten Kapitel des französischen Zusammenbruchs
noch nicht abgeschlossen:
Gefahr der Besetzung des ganzen Landes
auch noch Gefahr der Auslieferung
Breitscheid und Hilferding
wir sind in Verbindung mit den amerikanischen Freunden, um zu retten, was zu retten ist
schwieriges finanzielles Problem: ein Mann 400 Dollar
später darüber ausführlicher
Nach unserer Flucht aus Frankreich nach Lissabon entstand die Frage nach der Zukunft
mit dem Zusammenbruch Frankreichs
mit der Rettungsaktion
unsere Aufgabe nicht abgeschlossen (September Erklärung P.V.)[2]
[Ka]mpf gegen Hitler geht weiter
Er geht in Europa weiter
England ist jetzt das Zentrum dieses Kampfes
von Lissabon Verbindung mit der Labour Party
unsere Bereitschaft, nach hier zu kommen
wenn Arbeitsmöglichkeiten gegeben
Antwort positiv
So sind wir hier, um unsere Arbeit fortzusetze[n]
darauf beschränken, einige allgemeine Gesichtspunkte für unsere Arbeit dazulegen
Wir sind der Überzeugung, daß jetzt der Kam[pf]
zum Sturz Hitlers in sein entscheidendes Stadium tritt
London ist das Zentrum geworden.
London auch das Zentrum der europäischen Arbeiterbewegung
Labour Party and Trade Unions
wir wollen an ihrer Seite stehen, in dem Kampf, den sie jetzt führen

---

2 Vorlage: „(September Erklärung P.V.)" hs. hinzugefügt. Es handelt sich um den „Aufruf an das deutsche Volk" vom 1.9.1939, Neuer Vorwärts, 10.9.1939; im Faksimile abgedruckt in: Widerstand 1933 bis 1945. Sozialdemokraten und Gewerkschafter gegen Hitler, hrsg. v. der Friedrich-Ebert-Stiftung, Bonn 1980, S. 88.

London ist auch das Zentrum der anderen emigrierten Parteien

Tschechen, Polen, Franzosen, Belgier, Holländer, Norweger

mit ihnen können wir nur hier den engsten Kontakt aufrechterhalten

in unserem Entschluß bestärkt, nicht nur durch die Zusage der Labour Party, sondern auch durch die Zustimmung unserer in Amerika lebenden Genossen

German Labor Delegation und PV-Mitglieder

Sie halten nur hier die Fortsetzung unserer Arbeit für möglich, London ist jetzt der Sitz der Gesamtvertretung der Partei[3]

Wir werden sehen, was wir im Sinne dieser Auffassung an praktischer Arbeit leisten können.

Wir kennen die Schwierigkeiten

Das Land ist im Krieg

Wir sind Gäste dieses Landes, wir wollen seine Verbündeten sein. (politische Selbständigkeit)[4]

Unsere Absicht ist, alles zu tun, was in unseren Kräften steht, um den Krieg mit einer Niederlage Hitlers zu beenden, um ihn wenn möglich abzukürzen durch eine Stärkung der Opposition in Deutschland selbst.

Die Position der deutschen Opposition in England ist nicht leicht.

Wir sind nicht vertreten durch eine emigrierte Regierung, die um die nationale Befreiung ihres Volkes kämpft

Wir sind Vertreter einer oppositionellen Minderheit des deutschen Volkes, das Hitler zum Krieg gegen England gezwungen hat.

Wir sind keine Einheit, die als geschlossene Gruppe nach außen die Auffassungen der deutschen Emigration vertritt und ihre Aktionen führt.

Wir haben die Einheit nicht einmal im Sektor der Arbeiterbewegung.

Auf der anderen Seite können die Möglichkeiten zu einer verstärkten Aktivität im Verlauf des Krieges sehr schnell kommen.

Wi[r w]issen, daß die Vertreter der britischen Arbeiterbewegung die Zersplitterung als einen großen Mangel empfinden.

Wir wollen den Versuch machen, diesen Mangel zu beheben.

Wir wissen, daß es schon früher derartige Versuche gegeben hat, und daß er auch jetzt nur gelingen kann bei gutem Willen auf allen Seiten

Vielleicht gelingt es aber jetzt, in London eine solche gemeinsame Vertretung der deutschen sozialistischen Bewegung gegenüber der britischen Arbeiterbewegung und gegenüber den britischen Stellen zu schaffen, mit denen wir zusammenarbeiten wollen.

Wir wissen, daß unsere Mitarbeit an der Niederwerfung Hitlers nur ein Teil unserer Aufgabe ist.

---

3 Zum Problem der Legitimation vgl. Einleitung, Abschnitt III.1.
4 Vorlage: „(politische Selbständigkeit)" hs. hinzugefügt.

Die [z]weite und schwerere Aufgabe ist der kommende Friede.

Wir haben immer erklärt: Der Krieg ist nicht das beste Mittel zum Sturz Hitlers

Besser gewesen wäre der Sturz des Regimes von innen her

Jetzt ist der Krieg da.

Je länger er dauert, je größere Opfer er fordert, desto größer wird die Schuldrechnung am Ende sein.

Wir haben nichts zu tun mit den territorialen Eroberungen Hitlers

Wir wünschen aber, daß der Friede nach diesem Krieg dem deutschen Volk die Freiheit und die Lebensmöglichkeiten garantiert, die es braucht, um als nützliches Glied in der europäischen Völkergemeinschaft mitzuarbeite[n]

Es ist nicht der Augenblick, um mehr über dieses schwierige Problem zu sagen

Wir werden uns mit diesem Problem beschäftigen müssen und versuchen müssen, auch hier unsere Pflicht zu erfüllen.

[Wi]r sind der Überzeugung, daß uns der schwerste Abschnitt unserer Emigrationsgeschichte noch bevorsteht, aber wir gehen von neuem an die Arbeit mit dem festen Willen, bis zum Ende mitzuhelfen am Sturz Hitlers, damit vor allem unseren Freunden und Kampfgenossen im Lande die Möglichkeit gegeben wird, das neue Deutschland in einem[5] neuen Europa zu gestalten.

Wir haben den Wunsch gehabt, am Beginn dieser Arbeit, den Kontakt mit Euch herzustellen, und wir hoffen, daß wir die Möglichkeit haben werden, ihn auch in Zukunft aufrechtzuerhalten.

---

5 Vorlage: „in einem" hs. eingefügt, „und das" durchgestrichen.

Nr. 207

Notiz Hans Gottfurchts über die Beiratssitzung am 2. April 1941

Archiv Dr. Gerhard Beier, Kronberg, TNL Gottfurcht, Akte O I

Partei-F[un]kt[ionärs-]Besprechung 2.4.1941[1]

Vogel, Ollenhauer, Sander, Gotthelf, Höltermann, Menne, Gottfurcht

1. Beitrag –.6 [d] bzw. 1. – [sh][2]
2. Neu-Aufnahmen: 2 Bürgen[3]
3. Maifeier: Union/Gew[erkschaften]/Vorzug: Kontinentale Feier[4]
4. Union: Arb[eits]ausschuß (Vogel, Ollenhauer als Mitgl[ieder] der Exekutive) plus: Sander/Gotthelf.[5] Höltermann lehnt ab.

---

1 Vorlage: Zeile unterstrichen. – Schon am 20. Februar, am 1. und am 20. März hatten nach den Eintragungen in den Terminkalendern Ollenhauers und Gottfurchts Beiratssitzungen stattgefunden, für die aber keine weiteren Angaben vorliegen. Am 27. März hatte Ollenhauer in einer SPD-Versammlung über die Union informiert.

2 Sechs Pence war der Monatsbeitrag für nur von der Unterstützung lebende Mitglieder, die arbeitenden bezahlten einen Shilling. Vgl. Richtlinien für die Ausstellung von Mitgliedskarten, in: AdsD Bonn, PV-Emigration, Mappe 4.

3 Die Bürgen mußten Mitglied der SPD sein. Vgl. ebd.

4 Zur Maifeier 1941 vgl. Nr. 19.

5 Vgl. Nr. 9.

NR. 208

Notiz Hans Gottfurchts über die Beiratssitzung am 18. April 1941

Archiv Dr. Gerhard Beier, Kronberg, TNL Gottfurcht, Akte O I

Partei-F[un]kt[ionärs-]Bespr[echung] 18.4.41[1]

Vogel, Ollenhauer, Sander, Menne, Gotthelf, Gottfurcht, Höltermann (während Bericht O[llenhauer] zu 1.)

1. Maifeier – Entwicklung/Schwierigkeiten; Vollmacht an Vogel/Ollenhauer
2. Maifeier – BBC.[2]

---

1 Vorlage: Zeile unterstrichen.
2 Vgl. Nr. 17.

NR. 209

Notiz Hans Gottfurchts über die Beiratssitzung am 23. April 1941

Archiv Dr. Gerhard Beier, Kronberg, Teilnachlaß Gottfurcht, Akte O I

Desgl[eichen][1] 23.4.:[2]

Wie oben/Höltermann entschuldigt.

1. Maifeier
2. Richtlinien für Neu-Aufnahmen[3]
3. Erarbeitung eines Zukunfts-Programms[4]

---

1 Die Angaben beziehen sich auf die Besprechung vom 18.4.1941, s. Nr. 208.
2 Vorlage: Zeile hs. unterstrichen.
3 Vgl. Richtlinien für die Ausstellung von Mitgliedskarten der SPD, o.D. (ca. Anfang Mai 1941), in: AdsD Bonn, PV-Emigration, Mappe 4.
4 Vgl. Nr. 210ff.

NR. 210

Protokoll der SPD-Konferenz „Der kommende Friede und das kommende Deutschland" am 10./11. Mai 1941

AdsD. Bonn, PV-Emigration, Mappe 179[1]

Diskussion über „Der kommende Friede und das kommende Deutschland"[2], abgehalten am 10. u[nd] 11. Mai 1941 im Trade Union Club, London W.C. 2[3]

Einleitend spricht **Hans Vogel**[4].

Er stellt fest, daß die politischen Flüchtlinge es als ihre Aufgabe empfinden, für den deutschen Sozialismus und die deutsche Arbeiterklasse zu wirken, aber großen Beschränkungen in den Gastländern unterworfen waren und sind. Das kommt nicht allein auf das Schuldkonto der Gastländer. Auch die hermetische Abschließung Deutschlands hat unsere Wirksamkeit behindert, unsere Verbindungen zerrissen. Es besteht keine Möglichkeit mehr, Propagandamaterial nach Deutschland hineinzubringen.

Wir haben politische Emigration als Verpflichtung empfunden und leiden darunter, daß wir diese Verpflichtung nicht erfüllen können. Eines Tages werden die Genossen in Deutschland von uns Rechenschaft fordern. Die Genossen in Deutschland haben keine Möglichkeit zur Aussprache über die wichtigen politischen Fragen. Eine der wichtigsten Fragen ist die Einordnung Deutschlands in eine neue Weltordnung und die Rolle, welche die Arbeiterklasse dabei spielen wird. Es ist die Aufgabe der Emigration, diese Frage zu erörtern und zu klären. Das ist schwierig, da uns oft die Materialien dazu fehlen. Aber der Versuch soll gemacht werden. Jeder einzelne soll sich dazu bemühen. Diesem Versuch soll unsere Aussprache dienen. Der Verlauf wird zeigen, ob kleinere Ausschüsse die Ergebnisse der Aussprache verarbeiten sollen. Unbedingt notwendig wird eine offene, rückhaltlose Aussprache sein. Wir müssen dabei verschiedene Auffas-

---

1 Ein kurzer Bericht über die Konferenz findet sich in: SM, Nr. 26, Ende Mai 1941. In den Unterlagen Gottfurchts ist auf besondere Notizen über diese Veranstaltung verwiesen, die aber nicht zu ermitteln waren: Archiv Dr. Gerhard Beier, Kronberg, TNL Gottfurcht, Akte O I.
2 Vorlage: „Der kommende Friede und das kommende Deutschland" ms. unterstrichen.
3 Anwesend nach Teilnehmerliste vom 10. Mai 1941: Max Abraham, W. Auerbach, H. Doberer, G. Gleissberg, Hans Gottfurcht, H. Gotthelf, Dr. Herz, Jakubowicz, Willy Kressmann, Walter Loeb, Traute Löwenheim, Bernhard Menne, Ollenhauer, K. Rawitzki, Fritz Segall, Ludwig Rosenberg, Fritz Salomon, R. Teclaw, Vogel, F. Wittelshöfer. Außerdem war Curt Weckel ausweislich des Protokolls anwesend. Nach der Einladungsliste, die zahlreiche Streichungen enthält, waren darüber hinaus eingeladen: Aenderl, Arzt, Lothar Günther, Schönbeck, Sander. Teilnehmer-, Einladungsliste und Einladung in: AdsD Bonn, PV-Emigration, Mappe 12. – Teclaw, Richard, 1896–1956, 1926 SPD, Redakteur Danziger Volksstimme, Emigration 1933 Polen, Österreich, 1934 ČSR, 1939 GB.
4 Die Redenotizen Vogels befinden sich in: AdsD Bonn, PV-Emigration, Mappe 158.

sungen ertragen und tolerieren können und uns nicht den Vorwurf des Chauvinismus oder des Verrats machen. Aber wir sind kein Geheimkonventikel. Wir tagen sozusagen vor der Öffentlichkeit. Jeder hat die Verantwortung für das zu tragen, was er sagen wird.

Das einleitende Referat wird Erich Ollenhauer halten. Die anschließende Debatte soll nicht zeitlich beschränkt werden, aber es wäre gut, wenn sich jeder Redner auf 15 bis 20 Minuten beschränken würde.

Es folgt das Referat **Erich Ollenhauers**. Ich habe nicht das Amt, eine bestimmte Auffassung zu vertreten. Auch wenn die Aussprache positive Resultate haben wird, wird sie lange und gründliche Arbeit erfordern. Als Grundlage für meine Vorlage dienen die früheren Veröffentlichungen des PV.

Man hört oft die Klage, daß in der deutschen Emigration so wenig Klarheit über die Ereignisse und in der Vorstellung vom kommenden Deutschland herrsche. Die Ursache liegt nicht in persönlichen Mängeln. Die objektiven Schwierigkeiten sind außerordentlich groß. Es gibt in der Geschichte der Arbeiterbewegung kein Beispiel für die Ablösung eines diktatorischen Regimes durch ein demokratisches. Die Hitler-Diktatur ist ein wichtiger Abschnitt in der Geschichte des deutschen Volkes. Wir können nach Hitler nicht dort beginnen, wo Hitler begonnen und die deutsche Demokratie aufgehört hat. Kein Zweifel, daß die alten Formen des Zusammenlebens der Völker Europas überholt sind. Das alte Europa wird nicht wiedererstehen. Sieger und Besiegte werden vor völlig neuen Aufgaben stehen. Der Zeitpunkt, in dem wir diese Fragen zu lösen versuchen: Es besteht keine Sicherheit, es bestehen keine Fakten, die für das Ende des Krieges Klarheit bieten. Darum müssen wir uns zunächst auf einen Standpunkt einigen, auf eine Realität, die wir erhoffen. Die Lage Europas und der Welt am Ende des Krieges ist uns nicht bekannt. Auch der letzte Krieg kann nicht als Ausgangspunkt genommen werden.

Eigentlich steht nur das britische Weltreich im Kampfe. Im Prinzip können die verbündeten Regierungen keine direkte militärische Hilfe leisten. Die Völker sind unterdrückt, sie können in der Zielsetzung mit Großbritannien einig sein, aber praktisch am Kampfe nicht teilnehmen. Frankreichs Militärmacht mußte ausscheiden. Japan war im letzten Kriege Verbündeter, ist heute neutral im anderen Lager. Die Sowjetunion ist neutral, nicht auf der Seite der Westmächte, im Kampfe der Demokratie gegen die Diktatur hilft sie Hitler und hat ihm den Rücken freigehalten. Wir kennen Dauer und Ausmaß des Krieges nicht. Wir müssen damit rechnen, daß er die ganze Welt ergreifen wird. Wir kennen auch nicht die Rechnung, die am Ende des Krieges sein wird. Sehr bedeutsam ist der Anteil der USA am Kriege. Es scheint, daß der unmittelbare Einsatz Amerikas bevorsteht. Aber wir wissen es nicht genau. Wir wissen auch nicht, wie sich die Haltung der Sowjetunion weiterentwickeln wird. Wir müssen auf größte Überraschungen gefaßt sein. Und sie können von größter Wichtigkeit sein.

Wir wissen nicht, wie die innerdeutsche Entwicklung sein wird. Viel hängt davon ab, welchen aktiven Anteil die deutsche Opposition an der Zerstörung des Hitlersystems nehmen wird. Und wie werden sich die Kräfte, die für die Gestaltung des Friedens bestimmend sind, im Lager der Demokratie zueinander verhalten? Selbst im Lager der Labour Party gibt es sehr voneinander abweichende Standpunkte zur Gestaltung des Friedens.

Am Verhandlungstisch nach dem Kriege werden auch die alliierten Regierungen sitzen. Sie werden befreite Völker vertreten. Wenn man an die Brutalität der Ausplünderung dieser Völker denkt – mit welchen Gefühlen werden die Alliierten an den Verhandlungstisch gehen? Kürzlich schrieb die holländische Regierungszeitung „Vrij Nederland": „Erst muß Deutschland den Schaden völlig wiedergutgemacht haben, ehe man mit ihm verhandeln kann." Und man muß bedenken, daß die Holländer nie von Haßgefühlen gegen Deutschland geleitet waren. Dann ist die Stellung Amerikas zu Europa wichtig. Auch wenn die USA direkt in den Krieg eintritt, wird ihre Stellung immer anders sein als die der Alliierten.

Eine weitere Frage ist das Verhalten aller europäischen Staaten zur Sowjetunion. Man muß die Bedenken gewisser amerikanischer Kreise gegen England wegen der Rolle der Labour Party kennen und fragen, wie die Stellung zu einem demokratischen Deutschland an der Grenze der Sowjetunion sein würde.

Wir müssen in einigen Punkten gemeinsame Standpunkte einnehmen. Sie sind in meiner Vorlage angeführt, und ich will mich auf kurze Erläuterungen beschränken. Ein Kompromißfriede würde alle Möglichkeiten für eine praktische Mitarbeit der deutschen Arbeiterbewegung verschütten. Die eindeutige Katastrophe des Hitlerregimes ist notwendig. Deutlich muß werden, daß in Deutschland Kräfte am Werke sind, die Freiheit und Leben zum Sturze des Regimes einsetzen. Wir müssen Verständnis bei den fortschrittlichen Kräften in England finden.

Sehr wichtige Probleme sind die folgenden: Wer vertritt Deutschland? – Nach dem letzten Kriege hat sich die deutsche Arbeiterbewegung mit dem Bankrott des alten Regimes belastet. Der Krieg wird [mit] dem Ziele geführt: Vernichtung des Hitlersystems als Weltgefahr. Nur wenn in Deutschland sofort die Kräfte der Demokratie das alte System ablösen, kann das Ziel gesichert werden. Es gibt aber keine anderen Kräfte der Demokratie in Deutschland außer der deutschen Arbeiterschaft.

Wie wird die Lage nach dem Kriege sein?

Deutschland wird nicht nur der Verlierer, sondern der Schuldige an ungeheurem Elend sein. Nur wenn Deutschland die Pflicht zur Wiedergutmachung frei zum Ausdruck bringt, wird es gehört werden. Auch wenn wir nicht gefragt werden, müssen wir uns dazu bekennen. Das demokratische System allein wird nicht als befriedigende Garantie betrachtet werden. Die Enttäuschung über die Weimarer Demokratie wird das neue Deutschland zu zahlen haben. Wir müssen bereit sein, alle Garantien einzubauen und zu gewähren. Aber wir als deutsche Sozialisten müssen gewisse Voraussetzungen erfüllt sehen.

Es bestehen Aufteilungspläne. – Abtrennung Süddeutschlands, des Rheinlandes, weitgehende polnische Pläne usw.[5] Als deutsche Sozialisten kann ich mir eine Lösung, die Deutschland nicht als Ganzes bestehen läßt, nicht als nützlich vorstellen. Vor allem nicht vom Standpunkt der Sicherheit. In kurzer Zeit würde die nationalistische Bewegung wieder so stark sein, daß sie den Frieden gefährden würde. Mit Macht allein läßt sich solche Lösung nicht aufrecht erhalten. Auch wäre die Zerschlagung Deutschlands die Zerschlagung eines großen Wirtschaftskörpers. Die Arbeiterbewegung kann nur in einer größeren Einheit wirken. Der PV hat erklärt, daß das Reich in den Weimarer Grenzen (mit Einschluß des Saargebietes) erhalten bleiben solle. Keine der territorialen Erwerbungen Hitlers solle beansprucht werden, auch Österreich nicht.

Deutschland solle als Gleicher unter Gleichen in die europäische Neuordnung eingegliedert werden. Welche Zusicherungen sollen wir freiwillig machen, auch wenn wir zu ihnen gezwungen werden?

Zur Frage des kommenden Deutschland. – Im Unterschied zu den Diskussionen am Anfang der Emigration gibt es heute überhaupt keinen Zweifel, daß die Demokratie die einzige Form ist, die in Frage kommt. Aber der Ausbau der Demokratie steht zur Diskussion. Wir haben eine schwere Verantwortung der deutschen Arbeiterklasse gegenüber. Die neue Demokratie kann und soll nicht die von Weimar sein. Das entscheidende Problem wird sein: Wie können wir sie sichern – als Basis der Volksherrschaft? Wir müssen wirtschaftliche Kräfte weitgehend beschränken. Großagrarier und Schwerindustrielle dürfen nicht in der Lage sein, durch wirtschaftliche Macht den Willen des Volkes zu verfälschen.

Wir müssen eine Lösung finden, die garantiert, daß Verwaltung im Sinne der Demokratie geführt wird. Ich will keine speziellen Erörterungen anstellen. Das soll Sache einzelner Genossen sein.

Zum Punkt Reich und Länder. Ist der jetztige Zustand vollkommen? Ist Zentralisierung der Standpunkt, den wir als deutsche Sozialdemokraten zu vertreten haben? Es besteht die Frage der Vorherrschaft Preußens, es besteht der Vorschlag der Aufteilung in Wirtschaftsgebiete, der Vorschlag der Verteilung der öffentlichen Aufgaben auf Länder und Reich, damit Stabilität der Verhältnisse geschaffen werde.

Zur Frage des Wahlsystems. – Wir gehen von dem Grundsatz aus, daß alle Bürger der Demokratie, ohne Unterschied des Geschlechts und der Rasse, das gleiche Mitbestimmungsrecht haben müssen. Aber das Wahlsystem in Deutschland bedarf nach den Erfahrungen einer ernsten Korrektur. Wir werden vom Listenwahlsystem abgehen müssen. Die Bedenken gegen das System der kleinen Wahlkreise sind geringer als die Vorteile. Ein Schaden waren die Splitterparteien. Es wird schwer sein, ein System zu finden, das diesen Mißbrauch verhindert, ohne die Volksrechte zu benachteiligen. Wir

---

5 Zur britischen Deutschlandpolitik vgl. Dokumente zur Deutschlandpolitik, Reihe 1, Bd. 1; zur polnischen Politik vgl. Brandes, Großbritannien und seine osteuropäischen Alliierten.

sollten die Erfahrungen und Traditionen der englischen Demokratie sinngemäß auf die deutschen Verhältnisse übertragen.

Wir müssen uns dagegen wehren, daß die Demokratie von ihren Feinden mit den Mitteln der Demokratie geschlagen wird. Die Erfahrung lehrt: Die deutsche Arbeiterschaft ist nicht nur der große Nutznießer der Demokratie, sondern sie hat auch die Pflicht sie anzuwenden. Wenn wir die Macht ausüben wollen, müssen wir auch die Menschen haben, sie anzuwenden.

Der Abbau der Kriegswirtschaft wird ein schweres Problem sein.

Das Experiment der Reichswehr darf nicht wiederholt werden. Zur Aufrechterhaltung der Ordnung muß Polizei geschaffen werden. Hierüber sind ernste Diskussionen notwendig. Keine militärischen Verbände irgendwelcher Art dürfen geduldet werden. Die neue Demokratie muß stärkere Anziehungskraft auf die Massen haben.

Zur Frage: Deutschland und Europa nach dem Kriege. Das Problem der deutschen Minderheiten geht das deutsche Volk unmittelbar an. Wir haben zu Österreich und Tschechoslowakei den Standpunkt vertreten, daß Deutschland in den Weimarer Grenzen bleiben soll. Die Haltung der österr[eichischen] Sozialisten zu dieser Frage hat sich gewandelt. Erst nahmen sie den Anschluß als Tatsache hin, heute haben sie den Standpunkt der Labour Party angenommen: Das österr[eichische] Volk soll frei entscheiden.

Über die Tschechoslowakei hatten wir ernste Unterhaltungen mit den sudetendeutschen Genossen, die noch andauern. Wir haben das Münchener Abkommen genau so wenig anerkannt wie den Anschluß Österreichs. Aber wir müssen uns klar darüber sein, daß für die 3 Millionen Sudetendeutschen, die durch München an Deutschland gekommen sind, nach dem Krieg eine schwierige Lage sein wird. Die Lage der Sudetendeutschen vor München war schwer. Zugeständnisse der tschechischen Regierung sind erst auf Druck Hitlers erfolgt. Aus engen armseligen Verhältnissen brachte sie München in ein großes Wirtschaftsgebiet. Die Sudetendeutschen und Tschechen sollen die Frage untereinander lösen. Wir halten an der Erklärung fest, daß wir territoriale Erwerbungen Hitlers nicht anerkennen.

Der Korridor-Anspruch[6] wird geltend gemacht werden, und er wird durchgesetzt werden. Eine befriedigende Lösung ist nur möglich, wenn durch Neuordnung Europas die Bedeutung der Staatsgrenzen zurückgedrängt wird. Der Versuch zu einer europäischen Föderation muß gemacht werden.

Zur Frage: Deutschland und die Welt. Wir sollten uns nach wie vor zur Idee des Völkerbundes bekennen und wünschen, daß es ein umfassender Völkerbund sein soll, mit Einschluß der USA, und daß er als internationaler Machtfaktor funktionieren kann. Ein Teil der Souveränität muß von den Staaten aufgegeben werden. Das haben die tragischen

---

6 Es handelt sich um die Forderung nach einem Korridor durch polnisches Gebiet, um Ostpreußen mit dem Reichsgebiet zu verbinden.

Sanktionsdebatten gelehrt. Der Völkerbund muß in der Lage sein, seine Mitglieder zu zwingen, an Aktionen teilzunehmen.

Die Frage der internationalen Abrüstung wird anders stehen als nach dem letzten Kriege. Sie muß nicht von der prinzipiellen Seite der allgemeinen Abrüstung, sondern von der praktischen Seite angepackt werden. Für ein Deutschland, das abgerüstet sein wird, wird es eine schwierige Frage sein. Die Abrüstung muß erfolgen, aber ohne Gefährdung der Demokratien durch angriffslustige Mächte.

Alle diese Bemerkungen habe ich gemacht unter der Vorstellung, daß wir uns die Mühe machen müssen, nicht nur das Schicksal des deutschen Reiches zu sehen, sondern daß es darauf ankommt, daß dieses Deutschland Garantien bietet, nicht zum Zentrum eines neuen Angriffs zu werden, und daß die deutsche Demokratie nach ihrer eigenen Überzeugung stark genug sein wird.

Hier wird nicht nur ein Krieg zu Ende gehen, hier ist eine wichtige Epoche der Geschichte auch für die Zukunft des deutschen Volkes.

Hans Vogel ergreift das Wort. Gen[osse] Ollenhauer hat angedeutet, daß der Fragenkomplex mit seinen Ausführungen nicht erschöpft ist. Vielleicht sollten 4 Arbeitsgemeinschaften gebildet werden. Ihre Aufgaben werden sich allerdings zum Teil [über]schneiden. Bei der Aussprache sollen sich die Redner nicht nur auf die Fragen aus Ollenhauers Referat beschränken, sondern auch sagen, ob sie glauben, daß die Arbeitsgemeinschaften [ein] erfolgreiches Ergebnis haben können. Am Ende hätte dann wieder das Plenum die Entscheidung zu treffen.

Hans Gottfurcht hat das Wort. Ich glaube nicht, daß wir imstande wären, auf alle Fragen einzugehen. Die Diskussionsredner sollten sich auf die Dinge beschränken, von denen sie glauben, etwas zu verstehen. Es gibt aber politische Fragen, zu denen alle etwas sagen können. In einem Taschenbuch der Labour Party zum 1. Mai sah ich ein Zitat aus einem Briefe von Jaurès an Huysmans, in dem steht: „Was immer auch die Kosten sein mögen, erhalte die Internationale." Davon ausgehend habe ich mir die heutige Situation überlegt. Vor rund einem Jahre haben wir schon Zukunftserörterungen begonnen. Es hat keinen Sinn, sich Scheuklappen vorzubinden. Wir müssen den Einfluß der Kriegsereignisse auf die Stimmung und auf unsere Zukunftsarbeit sehen. Wir sind und wollen dabei ein Teil der sozialistischen Arbeiterinternationale sein. Auch die Labour Party ist ein Teil der sozialistischen Arbeiterinternationale. Sie muß uns zuerst als gleichberechtigten Partner anerkennen. Wir sind in einer zwiespältigen Situation, solange führende Genossen der Labour Party und Genossen, die Minister alliierter Regierungen sind, uns die Anerkennung verweigern. Die Massenstimmung ist viel günstiger, als sie in gewissen Büros dargestellt wird. Der Mangel an internationaler Solidarität ist Erfindung der Verwaltungsbürokratie gewisser Stellen. Unsere Mindestforderung muß sein: Daß unsere Forderung auf Gleichberechtigung in der Sozialistischen Arbeiterinternationale als Selbstverständlichkeit anerkannt wird. Die Internierung hat uns von Illusionen geheilt.

Es darf nicht wieder geschehen, daß keine internationale Maifeier gemacht wird. Wenn die Gleichberechtigungsforderung nicht anerkannt wird, dann hat unsere Aussprache und Arbeit keinen Sinn. Die uns heute nicht für voll nehmen, haben Hitler früher für eine harmlose innerdeutsche Angelegenheit gehalten, und haben uns nicht geglaubt, wenn wir aus Deutschland kamen und ihnen über die Lage berichteten. Heute sind wir mit die Verbrecher! Es ist ein Unterschied zwischen Emigrierten und Illegalen. Die Emigrierten dürfen sich nur als den verlängerten Arm derer in Deutschland betrachten. Das ist ihre Aufgabe.

Die fundamentale Voraussetzung bleibt: Wir müssen als starke Kraft an der Seite gleichstarker Kräfte anerkannt werden.

Mit Ollenhauers Vorlage bin ich im wesentlichen einverstanden. Besonders verweise ich auf folgende Punkte:

Besser Angebote machen, als daß sie aufgezwungen werden.

Die Demokratie muß persönlicher werden. Das gilt für das Wahlsystem.

Die Vernichtung der Hitlerdiktatur allein genügt nicht, auch die militärische Maschinerie muß vernichtet werden.

Was die Kommissionen anbetrifft, so sollten einzelne Genossen schon vor der Kommissionsberatung Richtlinien ausarbeiten, Entwürfe herstellen. Denn im Grunde wird doch ein einzelner immer die Arbeit zu leisten haben.

Bernhard Menne hat das Wort. Was ist die Aufgabe der Emigration? Was taten die Emigrationen, die sich verwirklicht haben? Sie haben keine Programme aufgestellt, sondern Fragen durchgedacht. Wir müßten uns klar darüber werden, wer wir eigentlich sind. Die Aufgabe der Emigration ist selbständig neben der der Leute drinnen. Die Emigration hat die Aufgabe des Umdenkens.

Was ist Sozialismus? ist die eine Frage. Der Sinn des Wortes Demokratie ist eine Frage. Kann man nach der Vermassung des deutschen Volkes durch das Hitlerregime noch eine Demokratie in Deutschland einführen?

Es gibt ein deutsches Problem. So wie es plötzlich in Deutschland ein jüdisches Problem gab, als Hitler es stellte, so gibt es ein deutsches Problem, einfach weil es gestellt worden ist. Auch wir selbst sind dem spezifisch Deutschen in Deutschland unterlegen.

Unsere Abgrenzung gegen die Sowjetunion wird uns kritisch machen gegen das, was wir noch Sozialismus nennen. Es ist wichtig für die Emigration, ein geistiges Zentrum zu bilden. Ich schlage vor, daß eine Kommission von wenigen Leuten sich mit den geistigen Problemen zuerst befaßt. Sie sollte ein Aktionsprogramm aufstellen. Davon war auch in der Prager Diskussion die Rede. Hier liegt eine Aufgabe der Emigration, die von denen drinnen nicht erfüllt werden kann.

Was Gottfurcht über unsere Stellung in England gesagt hat, ist richtig, aber nicht wichtig, - wenn wir wissen, was wir wollen.

Mir erscheinen Ollenhauers Voraussetzungen zu optimistisch. Die Lage nach Ende des Krieges wird viel dunkler sein. Wir werden nicht nur ein verwüstetes Deutschland, sondern auch ein besetztes, ja zerstückeltes Deutschland vorfinden. Es wird auch geistig verheert, moralisch verkommen sein. Wichtig ist die Frage der Abrechnung mit den Nazi-Funktionären. Wir können uns die Legitimation schaffen, wenn wir den Versuch machen, die Fragen zu klären.

Gen[osse] **Rosenberg** hat das Wort. Wie wird es nach dem Kriege in Deutschland aussehen? Wollen die Genossen in Deutschland überhaupt die Demokratie? Haben sie eine klare Vorstellung von dem, was sie wollen? Wenn nicht eine föderative Ordnung Europas mit Hilfe freundlicher Ausländer geschaffen wird, wird Deutschland weder Wort noch Sitz im Rate haben.

Walter Loeb hat das Wort. Nur Menne hat die Aufgabe richtig erkannt. Wir haben über Probleme zu beraten. Die geistigen Probleme sind in Ollenhauers Vorlage in den Hintergrund getreten. Das Problem der Legitimation existiert nicht nur für uns, es existiert auch für Holländer, Tschechen, Polen usw. Menne hat recht, wenn er sagt, daß alle Neubauten von der Emigration geistig geplant, von denen drinnen praktisch durchgeführt wurden. In der heutigen Situation hat jeder seinem Gewissen zu folgen. Nachher wird jeder sich entschließen, welcher Partei er sich anschließen will.

Dieser Krieg ist unangenhm für jeden, der in Deutschland geboren ist, es sei denn, von fremden Eltern. Diesmal steht die Schuld Deutschlands eindeutig fest. Die Leistung positiver Garantien muß vor der positiven Gleichberechtigung stehen. Anbieten müssen wir. Entweder das deutsche Volk sagt, ich bin bereit, die Konsequnzen zu ziehen, oder wir können keine Gleichberechtigung verlangen. Nationen werden als Gesamtheit beurteilt. Lenin sagte 1916: Nationalitätenkriege werden von Bürgerkriegen begleitet sein. Das hat Hitler zu seinen Erfolgen ausgenützt.

Ich bin gegen die Bildung von Kommissionen, da die verschiedenen Genossen, wie sich zeigt, zu sehr verschiedenen Auffassungen kommen würden. Bleiben wir beim diskutieren. Zeit genug haben wir.

Fritz Wittelshöfer hat das Wort. Wir sind vor unserer Regierung geflohen, die anderen Emigranten sind vor dem Feinde geflohen. Das ist der Unterschied. Das wichtigste Problem ist das von Versailles. Es darf kein neues Versailles geben. Wir müssen betonen, daß es so gekommen ist als Folge von Versailles. Es mußte so kommen. Hitler ist nicht das ganze deutsche Volk, nicht einmal die Mehrheit des deutschen Volkes. Hitler hat das deutsche Volk vergewaltigt. Es wäre falsch, zu viel anzubieten. Wir dürfen keine Verpflichtung für Wiedergutmachung des Hitler-Verbrechens anerkennen. Wir müssen uns und das deutsche Volk von Hitler distanzieren. Grenzen von Weimar sind Grenzen von Versailles. Der Anschluß Österreichs muß bleiben.

Dr. Rawitzki hat das Wort. Ohne geistige Nahrung ist alle unsre Arbeit vergeblich. Ein neues Symbol für die SPD muß geschaffen werden. Seit Bebels Tod haben wir ein ungelöstes Führerproblem. Sehr wichtig ist das Verfassungsproblem. Hier kann etwas geschaffen werden. Die Weimarer Verfassung, die für jede entscheidende Änderung Zweidrittelmehrheit forderte, machte die Notwendigkeit der Revolution evident.

Sozialismus ist schwer zu definieren. Demokratie noch viel schwerer. Die neue Verfassung müßte möglichst wenig Paragraphen haben. Sie muß ein Experiment sein.

(Zweiter Tag).

Gen[osse] **Abraham** hat das Wort. Die Genossen in Deutschland werden fragen, was wir in der Emigration getan haben. Die Emigration ist eine harte Aufgabe. Was die Friedensziele anbetrifft, so hat Gottfurcht recht: Wir haben keinen Partner in diesen Verhandlungen. Die Internierung hat das bewiesen. Mennes Wunsch, daß sieben Männer die Probleme lösen sollen, ist nicht wichtig. Unsere Emigration ist mit früheren und anderen nicht zu vergleichen. Wir sind nicht von der engl[ischen] Regierung anerkannt, nicht einmal geduldet. Wir müssen mit der Labour Party verhandeln. Schuldfrage existiert nicht. Schuld ist Hitler, mitschuldig das deutsche Volk, aber auch Engländer und Franzosen. Unsere Aufgabe war, das Ausland zu warnen. Wir haben 8 Jahre vergeblich gewarnt. Wer ist hier schuldig? Sollen wir jetzt dafür kämpfen, daß englische Truppen nach Berlin kommen? Sollen wir Kolonialbeamte, sollen wir Totengräber Deutschlands sein? Wiedergutmachung ist unmöglich. Ein dicker Schlußstrich soll gemacht werden, und wir deutsche Sozialdemokraten verpflichten uns, ein demokratisches Deutschland aufzubauen.

Dr. Gerhard Gleissberg hat das Wort. Ein Satz in Ollenhauers Elaborat hat mich besonders nachdenklich gestimmt, weil er die Situation sehr deutlich macht, in der wir uns befinden: „England hält durch und Deutschland verliert den Krieg militärisch." Wie soll das geschehn? Selbst wenn es England, mit Amerikas Hilfe gelingt, noch Jahrzehnte durchzuhalten, hat Deutschland damit den Krieg nicht militärisch verloren. Es könnte dann zu dem gefürchteten Kompromißfrieden kommen oder zu einem feindseligen Nebeneinanderleben des von Hitler beherrschten europäischen Kontinents und des britischen Weltreichs und der USA. In beiden Fällen hätten wir deutschen Sozialdemokraten keine Aufgabe mehr.

Ohne prophezeien zu wollen, scheint mir eins klar zu sein: Hitler kann nur geschlagen werden mit Hilfe von Verbündeten auf dem Kontinent. Die Demokratie muß diese Verbündeten finden – es sind die Antifaschisten in den europäischen Ländern –, und hier liegt auch unsere Aufgabe. Ich glaube nicht, daß wir eine Endsituation einfach „annehmen" können. Wir müssen von der gegenwärtigen Situation ausgehen und von hier aus unsere Aufgabe sehen. Wir müssen auch den Engländern klarmachen, daß, wenn sie wollen, daß Hitler geschlagen wird, sie Verbündete auf dem Kontinent finden müssen.

Das deutsche Problem existiert nicht nur, weil es jetzt gestellt worden ist. Wir selbst haben es oft in den letzten acht Jahren gestellt, haben Scham und Mitleid und Reue empfunden. Aber Stimmungen helfen uns politisch nicht weiter. Es wäre falsch, das Problem des Faschismus auf das deutsche Problem einzuengen. Was immer gesagt werden mag, Tatsache ist, daß der erste Krieg gegen den Völkerbund nicht von Deutschland, sondern von Japan geführt wurde[7], daß der Faschismus nicht in Deutsch-

---

7 Japan trat im März 1933 aus dem Völkerbund aus, kündigte im Dezember 1934 das Washingtoner Flottenabkommen, das seine Marinerüstung begrenzt hatte, und begann im Juli 1937 mit der Besetzung Chinas.

land, sondern in Italien entstand, daß Hitler nicht aus Deutschland, sondern aus Österreich ist.

Es ist Lenins Wort zitiert worden: Nationalitätenkriege werden von Bürgerkriegen begleitet sein. Von diesem Kriege kann man sagen: Bürgerkrieg, begleitet von Nationalitätenkrieg. Die Front geht quer durch alle Nationen. Es gibt Faschisten nicht nur in Italien und Deutschland, sondern in fast allen Ländern. Faschismus ist Weltproblem. Glaubt noch jemand, daß Frankreich zusammenbrach infolge einer fünften Kolonne Deutscher, vielleicht gar deutscher Flüchtlinge? Es gab Faschisten in Norwegen, Holland, Belgien, Frankreich und den Balkanländern. Man hat auch engl[ische] Faschisten internieren müssen. Es ist ein Krieg zwischen Demokratie und Diktatur.

Es wurde gefragt: Was ist Demokratie? – und sogar eine Kommission zur Definition dieser Frage vorgeschlagen. Ich verspreche mir politisch nichts von Definitionen. Es ist mit Demokratie und Sozialismus wie mit Wahrheit, Gerechtigkeit und Schönheit: Sie lassen sich immer nur annähernd erreichen. Wer die Zustände in Deutschland kennt und die in England erlebt und dann den Unterschied zwischen Demokratie und Diktatur nicht weiß, der stellt sich entweder blind oder ist es. Aber ein Bedenken Mennes teile ich: Kann man nach Hitlers Sturz in Deutschland Demokratie einführen? Wenn die Demokratie in Deutschland siegen und gesichert werden soll, wäre es leichtsinnig, sofort das demokratische Wahlrecht einzuführen.

Zur Frage: Was ist Sozialismus? Manche marxistischen Definitionen erscheinen uns schon historisch, eben weil es Definitionen sind. Aber es genügt, uns darüber klar zu sein, was Sozialismus nicht ist. Dann werden wir sehen, daß ein Sozialist international sein muß und daß er sozialisieren muß. Wir sehen am Nationalsozialismus und am Stalinismus, wohin Sozialismus führt, der nicht international ist: zum moralischen Verfall und zur ewigen Bedrohung des Friedens. Ich muß Gen[osse] Ollenhauer den Vorwurf machen, daß er in seiner Vorlage keine Sozialisierungsmaßnahmen erwähnt hat.

Zur Frage der Wiedergutmachung: Wir können uns den Schaden, der angerichtet sein wird, nicht vorstellen, und wir wissen nicht, was wir anbieten sollen. Grenzen sollten uns als Sozialisten nicht so wichtig sein. Aber ein vergrößertes Deutschland, in dem die Demokratie gesichert ist, ist ungefährlicher als ein verkleinertes oder zerstückeltes Deutschland, in dem sie nicht gesichert ist. Wir sollten das den Genossen aus Deutschlands Nachbarländern immer wieder sagen, und ich wäre dafür, über diese Fragen in einem möglichst frühen Stadium mit ihnen gemeinsam zu beraten.

Ich glaube nicht, daß Gottfurcht recht hat, wenn er Anerkennung und Legitimierung fordert. Legitimierung ist eine sehr schwierige Frage. Wir sollten aber den Engländern klar zu machen versuchen, daß sie Hitler nur mit Hilfe antifaschistischer Verbündeter schlagen können, und wir sollten den Genossen aus Deutschlands Nachbarländern klar machen, wie sehr der Sieg und die Sicherung der deutschen Demokratie in ihrem Interesse liegt.

Heinrich Jakubowicz hat das Wort. Wir befinden uns in einer ungeklärten Situation. Kommissionen würden nur neue Diskussionen bringen. Was wird der Kriegsausgang sein?

Wenn weder England noch Deutschland den Krieg gewinnen, ist er für uns verloren. Wir stellen heute politisch keinen Faktor dar. Zum deutschen Problem: Wir werden zu Unrecht mit dem anderen Deutschland in einen Topf geworfen. Dabei wurde der Krieg nicht aus ideologischer Gegnerschaft gegen Hitler begonnen, sondern aus imperialistischen Interessen. Manche fürchten die Gefahr, daß der Krieg ein Kampf für die Eroberung Europas für die Demokratie wird. Wenn man dieses Kriegsziel nicht vertritt, wird der Krieg nie zu Ende kommen. Es wäre sinnlos, den Engländern die Rekrutierung einer Armee zu versprechen. Aber eine wichtige Rolle können wir spielen. Den Krieg für die Demokratie in Deutschland und Europa können nur Menschen führen, die aus jenen Ländern sind und sie kennen.

Wer sind die „Verbündeten"? Wie steht es mit den Franzosen? Die freie französische Bewegung befindet sich in ähnlicher Situation wie wir. Auch die tschechische Regierung, die im Ausland gebildet wurde. Warum stellen wir nicht den selben Anspruch? Wir müssen als Kriegsgegner Hitlers anerkannt werden. Unser Programm ist: Ein demokratisches Deutschland. Das darf nie geändert werden, das müssen wir auch den reaktionärsten Verbündeten sagen.

Wir befinden uns in einer Position äußerster Schwäche. Wie können wir unsere taktische Situation verbessern?

Das Wort Sozialismus ist durch Rußland so kompromittiert, daß viele Sozialisten es nicht mehr wagen, sich zum Sozialismus zu bekennen. Viele machen den Fehler, den Bolschewismus noch immer Sozialismus zu nennen. Meine Ansicht ist, daß sich die Gesellschaftsordnung in Rußland in nichts mehr vom Faschismus unterscheidet. Es ist höchstens ein Gradunterschied. Silone hat mit seinem „roten Faschismus" recht gehabt. Die Frage, was Sozialismus ist, ist nicht nur ein philosophisches Problem. Wir müssen uns auf den wissenschaftlichen Sozialismus besinnen. In der kapitalistischen Wirklichkeit die Voraussetzungen unserer sozialistischen Wirklichkeit entdecken und sie zu entwickeln versuchen.

Zu Frage des Verwaltungsaufbaus. Wir müssen verhindern, daß Deutschland eine „Fremdenkolonie" wird. Die Macht der Großgrundbesitzer und Großkapitalisten muß gebrochen werden. Eine wichtige andere Frage: 1918 gaben die Arbeiter die Waffen aus der Hand, und die Reichswehr entstand. Wer wird die Waffen tragen, die Hitler davon jagen? Auch die deutschen Arbeiter? Werden wir sie entwaffnen? Und wenn Rußland aktiven Anteil nimmt, was werden wir dagegen tun?

Curt Weckel hat das Wort. Eine Neuorientierung im Denken tut not. Die Zeit erfordert das, und ich erinnere an Plato, Rousseau, Fichte. Über allem Zusammenbruch steht der Mensch mit seinen sittlichen Zielsetzungen. Der Glaube an den deutschen Menschen ist jetzt in England etwas erschüttert. Gibt es den demokratischen deutschen Menschen? Deutschland ist das letztgeborene Kind in der westlichen Zivilisation. Es gab Alexander, Cäsar, Napoleon – warum soll es nicht auch Hitler geben? Er ist zu spät gekommen. Marx sagte, daß Wiederholungen in der Geschichte Farcen sind. Hitler ist Tragödie und Farce zugleich. Auch in England hätte es früher Ähnliches wie Hitler geben können.

Sehr wichtig ist die Frage der Erziehung. Sie ist in Ollenhauers Vorlage nicht genug betont. Wir hatten Demokratie, aber keine Demokraten. Wir hatten eine konstruierte Verfassung. Wo waren denn die Republikaner? Die Republik hat Mörder amnestiert. Ich möchte auf eine neue Haltung der Republik drängen. Unsere Parteigenossen hatten als einzige republikanische Gesinnung. Gleissberg hat mit Recht das Problem des Wahlrechts und der demokratischen Freiheit nach Hitler betont.

Wir müssen unsere Schule umdenken. Es wurden zuviele Fakten gelehrt. Jugend will nicht so viel Wissen. Sie will Führung, Haltung, Vorbild. Auch Jesus hat nicht so viel gelehrt. Vorbildlich waren die Volkshochschulen in Dänemark. Es waren nicht Berufsschulen. Sie lehrten Literatur, Ökonomie, Politik, Humanistische Bildung. In Ollenhauers Vorlage muß Schule und Jugenderziehung, aber auch Erwachsenenerziehung, etwas erweitert werden. Auch in England ist das Problem der internationalen Erziehung brennend geworden. Gegenseitiges Kennenlernen ist wichtig. Erziehung nicht zum deutschen Menschen, sondern zum internationalen Menschen muß unser Ziel sein.

Es genügt nicht, die Bürokratie zu demokratisieren. Man muß nachdenken, ob das alte Beamtensystem aus der Monarchie noch in den modernen Industriestaat paßt. Wir müssen aus dem statischen ins funktionale Denken kommen.

Dr. Carl Herz[8] hat das Wort. Ollenhauers Äußerungen waren im allgemeinen befriedigend. In der Diskussion hat zur Sache nur Gleissberg gesprochen. Die Frage der Wirtschaftsverfassung ist in Ollenhauers Vorlage tatsächlich vergessen worden. Ich betone nur Fragen wie Kommunalisierung, Sozialisierung, Schuldenregelung.

Durch welche konkreten Vorschläge werden wir die Demokratie in Deutschland sichern? Die Befreiung des deutschen Volkes kann nur das Werk des deutschen Volkes selbst sein. Wir sehen, daß auch in England das Problem des Nationalismus größer ist als angenommen. Aber man soll es mit großer Vorsicht behandeln. Heute ist auch der Nationalismus international. Und wir waren ja selbst nicht frei davon. Deshalb dürfen wir anderen nicht Vorwürfe machen.

Menne hat zum Umlernen aufgefordert. Er sprach gefühlsbetont. Ich bestreite, daß wir umlernen müssen. Besonders ist richtig, daß alle Definitionen gefährlich sind. Sie sind ein statisches Element in einer lebendigen Entwicklung. Wie bauen wir den deutschen Arbeitern, Angestellten und Beamten ein anständiges Haus? Zur Lösung dieser Frage brauchen wir keine Metaphysik. Ich möchte mit Goethe sagen: Im Anfang war die Tat.

Wittelshöfers Äußerungen waren einfach nationalistisch. Die Schuld des Vertrags von Versailles ist Hitlers ewige Rede. Dabei hat der Versailler Vertrag nichts mit Hitlers Aufkommen zu tun. Das einzige, was am Versailler Vertrag zu beanstanden war, waren die Reparationen. Und die waren nur akademisch.

---

8 Vorlage: „Hertz".

Nach Hitler eine Nationalversammlung auf demokratischer Grundlage einzuberufen, wäre undemokratisch. Das deutsche Volk ist nach 11 Jahren einseitiger Propaganda nicht mehr wahlfähig. Ohne Presse- und Versammlungsfreiheit ist keine Demokratie möglich. Also muß eine Zwischenperiode eingeschaltet werden.

Bilden wir keine Kommissionen. Sondern lassen wir Einzelarbeiten machen. Drei Themen: 1. Wirtschafts- und Sozialverfassung, 2. Staatsverfassung, 3. Außenpolitik und Federal Union.

Fritz Segall hat das Wort. Unsere Legitimation ist durchaus notwendig. Die Labour Party muß feststellen, ob wir noch „enemy aliens" sind oder Verbündete. Die Labour Party hat noch keine Kriegsziele bekanntgegeben. Ist sie geneigt einem Verständigungs-frieden zuzustimmen? Oder will sie Gewaltfrieden?

Die Maifeier in Hammersmith[9] war betrüblich, da kein Deutscher sprechen durfte. Der Beifall bei Namensnennung Vogels zeigte, wie die engl[ischen] Genossen wirklich denken. Das gleiche bestätigen meine persönlichen Erfahrungen in einem englischen Industriebetrieb.

Hans Vogel ergreift das Wort. Der Vorschlag, Kommissionen einzusetzen, ist zu-rückgezogen. Die Aussprache hat sich größtenteils in luftleerem Raume bewegt. Viele Redner schienen vergessen zu haben, daß wir im Kriege leben. Glauben Sie denn, daß Bombardements die Engländer und Amerikaner geneigter machen werden, unsere Wunschträume anzuerkennen. Die Forderung, als Gleichberechtigte anerkannt zu wer-den, ist ein Wunschtraum. Noch nicht einmal von den Gesinnungsgenossen ist eine solche Anerkennung erfolgt. Die Forderung ist utopisch.

Gibt es ein deutsches Problem? Wenn man den Friedensschluß nur unter dem Ge-sichtspunkt des deutschen Problems behandelt, dann löst man das Problem des dauern-den Friedens nicht. Eine neue Weltordnung ist notwendig. Dabei muß Deutschland Lebensbedingungen erhalten, muß politisch als gleichberechtigt anerkannt werden. Aber vor Zugeständnissen dürfen wir uns nicht scheuen. Vielleicht haben wir selbst ein Inter-esse an gewissen Auflagen, um neue Bedrohung zu verhindern.

Wir müssen uns in den Mittelpunkt der Aufgabe stellen. Ganz unabhängig von der Internationale. Erst müssen wir selbst uns unseren Standort suchen. Unser Verhältnis zur Internationale ist kein gutes. Aber ich fühle mich dennoch an ihre Prinzipien gebunden. Als ich nach England kam, habe ich auch die Stellung der deutschen Emigration in England bedauert. Aber ich versuche, ohne viel laute Reden, sie zu bessern. Der Verlauf der Maifeiern zeigte, daß es nicht ganz erfolglos war.

Menne meint, daß ein Aktionsprogramm wichtiger als Ollenhauers Programm ist. Menne mag grundsätzlich Recht haben. Heute aber stehen Ollenhauers Fragen im Vordergrunde. Die Engländer fragen uns danach. Menne hat von der Bedeutung der Emigration gesprochen und auf geschichtliche Beispiele verwiesen. Aber heute fehlen

---

9 Vgl. Nr. 14.

Männer wie Marx und Masaryk. Nicht von jeder Emigration ist geistige Erneuerung ausgegangen. Je unabhängiger und freier wir an unsere Aufgaben herangehen, desto mehr Verständnis werden wir finden.

Hans Gottfurcht hat das Wort. Wenn ich von Gleichberechtigung und Legitimation sprach, dann habe ich das nicht formal gemeint. Ich meinte es nur ideologisch. Juristische Legitimation interessiert mich nicht. Die Diskussion hat mich in meiner Meinung nur bestärkt. Es gibt starke Kräfte, die unsere gleichwertige Einschätzung wollen. Wenden wir uns gegen die Außenseiter in der Labour Party und bei uns, die sie nicht wollen. Z.B. Männer wie Loeb, die lieber Handlanger sind.

Zwischen mir und Menne besteht kein Widerspruch. Er hat andere Aufgaben behandelt als ich. Er führt eine Thomas Mann-Gruppe[10], ich eine Gewerkschaftsgruppe. Wir wollen die Schuld der anderen an den heutigen Zuständen nicht unterbewerten. Dodd's Tagebuch[11] ist dokumentarischer Beweis für die Schuld der anderen.

Zum Problem Emigration und Heimat: Ich kenne den ungeheuren Wert der geistigen Möglichkeiten der Emigration. Aber es darf keine „Emigration an sich" werden. Drinnen hat man oft über das gelacht, was draußen ernst genommen wurde. Vergessen wir nicht, daß Emigration zufällig ist. Nicht jeder Emigrant ist eine geistige Größe. Und manche wirklichen geistigen Größen sind in Deutschland geblieben. Wir müssen die Situation der Freunde in Deutschland ständig vor Augen haben.

Ich will über die Zukunft der Gewerkschaften nicht reden. Dazu sind noch viele Diskussionen notwendig. Aber das Problem der Anerkennung trifft mich persönlich nicht. Denn auf dem Gebiete der Gewerkschaften ist es gelöst. Ist nicht die Zurückziehung des Kommissionsvorschlags voreilig gewesen? Beratung im Plenum bringt entweder Oberflächlichkeit oder wird endlos.

Bernhard Menne hat das Wort. Er beginnt mit einem Dank an Vogel, der sich als wahrer Führer erwiesen habe. Ich habe Ollenhauers Programm nicht herabgesetzt, ich wollte es nur mit meinen Vorschlägen kombinieren. Ich sprach von Aktionsprogramm. Das war mißverständlich. In Prag meinte man Aktionsprogramm der Partei. Ich meine Aktionsprogramm für die Propaganda in Deutschland. Ich habe jüngst festgestellt, daß auch im letzten Kriege die Propaganda zum Aktionsprogramm führte.

Die Emigration hat eine Chance. Machen wir den Versuch, sie zu nützen. Wir alle haben einen Wandlungsprozeß durchgemacht. Wir haben Neues zu sagen. Ich wollte

---

10 Die Betreuung der 1938/39 aus der Tschechoslowakei nach Großbritannien geflohenen etwa 8 000 deutschen, sudetendeutschen, österreichischen und tschechischen Emigranten erfolgte durch den Czech Refugee Trust Fund (CRTF). Die Emigranten waren in Gruppen aufgeteilt, die ihrer politischen oder beruflichen Zugehörigkeit entsprach und nach einer Führungsperson benannt waren. So zählten z.B. die Gruppe Sander (SPD) 79, die Gruppe Schmidt (KPD) 380, die Gruppe Wollenberg (deutsche Gewerkschafter) 60, die Gruppe Svitanics (österreichische Sozialisten) 156 Personen. Menne betreute die Thomas Mann-Gruppe.

11 Der Historiker und Diplomat William Edward Dodd, 1933–1937 Botschafter der USA in Berlin, veröffentlichte 1941 sein Berliner Tagebuch: Ambassador Dodd's Diary, 1933–1938, London 1941.

nicht Definitionen der Demokratie oder des Sozialismus. Ich habe auch nicht von sieben Männern gesprochen. Gewiß soll man das Problem des Krieges nicht auf das deutsche Problem einengen. Aber Vogel hat richtig gezeigt, daß das Problem existiert. Wir müssen werben, aber nicht Ansprüche stellen. Ich warne davor, an optimistische Perspektiven zu glauben. Wir können nicht dort fortsetzen, wo wir aufgehört haben.

Erich Ollenhauer hält das Schlußwort. Ich gebe zu, daß der zweite Teil meiner Vorschläge sehr summarisch war. Das gilt für Erziehung (von der Weckel sprach) und für Sozial- und Steuerpolitik (von der Herz[12] sprach). Um die Vorfrage zu klären: Das Thema heißt nicht Demokratie und Sozialismus. Die erste Voraussetzung für das Gelingen unserer Diskussion und Arbeit ist, daß wir uns in der Diskussion disziplinieren. Hier lag die Schwäche unserer Diskussion. Wir müssen uns entscheiden. Wollen wir einen Beitrag zu der Diskussion leisten, die die ganze Welt bewegt? Das ist schwerer als allgemeine Diskussionen führen.

Menne hat den Einwand gemacht, daß ich zu optimistisch sei. Ich bin nicht sehr optimistisch gewesen. Aber ganz ohne Optimismus ist Politik nicht möglich. Die Bemerkung, daß die antifaschistischen Kräfte die Entscheidung bringen werden, stimmt in keinem Punkte.[13]

---

12 Vorlage: Hertz.
13 Hier bricht die Textüberlieferung mit den Worten „Die besten" ab.

NR. 211

Leitfaden zur Diskussion „Der kommende Frieden und das kommende Deutschland" verfaßt von Erich Ollenhauer, ca. Mai 1941

Anlage zum Protokoll vom 10./11. Mai 1941

AdsD Bonn, PV-Emigration, Mappe 180

Der kommende Frieden und das kommende Deutschland[1]
(Eine Einleitung zur Diskussion)

A. Ausgangspunkt der Diskussion
1. Die Lage am Ende des Krieges ist nicht bekannt.
   Die gegenwärtige Situation ist wesentlich anders als die des letzten Krieges.
   England praktisch ohne Verbündete
   Ausfall der Militärmacht Frankreich
   Japan im Lager der Achse
   Sowjetrußland bewaffneter Neutraler
2. Die unbekannten Größen
   Dauer und Ausmaß des Krieges
   Ausmaß der Zerstörung und der Ausplünderung der durch Deutschland besetzten Länder
   Ausmaß des aktiven Anteils Amerikas
   Stellung der Sowjetunion
   Anteil der innerdeutschen Opposition
3. Die Kräfteverteilung im Lager der Demokratien am Ende des Kriegs
   Konservative und Fortschrittler in England
   England und seine Alliierten
   Amerika und die europäischen Demokratien
   Die Demokratien und die Sowjetunion
4. Schlußfolgerung
   Wir können in wesentlichen Punkten nicht von der jetzt gegebenen Wirklichkeit ausgehen. Wir müssen einen angenommenen Standort[2] suchen. Wir müssen diesen angenommenen Standort gemeinsam als Basis für die Diskussion akzeptieren.

Dieser angenommene Standort kann für uns als Sozialisten nur sein:
1. England hält durch und Deutschland verliert den Krieg militärisch[3].

---

1 Vorlage: Alle Überschriften ms. unterstrichen, die Hauptüberschrift doppelt.
2 Vorlage: „angenommenen Standort" ms. unterstrichen.
3 Vorlage: „militärisch" ms. unterstrichen.

2. Die militärische Niederlage ist identisch mit dem völligen Zusammenbruch[4] der Hitlerdiktatur.
3. Militärische Rückschläge für Deutschland und Unruhen in den okkupierten Ländern sind begleitet von einer wachsenden und sichtbaren innerdeutschen Opposition[5].
4. Die fortschrittlichen Kräfte in England sind am Ende des Krieges stark genug, um Geist und Inhalt des kommenden Friedens mit zu bestimmen.

Nur dann, wenn diese Fakten am Ende des Krieges gegeben sind, bestehen die Voraussetzungen für einen vernünftigen Frieden und nur dann besteht Aussicht, daß unsere Auffassungen hier und in Deutschland in Betracht gezogen werden.

B. Die Probleme
I. Deutschlands Stellung im kommenden Frieden
1. Vorfrage:
Wer vertritt Deutschland nach der Niederlage und nach dem Zusammenbruch?
2. Das Erbe:
a) Deutschlands Pflicht zur Wiedergutmachung
b) Deutschlands Garantien für die Zukunft
3. Die Forderung:
a) Erhaltung des Reiches in den Grenzen von Weimar
b) Deutschlands Eingliederung in die neue europäische Ordnung als Gleicher unter Gleichen
4. Die Aufgabe der Diskussion:
a) Formen und Möglichkeiten der Wiedergutmachung
b) Welche realen äußeren und inneren Garantien für die Zukunft können wir bieten?
II. Das kommende Deutschland
Deutschland als Demokratie
1. Sicherung der Demokratie
a) Großgrundbesitz und Schwerindustrie
b) Demokratisierung der Verwaltung – Beamtenrecht
c) Justiz – Unabsetzbarkeit der Richter – Laienrechtsprechung
d) Reich und Länder
e) Wahlsystem
f) Die Feinde der Demokratie in der Demokratie
2. Die inneren Garantien
a) Wehrverfassung – Abrüstung
b) Abbau der Kriegswirtschaft
c) Polizeiverwaltung

---

4 Vorlage: „völligen Zusammenbruch" ms. unterstrichen.
5 Vorlage: „wachsenden und sichtbaren innerdeutschen Opposition" ms. unterstrichen.

d) militärische Verbände

3. Die Aufgaben der neuen sozialen Demokratie[6]
    a) Mitbestimmungsrecht der Arbeiter in der Wirtschaft
    b) Arbeitsrecht – Koalitionsrecht
    c) Kulturpolitik – Freizeitgestaltung
    d) Schule und Jugenderziehung
    e) Staat und Kirche

III. Deutschland und Europa nach dem Kriege

1. Deutschland und seine Nachbarn
    Problem der deutschen Minderheiten an den deutschen Grenzen, Polen (Korridor),
    Österreich, Tschechoslowakei (Münchener Abkommen), Belgien (Eupen Malmedy)

2. Europäische Zusammenarbeit
    a) Deutschland und Frankreich
    b) Deutschland und der Südosten
    c) Problem des Ausgleichs zwischen Industrie- und Agrarstaaten
    d) Grenzen der Föderation (Großbritannien)
    e) Aufgaben der Föderation (Wirtschafts- und Handelspolitik, Währungspolitik,
        Verkehr)

IV. Deutschland und die Welt

1. Der neue Völkerbund (Einschluß der USA)
    a) Beschränkung der nationalen Souveränität zugunsten des Völkerbundes
    b) Exekutivgewalt des Völkerbundes
    c) Bindende Verpflichtung der Mitgliederstaaten zur Teilnahme an Sanktionen jeder
    Art gegen jeden Angreifer

2. Internationale Abrüstung
    a) Abrüstung der Demokratien im Zuge des Ausbaues des Völkerbundes
    b) Rüstungskontrolle
    c) Abschaffung der Luftwaffe
    d) Internationalisierung des Flugwesens
    e) Internationalisierung des Nachrichtenwesens, insb[esondere] im Radio

3. Internationale Wirtschafts- und Handelspolitik
    a) Abbau der Autarkie, Abbau der Zollschranken
    b) Internationale Regelung des Währungsproblems
    c) Internationale Regelung des Kolonialproblems

4. Internationale Sozialpolitik
    a) Ausbau des Internationalen Arbeitsamtes
    b) Verpflichtende internationale Abmachungen über Arbeitszeit, Arbeitsschutz,
        Sozialversicherung

---

6 Vorlage: „Die Aufgaben der neuen sozialen Demokratie" ms. unterstrichen.

Wesentliche Ausgangspunkte für die Einzelberatung:
1. Erhaltung des deutschen Reiches in den Grenzen von Weimar
2. Deutschlands gleichberechtigte Eingliederung in die neue europäische und internationale Ordnung
3. Wiedergutmachung
4. Reale Garantien nach außen und innen für den Bestand des Friedens und der Demokratie
5. Aufbau der neuen Republik als Demokratie
6. Organisierte Zusammenarbeit der europäischen Staaten
7. Aufbau eines neuen umfassenden Völkerbundes

Nr. 212

Notiz Hans Gottfurchts über die Beiratssitzung am 14. Mai 1941

Archiv Dr. Gerhard Beier, Kronberg, TNL Gottfurcht, Akte O I

14.5.41 F[un]kt[ionärs-Besprechung][1]

Vogel, Ollenhauer, Sander, Menne, Gottfurcht, Gotthelf, Schiff.

1. Mitgliedschaft[2]: Registrierung, nicht Mitgliedskarten[3]
2. Loeb[4]

---

1 Vorlage: Zeile unterstrichen.
2 Vorlage: Wort unterstrichen.
3 Vgl. Anm. 3 zu Nr. 209.
4 Vorlage: Wort unterstrichen. – Gemeint ist Walter Loeb. Gottfurcht hatte am 12. Mai 1941 an Vogel wegen
  der Auseinandersetzungen um Loeb und dessen Haltung in der Internierungsfrage geschrieben. Mit ausgelöst worden war die Kontroverse von Derkow, der Loeb vorwarf, sich für die Internierung der deutschen
  Emigranten eingesetzt zu haben und sich als „Übervansittart" zu gebärden. Gottfurcht an Vogel: AdsD
  Bonn, PV-Emigration, Mappe 45; Derkow an Vogel 27.5. und 31.5.1941, ebd., Mappe 29; Loeb an Vogel,
  11.5.1941, ebd., Mappe 73.

Nr. 213

Thesenpapier zur Staatsverfassung und Verwaltungsreform, verfaßt von Dr. Carl Herz zum Vortrag am 23. Mai 1941

AdsD Bonn, PV-Emigration, Mappe 179[1]

Staatsverfassung und Verwaltungsreform   II[2]

A. Einleitung

1) Das „deutsche Problem": Die internationale Tendenz der kapitalistischen Gesellschaft schneidet sich mit den besonderen Tendenzen in jedem Lande.

2) Die wirtschaftliche und die auf ihr beruhende gesellschaftliche Entwicklung bildet den Inhalt, die Staatsverfassung und Staatsverwaltung die Rechtsform[3] der Ordnung jedes Landes. Insofern ist die politische Demokratie stets „formal".

3) In der klassengespaltenen Gesellschaft hat der Staat eine doppelte Funktion.

4) Der heutige Staat ist daher wie der Staat jedes anderen Landes nur geschichtlich[4] zu begreifen.

5) Kurze geschichtliche Skizze des brandenburg-preußischen Staates als die Grundlage des heutigen Reiches. Die Gesellschaftsordnung unter Wilhelm II. stützte sich auf den ostelbischen Adel und die rheinische Schwerindustrie. Verwaltungsmäßiger Ausdruck waren das alte Heer und die altpreußische Bürokratie.

6) Ablehnung des Gedankens der Zerschlagung Deutschlands, insbesondere vom Standpunkt der deutschen Arbeiterklasse aus.

B. Hauptteil

1) Als politische Forderung folgt die sofort[5] durchzuführende Enteignung:

    a) des ostelbischen Großgrundbesitzes

    b) der rheinisch-westfälischen Schwerindustrie

    c) des Fürstenvermögens, insbesondere des Vermögens der Hohenzollern.

---

1 Vorlage: Titel doppelt ms. unterstrichen, Überschriften A., B., 8–13 und 17–18 ms. unterstrichen. – Es handelt sich um die Zusammenfassung des Vortrages, den Dr. Herz am 23. Mai 1941 vor dem Teilnehmerkreis der SPD-Konferenz vom 10./11. Mai 1941 hielt. Die Veranstaltung war Teil der damals vereinbarten Vortragsreihe. Das Thesenpapier wurde von Ollenhauer – wie hs. Eintragungen wie z.B. Auskreuzung und Umänderungen von Gliederungspunkten sowie leider unleserliche Rand- und Schlußbemerkungen erkennen lassen – gründlich durchgearbeitet. Diese Zusätze Ollenhauers werden nicht weiter im einzelnen kenntlich gemacht.

2 Vorlage: Am Kopf „II" hs. rechts oben eingefügt. Der Titel wird als Kopfzeile zu Beginn jeder Seite wiederholt.

3 Vorlage: „Inhalt" und „Rechtsform" jeweils ms. unterstrichen.

4 Vorlage: „geschichtlich" ms. unterstrichen.

5 Vorlage: „sofort" ms. unterstrichen.

Die Entschädigung ist auf die persönliche Sicherstellung der von der Enteignung betr[offenen] Person f[ür] die Dauer ihres Lebens zu beschränken.

2) Aus demselben Gesichtspunkt ergibt sich:

a) Demokratisierung d[er] Verwaltung nach d[en] unten erörterten Grundsätzen

b) Auflösung der Heeresformation und Verbot aller militärischen oder halbmilitärischen Verbände

3) Auslegung[6] des Artikels 160 Zif. 1 Abs. 2 des die Zweckbestimmung der Reichswehr regelnden Friedensvertrages von Versailles.

4) Zur Erhaltung der öffentlichen Ordnung ist ausreichend eine Bereitschaftspolizei[7] von etwa 25 000 Mann. Sachliche und persönliche Kautelen dafür, daß diese Organisation innerhalb des polizeilichen[8] Zweckes bleibt. Verbot der Schaffung eines Reichswehrministeriums.

5) Die Ortspolizei ist den Gemeinden zur eigenen Verwaltung zu überlassen. Verbot der Errichtung besonderer staatlicher Polizeipräsidien.

6) Das 1918 erstrebte, heute noch nicht erreichte staatspolitische Ziel ist:

a) Schaffung des Einheitsstaates

b) Territoriale Neugliederung des Reiches

c) Aufbau einer demokratischen Verwaltung von unten nach oben.

7) Diese Zielsetzung hatte Hugo Preuss. Die Verwaltungspolitik der sozialdemokratischen Minister in Preußen ging rückwärts in gegensätzlicher Richtung.

8) Gesichtspunkte für die Neugliederung Deutschlands:

Es bestehen drei Gruppen unter den ehemaligen Ländern, nämlich die Kleinstaaten, die Mittelstaaten und Preußen. Die von Preußen umschlossenen Kleinstaaten sind einzugliedern. Gliederung der Provinzen des Reiches nach wirtschaftlichen und verkehrlichen Gesichtspunkten. Die preußischen Provinzen werden Provinzen des Reiches, Preußen wird endgültig zerschlagen.

9) Die weiteren organisatorischen Fehler der Weimarer Reichsverfassung:

a) Das Proportionalwahlrecht hat sich nicht bewährt.

b) Die Regierungsspitze war nicht stabil.

c) Zwischen Reich und Preußen bestanden dauernd Reibungen.

d) Die innere Verwaltung der Länder wurde von der Reichsbürokratie aufgespalten (Reichsfinanzreform Erzbergers, Reichsarbeitsverwaltung). Es bestand keine geschlossene innere Verwaltung mehr, namentlich in der örtlichen Instanz.

10) Reformvorschläge für die Verfassung:

a) Einführung des Einmannwahlsystems

b) Kein Reichsrat, kein Reichswirtschaftsrat, keine zweite Kammer

---

6 Vorlage: „Auslegung" ms. unterstrichen.

7 Vorlage: „Bereit" im Wort „Bereitschaftspolizei" ms. unterstrichen.

8 Vorlage: „polizeilichen" ms. unterstrichen.

c) Für die Gestaltung der obersten Reichsorgane bestehen drei Möglichkeiten:

   aa)   Der Reichspräsident fällt fort. Die Minister werden nach dem Muster
         der Magistratswahlen auf eine bestimmte Zeit vom Parlament gewählt
         und wählen aus ihrer Mitte alternierend für ein Jahr ihren Vorsitzenden.
         (So das Schweizer System).

   bb)   Der Reichspräsident bleibt, wird aber vom Parlament gewählt und ist
         rein repräsentativ. Die entscheidende Macht liegt beim Kabinett. (Fran-
         zösisches Muster).

   cc)   Der Reichspräsident wird vom Volke gewählt und beherrscht – wie
         früher der preußische König – die Exekutive. Die Minister sind Gehil-
         fen des Präsidenten und unabhängig vom Parlament. (Nordamerikani-
         sches Muster).

11) Reform der Verwaltung:

   a) Zentralistisch bürokratisches Verwaltungssystem von oben nach unten (so im
      wesentlichen Frankreich) oder dezentralisiertes kommunales Verwaltungssy-
      stem von unten nach oben (so im wesentlichen in England)

   b) Skizze der Entwicklung der preußischen Verwaltung. Hauptfehler ist die
      Trennung der Kommunalverwaltung von der Polizeiverwaltung.

   c) Das sozialdemokratische Heidelberger Parteiprogramm formulierte:
      „Das Reich ist in eine Einheitsrepublik auf Grundlage der dezentrali-
      -isierten Selbstverwaltung umzuwandeln ... Ziel der sozialdemokrati-
      schen Verwaltungspolitik ist die Ersetzung der aus dem Obrigkeitsstaat
      übernommenen polizeistaatlichen Exekutive durch eine Verwaltung,
      die das Volk auf Grundlage der demokratischen Selbstverwaltung[9] zum
      Träger der Verwaltung macht ... . Die Grundsätze der Verwaltung be-
      stimmt das Reich, die Durchführung obliegt den Selbstverwaltungsbe-
      hörden."[10]

12) Die Verwaltungsreform gliedert sich in:

   a) Behördenreform (Aufbau der Verwaltung)

   [b)] Gesetzesreform (Aufgaben der Verwaltung)

   c) Büroreform (Technischer Vollzug der Verwaltung)

   d) Personalreform

13) Rechtskontrolle der Verwaltung durch die Verwaltungsgerichtbarkeit.

   a) Rechtsschutz für jeden Bürger gegen jede[11] schriftliche Anordnung einer
      Verwaltungsbehörde. Der Rechtsschutz wird durch die Verwaltungsge-

---

9 Vorlage: „die das ... Selbstverwaltung" hs.eingefügt.
10 Das Zitat entstammt den Abschnitten „Verfassung" und „Verwaltung" des Aktionsprogramms in: Das
   Heidelberger Programm. Grundsätze und Forderungen der Sozialdemokratie, [1925], Neuausgabe München 1947, S. 25 u. 28.
11 Vorlage: „jede" hs.unterstrichen.

richtsbarkeit im Verwaltungsstreitverfahren gewährt (verfassungsmäßig festzulegen).

b) Das Verwaltungsstreitverfahren ist als Parteiverfahren mit Öffentlichkeit und Mündlichkeit der Verhandlung auszubauen.

c) Der Aufbau erfolgt in 3 Stufen nach Stadt- und Kreisverwaltungsgerichten, Provinzialverwaltungsgerichten, Reichsverwaltungsgericht.

14) Justiz, namentlich auch im Verhältnis zur Verwaltung

a) Die sogenannten Angelegenheiten der freiwilligen Gerichtsbarkeit sind von der Justizverwaltung abzutrennen und den sachlich zuständigen Verwaltungskörperschaften zu übertragen (z.B.: Handelsregister an die Handelskammer, Vereinigung der Vormundschaftsbehörden mit dem kommunalen Jugendamt, Vereinigung des Grundbuchamtes und des staatlichen Katasteramtes mit dem städtischen Vermessungsamt).

b) Die Kriminalpolizei ist nach französischem Vorbild – police judiciaire – aus der allgemeinen Polizei auszugliedern und mit der Staatsanwaltschaft zu einer einheitlichen Strafverfolgungsbehörde zu verbinden.

c) Reichsverwaltungsgericht und Reichsfinanzhof ist mit dem Reichsgericht zu verbinden. Auf die Stellung der obersten Reichsrichter sind die Grundsätze der englischen Justizverwaltung anzuwenden: Wenige Richter, gehobene Stellung der Richter, Recht des überstimmten Richters zur Veröffentlichung des Minoritätsgutachtens.

d) Das Prinzip der Schöffengerichte ist für alle Instanzen der strafrechtlichen Rechtsprechung anzuwenden. Die gelehrten Richter sind in der Minderzahl. Die Schöffen werden von Gemeinden oder Gemeindeverbänden (Kreisen) nach Maßgabe des Stärkeverhältnisses der in den Gemeinden vertretenen Fraktionen vorgeschlagen.

e) In Strafsachen ist die gerichtliche Voruntersuchung aufzuheben. Das Gerichtsverfahren beginnt mit der Anklageerhebung durch den Staatsanwalt.

f) Die Todesstrafe fällt fort. Die Strafvollstreckung ist nach den progressiven Grundsätzen der preußischen Justizverwaltung unter der Republik zu gestalten.

g) Für eine Übergangszeit von mehreren Jahren ist die Unabhängigkeit und Unabsetzbarkeit der Richter nicht zu gewähren.

h) Dem Gedanken einer für die kleinen Streitfälle des täglichen Lebens bestimmten Schiedsgerichtsbarkeit durch die Gemeinden ist näher zu treten.

15) Die formale Demokratie reicht nicht aus. Die inhaltliche Ergänzung ist durch die Schaffung eines Reichssozialisierungs-, eines Reichskommunalisierungs- und eines Reichsenteignungsgesetzes zu schaffen:

a) Das Sozialisierungsgesetz umfaßt mindestens[12] die Bodenschätze, insbeson-

---

12 Vorlage: „mindestens" ms. unterstrichen.

dere Kohle, die Energieerzeugung, insbesondere Elektrizität und Gas, die konzentrierte Eisen- und Stahlproduktion, das Versicherungswesen, den Großgrundbesitz, die Forsten, das Tabakmonopol nach österreichischem Vorbild, vielleicht auch das Handelsmonopol in Kaffe und Kakao.

b) Das Kommunalisierungsgesetz umfaßt mindestens[13] den städtischen Grund und Boden, den gesamten Lokalverkehr einschl[ießlich] des Droschkenwesens, das Inseratenwesen einschl[ießlich] der Adressbücher, die Einrichtungen und Anstalten des Gesundheitswesens, den örtlichen Kohlenhandel, das Beerdigungs- und Friedhofswesen.

c) Die neugeschaffenen Verwaltungen haben sich in der örtlichen Unterstufe der Gemeinden als Vollzugs- und Verteilungsorgane zu bedienen. Sonderbehörden sind unzulässig[14].

d) Soweit, wie namentlich in der Konsumgüterindustrie, die freie kapitalistische Wirtschaft bestehen bleibt, sind durch Kontrollvorschriften die öffentlichen Interessen zu wahren.

16) Die Konsumvereine sind aufgelöst, ihr Wiederaufbau würde Jahre beanspruchen. Zu erörtern bleibt, ob die Gemeinden nicht anzuhalten sind, örtliche Verteilungsstellen zu errichten unter besonderer Mitwirkung der in der Arbeitsfront oder deren gewerkschaftlichen Nachfolgern organisierten Verbraucher. Der überörtliche Zusammenhang ist durch die Organisation des deutschen Gemeindetages herzustellen.

17) Friedensschluß:

Der Ablauf der Friedensverhandlungen ist in zwei oder vielleicht drei Teile zu zerlegen.

a) Der endgültige Friedensschluß muß auf deutscher Seite vom Reichstag genehmigt werden. Die Reichstagswahlen – wie auch die Gemeindewahlen – können erst nach einer längeren Zeitperiode stattfinden.

b) Der militärische Waffenstillstand als Ende der Kampfhandlungen ist sofort[15] abzuschließen. Als zuständig ist hier anzusehen der militärische Oberbefehlshaber.

c) Zwischenregelungen, die insbesondere auf wirtschaftlichem Gebiete einen sofortigen Abschluß erfordern, sind nötig. Unerkennbar ist heute noch, welche Instanz den Zwischenraum zwischen Waffenstillstand und endgültigem Friedensschluß überbrücken soll.

Eine oberste Instanz zur Vertretung des deutschen Volkes nach außen wie zur Erhaltung der Ordnung im Innern ist jedenfalls notwendig.

---

13 Vorlage: „mindestens" ms. unterstrichen.
14 Vorlage: „un" hs. ergänzt.
15 Vorlage: „sofort" ms. unterstrichen.

Entscheidung kann nur nach Maßgabe der heute noch unerkennbaren politischen Verhältnisse getroffen werden.

18)   Übergangsbestimmungen.

Thesenpapier zur Justizreform, verfaßt von Dr. Carl Herz zum Vortrag am 23. Mai 1941

AdsD Bonn, PV-Emigration, Mappe 179[1]

Justizreform
(Ergänzung zur Staats- und Verwaltungsreform)

A. Reformen auf dem Gebiet des Privatrechts:
1) Ausdehnung der modernen Gestaltung des Arbeitsrechts, insbes[ondere] des Arbeitsvertragsrechts, auf Dienstverträge jeder Art. Entsprechende Ausdehnung der Arbeitsgerichtsbarkeit.
2) Die ehrenamtliche Tätigkeit jedes Staatsbürgers ist arbeitsrechtlich sicherzustellen.
3) Die Jahresbezüge eines Wirtschaftsleiters dürfen die Jahresbezüge eines Reichsministers nicht übersteigen. Weitgehende Auslegung zur Sicherung gegen Umgehung. Leistungen, die darüber hinausgehen, sind nicht einklagbar und können im Falle der Zahlung binnen dreißig Jahren zurückgefordert werden. Der Rückanforderungsanspruch geht auf den Staat über.
4) Aufsichtsrats- und Verwaltungsposten wirtschaftlicher Unternehmungen dürfen nur in einem Umfang übernommen werden, der die gewissenhafte Ausübung durch den Amtsinhaber gewährleistet. Der Jahresbericht eines jeden Unternehmens hat die Namen der Direktoren und Aufsichtsratsmitglieder unter Beifügung der im verflossenen Geschäftsjahr im Einzelfall gezahlten Bezüge (Gehalt und Aufwandsentschädigung) zu enthalten. Die Jahresberichte sind der Steuerverwaltung zu übersenden.
5) Übermäßige Bezüge von Wirtschaftsleitern sind herabzusetzen. Einspruch dagegen im geordneten Rechtsverfahren unter Hinzuziehung von Laien. Das Reichsgericht ist oberste Instanz.
6) Gleichstellung der Frau mit dem Manne. Das eheliche Güterrecht ist Gütertrennung unter Ausschluß der Nutznießung und Verwaltung.
7) Erleichterung der Ehescheidung, insbes[ondere] durch übereinstimmende Erklärung beider Teile (So schon d[as] preuß[ische] allgem[eine] Landrecht von 1794).
8) Gleichstellung des unehelichen Kindes mit dem ehelichen Kinde, insbes[ondere]
   a) bez[üglich] des Versorgungsanspruches gegen den unehelichen Vater

---

1 Vorlage: Alle Überschriften ms. unterstrichen. – Es handelt sich um die Zusammenfassung des Vortrages, den Dr. Herz am 23. Mai 1941 vor dem Teilnehmerkreis der SPD-Konferenz vom 10./11. Mai 1941 hielt. Die Veranstaltung war Teil der damals vereinbarten Vortragsreihe.

b) bezüglich des Erbrechtes

c) bezüglich des Namens.

9) Ausschluß des Erbrechts für entfernte Verwandte und entsprechende Beschränkung der Testierfreiheit. Heimfallrecht des Staates.

10) In den Fällen des Erbrechts haben die öffentlichen Stellen (Staat und Gemeinde) das Recht, wirtschaftliche Unternehmungen oder Anteile daran oder Schuldverschreibungen oder Grundstücke und Grundstücksrechte zu dem aus dem Testament ersichtlichen Wert zu übernehmen.

11) Moderne Regelung des Armenrechts. Das Armenrecht erteilt das Wohlfahrtsamt unter Auskunftspflicht der Steuerverwaltung. Materielle Vorprüfung durch das zuständige Gericht oder eine besondere Gerichtsstelle.

B. Reformen auf dem Gebiet des Strafrechts und des Strafverfahrens:

1) Umgestaltung des Strafrechts nach dem Grundsatz, daß das Persönlichkeitsrecht dem Vermögensrecht gegenüber stärker zu schützen ist. Beseitigung der Todesstrafe. Besondere strafrechtliche Bestimmungen zum Schutze der Arbeitskraft und gegen den Mißbrauch von Abhängigkeitsverhältnissen, besonders bei weiblichen und jugendlichen Personen.

2) Zwei Tatsacheninstanzen in jeder Strafsache.

3) Das Prinzip des Schöffengerichts gilt für alle Instanzen der strafrechlichen Rechtsprechung. Die gelehrten Richter müssen in der Minderzahl sein. Die Schöffen werden von den Gemeinden oder den Gemeindeverbänden (Kreisen) nach Maßgabe des Stärkeverhältnisses [der] in der Gemeindeversamml[ung] vertretenen Fraktionen vorgeschlagen.

4) Zeitliche Beschränkung der Untersuchungshaft. Weitgehende Entschädigung für unschuldig erlittene Untersuchungshaft unter Beseitigung der bestehenden Beschränkungen.

5) Aufhebung der gerichtlichen Voruntersuchung. Das Gerichtsverfahren beginnt mit der Anklageerhebung durch den Staatsanwalt auf Grund des von ihm mit Hilfe der ihm unterstellten Kriminalpolizei gesammelt[en] Materials.

6) Die Strafvollstreckung ist nach den Grundsätzen der preußischen Justizverwaltung der Republik (Erziehungsprinzip, Strafvollstreckung in Stufen) zu gestalten. Besondere Behandlung der geistig und seelisch Minderwertigen unter weitgehender Hinzuziehung der Psychologen.

7) Gefangenenfürsorge durch die Gemeinden, bei Jugendlichen durch das Jugendamt.

C. Reformen auf dem Gebiet der Gerichtsverfassung:

1) Die Ausbildung des modernen Juristen ist in der Studienzeit durch Hinzunahme von Vorlesungen über Geschichte und Wirtschaft, in der praktischen Ausbildungszeit durch Ausdehnung auf Verwaltungsbehörden zu erweitern. Die beson-

dere Ausbildung für die Verwaltungslaufbahn (Regierungsreferendare und Regierungsassessoren) fällt fort.

2) Der Richter ist in allen Angelegenheiten nicht streitentscheidender Natur durch Beamte des mittleren Justizdienstes zu entlasten.

3) Für die kleineren Streitigkeiten des täglichen Lebens ist ein billiges und formloses Schiedsgerichtsverfahren durch die Gemeinden zu schaffen (Ortsgerichte). Persönliches Erscheinen ist erforderlich, Anwaltsvertretung ist ausgeschlossen. Zu Richtern dürfen auch ausgewählte Beamte des mittleren Justizdienstes bestellt werden, sofern im Einzelfall der zuständige Oberlandesgerichtspräsident die geistige und charakterliche Eignung für bestehend erklärt.

4) Die Bezirke der Landgerichte und der Oberlandesgerichte sind nach wirtschaftlichen und verkehrlichen Gesichtspunkten ohne Rücksicht auf die Gebietszugehörigkeit zu den früheren Ländern zu gestalten.
Die Oberlandesgerichtsbezirke sind den Bezirken der allgemeinen Verwaltung (Provinzen) anzugleichen.

5) Das Reichsgericht ist oberstes Gericht in allen[2] Streitsachen. Reichsverwaltungsgericht und Reichsfinanzhof sind mit dem Reichsgericht zu verbinden. Auf die Stellung der obersten Reichsrichter und der Richter der Oberlandesgerichte sind die Grundsätze der englischen Justizverwaltung anzuwenden: Möglichste Einschränkung der Richterzahl, gehobene Stellung der Richter, Recht des überstimmten Richters zur Veröffentlichung des Minoritätsgutachtens.
Die Anwaltschaft ist zu verstaatlichen, jedoch mit der Maßgabe, daß jedem Bürger das Recht der Auswahl des Anwalts nach Maßgabe seines Vertrauens gewahrt bleibt.

D. Reformen auf dem Gebiete des öffentlichen Rechts:

1) Die Reichstagsmitglieder dürfen Aufsichtsrats- und Verwaltungsposten wirtschaftlicher Unternehmungen nur mit Genehmigung des Reichstages bekleiden. Die Beschlüsse des Reichstages sind zu veröffentlichen.

2) Die Steuerlisten sind öffentlich auszulegen.

3) Wiederherstellung des Rechtsstaates und der Grundrechte. Bestrafung von Beamten, die die Grundrechte verletzten. Zu den Grundrechten gehören insbesondere: Schutz der Arbeitskraft, Schutz gegen den Mißbrauch von Abhängigkeitsverhältnissen, insbesondere bei weiblichen und jugendlichen Personen, Schutz der Minoritäten.

---

2 Vorlage: „allen" ms. unterstrichen.

4) Neufassung der Gewerbeordnung. Erlaß zusammenfassender Reichsgesetze über das Schulwesen, Bauwesen, Gesundheitswesen, Wohlfahrtswesen, Wegewesen unter völliger[3] Aufhebung aller landesrechtlicher Einzelvorschriften.

5) Alle[4] vor einem nahen Termin erlassenen Gesetze der ehemaligen Länder und alle Polizeiverordnungen oder Vorschriften ähnlichen Inhaltes kommen nach Ablauf eines Jahres in Fortfall.

6) Jede neue Ortspolizeiverordnung oder eine gleichstehende Vorschrift ist vor Erlaß durch die zuständige Gemeindevertretung von der Gemeindeversammlung zu beschließen.

7) Verbot der Kurpfuscherei. Zulassung zum ärztlichen und zahnärztlichen Beruf nur durch entsprechend vorgebildete Personen.

8) Die Ärzteschaft ist zu verstaatlichen, jedoch mit der Maßgabe, daß die Auswahl des Arztes nach Maßgabe des Vertrauens gewährt bleibt.

E. Reform auf dem Gebiete des Beamtenrechts und der Übergangszeit:

1) Bildung eines Staatsgerichtshofes gegen Nazis und Nazihelfer (Thyssen, Papen, Hugenberg, Bankier von Schröder)

2) Entlassung der Nazibeamten nach den Grundsätzen des Berufsbeamtengesetzes vom April 1933.
Die Richter und leitenden Beamten sind ohne Ruhegehalt zu entlassen. Sie verlieren das aktive und passive Wahlrecht und das Recht zur Bekleidung von Ämtern.
Entsprechendes gilt von dem leitenden Personal der Naziorganisationen.

3) Das Vermögen der Nazis und der Naziverbände ist zu Gunsten des Reiches sofort zu beschlagnahmen mit der Maßgabe, daß das Reich beschlagnahmte Vermögensteile an die sachlich zuständigen Stellen weiter geben kann (Gemeinde, Gemeindeverbände, Museen usw.).

4) Entschädigungsansprüche gegen den Staat finden nicht statt. Enschädigungsansprüche gegen Privatpersonen sind durch Bildung von Sondergerichtshöfen zu entscheiden.
Zur Befriedigung dieser Ansprüche kann beschlagnahmtes Sondervermögen der Nazis zur Verfügung gestellt werden.
Minister und leitende Beamte sind keine Privatpersonen im Sinne dieser Vorschrift, soweit sie als staatliche Funktionäre tätig gewesen sind.

5) Die Unabhängigkeit und Unabsetzbarkeit der Richter ist innerhalb einer Übergangszeit ausgeschlossen.

6) Die Studentenverbindungen bleiben aufgelöst.

---

3 Vorlage: „völliger" ms. unterstrichen.
4 Vorlage: „Alle" ms. unterstrichen.

F. Reformen auf dem Gebiete des internationalen Rechts:
1) Gegenseitsverkehr und weitgehende gegenseitige Anerkennung ergangener richterlicher Entscheidungen unter internationaler Festsetzung von Mindestbedingungen rechtsstaatlicher Natur:
Entscheidungen nur auf Grund öffentlicher mündlicher Verhandlung, Verteidigungsmöglichkeit, Gleichheit aller Staatsbürger usw.
2) Internationale Festsetzung von demokratischen Staatsgarantien für jeden Staat, der Mitglied der Federal Union werden will. Für Deutschland bestehen 3 unerläßliche Voraussetzungen:
Republikanisch-demokratischer Einheitsstaat unter Zerschlagung Preußens in Provinzen des Reiches,
Enteignung der ostelbischen Junker und der rheinischen Schwerindustriellen,
Ersetzung des zentralisierten Verwaltungssystems (von oben nach unten) durch das dezentralisierte Verwaltungssystem (von unten nach oben) unter Übertragung der Ortspolizei an die Gemeinden (so schon Hugo Preuss 1918).

NR. 215

Thesenpapier zur Wirtschafts- und Sozial-Verfassung, verfaßt von Hans Gottfurcht zum Vortrag am 30. Mai 1941

AdsD Bonn, PV-Emigration, Mappe 179[1]

30.5.41   III.[2]

Wirtschafts- und Sozial- Verfassung.

Ausgangspunkt:	Wie kann der arbeitenden Bevölkerung ein möglichst hoher Anteil am Wirtschaftsertrag gesichert werden?
	Welche Maßnahmen sind zu ergreifen, um die Sozialpolitik wirkungsvoll und vorteilhaft zu gestalten?
Voraussetzung:	Eine gesunde Wirtschafts-Verfassung ist Voraussetzung jeder wirksamen Sozialpolitik.
	Wirtschafts- u[nd] Sozial-Politik sind beeinflußbar durch die organisatorische Macht und den Einfluß der Interessenten.
Grundfrage:	Ist das Nachkriegsdeutschland sozialistisch?

1. Wirtschaftspolitik
   a) Die deutsche Wirtschaftspolitik wird belastet sein mit den zerstörenden Folgen des Krieges
      Kontributions- und Reparations-Politik.
      Kriegsschäden – Wiedergutmachung im eigenen Lande.
   b) Verstaatlichung: Die Schlüsselindustrien und Kreditwirtschaft sind zu verstaatlichen, einschl[ießlich] Bank-, Börsen-, Versicherungswesen. Das Versorgungsgewerbe (Gas, Elektrizität, Wasser etc.) ist der privaten Hand zu entziehen. Dasselbe gilt vom gesamten Gesundheitswesen.
   c) Zwangs- und Kriegswirtschaft sind abzubauen, soweit bestehende Einrichtungen nicht als Ansatzpunkte f[ür] d[en] Aufbau d[er] Planwirtschaft verwendet werden können.

---

1 Vorlage: Titel doppelt ms., die weiteren Überschriften ms. unterstrichen, ebenso zahlreiche Schlagwörter im Text; auf ihre Kennzeichnung wurde verzichtet. Der Titel wird in der Vorlage auf jeder neuen Seite mit der jeweiligen Seitenzahl wiederholt. Zu den hs. Randnotizen Ollenhauers vgl. Nr. 213, Anm. 1. – Es handelt sich um die Zusammenfassung des Vortrages, den Gottfurcht am 30. Mai 1941 vor dem Teilnehmerkreis der SPD-Konferenz vom 10./11. Mai 1941 hielt. Die Veranstaltung war Teil der damals vereinbarten Vortragsreihe.

2 Vorlage: „30. 5. 41" hs. Am Kopf „III." rechts oben hs. eingefügt.

d) Die Wirtschaft bedarf der Planung. In den Augen mancher Beschauer ist Planung bereits Sozialismus, andere halten Planung für die Vorbereitungsstufe zur sozialistischen Wirtschaft.

e) Steuern: Das Einkommenssteuerrecht ist nach sozialen Gesichtspunkten (progressiv) zu kodifizieren. Kopfsteuern sind zu beseitigen. Indirekte Steuern sind auf ein Mindestmaß herabzusetzen. Das System der wirtschaft[ichen] Steuern und Abgaben ist zu vereinfachen; sie sind ertragsfähig zu gestalten. Ihre Abwälzung ist zu verhindern.

Erbschaftssteuern und Steuern auf einmalige Gewinne oder Schenkungen sind an die obere Grenze der Belastungsmöglichkeit zu setzen. Aufrüstungs- und Kriegsgewinne sowie ihnen gleich zu erachtende Gewinne, sind durch einmalige Abgaben wegzusteuern.

Reduzierung der Zahl der Steuerraten.

Vorrang der Steuerhoheit des Reiches.

f) Eine gesunde Agrarreform ist durchzuführen.

Auftauchende Probleme: Verstaatlichung des Großgrundbesitzes. Soziale und wirtschaftliche Stellung der Bauern und Landarbeiter. Landwirtschaftliches Genossenschaftswesen, Wanderungsbewegung. Versorgung der städtischen Bevölkerung.

g) Sofort-Maßnahmen:

ga) Re-Stabilisierung der Währung und ihre Wiedereingliederung in das System marktgängiger Valuten.

gb) Direkte und indirekte (auch getarnte) Anleihebelastungen sind zu annullieren, bes[onders] soweit sie von den industriellen Nutznießern des Nazisystems übernommen worden sind. Mitbetroffenen kleinen Sparern, erpreßten Gewerbetreibenden u[nd] i[n] ähnlicher Weise zur Anleihe gezwungenen Personen können aus Billigkeitsgründen Entschädigungen zuerkannt werden.

gc) Die ausgeplünderten Sozialversicherungs-Einrichtungen etc. sind mit Staatshilfe auf gesunde Basis zu stellen.

h) Die Konsum-Genossenschaften sind wieder aufzubauen. Ihre Preis- und Qualität beeinflussende Bedeutung.

2. Arbeits- und Sozialrecht.

a) Das deutsche Arbeitsrecht muß kollektives Arbeitsrecht sein. Gleichberechtigte demokratische Mitwirkung der Arbeitnehmer in allen Organen des gesamten Wirtschafts- und Sozialbereichs ist unabdingbare Voraussetzung.

b) Arbeitszeit: Der Achtstundentag bildet die Grundlage. Wirtschaftlicher Notstand kann eine allgemeine Verkürzung der Arbeitszeit erforderlich machen.

Technischer Fortschritt und gesundheitsgefährdende Tätigkeit werden eine grundsätzliche kürzere Arbeitszeit in den entsprechenden Wirtschaftszweigen bedingen.

Arbeitszeit für Frauen und Jugendliche ist besonders einzuschränken (sachlich und zeitlich), Kinderarbeit ist grundsätzlich zu verbieten.

c) Sozialversicherung: Einheitliche Sozialversicherung für alle Gruppen von Arbeitnehmern und sozial gleichgestellten Bevölkerungskreisen ist zu schaffen.

Einheitliche Versicherungsträger haben in der Kranken-, Unfall-, und Altersversicherung für den Versicherungsschutz zu sorgen.

Anwartschaften aus den bisherigen Versicherungen bleiben aufrecht erhalten. Hierunter fallen auch Unterbrechungen aus Zwangsmaßnahmen des Dritten Reiches. Alle Schäden, die durch Terrorakte entstanden sind, fallen unter den Versicherungsschutz.

Die Selbstverwaltung ist sicher zu stellen. Dasselbe gilt vom internationalen Ausgleich.

d) Arbeitslosenfürsorge: Unter Zugrundelegung des Gesetzes über Arbeitsvermittlung und Arbeitslosenversicherung und unter zeitgemäßer Fortentwicklung der Gedankengänge ist eine umfassende Fürsorge für den Fall der Arbeitslosigkeit zu schaffen.

Fürsorge oder Versicherung?

e) Die Verpflichtung zum Abschluß unabdingbarer kollektiver Tarifverträge und ihre Ausschließlichkeit für alle Gruppen von Arbeitnehmern ist sicher zu stellen.

f) Die Wirksamkeit der Betriebsräte ist unter Fortentwicklung des Betriebsrätegesetzes und Ausmerzung der Zwischengesetzgebung des Dritten Reiches für alle Gruppen von Arbeitnehmern zu garantieren. Betriebsräte und Betriebs-Demokratie.

g) Die Arbeitsgerichtsbarkeit ist wiederherzustellen. Ausmerzung der Zwischengesetze. Ausbau in Umfang und Zuständigkeit.

h) Das gesamte Gebiet der Sozialgesetzgebung ist zu überprüfen und neu und zeitgemäß zu kodifizieren. Nur die wichtigsten Gebiete fanden hier Erwähnung.

3. Gewerkschaftsprobleme

a) Gewerkschaften sind unabhängige Organisationen, für deren Gestaltung und Gebarung nur der Wille der Mitgliederschaft entscheidend ist. Die Deutsche Arbeitsfront ist eine Staatshilfsorganisation.

b) Für alle Arbeitnehmer darf es nur eine gewerkschaftliche Einheitsorganisation geben. (Masse und ihre Aufgliederung).

Gewerkschaften dürfen nicht nach Richtungen aufgespalten sein. Keinerlei gewerkschaftsähnliche Organisationen (z.B. auf betrieblicher Grundlage) sind erlaubt.

c) Die Probleme:

Freie Gewerkschaft oder öffentlich-rechtliche Körperschaft.

Zwangsmitgliedschaft oder Freiwilligkeit

Bindung sozialer Rechte an die Tatsache der Mitgliedschaft.

d) Die gewerkschaftliche Einheitsorganisation ist die alleinige Interessenvertretung der Arbeitnehmer auf allen Gebieten des sozialen Rechts und des wirtschaftlichen Lebens (Vertretungs-Monopol).

e) Die Gewerkschaftliche Einheitsorganisation hat mitzuwirken auf allen Gebieten der Erziehung, der Volksbildung, des kulturellen Lebens. Ihr obliegt die Herstellung des Einklanges zwischen Sozial-, Wirtschafts- und Kulturpolitik.

f) Es ist zu prüfen, welche Sozialeinrichtungen der früheren Gewerkschaften wiederherzustellen, zu erhalten oder zu liquidieren sind. Die Einrichtungen der Arbeitsfront bedürfen einer gleichartigen Prüfung im besonderen Hinblick auf wirtschaftliche Werte (Bank, Versicherung).

g) Die Arbeitsfront hat als Staatshilfsorganisation die Finanzen der Gewerkschaften zerstört, die Gelder dem Staat zur Verfügung gestellt. Auch die Vermögenswerte wurden enteignet. Der Staat hat die Verpflichtung zur Wiederherstellung der gesunden Finanzgrundlage der zukünftigen Einheitsgewerkschaft.

h) Ein nach dem Einkommen gestaffeltes Beitragssystem ist zu schaffen.

i) Die Mitgliedschaften aller ehemaligen Gewerkschaftsmitglieder, die durch Gesetzgebung oder Terror erloschen sind, gelten als aufrecht erhalten bzw. wieder hergestellt.

k) Übergangsmaßnahmen: Die Leitung der Arbeitsfront und das gesamte Personal sind sofort ihrer Ämter zu entheben; die Verantwortlichen sind zur Rechenschaft zu ziehen.

l) Der Neuaufbau der einheitlichen deutschen Gewerkschaftsbewegung hat im Geiste der freigewerkschaftlichen Ideen zu erfolgen. Aufbau, Ausdrucksform und Betätigung sind demokratisch zu gestalten.

m) Die Zugehörigkeit zum Internationalen Gewerkschaftsbund und die Wiederherstellung der Beziehungen zum Internationalen Arbeitsamt sind Grundforderungen.

n) Für die Arbeitgeber ist eine einheitliche Parallelorganisation zu schaffen.

4. Gewerkschaften, Staat, Parlament, Parteien.
Lediglich eine Andeutung des Problems und Aufzeigung der diskutierten Fragen:

a) Können die Gewerkschaften die Parteien ersetzen?

b) Können die Gewerkschaften als politische Willensträger neben den Parteien stehen?

c) Soll das zukünftige Parlament ein Wirtschaftsparlament sein?

d) Soll das Wirtschaftsparlament zugleich zweite (oder womöglich dritte) Kammer sein?

Wesentliche Feststellung zur Vermeidung von Mißverständnissen:
Diese Fragen werden an bestimmten Stellen diskutiert; dies ergibt unsere Verpflichtung zur Erörterung. Die Art der Fragestellung enthält keine Stellungnahme; diese ist zu erarbeiten.

NR. 216

Thesenpapier zur Außenpolitik und den internationalen Beziehungen, verfaßt von Bernhard Menne zum Vortrag am 6. Juni 1941

AdsD Bonn, PV-Emigration, Mappe 179[1]

6. 6. 41   IV.[2]

Außenpolitik und internationale Beziehungen

A. Grundsätzliches

Es soll keine „Theorie der Außenpolitik" entwickelt werden. Notwendig erscheinen –
für eine künftige demokratische Außenpolitik – folgende Abgrenzungen:

1. Kein „Primat" der Außenpolitik
   (Außenpolitik kein dem inneren politischen und sozialen Kampf entrücktes Gebiet
   autonomer Normen; dies ist eine spezifisch deutsche Lehre – Hat „eine Heimat hinter
   sich" (E. Kehr[3]). Kein Reservat diplomatischer Spezialitäten).

2. Kein bloßer geographischer („geopolitischer") Reflex
   (Geopolitik auf der Linken: G. E. Graf[4], J. F. Horrabin[5] – Geographische Statik
   erklärt nichts – Beispiel: Deutschlands Mittellage)

3. Begriff „Imperialismus" überlebt.
   (Sozialistischer „ewiger Frieden"?)
   Das Beispiel Rußland – Ende des ökonomischen Imperialismus im Zeitalter totaler
   Staatsmonopole.

4. Keine allgemein gültigen „Formeln"
   (Sozialistische „Kontinentalpolitiker" – Demokratie und Revisionismus – Genügt für
   „Frieden und Verständigung"?)
   Vorschlag: Jedes der Völker konkret sehen, in seiner Geschichte, in seiner spezifi-
   schen Verfassung. Wechselwirkung zwischen Innen- und Außenpolitik
   erkennen!

---

1 Vorlage: Titel doppelt ms., die folgenden Überschriften ms. unterstrichen. Zu den hs. Randnotizen Ollenhauers vgl. Nr. 213, Anm. 1. – Es handelt sich um die Zusammenfassung des Vortrags, den Menne am
   6. Juni 1941 vor dem Teilnehmerkreis der SPD-Konferenz vom 10./11. Mai 1941 hielt. Die Veranstaltung
   war Teil der damals vereinbarten Vortragsreihe.
2 Vorlage: „6.6.41" hs., am Kopf „IV." hs. rechts oben eingefügt.
3 Eckart Kehr setzte mit seinem 1930 veröffentlichten Buch „Schlachtflottenbau und Parteipolitik 1894 bis
   1901" den Primat der Innenpolitik dem bis dahin vorherrschenden Primat der Außenpolitik entgegen.
4 Graf, Dr. Engelbert, 1881–1952, Geograph und Sozialökonom, 1924–31 Dozent an der Akademie für
   Arbeit Frankfurt, 1948–52 Dozent an der Deutschen Hochschule für Politik in Berlin.
5 J. F. Horrabin, britischer Geograph.

B. Das „Deutsche Problem" in der Außenpolitik

Es gibt auch ander Probleme: z.B. den englisch-russischen Gegensatz, die erwachenden Nationen, Amerikas Rolle in der Welt, die Frage der kleinen Staaten etc. Für deutsche Demokraten und Sozialisten ist das deutsche Problem das wichtigste.

Nach Goethes Mahnung soll jeder „vor seiner Tür kehren". Es ist beste sozialistische Tradition, mit der Kritik beim eigenen Land und auch beim eigenen Volk zu beginnen.

1. Späte Entfaltung Deutschlands
   (Im 16. Jahrhundert Habsburg der Hegemon, im 17.[6] Frankreich, im 19. England – Deutschland kommt zuletzt. Folge: Entwicklungsstörung führt zu nationaler Hysterie)

2. Einigung Deutschlands um Preußen
   (Militärkolonie im germanisierten Osten – London und Paris näher am Rhein als Berlin – Folge: Militärische Feudalherrschaft)

3. Zwei Verderber: Friedrich und Bismarck
   (Zweimal 3 Angriffskriege erfolgreich – innere Konflikte nach Außen verlagert – Folge: Lehre vom Krieg als Staatszweck, moralischer Zynismus in der Außenpolitik)

4. Über-Industrialisierung
   (Schnell vom Agrarstaat zum reinen Industriestaat mit Kapitalmangel und schwachen Märkten – Früh schon Staatshilfe notwendig. Folge: Deutsche Außenpolitik folgt übersteigertem Druck auf die Weltmärkte)

5. Vom „Bürger" zum „Untertan"
   (Tradition außerhalb des Limes, Reformation durch die Fürsten. Von Paulskirche nach Versailles – Beisp[iel] Napoleon u[nd] Louis Bonaparte. Gleichschaltung unter Wilhelm II. Folge: Gemisch aus Weltherrschaftsstreben, Rassendünkel, antikap[italistischer] Sehnsucht, Englandhaß)

6. Die große Infektion: Der Weltkrieg
   (Der „erlösende" August 1914. Belgien und U-Bootkrieg. Brest-Litowsk und Bukarest. Bündnis mit Lenin. Folge: Politischer Mord im Inneren, Lehre vom totalen Krieg)

   Vorschlag: Die besonderen politischen und wirtschaftl[ichen] Verhältnisse Deutschlands sehen. Das ist nicht allein eine Frage von Grenzen, von Bevölkerungsdichte und von Rohstoffziffern. Wichtig ist daneben das Problem der geistigen Verfassung. Erkennen, daß das keine Frage der Führung allein ist, daß die Massen, oft das ganze Volk, beteiligt sind. Zusammenhang zwischen innerer Unfreiheit und kriegerischer Außenpolitik sehen.

---

6 Vorlage: „17." und „18." hs. „16." und „17." geändert.

C. Die „Todsünden" der Weimarer Außenpolitik

In einer Auseinandersetzung mit Nazisten und Kommunisten wäre vielmehr Positives über die „14 Jahre" zu sagen, als hier Negatives gesagt wird. Die Weimarer Republik war der erste Versuch eines Volkes, sich nach Jahrhunderten Bevormundung selbst zu regieren. Das war ohne Fehler unmöglich.

Wir deutschen Sozialdemokraten haben vieles von dem, was unten angeführt wird, nur gezwungen mitgemacht. Wir brauchen uns der „14 Jahre" nicht zu schämen. Aber wir sollen aus ihnen lernen! Wir wollen es einmal besser machen! Selbstkritik ist der Beginn dieses „Bessermachens".

1. Wahrheit über den Weltkrieg nicht gesagt
   (Das ungenützte „Kriegsschuld"-Problem – Die „Kriegsverbrecher" – „Im Felde unbesiegt")
2. Gegen „Versailles" zusammen mit Reaktion
   (Zwei große Möglichkeiten: Jakobinismus und Erfüllungspolitik. Proteste helfen den Helfferichs[7].- Sofort geheime Sabotage)
3. Böser Beginn: Rapallo
   (Brüskierung des Westens – Sinn der russischen Rückendeckung: Geheimrüstung – Die unangreifbaren Nazi-Waffenlager)
4. Sabotage der Reparationen
   (Politik des künstl[ichen] – Bankrotts – Die Inflation – Folge: Proletarischer Mittelstand, Machtstellung des Großkapitals)
5. Keine klare Konzeption
   (Versuch, England und Frankreich gegen einander auszuspielen – Warum Ruhrkrieg und Oberschlesienteilung? – Das Abenteuer der Zollunion – Die alten Diplomaten)
6. Gefährlicher Boden der Stresemann-Politik
   (Stresemann allein im Besitz einer klaren Konzeption – Verständigung unterbaut durch USA-Milliarden – Folge: Über-Rationalisierung und erhöhte Krisenanfälligkeit)

Vorschlag: Erkennen, daß die deutsche Entwicklung zu 1933 durchaus keine zwangsläufige Folge von Versailles ist. Daß große andere Möglichkeiten ungenützt blieben. Erkennen, daß das deutsche Volk, dem die Wahrheit über den Krieg nicht gesagt wurde, das einer hemmungslosen Propaganda ausgesetzt war und das durch die Erschütterung der Inflation ging, sich nur in labiler geistiger Verfassung befand.

Der Krisenstoß von 1929–32 ging tiefer als etwa zu Versailles, er berührte die „neuralgischen Punkte" der deutschen geistigen und politischen Existenz.

---

7 Helfferich, Karl, 1872–1924, ab 1918 Vorsitzender der DNVP, Gegner des Versailler Vertrages, gegen die Bezahlung der Reparationen.

D. Einige Vorschläge

Dies soll kein Versuch eines „außenpolitischen Programms" sein. Es sind Grundsätze zur Verständigung unter Demokraten und Sozialisten. Dabei sind Grenzentscheidungen aufgezeigt, um die Klarheit zu erhöhen. Heute detaillierte diplomatische Rezepte aufzustellen, ist verfrüht.

Der Ausgangspunkt ist der gleiche, wie im Referat des Gen[ossen] Ollenhauer: Es wird die deutsche Niederlage angenommen, der keine deutsche Revolution, kein sichtbares Abrücken des deutschen Volkes vom Kriegskurs vorausgegangen ist.

1. Behandlung der Verantwortlichen
   (Soweit die Verantwortlichen nicht bereits physisch erledigt sind, sofortige Aburteilung – Auslieferung an die Staaten, denen gegenüber und in denen sie Verbrechen begingen – Dies auch bei mittleren Organen)
2. Wiedergutmachung eine moralische Pflicht
   (Keine Verschleierung durch Schuldhinweise auf andere Völker. Kein Untergehen in „allgemeiner Wiederaufbaupflicht". Zwangsarbeit der Nazi-Parteigänger in den zerstörten Gebieten)
3. Vorbehaltloser Verzicht auf alle Nazi-Eroberungen
   (Dies keine bloße „realpolitische" Haltung – Anerkennung, daß in der „kleindeutschen Lösung" eine tiefe Weisheit liegt.)
4. Zusammenarbeit mit England oder USA
   (Notwendigkeit einer Besetzung Deuschlands zur Verhinderung von Reaktion oder Bolschewismus – Übergangszeit zum Aufbau demokratischer Selbständigkeit notwendig)
5. Keine „Anlehnung" an Rußland
   (Dies auch nicht verschleiert durch „gemeinsamen Sozialismus" – Bolschewismus bloße totalitäre Terrorherrschaft.)
6. Weitestgehende Garantien
   (Vernichtung der Armee und der Rüstungsindustrie genügt nicht – Kontrolle des deutschen Industrie-Potentials.)
7. Umgliederung des Reiches
   (Zur Herabminderung des natürlichen Druckes des noch verbleibenden 60 Millionen-Blockes föderative Aufgliederung des Reiches. Dies auch eine Notwendigkeit des Aufbaues neuer demokratischer Grundlagen)
8. Geistige Offensive nach innen
   (Mit Jakobiner-Radikalismus Kritik nach innen – Tiefgreifende Umgestaltung der Propaganda, der Erziehung, des Pressewesens – Keine „Außenpolitischen" Hemmungen der Wahrheit)
9. Europäische Föderation – letzter Schritt
   (Anerkennung der Notwendigkeit einer Übergangszeit. Europäische Föderation ein organischer Prozeß – Ihre Voraussetzung: Geistige Angleichung)

NR. 217

Notiz Hans Gottfurchts über die Beiratssitzung am 10. Juni 1941

Archiv Dr. Gerhard Beier, Kronberg, TNL Gottfurcht, Akte O I

10.6.1941

Vogel, Oll[enhauer], Sander, Menne, Gotthelf, Go[ttfurcht], Schiff[1]

1. Int[ernationale] Zus[ammen]arbeit[2]
2. Fabian Summer School[3]
3. Beiträge
4. Davies[4]
5. Geyer-Heine[5]
6. Loeb[6]

---

1 Vorlage: Zeile unterstrichen.
2 Vgl. hierzu Nr. 24.
3 Das International Bureau der Fabian Society hatte im März 1941 Kontakt mit Vogel aufgenommen und ihn am 16. Mai 1941 um die Benennung von Referenten für LP-Versammlungen gebeten. In: AdsD Bonn, PV-Emigration, Mappe 36.
4 Zu den Kontakten mit Lord Davies vgl. Nr. 24ff.
5 Geyer und Heine waren inzwischen von Lissabon kommend in London eingetroffen und arbeiteten als kooptierte Mitglieder im Parteivorstand mit.
6 Vgl. Anm. 4 zu Nr. 212.

Nr. 218

Thesenpapier über die geistigen Grundlagen der sozialistischen Bewegung, verfaßt von Curt Weckel zum Vortrag am 13. Juni 1941

AdsD Bonn, PV-Emigration, Mappe 179[1]

Von der geistigen Grundlegung unserer Bewegung.

I. Allgemeines aus der Geschichte der sozialistischen Bewegung.

Ein klares Verstehen der sozialistischen Bewegung entwickelt sich beim Verfolgen ihres geschichtlichen Werdeganges.

Die moderne sozialistische Bewegung begann in der Frühzeit des Industrie-Kapitalismus und des Industrie-Proletariats.

Ihr Ziel: Eine Gesellschaft, die dem Arbeiter ein menschenwürdiges Dasein sichert. Der „Arbeiter" ist im Anfang der Bewegung der in der Industrie beschäftigte Lohn-empfänger.

Utopischer Sozialismus, besser genannt Philantropischer Sozialismus. Gelegentliche Versuche von Menschenfreunden für die Arbeiter.

Evolutionärer Sozialismus. England.

Revolutionärer Sozialismus. Deutschland.

Der evolutionäre und der revolutionäre Sozialismus sind politische Bewegungen der Arbeiter selbst.

Jeder dieser Arten entspricht einer geistig-theoretischen und einer sittlich-praktischen Haltung ihrer sozialistischen Träger.

Nach der Niederlage des deutschen Sozialismus im Jahre 1933 scharfe Kritik an der Haltung der Sozialdemokratie von außen und innen. Forderung einer neuen geistigen Orientierung (Neu besinnen!) und einer neuen Haltung für die Zukunft (Neu beginnen!). Die Forderungen sind nicht übereinstimmend.

II. Geschichtliche Entwicklung der sozialdemokratischen Haltung.

Lassalles Arbeitervereine. Die Eisenacher, Gothaer Einigung. Ein Kompromiß. Der „Revisionismus"(Bernstein) wird theoretisch „geschlagen" vom „Marxismus" (Kautsky).

Die Partei bleibt in der Theorie und [in] ihrer Literatur marxistisch. In der Praxis wird sie immer mehr „revisionistisch", evolutionär, konstitutionell.

---

1 Vorlage: Titel doppelt ms., alle weiteren Überschriften ms. unterstrichen, ebenso zahlreiche Schlagwörter im Text; auf ihre Kennzeichnung wurde verzichtet. Zu den vereinzelten Randnotizen Ollenhauers vgl. Nr. 213, Anm. 1. – Es handelt sich um die Zusammenfassung des Vortrags, den Weckel am 13. Juni 1941 vor dem Teilnehmerkreis der SPD-Konferenz vom 10./11. Mai 1941 hielt. Die Veranstaltung war Teil der damals vereinbarten Vortragsreihe.

Die politische Haltung der SPD in der Weimarer Republik. Partei, Gewerkschaften und die Psychologie der breiten Arbeitermassen. Die evolutionären Gewerkschaften haben mehr Mitglieder als die „revolutionäre" Partei.

Für die Masse der Arbeiter war Sozialismus nicht so sehr eine Lehre, eine Ideologie, eine Doktrin, als vielmehr eine menschliche Haltung, die dem Gefühl für menschliche Ideen entsprang. Die Sozialdemokratie war die Partei der Besitzlosen, der Unterdrückten und aller Oppositionellen, die für Freiheit, Gerechtigkeit und brüderliche Gemeinschaft kämpften. „Genossen".

In den Krisenjahren der Republik innere Konflikte. Scholastische Streitigkeiten über die richtige Auslegung des „Marxismus".

Fraktionsbildungen, Spaltungen, Niedergang der allgemeinen und der politischen Moral.

Anzeichen der Gesundung. Erneutes Sehnen nach Freiheit, Gerechtigkeit, Menschlichkeit, Kameradschaftlichkeit. Ablehnung des Bruderkampfes.

III. Geschichtliche Entwicklung und marxistische Theorie (Marxismus)

Der rein wissenschaftlich, erklärende Teil heute noch richtig und unübertroffen: Enstehung des Kapitals, Mehrwert, Profit.

Die Dialektik der Geschichte, die materialistische Geschichtsauffassung und die sozialistische Gesellschaft als Auflösung der kapitalistischen Widersprüche auf einer höheren Stufe der gesellschaftlichen Entwicklung sind von Marx und Engels als menschliche Denkform, als Wissenschaft und als geschichtliche Aufgabe, die von Menschen gelöst werden muß [, verstanden worden].

Ihre Anwendung als feststehende Formeln, als Schablonen, widerspricht der Auffassung ihrer Schöpfer. Lebendige Fortentwicklung durch Verbesserung der Methoden, Verbreiterung und Vertiefung der Erkenntnis, Anpassung an die geschichtlichen Situationen.

Der prophetische Teil des Marxismus ist in einer neuen Analyse der heutigen Gesellschaft zu überprüfen. Nicht alles eingetroffen. Akkumulation des Kapitals; Untergang des Mittelstandes; Klassenkampf und Klassenbewußtsein; Krisen des Kapitalismus; Staat und Revolution; Diktatur und Demokratie; Religion, Nationalismus, Internationale; Enteignung; Bedeutung der Persönlichkeit.

IV. Die geistige Krise des Sozialismus und ihre Lösung.

Die geschichtliche Weltkrise im allgemeinen und die Krise des Sozialismus im besonderen fordern von den deutschen Sozialisten eine klare Entscheidung[2]: Bildung einer Partei nur aus Marxisten? oder: Bildung einer Massenpartei aus allen Schichten der arbeitenden Bevölkerung?

---

2 Vorlage: „klare Entscheidung" ms. unterstrichen.

Die marxistische Partei ist geistig gebunden an die streng marxistische Theorie und in ihrer Haltung dauernd ausgerichtet auf die „letzte Krise", auf Umsturz, Revolution. Ablehnung jeder Reform, Entlarvung der Nichtmarxisten mit allen Mitteln.

Eine Massenpartei muß sich frei halten von der engen, einseitigen Bindung an irgendeine Theorie dogmatischer Art. Ihre geistigen Grundlagen müssen von allgemeiner Art sein, etwa: Glaube an den arbeitenden Menschen; Wertschätzung jeder Art gesellschaftlich notwendiger Arbeit; Erkenntnis vom höheren Werte kameradschaftlicher Zusammenarbeit; Beseitigung aller Klassenvorrechte; Anerkennung allgemeiner menschlicher Werte; Wille zur Höherentwicklung der Gesellschaft, im besonderen der menschlichen Arbeit; Bedeutung des Menschen. Objektive Wahrheit und subjektive Wahrhaftigkeit.

Ihre politische Haltung wird bestimmt durch die Besonderlichkeiten konkreter politischer Situationen.

Mannigfaltigkeit derselben Bedeutung der Persönlichkeiten, die sie meistern können. Unmöglichkeit von Schablonenarbeit.

Konkrete Forderungen der Gegenwart:

Geltendmachung der eigenen Persönlichkeit, Duldung fremder Persönlichkeit (Toleranz);

Aufbau einer starken demokratischen Staats- und Staatenordnung; Gestaltung einer sozialen Gesellschaftsform, die dem menschlichen Bedürfnis nach Sicherheit und dem Gefühl der Menschlickkeit, der menschlichen Würde und Kameradschaftlichkeit entspricht.

Die daraus sich ergebenden Agitations- und Organisationsformen.

Forderungen an die Welt, im besonderen an die Bruderparteien.

NR. 219

Bericht des Parteivorstandes über seine Tätigkeit in England bis Mai 1941 vom 20. Juni 1941

AdsD Bonn, PV-Emigration, Mappe 165

Unsere Arbeit in England. [1]
Beobachtungen und Erfahrungen in der Zeit vom Januar bis Ende Mai 1941.

1. Allgemeine Bemerkungen

Die Möglichkeiten unserer Arbeit in England sind abhängig von der Entwicklung der militärischen Ereignisse, von dem Umfang der Bedeutung einer innerdeutschen Opposition und vom außenpolitischen Kurs der englischen Regierung. Im Augenblick ist die Lage so, daß die rein militärischen Aktionen in den Vordergrund getreten sind. Die übertriebenen Hoffnungen und illusionären Vorstellungen vieler Engländer über das Tempo und die Ausdehnung einer innerdeutschen Opposition im Falle eines Krieges sind zusammengebrochen. Beide Umstände bedingen, daß die Bedeutung der deutschen politischen Emigration in England und der Propaganda nach Deutschland heute wesentlich geringer eingeschätzt wird, als in den ersten Monaten des Krieges. Man muß damit rechnen, daß mit der längeren Dauer und mit der Verschärfung des Krieges die Tendenzen stärker werden, die das deutsche Volk als einen „hoffnungslosen" Fall bezeichnen und deshalb für den Verzicht auf jede propagandistische Einwirkung auf das deutsche Volk zugunsten einer reinen Machtlösung des deutschen Problems am Ende des Krieges eintreten.

Auf der anderen Seite werden die Möglichkeiten der deutschen politischen Emigration durch den Umstand begrenzt, daß die englische Regierung es nach wie vor ablehnt, ihre Kriegs- und Friedensziele bekanntzugeben. Es gibt für diese Haltung sehr ernste und anerkennenswerte Gründe, aber trotzdem bleibt die Tatsache bestehen, daß eine wirksame offensive Propaganda gegenüber der Propagandathese der Nazis von der schicksalhaften Bedeutung des Ausgangs dieses Krieges für die Erhaltung des Deutschen Reiches und von dem Kampf des „sozialistischen Deutschlands" gegen die „englischen Plutokraten" angesichts der Unklarheit über die englischen Kriegsziele sehr schwer möglich ist.

Es ist klar, daß unter diesen Umständen die Möglichkeiten für praktische politische Aufgaben heute geringer sind als wir nach unseren Erfahrungen und Beobachtungen

---

1 Vorlage: Überschrift doppelt ms., weitere Überschriften ms. unterstrichen; die ms. Unterstreichungen einzelner Organisationen und Personen ab dem 4. Abschnitt wurde nicht übernommen. Hs. Korrekturen sind eingearbeitet.

während unseres ersten Besuchs in London während des Krieges, Ende 1939[2], annehmen durften und auch noch geringer, als wir bei unserer Ankunft im Dezember vorigen bzw. im Januar dieses Jahres erwarteten.

Dennoch bestehen die politischen Gründe, die uns zur Übersiedlung nach London veranlaßten, im vollen Umfang fort. England ist das Zentrum des Kampfes gegen das Hitlerregime und wir haben daher nur hier die Aussicht, unseren eigenen Kampf für das gleiche Ziel wirksam fortsetzen zu können. In England wirkt die größte Arbeiterpartei Europas, die Labour Party, und sie hat durch ihre Teilnahme an der Regierung unmittelbaren starken Einfluß auf die Politik des britischen Empire. London ist das Zentrum der Reste der sozialistischen Arbeiterbewegung in den übrigen Ländern Europas geworden. Nur in London hat die deutsche Emigration die Chance, den Kontakt mit einer aktiv gewordenen Opposition in Deutschland schnell wieder aufnehmen zu können und bei den Entscheidungen über die Zukunft Deutschlands und über die Neugestaltung Europas gehört zu werden.

2. Die Stellung der deutschen sozialistischen Emigration in England.

Die deutsche sozialistische Emigration in England befindet sich in einer besonders schwierigen Lage. Ihre „rechtliche" Stellung ist ungünstiger als die der anderen sozialistischen Emigrationen, mit Ausnahme der Österreicher, die den Deutschen gleichgestellt sind. Die sozialistischen Emigrationen aus den sogenannten alliierten Ländern haben hier eine anerkannte amtliche Vertretung ihres Landes, sei es in Form einer nach hier emigrierten Regierung, einer hier gebildeten provisorischen Regierung oder eines National-Ausschusses. Sie sind entweder an diesen amtlichen Vertretungen ihrer Länder selbst maßgebend beteiligt oder stehen doch in so engen Beziehungen zu ihnen, daß sie den offiziellen Vertretungen praktisch gleichgestellt sind. Ihre politische Aufgabe während des Krieges deckt sich weitgehend mit den Aufgaben ihrer offiziellen Vertretung, der Unterstützung der Kriegsführung mit dem Ziel der Wiederherstellung der nationalen Unabhängigkeit ihrer Länder. Die deutschen Sozialisten sind jetzt zwar fast ausnahmslos aus der Internierung entlassen und durch die Entscheidungen der Tribunale als freundliche Ausländer klassifiziert worden, aber die deutsche sozialistische Emigration besitzt keinerlei offizielle Anerkennung als die Vertretung des demokratischen und freiheitlichen Deutschlands. Wir sind der Meinung, daß wir eine solche Anerkennung im gegenwärtigen Zeitpunkt ebensowenig anstreben sollen wie die Schaffung einer Gesamtvertretung der deutschen Emigration, wie sie von einigen unserer Parteigenossen gewünscht und versucht wird.[3] Es ist aber klar, daß sich aus der unterschiedlichen „rechtlichen" Stellung der deutschen sozialistischen Emigration und der sozialistischen Emigration der

---

2 Vgl. Einleitung, Abschnitt III.1.
3 Dies bezieht sich auf Höltermanns „Gruppe der Parlamentarier", die sozialdemokratischen Mitglieder in Otto Strassers „Frei-Deutschland-Bewegung", aber auch auf die Pläne von Lord Davies. Vgl. Nr. 24ff. und Einleitung, Abschnitt II.3.1.

alliierten Länder auch Hemmungen und Beschränkungen in der praktischen Arbeit ergeben. Man muß damit rechnen, daß sich die Lage noch verschlechtert, solange nicht die Enwicklung des Krieges und die Entwicklung einer sichtbaren innerdeutschen Opposition eine Wendung herbeiführt. In den letzten Monaten hat in der öffentlichen Meinung die Auffassung Boden gewonnen, die z.B. in der Broschüre Vansittarts „Black record"[4] und in den letzten Reden Churchills, in denen er von den 70 Millionen Hunnen sprach, zum Ausdruck gekommen ist. Es gibt auch heute noch eine starke Gegenwirkung gegen diese Tendenz, aber selbst in der Labour Party gibt es Vertreter beider Tendenzen. Es wird eine unserer Aufgaben in der nächsten Zukunft sein, mit unseren schwachen Kräften mitzuhelfen, daß die Einsicht in die Notwendigkeit eines vernünftigen Friedens und einer positiven Neuordnung Europas und das Bewußtsein von der Existenz eines demokratischen Deutschlands lebendig bleiben.

3. Unser Verhältnis zur Labour Party.

Obwohl die Versuchung zu einem anderen Verfahren hier in England größer ist als in irgend einem anderen Land, in dem wir bisher als Emigranten gelebt haben, haben wir auch hier den Grundsatz beibehalten, unsere Beziehungen zum Gastland, insbesondere zu amtlichen Stellen, über die Bruderpartei, in diesem Fall über die Labour Party, aufrecht zu erhalten. Wir stehen in ständigem Kontakt mit Gillies, der das International Department der Labour Party leitet. Soweit wir direkt mit anderen führenden Genossen der Britischen Arbeiterbewegung Fühlung genommen haben, z.B. Noel-Baker und John Price, handelt es sich um die Besprechung spezieller Fragen. Gillies haben wir laufend über unsere Besprechungen und unsere Arbeit unterrichtet. Wir haben von ihm auch jede Unterstützung erhalten, die wir von ihm erbeten haben. Eine Aussprache mit der Leitung der Labour Party oder mit der Parlamentsfraktion hat bisher nicht stattgefunden. Da sie uns im gegenwärtigen Zeitpunkt auch nicht opportun erscheint, haben wir sie auch nicht angeregt.

4. Unsere Beziehungen zur sozialdemokratischen Emigration in England.

In England leben zur Zeit etwa 160 sozialdemokratische Flüchtlinge. Etwa 60 befinden sich in London, der Rest lebt im Lande. Eine kleine Anzahl unserer Genossen befindet sich noch in der Internierung. Wir haben bald nach unserer Ankunft den Kontakt mit unseren Parteigenossen in London aufgenommen. Im Februar und im März hat je eine Versammlung der Londoner Gruppe stattgefunden.[5] Nach einer eingehenderen Beratung haben wir von einer festeren organisatorischen Zusammenfassung der Parteigenossen abgesehen. Wir haben uns darauf beschränkt, eine neue Registrierung der Parteigenossen vorzunehmen. Unter bestimmten Voraussetzungen wollen wir in Zukunft

---

4 Lord Robert Vansittart, Black Record, London 1941. Zu Vansittart vgl. Einleitung, Abschnitt II.3.
5 In den Versammlungen am 14. Februar 1941 und 27. März 1941 hatte Ollenhauer referiert. Vgl. Nr. 206f.

auch Flüchtlinge als Parteigenossen registrieren, die bisher der Partei nicht angehört haben. Gleichzeitig unternehmen wir den Versuch, die Parteimitglieder zu einer freiwilligen Beitragsleistung neben den freiwilligen Spenden für die Unterhaltung der „Sozialistischen Mitteilungen" zu veranlassen.

Die Erledigung der organisatorischen und fürsorgerischen Angelegenheiten unserer in England lebenden Genossen erfolgt nach wie vor durch den Genossen Wilhelm Sander.[6] Zu unserer Beratung haben wir einen kleinen Arbeitsausschuß von Parteigenossen gebildet, die schon längere Zeit in London leben. Es gehören ihm die Genossen Sander, Höltermann, Schiff, Gottfurcht, Menne und die Genossin Herta Gotthelf an.

Die „Sozialistischen Mitteilungen", die der Genosse Sander seit rund zwei Jahren monatlich herausgibt, erscheinen weiterhin als Informationsblatt für die in England lebenden Parteigenossen und für unsere parteigenössische Emigration in anderen Ländern, soweit der Versand in diese Länder möglich ist. Die Frage der Ausgestaltung der „Sozialistischen Mitteilungen" zu einem offiziellen Mitteilungsblatt der Partei haben wir zunächst ebenso zurückgestellt, wie die Frage der Herausgabe einer eigenen periodischen Veröffentlichung anstelle des „N[euen] V[orwärts]". Uns stehen dafür im Augenblick weder die erforderlichen Mittel zur Verfügung, noch scheinen uns die allgemeinen Voraussetzungen für die Herausgabe einer derartigen Publikation günstig.

Zu der vorsichtigen Behandlung der organisatorischen Fragen innerhalb unserer Emigration hat uns auch der Umstand veranlaßt, daß innerhalb unserer Londoner Emigration Meinungsverschiedenheiten in einigen sachlichen Fragen bestehen. Eine Gruppe von Parteigenossen, die vor allem durch die Genossen Höltermann und Braun[7] repräsentiert wird, hat unsere Bemühungen zur Bildung der „Union deutscher sozialistischer Organisationen in Großbritannien" scharf kritisiert mit dem Hinweis auf die Bedeutungslosigkeit der anderen sozialistischen Gruppen und auf die tiefgehenden Meinungsverschiedenheiten, die teilweise zwischen ihnen und uns bestehen. Auf der anderen Seite hat der Genosse Höltermann eine sogenannte Gruppe der Parlamentarier gebildet, die angeblich das Ziel verfolgt, als Gesamtvertretung der deutschen Emigration anerkannt zu werden. Nach unseren Informationen gehören der Gruppe die Genossen Höltermann, Max Braun, Heinz Braun[8], Arzt[9], Geiser[10], Weckel, Abramowitz[11] und Aenderl an.

---

6 Vorlage: „organisatorischen", „fürsorgerische Angelegenheiten" und „Wilhelm Sander" jeweils ms. unterstrichen.

7 Gemeint ist Max Braun.

8 Braun, Heinz, 1883–1962, Rechtsanwalt, SPD, Syndikus Reichsbanner, 1933 Emigration Saargebiet, 1935 Frankreich, 1940 GB, Mitglied der Gruppe der Parlamentarier, 1942–45 für MEW und FO tätig, Bruder von Max Braun.

9 Arzt, Arthur, 1880 1953, 1919 28 SPD-MdL, 1928–33 SPD-MdR, 1933 ČSR, nach Konflikt mit Sopade 1936 mit Jaeger u.a. Gründung der VS, 1937 Ausschluß aus VS, 1939 GB, 1941/42 zu Höltermanns Gruppe der Parlamentarier, 1943/44 Annäherung an FDB, 1946 Rückkehr nach Deutschland.

10 Geiser, Hans, 1884–1961, Gewerkschaftsfunktionär AfA, 1933 ČSR, 1939 GB, Mitglied der Gruppe der Parlamentarier um Höltermann, 1943 Annäherung an FDB, 1944 LdG, Juli 1945 nach Hannover, DAG-Leiter Niedersachsen.

Mitglieder sind ferner Lehmann-Russbueldt und August Weber. Hans Vogel hat wiederholt dringende Aufforderungen zur Teilnahme an den Besprechungen dieser Gruppe abgelehnt. Wir sehen in der Zusammenfassung der früheren Parlamentarier und in der Forderung nach einer Anerkennung dieser Gruppe als Gesamtvertretung der deutschen Emigration kein nützliches Unternehmen. Es erscheint uns auf der anderen Seite auch nicht zweckmäßig, diese Differenz jetzt zum Gegenstand einer formalen Auseinandersetzung innerhalb unserer Emigration zu machen.

Gegenwärtig besteht in London eine Arbeitsgemeinschaft von etwa 20 Parteigenossen, die sich unter der Leitung von Hans Vogel mit dem Thema: „Der kommende Friede und das kommende Deutschland" beschäftigt.[12] Sie begann ihre Arbeit mit einer Wochenendtagung, in der Genosse Ollenhauer das einleitende Referat hielt. Am Ende dieser Tagung wurde die Entgegennahme von weiteren Einzelvorträgen über Verfassungs- und Verwaltungsreform, Wirtschafts- und Sozialpolitik, außenpolitische Probleme und über die geistigen Grundlagen unserer Bewegung beschlossen. Die Durchführung dieses Programms ist Ende Mai noch nicht abgeschlossen.

5. Die „Union deutscher sozialistische Organisationen in Großbritannien."

Die Anregung zur Schaffung einer Arbeitsgemeinschaft der verschiedenen in London vertretenen deutschen sozialistischen Organisationen erfolgt sowohl durch den Genossen Gillies als auch durch den Genossen Price. Beide glaubten, daß eine solche Arbeitsgemeinschaft die Zusammenarbeit der deutschen sozialistischen Emigration mit den Vertretern der britischen Arbeiterbewegung erleichtern und unsere Einsatzmöglichkeiten in der Propaganda verbessern würde. Wir folgten dieser Anregung, weil unsere eigenen Informationen den Nachteil der großen Zersplitterung für die Stellung und die Arbeitsmöglichkeiten der deutschen sozialistischen Emigration bestätigten. Die Vorverhandlungen über die Gründung der „Union" und die bisherige Tätigkeit der „Union" haben den Versuch gerechtfertigt. Die Auseinandersetzungen innerhalb der deutschen sozialistischen Emigration in der Öffentlichkeit sind verschwunden, sachliche Meinungsverschiedenheiten werden jetzt sachlich in den Körperschaften der „Union" diskutiert. In der Frage unserer Mitarbeit in der BBC-Propaganda wurde Übereinstimmung erzielt, eine gemeinsame Maibotschaft an die deutschen Arbeiter und Sozialisten, die in der Maifeier des BBC am 1. Mai verbreitet wurde, kam zustande, und die erste öffentliche Veranstaltung der „Union", die Maifeier, war ein zufriedenstellender Erfolg. Jetzt erscheint die erste Nummmer einer eigenen Pressekorrespondenz der „Union": „News Letter", die in Zukunft in der Regel monatlich einmal herausgegeben werden soll. Die Leitung der „Union" erfolgt durch ein Exekutivkomitee, das aus je einem Vertreter der angeschlossenen Organisationen besteht. Unsere Partei ist durch den Genossen Ollenhauer vertreten.

---

11 Vorlage: Abramowitsch. – Abramowitz, Alfred Simon, *1887, Ministerialbeamter, 1934 Schweiz, GB, in Londoner Anwaltsbüro beschäftigt.
12 Vgl. Nr. 210, 211, 213–216, 218.

Vorsitzender der „Union" ist Hans Vogel. Im Arbeitsausschuß der „Union", der von je drei Vertretern der angeschlossenen Organisationen gebildet wird, sind unsere Vertreter die Genossen Ollenhauer und Sander und die Genossin Herta Gotthelf.

6. Landesgruppe deutscher Gewerkschafter in Großbritannien.

Mit Zustimmung der britischen Trade Unions und mit Unterstützung des Internationalen Gewerkschaftsbundes wurde im April dieses Jahres in London die Landesgruppe deutscher Gewerkschafter in Großbritannien gebildet, die alle in England lebenden früheren freien deutschen Gewerkschafter umfassen soll und der auch alle diejenigen Flüchtlinge beitreten können, die in Arbeit stehen und die bereit sind, die Grundsätze freigewerkschaftlicher Zusammenarbeit anzuerkennen. Die Gruppenleitung besteht ausschließlich aus früheren deutschen Gewerkschaftern, die politisch in den in der „Union" vertretenen Organisationen organisiert sind. Vorsitzender der Landesgruppe ist Hans Gottfurcht. Die Zusammenarbeit mit der Landesgruppe und ihren Funktionären ist gut. Die Landesgruppe ist auch in der „Union" durch ihren Vorsitzenden vertreten.

7. Die Lage in der deutschen Emigration.

Unsere informatorischen Besprechungen in der ersten Zeit unseres Londoner Aufenthaltes haben sich auch auf die Frage erstreckt, ob und in welchem Umfang eine ständige Verbindung mit Vertretern einer ernsthaften bürgerlichen Opposition möglich ist. Das Resultat ist sehr mager. Es gibt keine nennenswerte politische Emigration aus dem bürgerlichen Lager in England, und es gibt nur sehr wenige ernsthafte Einzelpersonen aus diesem Lager. Wir sind in Kontakt mit Dr. Demuth, der aber seine großen Pläne, die er im Jahre 1939 verfolgte, aufgegeben hat und sich jetzt im wesentlichen mit seinen fürsorgerischen Aufgaben beschäftigt. Dr. Weber lebt sehr zurückgezogen, ist aber einer der Initiatoren der von Höltermann gebildeten parlamentarischen Gruppe. Mit Dr. Spiekker bestand eine persönliche Verbindung, aber gegenwärtig befindet sich Dr. Spiecker in USA. Mit Dr. Rauschning haben wir keine Verbindung, wir haben auch nicht die Absicht, sie zu suchen.

Im Zusammenhang mit den Verhandlungen über die Bildung der „Union" haben wir auch mit dem „Bund freiheitlicher Sozialisten", vertreten durch Dr. Kurt Hiller, Verbindung erhalten, ebenso mit der Gruppe der Volkssozialisten, vertreten durch Jaeger, beide Gruppen haben eine engere Verbindung mit uns gewünscht. Der „Bund freiheitlicher Sozialisten" hatte die Aufnahme in die „Union" beantragt. Der Antrag wurde abgelehnt, aber die Aufrechterhaltung einer losen Verbindung mit beiden Gruppen gutgeheißen. Beide Gruppen sind zahlenmäßig sehr schwach.

Für den Versuch einer Zusammenarbeit mit fortschrittlich-bürgerlichen Politikern oder Emigrationsgruppen, der unter Umständen nützlich und notwendig sein könnte, fehlen hier also ebenso die personellen Voraussetzungen wie seinerzeit in der ČSR und in Frankreich. Die Masse der nicht-sozialistischen Emigranten besteht aus Juden, Wirtschaftsemigranten und Einzelgängern, die keinen aktiven Anteil am politischen Geschehen nehmen.

8. „Die Zeitung"

Dieser Umstand hat den Herausgebern der deutschen Tageszeitung „Die Zeitung" einen Schein von Berechtigung gegeben, den Versuch zu unternehmen, um diese Zeitung einen Teil dieser deutschen Emigration zu sammeln. Die „Zeitung" ist gegründet worden auf Initiative und unter finanzieller Hilfe des Informationsministeriums. Soweit wir bisher feststellen konnten, ist die Herausgabe ohne vorherige Fühlungnahme mit den anderen beteiligten Ministerien erfolgt. Die Vertreter der deutschen Emigration wurden in keinem Stadium der Vorbereitungen hinzugezogen oder befragt. Der Redaktionsstab besteht aus Deutschen, die ohne Ausnahme kaum unter den Begriff der politischen Emigration fallen, die aber sicher keine Bindung an irgend eine deutsche Emigrationsgruppe und keinen Rückhalt in der Opposition in Deutschland haben. Der Verlagsleiter Lothar hat bis kurz vor Kriegsausbruch die „Frankfurter Zeitung" in London geschäftlich vertreten, und der Chefredakteur Haffner (Pretzel) ist hier nur bekannt geworden durch seine Veröffentlichungen, in denen er sich sehr widerspruchsvoll und unklar mit dem deutschen Problem beschäftigt hat.

In der ersten Zeit war das Bestreben der Hintermänner und der Redaktion der „Zeitung" ganz offensichtlich, eine Sammlung der deutschen Emigration unter bewußtem Ausschluß der Sozialisten zu versuchen und der Emigration eine Mischung von liberalen und konservativen Vorstellungen als die Meinung der deutschen Emigration in England zu suggerieren. Wir haben gegenüber der „Zeitung" eine sehr reservierte Haltung eingenommen und unseren Genossen, die uns um unsere Meinung über eine Mitarbeit bei der „Zeitung" befragten, empfohlen, die Mitarbeit abzulehnen. Wir haben diesen Standpunkt bis jetzt aufrechterhalten, obwohl die redaktionelle Haltung des Blattes in der letzten Zeit verständiger wurde und die Redaktion sich um die Mitarbeit von Sozialdemokraten bemüht. Es ist inzwischen klar geworden, daß sich um die Weiterexistenz der Zeitung ein Kampf innerhalb der verschiedenen Ministerien abspielt. Es gibt Stellen, die die völlige Einstellung der „Zeitung" betreiben, während andere ihren Umbau in der Richtung einer Beteiligung aller wesentlichen deutschen Emigrationsgruppen an der Redaktionsführung fordern. Solange dieser Kampf innerhalb der englischen amtlichen Stellen nicht entschieden ist, erscheint uns unsere Zurückhaltung weiterhin zweckmäßig.

9. Die Sozialistische Arbeiter-Internationale und die internationale Zusammenarbeit.

Die Sozialistischen Arbeiter-Internationale ist bis jetzt in London nicht wieder reaktiviert worden, obwohl der letzte Vorsitzende der SAI, Camille Huysmans, in London ist. Nach seiner Ankunft aus Belgien hat er die Anregung zu einer Zusammenfassung der in London lebenden Mitglieder des Büros und der Exekutive der SAI gemacht, aber diese Anregung wurde von der Labour Party abgelehnt. Die Labour Party hat sich bis heute dagegen gewehrt, daß eine Zusammenfassung aller in London anwesenden Vertreter der

Parteien der SAI zum Zwecke gegenseitiger Information und der Aussprache über internationale Probleme erfolgt. Es gibt eine Anzahl von sachlichen Gründen, die gegen die Aufrechterhaltung der Fiktion einer internationalen Organisation der sozialistischen Arbeiterbewegung sprechen, aber sie sind nach unserer Meinung nicht so hoch anzuschlagen, wie die ideelle Bedeutung der Aufrechterhaltung eines solchen Symbols und wie der Wert, den gerade in dieser Zeit gemeinsame Aussprachen von Sozialisten im internationalen Maßstab haben können. Der völlige Ausfall der SAI ist um so bedauerlicher, als der IGB seine Existenz aufrechterhalten hat und jetzt in London sein Sekretariat unterhält. So sehr wir diese Situation bedauern, so erscheint es uns auf der andern Seite unmöglich, daß wir als Emigranten und deutsche Sozialisten eine Initiative in dieser Frage entfalten. Unsere besondere Situation wird klar, wenn man in Betracht zieht, daß bei dem Internationalen Subkomitee der Exekutive der Labour Party ein beratendes Komitee gebildet wurde, das aus Vertretern der Parteien aus den „alliierten" Ländern besteht. In diesem Komitee sind die Deutschen und Österreicher nicht vertreten. Gegen diese Regelung machen sich auch in den Kreisen der englischen Sozialisten wachsende Bedenken geltend. Man kann daher damit rechnen, daß diese für Sozialisten ungewöhnliche Klassifizierung in der Zukunft beseitigt werden wird.

Angesichts dieser Lage waren unsere Bemühungen in erster Linie darauf gerichtet, mit den Vertretern der einzelnen Parteien in persönlichen Kontakt und in einen unverbindlichen Meinungsaustausch zu kommen. Solche Besprechungen haben bisher stattgefunden mit österreichischen, tschechischen, sudetendeutschen und polnischen Genossen.[13] In Aussicht genommen sind sie mit den französischen Genossen.

Die Möglichkeit zu fruchtbarer internationaler Zusammenarbeit hat sich auch im Rahmen einer Arbeitsgemeinschaft gefunden, die von der „Fabian Society" gebildet wurde. Ihr gehören führende Vertreter aller in England vertretenen sozialistischen Parteien an. Die Arbeitsgemeinschaft wurde gebildet, um durch eine Aussprache Vorarbeiten für eine größere Veröffentlichung zu leisten, die die Vorstellungen der Sozialisten für die kommende Neuordnung behandeln soll. An diesen Aussprachen ist Hans Vogel beteiligt.

Ende Mai beschloß der bekannte Verleger Victor Gollancz seiner Zeitschrift „The Left News" eine Sonderbeilage unter dem Titel „International Socialist Forum" beizufügen, die ab Juni monatlich mit zwölf Seiten Umfang erscheinen soll. Sie soll eine freie Tribüne für alle Sozialisten zur Diskussion über alle Probleme des internationalen Sozialismus sein. Die redaktionelle Leitung wurde dem Genossen Julius Braunthal übertragen, dem ein Advisory-Committee zur Seite steht, dem Louis de Brouckère, Lydia Cioł-

---

13 Vgl. die Protokolle der Besprechungen mit den Vertretern des London-Büro der Revolutionären Sozialisten Österreichs, Nr. 42, 50. Mit Jaksch standen die PV-Mitglieder seit ihrem Eintreffen in London in Verbindung, Besprechungen fanden u.a. am 30. Januar, 2. Februar und 22. Februar 1941 statt. Mit Bělina (ČSR) fanden am 9. März, 11. und 13. April 1941 Besprechungen statt. Für diese im Notizkalender Ollenhauers verzeichneten Besprechungen liegen keine Protokolle vor. AdsD Bonn, NL Ollenhauer, Mappe 3.

kosz[14], Harold Laski, Louis Lévy, Richard Löwenthal, Oskar Pollak und Hans Vogel angehören.

Sowohl der Plan an sich als auch die Zusammensetzung des Advisory-Committees haben zu Auseinandersetzungen in der Labour Party und im Kreise der beteiligten internationalen Sozialisten geführt, die bis heute nicht abgeschlossen sind, sodaß eine endgültige Stellungnahme zu diesem Projekt heute noch nicht möglich ist.

Auf Einladung der „Federal Union" hat Hans Vogel auch an einer Besprechung dieser Organisation teilgenommen, die die Absicht hatte im Rahmen ihrer Organisation nationale Sektionen zu bilden und in diesen Kreisen die Aufgaben zu diskutieren, die die „Federal Union" sich gestellt hat. Der Plan ist aus verschiedenen Gründen nicht verwirklicht worden, und zur Zeit besteht keine regelmäßige Verbindung zwischen dieser Organisation und uns.

In den Rahmen dieses Kapitels gehören auch die Bemühungen der Organisation der Labour Party in West-London, besonders in Hammersmith, deren führende Genossen sich sehr um die internationale Zusammenarbeit bemühen. Am 4. Mai veranstaltete diese Organisation in Hammersmith eine Maifeier, auf der auch Vertreter der Parteien aus den alliierten Ländern (Polen, Tschechen, Norweger und Franzosen) sprachen. Die deutschen Sozialdemokraten waren ebenfalls zu der Feier eingeladen, und sie wurden sowohl von der Leitung der Versammlung wie von den Versammelten selbst besonders herzlich begrüßt.

Ende Mai veranstaltete die gleiche Gruppe eine Führung für die internationalen Sozialisten durch die neue Stadthalle von Hammersmith. Im Anschluß daran wurden Pläne für einen Ausbau dieser Zusammenarbeit besprochen. Die Genossen haben die Absicht, Zusammenkünfte der englischen und ausländischen Genossen durchzuführen, die dem gegenseitigen Verständnis und dem Austausch von Erfahrungen dienen soll. Wir haben an den bisherigen Veranstaltungen teilgenommen und auch der „Union" die Teilnahme an den jetzt geplanten größeren Zusammenkünften empfohlen.

10. Propaganda und BBC

Unsere Erwartungen hinsichtlich unserer Mitarbeit in der Propaganda nach Deutschland, die heute fast ausschließlich von der BBC geleistet wird, haben sich bis jetzt nicht erfüllt. Es gibt für uns zur Zeit so gut wie keine Möglichkeit für eine demokratische oder gar sozialistische Propaganda nach Deutschland. Die Ursachen für diesen Zustand sind im wesentlichen zweifacher Natur. Die erste liegt in der bereits eingangs geschilderten Enwicklung der Einstellung gegenüber Deutschland. Den übertriebenen Hoffnungen der ersten Kriegsmonate auf einen schnellen Umsturz in Deutschland selbst, ist jetzt eine tiefe Enttäuschung gefolgt, die noch verstärkt wird durch die militärischen Rückschläge in den letzten Monaten. Es gibt einflußreiche Kreise, die heute die Propaganda nach

---

14 Ciołkosz, Lydia, polnische Sozialistin, Ehefrau von Adam C.

Deutschland überhaupt für nutzlos halten. Tatsache ist, daß gegenwärtig im BBC Deutsche weder anonym noch unter ihrem Namen sprechen können. Soweit Deutsche im BBC beschäftigt werden, handelt es sich um rein technische Funktionen.

Besonders schwierig ist wiederum die Lage der deutschen Sozialisten. Das BBC ist in weitem Umfang eine Domäne der Konservativen, denen die Vorstellung, daß ein Umsturz in Deutschland und ein Sieg der Demokratie eine Machterweiterung der Arbeiterschaft zur Folge haben könnte, schrecklich ist. In keinem Fall war es daher bis jetzt möglich, einen deutschen Sozialisten unter seinem Namen sprechen zu lassen. Ein Manuskript für eine Ansprache zum 18. März, das Hans Vogel eingereicht hatte, wurde abgelehnt. Auf der internationalen Maifeier, die das BBC am 1. Mai sendete, konnte kein deutscher Sozialist zu Wort kommen, wir mußten uns damit begnügen, daß zu Beginn der Ansprachen der ausländischen Sozialisten eine Kundgebung der „Union" verlesen wurde.

Die einzige Möglichkeit einer indirekten Mitwirkung ist zur Zeit in der Sendung für die deutschen Arbeiter gegeben, die von einem Mitglied der Labour Party, Gordon Walker, geleitet wird. In diesen Sendungen, die jeden Morgen um 6 und um 6.30 Uhr und jeden Montag und Donnerstag um 20 Uhr erfolgen, stehen in der Regel acht bis zehn Minuten für Nachrichten von besonderem Interesse für Arbeiter zur Verfügung. Eine gewisse Einflußmöglichkeit auf den Inhalt der Sendungen ist gegeben durch die Teilnahme des Genossen Ollenhauer an den vorbereitenden Besprechungen über die allgemeine Tendenz dieser Sendungen und durch die Mitwirkung von zwei deutschen Sozialisten, Schoettle und Eichler, als Sprecher und Redakteure. Die Arbeitersendung ist aber ebenfalls gebunden an die allgemeinen Richtlinien für die Propaganda. Es handelt sich auch hier um eine englische Sendung für deutsche Arbeiter, die in erster Linie das Ziel verfolgt, die deutschen Arbeiter über die britische Arbeiterbewegung zu informieren. Die deutsche Opposition hat daher auch in diesem Teil der BBC-Propaganda keine Möglichkeit zu einer direkten Propaganda nach Deutschland.

Es ist bezeichnend für die gegenwärtige Situation, daß die Sendung für deutsche Arbeiter starken Angriffen von konservativer Seite ausgesetzt ist. Man wirft der Leitung vor, daß sie den Vertretern der britischen Arbeiterbewegung eine Priorität für die Benutzung des Mikrophons verschaft habe. Das Ziel dieser Angriffe ist die Einstellung der Arbeitersendungen überhaupt. Wir haben uns daher entschlossen im Namen der „Union" eine Denkschrift auszuarbeiten, in der wir die Bedeutung der besonderen Sendungen für deutsche Arbeiter darlegen und die Notwendigkeit ihres Ausbaus unterstreichen.

Eine Änderung der Richtlinien für die Propaganda des BBC ist erforderlich, aber sie hängt ab von der Enscheidung der politischen Faktoren und sie wird bestimmt werden von der Haltung der englischen Regierung gegenüber dem deutschen Problem überhaupt.

11. Aufnahme von Verbindungen nach Deutschland

Wir haben die Frage einer Wiederaufnahme gewisser Verbindungen nach Deutschland über die noch verbleibenden neutralen Länder geprüft, und wir haben mit der

Unterstützung von Gillies den Versuch unternommen, mit Stahl und Reichhardt[15] in Verbindung zu treten. Auf unsere Anfrage haben wir bis jetzt lediglich eine Antwort von Stahl erhalten, die hinsichtlich der Möglichkeit der Aufnahme von Verbindungen nach Deutschland völlig negativ ist.[16]

Wir haben auch den Kontakt mit jener britischen Stelle aufgenommen, mit der wir im Frühjahr 1940 über unsere Arbeit verhandelt haben.[17] Unsere Beziehungen beschränken sich auf eine einzige Zusammenkunft, die durch Vermittlung von Gillies stattgefunden hat, da die Voraussetzungen in Deutschland für einen Ausbau dieser Verbindungen gegenwärtig nicht gegeben sind.

12. Unsere Beziehungen zu USA.

Nach unserer Ankunft in London haben wir uns sowohl mit Katz als auch mit Stampfer und Rinner in Verbindung gesetzt. Katz haben wir auch über [die] Aufnahme unserer Arbeit informiert und ihn auf die Notwendigkeit einer finanziellen Unterstützung unserer Arbeit hingewiesen. Seine Antwort war negativ. Infolge der hohen Anforderungen für den Abtransport unserer Freunde aus Marseille und Lissabon stehen Mittel für andere Zwecke nicht zur Verfügung.

Rinners Verhältniss zur GLD ist schlecht. Er wird zwar zu den Sitzungen der GLD hizugezogen, aber es besteht keine Möglichkeit für eine ernsthafte Mitarbeit. Wir haben ihn gebeten, sich als unseren Vertreter in USA zu betrachten und aus diesem Grunde die Beziehungen zur GLD aufrechtzuerhalten.

Stampfer arbeitet in der GLD intensiv mit und ist an den Ausarbeitungen der neuen Arbeitspläne der GLD beteiligt, deren Einzelheiten wir nicht kennen. Es steht jetzt der Besuch Stampfers in London in Aussicht, und man wird erst nach diesem Besuch beurteilen können, welche Möglichkeiten für eine fruchtbare Zusammenarbeit mit den Freunden in USA bestehen.

13. Unsere nächsten Aufgaben.

Solange die gegenwärtigen allgemeinen Bedingungen für unsere Tätigkeit fortbestehen, muß und kann sich unsere Arbeit auf einen engen Rahmen beschränken. Trotzdem gibt es eine Reihe von Aufgaben, die verdienen, in Angriff genommen zu werden. Es handelt sich dabei im wesentlichen um folgende Punkte:
a) Aufmerksame Beobachtung der innerdeutschen Entwicklung, besonders im Hinblick auf Zersetzungstendenzen und oppositionelle Regungen.
b) Repräsentation der deutschen Sozialdemokratie gegenüber der englischen Öffentlichkeit und der übrigen deutschen Emigration durch eine beschränkte Publizistik.

---

15 Vorlage: „Stahl" und „Reichhardt" jeweils hs. unterstrichen. – Zu Reichhardt vgl. Nr. 247.
16 Vgl. das Schreiben Stahls vom 20. Mai 1941. AdsD Bonn, PV-Emigration, Mappe 131.
17 Es handelte sich um Vertreter des Foreign Office, vermutlich aber auch des Nachrichtendienstes.

c) Verfolgung der englischen und internationalen Diskussion über die Kriegs- und Friedensziele, vor allem im Hinblick auf das deutsche Schicksal und auf die Neugestaltung Europas.

d) Klärung und Konkretisierung unserer eigenen Vorstellungen über das kommende Deutschland und Klärung der Auffassungen über diese Fragen vor allem im Lager der deutschen sozialistischen Emigration.

e) Kontakt und Meinungsaustausch mit den Vertretern der britischen Arbeiterbewegung und mit anderen wichtigen Institutionen des öffentlichen Lebens in England.

f) Kontakt und Meinungsaustausch mit den Vertretern der sozialistischen Bruderparteien.

g) Aufrechterhaltung und Ausbau der Beziehungen zu den Freunden in den USA mit dem Ziel der Aufrechterhaltung oder Herstellung einer übereinstimmenden Haltung in den entscheidenden politischen Fragen.

h) Reaktivierung der Verbindungen zu Stützpunkten in Deutschland und in den neutralen Ländern und zu den Zentren der deutschen sozialdemokratischen Emigration im Rahmen der gegebenen Möglichkeiten.

14. Schlußbemerkung.

Seit dem Abschluß dieses Berichts, Ende Mai, haben sich einige neue Tatsachen ergeben, die die Aussichten für unsere Stellung und unsere Arbeit in der Zukunft verbessern können. (Kongress der Labour Party, Besprechungen über Wiederaufbau der Internationale, Umgestaltung des Informationsministeriums). Da diese Entwicklung zur Zeit aber noch nicht abgeschlossen ist, kann über sie im gegenwärtigen Augenblick noch nicht abschließend berichtet werden.

London, 20. Juni 1941

NR. 220

Notiz Hans Gottfurchts über die Beiratssitzung am 8. Juli 1941

Archiv Dr. Gerhard Beier, Kronberg, TNL Gottfurcht, Akte O I

8.7.1941
Sopade

Vogel, Ollenhauer, Sander, Menne, Gotthelf, Heine, Gottfurcht, bei 2. Schiff

1.   BBC-Propaganda[1]
2.   Mitgl[ieder] V[er]s[amm]l[un]g mit Geyer als Ref[erent] Mi[ttwoch] 30.7.1941[2]
3.   Fortsetzung der Arbeitsgemeinschaft[3]
4..   "Union" – Sitz[un]g des A[rbeits]A[usschusses] Rußland[4]
5.   Sopade-Fragebogen 85[5]

---

1 Vgl. Nr. 22f. und Nr. 219, Punkt 10.
2 Vorlage: „30.8.1941". Zum Vortrag vgl. Nr. 221.
3 Gemeint ist die Arbeitsgemeinschaft „Der kommende Friede und das kommende Deutschland"; vgl. Nr. 210ff.
4 Vgl. Einleitung, Abschnitt II.3.1. und Nr. 29ff.
5 Gemeint ist, daß inzwischen 85 Fragebogen zurückgesandt wurden. Eine Liste der bis 7. Juli 1941 einge-gangenen 81 Fragebogen (mit Namen, Geburtsjahren und -orten, Beruf, Parteieintritt und Beitrag) findet sich in: AdsD Bonn, PV-Emigration, Mappe 4, die Fragebogen selbst in: ebd., NL Sander, Mappen 18–28.

Nr. 221

Notiz Fritz Heines über den Vortrag Curt Geyers über „Wille und Vorstellung" vor Parteimitgliedern am 30. Juli 1941

AdsD Bonn, Depositum Heine, Ordner 5/16, Notizbuch I, 20.6.–10.9.1941[1]

Geyer: Vortrag 30.7.[19]41:[2] „Recht ist nicht, was dem d[eu]t[schen] Volk, der d[eu]t[schen] Arbeiterklasse nützt. Recht ist Recht". Vortragstonus. Hauptfeind: aggressiv[er] d[eu]t[scher] Nationalismus.

Schiff: Arbeitermassen gegen Hitler? Beweis: wenige Überläufer.[3] Geyers Argumente – Volk hinter Hitler – [sind] Goebbels Argumente. Für Niederlage. Geyers Auffassung: Abdankung der SP auf gr[oße] Rolle: mehr Rechtsmächte,[4] Anziehungskraft d[es] Kommunismus. Stalin wird nicht zimperlich sein bei Auswahl d[eu]t[scher] Partner. Für Niederlage u[nd] gerechten Frieden. Bestrafung d[es] d[eu]t[schen] Volkes hilft Nationalismus fördern.

Loeb: Ethische Grundlage f[ür] Kampf: Erste Voraussetzung.

Vogel: Geyer glaubt nicht an Revolution. Rev[olution] ist unabhängig v[on] Mathematik, abhängig von Seelen-Verfassung d[es] Volkes. Gegenwärtige Volkshaltung – Grund zu Pessimismus. Besteht nicht Chance f[ür] Änderung? Glaube an Partei.

Gotthelf: An Leute in D[eutschland] denken, die illegal kämpfen.

---

1 Die Veranstaltung gehört wie die Fortsetzung der Diskussion des Referates am 27. August 1941 (vgl. Nr. 228) in die Reihe der vorstehend dokumentierten Referate, die die Besprechungen der Arbeitsgemeinschaft vorbereiteten (Vgl. Nr. 230ff.). Heine berichtet außerdem in einem Brief an „Hugo" Rinner am 3. September 1941 über die Grundtendenz des Vortrages von Geyer: „Seine Tendenz war aufzuzeigen, daß wir nur eine kleine Minderheit des Volkes sind, daß wir nie die Mehrheit waren, daß wir im Kampf gegen den Nationalismus unterlegen sind und daß wir diesen Kampf gegen den Nationalismus nach Hitlers Zusammenbruch als unsere schwerste und wichtigste Aufgabe führen müssen. – Das gab viel Diskussion, besonders interessant aus psychologischen Gründen. Eine Anzahl unserer Genossen hat sich in die eigene Vorstellungswelt so eingelebt und die rauhe Wirklichkeit in Deutschland so vergessen, daß sie zu der Auffassung kommen: Ich bin gegen Hitler, Hitler ist der Feind. Ich bin das deutsche Volk, also ist das deutsche Volk gegen Hitler und [Hitler] wird von ihm als Feind, als Fronvogt etwa empfunden. Daß man mit dieser Auffassung dann zu Fehlschlüssen kommen muß, ist verständlich." AdsD Bonn, Depositum Fritz Heine, Ordner 42.

2 Vor den Beginn der Notiz ist eine kurze Bemerkung gestellt, die sich auf den Vortrag bezieht: „Wir sind kl[eine] Minderheit d[es] d[eu]t[schen] Volkes. Nicht verantwortlich f[ür] das, was d[as] d[eu]t[sche] Volk heute tut. Wir kämpfen gegen diese Haltung dieser Mehrheit des deutschen Volkes".

3 Hier wird auf die geringe Zahl übergelaufener deutscher Soldaten verwiesen. Vgl. hierzu Norbert Haase/Gerhard Paul (Hrsg.), Die anderen Soldaten. Wehrkraftzersetzung, Gehorsamsverweigerung und Fahnenflucht im Zweiten Weltkrieg, Frankfurt/M. 1995.

4 Gemeint ist „Rechtskräfte" oder „Rechtsparteien".

Menne: Gegen Unterstellung „Gauleiter" d[es] engl[ischen] Imp[eriums].[5] Kein Schuld-Sühne Problem. Haltung: Weil wir Krieg verlieren, wandeln wir uns – genügt nicht.

---

5 Vorlage: „Imp". – Letzter Buchstabe nicht lesbar abgekürzt: Lesemöglichkeiten „Imperiums" und „Imperialismus".

NR. 222

Notiz Hans Gottfurchts über die Beiratssitzung am 6. August 1941

Archiv Dr. Gerhard Beier, Kronberg, TNL Gottfurcht, Akte O I[1]

Sopade-Funktionäre 6.8.[19]41[2]

Vogel, Ollenhauer, Heine, Geyer, Sander, Höltermann, Gotthelf, Gottfurcht, Menne, später Schiff.

1.   Menne-Schmidt[3]
        „Centre"
        (Rauschning – Demuth – Kulturbund etc.)
        offizieller Schritt der KP[D]
        Lose Zusammenarbeit
        PV-KP – Das sei die[4] Tat!
        Keine Basis für Gemeinsamkeit.
Diskussion um die eigene Aktivität.

---

1 In den Notizen Heines findet sich zur Sitzung folgender Vermerk: „Verhalten zu KP-Angebot, Einheitsfront ablehnen. Haltung Partei zu Rußland darstellen. Sitzung wegen Prop[aganda] machen." Unmittelbar davor findet sich im Notizbuch ein Vermerk über ein Gespräch mit Demuth, wonach das FO – Enemy Propaganda Department, Material und Vorschläge für Propagandaarbeit wünsche. In: AdsD Bonn, Depositum Heine, Ordner 5/16, Notizbuch I, 20.6.–10.9.1941, S. 28.
2 Vorlage: Zeile unterstrichen.
3 Vgl. Anm. 1 zu Nr. 40.
4 Vorlage: Wort mehrmals hs. unterstrichen. – Heine markiert damit ironisch die Vorstellungen der KPD, die von allen Londoner Parteivorstandsmitgliedern abgelehnt wurden.

NR. 223

Notiz Fritz Heines über die Parteivorstandssitzung am 10. August 1941

AdsD Bonn, Depositum Heine, Ordner 5/16, Notizbuch I, 20.6.–10.9.1941, S. 41

10.8.[1941] PV. Besprechung.

Bericht **E[rich] O[llenhauer], C[urt] G[eyer]**.

F[ritz] H[eine] über Besprechung mit Loeb.[1] Er plant Schriftenreihe, ev[entuell] mit internat[ionaler] Untermauerung. Er meldet Ansprüche für SAI für Geyer an, der nichts damit zu tun haben will.[2]

Vogel gegen einseitige Publikationen, wenn, dann Gegen-Maßnahmen.

C[urt] G[eyer] Bericht Gillies-Gespräch: Labour erkennt PV an. Fraenkel[3] unpol[itischer] Filmkritiker [aus] Westd[eu]tschl[an]d. SAI: Ankündigung durch Gilliesbr[ie]f.[4] Wir wollen schriftlich antworten, Befriedigung aussprechen.[5]

Heine Bericht über V[er]h[an]dl[un]g mit Demuth w[e]g[en] Prop[aganda].[6]

---

1 Heine hatte sich am gleichen Tag mit Loeb besprochen und einige Stichworte notiert. Loeb berichtete u.a. über Verlagspläne und bot Heine an, eine Broschüre für ihn zu schreiben. Am gleichen Tag sprach Heine auch mit Jahn, u.a. wegen der finanziellen Probleme und der Möglichkeit, von Fimmen (ITF) Geld zu erhalten. AdsD Bonn, Depositum Heine, Notizbuch I., 20.6.–10.9.1941, S. 40f.

2 Der „Anspruch" bezog sich anscheinend auf die Teilnahme Geyers an dem von der Labour Party gebildeten Vorbereitungskomitee für den Wiederaufbau der SAI unter Huysmans.

3 Gemeint ist der Drehbuchautor Heinrich Fraenkel.

4 Die Labour Party hatte Vogel am 8. August 1941 schriftlich über die Einrichtung des von Camille Huysmans geleiteten „Preparatory Committee" informiert. Das Komitee war auf Beschluß des NEC eingerichtet worden und sollte Besprechungen mit den Vertretern der anderen in London repräsentierten sozialistischen Parteien durchführen. Dem Gremium gehörten außerdem an Walter H. Green, Chairman des NEC, George Dallas, Chairman des ISC, und Gillies als Sekretär. Die Namen der Mitglieder sollten nicht bekanntgegeben werden und die Beratungen vertraulich bleiben. Huysmans, „who would work in the closest co-operation and agreement with the British Labour Party", sollte die Vertretung nach außen übernehmen. Das von den vorgenannten handschriftlich unterzeichnete Schreiben endet mit der Formulierung: „The members of the Preparatory Committee are at your service whenever and wherever you may desire to meet them." AdsD Bonn, PV-Emigration, Mappe 68.

5 Vogel antwortete am 18. August 1941: AdsD Bonn, PV-Emigration, Mappe 140.

6 Im Notizbuch Heines finden sich vor dem 10. August 1941 nur zwei kurze Notizen über Demuth: Nach Meinung Mennes suche er „willenlose Mitarbeiter ohne Namen", habe aber glänzende Verbindungen und arbeite eng mit der Polizei zusammen. In der zweiten Notiz wird erwähnt, daß Demuth für das Enemy Propaganda Department des FO nach Vorschlägen, Verbindungen und Adressen suche. Notizbuch I, 20.6.–10.9.1941, S. 14, 28, in: AdsD Bonn, Depot Heine, Ordner 5/16. Demuth hatte den sogenannten „Mittwochskreis" eingerichtet, dem u.a. Auerbach und Lehmann-Rußbueldt angehörten. Heine erhielt gelegentlich Einladungen, so z.B. für den 26. Juli 1941. AdsD Bonn, Depositum Heine, Ordner 25/11.

Beschlossen, Vorschläge auszuarbeiten. Beschlossen B[rie]fe an Ferl, Braatoy.[7]

7 Die Briefe an Gustav Ferl, den in die USA emigrierten Grenzsekretär für die linksrheinischen Gebiete, und
  Bjärne Braatoy, einen norwegischen Sozialisten, der seit 1940 in US-Diensten stand, befinden sich nicht im
  Bestand PV-Emigration. – Es ist unklar, ob die folgende Notiz noch dazugehört, da sie durch zwei waag-
  rechte Querstriche getrennt ist: „E[rich] O[llenhauer] hat Gillies PV-Liste eingereicht u[nd] darin festgelegt,
  daß Hilf[erding], Geyer, Heine 1939 hinzugenommen sind. Geyer-Bericht über Autorenabend bei Loeb.
  Anwesend Geyer, Bieligk, Menne, Herz." Die PV-Liste (Die Zusammensetzung des Vorstandes der Sozialdemokratischen Partei Deutschlands in der Zeit vom April 1933 bis Juni 1941) findet sich in: LHASC
  Manchester, LP/JSM (Int), Box 9, S. D.P. in France.

NR. 224

Notiz Fritz Heines über die Parteiversammlung am 12. August 1941

AdsD Bonn, Depositum Heine, Ordner 5/16, Notizbuch I, 20.6.–10.9.1941, S. 42f

12.8.[19]41. V[er]s[amm]l[un]g Partei.[1]

Sander: Wenn schon auf Bajonetten, dann auf engl[ischen].[2]

Weckel: Glaube an unsere Genossen drinnen, ihre Schwierigkeiten.

Schiff: Woher d[as] Recht nehmen, unsere Gen[ossen] in D[eu]t[schland] anzuklagen. Franzosen, Tschechen werden gewarnt, nicht vorzeitig loszugehen, das sollte auch f[ür] D[eu]t[sche] gelten.[3] Wie könne man d[eu]t[sches] Volk u[nd] Arb[eiter-]Bewegung auseinanderhalten. Bei Friedensdiktat wird alles in einen Topf geworfen.[4] Nicht immer nur d[eu]t[sche] Genossen anklagen. Auch andere haben Fehler gemacht. Henderson[5]. Flottenvertrag[6]. Vansittart hat 8 Jahre lang geschwiegen, obwohl in Schlüsselposition.[7] Hat jetzt nicht das Recht, alle in einen Topf zu werfen. Volk ist nicht nationalistisch, Beweis: Kein Siegesjubel nach Westsieg.

Salomon: Frage des d[eu]t[schen] Industrie-Potentials beachten. Mit wem in D[eu]t[schland] koalieren.

Gottfurcht: Mir genügt nicht Zerstörung des Nat[ional]soz[ialismus] und d[es] d[eu]t[schen] u[nd] preuß[ischen] Militarismus. Notwendig ist Zerstörung d[er] ökonomischen Basis der Reaktion. Persönl[iche] Erlebnisse legitimieren zu Behauptung, daß Illeg[ale] und Opp[osition] vorhanden. Kriegsschuld: Selbstverständlich hat sich das d[eu]t[sche] Volk an Wiedergutmachung zu beteiligen. Wiederaufbau nur durch Internationale Lösung zu erzielen.

---

1 Vorlage: Zeile hs. unterstrichen.- Die Versammlung diskutierte über das Geyer-Referat vom 30. Juli 1941. Da die Erfassung der Mitglieder in London zu diesem Zeitpunkt erst durchgeführt wurde, ist anzunehmen, daß die Versammlung eher einem erweiterten Beirat/Arbeitsausschuß entsprach.

2 Die Äußerung dürfte sich auf die Frage der Nachkriegsherrschaft beziehen.

3 Die Äußerung bezieht sich auf das Verhalten der jeweiligen nationalen Widerstandsorganisationen.

4 Die folgenden eineinhalb Zeilen sind durchgestrichen und nicht mehr lesbar.

5 Henderson, Sir Neville, 1882–1942, 1937–1939 britischer Botschafter in Berlin, mitbeteiligt am Zustandekommen des Münchner Abkommens 1938.

6 Im deutsch-englischen Flottenabkommen von 1935 war Deutschland von Großbritannien eine beträchtliche Aufrüstung seiner Marine zugestanden worden. Vgl. hierzu Jost Dülffer, Weimar, Hitler und die Marine. Reichspolitik und Flottenbau 1920–1939, Düsseldorf 1973.

7 Lord Robert Vansittart war seit 1929 ständiger Unterstaatssekretär und 1937–1941 Erster diplomatischer Berater im FO.

NR. 225

Notiz Fritz Heines über eine Besprechung mit William Gillies am 13. August 1941

AdsD Bonn, Depositum Heine, Ordner 5/16, Notizbuch I, 20.6.–10.9.1941, S. 43f.

13.8.[1941][1]

Gillies. B[rie]f w[e]g[en] Breitscheid gelesen.[2] Wünscht Übersetzung [der] Denkschrift für Akten, hat davon von anderer Seite gehört[3]. Standpunkt: ungerecht, Franzosen w[e]g[en] Breitscheid zu beschimpfen; kann Vichy beschimpfen, nicht Frankreich. Breitscheid hatte, wie andere, illegale Möglichkeiten, von off[iziellen] Leuten, abzufahren. Internat[ionales] Komitee:

[**PV**][4] Frage bejaht, ob B[rief]f besprochen. Senden Antwort.

[**Gillies**] Frage d[er] Vertretung noch nicht mit Huysmans besprochen. Nicht einheitliche Regelung. Holländer, Luxemburger nicht mehr als ein Vertreter. Einladung an Zinner-Gruppe[5]. Verhandlung nicht sein business. Scin Vorschlag, Vogel solle sich seine Leute[6] auswählen u[nd] arbeiten. Loebs Vorschlag hat das zunichte gemacht bez[iehungs]-w[eise]. Diskussionen hervorgerufen (Loebs Vorschlag: Leute prüfen). Gillies Interesse rein v[om] Sicherheitsstandpunkt. [Kressmann][7] üble Bemerkung? Antisemitisch?

---

1 Der teilnehmende Personenkreis bleibt unklar. Es ist anzunehmen, daß zumindest auch Ollenhauer oder ein anderes PV-Mitglied an dieser Besprechung teilnahm. Mehrere Notizen von Heine über Telefonate mit Gillies (u.a. am 8. September 1941) lassen den Schluß zu, daß die Verbindung des PV zu Gillies über Heine lief, da dieser über die besten Englischkenntnisse verfügte.

2 Ollenhauer hatte im März 1941 an Hand der ihm zugehenden Berichte von Heine und Geyer in zwei Briefen Gillies über die Verhaftung Breitscheids und Hilferdings ausführlich informiert. Auch die folgenden Berichte, die sich mit der Zusammenarbeit der Vichy-Polizei mit der Gestapo befaßten, leitete er weiter. Dagegen ist kein Schreiben Vogels oder Ollenhauers an Gillies in Sachen Breitscheid aus dieser Zeit überliefert. AdsD Bonn, PV-Emigration, Mappe 80, 140. In einem Brief an Auerbach vom 19. Juni 1941 vermutete Gillies, daß die Nazis Breitscheid mit Verachtung behandeln würden, da sie Sozialdemokraten nicht als Gefahr betrachteten. AdsD Bonn, NL Auerbach, Mappe 27.

3 Vorlage: Letzter Halbsatz am Seitenende ergänzt.

4 Da sich aus den stichwortartigen Notizen für den Leser nicht immer eindeutig ergibt, wer spricht, wird der Redner eingefügt. Da nicht bekannt ist, wer von Seiten des PV außer Heine teilnahm, wird „PV" verwendet.

5 Gruppe von sudetendeutschen Sozialdemokraten um Josef Zinner, die sich im Oktober 1940 von der von Wenzel Jaksch geführten „Treuegemeinschaft der sudetendeutschen Sozialdemokratie" getrennt und im März 1945 eine selbständige Exilorganisation mit dem Namen „Deutsche sozialdemokratische Arbeiterpartei in der ČSR/Auslandsgruppe" gegründet hatte. Die „Zinner-Gruppe" arbeitete eng mit sudetendeutschen Kommunisten zusammen. Vgl. Greiser, Exilpublizistik in Großbritannien, S. 245f. – Zinner, Josef, 1894–1961, DSAP-PV-Mitglied, 1939 GB, Mitglied TG-LV, 1940 in Opposition zu Jaksch und TG.

6 Vorlage: „ansehen u." hs. gestrichen.

7 Vorlage: Wort schwer lesbar, vermutlich „Kressmann".

Vergangenheit – V[er]b[in]d[un]g Erna Hartmann[8]? Schumacher's Aktivität.[9] Verbindung mit englischen Stellen? Aufgabe Inf[ormations-] Min[isterium]. Sollen B[rie]f an Gillies schreiben. Will auch Auszug aus Bericht Schumacher[10] für Internat[ionale] haben. Keine V[er]b[in]d[un]g mit N[ew] Y[ork]. Kein B[rie]f von Adler u.a. an ihn, Huysmans. Will Namen d[es] Internat[ionalen] Klubs[11] haben. Nationalismus d[er] D[eu]tschen, die Präventivkrieg forderten u[nd] jetzt Engl[an]d beschuldigen, nicht rechtzeitig zugegriffen zu haben. Unmöglichkeit Präventivkrieg: USA, Frankreich, Dominions nicht bereit dazu. Das Geheimnis von München: Chamberlain hat geblufft (Mobilisierung) u[nd] dadurch Überfall auf Frankreich verhütet.

---

8 Hartmann, Erna, *1896, Sekretärin, SPD, ZdA, 1933 GB, in GB Bedienung, als SPD-Mitglied GB registriert ab 1944.
9 Ernst Schumacher, der frühere Grenzsekretär der Sopade in Belgien, nunmehr La Paz, Bolivien, hatte im Mai und Juni 1941 zwei umfangreiche Briefe an Vogel gesandt, die sich allerdings nicht in der PV-Korrespondenz befinden. Sie werden in einem weiteren Brief an Vogel vom 18. Juli 1941 erwähnt, in dem Schumacher über die Lage der Emigration in Bolivien berichtet. Außerdem bat er um eine Legitimation gegenüber der britischen Botschaft in La Paz, die den Kontakt mit ihm bisher abgelehnt hatte. AdsD Bonn, PV-Emigration, Mappe 117.
10 Vgl. Anm. 9.
11 Es handelt sich um einen Kreis von Neu Beginnen in New York.

Nr. 226

Notiz Fritz Heines über die Parteivorstandssitzung am 18. August 1941

AdsD Bonn, Depositum Heine, Ordner 5/16, Notizbuch I, 20.6.–10.9.1941, S. 50

18.8.[1941] P.V.

Zusammenfassung **E[rich] O[llenhauer]**: Diskussionsergebnisse Arbeitsgemeinschaft Friedensziele – Beschluß: Durchberatung aller Punkte unter Zugrundelegung d[er] Dispositionen. Ev[entuell] Heranziehung Spezialisten. Wöchentlich 1x3 Stunden. Etwa 20 Teilnehmer.[1] Entwurf F[ritz] H[eine] [-] Demuth Prop[aganda] Foreign Office akzeptiert.[2] F[ritz] H[eine] soll zeichnen.

C[urt] G[eyer]: Brauchen „Kriegsplan". Organisatorische Vorarbeit für D[eu]tschl[an]d. E[rich] O[llenhauer] wird Entwurf machen. Stampfers Reiseschwierigkeiten: an Bevin & Gillies wenden.[3]

F[ritz] H[eine]: Müssen „Zeitung"[4] erobern. Feststellen, wer dahinter, wer dagegen.

Geyer: „Zeitung" unwichtig. Wir sind wir. Keine Entscheidung getroffen. Vorstoß F[ritz] H[eine] verpufft.

Vogel hat Jakubowicz empfohlen, sich w[e]g[en] Mitarbeit an Lothar[5] zu wenden, da Zwangslage. Müssen Frage mit Gillies besprechen.[6]

F[ritz] H[eine]: Archiv Stockholm?[7] E[rich]O[llenhauer] wird Rowold, Leeb und Hansen fragen.[8] F[ritz] H[eine]: Frau Breitscheid[9] fragt, ob Geldüberweisung nach D[eu]tschl[an]d v[on] Schweden möglich.

---

1 Die Beratungen der hier beschlossenen Arbeitsgemeinschaft fanden vom 2. September bis 21. Oktober 1941 statt. Vgl. hierzu die entsprechenden Protokolle: Nr. 230–233, 236, 239, 240, 243–244.

2 Es handelte sich um den Entwurf über die Möglichkeiten der Propaganda nach Deutschland, den Heine auf Wunsch Demuths ausgearbeitet hatte. Er übergab ihn am 19. August 1941 an Demuth, der ihn mit eigenen Ergänzungen, wie vereinbart, dem FO überreichte. Über eine erneute Besprechung mit Demuth notierte Heine am 22.9.1941, daß Demuth im Auftrag des FO ein Konzept für eine völlige Neuorientierung der britischen Propaganda ausarbeiten solle. Dazu werde er die Vorschläge Heines verwenden. Außerdem bot er ihm an, als freier Mitarbeiter mitzuwirken. Vgl. Notizen Heines, in: Notizbuch I., 20.6.–10.9.1941, S. 19, 53, 55f. Ein Entwurf dieser Ausarbeitung befindet sich in: AdsD Bonn, Depositum Heine, Ordner 74/18.

3 Die Schwierigkeiten betrafen das benötigte Visum, wie aus einem Brief von Gillies an Ollenhauer vom 22. August 1941 hervorgeht. AdsD Bonn, PV-Emigration, Mappe 68.

4 Gemeint ist „Die Zeitung", die einzige deutschsprachige Tages- und später Wochenzeitung. Vgl. Nr. 219, Punkt 8.

5 Günther Lothar, Chefredakteur „Die Zeitung". Union und PV lehnten jede Mitarbeit ab.

6 Die prinzipielle Ablehnung der Mitarbeit an der „Zeitung" war anscheinend in Absprache mit der Labour Party erfolgt.

7 Vermutlich handelt es sich um den Teil des Parteiarchivs, der nach Schweden geschafft worden war.

8 Rowold, Karl, 1911–93, Lagerist, Goslar, SPD, RB, SAJ, 1933 Dänemark, 1944/45 Schweden, 1945–50 DK, dann im deutschen diplomatischen Dienst.– Leeb, Rudolf, *1902, 1920 SPD, 1927–33 Kassierer beim

E[rich] O[llenhauer]: wir können Schweden nicht darum bitten.

Vogel: sollen sagen, schon wegen postalischer Schwierigkeiten unmöglich.

F[ritz] H[eine] wegen Katz-Brief Material gegen Hagen.[10]

C[urt] G[eyer]: Sache von N[ew] Y[ork]. Beschluß: F[ritz] H[eine] wird Menne sprechen u[nd] Materialsendung veranlassen.

Artikel für Soz[ialistische] Mitteil[un]g[en] wegen KPD. C[urt] G[eyer] wird Entwurf machen.[11]

PV der SPD, Berlin, maßgeblich an der Rettung des Parteivermögens ins Exil beteiligt, 1933 ČSR Sopade-Büro, 1938 Frankreich, 1940 Internierung, 1941 USA, 1941–50 Mitglied der deutschen Sprachgruppe der Social Democratic Federation of America, Verbindung zur GLD, 1950 Rückkehr nach Hannover, bis 1968 Kassierer beim PV. – Hansen, Richard, 1887–1976, Mitbegründer und Gauvorsitzender des RB Schleswig-Holstein, Emigration 1933 Dänemark, Sopade-Grenzsekretär in Kopenhagen, Geschäftsführer Matteoti-Komitee, 1940 Schweden, 1941 USA, 1946 Schweden, 1947 Rückkehr nach Deutschland, bis Ende der fünfziger Jahre SPD-Fraktionssekretär im Schleswig-Holsteinischen Landtag.

  9 Breitscheid, Tony, *1878, geb. Drevermann, SPD, USPD, aktiv in der Frauenbewegung, Frau von Rudolf Breitscheid.

10 Dr. Rudolf Katz (GLD), New York, hatte am 9. August 1941 in einem Brief Heine um Informationen über Hagen (Karl Frank, NB) gebeten. Am 12. und am 26. September 1941 informierte Heine brieflich Katz darüber, was von Seiten des PV gegen Frank vorgebracht wurde. AdsD Bonn, Depositum Heine, Ordner Nr. 42.

11 Vgl. Artikel „Die ‚neue Linie' der deutschen Kommunisten" in: SM, Nr. 29, 1. September 1941.

NR. 227

Notiz Fritz Heines über die Parteivorstandssitzung
am 25. August 1941

AdsD Bonn, Depositum Heine, Ordner 5/16, Notizbuch I, 20.6.–10.9.1941, S. 57f.

25.8.[19]41. PV. Besprechung. Kritische Stellungnahme zu Broschüre von Neu Beginnen und Int[ernationaler] Klub (USA).[1] Einlad[un]g zu Internat[ional] Subcommittee Labour Party mit Anerkennung des PV.[2]

Geyer legt Thesen[3] vor, um die diskutiert wird.

Vogel, Ollenhauer einverstanden mit Kampf gegen Nationalismus in D[eu]tschl[an]d; Vogel nicht einverstanden mit Feststellung, daß wir von Mehrheit geschlagen sind, daß es nicht nur eine Führerbande, sondern die Volksmehrheit war, die Hitlers Macht schaffte.

Heine wünscht sorgfältigere Vorbereitung der Labour-Besprechung, E[rich] O[llenhauer] widerspricht.

---

1 Zur NB-Broschüre „Klare Fronten" vgl. Anm. 5 zu Nr. 41.
2 Gillies hatte am 20. August 1941 Vogel zu einem Gespräch mit Vertretern der Labour Party in der Sitzung des International Subcommittee am 28. August 1941 eingeladen, Einladung in: AdsD Bonn, PV-Emigration, Mappe 68. Zur Sitzung vgl. Nr. 229.
3 Die Thesen liegen nicht vor. Nach den knappen Angaben von Heine dürften sie seinen Vorwürfen in den späteren Diskussionen entsprochen haben. Geyer hatte am 30. Juli 1941 vor der Londoner SPD gesprochen, die Diskussion darüber sollte in der Versammlung am 27. August 1941 fortgesetzt werden. Vgl. Nr. 221, 228.

NR. 228

Notiz Fritz Heines über die Parteiversammlung am 27. August 1941

AdsD Bonn, Depositum Heine, Ordner 5/16, Notizbuch I, 20.6.–10.9.1941, S. 59f.

27.8.[1941] V[er]s[amm]l[un]g Partei. Fortsetzung Diskussion Geyer-Referat.[1]

Kressmann, Gleissberg: Gegen Menne. Revol[ution] stets nur bei Niederlagen. Nicht alle können emigrieren.[2] Wirtschaftsemigranten nicht „durchweg nationalistisch". Frontheer kein Beweis f[ür] Zustimmung zu Hitler.

Loeb: Atlantik-Charter kein Grund zu Optimismus. Kampf gegen Mehrheit, die f[ür] Nat[ionalsozialismus] war. Versagen d[er] Republik.

Weckel: Emigration macht nervös. Nicht Pangermanist, sondern Pansozialist. Neue Bewegung, neue Org[anisations-]Formen nötig. Partei hat Kotau vor Militär gemacht.

Menne: Polemik gegen Gleissberg. Bericht über Gefangenenbefragung.

Vogel: Mit Aussprache unzufrieden. Gegen persönl[iche] Auseinandersetzungen. These: ‚Volk will Sieg‘ falsch. Wollen Haltung d[es] Volkes beeinflussen, können das nur, wenn wir keine Sekte, sondern Masse sind. Friedensgesellsch[aft] und Partei. Waffenstillstand nicht nur d[en] Militärs überlassen. Nov[ember] 1932 1/3 d[es] Volks f[ür] Hitler, keine Mehrheit. Hoffe bei Rückschlägen auf Revol[ution].

Wittelshöfer: Gegen Zerstückelung. Gegen Propaganda, am d[eu]t[schen] Volk sei Hopfen und Malz verloren. D[ie] gr[oße] Masse hat nicht gewollt, was geschehen ist. Natürlich ist Diktatfrieden und militärische Kraftäußerung (Besetzung) nötig.

Gleissberg und **Kreßmann**: Persönliche Bemerkungen.

Geyer: Schlußwort.

---

1 Fortsetzung der Veranstaltung vom 30. Juli 1941, vgl. Nr. 221.
2 Dieser Einwand bezieht sich auf die Vorstellung, daß nach dem Krieg mehrere Millionen Deutsche emigrieren müßten, bevorzugt Nationalsozialisten.

Protokoll der Besprechung des International Sub-Committee der Labour Party mit den Vertretern des SPD-Parteivorstandes am 28. August 1941

LHASC Manchester, LP, ISM/Int., Box 9 (SDs abroad)[1]

International Sub-Committee[2]
Thursday, August 28th, 1941

Comrade **Dallas** opened the meeting with some friendly words. He asked the German Comrades to tell quite openly and friendly what they had on their hearts, their opinion over the situation in Germany, the development of the opposition, whether the opposition is becoming active, what about the possibility of a revolution against Hitler, what about the line of propaganda and so on.

Comrade **Geyer** gave a sketch of the general outlook in Germany, connections with the opposition inside broken off by the war – difficulty to build up new connections – only sporadic reports by chance – internal situation wholly under the ban of nationalism – no organized clandestine movement – no chances for a revolution before the military defeat of Hitler – propaganda, a secondary weapon, will show effects only when the defeat becoming visible.

Comrade **Laski** wanted to know, what the German comrades could do by themselves and in connection with British Labour for the overthrowing of Hitler, what reports they got over the growth of German opposition.

Comrade **Vogel**: You are told already the difficulties to keep up the connections with inside Germany. All our connections are interrupted, there are still loose connections

---

1 Die Aufzeichnung enthält keine Hinweise auf den Verfasser, vermutlich war es Gillies. Über die Sitzung gibt es auch eine wenige Sätze umfassende Notiz Heines, die die behandelten Themen benennt. In: AdsD Bonn, Depositum Heine, Ordner 5/16, Notizbuch I, 20.6.–10.9.1941, S. 60f. Das Protokoll des ISC-Sitzung vom 28. August 1941 vermerkt über die Besprechung, die einziger Punkt der Tagesordnung war, außer der Anwesenheit Vogels, Ollenhauers und Heines nur: „useful and intimate talk". Die Konsequenzen aus der Präsentation der PV-Vertreter zeigten sich in einem Beschluß des ISC am 12. September 1941. Hatte das ISC am 15. August zunächst beschlossen, in der Frage der Einbeziehung von Beiträgen der deutschen Sozialisten für das von der LP herauszugebende „International Supplement", die Besprechung abzuwarten, so entschied es am 12. September 1941, „that no useful purpose would be served at present by inviting Germans to contribute to the International Supplement". Die Protokolle ISC sind insofern von besonderer Bedeutung, als sie dem NEC vorgelegt und von diesem gebilligt werden mußten. In den Protokollen des NEC und des ISC wird die sozialdemokratische Emigration nur vereinzelt erwähnt. Z.B. wird im Protokoll der ISC-Sitzung vom 1. April 1941 die Gründung der Union vermerkt und am 4. Juli 1941, wegen der ISF-Angelegenheit auch Vertreter der deutschen und der österreichischen Sozialisten einzuladen. LHASC Manchester, LP/NEC-Minutes, Box XIX.

2 Vorlage: Überschrift wie die folgende Zeile ms. unterstrichen.

over Switzerland and Sweden, but it is very difficult to keep these connections going. We are meditating if it would be possible to send one of us to Switzerland temporarily or for the duration of the war. The task of this man would be to take up and strengthen connections with Germany. There is a lot of German workers coming from frontier towns to work in Switzerland. Much more difficult are things in Sweden. In the last months we had only some chance reports from Lisbon, given by people who left Germany to go to New York. All people coming from Germany to Lisbon were much intimidated, and they had very narrow views. People coming from Berlin know nothing about the situation in the west or south of Germany. It is very difficult to travel in Germany for our people. Concerning the question what reports we have got: the situation has extremely worsened since we left France, the news we got were very rare. Concerning the general mood of people in Germany we got only sporadic news, and it is doubtful if these news were representative of the general mood.

Neutral observers point out a significant difference from 1914–1918. During the last war, each victory was celebrated, but now people do not seem strongly impressed by the greatest successes. It seems that this mood is growing, and this seems to be a sign of war-weariness and doubt.

How can we contribute together with you to the over-throwing of Hitler? I think Geyer told you, that today there is nothing to be seen of a visible movement of resistance, of any organized movement. There are explanations for this fact. The history of all revolutions tells us that no revolutionary movement develops whilst the system is fighting victoriously, but only with the beginning or after the completion of defeat. In this moment there are no signs of the military breakdown of power in the near future. Russian resistance against Hitler is astonishing, and nobody amongst us had counted upon such a resistance of the Russian army after the experiences of the Finnish war. We cannot make prophecies on the issue of the Russian war.

We think that we can count upon active movements of resistance, upon a rising of the people inside Germany, only at the moment when military set-backs are openly visible. I think, and this is a matter of belief (faith?) that in this moment there will be movements of resistance on the front. When the soldier is recognizing that every day of fighting on is useless, then discipline will be loosened and the soldiers will have more opportunities to speak together. Up to now Hitler has marched from success to success. What an amount of power is incorporated in his army is provided by his lightning success against the military force of France. This explains how difficult it is for the people to rise against this power, as long as no defeats are visible. The instruments of Hitler's power inside Germany are very powerful. There are the formations of the SS and the SA, there are lots of informers, informers in every house, there are the organizations and the informers of the Labour Front in the factories.

My answer to your question, what we can do together to overthrow Hitler is not optimistic, but it is of no use to nourish illusions. With propaganda alone Hitler cannot be overthrown. Pre-conditions of his fall are military set-backs. He must be beaten by military means. Not with propaganda alone. Nevertheless there is a question, whether the propaganda has worked efficiently. Propaganda must add to the military strokes, it must destroy the ban on thinking in Germany, must show the past and remind the people what is their task and their duty.

I think that the conditions of effective propaganda have improved now. There was a time when the opinion here was widespread that Germany must be divided up. You will acknowledge that this opinion is no foundation for a propaganda which is destined to call up German people ("Deutsche Menschen") to rise for a free Germany. Now these things must be brought into Germany in much stronger measure, that there must be no fear that when Germany will be military defeated, it will be divided and German people condemned to live as slaves for ever. The German people must be told by propaganda, that, after these binding declarations given by the leading statesmen of the Allies, Germany will be taken into the free federation of nations as a member with equal rights. To tell this to the German people – in this I see an important task.

There is a necessity to prepare printed propaganda material. There can arrive a moment in which printed stuff must be widespread in great masses. It is of no use to wait until this moment has come, this material must be prepared now. I am thinking of a time when the South and East of Germany can be reached by aircraft with such material, which then not will be lost.

To some concrete questions of Comrade P. Noel-Baker Comrade **Ollenhauer** answered: We think that the German broadcasts have improved. Our collaboration is sporadic. We prefer to speak under our names, but this standpoint has not yet been acknowledged. We are not content. If there is today not yet a revolutionary situation in Germany, there is, nevertheless an oppositional minority in existence. It is of importance that this minority should be encouraged by the forces of the British Labour Movement, which is part of the British Government, and by the underlining of the fact that representatives of German Labour Movement are allied with the British Labour Movement for the same war aims.

In the newspaper "Die Zeitung" we do not see a representation of the opposition; it is a paper without any line or colour. On principle we are willing to collaborate, but under our own responsibility and on our own line.[3]

---

3 Heine äußerte sich gegenüber Gillies bei dessen Anruf am 8. September 1941 und in einem Brief an Erich („Hugo") Rinner am 3. September 1941 sehr kritisch über die langatmigen Ausführungen Vogels und Geyers und die mangelhafte Vorbereitung des Gesprächs. AdsD Bonn, Depositum Fritz Heine, Notizbuch I, 20.6.–10.9.1941, S. 68f, Privatbesitz Heine, Ordner Korrespondenz London L–R.

NR. 230

Notiz Fritz Heines über die Arbeitsgemeinschaftssitzung am 2. September 1941

AdsD Bonn, Depositum Heine, Ordner 5/16, Notizbuch I, 20.6.–10.9.1941, S. 63[1]

2.9.[19]41. Arbeitsgemeinschaft.[2]

---

1 Heine geht in einem Brief an Rinner vom 3. September 1941 ausführlich auf diese Sitzung ein, die von der Diskussion um die Frage der deutschen Abrüstung bestimmt war: AdsD Bonn, Depositum Fritz Heine, Ordner 42. Zur gleichen Sitzung liegen auch Notizen Ollenhauers vor, die allerdings schwer lesbar und durch ihren stichwortartigen Charakter wenig aussagekräftig sind. Den Notizen Ollenhauers ist eine kurze ms. Themenbeschreibung vorangestellt:
„Arbeitsgemeinschaft , Deutschland und Europa nach dem Kriege'
Zu A 1: Problem hat große Rolle in der Diskussion gespielt, hier zunächst Problem der militärischen Entwaffnung.
    a)   Die einseitige Abrüstung (Heer, Flotte, Luftwaffe)
    b)   Beseitigung aller anderen militärischen oder militärähnlichen Organisationen und Formationen
    c)   Erklärung der Bereitschaft zur Abrüstung unabhängig von der Aktion der Sieger (Erklärung Roosevelt – Churchill)
    d)   Kontrolle der Abrüstung (siehe auch A 4) Kontrolle durch deutsche Organe oder durch alliierte bzw. internationale Organe."
AdsD Bonn, PV-Emigration, Mappe 179.
2 Anwesend nach Anwesenheitsliste der Sitzungen der Arbeitsgemeinschaft „Deutschland und Europa nach dem Kriege" vom 2.9. – 21.10.1941

Name	2.9.	9.9.	16.9.	23.9.	7.10.	14.10.	21.10
1. Hans Vogel	+	+	+	–	+	+	+
2. Erich Ollenhauer	+	+	+	+	+	+	+
3. Curt Geyer	+	+	+	+	+	+	+
4. [Fritz] Bedrich Heine	+	+	+	+	+	+	+
5. Wilhelm Sander	+	+	+	–	+	+	+
6. Hans Gottfurcht	+	+	+	–	+	–	–
7. Carl Herz	+	+	+	+	+	+	+
8. Bernhard Menne	+	+	+	+	+	+	+
9. Curt Weckel	+	+	+	+	+	+	+
10. Viktor Schiff	+	+	+	+	+	+	–
11. Walter Loeb	+	+	+	+	–	+	+
12. Herta Gotthelf	+	–	–	–	–	–	–
13. Gerhard Gleissberg	+	+	+	+	+	+	–
14. Curt Doberer	–	–	–	–	–	–	–
15. Heinrich Jakubowitz	–	–	–	–	–	–	–
16. Fritz Salomon	+	+	+	+	+	+	+
17. [Friedrich]Wittelshöfer	+	+	+	+	+	+	+
18. Ludwig Rosenberg	–	–	–	–	–	–	–
19. [Karl] Rawitzki	+	+	+	+	+	–	–
20. Fritz Bieligk	+	–	–	–	–	+	+
21. Curt Lorenz	+	+	+	+	–	–	+
22. Rosi Graetzer	+	–	–	–	–	–	–

Ollenhauer Einleitung. Wollen wir einseitige Abrüstung u[nd] Verbot d[er] militärischen u[nd] halbmilitärischen Formationen?[3] Einseitige Abrüstungsforderung unabhängig von Sieger-Entscheidung. Frage d[er] Form d[er] Abrüstungskontrolle.

Debatte: Für Militärformationen der Linken (**Weckel, Schiff**).

Nicht nur Abrüstung: „waffenloses Volk" (**Loeb, Heine**).

Einseitige Entwaffnung als bedingungslose Sofortmaßnahme.

1. Entwaffnung. 2. Vernichtung militärischer Tradition (**Herz**). Wollen 1. Dauernden Frieden, 2. Demokratisierung D[eu]tschl[an]ds und der Welt (**Schiff**). Daher nicht Ungleichheit. Das gibt nach 10 Jahren wieder Revanche-Generation. Voraussetzungs- und bedingungslose Entwaffnung zum Ziel waffenloses Volk. Verbot d[er] privaten Wehrverbände. Waffen-Ablieferung erzwingen durch Siegermächte. Machtmittel d[er] Sieger auf Waffenablieferung. Sicherungen gegen Putsch u[nd] Überfall v[on] Außen. Bei Entwaffnung steigt automatisch Macht d[er] Industrie-Arbeiter. Streik wird wieder ein Machtmittel (**Geyer**). Landesverratsparagraph muß verschwinden (**Gleissberg, Weckel**). Frage d[er] völligen Entwaffnung D[eu]tschl[an]d[s]. Frage d[er] einseitigen Abrüstung. Braucht ein Staat zur Repräsentation für Souveränität Heer? Ziel Beschränkung staatl[icher] Souveränität. Unterscheid[un]g 1918 und heute: Damals Internationales Abrüstungsversprechen. Diesmal: Charter[4]. Erhaltung u[nd] Sicherung d[er] neuen Demokratie in D[eutschland] abhängig von Stärke d[er] Westdemokratien, daher unser Interesse an Aufgerüstetsein d[er] Westdemokratien. Begründung f[ür] einseitige Abrüstung daher: 1.) Gefahr d[er] Aggression abwenden 2.) Interesse d[eu]t[scher] Arbeiterklasse und Demokratie an Stärke Westdemokratien. – In anderer Position als 1918, Oppos[ition] gegen Regime und Siegwillen diesmal drinnen u[nd] draußen vorhanden bei D[eu]t[schen] **E[rich] O[llenhauer]** – Jeder Soz[ial]dem[okrat] kann [5] Auffassung vertreten: 1.) völlige Entwaffnung u[nd] Abrüstung 2.) Aufhebung Wehrformationen 3.) Kampf gegen militaristische Tradition u[nd] d[ie] diese Tradition pflegenden Verbände (**Herz**). Seit 1927 – letzter Interall[iierter] Kontroll-Offizier verläßt D[eu]tschl[an]d – zentrale Kriegsvorbereitung. Reichsarchiv. Generalstab. Normung.

Die Namen Doberer, Jakubowitz und Rosenberg sind gestrichen und enthalten keine Eintragungen. AdsD Bonn, PV-Emigration, Mappe 179.

3 Die Forderung nach völliger Abrüstung Deutschlands war in der Atlantik-Charta festgelegt.

4 Gemeint ist die Atlantik-Charta, in der es in Punkt 8 in Bezug auf angreifende Mächte, hier war vor allem Deutschland gemeint, hieß, „daß es wesentlich ist, diese Nationen zu entwaffnen, bis ein umfassendes und dauerhaftes System der allgemeinen Sicherheit geschaffen wurde." Ursachen und Folgen, Bd. 17, S. 587.

5 Vorlage: „deshalb" gestrichen.

NR. 231

Richtlinien für die Arbeit der Arbeitsgemeinschaft „Deutschland und Europa nach dem Kriege" vom 2. September 1941

Anlage zum Protokoll vom 2. September 1941

AdsD Bonn, PV-Emigration, Mappe 179

2. 9. [19]41

Arbeitsgemeinschaft „Deutschland und Europa nach dem Kriege"[1]

A. Zur Arbeitsmethode.
1. Das Ziel:
   Konkrete Formulierungen, keine allgemeinen Abhandlungen, keine Ansprachen, sachliche Arbeit von Punkt zu Punkt, Diskussion über jeden Punkt abschließen mit Feststellung der allgemeinen Grundlinie als Basis für die spätere Formulierung.
   Behandlung von Einzelheiten nur insoweit als sie von allgemeiner und prinzipieller Bedeutung sind.
2. Der Fahrplan:
   Die vorliegende Zusammenstellung der Fragenkomplexe als Tagesordnung betrachten. Sie muß im Zusammenhang mit den früheren Dispositionen und mit den Vorträgen und Aussprachen, einschließlich Referat Geyer gesehen werden.
   Hinweise auf frühere Dispositionen als Stichwort für ein Problem oder Hinweisung auf bestimmte Stellungnahme zu einem Problem.
3. Die Atmosphäre:
   Die Probleme sollen nicht durch Beschluß entschieden, sondern geklärt werden. Keine Agitation, sondern sachliche Argumentation. Alle Standpunkte sollen beleuchtet werden, jede Meinung, auch wenn sie nur von einem Einzelnen vertreten wird, soll sachlich geprüft werden.
   Die Beratungen sind vertraulich, jeder kann frei und ungehemmt seine Auffassung vertreten.
4. Hinzuziehung von Sachverständigen:
   Im Prinzip nicht ausschließen, aber Entscheidung von Fall zu Fall, wenn sich die Notwendigkeit ergibt.
5. Tagungstermin:
   Jede Woche einmal, wenn möglich jeden Dienstag von 3 bis 6 Uhr.

---

1 Vorlage: Titel doppelt und Überschriften A. und B. ms. unterstrichen.

B. Die allgemeine Linie:

1. Wir betrachten uns als Partei als die Führung der Minderheit des deutschen Volkes, die entschlossen ist nach dem Sturz der Hitlerdiktatur ein neues Deutschland aufzubauen, das sich selbst und den Frieden Europas sichert gegen den inneren Feind, der die heutige Lage des deutschen Volkes und diesen Krieg verschuldet hat.

2. Wir wollen einen Beitrag leisten zu einer neuen sozialen und internationalen Ordnung, die die materielle und geistige Not der Menschen mindert und die durch ihre Vernunft und Gerechtigkeit die Entwicklung neuer Krisen und Konflikte in den Völkern und zwischen den Völkern verhindert.

3. Wir wollen uns bemühen zu Resultaten zu kommen, von denen wir annehmen können, daß sie mit den Erfahrungen und Auffassungen unserer Freunde und Genossen in Deutschland im Prinzip übereinstimmen oder daß wir sie mit guten sachlichen und sozialistischen Gründen ihnen gegenüber vertreten können.

Nr. 232

Entwurf eines Aktionsprogramms vom 2. September 1941

Anlage zum Protokoll vom 2. September 1941

AdsD Bonn, PV-Emigration, Mappe 179

2.9.[19]41.

Vorschlag für ein Aktionsprogramm[1]

Dieser Vorschlag geht von der Annahme aus, daß der Zusammenbruch der Hitlerdiktatur eine Folge ihrer militärischen Niederlage sein wird. Er wird wahrscheinlich von revolutionären Ereignissen im Innern Deutschlands begleitet sein, durch die die Träger der Opposition gegen das jetzige Regime in Deutschland wieder sichtbar werden. Die entscheidende Kraft im Lager der Opposition werden die früher gewerkschaftlich und sozialdemokratisch organisierten Arbeiter sein. Sie bieten durch ihre politische Schulung und durch ihre demokratisch sozialistische Grundeinstellung die Garantie für die Bewältigung der schwierigen Aufgaben in der Übergangszeit und für eine friedliche, demokratische und soziale Entwicklung Deutschlands in der Zukunft.

Aller Voraussicht nach wird der Übergang von der Hitlerdiktatur zu einem neuen freiheitlichen Regime in Deutschland unter völlig anderen Voraussetzungen erfolgen als der Zusammenbruch der Monarchie im Jahre 1918. Ein Aktionsprogramm für die Zeit nach dem Sturz der Hitlerdiktatur muß von zwei wesentlichen Voraussetzungen ausgehen:

a) Der Niederlage wird die militärische Besetzung Deutschlands durch die Alliierten folgen. Eine solche Besetzung ist auch im Interesse der zukünftigen geistigen und politischen Erziehung des deutschen Volkes erwünscht. Dem deutschen Volk muß die Tatsache des völligen Zusammenbruchs der Diktatur handgreiflich vor Augen geführt werden.

b) Es existieren in Deutschland zur Zeit – im Gegensatz zu den Verhältnissen im kaiserlichen Deutschland – keine legalen Einrichtungen der Opposition (Organisationen, Presse usw.). Das neue System kann also nicht an vorhandene organisierte Kräfte anknüpfen, sondern es braucht erst Zeit, sie wieder organisatorisch und geistig zu entwickeln. Das Übergangsregime kann also kein demokratisches Regime sein. Es kann im Lande nur sehr unvollkommen vorbereitet werden, und die Auslandsarbeit der deutschen Organisationen erhält unter diesen Umständen entscheidende Bedeutung.

---

1 Vorlage: Überschrift doppelt ms. unterstrichen.

Das deutsche Übergangsregime wird vor drei wesentlichen Aufgaben stehen:
1. Die völlige Entwaffnung Deutschlands.
2. Die Vernichtung des politischen Machtapparates der Hitlerdiktatur.
3. Der Aufbau einer neuen demokratischen Ordnung.

Die Erfüllung der ersten Aufgabe wird im wesentlichen eine Aufgabe der Besatzungsbehörden sein. Sie muß nicht nur die Entwaffnung der eigentlichen Armee, sondern auch aller bewaffneten Parteiorganisationen umfassen. Es wird wichtig sein, sich auch bei der Durchführung dieser Aufgabe der Mitarbeit zuverlässiger Oppositioneller zu[2] bedienen.

Die zweite und dritte Aufgabe sind nicht militärischer, sondern politischer Natur. Auch sie werden nur mit der Unterstützung der Siegermächte durchgeführt werden können. Für ihre Durchführung sollten aber neben den Besatzungsbehörden, besondere politische Körperschaften gebildet werden, die den Anweisungen ihrer Regierungen unterstehen. Diese Körperschaften sollten außerdem gehalten sein, mit den demokratischen Elementen zusammenzuarbeiten, mit dem Ziel, im Zuge der politischen Konsolidierung in Deutschland die Selbstverwaltung des deutschen Volkes in immer größerem Ausmaß zu übertragen. Der Begriff „demokratische Elemente des deutschen Volkes" muß in der ersten Zeit insbesondere sehr eng gezogen werden. Im wesentlichen können als solche nur frühere Gewerkschafter und Sozialdemokraten betrachtet werden. Die Hinzuziehung politisch anders orientierter Vertreter sollte nur auf Vorschlag der Sozialdemokraten und Gewerkschafter erfolgen.

Für die Erfüllung des Punktes 2: „Die Vernichtung des politischen Machtapparates der Nazidiktatur" sind folgende Sofortmaßnahmen notwendig.
a) Auflösung aller Naziorganisationen und aller Organisationen, die durch die Nazis gleichgeschaltet oder anerkannt waren.
b) Verbot aller Veröffentlichungen.
c) Besetzung aller Häuser oder Grundstücke, die im Besitz der Nazis waren oder von ihnen benutzt wurden.
d) Internierung aller Nazibeamten und Organisationsleiter (Ausarbeitung eines besonderen Planes).
e) Verbot des Tragens von Uniformen und Abzeichen, außer den Abzeichen oder Kennzeichen, die die Besatzungsbehörden anordnen oder bewilligen.
f) Besetzung aller Rundfunksender und Einziehung aller privaten Sendeapparate.
g) Besetzung der Grenzbezirke durch die Besatzungstruppen in erster Linie.
h) Generelles Ausreiseverbot.

---

2 Vorlage: „sichern" ms. gestrichen.

i) Reiseverbot im Innern für alle öffentlichen Verkehrsmittel und für den privaten Kraftverkehr.
j) Postzensur.
k) Anmeldepflicht für alle aus den besetzten Gebieten geraubten Vermögenswerte.

Für den Aufbau einer neuen demokratischen Ordnung[3] sind folgende Sofortmaßnahmen erforderlich:
a) Schaffung von Ortsbeiräten[4] aus Vertrauensleuten der oppositionellen Bevölkerung. Die Mitgliederzahl dieser Ortsbeiräte wird je nach der Größe des Ortes zwischen drei und dreißig schwanken. Die Ortsbeiräte werden vorgeschlagen von den Kommissaren der Reichsprovinzen, sie bedürfen der Zustimmung der Besatzungsbehörde. Die Aufgaben der Ortsbeiräte sind:
  1. Die Schaffung eines zivilen Ordungsdienstes im Einvernehmen mit der örtlichen Besatzungsbehörde.
  2. Sicherung der Lebensmittelversorgung der Zivilbevölkerung.
  3. Kommissarische Verwaltung der kommunalen Einrichtungen und der früheren Einrichtungen der Nazis, soweit sie im öffentlichen Interesse liegen (Arbeitsfront, Konsumvereine etc.).

Die vorläufige Gliederung des Reiches erfolgt nach Reichsprovinzen, die identisch sind mit den Abgrenzungen der Landesarbeitsämter. Die provisorische Regierung bestellt für jede Reichsprovinz einen Reichskommissar. Die Aufgaben des Reichskommissars sind:
  1. Die Verbindung mit den Besatzungsbehörden in der Provinz.
  2. Die kommissarische Verwaltung der Provinzialeinrichtungen.
  3. Die Sicherung der Lebensmittelversorgung.

Die Leitung der Reichsgeschäfte liegt in den Händen einer provisorischen Regierung, bestehend aus 15 Mitgliedern. Sie wird gebildet im Einvernehmen mit den Regierungen der alliierten Länder. Die Aufgaben der provisorischen Regierung sind:
a) Erlaß aller Notverordnungen zur Durchführung der Vernichtung des politischen Machtapparates der Nazidiktatur im Sinne der unter Punkt zwei genannten Aufgaben.
b) Einsetzung der kommunalen Beiräte.
c) Ernennung der Reichskommissare der Provinzen.
d) Einsetzung von Kommissaren für die Vermögensverwaltungen der zentralen Einrichtungen der Nazipartei oder der ihr früher unterstellten Organisationen.
e) Festsetzung der Richtlinien für die Sendungen des Rundfunks.

---

3 Vorlage: „Aufbau einer demokratischen Ordnung" ms. unterstrichen.
4 Vorlage: „Ortsbeiräte" ms. unterstrichen.

f) Aufhebung des Verbots der SPD und der Gewerkschaften.

g) Sicherung der Lebensmittelversorgung.

h) Fürsorge für die Demobilisierten und die Opfer der Nazidiktatur.

i) Ausarbeitung der Richtlinien für den Aufbau der neuen Verwaltung.

j) Vorbereitung der neuen demokratischen Verfassung.

Die vorgesehene Aufhebung des Verbots der SPD und der Gewerkschaften soll den Anfang der neuen demokratischen Entwicklung des politischen Lebens darstellen. Sie schließt ein die Freigabe aller früheren Einrichtungen und Gebäude der Partei und der Gewerkschaften, einschließlich der Freigabe ihrer Zeitungen. Für die Wiederaufnahme des organisatorischen Lebens sind die notwendigen Gebäude aus dem Besitz der Nazipartei zur Verfügung zu stellen, für den Druck der Zeitungen die Nazidruckereien.

Für die Erfüllung eines solchen Planes für die Übergangszeit sind folgende Voraussetzungen erforderlich:

1. Schon jetzt eine Verständigung mit den Vertretern der britischen Arbeiterbewegung über Grundgedanken herbeizuführen.

2. Nach einer solchen Verständigung Verhandlungen mit der britischen Regierung.

3. Information der Genossen der alliierten Länder und Regierungen über unsere Pläne und Klarstellung der Möglichkeiten für eine Zusammenarbeit zur Durchführung dieses Planes.

4. Die politische und technische Sicherung der Mitarbeit der im Ausland befindlichen Vertreter der Partei und der Gewerkschaften in Deutschland im Zuge der Aktion der Alliierten zur Besetzung Deutschlands.

5. Wiederherstellung von Verbindungen zu Vertrauensleuten in Deutschland im Hinblick auf die Vorbereitung der Aufgaben des Übergangsregimes.

6. Vorbereitung von Massenpropaganda in Deutschland nach der Besetzung, Ausarbeitung von Manuskripten und Vorbereitung von Massendruck.

7. Die[5] Führung der jetzigen deutschen Propaganda in Rundfunk und Presse von England aus im Sinne dieses Planes.

8. Die Beschaffung der für die Durchführung der Vorarbeiten und für die Wiedererrichtung der Partei und der Gewerkschaften in Deutschland erforderlichen erheblichen Geldmittel.

---

5 Vorlage: „Beeinflussung und Mitwirkung" ms. gestrichen.

NR. 233

Themenkatalog der Arbeitgemeinschaft mit den Namen der Bearbeiter, undatiert

Anlage zum Protokoll vom 2. September 1941

AdsD Bonn, PV-Emigration, Mappe 180[1]

Deutschland und Europa nach dem Kriege
A. Die Liquidierung der Hitlerdiktatur und Übergangsmaßnahmen.
   1. Die völlige Entwaffnung Deutschlands
      siehe: Ollenhauer B II 2a und 2b
                 Herz 2[b][2] Menne D6
   2. Die Liquidierung der Kriegsindustrie
      siehe: Ollenhauer B II 2b und Menne D6
   3. Die Bestrafung der Kriegschuldigen
      siehe: Herz, Ergänzung E1 und Menne D1
   4. Internationale Kontrolle der Abrüstung
      siehe: Ollenhauer B I 1
   5. Deutschlands Anteil am Wiederaufbau
      siehe: Ollenhauer B I 2 und Menne D 2
   6. Das Übergangsregime
      siehe: Ollenhauer B I 1
                 Herz B 17 a-c, 18 und Menne D 4, 5
   7. Aufbau der neuen Demokratie durch örtliche und regionale Selbstverwaltung im Zuge der inneren Konsolidierung
      siehe: Herz B 17 a-c
   8. Gleichstellung Deutschlands als Notstandsgebiet mit d[en] anderen vom Krieg betroffenen Ländern in Bez[ug] auf Lebensmittel u[nd] Rohstoffversorg[ung]
   9. Die Demobilisierung
   10. Übergangsmaßnahmen in der Verwaltung
      siehe: Ollenhauer B II d
                 Herz B 1c, B 2b und Herz Ergänzungen D 5, E 2–4, 6
   11. Übergangsmaßnahmen in der Justiz
      siehe: Herz B 14g, Herz Ergänzung E 1, 5
   12. Übergangsmaßnahmen in der Wirtschafts- und Sozialpolitik
      siehe: Gottfurcht 1g, 3k

---

1 Vorlage: Titel doppelt und Überschriften A.-F. einfach ms. unterstrichen.
2 Vorlage: Nicht eindeutig bestimmbar.

B. Sicherung der Demokratie
   1. Verstaatlichung der Schwerindustrie
      siehe: Ollenhauer B II 1a
                 Herz B 1b und Gottfurcht 1b u[nd] c
   2. Enteignung des Großgrundbesitzes
      siehe: Ollenhauer B II 1a und Herz B 1a, Gottfurcht 1f
   3. Demokratische Reform der Verwaltung
      siehe: Ollenhauer B II 1b, Herz B 11 a-c
   4. Organisation der Polizei
      siehe: Ollenhauer B II 1c und Herz B 4–5, 14b

C. Grundzüge der neuen Verfassung
   1. Die demokratischen Grundrechte (Freiheit der Person u[nd] d[er] Presse, Versammlungsfreiheit, Koalitionsfreiheit)
      siehe: Ollenhauer B II 1f
   2. Das Wahlrecht
      siehe: Ollenhauer B II 1e und Herz B 9a, 10a
   3. Parlament und Regierung
      siehe: Herz B 9b
   4. Zweikammersystem
      siehe: Herz B 10b, Gottfurcht 4c und d
   5. Der Reichspräsident
      siehe: Herz B 10c
   6. Die Gliederung des Reiches
      siehe: Ollenhauer B II 1d
                 Herz B 6–8 und Menne D 7
   7. Aufbau der Verwaltung
      siehe: Herz B 9c u[nd] d, B 11 a-c, B 13 a-c
                 Herz Ergänzung D 3 u[nd] 6
   8. Die Justiz
      siehe: Herz B 14 a, c-h, Herz Erg[änzung] B 1–7, C 1–6
   9. Wirtschafts- und Sozialpolitik
      siehe: Ollenhauer B II 3a u[nd] b
                 Gottfurcht 1b u[nd] d, 2 a-h
                 Herz 15 a-d, Herz Erg[änzung] A 1–11, D 1, 4, 7, 8
   10. Steuerpolitik
      siehe: Gottfurcht 10
                 Herz Ergänzung D 2
   11. Kultur und Erziehung
      siehe: Ollenhauer B II 3c u[nd] d
                 Gottfurcht 3e

siehe: Gottfurcht 3 m
6. Internationale Erziehungs- und Kulturpolitik
    siehe: Weckel IV[3]

Achtung!

Die Mitglieder der Arbeitsgemeinschaft werden gebeten, diese Übersicht und die früheren Dispositionen zu den Sitzungen mitzubringen.[4] Es sind:

Ollenhauer: Der kommende Frieden ... Herz: Staatsverfassung ... Justizreform. Gottfurcht: Wirtschafts- und Sozialverfassung. Menne: Außenpolitik ... Weckel: Von der geistigen Grundlegung unserer Bewegung.

---

3 Vorlage: Dieser Teil ist vom nächsten Abschnitt durch „. – o O o – ." getrennt.
4 Vorlage: Von „Achtung" bis „mitzubringen" und alle folgenden Namen ms. unterstrichen.

Nr. 234

Notiz Fritz Heines über die Parteivorstandssitzung am 4. September 1941

AdsD Bonn, Depositum Heine, Ordner 5/16, Notizbuch I, 20.6.–10.9.1941, S. 67

4.9.[19]41. Besprechung PV und Sander

(Vorher Mitteilung, daß 30 x [sh] 3/- pro Monat Fahrgelder = [£] 4/10/- gezahlt werden.[1] Erste Auszahlung f[ür] August). – Loeb hat vorgeschlagen, Besprechung mit Vansittart durchzuführen u[nd] ohne unser endgültiges[2] Einverständnis bereits Vansittarts Bereit-willigkeit eingeholt. Beschluß zuzusagen: Besprechung mit V[ansittart] bei Loew.[3] B.B.C. wünscht neuen Vortrag von uns. Bereit? Thema? F[ritz] H[eine] beauftragt, aufgrund der Vorlage Entwurf zu machen.[4]

Sander berichtet über Mitgliederaktion. Ca. 120 haben sich gemeldet, einige Grenz-fälle sollen im Beirat diskutiert werden, der Mittwoch tagen soll.[5] **Heine**-Anregung, auch Übersee-P[artei]g[enossen] zu erfassen, wird nicht entschieden.[6] Fraenkel hält als d[eu]t[scher] Referent Vortrag in Federal-Union.[7] Gottfurcht hat dagegen protestiert, **F[ritz] H[eine]** schlägt vor, daß auch Sander protestiert, der Einladung erhielt. Einver-standen; Federal [Union] hat kaum noch Bedeutung.

---

1 Vermutlich handelte es sich um Fahrtkostenzuschüsse, die von der Labour Party an den Parteivorstand gezahlt wurden.
2 Vorlage: Wort hs. unterstrichen.
3 Gemeint ist vermutlich Löwenthal oder Loeb. Fritz Heine bestätigt, daß die Besprechung stattgefunden hat, wenngleich sie ohne positives Ergebnis blieb. An den Ort des Treffens kann er sich nicht mehr erinnern. Schriftliche Auskunft Heines an den Herausgeber vom 23.5.1995.
4 Nicht ermittelt.
5 Im Juli 1941 war mit der Erfassung der Sozialdemokraten in Großbritannien begonnen worden. Ein Muster des Fragebogens und die Liste der bis zum 30. Juli 1941 auf diese Weise registrierten Mitglieder befindet sich in: AdsD Bonn, PV-Emigration, Mappe 4.
6 In den Protokollen der PV-Sitzungen finden sich nur wenige Hinweise auf die in dieser Zeit stattfindenden Bemühungen um eine Reorganisation der Verbindungen zu den verschiedenen Landesgruppen in der Emigration. Hinweise finden sich dazu in den Notizen Heines (Notizbuch I, 20.6.–10.9.41, S. 48) und in den Briefen Heines an Rinner (USA) und Reichhardt (Schweiz). Privatbesitz Heine.
7 Fraenkel wurde von Ollenhauer und Vogel kritisiert, weil er die Nähe von Kommunisten nicht mied. Fraenkel nahm vor dem Krieg an „Volksfrontabenden" bei Kuczynski teil und zählte 1943 zu den Grün-dungsmitgliedern der Freien Deutschen Bewegung in Großbritannien. Vgl. Fraenkel, Lebewohl, Deutsch-land, S. 27ff.

NR. 235

Notiz Fritz Heines über die Parteivorstandssitzung
am 9. September 1941

AdsD Bonn, Depositum Heine, Ordner 5/16, Notizbuch I. 20.6.–10.9.1941, S. 69

9.9.[1941] PV-Besprechung. W[e]g[en] Loeb-Br[ie]f.[1]

C[urt] G[eyer]: Wenn Vogel Antwort geben will, steht ihm frei.
V[ogel] und **O[llenhauer]**: Wir müssen darauf antworten, können das nicht hingehen lassen.
F[ritz] H[eine]: Sollten Loeb veranlassen, Ergänzung zu machen.[2]
G[eyer]: D[as] Beste wäre, Vansittart würde das schreiben.

---

1 Heine hatte am 8. September 1941 mit Loeb über dessen Brief gesprochen. Darin war unter anderem behauptet worden, daß es in Deutschland in der Weimarer Republik nur 30 000 Pazifisten gegeben habe. Loeb interpretierte gegenüber Heine, damit nur die Aktivisten gemeint und die Partei aus dem Spiel gelassen zu haben. AdsD Bonn, Depositum Heine, Ordner 5/16, Notizbuch I, 20.6.–10.9.1941, S. 69.

2 Heine notierte unter dem 8. September (richtig müßte es vermutlich 9. heißen, da die Eintragungen davor und danach mit 9.9. bezeichnet sind) folgendes Telefongespräch mit Gillies: „8.9. Gillies Telefonat: Loeb wird Ergänzung nicht schreiben. Nicht üblich. Pressefreiheit in Engl[an]d. F[ritz] H[eine]: Bin gegen öffentl[iche] Auseinandersetzung unter P[artei]g[enossen] G[illies]: Loebs Irrtum im Brief war Weglassen des Wortes: ‚z.B.‘ vor 30 000 Leuten. – G[illies] verspricht sich viel von Klarstellung durch Broschürenreihe. F[ritz] H[eine]: Besorgnis [daß] nur schwarze Seiten d[er] Partei aufgezeichnet werden." AdsD Bonn, Depot Heine, Ordner 5/16, Notizbuch I, 20.6.–10.9.1941.

NR. 236

Notiz Fritz Heines über die Arbeitsgemeinschaftssitzung am 9. September 1941

AdsD Bonn, Depositum Heine, Ordner 5/16, Notizbuch I. 20.6.–10.9.1941, S. 70f.[1]

9.9.[1941] Arb[eits]gemeinschaft[2].

Gegen Gleichberechtigung in Bewaffnung. Nicht nat[ionalistischen] Gefühlen nachgeben.

Rawitzki: Wo soll das mit d[er] A[rbeits]g[emeinschaft] hinführen. Ende d[er] Diskussion unabsehbar. Bewaffnete Arbeiterschaft. Rußland u[nd] Besetzung d[es] Ostens.

Ollenhauer z[ur] Verfahrensfrage. Aussprache nützlich.

Vogel, **Loeb**, **Gottfurcht** zu Verfahrensfrage.

Schiff: Kompromißvorschlag in Abrüstungsfrage (ein Junktim)[3]

Loeb: 1. Teil Schifferklärung ja, 2. Teil nein. Einseitige Abrüstung moralische Voraussetzung f[ür] Zusammenarbeit.

Vogel: Einseitige Abrüstung als Dauerzustand vom soz[ialistischen] Standpunkt unbefriedigend. Soz[ialisten] sind f[ür] Gesamtabrüstung, wenn Garantie gegen Aggression geschaffen.

---

1 Zur gleichen Sitzung liegen auch Notizen Erich Ollenhauers vor, die allerdings, soweit sie Diskussion betreffen, schwer lesbar und durch ihren stichwortartigen Charakter wenig aussagekräftig sind. Den Notizen vorangestellt ist eine kurze ms. Themenbeschreibung:
„Arbeitsgemeinschaft ‚Deutschland und Europa nach dem Kriege‘
Zu A 2:
schwieriges Problem, daher zunächst Klärung der Fragen
a) Umfang der Kriegsindustrie
b) Art der Liquidierung (Zerstörung oder Umstellung)
c) Wirtschaftsplanung und Kriegsvorbereitung
d) Einsatz der menschlichen Arbeitskraft (Zwangsarbeit und Arbeitsdienst)
e) Verkehrswesen."
Die Sitzung wurde von Ollenhauer nach seinen Aufzeichnungen mit einem Resümee der letzten Sitzung eingeleitet. AdsD Bonn, PV-Emigration, Mappe 179.
2 Vorlage: „9.9. Arbgemeinschaft" hs. unterstrichen.
3 Schiff hatte bereits zu diesem Zeitpunkt oder kurz darauf eine Erklärung herausgegeben, in der er zur Abrüstungsfrage Stellung bezog. Er befürwortete darin die totale Abrüstung Deutschlands, wies aber auf die Gefahren einer einseitigen deutschen Abrüstung hin: „Eine solche dauernde Einseitigkeit würde nach wenigen Jahren die deutsche Sozialdemokratie, falls sie sich je dazu bekennen würde, vor gefährliche psychologische und politische Probleme stellen, unter deren Last sie ebenso zusammenbrechen würde wie vor 1933. [...] Die deutsche Sozialdemokratie muß es ablehnen, zum zweiten Mal ihr Todesurteil selbst zu unterschreiben [...]." Zitiert nach einer unsignierten Abschrift, datiert 15.9.1941, in: UWMRC Coventry, IFTU, Map 260.

Gottfurcht: Für Radikalkur. Notwendigkeit, ökonomische Basis d[es] Krieges beseitigen.

Ollenhauer Schlußwort. Nicht umstritten D[eu]tschl[an]ds völlige Entwaffnung. Notwendigkeit von uns bejaht, ohne Vorbehalte. Position Mitarbeiten bei Abrüstung.

Kriegindustrie[4] (Loeb)[5] Vollkommene Zerstörung, Vernichtung d[er] Waffen-Industrie. Kontrolle Zubringer-Industrie. Zerschlagung Groß-Konzerne, Außenhandelskontrolle, Rohstoff-Einfuhr. Große Emigration notwendig zur Lösung d[er] Frage d[er] Arbeitslosigkeit. Vollbeschäftigung d[er] Werften, Verkehrswesen. Einheitliche Planung, Abbau Eisenbahn, Ausbau Kanäle. Arbeiterfrage – Ausländische Arbeiter, Tote, Gefallene, d[eu]tsche Arbeiter im Ausland. – San Domingo – Bauernsiedlung. 7 000 000 Zwangsemigration. Geschlossene Dörfer.

---

4 Vorlage: Wort hs. unterstrichen
5 Da der Name Loebs in Klammern steht und in Gegensatz zu Rednernamen nicht unterstrichen ist, ist Loeb vermutlich hier nicht der Redner, sondern Ollenhauer bezog sich auf ihn. Nach den Zuordnungen im Themenkatalog (vgl. Nr. 233) war Ollenhauer für das Thema Liquidierung der Kriegsindustrie zuständig.

NR. 237

Notiz Hans Gottfurchts über die Beiratssitzung
am 10. September 1941

Archiv Dr. Gerhard Beier, Kronberg, TNL Gottfurcht, Akte O I

10.9.[19]41 Funktionäre Sopade

Vogel, Ollenhauer, Sander, Heine, Gotthelf, Gottfurcht, Menne, Schiff[1]
1. Brief Martin Meyer[2]
   Menne: Gleissberg-Tribüne (Gruschwitz/Breslau)[3]
2. Fall Kressmann[4]
3. Sunday Times. Loeb-Brief[5]
4. Nächste Vers[amm]l[un]g.
Go[ttfurcht]

---

1 Vorlage: Namensliste oben und unten durch Linie abgegrenzt.
2 Nicht ermittelt.
3 Zusammenhang nicht ermittelt. Max Gruschwitz, früherer KPD-BL Breslau, dann Schwarze Front, war 1933 nach Österreich, 1938 nach Prag und dann nach Frankreich emigriert. 1941 schwenkte er auf die nationalsozialistische Linie ein und bemühte sich um die Rückkehr.
4 Es handelt sich um das Schiedsgerichtsverfahren gegen Willy Kressmann, der zum Kreis der linken Gegner des PV in der Londoner SPD gehörte. Vgl. Röder, Exilgruppen, S. 32f. Zum Anlaß des Verfahrens vgl. Nr. 225.
5 Vgl. Anm. 1 zu Nr. 235.

NR. 238

Notiz Fritz Heines über die Parteivorstandssitzung am 14. September 1941

Privatbesitz Fritz Heine, Notizbuch September 1941 – Januar 1942, S. 2–3[1]

PV-Sitzung 14.9.1941

E[rich] O[llenhauer]: Bericht über Gespräch mit Loeb, der sich weigert, Berichtigung Sunday Times zu senden, aber empfiehlt, daß jemand anders schreibt. Es erscheint unzweckmäßig, einen B[rie]f von H[ans] V[ogel] zu schicken, er als Partei-Vors[itzender] in Briefkasten-Ecke ist nicht am richtigen Platz. – Loebs Broschürenreihe[2]. Hat Memorandum[3] teilweise zur Kenntnis aber nicht hergegeben. Ernste Sorgen bezüglich künftiger Zusammenarbeit. Hoffnung, daß Vertrauensverhältnis im PV gewahrt bleibt. Sorge, deswegen.

C[urt] G[eyer]: Vertrauensverhältnis selbstverständlich, Zwangsdisziplin nein. Unternehme Forschungen, die mich an oder über Parteigrenzen hinausführen können. Frage d[es] politischen Historikers: kann das so ausdrücken, daß es im Rahmen u[nd] zum Nutzen d[er] Partei bleibt, kann, oder muß vielleicht sagen, was parteimäßig unvertretbar ist. – Gegen Emi[grations]-Organisationsbetrieb, der zu nichts führt. Bedauern, daß wir uns darauf einließen.

H[ans] V[ogel] Gewissens- und Forschungsfreiheit ist in Partei stets unangetastet geblieben. Appell an Zusammenhalt.

F[ritz] H[eine]: Andere Vorstellungen über Aufgabe der und Zusammenarbeit mit d[er] Emigration. C[urt] G[eyer] soll uns teilnehmen lassen am Fortschreiten d[er] Arbeit. Häufigere Aussprache notwendig. Aktion gegen Huysman/Loeb-Broschüre[4] notwendig. Müssen beide überzeugen, daß einseitige Kritik schadet.

---

1 Die Notizen sind handschriftlich gefertigt und kreuzweise durchgestrichen. Am Ende der Notiz befindet sich ein Haken. Dies könnte bedeuten, daß von der Notiz ein Protokoll ausgefertigt und sie danach abgehakt und durchgestrichen wurde. Von dieser Aufzeichnung existiert im Privatbesitz Heines auch eine ausformulierte Übertragung, die vermutlich von ihm gefertigt wurde. Die vorliegende ms. Abschrift ist nach der Type in den 70er Jahren oder später gefertigt. Es bleibt jedoch unklar, ob sie auf den Notizen oder auf einem regulären 1941 gefertigten Protokoll basiert. AdsD Bonn, Depositum Heine, Ordner 47 (Widerstand und Emigration V).

2 Es scheint sich um eine von Loeb zu diesem Zeitpunkt geplante Broschürenreihe zu handeln, wie sie dann mit den FFF-Publikationen 1942 verwirklicht wurde.

3 Es ist unklar, um welches Memorandum es sich handelt. Möglicherweise hatte Gillies sein in Vorbereitung befindliches Memorandum (vgl. Einleitung, Abschnitt III.3.4.) mit dessen Abfassung er im August beauftragt worden war und das mit Oktober 1941 datiert ist, Loeb zur Kenntnis gegeben.

4 Nicht ermittelt.

E[rich] O[llenhauer] Bericht über Gespräch mit G. Walker. Sollen Vorschläge f[ür] BBC-Serien machen. Stampfer's Ankunft[5] – Vorbereitungen unmöglich.[6]

---

5 Stampfer kam nach der Eintragung in Ollenhauers Notizkalender am 16. September 1941 in London an. AdsD Bonn, NL Ollenhauer, Mappe 3.
6 In der in Anm. 1 erwähnten Abschrift ist auch ein Vermerk als „P.S. : Im Anschluß daran berichtet Fritz Heine" aufgenommen, der im Notizbuch durch einen Literaturhinweis von der Aufzeichnung über die PV-Sitzung getrennt ist und wie folgt lautet:
„Sollmann will USA nicht mehr verlassen. Nicht mehr nach D[eu]tschl[an]d. zurückkehren. Legt Wert darauf, noch 1 1/2 Jahre Mitglied des PV zu bleiben – dann wird er USA Staatsbürger."

Nr. 239

Notiz Fritz Heines über die Arbeitsgemeinschaftssitzung am 16. September 1941

Privatbesitz Fritz Heine, Notizbuch September 1941 – Januar 1942, S. 5–6[1]

16.9.[19]41. Arb[eits-]Gem[einschaft]

F[ritz] H[eine]:[2] f[ür] Vernichtung direkter Kriegsindustrie. Bedenken gegen Kontrolle Zubringer-Industrie, durch wen Kontrolle? Staat? Schafft wieder Machtkonzentration und Gefahren. Welche Sicherheiten, daß Kontrolle in richtiger Richtung. Für Zerschlagung Großkonzerne. Wie? Gegen Außenhandelskontrolle, führt zu Zwangssystem, Devisenkontrolle usw. Vormacht d[er] Bürokratie usw. Gegen Zentralisierung. Emigration keine Lösung Arbeitslosen-Problem. Wer soll emigrieren? Nazis?

Weckel: Diskussion Zubringerindustrie in Spezialkommission verlegen.

Gottfurcht: Keine pol[itischen] Meinungsverschiedenheiten über diese Frage. Für Zerschlagung Kriegsindustrie.

Schiff: Früher hieß es: Konzentration liege im soz[ialistischen] Sinne.[3] Zerstörung d[er] Werkzeugmaschinenindustrie. Heikelste Frage: Massen-Emigration = Deportation – Reinigung des d[eu]t[schen] Volkes.

Menne: Zerschlagung Rüstungsindustrie komplizierte Frage. Werkbank-Zerschlagung trifft nicht d[en] Kern. Produktionswechsel. Über-Industrialisierung. Rücksiedlung Industrie-Arbeiter. Bejahung Großkonzerne erst nach d[em] Krieg entstanden. Abbau Industrie-Potential erforderlich.

Vogel: Debatte wirft meine soz[ialistischen[4]] Vorstellungen über d[en] Haufen. Gegen Zerschlagung Großbetrieb. Vergesellschaftung notwendig. Neuordnung Weltwirtschaft.

Lorenz: Soz[ialistische] Forderung gegen Trust.

Weckel: Kein Wirtschaftsplan. Neben Staatsbürokratie freie Kontrolle.

Menne: Zerschlagung d[er] Konzerne. Grenzfälle. Gegen Großbetriebe. Frühere Politik d[er] Favorisierung d[er] Großbetriebe falsch. Kontrolle Rüstungsindustrie.

---

1 Zur Kennzeichnung und der ms. Abschrift vgl. Nr. 238, Anm. 1. Zur gleichen Sitzung liegen auch Notizen Erich Ollenhauers vor, die allerdings schwer lesbar und durch ihren stichwortartigen Charakter wenig aussagekräftig sind. AdsD Bonn, PV-Emigration, Mappe 179. Siehe auch Anm. 5.

2 Vorlage: „16.9.41. Arb.Gem. FH" unterstrichen.

3 Schiff bezieht sich hier auf die u.a. von Hilferding vertretene Theorie vom „organisierten Kapitalismus", der durch zunehmende Konzentration des Kapitals in den Sozialismus hinüberwachse. Auf dieser Vorstellung basierte auch das Konzept der „Wirtschaftsdemokratie" der Freien Gewerkschaften. Vgl. hierzu Fritz Naphtali u.a. (Hrsg.), Wirtschaftsdemokratie. Wesen, Weg und Ziel, Berlin 1928.

4 Vorlage: Auch als „sozialdemokratischen" lesbar.

Gottfurcht: Notwendigkeit Zerschlagung d[er] Wirtschaftsmacht durch Beherrschung vieler Großbetriebe.

Wittelshöfer: Rückführung aufs Land nur durch Zwang möglich. Geistige Entwaffnung. Vernichtung Naziliteratur. Abschaffung Arbeitsdienst? Nein; Jugend zusammenfassen, staatspolitisch schulen.

Loeb: D[ie] Unterschiede zwischen Industrie-Abrüstung u[nd] – Umstellung in D[eu]tschl[an]d einerseits u[nd] England/USA andererseits nach d[em] vorigen Krieg. Dynamit d[er] d[eu]t[schen] Industrieorganisation.[5]

---

5 Die Notiz ist durchgestrichen, am Ende der Notiz befindet sich ein Haken. Dies könnte bedeuten, daß von der Notiz eine Abschrift ausgefertigt wurde und die Notiz danach abgehakt und durchgestrichen wurde. Von dieser Aufzeichnung existiert im Privatbesitz Heines auch eine ausformulierte Übertragung, die vermutlich von ihm gefertigt wurde. Die vorliegende maschinenschriftliche Abschrift ist nach der Type in den 70er Jahren oder später gefertigt. Es bleibt jedoch unklar, ob sie auf den Notizen oder auf einem regulären 1941 gefertigten Protokoll basiert.

Nr. 240

Notiz Fritz Heines über die Arbeitsgemeinschaftssitzung am 23. September 1941

Privatbesitz Fritz Heine, Notizbuch September 1941 – Januar 1942, S. 7f.[1]

23.9.[19]41. Arb[eits-]Gem[einschaft].

E[rich] O[llenhauer]: Kriegsschuldigenfrage unabhängig von äußeren Einflüssen u[nd] Entscheidungen diskutieren.

Herz: Ausdruck Kriegsschuld unglücklich gewählt. Führerprinzip – Abwälzung auf Hitler. Nicht zulassen. Alle sind schuldig, Abrechnung mit allen praktisch unmöglich – Leitendes Personal ist völlig auszuschalten. Ersetzungsfrage – Reduzierung Verwaltungsapparat. Kein Prozeß, kein Schaugericht. Abgesetzte Leute als unfähig z[ur] Bekleidung öff[entlicher] Ämter erklären.

Menne: Erledigung d[er] Frage optisch wichtig nach innen u[nd] außen. Nicht nur Bestrafung, auch Besitzbeschlagnahme. Auslieferung Kriegsverbrecher. Zwangsarbeit Nazileiter im Ausland. Einschränkung b[ür]g[er]l[icher] Rechte f[ür] Nazi. Abschaffung Berufsbeamtentum, – Angestellte. Kein demokrat[isches] Übergangsregime möglich.

E[rich] O[llenhauer]: Auch nach außen hin deutliche Abgrenzung von bisherigem Regime erforderlich.

C[urt] G[eyer]: Nichtamtlichen Terror nicht fesseln können. Nicht glücklich darüber, trifft wie immer d[ie] Falschen. Die „Oberen" unbekannt, unerreicht. Gegen Staatsgerichtshof. Proskriptionslisten aufstellen. Schuldige schnell beseitigen. Kein Terror-Dauerzustand, kein GPU-System. Stillegung Justiz f[ür] eine Zeit. Ersetzung durch Volksgerichte.

Wittelshöfer: in Ämtern heute nicht alte Beamte, sondern Arrivisten. Aversion gegen sie stärker als früher. Verbannung? Wer wird sie haben wollen?

Weckel: Gesetze d[er] Nazis auf sie selbst anwenden.

Rawitzki: Gegen Staatsgerichtshof, Prozesse gegen gemeine (NS)-Verbrecher, Propaganda-Prozesse dieser Art.

Gleissberg: Internationales Gerichtsverfahren.

F[ritz] H[eine]: Optimismus über Volksaufstand gegen Nazi unbegründet. Positiv für Stattgeben v[on] Auslieferungsbegehren. Wer ist Kriegsschuldiger? Wie steht es mit intellektuellen Urhebern à la Banse?[2] Keine Märtyrer schaffen. Propaganda.

---

1 Vgl. Anm. 1 zu Nr. 238.
2 Banse, Ewald, 1883–1953, Geograph.

Menne: Keine Illusionen über Volksstimmung. Kollektivschuld. Auslieferung bejahen. Schluß mit Souveränitätsansprüchen in d[ieser] Hinsicht. Keine Gemeinschaft mit diesen Leuten. Staatsapparat neu aufbauen.

Loeb: Problem viel einfacher. D[er] von Siegern geforderten Auslieferung stehen wir nicht entgegen. Ohne Rücksicht auf Zahl u[nd] Person. Sühne f[ür] Schuld u[nd] Verbrechen d[er] Nazis. „Zeitung".

Herz:[3] Müssen uns geistig distanzieren. Nazi-Geistesauffassung diskreditieren. Keine Schwierigkeiten machen w[e]g[en] Auslieferung. Justizförmige Institutionen ungeeignet, politische Prozesse durchzuführen. Kein Staatsgerichtshof. Privat-Rache-Bedürfnis sehr groß. Sühne fordern für: Schuld 1933–39; Kriegsschuld; Schuld im Kriege.[4]

---

3 Vorlage: „Hertz"
4 Abgetrennt von den Protokollnotizen findet sich im Notizbuch eine kurze Notiz, die sich aber auf die letzten Fragen bezieht: „Zu berücksichtigen ist bei Auslieferung, daß Nazis vorgebaut haben der Behauptung d[eu]t[scher] Greueltaten durch Prozesse gegen Ausländer wegen Terror gegen Volksdeutsche."

NR. 241

Notiz Fritz Heines über die Parteivorstandssitzung am 26. September 1941

Privatbesitz Fritz Heine, Notizbuch September 1941 – Januar 1942, S. 10f.

26.9.[19]41. Besprechung PV mit F[riedrich] S[tampfer] u[nd] Wi[lhelm] Sa[nder].

F[riedrich] St[ampfer]. Darstellung des Gesprächs mit Gillies[1]; mit Stolz; mit Schevenels.[2] F[riedrich] St[ampfer]s Ansichten über Abrüstung (durch d[eu]t[sche]. Demokratie, nicht durch Gegner, Sieger).

Antworten **H[ans] V[ogel], E[rich] O[llenhauer],** die die Meinungsverschiedenheit zwischen uns u[nd] F[riedrich] St[ampfer] zeigen.

E[rich] O[llenhauer]: Situation anders als 1918. Wer heute in D[eu]tschl[an]d Waffen hat, ist unser Feind. Völlige Abrüstung in innerpolitischem Interesse erforderlich.[3]

---

1 Im Notizbuch Heines findet sich ein Vermerk über ein Gespräch mit Gillies am 24. September 1941, an dem zumindest Ollenhauer und Heine, aber nicht Stampfer, teilgenommen hatten. Danach bezeichnete Gillies Stampfer, der sich auf die Empfehlung der AFL berief und anscheinend beanspruchte, auch in derem Namen zu sprechen, als „foolish". Wenn die Labour Party mit den amerikanischen Arbeiterorganisationen sprechen wolle, würde sie dies direkt tun, nicht über Stampfer. Als Ollenhauer ihm erklärte, daß Stampfer einen Brief von W. H. Green, dem Präsidenten der AFL besaß, lenkte Gillies ein. Er wollte sich um Stampfers Visaangelegenheit kümmern. In Bezug auf den von Rudolf Katz angeregten Empfehlungsbrief der Labour Party für eine Geldbeschaffungsaktion in den USA bat er die PV-Vertreter, einen Entwurf zu machen. Notizbuch September 1941 – Januar 1942, S. 9f., Privatbesitz Fritz Heine.

2 Im Notizbuch Heines findet sich ein kurzer Vermerk über ein Gespräch mit Schevenels (Generalsekretär des IGB) und Stolz (stellvertretender Sekretär des IGB) am 24. September 1941, das deponiertes Geld betraf. Notizbuch September 1941 – Januar 1942, S. 9f., Privatbesitz Fritz Heine.

3 Vgl. Anm. 5 zu Nr. 239. Es folgt in den Notizen Heines nach drei Zeilen mit Literaturhinweisen, die nachträglich gestrichen sind, eine wörtlich zitierte Äußerung Stampfers. Es bleibt allerdings unklar, ob sie in der Sitzung oder bei anderer Gelegenheit fiel: „Stampfer: Unsere Massen waren immer antimilitaristisch, sie sind gegen fremdes Militär noch antimilitaristischer als gegen das eigene." Das gleiche gilt für die anschließende Bemerkung, die vermutlich von Heine stammt: „In D[eu]tschl[an]d nationalistische und antinationalistische aktive Minderheit. Dazwischen d[er] gr[oße] Block der Indifferenten, Unentschlossenen, die jetzt im Krieg sicher auf Seiten d[er] nat[ionalistischen] Aktivisten sind. Die nationalistische Minderheit war (fast) stets größer als die anti-nationalistische, sie ist heute wahrscheinlich größer als je. Nach diesem Krieg wird d[er] Kampf dieser beiden aktiven Tendenzen um die „Seele" des indifferenten Blocks erneut entbrennen. Dafür heute schon Rüstzeug beschaffen." Privatbesitz Fritz Heine, Notizbuch September 1941 – Januar 1942. Am 5. 10. 1941 fand offensichtlich eine weitere Parteivorstandssitzung statt. Die Eintragung Heines darüber bricht nach wenigen Worten ab: „5.10.41 Besprechung E[rich] O[llenhauer], H[ans] V[ogel], F[ritz] H[eine]. E[rich] O[llenhauer] Bericht über Gespräch mit Gillies wegen", ebd.

NR. 242

Notiz Hans Gottfurchts über die Beiratssitzung am 1. Oktober 1941

Archiv Dr. Gerhard Beier, Kronberg, TNL Gottfurcht, Akte O I

Sopade.[1]

Vogel, Ollenhauer, Sander, Heine, Gotthelf, Gottfurcht
1. Registrierung (105)[2]
   (Loeb??)
   Weitgehende Meinungsverschiedenheiten über die weitere Prozedur im Verhalten gegenüber Loeb.
Go[ttfurcht]

---

1 Vorlage: Wort hs. unterstrichen.
2 Vgl. Anm. 5 zu 220, Die Zahl bezieht sich vermutlich auf die eingegangenen Fragebögen.

NR. 243

Notiz Fritz Heines über die Arbeitsgemeinschaftssitzung am 7. Oktober 1941

Privatbesitz Fritz Heine, Notizbuch September 1941 – Januar 1942, S. 22–24 [1]

7.10.[19]41[2] Arbeitsgemeinschaft.

E[rich] O[llenhauer]: Frage der Übergangszeit.

Gottfurcht: Wie lange Übergangsperiode. PEP[3] sollte nicht Basis sondern Diskussions-Objekt sein. Voraussetzungen: 1) totale Niederlage 2) daß Kriegsziel Demokratie in d[er] Welt herzustellen, durchgeführt wird. Totaler Kampf für Demokratie in Europa [heißt] auch Förderung d[er] demokratischen Kräfte in D[eu]tschl[an]d. Übergangsregime z.T. Regime d[er] Besatzungsarmee. Nur Siegerfunktion, Liquidierung d[er] Besiegten.

Herz: Antwort auf E[rich] O[llenhauer]'s Frage „wie Übergangsperiode" gilt nur f[ür] heute. Seit 100 Jahren in D[eu]tschl[an]d keine Gruppe, die ernsthaft Demokratie gewollt hat. Alliierte müssen D[eu]tschl[an]d unter Vormundschaft nehmen. Nach Hitler bleibt ein Nichts in D[eu]tschl[an]d. Das „andere D[eu]tschl[an]d" gab es nicht, soweit es sich darum handelte, pol[itische] Kräfte zu entwickeln. Doppelte Funktion d[er] Vormundschaft: Fortführung administrativer Dienste 2) Aufbau d[eu]t[scher] Demokratie. Entwicklung von unten. Freiherr v. Stein'sche Lösung. Verfassungs[re]form dritter, nicht erster Schritt. 1918 falsch gemacht.

Menne: Müssen sagen, was wir wollen. Wiederbelebung Partei gehört mit zu Übergangsmaßnahmen. Opposition, geistige Haltung drinnen. Schulung. Wie denken wir uns Wiederaufbau demokratischer Organisationen.

Rawitzki: Entscheidende Frage: wie lange Übergangszeit[4], wie lange, entscheidende Frage. Wird lange dauern. SP war u[nd] wird Minderheit sein. Stellung zur Kirche? Träger d[er] Demokratie? Verwirklichung Sozialismus auf demokratischem Wege in D[eu]tschl[an]d unmöglich. Laski verneint das selbst f[ür] England.

Weckel: Lange Dauer Überg[an]gs-Periode. Kaum demokratische Kräfte rechts von uns. Einfluß Besatzung auf kulturelle Fragen. Zwang zur Erziehung zur Freiheit. Wissenschaftslehre muß demokratisiert werden. Demokratie durch Zwang von außen.

---

1 Vgl. Anm. 1 zu Nr. 238. Am Beginn der Notizen Ollenhauers finden sich hs. Notizen zu seiner Einleitung zum Thema „A.6. Das Übergangsregime".
2 Vorlage: „6.10.41". Nach dem Terminplan und nach den Aufzeichnungen Ollenhauers fand die Sitzung am 7.10.1941 statt.
3 Zu PEP vgl. Nr. 28.
4 Vorlage: „maßnahme" gestrichen und durch „zeit" ersetzt

Geyer: Nur allgem[eine]. Voraussetzungen aufstellen. Wie Überleitung? Wird sich Rußland demokratisieren? Wo die gesellsch[aftlichen] Kräfte. Auch in Rußl[an]d Übergangsperiode. Dauert nun schon 24 Jahre. [...][5] Demokratie von oben. Hinter Regime Masse gesellschaftl[icher] Kräfte. Hat dies Regime Alternative, etwa die der dirigierten Demokratie?

Wittelshöfer: Würde man hier darauf hineinfallen? Sunday Times: 1918 dirigierte Politik. Übergangsregime kein Unglück. Fremddiktatur auf Abruf. Für Soz[ialismus] durch Demokratie. Rückwirkung auf Anglo-Amerika.

Gottfurcht: Was heißt denn Chaos. Nicht unerwünscht f[ür] gewisse Zeit. Phasen: Zerstörung, Übergang, Endlösung. Ideologische Basis ohne illeg[ale] Rahmen-Organisation unmöglich. Dieser Mutterboden vorhanden, Basis f[ür] Wiederaufbau Arb[eiter]Bewegung. Keine kontinuierliche Linie 1933–194? Raum nur noch f[ür] einheitl[iche] Gewerkschaftsbeweg[un]g. Partei wesentl[ich] weitere Aufgaben. Gegen alle Koalitionspolitik. Keine Demokratie in D[eutschland] gehabt? Nach 1918 nur 3–4 Jahre Zeit dazu gewesen. Vormundschaft d[er] Alliierten. Übergangssystem = Allgewalt d[er] Sieger. Wo ist Schnittpunkt. Woran können wir mitarbeiten, woran nicht? Wenn Entwicklung demokratischer Kräfte durch Siegermächte negiert, dann kaum Mitarbeit möglich.

Herz: Aufgabe, formelle Staatsgrundlagen bereitzustellen.

---

5 Vorlage: Wort unleserlich.

NR. 244

Notiz Fritz Heines über die Arbeitsgemeinschaftssitzung am 14. Oktober 1941

Privatbesitz Fritz Heine, Notizbuch September 1941 – Januar 1942, S. 19f.[1]

14.10.[1941]

Arbeitsgemeinschaft.
Übergangsmaßnahmen in Justiz u[nd] Verwaltung.

E[rich] O[llenhauer]: schwierige Zeit. Vorbereitungen treffen. Zusammenwirken mit britischen Stellen. Förderung d[er] Mitarbeit demokratischer Kräfte. Arbeiterbewegung wesentliche Kraft f[ür] künftige demokr[atische] Entwicklung in Deutschland. Justizmaßnahmen Übergangszeit.
 Geyer: Aufhebung Gerichts- u[nd] Strafverfahren. Lieber ein paar Diebe laufen lassen.
 Menne: f[ür] Sofortprogramm neben prinzipieller Darstellung. Friedensrichter, Kommunalpolizei, kurzgefaßte Gesetzgebung, Improvis[at]ion, die von d[er] Tradition d[er] Justiz D[eu]tschl[an]ds abweicht.
 Herz: Umstellung Straf- nicht Ziviljustiz.
 Geyer: Zerstörung v[on] Institutionen, revolutionärer Prozeß.
 F[ritz] H[eine]: Menschenmangel zwingt zu Vereinfachung d[es] bürokratischen Apparats.
 C[urt] G[eyer]: Keine Sorgen wegen gesetzloser Zeitspanne – D[eu]tschl[an]d war viel zu sehr Obrigkeitsstaat. Es geht auch anders s[iehe] Frankreich beim Zusammenbruch s[iehe] Polen heute.
 Herz: Zwangsläufig Apparat zunächst weiterzuführen u[nd] gleichzeitig umzubauen. 1. Funktion: Oben abbauen, Kleinere nicht so entscheidend. Schonzeit notwendig. Technisch gar nicht anders möglich.
 E[rich] O[llenhauer]: Aufräumarbeit an Haupt- u[nd] Gliedern. Auch mittlere u[nd] kleinere, untere Beamte weg.
 Loeb: Dinge auf dem Lande anders als in d[er] Stadt.
 Geyer: Überschätzung d[er] Verwalt[un]g. typisch d[eu]tsch. Ganze Völker leben ohne wesentl[iche] Verwalt[un]g.

---

1 Vgl. Anm. 1 zu Nr. 238.

Schiff u[nd] Gleissberg verlassen demonstrativ Arb[eits]Gemeinsch[schaft] als Loeb kommt bez[iehungs]w[eise] redet. 13.10.[2]

2 „13.10." steht auf der gleichen Zeile wie „als Loeb ...". Da dieser Abschnitt durch einen breiten Strich vom Text der Aufzeichnung über die Arbeitsgemeinschaft getrennt ist, könnte es sich möglicherweise auf eine Sitzung am 13.10. beziehen. Dagegen spricht, daß ausdrücklich von „Arbeitsgemeinschaft" gesprochen wird und am 13.10. keine Arbeitsgemeinschaftssitzung stattfand. Über die letzte Sitzung der Arbeitsgemeinschaft am 21. Oktober 1941 finden sich keine Aufzeichnungen im Notizbuch Heines. Die Notizen Ollenhauers über diese Sitzung sind nur stichwortartig und kaum lesbar: AdsD Bonn, PV-Emigration, Mappe 179. Der Versuch der Übertragung blieb ohne sinnvolles Ergebnis, auf eine Dokumentation wird deshalb verzichtet. SM, Nr. 31, 1. November 1941, bringt eine kurze Notiz über die bisherigen Arbeitsgemeinschaftssitzungen und ihre Themen. Über den Abbruch der Beratungen schrieb Curt Geyer am 12. Januar 1942 an William Gillies: "The work of this committee was interrupted through Vogel and Ollenhauer without previous information of the Executive. Different excuses were given but the real cause was that the adversaries of unilateral disarmament wanted to avoid being bound by the majority to this point. It was not possible to reach an understanding in this working committee on a working program. Our Party Executive did not discuss any declaration of principle or working program for itself. Internal difficulties and the difference of outlook hindered it." In: LHASC Manchester – LP/ISM (Int.), Box 8, Geyer.

NR. 245

Notiz Fritz Heines über die Parteivorstandssitzung am 27. Oktober 1941

Privatbesitz Fritz Heine, Notizbuch September 1941 – Januar 1942, S. 27[1]

27.10.[19]41. Sta[mpfer], H[ans] V[ogel], E[rich] O[llenhauer], F[ritz] H[eine], C[urt] G[eyer], Wi[lhelm] Sa[nder]. –

E[rich] O[llenhauer]: Bedauern über C[urt] G[eyer]- Unterschrift unter Loeb-Br[ie]f Sunday Times.[2] Gruppenbildung.

F[riedrich] St[ampfer]: Eindruck in USA verheerend. Ist kooptiert, hätte sich vorher überlegen müssen, welche Konsequenzen.

H[ans] V[ogel]: Will mich nicht äußern, um Debatte nicht zu verschärfen.

F[ritz] H[eine]: Hätte mir diese Gelegenheit nicht gewählt. Entscheidend für mich, C[urt] G[eyer] hatte kameradschaftl[iche] Pflicht, H[ans] V[ogel] vorher zu unterrichten.

Wi[lhelm] Sa[nder]: Nur Gast. Eindruck d[er] Auseinandersetzung in V[er]s[amm]-l[un]g H[ans] V[ogel] – C[urt] G[eyer] schlecht, ebenso B[rie]f.

C[urt] G[eyer]: Stampfer gibt ebenfalls Erklärungen ab, ohne Rücksicht, ohne Rückhalt. Gleiches Recht. Entschlossen, Weg ohne Rücksicht weiterzuverfolgen. Sachlich notwendig, zu Zeitung Stellung zu nehmen.

H[ans] V[ogel]: C[urt] G[eyer] kündigt Loyalität auf. Hat Rückwirkungen.

F[ritz] H[eine]: Aufregung unnötig. F[riedrich] St[ampfer] und C[urt] G[eyer] natürlich gleiches Recht. Kooptierung bereits in Paris. Entscheidend: B[rie]f gibt Anschein neuer Gruppe. Vertrauen in frühere C[urt] G[eyer] Erklärung.

E[rich] O[llenhauer]: Kein Disziplinarverfahren. Muß aber doch einsehen, daß uns durch Verhalten C[urt] G[eyer] große Schwierigkeiten entstehen. Schluß d[es] Punktes. Sitzung Mittwoch[3]. Beratung Schoettle-Vorschlag.[4]

---

1 Für diese Sitzung liegen auch Aufzeichnungen Erich Ollenhauers vor. Sie sind teilweise nur schwer lesbar und infolge ihres stichwortartigen Charakters in ihrer Aussage nicht immer eindeutig. Sie zeigen aber, daß die Notizen Heines nur einen Teil der behandelten Themen wiedergeben, da als Tagesordnung folgende Punkte vermerkt sind:
   „1. Geyer Erklärung in den „Sunday Times".
   2. Erklärung der „Union"
   3. Fortführung der „Arbeitsgemeinschaft"
   4. Erklärung gegenüber dem Terror (Hinzuziehung anderer Gruppen)
   5. Sitzung des Londoner Ausschusses Dienstag 4.11."
   AdsD Bonn, PV-Emigration, Mappe 179.
2 Nicht ermittelt.
3 Für diese Sitzung am 29. Oktober 1941 finden sich im Notizbuch Heines keine Notizen. Es dürfte sich um die Sitzung des Exekutivkomitees der Union gehandelt haben, vgl. Nr. 46.
4 Es handelt sich um den Entwurf für die Entschließung der Union, vgl. Protokoll der EK-Sitzung der Union vom 22.10.1941, Nr. 45.

NR. 246

Notiz Fritz Heines über die Beiratssitzung am 5. November 1941

Privatbesitz Fritz Heine, Notizbuch September 1941 – Januar 1942, S. 29[1]

5.11.[1941] Besprechung Arbeitsausschuß[2].

E[rich] O[llenhauer] bedauert Aktionen, die in letzter Zeit unternommen sind, geeignet, Einheit zu zerstören.[3] Erhebt Frage, ob möglich, daß Arbeitsgemeinschaft Beratungen fortsetzt.

    H[ans] V[ogel]: Zwischenbemerkung.

    Gottfurcht: Arb[eits]Gem[einschaft] ja, wenn Vertraulichkeit gewahrt bleibt. Sonst nicht.

    Menne: Einseitig Vorwürfe erhoben, als ob nur eine Seite Schuld habe. Die anderen haben angefangen.

    Schiff: Anklage gegen Gillies, daß er Spaltung fördere; daß Loeb Zuträger zu ihm u[nd] Vansittart sei.

    Vogel ersucht Schiff, derartige Bemerkungen zu unterlassen.

    Nach Bem[erkungen] von **Menne**, **Gottfurcht**, **Vogel**

    E[rich] O[llenhauer] Schlußwort: 18.11. Wiederaufnahme der Arb[eits] Gem[einschaft]. [In] Einleitung muß gesagt werden, daß Vertraulichkeit Voraussetzung ist. – Fall: Möller-Dostali[4]. Menne ist zweifelhaft, ob Aufnahme zweckmäßig, E[rich] O[llenhauer]: ist dagegen, F[ritz] H[eine]: dafür. Beschluß: Menne/Heine sollen mit M[öller]-D[ostali] sprechen, sich Urteil bilden u[nd] berichten.

---

1 Über diese Sitzung gibt es auch eine kurze Notiz von Gottfurcht, in: Archiv Dr. Gerhard Beier, Kronberg, TNL Gottfurcht, Akte O I.

2 Mit „Arbeitsausschuß" ist hier der von Hans Vogel und Erich Ollenhauer im Frühjahr 1941 berufene „Beirat" gemeint. Nach den Aufzeichnungen Gottfurchts (vgl. Anm. 1) waren anwesend: Vogel, Ollenhauer, Sander, Heine, Schiff, Gotthelf, Menne, Gottfurcht.

3 Ollenhauer bezieht sich auf die Differenzen mit Loeb und Geyer. Vgl. Nr. 234, 235, 238, 245, 248.

4 Möller-Dostali war Funktionär der KPD und 1930/31 beim Westeuropäischen Büro der Kommunistischen Internationale tätig gewesen. Er hatte sich dem Katholizismus zugewandt und beantragte am 4. April 1941 die Aufnahme in die SPD. Aufnahmeantrag und Lebenslauf in: AdsD Bonn, PV-Emigration, Mappe 75.

NR. 247

Notiz Fritz Heines über ein Gespräch mit Hans Vogel und Erich Ollenhauer am 7. November 1941

Privatbesitz Fritz Heine, Notizbuch September 1941 – Januar 1942, S. 31[1]

7.11. Mit H[ans] V[ogel] u[nd] E[rich] O[llenhauer] besprochen
  1.) Besprechung zu Viert[2], freundschaft[liche] Aussprache u[nd] Klärung.
  2.) Besprechung wegen Sitzung Subkomitee.[3]
  3.) Arrangement wegen Brost-Visum[4]
  4.) Besprechung mit Gillies, wegen Reichardt, Mitarbeiter Geld.[5]

---

1 Die Besprechung ist von Heine zwar nicht explizit als Parteivorstandssitzung bezeichnet, es wurden jedoch den Parteivorstand betreffende Themen besprochen. Am Tag zuvor hatte Geyer in einem Gespräch mit Heine geklagt, daß ihn die anderen, besonders Stampfer, hinausdrängen wollten. Aber er lasse sich nicht provozieren, die anderen sollten den ersten Schritt tun. Die Partei sei tot. Notiz Heines über Gespräch mit Geyer am 6.11.1941, Privatbesitz Heine, Notizbuch September 1941 – Januar 1942, S. 31.
2 Gemeint ist mit Geyer.
3 Vgl. Nr. 251, Anm. 1.
4 Erich Brost, der sich zu diesem Zeitpunkt noch in Schweden befand, sollte als Mitarbeiter des Parteivorstandes nach London geholt werden.
5 Zu den Bemühungen des Parteivorstandes um eine Reorganisation der sozialdemokratischen Emigration vgl. Einleitung, Abschnitt III.3.2. Zur Besprechung mit Gillies vgl. Nr. 249, 250.

NR. 248

Notiz Fritz Heines über die Parteivorstandssitzung
am 18. November 1941

Privatbesitz Fritz Heine, Notizbuch September 1941 – Januar 1942, S. 35

18.11.[1941] Besprechung PV. und Sander.

Soll Arb[eits-]Gem[einschaft] weitergeführt werden? Wird es nicht durch Fortführung d[er] Debatte zu weiterer Verschärfung kommen?

E[rich] O[llenhauer] und **H[ans] V[ogel]** befürchten das u[nd] empfehlen Vertagung d[er] Verhandl[un]g, besser gesagt, Nichtwieder-Aufnahme. Heranziehung qualifizierter Genossen von beiden Seiten zur Vollendung d[er] Arbeiten am Programm.

F[ritz] H[eine] (u[nd] **C[urt] G[eyer]**) für Aussprache in A[rbeits-]G[emeinschaft] und Versuch d[er] Klärung, Aussprache u[nd] Überwindung d[er] Schwierigkeiten. – Entschluß vertagt.[1]

---

1 Die Sitzungen der Arbeitsgemeinschaft wurden nicht wieder aufgenommen. In den Notizen Heines über seine Wochenarbeitspläne findet sich erst wieder in der Woche vom 5.–11. Januar 1942 ein Hinweis auf eine PV-Sitzung. Privatbesitz Fritz Heine, Notizbuch September 1941 – Januar 1942, S. 47f.

Nr. 249

Notiz Fritz Heines über die Besprechung des Parteivorstandes mit William Gillies und Preiß am 27. November 1941

Privatbesitz Fritz Heine, Notizbuch September 1941 – Januar 1942, S. 38f.[1]

27.11.[19]41 Besprechung wir vier[2] mit Gillies u[nd] Preiß[3].

Welche Maßnahmen für Übergangszeit?
E[rich] O[llenhauer] entwickelt Teil unserer Vorstellungen.

Gillies: sind noch nicht so weit, erst 1. Schritt. Was geschieht? Wie geschieht Zusammenbruch? Kampf in D[eu]tschl[an]d bis zum letzten Mann? Oder vorher Aufgabe, um zu retten was zu retten ist? Anti-Hitler-Regierung der Generale? Wahrscheinlichste Lösung. Keine Verhandlung mit solcher Regierung, nur Diktat, dies u[nd] das auszuführen. Unzweckmäßig wäre Beteiligung von uns an solcher gedemütigten Reg[ierung].

Diskussion darüber.

H[ans] V[ogel]: unwahrscheinlich, daß es so kommt.

Abschluß: Fortsetzung d[er] Diskussion auf dieser Basis unter Vorlegung unserer Stellungnahme dazu.

[**Gillies**][4] Amtliche Stellen wünschen, daß Diskussion mit uns erst mit Gillies und Preiß geklärt wird, ehe amtliche Stellen[5] selbst mit uns V[er]b[in]d[un]g deswegen aufnehmen.

---

1 Der Besprechung ging vermutlich ein Schreiben des PV an Gillies voraus. In einem undatierten, dreiseitigen Briefentwurf an Gillies (ca. Ende September/Anfang Oktober 1941) hatte der PV „eine rechtzeitige und planmäßige Zusammenarbeit" für die Nachkriegsplanungen angeregt und dabei auf seine augenblicklichen Beratungen verwiesen. Für den Übergang von einer totalitären Diktatur zu einer demokratischen Ordnung gebe es keine Erfahrungen, die Mitarbeit der deutschen demokratischen Opposition sei unerläßlich. Die Sozialdemokratie werde der entscheidende Träger dieser neuen Ordnung in Deutschland sein, „eine befriedigende Lösung [sei] nur auf dem Wege gemeinsamer Überlegungen möglich". Es bleibt unklar, ob dieser Brief abgesandt wurde. In den dokumentierten Sitzungen wird er nicht erwähnt, der Originalbrief ist im LP-Bestand des LHASC nicht vorhanden. AdsD Bonn, PV-Emigration, Mappe 44,
2 Vogel, Ollenhauer, Heine und Geyer
3 Nicht ermittelt.
4 Da sich aus den stichwortartigen Notizen für den Leser nicht immer eindeutig ergibt, wer spricht, wird der Redner eingefügt.
5 Gemeint sind das FO das Ministry of Information und von ihnen beauftragte Stellen.

Nr. 250

Notiz Fritz Heines über die Besprechung mit William Gillies, gemeinsam mit Erich Ollenhauer am 2. Dezember 1941

Privatbesitz Fritz Heine, Notizbuch September 1941 – Januar 1942, S. 40, 49–50

2.12.[1941] Gespräch Gillies mit E[rich] O[llenhauer] und F[ritz] H[eine]

[**Gillies**][1] F[riedrich] St[ampfer]s B[rie]f an Gillies: grundlose Verdächtigung daß G[illies] mit „Sunday Times" V[er]b[in]d[un]g habe. Niemals auch nur ein Wort. Entstehung Denkschrift[2], Gespräch im Subkomitee über Haltung SPD im Weltkrieg. Anregung Denkschrift. Nicht gemacht. Darauf Auftrag an G[illies]. Deshalb gemacht. Hätte viel schärfer sein können. Hat Sta[mpfer] im Kreise seiner Freunde verteidigt gegen ungerechte Vorwürfe („Vom Militär eingesetzt") [...][3].
   Fortsetzung Gillies.[4] Reichardt B[rie]f übergeben.[5]

---

1 Da sich aus den stichwortartigen Notizen für den Leser nicht immer eindeutig ergibt, wer spricht, wird der Redner eingefügt.
2 Es handelte sich um die folgenden Memoranden von Gillies, die die Politik der deutschen Sozialdemokratie und Gewerkschaften im 1. Weltkrieg und am Ende der Weimarer Republik betrafen: Labour Party International Department, October 1941: German Social Democracy. Notes on its Foreign Policy in World War. By William Gillies, 9 S., dazu Statistiken; On the eve of the Third Reich. The Trade Unions. By Willam Gillies, 4 S. ; On the eve of the Third Reich. The German Social Democratic Party. By William Gillies, 3 S. ; AdsD Bonn, PV-Emigration, Mappe 191. Vgl. auch Einleitung, Abschnitt III.3.4.
3 Im Notizbuch folgen an dieser Stelle eine Seite Eintragungen über Heizung, dann 5 Seiten Notizen über SPD-Mitglieder in London (Name, letzter Wohnort, Geburtsjahr, Angaben zum Beruf) und zwei Seiten über die Arbeitsaufgaben in den Wochen vom 24.–30.11. bis 15.–22.12. Danach wird die Aufzeichnung fortgesetzt.
4 Vorlage: „Fortsetzung Gillies" hs. unterstrichen. Aufzeichnung wird nach dem Vermerk weitergeführt.
5 Im Zusammenhang mit den Bemühungen um eine Reaktivierung der Arbeit des PV und in Vorbereitung auf die Nachkriegszeit hatten die PV-Mitglieder eine Rundbriefaktion an die PV-Vertreter in den anderen Emigrationsländern gestartet. Dabei war auch Reichardt am 1. August 1941 von Ollenhauer angeschrieben und um Namen von Sozialdemokraten in Deutschland gebeten worden. AdsD Bonn, PV-Emigration, Mappe 80. Gillies' Mitteilung bezieht sich darauf, daß der Brief über offizielle britische Verbindungen in die Schweiz zugestellt wurde. Ergänzend zum Brief Ollenhauers hatte Heine am gleichen Tag ausführlich über die notwendigen Maßnahmen geschrieben, um „die Wiederaufrichtung der Partei in Deutschland vorzubereiten". Der skeptische vierseitige Antwortbrief Reichardts – er erhielt die Briefe am 15. September – datiert vom 17.[9.], dürfte im November 1941 in London eingegangen sein. Reichardt plädierte angesichts der enormen Kommunikationsschwierigkeiten für ein dezentralisiertes Vorgehen und die Schaffung schnellerer Verbindungen. Der PV solle außerdem in der Schweiz und in Schweden je einen Vertrauensmann bestimmen, der die vertrauenswürdigen und brauchbaren Genossen um sich sammle. Entscheidend sei aber, daß Mittel für diese Arbeit bereitgestellt würden, da sie nicht einmal das Geld für das Porto hätten. Entschieden aber lehnte er die Weitergabe von Adressen als „Zumutung" ab, da damit eine enorme Gefährdung dieser Leute verbunden sei und gab seine Verbindungen nach Deutschland nur allgemein an. Privatbesitz Heine, Ordner Korrespondenz London L-R.

[**Heine**] Wunsch geäußert, daß ich später für einige Wochen in die Schweiz fahre, um die Dinge selbst zu organisieren.

[**PV**][6] G[illies] hat früher wegen junger Mitarbeiter angefragt. Übergeben Liste.[7] Es stellt sich heraus, daß es wichtiger ist, wir[8] fragen die Betr[effenden] gelegentlich, unter der Hand, ob sie sich für gewisse Sachen interessieren. Frage d[er] Denkschrift für Jewish Labor[9]. Bereit Empfehlungsschreiben zu geben u[nd] B[rie]f abzusenden. Frage Geld. Sander, Zuschuß für Arbeiten hier. Letzte Beträge, dann nichts mehr vorhanden.

[**Gillies**]Bereit, [£] 50/-/- zu senden. Warnt als Freund, daß kein Geld vorhanden.

Nachher Anruf v[on] **G[illies]**, sendet ganzen (Rest)-Betrag. Fragt warum E[rich] O[llenhauer] F[riedrich] St[ampfer] verteidigt hat.

[**PV**] Erklärung: Nicht Verteidigung Politik, sondern Kameradschaft gegen Person, 40 Jahre P[artei]g[enosse].

---

6 Da sich nicht eindeutig ergibt, wer gesprochen hat, wird „PV" gewählt.

7 Möglicherweise steht die auf S. 42–46 des Notizbuches enthaltene Liste damit im Zusammenhang. Vgl. Anm. 3.

8 Vorlage: „wir" unterstrichen

9 Vgl. Anm. 1 zu Nr. 251. Die Denkschrift ist abgedruckt in: Mit dem Gesicht nach Deutschland, S. 520–527.

Nr. 251

Memorandum des Parteivorstandes und der German Labor Delegation an die Labour Party mit der Bitte um Unterstützung bei der Propaganda nach Deutschland vom 4. Dezember 1941

AdsD Bonn, PV-Emigration, Mappe 181[1]

Memorandum[2]

Submitted to the International Subcommittee of the National Executive Committee of the Labour Party

The Executive Committee of the Social Democratic Party of Germany in London and the German Labor Delegation in New York, collaborating closely together, have to fulfil in the present situation a threefold task:

1. To reconstruct and to develop the connections with their friends within Germany, now interrupted in consequence of the war. There are still possibilities of resuming these connections through the neutral countries where scores of German comrades, experienced in underground work, are living.

2. To make preparations for a work of education after the downfall of Hitler, to prepare a stock of new literature of information and propaganda in order to pour it into Germany in the very moment when circulation will be possible. This work will be done in order to bring about a fundamental revolution of spirits and moral disarmament.

---

1 Am 10. Oktober hatte das ISC Stampfer für den 14. November 1941 eingeladen, seine Vorschläge in Bezug auf die Propaganda nach Deutschland vorzutragen. Vogel und Geyer sollten als Beobachter anwesend sein. Das ISC-Protokoll vermerkt lediglich, Stampfer "made a long statement on the value and technical aspects of a moral offensive into Germany from the USA in technical collaboration with Great Britain". In einer weiteren Sitzung am 21. November 1941 beriet das ISC über die Vorschläge Stampfers und beschloss, Stampfer zu bitten, seine Vorschläge kurz und präzise niederzuschreiben und anzugeben, was in den USA und in Großbritannien getan werden könne. In den Erinnerungen des damaligen ISC-Mitgliedes und Ministers Hugh Dalton findet sich eine kurze bezeichnende Notiz über diese Sitzung, aber kein Eintrag für die vorhergehende: "First-class row at International Sub this evening, George Dallas banging the table and getting purple in the face in a diatribe against Stampfer and others who are defended by Phil Baker. It is mostly about the unilateral disarmament of Germany. I pour a little oil on the troubled waters, say that Stampfer's mission has been a great muddle but that I will see him, and explain the difference between P[olitical] W[arfare] E[xecutive] here and arrangements in America and let my colleagues know later what he really wants and what I feel we can do for him." Am 1. Dezember wurde in einer weiteren Sitzung beschlossen, Stampfer mitzuteilen, daß seine Vorschläge vom ISC und Dalton diskutiert worden seien und Dalton sie seinen Kollegen zur Kenntnis bringen werde. Das hier wiedergegebene Memorandum enthält in Kurzfassung die Grundgedanken der Denkschrift, die der Londoner Parteivorstand mit Stampfer zur gleichen Zeit für das Jewish Labor Committee in New York verfaßte. LHASC Manchester, LP/NEC minutes, Box XIX; BLPES London, Dalton Diaries; Denkschrift in: Mit dem Gesicht nach Deutschland, S. 520–526.

2 Vorlage: Wort ms. unterstrichen.

3. To launch a moral offensive – by radio and leaflets dropped from planes – in order to weaken the forces of aggression and to strengthen the forces of resistance. This propaganda may be organized following the pattern of the French BBC-propaganda: "Les Français parlent aux Français" which is carried out by Frenchmen for Frenchmen.

"Germans speaking to Germans". There are in this country and even more in the USA many German Antinazi, still wellknown in Germany, bearers of famous names in politics and industry, art and science, stage and screen. Speeches made in America may be recorded and sent over by clipper for the BBC. Such a well directed action might produce the deepest impression and turn the scale of propaganda warfare in favour of democracies.

To perform this task we need:
1. The help of British authorities in order to contact with our friends in the neutral countries.
2. The help of the BBC.
3. Financial means which we shall get in America, provided that we are assured of the moral support of the Labour Party.

London, December 4th 1941

NR. 252

Brief von Curt Geyer an die Mitglieder des Parteivorstandes in London vom 4. Januar 1942 mit Darlegung seiner Kritik am Parteivorstand

LHASC Manchester, LP/ISM (Int) Box 8 (Geyer)[1]

Curt Geyer   London W.9, den 4. Januar 1942[2]
                                                  34, Lanhill Road

Liebe Genossen,

Ich habe die Resolution der Union[3] und die letzte Nummer der Sozialistischen Mitteilungen erhalten.[4] Beide sind Beweis dafür, daß der Parteivorstand eine Aktion unternommen hat, über die ich nicht informiert war und mit deren Inhalt ich nicht übereinstimme. Die Aktion besteht in den folgenden, in Übereinstimmung gebrachten Aktionen: a) der Weihnachtsansprache von Hans Vogel[5], b) der Versendung der gemeinsamen Resolution der Union und der Gewerkschaftsgruppe.[6]

Ich war informiert, daß die „Union" eine Resolution fassen wollte und in ihrem Organ veröffentlichen wollte. Ich habe den Zweck dieser Resolution nicht eingesehen. Ihr habt mir auseinandergesetzt, daß ihr Hauptzweck sei, die Gruppe „Neu Beginnen" auf einen vernünftigeren Standpunkt zu bringen als bisher. Ich war darüber skeptisch, da ich aber Eure Arbeit in der „Union" nicht stören wollte, habe ich nicht opponiert, obwohl ich

---

1 Der Brief befindet sich auch in: AdsD Bonn, PV-Emigration, Mappe 44. Am gleichen Tage hatte sich Heine mit Geyer unterhalten. Dabei wurden die gleichen Themen behandelt. Anschließend traf Heine mit Vogel und Ollenhauer zusammen und besprach mit ihnen die Argumente Geyers: „4.1.42. Gespräch mit HV + EO. Darstellung, was CG gesagt hat. Entgegnungen der beiden: Kriegsschuld gestrichen auf Anregung Demuth, da nicht zur Sache gehörend, u. Frage nicht völlig geklärt. // Kein Aktionsprogramm, sondern Erklärung unter Vorbehalt, daß unser weitergehendes Programm folgt. // Sitzung Internationale EO war gar nicht dabei, u. HV hat kein Wort gesagt. // Protokoll Unions-Sitzung unerklärlich keiner hat geschrieben. // Gillies u. Stampfer-Memo: EO beharrt auf Erklärung u. wird mit Gillies nicht ohne Zeugen sprechen. // In keinem Bf. von Loeb (wie CG meint) von dem Ausspruch HV die Rede." Privatbesitz Heine, Notizbuch September 1941 – Januar 1942, S. 61–64. Auf S. 64–67 folgt eine ausführliche Aufzeichnung über ein Gespräch mit Loeb zum gleichen Thema.
2 Vorlage: Datum hs. unterstrichen.
3 Vorlage: „Resolution der Union" hs. unterstrichen. – Vgl. Nr. 54.
4 In SM, Nr. 33, 1. Januar 1942, waren die Resolution der Union und die über BBC gesendete Weihnachtsansprache Vogels abgedruckt.
5 In der Ansprache, die die BBC am Morgen des 1. Weihnachtsfeiertages nach Deutschland ausstrahlte, erwähnte Vogel, daß sich die vier sozialistischen Organisationen und die freien Gewerkschaften zu einer „Arbeitsgemeinschaft" zusammengeschlossen und über eine „gemeinsame Plattform" für die „Arbeit im Kriege und für die Zeit nach der Niederlage Hitlerdeutschlands" verständigt hätten. SM, Nr. 33, 1. Januar 1941.
6 In der Gewerkschaftsversammlung am 11. Januar 1942 sprach sich die Opposition um Herz, Bieligk, Lorenz und Menne gegen die Unionsresolution aus. In der Abstimmung votierte, bei Enthaltungen, Menne als einziger dagegen. Notizbuch Heine, September 1941 – Januar 1942, S. 77.

an den verschiedenen Phasen der Resolution gesehen habe, welche Tendenzen sich hinter ihren Formulierungen zu verstecken suchten. Ich sehe es jetzt wieder an der nunmehr veröffentlichten Fassung der Resolution, in der durch eine Weglassung im ersten Teil die Feststellung der Kriegsschuld Deutschlands 1914, die in den ersten Fassungen enthalten war, unter den Tisch gefallen ist.

Nunmehr aber sehe ich, daß mit dieser Resolution der Union etwas ganz anderes beabsichtigt war, als Ihr mir gesagt hattet: eine programmatische Festlegung des Sozialdemokratischen Parteivorstandes, der Publizität gegeben werden soll nicht nur in England, sondern, wie die Rundfunkrede von Hans Vogel zeigt, auch nach Deutschland hinein. Kurzum, es handelt sich um ein Aktionsprogramm. Daß diese Aktion gestartet worden ist, in dieser Form gestartet worden ist, ohne mich als Parteivorstandsmitglied zu informieren, ist unerhört. Ich stelle fest, daß keinerlei Sitzung des Parteivorstands stattgefunden hat, in der eine solche Aktion beschlossen oder gutgeheißen worden ist. Ihr habt das auf eigene Faust gemacht – hinter meinem Rücken.

Ihr habt diese programmatische Festlegung vorgenommen, nachdem Ihr einer sachlichen Klärung der politischen Position nach außen hin im engeren Kreise unserer eigenen Arbeitsgemeinschaft und im Parteivorstande ausgewichen seid. Ihr habt geduldet, daß jene Richtung der sozialdemokratischen Emigration in London, die wütend gegen die Position „einseitige Abrüstung Deutschlands" kämpft[7], die Arbeitsgemeinschaft gesprengt hat, offenkundig, um eine programmatische Festlegung auf die einseitige Abrüstung zu verhindern. Anstatt nach dieser Sprengung zu einer Zusammenfassung der Ergebnisse des ersten Teils der Arbeitsgemeinschaft zu schreiten oder statt zunächst zu einer Feststellung der politischen Anschauung des Parteivorstands zu diesen Punkten zu kommen, habt Ihr es vorgezogen, eine Resolution in der „Union" zu machen, die zunächst den Anschein einer inneren Angelegenheit der Union hatte, dann über diese Resolution mit der Gewerkschaftsgruppe zu verhandeln, worüber Ihr mich nicht informiert habt, dann zwischen Union und Gewerkschaftsgruppe eine Arbeitsgemeinschaft zu bilden, worüber ich ebenfalls nicht informiert worden bin, dann aus dieser Resolution ein Aktionsprogramm dieser neuen Arbeitsgemeinschaft zu machen, dann mit diesem Aktionsprogramm eine politische Aktion sogar nach Deutschland hinein zu versuchen. Ihr habt Euch mit diesem Aktionsprogramm ganz offenkundig an der Position „einseitige Abrüstung Deutschlands" vorbeigedrückt.

Wenn Ihr geglaubt habt, mit dieser Serie von Manövern einer eindeutigen politischen Erklärung aus dem Wege gehen zu können, so habt Ihr Euch geirrt: denn dieser Versuch scheitert an meinem Einspruch. Wenn der Sozialdemokratische Parteivorstand ein neues Aktionsprogramm aufstellt, so darf es nicht jene falschen historischen Behauptungen enthalten, die sich im ersten Teil der Resolution der Union finden. Ich habe Euch immer

---

7 Die in der Atlantik-Charta geforderte Abrüstung aggressiver Staaten, die ihre Nachbarn bedrohen, bezog sich insbesondere auf Deutschland. Unter den Sozialdemokraten war es besonders Victor Schiff, der sich gegen die daraus folgende einseitige Abrüstung Deutschlands wandte. Vgl. Anm. 3 zu Nr. 236.

ausdrücklich erklärt, daß ich diese Darlegungen für falsch halte und daß ich in entscheidenden Punkten ganz entgegengesetzter Auffassung bin, ferner daß ich öffentlich das Gegenteil von vielem gesagt habe, was in diesen Ausführungen der Resolution steht. Ein neues Aktionsprogramm des Sozialdemokratischen Parteivorstands dürfte sich ferner nicht an der Stellungnahme zur einseitigen Abrüstung Deutschlands vorbeidrücken.

Ich stelle aber weiter fest, daß ich auch mit dem Inhalt der Weihnachtsansprache von Hans Vogel nicht einverstanden bin, die ich vorher nicht gekannt habe. Es steht darin, daß sich die Sozialisten der „Union" und der Freien Gewerkschaften zu einer Arbeitsgemeinschaft zusammengeschlossen haben und daß diese Arbeitsgemeinschaft sich über eine gemeinsame Plattform für unsere Arbeit im Kriege und für die Zeit nach der Niederlage Hitlerdeutschlands verständigt habe. Ich habe daraus zum ersten Mal von dieser neuen Arbeitsgemeinschaft erfahren. Zweitens aber ist es offenkundig, daß die Sozialdemokratische[8] Arbeitsgemeinschaft sich nicht über eine gemeinsame Plattform verständigt hat und sich offenkundig auch nicht verständigen konnte, da es eine Richtung vorgezogen hat, sie zu sprengen. Ihr habt mich ferner nicht um Rat gefragt über die Formulierung über die Treuhänderrolle und über die verantwortliche Rechenschaft. Treuhänder gegenüber wem? Gegenüber der Mehrheit der Sozialdemokratischen Reichstagsfraktion vom 17. Mai oder gegenüber der Preußischen Landtagsfraktion oder gegenüber dem Ende Juni 1933 gewählten Parteidirektorium? Oder verantwortliche Rechenschaft gegenüber Paul Löbe?

Ihr habt hinter meinem Rücken eine Situation herbeigeführt, die mich zwingt, gegen Eure Aktion zu protestieren. Mein Protest erstreckt sich auf folgende Punkte: a) Ich bin mit dem sachlichen Inhalt dieses neuen Aktionsprogramms nicht einverstanden. b) Ich bin mit der Preisgabe der selbständigen Position des Sozialdemokratischen Parteivorstands und dem Verzicht auf eine eigne Erklärung des Sozialdemokratischen Parteivorstands nicht einverstanden. c) Ich mißbillige diese gemeinsame Aktion der Union und der Gewerkschaftsgruppe nach Deutschland hinein. d) Ich mißbillige den Inhalt der Weihnachtserklärung von Hans Vogel. e) Ich stelle fest, daß der Parteivorstand über diese Aktion keinen Beschluß gefaßt hat.

Ich bin deshalb – als deutscher Sozialist und als Mitglied des Parteivorstands – durch dieses Aktionsprogramm der Union und der Gewerkschaftsgruppe in keiner Weise gebunden. Ich behalte mir alle Schritte des privaten und öffentlichen Protestes gegen dieses Aktionsprogramm vor.

Mit dem besten Gruße
Euer
Curt Geyer[9]

---

8 Vorlage: „Sozialdemokratische" ms. unterstrichen.
9 Vorlage: Unterschrift hs.

NR. 253

Aufzeichnung Curt Geyers über die Parteivorstandssitzung am 9. Januar 1942

LHASC Manchester, LP/ID/GER/11–26[1]

Sitzung des Parteivorstandes vom 9. Januar 1942[2]

Anwesend zunächst: Vogel, Ollenhauer, Heine, Geyer.

Thema: der Brief von Geyer an Vogel vom 4. Januar[3].

Ich erläuterte diesen Brief, erklärte, daß seit Wochen eine Reihe von Parteivorstandshandlungen ohne mein Wissen vorgenommen worden seien, daß eine solche Praxis mir gegenüber nicht möglich sei und daß es deshalb keine Vertrauensbasis mehr für die Zusammenarbeit gebe. **Vogel** und **Ollenhauer** erläutern, wie es zu den Änderungen der Resolution und zur neuen Arbeitsgemeinschaft mit den Gewerkschaften gekommen sci, die gar keine formelle Angelegenheit sei. **Vogel** sagt, die Formulierung Treuhänderschaft und verantwortliche Rechenschaft sei eine alte Tradition des Parteivorstands seit Prag 1933. Auf Grund meines Briefes wäre es richtig, darüber zu reden, ob sie ihre Mitgliedschaft in der Union aufrechterhalten oder austreten sollten, obgleich er der Meinung sei,

---

1 Geyer hatte eine Abschrift des Protokolls und des Briefes an Vogel zur Kenntnis an Gillies gegeben. Eine englische Fassung des Protokolls findet sich in: LHASC Manchester, LP/ISM (Int) Box 8 (Geyer). Obwohl Heine in seiner Wochenplanung für die Zeit vom 5. – 10. Januar eine PV-Sitzung vorgemerkt hatte, er in dem Konflikt eine Vermittlungsfunktion wahrnahm und zudem bei der Besprechung anwesend war, findet sich in seinem Notizbuch keine Aufzeichnung über diese Sitzung. Heine hatte sich zuvor am 5. und 26. Dezember 1941 sowie am 3. (telefonisch) und 4. Januar 1942 mit Geyer besprochen. Nach den beiden letzten Gesprächen hatte er sich anschließend mit Vogel und Ollenhauer mit den Vorwürfen Geyers auseinandergesetzt: [3.1.1942] „Gespräch mit EO + HV: wg CG // CG hat englische Fassung sanktioniert. Schlußänderung rein stilistischer Art. Ohne sachliche Änderung. Wesentliche Änderung statt: „militärische Abrüstung" „vollkommene militärische Abrüstung", aber das ist doch gerade für Geyer Grund, nichts zu sagen. Ferner Verschärfung d. englischen Textes gegenüber dt. Text, von CG bemerkt u. eine mildere Kompromißlösung vorgeschlagen f.d. Fall, daß die anderen protestieren, da kein Protest erfolgt, schärfere Formulierung geblieben. // Geyer hat früher doch auch, mit PV-Aufrufen beauftragt, Änderungen vorgenommen, ohne Rückfrage. // Gewerkschaften. Warum gegen Teilnahme Gewerkschaften. Weil Gegensatz Loeb-Gottfurcht? // Sachlich kein Grund, Gewerkschaften auszuschließen, nehmen doch fast stets an Beratungen teil // PV.-Erklärung fällt deshalb nicht unter den Tisch. // CG ist doch für Unions-Erklärung gewesen, da ja alles vorab behandelt wurde in Erklärung[.] auch von uns bereits in Arb.Gem. behandelt. CG selbst einverstanden mit Unterbrechung Arb.Gem." Aufzeichnung von Fritz Heine in seinem Notizbuch September 1941 – Januar 1942, S. 60–61, Privatbesitz Heine.
2 Vorlage: Überschrift ms. unterstrichen.
3 Vgl. Nr. 252.

daß der Austritt jetzt gleich nach der Veröffentlichung der Resolution[4] unpraktisch sei. Aber man könne darüber reden. **Ollenhauer** schilderte, welche Änderungen die Resolution auf Grund der Beratungen in der Union und zwischen der Union und anderen Kreisen, z.B. dem Demuth-Kreis und den Volkssozialisten, erfahren hätte[5]. Die Weglassung des Wortes „erneut" bei der Kriegsschuldfrage sei auf einen Rat von Demuth hin erfolgt, dem alle an der Union Beteiligten nachgekommen wären. Er habe persönlich Wert auf die Beteiligung der Gewerkschaftsgruppe gelegt, er habe an die Möglichkeit gedacht, daß in Deutschland eine second defence-line[6] versucht werden würde und daß deutsche Gewerkschaftsführer sich daran beteiligen könnten. Es müsse doch auch in meinem Sinne sein, wenn in London eine Gewerkschaftsgruppe bestehe, die von vornherein gegen solche Absichten sei. Treuhänderschaft und Rechenschaftsablegung des Parteivorstands seien nicht zu trennen von der Tatsache, daß der Parteivorstand eben ein Mandat sei. Sie seien ein wichtiges Aktivum, wenn der Parteivorstand später in Deutschland um seine in der Emigration vertretenen Meinungen kämpfen müsse. Er gebe zu, es sei ein formaler Fehler gewesen, mich nicht informiert zu haben, aber er hätte nicht im Traume daran gedacht, daß dies solche Folgen haben könnte. **Ich** setzte daraufhin auseinander, daß der Parteivorstand heute eine Führungsaufgabe habe, nämlich den Versuch, in Deutschland neu parteigründend aufzutreten. Im übrigen hätte ich mich schon Ende 1933 gegen die Auffassung des Parteivorstands als einer Treuhändergesellschaft erklärt und auf die Notwendigkeit einer führenden Rolle hingewiesen. Im übrigen schilderte ich noch einmal den Ablauf der Dinge seit der Vertagung der Arbeitsgemeinschaft und erklärte noch einmal: „Nicht mit mir."

Bis dahin war die Unterhaltung in außerordentlich ruhigen und höflichen sachlichen Formen geführt worden. Während meiner letzten Ausführungen erschien **Stampfer**[7]. Er las meinen Brief an Vogel und führte dann aus:

Er sei auch nicht informiert worden, obgleich er Parteivorstandsmitglied sei. Er beschwere sich aber darüber nicht, obwohl er mit der Union nicht einverstanden sei und mit der Resolution auch nicht. Ich hätte gar keinen Anlaß, mich aufzuregen und aus dieser Geschichte eine cause célèbre zu machen. Ich redete von einer konzertierten Aktion. Es gebe auch noch eine andere konzertierte Aktion, und die sei gegen ihn gemacht worden. Er sei ganz unschuldig nach London gekommen, um uns zu helfen und um uns bei dem Versuch einer Finanzierung durch das Jewish Labour Committee beizustehen. Er habe sich zu dieser Reise nicht gedrängt. Er habe mit dem Jewish Labour Committee über Finanzierungsmöglichkeiten gesprochen, man habe ihm erklärt, man sehe keine Aktivi-

---

4 Vgl. „Die deutschen Sozialisten und Gewerkschafter und die Überwindung der Nazidiktatur", Nr. 54.
5 Vgl. Nr. 52–54.
6 „Second defence-line" bedeutet die Bildung einer „Auffangposition" durch das Ersetzen des NS-Regimes durch ein Militärregime mit Unterstützung bürgerlicher Kreise, um zu einem Verhandlungsfrieden zu kommen, bei dem die inneren Verhältnisse in Deutschland unangetastet bleiben.
7 Vorlage: „Stampfer" hs. unterstrichen.

tät, und da sei er eben auf seine Lieblingsidee vom Radio zurückgekommen. Man habe dann ein Frühstück gemacht, und da sei plötzlich der Vorschlag gemacht worden, er solle nach London fahren. Er habe nicht vermutet, in welche schwierige und gespannte Situation selbst in diesem engsten Kreise er kommen würde. Er sei hier auf Vansittartisten und Anti-Vansittartisten gestoßen und wisse gar nicht, wie er dazu gekommen sei. Es sei sofort eine regelrechte Menschenjagd auf ihn veranstaltet worden. Es seien die infamsten Lügen über ihn verbreitet worden, so die Lüge von seiner angeblichen Übernahme der Leitung des Vorwärts 1916 im Einvernehmen mit dem deutschen Oberkommando.[8] Das sei schon eine konzertierte Aktion gewesen. In einem Entschuldigungsbriefe habe Gillies ihm geschrieben, es seien drei deutsche Emigranten bei ihm [Gillies] gewesen, die sich über seine Anwesenheit beschwert hätten und ihm alle drei über seine Rolle bei der Übernahme des Vorwärts geredet hätten. Dann sei der infame Angriff auf ihn in der Sunday Times erfolgt, wieder unter Benützung der gleichen Lüge. Das Ehepaar Belina habe ihn gastlich aufgenommen, aber nach diesem Artikel in der Sunday Times seien Dutzende von Anrufen bei der armen Frau Belina erfolgt, wie sie denn einen solchen Menschen beherbergen könne, zuletzt sei die arme Frau zu Loeb bestellt worden – die Damen Loeb wünschen Sie zu sehen – und dort sei sie einer Art von Gestapo-Verhör und Gestapo-Drohungen ausgesetzt worden, so daß sie in der Nacht bleich und weinend nach Hause gekommen sei und erklärt habe, man mache ihr die schlimmsten Vorwürfe, daß sie ihn beherberge, so daß er gefragt habe: „Das heißt, Sie wünschen, daß ich ausziehe." Er sei dann sofort ausgezogen.[9] Dann habe man einen Schwall anderer Lügen über ihn verbreitet, so z.B. daß er sich amerikanischen Journalisten gegenüber als Vertreter der amerikanischen Gewerkschaften ausgegeben habe, er habe aber niemals mit einem amerikanischen Journalisten gesprochen. Es sei sogar behauptet worden, er habe keinen Auftrag von der German Labor Delegation. Dann sei diese infame Lüge, wenn auch in abgeschwächter Form, von Gillies in das berüchtigte Memorandum übernommen worden. (Er meint die Übernahme der Vorwärtsleitung). Dann weiter, sich immer mehr in Erregung steigernd: Dann hat dieser Gillies ein absolut verlogenes Memorandum über die Partei hergestellt. Das ist die schmutzigste Beschimpfung und die infamste Verlogenheit, die man sich gegen die Partei denken könne. Man müsse ihn für dieses Memorandum „in die Fresse schlagen". Zu mir gewandt: „Sagen Sie es ihm nur ruhig, ich hätte gesagt, man muß ihn für dieses Memorandum in die Fresse schlagen. Ich habe den Prager und den Pariser Emigrantensumpf gesehen – in New York ist keiner – aber

---

8 Dieser Vorwurf war im Memorandum von Gillies enthalten und auch in einem Artikel der „Sunday Times". Der „Vorwärts" war am 8. Oktober 1916 von den Militärbehörden verboten und die Aufhebung von einschneidenden Veränderungen in der Redaktion abhängig gemacht worden. Der Parteivorstand entließ daraufhin mehrere Redakteure und bildete am 9. November 1916 eine neue Redaktion mit Stampfer als Chefredakteur. Vgl. Dieter Fricke, Handbuch zur Geschichte der deutschen Arbeiterbewegung 1869 bis 1917, Bd. 1, S. 639f., Berlin 1987.
9 Dieser Konflikt führte sogar zu einer Anhörung im ISC der Labour Party.

hier in London ist der stinkendste Emigrantensumpf, den ich kenne. Und nicht nur das, die ganze Labour Party ist ein stinkender Sumpf. Dieser Gillies und einige dumme Leute in der Labour Party lassen sich von den Konservativen gebrauchen und haben keinen sehnlicheren Wunsch, als die Labour Party zu spalten. Und an dieser Menschenjagd gegen mich, an dieser konzertierten Aktion sind Sie beteiligt. Das sind doch Ihre Freunde, die das machen! Und dann machen Sie eine aufgeblasene Affaire aus dieser Sache hier. Sie haben gar keinen Anlaß dazu. Ich will Ihnen sagen, was Sie damit wollen, Sie wollen spalten! Ich will Ihnen sagen, warum es zu diesem zweiten Weltkrieg gekommen ist: weil die deutsche Arbeiterbewegung gespalten worden ist, und Sie haben[10] gespalten!"[11]

Ich: Ich will Ihnen sagen, wer die deutsche Arbeiterbewegung gespalten hat: Sie mit Ihrer Politik von 1914 bis 1918. Und Sie wollen in diesem zweiten Weltkriege die gleiche Politik fortsetzen. Und ich sage Ihnen, ich werde das nicht dulden!

Vogel: Was heißt das: Sie werden das nicht dulden. Soll das eine Drohung sein?

Ich: Natürlich, sowie er öffentlich hervortritt, werde ich ihn angreifen.

Stampfer: Er ist ja größenwahnsinnig! Wenn ich mir alles überlege, diese Treulosigkeit, diese Gemeinheit ...

Worauf **ich** aufstand, den Stuhl umwarf und Miene machte wegzugehen mit den Worten: „Spaltung? Spaltung von Ihnen – ja!" Beschwörende Gesten von Heine, Zuruf von Stampfer, darauf ich: „Sparen Sie sich Ihre moralische Schauspielerei", worauf ich ging.[12]

---

10 Vorlage: unleserliche hs. Einfügung.
11 Stampfer bezieht sich hier auf Geyers Mitgliedschaft in der USPD, die sich 1917 von der SPD abspaltete.
12 Die Beteiligten trafen am nächsten Tag bei einem Empfang der Labour Party erneut aufeinander, wie sich aus Heines Notiz über die Anwesenheit ergibt, der u.a. registriert: Vogel, Ollenhauer, Sander, Stampfer, Lorenz, Geyer, Irene [Herzfeld], Loeb, Gottfurcht, Gotthelf, Derkow, Doberer, Auerbach, Jahn, Höltermann, Menne, Paul Walter, Fröhlich, Sering, Schoettle, Eichler sowie mehrere Repräsentanten der Labour Party und anderer sozialistischer Parteien. Auf der nächsten Seite folgt eine undatierte Notiz über ein Gespräch mit Geyer, in der dieser vorschlägt, die Sache „abflauen" zu lassen und seine Bereitschaft erklärt, „in Kürze das Gespräch zu viert fortzusetzen und zu beenden." Notizbuch September 1941 – Januar 1942, S. 71f, Privatbesitz Fritz Heine.

NR. 254

Kassenbericht der SPD in England für das Jahr 1941 vom 15. Januar 1942

AdsD Bonn, PV-Emigration, Mappe 111[1]

Kassenbericht

Einnahmen und Ausgaben der SPD in England.	
Einnahmen im Jahre 1941.	
Tellersammlungen[2] im Mai und Juni	£ —.17. 9
Freiwillige Beiträge von Mitgliedern	
Juli – Dezember	£ 24.15. –
	£ 25.12. 9
Ausgaben im Jahre 1941	
Mieten für Sitzungen, Versammlungen etc.	£ 6.12.–
Heizung, Service	£ 14. 6
Literatur, Zeitungen	£ 14. 3
Rundschr[eiben], Dispositionen, Fragebogen,	
Einladungen etc.	£ 1.13. 3
Farbbänder, Envelops, Papier etc.	£ 1. 3.11
Porto	£ 6. 3. 6
Telegramme	£ 10.10
Telefon	£ 2. 4. 6
Kassenbestand am 31. Dezember 1941	£ 4.16. –
	£ 25.12. 9
Sozialistische Mitteilungen:	
Einnahmen seit Januar 1940 bis Ende 1941	£ 151. 9.11
Ausgaben für Nummer 1 – 32	£ 141. 9. 6
Kassenbestand 31. Dez[ember]	£ 10. –. 5
Room 64, Bloomsbury House[3]	
Einnahmen seit Mai 1941	£ 82.19. 9
Ausgaben bis Januar 1942	£ 79. 8. 4
Kassenbestand	£ 3.11. 5

---

1 Vorlage: Überschriften ms. unterstrichen.
2 Tellersammlungen: Sammlung in den Veranstaltungen
3 Es handelt sich um die Büroräume im Bloomsbury House, die Sander für die Betreuung der sozialdemokratischen Emigranten zugewiesen erhalten hatte.

Geldsammlung für die Internierten
Einnahmen seit Juni 1940   £ 318. 14. 4
Unterstützungszahlungen bis Ende 1941   £ 311. 4. 4
Kassenbestand   £   7.10. –
London, den 15. Januar 1942   Wilh[elm] Sander

Nr. 255

Protokoll der Parteivorstandssitzung am 27. Januar 1942

AdsD Bonn, PV-Emigration, Mappe 4[1]

Sitzung des PV am 27. Januar 1942 im Trade Union Club.

Anwesend: Vogel, Ollenhauer, Geyer[2] und Heine.

Die Sitzung dient einer Besprechung der Differenzen, die in der letzten Zeit zwischen dem Genossen Geyer und den übrigen Mitgliedern des Vorstandes entstanden sind. Die Ursachen der Differenzen hat der Genosse Geyer in einem Brief an die Genossen Vogel und Ollenhauer von Anfang Januar dargelegt.[3]

Genosse **Geyer** ist der Auffassung, daß es an ihm sei, die gegenwärtige Spannung zu beseitigen. Er hält es für unzweckmäßig, die „Schuldfrage" zu erörtern und teilt mit, daß er seine Entscheidung getroffen habe. Er habe die Hoffnung, sich mit seiner schriftstellerischen Tätigkeit auf eigene Füße stellen zu können. Um sich für diese schriftstellerische Tätigkeit die erforderliche Freiheit zu sichern, habe er sich entschlossen, auf die Ausübung seines Mandats als Mitglied des PV zu verzichten. Seine kritische Untersuchung der Politik der Partei, die er in einer neuen Schrift vorzunehmen beabsichtige, erfordere diese größere Freiheit von organisatorischen Bindungen, und auf der anderen Seite sei es auch für den PV eine unhaltbare Situation, wenn ein Mitglied der Leitung der Partei öffentlich kritisch zur Politik der Partei Stellung nimmt. Es sei sein Wunsch, eine Verschärfung der Differenzen durch eine solche Entwicklung zu vermeiden, und er sehe in der von ihm gewählten Lösung die Möglichkeit, unabhängig von organisatorischen Bindungen die freundschaftlichen Beziehungen aufrechtzuerhalten und in bestimmten Fragen gemeinsam zu arbeiten.

Die Erklärung des Genossen Geyer wird zur Kenntnis genommen, und es wird vereinbart, daß der Genosse Geyer dem Genossen Gillies mitteilt, daß der Brief, den der Genosse Geyer Anfang Januar an die Genossen Vogel und Ollenhauer geschrieben hat und von dem er eine Abschrift dem Genossen Gillies zur Kenntnisnahme übermittelt hat,

---

1 Dieses Protokoll ist das einzige ms. geschriebene offizielle Protokoll einer SPD-Parteivorstandssitzung der Londoner Zeit. Es ist im Stil der Unionsprotokolle abgefaßt und weist damit auf Ollenhauer als Verfasser hin. Die Beschränkung auf den Tagesordnungspunkt, Rückzug Geyers aus dem PV, läßt den Schluß zu, daß es ausschließlich als Beleg dafür und zur Vorlage in der Union angefertigt wurde. Dafür spricht auch, daß das Protokoll unvollständig ist. Wie die Notizen Heines zur gleichen Sitzung zeigen, wurde der Austritt Geyers aus dem PV erst als 4. Tagesordnungspunkt behandelt. Allerdings gibt auch Heine nur diesen Punkt wieder, seine Notizen zeigen keine inhaltlichen Abweichungen von dem Protokoll. Notizbuch 20.1. – 6.4. 1942, Privatbesitz Fritz Heine.

2 Vorlage: „Geyer" hs. unterstrichen.

3 Vgl. Nr. 252.

nur zur persönlichen Information des Genossen Gillies zur Kenntnis gebracht wurde. Gleichzeitig wird der Genosse Geyer den Genossen Gillies von seinem Entschluß und von dem Resultat der heutigen gemeinsamen Aussprache unterrichten.

NR. 256

Notiz Fritz Heines über die Beiratssitzung am 6. Februar 1942

Privatbesitz Fritz Heine, Notizbuch 20.1. – 6.4.1942[1]

6.2.[19]42. Arb[eits]Ausschuß Partei.[2]

H[ans] V[ogel] teilt mit, daß C[urt] G[eyer] aus PV ausgeschieden.[3]

E[rich] O[llenhauer] erläutert Haltung gegenüber Versammlungswünschen. Z[ur] Z[ei]t pol[itische] Debatte über Unions-Erklärung nicht nützlich, andererseits Zusammenkunft Mitglieder wünschenswert.[4] Daher Kolarz-V[er]s[amm]l[un]g.[5] Kein Widerspruch.

F[ritz] H[eine]: Unions-Erklärung ist fertig. PV-Erklärung muß folgen. Sorge vor KP-Aktivität.[6] Etwas unternehmen ist notwendig. Was?

Nächsten Besprechungen vorbehalten.[7] Kurze Mitteilungen.[8]

---

1 Über diese Sitzung gibt es auch eine kurze Notiz von Gottfurcht, in: Archiv Dr. Gerhard Beier, Kronberg, TNL Gottfurcht, Akte O I.
2 Anwesend waren nach der Notiz Gottfurchts: Vogel, Ollenhauer, Sander, Heine, Menne, Gotthelf, Gottfurcht, Schiff (nur bei der Besprechung über die Versammlungswünsche).
3 Gottfurcht notierte: „Austritt Geyer aus dem Vorstand."
4 Anscheinend hatten Geyer und seine Anhänger, wie Menne, Bieligk, Lorenz, Herz auf eine Aussprache über die Resolution der Union gedrängt.
5 Am Samstag, den 7. März 1942, referierte in der Mitgliederversammlung der Londoner SPD Walter Kolarz über „Russische Realität – gestern und heute." Ein kurzer Bericht über die Veranstaltung findet sich in: SM, Nr. 36, 1. April 1942, S. 17. – Kolarz, Walter, 1912–1962, Publizist, DSAP, 1936 Frankreich, 1939 GB, Mitarbeiter United Press of America.
6 Gottfurcht notierte: „KP-Propaganda für die Einheitsfront". Die KPD-Organisation in Großbritannien versuchte beim Parteivorstand Unterstützung für den von 57 deutschen Emigranten in der Sowjetunion verfaßten „Appell an das deutsche Volk" vom 25. Januar 1942 zu erhalten, der am 30. Januar 1942 vom Moskauer Rundfunk auch nach England ausgestrahlt worden war. Am 6. Februar hatte Sander eine lange Aussprache mit Heinz Schmidt darüber. Vogel lud am 8. Februar Möller-Dostali zu einer gemeinsamen Besprechung mit Sander wegen der KPD-Anfrage. Am 12. Februar übersandten Kahle und Schmidt ein schriftliches Ersuchen an Hans Vogel. Das Schreiben blieb ohne Antwort. AdsD Bonn, PV-Emigration, Mappe 140; Vgl. Röder, sozialistische Exilgruppen, S. 194; Leske, Das Ringen, S. 99.
7 In einer Besprechung mit Demuth am 10. Februar 1942 hatte Heine die Gründung einer „Konkurrenz Kulturorganisation" zum FDKB vorgeschlagen. Demuth fand die Idee ausgezeichnet und war bereit, sich zu beteiligen, etwa 80–100 Leute seines Kreises wären interessiert. In einer weiteren Notiz (undatiert, aber 10. oder 11. Februar) über ein Gespräch mit Möller-Dostali wird dessen Meinung festgehalten, daß die KPD „in Kürze mit ihrer Sache herauskommen" werde und eine „Gegengründung" notwendig sei; es müsse ein Apparat aufgebaut werden: „Ohne Nachrichtendienst u[nd] Querverbindungen [sei es] heute nicht mehr möglich zu arbeiten." Privatbesitz Fritz Heine, Notizbuch 20.1. – 6.4.1942, S. 21, 23.
8 Gottfurcht notierte außerdem: „4. Frauen Committee. Internationales Untercommittee, Herta Gotthelf. 5. Fabian Society – Int. Bureau."

NR. 257

Notiz Fritz Heines mit Hinweis auf eine Parteivorstandssitzung am 25. Februar 1942

Privatbesitz Fritz Heine, Notizbuch 20.1. – 6.4.1942[1]

[25.2.1942]

Gottfurcht-Kreis[2] hat Absicht, uns in nächster Versammlung „die Hölle heiß" zu machen wegen Loeb. Das hat zur Folge, daß Beschluß PV vom 25.2., nichts über unser Verhältnis zu Loeb usw. zu veröffentlichen (E[rich] O[llenhauer] und Wi[lhelm] Sa[nder][3] waren dafür, ich dagegen, Hans [Vogel] unentschlossen), nochmals Gegenstand einer Debatte zu dritt E[rich] O[llenhauer] H[ans] V[ogel] und Wi[lhelm] Sa[nder] war, wo H[ans] V[ogel] sich entschloß, eine „neutrale Veröffentlichung" – Formulierung vorzuschlagen. Heute abend Stellungnahme zu viert.

---

1 Für die Sitzung gibt es sonst keine Protokolle oder Hinweise. Unter dem 25.2.1942 finden sich im Notizbuch Heines keine Eintragungen. Die Aufzeichnung wurde vermutlich am 27.2. gefertigt, die Zeitangabe „heute Abend" bezieht sich auf die nachfolgende Notiz vom 27.2.1942, in: Notizbuch 20.1. – 6.4.1942 .

2 Gemeint ist die Gruppe der sozialdemokratischen Mitglieder im Arbeitsausschuß der Landesgruppe deutscher Gewerkschafter mit Willi Derkow, Kurt Weckel. Gottfurcht führte den Arbeitausschuß und die Landesgruppe mit straffer Hand.

3 Sander wurde an Stelle Geyers zu PV-Sitzungen zugezogen, eine formelle Kooptierung scheint allerdings nicht stattgefunden zu haben.

NR. 258

Notiz Fritz Heines über die Parteivorstandssitzung am 27. Februar 1942

Privatbesitz Fritz Heine, Notizbuch, 20.1.1942 – 6.4.1942

27.2.[19]42. PV und Wi[lhelm] Sa[nder]

F[ritz] H[eine]: Bericht Gespräch Demuth[1], Geyer[2], ISK[3].

Wi[lhelm] Sa[nder] begründet Notwendigkeit, Erklärung gegen Loeb zu veröffentlichen.

F[ritz] H[eine]: Entschieden dagegen. Veröffentlichung warum? Wegen FFF[4]? Wegen Denunziation? Beweise? Wegen Drohung Gottfurcht? Bereits das 2. Mal, daß Gottfurcht Sprengpulver. Welchen möglichen Nutzen von Veröffentlichung? Gottfurcht befriedigen? Inform[ation] unserer Freunde? d[er] Öffentlichkeit? – Welchen Schaden? Nachgeben dem einen Flügel. Geben schon zu viel nach. Unvereinbar mit PV-Haltung. Aufrollung Registrierungsfrage. Gegenaktion Loeb? Drucklinie: Ausschluß w[egen]

---

1 Heine traf sich nach seinen Aufzeichnungen regelmäßig mit Demuth, so am 3., 10., ca. 13. und am 26. Februar 1942. Notizbuch, 20.1.1942 – 6.4.1942, S. 11f., 21f., 26f., 34ff. Demuth informierte ihn über Vorgänge in der Emigration und fungierte als Kontaktperson für britische Dienststellen. Beispielsweise hatte er am 3. Februar über die Bitte Schmidts (KPD) informiert, daß Demuth am geplanten Gespräch Schmidt-Vogel teilnehme. Demuth empfahl Rawitzki an Brary (vermutlich FO-Dienststelle) für Sachverständigengutachten über kommunistische Politik (hatte auch Specht, Mandelbaum, Gottfurcht und Gleissberg empfohlen. Am 10. und 13. Februar äußerte sich Demuth über Loeb, den er verdächtigte, der intellektuelle Urheber des „Sunday Dispatch"-Artikels vom 8. Februar zu sein. Das Gespräch am 26. Februar betraf mehrere Punkte: 1. Die Lockerung der Aufenthaltsbestimmungen für die Mitglieder des PV, die nach Auskunft Demuths genehmigt werden würde, 2. Das Gespräch Demuths mit einem hohen Beamten der politischen Verwaltung über die Frage einer einheitlichen Spitze der deutschen Emigration. Während der Beamte dies im deutschen und englischen Interesse sah, machte Demuth auf die Probleme, insbesondere den Gegensatz SPD – KPD, und die Notwendigkeit einer Unterstützung durch Regierung und Labour Party aufmerksam.

2 Mit Geyer hatte Heine am 10. Februar gesprochen und dessen Stellungnahme zum Gillies- und Noel-Baker-Memorandum erhalten. Die ausführliche Notiz über das Gespräch mit Geyer am 26. Februar gibt nochmals dessen Haltung zur Union und zur SPD wieder. Geyer wirft insbesondere Stampfer und Schiff vor, gegen die einseitige Abrüstung zu sein, und dem Parteivorstand, nicht eindeutig positiv Stellung zu nehmen, sondern sich hinter Erklärungen der Union zu verstecken. Gleichzeitig mahnte er zur Zurückhaltung gegenüber der KPD, die alles verspräche, aber gewillt sei, auch alles zu brechen. Notizbuch, 20.1.1942 – 6.4.1942, S. 23, 36–39.

3 Heine nahm im Auftrag des PV auch die Verbindung zum ISK wahr. So hatte er am 22. Januar an einer Zusammenkunft bei Fliess teilgenommen, die Ausgangspunkt künftiger regelmäßiger ISK-Veranstaltungen werden sollte, und sich am 27. Januar mit Eichler besprochen, der dafür eintrat, den Gedanken der Vereinigten Staaten Europas zu fördern. Im folgenden finden sich bis zur PV-Sitzung keine Aufzeichnungen über Gespräche mit ISK-Vertretern, aber einzelne kurze Notizen wie über die Freundschaft Fliess' mit Stafford Cripps und Eichlers regelmäßige Postverbindung mit René Bertholet (Schweiz/Frankreich). Notizbuch, 20.1.1942 – 6.4.1942, S. 5, 6f., 40f.

4 Zu Fight For Freedom, vgl. Einleitung, Abschnitt III.4.1.

Abrüstungsdifferenzen? Polizei? Grundsätzlich: Naive Vorstellung, Weltauffassungsfragen mit organ[isatorischem] Spiel zu erledigen. – Abrücken? Und Abrücken v[on] Brauer?[5] Von Stampfer?

H[ans] V[ogel]: Abgrenzung erforderlich. Ehrabschneidung.

E[rich] O[llenhauer]: Wollte ursprünglich viel weiter gehen. Wi[lhelm] Sa[nder], F[ritz] H[eine], H[ans] V[ogel] nochmals. Dann unter Protest F[ritz] H[eines] beschlossen.

---

5 Dies bezog sich auf eine Äußerung Brauers auf einer Konferenz der Rand School über „War Aims, Peace Terms and the World After the War", in der er Anspruch auf Teile der westpolnischen Gebiete (Korridor) erhoben hatte. Gillies hatte über Ciolkosz den Leserbrief „Polish Leader Raises Problem of Post-War Territorial Claims" von H. W. Rom im New Yorker „New Leader" vom 4. Oktober 1941 erhalten, in dem die Äußerungen Brauers erwähnt werden. Gillies leitete den Artikel am 18. Dezember 1941 an Dalton weiter. Auf Nachfrage des PV bestätigte Stampfer am 22. April 1942 den Satz Brauers. Die Äußerung sei aber aus dem Zusammenhang gerissen, da sie eine Antwort auf Professor Foersters Vorschlag gewesen sei, Deutschland 60 Jahre unter Zwangsverwaltung zu stellen. LHASC Manchester, LP/JSM (Int.) Box 9, SDs abroad; AdsD, PV-Emigration, M 132. – Brauer, Max, 1887–1973, SPD-Oberbürgermeister Altona, 1933 Schweiz, dann China, 1936 USA, Mitgründer der GLD, 1943/44 Vorsitzender, 1946–53 und 1957–60 Erster Bürgermeister in Hamburg.

NR. 259

Brief von Hans Vogel an Julius Braunthal, Mitherausgeber des "International Socialist Forum", vom 3. März 1942 mit Stellung-nahme zur Forderung nach der einseitigen Abrüstung Deutschlands

AdsD Bonn, PV-Emigration, Mappe 140

Hans Vogel,
3, Fernside Avenue,
London NW 7,
Telefon: Mill Hill 3854   3. März 1942

Lieber Braunthal,
    Ihre bei unserer Unterhaltung am letzten Samstag an mich resp[ektive] den Vorstand der Sozialdemokratischen Partei Deutschlands gerichteten Fragen:
1. That the unilateral disarmament of Germany is desirable after the war?
2. That the first task of the new German Government is to break up the material foun-dation of militarism?
möchte ich wie folgt beantworten:
Zu 1:[1]
    Wir halten die einseitige Abrüstung Deutschlands nach dem Krieg für wünschens-wert.
Bei unserer Stellungnahme leiten uns im wesentlichen folgende Erwägungen:
1. Die Völker Europas und der Welt haben unter dem Angriffskrieg Hitlerdeutschlands schwer gelitten und sie sind über die deutsche Aggression, die zu zwei Weltkriegen innerhalb einer Generation geführt hat, so tief beunruhigt, daß die einseitige Abrü-stung Deutschlands als eine unerläßliche Voraussetzung für die Wiederherstellung eines neuen Vertrauensverhältnisses zum deutschen Volk angesehen werden muß.
2. Die verhängnisvolle Rolle, die das Deutschland durch den Versailler Vertrag zuge-standene Berufsheer von 100 000 Mann in der Innen- und Außenpolitik der Weima-rer Republik gespielt hat, spricht gegen die Wiederholung des Experiments einer hal-ben Lösung.
3. Deutschland wird nach seiner Niederlage und nach dem Sturz der Hitlerdiktatur seine demokratischen Kräfte erst wieder im Kampf gegen seine innerpolitischen nationali-stischen Gegner entwickeln müssen. In dieser Übergangszeit bleibt auch ein demo-kratisches Deutschland ein Faktor der Unsicherheit, der ein klares machtpolitisches Übergewicht der maßgebenden demokratischen Kräfte erfordert. Aus diesem Grunde würde das Verlangen nach einer Abrüstung Deutschlands im Zuge einer allgemeinen

---

1 Vorlage: „Zu 1:" und „Zu 2:" ms. unterstrichen.

Abrüstung – in der auch wir deutschen Sozialdemokraten nach wie vor eine der wesentlichsten Garantien für einen dauernden Frieden sehen – den realen Interessen der Demokraten und Sozialisten zuwiderlaufen.

4. Das erklärte Kriegsziel der Hauptgegner Hitlerdeutschlands – USA, Großbritannien und Sowjetrußland – ist die wirtschaftliche Neuordnung und Befriedung der Welt. Diese Neuordnung und Befriedung soll auch Deutschland einschließen. Kommt sie zustande, dann wird die Frage der Militärmacht eines Staates zunehmend an Bedeutung verlieren, und die deutschen Demokraten und Sozialisten werden ihre Zustimmung zur einseitigen Abrüstung auch gegenüber ihren innerpolitischen nationalistischen Gegnern vertreten können, ohne die Gefahr eines neuen nationalistischen Ausbruchs und damit eines neuen außenpolitischen Konflikts heraufzubeschwören.

5. Wir vertreten aus den hier dargelegten Gründen die einseitige Abrüstung Deutschlands ohne Vorbehalte. Wir sind aber davon überzeugt, daß eine solche Politik von der neuen deutschen Demokratie innen- und außenpolitisch nur dann mit Erfolg durchgeführt werden kann, wenn die Demokratien ihrerseits dem neuen demokratischen und abgerüsteten Deutschland die Sicherheit seines Bestandes gegenüber äußeren Angriffen gewährleisten, d.h. das abgerüstete demokratische Deutschland in das zu schaffende neue Sicherheitssystem aufzunehmen.

Zu 2:

Wir sehen in der Zerstörung der wirtschaftlichen und machtpolitischen Grundlagen der deutschen Militärmaschine eine der wesentlichsten Aufgaben der Regierung eines neuen demokratischen Deutschlands.

In der deutschen Militärmaschine und in den bewaffneten Formationen der herrschenden Nazipartei verkörpern sich die antidemokratischen und nationalistischen Kräfte des deutschen Volkes. Die Vernichtung dieses Militärapparates und die Entwaffnung und Auflösung der Naziorganisationen sind eine lebenswichtige Voraussetzung für die Entwicklung eines gesicherten demokratischen Systems in Deutschland. In der Erklärung der „Union deutscher sozialistischer Organisationen in Great-Britain", der auch der Vorstand der Sozialdemokratischen Partei Deutschlands angehört und deren Vorsitzender ich bin, die Ende Dezember 1941 veröffentlicht wurde und sich mit der Überwindung des Hitlerregimes beschäftigt, heißt es:

„Das Bündnis von Schwerindustrie, Großgrundbesitz und Armeeführung, das in der Geschichte des Deutschen Reiches immer eine verhängnisvolle Rolle gespielt hat, brachte auch Hitler zur Macht. Die Interessen und Ziele dieser Gruppen liegen Hitlers Politik zugrunde, wie sie der Politik des Kaisers zugrunde lagen. Die Vormachtstellung dieser gesellschaftlichen Stützen des deutschen Militarismus muß beseitigt werden, wenn der Kampf gegen den deutschen Nationalismus zu einem wirklich gesicherten Frieden führen soll."

Die Verwirklichung dieser Forderung bedeutet eine soziale Revolution in Deutschland, die die Grundlagen des gegenwärtigen kapitalistischen Systems berührt. Ihr Erfolg

wird daher auch entscheidend abhängen von der Macht der demokratischen und sozialistischen Kräfte in den Demokratien nach dem Krieg, vor allem von der Macht der
britischen und amerikanischen Arbeiterbewegung.

Wird der kommende Friede von den alten Kräften der Gesellschaft in den Demokratien mit dem Ziel der Aufrechterhaltung der Privilegien der herrschenden Gesellschaftsschichten gestaltet, dann steht Deutschland nur vor der Wahl zwischen einer Kompromißlösung seiner innerpolitischen Machtprobleme auf der Basis der alten gesellschaftlichen Ordnung, die schon am Tage ihrer Geburt alle Keime neuer Konflikte in sich tragen
wird, oder dem Bolschewismus mit den gleichen düsteren Zukunfsaussichten für die
Freiheit und den Frieden.

Meine Antwort ist umfangreicher ausgefallen, als ich es mir ursprünglich vorgestellt
habe. Es liegt das aber an der Wichtigkeit der zu beantwortenden Fragen.

Mit freundlichen Grüßen
Ihr

NR. 260

Notiz Fritz Heines über die Parteivorstandssitzung am 11. März 1942

Privatbesitz Fritz Heine, Notizbuch, 20.1.1942 – 6.4.1942

11.3.[19]42. H[ans] V[ogel]; E[rich] O[llenhauer]; Wi[lhelm] Sa[nder]; Gottfurcht; Möller-Dostali; Heine.

Vortrag **Möller-Dostali** über Komintern-Organisation.[1]

Gr[oßes] Kominterngebäude, hunderte Angestellte, f[ür] jedes Land Reihe von Komintern-Angestellten, unabhängig v[on] Landespartei; dort wird Politik d[er] betr[effenden] Partei entschieden u[nd] beschlossen. Jede Entscheidung muß Einverständnis der russischen Delegation in d[er] Komintern haben. Personalfragen d[er] gesamten[2] Komintern werden in Moskau geregelt. Bevor auch nur ein Straßenzellenleiter endgültig ernannt wird, ist Genehmigung Moskaus einzuholen. Über jeden Funktionär ist Karteikarte[3]. Veto und Entscheidung bei unteren Funktionären seltener, aber schon bei jedem Bezirkssekretär direkt fühlbar, sonst nur prinzipiell.

Länder-Politik geleitet durch EKKI-Kommissionen, die von Moskau bestimmt u[nd] entsandt werden. Zu jeder EKKI-Kommission wird gleichzeitig ein OMS-Mann[4] gesandt, der, ohne daß EKKI-Kommission ihn kennt, ihr Verhalten, Privatleben usw. prüft. EKKI-Kommission bestimmt, nach Moskauer Richtlinien die Landespolitik.

Zu OMS-Aufgaben nicht nur Bespitzelung eigener Leute, sondern auch Gegner-Beobachtung. Mehrere 100 000 Karteikarten über alle möglichen Leute. Jedes Detail berichtet, auch Wirtschaftsspionage. OMS = Zentrale. In Landespartei ist es der „Apparat"[5], der diese Funktionen ausübt, und neben[6] der Partei besteht, nicht gewählt, nicht bekannt ist u[nd] nur dem pol[itischen] Führer verantwortlich.

---

1   Vgl. Günther Nollau, Die Internationale, Köln 1961.
2   Vorlage: „gesamten" hs. unterstrichen.
3   Vorlage: Karteikartei.
4   OMS (Otdjel Meshdunarodnoi Swjasi) war die Abteilung für internationale Verbindungen im Organisationsbüro des EKKI. OMS hatte Beauftragte bei den einzelnen Sektionen der KI. Diese Beauftragten besaßen großem Einfluß, überbrachten Geldmittel und Befehle, geleiteten Personen, wurden aber nie öffentlich erwähnt. Vgl. Nollau, Die Internationale, S. 112.
5   Im Fall der KPD der „Anti-Militaristische Apparat2" (AM2-Apparat), der parteiinterne Geheimdienst. Vgl. hierzu Ernst Wollenberg, Der Apparat – Stalins Fünfte Kolonne, in: Ost-Probleme 3 (1950), S. 575–589;
6   Vorlage: „neben" hs. unterstrichen.

Nr. 261

Notiz Fritz Heines über die Parteivorstandssitzung am 29. April 1942

Privatbesitz Fritz Heine, Notizbuch April – Juli 1942, S. 56–58[1]

PV-Sitzung 29.4.[19]42.

Auf Anfrage Demuth[2] was zweckmäßig sei in einer Denkschrift an Brüning über Schwierigkeiten d[er] Emigration zu sagen, wollen wir, mündlich, durch F[ritz] H[eine] antworten: Moralische Anerkennung fehlt; für praktische Mitarbeit fehlen Voraussetzungen: Nichtbeteiligung an Rundfunk, an Pamphleten. Nicht-Unterstützung Emi[grations]-Arbeit in neutralen Ländern. Wichtigste Emi[grations]-Aufgabe: Vorbereitung f[ür] Zeit nach Hitler materiell unmöglich. Finanzfragen s[iehe] Demuth und PV – Ansatzpunkte vorhanden, z.B. Union und unsere Zusammenarbeit mit Demuth.[3] KP-Gefahr. Kein Zentrumsvertreter hier.

---

1 Die Notiz befindet sich im Notizbuch nach den Eintragungen mit Datierung 5.5. und 4.5. Von dieser Aufzeichnung existiert im Privatbesitz Heines auch eine ausformulierte Übertragung, die vermutlich von ihm gefertigt wurde. Die vorliegende ms. Abschrift ist nach der Type in den 70er Jahren oder später gefertigt. Es bleibt jedoch unklar, ob sie auf den Notizen oder auf einem regulären 1941 gefertigten Protokoll basiert.

2 Demuth stand in Korrespondenzverbindung mit Brüning. In einem Gespräch mit Heine Ende April erwähnte er einen Brief Brünings, in dem dieser feststellte, daß E.M. Meyer nicht sein Vertreter in England sei, Demuth nahm jedoch nicht auf das hier angesprochene Thema Bezug. Heine Notizbuch April-Juli 1942, S. 26. Heine hatte sich seit der letzten PV-Sitzung mehrmals mit Demuth getroffen. So hatte er am 25. März 1942 notiert, daß Demuth vor einem Gespräch mit Vansittart wegen dessen Angriffen im Oberhaus, sich mit Vogel und Ollenhauer besprechen wolle, um ihm einen Bericht über „die in [der] Union vorhandenen Auffassungen zu geben." Notizbuch 20.1.42 – 6.4.42, S. 75. In einer weiteren Besprechung am 4. April 1942 schildert Demuth Vansittart als „absolut ehrlichen, ehrenhaften Mann", mit dem man offen sprechen könne. Aber er sei völlig von Loeb eingefangen und Beschwerden über diesen unzugänglich. Demuth berichtet auch ausführlich über Loeb, der über einen eigenen Spitzelapparat verfügen und Material über alle Emigranten sammeln solle. Eine große Attacke gegen Gottfurcht werde vorbereitet, Neu Beginnen sei jedoch der Hauptfeind. Demuth fragte nach Material gegen Geyer und Loeb. Ebd., S. 78ff. In einer weiteren Besprechung am 6. April bestätigte Demuth seine Vorwürfe gegen Loeb und deutete an, daß Loeb Gelder von Alliierten erhalte, die von Großbritannien finanziert werden (d.h. vermutlich Polen). Ebd. S. 85 u. Notizbuch April-Juli 1942, S. 2. Am 10. April berichtete Demuth ausführlich über seine Besprechung mit Vansittart, dem es vor allem darum gehe, England aufzurütteln. Den Anteil der „guten Deutschen" halte er für 25%. Auf Nachfrage Demuths habe Vansittart zugegeben, daß Vogel und Ollenhauer durchaus ehrenwerte Deutsche seien, mit denen man zusammenarbeiten könne. Es gebe aber auch andere, und er nannte Gottfurcht, der sich provozierend in die innere britische Politik einmische. Ebd. S. 4–6.

3 Nach der Notiz über die PV-Sitzung vermerkt Heine: „Demuth. Lange befriedigende Aussprache über unsere Anregung wegen Brief Brüning. Gleicher Meinung mit uns." Demuth klagte außerdem über das Unverständnis britischer Stellen und ihr fehlendes planmäßiges Vorgehen bei den Berichten oder Materialien, die er zusammenstellen solle. Notizbuch April – Juli 1942, S. 28f. Demuth hatte sich offenbar auch um eine finanzielle Unterstützung für den PV bemüht, wie die folgende Notiz Heines erkennen läßt: „Demuth

F[ritz] H[eine] wünscht Vorantreiben finanzieller Fragen. Fordert Brief an Ernst Paul[4] (Einverstanden). B[rie]f an Brost wegen Materialbeschaffung und Mitbringen (Einverstanden).[5] **E[rich] O[llenhauer]** u[nd] **F[ritz] H[eine]**: Berichte über Besprechungen.[6] Wi[lhelm] Sa[nder] zieht Vorschlag, Auszug Braunthal-Artikel in S[ozialistische] M[itteilungen] zu bringen, nach Aussprache zurück.[7]

hat von allen Seiten (Stelle antwortete noch nicht) Absagen wegen Wunsch, uns zu unterstützen." Privatbesitz Fritz Heine, Notizbuch April – Juli 1942, S. 56.

4 Ollenhauer schrieb Ernst Paul in Schweden am 5. Mai 1942 und erkundigte sich nach dem Stand der Verhandlungen mit den „schwedischen Freunden" wegen einer finanziellen Unterstützung. Dabei wies er darauf hin, daß die Kommunisten jetzt sehr rührig und deshalb eine „größere finanzielle Bewegungsfreiheit sehr wichtig" wäre. Außerdem bat er Paul, sich mit Brost in Verbindung zu setzen, der inzwischen ein Visum für England erhalten hatte, und ihm seine Eindrücke und Erfahrungen über seinen Besuch in London zu mitzuteilen. AdsD Bonn, PV-Emigration, Mappe 81.

5 In seinem Brief vom 5. Mai 1942 bat Ollenhauer Brost, mit den führenden Vertretern der sozialdemokratischen Emigration in Schweden (Stahl, Hahnewald, Tarnow, Paul) wegen der innerparteilichen Differenzen und der Informationen über die Stimmung in Deutschland sowie mit Lisa Hansen zu sprechen. Außerdem beauftragte er Brost, eine Aufstellung über das in Schweden befindliche Material des PV zu beschaffen, das seinerzeit nach Kopenhagen gesandt und später von Karl Raloff nach Schweden gebracht worden war. Soweit möglich sollte er darin befindliche Parteikorrespondenz und Handbücher mitbringen, aber auch neuere Veröffentlichungen aus Deutschland, die Rückschlüsse auf die dortige Lage zuließen. Was den Transport betraf, verwies er auf die Möglichkeit, „vielleicht kann es auf diplomatischem Wege über unsere polnischen Freunde befördert werden." Im Brief an Philip Price vom gleichen Tag erwähnt Ollenhauer, daß in Abstimmung mit Ciołkosz im Flugzeug zwei Plätze für Brost reserviert worden seien. Beides in: AdsD Bonn, PV-Emigration, Mappe 81.

6 Ollenhauer hatte in seinem Notizkalender im April 1942 nur wenige Termine vermerkt, sie betrafen vor allem Sitzungen der Union (8.4., 28.4.), der Internationalen Kommission (10.4.), SPD-Veranstaltungen mit Lucy Middleton (10.4., 17.4. und 24.4.) sowie Besprechungen mit Price, Mayer, Gottfurcht (alle 22.4.) und Gutmann (26.4.). Fritz Heine hatte nach seinen Aufzeichnungen Gespräche außer mit Demuth (vgl. Anm. 2) auch mit Bělina (12. April, über Polen), Lorenz (12.4. über Clarity Group), Wolff (10. April, über Retzlaw, Ende April, u.a. über Versammlung mit Kahle), Menne (20. April, über Brüning 1929/30), Auerbach (Ende April, ob Heine bereit, Erklärung gegen Geyer zu unterschreiben) . Über das Gespräch mit Geyer (o.D. ca. 20. April) hielt Heine fest: „CG für dirigierte Inflation nach d[em] Krieg, Nivellierung d[es] Einkommens durch Inflation. Prinzipiell müssen wir Spezialverpflichtung D[eu]tschl[an]ds zur Wiedergutmachung zugeben. 1) Anerkenntnis d[er] Schuld, 2) Moralische Verpflichtung a) als internat[ionale Soz[ialisten] b) als Vertreter d[es] d[eu]t[schen] Volkes 3) Wiedergutmachung. Vgl. Anm. 1.

7 Es bleibt unklar, worum es sich handelt. In der Korrespondenz des PV findet sich nur die Antwort Vogels auf die Frageaktion Braunthals, s. Nr. 259. Im Nachlaß Braunthals im IISG gibt es ebenfalls keine Hinweise. In Nr. 37 der SM von Anfang Mai 1942 findet sich auf S. 3 ein Hinweis auf die „War-Time Conference" des Left-Book-Club am 30./31. Mai 1941 mit Laski, Kingsley Martin, Julius Braunthal, Louis de Brouckère, u.a. Möglicherweise handelte es sich auch um die Antwort Braunthals auf den Artikel von Heinz Schmidt, The People's Revolution in Germany, in „Left News", Nr. 69, March 1942, die in Nr. 70, April 1942 erschien.

NR. 262

Notiz Fritz Heines über eine Besprechung mit Hans Vogel und Erich Ollenhauer am 5. Mai 1942

Privatbesitz Fritz Heine, Notizbuch April – Juli 1942

5.5.[19]42

E[rich] O[llenhauer] und H[ans] V[ogel] Executive Labour[1] hat Clarity-Gruppe mitgeteilt, daß sie Gillies Haltung in Loeb-Frage billigt. Das ist Vertrauensvotum f[ür] Gillies, aber auch, wie Laski auf Anfrage Schiff zugibt, für Loeb. Beschluß 10:2. Für Gillies, Walker, Dallas u.a. Nicht anwesend Dalton u.a. Briefwechsel Labour – Clarity lag vor mit Antworten H[ans] V[ogel]/E[rich]O[llenhauer], Gottfurcht, Schiff und bereits einer Erwiderung von Loeb dazu[2], 4 Seiten mit heftigen Angriffen gegen H[ans] V[ogel]/E[rich]O[llenhauer] und vor allem Schiff, dem vorgerechnet wird, daß er 33 noch wieder nach D[eu]tschl[an]d zurückkehrte, während Loeb sofort fliehen mußte, u[nd] Gottfurcht, bei dem d[ie] Frage aufgeworfen wird, wieso er als Jude u[nd] Gewerkschafter bis 1938 in D[eutschland] bleiben konnte.

Schiff und Gottfurcht sind erbost, daß Mitteilungen interner Art s[einer] Z[ei]t an Loeb gelangten. Gottfurcht darüber, daß Loeb weiß, daß H[ans] V[ogel] und E[rich] O[l-lenhauer] an Gottfurcht Rat gaben, Loebs[3] Aufnahme in Gewerkschaft nicht abzulehnen (Erzählt in PV-Sitzung, Geyer an Loeb weitergegeben).

Sander hat gegen Nicht-Aufnahme v[on] Loeb gestimmt im Arbeitsausschuß[4], das hat wahrscheinlich durch Telefonat Wi[lhelm] Sa[nder] – Loeb, letzterer erfahren u[nd] Gottfurcht ist auch darüber erbost. Schiff ist gekränkt, weil Bemerkung von ihm „1. Giftschlange, der Zähne auszubrechen sind, ist Gillies, 2. Loeb", Bemerkung, gemacht im September bei Frühstück H[ans] V[ogel], E[rich]O[llenhauer], C[urt] G[eyer] und Schiff, von Geyer an Loeb und von diesem an Labour-Party weitergegeben worden ist.

H[ans] V[ogel]: Günther (Rechtsanwalt) von Loeb aufgefordert, Broschüre Fememorde zu schreiben, aus d[er] hervorgeht, daß Justiz stets nazifreundlich war. Günther bereit, hat Material, aber man kann nicht sagen, Justiz – in allen Fällen nazifreundlich. Loeb: Dann hat es keinen Zweck, daß wir verhandeln.

---

1 D.i. National Executive Committee der Labour Party.
2 Vgl. Einleitung, Abschnitt II.4.2., III.4.1. und V.
3 Vorlage: „nicht auszuschließen, deshalb nicht aufzunehmen" gestrichen.
4 Gottfurcht hatte Loeb am 23. Oktober 1941 mitgeteilt, daß der Arbeitsausschuß der LdG seine Aufnahme abgelehnt habe, da er Arbeitgeber-Funktionen ausübe. IISG Amsterdam, IFTU, Mappe 261.

NR. 263

Notiz Fritz Heines über die Parteivorstandssitzung am 7. Mai 1942

Privatbesitz Fritz Heine, Notizbuch April – Juli 1942

7.5.[1942] PV-Sitzung[1].

Bericht **F[ritz] H[eine]** über Konflikt in Frankreich – Hirschberg.[2]

H[ans] V[ogel]- Vorschlag: Hirschberg zur Stellungnahme zu Vorwürfen auffordern u[nd] die anderen solange vertrösten.

E[rich] O[llenhauer] Zusatz: Hirschberg Zusammenarbeit mit S[üß]-Kreis[3], ev[entuell] Rücktritt nahelegen.

E[rich] O[llenhauer]: Loeb versendet Schriftwechsel Gottfurcht, Schiff, PV u[nd] Antwort Loeb.[4] Die beiden ersteren verärgert, da Nachrichten über Gespräche zu Loeb gelangten. Vereinbart, Rücksprache mit Beiden.

F[ritz] H[eine] Bericht über Gespräche mit Auerbach[5], Freundlich[6], Lehmann-Russbueldt[7], Wolff[8].

---

1 Vorlage: „7.5. PV-Sitzung" unterstrichen.

2 Anlaß war ein Brief aus der Schweiz vom 26. März 1942 an den Parteivorstand, in dem gefordert wurde, „Dr. E. Hbg." (Hirschberg) die Funktion zu entziehen, dem weitere ähnliche folgten. Hirschberg war Nachfolger Heines als Beauftragter des PV in Marseille. Möglicherweise bezogen sich die Vorwürfe auf ein Gerücht, das Heine in einem Brief an Erich Lewinski am 31. März 1945 erwähnt: Hirschberg habe von 15 000 ffrs, die er von Kägi (Schweizer Arbeiterhilfswerk) für die Ausreise bestimmter Personen erhalten hatte, einen Teil dazu verwendet, um anderen Personen, die ihm wichtiger erschienen, die Ausreise zu ermöglichen. Die ursprünglich Vorgesehenen erhielten dann später von ihm Geld aus einem anderem Fonds. Heine übersandte am 7.10.1942 Abschriften der Briefe Hirschbergs an den PV. Privatbesitz Heine, Ordner Korrespondenz London, S-Z, L-R; AdsD Bonn, PV-Emigration, Mappe 51, Depositum Heine, Ordner Nr. 42, Briefwechsel 1941–45 (Korr. mit Hirschberg 1941/42). Im Notizbuch Heines September 1941 – Januar 1942 findet sich ein Verzeichnis der 16 Briefe Hirschbergs zwischen 1.11. und 10.6., Privatbesitz Fritz Heine.

3 Das Wort ist nicht deutlich lesbar. Gemeint ist vermutlich der Kreis um Bruno Süß, ADG.

4 Es handelt sich um die Stellungnahmen im Konflikt um den Angriff der Clarity Group auf Loeb. Vgl. Nr. 262.

5 Das Gespräch mit Auerbach am 6. Mai betraf vor allem den Konflikt mit Loeb. Auerbach informierte Heine über die Versendung des Briefwechsels durch Loeb und fragte nach der Reaktion des PV. Auerbach wollte auch eine Gegenerklärung zu Huysmans 6 Punkten zusammenstellen und fragte nach Unterzeichnern, schloß aber Vogel aus, da er für die frühere Politik verantwortlich sei. Er polemisierte gegen Gottfurcht und die Geyer-Broschüre. Notizbuch April – Juli 1942, S. 33f., Privatbesitz Fritz Heine.

6 Mit Freundlich besprach sich Heine am 5. Mai über die Arbeit des „Post War Relief Committee", das Planungen für die Versorgung der europäischen Länder nach dem Kriege diskutierte. Notizbuch April – Juli 1942, S. 29f. – Freundlich, Emmy, 1878–1948, Wien, SDAP, Genossenschafterin, Mitglied des Nationalrats, 1939 GB, Ende 1943 Mitgründerin und Vorsitzende des Austrian Committee for Relief and Reconstruction, 1947 zur UN.

E[rich] O[llenhauer]: Schwelb's[9] kennen Tschechen, der hier ist u[nd] den Loeb-Prozeß kennt. Er behauptet, Loeb als 28jähriger habe bei Anstellung als Staatsbankpräsident von so[zial]dem[okratisch]-kom[munistischer] Regierung Vertrag auf Lebenszeit gefordert.

7 Über ein Treffen mit Lehmann-Russbueldt hat Heine nichts notiert, wohl aber über eine Besprechung im ISK-Kreis über die Kommunisten am 5. Mai, dessen Ergebnis die Ablehnung von Verbindungen zu den kommunistischen Parteien war: Notizbuch April-Juli 1942, S. 29, Privatbesitz Fritz Heine.

8 Bei dem Gespräch mit Wolff handelt es sich vermutlich das auf den 8. Mai datierte, aber im Notizbuch vor dem 7.5. eingetragene. Es ging um das von Wolff verbreitete Gerücht, daß bei Loeb eine Haussuchung stattgefunden habe. Notizbuch April-Juli 1942, S. 31f., Privatbesitz Fritz Heine.

9 Schwelb, Egon Dr., 1899–1979, Professor für Sprachen und Literatur, DSAP, 1931–38 Stadtverordneter in Prag, 1939 inhaftiert, Emigration GB, 1942–45 Tätigkeit im ČSR-Rechtsrat, 1945–1947 Mitarbeit bei der UN-Kommission für Kriegsverbrechen.

NR. 264

Notiz Fritz Heines über die Sitzung des Parteivorstandes mit Wilhelm Sander, Alfred Abramowitz und Hermann Meyer am 4. Juni 1942

Privatbesitz Fritz Heine, Notizbuch April – Juli 1942

4.6.[19]42. Gespräch zu sechst[1], mit Abramowitz[2] und Meyer[3], auf Wunsch v[on] M[eyer].

Vorschlag v[on] **M[eyer]**, einen d[eu]t[sch]-engl[ischen] Klub zu gründen, um bessere Atmosphäre zu schaffen.

Abramowitz: Vorbedingung ist Überwindung der Spaltung.

Vereinbarung: Gespräch Braun/Höltermann[/]Abram[owitsch]/Meyer und Vogel/Ollenhauer zur Überwindung schwebender Differenzen.

Vorbereitung für Klub-Gründung durch Beschaffung von Adressen v[on] Engländern. [4]

---

1 Vermutlich Vogel, Ollenhauer, Heine, Sander und die beiden Genannten.
2 Vorlage: bei jeder Nennung „Abramowitsch".
3 Vermutlich handelt es sich um Hermann Meyer.
4 Danach folgen zwei kurze Anmerkungen, die jeweils durch einen Querstrich von der Notiz abgetrennt sind. Vermutlich handelt es sich um Überlegungen oder Vorschläge Heines außerhalb des Gesprächs: „Abramowitsch hat Juristische Wochenschrift bis 1. Halbjahr 1938. Man sollte Abramow[itsch] bitten, uns Vortrag über [Leith-]Ross-Committee zu halten.// Meyer sollte über Aufbau britischer Ausl[an]dsprop[anda] sprechen + Versuch machen, monatlich journal[istische] Notiz über Tätigkeit SP zu lancieren. Gründung v. Informationszentrale u[nd] Zusammenschluß von SP-Journalisten." Privatbesitz Fritz Heine, Notizbuch April – Juli 1942, S. 51.

NR. 265

Notiz Fritz Heines über die SPD-Versammlung am 12. Juni 1942

Privatbesitz Fritz Heine, Notizbuch April – Juli 1942

12.6.[1942] SPD-V[er]s[amm]l[un]g.

Glänzend besucht. A.J.[1]; Sänger, Klavierspieler. Matteottifeier. Vortrag Treves[2], geistvoll, witzig. Ergänzende Bemerkungen Gaevernitz. Rezitationen [Dora] Segall (Sahl[3] und Toller[4]), Gemeinsamer Gesang.

---

1 A.J.: Moglicherweise Abkurzung fur „Arbeiter-Jugend" (= Sozialistische Jugend) oder für einen Namen.
2 Paolo Treves sprach über „Matteotti, und sein Vermächtnis an uns".
3 Sahl, Dr. Hans, 1902, Schriftsteller, 1933 ČSR, 1934 Schweiz/Frankreich, 1941 USA, 1953 vorübergehende Rückkehr in die Bundesrepublik.
4 Toller, Ernst, 1893–1939, Schriftsteller, 1933 Aufenthalt in westeuropäischen Ländern, 1935 GB, 1936 USA.

NR. 266

Notiz Fritz Heines über die Parteivorstandssitzung am 15. Juni 1942

Privatbesitz Fritz Heine, Notizbuch April – Juli 1942

PV-Sitzung[1] mit Wi[lhelm] Sa[nder] (15.6.[1942])

F[ritz] H[eine] Bericht Gespräch Cramm.[2]

E[rich] O[llenhauer] Bericht Gespräch mit Brouckère. Dieser höchst unzufrieden über Huysmans-Gillies-Kurs.[3] Will nächste Veranstaltung meiden, wenn H[ans] V[ogel] nicht geht. Ähnliche Haltung hat Lévy, der jedoch zu bedenken hat, daß Hauck dann wohl an seine Stelle tritt. Antwort Huysmans auf H[ans] V[ogel]-B[rie]f[4] abwarten.

H[ans] V[ogel]: F[ritz] H[eine] soll Wickel[5] anfragen, ob Angaben Alexander Seidel[6] stimmen. Brouckère berichtet[7] über Gespräch zwischen Free French-Geschäftsträger Tr...[8] in USA u[nd] Litwinow[9]. Tr.: hoffe, nach dem Kriege Zusammenarbeit mit KP möglich. Litw[inow]: weiß nicht. Tr.: wenn nicht, Soz[ialisten] haben aus Erfahrun-

---

1 Vorlage: „PV-Sitzung" unterstrichen.
2 Mit Dr. Cramm, dem Pastor der deutschen Gemeinde in Oxford, hatte sich Heine am 15. Juni nach seinen Notizen ziemlich allgemein unterhalten. Er hatte nach der Herkunft der Gemeindemitglieder, gefragt, Dr. Cramm hatte sich nach Höltermann und Ebeling erkundigt und berichtet, daß er den Beitritt zur in Oxford gegründeten Association of Free Germans abgelehnt habe. Die beiden vereinbarten ein weiteres Gespräch für den 27. Juli bei Dr. Cramm. Anlaß des Treffens dürfte die Information Seidels gewesen sein, daß in Oxford ein Free-German-Movement gegründet worden sei, dessen Vertrauensperson Adele Schreiber-Krieger (SPD) sei. Notizbuch April – Juli 1942, S. 55f. und 49, Privatbesitz Fritz Heine.
3 Gemeint ist das von Huysmans geleitete Internationale Komitee. Vgl. Anm. 5.
4 Huysmans hatte Vogel am 9. Juni 1942 informiert, daß er zur Sitzung des von ihm geleiteten Internationalen Komitees auch Geyer einladen werde. Vogel protestierte dagegen in einem Schreiben an Huysmans am 13. Juni 1942, auf das ihm Huysmans am 15. Juni 1942 ablehnend antwortete. Aus Protest dagegen blieben Vogel, Ollenhauer, Pollak, de Brouckère und Levy den nächsten Sitzungen fern. In einem von Czernetz und Pollak (London-Büro der österreichischen Sozialisten) unterzeichneten Schreiben an Huysmans vom 15. September 1942 werden die Gründe des Fernbleibens der Gruppe nochmals bekräftigt und gleichzeitig die Wiederaufnahme der Mitarbeit angekündigt. AdsD Bonn, PV-Emigration, Mappe 55 (Huysmans-Vogel, Czernetz/Pollak-Huysmans), 150 (Vogel-Huysmans).
5 Vermutlich: Wickel, Helmut, *1903, Redakteur, SPD, NB, 1934 ČSR, 1938 Frankreich, 1941 USA, Trennung von NB und Aufnahme in GLD, Mitarbeit „Neue Volks-Zeitung" New York.
6 Seidel hatte Heine am 5. Juni über das Auftreten Loebs in einer Veranstaltung der tschechischen sozialistischen Partei informiert. Dort hatte Loeb, der mit Nečas befreundet war, in der Diskussion weitergehende Forderungen nach einer Entindustrialisierung Deutschlands gestellt. Unmittelbar vor dieser Eintragung hatte Heine eine Notiz über das anscheinend verminderte Vertrauensverhältnis Wickels zu seinem früheren Sekretär Kühnberg notiert. Notizbuch April – Juli 1942, S. 47ff. Privatbesitz.
7 Vogel gibt hier wieder, was ihm de Brouckère erzählte.
8 Nicht ermittelt.
9 Litwinow, Maxim M., 1876–1951, 1930–39 sowjetischer Außenminister, 1941–43 Botschafter in Washington.

gen d[er] letzten Jahre ebenfalls gelernt. Litw[inow]: mag sein; aber ein wesentlicher Unterschied. Soz[ialisten] können keine Kommunisten an d[ie] Wand stellen. Aber Kommunisten können/werden Sozialisten.

H[ans] V[ogel] Bericht über Gespräch mit Nečas.

E[rich] O[llenhauer] Gespräch mit Lütkens: hier lebt 80jähr[iger] Reichsbahnrat, Loeb fordert ihn auf, Broschüre über Reichsbahn zu schreiben. Einverstanden. Loeb: Ja, aber muß Nachweis enthalten, daß Reorganisierung u[nd] Wiederaufbau d[er] R[eichs]B[ahn] seit 1919 ausschließlich unter strategischen Gesichtspunkten erfolgt ist. Ablehnung, da das nicht wahr. Verhandlungen zerschlagen.

Wi[lhelm] Sa[nder]: Gespräch mit Schmidt. Überreicht Denkschrift für Stärkung War effort.[10] Wünscht mit H[ans] V[ogel] zu reden. Große Aktion. Abgelehnt, einmütig.

F[ritz] H[eine] Vorschlag zu antworten: H[ans] V[ogel] bereit mit Pieck zu reden.

H[ans] V[ogel] Bericht über Gespräch mit Alexander Seidel u[nd] seine Lagererfahrungen. 1940. Meldung im Lager: Hitler in London. Verbrüderungsfest u[nd] -gesang zwischen KP- u[nd] NS-Leuten.

---

10 Vgl. Einleitung, Abschnitt II.3.1. und Nr. 72. Schmidt hatte sich am 12. Juni zunächst telefonisch an Demuth gewandt, dann auch an Sander und erklärt, nach dem Pakt sei es doch unmöglich, eine Zusammenarbeit zu verweigern, er wünsche eine Besprechung. Notizbuch April – Juli 1942, S. 55f., Privatbesitz Fritz Heine.

NR. 267

Notiz Fritz Heines über Beiratssitzung und SPD-Versammlung am 16. Juni 1942

Privatbesitz Fritz Heine, Notizbuch April – Juli 1942

16.6.[1942] Arbeitsausschuß mit Weckel, Sorg, Segall.

E[rich] O[llenhauer] Referat und Vorschläge. Diskussion: im Wesentlichen einverstanden.

Segall: Pol[itische] Arbeit d[er] O[rts]Gr[uppe], wünschen Vorsitz selbst zu wählen. Drei im Ausschuß.

E[rich] O[llenhauer] Antwort: Unser Wunsch Wi[lhelm] Sa[nder] Vorsitz. Bei Bedarf Arbeitsausschuß u[nd] Ortsvorstand gemeinsam.

Schiff bringt Huysmans-Sache vor, einige Tatsachen, aus dem Zusammenhang gerissen.[1]

F[ritz] H[eine] Protest. Auseinandersetzung H[erta] Gotthelf – F[ritz] H[eine].

Ortsgruppe.[2] Vorschläge, die zu machen wären. Müssen wissen, was los in D[eu]tschl[an]d. Ihr könnt helfen, das ist Aufgabe. Anstrengungen KPD. Katholiken, Protestanten und ihre Aktivität. Literatur-Vertrieb. Wer hat Schwarze Liste ergänzt?[3] Wer H[ans] V[ogel] Zeitungsartikel gesandt, über Tätigkeit anderer berichtet. Konkrete Aufbaupläne gemacht. Adressen hergegeben und Kenntnis von Informationen gegeben?

Nicht deklamier[en]. Deklaration sinnlos, wenn in Papierkorb. Größenverhältnisse beachten. Wir repräsentieren wen? Beweise? Eine Adresse. Ein Zeichen von Aktivität? Achtung u[nd] Beachtung nur, mit Arbeit. Wenn wir sagen können, wir wissen: Der u[nd] der ist NS-Funktionär u[nd] hat das gemacht.

So u[nd] so sieht es in D[eu]t[schland] in dieser Frage u[nd] diesem Betrieb aus.

---

1 Vermutlich handelt es sich um den Vorwurf, Huysmans habe während seiner Amtszeit als Präsident der SAI als Bürgermeister von Antwerpen 1937 und 1938 Deutschland besucht.

2 „Ortsgruppe" hs. unterstrichen

3 Es dürfte sich um die Liste der Personen handeln, die im Verdacht standen, als Spitzel für die Gestapo etc. zu arbeiten.

NR. 268

Notiz Fritz Heines über die Beiratssitzung und SPD-Versammlung
am 3. Juli 1942

Privatbesitz Fritz Heine, Notizbuch April – Juli 1942

3.7.[19]42[1] V[er]s[amm]l[un]g SPD.

Vorher Beirats-Sitzung.

Referat **E[rich] O[llenhauer]** mit Darstellung der Absichten; Wahl Ortsausschuß drei
Mann und ein Mann davon in Beirat.

Polemik **Sorg, Segall, Weckel, Wittelshöfer**, zum Teil für mehr Beiratsmitglieder
der O[rts]Gr[uppe].

Möller-Dostali praktische Vorschläge.

Gottfurcht, Schiff, Gotthelf stellen sich zur Beirats-Wahl, um nicht als „Senatoren“,
nichtgewählte, ernannte, angesehen zu werden.

Gleiches erklärt **Gleissberg** für redakt[ionelle] Mitarbeit.

Salomons Antrag: Erhöhung Orts-Ausschuß auf fünf.

Akzeptiert von **E[rich] O[llenhauer]**, der erklärt, neue Situation sei geschaffen durch
Erklärungen Gottfurcht usw. Vertagung der Abstimmung und Wahl um 14 Tage.

---

1 Vorlage: Datum ms. unterstrichen.

NR. 269

Notiz Fritz Heines über die Parteivorstandssitzung am 6. Juli 1942

Privatbesitz Fritz Heine, Notizbuch April – Juli 1942

PV. 6.7.[19]42.[1] Diskussion über O[rts]Gr[uppe] u[nd] Beiratswahl.[2]

F[ritz] H[eine]: unsere Schuld, daß es zu der Pleite am Freitag[3] kam. Schuld: Beirats-Gründung überhaupt; Unklarheit über „Zuwahl"; Diskriminierung nichtgewählter; Unklarheit über Beirats-Aufgaben; Keine Eigenpropaganda = Information über unsere Tätigkeit. Notwendig „Bedeutung" der O[rts]Gr[uppe] klarzustellen. Vorbesprechungen abzuhalten; unsere Absichten darzustellen; Wahl und Wahlvorschläge zu präparieren, ev[entuell] Gegenliste; regelmäßige Information über unsere Tätigkeit. Bildung Beirats nur f[ür] engl[ische] Fragen.

H[ans] V[ogel] u[nd] **E[rich] O[llenhauer]** gegen Fortsetzung Beirat, nicht mehr möglich nach Resignation der Drei. Einverständnis mit nochmaligem Versuch einer Vorbesprechung, Notwendigkeit fester Haltung in V[er]s[amm]l[un]g als Abwehr gegen Segall-Politik[4], um zu zeigen, daß wir seine Haltung nicht billigen. Einverstanden mit Wahlvorbereitung usw. Konzession Teilnahme 1 PV-Mitgliedes (**F[ritz] H[eine]**: aller) an O[rts]Gr[uppe] Beratungen.

Wi[lhelm] Sa[nder]: pessimistisch Spaltung unvermeidlich, nicht bereit Politik von Segall als Vorsitzender auszuführen oder zu decken. Beschluß: So[nntag]: Besprechung mit Beirat; Versuch Gottfurcht, Schiff, Gotthelf zur Kandidatur zu veranlassen. Do[nnerstag] nächste Besprechung über KP- Manuskript.[5]

---

1 Vorlage „PV. 6.7.42." unterstrichen.
2 Vgl. hierzu auch Nr. 267, 268; Röder, Exilgruppen, S. 34f.
3 Zur Beiratssitzung am Freitag, den 3.7.1942 vgl. Nr. 268.
4 Es handelte sich um die Opposition gegen die politischen Kompromisse, die sich aus der Zusammenarbeit mit bürgerlichen Organisationen, wie im Falle der Lidice-Erklärung, ergaben. Segall, der 1935–39 als Referent in der „Reichsvertretung der Juden in Deutschland" gearbeitet hatte, wandte sich scharf gegen die „Vansittartisten". Vgl. Röder, Exilgruppen, S. 34.
5 Im Notizbuch (April – Juli 1942) Heines findet sich auf der letzten Seite folgende Aufstellung über seine Initiativen und Ausarbeitungen:
„Vorschläge für P.V.:

Betrifft:	Dat[um] Erl[edigt]
1.) Ms. soz[ial]demo[kratische] Presse	Mai 42
2.) Vorschlag Halbjahrbericht f[ür] JLC + Lab[our] Party	Juni 42
3.) Komitee Lebensmittelversorgung	Juni 42
4.) Kommunisten-Bekämpfung (I.)	April 42
5.) Ms. Wir u[nd] KPD	30.6.42
6.) Propagan[da] + Organ[isation] Vorschläge (I.)	Okt. 41".

Nr. 270

Notiz Fritz Heines über die Parteivorstandssitzung am 9. Juli 1942

Privatbesitz Fritz Heine, Notizbuch April – Juli 1942

9.7.[19]42 PV.

Bericht **E[rich] O[llenhauer]** über Gespräch mit Beirat (Gottfurcht will f[ür] Ortsausschuß nicht kandidieren, aber als Gew[erkschafts]-Vertreter an Sitzungen teilnehmen; Schiff ist nicht erbaut, Herta [Gotthelf] ist bereit; Montag Sitzung; Wahlvorbereitung. Wahl schriftlich. Schiff soll mit Segall w[e]g[en] politischer Haltung sprechen). E[rich] O[llenhauer] Bericht über Gollancz-Sitzung.[1] Rede de Brouckère. Tendenz allgemein gegen Sozialisten, für mildere Reaktionsform.

    F[ritz] H[eine]: Bericht Gespräch Dr. Joy.[2] Diskussion über Denkschrift KP.[3] E[rich] O[llenhauer]: Streichungen.

---

1 Vermutlich ist die in Ollenhauers Notizkalender am 8. Juli 1942 vermerkte Sitzung des International Socialist Forum im ALC gemeint. AdsD Bonn, NL Ollenhauer, Mappe 3.
2 Das Gespräch mit Dr. Charles Joy, europäischer Beauftragter des Unitarian Service Committee of Boston, am 7. Juli betraf Flüchtlingsfragen und Nachkriegsprobleme. Dr. Joy war mit der Befreiung der in Frankreich internierten Mitglieder der Internationalen Brigaden befaßt und führte in diesem Zusammenhang Gespräche mit britischen Stellen und Vertretern der verschiedenen betroffenen Emigrationsgruppen. Auch über die Lebensmittelversorgung Deutschlands nach dem Kriege wurde ausführlich gesprochen. Privatbesitz Fritz Heine, Notizbuch April – Juli 1942, S. 67ff.
3 Es handelte sich um die von Heine verfaßte 24seitige Ausarbeitung „Wir und die Kommunisten", in: AdsD Bonn, PV-Emigration, Mappe 154.

NR. 271

Notiz Fritz Heines über die Beiratssitzung am 13. Juli 1942

Privatbesitz Fritz Heine, Notizbuch April – Juli 1942

13.7.[19]42 Besprechung mit Ausschuß und Beirat.[1]

E[rich] O[llenhauer]: Vorschläge d[es] PV: Beirat fallen lassen. Ortsausschuß in Urwahl. Fünf Mann u[nd] Wi[lhelm] Sa[nder]. Legen Wert auf Gotthelf & Schiff als
[Mitglieder][2]

---

1 Vorlage: Zeile hs. unterstrichen. – Da der Ortsausschuß noch nicht gewählt war, dürfte es sich um die vom
  PV in Aussicht genommenen Kandidaten gehandelt haben.
2 Vorlage: Wort nicht lesbar, dem Sinn nach ergänzt. – Weitere Sitzungen des London-Ausschusses (LA)
  fanden am 7. und 21. August 1942 statt. In der LA-Sitzung am 7. August hatte Sorg eine 14 Punkte umfassende Liste von Vorschlägen eingebracht. Sie richteten sich zum einen auf eine stärkere Formalisierung
  (Wahl eines Schriftführers, eines zweiten Vorsitzenden und eines Kassierers, Führung einer Mitgliederliste,
  Ausgabe von Mitgliedsausweisen), zum anderen auf eine stärkere Einbeziehung des London-Ausschusses
  in die PV-Tätigkeit (monatlicher Bericht über Stand der PV-Tätigkeit, Besprechungen über das Verhältnis
  zu den SPD-Organisationen in den anderen Emigrationsländern, zur Union, zur Labour Party, zur SAI und
  zur KPD, Stellungnahmen zum kommenden Frieden und Erklärungen anderer Organisationen. Sander hatte
  die organisatorischen Punkte in seiner Beratungsvorlage zurückhaltend kommentiert, zur PV-Tätigkeit sollte
  Ollenhauer am 21. August Stellung nehmen. Vgl. „Die 14 Punkte des Genossen Sorg in der Sitzung am
  7.8.42" (Sander), in: AdsD Bonn, PV-Emigration, Mappe 111.

NR. 272

Notiz Fritz Heines über die Parteivorstandssitzung am 15. Juli 1942

Privatbesitz Fritz Heine, Notizbuch April – Juli 1942

15.7.[19]42. PV.

E[rich] O[llenhauer] Bericht über Huysmans-Komitee.[1] Brouckère geht zur nächsten Sitzung nicht; bedeutet keine prinz[ipielle] Festlegung. Lévy[2] schließt sich an. Pollak spricht mit Czernetz[3] u[nd] wird wohl auch nicht gehen. Zygielbojm[4] (Bund) wird sprechen.

Vereinbart: an Zygielbojm und Cioł[kosz][5] zu schreiben, daß Fernbleiben kein Affront gegen sie oder ihre Sache. B[rie]fentwurf zusammen mit Brouckère für nächste Sitzung. F[ritz] H[eine] soll Erkundigungen bei Treves über letzte Sitzung einziehen.

O[rts]Gr[uppen] Wahl. Durchsprache Vorschläge ergibt Übereinstimmung, sich für Wahl von Schiff, Gotthelf, Weckel, Sorg, Rawitzki (?), Posner (?), Heilfort einzusetzen.

KP Denkschrift soll in 15 Ex[emplaren] angefertigt u[nd] a[n] Ortsausschuß übermittelt werden. B[rie]f Baruth[6] wegen E[rich] O[llenhauer] zur Kenntnis genommen.[7]

---

1 Zum Konflikt im Huysmans-Komitee wegen der Einbeziehung Geyers vgl. Nr. 266.
2 Vorlage: „Levi".
3 Vorlage „Czernitz".
4 Vorlage: jeweils „Ziegelbaum".
5 Vorlage: „Cioł..." Der Rest des Namens ist nicht zu entziffern, vermutlich handelt es sich um Ciołkosz.
6 Im Bestand PV-Emigration findet sich aus dieser Zeit nur ein Brief Baruths vom 23. Juli 1942, in dem er seinen Wahlzettel übersendet, sich über das Fallenlassen des Beirates durch Ollenhauer und über dessen Vorwurf der Parteispaltung gegen ihn beklagt. AdsD Bonn, PV-Emigration, Mappe 17.
7 Dies ist die letzte Notiz Heines über eine PV-Sitzung bis November 1944.

Nr. 273

Bericht der „Sozialistischen Mitteilungen" über die Bildung und Wahl des London-Ausschusses der SPD im Juli 1942

SM, Nr. 40, 1. August 1942

Londoner Ausschuß der SPD[1]

In den letzten Versammlungen der in London lebenden SPD-Mitglieder hat eine eingehende Aussprache über die Aufgaben der in London lebenden Parteimitglieder stattgefunden. Das Resultat dieser Aussprache waren folgende einstimmig gefaßten Beschlüsse.

1. Zur Leitung der gemeinsamen Angelegenheiten der in London lebenden, registrierten Mitglieder der SPD wird ein Ausschuß gewählt, der aus dem Vorsitzenden und sechs Beisitzern besteht.[2]

2. Die Wahl dieses Ausschusses erfolgt durch eine schriftliche Abstimmung, an der alle in London wohnenden SPD-Mitglieder teilnehmen können, die durch Einsendung des grünen Fragebogens registriert sind.

3. An den Beratungen des Ausschusses werden regelmäßig ein Vertreter des Partei-Vorstandes und der Gen[osse] Hans Gottfurcht als Vorsitzender der Landesgruppe deutscher Gewerkschafter in Großbritannien teilnehmen.

4. Wenn sich die sachliche Notwendigkeit ergibt, werden gemeinsame Sitzungen des PV und des Londoner Ausschusses stattfinden. Die Anregungen zu solchen gemeinsamen Beratungen kann sowohl vom Partei-Vorstand als auch vom Londoner Ausschuß gegeben werden.

In Ausführung dieser Beschlüsse fand Ende Juli eine schriftliche Abstimmung statt, an der sich über 75% der Abstimmungsberechtigten beteiligten. Gewählt wurden, als Vorsitzender: Wilhelm Sander, als Beisitzer: Victor Schiff[3], Herta Gotthelf, Heinrich Sorg, Kurt Weckel, Fritz Segall und Lothar Günther.

---

1 Vorlage: „Londoner Ausschuß der SPD" ms. unterstrichen.
2 Obwohl nicht erwähnt, wurde der bis dahin bestehende, vom PV bestimmte Beirat, aufgelöst.
3 Vorlage: „Wilhelm Sander" und „Victor Schiff" jeweils ms. unterstrichen. Bei den folgenden Namen sind nur die Nachnamen unterstrichen.

NR. 274

Bericht der „Sozialistischen Mitteilungen" über die SPD-Konferenz am 7./8. November 1942 in London

SM, Nr. 44, Dezember 1942, S. 2–8[1]

Tagung deutscher Sozialdemokraten in England

Am 7. und 8. November versammelten sich im Heim der österreichischen Sozialisten in London, im Austrian Labour Club House, zahlreiche deutsche Sozialdemokraten aus London und aus den verschiedenen Teilen der britischen Insel zu einer Wochenendtagung.

Es war die erste Tagung dieser Art der in England lebenden deutschen Sozialdemokraten.

Der gute Besuch der Tagung, der vor allem für die von auswärts gekommenen Genossen und Genossinnnen mit erheblichen materiellen Opfern und Unbequemlichkeiten verbunden war, bewies das große Interesse der Genossen an einer solchen gemeinsamen Aussprache über die politischen Probleme. Einige der auswärts Wohnenden hatten ihr Interesse und ihre Verbundenheit durch die Sendung von Begrüßungsschreiben und -telegrammen bekundet. Die Veranstaltung war ein großer Erfolg.

Unsere beschränkten Raumverhältnisse verbieten es uns, über die Veranstaltung ausführlich zu berichten. Da aber von verschiedenen Teilnehmern der Tagung und besonders auch von Genossen, die aus zeitlichen oder aus anderen technischen Gründen nicht nach London kommen konnten, dringend eine ausführliche Berichterstattung, vor allem über die Hauptreferate gewünscht worden ist, werden wir diese Referate hier in großen Zügen wiedergeben.

Die Tagung wurde am Samstag, dem 7. November, nachmittags durch einen Bericht des Vertrauensmannes der deutschen Sozialdemokraten in England, des Genossen **Wilhelm Sander** über die deutsche Emigration in England und in anderen europäischen und außereuropäischen Ländern eingeleitet.

Der Redner gab an Hand von ausführlichem Material eine Übersicht über den zahlenmäßigen Umfang der sozialdemokratischen Emigration, ihre soziale Situation, ihren Einsatz in der Kriegsindustrie oder in anderen Institutionen und Formationen des Kriegseinsatzes, ihre organisatorische und politische Tätigkeit in England, und er er-

---

1 Vorlage: Überschriften ms. unterstrichen, die zahlreichen ms. Unterstreichungen von Namen, Organisationen und Schlagwörtern im Text werden nicht wiedergegeben. – Ein ausführlicherer Bericht über die Konferenz wurde in englischer Sprache unter dem Titel „Conference of German Social Democrats in England", 20 S., veröffentlicht. In: TUC Library, London.

gänzte dieses Bild durch eine knappe Übersicht über Umfang und Tätigkeit der sozial-demokratischen Emigration in anderen europäischen Ländern und in Übersee.

Nach diesem Bericht sprach **Hans Vogel**, der Vorsitzende der Sozialdemokratischen Partei Deutschlands über das Thema: „Die sozialistische Bewegung im Kriege und nach dem Kriege" Genosse Hans Vogel entwickelte in seinem mit starkem Beifall aufgenommenen Referat im wesentlichen folgende Gedankengänge: [...] [2]

Die Revolutionsfeier am Abend vereinigte die Teilnehmer der Wochenendtagung mit einer großen Anzahl der in London lebenden Genossen und Genossinnen und mit zahlreichen internationalen Gästen. Der Saal war überfüllt, als Genosse **Wilhelm Sander** die Erschienenen begrüßte und vor allem die internationalen Gäste wilkommen hieß. Unter den Erschienenen befanden sich englische, tschechische, sudetendeutsche, italienische, österreichische und russische Genossen. Neben unseren Parteigenossen nahmen auch Genossen der SAP und des ISK teil, die vom Vorsitzenden ebenfalls herzlich begrüßt wurden.

In den Begrüßungsworten gedachte Genosse **Wilh[elm] Sander** der Opfer der deutschen Revolution, der Männer und Frauen, die im Kampf um die Erhaltung der Weimarer Republik gegen den Nationalsozialismus fielen, der Opfer und Kämpfer der illegalen Bewegung unter dem Hitlerregime, der Freiheitskämpfer in den okkupierten Ländern und feierte in ergreifenden Worten das Heldentum der Tausende, die heute in allen Ländern Europas unter der Gewaltherrschaft der Hitlerdiktatur kämpfen und leiden, ohne Unterschied der Nation oder der Rasse, aber einig in dem Willen zur Freiheit.

Mit einem Hinweis auf den Freiheitskampf der Völker, der heute in allen Erdteilen von den Armeen der Alliierten geführt wird, verband der Redner eine besondere Ehrung der Sowjetunion und der Roten Armee, die am gleichen Tag das fünfundzwanzigjährige Bestehen der Sowjetunion feiert.

Die Versammelten vereinigten sich in einer Kundgebung, deren Wortlaut dem russischen Botschafter in London übermittelt wurde.

Der volle Wortlaut dieser Sympatie- und Begrüßungskundgebung an die Völker der Sowjet-Union lautet:

An die Völker der Sowjet-Union

„Wir deutschen Sozialdemokraten in England, versammelt in London am 7. November 1942 zu einer Erinnerungsfeier an die deutsche Revolution, richten an diesem Tag unseren Gruß an die Völker der Sowjet-Union.

Das russische Volk begeht den Tag des fünfundzwanzigjährigen Bestehens der Sowjet-Union im schwersten Kampf gegen die faschistischen Eindringlinge.

---

2 Auf die Dokumentation der Rede wurde verzichtet. Vogel sprach über die sich aus dem Kriegsverlauf ergebende Verantwortung der USA und GBs für die europäische Nachkriegsordnung. Er ging auf den notwendigen internationalen Charakter der Planungen und Institutionen ein, fragte nach den Aussichten des internationalen Sozialismus nach dem Krieg, abschließend erteilte er der Zusammenarbeit mit der KPD eine Absage.

In der Geschichte des großen Ringens der alliierten Nationen und der unterdrückten Völker gegen faschistische Tyrannei und Fremdherrschaft werden die Namen Moskau, Leningrad, Sewastopol und Stalingrad als leuchtende Beispiele der Entschlossenheit und des Heldenmutes von Millionen russischer Männer und Frauen für immer fortleben. Wir gedenken in Ehrfurcht der Opfer dieses Kampfes, und wir grüßen die Millionen russischer Männer und Frauen, die an der Front und hinter der Front für den Sieg über den internationalen Faschismus kämpfen und arbeiten.

Als deutsche Sozialdemokraten und Antifaschisten erneuern wir unser Gelöbnis, in den Reihen der alliierten Nationen und der unterdrückten Völker mit allen unseren Kräften auch in Zukunft mitzuhelfen, bis im Kampf für die Befreiung der Völker von der Tyrannei der Hitler-Diktatur der Sieg errungen ist."

[...][3]

Der Sonntagvormittag war ausschließlich der Aussprache gewidmet. Vor Beginn ihrer Arbeit vereinigte sich die Konferenz jedoch zu einer herzlichen Ovation für die Genossin Elisabeth Eisner[4], die an diesem Tag ihren 75. Geburtstag im Kreise ihrer Parteigenossen feierte. Genosse **Julius Lederer**[5], der ebenfalls in diesem Jahr seinen 75. Geburtstag feierte, brachte den Dank der beiden Geburtstagskinder für die Ehrung zum Ausdruck.

An der mehrstündigen Aussprache beteiligte sich eine große Anzahl von Genossen. Der Raummangel verbietet uns, im einzelnen auf die Aussprache einzugehen.

Alle Diskussionsredner beschäftigten sich mit den vor uns liegenden Aufgaben und einmütig war der Wille, in kameradschaftlicher und sachlicher Zusammenarbeit die Mittel und Wege zu finden, die der deutschen Arbeiterschaft, dem deutschen Volke und Europa nach den Schrecken dieses Krieges soziale Sicherheit und dauernden Frieden [zu] geben vermögen. – Der Vorsitzende der Tagung, Genosse **Sander**, konnte die Konferenz mit der Feststellung schließen, daß diese erste gemeinsame Tagung deutscher Sozialdemokraten in England ein erfolgversprechender Beginn einer ständigen Zusammenarbeit und neuer Aktivität war.

---

3 Es folgt die Wiedergabe der Reden Middletons, de Brouckères und der Gedenkrede Ollenhauers für die Revolution. Ollenhauer ermahnte die Sozialdemokraten, aus den Erfahrungen der Novemberrevolution und der Weimarer Republik Folgerungen für die Politik nach dem Sturze Hitlers zu ziehen. Die Veranstaltung war von Musikdarbietungen (Dr. Friedrich Berend), Rezitationen (Dora Segall) und Arbeiterliedern (Sozialistische Jugend) begleitet und endete mit dem Absingen der Internationale. Die Reden sind in Kurzfassung ebenfalls in den SM dokumentiert.

4 Eisner-Hendrich, Elisabeth, *1867, Malerin, SPD Nbg., 1933 ČSR, 1939 GB.

5 Lederer, Julius, *1867, SPD, Geschäftsführer d. Verband der Feuer-Bestattungsvereine Süddeutschlands, 1933 ČSR, 1939 GB.

NR. 275

Entwurf für den Bericht des Parteivorstandes über seine Tätigkeit im Jahre 1942 von Ende Januar 1943

AdsD Bonn, PV-Emigration, Mappe 166[1]

Die Tätigkeit des Vorstandes der Sozialdemokratischen Partei Deutschlands, Sitz London, im Jahre 1942

Im Jahre 1942 waren zum ersten Mal seit dem Zusammenbruch Frankreichs und der dadurch notwendig gewordenen Übersiedlung des Parteivorstandes nach London die technischen Voraussetzungen für die Wiederaufnahme und die Fortsetzung unserer politischen und organisatorischen Arbeit soweit gegeben, daß man jetzt in Form einer Jahresübersicht eine geschlossene Darstellung unserer Arbeit geben kann. Bei der Beurteilung dieser Tätigkeit muß man die besonderen Umstände in Betracht ziehen, unter denen diese Arbeit geleistet werden mußte. Sie waren in jeder Beziehung außerordentlich schwierig. Der Krieg hat der Tätigkeit aller deutschen politischen Emigrationsgruppen in England enge Grenzen gezogen. Trotz unser eindeutigen und offenkundigen Gegnerschaft zum Hitlerregime legt uns die Tatsache, daß wir in einem Lande leben, das gegen Deutschland einen opferreichen und erbitterten Krieg führt, die Verpflichtung zu einer besonderen Zurückhaltung[2] auf.

Die Tatsache, daß auf dem Gebiet der politischen Kriegführung gegen die Achsenmächte bisher die Anerkennung der antifaschistischen Opposition als eine verbündete Kraft nicht erfolgt ist, hat unserer Mitarbeit in der politischen Propaganda der verschiedensten Art Grenzen gezogen, die zu beseitigen außerhalb unserer Einflußmöglichkeiten liegt.

Der Ausbau unserer Verbindungen zu unseren illegal in Deutschland tätigen Freunden über Stützpunkte im neutralen Ausland ist durch die geringe Zahl der in Europa noch neutral verbliebenen Länder und durch die technischen Schwierigkeiten für einen ständigen Kontakt gehemmt worden.

Die personelle und materielle Basis unserer Londoner Zentrale ist sehr schmal. Für die Erledigung der zentralen Aufgaben des Parteivorstandes standen uns im größten Teil des Jahres 1942 nur die Genossen Hans Vogel als Vorsitzender und Erich Ollenhauer als

---

1 An gleicher Stelle findet sich auch die englische Übersetzung des Berichts. – Es handelt sich nicht um die endgültige deutsche Fassung. Der Text ist an einigen Stellen überarbeitet, an mehreren Stellen finden sich Markierungen (+) für eine Veränderung, denen aber nicht immer eine Zuordnung entspricht. Soweit die hs. Korrekturen stilistisch oder sachlich eindeutige Richtigstellungen betreffen, wurden sie eingearbeitet, ansonsten werden hs. Varianten in den Anmerkungen ausgewiesen. Die Überschriften sind ms. unterstrichen.
2 Vorlage: Hinter „Zurückhaltung" stand ursprünglich „auf allen Gebieten unserer Aktivität", was hs. Gestrichen wurde.

[Mitarbeiter][3] zur Verfügung. Der Genosse Heine ist seit Mitte 1942 mit einer Research-Arbeit beschäftigt, die den größten Teil seiner Arbeitskraft in Anspruch nimmt.[4] Der Genosse Geyer ist zu Anfang des Jahres aus dem Parteivorstand auf seinen eigenen Wunsch ausgeschieden.

Die finanziellen Schwierigkeiten waren sehr groß. Die Finanzierung der Arbeit erfolgte im wesentlichen aus einer Zuwendung von 500 Dollar durch das Jewish Labour Committee in New York. Das waren kurz zusammengefaßt, die Umstände, unter denen die Arbeit geleistet wurde, über die wir nachstehend berichten.

1. Verbindungen mit der Bewegung im Lande.

Der Versuch, die nach dem Zusammenbruch von Frankreich völlig unterbrochenen Verbindungen mit den Freunden und Vertrauensleuten in Deutschland wieder aufzunehmen, hat im Jahre 1942 zu einem teilweisen Erfolg geführt. Wir konnten einen regelmäßigen Kontakt mit unseren Stützpunkten in neutralen Ländern herstellen und neue Verbindungen unter unseren Emigranten in diesen Ländern anknüpfen. Bei der Überwindung der technischen Schwierigkeiten für die Aufrechterhaltung der Korrespondenz und der Nachrichtenübermittlung haben wir wertvolle Hilfe bei englischen Freunden gefunden.

Die allgemeine Entwicklung in Deutschland in diesem Jahr hat noch keine grundsätzliche Änderung der Situation der illegalen Oppositionsbewegung gebracht. Das System ist noch stark genug, um jede organisierte Opposition zu unterdrücken. Unsere Freunde und illegalen Zirkel haben sich daher im wesentlichen auf den Austausch von Informationen und die Übermittlung von Nachrichten beschränkt.

Die Resultate dieser ersten Fühlungnahme haben in zwei Deutschlandübersichten[5] ihren Niederschlag gefunden, die wir im Sommer und Herbst 1942 veröffentlicht haben. Die in diesen Übersichten enthaltenen Mitteilungen stützen sich ausschließlich auf die direkten Informationen dieser Verbindungen. Sie ersetzen nicht die früheren Deutschlandberichte des Parteivorstandes, aber sie sind als Quellenmaterial eine wertvolle Ergänzung der sonst zur Verfügung stehenden Informationen über die Lage in Deutschland.

Darüber hinaus betrachten wir den Wiederaufbau unseres Nachrichtendienstes als einen unerläßlichen Ansatzpunkt für weitergehende organisatorische Maßnahmen, die notwendig und möglich werden, wenn die innere Entwicklung in Deutschland der innerdeutschen Opposition eine größere Bewegungsfreiheit gibt. Es ist offensichtlich, daß wir über Einzelheiten dieser Arbeit nicht berichten können.

---

3 Vorlage: Vornamen und Funktionen hs. eingefügt, schwer lesbar.
4 Heine arbeitete seit August 1942 für den SOE bei Sefton Delmer, der für die „schwarze Propaganda" gegen Deutschland zuständig war.
5 Es handelt sich um die Broschüren „The Third Reich during the Spring and Summer of 1942", 15 S. und „Hitlerite Germany during Automn of 1942", 10 S.

2. Untersuchungen über die Lage in Deutschland.

Im Zusammenhang mit der Berichterstattung über die Lage in Deutschland stehen eine Reihe von Untersuchungen über Spezialfragen des deutschen Problems. Eine vielbeachtete Veröffentlichung im Zusammenhang mit lebhaften öffentlichen Diskussionen über die oppositionellen Kräfte in Deutschland war eine Zusammenstellung des Genossen B[edrich] F[ritz][6] Heine über die Nazijustiz gegen Oppositionelle in Deutschland.[7] Die Übersicht enthält eine große Anzahl von Terror-Urteilen der Nazijustiz gegen Hochverräter, Landesverräter, Rundfunkverbrecher usw. Sie stützt sich ausschließlich auf Veröffentlichungen in der Nazipresse in den letzten zwei Jahren. Die Übersicht ist u.a. in der Zeitschrift „Left News" vom [Mai][8] 1942 veröffentlicht worden und sie hat auch in der amerikanischen Öffentlichkeit Beachtung gefunden.

Als Beitrag zu der Diskussion über die ausländischen Arbeiter in Deutschland steuerten wir eine umfangreiche Übersicht mit vorwiegend statistischem Material über Anzahl, Nationalität und Berufsgliederung der ausländischen Arbeiter sowie mit Detailangaben über die gegenwärtigen Standorte der Beschäftigten bei.[9]

Andere Untersuchungen beschäftigen sich mit Spezialfragen auf wirtschaftlichem Gebiet. Eine Denkschrift unter dem Titel: „Die Gauwirtschaftskammern"[10] enthält eine dokumentarische Übersicht über Vorgeschichte und Planung dieser Organisation in der deutschen Wirtschaft. Eine andere, unter dem Titel: „Invaliden- und Altersversicherung in Deutschland"[11] ist eine Darstellung der vergangenen und gegenwärtigen Einrichtungen der Invaliden- und Altersversicherung und der Pläne der Nazis für die Nachkriegszeit.

Eine weitere Spezialarbeit untersucht die organisatorische Gliederung und die politische Haltung der deutschen Jugend.[12] Sie enthält eine Darstellung der organisatorischen Gliederung der deutschen Jugend vor Hitler, eine Untersuchung des Verhältnisses zwischen den Nazis und der Jugend eine Betrachung über die Einsatzmöglichkeiten der jungen Generation nach dem Sturz der Hitlerdiktatur in einem freiheitlich-demokratischen Deutschland.

---

6 Vorlage: „B.F." hs. ergänzt. „Bedrich", tschechisch für „Friedrich", hatte Heine in der Emigration in der ČSR als Namenszusatz angenommen.

7 „Terror-Urteile aus zwei Kriegsjahren. Nazizeitungen berichten über Maßnahmen gegen oppositionelle Deutsche", 16 S., AdsD Bonn, PV-Emigration, Mappe 154.

8 Vorlage: Monat hs. eingefügt, schwer lesbar.

9 Vgl. die Ausarbeitung Heines über ausländische Arbeiter in Deutschland (1942), AdsD Bonn, PV-Emigration, Mappe 154.

10 Die 20seitige Denkschrift war von Heine verfaßt. In: AdsD Bonn, PV-Emigration, Mappe 154.

11 Die 20seitige Denkschrift „Invaliden- und Altersversicherung in Deutschland" war von Heine verfaßt. Vgl. Aufstellung Heines im Brief an Ollenhauer vom 11. Januar 1942, in: AdsD Bonn, PV-Emigration, Mappe 51.

12 Es handelt sich um die Ausarbeitung „Organisationsverhältnisse und politische Tendenzen in der deutschen Jugend", datiert 13.11.1941, 11 S., die Ollenhauer für Israel (RIIA) verfaßte. Vgl. Nr. 41. Denkschrift in: AdsD Bonn, PV-Emigration, Mappe 165.

Auf ähnlichem Gebiet liegt eine zweite Arbeit über die sozialistische Jugendbewegung in Europa vor und während des Krieges und ihre Aufgaben und Möglichkeiten in der Zukunft.[13]

Neben diesen Denkschriften sind kleinere Arbeiten dieser Art mit Untersuchungen über Spezialgebiete auf wirtschaftlichem und politischem Gebiet in den „Sozialistischen Mitteilungen" veröffentlicht worden. Alle diese Arbeiten sind interessierten englischen [und] amerikanischen Stellen[14] zugeleitet worden, und ihr Inhalt und ihre Schlußfolgerungen haben zum Teil in der politischen Propaganda oder in der politischen Kriegführung im allgemeinen ihren Niederschlag gefunden. Im Herbst 1942 sind wir auch in Verbindung mit dem in New York gebildeten „European Labor Research" und mit seiner Vertretung in London gekommen.[15] Wir erklärten selbstverständlich auch in diesem Fall unsere Bereitwilligkeit zur Zusammenarbeit, und wir haben die Hoffnung, daß die angebahnten Beziehungen im Jahre 1943 zu positiven Resultaten führen werden.

3. Mitarbeit in der politischen Propaganda.

Die direkte Propaganda nach Deutschland, die im wesentlichen durch die deutschsprachigen Sendungen des BBC betrieben wird, erfolgt im großen und ganzen unter dem Gesichtspunkt, daß den deutschen Hörern neben Nachrichten Informationen und Kommentare vom Standpunkt der englischen Politik gegeben werden sollen. Gegenüber dem deutschen Hörer wird kein Zweifel darüber gelassen, daß es sich um eine offizielle englische Propaganda handelt, und der Inhalt der Talks ist in erster Linie dazu bestimmt, durch die Übermittlung von Tatsachenmaterial die deutsche Propagandalüge zu zerstören, daß England als plutokratisches und imperialistisches Land die Unterdrückung des deutschen Volkes und die Zerschlagung des Deutschen Reiches als wirkliches Kriegsziel verfolgt.

Im Rahmen dieser Politik sind die Grenzen für eine aktive und regelmäßige selbständige Mitarbeit der deutschen politischen Emigration sehr eng gezogen. Vor allem schließt diese Politik die direkte und ständige Einwirkung auf die deutschen Hörer durch die Vertreter der in England lebenden deutschen Opposition und ihre Mitwirkung in diesem Teil der politischen Kriegführung unter ihrem Namen und unter ihrer politischen Verantwortung aus. Hans Vogel sprach im Rahmen der deutschen Arbeiterstunde der BBC am 9. November 1941 und am ersten [Weihnachtsfeiertag 1941.][16]

---

13 Nicht ermittelt.

14 Ollenhauer stand seit Ende 1942 in enger Verbindung mit Labor desk des OSS in London, für dessen Research and Analysis Branch er eine Reihe von Ausarbeitungen erstellte. Mit britischen Stellen waren die mit „research work" befaßten Abteilungen des FO gemeint sowie der SOE. Vgl. Einleitung, Abschnitt II.3.5.

15 Am „European Labor Research" arbeitete auch Toni Sender mit, die Gottfurcht mit den OSS-Mitarbeitern Goldberg und Pratt bekanntmachte. Pratt wurde der Kontaktmann zur Union. Vgl. Einleitung, Abschnitt II.3.4./5.

16 Vorlage: Nicht lesbar. Es muß sich um die Sendung am 1. Weihnachtsfeiertag 1941 handeln.

Diese Umstände erklären es, daß unsere Teilnahme an der Rundfunkpropaganda nach Deutschland auf wenige besondere Gelegenheiten beschränkt blieb[17]. Darüber hinaus haben wir allerdings Materialzusammenstellungen, aktuelle Hinweise und Spezialuntersuchungen, besonders für die Arbeitersendung des BBC zur Verfügung gestellt.

Für andere Abteilungen der politischen Kriegführung haben wir in der gleichen Weise mitgearbeitet. Eine dieser Ausarbeitungen ist eine Materialzusammenstellung: „Nazi-Kriegsgewinnler" mit konkreten Angaben über Kriegsgewinne von etwa zwanzig Naziführern.[18] In der Richtung einer Unterstützung antinazistischer Zersetzungspropaganda lag eine Arbeit[19] [von] Zitaten aus dem Goebbels-Buch: „Vom Kaiserhof zur Reichskanzlei" über die Lage der Nazipartei nach der Novemberniederlage der Nazis 1932.[20] Sie war von besonderem aktuellen Interesse nach der Münchener Rede Hitlers im November 1942.

Andere Arbeiten bezogen sich auf Vorschläge für eine Propaganda-Kampagne[21], die neue Anregungen für Täuschungs- und Terror-Propaganda enthielten. Außerdem stellten wir auf besonderen Wunsch eine Anzahl von Propaganda-Slogans zusammen, die für besondere Streupropaganda in Deutschland bestimmt waren.[22]

Für alle diese Arbeiten, sei es zur Information über die Lage in Deutschland oder zur sachlichen Unterbauung spezieller Propaganda-Aktionen, mußten wir uns nach dem Verlust unseres gesamten Materials in Frankreich, zunächst wieder geeignete Unterlagen beschaffen. Zur Zeit besitzen wir ein Karthotek mit ca. 8–10 000 Namen von Naziwürdenträgern, in der neben Angaben über ihre jetzige Position zumeist auch Hinweise auf ihre Vergangenheit zu finden sind.[23] Eine andere wichtige Hilfsquelle ist ein Register über deutsche Fragen, das sich auf ein vollständiges Sachverzeichnis der bis Mai 1940 erschienenen Deutschlandberichte und auf zahlreiche andere wertvolle informatorische Veröffentlichungen über deutsche Fragen stützt.[24] Außerdem steht uns eine in parteigenössischem Besitz befindliche umfangreiche Archivsammlung illegaler Veröffentlichun-

---

17 Vorlage: „so im Rahmen einer internationalen Maifeier in London" hs. gestrichen. Die nur bruchstückhaft lesbare hs. Ergänzung bezieht sich auf die gleiche Veranstaltung.

18 Die 15seitige Materialzusammenstellung „NS-Kriegsgewinnler" stammte von Heine und war über Demuth an britische Stellen gegeben worden. Vgl. Aufstellung Heines im Schreiben an Ollenhauer vom 11. Januar 1942, AdsD Bonn, PV-Emigration, Mappe 51.

19 Vorlage: „Zusammenstellung" hs. gestrichen, „Arbeit" hs. eingefügt. Weitere hs. Einfügungen vor „Zitaten" und vor „Goebbels" sind nicht lesbar.

20 Die Ausarbeitung „Goebbels vor 10 Jahren", 12 S., war von Heine erstellt worden. AdsD Bonn, PV-Emigration, Mappe 154.

21 Es handelt sich um das von Heine im Sommer 1941 erarbeitete Memorandum „Ausarbeitung einer Propaganda-Kampagne", 8 S., das über Demuth an britische Stellen weitergegeben wurde. Vgl. Nr. 219.

22 Die von Heine verfaßten „Propaganda-Slogans" wurden über J. Preiss an britische Regierungsstellen geleitet. Vgl. Heine an Ollenhauer 11.1.1942, AdsD Bonn, PV-Emigration, Mappe 51.

23 Die Kartei, an der auch Fritz Heine mitgearbeitet hatte, ist im Brief Heines an Ollenhauer vom 11. Januar 1942 erwähnt. Ebd.

24 Das Verzeichnis findet sich in drei von Heine angelegten Notizbüchern, von denen zwei die Überschrift „Quellennachweis" tragen. Privatbesitz Heine.

gen der deutschen Sozialdemokratie und anderer illegal tätiger politischer Gruppen zur Verfügung.[25]

Alle diese Arbeiten beziehen sich nur auf die Tätigkeit des Parteivorstandes in Verbindung mit der politischen Kriegführung der Alliierten. Darüber hinaus sind einzelne Parteigenossen in diesem Aufgabengebiet hauptamtlich tätig oder stellen als gelegentliche Mitarbeiter Materialsammlungen über Spezialfragen zur Verfügung.

Wir betrachten es als unsere selbstverständliche Pflicht als Gäste in diesem Land, in die politischen Auseinandersetzungen der englischen Öffentlichkeit nicht einzugreifen. Dagegen haben sich eine ganze Anzahl unserer Genossen zu öffentlichen Vorträgen und Bildungskursen über die deutschen Probleme, speziell über die deutsche Arbeiterbewegung, zur Verfügung gestellt. In zahlreichen Versammlung und Kursen, die von der britischen Arbeiterbewegung veranstaltet wurden, haben deutsche Genossen über deutsche Fragen gesprochen. Soweit in der Presse deutsche Fragen, Fragen der deutschen Arbeiterbewegung und der deutschen sozialistischen Emigration behandelt wurden, haben wir durch sachliche Beiträge oder – wenn notwendig – durch Richtigstellung falscher Behauptungen an diesen Diskussionen teilgenommen. Einzelne unserer Genossen sind ständige Mitarbeiter von Tageszeitungen und Zeitschriften oder [26] von Nachrichtenagenturen oder von öffentlichen Institutionen des Informations-Dienstes.[27]

4. Politische Kundgebungen.

Der Vorstand der Sozialdemokratischen Partei Deutschlands hat seine Stellungnahme zu dem von Hitler herbeigeführten zweiten Weltkrieg am 1. September 1939 in einer programmatischen Erklärung festgelegt. Nach unserer Übersiedlung nach London haben wir auf der Linie dieses Aufrufes wiederholt in Form von programmatischen Beschlüssen und Kundgebungen zu aktuellen Anlässen Stellung genommen. In der Regel handelt es sich dabei um Beschlüsse der im Frühjahr 1941 auf unsere Anregung hin gebildeten „Union deutscher sozialistischer Organisationen in Großbritannien", der auch die Londoner Vertretung der SAP, der Gruppe „Neubeginnen" und des ISK angehören. Die erste programmatische Kundgebung dieser Vertretung der deutschen Sozialisten in England war die Entschließung vom Dezember 1941.[28] Im Jahre 1942 haben wir bei zwei weiteren aktuellen Anlässen in Form besonderer Beschlüsse Stellung genommen, im Sommer

---

25 Es handelt sich um das Archiv von Fritz Salomon, auf das Heine in seinem Brief an Ollenhauer vom 11. Januar 1942 verweist. AdsD Bonn, PV-Emigration, Mappe 51.

26 Vorlage: „des Ministry of Information für die Behandlung deutscher Fragen vom Standpunkt deutscher Sozialdemokraten" hs. gestrichen und ersetzt durch die nachfolgende Formulierung.

27 Gleissberg und Jakubowicz waren bei der Exchange Telegraph Co. Ltd., der zweitgrößten englischen Nachrichtenagentur, beschäftigt, Jakubowicz in der Abteilung, die die Schweiz mit einer Auswahl der Agenturmeldungen belieferte. Greidinger arbeitete für Reuter, Victor Schiff für den Daily Herald.

28 Vgl. Nr. 54.

1942 zur Vernichtung des tschechischen Dorfes Lidiče durch die Nazis und im Dezember 1942 gegen den Vernichtungsfeldzug der Nazis gegen die europäischen Juden.[29]

Der Parteivorstand beteiligte sich außerdem an einer Reihe von internationalen Veranstaltungen, die von der britischen Labour Party oder von den in England vertretenen Arbeiterparteien der von Hitler okkupierten Länder durchgeführt wurden, soweit den Einberufern die Teilnahme deutscher Sozialisten erwünscht war.

5. Untersuchungen über politische Zukunftsaufgaben.

Der Parteivorstand hat eine wesentliche Aufgabe seiner Londoner Tätigkeit darin gesehen, an der Untersuchung der politischen Probleme im Hinblick auf die Zukunft Deutschlands mitzuarbeiten, um seine Vorstellungen über die Zukunfsaufgaben der sozialistischen Arbeiterbewegung in Deutschland nach dem Sturz der Hitlerdiktatur zu konkretisieren. Diese Arbeiten sind noch nicht abgeschlossen. Die Ungewißheit über die weitere Entwicklung des Krieges, die Unkenntnis der tatsächlichen Lage am Ende des Krieges und die Unmöglichkeit, geeignete Mitarbeiter aus der Emigration für die Bearbeitung bestimmter Teilfragen durch eine gewisse finanzielle Unterstützung freizustellen, haben den Fortschritt dieser Arbeit im vergangenen Jahr stark gehemmt.

Wir haben jedoch den Fragen der sogenannten Übergangszeit, das heißt der Periode, die dem Sieg der Alliierten und dem Sturz der Hitlerdiktatur unmittelbar folgen wird, besondere Aufmerksamkeit gewidmet. Unsere Untersuchung richtete sich zunächst auf die politischen und organisatorischen Aufgaben der Vertrauensleute der Arbeiterbewegung in dieser Periode. Außer ersten allgemeinen Richtlinien haben wir eine besondere Arbeit über die Möglichkeiten zur Wiederherstellung einer freien sozialistischen Presse in Deutschland angefertigt.[30] Im Zusammenhang mit diesen Übergangsproblemen steht eine Ausarbeitung über das Problem der Lebensmittelversorgung Deutschlands nach dem Krieg, die als Grundlage für unsere Mitarbeit an der geplanten internationalen Regelung dieser Frage gedacht ist.[31] Bis jetzt haben sich jedoch keine Möglichkeiten für eine derartige Mitarbeit ergeben.

Mitte Dezember 1942 fand eine internationale Wochenendtagung der Fabian Society über „Relief and Reconstruction in Europe after the War" statt, an deren Beratungen sich ebenfalls Vertreter der Partei und der übrigen in England vertretenen deutschen sozialistischen Gruppen beteiligten.[32]

---

29 Vorlage: An dieser Stelle befindet sich eine hs. nicht lesbare Einfügung. – Vgl. Nr. 71 und 85.

30 Vgl. Fritz Heine, Bemerkungen über den Wiederaufbau der sozialdemokratischen Presse, Mai 1942, 33 S., in: AdsD Bonn, PV-Emigration, Mappe 154.

31 Fritz Heine, Vorbereitendes Komitee für die Lebensmittelversorgung Deutschlands nach der Niederlage, 5 S., o.D., ebd.

32 Vorlage: Der Satz ist durch Streichungen und nicht lesbare Ergänzungen verändert. – Es wird dabei auch auf die Veranstaltung der Fabian Society am 15. März 1942 zum Thema „After the Nazis" hingewiesen. Zur FS-Tagung im Dezember vgl. Nr. 84, Anm. 8.

Die Frage der zukünftigen Gestaltung Deutschlands ist in Verbindung mit der Diskussion über die Schaffung einer geeinten sozialistischen Partei in Deutschland, die im Herbst 1942 im Rahmen der „Union" begann, erneut Gegenstand eingehender Beratungen gewesen. In einer ersten Übersicht über das bisherige Resultat dieser Aussprache wurden eine ganze Reihe von konkreten Vorschlägen für die Politik der zukünftigen geeinten sozialistischen Partei entwickelt. Die Grundgedanken dieses Referats sind inzwischen veröffentlicht worden.[33] Das gleiche Thema stand auch im Mittelpunkt der Landeskonferenz deutscher Sozialdemokraten in England, die am 8. und 9. November 1942 in London stattfand und in der die Genossen Vogel und Ollenhauer sprachen. Der Inhalt dieser Referate ist in den „Sozialistischen Mitteilungen", Dezember 1942, wiedergegeben worden.

In Verbindung mit diesen Arbeiten über das zukünftige Gesicht und die zukünftigen Aufgaben der deutschen Partei stand eine umfangreiche Diskussion über unser Verhältnis zu den Kommunisten. In einer besonderen Denkschrift „Wir und die Kommunisten"[34] untersuchten wir die besondere organisatorische Struktur der KPD, die sich aus ihrer Abhängigkeit von der Komintern ergibt. Ende des Jahres 1942 behandelten wir in mehreren Sitzungen mit den Mitgliedern des Ausschusses unserer Londoner Gruppe die gleiche Frage unter politischen und organisatorischen Gesichtspunkten. Der Parteivorstand hat in diesen Diskussionen an seinem bisherigen ablehnenden Standpunkt gegenüber einer Zusammenarbeit mit den Kommunisten festgehalten.[35] Die Diskussion in der Mitgliedschaft unserer Londoner Gruppe ist jedoch zur Zeit noch nicht abgeschlossen.[36]

Selbstverständlich haben wir uns auch an den verschiedenen Diskussionen in Konferenzen und Publikationen beteiligt, die von internationalen Sozialisten über die Zukunft Europas und der europäischen Arbeiterbewegung geführt wurden. Genosse Hans Vogel nahm an einer umfangreichen Research-Arbeit der Fabian Society über diese Fragen teil. Die Grundgedanken dieser Diskussion haben zum Teil in Veröffentlichungen im „International [Socialist] Forum" der Zeitschrift „Left News" ihren Niederschlag gefunden. Unter den Veröffentlichungen befindet sich auch ein umfangreicher Artikel des Genossen Hans Vogel.[37]

---

33 Vgl. Nr. 83.
34 Die Denkschrift „Wir und die Kommunisten. Bemerkungen zur organisatorischen Seite des Problems der Einheit", 24 S., war von Heine erarbeitet worden; in: AdsD Bonn, PV-Emigration, Mappe 165.
35 Die Dispositionen Vogels (Die sozialistische Bewegung vor und nach dem Kriege, Wochenendtagung 7./8.11.1942) und Ollenhauers (Wer ist die Partei, wo ist die Partei, was ist die Partei, 3. April 1942; Sozialdemokratische Emigration am Beginn des vierten Kriegsjahres, 28.8.1942) finden sich in: AdsD Bonn, PV-Emigration, Mappe 159 und 156.
36 Anfang 1943 fanden mehrere Veranstaltungen zur Frage der Zusammenarbeit mit Kommunisten statt, auf denen vor allem Ollenhauer und Schiff die Kontrahenten waren. Die Vortragsnotizen Ollenhauers und Vogels finden sich in: AdsD Bonn, PV-Emigration, Mappe 156 und 159.
37 Left News, Nr. 66, Dec. 1941, enthielt eine Spezialausgabe mit einem „Symposium on the German Problem" und darin einen Beitrag von Hans Vogel, S. 1952–1956.

Eine besondere Stellungnahme des Parteivorstandes wurde gegenüber der publizistischen Tätigkeit der Gruppe „Fight for Freedom" notwendig, an der seit Jahresbeginn auch der Genosse Curt Geyer maßgebend beteiligt war. Wir antworteten auf die Schrift von Geyer und Loeb: „Gollancz in German Wonderland" mit einer Gegendenkschrift: „Der deutsche Nationalismus und die deutsche Arbeiterbewegung", die wir in beschränkter Auflage einem Kreis englischer und internationaler politisch interessierter Persönlichkeiten zuschickten und die starke Beachtung gefunden hat.[38] Es darf im übrigen in diesem Zusammenhang darauf hingewiesen werden, daß diese Gruppe in den Kreisen der deutschen sozialistischen Emigration eine einmütige Ablehnung gefunden hat. Außer sechs früheren Mitgliedern der Partei[39], die der Gruppe „Fight for Freedom" seit ihrer Gründung angehören, haben sich keine weiteren deutschen Sozialisten an dieser Propaganda gegen die deutsche Arbeiterbewegung beteiligt.

6. Die Zusammenarbeit mit der sozialdemokratischen Emigration in England.

Die deutsche sozialdemokratische Emigration in England ist zahlenmäßig nicht sehr stark. Bei der Landesvertretung der deutschen Sozialdemokraten in England, beim Genossen Wilhelm Sander, waren am Jahresende 1942 160 Mitglieder registriert, von denen 80 in London und der näheren Umgebung von London wohnen.

Der Krieg hat die Lage der Emigration entscheidend beeinflußt. Nur wenige unserer Genossen, die durch Alter oder Krankheit an der Übernahme einer Erwerbsarbeit verhindert sind, werden heute noch von den Fürsorgeeinrichtungen für Flüchtlinge unterstützt. Die große Mehrzahl befindet sich wieder in geordneten Arbeitsverhältnissen, die meisten arbeiten in der Kriegsindustrie oder in anderen kriegswichtigen Einrichtungen und leisten so ihren direkten persönlichen Anteil zum Kriegseinsatz. Andere Genossen sind im Pioneer Corps oder in anderen Formationen der britischen oder alliierten Armeen. Fast alle üben neben ihrer Berufsarbeit Funktionen in der zivilen Verteidigung entweder in ihren Wohnbezirken oder an ihren Arbeitsplätzen aus. Von den früher sozialdemokratisch organisierten Flüchtlingen befindet sich keiner mehr in der Internierung. Im allgemeinen unterliegen unsere Genossen heute keinen anderen Beschränkungen ihrer persönlichen Freiheit, als sie nach den geltenden Richtlinien für alle in England lebenden Ausländer bestehen.

---

38 Die 33seitige Denkschrift und die englische Version ('The German Workers' Movement and German Nationalism. Some Reflections on the Pamphlet: ‚Gollancz in German Wonderland', Submitted by Executive of the Social Democratic Party of Germany'', 41 S.) finden sich in: AdsD Bonn, PV-Emigration, Mappe 12 bzw. 189.

39 Vorlage: „Walter Loeb, Curt Geyer, Karl Herz, Bernhard Menne, Fritz Bieligk und Kurt Lorenz" hs. ausgestrichen. – In den SM war im April 1942 mitgeteilt worden, daß Loeb nicht als Mitglied der SPD in London registriert sei. Die Gruppe habe durch die Verbreitung ihrer Erklärung vom 2.3.1942 gezeigt, daß sie sich nicht mehr mit der der sozialdemokratischen Emigration verbunden fühle. Vgl. SM, Nr. 36, 1.4.1942.

Diese Entwicklung hat auch wieder ein stärkeres politisches Interesse und den Wunsch nach einer Aktivierung des Organisationslebens in der Emigration hervorgerufen. Seit mehr als einem Jahr finden wieder regelmäßige Zusammenkünfte der Londoner Mitglieder statt, die sich entweder mit den eigenen Angelegenheiten der deutschen sozialdemokratischen Emigration beschäftigten oder der Information über Fragen der englischen und der internationalen Politik galten, die von Genossen der englischen Labour Party oder von Vertretern der in England bestehenden Gruppen kontinentaler Sozialisten gegeben wurden. Unter den Rednern des Jahres 1942 befanden sich der Generalsekretär der Labour Party, der Genosse J. Middleton, die Genossen Louis de Brouckère, Louis Lévy, J. Nečas, Wenzel Jaksch, Peter Krier, Walter Kolarz, Lucy Middleton, [...], Hynd[40] Hannen Swaffer[41] u.a.[42] Mitte des Jahres wählten die in London wohnenden Parteimitglieder einen Ausschuß[43], bestehend aus sieben Mitgliedern, der unter dem Vorsitz des Genossen Wilhelm Sander in regelmäßigen Sitzungen die Angelegenheiten der Londoner Gruppe geregelt und darüber hinaus auch wiederholt unter Teilnahme der Mitglieder des Parteivorstandes politische Fragen diskutiert hat.

Der Parteivorstand hat außerdem den Versuch unternommen, einen persönlichen Kontakt mit den im Lande lebenden Genossen herzustellen. Diesem Zweck diente die erste Landeskonferenz der in England lebenden Sozialdemokraten am 7. und 8. November 1942[44], die wir schon an anderer Stelle erwähnt haben.

Wertvolle Dienste in der Aufrechterhaltung der Verbindung mit den Parteigenossen und in der Information aller Parteigenossen über die allgemeine politische Entwicklung und über wichtige Vorgänge in der Emigration leistete das seit 1939 monatlich erscheinende Mitteilungsblatt „Sozialistische Mitteilungen". Seit der Aufnahme unserer Tätigkeit in London haben sich die „Sozialistischen Mitteilungen" im Rahmem der durch die Papierbeschränkungen gegebenen begrenzten Möglichkeiten zu einem zentralen Publikationsorgan der Partei für die sozialdemokratische Emigration in allen Ländern entwickelt. Ende 1942 erschien es in einer Auflage von 500 Exemplaren, die in 15 Länder[45] verschickt wurde. – Über den sozialdemokratischen Sektor hinaus hat der Parteivorstand einen ständigen Kontakt mit den anderen sozialistischen Gruppen in England durch seine Mitarbeit in der „Union", über deren verschiedene politische Kundgebungen wir schon in anderem Zusammenhang berichtet haben. Die Zusammenarbeit in der „Union" hat sich bewährt. Es besteht zwischen allen der „Union" angeschlossenen Gruppen ein gutes kameradschaftliches Verhältnis, das für die bereits erwähnte Diskussion über ein Aktionsprogramm für eine geeinte sozialistische Partei eine gute Voraussetzung geschaffen

---

40 Vorlage: „Walter Kolarz, Lucy Middleton, Hynd" hs. eingefügt, drei weitere Namen sind nicht lesbar.
41 Swaffer, Hannen, Redakteur des Daily Herald.
42 Vorlage: Einzelne Namen sind hs. gestrichen.
43 Vgl. Nr. 268ff.
44 Vgl. Nr. 274.
45 Vorlage: Unleserliche hs. Ergänzung am Rande.

hat. Am 29. Januar 1943 wird die „Union" eine öffentliche Kundgebung „Zehn Jahre Hitlerdiktatur" veranstalten, auf der die Genossen David Grenfell, M.P., Walter Schevenels, Louis de Brouckère und Hans Vogel sprechen werden. Die Kundgebung wird mit einer Gedenkfeier für die Opfer des Faschismus eingeleitet werden. Ein enger freundschaftlicher Kontakt besteht zur Landesgruppe deutscher Gewerkschafter in England (Centre of German Workers in Great Britain)[46], die zu Anfang des Jahres 1941[47] mit Unterstützung des IGB und des TUC geschaffen wurde. Der Vorsitzende der Landesgruppe, der Genosse Hans Gottfurcht, nimmt regelmäßig an den Sitzungen der Exekutive der „Union" teil, außerdem wird er regelmäßig zu den Sitzungen des Ausschusses unserer Londoner Gruppe hinzugezogen. Die enge Verbundenheit zwischen Partei- und Gewerkschaftsarbeit in der Emigration sowohl in England als auch in anderen Ländern[48] führt außerdem zu einem ständigen Kontakt zwischen dem Genossen Gottfurcht und den Mitgliedern des Parteivorstandes.

Der Parteivorstand hat schließlich durch persönlichen Kontakt die Verbindung mit anderen Gruppen oder Einzelpersönlichkeiten der deutschen politischen Emigration in England aufrechterhalten. Für eine engere Zusammenarbeit aller politischen Gruppen der deutschen Emigration hat sich keine ausreichende gemeinsame politische Basis finden lassen. Dem Gedanken einer sogenannten deutschen Nationalvertretung, wie er von einzelnen Teilen der Emigration propagiert wird, steht der Parteivorstand unter den zur Zeit gegebenen Verhältnissen ablehnend gegenüber.

7. Die Verbindung mit der deutschen sozialdemokratischen Emigration in anderen Ländern.

Im Laufe des Jahres 1942 ist es uns möglich gewesen, wieder einen ständigen Kontakt mit der sozialdemokratischen Emigration in anderen Ländern herzustellen.

Die bedeutsamste Gruppe der deutschen sozialdemokratischen Emigration außerhalb Englands lebt zur Zeit in USA. Der Parteivorstand steht sowohl mit den in USA lebenden Mitgliedern des Parteivorstandes, mit der German Labour Delegation und mit zahlreichen anderen Genossen in ständiger Korrespondenz.[49] Der Besuch des Genossen Friedrich Stampfer in England, der durch die großzügige Hilfe des Jewish Labour Committee ermöglicht wurde, gab uns die Möglichkeit zu eingehenden gemeinsamen Unterhaltungen über die Grundlage und die Ziele unserer Arbeit im Krieg und nach dem Krieg.

---

46 Vorlage: Ausdruck in Klammern hs. eingefügt.
47 Vorlage: 1942.
48 Vorlage: „mit sozialistischen Emigrationsgruppen" hs. gestrichen.
49 Die Korrespondenz mit den PV-Mitgliedern in den USA war sehr unterschiedlich. In der Korrespondenz der drei Londoner PV-Mitglieder finden sich 1942 keine Briefe an Aufhäuser, Dietrich und Hertz, wohl aber ein Brief an Marie Juchacz, mehrere Briefe an Rinner und eine intensive Korrespondenz mit Stampfer (v.a. Ollenhauer) und Sollmann (v.a. Heine). AdsD Bonn, PV-Emigration, Mappen 81, 140 und 141, Depositum Heine, Ordner 42; Privatbesitz Heine, Korrespondenz London, Ordner, L–R und S–Z.

Eine andere zahlenmäßig und sachlich bemerkenswerte Gruppe unserer Emigration lebt in Schweden. Im Jahre 1942 ist es uns gelungen, auch mit diesen Genossen wieder in ständigen Kontakt zu kommen.[50] Im Laufe dieser Verbindung haben wir neben anderer wertvoller Mitarbeit Anregungen über die Aufgaben der kommenden deutschen Arbeiterbewegung nach dem Krieg austauschen können. Bemerkenswert ist die Tatsache, daß in Schweden gleichzeitig mit den Besprechungen in London über eine engere Zusammenarbeit im sozialistischen Sektor der Emigration ähnliche Unterhaltungen begonnen haben. Zur Zeit sind wir in einer schriftlichen Diskussion über die Grundlagen und Ziele einer solchen geeinten sozialistischen Bewegung.

In geringerem Ausmaß gelang uns die Wiederaufnahme unserer Verbindungen zu unseren Freunden in der Schweiz. Die technischen Schwierigkeiten und der unerwartete Tod unseres bisherigen Vertrauensmanns, Albert Reichardt, sind die Ursachen.[51]

Unter den in Südamerika bestehenden Gruppen war unsere Gruppe in Bolivien besonders aktiv. In La Paz erscheint unter der Leitung unseres Genossen Ernst Schumacher die Wochenzeitung „Rundschau vom Illimani".[52] Außerdem bildete sich in La Paz unter Führung unserer Genossen die Vereinigung Freier Deutscher in Bolivien, die eine bemerkenswerte Aktivität entfaltet hat und die auch gute Beziehungen mit ähnlichen Vereinigungen von Staatsbürgern der alliierten Nationen unterhält.[53]

Eine umfangreiche ständige Korrespondenz führten wir ferner mit Genossen in Argentinien, Chile, Columbia, Mexico, Ecuador, Südafrika, Canada, Palästina. In allen Fällen erstreckte sich die Korrespondenz sowohl auf die Weitergabe politischer Informationen als auch auf den Austausch der Meinungen über aktuelle politische Fragen.

8. Fürsorgerische Aufgaben.

Die rein fürsorgerische Betreuung unserer Emigration in England obliegt dem Genossen Wilhelm Sander, der als Vertreter des Parteivorstandes in England seit dem Jahre 1938 in Verbindung mit dem Internationalen Solidaritätsfond diese Aufgabe unter den schwierigsten Umständen mit Ausdauer und Erfolg erfüllt hat. Auf dem Gebiet der Fürsorge für politische Flüchtlinge in anderen Ländern war jedoch eine enge Zusammenarbeit zwischen dem Parteivorstand und der Sozialdemokratischen Flüchtlingshilfe in England notwendig. Unsere besondere Sorge galt im Jahre 1942 den im unbesetzten Frankreich verbliebenen Flüchtlingen. Wir waren zwar nur in wenigen Fällen in der Lage, ihnen direkte finanzielle Hilfe zu vermitteln, aber wir haben sehr oft durch briefli-

---

50 Vgl. hierzu die Korrespondenz mit Stahl, Tarnow; ebd.

51 Vgl. Anm. 4 zu Nr. 250.

52 Ernst Schumacher gab von 1939–1946 die „Rundschau vom Illimani" heraus, zugleich Organ des von ihm als Repräsentant der Sopade gegründeten „Landesverbandes der SPD in Bolivien". Zu Schumacher und der Emigration in Bolivien vgl. die Korrespondenz Schumacher-Vogel im Jahre 1941, in: AdsD Bonn, PV-Emigration, Mappen 118 u. 139.

53 Schumacher hatte im Juni 1942 die „Vereinigung Freier Deutscher" in Bolivien gegründet und war einer der zwei Vorsitzenden.

che Informationen und durch die Vermittlung unserer Vertrauensleute in Marseille und Lissabon die Ausreise aus Frankreich ermöglichen oder durch andere geeignete Ratschläge ihre Lage erleichtern können.

Wir arbeiten in dieser Frage mit zahlreichen privaten und halbamtlichen Flüchtlingsinstitutionen in England, USA, Portugal und der Schweiz zusammen, vor allem mit dem IGB, unseren Freunden in USA und mit dem Schweizerischen Arbeiter-Hilfswerk, das auf der Grundlage unserer Gutachten in zahlreichen Fällen entscheidende Hilfe leistete. In besonders wirksamer Weise geschah das unmittelbar vor und nach der Besetzung von Südfrankreich durch die Deutschen. Wir haben zur Zeit noch keine vollständige Übersicht, in welchem Ausmaß es unseren Parteifreunden und den von uns außerdem betreuten politischen Flüchtlingen gelungen ist, sich nach der Schweiz oder nach Spanien zu retten oder sich in anderer Weise vor dem Zugriff der Gestapo zu sichern, aber wir hoffen, daß das in der Mehrzahl der Fälle gelungen ist.

Nach der Besetzung Nordafrikas durch amerikanische und britische Truppen haben wir uns gemeinsam mit Vertretern anderer Flüchtlingsorganisationen in England und in Zusammenarbeit mit unseren Vertrauensmännern in Lissabon bemüht, den in Nordafrika durch die Vichy-Behörden internierten politischen Flüchtlingen zu helfen, ihre Freilassung zu erwirken und ihnen die Mitwirkung im Kriegseinsatz oder die Weiterreise in andere alliierte Länder zu ermöglichen. Diese Aktion war bei Jahresende noch in Gang. Anfang 1942 haben wir eine Gesamtübersicht über die sozialdemokratische [...]tätigkeit in den Jahren 1940 und 1941 veröffentlicht, [...][54]

9. Internationale Verbindungen.

Wir haben selbstverständlich in erster Linie die engsten Beziehungen zur britischen Labour Party aufrechterhalten. Die politische Zusammenarbeit ist im Jahr 1942 nicht so eng gewesen, wie wir es im Interesse der Politischen Kriegführung gegen Nazideutschland und im Hinblick auf die gemeinsamen Aufgaben der britischen Arbeiterbewegung und der neuen deutschen Arbeiterbewegung nach dem Sturz Hitlers gewünscht hätten, aber die Labour Party hat uns den persönlichen Lebensunterhalt im vergangenen Jahr ermöglicht und wir haben die Hilfe ihres internationalen Sekretärs in zahlreichen technischen Fragen gefunden.

Unter dem Vorsitz des Präsidenten der SAI, des Genossen Camille Huysmans, ist mit Zustimmung der Labour Party eine Internationale Kommission geschaffen worden, zu deren Sitzungen wir ebenfalls eingeladen werden. Die Tätigkeit dieser Kommission beschränkt sich auf die Entgegennahme von informatorischen Berichten durch Vertreter der verschiedenen Länder, unter bewußter Vermeidung jeder gemeinsamen Stellungnahme oder Aktion der ihr angehörenden Vertreter sozialistischer Parteien oder Gruppen.

---

54 Vorlage: Letzter Halbsatz nicht lesbar.

Wir bedauern mit vielen englischen und mit vielen in England lebenden exilierten kontinentalen Sozialisten diese Inaktivität der SAI. In einem Artikel, den der Genosse Hans Vogel jetzt im Verlauf einer Diskussion im „International [Socialist] Forum" von „Left News" über einen Artikel von Harold Laski [veröffentlicht hat], in dem Laski die schnellste Reaktivierung der SAI fordert, haben wir unsere Gründe für unser Verlangen nach einer Wiederherstellung einer aktiven SAI zusammenfassend dargelegt.[55]

Wir haben darüber hinaus engen persönlichen Kontakt mit zahlreichen Freunden der Bruderparteien aus den okkupierten Ländern aufrechterhalten und ihnen entweder Gelegenheit gegeben, in den Versammlungen unserer Londoner Gruppe ihre Auffassungen darzulegen oder im kleineren Kreis die Probleme des Nachkriegs-Europa zu erörtern.

Wenn sich bis jetzt auch unsere Hoffnungen für die Entwicklung eines internationalen Zentrums des demokratischen Sozialismus in London nicht erfüllt haben, so hat doch der Kontakt mit so zahlreichen ausländischen Genossen den Wert derartiger persönlicher Unterhaltungen mit Sozialisten anderer Länder gerade in dieser schwierigen Zeit bewiesen.

10. Schlußbemerkungen.

Wir haben unsere Arbeit in England unter den denkbar schwierigsten Umständen aufnehmen müssen. Als uns im Spätsommer 1940 die Flucht aus Frankreich und vor dem Zugriff der Gestapo gelang, retteten wir nichts als das nackte Leben. Wir kamen um die Jahreswende 1940/41 nach England mit nichts anderem als mit unserem entschlossenen Willen, hier in England unsere Arbeit im Kampf gegen die Hitlerdiktatur fortzuführen.

Unsere technischen Hilfsmittel waren infolge des Mangels jeder finanziellen Bewegungsfreiheit sehr beschränkt. Wir besitzen bis jetzt weder ein Büro noch eine Hilfskraft.

In diesem Bericht haben wir eine kurze Übersicht über Arbeit gegeben, die wir unter diesen Bedingungen geleistet haben. Wir haben nur über Fakten berichtet, nicht über Pläne und Wünsche, und wir haben über gewisse Teile unserer Arbeit aus verständlichen Gründen nur sehr summarisch berichten können. Die Resultate, die wir erreicht haben, sind sehr bescheiden, gemessen an den Aufgaben, die wir uns gestellt haben. Dennoch wird uns jede objektive Kritik zubilligen, daß wir seit dem Fall von Frankreich und seit der Wiederaufnahme unserer Tätigkeit in England erneut unter Beweis gestellt haben, daß wir bereit sind, unter allen Umständen und mit allen geeigneten und uns zur Verfügung stehenden Mitteln im Kampf zur Vernichtung der Hitlerdiktatur unsere Pflicht zu erfüllen. Wenn sich im Jahre 1943 die politischen und materiellen Voraussetzungen unserer Arbeit bessern, werden wir am Ende dieses Jahres auch über bessere Resultate unserer Arbeit berichten können.

London, Ende Januar 1943

---

55 Der Leserbrief Vogels zum Artikel von Laski befindet sich in: AdsD Bonn, PV-Emigration, Mappe 159.

NR. 276
Arbeitsplan des Parteivorstandes für das Jahr 1943 von Ende Januar 1943

AdsD Bonn, PV-Emigration, Mappe 166[1]

Unser Arbeitsplan für das Jahr 1943.

Die Grundlinien unserer Arbeit ergeben sich aus der Darstellung der Arbeitsgebiete in unserem Tätigkeitsbericht für das Jahr 1942. Auf allen Gebieten, die in diesem Bericht behandelt wurden, wird auch im Jahre 1943 die Fortsetzung der Arbeit notwendig sein. Die Entwicklung der militärischen Situation, die im Jahre 1943 zu entscheidenden militärischen Handlungen der Alliierten führen und die Alliierten ihrem militärischem Sieg über Hitlerdeutschland und seine Vasallen näher bringen wird, wird der politischen Kriegführung und der Diskussion über die Nachkriegsgestaltung größere Bedeutung verleihen. Inwieweit unsere unmittelbare Mitarbeit auf diesen Gebieten möglich sein wird, hängt nicht in erster Linie von unserer Initiative, sondern von der Entscheidung der alliierten Regierungen über ihr Verhältnis zu den deutschen Antifaschisten in der Emigration ab. Wesentliche Teile unserer Arbeit werden wir jedoch unabhängig von dieser Entscheidung fortführen und ausbauen müssen. Unser Plan ist es, folgende Aufgaben in Angriff zu nehmen oder auszuführen.

1. Ausbau des Kontakts zu der illegalen Bewegung in Deutschland.

Unter Benutzung der Ansatzpunkte, die wir uns im Jahre 1942 schaffen konnten, erstreben wir die Herstellung einer ständigen Verbindung mit unseren Gruppen und Vertrauensleuten in Deutschland unter dem Gesichtspunkt, sobald als möglich ein objektives Bild über die Stärke und die politischen Vorstellungen dieser Gruppen zu erhalten. Wir gehen dabei von der Vorstellung aus, daß die zunehmende Verschlechterung der militärischen Lage Deutschlands die Bedeutung der innerdeutschen Opposition und vielleicht auch ihre Bewegungsmöglichkeiten und ihre Aktivität steigern wird. Für diesen Fall können unsere Verbindungen eine wertvolle Hilfestellung für die innerdeutsche Opposition werden.

Die Durchführung dieser Aufgabe erfordert Zeit, und ihr Erfolg hängt in hohem Maße von Bedingungen ab, auf deren Gestaltung wir keinen Einfluß wir haben. Wenn aber im gegebenen Zeitpunkt eine Zusammenarbeit zwischen den demokratischen Mächten und der innerdeutschen demokratischen und sozialistischen Opposition wirksam werden soll, muß diese Aufgabe jetzt mit Zähigkeit und Planmäßigkeit in Angriff genommen werden. Es ist unmöglich, mehr über Einzelheiten dieser Arbeit zu sagen.

2. Ausbau des Informationsdienstes.

---

1 Vorlage: Alle Überschriften ms. unterstrichen.

Wir haben die Absicht, die im Vorjahr wieder begonnene Herausgabe von Übersichten über die Lage in Deutschland auf Grund von Originalberichten [2] auszubauen und derartige Übersichten in vierteljährlichen Abständen zusammenzustellen. Auch hierbei leitet uns die Überzeugung, daß im kommenden Stadium des Krieges die aufmerksame und durch möglichst viel Quellenmaterial kontrollierte Beobachtung und Berichterstattung über die Lage an der inneren Front in Deutschland von noch größerer Bedeutung als in der Vergangenheit werden wird. Dabei werden wir das uns zugehende Berichtsmaterial nicht nur für die Herausgabe der Vierteljahresberichte verwenden, sondern es auch wie bisher den interessierten alliierten Stellen zuleiten.

3. Mitarbeit in Spezialuntersuchungen und Gesamtübersichten über deutsche Fragen.

Die auf diesem Gebiet ebenfalls bereits im Vorjahr begonnene Arbeit wollen wir fortsetzen. Soweit uns im Parteivorstand das Material und die sachkundigen Mitarbeiter zur Verfügung stehen, werden wir derartige Übersichten selbst bearbeiten. Darüber hinaus haben wir die Möglichkeit, eine Anzahl weiterer geschulter Mitarbeiter und erfahrener Fachleute aus den Kreisen unserer Parteigenossen für Spezialaufgaben heranzuziehen, falls wir in die Lage versetzt werden, ihnen durch finanzielle Zuschüsse die Durchführung solcher Arbeiten zu ermöglichen.

4. Mitarbeit in der Rundfunkpropaganda und auf anderen Gebieten der politischen Kriegführung.

Im Rahmen der uns gegebenen Möglichkeiten werden wir durch direkte Teilnahme an der Propaganda oder durch die Bereitstellung von Manuskripten oder Tatsachenmaterial unsere Mitarbeit fortsetzen.

5. Ausarbeitung von konkreten Arbeitsplänen für die Übergangszeit.

Die Zusammenarbeit zwischen den Alliierten und den Kräften der sozialistischen Arbeiterbewegung in Deutschland in der Übergangszeit unmittelbar nach dem Sturz der Hitlerdiktatur kann im Laufe der nächsten Zukunft ein unmittelbares, praktisches Problem werden. Es ist unsere Absicht, die ersten allgemeinen Richtlinien über diese Frage, die wir vor Jahresfrist ausgearbeitet haben, im kommenden Jahr unter Heranziehung geeigneter Mitarbeiter konkreter zu gestalten. Das Ziel ist die Entwicklung eines Planes für die Aufgaben der innerdeutschen Kräfte im Falle des Umsturzes und unmittelbar nach dem Umsturz unter dem Gesichtspunkt der Entwicklung einer neuen freien Arbeiterbewegung und ihrer Mitwirkung an der Zerstörung des Machtapparates der Nazis und der Errichtung eines neuen demokratischen Systems.

---

2 Vorlage: „wenn möglich" hs. gestrichen.

6. Vorbereitung eines politischen Aktionsprogramms einer einheitlichen sozialistischen Partei in Deutschland.

Wir haben in unserem Jahresbericht über den Beginn der Verhandlungen über ein derartiges Programm im Rahmen der „Union" berichtet. Wir stehen jetzt am Beginn der Beratungen einer Arbeitsgemeinschaft über ein solches Programm und über die organisatorischen Grundlagen einer geeinten sozialistischen Partei in Deutschland. Die Arbeit dieser Arbeitsgemeinschaft wird uns in den nächsten Monaten stark in Anspruch nehmen.

7. Ausbau der „Sozialistischen Mitteilungen".

Im Rahmen der durch die Papierknappheit gebotenen Beschränkungen möchten wir die „Sozialistischen Mitteilungen" zu einem Informationsblatt über die Lage in Deutschland und über die Probleme und Diskussionen, die mit der Zukunft Deutschlands und der deutschen Arbeiterbewegung zusammenhängen, ausgestalten. Dieser Ausbau erscheint uns auch wichtig im Hinblick auf den Kontakt mit der sozialdemokratischen Emigration in den Ländern außerhalb Englands, da die „Sozialistischen Mitteilungen" seit der Einstellung des „Neuen Vorwärts" das einzige periodisch erscheinende Publikationsorgan des Parteivorstandes darstellen.

8. Aufrechterhaltung der Verbindungen mit der sozialdemokratischen Emigration in anderen Ländern.

Wir wollen im Jahre 1943 den Kontakt mit der sozialdemokratischen Emigration in anderen Ländern noch enger gestalten. Dieser Kontakt soll sich nicht nur auf die gegenseitige Information und die Beratung in fürsorgerischen Fragen beschränken, sondern er soll das Ziel verfolgen, die politischen Vorstellungen über die Aufgaben einer neuen deutschen Arbeiterbewegung zu vereinheitlichen und der politischen Aktivität der Emigrationsgruppen der Partei in den einzelnen Ländern eine einheitliche Grundlage zu geben. Diese Verständigung ist nur auf schriftlichem Wege möglich und erfordert daher eine umfangreiche Korrespondenz.

9. Schlußbemerkung.

Diese Zusammenstellung ist naturnotwendig nur eine rohe Skizzierung einiger der zur Zeit übersehbaren Möglichkeiten und Aufgaben. Sie[3] kann nicht die politischen Kundgebungen und die politischen und organisatorischen Maßnahmen enthalten, die im Laufe der politischen und militärischen Entwicklung der nächsten Monate vielleicht notwendig oder möglich werden.

Entscheidend bleibt der Grundgedanke unserer Arbeit, jede mögliche Anstrengung zu machen, um den siegreichen Ausgang des Krieges zu beschleunigen und jede mögli-

---

3 Vorlage: „es" hs. gestrichen.

che und nützliche Vorarbeit zu leisten, die die Schaffung eines friedlichen und demokratischen Deutschlands nach dem Krieg erleichtern und die Entstehung und Entwicklung einer neuen freien Arbeiterbewegung in Deutschland fördern kann.

London, Ende Januar 1943

NR. 277

Protokoll der Sitzung des London-Ausschusses am 2. April 1943

AdsD Bonn, PV-Emigration, Mappe 5[1]

Neuwahl des Londoner Ausschusses der SPD 2.4.[19]43.[2]

Vorschläge des Ausschusses:
1. keine Stimmzettelwahl[3], sondern Wahl des Ausschusses durch die heutige Versammlung.
   Noch nicht ein Jahr seit letzter Wahl.
2. Wiederwahl des jetzigen Ausschusses.[4]
   Der Ausschuß hat sich in seiner letzten Sitzung auf Grund unserer letzten politischen Diskussionen noch einmal mit diesem Vorschlag beschäftigt, und er ist bei seinem früheren Beschluß, die Wiederwahl vorzuschlagen, geblieben.
   Er ist der Meinung, daß bestehende Meinungsverschiedenheiten in politischen Fragen kein Hindernis für die Zusammenarbeit im Ausschuß darstellen. Es erscheint ihm im Gegenteil wünschenswert, daß die verschiedenen Auffassungen im Ausschuß vertreten sind.
3. Wiederwahl des Ausschusses mit einer Änderung:[5]
   Anstelle des Genossen Günther den Genossen Gleissberg[6] zu wählen.
   Die Mitglieder des Ausschusses sind einstimmig der Meinung, daß der Genosse Günther durch sein Verhalten gegenüber dem Ausschuß es ihnen unmöglich gemacht hat, mit dem Genossen Günther weiter im Ausschuß zusammenzuarbeiten.
   Der Genosse Günther hat seit Monaten an den Arbeiten des Ausschusses nicht teilgenommen.
   Er hat es wiederholt abgelehnt, dieses Verhalten im Ausschuß zu begründen.
   Dagegen hat der Genosse Günther auf der anderen Seite außerhalb des Ausschusses und auch gegenüber Nichtparteimitgliedern sein Verhalten mit dunklen Andeutungen und Vorwürfen gegen die Partei und einzelne Parteigenossen zu begründen versucht.

---

1 Es handelt sich um das einzige vorhandene offizielle Protokoll einer Sitzung des London-Ausschusses. Daß es sich in der Überlieferung der Unions-Protokolle befindet, läßt darauf schließen, daß das Ergebnis der Wahl als Mitteilung in einer Sitzung des Exekutivkomitees bekannt gemacht wurde. Die SM, Nr. 48, April 1943, berichteten knapp über die Wahl und die gewählten Mitglieder des London-Ausschusses der SPD und erwähnen, daß Ollenhauer als Vertreter des PV und Gottfurcht als Vertreter der LdG ebenfalls dem Ausschuß angehören.
2 Vorlage: Beide Überschriften ms. unterstrichen.
3 Vorlage: „keine Stimmzettelwahl" ms. unterstrichen.
4 Vorlage: „Wiederwahl des jetzigen Ausschusses" ms. unterstrichen.
5 Vorlage: „einer Änderung" ms. unterstrichen.
6 Vorlage: „Gleissberg" ms. unterstrichen.

Der Ausschuß ist einstimmig der Auffassung, daß dieses Verhalten des Genossen Günther eine kameradschaftliche und parteigenössische Zusammenarbeit im Ausschuß unmöglich gemacht hat.

4. Der Ausschuß besteht zur Zeit aus folgenden Mitgliedern:

Wilhelm Sander, Vorsitzender
Herta Gotthelf,
Viktor Schiff,
Fritz Segall,
Heinrich Sorg,
Kurt Weckel,
Lothar Günther

Vorschlag: Wiederwahl der Genossen Sander, Schiff, Segall, Sorg, Weckel und der Genossin Herta Gotthelf.

Neuwahl des Genossen Gerhard Gleissberg, der bei der letzten Stimmzettelwahl unter den nicht gewählten Kandidaten die höchste Stimmzahl erhielt.

NR. 278

Brief von Hans Vogel an Carl Polenske vom 12. Oktober 1943
mit Bericht über die Programmberatungen der Union und die
Auseinandersetzung in der Londoner SPD-Gruppe über die
Freie Deutsche Bewegung

AdsD Bonn, PV-Emigration, Mappe 141

Hans Vogel
3, Fernside Avenue
London N.W. 7   12. Okt[ober 19]43

Lieber Carl Polenske!

Vor allem muß ich Dich wegen meiner verspäteten Antwort[1] sehr um Entschuldigung
bitten, obgleich ich nur zu einem geringeren Teil an ihr Schuld bin. Ich wollte die Aussprache mit Torsten[2] abwarten, und dessen Besuch ließ länger auf sich warten, als die
verschiedenen Vormeldungen von Euch annehmen ließen. Wozu kommt, daß Briefe aus
Schweden an uns die letzte Zeit regelmäßig 4 Wochen auf dem Wege [war]en.

Die Aussprache mit Thorsten hat ergeben, was wir immer angenommen [habe]n: die
Schwedischen Freunde lehnen es ab, sich in die Verhältnisse [der] Emigration hineinzu-
mischen. Und sie nehmen die verschiedenen Differenzen nicht tragisch.[3] Es kann auch
gar keine Rede davon sein, daß die schwedischen Freunde Dich und Deine Führung der
Stockholmer Ortsgruppe irgendwie mit Argwohn betrachten. Darüber brauchst Du Dir
also keinerlei Gedanken zu machen. Wir selbst begrüßen es, daß Du bei der gegebenen
Situation eingesprungen bist, und wir sind Dir dafür aufrichtig dankbar. Dein Verhalten
ist für uns ein neuerlicher Beweis Deines starken Verantwortungsbewußtseins. Differenzen innerhalb der Emigration gibt es nicht nur bei Euch, sondern überall, selbst dann,
wenn nur 2 Emigranten beisammen sind, und manchesmal möchte man das Wort variieren, „wo 2 Emigranten sind, gibt es 3 verschiedene Auffassungen". Es gehört viel Geduld und Nachsicht dazu, eine Emigration zusammenzuhalten, und wir zweifeln nicht
daran, daß Du es daran nicht fehlen lassen wirst. Zehn Jahre Emigration sind eben in der
Tat eine harte Prüfung, die jedem einzelnen auf die Nerven fällt. Man kann das ja wohl
an sich selbst beobachten und wenn man sich [dess]en immer gewärtig ist, beurteilt man
auch das Verhalten anderer mit [grö]ßerer Nachsicht. Sie kann man walten lassen, solan-

---

1 Der letzte, im PV-Archiv überlieferte Brief Polenskes an Vogel datiert vom 10. März 1943 (erhalten am
  1. April 1943). AdsD Bonn, PV-Emigration, Mappe 88.
2 Nilsson, Torsten, 1905, 1939 Vorsitzender der SJI, 1940–45 Sekretär der Sozialdemokratischen Arbeiterpartei Schwedens, 1944–76 MdR, ab 1945 mehrfach Minister.
3 Zu den Zwistigkeiten in der Stockholmer SPD-Emigration vgl. Helmut Müssener, Exil in Schweden.
  Politische und kulturelle Emigration nach 1933. München 1974, S. 138ff.

ge man von den [gute]en Absichten der Anderen überzeugt ist, handelt es sich aber um Bös[art]igkeiten und ausgesprochenes Querulantentum, darf man es auch an der not-wendigen Energie nicht fehlen lassen. Und als ganz selbstverständlich muß gelten, daß die weitgehende Toleranz der gastgebenden Bruderpartei nicht mißbraucht werden darf. Das alles sind für Dich gewiß Selbstverständlichkeiten, ich kann mir aber denken, daß es Dir nur erwünscht sein kann, auch unsere Auffassung dazu zu kennen.

Nach dem Vorstehenden wirst Du es wohl auch verständlich finden, wenn wir uns nicht direkt in Eure Differenzen hineinmischen. Die Verhältnisse der Emigration in den einzelnen Ländern liegen so verschieden und Persönlichkeiten spielen dabei eine so große Rolle, daß es ganz unmöglich ist, zentral alles über einen Leisten zu schlagen. Die Politik der Gastländer färbt natürlich auch mehr oder weniger auf die Emigrationen ab.

Wir glauben sagen zu können, daß wir mit unserer „Union" nur gute Erfahrungen gemacht haben. Selbst wenn mit ihr nicht mehr erreicht worden wäre, als daß der gegen-seitige Streit und die üblen Auseinandersetzungen aufgehört haben, würde sich ihre Gründung schon verlohnt haben. Aber darin liegt nicht der einzige Gewinn. Wir sind seit einiger Zeit dabei, in Kommissionen ein Programm für die zukünftige Arbeit einer einheitlichen sozialistischen Partei Deutschlands zu beraten. Die Beratungen nehmen einen wenn auch langsamen, so doch durchaus sachlichen und freundschaftlichen Verlauf. Ich wünsche manchesmal, die Verhandlungen in unseren eigenen Versammlun-gen wären immer so sachlich und freundschaftlich. Wobei wieder zu berücksichtigen ist, daß es sich bei diesen Kommissionsberatungen eben doch um einen ausgesuchten Kreis von Personen handelt.

Unsere Londoner SPD Gruppe beschäftigte sich jetzt in 3 Versammlungen mit unse-rer Stellung zu dem „Freien Deutschland Komité" in Moskau und London. Es gibt einige ganz wenige Genossen, die gerne auch dabei sein möchten und in der Vertretung ihrer Auffassung sehr aktiv und nicht gerade immer sehr wählerisch waren. Die Ausein-andersetzungen waren nicht gerade immer sehr schön und auch nicht immer ganz partei-genössisch. Diesen Freitag wird die Abschlußversammlung sein. Ich glaube nicht, daß irgendein Beschluß gefaßt werden wird, sondern daß die Versammlung stillschweigend die Haltung des P.V. und der Gruppenleitung billigen wird, die den beiden Komités gegenüber eine absolut ablehnende ist. Wir möchten nicht an einer Bewegung beteiligt sein, die einer Neuauflage des „Nationalbolschewismus" entsprechen dürfte. Hatte es sich 1923 bei der engen Verbindung der militärischen mit den Kommunistischen Kräften und dem Versuche einer engen Allianz zwischen Deutschland und der Sowjetunion um ein Mittel [zu]r Durchsetzung kommunistischer Ziele in Deutschland gehandelt, so sind diesesmal ganz zweifellos die außenpolitischen und Sicherheitsinteressen der Sowjetuni-on für diese Komités maßgebend. Für uns ist die aufmerksame Verfolgung dieser Ent-wicklung von größter Bedeutung. Viel größeres Gewicht als diesen beiden Gründungen kommt wohl der bevorstehenden Drei-Mächteberatung in Moskau zu. Ob es dort zu einer wirklichen Verständigung – auch über die Nachkriegsbehandlung Deutschlands – kommen wird? Und ob bei einer darauffolgenden Generalverständigung zwischen

Churchill-Roosevelt und Stalin dann auch die Repräsentanten der demokratischen und sozialistischen Emigration Gelegenheit bekommen werden, als politische Repräsentanten der wirklich demokratischen Kräfte in der politischen Kriegführung mitzuwirken? Warten wir zunächst einmal ab.

Für Deine informatorischen Berichte aus Deutschland[4] sind wir Dir sehr dankbar. Wie lange noch wohl wird das deutsche Volk diese Hölle über sich ergehen lassen? Wir sehen weiteren Berichten mit größtem Interesse entgegen. Sehr wichtig für uns wäre auch, wenn wir über die Wirkung der Moskauer Gründung und ihrer Radiosendungen nach Deutschland auf die Menschen in Deutschland näheres erfahren könnten. Haben sie in den Mittelschichten die Wirkung, die Furcht vor dem Bolschewismus abzuschwächen, und welche Aufnahme finden sie bei unseren Leuten? Sind sie bereit, der neuen Moskauer Linie, die die Bildung einer allumfassenden „nationalen Friedens- und Freiheitsbewegung" in Deutschland fordert mit dem einzigen Ziel des Sturzes der Hitlerdiktatur, zu folgen? Jede fundierte Information über diese Frage ist von größter Bedeutung für unsere Arbeit.

Schließlich bitte ich Dich, falls Du Fritze Tarnow gelegentlich siehst, zu sagen, daß wir heute morgen seinen Brief vom 20. September erhalten haben und daß wir ihm zunächst bestens danken. Dieser Brief war ausnahmsweise nur 3 Wochen auf dem Wege. Hoffentlich braucht dieser Brief nicht auch 4 Wochen, bis er Dich erreicht, es könnte Dich sonst unter Umständen nur irritieren.

Erich Ollenhauer, Willi Sander und Fritz Heine lassen Dich und die Freunde vielmals grüßen. Besonders herzliche Grüße aber von

Deinem

---

4 Polenske hatte in seinen Briefen am 10. Januar und 21. Juni 1942 sowie am 10. März 1943 auch über Berichte aus Deutschland und die Verhältnisse in der sozialdemokratischen Emigration in Schweden informiert. AdsD Bonn, PV-Emigration, Mappe 88.

Nr. 279

Protokoll der Sitzung des London-Ausschusses am 28. Januar 1944

Archiv Dr. Gerhard Beier, Kronberg, TNL Gottfurcht, Akte O I[1]

Sitzung des Londoner Ausschusses der SPD. 28.1.[19]44

Der Mitgliederversammlung der Londoner SPD am 4. Februar wird vorgeschl[agen]:

Der Londoner Ausschuß der SPD wird wieder wie vor zwei Jahren (Juli 42) durch Urwahl der in London und nahe Londons wohnenden registrierten SPD-Mitglieder gewählt, die im Jahre 1943 Parteibeiträge bezahlt haben.

Die Mitglieder-Versammlung stellt eine Kandidatenliste auf, etwa 10–12 Kandidaten, sie wählt ferner eine Kommission zur Durchführung der Wahl. Die letzte Kommission bestand aus 3 Mitgliedern (Herm[ann] Meyer, Rose Graetzer und Möller-Dostali).

Die Wahl erfolgt im Prinzip wie die letzte Wahl, wird etwas vereinfacht dadurch, daß diesmal nur ein Stimmzettel, zur Wahl von 7 Mitgliedern benützt werden braucht.

Die von der Versammlung aufgestellte Vorschlagsliste bringt die Kandidaten in alphabetischer Reihenfolge auf dem Stimmzettel.

Etwa Dienstag, d[en] 8. Februar werden die Stimmzettel mit Rundschreiben und einem besonderen Wahlumschlag und aufgedruckter Adresse verschickt.

Die Stimmzettel müssen bis spätestens Mittwoch, d[en] 16. Februar zur Post gegeben werden, damit sie zur Öffnung der Umschläge und zur Auszählung des Ergebnisses, Freitag d[en] 18. Febr[uar] nachm[ittags] 6 Uhr vorhanden sind. Die Feststellung des Ergebnisses erfolgt durch die Kommission.

Stimmberechtigt sind diesmal etwa 95 Mitglieder, also 20 mehr als 1942. Die höhere Zahl ergibt sich einmal durch neue Mitglieder seit der Wahl 1942 (Bogner, Goldschmidt und Frau, Hollos und Frau[2], Jonas[3], Meyer Margarete[4], Ostwald, Dr., Sander Peter, Seidel Alexander, Schulze-Gaevernitz) und durch Zuzüge nach dem Londoner Gebiet (Gellert[5], Heide und Frau, Korn, Koller[6], Lietz[7], Martin Meyer[8], Karl Pringsheim und Frau, Ludwig Pringsheim, Teclaw und Frau). Einige Abgänge erstanden durch Tod

---

1 Vorlage: Überschrift und Namen in der Liste am Ende ms. unterstrichen. Die ebenfalls ms. unterstrichenen zahlreichen einzelnen Worte werden nicht markiert.
2 Hollos, Julius, *1906, Journalist, 1928–36 KPD, 1933 ČSR, 1939 GB, ab 1940 bei Redaktion Exchange Telegraph, ab 1942 SPD; Hollos, Elfriede, 1928–35 KPD, 1942 SPD.
3 Nicht ermittelt.
4 Nicht ermittelt.
5 Gellert, Kurt Ernst, *1900, SPD, RB, 1933 NL, Sopade-Grenzsekretär, 1936 Schweden.
6 Nicht ermittelt.
7 Lietz, Carl, *1899, Fabrikant, SPD Danzig, nach Haft 1935 PL, 1937 GB, Pioneer Corps, 1943/44 Redakteur „The Danzig Movement".
8 Nicht ermittelt.

(Baruth[9] und Elsa Blumenreich) und Streichungen (Günther, seit 1941 keine Beiträge, Gutman Louis[10], seit 1942 keine Beiträge bezahlt und nie reagiert).

Keine Beiträge im Jahre 1943
haben bisher bezahlt:[11]
Gellert: lange Zeit krank und arbeitslos
Heinrich, Kurt[12]: ?? Verbindung sehr lose, d[urch] Brief mahnen!
Kreyssig, Gerd und Else[13]: ??   "   "   "   "   "
Koller, Alfred: war krank, desgl. seine Frau,   "
Lesser, Erwin: ??   Verbindung lose, Brief mahnen
Loewenheim, Ernst[14]: ? "   "   "   "
Ofen, Friedel[15]: wirtschaftlich sehr schlechte Verhältnisse
Posner: krank und   "   "   "   "
Teclaw und Frau: ?? Verhältnisse klären, da Danziger Genossen.
(Andere Danziger: Lietz hat bezahlt, Brost keine gr[ünen] Fr[a]g[e]b[ogen vorhanden])
Seidel, Alexander: ist Mitglied der Hiller-Gruppe!

Vorschlag: Der Londoner Ausschuß richtet durch Sander eine schriftl[iche] Mahnung an obige Genossen. Die Wahlbeteiligung wird in jedem Falle von der eingegangenen Antwort abhängig gemacht.

---

9 Baruth, Max, 1880–1942, SPD, 1933 ČSR, 1940 GB, LdG.
10 Nicht ermittelt.
11 Vor der folgenden Liste ist quer dazu hs. vermerkt: „Dr. E. Meyer".
12 Nicht ermittelt.
13 Kreyssig, Elsbeth, 1899–1972, SPD.
14 Löwenheim, Ernst, *1898, 1919–27 KPD, dann LO, Mitglied illeg. RL von NB, 1935 ČSR, 1936 GB, mit Bruder Walter, Leiter einer Ingenieurfirma.
15 Nicht ermittelt.

Nr. 280

Bericht der „Sozialistischen Mitteilungen" über die Jahreshaupt-versammlung der SPD am 4. Februar 1944

SM 60/61, März/April 1944, S. 23f.[1]

Die Jahres-Hauptversammlung der SPD in London[2]

beschäftigte sich mit der Entgegennahme eines Berichtes über die Tätigkeit der Gruppe und des Londoner Ausschusses der SPD und der Aufstellung einer Kandidaten-liste zur Neuwahl des Ausschusses. Im Jahresbericht des Vorsitzenden, des Gen[ossen] W[ilhelm] **Sander**, wurde u. a. gesagt: „Wir vermieden in England bewußt alles ver-einsmäßige, bemühten uns aber, unsere politische Tradition zu erhalten, das beste Erbe der deutschen Arbeiterbewegung auch im Exil zu wahren und die Erfahrungen der illegalen Arbeit mit neugewonnenen Erkenntnissen in der Emigration und in der Zu-sammenarbeit mit Bruderorganisationen der verschiedensten Länder zu verschmelzen. Das Glück, in dieser Zeit in London leben, arbeiten und lernen zu können, legt uns besondere Verpflichtungen auf und hebt unsere Bedeutung weit über die Zahl unserer organisierten Parteimitglieder in London. Die 23 Versammlungen im Jahre 1943 wurden durchschnittlich von 37 Freunden besucht, oft durften wir außerdem Freunde aus ver-schiedenen Bruderparteien in unserer Mitte begrüßen. Größere Unions-Versammlungen und einige interne Programmberatungen wurden gleichfalls von unseren Freunden besucht.

Der Londoner Ausschuß der SPD, der im Juli 1942[3] ‚zur Leitung der gemeinsamen Angelegenheiten der in London lebenden, registrierten Mitglieder der SPD[‘] gewählt wurde, hielt 1943 20 Beratungen ab, einige gemeinsam mit den Mitgliedern des Partei-vorstandes.

Der Ausschuß hatte sich mit organisatorischen Dingen (Vorbereitung von Beratun-gen, Versammlungen, Neuregistrierungen, Anregungen und Anträgen aus den Kreisen der Mitglieder – zum Teil in deren Anwesenheit – und Streitfällen), mit Informationen (politische Berichte, Besprechungen mit befreundeten Kreisen, internationalen Beratun-gen, Besuchen etc.) und mit der Beratung politischer Probleme zu beschäftigen. Die letzteren füllten im vergangenen Jahre auch die Beratungen der Mitgliederversammlun-gen aus. Nach gründlicher Aussprache in mehreren Sitzungen und Versammlungen wurde am 29. Okt[ober] mit mehr als Zweidrittelmehrheit der Antrag angenommen: ‚Die Versammlung billigt die in dem Brief des Londoner Ausschusses (veröffentlicht in den

---

1 Vorlage: Die zahlreichen ms. Unterstreichungen einzelner Worte und Namen werden nicht wiedergegeben.
2 Vorlage: Überschrift ms. unterstrichen.
3 Vorlage: Juni.

SM, Nr. 53/54, 1943) vertretene Auffassung gegenüber dem Londoner Freien Deutschen Komitee.'[4]

Die Zusammenarbeit im Rahmen und in den Veranstaltungen der „Union" war sehr gut. Unsere Genossen beteiligten sich an den Programmberatungen der Union wie auch in eigenen Veranstaltungen der SPD. Der Programm-Aufruf des Parteivorstandes vor 10 Jahren erweist sich auch heute noch als äußerst wertvoll und grundlegend.[5] Außer den Beiträgen zur Herausgabe der „SM" leisteten unsere registrierten Mitglieder materielle Beiträge zur Durchführung unserer organisatorischen und politischen Tätigkeit.

Als Flüchtlinge werden wir in England hochanständig behandelt, als Vertreter jener politischen Kräfte in Deutschland, die seit vielen Jahren den Kampf gegen den Hitlerfaschismus opfervoll führen, haben wir jedoch noch nicht jene Anerkennung gefunden, auf die wir hofften."

Es wurde keine Debatte gewünscht. Nach einer kürzeren Aussprache wurde beschlossen, eine Neuwahl des Londoner Ausschusses schriftlich vorzunehmen und sieben Mitglieder zu wählen. Es wurde eine Kandidatenliste aufgestellt. In die Wahlkommission wurden Genossin Rose Graetzer und die Genossen Hermann Meyer und Möller-Dostali gewählt. Der Versammlungsleiter **Kurt Weckel** sprach dem bisherigen Ausschuß den Dank der Versammelten für die bisher geleistete Arbeit aus.

Die Wahl hatte folgendes Resultat: Von 69 gültigen Stimmen erhielten Stimmen: 1. Wilhelm Sander 60, 2. Dr. Gerhard Gleissberg 49, 3. Fritz Segall 49, 4. Herta Gotthelf 46, 5. Kurt Weckel 45, 6. Heinrich Sorg 37, 7. Paul Heide 32. Diese sieben Genossen bilden den Londoner Ausschuß der SPD für 1944. Ferner erhielten Stimmen: Doberer 26, Dyrenfurth 21 und Mansbach 13. 22 Stimmen zersplitterten sich auf 8 weitere Namen.

---

4 Es handelte sich um den Brief Wilhelm Sanders an Robert Kuczynski vom 24. September 1943, in dem eine Beteiligung an der Gründung der Freien Deutschen Bewegung in Großbritannien abgelehnt wurde.
5 Es handelt sich um das sogenannte „Prager Manifest".

NR. 281

*Brief von Hans Vogel an das Ministry of Information vom
10. August 1944 mit Bericht über die sozialdemokratische
Emigration in Großbritannien*

AdsD Bonn, PV-Emigration, Mappe 142

Der Londoner Ausschuß der SPD
Hans Vogel[1]
　　　　　　　　　　　London, N.W. 7, August, 10th, 1944
　　　　　　　　　　　3, Fernside Avennue,
　　　　　　　　　　　London, N.W.7

Mr. John A. Thwaites,
European Division,
Ministry of Information,
Malet Street,
London, W.C. 1.[2]

My dear Mr. Thwaites,

erlauben Sie mir, daß ich auch Ihren Brief vom 9. August[3] in Deutsch beantworte, es ist leichter für mich und es schließt Ungenauigkeiten, die durch ein schlechtes Englisch entstehen könnten, aus.

Auf Ihre Fragen möchte ich ihnen antworten:

1. Die Sozialdemokratische Partei Deutschlands ist in London offiziell durch die hier lebenden Mitglieder ihres Vorstandes vertreten. Es handelt sich dabei um drei Vorstandsmitglieder: 1. ich selbst als Vorsitzender der Partei, Erich Ollenhauer als Sekretär und Fritz Heine.[4]

Erich Ollenhauer und ich wurden auf der letzten Reichskonferenz unserer Partei, die am 26. April 1933 in Berlin stattfand, gewählt, während Fritz Heine als Geschäftsführer unserer Wochenzeitung „Neuer Vorwärts" im Jahre 1938 in Paris als Mitglied des Vorstandes co-optiert wurde.

---

1 Daß Vogel, der zwar Parteivorsitzender aber nicht explizit Mitglied des London-Ausschusses war, diesen Brief namens des London-Ausschusses unterzeichnete, macht deutlich, welche Bedeutung diesem Schreiben zugemessen wurde.

2 Vorlage: „London, W.C. 1." ms. unterstrichen.

3 Die Anfrage Thwaites dürfte auf den Angriff gegen Vogel in der Prawda zurückgehen (vgl. Nr. 147), denn am 29. August 1944 sandte Sander an Thwaites u.a. den Text der dort angegriffenen Rede Vogels und der Haas-Picards. Die Reden waren wiedergegeben in: SM, Nr. 63/64, Juni/Juli 1944, S. 1–9, bzw. 12–14; Brief Sanders in: AdsD Bonn, PV-Emigration, Mappe 111.

4 Zur Kooptierung Heines vgl. Einleitung, Abschnitt III.1.

Der auf der Reichskonferenz von 1933 gewählte Vorstand der Partei wurde von dieser Konferenz ausdrücklich bevollmächtigt, die Arbeit der Partei vom Ausland her fortzuführen, falls die Partei in Deutschland in die Illegalität gezwungen werden sollte.

Von den zwanzig Mitgliedern des Vorstandes haben sieben in der Zeit von Mai 1933 bis Mai 1938 die Arbeit des Vorstandes von Prag aus geleitet.

Wir übersiedelten dann nach Paris. Dort starben zwei unserer Kollegen, Otto Wels und Siegmund Crummenerl. Nach dem Zusammenbruch Frankreichs gingen zwei unserer Kollegen, Friedrich Stampfer und Erich Rinner nach USA, während Ollenhauer, Heine und ich nach London kamen.

Nach Übereinstimmung mit unseren in USA lebenden Kollegen wurde London als Sitz des Vorstandes bestimmt und, die in London lebenden Mitglieder wurden mit der Geschäftsführung beauftragt.

In unserer Eigenschaft als Vorstand der Sozialdemokratischen Partei Deutschlands sind wir in England von der Exekutive der Labour Party anerkannt.

Auch die in anderen europäischen und überseeischen Ländern lebenden emigrierten deutschen Sozialdemokraten haben diese Regelung anerkannt. Wir sind also, ebenso wie unsere Freunde Jaksch und Pollak, die offizielle Vertretung unserer Partei auf Grund eines ausdrücklichen Mandates der letzten legalen Reichstagung der deutschen Sozialdemokratie.

2. Unabhängig von dieser offiziellen Vertretung der Gesamtpartei besteht ein gewisser Zusammenschluß der in England lebenden emigrierten deutschen Sozialdemokraten. Alle unsere hier lebenden früheren Parteimitglieder, die dazu bereit waren, sind bei dem Vertreter der deutschen Sozialdemokraten in England, Wilhelm Sander registriert.

Die Gesamtzahl der registrierten Parteigenossen beträgt zur Zeit etwa 160.

Ein engerer Zusammenschluß besteht unter den in London lebenden deutschen Sozialdemokraten. Sie sind in einer Gruppe zusammengeschlossen, die regelmäßig zu Versammlungen und Arbeitsgemeinschaften zusammenkommt. Ihre Leitung erfolgt durch einen Ausschuß, bestehend aus sieben Mitgliedern, der alljährlich durch die London lebenden Mitglieder gewählt wird. Vorsitzender dieses Ausschusses ist Mr. Wilhelm Sander. An den Sitzungen des Londoner Ausschusses nimmt ein Mitglied des Parteivorstandes regelmäßig teil. Die Londoner Gruppe zählt etwa 100 Mitglieder, also mehr als die Hälfte der in England registrierten Sozialdemokraten.

Die „Sozialistischen Mitteilungen" werden durch den Vertreter der deutschen Sozialdemokraten, Mr. Wilhelm Sander, im Einvernehmen und im engen Zusammenwirken mit dem Parteivorstand herausgegeben. Sie werden in einer Auflage von 450 Exemplaren in [die]sem Lande und an Sozialdemokraten in andern Asylländern verschickt.

Die deutsche politische[5] Emigration in England bildet eine Minderheit in der gesamtdeutschen Emigration in England. Den weitaus stärksten Anteil stellt die sogenannte Wirtschaftsemigration und die jüdische Emigration, die weitgehend identisch ist. Die stärkste Gruppe in der politischen Emigration ist die kommunistische. Sie dürfte mehr als 300 frühere Mitglieder der Kommunistischen Partei Deutschlands zählen, dazu kommt ein gewisser Zuwachs aus den Kreisen der Wirtschaftsemigration, vor allem unter den jüngeren Jahrgängen.

Neben der sozialdemokratischen Emigration gibt es noch drei andere sozialistische Gruppen: Die Gruppe „Neubeginnen", die Sozialistische Arbeiter Partei (SAP) und der Internationale sozialistische Kampfbund (ISK). Alle vier sozialistischen Gruppen arbeiten seit dem Frühjahr 1941 in der „Union deutscher sozialistischer Organisationen in Großbritannien" zusammen. Die Leitung der „Union" erfolgt durch eine Exekutive, in der jede der angeschlossenen Gruppen einen Vertreter hat. Vorsitzender der „Union" ist Hans Vogel. An den Beratungen der Exekutive der „Union" nimmt außerdem der Vorsitzende der Landesgruppe deutscher Gewerkschafter in Großbritannien, Mr. Hans Gottfurcht, mit beratender Stimme teil. Die Gesamtmitgliederzahl der drei anderen sozialistischen Gruppen in England dürfte etwa 60 bis 70 betragen.

3. Die offiziellen Repräsentanten der deutschen Sozialdemokratie in England sind: Hans Vogel, Erich Ollenhauer, Friedrich Heine und Wilhelm Sander.

Ich hoffe, daß ich mit dieser Darstellung im wesentlichen alle Ihre Fragen beantwortet habe, ich stehe Ihnen aber selbstverständlich gern zu weiteren Auskünften jederzeit zur Verfügung.

Mit besten Grüßen
Ihr

P.S. In der Angelegenheit Sering[6] hoffe ich Ihnen in den nächsten Tagen Nachricht geben zu können.

---

5 Vorlage: „politische" ms. unterstrichen.
6 Das ist Richard Löwenthal.

NR. 282

Vorschlag Rudolf Möller-Dostalis und Heinrich Sorgs zum Thema „Staat und Demokratie" für die SPD-Programmberatungen vom 25. August 1944

AdsD Bonn, PV-Emigration, Mappe 184

Entwurf[1]

(Beitrag zu den SPD-Programmberatungen in London)[2]

Das Ende des zweiten Weltkrieges bringt die deutsche Arbeiterschaft in eine ähnliche Situation wie 1918. Die organisierte Arbeiterschaft war damals allein fähig den völligen Zusammenbruch zu verhindern. Die Sozialdemokratische Partei versuchte ihr sozialistisches Ziel mit den Mitteln der bürgerlichen Demokratie ohne eine grundlegende Veränderung der Gesellschaft zu verwirklichen.

Die ökonomischen Schwierigkeiten jedoch, die von einer Krise zur anderen trieben, erzeugten nicht nur wirtschaftliche Not bei dem größten Teil des Volkes, sondern untergruben auch das Vertrauen zu der Demokratie, wie sie die Weimarer Republik darbot.

Die politische Demokratie erwies sich als nicht genügend, um den wirtschaftlichen Tagesanforderungen und den Bedürfnissen der arbeitenden Bevölkerung gerecht zu werden.

Die Weimarer Republik brachte es nur zu einem politischen Kompromiß zwischen Arbeiterbewegung und Großkapital. Dieser Kompromiß mußte fehlschlagen weil das vorhandene wirtschaftliche System nicht mehr zu reparieren war.

Die geschichtliche Bedeutung der russischen Revolution wurde nicht erkannt.

Unser Ziel bleibt deshalb nach wie vor die demokratische sozialistische Gesellschaft. Sie muß zum vollen Ausdruck kommen in der Staatsorganisation, in der Wirtschaft und in der Kultur und Erziehung.[3]

Demokratie darf nicht als starrer Begriff genommen werden. Ihre Formen verändern sich mit der ökonomischen, sozialen und kulturellen Struktur des gesellschaftlichen Lebens im allgemeinen und mit der Entwicklung der Industrie und Technik im besonderen. Die Entwicklung der gesellschaftlichen Verhältnisse darf nicht gehindert werden durch eine bis in die Einzelheiten festgelegte Verfassung.

Der demokratische Staat hat die Entwicklung der Gesellschaft zu fördern und zu sichern. Er hat mit allen Mitteln besonders die Freiheit des Denkens, die Freiheit der

---

1 Vorlage: „Entwurf" doppelt ms. unterstrichen

2 In der SPD-Arbeitsgemeinschaft wurden die Vorschläge für die Richtlinien der „Union" beraten. Anscheinend wurden dabei auch neue Vorschläge eingebracht.

3 Vorlage: „Staatsorganisation", „Wirtschaft", „Kultur" und „Erziehung" jeweils ms. unterstrichen

wissenschaftlichen Forschung, die Freiheit der Kunst und des Glaubens und die Freiheit der Meinungsäußerung zu schützen.

Unmittelbar drängenden Gegenwartsaufgaben der Gesellschaft ist besonders Rechnung zu tragen.

In einer demokratischen staatlichen Organisation ist jedem das Anrecht auf gesellschaftlich notwendige Arbeit zu sichern. Jeder Staatsbürger ist aber zu verpflichten, je nach seinen Fähigkeiten gesellschaftlich notwendige Arbeit zu leisten.

In gleicher Weise ist jedem Bürger das Anrecht zu sichern, seine persönlichen Anlagen und Fähigkeiten zu entwickeln durch Erziehung, Bildung und kulturelle Betätigung. In einem demokratischen Staate hat aber jeder Staatsbürger auch die Pflicht, sie zum Wohle des Gemeinwesens anzuwenden.

Alle staatsbürgerlichen Rechte und Pflichten des Einzelnen werden bestimmt durch die Staatsidee.

Auch das Koalitionsrecht (von Personen) wird von der Staatsidee abhängig gemacht und muß ihr dienstbar sein.

Das Recht auf Mitbestimmung und Selbstverwaltung darf nicht beschränkt bleiben auf den Wahlakt, sondern muß erweitert werden zu dem Recht der Mitentscheidung und Kontrolle der Gestaltung der gesellschaftllichen Verhältnisse.

Minderheiten, die Träger gesellschaftl[icher] Funktionen sind, müssen in die gesellschaftspolitische Arbeit eingegliedert werden.

(Von den Gen[ossen] Möller-Dostali und H. Sorg eingereicht am 25. August 1944)

NR. 283

Vorschlag Friedrich Wittelshöfers zum Thema „Staat und Demokratie" für die SPD-Programmberatungen vom 3. September 1944

AdsD Bonn, PV-Emigration, Mappe 194

Entwurf[1]
zu den SPD-Programmberatungen in London[2]

Demokratie in der Deutschen Verfassung

Das deutsche Staatswesen muß getragen sein vom Geiste der Demokratie. Es hat auszugehen von der Gleichheit der Rechte und der Pflichten der Staatsbürger, der Gleichheit des Zutritts zu den Einrichtungen und Veranstaltungen des Staates und der öffentlichen Körperschaften, der Gleichheit der Gelegenheit und der Verpflichtung zum Dienst an der Gesamtheit.

Zwang oder Gewalt darf der deutsche Staat nur als letztes Aushilfsmittel kennen. Vielmehr muß er aufbauen auf freiwilliger Teilnahme am öffentlichen Leben und weitgehender Zustimmung. Überzeugen muß das vorzüglichste Mittel zur Herbeiführung von Zustimmung und Bildung des Staatswillens sein.

Zu diesem Zweck muß er die Freiheit der Person, der Meinungsäußerung, der Forschung und des Glaubens grundsätzlich anerkennen und sicherstellen. Diese bisher „bürgerlich" genannten Freiheiten sollten grundsätzlich möglichst weit gehen.

Sie bedürfen jedoch Einschränkungen, die aus der [Not]wendigkeit des gesellschaftlichen Zusammenlebens und den wechselnden Anschauungen darüber folgen. Sie sollten daher ebensowenig wie die Garantie anderer Rechte in einem Verfassungsgesetz geregelt werden, das erschwerten Abänderungsbedingungen unterliegt. Denn dadurch werden widerstrebende Minderheiten in die Lage versetzt, Einschränkungen zu verhindern, die aus der Entwicklung zum Kollektivismus oder zu dessen Förderung notwendig werden. Die Verfassung kann sich darauf beschränken, das Bestehen dieser Freiheiten programmatisch anzuerkennen. Ihre Verankerung sollte in einfachen Gesetzen oder einer zusammenfassenden „bill of rights" erfolgen.

Dagen sollte die Verfassung eine Einschränkung, die in Wirklichkeit der Aufrechterhaltung der Freiheit und Gleichheit dient, selbst aussprechen und damit dem Fundament der Demokratie die stärkste rechtssatzmäßige Sicherung geben, die das künftige deutsche Staatsrecht kennt: Überzeugen und sich überzeugen lassen, ist die wesentlichste Spielregel der Demokratie. Sie verbürgt die ewige Nachprüfbarkeit und Abänderbarkeit

---

1 Vorlage: Die drei Titelzeilen sind ms. unterstrichen; der Titel („Demokratie ...") wird als Kopfzeile auf S. 2 wiederholt.
2 Zum Kontext vgl. Anm. 2 zu Nr. 282.

einmal getroffener Entscheidungen durch den freien Willen des Volkes. Dies ist das Funktionsgesetz der Demokratie. Die Erfahrung des Faschismus macht eine besondere Sicherung dieses Funktionsgesetzes notwendig. Darum sollte die Verfassung selbst[3] die Bildung von Vereinigungen, die eine Beseitigung dieses Funktionsgesetzes zum Ziele haben, und die Werbung für seine Beseitigung in Versammlungen, Presse, Schriften und dergleichen ausschließen.

Hiervon abgesehen ist die Vereins- und Parteienbildung zu gesetzlich nicht verbotenen Zwecken unbeschränkt. Einer Vielheit von Parteien und der Bildung von Splitterparteien wird die Rückkehr zu Persönlichkeitswahl und die Abschaffung der Listenwahl entgegenwirken.

Die Vereins- und Parteienbildung und das Versammlungsrecht dagegen an die Anerkennung einer bestimmten Staatsidee zu binden, ist undemokratisch. Einmal ist eine solche Staatsidee schwer eindeutig zu umschreiben. Ihre Anhängerschaft rechtlich zu privilegieren, führt notwendig zu einer Diskriminierung aller anderen. Sie bedeutet eine mit der Demokratie unvereinbare Einschränkung der Gedankenfreiheit, führt zum geistigen Stillstand und hemmt ebenso oder mehr die Entwicklung wie eine zu starre Verfassung.

Höchster politischer Willensträger ist das vom Volke gewählte Parlament. Ihm ist die Regierung verantwortlich. Sie leitet ihre widerrufliche Macht von ihm und damit vom Volke ab.

Der Gesetzgebung dieses Parlaments hat sich jede Art von Selbstverwaltung unterzuordnen, sei es die von Gemeinden oder von Wirtschaftszweigen und Berufsgruppen, auch soweit diesen eine Autonomie mit Sonderparlament zugestanden wird.

In der gemeindlichen Selbstverwaltung ist der Aufgabenbereich zugunsten der größeren Verbände zu verlagern. Technischer Fortschritt und die Überwindung der Entfernungen ermöglicht nicht nur, sondern erlaubt vielfach eine wirksame Befriedigung wichtiger gesellschaftlicher Bedürfnisse nur auf überörtlicher Grundlage. Internationale und innerstaatliche Notwendigkeiten zwingen ferner dazu, dem Staat zur Wahrung des Gesamtinteresses gegen örtliche Sonderinteressen neue Einwirkungsmöglichkeiten auf die gemeindliche Selbstverwaltung zu geben.

Im übrigen dient jede Art der Selbstverwaltung der Schulung des Staatsbürgers für das öffentliche, politische und gesellschaftliche Leben. Außerdem ist es Aufgabe von Parteien und Vereinigungen, sein Interesse an den öffentlichen Dingen wachzuhalten, ihm Gelegenheit zu geben, seine Auffassung zu äußern und zu klären, und ihm bewußt zu machen, daß öffentliche Angelegenheiten auch seine Angelegenheiten sind und er auf diesem Wege auf ihre Gestaltung Einfluß üben kann.

Eingereicht von Friedrich Wittelshöfer am 3. September 1944

---

3 An dieser Stelle ist in der Vorlage folgender Satz hs. ausgestrichen worden: „abgesehen von der Übergangszeit gegen aktive Nazis, die".

NR. 284

*Notiz Fritz Heines über einen PV-Beschluß
etwa Anfang November 1944*

AdsD Bonn, Depositum Heine, Ordner 5/17, Notizbuch Fritz Heine, Januar 1944 –
Dezember 1944, S. 69

PV. [undatiert, ca. November 1944]

Beschluß, Versuch zu machen, Geld in Frankreich wieder ergattern.[1]

---

1 Es handelte sich um das Geld, das bei einer Pariser Bank deponiert war. Vgl. Nr. 289.

NR. 285

Brief des Parteivorstandes an das National Executive Committee der Labour Party vom 3. November 1944 mit der Bitte um Unterstützung beim Aufbau der Partei in Deutschland

AdsD Bonn, PV-Emigration, Mappe 14[1]

Werte Genossen,

Die militärische Niederlage und der Zusammenbruch der Hitlerdiktatur, die nun dank der militärischen Erfolge der alliierten Armeen in große Nähe gerückt sind, werden die Sozialdemokraten in Deutschland vor die Aufgabe des Wiederaufbaus der sozialdemokratischen Bewegung[2] stellen. Wir sind überzeugt, daß unsere Genossen im Lande alles, was in ihren Kräften steht, tun werden, um diese schwere und wichtige Aufgabe zu lösen. Der Erfolg dieses Versuchs wird aber unter den nach dem Ende der Feindseligkeiten in Deutschland gegebenen Verhältnissen auch davon abhängen, daß unsere sozialdemokratischen Freunde im Lande die Sympathie und die Unterstützung der Sozialisten im Ausland finden.

Die moralische und materielle Hilfe, die Sie uns seit unserem Eintreffen in England gewährt haben, ermutigt uns, Sie um diese Unterstützung bei dem Wiederaufbau der sozialdemokratischen Bewegung in Deutschland zu bitten. Wir sind uns klar darüber, daß Sie in diesem Augenblick mit zahlreichen für Sie wichtigeren Fragen beschäftigt sind. Wenn wir uns trotzdem an Sie wenden, dann in der Überzeugung, daß ein gemeinsames Interesse an einer freiheitlich-demokratischen Arbeiterbewegung in Deutschland besteht.

Wir haben keine Illusionen über die Schwere der Aufgabe, die uns gestellt sein wird. Deutschland wird politisch, kulturell und wirtschaftlich durch die Schuld des Naziregimes verwüstet sein. Die notwendige Wiedergutmachung der in vielen Ländern angerichteten Schäden, die unvermeidlichen Folgen der Niederlage, Besetzung und Ausnahmezustand werden die Arbeitsmöglichkeiten der Partei beeinflussen und beschränken. Zu diesen allgemeinen Schwierigkeiten kommen noch spezielle Probleme, die sich aus der Tatsache der Niederlage 1933, der Überalterung zahlreicher früherer Mitglieder der Partei, dem elfjährigen Verbot, der voraussichtlichen politischen Apathie einerseits und des Weiterbestehens starker militaristisch-nationalistischer Tendenzen andererseits ergeben.

---

1 Die auf dem Entwurf nachträglich vermerkte Datierung „[Mai/Juni 45]" ist falsch. Das von Hans Vogel unterzeichnete englische Original, datiert vom 3.11.1944, findet sich in: LHASC Manchester, LP, ISM/MISC/152. Es existiert kein Antwortschreiben der Labour Party. Im Kalender Ollenhauers findet sich am 8.11.1944 eine Eintragung über ein Treffen mit LP-Sekretär Middleton.

2 Vorlage: „Wiederaufbaus der sozialdemokratischen Bewegung" ms. unterstrichen.

Wir haben alle diese und ähnliche Faktoren sorgsam geprüft und sind zu der Überzeugung gelangt, daß der rasche Wiederaufbau der Partei möglich und wahrscheinlich ist, weil

1. Nachrichten aus dem Lande, neutrale Berichte und Kriegsgefangenen-Aussagen übereinstimmen, daß der sozialdemokratische Gedanke noch lebendig ist.
2. Weil aus den 100.000 ehemaligen Funktionären und 900.000 Mitgliedern trotz des Ausfalls vieler Älterer noch genügend organisationserfahrene Parteigenossen übrig bleiben werden.
3. Weil die Politik der ersten Nachkriegszeit in Deutschland vorwiegend von den über 40jährigen beeinflußt werden wird. (Gründe: enorme Verluste bei den jüngeren Jahrgängen, Nazifizierung der übriggebliebenen Jüngeren, Kriegsgefangenschaft, Notwendigkeit der Beauftragung erfahrener, vertrauenswürdiger Menschen)
4. Weil die Voraussetzungen für eine einheitliche sozialistische Bewegung in Deutschland heute weit größer sind als vor 1933 (Gründe: Angleichung der Auffassungen der verschiedenen sozialistischen Gruppen, geglücktes „Unions"-Experiment in England).

Die rasche Reorganisierung ist nicht nur möglich, sie ist auch notwendig für die Demokratisierung der Massen, die Bekämpfung der nationalistischen Einflüsse und den Wiederaufbau einer anständigen Verwaltung und Staatsleitung.

Allerdings: Wir müssen die Reorganisierung der Partei mit leeren Händen beginnen. Wir haben nichts, außer unserer Entschlossenheit, wieder anzufangen. Auf der anderen Seite steht die Moskauer sogenannte „Freie Deutsche" Bewegung, die mit allen Mitteln eines totalitären Staates gefördert wird. Wir fürchten, daß diese schwarzweißrote Vereinigung von Generälen, Militaristen und Kommunisten gerade in einem besetzten Deutschland einen verhängnisvollen Einfluß ausüben kann, wenn nicht eine starke freiheitliche Arbeiterbewegung als Gegengewicht besteht.

Aus allen diesen Gründen bitten wir Sie, uns bei der Reorganisierung der Partei behilflich zu sein. Wir wären Ihnen dankbar, wenn Sie sich die folgenden drei Punkte zu eigen machen und sich für ihre Durchführung bei der britischen Regierung einsetzen würden:

1. Daß sofort nach dem militärischen Zusammenbruch des Regimes der Wiederaufnahme der Parteitätigkeit keine Hindernisse von außen in den Weg gelegt werden.
2. Daß die Rückgabe (oder Ersatz) des uns gestohlenen Parteieigentums auf Kosten der beschlagnahmten Einrichtungen der NSDAP sofort erfolgt bzw. daß Rücknahme-Aktionen durch unsere Parteigenossen nicht verhindert werden.
3. Daß den Mitgliedern und Mitarbeitern des Parteivorstandes die Rückkehr nach Deutschland sofort nach dem militärischen Zusammenbruch ermöglicht und die zur Wiederaufbau-Arbeit notwendige Bewegungsfreiheit gegeben wird.

Wir wären Ihnen schließlich dankbar, wenn Sie einen weiteren Punkt in den Kreis Ihrer Betrachtungen ziehen würden: Wir sehen in einer engen und freundschaftlichen Zusammenarbeit zwischen der Britischen Labour Party und den deutschen Sozialisten ein wesentliches Ziel der internationalen Politik deutscher Sozialisten nach dem Krieg. Wir würden es deshalb besonders begrüßen, wenn die Exekutive der Britischen Labour Party sobald als möglich nach dem militärischen Zusammenbruch einen bevollmächtigten Vertreter nach Deutschland entsenden würde. Wir sind überzeugt, daß ein solcher Bevollmächtigter eine Koordinierung der beiderseitigen Bemühungen wesentlich fördern könnte.

Wir bitten die Exekutive, unsere Vorschläge zu prüfen, über die wir auf Wunsch im Einzelnen weitere Ergänzungen geben könnten.

Mit sozialistischem Gruß

NR. 286

Brief von Hans Vogel an Friedrich Stampfer vom Weihnachtsmorgen 1944 über die beabsichtigte Rekonstruktion des Parteivorstandes

AdsD Bonn, PV-Emigration, Mappe 142[1]

Hans Vogel
3, Fernside Avenue
London N.W. 7.   Weihnachtsmorgen 1944.

Lieber Friedrich Stampfer!

Der bevorstehende Jahreswechsel mahnt mich, doch wieder einmal selbst etwas von mir hören zu lassen. Die letzte Zeit habe ich die Korrespondenz Erich aufgehalst, der viel leichter schreibt als ich und dem die Gedanken auch leichter zufließen als mir. Er scheint unter der Mißgunst der Verhältnisse, wie sich diese in der letzten Zeit politisch für uns gestaltet haben, auch weniger zu leiden als ich. Ich frage mich immer wieder, ob denn dieses Leben nun überhaupt einen Sinn gehabt hat und unsere Arbeit einen Erfolg. Wenn ich dann aber im Geiste mein ganzes Leben vorüberziehen lasse und die Arbeit und die Erfolge unserer Bewegung überprüfe, komme ich zu dem Ergebnis, daß es doch sinnvoll war und daß unsere Arbeit Früchte getragen hat und zukünftig sicher weiter von Nutzen sein wird. Was ich geworden bin, danke ich ganz dieser Bewegung und ich kann mir nicht vorstellen, was aus mir geworden wäre, wenn ich nicht bereits in frühester Jugend in sie hineingewachsen wäre. Ich war ja wohl eines ihrer ganz besonderen Glückskinder und vieles ist mir zugeflogen, woran ich selbst niemals gedacht habe. Es ist mein fester Vorsatz, dieses Vertrauen zu erwidern, soweit und solange es mir nur möglich ist. Sie sehen, Feiertagsstimmung, wie es bei unserem Alter wohl zu verstehen ist.

Zum Jahreswechsel Ihnen, Ihrer Frau und Marianne unser aller herzlichsten Wünsche. Es wäre zu schön, wenn wir noch einige Jahre bei unserer schwierigen Aufgabe zusammenarbeiten könnten. Wie sehr wir in unseren politischen Auffassungen übereinstimmen, haben Sie wohl aus meinen 2 oder 3 Vorträgen im Laufe dieses Jahres ersehen.[2] Viele Ihrer eigenen Kinder waren dabei. Ich weiß, daß Sie mir deswegen nicht böse sind, sondern daß Sie sich wegen der Übereinstimmung sicher gefreut haben. Mir fehlt der große Flug und so nehme ich eben das Gute, wo es sich mir bietet. Daß Sie in der

---

1 Veröffentlicht in: Matthias/Link, Mit dem Gesicht nach Deutschland, S. 682–684.

2 Hans Vogel dürfte sich hier auf die Reden beziehen, die in den SM wiedergeben worden waren, da Stampfer zum Kreis der Abonnenten gehörte. In der SPD-Versammlung am 16. Juni, nach der Landung der Alliierten in Frankreich, hatte Vogel über „Deutschland und Europa in der Nachkriegszeit" referiert, eine Zusammenfassung findet sich in: SM, Nr. 63/64, Juni-Juli 1944, S. 1–9. Vogels Rede in der Gedenkveranstaltung „Hitlers Total War against the German Opposition" am 7. Oktober 1944 war wörtlich wiedergegeben in: SM, Nr. 67/68, Oktober/November 1944, S. 9–13.

„N[ew] Y[orker] V[olks] Z[eitung]"[3] immer so ausführlich Notiz genommen haben, hat mich nun wieder ganz besonders gefreut. Man braucht gerade in unserer Situation dazwischen ein solches Zeichen der Anerkennung.

Ich will Ihnen dafür gleich eine andere Freude bereiten. Heute gerade haben wir Abschrift eines an einen unserer im neutralen Ausland lebenden Parteigenossen gerichteten Briefes eines kriegsgefangenen parteigenössischen Militärarztes erhalten, der u. a. die folgenden Bemerkungen enthält:

„Zu etwas in Ihrem Aufsatz, der mir übrigens sehr gut gefallen hat, muß ich auch noch etwas sagen: Sie schreiben, die Weimarer Republik habe viele Fehler gemacht oder vielmehr die sie vor allem tragende Partei. Unter den Heimatdeutschen ist diese Ansicht aber nicht übermäßig verbreitet, man sagt dort: Bei konsequenter Weiterentwicklung in der eingeschlagenen Richtung wäre Deutschland langsam aber sicher einer natürlichen wirtschaftlichen und sozialen Gesundung entgegen gegangen. Dies Entwicklung sei durch die Nazi unbiologischerweise – wenn ich es mal so med[izinisch] ausdrücken darf – unterbrochen worden. Man würdigt jetzt plötzlich, daß die SPD eine der schwersten politischen Aufgaben überhaupt übernommen hatte, die Führung eines Landes nach verlorenem Kriege, und gibt zu, daß eine solche sich nicht immer glatt lösen läßt. Man macht aber der Partei immer nur den Vorwurf, sie sei zu tolerant gewesen und habe dadurch den Nazi Gelegenheit gegeben.- Ein eigenartiger Vorwurf, wo doch gerade die Toleranz eine der wesentlichen Eigenschaften der Demokratie ist. Außerdem haben dann die Engländer und Franzosen auch zu viel Toleranz gezeigt."

Der Schreiber ist in einer norddeutschen Stadt beheimatet, die wohl unter dem Bombardement der alliierten Flieger mit am meisten gelitten hat.

Und nun zu einem etwas weniger erfreulichem Komplex. Wir haben uns in der letzten Zeit wiederholt über die „Rekonstruktion" des Partei[-]Vorstandes unterhalten und unser Wunsch wäre es, daß ein solcher Versuch unternommen wird. Wir wollen nichts unternehmen, ohne Sie darüber gehört zu haben. Wir sehen auch hier die Schwierigkeiten, die einem solchen Versuche im Wege stehen, bes[onders] was den Fall Aufhäusers anlangt.[4] Wahrscheinlich wird uns ein solcher Versuch von dem einen oder anderen der in Frage kommenden Genossen als Schwäche ausgelegt. Das wäre aber zu ertragen. Letzten Endes müßte es doch zu unserem Vorteil ausschlagen, wenn wir bei der Rückkehr den Genossen berichten könnten, daß von uns ein solcher Versuch gemacht wurde, daß dieser aber an dem Verhalten der anderen Seite gescheitert ist. Nachteilig aber müßte

---

3 Gemeint ist die von Stampfer in New York herausgegebene „Neue Volks-Zeitung".

4 Aufhäuser hatte sich ebenso wie Grzesinski dem im März 1944 gegründeten Council for a Democratic Germany angeschlossen. Dem von dem Theologen Paul Tillich geleiteten Council gehörten außerdem Sozialisten (Walcher, SAP und Paul Hagen, NB), Vertreter bürgerlicher und kirchlicher Kreise (Friedrich Bärwald, Zentrum; Frederick W. Forell) und Kommunisten (Albert H. Schreiner) an. Im Gegensatz zum NKFD nahmen die Kommunisten hier keine führende Rolle ein. Vgl. Radkau, deutsche Emigration in USA, S. 194ff.

es nach unserer Ansicht auf alle Fälle wirken, wenn etwa nach der Rückkehr der alte Streit unter dem P.V. selbst wieder ausbrechen würde. Unsere Situation wird ja ohnedies überaus schwierig und kompliziert sein. „Revolutionäre" und Heilsapostel werden wieder auftauchen und es wird ein böses Durcheinander geben. Wir dachten uns als ersten Schritt, in einem Anschreiben an die früheren Mitglieder des P.V. deren Rückäußerung zu einem solchen Vorschlage einzuholen, wobei wir von Anfang an bez[ü]gl[ich] des Verhaltens des rekonstruierten P.V. zu den Kommunisten[5] unsere eigene Linie als Voraussetzung erklären würden. Es kämen inbetracht: Marie [Juchacz], Hertz, Dietrich, Aufhäuser und Sollmann, welch letzterer ja wohl die aufgelebte PV Mitgliedschaft ablehnen dürfte. Immerhin würden wir aber auch auf seine Meinungsäußerung W[ert] legen. Ihrer eigenen Antwort sehen wir mit großem Interesse entgegen.

Dieser Tage haben wir mit einem P[artei] G[enossen] gesprochen, der vor 3 Wochen O[tto] B[raun][6] gesprochen hat.[7] B[raun] ist geistig und körperlich, abgesehen von einem schweren Rheuma, ganz auf der Höhe. Er betrachtet sich immer noch als den allein berechtigten Inhaber seines Konzerns[8] und er will nur als solcher zurückkehren. Er ist gegen eine Aufteilung seines Konzerns, würde aber zum Ausgleich den anderen an dem Ganzen Beteiligten weitergehende Rechte einräumen. Er wird es zuletzt wohl auch anders machen.

Persönlich geht es uns allen nach wie vor ganz gut. Hätten bloß unsere Lieben und Freunde in der Heimat auch eine verhältnismäßig so gute Weihnachten feiern können. Unseren 3 Kindern geht es auch immer noch ganz gut.-

Grüßen Sie bitte Ihre Frau und Marianne und seien Sie selbst von uns allen auf das herzlichste gegrüßt, besonders aber von Ihrem Hans Vogel[9]

---

5 Vorlage: „zu den Kommunisten" hs. eingefügt.
6 Braun, Otto, 1872–1955, 1921–1932 preuß. Ministerpräsident, 1933 Schweiz, ohne Verbindung zur Sopade, 1945 Mitglied Union deutscher Sozialisten und Gewerkschafter in der Schweiz und Das Demokratische Deutschland.
7 Willi Eichler, damals noch nicht SPD-Mitglied, hatte bei seiner Reise in die Schweiz auch mit dem früheren preußischen Ministerpräsidenten Otto Braun (SPD) gesprochen. Vgl. die Angabe Eichlers in seinem Bericht „Experience of my journey to the Continent from November 4th till December 8th, 1944", in: AdsD Bonn, ISK, Box 55.
8 Vorlage: Conzern. Mit „Inhaber seines Konzerns" ist Brauns Anspruch auf sein früheres Amt als preußischer Ministerpräsident gemeint, mit „Konzern" Preußen.
9 Vorlage: „Hans Vogel" hs. unterzeichnet. – Stampfer antwortete am 16. Januar 1945 „der Fall ist ziemlich hoffnungslos", erklärte sich aber mit der Kontaktaufnahme einverstanden. AdsD Bonn, PV-Emigration, Mappe 132; kurzer Auszug in: Matthias/Link, Mit dem Gesicht nach Deutschland, S. 689.

NR. 287

Bericht der „Sozialistischen Mitteilungen" über das SPD-Landestreffen am 29. Dezember 1944

SM, Nr. 69, Ende Dezember 1944, S. 16

Ein informatorisches Landestreffen[1]

von Parteigenossen und Gesinnungsfreunden brachte am 29. Dezember etwa 30 Genossen aus den verschiedensten Teilen Englands mit Mitgliedern des PV und des Londoner Ausschusses der SPD zusammen. Gen[osse] **Dr. Ernst Meyer** – Cambridge, der als Korrespondent der Schweizer sozialdemokratischen Presse kürzlich zweimal in Frankreich und Paris war, erstattete einen Bericht über die Lage in Frankreich. **Erich Ollenhauer** konnte ergänzende Mitteilungen über unsere neu gebildete Parteigruppe in Paris[2] und Bestrebungen in Belgien[3] machen. Ferner berichtete er über die letzten Berichte aus dem Dritten Reiche, die ein deutscher Sozialdemokrat, Freund und Mitarbeiter Leuschners, der am Unternehmen des 20. Juli beteiligt war und sich rechtzeitig der Verhaftung durch die Gestapo entziehen konnte, erstattet hatte und [die] bisher nicht veröffentlicht wurden.[4] Über unsere Gewerkschaftspolitik gab Genosse **Gottfurcht** einen Kurzbericht. Auf verschiedene Anfragen und Wünsche teilte der Sitzungsleiter, Gen[osse] **Wilh[elm] Sander** mit, daß die nächste „SM" einige der im Referat behandelten Berichte aus dem Dritten Reiche veröffentlichen wird.

---

1 Vorlage: „Ein informatorisches Landestreffen" ms. unterstrichen.
2 Vorlage: „Paris" ms. unterstrichen. – Die neugebildete SPD-Gruppe in Frankreich unter Günter Markscheffel hatte am 18. Dezember 1944 dem PV einen Bericht über ihre Situation gesandt, bis Ende 1945 folgten weitere umfangreiche Berichte, Korrespondenzen und Materialien, die von Max Lippmann (US Army APO 887) nach London gebracht wurden. Vgl. AdsD Bonn, PV-Emigration, Mappe 124, ebenso die Korrespondenz Ollenhauers (Mappe 84) und Vogels (Mappe 142) mit der Gruppe. – Markscheffel, Günter, 1908, Journalist, 1927 SPD, 1933 Saargebiet, 1935 Frankreich, nach 1940 im Untergrund, nach Befreiung Paris Verbindung zum PV in London, Dezember 1944 Mitgründer und Sekretär des Aktionsausschuß, ab Februar 1945 Landesgruppe deutscher Sozialdemokraten in Frankreich, gegen Einheitsfronttendenzen, ab August 1945 mehrfach in Deutschland, Teilnehmer in Wennigsen, 1948–57 SPD-VS Rheinhessen.
3 Vorlage: „Belgien" ms. unterstrichen. – In Belgien bemühte sich Heinz Kühn um die Anerkennung als Vertreter der „Union". Vgl. Nr. 178, Anm. 2. In einem Bericht Bratus vom 8.6.1945 über seinen Besuch in Brüssel wird über dortige Sozialdemokraten berichtet. AdsD Bonn, PV-Emigration, Mappe 84.
4 Es handelt sich um Willy Jesse, den früheren stellvertretenden SPD-Bezirkssekretär in Mecklenburg. Er war mit der Gruppe um Leuschner in Verbindung gestanden und hatte den Auftrag, den Umsturz in Mecklenburg vorzubereiten. Im September 1944 gelang ihm die Flucht nach Schweden. Jesse, der unter dem Pseudonym Walter Schultz in Schweden lebte, berichtete in Briefen an den PV am 22.10. und 3.11.1944 über den 20. Juli. Briefe und Berichte finden sich nicht in der PV-Korrespondenz, werden aber im Brief Ollenhauers an Jesse vom 11.2.1945 erwähnt. AdsD Bonn, PV-Emigration, Mappe 58 u. 84. Vgl. auch Kurt Finker, Stauffenberg und der 20. Juli 1944, Köln 1977, S. 219.

NR. 288

Kassenbericht der SPD in England für das Jahr 1944, undatiert

AdsD Bonn, NL Sander, Mappe 16[1]

Kassenbericht „Sopade" für das Jahr 1944

A. Einnahmen:

Januar	1.	Kassenbestand	£	3. 5. 10 1/2
März	18.	Parteibeiträge (W. Sander)	"	20. –. –
April	11.	Parteibeiträge (W. Sander)	"	9. –. –
Mai	5.	Parteibeiträge (W. Sander)	"	9. –. –
Juli	9.	Parteibeiträge (W. Sander)	"	10. –. –
"	14.	Parteibeiträge (W. Sander)	"	6. –. –
August	3.	Parteibeiträge (W. Sander)	"	20. –. –
"	4.	Parteibeiträge (E. Schumacher)	"	10. –. –
August	6.	Guthaben Richard Kretzschmar	"	5. –. –
Dezember 5.		Zuschuß „Union P.O.-Workers"	"	10. 10. –
"	31.	Parteibeiträge (W. Sander)	"	21. –. –
"	31.	Spende Mr. Devigneux-Canada[2]	"	1. 2. 4
"	31.	Rückzahlung „Union" Bürokosten	"	6. –. –
"	31.	Defizit	"	<u>28. 5. 6 1/2</u>
			£	159. 3. 9

B. Ausgaben:

Januar	2.	Auslagen H. Vogel Januar	£	3. –. –
"	4.	Auslagen E. Ollenhauer Januar	"	3. –. –
"	31.	Portoausgaben Januar	"	–. 7. 4
"	31.	Zeitungsgelder Januar	"	–. 10. 8
Februar	29.	Portoausgaben Februar	"	–. 4. 11
"	29.	Zeitungsgelder Februar	"	–. 10. 8 1/2
März	4.	Rundfunkgebühr	"	–. 10. –
"	18.	Auslagen W. Sander Januar-März	"	9. –. –
"	18.	Auslagen H. Vogel Februar-März	"	6. –. –
"	18.	Auslagen E. Ollenhauer Februar-März	"	6. –. –
"	31.	Portoausgaben März	"	–. 15. 4
"	31.	Zeitungsgelder März	"	–. 10. 5

---

1 Vorlage: Überschriften ms. unterstrichen. Der Titel wird als Kopfzeile auf jeder neuen Seite wiederholt.
2 Vgl. Devigneux (Winnipeg) an Vogel 27.11.1944, 30.3.1945: AdsD Bonn, PV-Emigration, Mappe 29.

April	11.	Auslagen Hans Vogel April	£	3. –. –
"	11.	Auslagen E. Ollenhauer April	"	3. –. –
"	11.	Auslagen W. Sander April	"	3. –. –
"	30.	Portoausgaben April	"	–. 10. 1 1/2
"	30.	Zeitungsgelder April	"	–. 9. 11 1/2
Mai	5.	Auslagen W. Sander Mai	"	3. –. –
"	5.	Telefonrechnung	"	4. 10. 8
"	31.	Portoausgaben Mai	"	–. 16. 11
"	31.	Zeitungsgelder Mai	"	–. 14. 10 1/2
Juni	30.	Portoausgaben Juni	"	–. 2. 4
"	30.	Zeitungsgelder Juni	"	–. 10. 7
Juli	9.	Auslagen H. Vogel Mai	"	3. –. –
"	9.	Auslagen E. Ollenhauer Mai	"	3. –. –
"	9.	Auslagen W. Sander Juni	"	3. –. –
"	14.	Auslagen H. Vogel Juni	"	3. –. –
"	14.	Auslagen E. Ollenhauer Juni	"	3. –. –
"	31.	Portoausgaben Juli	"	–. 10. 7
"	31.	Zeitungsgelder Juli	"	–. 11. 7 1/2
August	4.	Auslagen H. Vogel Juli-August	"	6. .
"	4.	Auslagen E. Ollenhauer Juli-August	"	6.–. –
"	4.	Auslagen W. Sander Juli-August	"	6. –. –
"	31.	Portoauslagen August	"	1. –. 7
"	31.	Zeitungsgelder August	"	–. 11. 9
Sept.	5.	Beiträge Intern[ational] Bureau Fabian Society	"	2. –. –
"	7.	Auslagen H. Vogel September	"	3. –. –
"	7.	Auslagen E. Ollenhauer September	"	3. –. –
"	7.	Auslagen W. Sander September	"	3. –. –
"	24.	Zuschuß Übersetzungskosten Sofortmaßnahmen	"	–. 14. –
"	30.	Portoausgaben September	"	–. 3. 5 1/2
"	30.	Zeitungsgelder September	"	–. 12. 2
Oktober	5.	Auslagen H. Vogel Oktober	"	3. –. –
"	5.	Auslagen E. Ollenhauer Oktober	"	3. –. –
"	5.	Auslagen W. Sander Oktober	"	3. –. –
"	31.	Portoausgaben Oktober	"	. 18. 5 1/2
"	31.	Zeitungsgelder Oktober	"	–. 11. 6
"	31.	Zahlung für Büromaerial	"	–. 11. 10
November	7.	Telefonrechnung	"	4. 19. 10
"	30.	Portoausgaben November	"	1. 11. 2

November 30.	Zeitungsgelder November	£	–. 18. –
Dezember 5.	Einm[aliger] Zuschuß		
	W. Sander	”	10. –. –
” 31.	Auslagen H. Vogel	”	6. –. –
	November-Dezember		
” 31.	Auslagen E. Ollenhauer	”	6. –. –
	November-Dezember		
” 31.	Auslagen W. Sander	”	6. –. –
	November-Dezember		
” 31.	Beitrag „Union" Januar-	”	12. –. –
	Dezember 1944		
” 31.	Portoausgaben Dezember	”	–. 18. 1 1/2
” 31.	Zeitungsgelder Dezember	”	–. 14. 9
” 31.	Diverse kleine Ausgaben	”	–. 11. 1
		£	159. 3. 9

1945

Januar 1. Defizit £ 8. 5. 6 1/2

NR. 289

Notiz Fritz Heines über die Parteivorstandssitzung am 14. Januar 1945

Privatbesitz Fritz Heine, Notizbuch Januar – März 1945, S. 4

PV[1] 14.1.[19]45

Notwendigkeit Klärung d[es] Verhältnis zu KP und Fr[eie] D[eu]tsche. (Vorfälle Segall, Gotthelf, Ar[beits]ge[meinschaft] D[eu]tschl[an]d-Ausschuß sind Symptome).[2]

Vereinbarung: Aussprache in Mitgliederv[er]s[amm]l[un]g u[nd] nach Weltgewerksch[afts] Kongreß Besprechung mit Gottfurcht.

Akzeptieren Sollmann Vorschlag 200 Ex[emplare] seiner Erziehung-Broschüre[3] zu verteilen (Borinski).

Pariser Geld-Konten. Versuchen, möglichst viel nach hier zu bekommen. 10–15% für O[rts]Gr[uppe] Paris, 10% für Bankier?[4]

Middleton noch keine Antwort auf unseren B[rie]f an Labour Party wegen Hilfe.[5]

---

1 Vorlage: „P.V." unterstrichen.

2 Nach dem Veranstaltungsbericht über die Mitgliederversammlung der Londoner Gruppe der LdG am 9. Januar 1945 war Segall durch Versammlungsbeschluß das Wort entzogen worden, nachdem er dreimal die politische Erklärung der LdG ein „Schmutz- und Schund-Dokument" genannt hatte, Außerdem sprachen Krautter, Ehlmann und Geiser gegen die politische Erklärung, AdsD Bonn, HBA, NL Gottfurcht, K 5.

3 Nicht ermittelt.

4 Geld und Dokumente der Sopade waren 1940 in einem Schließfach einer Pariser Bank deponiert worden. Ein Teil davon, darunter die Sopade-Protokolle, war der Gestapo in die Hände gefallen, während das Geld anscheinend durch den Bankier versteckt gehalten werden konnte. Nach der Befreiung stellte er das Geld wieder zur Verfügung. Vogel schrieb am 16. Januar 1945 an den Direktor der Credit Commercial de France, Agence St. Germain und bedankte sich für Rettung der deponierten Gelder. AdsD Bonn, PV-Emigration, Mappe 142.

5 Vgl. Nr. 285. In einer zweiseitigen Ausarbeitung des PV „Vorbereitung der Rückwanderung" vom 25. Januar 1945 war folgendes vorgesehen: Die Vorbereitung einer Liste von rückkehrwilligen Sozialdemokraten durch die Flüchtlingshilfe, die auch die Kosten für die Rückkehr übernehmen sollte. Die Aufstellung einer Liste von Sozialdemokraten mit politischem Auftrag durch den Parteivorstand. Hier sind genannt die Namen der Londoner PV-Mitglieder, Sander, Gottfurcht und Brost sowie für die Union Eichler und Schoettle. Auch wurde die Frage aufgeworfen, ob Berlin als Zentrale gewählt werden sollte und wenn nicht, wer in welche Zone gehe. Gespräche mit der Labour Party, dem Home Office und dem FO wegen der Formalitäten und der Frage der Bewegungsfreiheit in Deutschland waren vorgesehen. Archiv Dr. Gerhard Beier, Kronberg, TNL Gottfurcht, Akte O I.

B[rie]f: an Stampfer auf gemeinsame PV-Erklärung abgegangen.[6] Differenzen in Paris (Hirschberg, Freie D[eu]tsche), B[rie]f Hirschberg abwarten.[7]

---

6 Es handelt sich um den Brief Vogels vom Weihnachtsmorgen (25.12.) 1944, vgl. Nr. 286.
7 Dr. Ernst Hirschberg, der Nachfolger Heines in Marseille 1941, hatte in Frankreich in der Illegalität gelebt. Am 12. November 1944 berichtete er an den PV über sein Schicksal nach 1941. Er betrachtete sich weiter als Beauftragter des PV und trat für eine Zusammenarbeit mit der Freideutschen Bewegung ein, für die er in Frankreich als juristischer Berater tätig war. Wegen dieser Haltung kam es zu Differenzen Hirschbergs mit Markscheffel und dem Arbeitsausschuß der Landesgruppe in Paris, über die Hirschberg am 29. November und 12. Dezember 1944 dem PV berichtete. Auch Markscheffel berichtete namens der sozialdemokratischen Landesgruppe an den PV. Am 4. Januar 1945 übersandte Hirschberg eine Erklärung, die er am 3. Januar 1945 in der Landeskonferenz nicht hatte abgeben können, und wandte sich gegen die Existenz des AA und gegen die Verbreitung der Unionsresolution vom 23. Oktober 1943. In einem weiteren Schreiben vom 29. Januar 1945 bezog er sich auf Briefe von Heine und Brost und legte seinen „Bericht über die Entwicklung der sozial-demokratischen Organisation in Frankreich seit der Libération", Paris 18.1.1945, vor. Der Parteivorstand, der sich gegen die Zusammenarbeit mit Kommunisten aussprach, entschied sich für Markscheffel. AdsD Bonn, PV-Emigration, Mappen 54 (Hirschberg), 124 (Markscheffel).

Nr. 290

Bericht der „Sozialistischen Mitteilungen" über die Neuwahl des London-Ausschusses am 17. Februar 1945

SM, Nr. 72, März 1945, S. 2b[1]

Die Neuwahl des Londoner Ausschusses der SPD
erfolgte in der Jahres-Versammlung der registrierten SPD Mitglieder in London am 17. Februar 1945. **Wilh[elm] Sander** erstattete den Jahresbericht, in dem er über die Mitgliederbewegung, die Finanzlage, die Veranstaltungen der Partei und die Tätigkeit des Londoner Ausschusses und die politischen und organisatorischen Aktivitäten berichtete. Der Bericht wurde nach kurzer Aussprache zustimmmend zur Kenntnis genommen. Die Neuwahl des Ausschusses erfolgte einstimmig. Aus beruflichen Gründen mußte Herta Gotthelf[2] ausscheiden. Diese Stelle wurde auf Vorschlag **Hermann Meyers** durch Möller-Dostali besetzt. Der Londoner Ausschuß der SPD setzt sich für das Jahr 1945 wie folgt zusammmen: Wilh[elm] Sander[3] (Vorsitzender), Gerh[ard] Gleissberg, Fritz Segall, Kurt Weckel, Heinr[ich] Sorg, Paul Heide, Rud[olf] Möller-Dostali, Erich Ollenhauer und Hans Gottfurcht.

---

1 Vorlage: Titel und Nachnamen ms. unterstrichen.
2 Vorlage: „Gotthelf" ms. unterstrichen.
3 Vorlage: Alle Nachnamen ms. unterstrichen.

NR. 291

Brief von Hans Vogel an Mitglieder des Parteivorstandes vom 16. März 1945 über die beabsichtigte Rekonstruktion des Parteivorstandes

AdsD Bonn, PV-Emigration, Mappe 14[1]

Hans Vogel
3, Fernside Avenue, London N.W. 7   16. März 1945[2]

An die Mitglieder des Parteivorstandes, die Genossen

Marie Juchacz[3]
Siegfried Aufhäuser
Georg Dietrich
Paul Hertz
Erich Rinner[4]
Wilhelm Sollmann[5]
Emil   Stahl[6]
Friedrich Stampfer[7]

---

1 Abgedruckt in: Matthias/Link, Mit dem Gesicht nach Deutschland, S. 687–690.
2 Auf dem Entwurf ist als Absendedatum der 3. April 1945 vermerkt.
3 Juchacz, Aufhäuser, Hertz und Dietrich antworteten am 25. Mai 1945 mit einem gemeinsam unterzeichneten Brief an Vogel, der in London am 5. Juni eintraf. Darin lehnten sie eine Neubildung des alten Parteivorstandes ab, da das 1933 gegebene Mandat sich nicht auf diese Umstände erstrecke, wie sie sich dann ergaben. Es würde auch der Eindruck erweckt werden, „als wenn wir uns als die legitime Leitung einer neuen sozialdemokratischen Bewegung in Deutschland betrachten würden". Sie lehnten einen Führungsanspruch ab, „als jetzt bereits erkennbar ist, daß eine neue Bewegung lokal und von unten her entstehen wird". Dagegen schlagen sie Vogel vor, den PV als Auslandszentrale der Partei zu verstehen, die Zusammenarbeit, wie sie in der „Union" praktiziert würde, weiter zu entwickeln und einen „Aufruf an die Sozialisten in Deutschland" herauszugeben. Ihm sollte das Manifest des PV vom 28. Januar 1934 und die Kundgebung der Union vom 23. Oktober 1943 zugrunde gelegt werden. Der Brief ist abgedruckt in: Matthias/Link, Mit dem Gesicht nach Deutschland, S. 698–701; einzelne Passagen sind in Nr. 295 zitiert. AdsD Bonn, das Original findet sich in: AdsD Bonn, PV-Emigration, Mappe 17.
4 Rinner beantwortete diese Anfrage und weitere Briefe Ollenhauers nicht. Erst am 8. Dezember 1945 teilte er Ollenhauer brieflich mit, daß er sich völlig von der Emigrantenpolitik zurückgezogen habe. AdsD Bonn, PV-Emigration, Mappe 102; vgl. auch Nr. 295.
5 Sollmann antwortete Vogel am 26. Mai 1945, der Brief traf am 14. Juni in London ein. Sollmann teilte mit, daß er sich sich seit der Übernahme der US-Staatsbürgerschaft am 10. Juni 1943 nicht mehr als Mitglied des PV betrachte. Er bleibe aber geistig der internationalen Sozialdemokratie verbunden. Über die Zukunft Deutschlands äußerte er sich pessimistisch: „Wir sehen eine zielklare, energische und rücksichtslose russische Politik, der die Westmächte einstweilen nichts Ebenbürtiges entgegen zu setzen wissen." AdsD Bonn, PV-Emigration, Mappe 122.
6 Stahl antwortete auf den Brief Vogels vom 16. März 1945 (Abgangsstempel 3. April 1945), den er erst Anfang Mai 1945 erhielt, am 9. Mai 1945. Er zeigte sich von dem Brief überrascht, „weil ich seit andert-

694

Werte Genossen!

Sie werden im ersten Augenblick sicher nicht wenig überrascht sein, von mir einen Brief zu erhalten. Ich hoffe sehr, daß Sie dieser Brief nicht zu einer falschen Deutung seiner Motive und Absichten veranlassen wird.

Mit diesem Schreiben möchte ich Ihre Ansicht erbitten über die Frage der Rekonstruktion des Parteivorstandes.[8] Wir in England lebenden PV[-Mitglieder] haben uns darüber[9] schon wiederholt unterhalten, wir sahen aber von einer Weiterverfolgung ab, weil wir die Voraussetzungen zu einer sachlichen ruhigen Überlegung und Lösung noch nicht als gegeben erachteten. Das nahe Ende des Krieges scheint uns aber nunmehr doch Veranlassung zu geben, mit den übrigen Genossen des PV darüber in einen Meinungsaustausch einzutreten. Die Rechtmäßigkeit der von der letzten Reichskonferenz erteilten Mandate ist von uns zu keiner Zeit bestritten worden, es ging uns immer nur um eine fruchtbare Zusammenarbeit des PV selbst. Jetzt aber handelt es sich darum, ob wir nach unserer Rückkehr die Parteiarbeiten mit einer Austragung der alten Differenzen beginnen und damit die Arbeit um den Wiederaufbau der Partei unnötig erschweren wollen. Dafür würde bei den zu erwartenden Schwierigkeiten dieser Arbeit wohl niemand nur das geringste Verständnis aufbringen. Keiner von uns kann sich von den Schwierigkeiten auch nur einigermaßen eine Vorstellung machen. Keiner kann heute schon voraussagen, zu welchem Zeitpunkte und ob wir überhaupt zurückkehren können und ob in den drei

---

halb Jahren überhaupt keinerlei Nachricht von Euch erhielt, obwohl ich eines der dienstältesten Parteivorstandsmitglieder bin und obwohl ich weiß, daß Ihr dauernd mit mehr oder weniger bekannten früheren Funktionären der Partei hier in Schweden in schriftlicher Verbindung standet und noch steht." Zur Frage nach dem weiteren Vorgehen nahm er wie folgt Stellung: „Ich bin mit Euch der Meinung, daß eine Rekonstruktion des PV, sobald dazu in D[eutschland] die Möglichkeit besteht, vorgenommen wird, und daß eine Neuwahl des PV in D[eutschland] vorgenommen werden muß. Ob wir, als sogenannter PV im Ausland allerdings die Möglichkeit haben, sofort beim Neuaufbau der Partei mitwirken zu können, ist mehr als zweifelhaft, denn ich komme immer mehr zu der Überzeugung, daß wir nicht allzu schnell in das jetzt besiegte D[eutschland] zurückkehren können und zwar aus verschiedenen politischen und sonstigen Gründen. Ich persönlich würde es auch ablehnen, in Berlin zu amtieren oder mich aufzuhalten, denn ich habe nicht Lust von der Gestapo weg unter die Aufsicht der GPU zu kommen." Er begrüßte den Vorschlag, einen Aufruf mit den Unterschriften der PV-Mitglieder an das deutsche Volk zu richten, und bedauerte, daß dies nicht schon eher geschehen sei. Abschließend erklärte er seine Bereitschaft, mitzuhelfen, seinen früheren Parteibezirk Brandenburg „wieder für die Partei zu erobern und aufzubauen". AdsD Bonn, PV-Emigration, Mappe 131. Aus Schweden meldete sich auch Kurt Heinig, der dortige Landesvertreter des PV und riet ab. Er hielt die Rolle des Parteivorstandes für erledigt. Vgl. Heinig an Heine 31.3.1945, in: Privatbesitz Fritz Heine, Ordner Korrespondenz F-K. Heinig, Kurt, 1886–1956, SPD, Leiter der wirtsch.pol. Abteilung des Deutschen Werkmeisterverbandes, MdR, 1933 DK, Mitarbeiter Deutschlandberichte, 1940 Schweden, ab 1943 Landesvertreter des PV in Schweden, nach 1945 PV-Vertreter für Schweden.

7 Stampfer antwortete Vogel am 29. April 1945. Der Brief traf am 22. Mai 1945 in London ein und ermächtigte Vogel, Stampfers Namen blanko unter die PV-Erklärung zu setzen. AdsD Bonn, PV-Emigration, Mappe 132.

8 Vorlage: „die Frage der Rekonstruktion des Parteivorstandes" hs. unterstrichen. Vgl. auch Nr. 286.

9 Vorlage: „damit"

verschiedenen Besatzungszonen die gleichen Möglichkeiten für unsere Wirksamkeit gegeben sein werden.

Ja selbst die Stellung der im Reiche verbliebenen und das Nazi-Regime überlebenden Parteigenossen zum alten PV ist durchaus unklar. Auf jeden Fall dürfte das alte Mandat nur noch für eine kurze Zeit Geltung behalten, nämlich bis zu dem Zeitpunkt, wo die Voraussetzungen für Neuwahlen gegeben sind. Für diese zeitlich beschränkte Geltung des Mandates dürften jedoch eine Reihe gewichtiger Gründe sprechen. Ich selbst könnte mir b[ei]sp[iels]w[eise] denken, daß es von einiger Bedeutung sein könnte, wenn nach Abschluß der Waffenhandlungen der PV mit den Unterschriften aller seiner Mitglieder einen Aufruf an das deutsche Volk und an die Partei erlassen würde. Auch die Rechtswahrung der Ansprüche der Partei auf ihr gestohlenes Eigentum durch den PV kann von Bedeutung sein.

Seit unserem Aufenthalt in England haben wir allein den PV vertreten und als solcher sind wir auch von der englischen Labour Party als die alleinige Vertretung der in England lebenden sozialdemokratischen deutschen Emigranten anerkannt worden. Der Genosse Friedrich Stampfer hat uns nach seiner Übersiedlung nach USA eine Art Blanko-Vollmacht[10] erteilt, er dürfte uns wohl bezeugen können, daß wir diese Vollmacht in keiner Weise mißbraucht haben. Ich nehme an, daß Sie selbst gegen unsere Tätigkeit, besonders auch unsere grundsätzliche politische Haltung, über die wir laufend in unseren „Sozialistischen Mitteilungen" berichtet haben, keine besonderen Einwendungen zu erheben haben. Unserer Tätigkeit waren übrigens Grenzen gesetzt auf deren Einzelheiten einzugehen sich hier wohl erübrigen dürfte. Soweit aber Möglichkeiten gegeben waren, glauben wir, diese voll und gut ausgenützt zu haben. Ich möchte in diesem Zusammenhang nur auf die „Union" verweisen, deren Bildung vor allem unserer Initiative zu danken ist. Die Zusammenarbeit in der „Union" ist die denkbar beste. Kommissionsberatungen über Richtlinien einer zukünftigen deutschen Verfassung, über die neue Wirtschaftspolitik, über die Fragen der Verwaltung und des Rechtswesens, über die Frage der Erziehung sowie über Sofortmaßnahmen während der Übergangszeit stehen vor ihrem Abschluß. Die dabei aufgetretenen Meinungsverschiedenheiten ergaben sich nicht aus der Zugehörigkeit der Kommissionsmitglieder zu der einen oder anderen der an der „Union" beteiligten Gruppen, sondern allein aus der rein sachlichen Beurteilung der zur Beratung stehenden Probleme. Ein unbeteiligter Teilnehmer an den Beratungen würde unmöglich feststellen können, zu welcher der Gruppen der einzelne Sprecher gehört oder daß es sich überhaupt um Angehörige von vier verschiedenen Gruppen handelt. Das läßt sich nur aus dem allgemein vorhandenen Streben erklären, mit der Spalterei und Sektiererei Schluß zu machen und in der Emigration schon die Voraussetzungen zu schaffen für eine zukünftige deutsche sozialistische Einheitspartei. Ob und inwieweit zu einer solchen auch die Politik der Alliierten und die Praxis der

---

10 In der Korrespondenz mit Stampfer finden sich darauf keine Hinweise.

Besatzungsmächte entsprechende Möglichkeiten geben, ist noch abzuwarten. Das gilt übrigens auch, worüber wir uns nicht der geringsten Täuschung hingeben, mehr oder weniger für alle anderen, vorstehend genannten Vorbereitungen.

Ich darf wohl ihr Verständnis dafür voraussetzen, daß wir uns die an sich geringen Arbeitsmöglichkeiten durch die Rekonstruktion des PV nicht unnötig erschweren möchten. Selbstverständlich würden wir, soweit es die zeitlichen Umstände zulassen, bei besonders wichtigen Entscheidungen die Genossen um ihre Meinungsäußerung bitten. Für alle Entscheidungen eine solche Verpflichtung einzugehen, scheint mir aber ganz unmöglich zu sein. Die von der „Union" zu bearbeitenden Materien z.B. sind an sich schon so schwierig, daß ich bei einer solchen Verpflichtung keinen Abschluß dieser Arbeiten voraus[zu]sehen vermöchte. Denken Sie bitte nur an die postalischen und die sonstigen durch den Krieg bedingten Schwierigkeiten eines solchen schriftlichen Meinungsaustausches. Die Genossen müßten sich schon weitgehend auf unsere Loyalität und Toleranz verlassen, die wir hier in England, diesem Lande politischer Toleranz, wirklich schätzen gelernt haben.

In Verbindung damit möchte ich aber doch auch ganz rückhaltlos aussprechen, daß die Rekonstruierung des PV, wenn sie ihren Sinn erfüllen soll, eine innere Übereinstimmung in einigen grundsätzlichen und taktischen Fragen zur Voraussetzung haben müßte. Das würde b[ei]sp[iels]w[eise] gelten bez[u]gl[ich] unserer Stellung zu den Kommunisten und den freien deutschen Committees.

Soweit sich darin Meinungsverschiedenheiten ergeben, wären sie viel leichter zu klären, wenn Möglichkeiten einer persönlichen Aussprache gegeben wären. Unsere eigene Stellungnahme in diesen Frage ist Ihnen wohl bereits bekannt. Erich Ollenhauer hat sie gerade jetzt erneut in zwei Artikeln der Londoner „Die Zeitung" dargestellt.[11] Diese Artikel gehen Ihnen mit gleicher Post zu.

Da die entsprechenden Möglichkeiten einer persönlichen Aussprache über den gesamten Fragenkomplex nicht gegeben sind, könnte ich es verstehen, wenn Sie ablehnen würden, unter den vorstehend aufgeführten Bedingungen Ihre Zustimmung zur Rekonstruktion des PV zu geben. Sie müßte dann wohl bis zu unserer Rückkehr verschoben werden. Eine Verständigung wäre dann wohl zwangsläufig gegeben, und solche Notwendigkeiten lassen sich in der Regel viel leichter regeln, als wenn man glaubt, Zeit und Muße zu haben, den letzten i-Punkt auch auf den richtigen Platz setzen zu müssen. Vielleicht hat für diesen Fall dieses Schreiben aber doch ein klein wenig die künftige Regelung erleichtert und bei allen Genossen des PV den Willen zu zukünftiger verständnisvoller Zusammenarbeit neu belebt.

---

11 Im Rahmen des Diskussionsforums „Wege zum neuen Deutschland" hatte Ollenhauer am 2. Februar 1945 gegen Koenen und die FDB die „Grenzen der Einheit" beschworen und am 9. März 1945 mit „Dr. Rawitzki bestätigt ..." nochmals gegen die Beteiligung von Sozialdemokraten an der FDB gesprochen. Vgl. die entsprechenden Ausgaben von „Die Zeitung" in: SAPMO Berlin, ZPA, NL Koenen, Mappe 74/46.

Ich bitte Sie sehr, den Brief zu nehmen, wie er wirklich gemeint ist. Er verfolgt keinerlei Neben- oder Sonderabsichten. Er entspringt ausschließlich der Sorge um die Partei und der künftigen Arbeit für sie. Für eine baldige offene Gegenäußerung wäre ich Ihnen sehr dankbar.

Der Loyalität halber möchte ich nur noch bemerken, daß wir den Genossen Stampfer von der Absicht unseres Anschreibens unterrichtet haben und daß sich dieser grundsätzlich einverstanden erklärt hat.[12] Unsere Stellungnahme im Einzelnen erfährt er wie Sie erst mit diesem Schreiben.

Mit den besten Wünschen für Ihr Wohlergehen und herzlichen Grüßen
Ihr
Hans Vogel[13]

---

12 Stampfer hatte auf den Brief vom Weihnachtsmorgen 1944 (vgl. Nr. 286) am 16. Januar 1945 geantwortet. Er skizzierte knapp seine Beziehungen zu den in den USA lebenden PV-Mitgliedern und bezeichnete den Fall als „hoffnungslos". AdsD Bonn, PV-Emigration, Mappe 132.
13 Vorlage: „Hans Vogel" hs. unterzeichnet.

NR. 292

Notiz Fritz Heines über eine Parteivorstandssitzung um den 10. Mai 1945

Privatbesitz Fritz Heine, ms. Abschrift Fritz Heines aus seinem Notizbuch Mai – Juli 1945.[1]

PV Glückwunsch an Leon Blum gesandt.[2] 800 Dollar von USA für Denkschrift[3] angekommen. Forschungsdenkschrift ohne Widerspruch akzeptiert, mit Weiterbearbeitung betraut.[4] Entwurf für Kriegsende-Erklärung d[es] PV, (zugleich mit Erich Brost).[5]

---

1 Das Original des Notizbuches war nicht aufzufinden. Es existiert allerdings eine ms. Abschrift, die hier zugrundegelegt wird. Das genaue Datum der Notiz ist nicht festzustellen. Die letzte datierte Notiz davor stammt vom 7. Mai, die nächste vom 16. Mai 1945.

2 Der Entwurf des Telegramms, in dem Vogel namens des Parteivorstandes Blum zu seiner Rettung gratuliert findet sich in AdsD Bonn, PV-Emigration, Mappe 141. Er lautet:
«ELT Léon Blum Directeur Populaire Boulevard Poissionière Paris
Comité directeur socialdemocratie allemande vous adresse chaleureuses félicitations stop salue avec joie sauvetage après dures épreuves si admirablement surmontée – Hans Vogel»
Blum, Léon, 1872–1950, Vorsitzender der französischen sozialistischen Partei, 1936/37 und 1938 Ministerpräsident, war 1943–1945 im KZ Buchenwald interniert gewesen.

3 Es handelte sich um einen Zuschuß für das Weißbuch über Opfer des NS-Regimes, den Katz am 12. Mai 1945 telegraphisch überwies. Ollenhauer bezeichnet Stampfer in seinem Brief vom 13. September 1945 als „Leiter der Sammel-Aktion für unser Weißbuch". AdsD Bonn, PV-Emigration, Mappe 61 und 84. Vgl. Material zu einem Weißbuch der Deutschen Opposition gegen die Hitlerdiktatur. Erste Zusammenstellung ermordeter, hingerichteter oder zu Freiheitsstrafen verurteilter deutscher Gegner des Nationalsozialismus. Als Manuskript vervielfältigt. London, Vorstand der Sozialdemokratischen Partei Deutschlands 1946, hekt., 188 S., mit einem Vorwort von Hans Vogel, Juli 1945.

4 Vermutlich handelt es sich um die im Notizbuch später im Zusammenhang mit der Versandliste erwähnte Denkschrift „Politik und Forschung". Sie findet sich allerdings weder im Bestand PV-Emigration noch im Depositum Heine.

5 Vgl. Nr. 293.

NR. 293

Erklärung des Parteivorstandes zum Ende des Krieges vom 18. Mai 1945

Anlage zum Protokoll um den 10. Mai 1945

AdsD Bonn, PV-Emigration, Mappe 160[1]

Erklärung der deutschen Sozialdemokratie[2]

Der totale Krieg, den Hitler begann, hat mit Deutschlands totaler militärischer Niederlage geendet. Das nationalsozialistische Regime ist zerfallen. Die Führer der deutschen Wehrmacht haben die bedingungslose Kapitulation unterzeichnet. Millionen Toter, Verwundeter und Obdachloser, verwüstete Städte, Chaos und weltweiter Haß gegen alles Deutsche sind das Ergebnis des Krieges, Elend und Verlust der Selbstständigkeit Deutschlands sind seine Folgen.

Die Schuld an diesem Krieg tragen das nationalsozialistische Regime und der deutsche Militarismus. Beide müssen für immer verschwinden und die Schuldigen bestraft werden. Wann immer das deutsche Volk die Abrechnung mit den Schuldigen vornehmen kann, sie sollen sich nicht der Verantwortung und der Strafe entziehen können. Aber die Folgen der Tatsache, daß das deutsche Volk dieses Regime nicht verhindert und es nach seiner Errichtung nicht gestürzt hat, lasten auf uns allen. Diese Mitverantwortung verpflichtet das deutsche Volk, seinen Beitrag an der Wiedergutmachung der durch den Hitlerkrieg angerichteten Schäden zu leisten.

Deutschland ist besetzt, geraume Zeit wird es seine Geschichte nicht selbst entscheiden können. Das deutsche Volk steht vor einer fast übermenschlichen Aufgabe. Es kann nicht abtreten. Es muß weiterleben. Es muß sich eine neue Lebensbasis erarbeiten. Lebensmittelversorgung, Ingangsetzung der öffentlichen Dienste, Wiederaufbau des Transportwesens, Schaffung von Wohnstätten, Wiederaufnahme und Umstellung der Produktion, das sind die vordringlichen Aufgaben. An ihrer Lösung mitzuarbeiten, in loyalem Zusammenwirken mit den Besatzungsbehörden ist Pflicht jedes deutschen Demokraten und Sozialisten.

Die neue deutsche soziale Demokratie, die unser Ziel ist, kann uns nicht von außen gebracht werden. Sie kann nur durch das deutsche Volk selbst erarbeitet und sie muß gegen ihre politischen und wirtschaftlichen Gegner erkämpft werden.

Wir erstreben ein Deutschland, das über seine Geschicke selbst entscheiden kann und das getragen wird von einer entschlossenen demokratischen Mehrheit unseres Volkes.

---

1 Die Erklärung wurde veröffentlicht in SM, Nr. 73/74, April/Mai 1945; sie ist abgedruckt in: Matthias/Link, Mit dem Gesicht nach Deutschland, S. 696–697.
2 Vorlage: Überschrift doppelt ms. unterstrichen.

Der erste Schritt auf diesem Wege ist die Entwicklung eines lebendigen demokratischen Bewußtseins im Volke. Die Wiederherstellung einer freien Presse und freier beruflicher und politischer Organisationen der auf dem Boden der Demokratie stehenden Kräfte des Volkes sind wesentliche Vorbedingungen. Wir hoffen, daß unsere Bruderparteien in allen Ländern ihren Einfluß geltend machen, damit eine freie deutsche Arbeiterbewegung so bald als möglich wieder hergestellt werden kann.

Wir deutschen Sozialdemokraten sind entschlossen, ein neues friedliches, demokratisches und soziales Deutschland aufzubauen. Diese Aufgabe ist schwer, aber es gibt für das deutsche Volk nur einen Weg in eine hellere Zukunft: Eine entschlossene Politik des Friedens und der Umgestaltung der gesellschaftlichen Verhältnisse in Deutschland, die den nationalistischen und militaristischen Kräften im deutschen Volk für immer die Grundlagen ihrer Macht entzieht. Der Erfolg dieser Politik wird nicht nur durch unsere Anstrengungen bestimmt. Er hängt auch ab von der Entwicklung einer neuen sozialen Ordnung in Europa. Es ist unser Wunsch, an dieser Entwicklung gemeinsam mit allen fortschrittlichen Kräften, vor allem mit der sozialistischen Arbeiterbewegung, mitzuhelfen.

Der Sieg über die Hitlerdiktatur hat die Welt vor einer großen Gefahr bewahrt. Dieser Sieg kann aber nur Früchte tragen, wenn ihm ein Friede folgt, der allen Völkern ein lebenswertes Dasein und auch Deutschland seine Einheit erhält und die Möglichkeit seiner Wiedereingliederung in die Gemeinschaft der Völker gibt.

Für die deutsche Arbeiterbewegung beginnt jetzt ein neuer Abschnitt ihrer Geschichte. Die deutsche Sozialdemokratie hat einen ununterbrochenen Kampf gegen die Hitlerherrschaft geführt. Wir warnten das deutsche Volk vor 1933: „Hitler bedeutet Krieg". Wir blieben allein. Die Diktatur erstickte die Stimme der Freiheit in den Konzentrationslagern. Die Welt schwieg. Nur die Tapfersten kämpften weiter. Sie opferten Freiheit und Leben.

Vom ersten Kriegstage an haben wir uns als Verbündete der demokratischen Kräfte im Kampf gegen Hitler betrachtet. Unsere Parole war: „Stürzt Hitler, rettet das Volk, beendet den Krieg." Deutsche Sozialdemokraten haben auch im Krieg ihren Kampf gegen Hitler fortgesetzt, sie waren führend beteiligt an der Friedensbewegung vom 20. Juli 1944.

Jetzt müssen wir uns die Instrumente unseres Kampfes neu schaffen und unsere Arbeit unter Bedingungen beginnen, die beispiellos in der Geschichte unserer Bewegung sind. Wir haben aber in der harten Prüfung, die unsere Ideen und unsere Anhänger bestanden haben, eine neue Bestätigung der unzerstörbaren Lebenskraft unserer Ideen erhalten.

Die Männer und Frauen, die im Kampf gegen den Nationalsozialismus ihr Leben hingaben, stellten diese Ideen höher als ihr Leben. Sie sind nicht umsonst gestorben. Die Männer und Frauen, die jetzt aus den Konzentrationslagern und Gefängnissen in die Freiheit zurückkehren, sind in ihrer Überzeugung nur gefestigt worden.

Die Männer und Frauen, die das verhängnisvolle Experiment eines totalen Staates als denkende Menschen miterlebten, gehen mit neuer Entschlossenheit an die Aufgabe, eine politische und soziale Ordnung zu schaffen, die die Freiheit und die Würde des Menschen als die höchsten Güter achtet und schützt.

Gemeinsam mit allen, die guten Willens und von freiheitlichem Geist und demokratischen Idealen erfüllt sind, wollen wir wirken für Frieden, Freiheit, Recht und Sozialismus.

Der Vorstand der Sozialdemokratischen Partei Deutschlands.
Hans Vogel, Vorsitzender

London, den 18. Mai 1945

NR. 294

Notiz Fritz Heines über die Parteivorstandssitzung am 27. Juni 1945

Privatbesitz Fritz Heine, masch. Abschrift aus dem Notizbuch Mai – Juli 1945[1]

27.6.[19]45 PV Aussprache über Berliner Zentralrat.[2]

H[ans] V[ogel] erklärt sich bereit, Entwurf einer Erklärung zu machen. Pressemeldungen besagen – Bildung Zentralrat.[3] Muß irrig sein. Mehrheit der Partei kann gegenwärtig nicht sprechen. Nicht Ausdruck des Willens der Gesamtpartei. Wünschen Parteizulassung auch in übrigen Zonen. Bis zur Rekonstituierung sind wir PV und Treuhänder. Meinungsverschiedenheit zwischen H[ans] V[ogel], E[rich] O[llenhauer] und mir über Nützlichkeit. Meine Bedenken: Gleichschaltung[4].

---

1 Vgl. Anm. 1 zu Nr. 292.

2 Gemeint ist der „Zentralausschuß der Sozialdemokratischen Partei Deutschlands", der in Berlin unter Führung Otto Grotewohls, Max Fechners, Erich Gniffkes und Gustav Dahrendorfs gebildet worden war und am 15. Juni 1945 mit einem Aufruf an die Öffentlichkeit trat. Vgl. hierzu Kaden, Einheit oder Freiheit, S. 31ff.; Moraw, Die Parole der „Einheit", S. 80ff.; Hurwitz, Anfänge des Widerstandes, S. 73ff

3 In seinem Brief an Hans Dill vom 26. Juni 1945 erwähnt Vogel, daß sie die Meldung über die Gründung des Zentralausschusses zuerst über den Berliner Rundfunk gehört hätten. Dieser sei ihre einzige Quelle für Vorgänge in der sowjetischen Zone. AdsD Bonn, PV-Emigration, Mappe 142.

4 Der Einwand Heines bezieht sich offenbar auf den Führungsanspruch Vogels gegenüber den Sozialdemokraten im besetzten Deutschland.

Nr. 295

Brief von Hans Vogel an Friedrich Stampfer vom 17. Juli 1945 mit
abschließendem Bericht über die Bemühungen zur Rekonstruktion
des Parteivorstandes

AdsD Bonn, NL Stampfer, M II 17[1]

Hans Vogel
3, Fernside Avenue
London N.W. 7   17. Juli [19]45

Lieber Genosse Stampfer!

Heute erst kann ich Ihnen bez[ü]gl[ich] der „Rekonstruktion des Parteivorstandes"
einen abschließenden Bericht geben. Emil Stahl hat sich zustimmend geäußert, Rinner
hat vorgezogen, überhaupt nicht zu antworten und Sollmanns Stellung haben Sie selbst
ganz richtig vorausgesagt. „Ich, als USA-Staatsbürger usw." Wir haben Verständnis
dafür. Von Aufhäuser kam zunächst eine vorläufige, wohl unmittelbar nach dem Empfang meines Briefes gegebene Antwort, die von seiner Seite eine definitive Zustimmung
erwarten ließ.[2] Es kam dann aber nach Wochen eine gemeinsame Erklärung von Aufhäuser, Marie [Juchacz], Hertz und Dietrich mit einer glatten Ablehnung. „Wir, die wir
12 Jahre im Auslande gelebt haben, können uns nicht auf ein Mandat berufen, das unter
völlig anderen Umständen erteilt wurde. Niemand hat im Jahre 1933 daran gedacht, uns
ein Mandat für ein halbes Menschenalter zu erteilen. Niemand hat daran gedacht, daß die
Verbindungen zwischen drinnen und draußen über Jahre völlig abgeschnitten sein
würden. Dazu kommt, daß wir dieses Mandat viele Jahre nicht ausüben konnten usw.
usw."

Die vier erwarten von mir jetzt die Initiative, um die in unserer „Union" bestehende
Zusammenarbeit zu erweitern und ihr größere Aufgaben zu stellen. „Neue Kräfte sind
erforderlich. Die Zusammenfassung von alten und neuen Kräften, die wir schon 1933 als
die wichtigste organisatorische Aufgabe erkannt haben, muß daher der erste Schritt sein.
Die „Union" getragen von alten und neuen Kräften, von Menschen der verschiedenen
Richtungen, geeint in dem Wunsch, einer neuen sozialistischen Bewegung in Deutschland zu dienen und zu helfen, könnte die Auslandszentrale werden, die die neue Bewegung braucht." Es hat wohl keinen Sinn, auf alle die angeführten Argumente im einzelnen einzugehen.

---

1 Abgedruckt in: Matthias/Link, Mit dem Gesicht nach Deutschland, S. 702–703.
2 Aufhäuser hatte am 27. April 1945 geantwortet, am gleichen Tage als er den Brief Vogels vom 16. März
   erhielt. Er versprach, alles zu tun, „die hiesigen Freunde zu einer Aussprache zusammen zu bekommen ...
   Vielleicht läßt sich so eine gemeinsame Stellungnahme herbeiführen." AdsD Bonn, PV-Emigration, Mappe 17. Zu den Anktworten vgl. Nr. 291.

In meiner Antwort an die Vier[3] habe ich abgelehnt, ihrer Erwartung nachzukommen. Ich wüßte nicht, woher ich nach ihrer allgemeinen Einstellung die Berufung und die Autorität nehmen sollte. Das könnte jeder von ihnen ebensogut, wenn nicht viel besser machen. In diesem Stadium, da in der russischen Zone bereits politische Parteien zugelassen sind und das gleiche bereits in den nächsten Tagen in der engl[isch]-amerik[anischen] Zone zu erwarten ist, eine neue Auslandszentrale zu schaffen, wäre wohl das höchste an Vereinsspielerei. Es ist schon an der Zeit, daß der Emigrationskrampf ein Ende nimmt, daß sich mit der Zulassung politischer Parteien im ganzen deutschen Gebiet recht bald auch eine zentrale Leitung der neuformierten SPD bilden kann und wir endlich unser Mandat in die Hände der Partei zurückgeben können. Das in Berlin gebildete Zentralkomitee dürfte doch wohl kaum der eigentliche Nachfolger des alten PV sein wollen. D.h., er wohl schon, aber die Genossen aus den übrigen Gebieten werden wohl auch ein Wort mitsprechen wollen. Die Erklärung, die wir dazu veröffentlicht haben, haben Sie von Sander wohl inzwischen in Abschrift erhalten. Die nächste Nummer der „SM"[4] wird sie auch bringen.

Sonst hat sich in der Zwischenzeit in unserem eigenen Verhältnis nichts geändert. Auch nicht in der Frage der Rückkehr.

Eine Reihe von Fragen brennen uns auf den Nägeln. Wir hätten darüber schon längst zunächst einmal mit dem neuen Sekretär der Labour Party gesprochen. Zuerst war es wegen der Vorbereitungen für die Blackpool Konferenz nicht möglich und danach nicht wegen der Parlamentswahlen. Während der ganzen Wahlkampagne war auch an andere Engländer nicht heranzukommen. Die Wahlen selbst haben sich auf 3 Wochen verteilt, in diesen Tagen finden wohl die 3 oder 4 letzten statt. Und am 26. d[es] M[onats] erst wird das Wahlresultat verkündet. Dann aber wollen wir entschieden auf die Aussprache drängen.

Haben Sie schon erfahren, daß Jupp Klein[5] auch wieder aus der Versenkung aufgetaucht ist? Er befand sich alle die Jahre hindurch in Deutschland in Gefangenschaft. Zuerst wurde er in einem Lager als Dolmetscher verwendet, und in den letzten Jahren war er im Kontor einer Transportfirma beschäftigt. Jetzt ist er wieder in Paris, seinen Briefen nach ganz der Alte.

Und von der Existenz unserer Pariser Wohnungseinrichtungen hat Ihnen doch sicher Schiff bereits berichtet. Wo, in Deutschland, werden wir sie wieder einmal aufstellen können?

Hoffentlich geht es Ihnen und den Ihrigen gesundheitlich immer zufriedenstellend. Ich kann dies erfreulicherweise für unseren ganzen engeren Kreis feststellen.

---

3 Vogel an Juchacz, Aufhäuser, Dietrich und Hertz am 3. Juli 1945, AdsD Bonn, PV-Emigration, Mappe 142.
4 Es handelt sich um die Erklärung des PV vom 11. Juli 1945, vgl. Nr. 297, der Abdruck erfolgte in: SM, Nr. 75/76, Juni/Juli 1945, S. 2a–2b.
5 Klein, Joseph (Jupp), SPD, Emigration Frankreich, 1938–40 Büroangestellter des SPD-PV.

Wir alle würden uns recht freuen, auch von Ihnen wieder mal zu hören. In dieser Erwartung und mit herzlichen Grüßen von uns allen:

Ihr

Hans Vogel[6]

---

6 Vorlage: „Ihr Hans Vogel" hs. unterzeichnet.

NR. 296

Notiz Fritz Heines über die Parteivorstandssitzung etwa am 31. Juli 1945

Privatbesitz Fritz Heine, masch. Abschrift aus dem Notizbuch Mai – Juli 1945[1]

PV[2]
1) Potsdam[3]
2) Labour Sieg und SPD[4]
3) 11. Juli – Erklärung[5]
4) Rückwanderung[6]

---

1 Vgl. Anm. 1 zu Nr. 292. Die Eintragung folgt auf mehrere auf den 31. Juli 1945 datierte und zwei undatierte Eintragungen.
2 Vorlage: „P.V." unterstrichen.
3 In Potsdam berieten vom 17. Juli bis 2. August Truman, Stalin und Attlee (seit 25. Juli an Stelle Churchills) über die weitere Behandlung Deutschlands. Die Vereinbarungen wurden im Potsdamer Abkommen vom 2. August 1945 festgelegt.
4 Vgl. Einleitung, Abschnitt III.4. und Nr. 299f.
5 Vgl. Nr. 297.
6 Zu den Bemühungen um die Rückkehr nach Deutschland vgl. Nr. 289, 298.

Nr. 297

Erklärung des Parteivorstandes zur Frage der Wiederzulassung politischer Parteien vom 11. Juli 1945

Anlage zum Protokoll vom 31. Juli 1945

AdsD Bonn, PV-Emigration, Mappe 14[1]

Eine Erklärung des Parteivorstandes
   zu der Frage der Wiederzulassung der politischen Parteien in allen Teilen des besetzten Deutschlands hat folgenden Wortlaut:[2]
   „Die Wiederherstellung der Organisations- und Pressefreiheit für die demokratischen Kräfte des deutschen Volkes in allen Teilen des besetzten Deutschlands ist eine dringende Notwendigkeit. Ohne diese Freiheit ist es unmöglich, die schweren Probleme der Arbeitsbeschaffung, der Ernährung und Behausung zu lösen, eine neue soziale Demokratie in Deutschland aufzubauen und das deutsche Volk in die Gemeinschaft friedliebender Völker zurückzuführen. Wir hoffen, daß der Zulassung antifaschistischer Parteien in der russischen Besatzungszone baldmöglichst eine gemeinsame Entscheidung aller Besatzungsmächte für eine freie politische Betätigung der demokratischen Kräfte in allen Teilen Deutschlands folgt.
   Der Vorstand der Sozialdemokratischen Partei Deutschlands grüßt die sozialdemokratischen Freunde, die die schwere Aufgabe des organisatorischen Wiederaufbaus der Partei in Berlin übernommen haben. Er gibt der Hoffnung Ausdruck, daß auch die Sozialdemokraten in den übrigen Besatzungszonen bald wieder ihre organisatorische und politische Tätigkeit aufnehmen können.
   Die Aufgaben der gegenwärtigen Übergangszeit, der Aufbau und die Sicherung eines neuen demokratischen Deutschlands erfordern ein kameradschaftliches und verantwortungsbewußtes Zusammenwirken aller deutschen demokratischen Kräfte. Diese Zusammenarbeit kann nur erfolgreich sein, wenn sie auf gegenseitigem Vertrauen gegründet ist und wenn alle beteiligten Parteien frei sind im inneren Aufbau ihrer eigenen Organisation.
   Die Sozialdemokratische Partei steht auf dem Boden der inneren Parteidemokratie. Der organisatorische und politische Wiederaufbau der Partei kann daher nur auf dem Wege freier demokratischer Meinungsbildung und der freien Wahl der Funktionäre der Partei durch die Mitgliedschaft erfolgen. Die Konstituierung der Partei in den einzelnen Orten und Bezirken auf dieser demokratischen Grundlage muß daher eine der vordring-

---

1 Die Erklärung wurde veröffentlicht in SM, Nr. 75/76, Juni/Juli 1945; sie ist abgedruckt in: Matthias/Link, Mit dem Gesicht nach Deutschland, S. 701–702.
2 Vorlage: „Eine ... Wortlaut" insgesamt ms. unterstrichen. – Die Erklärung war die Antwort auf die Gründung des Berliner Zentralausschusses.

lichsten Aufgaben der Ausschüsse oder Gruppen von Sozialdemokraten sein, die sich den Wiederaufbau der Partei zum Ziel gesetzt haben.

Der Vorstand der Sozialdemokratischen Partei Deutschlands hofft, daß auch bald die Voraussetzungen für die Abhaltung einer Tagung der Gesamtpartei geschaffen sein werden, an die der Vorstand das ihm von der letzten legalen Reichskonferenz der Partei im April 1933 übertragene Mandat zurückgeben kann und auf der die Delegierten nach mehr als zwölf Jahren der Unterdrückung und der Illegalität frei und unabhängig über die Politik und die Leitung der wiedererstandenen Sozialdemokratie entscheiden können.

Bis zu diesem Zeitpunkt fühlt sich der Vorstand an sein Mandat der Treuhänderschaft gegenüber der Gesamtpartei gebunden."

London, den 11. Juli 1945

NR. 298

Aufzeichnung des Parteivorstandes oder des London-Ausschusses über die Rückwanderung vom 25. Juli 1945

Anlage zum Protokoll vom 31. Juli 1945

Archiv Dr. Gerhard Beier, Kronberg, TNL Gottfurcht, Akte O I

25.7.[19]45[1]

Vorbereitung der Rückwanderung[2]

1. Vorbereitung einer Liste von Sozialdemokraten, die nach Deutschland zurückkehren wollen, durch die Flüchtlingshilfe[3]
2. Vorbereitung einer Liste von Sozialdemokraten, die mit einem politischen Auftrag ins Ausland gegangen sind und nach Deutschland zurückkehren wollen, durch den Parteivorstand[4]
3. Klärung der Frage, inwieweit in London Vorbereitungen für die Rückkehr von Sozialdemokraten getroffen werden können, die jetzt in anderen Gastländern als in England leben
   (Reisepapiere, Visen, Transportmöglichkeiten)

zu 1:
a) Herausgabe eines Fragebogens[5]:
   Personalien in England,
   letzter Wohnort in Deutschland,
   jetzige Staatsangehörigkeit,
   Erklärung über Bereitschaft zur Rückkehr und Ermächtigung an die Flüchtlingshilfe für die vorbereitenden Arbeiten,
   Auskunft über Zielort in Deutschland,
   Auskunft über mögliche Unterkunfts- und Arbeitsmöglichkeiten in Deutschland,
   Rückkehr zunächst allein oder mit Familie
b) Klärung der Voraussetzungen:
   Reisepapiere, Exitvisum,
   Einreisebewilligung,
   Transportmöglichkeiten,

---

1 Vorlage: Datum hs. von Gottfurcht. Die hs. Korrekturen sachlicher Art wurden eingearbeitet.
2 Vorlage: Überschrift ms. unterstrichen.l
3 Vorlage: Wort ms. unterstrichen. – Flüchtlingshilfe meint International Solidarity Fund.
4 Vorlage: Wort ms. unterstrichen.
5 Vorlage: Wort ms. unterstrichen.

Zuschuß für Übersiedlung,
Geld-Transfer,
Zonen-Schwierigkeiten
c) Klarstellung unserer Möglichkeiten und Verantwortlichkeiten:
Flüchtlingshilfe gewährt jede technische und moralische Unterstützung bei der Vorbereitung und Durchführung der Rückreise. Die materielle Verantwortung der Flüchtlingshilfe erlischt mit der Ankunft des Rückkehrers in Deutschland.
d) Gegenstand der Unterhaltungen mit Labour Party, Home Office, Foreign Office
a) Papiere und Visen
b) Transportmöglichkeiten
c) Maßnahmen für die einzelnen Zonen (besondere Anträge für Einreisebewilligung bei der Kontrollkommission oder bei den Militärregierungen der einzelnen Zonen)
d) Legalisierung der Rückkehrer in Deutschland (Staatenlose etc.)
Material/Sicherer Transport/Recht des Gebrauchs

Zu 2:   Namen ??[6]
a) Liste[7]:
Hans Vogel,
Erich Ollenhauer,
Fritz Heine,
Wilhelm Sander,
Hans Gottfurcht
weitere Namen:
Partei: Erich Brost?
Gewerkschaft:
Union: Willi Eichler
          Erwin Schoettle
b) Entscheidung über Zonenbesetzung[8]:
Berlin als Zentrale?
Wenn nicht, dann wer in die britische und wer in die amerikanische Zone?
Wer bleibt Verbindungsmann hier?
c) Bewegungsfreiheit in Deutschland[9]
innerhalb der Zonen und zwischen den Zonen

---

6 Vorlage: „??" hs. doppelt unterstrichen.
7 Vorlage: Wort ms. unterstrichen.
8 Vorlage: Überschrift ms. unterstrichen. – Gemeint ist, wer von der Londoner Union sich in welcher Besatzungszone niederlassen sollte.
9 Vorlage: Zeile ms. unterstrichen.

d) Bewegungsfreiheit außerhalb Deutschlands zur Aufrechterhaltung internationaler Kontakte
   Bankkonten
e) Materielle Hilfe für die Anfangszeit

NR. 299

Memorandum des Parteivorstandes für die Labour Party vom 6. August 1945

Archiv Dr. Gerhard Beier, Kronberg, TNL Gottfurcht, Akte O I[1]

Memorandum submitted by the Executive Committee of the Social Democratic Party of Germany.[2]

1. Restarting of organizational and political activities of the Social Democratic Party of Germany.[3]

   The Potsdam conference has decided that democratic parties and a free and democratic press will be permitted in all zones of occupation.

   To carry these decisions into effect means the restarting of the work of the Social Democratic Party on a basis of legality and the re-commencement of its organizational and political activities.

   We confidently hope that, at the same time, the German political emigrants will be enabled to return to Germany in order to take part in and restart their organizational and political activities in accordance with the conditions laid down by the Potsdam conference.

   As members of the Executive Committee of the Party we urgently desire to find ourselves as soon as possible inside Germany and to participate personally in the works of party-reconstruction. Our immediate aim is to build up an organizational framework of the Party within which the membership of the party will be able to engage in free and democratic deliberations and to arrive at decisions regarding the present and future policy of the Party and its leadership, thus enabling us to hand back the mandate with which we were entrusted in April, 1933.

   We appeal to the Labour Party to support our intentions by giving assistance in the following matters:

   a) to impress upon the British Government that the Potsdam decisions regarding permissions for democratic parties to operate and for a free press to be published should be carried into effect as speedily as possible,

---

1 Im Bestand PV-Emigration ist das Memorandum nicht vorhanden, auch nicht im Labour Archiv, LHASC Manchester.

2 Das Memorandum wurde beim Gespräch mit dem Sekretär der Labour Party Morgan Phillips am 8. August 1945 überreicht. Vgl. Nr. 300. Zu diesem Memorandum waren mehrere Anlagen vorbereitet worden, die den Anspruch des Londoner Parteivorstandes als berechtigter Sprecher der Partei und als rechtmäßiger Eigentümer des Parteivermögens in Deutschland auswiesen. In: Archiv Dr. Gerhard Beier, Kronberg, Teilnachlaß Gottfurcht, Akte O I. Vgl. Anm. 6.

3 Vorlage: Überschrift ms. unterstrichen.

b) to secure from the British Government the expeditious granting of certain facilities, being necessary preconditions for a return to Germany, e.g. travelling papers, visa, transport accommodation etc., for the members of the Executive Committee of the Party, at present residing in Great Britain, Hans Vogel, Erich Ollenhauer, Bedrich[4] Heine as well as for Wilhelm Sander, representative of the German Social Democrats in Great Britain and Hans Gottfurcht, Chairman of the Trade Union Centre for German Workers in Great Britain.[5] The early presence of these persons in Germany and the special privileges which we suggest should be afforded to them (see below) are justified because of their special importance for the party reconstruction, all of them having personally participated in or having been closely connected with underground Party- and/or Trade Union activities in Hitlerite Germany,

c) to secure from the British Government and the occupation authorities concerned that the persons listed in the previous paragraph with, possibly, a few additions to be nominated by the Party executive, should be granted freedom of movement both within the occupation zone where they will have their residence and between and within all zones of occupation,

d) to secure from the British Government and its consular agencies in occupied Germany that the persons listed in the previous paragraphs, after their return to Germany, should be granted the necessary visas or passport endorsements etc. which will enable them to continue personal contacts with the British and international Labour Movement,

e) to consider the question whether the Labour Party or the British Labour Movement as a whole would feel in a position to support financially our Executive Committee in order to facilitate the party reconstruction especially during the transition period,

f) to consider the establishment in Germany of a permanent representation of British Labour in order to safeguard a continuous and intensified contact between the British and the re-born German Labour Movement.

2. Handing back of the property of the Social Democratic Party in Germany.[6]

---

4 d.i. Friedrich (Fritz).
5 Im Gegensatz zu Nr. 298 sind hier die Mitglieder des Unions-EK (Eichler, Schoettle) nicht mehr genannt. Die Union wird nicht einmal erwähnt.
6 Vorlage: Satz ms. unterstrichen. – Beim Memorandum (vgl. Anm. 1) befinden sich eine Bestätigung Vogels über die Rechtmäßigkeit seiner Repräsentanz der SPD (in englischer Übersetzung) und fünf dazugehörige Anlagen (in deutscher Sprache), die diesen Anspruch belegen sollen. Möglicherweise wurden Erklärung und Anlagen mit dem Memorandum übergeben. Nach einem ungezeichneten Vermerk (vermutlich Heines) über eine Besprechung mit Professor Kahn-Freund (Mitarbeiter der Legal Division der Control Commission) am 19. Juni 1945, hatte dieser auf die rechtlichen Probleme bei der Durchsetzung der Besitzansprüche hingewiesen und empfohlen, Eingaben an die amerikanische und englische Sektion der Control Commission zu richten mit genauen Angaben zum Eigentum. Am 24. September 1945 stellte Vogel namens des PV einen entsprechenden Antrag an die britische Abteilung. Privatbesitz Heine, Ordner Willy Sander.

The Social Democratic Party of Germany and its affiliated and subsidiary organizations were up to the dissolution of the Party by the Hitler dictatorship rightful owners of substantial mobile and immobile property. (E.g. Printing establishments, Party buildings, Schools, Homes and Hostels, furniture and other equipment of offices and other institutions of all organizations etc.)

Together with the enforced dissolution of the Party in June, 1933, the property was seized by the nationalsocialistic state and/or put at the disposal of nationalsocialistic organizations. This expropriation of property is, according to the declared policy of the Allies with which we are in full agreement, an unlawful act perpetrated by the Nazi-dictatorship and must be redressed.

The Executive Committee of the Social Democratic Party of Germany consequently claims that all the property of which the Party and its affiliated and subsidiary organizations habe been robbed should be handed back and that compensation should be paid for all such property which has been damaged or destroyed or lost whilst it was in the hands of the Nazi-state or Nazi-organizations.

The Executive Committee of the Social Democratic Party of Germany is at present officially and legally represented by its president Hans Vogel, London. The last National Conference of the Party, legally convened, took place on the 26th April 1933 and formally authorized Hans Vogel to represent the Party abroad as long as the party is not in a position to elect unhampered and independently a new Executive Committee.

The mandate, given to the Executive Committee of the Party, to act as the trustee of the Party as a whole is undisputed. The realization of the claim to hand back the Party property is, however, both a political and a legal matter.

From a purely legal point of view it will most probably be difficult to claim that all property should be handed back to the president of the Party because of the fact that for a number of reasons numerous Party institutions and establishments were not administered by the central Executive Committee of the Party but by locally formed companies composed of party members.

We, therefore, propose, to apply to the Allied Authorities concerned that, without prejudice to later and final decisions by German Law Courts regarding the property rights, the president of the Party, Hans Vogel, should be appointed as trustee for all property mentioned. The formal recognition of this trusteeship by the authorities concerned would enable the Party to voice its opinion in all such instances in which Allied authorities or officers intend to arrive at any decisions regarding Party property, be it locally or for a district or region. To afford to a trustee of the Party-property the possibility to voice his opinion at any such instance would inter alia prevent the misuse of Party-property for purposes which might be alien to the Party or in contradiction to its ideals.

It goes without saying that the aforesaid does not apply to such property which the occupying powers wish to make use of temporarily and for their own purposes.

It should be mentioned that equivalent decisions have been taken within the British zone of occupation with regard to property of the Catholic Church. Property which had been used by the Nazis for their own purposes was handed back with the provision that the Church should act as a trustee until a German Law Court will be in a position to pass judgement as to the final property rights.

We would be grateful to the Labour Party for help and assistance in this matter by:

a) bringing us into contact with a competent legal adviser who could advise us in the framing of our claims and could represent us when dealing with the Allied authorities concerned,

b) making use of the Labour Party's political influence in order to get our claims acknowledged on principle, namely that the property of which the Social Democratic Party of Germany and its affiliated and subsidiary organizations have been robbed, shall be handed back to the rightful owners.

3. The Repatriation of Social Democratic Emigrants to Germany.[7]

The majority of the Social Democratic emigrants desire to return to Germany as speedily as possible. It is in the nature of a political emigration that these political refugees wish to return to their home towns and districts in order to restart political and trade union activities under the same conditions under which those of our comrades and friends are working who have remained in Germany.

We apply to the Labour Party to impress on the British authorities concerned the necessity of a political overall decision to permit German Social Democratic refugees to return to Germany.

To prepare this return direct consultations between our Social Democratic Refugee Help Association (Sozialdemokratische Flüchtlingshilfe) and the British authorities concerned will become necessary in order to settle numerous technical details, e.g. provision of travelling papers, granting of exit visa, transport accomodation. The Labour Party would oblige us for bringing us into contact with the authorities concerned.

Further negotiations will become necessary with the proper departments of all Groups of the Allied Control Council as well as with Military Government of all zones of occupation in order to establish the legal status of returning refugees after their arrival in Germany. Entry permits will have to be granted and the legal status of every individual must be established in their relations with German authorities, especially for those home comers who had been deprived of German citizenship by Nazi-authorities.

For many of our friends and comrades the return to Germany will be complicated as a consequence of lack of financial resources. The majority of our comrades will come under the care of one of the Refugee Committees and it might be assumed that these

---

7 Vorlage: Überschrift ms. unterstrichen.

committees will provide the necessary means for the transport to Germany of men and belongings and will support the returning refugees during the transition period in Germany pending their finding their way into gainful occupation.

A limited number of comrades, however, among them the members of our Executive Committee together with their families do not come under the care of any one refugee committee. We express the hope that the necessary means for the return of this group of comrades will be made available, possibly by the International Solidarity Fund.

The British authorities will doubtless only grant permission for the return to Germany after careful examination of each individual case. We are convinced that a sympathetic consideration would be greatly facilitated if the Labour Party would feel in a position to endorse the political reliability of the refugees concerned in accordance with detailed statements which we would gladly prepare for you so that you would be able to arrive at your own judgement.

London, August, 6th, 1945

Nr. 300

Notiz Fritz Heines über die Besprechung Hans Vogels,
Erich Ollenhauers und Hans Gottfurchts mit Morgan Phillips
am 8. August 1945

Privatbesitz Fritz Heine, Notizbuch August/September 1945[1]

8.8.[19]45 Labour Party[2]. Gespräch E[rich] O[llenhauer], H[ans] V[ogel], H[ans] Gottf[urcht] mit M[organ] Phillips.

Unterbreitung unserer Wünsche. Schriftl[iche] Unterlage akzeptiert.[3] Versprechen, Angelegenheit zu prüfen. Vertrauliche Rücksprache mit Bevin u[nd] Noel-Baker vorzunehmen.

Keine offizielle Erklärung abgegeben: „Wenn Labour Party jetzt etwas verspricht, bindet es die Regierung".

---

1 Es bleibt unklar, ob die Unterrichtung Heines nach dem Gespräch formlos erfolgte oder im Rahmen einer Parteivorstandssitzung. Die Beziehungen der SPD (und damit auch der Union) zur Labour Party bestanden seit Mitte 1942 nur noch auf rein formaler Ebene. So war zum Beispiel Vogels Brief an das National Executive Committee vom 3. November 1944 (vgl. Nr. 285), in dem er um Unterstützung für Reorganisation der Partei im Reich gebeten hatte, unbeantwortet geblieben. Vogel hatte am 6. Mai 1945 und erneut am 1. Juni 1945 an Morgan Phillips, den neuen Sekretär der Labour Party und Nachfolger Middletons, geschrieben, daß er seinen lange beabsichtigten Besuch gemeinsam mit Ollenhauer und Gottfurcht vornehmen wolle. Er bitte um einen Termin. Charakteristisch für das Verhältnis des SPD-PV zur Labour Party mag auch sein, daß Vogels Glückwünsche an Phillips vom 20. Juli 1945 zum großen Labour-Wahlsieg ganze zwei Zeilen umfaßten: AdsD Bonn, PV-Emigration, Mappe 142.
2 Vorlage: „Labour Party" hs. unterstrichen.
3 Vgl. Nr. 299.

NR. 301

Rundschreiben des Parteivorstandes an die Mitglieder und Funktionäre von Anfang September 1945

AdsD Bonn, PV-Emigration, Mappe 14[1]

Der Vorstand
der Sozialdemokratischen Partei
Deutschlands

London N.W. 7
3, Fernside Avenue
Anfang September 1945

An Mitglieder und Funktionäre der Sozialdemokratischen Partei[2]

Werte Genossen und Genossinnen!

Wir sind in den letzten Wochen wiederholt von Genossen und Genossinnen, die in Deutschland die Wiedererrichtung der Sozialdemokratischen Partei vorbereiten oder durchführen, nach unseren Auffassungen über die ersten organisatorischen und politischen Schritte für den Wiederaufbau der Partei gefragt worden.

Um diesen Wünschen nachzukommen, unterbreiten wir den Genossen und Genossinnen im Lande in den nachstehenden Richtlinien die Gesichtspunkte, die nach unserer Auffassung in der Parteiarbeit in der nächsten Zukunft beachtet werden sollten.

1. Selbstverständlich soll der Wiederaufbau der Parteiorganisation sofort begonnen werden, sobald die Besatzungsbehörden in ihren Zonen den Beschluß von Potsdam über die Zulassung demokratischer politischer Parteien in Kraft setzen.

   Soweit es die Umstände erlauben, sollen die Vorbereitungen für den Wiederaufbau schon jetzt durch persönliche Unterhaltungen im Kreise von vertrauenswürdigen Parteigenossen begonnen werden.

2. Der Wiederaufbau der Parteiorganisation muß unter den in Deutschland zur Zeit gegebenen Bedingungen von unten auf geschehen. Die Genossen und Genossinnen, die die vorbereitenden Arbeiten unternehmen, sollen zunächst die Mitglieder der Partei und der ihr nahe stehenden Organisationen (z.B. S.A.J., R.B., Kinderfreunde

---

1 Abgedruck in: Matthias/Link, Mit dem Gesicht nach Deutschland, S. 706–709.
2 Vorlage: Überschrift doppelt ms. unterstrichen. – Die Richtlinien sollten gegenüber dem Berliner Zentralausschuß und Dr. Kurt Schumacher sowie der Sozialdemokratie in Deutschland den Führungsanspruch des Parteivorstandes dokumentieren. Die Herausgabe erfolgte wenige Tage, nachdem das Einladungsschreiben zur Konferenz in Hannover eingetroffen war, in dem Schumacher seinen Führungsanspruch für die Westzonen hatte deutlich werden lassen. Vgl. Anm. 3 zu Nr. 302. Zu den folgenden Rundschreiben des PV vgl. Einleitung, Abschnitt III.4.4.

usw.) organisatorisch erfassen, die bis zur Auflösung der Partei im Jahre 1933 Mitglied waren oder die während der Hitlerdiktatur durch ihr Verhalten ihre Treue zur Partei bewiesen haben und die jetzt wieder bereit sind aktiv für die Ziele der Partei zu wirken.

Dieser Kern einer zuverlässigen Mitgliedschaft muß zunächst geschaffen werden, damit wir die Organisation vor Spitzeln und neuen Konjunktur-Sozialdemokraten schützen. Selbstverständlich ist es die Aufgabe der Partei, sobald als möglich über den Kern der früher organisierten Genossen hinaus neue Kräfte aus allen Altersgruppen und aus allen sozialen Schichten der antifaschistisch gesinnten Bevölkerung zu gewinnnen.

3. Sobald in einem Ort der Kern der Parteigenossen sich zusammengefunden hat, soll die provisorische Leitung der Ortsgruppe die Fühlung mit den sozialistischen Genossen oder Gruppen von Genossen aufnehmen, die vor 1933 in selbständigen Parteien oder Gruppen zusammengefaßt waren (z.B. SAP und ISK), soweit solche Genossen oder Gruppen im Ort vertreten sind.

   Es muß das Ziel sein, eine neue, einheitliche sozial-demokratische Partei aufzubauen, in der sich alle Sozialisten vereinigen können, die auf dem Boden des freiheitlichen und demokratischen Sozialismus stehen.

4. Die neue Partei, die alle diese Kräfte umfaßt, soll eine einheitliche Organisation sein, nicht eine Arbeitsgemeinschaft mehrerer organisatorisch selbständiger Gruppen.

   Diese Forderung ist auch das Ziel der „Union deutscher sozialistischer Organisationen in Großbritannien". Die „Union" ist eine Arbeitsgemeinschaft der SPD, der SAP, der Gruppe „Neubeginnen" und des „ISK". Sie hat in England während des Krieges die gemeinsamen Auffassungen und Interessen ihrer Mitglieder vertreten. Es ist die gemeinsame Auffassung aller Mitgliederorganisationen der „Union", daß die Arbeit der „Union" ihre Krönung und ihren Abschluß finden soll in der Schaffung einer einheitlichen sozial-demokratischen Partei in Deutschland.

   Es ist deshalb nicht erwünscht, daß die in der Emigration gewählte Form der Arbeitsgemeinschaft mehrerer sozialistischer Gruppen unter Aufrechterhaltung ihrer organisatorischen Selbständigkeit der einzelnen Gruppen beim Wiederaufbau der politischen Bewegung in Deutschland übernommen wird.

5. Die früheren Sozialdemokraten werden in fast allen Orten zunächst die überwiegende Mehrheit der Mitglieder der neuen Parteiorganisation bilden. Im Interesse der schnellen Verwirklichung des Ziels der Bildung einer einheitlichen sozialistischen Partei sollen jedoch, je nach den örtlichen Verhältnissen, Mitglieder der anderen sozialistischen Gruppen beim Aufbau und der Führung der Ortsgruppen mit beteiligt werden.

6. Alle über den örtlichen Rahmen hinausgehenden Entscheidungen über die Zielsetzung, die Politik und den organisatorischen Aufbau der Gesamtpartei sollen den Beratungen und Beschlüssen späterer Tagungen überlassen bleiben.

Als Richtlinie für die Politik der Partei bis zu diesem Zeitpunkt empfehlen wir die „Programmatischen Richtlinien"[3] und das „Sofortprogramm für die örtliche Selbstverwaltung"[4], die von der „Union" ausgearbeitet wurden.

7. Die neue Parteiorganisation muß sobald als möglich auf der Grundlage der inneren Parteidemokratie ausgebaut werden. Die provisorischen örtlichen Leitungen sollen sich deshalb sobald als möglich in ordentlichen Mitgliederversammlungen zur Wahl stellen. Die Tätigkeit der Parteikörperschaften und der Vertrauensleute der Partei soll der Mitberatung, der Kontrolle und der Entscheidung durch die Mitgliedschaft unterstehen.

Soweit der Aufbau der Parteiorganisation im Rahmen früherer Unterbezirke und Bezirke möglich ist, sollen dabei die gleichen Richtlinien zur Anwendung kommen.

Oberstes Ziel muß sein, die neuen Repräsentanten der Partei so schnell als möglich mit der vollen Autorität frei gewählter Vertrauensleute der Partei auszustatten.

8. Angesichts der allgemeinen großen Not und angesichts der außergewöhnlichen Schwierigkeiten beim Wiederaufbau der lebenswichtigen öffentlichen Dienste wird eine Zusammenarbeit mit anderen politischen Parteien notwendig sein.

Die Partei soll diese Zusammenarbeit unter Wahrung ihrer organisatorischen und politischen Selbständigkeit bejahen, solange diese Zusammenarbeit die Partei nicht mit der Verantwortung für eine Politik belastet, die mit den Zielen der Partei und mit den Interessen der demokratisch gesinnten Deutschen nicht vereinbart werden kann.

9. Die gleichen Gesichtspunkte sollen auch für jede Zusammenarbeit mit den Kommunisten gelten.

Anregungen der Kommunisten zur Bildung einer Einheitspartei oder zu örtlichen oder bezirklichen Verhandlungen über die Bildung einer Einheitspartei sind abzulehnen.

Die Frage der Bildung einer Einheitspartei mit den Kommunisten setzt die Klärung wichtiger prinzipieller Fragen voraus: Zielsetzung und Politik einer solchen Partei, Stellung zur Demokratie, insbesondere zur inneren Parteidemokratie und die Sicherung der Unabhängigkeit der Partei in ihren organisatorischen und politischen Entscheidungen.

Diese Fragen können nicht auf der örtlichen oder bezirklichen Basis entschieden werden. Über sie kann nur eine Tagung der Gesamtpartei entscheiden unter Berücksichtigung der Bedingungen der internationalen sozialistischen Arbeiterbewegung.

10. Alle neu entstehenden Körperschaften der Sozialdemokratie sollen sobald als möglich in ihrem Organisationsbereich bei den zuständigen Besatzungsbehörden und bei den deutschen Gerichten die Ansprüche der Partei oder ihrer Nebenorganisationen

---

3 Vgl. Nr. 159–161, 172.
4 Vgl. Nr. 179.

geltend machen und Schadensersatzforderungen für das durch Eingriffe der Nazis zerstörte oder beschädigte oder entwendete Parteieigentum anmelden.

Unter den außergewöhnlichen Umständen, unter denen der Aufbau der Partei erfolgen muß, kommt der Initiative jedes einzelnen Genossen entscheidende Bedeutung zu.

Diese Richtlinien können den Aufbau der Organisation erleichtern, aber sie können die Initiative nicht ersetzen. Wir hoffen aber, daß unsere Richtlinien diese Initiative anregen und verstärken werden.

Es ist unser dringender Wunsch, sobald als möglich in Deutschland selbst an der Erfüllung dieser Aufgabe mitwirken zu können. Zeitpunkt und Umstände unserer Rückkehr hängen jedoch nicht allein von uns ab. Solange wir den persönlichen Kontakt mit den Parteigenossen im Lande nicht aufnehmen können, bitten wir alle Genossen und Genossinnen, die dazu in der Lage sind, schriftlich mit uns in Verbindung zu treten, falls sie unseren Rat wünschen oder falls sie weitere oder von den vorstehenden Richtlinien abweichende Vorschläge zu machen haben.

Wir verfolgen mit unseren Anregungen kein anderes Ziel, als im Sinne des uns von der Gesamtpartei gegebenen Auftrags unseren Genossen und Genossinnen im Lande beim Wiederaufbau der Partei zu helfen.

Wir hoffen, daß der Zeitpunkt nicht fern ist, an dem wir das uns übertragene Mandat einer Tagung der Gesamtpartei zurückgeben und als Mitglieder der wiedererstandenen Partei die Arbeit für die Partei an der Seite der Genossen und Freunde in Deutschland wieder aufnehmen können.

Mit sozialistischen Grüßen
Hans Vogel
Vorsitzender

Nr. 302

Brief von Hans Vogel an Dr. Kurt Schumacher
vom 6. September 1945 mit Stellungnahme zu dessen Vorschlägen
zum Wiederaufbau der Partei

AdsD Bonn, Depositum Heine, Ordner 32/3[1]

Hans Vogel,
3, Fernside Avenue,
London, N.W. 7   6. September 1945

Herrn Dr. Kurt Schumacher,
Hannover[2]
Jakobsstraße 10

Lieber Genosse Schumacher,

ich habe Ihren Brief vom 20. August[3] erhalten. Wir sind glücklich von Ihnen eine direkte Nachricht zu haben, denn damit haben wir endlich die Gewißheit, daß Sie die

---

1 Es handelt sich um die Durchschrift des an Schumacher gesandten Briefes, der von diesem in Abschrift dem Rundschreiben an die Bezirke vom 15. September 1945 beigegeben wurde: AdsD Bonn, NL Schumacher, Mappe 162.

2 Vorlage: „Hannover" ms. unterstrichen.

3 Schumacher hatte am 4. August 1945 erstmals an Vogel geschrieben, der Brief scheint jedoch nicht angekommen zu sein. Entwurf in: AdsD Bonn, NL Schumacher, A 39; vgl. auch Moraw, Parole der „Einheit", S. 27. Am 20. August 1945, dem Tage, an dem Eichler ihn besuchte, schrieb Schumacher erneut an Vogel, der den Brief am 31.8. erhielt. Schumacher lud ihn ein zu „eine[r] Art Reichskonferenz für die nichtrussisch besetzten Teile Deutschlands" für den 5.–7. Oktober 1945 bei Hannover. Die Einladung erstreckte sich auch auf andere von Vogel zu benennende Vertreter der sozialdemokratischen Emigration in London, explizit genannt werden Ollenhauer und Schoettle. Schumacher äußerte sich optimistisch über die Reisemöglichkeit der Londoner: „Es ist aber sicher richtig, daß die politische Emigration doch schneller nach Deutschland zurückkehren wird, als die frühere Regierung es geplant hat. Und ich halte es wenigstens für wahrscheinlich, daß Ihnen und eventuell einigen anderen Genossen ein kürzerer Besuch in Deutschland erlaubt wird, denn andere Genossen haben dies ja auch erreicht." Schumacher verwies in diesem Zusammenhang auf Eichler. Schumacher umriß dann in wenigen klaren Sätzen sein Konzept: „Für den Fall, daß Sie wider Erwarten diese Reise nicht durchsetzen könnten, teile ich Ihnen in Ergänzung meines Briefes noch mit, daß ich den Standpunkt vertreten werde, daß ich die Mandate der Parteivorstandsmitglieder in der Emigration als durchaus existent und wirksam betrachte. Die Verhältnisse in Deutschland aber zwingen zu einer Konzentration der Kräfte in den drei westlichen Zonen und diese Konzentration wollen wir auf der Konferenz im Oktober vornehmen. Der dann geschaffene Zustand einschließlich der dort eingesetzten beziehungsweise bestätigten Führungsstelle wird von mir nur als ein Provisorium betrachtet. Ich wünsche weder eine regionale Aufsplitterung innerhalb der Reichsgrenzen, noch eine Entfremdung zu den emigrierten Genossen, sondern im Gegenteil ein Zusammenholen aller Kräfte, das dann auf einem allgemeinen Reichsparteitag im nächsten Jahre seinen programmatischen, organisatorischen und personellen Abschluß finden soll."

schweren Jahre seit 1933 überstanden haben. Wir haben oft an Sie gedacht und sehr um Sie gebangt, nachdem so viele unserer Freunde ihre Gesinnungsfestigkeit und ihren unbeugsamen Widerstand mit dem Leben büßen mußten.

Ihr Brief hat mich aber auch in gleichem Maße wegen seines sachlichen politischen Inhalts sehr gefreut. Er offenbart eine so vollständige Übereinstimmung zwischen Ihnen und uns in den organisatorischen und politischen Fragen der nächsten Zukunft, daß alle Voraussetzungen für eine fruchtbare Zusammenarbeit zwischen den Genossen im Lande und den Genossen in der Emigration gegeben sind.

Wir begrüßen Ihre Initiative, für Anfang Oktober eine erste zentrale Konferenz von Vertretern der Partei in den nichtrussisch besetzten Gebieten Deutschlands durchzuführen. Wir teilen Ihre Auffassung, daß dieser Versuch, den Aufbau der Partei auf einheitlichen organisatorischen und politischen Anschauungen [vorzunehmen], dringlich ist.

Wir danken Ihnen für die herzliche Einladung zur Teilnahme an dieser Konferenz. Wir nehmen sie selbstverständlich an, und wir haben hier sofort alle Schritte eingeleitet, die zur Durchführung der Reise notwendig sind. Wir haben darum gebeten, daß außer mir den Genossen Ollenhauer, Heine und Schoettle die Reise ermöglicht wird.

Da nicht damit gerechnet werden kann, daß die Frage der endgültigen Rückkehr der politischen Emigration bis Anfang Oktober entschieden und die Rückkehr selbst durchgeführt werden kann, haben wir um die notwendigen Bewilligungen für eine mehrwöchige Besuchsreise nachgesucht.

Es ist in keiner Weise vorauszusehen, ob die notwendigen Bewilligungen gegeben und die umständlichen technischen Voraussetzungen rechtzeitig geschaffen werden, aber ich möchte Sie heute schon über unsere Entscheidung informieren, damit Sie in jedem Fall wissen, daß eine eventuelle Nichtanwesenheit auf Eurer Konferenz auf Gründe zurückzuführen ist, die außerhalb unserer Entscheidung liegen.

Wir haben unsere britischen Freunde, die wir in dieser Sache bemüht haben, gebeten, uns sobald als möglich mitzuteilen, ob auf eine positive Entscheidung über unseren Antrag gerechnet werden kann. Wir werden Sie informieren, sobald wir diesen Zwischenbescheid haben.

Für den Fall, daß wir auf der Konferenz nicht anwesend sein können, möchte ich Ihnen heute schon sagen, daß wir mit dem von Ihnen genannten Zweck dieser ersten Konferenz und mit ihren Zielen, so wie Sie sie in Ihrem Brief dargelegt haben, völlig einverstanden sind. Wir glauben, daß ein solches Verfahren am besten geeignet ist, die

---

Schumacher schloß mit der Hoffnung auf Zustimmung und der baldigen endgültigen Übersiedlung Vogels nach Deutschland. Das Original des Schumacher-Briefes vom 20. August 1945, das bisher als unauffindbar gegolten hatte, findet sich in: AdsD Bonn, Depositum Heine, Ordner 32/2; vgl. auch Willy Albrecht (Hrsg.), Kurt Schumacher. Reden-Schriften-Korrespondenzen 1945–1952, Berlin, Bonn 1985, S. 242. Zur Überlieferung der bisher fehlenden Korrespondenzen des PV vom Herbst bis zum Frühjahr 1945 vgl. Einleitung, Abschnitt II.5. und III.5.

Voraussetzungen für eine organisatorisch und politisch geeinte Sozialdemokratie zu schaffen.

Wir haben inzwischen aus den verschiedensten Quellen der von den Westalliierten besetzten Gebiete Nachrichten von unseren Parteifreunden erhalten – u. a. von Bielefeld, Bremen, Kassel, Frankfurt, Wiesbaden. Aus Frankfurt hörten wir vor einigen Tagen über Ihren kürzlichen Besuch dort.[4] Soweit wir die Möglichkeit haben, werden wir den Genossen empfehlen, sich mit Ihnen in Verbindung zu setzen. In den meisten Fällen wird das bereits geschehen sein, aber ein Hinweis von uns auf unsere Übereinstimmung in den nächsten Schritten kann vielleicht nützlich sein.

Unsere Berliner Freunde haben auch den direkten Kontakt mit uns aufgenommen.[5] Sie betonen sehr stark die zentrale Funktion ihres neuen Zentralausschusses, legen aber auch den größten Wert darauf, so bald als möglich mit uns in persönlichen Kontakt zu kommen und in persönlichen Aussprachen die aktuellen organisatorischen und politischen Fragen zu klären und zu einer gemeinsamen Lösung zu kommen. Es bleibt natürlich abzuwarten, ob und wie lange und in welchem Ausmaß eine unabhängige sozialdemokratische Politik unter den besonderen Bedingungen der russischen Besatzung möglich sein wird. Ich schreibe in den nächsten Tagen dem Genossen Grotewohl, und ich werde ihn auch über die Pläne in den Westzonen informieren.[6] Ich glaube nicht, daß ein Berliner Vertreter die Möglichkeit zur Teilnahme an Ihrer Konferenz erhält, aber in jedem Fall ist es zweckmäßig, die Genossen von dem Plan zu unterrichten. Haben Sie direkte Verbindungen mit Berlin?

Viele unserer Freunde aus dem Reich haben uns um unsere Meinung über die ersten organisatorischen und politischen Schritte beim Wiederaufbau der Partei gefragt. Wir haben aus diesem Grunde ein erstes Rundschreiben an Mitglieder und Funktionäre der Partei[7] vervielfältigt, das wir jetzt so gut es geht den Freunden im Reich zuleiten. Ich füge diesem Brief zwei Exemplare bei, ich hoffe, daß der Inhalt Ihre und Ihrer Freunde Zustimmung findet. Sie haben dort vielleicht die Möglichkeit einer weiteren Vervielfältigung, wenn Sie unsere Richtlinien für nützlich halten.

Es wäre natürlich noch sehr viel über die politische Situation zu sagen, der wir uns in Deutschland und in der Welt nach dieser furchtbaren Katastrophe gegenübersehen, aber das würde den Rahmen dieses Briefes bei weitem sprengen. Außerdem habe ich die Hoffnung, daß wir vielleicht doch in einem Monat die Möglichkeit zu ausgiebigen persönlichen Unterhaltungen haben werden.

---

4 Zu den Kommunikationsverbindungen des PV von London nach dem besetzten Deutschland vgl. Einleitung, Abschnitt II.4.4. und III.4.4.

5 Im Bestand PV-Emigration und auch im Depot Heine findet sich kein entsprechendes Schreiben, das nach Voßke am 17. August 1945 von Grotewohl an Vogel gesandt worden sein soll. Voßke, Grotewohl, S. 136. Grotewohl erwähnt in seiner Leipziger Rede am 26. August 1945 eine lose Verbindung nach London, vgl. Hurwitz, Anfänge des Widerstandes, S. 320.

6 Ein entsprechender Brief fehlt in den Unterlagen des PV.

7 Vgl. Nr. 301.

Wir haben selbstverständlich Ihren Brief Erwin Schoettle zur Kenntnis gebracht, und wir haben uns mit ihm über die einzuleitenden Schritte für die Durchführung unserer Reise verständigt. Er hat mehrere Briefe an Sie auf verschiedenen Wegen unterwegs, aber bis jetzt scheint Sie noch keiner erreicht zu haben. Das ist unter den gegebenen Umständen nicht verwunderlich. Auf jeden Fall war er besonders erfreut, von Ihnen zu hören, und er sendet Ihnen die herzlichsten Grüße in der Hoffnung, Sie in Kürze in Deutschland zu treffen.

Ich hoffe, daß Sie diese Zeilen recht bald erreichen und ich sende Ihnen und unseren gemeinsamen Freunden, zugleich im Namen der Genossen Ollenhauer und Heine,

unsere herzlichsten Grüße

Ihr

NR. 303

*Notizen Erich Ollenhauers für seinen Bericht über die Partei-
konferenz in Wennigsen und Hannover am 5. und 6. Oktober 1945
auf der Parteiversammlung in London am 19. Oktober 1945*

AdsD Bonn, Depositum Heine, Ordner 69/10[1]

Parteikonferenz in Hannover[2]

kein Deutschlandbericht

keine Betrachtungen über allgemeine politische Probleme

Beschränkung auf das organisatorisch-politische der Konferenz

offen und konkret als möglich

Flüsterpropaganda der Kommunisten im Umlauf: Pleite, große Gegensätze usw.

Wunsch der Vater des Gedankens

erste Konferenz dieser Art seit 1933

wenige Wochen nach der Zulassung der Parteien in den Westzonen

örtliche und bezirkliche Organisationen

unterschiedliche Entwicklung in der russischen Zone

Parteien zugelassen seit 10. Juni 1945

keine Beschränkung in den zentralen Funktionen, im Gegenteil:

      ZK der KPD

      Zentralausschuß der SPD

Konferenz wurde vorbereitet von Dr. Schumacher-Stuttgart

Früher MdR und Aktivist im Kreis von Mierendorff

1933 bis 1943 in Konzentrationslagern

1943 Zwangsaufenthalt in Hannover

Vertrauensmann für die westlichen Zonen britisch, amerikanisch und französisch

Einladung an alle Bezirke dieser Zonen, 18 von 33

---

1 Ollenhauer verfaßte auch einen kurzen Bericht, über die Tagung für die „Left News" mit dem Titel „The Re-birth of German Social Democracy", der in Nr. 113, November 1945, S. 3340–3342, erschien. Ein halbseitiger Bericht ist auch im PV-Rundschreiben vom 13. Oktober 1945 enthalten, in: AdsD Bonn, PV-Emigration, Mappe 14. Außerdem liegen noch von den anderen Londoner Teilnehmern verfaßte Berichte über die Tagung vor. Heines als Sonderdruck publizierter Bericht „Die Wiedergeburt der deutschen Sozialdemokratie. Bericht über Vorgeschichte und Verlauf der sozialdemokratischen Parteikonferenz von Hannover vom 5. bis 7. Oktober 1945", hrsg. SPD London, 16 S., ist abgedruckt bei Flechtheim, Dokumente, S. 60–69, Der Brief Schoettles an Frank vom 25. November 1945 mit Angaben über die Konferenz ist hier aufgenommen als Nr. 323. Ein dreiseitiger Bericht, „Nach 12 Jahren", aus dem Besitz Heines ist in seiner Urheberschaft ungeklärt, in: AdsD Bonn, Depositum Heine, Ordner 69. Die Rede Schumachers in der Konferenz wurde auszugsweise wiedergegeben in: SM, Nr. 81, Dezember 1945, S. 1–14. Hurwitz, Anfänge des Widerstandes, S. 632, nennt eine Reihe weiterer Berichte von deutschen Teilnehmern und alliierten Beobachtern.

2 Vorlage: Überschrift ms. unterstrichen. Am Kopf findet sich hs. eingefügt „7[Uhr]20".

Einladung an uns: Hans Vogel, Ollenhauer, Heine und Schoettle

Hans Vogel schied durch Krankheit aus.

Reise ermöglicht durch Phil[ip] Noel-Baker

Donnerstag, den 4. [Oktober] in Hannover

technischc Schwierigkeiten

keine allgemeine Konferenz für die Westzonen

nur Konferenz für die britische Zone

private Besprechungen von Schumacher mit anderen Westzonen und Berlinern

Umstellung des Konferenzplanes in letzter Minute

ein Tag britische Konferenz,

ein Tag private Besprechungen,

aber gemeinsame Verpflegung, Freitag abend Begrüssungsfeier für alle am

Tagungsort Kloster Wennigsen bei Hannover

bereits überfüllt durch deutsche Zivilevakuierte

wir kamen am Abend nach Wennigsen

erste klare Antwort auf viele Fragen

Gibt es eine Animosität gegen die Emigration?

Eindeutig nein, herzlicher Empfang.

Zusammensetzung der Konferenz

18 Bezirke mit je drei Delegierten, dazu Gastdelegierte, manchmal mehr als drei

zwei Hauptgruppen:

alte bekannte Funktionäre der Partei

      Schreck[3], Simon[4], Treu[5], Lau[6], Herrmann[7], Severing, Meitmann-Hamburg[8]

früher führende Funktionäre der SAJ, jetzt Parteifunktionäre

      Knothe[9], Kuklinski[10], Gnoss[11], Gross[12], Drott[13] und viele andere

---

3 Schreck, Carl, 1873–1956; 1919–1933 MdR SPD.

4 Simon, Josef, 1865–1949, Gewerkschaftsfunktionär, Nürnberg, 1912–32 SPD MdR, 1945 am Neuaufbau der SPD und der Gewerkschaften in Nürnberg führend beteiligt.

5 Treu, Martin, 1871–1952, SPD, 1919 Bürgermeister von Nürnberg.

6 Lau, Johannes, * 1879, SPD-Parteisekretär in Hannover, SPD-Bezirksvorsitzender Hannover.

7 Herrmann, Karl, 1882–1951, ab 1928 SPD-Bezirkssekretär Hessen-Kassel, 1933 und 1944 KZ-Haft, 1945 maßgeblich am Neuaufbau der SPD im Raum Kassel beteiligt.

8 Meitmann, Karl, 1891–1971, 1928–33 Vorsitzender SPD-Bezirk Hamburg-Nordwest, Gaugeschäftsführer RB Schleswig-Holstein, 1931–33 Mitglied der Hamburger Bürgerschaft, 1949–61 MdB (SPD).

9 Knothe, Willy, 1888–1952, SPD, bis 1933 Mitglied des Reichsausschusses der SAJ, Ende 1945 SPD-Landesvors. Hessen, 1946–50 Mitglied des PV.

10 Vermutlich Kukil, Max (ursprünglich Kukielcynski), 1904–1952, SAJ, SPD, RB, 1931 SPD-Parteisekretär Groß-Breslau, KZ-Haft, Bewährungseinheit, Mai 1945 Bürgermeister in Oldenburg (Schl.H.), 1948 Sekretär SPD-Bezirk Schleswig-Holstein.

11 Gnoß, Ernst, 1900–1949, 1924–30 Jugend-, 1930–32 Bildungssekretär der SPD, Leiter einer illegalen Widerstandsgruppe in Essen, August 1935 verhaftet, vom VGH zu vier Jahren Zuchthaus verurteilt, nach 1945 Bezirksvorsitzender Niederrhein, 1946 SPD-PV.

absolut kameradschaftliches Verhältnis vom ersten Augenblick

britische Konferenz am Freitag[14]

Referat Schumacher:

Hinweis auf die Notwendigkeit des Kampfes gegen Nationalismus und Militarismus

Bestrafung der Schuldigen

Reichseinheit, kein Separatismus

Abbau der Kriegsindustrie, aber Unmöglichkeit eines reinen Agrarstaates, Sozialisierung

Friedenspolitik nach außen

Zusammenarbeit der Drei wesentliche Voraussetzung für Frieden

keine Unterstützung von Hegemonieansprüchen irgend einer Seite

Diskussion Übereinstimmung in allen wesentlichen Punkten

Nazireinigung, Demokratisierung der Verwaltung, Grenzen des Wahlrechts für Nazis

Termin für die Wahlen

Probleme des Wiederaufbaus

keine formulierte Entschließung

keine Programmerklärungen

es war eine vorbereitende Konferenz

Aussichten der Partei[15]

neue Partei wird getragen von einer Kerntruppe (Moorsoldaten)[16]

alte Mitgliedschaft ist die Basis

größtes Mißtrauen gegen neue „Maiglöckchen"

starker Zustrom zur Partei

schnelles Anschwellen der Mitgliederzahlen

Hannover 7 000 – 8 000 Mitglieder

Hessen-Nassau 12 000 Mitglieder

Franken: Bezirkskonferenz mit 210 Delegierten

alte Parteitreue

Bielefeld: alte Parteimitgliedsbücher

Nachzahlung der Beiträge seit 1933

Aufbau noch im vollen Gang

Bereitschaft zu organisatorischer und politischer Erneuerung

---

12 Groß, Emil, 1904–1967, Vorstandsmitglied Sozialistische Studentenschaft, 1933 NL, leitete illegale Arbeit im Ruhrgebiet, 1941 verhaftet, zu 2 Jahren und 4 Monaten Zuchthaus verurteilt, 1946–60 SPD-PV.

13 Drott, Karl, 1906–1971, Vorsitzender SAJ und SPD-Jugend- und Bildungssekretär in Hessen, nach 1933 Handelsvertreter, Kaufmann, technischer Angestellter.

14 Vorlage: Zeile ms. unterstrichen.

15 Vorlage: Zeile ms. unterstrichen.

16 „Moorsoldaten" meint die Funktionäre und Mitglieder, die als führende Repräsentanten oder als Mitglieder illegaler sozialdemokratischer Organisationen in Gefängnissen, Zuchthäusern oder Konzentrationslagern inhaftiert gewesen waren; nach dem Lied „Wir sind die Moorsoldaten", das im KZ Esterwegen entstanden war.

besonders von Schumacher unterstrichen

zweites starkes Erlebnis

keine wesentlichen Gegensätze in den sachlichen Vorstellungen über die Aufgaben der Partei

Wir sprachen die gleiche Sprache

noch besonders unterstrichen im Referat Ernst Nölting[17] über Wirtschaftsziele[18]

im wesentlichen gleiches Bild in der Besprechung mit den amerikanischen Vertretern

eingeleitet durch Referat Schumacher

wichtigster organisatorischer Punkt

Aufbau einer Reichsorganisation der Partei

vor allem Gegenstand der Unterhaltung mit der Berliner Delegation, die Freitag eintraf

Grotewohl, Max Fechner, Gustav Dahrendorf

einige Worte über die „Berliner"

es handelt sich in Berlin um eine echte sozialdemokratische Organisation

keine kommunistische Quislingorganisation

mit glänzenden organisatorischen Erfolgen

70 000 Mitglieder in Groß-Berlin

weitaus stärker als die Kommunisten, die 30 000 – 35 000 Mitglieder angeben.

politische Arbeit unter besonderen Bedingungen

aber entschlossen, sozialdemokratische Politik zu treiben

kameradschaftlicher Geist vom ersten Augenblick an

sachliche Meinungsverschiedenheiten über die organisatorische Stellung des Berliner „Zentralausschusses"

provisorischer Charakter unbestritten

aber zentrale Funktion angestrebt

Ziel war, in Hannover Erweiterung zu erreichen

Aufnahme der Londoner Vorstandsmitglieder in den Zentralausschuß

Erweiterung um zwei bis drei Vertreter der Westzonen

dieser Vorschlag wurde von den Westzonen abgelehnt

keine deutsche Regierung, keine deutsche Verwaltung, verschiedene Bedingungen in den einzelnen Zonen, technische Schwierigkeiten der Zusammenarbeit und der Führung der Partei von Berlin aus.

Ziel: Abhaltung eines Gesamtparteitags, sobald die Basis für eine einheitliche innerdeutsche Politik gegeben ist.

---

17 Nölting, Dr. Ernst, *1901, Dozent an der Leibniz Akademie Hannover und an der Akademie für Arbeit in Frankfürt/M., 1933 suspendiert, 1937 entlassen, 1945 Leiter der Abteilung Wirtschaft und Verkehr im Oberpräsidium Hannover, 1945–50 Mitglied des SPD Bezirksvorstands Hannover, 1945/46 Mitglied des SPD-PV.

18 Die von Nölting ausgearbeiteten „Leitsätze zum Wirtschaftsprogramm der Sozialdemokratischen Partei" wurden wenige Tage nach der Konferenz verschickt.

Dann Politik und Programm festlegen
Dann neue Führung und Sitz der Partei bestimmen.
Vereinbarung:
Zentralausschuß unter Grotewohl Vertretung für die Ostzone
Schumacher Vertrauensmann für die Westzonen
Kontakt zwischen beiden so eng als möglich
bewußt Übergangsregelung
alles vermeiden, was die Trennung innerhalb der Partei durch die Zonenpolitik vertiefen
könnte.
Verhältnis der innerdeutschen Partei zur Vertretung des PV in London
Anerkennung des alten Mandats
Beendigung des Treuhänderverhältnis[ses] auf dem ersten Gesamtparteitag
bis dahin sobald als möglich Mitarbeit in Deutschland
Vereinbarung mit uns, sobald als möglich nach Deutschland zurückzukehren
Vertretung im Ausland auch im Auftrag der neuen Partei
Sammlung im sozialistischen Lager
ISK- und SAP-Genossen als Delegierte und Gastdelegierte
örtliche und bezirkliche neue sozialdemokratische Partei als sozialistische Einheitspartei
hier und da Anfangsschwierigkeiten, aber guter Wille allseitig
gute Aussichten für die Überwindung der Zersplitterung im sozialistischen Lager
Illegalität und „Unions"-Arbeit haben mit geholfen
Verhältnis zu anderen politischen Parteien
unterschiedlich zum Zentrum, der einzigen wirklichen politischen Kraft im Bürgertum
Zusammenarbeit gut in gemischten Bezirken
alte Totalitätsansprüche des Zentrums in stark katholischen Gegenden
oft unterstützt durch Besatzungsbehörden
Bedenken gegenüber dem politischen Charakter
oft Sammelbecken aller reaktionären Elemente, die nicht offen hervorzutreten wagen
Kommunisten und Sozialdemokraten.
in der Anfangszeit starke Bereitschaft für völlige Einheit
in Berlin und in anderen Bezirken, vor allem im Ruhrgebiet, aber auch in Hamburg
heute wird diese Frage nicht als aktuell angesehen
einig: organisatorische Einheit ist keine aktuelle Frage
Sie kann nur durch einen Gesamtparteitag entschieden werden
Sie kann nur im Zusammenhang mit der Entwicklung der internationalen Arbeiterbewegung gesehen werden.[19]
Entwicklung hervorgerufen durch kommunistische Propaganda
Ausnutzung der Berliner Zusammenarbeit

---

19 Vorlage: Die folgende Zeile „Frage der Zusammenarbeit" ms. gestrichen.

Folgen der Zensur

Angriffe auf sozialdemokratische Führer

ideologische Unklarheit der Kommunisten

Werbung der Kommunisten unter den Nazis

Einheitsfront „von unten"

Zusammenarbeit in Tagespolitik Zweckmäßigkeitsfrage

Voraussetzung: Verständigung über die Grundlagen der Zusammenarbeit

Loyalität in der Zusammenarbeit

Organisatorische und politische Unabhängigkeit der Partei

Methoden sind verschieden

Resultate muß man abwarten

Stärkeverhältnis zwischen Kommunisten und Sozialdemokraten

ständiger Rückgang der Kommunisten

ständiger Vormarsch der Sozialdemokraten

diese Tendenz ist am stärksten, je näher die Bezirke der russischen Zone liegen

Berlin überwältigendes Übergewicht der Sozialdemokraten

Kommunisten aber in Schlüsselpositionen der Verwaltung (Eisenhower)

Verhältnis zur Emigration

keine Animosität

manchen sehen sie lieber wieder kommen als den anderen

aber das gilt auch für die Genossen im Lande[20]

Mitarbeit wird gewünscht

Selbstverständlich muß die neue Position erst erarbeitet werden

Die Emigration wird nicht als Nachweis für Führungsansprüche angesehen

Zusammenarbeit, um willige und fähige Genossen in geeignete Funktionen der Partei und Verwaltung zu bringen.

Es war eine erste und improvisierte Tagung

technisches Wunder: Verpflegung und Unterbringung, Antransport und Verständigung. Das ist geglückt.

Geglückt dank einer großen Solidarität der Genossen in Hannover und Wennigsen

Es war mehr als ein technisches Wunder

Es war ein elementares Wiederauferstehen der Partei, nicht von oben dirigiert, sondern aus den ursprünglichen Kräften, die immer lebendig geblieben sind in den zwölf Jahren

Es war für uns persönlich und politisch das stärkste Erlebnis seit 1933

Die Aussichten der Partei in Deutschland sind so groß wie nie zuvor

Die Bereitschaft der Partei, die neuen Möglichkeiten und Aufgaben zu lösen, aus den Erfahrungen der Vergangenheit zu lernen und neue Wege zu suchen, um die Partei zur führenden Kraft der deutschen Demokratie zu machen, ist sehr groß.

---

20 Vorlage: Links am Rande unleserliche hs. Anmerkung.

Die Aufgabe ist unerhört schwer

Niemand kann voraussehen, ob sie unter den gegebenen Umständen überhaupt gelöst werden kann.

Keine allgemeinen politischen Betrachtungen

aber: Die Katastrophe, in die die Nazis Deutschland gerissen haben, ist unvorstellbar groß

Der Zusammenbruch ist total

Die Schwierigkeiten sind unabsehbar

Dazu kommt die Ungewissheit der internationalen Entwicklung.

Jede Spannung, jede Krise wirkt auf den todkranken Körper Deutschland zurück

Die Mittel der Selbsthilfe sind gering.[21]

Unsere Genossen wissen das. Sie haben keine Illusionen, aber sie sind entschlossen, den Versuch zu machen, ein neues Deutschland aufzubauen

Und die Konferenz bleibt auch auf diesem düsteren Hintergrund ein politischer Fakt erster Ordnung

Sie hat der Welt gezeigt, daß es demokratische und sozialistische Kräfte in Deutschland gibt, die ein Partner für die Kräfte des Fortschritts in der Welt werden können.

Es wird in erster Linie von ihren eigenen Anstrengungen abhängen, ob sie zu einem führenden Faktor im neuen Deutschland werden.

Aber es gibt auch eine Verantwortung der internationalen Politik ihnen gegenüber.

Wer ehrlich ein neues demokratisches und friedliches Deutschland in einem neuen Europa will

der muß – und zwar jetzt schon – diese Kräfte in der deutschen Politik planmäßig ermutigen und stützen.

---

21 Vorlage: Nächste Zeile „Eines aber ist trotz alledem" ms. gestrichen.

NR. 304

Brief von Erich Ollenhauer an Dr. Kurt Schumacher
vom 8. November 1945 mit Stellungnahme zu dessen Wünschen und
Bericht über die Arbeit in London

AdsD Bonn, Depositum Heine, Ordner 32/3[1]

Erich Ollenhauer,
3, Fernside Avenue, London, N.W. 7.   8. November 1945

Herrn Kurt Schumacher,
Hannover-Linden[2]
Jakobsstraße 10

Lieber Kurt,

gestern abend habe ich Deinen Brief vom 1. November erhalten.[3] Ich benutze die Gelegenheit, Dir schnell eine Bestätigung zukommen zu lassen, diesen Brief zu schrei-

---

1 Der erste Brief Ollenhauers an Schumacher datiert vom 23. September 1945. Er informierte ihn über die bevorstehende Reise und die Krankheit Vogels. In einem weiteren Brief am 25. Oktober übersandte Ollenhauer den Rundfunkbericht Fechners über die Konferenz in Wennigsen. Am 29. Oktober 1945 traf Schumachers Brief vom 18. Oktober bei Ollenhauer ein. Darin informierte Schumacher über seine bei der Konferenz in Wennigsen getroffene Abmachung mit Grotewohl:
„1) Solange das Deutsche Reich in getrennte Besatzungszonen zerfällt und die Vorschriften der Militär-Regierungen es verbieten, besteht keine organisatorische Einheit der Sozialdemokratischen Partei Deutschlands.
2. Bis zur Wiederherstellung der Reichseinheit und damit der Parteieinheit wird der Zentralausschuß in Berlin als Führung der Sozialdemokratischen Partei in der östlichen Besatzungszone angesehen. Der politische Beauftragte der drei westlichen Besatzungszonen ist der Genosse Dr. S c h u m a c h e r – Hannover.
3. In allen gemeinsame Interessen betreffenden Fragen werden die Genossen Grotewohl-Berlin und Dr. Schumacher-Hannover versuchen, durch möglichst häufige mündliche Absprachen und sonstigen Kurierverkehr eine gemeinsame Linie herzustellen."
Weiter bedankte sich Schumacher für die Berichterstattung über die Konferenz in den britischen Medien, beklagte sich über die Hartherzigkeit der Landbevölkerung in dieser Notzeit und fragte über Höltermann nach, der sich an ihn und andere Stellen gewandt hatte, wegen einer beschleunigten Verwendung in Deutschland. Mit einem weiteren Schreiben vom 22. Oktober, eingetroffen bei Ollenhauer am 31. Oktober 1945, übersandte Schumacher sein Redemanuskript vom 6. Oktober, die Wennigser Rede, die von Kriedemann verfaßten agrarpolitischen Richtlinien und die von Nölting verfaßten wirtschaftspolitischen Richtlinien. Außerdem kündigte er die baldige Zusendung der Sozialpolitischen Richtlinien (Stock, Heidelberg) und der Kulturpolitischen Richtlinien (Grimme) an. Am 1. November 1945 antwortete Ollenhauer u.a. über Höltermann. Am gleichen Tag schrieb auch Schumacher, der Brief traf am 7. November bei Ollenhauer ein (zum Inhalt vgl. Anm. 3). AdsD Bonn, Depositum Heine, Ordner 32/2 u. 3.
2 Vorlage: „Hannover-Linden" ms. unterstrichen.
3 Schumacher hatte parallel auch an Heine und Schoettle geschrieben. In seinem Brief führte er in sieben Punkten Klage über die Besatzungsverwaltung:

ben, ohne vorher im einzelnen mit Fritz [Heine] und Erwin [Schoettle] gesprochen zu haben, ich bin aber sicher, in ihrem Sinne zu schreiben, da wir wiederholt über die Fragen, die Du aufwirfst, diskutiert haben.

Zunächst vielen Dank für den Speisezettel. Solche detaillierten Beschwerden, Anregungen und Wünsche sind uns sehr erwünscht. Wir werden einen Auszug aus Deinem Brief und alle Fakten, die er enthält, ins Englische übersetzen lassen. Dieses Material werden wir vor allem John Hynd und Phil[ip] Noel-Baker zuleiten.[4] Wir hoffen, mit beiden in den nächsten acht bis zehn Tagen persönliche Unterhaltungen zu haben, sodaß wir dann auf das Material zurückkommen können. Weitere Informationen und Anregungen von Dir sind uns erwünscht, in jedem Fall so konkret und mit Einzelheiten belegt als möglich.

Es ist gar nicht sicher, ob wir in jedem Fall sofort eine positive Reaktion feststellen. Wichtig ist, daß die entscheidenden Genossen der Labour Party und der Regierung die Tatsachen kennen und daß sie wissen, daß sie sich auf die Zuverlässigkeit unserer Informationen verlassen können. Oft erfolgt eine Maßnahme im Sinne unserer Anregung erst später, manchmal auch nur teilweise in der Richtung unserer Wünsche. Wichtig ist vor allem, daß wir die Genossen davon überzeugen, daß sie mit der Entwicklung unserer Parteibewegung im Lande auf Kräfte rechnen können, die bereit sind, eine vernünftige Zusammenarbeit zu fördern.

Am letzten Montag hat der „Daily Herald" einen ausführlichen Bericht seines Korrespondenten aus Lüneburg über vier Großkundgebungen der Partei am Sonntag, den 4.11. [veröffentlicht]. Eine der Kundgebungen war nach diesem Bericht von 60.000 Menschen besucht. Ein Ort war nicht genannt, wir vermuten, es war eine der Kundgebungen in

---

1. Offizielle britische Besucher wie Miss Wilkinson (LP) und Hynd hätten auf ihren Besuchen in Deutschland Hannover ausgespart.
2. In den deutschen Gefangenenlagern der britischen Zone herrsche nach wie vor die strikte militärische Unterordnung unter die Offiziere und der alte Nazigeist.
3. In der Bevölkerung herrsche Erbitterung, daß Nazis aus der Gefangenschaft entlassen würden, während sich Nazigegner noch häufig in Gefangenschaft befänden. Schumacher regte eine Austauschaktion an.
4. Die Einengung der politischen Bewegungsfreiheit der Beamten führe dazu, daß Beamte nicht Mitglied der SPD werden wollten oder könnten. Dies betreffe die bürgerlichen Parteien kaum und stärke die Kräfte, die für einen Wiederaufbau statt einen Neuaufbau seien.
5. Die Mehrzahl der Nazis empfinde keine Spur von Scham oder Trauer über das, was sie angestellt haben, die Kräfte des Neuaufbaus würden durch viele Formalien eingeengt.
6. Es gebe Anzeichen, daß die Polizei der Besatzungsmacht direkt unterstellt werde, was einen Verlust an Autorität unter der Bevölkerung bedeute. Außerdem gebe es in der Polizei „geradezu eine Kumulierung der Unzuverlässigen", d.h. Belasteter.
7. Befürchtet, daß die Partei bei der Einflußnahme auf die personelle Besetzung von Ämtern in Gefahr gerät, „Maßnahmen und Männer zu verteidigen, die restauratorisch, aber nicht neugestaltend wirken". AdsD Bonn, Depositum Heine, Ordner 32/3.
4 Vgl. Five points of complaints raised by leading Socialdemocrats in Germany, 1 S., an John Hynd und Noel-Baker am 19. November 1945 übergeben. Die Punkte entsprechen den Beschwerden Schumachers mit Ausnahme von Punkt 1 und 7. (Vgl. Nr. 306). AdsD Bonn, Depositum Heine, Ordner 32/5.

Hamburg. Längere Auszüge wurden aus der Rede von Herbert Kriedemann[5] (!) gebracht. Es wird dann die Kundgebung auf dem Hamburger Friedhof mit der Rede von Grimme[6] erwähnt. [„He"][7] shares with Dr. Schumacher the Leadership Social Democratic Party". Der Bericht war ziemlich sensationell aufg[emacht]. Besonders unterstrichen wurde die Ehrung für die Toten der Alliierten. Wichtig ist, daß die Aktivität der Partei so herausgestellt wurde.

In der Unterhaltung, die wir demnächst mit John Hynd haben dürften, werden wir vor allem Einzelheiten unserer Rückreise zu Euch besprechen. Wir halten weiter daran fest, daß wir unmittelbar nach Neujahr reisen möchten. Entscheidend ist das Transportproblem, aber wenn der Minister es will, wird es gehen. Eine weitere Frage ist die Sicherung unserer Bewegungsfreiheit. Wir müssen vor unserer Abreise sichern, daß wir nach etwa drei Monaten noch einmal nach hier zurückkehren und unsere persönlichen Dinge ordnen können. Außerdem wird es sehr wichtig sein, nach einer solchen Zeit mit den hiesigen deutschen und englischen Genossen über unsere Erfahrungen und Wünsche sprechen zu können. Die dritte Frage, die wir klären müssen, ehe wir gehen, ist die Sicherung einer direkten Verbindung zwischen Hannover und London. Wir müssen die Zusicherung haben, daß wir direkt mit London korrespondieren und vor allem auch mit London Material aller Art austauschen können. Auf die Dauer kann unsere Arbeit nur fruchtbar sein, wenn wir einen direkten Zugang zur Außenwelt haben. Das ist ein ganzer Speisezettel, aber wir glauben, daß unsere Wünsche realisiert werden können. Damit wären wir einen großen Schritt weiter.

Bevor wir gehen, werden wir hier eine ständige Auslandsvertretung der Partei schaffen. In den nächsten Wochen wird die „Union" ihre Tätigkeit in der alten Form einstellen, wir werden die Mitglieder der Gruppen, die bisher die „Union" bildeten, in eine Auslandsortsgruppe London der Sozialdemokratischen Partei Deutschlands überführen.[8] Alle Beteiligten sind damit einverstanden, es handelt sich nur noch um die Ausarbeitung der technischen Einzelheiten. Neben dieser Ortsgruppe, die im wesentlichen die Aufgabe der Zusammenfassung und der Information der hier lebenden Sozialdemokraten haben wird, werden wir eine Auslandsvertretung der Partei schaffen, die die Aufgabe haben wird, die Auffassungen und Interessen der Partei in Deutschland gegenüber der Öffentlichkeit, der britischen und internationalen Arbeiterbewegung und der englischen Regierung zu vertreten. Mit ihr werden wir von dort aus in erster Linie zusammenzuarbeiten haben. Die Zusammensetzung dieser Auslandsvertretung steht noch nicht im einzelnen fest. Sicher ist bis jetzt nur, daß der Genosse Sander, der seit 1938 der Repräsentant der Partei für England ist, zunächst hier bleibt und die Geschäfte dieser Auslandsvertretung

---

5 Vorlage: Hermann Kriedmann.
6 Grimme, Adolf, 1889–1963, SPD, 1930–33 preuß. Kultusminister, 1942–45 in Haft, 1946–48 Kultusminister in Niedersachsen.
7 Vorlage: Auf der Seite 1 des Durchschlag fehlt die rechte untere Ecke. Der Text wurde ergänzt.
8 Vgl. Nr. 196ff.

leiten wird. Solange Erwin [Schoettle] noch hier ist, wird er in erster Linie an dieser Auslandsvertretung beteiligt sein. Dann kommen einige andere Genossen infrage, die die Absicht haben, vorläufig in England zu bleiben und die durch ihren Beruf über gute Verbindungen zur englischen Öffentlichkeit und zur englischen Presse verfügen. Die ganze Institution soll fest etabliert sein, bevor wir gehen, da wir sie alle für eine wesentliche Voraussetzung für einen guten Fortgang der Arbeit der Partei im Lande halten.

Ich nehme an, daß wir in den Grundzügen in diesen Plänen übereinstimmen. Falls Ihr weitere Vorschläge in dieser Richtung [habt], so teilt sie uns mit.

Ich glaube, daß in einem Brief von Erich Brost die Rede davon war, daß Ihr in Hannover auf der Suche nach Redakteuren für die kommende Parteizeitung seid. Ich benutze die Gelegenheit, um Euch darauf aufmerksam zu machen, daß der Genosse Karl Raloff, der früher politischer Redakteur in Hannover war, in Dänemark sitzt und so schnell als möglich wieder in die deutsche Parteiarbeit zurückgehen möchte. Ich kenne Karl Raloff seit mehr als zwanzig Jahren und ich schätze ihn wegen seines ruhigen politischen Urteils. Er hat sich in der Emigration sehr gut gehalten. Ich weiß nicht, wie die Hannoveraner Genossen über ihn denken, aber ich glaube, daß er ernsthaft für eine journalistische Aufgabe in Betracht kommt. Wenn Ihr von seinem Angebot Gebrauch machen wollt, solltet Ihr für ihn schon jetzt bei der Militärregierung die notwendigen Schritte unternehmen. Seine gegenwärtige Adresse ist: Karl Raloff, Parmagade 41, Kopenhagen S. Schreibe mir bitte, wie Ihr über den Fall denkt.

Du beschwerst Dich, daß sich die Engländer, die die britische Zone besuchen, bei Dir nicht sehen lassen. Es steckt sicher keine böse Absicht dahinter, aber bis jetzt werden nur „Blitzbesuche" gemacht, bei denen Hamburg, das Rheinland und Berlin am besten wegkommen, einfach, weil das die übliche Transportroute ist. Wir benutzen jede Gelegenheit, um auf Hannover zu verweisen und Eure zentrale Funktion zu unterstreichen. Seit unserer Rückkehr haben wir mindestens in zehn Fällen Deine Adresse an erster Stelle genannt. Mit der Zeit wird das seine Wirkung haben.

Das ist für heute alles.
Euch allen herzliche Grüße vom ganzen Bau
Euer

Nr. 305

Brief von Erich Ollenhauer an Otto Grotewohl
vom 8. November 1945 mit Stellungnahme zum Dahrendorf-Bericht
und Ratschlägen für die politische Arbeit

AdsD Bonn, Depositum Heine, Ordner 33[1]

Wi[lhelm] Sa[nder][2]

Erich Ollenhauer
3, Fernside Avenue
London, N.W. 7   8. November 1945

Herrn Otto Grotewohl
Berlin[3]
Behrensstraße 35

Lieber Genosse Grotewohl,

ich benutze eine günstige Gelegenheit, um Euch noch ein Exemplar unseres Berichts über die Konferenz in Hannover[4] zu übersenden. Ich füge außerdem ein Exemplar der englischen Ausgabe bei, die wir heute veröffentlicht haben. Ich hoffe, daß auch unsere früheren Sendungen Euch erreicht haben.

Wir haben dieser Tage den Bericht erhalten, den Gustav Dahrendorf über Eure Reise in die englische Zone und über die Verhandlungen in Hannover verfaßt hat.[5] Es war für

---

1 Obwohl schon im August ein erster Kontakt bestand (vgl. Anm. 5 zu Nr. 302), ist davon nichts überliefert. Am 25. Oktober sandte Ollenhauer einen Brief an Fechner, dem er den Bericht über die Konferenz („Wiedergeburt ...") beilegte. Am 1. November 1945 sandte er den Bericht auch an Grotewohl und kündigte an, daß er künftig die Wochenübersicht über die wichtigsten politischen Ereignisse übersenden würde. Gemeint sind die Rundschreiben des Parteivorstandes. Weitere Briefe an Fechner am 12. Dezember 1945 und 11. Januar 1946 blieben ebenso wie die hier dokumentierten Briefe an Grotewohl ohne Antwort. Es bleibt auch unklar, ob sie die Adressaten erreichten. AdsD Bonn, Depositum Heine, Ordner 33.

2 Vorlage: „Wisa" hs. am rechten oberen Rand.

3 Vorlage: „Berlin" ms. unterstrichen.

4 Es handelt sich um die zwanzigseitige hektografierte Broschüre, Die Wiedergeburt der deutschen Sozialdemokratie; vgl. Nr. 303, Anm. 1.

5 Vgl. Die Situation in der englischen Besatzungszone. Feststellungen gelegentlich einer Reise nach Hannover, Braunschweig und Hamburg vom 5. – 12.10.45, datiert 16.10.1945, in: AdsD Bonn, Depositum Heine, Ordner 32. Dahrendorf kritisiert in seinem Bericht die unzureichende Legalisierung der politischen Parteien und besonders das Fehlen einer eigenen Arbeiterpresse. Die Dominanz der Konservativen in der Haltung der britischen Besatzungsmacht zeige sich im Defizit von Maßnahmen zur Neuordnung. So kritisiert er unter anderem, in der öffentlichen Verwaltung seien „keinerlei Tendenzen für eine politische oder strukturelle Umgestaltung erkennbar. „Die Säuberung von Nazis sei nur unzureichend vorgenommen worden. Bei der Neubildung der Gewerkschaften spielten Personen eine Rolle, die sich 1932/33 von der SPD distanziert hätten. Die entscheidenden Passagen betrafen jedoch die Feststellungen über die Konferenz in Wennigsen.

uns sehr interessant zu sehen, wie sich die Dinge in der Vorstellung von Gustav Dahrendorf widerspiegeln. Manche seiner kritischen Bemerkungen über die Lage in der britischen Besatzungszone und über die Politik der britischen Militärregierung decken sich
mit den Beschwerden, die unsere Genossen in dieser Zone auch erheben. Es wäre gut
gewesen, das zu erwähnen. Im ganzen scheint uns jedoch das Bild zu negativ gezeichnet.
Es gibt ja in der britischen Zone auch Dinge, die von unserem Standpunkt positiver zu
beurteilen sind, vor allem im Vergleich zu bestimmten Maßnahmen und Erscheinungen
in der russischen Zone. Auch mit den Bemerkungen über die Konferenz selbst sind wir
in wesentlichen Punkten nicht einverstanden. Wo die Differenzen liegen, erseht Ihr am
besten aus einem Vergleich zwischen Dahrendorfs und unserem Bericht.

Es liegt uns fern, von hier aus Zensuren auszuteilen. Ich teile Euch unsere Meinung
nur aus einem einzigen Grunde mit. Wir glauben, daß wir in der Zeit, in der wir noch
nicht über eine einheitliche Organisation für das ganze Reichsgebiet verfügen, alles tun
müssen, um neue Spannungen und Mißverständnisse zwischen den Parteigruppierungen
der verschiedenen Zonen zu vermeiden. Gustavs Bericht könnte als der Versuch einer
einseitigen Auslegung der Resultate der Tagung gewertet werden. Damit ist niemanden
in der Partei gedient.

Glücklicherweise ist der Bericht nach unserer Kenntnis nur zur internen Information
geschrieben worden. Ich sage glücklicherweise, weil hier die Kommunisten systematisch
die Auffassung verbreiten, die Konferenz in Hannover sei ein Mißerfolg gewesen. Käme
der Bericht in ihre Hände, so würden sie ihn als ein Bew[eis] für ihre Behauptung benutzen.

Wir haben erst jetzt die Nummer des „Volk" mit dem Nachruf für Hans Vogel erhalten.[6] Wir danken Euch herzlichst für diese ausgezeichnete und herzliche Würdigung.

Wir verfolgen mit großem Interesse die Entwicklung der Diskussion über die Einheitslisten bei den kommenden Wahlen.[7] Das Interesse der Kommunisten an dieser
Lösung ist mehr als verständlich. Ich hoffe, daß Ihr die Möglichkeit habt, dort das unga-
rische Beispiel[8] zu verfolgen. Es ist gerade in dieser Frage überaus lehrreich. Könnt Ihr
uns nicht über Eure Ansichten einige Informationen zukommen lassen?

Nach Dahrendorf waren die Delegierten mit der Arbeit und der politischen Ausrichtung des Zentralausschusses durchaus einverstanden. In einer Vereinbarung sei dem Zentralausschuß und dem Genossen
Schumacher für die geleistete Aufbauarbeit gedankt worden, zu gegebener Zeit werde ein Parteitag einberufen, „der alle endgültigen Entscheidungen trifft". Über die „Frage der Zusammenarbeit bzw. Einheit mit der
Kommunistischen Partei" sei „keine ablehnende oder positive Entscheidung getroffen worden".

6 Der ungezeichnete Nachruf befand sich auf der Titelseite und umfaßte eine Spalte. Das Volk, Nr. 83,
   9.10.1945.
7 Zur Diskussion über die Frage sozialdemokratisch-kommunistischer Einheitslisten vgl. Kaden, Einheit oder
   Freiheit, S. 189ff., Moraw, Parole der „Einheit", S. 129ff., Hurwitz, Anfänge des Widerstands, S. 468ff.
8 Die Wahlen in Ungarn hatten eine absolute Mehrheit der bürgerlichen Partei der kleinen Landwirte gebracht, die dann auch die Regierung übernahm.

In der Nummer des „Volk" mit dem Nachruf für Hans Vogel haben wir auch die Liste der Bildungsreferenten für die Berliner Partei gesehen. Erstaunt waren wir, darin auch den Namen von Otto Bach zu finden. Wir hätten nicht geglaubt, daß er bei seinem Verhalten unter den Nazis so schnell zum Bildungsreferenten in der Partei aufrücken würde? Er gehört in die Gruppe der Engelbert Graf[9], aber für dessen Bestellung ist ja wohl die Partei nicht verantwortlich.

Wir wären Euch dankbar, wenn Ihr uns auch in solchen Fragen der Personalpolitik über die Ursachen Eurer Entscheidungen informieren würdet, denn sie spielen hier draußen in der Beurteilung der Politik der Partei eine größere Rolle als Ihr vielleicht annehmt. Das ist auch der Grund, weshalb ich diese an sich unwesentlich erscheinenden Dinge hier überhaupt erwähne.

Dir und den anderen gemeinsamen Freunden unsere besten Grüße

Euer

P.S.

Der Genosse Robert Keller, der 1933 unser Bezirkssekretär für Halle-Merseburg wurde, möchte wieder in die Parteiarbeit zurück. Er bittet uns, dem Genossen Paul Schmidt, jetzt Bezirkssekretär für Halle, seine Grüße zu übermitteln und ihn und Euch anzufragen, ob es für ihn möglich ist, wieder in die Parteiarbeit möglichst in seinem alten Bezirk zurückkehren. Der Genosse Keller ist sicher einigen von Euch persönlich bekannt. Er ist ein sehr tüchtiger und fähiger Genosse, seine Mitarbeit wäre für die Partei sicher ein Gewinn. Augenblicklich lebt er in den Vereinigten Staaten. Könnt Ihr dem Genossen Schmidt diese Grüße und diese Anfrage übermitteln und könnt Ihr mir das Resultat Eurer Bemühungen und Eure Auffassung in dieser Sache mitteilen, damit ich Keller informieren kann.

Besten Dank und beste Grüße

D.O.

---

9 Graf wird im PV-Rundschreiben vom 8. September 1945 als Schulreferent der Provinzialregierung Brandenburg genannt und vermerkt, daß er sich in der NS-Zeit publizistisch betätigte. Gegen ihn bestanden auch im ZA Vorbehalte, denn er hatte nach 1933 in der nationalsozialistisch kontrollierten „Deutschen Allgemeinen Zeitung" geopolitische Artikel geschrieben. Vgl. Moraw, Parole der „Einheit", S. 82, 90. – Engelbert Graf, 1881–1952, SPD seit 1903, vorübergehend USPD, ab 1928 MdR, nach 1933 freier Schriftsteller.

Nr. 306

Brief von Erich Ollenhauer an Dr. Kurt Schumacher
vom 30. November 1945 mit Stellungnahme zu dessen Vorschlägen
über den Aufbau von Verwaltung und Partei

AdsD Bonn, Depositum Heine, Ordner 32/3[1]

Wi[lhelm] Sa[nder][2]

Erich Ollenhauer,
3, Fernside Avenue,
London, N.W. 7   30. November 1945

Herrn Kurt Schumacher,
Hannover-Linden[3]
Jakobsstraße 10

Lieber Kurt Schumacher,

wir haben Deinen Brief vom 8. November erhalten und wir haben gestern zu dritt[4] ausführlich über seinen Inhalt gesprochen. Unsere gemeinsame Auffassung zu den von Dir aufgeworfenen Fragen ist in großen Zügen die folgende:

Die Schaffung einer einheitlichen deutschen Verwaltung für das uns verbleibende Reichsgebiet hängt gegenwärtig ausschließlich von der Politik der in der Kontrollkommission vertretenen Besatzungsmächte ab. Der Beschluß der Potsdamer Konferenz, Deutschland als ein Ganzes zu betrachten und für die wichtigsten Gebiete seiner Verwaltung deutsche zentrale Instanzen zu schaffen, ist bisher nicht durchgeführt worden. Die Verzögerung ist auf den Widerstand des französischen Vertreters zurückzuführen, der gegen jede Maßnahme Stellung nimmt, die das deutsche Staatsgebiet als ein Ganzes

---

1 Im Depositum Heine befinden sich zwei Exemplare der gleichen Abschrift. Das mit „Wisa" gezeichnete und offensichtlich für Sander bestimmte Exemplar ist als Durchschlag (4. oder 5. Ex.) erkennbar, während das nicht gekennzeichnete Exemplar der erste oder zweite Durchschlag sein dürfte. – Schumacher hatte am 8. November an Ollenhauer, Heine und Schoettle geschrieben, die den Brief am 19. November 1945 erhielten. Schumacher erkundigte sich nach den Plänen der britischen Regierung über die Verwaltungsgliederung ihrer Zone und die mögliche Bildung eines Landes. In diesem Zusammenhang betonte er ausdrücklich, „daß wir in Deutschland keinen Wiederaufbau, sondern einen Neuaufbau benötigen". Sein Anliegen war die Entwicklung der Provinzen zu lebensfähigen Ländern, und er bat die Londoner, sich dessen anzunehmen. Vor allem aber zeigte er sich interessiert an den britischen Plänen für die zukünftige Entwicklung des Deutschen Reiches, die finanz- und wirtschaftspolitischen Pläne und die Perspektiven einer deutschen Mitarbeit. Wobei er er bei letzterem die Praxis der britischen Seite kritisierte, repräsentative Personen nach eigenem Ermessen auszuwählen. AdsD Bonn, Depositum Heine, Ordner 32.
2 Vorlage: „Wisa" hs. rechts oben vermerkt.
3 Vorlage: „Hannover-Linden" ms unterstrichen.
4 Vermutlich Ollenhauer, Heine und Schoettle.

betrachtet. An diesem Widerstand sind auch die Vorschläge der drei anderen Mächte gescheitert, einheitliche Richtlinien für den Aufbau und die Tätigkeit der Gewerkschaften festzulegen. Nach einer Äußerung eines hohen britischen Mitgliedes der Kontrollkommission in Berlin, die gestern hier verbreitet wurde, wird jetzt zwischen den Regierungen der vier Mächte über einen Ausgleich dieser prinzipiellen Meinungsverschiedenheit verhandelt. Unsere Meinung ist, daß die Durchführung dieses Teils der Potsdamer Beschlüsse erwünscht ist, weil sie die Voraussetzung bilden für jeden geplanten und konstruktiven Aufbau der Verwaltung und der Wirtschaft des Landes.

Kommt eine Einigung zwischen den vier Mächten auf der Grundlagen der Potsdamer Beschlüsse nicht zustande, so werden sich unvermeidlicherweise die vier Zonen zu in sich abgeschlossenen Verwaltungs- und Wirtschaftseinheiten zu entwickeln suchen. Die Konsequenzen einer solchen Entwicklung sind nicht abzusehen, sie kann zu einer Auflösung des Reiches in vier selbstständige staatliche Gebilde führen, und sie wird eine Reihe von Tatsachen schaffen, die später, wenn die Deutschen ihre staatliche Souveränität zurückerhalten, alle Pläne für einen Neuaufbau des Reiches stark beeinflussen müssen. Eine solche Entwicklung wäre vom Standpunkt der deutschen Sozialdemokratie sehr zu bedauern.

Unsere Möglichkeiten, die Lösung des gegenwärtigen Konflikts zwischen den Großmächten zu beeinflussen, sind gleich null. Die Entscheidung hängt in hohem Maße von dem Vertrauensverhältnis zwischen den Großmächten ab, sie ist viel mehr ein Problem der internationalen als der deutschen Politik bzw. der Politik gegenüber Deutschland. Wird die gegenwärtige Vertrauenskrise überwunden, dann werden auch die Beschlüsse von Potsdam in Kraft gesetzt werden. Die britische Labourregierung ist für die Schaffung einer solchen deutschen Zentralverwaltung.

Die zweite Frage ist, wie der Verwaltungsaufbau in den einzelnen Zonen von unserem Standpunkt aus zu beurteilen ist. Wir sind mit Dir der Meinung, daß das Fehlen einheitlicher Richtlinien für das ganze Reichsgebiet zu einer sehr weit gehenden Differenzierung der Praxis in den einzelnen Zonen geführt hat, die wiederum die Gefahr in sich birgt, einen späteren wirklich demokratischen Neuaufbau des Reiches zu erschweren oder gar unmöglich zu machen. Man muß allerdings bedenken, daß alle bisher in den einzelnen Zonen durchgeführten Verwaltungsreformen insofern provisorisch sind, als eine einheitliche Regelung unvermeidlich sein wird, wenn es zu einer deutschen Zentralverwaltung kommt. Man muß dann die territorialen Abgrenzungen der Länder und Provinzen und ihre Kompetenzen neu regeln.

Die deutsche Zentralverwaltung wird selbstverständlich keine souveräne deutsche Reichsregierung sein, sondern eine reine Verwaltungsbehörde, die in allen prinzipiellen Fragen nach Anweisungen der Kontrollkommission zu handeln hat. Trotzdem sollten wir schon in diesem Stadium versuchen, klare Vorstellungen der Sozialdemokraten für den Neuaufbau des Reiches zu entwicklen und sie öffentlich und in der Verwaltung zu vertreten.

Wir haben uns hier in London sehr eingehend mit dem Problem beschäftigt und in unseren „programmatischen Richtlinien", die in etwa drei Wochen gedruckt vorliegen werden, beschäftigt sich ein umfangreicher Abschnitt mit den Fragen der Reichs- und Verwaltungsreform. Es würde in diesem Brief zu weit führen, die Grundgedanken dieser Vorschläge wiederzugeben. Wir werden Dir die Vorschläge schnellstens zuschicken. Immerhin sei soviel gesagt: Wir wünschen eine Neugliederung des Reiches ohne Rücksicht auf die historischen Ländergrenzen. Unsere Vorstellung ist die Schaffung von neuen Ländern, etwa in den Abgrenzungen der früheren Landesarbeitsämter. Diese Abgrenzungen decken sich zum Teil mit früheren Ländergrenzen, aber sie nehmen keine Rücksicht auf die kleinen Länder und sie bedeuten in diesem Zusammenhang das Ende Preußens als eine einzige Verwaltungseinheit.

Die neuen Länder sollen die Träger einer weitgehenden Selbstverwaltung sein. Sie sollen in der Legislative und in der Exekutive weitgehend selbständig sein. Beim Reich sollen bleiben: Außenpolitik, Transport, Wirtschaft und Finanzen und die Rahmengesetzgebung, die notwendig ist, um einen einheitlichen demokratischen und sozialen Charakter der Politik der einzelnen Länder sicherzustellen.[5]

Wenn man diese Grundgedanken akzeptiert – und wir bitten Dich, uns Deine Meinung darüber zu sagen, dann gibt es in den Verwaltungsmaßnahmen der einzelnen Besatzungsmächte gewisse Elemente, die wir bejahen können. In der amerikanischen Zone die Schaffung des neuen Landes Großhessen. Ob die Vereinigung der Teile von Baden und Württemberg, die heute unter amerikanischer Besatzung leben, über die Zeit der Besatzungszonen hinaus sinnvoll bleibt oder ob dann auf die alte Aufteilung zwischen Baden und Württemberg zurückgegriffen werden sollte, bleibt abzuwarten. Es ist auch eine Frage, ob es zweckmäßig ist, in der Neuaufteilung der Länder, Bayern in seiner alten Ausdehnung als Land bestehen zu lassen, denn Bayern würde dann, nach der Auflösung Preußens, das weitaus größte deutsche Land. Es ist fraglich, ob ein solcher Zustand im Interesse einer demokratischen Entwicklung Deutschlands liegt.

In der russischen Zone haben die früheren preußischen Provinzen gewisse legislative Rechte erhalten. Diese Entwicklung liegt prinzipiell in der Richtung unserer Vorstellungen über die Funktion der neuen Länder.

In der britischen Zone haben zwar die Verwaltungseinheiten, die die britische Militärregierung geschaffen hat, seien es die alten Länder oder die alten preußischen Provinzen, keinerlei legislative Gewalt, aber in ihren Verwaltungskompetenzen sind sie infolge des Fehlens einer übergeordneten Instanz ein Mittelding zwischen alter Provinzialverwaltung und Staatsregierung. Im Zusammenhang mit unseren eigenen Vorstellungen sollte man darauf hinarbeiten, daß frühere Provinzen und Länder gleich gestellt werden. Zusammenlegungen, wie sie zum Beispiel in Euren Vorstellungen über ein neues Land Niedersachsen eine Rolle spielen, sollten wir unter dem Gesichtspunkt behandeln, ob

---

5 Vorlage: Neben diesem Absatz ist in der Vorlage hs. vermerkt: „Außenhandel?"

eine solche neue Einheit sich in unsere Vorstellungen für die spätere Neugliederung des Reiches einordnen. Historische und partikularistische Gesichtspunkte, die heute vielleicht diesen oder jenen praktischen oder Prestige-Gewinn versprechen, sollten unter uns keine Rolle spielen. In diesem Sinne sollten wir immer den Neuaufbau und nicht den Wiederaufbau im Auge haben.

Alle diese Vorstellungen haben im Augenblick nur ein theoretisches Interesse, weil wir es in allen Zonen ausschließlich mit einer von der Militärregierung eingesetzten deutschen Verwaltung zu tun haben und nicht mit einer echten Selbstverwaltung. Sie ist erklärtermaßen ein reines Zwischenstadium, sowohl sachlich wie personell. Das gilt auch für die Versuche in der amerikanischen und britischen Zone, die Verwaltungsspitzen durch besondere Sekretariate zu koordinieren. Selbstverständlich hat trotzdem die personelle Besetzung Bedeutung und die Sozialdemokraten in der Verwaltung sollten ihre Vorschläge im Einvernehmen mit den Vertrauensleuten der Partei machen, denn jeder Sozialdemokrat in der Verwaltung wird von der Bevölkerung natürlich als ein Exponent der Partei gewertet. Das Generalsekretariat für die britische Zone ist bis jetzt nicht eingerichtet werden. Wir vermuten, daß die Verzögerung auf neue Unschlüssigkeiten in der Politik der britischen Militärregierung zurückzuführen ist. Kommt es zustande, wird man bei der politischen Struktur der Bevölkerung in der britischen Zone um eine maßgebende Beteiligung der Katholiken nicht herumkommen. Die beste sachliche und personelle Besetzung sollte nach unserer Meinung wiederum Gegenstand von Beratungen unter den Parteigenossen sein.

Die eigentliche Aufgabe der Partei beginnt nach unserer Meinung, wenn im nächsten Frühjahr die ersten Wahlen zu den Vertretungen der Kommunen bzw. der Länder und Provinzen stattfinden. Diese Vertretungen werden dann die ersten echten Selbstverwaltungskörperschaften sein und ihre politische Zusammensetzung wird die Leitung der Kommunen und der Provinzen b[e]z[iehungs]w[eise] der Länder bestimmen. Wir meinen, daß die Partei bis zu diesem Zeitpunkt ihre Vorstellungen über den Neuaufbau des Reiches und der Verwaltung klären muß, damit sie mit konkreten Vorstellungen an die Wähler gehen und damit sie auch ihre Kandidaten im Hinblick auf diese Vorstellungen auswählen kann. Die Partei wird im nächsten Frühjahr vor die Notwendigkeit gestellt werden, ihr politisches Gesicht zu zeigen und es muß dann deutlich werden, daß sie keine konservative, sondern eine konstruktive Kraft ist. Wenn das als der Wille der Partei klar ist und wenn diese Linie ihre Politik bestimmt, verliert das Datum auf dem Geburtsschein an Bedeutung. Bei dem Mangel an Kräften, unter dem gerade unsere Partei noch lange leiden wird, können wir es uns auch nicht leisten, die notwendige sachliche Auseinandersetzung um die zukünftige konstruktive Politik der Partei mit einer unfruchtbaren Polemik zwischen Alt und Jung zu belasten.

Wir meinen, daß das nächste Hauptziel der Partei sein muß, bei den kommenden Wahlen die Stärke der Partei zu beweisen. Wir werden dann zum ersten Mal bei allen Auseinandersetzungen im innerdeutschen Lager und mit der Militärregierung in der Lage sein, unsere Ansprüche nicht mit Annahmen, sondern mit Tatsachen zu begründen.

Auch die aus diesen Wahlen hervorgehenden Verwaltungskörperschaften bedürfen der Zustimmung der Militärregierung. Von ihrer Praxis wird unser Verhältnis zu ihr und zu den von ihr ernannten oder bestätigten Beamten abhängen. Es ist heute zu früh, darüber weitere Betrachtungen anzustellen.

Ich hoffe, daß diese Darlegungen Dir ein ungefähres Bild von unseren Vorstellungen zu den von Dir aufgeworfenen Fragen geben, und wir würden uns sehr freuen, von Dir zu hören, ob und inwieweit wir übereinstimmen.

Als Nachtrag zu Deinem Brief vom 1. November kann ich Dir heute noch mitteilen, daß sowohl Noel-Baker als auch John Hynd den Empfang unseres Statements, in dem wir die wichtigsten Punkte Deines Briefes zusammengefaßt haben, bestätigt haben. Noel-Baker hat ausdrücklich hinzugefügt, daß er den Dingen, soweit sie in seine Kompetenz fallen, nachgehen wird. Wir hoffen, mit John Hynd bald zu einer persönlichen Unterhaltung zu kommen. Wir haben darüber hinaus Grund zu der Annahme, daß Deine Bemerkungen über die Zustände in den Kriegsgefangenenlagern eine unmittelbare Untersuchung zur Folge haben werden.

Es fehlt bei den oben genannten Freunden der Labour Party nicht an gutem Willen. Das ersiehst Du aus beifolgenden Abschriften eines Briefwechsels, den Erwin [Schoettle] nach seiner Rückkehr mit John Hynd gehabt hat.[6] Im Augenblick liegt die Schwierigkeit einer eingehenden Diskussion über die weitere Perspektive der britischen Politik in Deutschland vor allem darin, daß die entscheidenden Leute ihre ganze Energie darauf konzentrieren, eine Katastrophe im kommenden Winter zu verhindern. Das geht ja auch deutlich aus dem Brief John Hynd's hervor. Trotzdem müssen wir versuchen, auch in den allgemeinen politischen Fragen unsere Auffassung zur Geltung zu bringen und unter diesem Gesichtspunkt war Dein Brief vom 1. November sehr nützlich.

Ich kann Dir leider auch heute noch keinen Fortschritt in der Frage unserer Rückkehr berichten. Eine Unterredung mit dem Generalsekretär der Labour Party steht in Aussicht, aber wir haben den Eindruck, daß die Leute angesichts der kommenden Winterschwierigkeiten und angesichts der ungeklärten Situation in der alliierten Politik gegenüber Deutschland sehr zögern, in der Frage der Rückkehr von politischen Emigranten einen Schritt zu tun. Wir drängeln weiter und versuchen klar zu machen, daß unsere Rückkehr in der gleichen Weise als Spezialfall zu betrachten ist wie unsere Reise zur Konferenz.

Habt Ihr etwas von den Berlinern gehört? Wir haben keine direkte Nachricht von ihnen seit unserem Treffen in Hannover. Wir haben leider auch keine Mitteilung von Euch, welche Briefe Ihr von uns erhalten habt. Vor allem haben wir noch nicht eine einzige Empfangsbestätigung über unsere außenpolitischen Rundschauen, die wir Euch nun schon seit über einem Monat regelmäßig schicken. Ein paar Zeilen über diese technische Seite wären uns als Bestätigung, daß die Verbindung funktioniert, sehr erwünscht.

---

6 Der Briefwechsel Schoettle – Hynd findet sich nicht im Depositum Heine noch in den Nachlässen Schoettle und Schumacher im AdsD Bonn.

Erwin [Schoettle] hat auch noch nichts von seinen Stuttgartern gehört, obwohl das fest vereinbart war. Hast Du regelmäßige Verbindung mit ihnen und weißt Du, ob sie in der Frage der Rückkehr für Erwin schon konkrete Vorstellungen haben oder bestimmte Schritte eingeleitet haben?

Mit herzlichen Grüßen an Dich und den ganzen Bau von uns dreien
Euer

NR. 307

Brief von Erich Ollenhauer an Dr. Kurt Schumacher
vom 12. Dezember 1945 über das Verbot der politischen Betätigung
für Beamte

AdsD Bonn, Depositum Heine, Ordner 32/3

Erich Ollenhauer,
3, Fernside Avenue,
London, N.W. 7   12. Dezember 1945

Herrn Dr. Kurt Schumacher,
Hannover-Linden[1]
Jakobsstraße 10

Lieber Kurt Schumacher,

wir warten hier schon wieder sehr auf eine Nachricht von Dir.[2] Wir erfahren hier allerlei über die Entwicklung der Dinge in der britischen Zone, aber diese Informationen ersetzen nicht die direkte Verbindung mit Dir. Wir haben das Gefühl, daß die Parteiarbeit in den letzten zwei Monaten, soweit die Förderung durch die Besatzungsbehörden durch Aufhebung der vielen Beschränkungen infrage kommt, nicht recht vorangekommen ist. Die Amerikaner haben jetzt die einheitliche Organisation für die ganze Besatzungszone zugelassen, während eine solche Regelung in der britischen Zone immer noch aussteht.[3] Wie sieht das in der Praxis aus? Welche konkreten Wünsche habt Ihr in dieser Beziehung, vor allem auf Grund der neueren Erfahrungen seit der Oktoberkonferenz? Wie sind Eure Kontakte zu den Genossen in der amerikanischen Zone und wie sind sie mit den Berlinern? Das sind aber nur einige Vorfragen, über die wir gern etwas von Dir wissen möchten.

Der eigentliche Grund meines heutigen Schreibens ist ein anderer. Wir bekommen jetzt hier Berichte über die Auswirkung der neuen Verwaltungsreform, die gegenwärtig in der britischen Zonen durchgeführt wird. Die Grundlage bildet die Verordnung der Militärregierung, die eine Trennung zwischen den sogenannten politischen Beamten, den Bürgermeistern, Landräten usw. und den eigentlichen Verwaltungsbeamten durchführen will. Unser Eindruck ist, daß hier der Versuch gemacht wird, das Prinzip der englischen

---

1 Vorlage: Ort ms. unterstrichen.
2 Der Brief Schumachers vom 9. Dezember 1945 war noch nicht eingetroffen. Er fehlt auch in der Überlieferung im Depositum Heine.
3 Die amerikanische Militärregierung hatte am 23. November 1945 Parteien auf Länderebene zugelassen. Vgl. Conrad F. Latour/Thilo Vogelsang, Okkupation und Wiederaufbau. Die Tätigkeit der Militärregierung in der amerikanischen Besatzungszone Deutschlands 1944–1947, Stuttgart 1973, S. 107

Selbstverwaltung auf die völlig anders gelagerte deutsche Selbstverwaltung zu übertragen. die Folgen scheinen uns mehr als bedenklich zu sein, denn in der Praxis werden die „politischen Beamten" mehr oder weniger zu reinen Repräsentationspersonen, während die eigentliche Verwaltung bei Beamten liegt, denen jede politische Betätigung verboten ist. In der Praxis heißt das die Auslieferung der neuen Verwaltung an unpolitische oder reaktionäre Beamte, in jedem Fall die Ausschaltung der aktivsten politischen Elemente aus der neuen Verwaltung. Am schwersten wird von dieser Regelung die Sozialdemokratie betroffen, die in die Zwangslage kommt, ihre besten Kräfte entweder durch Abgabe an die Verwaltung für die Bewegung lahmzulegen oder aber auf die Durchdringung der Verwaltung mit überzeugten Demokraten und Sozialisten zu verzichten. Jede dieser Entscheidungen führt zu einer Schädigung der demokratischen Sache.

Das sind einige der Überlegungen, die wir hier bisher auf Grund des vorliegenden Materials angestellt haben und die uns durch die bisherigen Erfahrungen, z.B. in Braunschweig, bestätigt zu werden scheinen. Wir glauben, daß wir hier den Versuch machen müssen, auf die Unhaltbarkeit dieser Lösung hinzuweisen und eine Änderung anzustreben. Ehe wir jedoch unseren Standpunkt hier im einzelnen begründen, möchten wir Eure Meinung hören und zwar vor allem unter zwei Gesichtspunkten:

1. Ist bei der historischen Entwicklung und bei der tatsächlichen materiellen Bedeutung der Selbstverwaltung in den Kommunen und in den höheren Einheiten der Selbstverwaltung die jetzige Regelung überhaupt vom demokratischen Standpunkt aus vertretbar? Wenn nicht, warum und aus welchen praktischen Gründen nicht? Wir glauben, daß bei den großen Aufgaben, die in Deutschland den Kommunen auferlegt sind, z.B. auf dem Gebiet des Schulwesens, der Wohlfahrt, der Gesundheitsfürsorge, ein von den politischen Kräften losgelöster Beamtenkörper unweigerlich zu einer volksfremden Bürokratie führen muß. Ist das richtig?

2. Wie wirkt sich die Neuregelung in der Praxis aus? Hier bitten wir uns soviel konkrete Einzelbeispiele als möglich mitzuteilen, denn Tatsachen werden stärker wirken als grundsätzliche Betrachtungen.

Wir werden hier gemeinsam mit einigen kommunalpolitisch erfahrenen Genossen die Unterschiede zwischen englischer und deutscher Kommunalverwaltung auszuarbeiten versuchen, aber als Ergänzung brauchen wir Eure Argumentation und Eure Erfahrungen.

Dann noch eine andere Sache. Wilhelm Sollmann, der in USA sehr viel mit Quäkern arbeitet, beschäftigt sich zur Zeit mit seinen Quäkerfreunden gemeinsam mit der Frage einer Hilfsaktion der Quäker für Deutschland. Über die Notwendigkeit einer derartigen Aktion brauchen wir nicht zu diskutieren. Es wäre erwünscht, daß der Gedanke einer solchen Quäker-Aktion auch in der dortigen Presse oder in Konferenzen, vor allem auch der A[rbeiter]W[ohlfahrt] unterstützt würde. Wie weit das Euch möglich ist, müßt Ihr dort entscheiden.

Fritz [Heine] und ich haben vor zwei Tagen eine Unterhaltung mit dem Generalsekretär der Labour Party über unsere Rückreise gehabt. Die Partei wird unseren Wunsch offiziell an den zuständigen Minister, John Hynd, weiterleiten, den wir bisher noch nicht gesehen haben. Wir haben aus der Unterhaltung den Eindruck gewonnen, daß im Augenblick die Neigung, politische Flüchtlinge zurückgehen zu lassen, sehr gering ist. Man will zunächst die schwierigsten Wintermonate hinter sich haben. Das ist jedenfalls die Grundeinstellung der maßgebenden Leute in der Militärregierung. Wir hoffen, daß es bald zu einer Unterhaltung mit John Hynd kommt und daß es uns doch gelingt, die Schwierigkeiten und Widerstände in absehbarer Zeit zu überwinden.[4] Wir möchten Euch jedoch wissen lassen, daß die Schuld für die Verzögerung nicht bei uns liegt.

Dir und allen gemeinsamen Freunden herzliche Grüße

Euer

---

4 Im PV-Rundschreiben vom 2. Januar 1946 findet sich eine Notiz über eine Besprechung mit Hynd, bei der dieser die Konzession für 12 SPD-Zeitungen in der britischen Zone in Aussicht stellte; in: AdsD Bonn, PV-Emigration, Mappe 14.

NR. 308

Brief von Erich Ollenhauer an Dr. Kurt Schumacher
vom 10. Januar 1946 mit Bericht über den zunehmenden Druck auf
die SPD in der sowjetischen Besatzungszone auf eine Vereinigung
mit der KPD

AdsD Bonn, Depositum Heine, Ordner 32/4

Erich Ollenhauer,
3, Fernside Avenue,
London, N.W. 7   10. Januar 1946

Lieber Kurt Schumacher,

ich sende Dir heute einige Informationen, die wir über die Hintergründe der Beschlüsse unserer Berliner Freunde erhalten haben.[1] Sie sind durch andere Informationen
in allen wesentlichen Punkten bestätigt worden. Es kann kein Zweifel darüber bestehen,
daß sich in den letzten sechs Wochen der Druck auf die politischen Parteien – mit Ausnahme der Kommunisten – wesentlich verstärkt hat. In der Christlich-Demokratischen
Union hat man einen Leitungswechsel erzwungen – die neuen Männer sind Kaiser und
Lemmer – während man die Sozialdemokratie in die Einheitspartei mit den Kommunisten hineinzwingen will. Nach den uns vorliegenden Nachrichten ergibt sich für uns
folgendes Bild:

---

1 Es handelt sich um die zweiseitigen „Vertrauliche Informationen über die Hintergründe der gemeinsamen
SPD-KPD-Konferenz vom 20.12.1945", die Richard Löwenthal aus Berlin erhalten und am 25. Dezember
1945 an Ollenhauer weitergeleitet hatte. Ihnen zugrunde lag ein Brief, den ein Bekannter Löwenthals nach
einigen Gesprächen, u.a. mit Paul Löbe und Familie Germer, geschrieben hatte. In dem Bericht wird auf
Gespräche mit Mitgliedern des ZA verwiesen, in denen sich diese beklagten, daß sie keinerlei Hilfe von
britischen Behörden oder der Labour Party erhielten, über keine Kontakte nach London verfügten und keine
britischen Zeitungen zu Gesicht bekämen. Lediglich mit britischen Intelligence-Offizieren könnten sie sich
mehr oder minder heimlich treffen. Es wurde der russische Druck auf eine Vereinigung mit der KPD beklagt, auch der ZA sei in dieser Frage gespalten. Grotewohl und mit ihm die Mehrheit sei dagegen, ebenso
wie 3/4 der Funktionäre und die Mehrheit der Mitglieder. Aber es gebe eine „wachsende Tendenz, dem
Druck nachzugeben, aus Furcht vor Schlimmeren, und auch, weil die „Ostorientierung" nunmehr offen
gepredigt wird von Dahrendorf". Die Kommunisten, unterstützt von den Russen, arbeiteten energisch an der
Vereinigung: „Praktisch bedeutet dies, daß wenn nicht die örtlichen Organisationen strikteste Anweisungen
vom Berliner Zentralausschuß erhalten, sich nicht zu vereinigen, daß sie dann gezwungen werden, es zu
tun, gezwungen schließlich mit der Drohung der Ermordung." Weiter wird geklagt, daß dem „Volk" und
den anderen SPD-Zeitungen nicht erlaubt werde, Argumente gegen die Fusion zu drucken. Abschließend
wird die Überzeugung geäußert, daß die Sozialdemokraten mehr Mitglieder hätten als die Kommunisten
und jede Abstimmung spielend gewinnen können: „Aber da man nicht mit wirklichen Wahlen rechnen
kann, ist es gefährlich darauf zu bauen." Die KPD-Propaganda arbeite mit Hochdruck, die SPD habe
Schwierigkeiten, ihr Material unterzubringen. AdsD Bonn, Depositum Heine, Ordner 33.

Alle Parteien der russischen Zone sind seit Wochen ermutigt worden, die Forderung nach der Wiederherstellung der Reichseinheit zu verstärken. Diese Linie deckte sich durchaus mit den eigenen Vorstellungen unserer Berliner Parteigenossen, und sie entspricht ja auch der Haltung der Gesamtpartei, soweit wir es hier den Äußerungen führender Genossen in den einzelnen Zonen entnehmen können. Für die Russen und Kommunisten bedeutet natürlich die Durchsetzung der Forderung die Schaffung einer Zentralgewalt in Berlin, sie erhoffen sich davon die Möglichkeit, auch unter Beibehaltung der Zonenabgrenzungen der Besatzung ihren Einfluß im ganzen Reichsgebiet verstärken zu können.

Der zweite Zentralpunkt der kommunistischen Propaganda und Politik ist die Forcierung der Vereinigung mit den Sozialdemokraten. Sie hat ziemlich unmittelbar nach den österreichischen Wahlen eingesetzt.[2] Man will unbedingt „bulgarische" oder „polnische" Verhältnisse[3] schafffen, ehe es zu den ersten Wahlen und damit zu der unvermeidbaren Niederlage der Kommunisten kommt, wenn die Kommunisten in einen freien Wettbewerb mit den Sozialdemokraten und den anderen Parteien treten müssen. Hand in Hand mit der kommunistischen Parteiarbeit auf diesem Gebiet geht eine verschärfte Kontrolle der Parteien durch die russischen Besatzungsbehörden. Die Versammlungen finden jetzt unter Bewachung statt und in der russischen Zone außerhalb Berlins geht diese Bewachung bis zur direkten Intervention, um die gewünschten Beschlüsse zu erreichen.

Grotewohl hat Anfang Dezember auf das verstärkte Drängen der K[om]munisten[4] nach Beschleunigung der Verhandlungen in einer Rede [mit] der Erklärung geantwortet, daß die Sozialdemokraten die Eini[gung] nur nach Entscheidung eines Reichsparteitags vollziehen könnt[en.][5] Eine zonenweise Lösung der Frage würde nur zu einer Spaltung [der] Partei führen und die Gegensätze verschärfen. Die russische Zensur hat die Veröffentlichung dieser Rede im „Volk" verbo[ten.] Die Kommunisten haben auf die Rede mit der Forderung nach einer sofortigen Einberufung der gemeinsamen Konferenz der beiden Zentralen und der Bezirksvertreter aus der russischen Zone geantwortet. Die Konferenz vom 20. und 21. Dezember war die Folge dieses kommunistischen Druckes. Die Konferenz war überwacht. Sie endete mit der Annahme der beiden Entschließungen, die Euch ja bekannt sind.[6]

---

2 Bei den Nationalratswahlen in Österreich am 25. November 1945 erreichte die KPÖ gerade 4 Sitze gegenüber 76 der SPÖ und 85 der ÖVP. Die drei Parteien bildeten gemeinsam die Regierung.

3 In Polen war am 28. Juni 1945 eine „Regierung der nationalen Einheit" gebildet worden, Wahlen fanden erst 1947 statt. In Bulgarien hatte 1945 ein Nationalkomitee der „Vaterländischen Front" ohne vorherige Wahlen die Regierung übernommen.

4 Vorlage: Auf dem Durchschlag fehlt die rechte untere Ecke der ersten Seite. Der fehlende Text wurde ergänzt.

5 Ollenhauer bezieht sich hier vermutlich auf die Konferenz des ZA mit den Landes- und Bezirksvorständen der SPD am 4. Dezember 1945 in Berlin, auf der Grotewohl und Dahrendorf referierten. Vgl. Kaden, Einheit oder Freiheit, S. 165ff.; Moraw, Parole der „Einheit", S. 136.

6 Für die Konferenz lag je eine Beratungsgrundlage der KPD und des ZA vor. In der verabschiedeten Entschließung waren die Hauptpunkte der kommunistischen Vorlage erhalten geblieben, die Weichen auf

Vor der gemeinsamen Konferenz fand eine Konferenz unseres Berliner Zentralaus-schusses und der sozialdemokratischen Bezirksvertreter statt.[7] Die Konferenz beschloß mit 80 gegen 2 Stimmen, die Fusion abzulehnen. Wir kennen die Namen der beiden Anhänger der Vereinigung nicht, wir vermuten, daß es sich um Dahrendorf und Otto Buchwitz-Dresden handelt.[8] Von beiden liegen Äußerungen vor, die darauf schließen lassen, daß sie aus Überzeugung für die Vereinigung eintreten.

Die Beschlüsse der gemeinsamen Konferenz scheinen in einem schroffen Gegensatz zu dieser Haltung der Parteikonferenz zu stehen. Man muß aber wohl zwischen den allgemeinen Erklärungen über die Einigung als ein erstrebenswertes Ziel und den prakti-schen Maßnahmen, zu diesem Ziel zu kommen, unterscheiden. Sehr bemerkenswert ist, daß ausgerechnet Gustav Dahrendorf in einer Polemik mit dem „Tagesspiegel", der die Beschlüsse der Konferenz heftig angegriffen hatte, ausdrücklich öffentlich erklärt hat, daß die Verwirklichung der Vereinigung sich noch verzögern werde, weil die Beratung und Beschlußfassung darüber nur auf einer Reichstagung der Gesamtpartei erfolgen könne.[9] Fechner hat uns wissen lassen[10], daß sie sich an die Vereinbarungen von Hanno-ver halten würden, besonders soweit das Entscheidungsrecht der Gesamtpartei infrage komme und daß sie in den Verhandlungen in den entscheidenden Punkten fest geblieben sei[en]. Die auf der gemeinsamen Konferenz eingesetzte Achterkommission[11] habe nicht die Bedeutung, die ihr in der offiziellen und kommunistischen Lesart zugeschrieben werde.

Wir haben keinen Zweifel, daß die große Mehrheit des Zentralausschusses und der Bezirksorganisationen der russischen Zone gegen die Einigung und gegen gemeinsame Kandidatenlisten sind. Die große Schwierigkeit ist nur, daß alle öffentlichen Nachrich-tenmittel in der stärksten Weise kontrolliert werden, sodaß nur die kommunistische Version oder die den Kommunisten günstigen Ansichten in die Öffentlichkeit dringen. Unverständlich ist auch, warum z.B. Grotewohl auf der theatralischen Wilhelm Pieck-Feier[12] wieder in einer Weise geredet hat, die unvereinbar mit seiner Ablehnung der Einigung ist und die nur geeignet ist, neue Verwirrung hervorzurufen. Bei Buchwitz, der ebenfalls da war und die Grüße der Sachsen überbrachte, die immer so fortschrittlich gewesen seien, ist nur bemerkenswert, daß man gerade ihn geholt hatte. Ihn wollte man

---

die Einheit waren gestellt. Vgl. Entschließung der gemeinsamen Konferenz des Zentralkomitees der KPD und des Zentralausschusses der SPD mit den Vertretern der Bezirke am 20. und 21. Dezember 1945 in Berlin; Kaden, Einheit oder Freiheit, S. 205ff.

7 Es handelt sich um die Konferenz vom 4. Dezember 1945. Vgl. Anm. 5.
8 Nach Moraw handelte es sich um Buchwitz und Karl Litke, ebd., S. 137.
9 Dahrendorf hatte in der Konferenz erklärt, daß die SPD erst nach einem Reichsparteitag verbindliche Zusagen über einen Zusammenschluß machen könne. Vgl. Kaden, Einheit oder Freiheit, S. 207.
10 Im Bestand PV-Emigration und im Depositum Heine, beides AdsD Bonn, befinden sich keine Briefe Fechners aus dieser Zeit.
11 Eine gemeinsame Kommission mit je vier Vertretern beider Parteien sollte Fragen des Aufbaus der künftigen Einheitspartei beraten. Vgl. Kaden, Einheit oder Freiheit, S. 212.
12 Wilhelm Pieck feierte am 3. Januar 1946 seinen 70. Geburtstag.

wohl als Sprecher der sozialdemokratischen Massen herausstellen. Vielleicht hat man ihn auch im Auge, falls bei den So[zi]aldemokraten[13] auch ein Leitungswechsel notwendig werden sollte. Wir halten auch eine solche Wendung nicht für ausgeschlossen.

Wie verworren auch das Bild im einzelnen erscheinen mag, eine[s] steht außer jedem Zweifel. Unsere Genossen in der russischen Zone handeln unter äußerstem Druck und die Mehrheit von ihn[en] gegen ihre bessere Überzeugung.

Es besteht die Gefahr, daß die russische Zone in sehr absehbarer Zeit für eine sozial-demokratische Partei, die diesen Namen verdient, verloren geht. In der englischen Öffentlichkeit ist die Verschärfung der Situation in der russischen Zone inzwischen bekannt. Ob diese Tatsache etwas an dem Lauf der Dinge ändern wird, ist zweifelhaft. Wenn die kommenden Wahlen in der russischen Zone die „richtigen" Ergebnisse brin-gen sollen, dann muß man den jetzt beschrittenen Weg bis zur spontanen und vollständi-gen Einigung weitergehen.

Wir haben geglaubt, Euch diese zusätzlichen Informationen geben zu sollen, weil sie für die Beurteilung der Situation und für die Beurteilung der Menschen und ihres Ver-haltens wichtig sind. Wir kennen den Text der Entschließung, die auf den Konferenzen der britischen und amerikanischen Zone angenommen wurde. Diese Antwort war unvermeidlich, aus jedem politischen und organisatorischen Grund. Dennoch glaube ich, daß wir vor allem in parteiinternen Diskussionen die Tatsache unterstreichen sollten, daß ein großer Teil der Genossen in der russischen Zone diese Politik nicht billigt, aber zum Schweigen verurteilt worden ist. Wir können auf diese Weise das Bewußtsein der Ver-bundenheit der Gesamtpartei wach erhalten, das wir in späteren kritischen Entwicklun-gen sehr nötig brauchen werden.

Noch besser wäre es, wenn Ihr dort zu einer persönlichen Aussprache mit den Berli-nern kommen könntet. Man wird damit die Umstände nicht ändern, die jetzt die Partei zu sprengen drohen, aber in einer solchen Aussprache könnten auf beiden Seiten die Posi-tionen klar gestellt werden. Habt Ihr direkte Nachrichten aus Berlin oder seht Ihr eine Möglichkeit, eine solche Aussprache anzuregen? Wenn ja, solltet Ihr es tun. Es ist viel-leicht für lange Zeit die letzte Möglichkeit.[14]

Unsere Rückreise ist in „Arbeit". Wir hoffen, daß wir Ende des Monats fertig sind. Wenn wir einen genauen Termin wissen, schreiben wir sofort.

Noch eine Bitte: An die Labour Party hat sich der Genosse Hans Jung gewendet, der sich in Frankreich in Kriegsgefangenschaft befindet. Er ist seit März dieses Jahres ohne Nachricht von seiner Familie, Frau und drei Kinder. Seine letzte Addresse in Hannover war: Hannover-Stadt, Kriegerstraße 19. Die Evakuierungsadresse war Clausthal-

---

13 Vorlage: Auf dem Durchschlag fehlt die rechte untere Ecke der zweiten Seite. Der fehlende Text wurde ergänzt.

14 Schumacher traf sich, begleitet von Kriedemann, am 8. Februar in Braunschweig mit Grotewohl und Dahrendorf. Vom 19. – 25. Februar hielt sich Schumacher zu Gesprächen mit dem ZA in Berlin auf. Vgl. Kaden, Einheit oder Freiheit, S. 233ff., 247ff.

Zellerfeld, Bunterböckerstr. 19. Die Gefangenenadresse des Genossen Jung ist: Hans Jung. No. 252 166, Depot P.G. 205, Baccarat, Frankreich. Sein Brief ist vom Dezember datiert, damals ging es ihm den Umständen entsprechend gut. Wenn Ihr die Familie findet, informiert sie bitte.

Herzliche Grüße von uns dreien an Dich und Herbert [Kriedemann] und Alfred [Nau]

Euer

NR. 309

Brief von Erich Ollenhauer an Otto Grotewohl
vom 26. Januar 1946 mit der Warnung vor einer Vereinigung mit
der KPD

AdsD Bonn, Depot Heine, Ordner 32/4[1]

Erich Ollenhauer,
3, Fernside Avenue,
London, N.W.7   26. Januar 1946

Herrn Otto Grotewohl[2]
Behrenstraße 35–39,
Berlin, W.8[3]

Lieber Genosse Grotewohl, liebe Freunde,

wir haben in der vorigen Woche Euer Material für die Landesleitungen und Bezirksleitungen vom 12. Januar erhalten, in dem Ihr über die Einigungsverhandlungen mit den
Kommunisten berichtet.[4] Dieses Material ist für uns außerordentlich aufschlußreich, es
bestätigt unseren Eindruck, daß Ihr in einer sehr schwierigen Position die prinzipiellen
Gesichtspunkte, die die Sozialdemokratie in dieser Frage in den Vordergrund stellen
muß, mit Nachdruck vertreten habt.

Wir können und wollen Euch von hier aus keine Ratschläge geben, denn nur Ihr allein könnt die Möglichkeiten und die Grenzen Eures Handelns abschätzen. Wir bitten
Euch lediglich in jedem Stadium der Verhandlungen und unter allen Umständen den
entscheidenden Gesichtspunkt im Auge zu behalten, daß die Partei als[5] Einheit im
ganzen Reichsgebiet erhalten bleiben muß, wenn die Sache der künftigen Deutschen
Arbeiterbewegung und der künftigen deutschen Demokratie nicht den schwersten
Schaden erleiden muß.

Unter den gegebenen Umständen sind Presse und Rundfunk nicht in der Lage, Eure
Auffassungen objektiv und umfassend zur Darstellung zu bringen. Wir haben das beson-

---

1 Das Original des Briefes befindet sich im Nachlaß Grotewohls. Es ist das einzige beim Empfänger überlieferte Schreiben Ollenhauers. SAPMO Berlin, NY 4090/278.
2 Eine Antwort Grotewohls auf den Brief Ollenhauers vom 8. November 1945 und auch auf diesen ließ sich
nicht feststellen.
3 Vorlage: „Berlin, W.8" ms. unterstrichen.
4 Nach Moraw handelte es sich um ein „ganzes Bündel", darunter die Zusammenstellung der „Streichungen
aus dem Entwurf der KPD-Vorschläge" zur Entschließung der Sechziger Konferenz. Moraw, Parole der
Einheit, S. 142.
5 Vorlage: „ideologische" hs. gestrichen.

ders deutlich festgestellt bei einem Vergleich zwischen Eurem Material in dem Rund-schreiben und den hier bekanntgewordenen Verlautbarungen und Berichten im dortigen Rundfunk und in der dortigen Presse. Seid Euch immer dessen bewußt, daß unsere Genossen in den westlichen Zonen auf [dem] Gebiet der Information in einer noch schlechteren Position sind und daß die Gefahr eines Auseinanderlebens unter diesen Umständen verhängnisvoll groß ist. Ihr kennt unsere Freunde in diesen Gebieten lange genug, um zu wissen, daß sie von der gleichen Absicht wie Ihr geleitet sind, das Beste für die Partei und für die Sache der deutschen Demokratie zu tun.

Wir wissen nicht, wie sich die Dinge in den nächsten Wochen weiter entwickeln werden, aber wir haben ernste Besorgnisse, daß Euer Stand immer schwerer werden wird. Wir glauben, daß es unter diesen Umständen lebenswichtig ist, daß Ihr einen neuen Versuch zu einer persönlichen Aussprache mit den leitenden Genossen der Westzonen macht. Der unmittelbare, dringende Grund für eine solche Aussprache ist zumindest die von Euch in der letzten Zeit wiederholt erwähnte Absicht, eine Reichstagung der Partei zur Entscheidung über die Frage des Verhältnisses zu den Kommunisten einzuberufen. Eine solche Konferenz kann nur dann einen klärenden Erfolg haben, wenn die Vorbe-reitungen für sie, ihre Einladung und ihre Durchführung gemeinsam von Euch und den Vertrauensleuten der Westzonen durchgeführt werden. Jede andere Form der einseitigen Einladung durch Euch ohne vorherige Verständigung mit den Genossen aus dem Westen muß zu einem Fehlschlag und zu einer Verschärfung der Gegensätze führen. Ich weiß nicht, [6] ob unter den von mir genannten Voraussetzungen eine Reichstagung möglich ist, aber nur auf diesem Wege ist eine Entscheidung zu erreichen, die von der Gesamtpartei respektiert wird. In jedem Fall kann eine vorbereitende Besprechung zwischen Euch und den Genossen aus den Westzonen über diese Fragen nur nützlich sein. Wir möchten Euch deshalb bitten, jede Anstrengung zu machen, um eine solche Besprechung sobald als möglich herbeizuführen. Wir haben schon vor etwa zwei Wochen im gleichen Sinne an die Genossen in Hannover geschrieben.

Fritz Heine und ich haben jetzt die Einreisebewilligung für die britische Besatzungs-zone erhalten, und wir werden am 5. Februar über Hamburg nach Hannover reisen. Wir hoffen, daß damit auch der Tag für ein neuerliches persönliches Zusammentreffen mit Euch näherrückt. Sobald wir die Möglichkeit haben, werden wir uns von Hannover aus melden.

Die Verbindung nach London, die für Euch auch weiterhin wichtig sein wird, könnt Ihr in der bisherigen Weise aufrechterhalten. Richtet Eure Sendungen in Zukunft an die Adresse des Genossen Wilhelm Sander, 33 Fernside Avenue, London, N.W. 7, der in unserem Auftrag die Geschäfte der „London-Vertretung der SPD" weiterführt. Über ihn sind auch wir zu erreichen, wenn es keine andere Verbindungsmöglichkeit geben sollte.

---

6 Vorlage: „weiß nicht, " hs. unterstrichen.

Ich möchte dem Genossen Paul Löbe noch herzlichst danken für seinen Brief vom 10. Dezember, den ich gerade erhalten habe.[7] Ich hoffe, daß sich sein Wunsch bald erfüllt, der auch unser Wunsch ist, daß wir uns alle bald wiedersehen. Sein Brief an Höltermann ist auch angekommen, eine Antwort an ihn ist unterwegs. Es wird Paul Löbe besonders interessieren, daß wir vor einigen Tagen die Nachricht erhalten haben, daß Otto Landsberg die Besatzungsjahre in Holland überlebt hat. Es geht ihm aber sehr schlecht. Er war drei Monate im Krankenhaus als Folge der erlittenen Hungersnot, und er erholt sich jetzt von einem Schlaganfall.

Ich möchte Euch schließlich noch bitten, die beiden Briefe an den Genossen Gradnauer und den Genossen Rüdiger[8] weiter zu befördern.

Wir senden Euch allen die herzlichsten Grüße, und wir hoffen, daß wir uns bald wiedersehen und bald wieder gemeinsam arbeiten können.

Euer

---

7 Der Brief Löbes vom 10. Dezember 1945 findet sich weder im Bestand PV-Emigration noch im Depot Heine des AdsD Bonn.
8 Werner Rüdiger, 2. Vors. d. Berliner Bezirksvorstandes.

III.
Internationaler Sozialistischer Kampfbund

Nr. 310

Rundschreiben des Bundesvorstands an die Funktionäre, Januar 1943, Auszug

AdsD Bonn, ISK, Box 47

M[onats] A[ntwort] des B[undes] V[orstands], Jan. [19]43.[1]

[...][2]

Die Union ist jetzt dabei, auf Grund der guten Erfahrungen der gemeinsamen Arbeit eine Vertiefung der organisatorischen Beziehungen zwischen den ihr angeschlossenen Organisationen durchzusetzen. Auf unseren Vorschlag hin wurde, zunächst in einem engeren Ausschuß der Union, von V.[3] die Rede gehalten, in der die Möglichkeit einer Einheitspartei erörtert wurde unter Berücksichtigung unserer organisatorischen Gesichtspunkte.[4] Ich vertrat diese, der Form nach so entgegenkommend wie möglich, der Sache nach ohne jeden Kompromiß. Da selbst einige unserer Freunde in einer Vorbesprechung die Ratsamkeit einer solchen Rede bezweifelten, war es um so interessanter, daß alle Diskussionsredner, d.h. Redner aller beteiligten Gruppen, meinem Vorschlag im wesentlichen zustimmten, und zwar auch, was die Korrektur der Demokratie betrifft. Der Hauptsprecher der SPD, Erich Ollenhauer, kam erst am nächsten Abend zu Wort, hatte also Gelegenheit, seine Antwort besonders gut vorzubereiten und mit seinen Genossen durchzusprechen. Er hatte seine Antwortrede völlig ausgearbeitet, und auch er stimmte mir im wesentlichen zu. In einer gemeinsamen Mitgliederversammlung der Union am 6. Dezember 1942 wurden diese Gedankengänge der gesamten Mitgliedschaft vorgetragen, und zwar von Ollenhauer als Berichterstatter.[5] Seine Rede in dieser Versammlung war genauso entschieden wie die im Ausschuß, und die Versammlung nahm sie an als Grundlage für die weitere Arbeit für die Vorbereitung einer Einheitspartei. In der darauf

---

1 Vorlage: „M.A. des B.V., Jan. 43." ms. unterstrichen. Die Überschrift wird zu Beginn jeder Seite als Kopfzeile wiederholt.

2 Es handelt sich um den ersten Bericht seit Kriegsbeginn. Der erste Teil, in dem die Entwicklung seit 1938 bis zur Entstehung der „Union" geschildert wird, ist nicht aufgenommen. Eichler knüpft darin an das Berichtswesen vor dem Kriege an. Dementsprechend sollten Ortsvorstände oder örtliche Beauftragte ab März 1943 vierteljährliche Berichte liefern, die er dann ebenfalls vierteljährlich zu einer Antwort an die Funktionäre zusammenfassen wollte. Eichler geht dann kurz auf die Verbindungen nach Deutschland ein, auf die Verhältnisse in Frankreich, auf die Beziehungen des ISK in London. Ausführlich behandelt er die Situation einzelner Mitglieder, insbesondere Heiraten und deren negative Folgen für die politische Arbeit. Auch Probleme mit einzelnen Funktionären, die Situation der Schule und die Verselbständigung der britischen Gruppe ab 1. Januar 1943 werden angesprochen. Dann schildert er kurz die Zeit seit seiner Inhaftierung in Luxemburg, die Internierung in Großbritannien und den Weg zur Union.

3 Gemeint ist der ISK-Vorsitzende Willi Eichler.

4 Vgl. Nr. 79.

5 Vgl. Nr. 83.

folgenden Exekutivsitzung der Union wurde dann die Einsetzung von zwei Kommissionen beschlossen, von denen die eine die Satzung der Einheitspartei und die andere ihr Programm diskutieren soll. Am 8. Januar sollen diese Kommissionen zusammengesetzt werden.

Dies ist gewiss ein außerordentlich weitreichender Schritt, und wir haben keine Ahnung, wie schnell sich aus der Arbeit dieser beiden Kommissionen ein praktisches Resultat ergeben wird. Wir haben die Möglichkeiten eines Kompromisses selbstverständlich sehr genau zu erwägen und werden das im Kreis der hiesigen Ff[6] noch tun. Wir werden natürlich keine Kompromisse machen, die dem Sinn unserer Arbeit widersprechen, und wir haben dauernd die Erfahrung unserer früheren Arbeit vor Augen, die es uns 1925 unmöglich machte, weiter in der SPD zu bleiben. Ohne die Anerkennung des Werts unserer eigenen Arbeit ohne das zugestandene Recht der Aufrechterhaltung unserer eigenen Arbeit im Rahmen eines Gesamtprogramms werden wir auf keine eigentliche Einheitspartei eingehen.

Viel weniger Erwähnung verdient die Gründung einer Gruppe deutscher Gewerkschafter in Großbritannien. Sie ergab sich der Sache nach eigentlich von selbst. Wir sind auch in der Exekutive dieser Gewerkschaft vertreten, außer der SPD sind wir die einzige Gruppe, die mehr als ein Mitglied in diesem Ausschuß hat. Ein wesentliches Problem in dieser Organisation stellte die Zulassung von Kommunisten dar. Wir waren, da es nicht eine eigentliche Gewerkschaft ist, dagegen. Denn es läßt sich voraussehen, daß die Kommunisten sehr bald der Zahl nach die Oberhand haben können und also entweder ihre eigenen Mitglieder in den Vorstand schicken oder solche Nicht-Kommunisten hineinlassen, die nach ihrer Pfeife tanzen. In beiden Fällen würden unsere eigenen Mitglieder natürlich auszuscheiden haben. Wie weit man eine Gewerkschaftsarbeit aufbauen kann, wenn man dabei organisierte Kommunisten aufnimmt, ist ein vorläufig noch offenes Problem. Wir haben über die Frage: Rußland und die Komintern soeben eine Broschüre[7] fertiggestellt, deren Schlußfolgerung ist: Selbstverständlich Zusammenarbeit mit Kommunisten, aber nicht mit Organisationen der Komintern. Begründung: Die Komintern ist unter der Fuchtel Rußlands sogar soweit mitgegangen, daß sie direkt mit den Faschisten verbunden worden ist. Bei solchen Möglichkeiten kann man die Komintern nicht als einen Bestandteil einer sozialistischen Bewegung ansprechen. Das heißt nicht, daß diese Aversion sich auf Rußland erstreckt. Im Gegenteil, bei einer Preisgabe seiner hinterhältigen Politik, sich hinter die Parteien der Komintern zu verstecken, hat Rußland alle Chancen, sich die Hilfe der organisierten Sozialisten auf ehrliche Weise zu sichern.

Unsere äußere politische Tätigkeit folgte der Linie, mit der wir 1917 begonnen haben mit dem Versuch, die fortschrittlichen Kräfte zu einigen, und zwar auf einer Basis, die

---

6 Steht für „Funktionäre".

7 Das ist die von Willi Heidorn verfaßte Broschüre: Rußland und die Komintern. Gedanken für einen internationalen sozialistischen Aufbau, London 1942. AdsD Bonn, Bibliothek,

wenigstens einen gewissen Erfolg verspricht. Der Ausschluß aus der SPD hat uns nie vergessen lassen, daß wir ein Bestandteil der sozialistischen Bewegung sind, und der Kampf gegen die anderen Gruppen konnte deshalb nur unter dem Gesichtspunkt geführt werden, wie weit sie dieser Einigungsbestrebung der Sozialisten entgegenwirkten. Deshalb unser Kampf gegen den Revolutionarismus der Kommunisten, den Reformismus und die falsche Koalitionspolitik der Sozialdemokraten. Der „Funke" diente ebensowohl dieser Einigungsbestrebung wie die uneigennützige Arbeit in der Unabhängigen Sozialistischen Gewerkschaft.[8] Mit dieser Vergangenheit und mit diesem Ziel gingen wir hier in England an die Arbeit. Sowohl die Mitarbeit an der Union als auch an den Gewerkschaften diente dem gleichen Ziel. Bei dieser Gelegenheit noch ein kurzer Hinweis, daß einige unserer Genossen auch an dem freiheitlichen Gewerkschaftsbund gegen das Hakenkreuz[9], der seiner Zeit noch auf Anregung von Edo Fimmen gegründet wurde, teilnahmen. Infolge der Krankheit Edo Fimmens ging diese Organisation in die Hände seiner Nachfolger über, die für eine aufbauende Arbeit dieser Art keine Qualitäten haben. – Wie weit wir mit unserer Arbeit in der Union gekommen sind, habe ich angedeutet, wie unsere Stellung zu den Kommunisten ist, desgleichen. Dafür, daß die neue Einheitspartei nicht einfach eine neue Auflage der alten SPD wird, haben wir zu sorgen, und falls das mit den heutigen Leuten dort nicht gelingt, werden wir unsere Arbeit auf anderm Wege weiterführen. Gesagt werden muß hier, daß unsere Beziehung zu einer Reihe von Sozialdemokraten nicht nur formal korrekt, sondern auch freundschaftlich ist, weil diese offenbar inzwischen gelernt haben, mindestens unseren Ansichten absolut zu vertrauen, und weil sie gesehen haben, daß wir politisch durchaus in der Lage sind, etwas auf die Beine zu stellen.

Sehr geholfen bei der Erweckung dieses Eindrucks hat uns eine Einrichtung, die wir Anfang des vorigen Jahres als gesellige Abende begannen. Wir luden ein paar Sozialdemokraten und parteilose Genossen zusammen mit einigen ISK-Genossen zu einer bloßen politischen Unterhaltung mit Tee und Kuchen ein. Im Lauf der Zeit wurden die Unterhaltungen mehr und mehr zu geleiteten Gesprächen, und gelegentlich eröffnete ein Redner die Aussprache mit einer kurzen Ansprache über ein bestimmtes Thema. Diese Abende haben sehr beigetragen zu einer Auseinandersetzung zwischen dem sozialdemokratischen Standpunkt und unserem eigenen, wobei besonders die Sozialdemokraten, wie ich glaube, wirklich verstanden haben, daß wir in der Frage der Demokratie, der Führerauslese und der Erziehung auf einem weitaus vernünftigeren Weg sind als ihre eigene Organisation. Da einer von ihnen Mitglied des BV[10] der SPD ist, sind solche

---

8 „Der Funke. Tageszeitung für Recht, Freiheit und Kultur" war vom ISK ab 1. Januar 1932 herausgegeben worden. Zum „Funken" vgl. Klär, S. 322f.; Zur Unabhängigen Sozialistischen Gewerkschaft (USG) vgl. Link, S. 213ff.; Foitzik, Zwischen den Fronten, S. 86f.

9 Der „Gewerkschaftliche Freiheitsbund gegen das Hakenkreuz" war 1940 von Auerbach gemeinsam mit ISK Mitgliedern gegründet worden. Korrespondenz hierzu in: AdsD Bonn, NL Auerbach, Mappe 16.

10 Gemeint ist „Bundesvorstand", d.h. PV. Es handelt es sich um Fritz Heine.

Wirkungen für die Herbeiführung der bereits geschilderten Stimmung günstig gewesen, die unsere Vorschläge für die Bildung einer einheitlichen Partei dann gefunden hat.

Über die Einigung der deutschen Sozialisten hinaus müssen wir beitragen zur Einigung der internationalen Sozialisten in einer neuen Organisation und zu der Einigung der europäischen Länder zu einem Europa, das weitgehend unter den Auspizien eines sozialistischen Aufbaus steht, wenn es auch nicht diesen Namen... tragen wird. Das einige Europa scheint mir die einzige Möglichkeit zu gewähren, der Unterwerfung dieses ganzen Erdteils unter die bloßen Machtansprüche oder die bloßen Ängste der drei Großmächte England, USA und Rußland zu entgehen. Ihr werdet inzwischen einige Publikationen gelesen haben, die wir über diese Punkte veröffentlichen, und ich wäre sehr dankbar, wenn Ihr gerade über diese Punkte Euch ausführlich, wenn auch möglichst kurz äußern könntet.[11] Ich halte insbesondere jede Lösung in Europa für falsch, die in irgendeiner Weise eine Verteilung nach Einflußsphären begünstigt, desgleichen jede Lösung, die das Feilschen um nationale Grenzen aus militärischen oder wirtschaftlichen Gründen noch erlaubt.

Für diese Idee sind die hiesigen internationalen Sozialisten durchaus zu haben; die Schwierigkeit besteht darin, daß sie an der Durchsetzung einer eigenen europäischen Politik zweifeln, weil sie sehen, daß diese von den drei genannten Großmächten nicht gewünscht wird. Unsere Aufgabe ist es also wieder wie so oft, Menschen, die von der Richtigkeit eines gewissen Zieles durchdrungen sind, aber entweder zu ängstlich sind oder die Verantwortung nicht stark genug empfinden, die sie an der Entwicklung dieses Erdteils haben, anzufeuern und mitzureißen.

Ohne in Selbstüberschätzung zu verfallen, kann man sagen, daß wir auf diesem Gebiet gute Erfolge gehabt haben. Nicht nur ist unser Ruf in den internationalen sozialistischen Zirkeln hier ein sehr guter, diese sind vielmehr bei manchen Gelegenheiten öffentlich für die Gedanken eingetreten, die wir verfechten. Wir hatten im Rahmen der englischen Gruppe eine Osterkonferenz[12] [abgehalten], deren Ergebnis Ihr in der Broschüre „Calling all Europe"[13] gesehen habt. Wir haben im Dezember 1942 über einen der heikelsten politischen Gegenstände gesprochen, der zur Zeit auf der Tagesordnung steht,

---

11 Bis 1943 erschienen folgende Titel: Mary Saran, European Revolution. How to win the Peace, London 1941; Minna Specht, International Socialism, London o.D.; Rußland und die Komintern. Gedanken für einen internationalen sozialistischen Aufbau, London 1942; Calling all Europe. A Symposion of Speeches on the Future Order of Europe, London 1942; Towards European Unity. French-German Relations discussed by Henry Hauck (France), Willi Eichler (Germany) and other European Representatives, London 1942; Walter Fliess, Die Wirtschaft im neuen Europa, London 1943.

12 Es handelt sich um das Treffen der Socialist Vanguard Group Ostern 1942.

13 Calling all Europe. A Symposion of Speeches on the Future Order of Europe, London o.J. (1942). Die Broschüre enthielt die Reden vom ersten Tag der Konferenz, der Europa gewidmet war. Außer Eichler sprachen Jef Rens (Belgian Trade Union Centre), Bernard Drzewieski (Polish Social Information Bureau), Louis Lévy (SFIO), Paolo Treves (ISP) und George Green (SVG).

nämlich über die französisch-deutschen Beziehungen nach dem Krieg.[14] Der französische Sprecher[15] war ein Mitglied der hiesigen französischen Quasi-Regierung und teilte im wesentlichen völlig unsere Meinung, was er öffentlich sagte. Die Versammlung war auch sonst sehr einheitlich und von einer glänzenden Stimmung erfüllt. Diskussionsredner waren der Vorsitzende der italienischen Sozialisten[16], der 2. Sekretär des IGB[17], der Sekretär des norwegischen Innenministers[18]. Ferner sprachen außer mir, der für die Deutschen die Hauptrede hielt, noch Minna [Specht] und zwei unserer englischen Genossen in der Diskussion. Ein hoher amerikanischer Regierungsbeamter[19], der in der Versammlung war, äußerte sich später, daß dies der einzige Weg sei, unsere Gedanken vorwärts zu bringen, die er hundertprozentig teile. Es waren 120 Mann auf der Versammlung, ein für Londoner Verhältnisse sehr gutes Ergebnis. Veranstalter der Versammlung war der ISK.

Wir hoffen, auf diese Weise den Kontakt unter den Sozialisten nicht nur zu vertiefen, sondern sie auch in eine Richtung zu bringen, die sie von den Bestrebungen einer Reihe von Labour-Leuten entfernt, die hier den sogenannten Vansittart-Kurs besinnungslos mitmachen. Dieser Kurs ist im übrigen innerhalb der englischen Arbeiterschaft keineswegs sehr verbreitet. Er ist besonders gefährlich, weil eine geschickte und offenbar mit viel Geld ausgestattete Propaganda um dies bißchen Wolle viel Geschrei machen kann. Es stehen hinter dieser ganzen Propaganda eine sogenannte Gruppe „Never Again"[20], ferner die „Fight for freedom" Ltd. Publishing Co. und die Zeitschrift „Nineteenth Century". Wie häufig bei irrsinnigen Unternehmungen stehen auch hier eine Reihe von ehemaligen Sozialdemokraten und Labour-Leuten Pate, im „Nineteenth Century" sogar der langjährige Korrespondent des „Manchester Guardian" in Berlin[21], der seiner Zeit den „Funken" als eins der kommenden Blätter pries. Relativ gefährlich an diesen Unternehmungen ist, daß sie nicht nur Unsinn reden. Sie wenden sich z.B. heftig gegen jedes Verhandeln mit gemäßigten Nazis oder Konservativen in Deutschland, worin wir ihnen natürlich völlig recht geben. Gefährlich ist diese Gruppe gerade deshalb, weil sie eine Reihe wirklicher Gefahren dauernd wiederholt, die in dem ganzen Aufbau der preußischen Verwaltungs- und Staatsmaschine liegen, ohne daß sie je eine positive Lösung für

---

14 Die ISK-Veranstaltung mit dem Titel „The Future of Franco-German Relations in connection with the problem of European reconstruction" hatte am 12. Dezember 1942 stattgefunden. Die Reden wurden in der Broschüre Towards European Unity. French-German Relations discussed by Henry Hauck (France), Willi Eichler (Germany) and other European Representatives, London 1942, veröffentlicht.
15 Henri Hauck.
16 Paolo Treves.
17 Robert Stolz, österreichischer Gewerkschafter.
18 Nicht ermittelt. Die norwegische Exilregierung besaß kein Innenressort.
19 Nicht ermittelt.
20 Eine extrem vansittartistisch eingestellte Gruppe.
21 Es handelt sich um den Herausgeber der Zeitschrift, Frederick A. Voigt, der politisch dem rechten Flügel der Konservativen nahestand. Er verfügte aber seit damals auch über Kontakte zu NB. Vgl. Mehringer, von Knoeringen, S. 215.

die Beseitigung dieser Gefahren vorgeschlagen hätte. Damit geben sie allen Reaktionären das Stichwort, die aus dem berechtigten Vorwurf gegen den preußischen Militarismus einfach schließen, Deutschland müsse vernichtet werden. Der Kampf gegen diese
Gruppe muß also auf einer Basis aufgenommen werden, auf der die Gefahren, die in
Deutschland lauern, zugegeben werden und ein Weg gezeigt wird, wie diese Gefahren
ausgemerzt werden können. Ich habe das sowohl in meiner Rede auf der Osterkonferenz,
als auch und noch schärfer auf der vom 12. Dezember angedeutet[22]. Bitte laßt mich Eure
Meinung wissen, ob Ihr damit übereinstimmt. Außer dieser „Fight for freedom" Ltd.
Publ. Co. gibt es ein sogenanntes Komitee alliierter Sozialisten, das – wie schon der Titel
verrät – reaktionär ist und, darüber hinaus, eine Vereinigung von ehemaligen Angehörigen der 2. Internationale unter dem Vorsitz von Camille Huysmans zum Austausch von
Berichten über die einzelnen Länder. Ich glaube, daß beide Veranstaltungen von ernsten
Sozialisten gemieden werden sollten, was vorläufig auf Schwierigkeiten stößt, weil
niemand gern in einem Lande, wo er glaubt, zu Gast zu sein, dem Gastgeber über seine
mangelnden politischen Fähigkeiten die Wahrheit sagen möchte.

[...][23]

Über die Arbeit in Deutschland, die heute Heini[24] leitet, ein paar Worte: Es ist leider
nicht gelungen, unsere früher gefaßten Vorsätze zu verwirklichen, wonach

1. eine Reihe von fest bestimmten Genossen nicht der Gefahr ausgesetzt werden sollten,
   der Gestapo in die Hände zu fallen und

2. gewährleistet werden sollte, daß eine Verbindung zwischen unseren Freunden und
   dem neutralen Ausland auch im Krieg bestünde.

Ich will hier nicht die Gründe anführen – das würde auch zu weit gehen. Mit einigen
unserer Freunde ist mit vieler Mühe eine Fühlungnahme hergestellt worden. Wir wissen
z.B., daß es Julius [Philippson][25] bis vor ein paar Monaten verhältnismäßig gut ging. Wir
wissen ferner, daß eine Reihe anderer Freunde, die eingesperrt waren, entlassen worden
sind. Wir wissen, daß Herzog[26] vor kurzem eingezogen worden ist und jetzt bei der
Marine dient. Wir versuchen alles, um Beziehungen herzustellen, und nutzen dazu legale
und illegale Wege aus. Das Ergebnis könnt Ihr im wesentlichen in „Europe speaks"[27]

---

22 Vgl. Anm. 14.
23 Es folgen Angaben über Veröffentlichungen des ISK und die Erwähnung, daß Hanna B[ertholet] für
   Mary [Saran] in den Bundesvorstand einzieht. Neben Willi Eichler ist noch Zeko [Torboff] (Bulgarien)
   Vorstandsmitglied.
24 Willi Heidorn.
25 Julius Philippson war 1938 als führendes Mitglied der illegalen ISK-Organisation zu einer lebensläng-
   lichen Zuchthausstrafe verurteilt worden. Im Mai 1943 war er in das Vernichtungslager Auschwitz-
   Birkenau deportiert worden, was Eichler zum Zeitpunkt seines Berichts noch nicht wußte. Philippson kam
   1943 in Auschwitz ums Leben. Vgl. Link, S. 213ff.; Foitzik, Zwischen den Fronten, S. 309.
26 Das ist Ernst Volkmann, ISK-Leiter in Bochum.
27 Der hektografierte Informationsdienst „Europe speaks" mit Nachrichten über den Widerstand in
   Deutschland und den besetzten europäischen Ländern wurde von Eichler und Heidorn seit 1942 heraus-

nachlesen, wenn auch dort vieles absichtlich verstellt und ablenkend ausgedrückt wird. Wir sind im Augenblick bemüht, noch von anderen Gegenden als von dem Wohnort Reinharts[28] aus die Festung Europa zu bearbeiten, und werden bei Gelegenheit mehr darüber sagen.

Zum Schluß noch ein paar Worte über unsere Toten. Die Liste wächst leider beträchtlich. Soviel wir wissen, ist Rudolf Höll[29] tot, wahrscheinlich auch Walter P[robst][30] und möglicher Weise auch Ludwig K[och][31] Wir sahen die Meldung einer Pressestelle aus seiner Heimatstadt, die nur mitteilte, daß ein Mann seines Namens wegen politischer Tätigkeit hingerichtet worden sei. Wir bekamen ferner die Nachricht, daß Herbert Reinemann vor einiger Zeit in dem Sanatorium gestorben ist, in dem er sich seit einigen Jahren befand. Dann starb im vorigen Frühjahr Willi Rieloff[32] und vor einigen Wochen Hans Lehnert[33].

In der Hoffnung, daß Ihr unseren toten Freunden nicht nur in Eurer Erinnerung eine ehrenvolle Stelle einräumen werdet, sondern daß sie das Gefühl verstärken werden, wie brennend wichtig es ist, unser kurzes Leben vernünftig zu verwenden, bleibe ich mit den besten Grüßen

Euer V.[34]

gegeben. Nach der Rückkehr der beiden nach Deutschland wurde er von Mary Saran bis 1947 weiter ediert. Vgl. Maas, Handbuch der Exilpresse, Bd. 1, S. 219f.; Greiser, Exilpublizistik, S. 231.

28 Gemeint ist London. Eichler bezieht sich auf die von ihm ab 1934 herausgegebenen „Reinhart-Briefe", die im Reichsgebiet illegal verbreitet wurden.

29 Rudolf Höll hatte sich nach der Festnahme (vermutlich) 1937 das Leben genommen. Vgl. Link, Internationaler Jugendbund, S. 228.

30 Vermutlich Walter Probst. Er war 1939 vom Berliner Kammergericht zu 2 1/2 Jahren Zuchthaus verurteilt worden. Vgl. Link, Internationaler Jugendbund, S. 228.

31 Gemeint ist vermutlich Ludwig Koch, Mitglied der ISK-Führung in Süddeutschland. Koch wurde im April 1945 im Zuchthaus Bayreuth befreit und lebt heute in Starnberg.

32 Willy Rieloff, 1888-1942, Leiter des ISK/USG Bezirks Mitte, 1939 Emigration nach Frankreich, 1941 in die USA. Vgl. Foitzik, Zwischen den Fronten, S. 312.

33 Hans Lehnert, 1899-1942, Leiter ISK-Organisation München, 1937/38 in Haft, dann Flucht in die Schweiz, starb im Exil. Vgl. Foitzik, Zwischen den Fronten, S. 296.

34 V. steht für Vorsitzender, das ist Willi Eichler.

NR. 311

Vierteljahresbericht des Londoner Ortsvereins
für Januar bis März 1943

AdsD Bonn, ISK, Box 47[1]

Vierteljahresbericht über die Arbeit des Londoner O[rts-]V[ereins] des ISK,
Januar bis März 1943.

I.   Arbeit mit anderen Organisationen.

Die vier Gruppen, die der „Union der deutschen sozialistischen Organisationen in
Großbritannien" angehören, haben schon im vorigen Jahr, wie der B[undes-]V[orstand]
in seiner M[onats-]A[ntwort] vom Januar 1943 berichtet hat, Diskussionen darüber
aufgenommen, ob für sie der Zusammenschluß zu einer sozialistischen Einheitspartei
möglich sei. Diese Bemühungen haben jetzt zur Einsetzung von zwei Kommissionen
geführt, von denen die eine versuchen soll, ein Programm, die andere, eine Satzung für
eine solche Einheitspartei auszuarbeiten. Wir haben bisher eine gemeinsame Sitzung
derjenigen Genossen gehabt, die an dieser Kommissionsarbeit teilnehmen sollen. Dabei
wurde beschlossen, die Themen beider Kommissionen nach Sachgebieten aufzuteilen
und für jedes dieser Gebiete Sachverständige aus den verschiedenen Gruppen zu bestimmen, die der Kommission bis Ende April einen Entwurf für den von ihnen bearbei-
teten Teil des Programms oder der Satzung vorlegen sollen. Nach Möglichkeit arbeiten
hierfür Vertreter der verschiedenen politischen Gruppen zusammen, um schon bei dieser
Vorarbeit die einander entgegengesetzten politischen Urteile weitgehend gegen einander
abzuwägen, gemeinsame Lösungen zu suchen oder doch durch die Klärung der entscheidenden Meinungsverschiedenheiten die späteren Diskussionen in der Kommission
vorzubereiten. Wir rechnen selbstverständlich damit, daß in diesen Besprechungen
erhebliche Gegensätze aufeinander prallen werden, was die ersten Unterhaltungen auch
bestätigt haben. Aber wir gehen an diese Arbeit heran mit dem Bewußtsein, daß die
Bereitschaft, alte Auffassungen auf Grund der Erfahrung zu revidieren und gemeinsame
Lösungen in bestehenden Streitfragen zu finden, in den Kreisen der sozialistischen
Emigration in diesem Lande heute weit größer ist, als sie es noch in den ersten Emigrati-
onsjahren war. Es ist eine besonders wichtige Aufgabe für uns, diese Chancen einer
tiefergehenden Verständigung sorgsam auszunutzen.

Unsere jüngeren Genossen haben angefangen, unter Leitung einer von der Union
eingesetzten Kommission eine Jugendgruppe aufzubauen, zu der die Gruppen der Union

---

1 Vorlage: Haupt- und Zwischenüberschriften ms. unterstrichen. In die Wiedergabe wurden hs. eingebrachte
   stilistische Korrekturen und sachliche Ergänzungen eingearbeitet.

ihre jüngeren Mitglieder und Freunde einladen. Diese Arbeit gibt unseren Genossen eine gute Gelegenheit, mit Menschen umzugehen, die zum Teil politisch ganz unerfahren sind, zum Teil unter dem Einfluß anderer politischer Gruppen als der unseren gestanden haben. Unsere Genossen bekommen in dieser Arbeit einen lebendigen Eindruck von den Schwierigkeiten, aber auch von der Möglichkeit, sich mit Menschen zu verständigen, die von anderen Auffassungen ausgehen als man selber. Ich hoffe, das nächste Mal vom Fortgang dieser Arbeit mehr berichten zu können.

Weniger günstig sieht die Mitarbeit unserer Genossen in der „Landesgruppe deutscher Gewerkschafter in Großbritannien" aus. Die M[onats-]A[ntwort] des B[undes-]V[orstands] berichtete schon über die Aufnahme kommunistischer Mitglieder in diese Organisation. Die an diese Mitteilung geknüpfte Befürchtung, daß von diesem kommunistischen Flügel Fraktionskämpfe in die Gewerkschaftsarbeit hineingetragen werden würden, hat sich im vergangenen Vierteljahr durchaus bestätigt. Schwierig ist die Lage vor allem darum, weil die Mitglieder des Vorstands der Landesgruppe bisher keine hinreichend klare und einheitliche Haltung gegen solche Störungen der Arbeit eingenommen haben. Wenn es nicht gelingt, diese Haltung herzustellen, verliert unsere Mitarbeit im Vorstand dieser Organisation ihren Sinn.

II ISK-Veranstaltungen und -Publikationen.

Im Dezember vorigen Jahres haben wir wieder angefangen, ISK-Versammlungen abzuhalten, und zwar mit dem Plan, monatlich eine solche Versammlung zu organisieren. Wir haben demgemäß in diesem Vierteljahr drei Versammlungen gehabt, alle drei in deutscher Sprache.[2]

Im Januar war die vom ISK herausgegebene Broschüre „Rußland und die Komintern" gerade erschienen, und wir nahmen aus diesem Anlaß dasselbe Thema für die Versammlung des Monats. Die Versammlung war gut besucht, die Diskussion aber zögernd und zurückhaltend, offenbar gehemmt durch die weit verbreitete Scheu, sich zu diesem Thema öffentlich zu äußern. – In diesem Vierteljahr erschien ferner die Broschüre „Towards European Unity" in der wir die Reden Eichlers und [Haucks] von unserer Dezember-Veranstaltung veröffentlichen.

In beiden Veranstaltungen war die Diskussion lebhaft und auf gutem Niveau. Die Februar-Versammlung, auf der Minna Specht ihre Gedanken über die Erziehung der deutschen Jugend nach dem Krieg vortrug, war besonders gut besucht sowohl von den Mitgliedern sozialistischer Organisationen und Vertretern der Gewerkschaften als auch einer Reihe anderer, an Erziehungsfragen interessierter fortschrittlicher Menschen. In der

---

2 In der Versammlung am 20. Januar 1943 hatte Willi Heidorn über „Europäische Sozialisten, Rußland und die Komintern" referiert, am 27. Februar 1942 Minna Specht über „Die Erziehung der deutschen Jugend nach dem Kriege" und im März 1943 Grete Hermann über „Politik und Ethik". Nach den Einladungen in: AdsD Bonn, ISK, Mappe 47.

März-Versammlung behandelten wir wieder eine grundsätzliche Frage, das Thema: „Politik und Ethik". Auch das ist eine Frage, für deren Behandlung im Sinn der kritischen Philosophie wir heute, nach den Erfahrungen der vergangenen Jahre, eine sehr viel größere Aufnahmebereitschaft finden, als das noch vor etwa 10 Jahren der Fall war. Das zeigte sich wieder in dieser Versammlung, von deren Teilnehmern die Aufforderung kam, das Thema bald wieder aufzunehmen und weiter zu behandeln, was wir auch vorhaben.

Abgesehen von diesen öffentlichen Veranstaltungen haben wir die im vorigen Jahr eingeführten ungezwungenen Mittwochabend-Diskussion[en] beibehalten, in denen wir mit einigen unserer Organisation nahestehenden Gästen politische Fragen besprechen, insbesondere solche, die sich auf ein sozialistisches Programm für die Nachkriegszeit beziehen.

III. Socialist Vanguard Group und ISK.

Wir hatten im Januar beschlossen, hier in London vorläufig das Zusammenarbeiten von englischen und deutschen Genossen in einem Ortsverein beizubehalten, um die Anregung und Vertiefung der Arbeit, die von diesem gemeinsamen Gruppenleben ausgeht, weiter auszunutzen. Wir glauben, gerade auf diesem Weg bessere Bedingungen für die organisatorisch unabhängige Arbeit einer Londoner Branch der Socialist Vanguard Group schaffen zu können, als sie bisher gegeben waren. Über die Schwierigkeiten, die zur vorläufigen Zusammenfassung beider Gruppen hier in London geführt hatten, berichtet die vorige M[onats-]A[ntwort] des B[undes-]V[orstands]. Die der englischen Organisation angehörenden Genossen fangen aber, um die eigene spätere Gruppenarbeit vorzubereiten, jetzt schon an, nach außen mit Veranstaltungen der Socialist Vanguard Group aufzutreten. Sie haben angefangen, monatliche Versammlungen abzuhalten, zu denen sie Gäste einladen. An dem ersten dieser Abende wurden Richtlinien für eine Labour Politik in diesem Lande diskutiert, der zweite Abend behandelte wirtschaftliche Maßnahmen zur Verhütung einer neuen Arbeitslosigkeit nach dem Krieg. Diese zweite Diskussion war besonders fruchtbar, da mehrere Gäste, die mit dem Thema des Abends gut vertraut waren, sich kritisch und positiv beteiligten, mit dem deutlichen Bemühen, am Herausarbeiten einer gemeinsamen Lösung mitzuhelfen.

IV. Veranstaltungen innerhalb des Ortvereins.

In unseren Mitglieder-Versammlungen haben wir weiter, wie im vorigen Jahr, nach Möglichkeit jedes Mal für eine Sitzung einen Gast eingeladen, der uns aus eigener Anschauung und Erfahrung über die besonderen Probleme irgend eines europäischen Landes berichten konnte. Im Februar berichtete ein Tscheche[3], der russische Zeitungen

---

3 Vermutlich handelte es sich um Walter Kolarz, der im März auch vor der Sopade-Versammlung über „Russische Realität – gestern und heute" referierte.

und Literatur genau verfolgt hat, über nationalistische Entwicklungstendenzen in der Sowjet-Union; im März besprachen wir mit einem Jugoslawen[4] Probleme der Balkanländer.

In der inneren Arbeit des Ortsvereins nahmen die Aussprachen über die politische Lage begreiflicher Weise einen breiten Raum ein. In Welwyn Garden City und in London[5] findet fast an jedem Sonntag eine solche Diskussion statt, und in den meisten Mitgliederversammlungen haben wir Gelegenheit, im Kreis aller Mitglieder zu prüfen, ob wir in unserem Urteil übereinstimmen. Im übrigen ist für unsere Schulungsarbeit nach wie vor die entscheidende Richtlinie, uns in der Anwendung unserer philosophisch-politischen Ideen auf politische Tagesfragen zu üben. Wir haben immer noch viel zu wenig Genossen, die fähig sind, selbständig die Chancen auszunutzen, die sich gerade unter den heutigen Verhältnissen bieten, diese Ideen auf brennende Probleme anzuwenden und ihnen damit Gehör zu verschaffen. Einer Schulung für diese Aufgabe dienten Kurse, die sich mit verschiedenen politischen Tagesfragen beschäftigen – z.B. den Kompromissen, zu denen Vertreter der franz[ösischen] Widerstandsbewegung sich genötigt sahen, oder Fragen, die das Verhältnis zwischen Gewerkschaften und soz[ialistischen] Parteien betreffen – und jedes Mal in der Beantwortung solcher Fragen nach den Grundsätzen suchten, an denen wir uns dabei orientierten. Ein anderer Kurs behandelte die Erfahrungen der deutschen sozialistischen Organisationen in der Zeit zwischen den beiden Weltkriegen. Diejenigen Genossen, die sich besonders mit ökonomischen Fragen beschäftigten, arbeiteten in einem grundsätzlichen Kurs das Kapitel über die Sozialpolitik aus Nelsons „Philosophischer Politik"[6] durch.

Wir haben vor, im nächsten Vierteljahr einen intensiven Schulungskurs mit einigen Genossen anzufangen, die eine Ausbildung zum Ff[7] unserer Organisation bekommen sollten.

Den 1. April 1943   Grete Hermann[8]

---

4 Nicht ermittelt.
5 Im Haus Alvanley Gardens 9, wo Heidorn und andere ISK-Mitglieder wohnten.
6 Vermutlich Leonard Nelson, Philosophische Vorfragen zur Sozialpolitik, in: Wirtschaft und Gesellschaft. Beiträge zur Ökonomik und Soziologie der Gegenwart, Festschrift für Franz Oppenheimer, Frankfurt/M. 1924, S. 23-78.
7 Steht für „Funktionär".
8 Vorlage: „Den 1. April 1943   Grete Hermann" hs.

NR. 312

Rundschreiben des Bundesvorstands an die Funktionäre, August 1943

AdsD Bonn, ISK, Box 49

B[undes-]V[orstand]M[onats-]A[ntwort] an die Ff[1], Nr. 2., August 1943[2]

Liebe Freunde,

Ich möchte diese M[onats-]A[ntwort] beginnen mit einer kurzen Betrachtung der politischen Situation im Ganzen. Wir hatten von Anfang an die Zustimmung von Sozialisten zu diesem Krieg wie zu jedem anderen, der nicht eindeutig als im sozialistischen Interesse nötig gerechtfertigt werden kann, davon abhängig gemacht, daß die Sozialisten ihn nach zwei Seiten hin führen. Unsere erste mehr programmatische Publikation „European Revolution"[3] zeigte das sehr deutlich, nachdem wir in der vor dem Krieg veröffentlichten Broschüre „Les ouvriers devant la guerre"[4] die bloßen Prinzipien einer solchen Stellungnahme niedergelegt hatten. Dieser Krieg an der zweiten Front – soviel läßt sich heute sagen – ist in keinem Lande mit der Kraft geführt worden, die er verdiente. Wir erleben heute mehr und mehr ein Absacken in nationalistische oder gar chauvinistische Gedankengänge selbst bei Sozialisten. Ich habe bereits in der vorigen M[onats-]A[ntwort] die von staatenlosen früheren deutschen Sozialdemokraten inspirierte und von Sozialdemokraten beinahe aller Länder unterstützte „Fight for Freedom"-Gruppe erwähnt, zu deren führenden Leuten der internationale Sekretär der Labour-Party und der Vorsitzende der Sozialistischen Internationale gehören. Es ist den Intrigen vor allem dieser Gruppe zu danken, daß auf der diesjährigen Pfingstparteitagung der Labour Party ein Beschluß angenommen wurde, der ausdrücklich die große Mehrheit des deutschen Volkes für Hitler verantwortlich macht und insofern völlig in die Kerbe jener „Gott strafe Deutschland"-Politiker haut, die auch noch den Rest des international vernünftigen Kerns dieses Krieges in bloß nationalistische Streitfragen umwandeln möchten. Leider ist zu befürchten, daß auch auf der kommenden Tagung des englischen Gewerkschaftsbundes eine ähnliche Entschließung angenommen werden wird. Freilich ist die Situation innerhalb des englischen Volkes nicht so hoffnungslos, wie es nach dieser irrsinnigen Äußerung führender Labour Leute aussieht. Ich kann hier nicht große Einzelheiten erzählen, möchte aber wenigstens andeuten, daß jene Entschließung nur von relativ

---

1 Steht für „Funktionäre".
2 Überschrift ms. unterstrichen. Überschrift wird zu Beginn jeder Seite als Kopfzeile wiederholt. Die hs. Korrekturen wurden, soweit sie stilistischer oder sachlicher Art sind, eingearbeitet, ansonsten werden Varianten in den Anmerkungen ausgewiesen.
3 Mary Saran, European Revolution. How to win the Peace, London 1941.
4 Nicht ermittelt.

wenigen Funktionären angenommen wurde, die, weil sie große Gewerkschaften vertraten, eine besonders hohe Stimmenzahl zur Verfügung haben und für eine solche Entschließung keineswegs irgend ein Mandat hatten. Die Stimmung unter der englischen Arbeiterschaft ist auch heute noch keineswegs chauvinistisch. Hinzu kommt, daß die anti-vansittartistische Richtung auf dem Parteitag geführt wurde durch Genossen, die früher radikale Pazifisten waren und zum Teil oberflächliche Argumente gegen den vernünftigen Wunsch vorbrachten, Deutschland dieses Mal stärker zu beaufsichtigen als nach dem vorigen Krieg.

Es zeigt sich überhaupt, daß da, wo relativ unabhängiges Denken und Fühlen vorhanden ist und zum Teil auch eine Unabhängigkeit in der kämpferischen Aktion gegen den Faschismus, der Chauvinismus keinerlei Platz hat. Gerade in den letzten Wochen haben beinahe sämtliche illegalen Bewegungen Europas ihre grundsätzliche Stellungnahme zu einer Reihe wichtiger politischer Fragen veröffentlicht, darunter selbstverständlich jedes Mal auch eine Stellungnahme zu der Frage einer Regelung europäischer Probleme und zu der Frage, was man nach dem Kriege mit Deutschland tun solle. Uns haben bisher die Stellungnahmen der Norweger, der Holländer, der Italiener, der Franzosen und der Polen vorgelegen. Die sind alle der Meinung, daß Europa irgendwie vereinheitlicht werden muß, daß es darin Gleichberechtigung und möglichst große Freiheit geben muß und daß man sich selbstverständlich vor weiteren deutschen Angriffen unter allen Umständen schützen muß, daß aber die freiheitlichen Kräfte Deutschlands gestützt werden sollten, um aus Deutschland einen freiheitlichen Staat zu machen, der im Rahmen einer europäischen Völkergemeinschaft einen ernsthaften Platz einzunehmen hat.

Diese durchweg vernünftigen und mindestens ernsthaft diskutierbaren Programme der illegalen Bewegungen sind, wie ich glaube, deshalb so verschieden von den Stellungnahmen der im Schatten der kriegführenden Großmächte lebenden Emigranten, weil die Illegalen weniger in der Lage sind, die miserable Politik der Alliierten zu verfolgen. Sie sehen einen mehr oder weniger aktiven militärischen Kampf gegen die Achse und haben nur gelegentlich, wie vor allem die französischen Genossen, den Eindruck, daß man eine Revolution in ihren Ländern nicht nur nicht wünscht, sondern wo es irgend geht, zu hintertreiben sucht. Die Emigranten mitsamt ihren Regierungen haben, soweit sie nicht überhaupt käufliche Subjekte sind, den Glauben weitgehend verloren, eine Politik machen zu können, die von den drei kriegführenden Großmächten nicht mindestens gebilligt wird. Dieser Mangel an Selbstvertrauen hat eine Reihe von beschämenden charakterlichen Zusammenbrüchen von Menschen zur Folge gehabt, die an sich gerade an einem mehr unabhängigen Kampf innerhalb dieses mindestens halb imperialistischen Krieges hätten teilnehem können.

Wir sind selbstverständlich bemüht, solche Menschen zu ermutigen zu einer praktischen Politik, die ihren eigentlichen politischen Ansichten entspricht, und andererseits ihre skeptischen Behauptungen zu widerlegen durch den Hinweis auf Beispiele, wo eine solche unabhängige Politik gelang. Es kommt darauf an, Menschen zu finden, die eine solche Unabhängigkeit trotz der heutigen Schwierigkeiten aufbringen. Uns erscheint nach wie vor, daß das heutige französische Nationalkomitee alles in allem gesehen eine richtige Politik gemacht hat und daß es verstanden hat, trotz der offenbaren Feindschaft selbst von Menschen wie Winston Churchill sich jedenfalls bis heute mit einer relativ vernünftigen Linie durchzusetzen. Wir sehen jedenfalls nirgendwo eine sozialistische Gruppe, die ebensolche politischen Erfolge aufzuweisen hätte.

Ich sagte bereits, daß diese Arbeit innerhalb der Emigration schwieriger geworden ist. Trotzdem glaube ich nicht, daß es sinnlos ist, besonders seit dem es ganz klar ist, daß die Alliierten keineswegs eine einheitliche Auffassung über die Behandlung der einzelnen Länder Europas haben. Diese Uneinigkeit, so bedauerlich sie aus manchen anderen Überlegungen heraus sein mag, ist vorläufig unsere größte Chance, mit einer einheitlichen Politik Erfolg zu haben, wenn wir sie nur intelligent und zielsicher genug vertreten.

Zur Zielsicherheit und zur Intelligenz muß hinzutreten eine gewisse Macht. Denn wir können leider nicht darauf rechnen, mit bloß vernünftigen Grundsätzen heute eine große Zahl von Europäern aus ihrer Indolenz herauszulocken. Sie wollen sehen, daß schon irgend jemand sonst das für richtig hält, was man ihnen als politisches Programm vorsetzt.

Auf diesen Überlegungen fußen alle unsere bisherigen Bündnisse, z.B. auch die „Union". Wir können nicht klar und deutlich genug – natürlich nur für unsere Genossen – betonen, daß die einzelnen Vertreter der in der Union mit uns arbeitenden Gruppen uns keineswegs rein persönlich als die besten Menschen erscheinen, die wir mit unserem Programm etwa werben könnten. Wir betrachten sie unter dem politischen Gesichtspunkt der Organisierung wenigstens relativ geschulter und zur Solidarität erzogener Massen, die auf dem Umweg über ihre Führung erfahren können und sollen, daß auch unsere Ideen vor den Augen der von ihnen geschätzten Organisationen der Arbeiterbewegung eine bestimmte Probe bestanden haben und daß sie deshalb keinerlei Abkehr von marxistischen, demokratischen oder sonstigen dogmatischen Prinzipien vorzunehmen haben, wenn sie mit unserer Organisation zusammen arbeiten oder sie sogar für die beste halten sollten. Diese politische Überlegung beim Eingehen von Bündnissen hat keineswegs etwas mit Versuchen zu tun, die anderen Teilnehmer an solcher Arbeit in irgendeiner Weise zu betrügen oder ihnen irgend etwas vorzumachen. Die Union ist gegründet worden mit dem Zweck, die Kräfte von Organisationen zu vereinheitlichen, die im Wesentlichen das gleiche Ziel haben, nämlich eine vernünftige gesellschaftliche Ordnung aufzubauen. Die Teilnehmer waren sich klar, daß die einzelnen Gruppen verschiedene Wege für nötig halten, daß sie in bestimmten gesellschaftlichen und philosophischen Wertungen von einander abweichen, daß das aber nicht ausreicht, die gemeinsame Arbeit da abzulehnen, wo man sich einig ist.

Mir scheint, daß z.B. unsere Genossen in Amerika sich mehr als nötig haben erschrecken lassen durch die Tatsache, daß die Vertreter der SPD dort offenbar unzureichender sind als die Londoner. Ich kenne die SPD-Leute in Amerika nicht gut genug, um sie mit den hiesigen einfach vergleichen zu können, möchte aber jedenfalls unseren amerikanischen Genossen die hier eben angestellten Überlegungen dringend nahelegen und vor allen Dingen sie bitten zu prüfen, ob nicht vor der Annäherung an die gesamte SPD-Gruppe eine Möglichkeit besteht, mit den besseren Vertretern in Kontakt zu kommen, die dann ihrerseits innerhalb der SPD für eine günstigere Atmosphäre sorgen könnten, in der eine Zusammenarbeit dann besser gedeiht.

Um bei der Union zu bleiben: ich erwähnte in meiner vorigen M[onats-]A[ntwort], daß wir mit Vorarbeiten begonnen hätten, für die unter Umständen mögliche neue sozialistische Partei ein Programm zu erörtern. Diese Arbeiten sind weiter geführt worden. Von den verschiedenen Gruppen sind für die einzelnen Teile des Programms teils gemeinsam von Vertretern verschiedener Gruppen, teils verschiedene Entwürfe zum selben Programmpunkt ausgearbeitet worden. In Kommissionssitzungen haben bereits Aussprachen über die Vertiefung und Formulierung solcher Punkte stattgefunden. Was zunächst wichtig ist: Die ganze Art der Behandlung ist kameradschaftlich; man geht auf einander ein. Wir hatten eine Aussprache über die Demokratie innerhalb der neuen Partei, also ein schwieriges Thema. Wir sind darin auch bisher nicht zu einem Beschluß gekommen. Aber es ist erstaunlich, daß die von unserer Organisation vorgeschlagene Diskussionsgrundlage nicht einfach abgelehnt wurde, was etwa 1925/26 selbstverständlich gewesen wäre.

Die Hauptschwierigkeiten, mit Gruppen wie der SPD zusammenzuarbeiten, liegen darin, daß es innerhalb dieser Gruppen beinahe jede Schattierung von Sozialisten gibt, die sich zwischen Kommunisten und Reformisten denken lassen. Die Notwendigkeit für diese Organisationen, hin und her zu lavieren, um jeweils eine Mehrheit für die gerade einzuschlagende Politik zu bekommen, teilt sich gelegentlich natürlich auch in Aktionen der Union mit. Aber das alles sind unvermeidliche Erscheinungen, die uns, soweit uns das treffen kann, nur zeigen, daß wir recht daran taten, schon vor bald 20 Jahren etwas Praktischeres auszudenken.

In der Landesgruppe deutscher Gewerkschafter, die im übrigen rein organisatorisch gesehen eine beachtenswerte Rolle spielt, ist das Hauptproblem das Verhältnis zu den Kommunisten. Es ist ohne Zweifel Parteilinie für die Kommunisten, sich freundlich zu allen zu verhalten, die die Unterstützung der Sowjet-Union in diesem Krieg als nötig anerkennen, und das tun wir natürlich. Aber es wird sich z.B. Ende dieses Jahres schon ein Problem ergeben, wenn die Neuwahlen des Vorstandes auf der Tagesordnung stehen. Die Kommunisten können etwa die Hälfte der Stimmen auf sich vereinen. Selbstverständlich wissen sie, daß sie bei sogenannten Kampfwahlen, wo sie also etwa alle Mitglieder des Arbeitsausschusses nur aus ihren Reihen wählen wollten, nichts gewinnen können, weil der Vorstand des IGB eine solche Gruppe nicht anerkennen würde. Es wird also höchstwahrscheinlich dazu kommen, daß man den Kommunisten nach langem Hin- und Herfeilschen einige Sitze im Arbeitsausschuß anbieten wird und daß der alte Arbeitsausschuß dann einen neu zu wählenden vorschlägt, in dem sich einige Kommunisten befinden. Falls die Kommunisten nicht bis dahin einige erhebliche Torheiten unternehmen werden, denke ich, daß ein solches Verfahren berechtigt wäre, schon um den innerhalb der hiesigen KP-Wähler sich befindenden gutgläubigen jugendlichen Emigranten, die von Politik eigentlich gar keine Ahnung haben, den Eindruck zu geben, daß wir seit der Auflösung der Komintern wirklich den Kommunisten jedenfalls eine Chance geben wollen.

Eine dieser politischen Torheiten der Kommunisten könnte z.B. die Bildung eines ähnlichen Komitees sein, wie es jetzt in Moskau gegründet worden ist.[5] Die Stellungnahme der Union zu diesem Komitee ist etwa[6] die folgende: Das Komitee ist kein National-Komitee; denn es besteht nur aus Kommunisten und Kriegsgefangenen, also aus zwei Gruppen, die keine freie Meinung äußern dürfen. Das Programm ist eine schlechte Neuauflage der „nationalen und sozialen Befreiung" des Scheringer Kurses[7] und führt nur zur weiteren Konfusion. Ich rate allen unseren Genossen, die Rede zu lesen, die Willi Bredel am 8. August von Moskau aus an die deutschen Arbeiter gehalten hat. Der nationalistische Kurs geht daraus sehr deutlich hervor. Streng genommen ist es natürlich nicht einmal ein nationalistischer Kurs, sondern ein lediglich opportunistischer, also überhaupt keiner.

Über die Beziehungen der Union und der Landesgruppe deutscher Gewerkschafter hinaus haben wir unsere alten Beziehungen zur ITF wieder aufgenommen und verstärkt. Es besteht ein gewisses Bündnis in der internationalen Arbeit und vor allem in der nach Deutschland hinein, wovon ich mir viel verspreche. Unser Mittelsmann ist unser alter Freund aus dem deutschen Eisenbahnerverband[8]. Er hat sich gerade im letzten Jahr sehr an uns angeschlossen, und ich hoffe, daß wir ihn so weit von der Richtigkeit unserer eigenen Arbeit überzeugen können, daß er, selbst wenn er aus Gewerkschafts-organisatorischen Gründen sich unserer Gruppe nicht anschließt, sie immer besonders unterstützen wird. Außer der ITF sind wir in bestimmtem engerem Kontakt mit einem der hiesigen Abgesandten des CIO.[9] Was sich daraus entwickeln wird, ist vorläufig noch eine offene Frage. Wir sind in den Unterhaltungen mit der ITF und mit diesem amerikanischen Gewerkschafter so weit, daß wir versprochen haben, ihnen unser für Deutschland bestimmtes Aktionsprogramm[10] zur Diskussion vorzulegen. Ich lege dieser M[onats]A[ntwort] je eine Kopie dieses Programms bei und bitte Euch, mir spätestens 14 Tage nach Empfang dieses Briefes Eure Stellungnahme zu diesem Programmvorschlag zu senden. Wie weit wir über diesen Kreis hinaus noch Vertreter anderer Länder

---

5 Gemeint ist das „Nationalkomitee Freies Deutschland".
6 Vorlage: „etwa" ms. unterstrichen.
7 Gemeint ist das „Programm zur nationalen und sozialen Befreiung", das am 24.8.1930 vom ZK der KPD beschlossen wurde. Zum Programm, vgl. Lothar Berthold/Ernst Diehl (Hrsg.), Revolutionäre deutsche Parteiprogramme. Vom kommunistischen Manifest zum Programm des Sozialismus, Berlin 1967, S. 119–128. – Richard Scheringer, Reichswehroffizier, verbüßte wegen nationalsozialistischer Agitation in der Reichswehr eine Haftstrafe und trat in der Haft im März 1941 zur KPD über.
8 Gemeint ist Hans Jahn („Kramer").
9 Nicht ermittelt. Möglicherweise einer der Mitarbeiter des OSS Labor Desk in London.
10 Vermutlich handelt es sich um das Programm „Building the revolutionary German Order" von Oktober 1943, 25 S., in: AdsD Bonn, ISK, Box 50.

und Organisationen damit bekannt machen werden, hängt ganz davon ab, wie weit sich Menschen finden, die bereit sind, solche radikalen Bewegungen für die Zeit nach dem Zusammenbruch im III. Reich zu unterstützen. Ich möchte in dieser Richtung keinerlei Voraussagen machen. Bitte behandelt den Programmentwurf vertraulich, d.h. über den Kreis unserer M[itglieder] hinaus sollen ihn nur solche Menschen zu lesen bekommen, von denen wir sicher sind, daß sie selbst beim Nicht-Einverstandensein uns aus ihrer Kenntnis keine Schwierigkeiten bereiten werden.

Ich habe vor, diesen Entwurf auch unsren Freunden in Deutschland zu lesen zu geben und sie um ihre Stellungnahme zu bitten. Darüber mehr an anderer Stelle dieser M[onats-]A[ntwort].

Mit unserem öffentlichen Auftreten hatten wir im vorigen Dezember einen besonderen Start gemacht mit monatlichen öffentlichen Versammlungen, veranstaltet nur von unserer eigenen Organisation. Im Januar sprach Heini[11] über Sowjet-Rußland und die Komintern, im Februar Minna [Specht] über Re-education in Germany.

Dann sprach Grete [Hermann] zweimal über Politik und Ethik und anschließend zweimal ich selber über die Lage im III. Reich[12] und über die Auflösung der Komintern und die Möglichkeit einer neuen Soz[ialistischen] Internationale[13]. Die Stimmung auf allen diesen Versammlungen war, trotz der Verschiedenartigkeit der Gegenstände, sehr gut, die Diskussion bei Heinis Vortrag z.B. allerdings sehr zögernd, offenbar weil viele fürchteten, offen ihre Meinung zu sagen. Trotzdem war das Niveau der Diskussionen durchweg relativ gut. Auch der Besuch war überdurchschnittlich gut, litt aber darunter, daß gerade Vertreter anderer Organisationen bei solchen Gelegenheiten fehlten, wo das am wenigsten zu entschuldigen ist. Über die Ursache habe ich bereits geschrieben.

Weitere regelmäßige Außenkontakte unterhalten wir in der, auch in der Berichtszeit weitergeführten Übung, auf unserer M[itglieder-]V[ersammlung] Sozialisten anderer Nationalität sprechen zu lassen. Wir hatten dieses Mal einen Tschechen, einen Jugoslawen, einen Polen: Zygielbojm, eine Engländerin[14], einen Amerikaner[15], einen Rumänen[16]. Wir haben auf diese Weise den internationalen Charakter unserer eigenen Bewegung und auch des Sozialismus praktisch gezeigt. Die Redner waren zum Teil sehr eindrucksvoll. Zygielbojm wirkte durch seine revolutionäre Vergangenheit und seine in die Augen springende Charakterfestig-

---

11 Das ist Willi Heidorn.
12 Willi Eichler, Was geht im III. Reich vor, ISK-Veranstaltung am 22. Mai 1943, vgl. Einladung in: AdsD Bonn, ISK, Mappe 48.
13 Willi Eichler, Sozialismus als internationale Aufgabe, ISK Veranstaltung am 26.6.1943, vgl. Einladung in: AdsD Bonn, ISK, Mappe 48.
14 Nicht ermittelt.
15 In der MV am 6.6.1943 sprachen George Pratt (OSS) und ein Mr. Shaw über „American Foreign Policy", vgl. Einladung in: AdsD Bonn, ISK, Mappe 48.
16 Nicht ermittelt.

keit derart überzeugend, daß wir alle sehr froh waren, ihn kurz vor seinem freiwilligen Ende noch so nachdrücklich gehört zu haben.

Im übrigen werden jetzt die gemeinsamen M[itglieder-]V[ersammlungen] vom September/Oktober ab aufhören, weil wir das politische Leben unserer englischen Gruppe mehr auf eigene Füße stellen wollen. Es ist ein gewisses Wagnis, diese Trennung wieder durchzuführen, nachdem wir vor nicht übermäßig langer Zeit von der Notwendigkeit, sie aufzugeben, überzeugt waren. Einige Umstände allerdings sind dazu gekommen, die vor 1 1/2 Jahren noch nicht bestanden, und wir hoffen durch manche Hilfen, die wir uns vorgenommen haben, zu erreichen, daß die so eingeführte Unabhängigkeit nicht zu einem Alleinsein wird.

Über unsere Genossen im einzelnen zu berichten, lohnt in diesem Zusammenhang nicht. Sie sind bis auf wenige Ausnahmen alle berufstätig und arbeiten darüber hinaus in den politischen und gewerkschaftlichen Organisationen, die für ihre besonderen Verhältnisse gut geeignet sind. Besondere Aufmerksamkeit widmen wir außer den bisher genannten Organisationen der Federal-Union Bewegung, die zwar in ihren organisatorischen Vorschlägen für die Zukunft keineswegs durchweg unsere Auffassungen vertritt, jedenfalls aber den Gedanken einer Föderierung mit politischer und wirtschaftlicher Untermauerung mehr betont als irgendeine andere Organisation das bis heute tut. Eine Reihe von unseren M[itgliedern] sind im Vorstand dieser Organisation; Mitglied ist jeder von uns.

Von der englischen Arbeit möchte ich noch den „Soc[ialist] Commentary"[17] erwähnen. Die Zeitschrift hat sich bei einer ganzen Reihe angesehener englischer und ausländischer Sozialisten einen guten Namen erworben. Die Papierknappheit erlaubt leider nicht, sie mehr auszubauen, was wir sonst sicher tun könnten. Eine neue Publikation oder eine Fortsetzung der „Renaissance" kommt wegen der heutigen Papierknappheit nicht in Frage. Ein gewisser Ersatz dafür sind Broschüren, die wir vorläufig noch in beschränktem Maß veröffentlichen dürfen, und „Europe speaks". Die Berichte, die der Korrespondenz „Europe speaks" zu Grunde liegen, waren in der letzten Zeit sehr zurückgegangen, weil die briefliche Verbindung mit den Freunden in Renés [Bertholet] Heimat[18] gänzlich unterbrochen war. Sie ist jetzt wieder hergestellt, und wir hoffen, daß es bis zum Ende des Krieges so bleibt. Unsere übrigen Veröffentlichungen habt Ihr alle bekommen. Fertig gesetzt und bald gedruckt sind die Broschüre von Minna über Re-education[19], und zwar in Deutsch und in Englisch, und unsere Broschüre über die zukünftige europäische

---

17 Socialist Vanguard Group, Socialist Commentary. Monthly Journal of the Socialist Vanguard Group, London 1942.

18 Schweiz.

19 Minna Specht, Gesinnungswandel. Die Wiedererziehung der deutschen Jugend nach dem Krieg, London 1943; dies., Education in Post-War Germany, London 1944.

Wirtschaft[20]. Weit fortgeschritten in der Anfertigung des Manuskripts ist die Arbeit von Grete über Politik und Ethik[21]. Das ist alles, was in der nächsten Zeit erscheinen wird.

Minna hat ihre Stellung bei der Fabian Society aufgegeben. Sie unterhält mit einer Reihe von Erziehern und einigen amtlichen Stellen gute Beziehungen und ist dabei, im Rahmen und mit Hilfe des IGB Lehrer für gewerkschaftliche Tätigkeit zu organisieren. Für die Pläne der Wiedererziehung der deutschen Jugend kann diese Arbeit auch politisch von großer Bedeutung werden.

Die Arbeit unserer Freunde in Amerika leidet vor allem darunter, daß sie nicht als eine so geschlossene Gruppe auftreten, wie wir das in der deutschen Gruppe in England und in der englischen Gruppe tun. Auch sonst ist die Beziehung zu Menschen anderer Richtung und Denkweise viel loser, als das in England der Fall ist. Ich glaube, daß, wie unsere amerikanischen Genossen selber schreiben, das Menschenmaterial der Emigration zum Teil schlechter ist als das in England. Doch scheint mir, daß auch der Wirkungsgrad unserer Genossen dadurch eingeengt ist, daß sie den Problemen der europäischen Revolution weit weniger einheitlich gegenüberstehen als die in Europa lebenden Freunde. Die tieferen Gründe für diese Unterschiede aufzudecken, ist wahrscheinlich überhaupt nicht vollständig möglich. Zum Teil liegt es gewiß an der schwierigen äußeren Verfassung unserer amerikanischen Freunde, die ungünstige Arbeitsbedingungen haben, weit von einander entfernt wohnen und deren politische und theoretische Erfahrung und Bildung nicht so weit reicht, daß sie sich bloß brieflich über die komplizierten Fragen verständigen könnten, die heute beantwortet werden müssen. Wir hatten überlegt, ob jemand von Europa nach Amerika gehen sollte, um den Kontakt zu vertiefen. Beide Seiten haben das für wünschenswert gehalten, aber die technischen Möglichkeiten dafür sind bisher nicht gefunden worden.

' Die Arbeit unserer Genossen in Amerika ist selbstverständlich nicht einfach erfolglos. Sie kommen mit allen nennenswerten Menschen der Emigration und auch nicht nur deutschen häufig zusammen und – wie sie selber schreiben und wie wir aus gelegentlichen Besuchen von Menschen wissen, die von Amerika nach Europa kommen – erfreuen sie sich dort durchaus einer bedeutenden Achtung.

Wir haben durch die Vermittlung der „League of Human Rights" in Cleveland[22] unsere Publikation „Europe speaks" weiterführen können. Die Berichte sind in anderen Zeitungen abgedruckt worden, und wir haben erreicht, daß mehr und mehr auch durch das Bekanntwerden der Quelle die Arbeit, die in das Abfassen der Berichte hineingesteckt worden ist, auch unserer Organisation selber zu Gute kommt. Selbstverständlich ist es ein erheblicher Mangel, daß unsere Organisation weder in Europa noch in Amerika

---

20 Walter Fliess, Die Wirtschaft im neuen Europa, London 1943. Die Arbeit erschien auch in einer italienischen (Zürich) und englischen (London) Ausgabe. Vgl. auch Nr. 314.
21 Grete Hermann, Politik und Ethik, London 1945, u. in engl. u.d.T., Politics and Ethics, London o.J.
22 Die Ausgaben 1942/43 wurden von der „League" finanziert. Vgl. Maas, Handbuch, Bd. 1, S. 220.

ein Organ zur Verfügung hat, das von der Zentrale herausgegeben wird. In England scheitert es an dem Papiermangel, in Amerika am Fehlen geeigneter Kräfte.

Zum Schluß ein Wort über Deutschland. Es wird in den nächsten Wochen der Versuch gemacht werden, unsere Freunde dort persönlich aufsuchen zu lassen durch jemanden, den sie kennen.[23] Wie weit sich darüber hinaus eine Erweiterung unserer dortigen Bemühungen ergeben wird, muß natürlich abgewartet werden. Doch sind wir froh, daß wir zunächst jedenfalls überhaupt die Möglichkeit der direkten Kontaktaufnahme gefunden haben. Nach dem Zusammenbruch der faschistischen Regierung in Italien scheint es uns besonders dringend, solche Möglichkeiten zu ergreifen, selbst wenn sie nicht ungefährlich sind.

Wir haben im Anschluß an unsere Aktionsprogramm-Arbeit vor, eine Art von gründlicher Inventur aufzunehmen über alle unsere näheren und weiteren Freunde im III. Reich. Bitte besprecht mit unseren Genossen, wen sie im III. Reich von unseren M[itgliedern] kennen, unter welchem Decknamen er bekannt war und wo er wohnte. Das Gleiche gilt für Menschen, die Ihr für politisch so zuverlässig haltet, daß sie im Rahmen unseres Aktionsprogramms eine der Funktionen ausüben könnten, die dort erwähnt werden. Ich weiß im Augenblick nicht, auf welchem Weg unsere amerikanischen Freunde dieses Verzeichnis an mich hier gelangen lassen können, bitte sie aber, es auf alle Fälle fertig zu halten, sodaß sie es bei einer sich bietenden Gelegenheit bereit haben. Dieses Verzeichnis wollen wir in Zukunft „Adressbuch" nennen.

Alle guten Wünsche!
V[orsitzender][24]

---

23 Es handelte sich um Jupp Kappius, der im September 1944 im Rahmen der von OSS und SOE durchgeführten „Mission Downend" mit dem Fallschirm über Norddeutschland absprang. Von Bochum aus nahm er Kontakt mit den ISK-Mitgliedern in Deutschland und berichtete darüber nach London. Ausführlich zur Kooperation mit OSS und SOE Link, ISK, S. 307ff.
24 Vorlage: „Alle guten Wünsche! V." hs.

NR. 313

Vierteljahresbericht des Londoner Ortsvereins für Juli bis Oktober 1943, Auszug

AdsD Bonn, ISK, Box 50

Vierteljahresbericht des Londoner Ortsvereins des ISK. [1]
Juli bis Oktober 1943

I.   Arbeit mit anderen Organisationen.

Die Beratungen über ein gemeinsames Programm, die von den vier Organisationen der „Union ...“ aufgenommen worden sind, machen Fortschritte und haben dahin geführt, daß in diesem Kreis die Verständigung auch über konkrete und strittige politische Fragen öfter und leichter gelingt als bisher. Bearbeitet sind bis jetzt Thesen über Schul- und Erziehungsfragen, über Presse, Film und Rundfunk und solche über die internationale Politik deutscher Sozialisten. Vor allem diese Erklärung über internationale Fragen bedeutet einen erheblichen Fortschritt; denn hier ist eine Einigung erzielt worden auf die Forderung einer europäischen Föderation und, als den ersten Beitrag, den ein demokratisches Deutschland zu dieser europäischen Einigung liefern kann, auf die der sofortigen militärischen Abrüstung Deutschlands – Forderungen, die noch vor relativ kurzer Zeit auch im Mitgliederkreis der Union stark umstritten waren. Um das hier gewonnene Ergebnis möglichst fruchtbar zu verwerten, ist beschlossen worden, diese Stellungnahme zur deutschen Außenpolitik in der Form einer Erklärung der Union für sich zu veröffentlichen.[2] Andere, in sich abgeschlossene Teile des Programms, die in den gemeinsamen Beratungen fertiggestellt werden, sollen in der gleichen Weise verwandt werden. Es liegen im übrigen noch hinreichend schwierige Diskussionen vor uns; die Fragen des sozialistischen Wirtschaftsprogramms und vor allem die der künftigen Verfassung Deutschlands enthalten erhebliche, noch ungelöste Streitfragen, vor allem die der Auseinandersetzung mit demokratischen Maßnahmen.

Ich berichtete im Anfang dieses Jahres über die Gründung einer Jugendgruppe der Union. Die jüngeren Genossen unseres O[rts-]V[ereins] haben viele Anstrengungen in die Entwicklung dieser Gruppe hineingesteckt. Sie sind dabei auf eine Reihe tiefliegender Schwierigkeiten gestoßen, die eine Zeit lang den Fortgang dieser Arbeit sehr hemmten, wenn nicht gar in Frage stellten. Sie hingen fast durchweg mit der Aufgabe zusammen, mit Vertretern anderer politischer Gruppen und Ansichten zu einer fruchtbaren

---

1   Vorlage: Überschriften ms. unterstrichen. „Juli bis Oktober 1943“ wird zu Beginn jeder Seite als Kopfzeile wiederholt. Die hs. Korrekturen wurden, soweit sie stilistische oder sachliche Richtigstellungen betreffen eingearbeitet, Varianten sind in Anmerkungen ausgewiesen.
2   Vgl. Nr. 127.

Zusammenarbeit zu kommen. So wurde z.B. anfangs von einigen, in marxistischen Gedankengängen lebenden Genossen immer wieder der Vorschlag gemacht, einführende Kurse in die marxistische Geschichtsbetrachtung und Diskussionen über den Marxismus einzurichten. Die ISK-Genossen lehnten diese dogmatische Festlegung auf eine marxistische Linie ab und wiesen darauf hin, daß die meisten Mitglieder der Gruppe auch nur für die Diskussion solcher theoretischer Fragen weder Verständnis noch Interesse aufbrachten. Dieser Streit wurde aber erst beigelegt, als sie vorschlugen, daß zunächst einmal diejenigen, die sich mit dieser Lehre schon beschäftigt und sich eine Meinung darüber gebildet hätten, versuchen sollten, sich untereinander darüber zu verständigen. Es wurde ein Kurs über dieses Thema beschlossen, der außerhalb der Jugendgruppenarbeit stattfinden sollte. Ehe es zu diesem Kurs kam, zogen sich allerdings die Mitglieder der marxistischen Gruppen mit einer offensichtlichen Ausrede von diesem Versuch, zu einer sachlichen Verständigung zu kommen, zurück. Seitdem ist aber jedenfalls dieses strittige Thema im Rahmen der Arbeit der Jugendgruppe nicht wieder aufgebracht worden.

Schwieriger noch als die Auseinandersetzung mit dieser marxistischen Tendenz war die Überwindung eines Mißtrauens, das einige unserer Genossen anderen Mitgliedern der Jugendgruppe entgegenbrachten, von denen sie wußten, daß sie aus einer politischen Umgebung stammten, in der man bei der Wahl politischer Mittel wenig ethische Hemmungen kannte. Dieses Mißtrauen verführte dazu, die Motive eines Mitarbeiters, seine Zuverlässigkeit und Sachlichkeit in der Arbeit in Zweifel zu ziehen, ohne daß die gemeinsam mit ihm durchgeführte Arbeit Gründe für solche Zweifel gegeben hatte. Es hat unseren Genossen Mühe gemacht, sich von solchen vorgefaßten Meinungen nicht bestimmen zu lassen und darüber hinaus ein gutes Gleichgewicht herzustellen zwischen der erforderlichen Toleranz im Umgang mit Genossen anderer politischer Anschauungen und dem Vertreten der eigenen Überzeugungen und Ansprüche.

Zur Zeit bereitet die Jugendgruppe eine Revolutionsfeier[3] vor, zu der Gäste eingeladen werden sollen und die in einem ziemlich großen öffentlichen Saal stattfinden wird. Dieses gemeinsame Bewältigen einer praktischen Aufgabe hat in den letzten Wochen eine Reihe der bisherigen Schwierigkeiten herabgemindert. Wie weit es weiterhin gelingen wird, die Arbeit fruchtbarer zu machen und zu beleben durch die Auswahl ähnlich praktischer Aufgaben, wird sich zeigen.

In der Gewerkschaftsarbeit sind während des ganzen Jahres immer wieder Störungen dadurch entstanden, daß die kommunistischen Mitglieder der „Landesgruppe deutscher Gewerkschafter" die Mitgliederversammlung zur Propagierung ihrer politischen Linie benutzten. In den nächsten Wochen steht eine Auseinandersetzung mit ihnen über diese Haltung dadurch bevor, daß der Arbeitsausschuß für das nächste Jahr gewählt werden

---

3 Die von der SJ veranstaltete Revolutionsfeier fand am 20. November 1943 statt. Einladung in: AdsD Bonn, PV-Emigration, Mappe 82.

wird. Bei dem großen Prozentsatz von Kommunisten unter den Mitgliedern der Landesgruppe ist damit zu rechnen, daß sie eine Vertretung im Arbeitsausschuß beanspruchen,
und dieser Anspruch läßt sich auch nicht abweisen, solange man die Kommunisten als
Mitglieder der Landesgruppe zuläßt. Wir hatten uns im vorigen Jahr die Frage gestellt,
ob der Arbeitsausschuß nach der Aufnahme komm[unistischer] Mitglieder noch sinn-
volle Arbeit werde leisten können oder ob unsere Genossen die Mitarbeit im Arbeitsausschuß in diesem Fall als hoffnungslos aufgeben sollten. Wir haben in der M[itglieder-]
V[ersammlung] im Oktober diese Frage auf Grund der Erfahrungen des vergangenen
Jahres erneut bedacht. Zwei Dinge liegen heute günstiger als im vorigen Jahr: Die
Komintern ist im vergangenen Jahr aufgelöst worden, und die Zusammenarbeit des
bisherigen Arbeitsausschusses gerade in der Abwehr komm[unistischer] Störungsversu-
che ist fester und einheitlicher geworden – im Wesentlichen wohl dank der, nahezu
denselben Personenkreis umfassenden Unionsarbeit. Damit ergibt sich die Chance, daß
auch im kommenden Arbeitsausschuß diejenigen Mitglieder, die entschlossen sind, eine
anständige und solidarische Gewerkschaftsarbeit durchzuführen, sich durch einheitliches
Vorgehen gegen solche Störungen sichern können[4] und daß sie den neu aufzunehmenden
komm[unistischen] Mitgliedern des Arbeitsausschusses von vornherein klarmachen, daß
man mit ihnen – sowohl im Arbeitsausschuß wie in der Landesgruppe überhaupt – nur
solange zusammenarbeiten wird, wie sie sich der sachlichen Gewerkschaftsarbeit einordnen.

II. Publikationen und Veranstaltungen.

Im vergangenen Vierteljahr sind neu erschienen die Broschüre von Minna Specht:
„Gesinnungswandel. Die Wiedererziehung der deutschen Jugend nach dem Krieg." und
die von Walter Fliess: „Die Wirtschaft im neuen Europa." Die englische Übersetzung der
Broschüre von M. Specht wird bald erscheinen; die Fliess'sche soll noch übersetzt
werden.

Unsere monatlichen halb-öffentlichen ISK-Versammlungen haben wir nach einer
Sommerpause wieder aufgenommen. Ende Juli, vor dieser Pause, sprach Walter Fliess
über ökonomische Anforderungen für den Wiederaufbau Deutschlands. Im Oktober
sprach Minna Specht über „Nationalismus und Klasse."

[...][5]

---

4 Vorlage: Der Satz lautete ursprünglich, „sich durch einheitliches Vorgehen auch weiter gegen solche Störungen zu sichern," die Änderungen wurden hs. ausgeführt.
5 Es folgen Ausführungen zum Verhältnis zur Socialist Vanguard Group, zur Ausbildungsarbeit und zu
Fragen der Mitgliedschaft.

NR. 314

Vierteljahresbericht des Londoner Ortsvereins für Februar bis April 1944, Auszug

AdsD Bonn, ISK, Box 52

Vierteljahresbericht des Londoner O[rts-]V[ereins] des ISK, Februar – April [1944] [1]

Arbeit mit anderen Organisationen.

Die Aussprachen über das volkswirtschaftliche Programm in der Unionskommission haben sich über das vergangene Vierteljahr erstreckt. Sie nähern sich erst jetzt ihrem Abschluß. Die Schwierigkeiten gingen aus, wie zu erwarten war, von der Frage der Planwirtschaft, die von einigen Vertretern der anderen Gruppen viel positiver beantwortet wurde, als wir es für richtig halten. Die Aussprache hat bis zu einem gewissen Grad eine Verständigung über die Gefahren und die darum notwendigen Grenzen der Planwirtschaft [herbei]geführt; in den Durchführungsbestimmungen sind andererseits auch von uns Komprommisse an die planwirtschaftlichen Auffassungen der anderen gemacht worden. Im ganzen ist, wie mir scheint, eine brauchbare gemeinsame Grundlage erzielt worden. Die Aussprache über die Verfassung soll nun ba[ld] anfangen.

In einer gemeinsamen Mitglieder-Versammlung der Union (im Februar) hielt Schoettle (N.B.) ein Referat über die Lage in Deutschland.[2] Er beschränkte sich im wesentlichen auf eine Zusammenstellung von Tatsachenmaterial, ohne solche der Klärung bedürftigen Fragen wie die nach unserer Stellung zum russischen Komitee der deutschen Generäle oder dem hiesigen „Free German Committee" anzuschneiden. Einige Sozialdemokraten, die diesem Komitee beigetreten sind (Rawitzki, Schiff), waren anwesend, es lag daher in der Luft, die Frage nach dieser Mitarbeit in der Diskussion zu stellen. Vogel, der den Vorsitz führte, wich in ungeschickter Weise der Diskussion überhaupt aus, sodaß der Eindruck entstand, man wolle über diese Dinge nicht reden. Die Exekutive der Union beschloß daraufhin, die ganze nächste Mitglieder-Versammmlung für die Diskussion des Referats zur Verfügung zu stellen. In dieser nächsten Versammlung (März) wurde denn auch die Frage des „Free German Committee" angeschnitten. Schiff gab auf Anfrage eine Erklärung ab über seinen Eintritt in dieses Komitee und über die Richtlinien, die ihn in seiner Arbeit dort bestimmten. Es zeigte sich dabei, daß er, unbelehrt durch frühere Erfahrungen, noch an eine fruchtbare Arbeit innerhalb einer solchen kommunistischen Organisation geglaubt hatte, daß ihm aber im Verlauf seiner Mitarbeit hier, insbesondere bei der Behandlung der russisch-polnischen Grenzfrage und

---

1 Vorlage: Überschriften ms. unterstrichen. Der Berichtszeitraum wird zu Beginn jeder neuen Seite als Kopfzeile wiederholt. Hs. Korrekturen sind eingearbeitet.
2 Ein Protokoll dieser Mitgliederversammlung ist nicht überliefert, vgl. Nr. 139.

des Vorschlags, Polen für das abzutretende Gebiet durch Ostpreußen zu entschädigen, Zweifel an der Möglichkeit solcher Zusammenarbeit gekommen waren. – Das Wertvolle an dieser Diskussion im Kreis der Unions-Mitglieder war wieder die Tatsache, daß es gelang, eine Frage, vor deren Behandlung zunächst viele einfach zurückschreckten, weil sie Konflikte und Zusammenstöße fürchteten, in sachlicher und kameradschaftlicher Weise zu besprechen.

Inzwischen hat die Exekutive der Union noch eine andere Aufgabe in Angriff genommen. Die der Union angeschlossenen Gruppen stehen zur Zeit vor der Frage, wie weit sie für ihre Arbeit nach D[eutschland] hinein Hilfe und Unterstützung von den Regierungen der Alliierten annehmen dürfen und sollten. Solange dafür keine gemeinsam anerkannten Richtlinien festliegen, kann jeder einzelne Fall einer solchen Zusammenarbeit Anlaß zum Mißtrauen zwischen den Gruppen geben. Die Exekutive der Union hat daher auf Anregung von W[illi] E[ichler], in gemeinsamer Sitzung mit dem Arbeitsausschuß der Landesgruppe deutscher Gewerkschafter beschlossen, eine Kommission einzusetzen, in der die vier Unionsgruppen und die Landesgruppe vertreten sind und die Richtlinien ausarbeiten soll für die Koordinierung der Arbeit sozialistischer Organisationen mit Regierungen.[3] Es ist dabei nicht daran gedacht worden, daß jede Gruppe den anderen mitteilt, in welchen Fällen und unter welchen Bedingungen sie solche Arbeit macht. Wohl aber soll jede Gruppe ihre Mitglieder verpflichten, keine Vereinbarung mit Regierungen zu treffen, ohne die Leitung der eigenen Gruppe zu verständigen. Die Leitung jeder Gruppe soll dann die Verantwortung für die Einhaltung der vereinbarten Richtlinien übernehmen.

[...][4]

Vorbereitung der Arbeit in D[eutschland]

Die Arbeit des O[rts]V[ereins] konzentriert sich zur Zeit auf die Vorbereitung der Aufgabe, die Chancen, die sich beim Zusammenbruch des Nazi-Regimes ergeben können, auszunutzen. Über die Kursarbeit, die wir dafür unternommen haben, werde ich im Zusammenhang mit unserer Ausbildungsarbeit berichten.[5] Die Arbeit ist im übrigen auf vier Gruppen verteilt je nach d[en] Aufgaben, auf die jeder Einzelne sich vorbereiten soll:
1) Gruppe I (zu der nur ein M[itglied] unseres O[rts]V[ereins] gehört) soll sobald wie möglich hinüber gehen, noch vor dem Sturz des Nazi-Regimes, um diesen Sturz und den Wiederaufbau an Ort und Stelle vorbereiten zu helfen.

---

3 In einer Besprechung im Anschluß an die Exekutivkomiteesitzung vom 29. März 1944 wurde gemeinsam mit der LdG ein Ausschuß zur „Frage der Zusammenarbeit mit alliierten Relieforganisationen" eingesetzt. Tatsächlich ging es um die weitere Zusammenarbeit mit dem OSS. Vgl. Nr. 139.
4 Es folgen Ausführungen über die Neuwahl des Arbeitsausschusses der LdG und die damit verbundenen Auseinandersetzungen mit den Kommunisten.
5 Es handelte sich um die Vorbereitung auf die Rückkehr nach Deutschland, die in Zusammenarbeit mit OSS und SOE geplant war. Ausführlich wird darauf in der Einleitung eingegangen, vgl. Abschnitt II.3.4.

2) Gruppe II soll nach Möglichkeit kurz vor oder nach der Invasionsarmee nach D[eutschland] kommen, um im Augenblick des Umsturzes zur Verfügung zu stehen. Die Mitglieder dieser Gruppe sollen in der Lage sein, durch ihre Orts und Personenkenntnis den Besatzungsbehörden helfen zu können, und zwar so, daß von Anfang an linke, anti-faschistische Kräfte in D[eutschland] in den Vordergrund geschoben werden. Das Sammeln und die Zusammenstellung der hierfür notwendigen Tatsachenkenntnis wird für alle unsere M[itglieder], die für irgendeinen Teil D[eutschland]s solche Kenntnisse haben, in der nächsten Zeit eine der wichtigsten praktischen Aufgaben sein.

3) Die Gruppe der Lehrer, die sich für den Wiederaufbau der deutschen Schulen vorbereiten und Kontakt mit solchen englischen Stellen aufnehmen soll, die bereit und in der Lage sind, fortschrittlichen Deutschen die Teilnahme an dieser Aufbauarbeit zu ermöglichen.

4) Die Relief-Gruppe, zu der diejenigen M[itglieder] unseres O[rts-]V[ereins] gehören, die besondere Chancen haben in einer der Relief-Organisationen wichtige Aufgaben zu übernehmen.

Kurs- und Ausbildungsarbeit.

Die Einteilung in die genannten vier Gruppen ist erst in den letzten Wochen des Vierteljahres, über das ich hier berichte, durchgeführt worden. Die Kursarbeit dieses Vierteljahres stand aber schon ganz im Interesse der Vorbereitungsarbeit. Jedes M[itglied] hat teilgenommen an einem Programmkurs[6]. In diesen Kursen wurde ein Programmentwurf durchgearbeitet, der Ende des vergangenen Jahres von den M[itgliedern] unseres O[rts]V[ereins] aufgestellt worden war, die an der illegalen Arbeit in D[eutschland] teilgenommen hatten. Dieser betrifft den Aufbau der revolutionären Neu-Ordnung in D[eutschland]. Um das Verständnis für die dabei nötigen Maßnahmen zu wecken und zu vertiefen, gingen diese Kurse aus von den Erfahrungen der deutschen Revolution von 1918 und ihres Scheiterns. Der Programmkurs ist noch nicht abgeschlossen, sondern wird noch etwa zwei Monate weitergehen.

Außerdem hat im vergangenen Vierteljahr fast jedes M[itglied] an einem sogenannten technischen Kurs[7] teilgenommen, in dem wir uns Erfahrungen und Regeln aus der illegalen Zeit wieder ins Gedächtnis gerufen haben. Die Arbeit dieses Kurses soll weitergeführt und ergänzt werden in der „Bezirksarbeit"[8], der Vorbereitungsarbeit für die Aufgaben der Gruppe II.

Zu diesen Kursen, die jeweils in kleinere Gruppen aufgespalten waren, um eine intensivere Beteiligung jedes Einzelnen zu ermöglichen und um die Art der Arbeit den verschiedenen Bedürfnissen anpassen zu können, trat in jedem Monat eine gemeinsame

---

6 Vorlage: „Programmkurs" ms. unterstrichen.
7 Vorlage: „technischen Kurs" ms. unterstrichen.
8 Vorlage: „Bezirksarbeit" ms. unterstrichen.

Aussprache im Kreise des ganzen O[rts]V[ereins]. Ihre Aufgabe war es, Klarheit zu schaffen über Sinn und Voraussetzungen der Arbeit, die in den Kursen vorbereitet wurde.

In diesen Aussprachen haben wir über die Möglichkeit gesprochen, daß unsere Organisation am Umsturz und Neuaufbau in D[eutschland] teilnimmt, über die Anforderungen, die das an die Organisation und jeden Einzelnen in ihr stellt, über die Notwendigkeit und deren Grenzen, für unsere eigene Arbeit die Hilfe alliierter Regierungen zu suchen und ihnen Dienste zu leisten, und über die Notwendigkeit, daß die deutsche sozialistische Emigration in dieser Frage gemeinsame Richtlinien anerkennt.

Seit Mitte April arbeiten wir endlich noch an einem neuen Kurs, der wieder in zwei getrennten Gruppen stattfindet. Jedes M[itglied] ist in einer dieser Gruppen dabei. Dieser Kurs dient dem alten Bedürfnis, das sich in den Fragen unserer Ausbildungsarbeit immer wieder in der Vordergrund drängt, die Anwendung unserer Grundsätze auf praktisch-politische Fragen[9] zu üben. Gerade im vergangenen Vierteljahr zeigte sich wieder an einer Reihe von Fällen, welche Schwierigkeiten die meisten von uns haben, diese Anwendung in einem lebendigen und sicheren politischen Urteil vorzunehmen. Die in diesem Bericht erwähnten Gewerkschaftsprobleme sind ein Beispiel, andere zeigten sich in grundsätzlichen Aussprachen über die Reparationsfrage, über die Verurteilung Pucheus[10], über die notwendigen Kompromisse etwa im Zusammenarbeiten mit alliierten Regierungen. Das bevorstehende Ende dieses Krieges und der Übergang zum Frieden wird eine Fülle weiterer Probleme stellen, deren Beantwortung ein sicheres und lebendiges – d.h. anwendungsbereites – Verhältnis zu den Grundsätzen unserer politischen Arbeit voraussetzt. – Wir bearbeiten als erstes Problem in diesem Kurs die Frage der Reparationen und der Bestrafung der Kriegsverbrecher.

Entwicklung der volkswirtschaftlichen Arbeit.

Walter Fliess hat im vergangenen Vierteljahr drei Wochen in Oxford zugebracht, um mit den dortigen Nationalökonomen einen engeren Arbeitskontakt aufzunehmen. Das entsprach, wenn auch nur in den sehr bescheidenen Grenzen, wie sie durch die heutigen Verhältnisse gezogen sind, einem schon länger besprochenen Plan, seine volkswirtschaftliche Arbeit durch solchen Kontakt und durch eine Zeit, in der er sich auf diese Arbeit konzentrieren könnte, zu vertiefen. Ein eigener Bericht von W[alter] F[liess] über die Erfahrungen seines Oxforder Aufenthalts liegt vor.[11]

---

9 Vorlage: „Anwendung unserer Grundsätze auf praktisch-politische Fragen" ms. unterstrichen.
10 Pierre Pecheu, Staatssekretär des Inneren der Vichy-Regierung, war vom Comité français de libération nationale im befreiten Algier zum Tode verurteilt und am 20. März 1944 hingerichtet worden.
11 Der Bericht konnte nicht ermittelt werden. Nach der späteren Veröffentlichung dürfte es sich vor allem um den Kontakt zu dem Nationalökonomen Ernst F. Schumacher gehandelt haben.

Die englische Übersetzung von W.F.s Broschüre: „Die Wirtschaft im neuen Europa" ist jetzt erschienen; eine italienische Übersetzung ist in Vorbereitung.[12]

London, den 3. Mai 1944.
Grete Hermann[13]

---

12 Walter Fliess, L'economia dell'Europa federata, Zurigo 1943 (Hrsg. v. der Partito Socialista Svizzero); ders., The economic reconstruction of Europe, London 1944.
13 Vorlage: „Grete Herrmann" hs. unterzeichnet.

Nr. 315

Bericht des Londoner Ortsvereins für Mai bis Dezember 1944, Auszug

AdsD Bonn, ISK, Box 55[1]

Bericht über die Arbeit des Londoner O[rts-]V[ereins] des ISK, Mai-Dezember 1944.

Dieser Bericht umfaßt eine längere Zeit, als für die Berichtsperiode vorgesehen war. Im Sommer 1944 entstand der Eindruck, daß der Krieg und mit ihm die Arbeit unseres Londoner O[rts-]V[ereins] vor Ablauf des Jahres zum Abschluß kommen würde. Wir haben daraufhin, im Einverständnis mit dem B[undes-]V[orstand] beschlossen, den Zeitpunkt des Berichts hinauszuschieben und dann einen abschließenden Bericht über die Gesamtarbeit zu geben.

I. Arbeit mit anderen Organisationen.

1. Programmbesprechungen der Union.
   Die Programmkommission der Union hat in der ganzen Berichtszeit an den Fragen der Verfassung gearbeitet. Die Aussprachen der Vollkommission wurden vorbereitet durch die Arbeiten von drei Unterkommissionen, die Entwürfe zu den folgenden Themen ausarbeiteten: Richlinien für eine deutsche Staatsverfassung; Richtlinien für den Aufbau der Verwaltung und die Reform der Justiz; Sofortmaßnahmen für den Aufbau der neuen Verwaltung.
   Die Hauptschwiergkeiten ergaben sich, wie zu erwarten war, bei den grundsätzlichen Fragen, in welche Hände verfassungsgemäß die Regierungsgewalt gelegt werden sollte. Zu Beginn der Programmberatungen war von ISK-Genossen ein Entwurf für solche Richtlinien eingereicht worden, der jetzt der betreffenden Unterkommission vorlag. Wir waren beim Ausarbeiten dieses Entwurfs davon ausgegangen, daß wir in unseren Vorschlägen aus zwei Gründen von dem rechtsphilosophischen Ideal einer Staatsverfassung abweichen müßten: Es war unvermeidlich, den demokratischen Auffassungen der anderen Unionsgruppen Zugeständnisse zu machen, wenn wir uns mit ihnen auf einen Vorschlag einigen wollten. Darüber hinaus mußten wir damit rechnen, daß die Regierung im befreiten Deutschland, auch wenn sie unter dem Einfluß der Union und verbündeter Gruppen zustandekommen würde, nicht von Menschen übernommen werden würde, deren rechtliche Gesinnung eine hinreichende Gewähr gegen den Mißbrauch ihrer Macht bieten könnte. Darum konnten wir in diesem Verfassungsentwurf die Forderung

---

1 Vorlage: Überschriften ms. unterstrichen; hs. Korrekturen stilistischer und formaler Art wurden eingearbeitet.

der politischen Unbeschränktheit der Regierungsgewalt nicht aufnehmen, sondern mußten Maßnahmen vorschlagen, die es ermöglichten, mit verfassungsmäßigen Mitteln eine Regierung oder Regierungsmitglieder zu stürzen, die zu einer Gefahr für die rechtliche Entwicklung des Staatslebens zu werden drohten. Die Diskussion, in der Unterkommission und später in der Vollkommission zeigten von vornherein, daß die Kompromisse, die wir aus den beiden genannten Gründen in unseren Entwurf eingebaut hatten, bei weitem nicht hinreichten, um zu einer Einigung mit den Genossen der anderen Gruppen zu kommen. Obwohl in den einleitenden Besprechungen zu der ganzen Programmarbeit alle Teilnehmer anerkannt hatten, daß der demokratische Mechanismus für den Aufbau von Partei und Staat gründlich revidiert und daß seine Anwendung beschränkt werden müsse, ist es uns nur in geringem Maß und nicht an den entscheidenden Punkten gelungen, aus diesem allgemeinen Zugeständnis gemeinsam konkrete Forderungen abzuleiten. Die Vorschläge, die unser Entwurf[2] in dieser Richtung enthielt (wonach z.B. nicht das Parlament, sondern nur eine zur Kritik der Regierungspolitik berufene, aus besonders ausgewählten, politisch geschulten Menschen bestehende Körperschaft, das Recht haben sollte, die Regierung zu stürzen, und wonach der Regierung ein Veto gegen Parlamentsbeschlüsse zustand) standen in viel zu scharfem Gegensatz zu parlamentarischen Anschauungen der meisten Kommissionsmitglieder, als daß wir uns in diesem Kreis in hinreichend kurzer Zeit darüber hätten verständigen können. Die Fortführung der Beratungen war nur dadurch möglich, daß wir sehr viel weiterführende Kompromisse annahmen, als wir sie in unserem Entwurf vorgesehen hatten. In den jetzt von der Kommission aufgestellten Richtlinien – die zwar noch nicht endgültig redigiert sind, aber in den wesentlichen Zügen festliegen – wird daran festgehalten, daß das Parlament das letzte Wort in der Gesetzgebung hat und die Regierung stürzen kann. Diese Richtlinien haben gewisse Korrekturen an der Weimarer Verfassung vorgenommen, aber sie ändern grundsätzlich nichts am parlamentarischen System und seinen Mängeln.

Wir hatten damit gerechnet, auch über die Vorschläge unseres ersten Entwurfs hinaus den anderen Unions-Genossen in der Frage der demokratischen Maschinerie Zugeständnisse machen zu müssen. Deren Bereitschaft, sich auch nur auf eine tiefergehende Diskussion über die Mängel des Abstimmungsverfahrens einzulassen, ging aber noch weniger weit, als manche von uns gehofft hatten. Die Frage, ob es recht war, daraufhin einen so weitgehenden Kompromiß anzunehmen, wie wir es hier getan haben, würde ich trotzdem bejahen, und zwar wiederum, weil wir die Zusammenarbeit der Unionsgruppen festhalten und ausbauen müssen. Der Hauptgewinn auch bei diesen Unterhaltungen, trotz der spürbaren sachlichen Schranken, scheint mir zu sein, daß es wieder und wieder gelungen ist, jedenfalls aus dem Zustand bloßen Aneinandervorbeiredens zu gemeinsamer Arbeit zu kommen, in der die Einzelnen auf einander eingingen.

---

2 Vgl. Nr. 105.

Sachlich interessant waren die Aussprachen über den Aufbau der Verwaltung, bei denen es in erster Linie um die Frage ging, wie weit die Selbstverwaltung der Gemeinden, Kreise und Länder gehen könne und wo zentrale Regelungen der Staatsregierung unvermeidlich sind.

2. Die Frage der Einheitspartei.

Außer der Programmkommission ist während der Berichtszeit auch die Organisations-Kommission, die die Möglichkeit einer sozialistischen Einheitspartei erörtern soll, einige Male zusammengetreten. In ihren Besprechungen stellte sich sofort die Frage, was, wenn die Bildung einer Einheitspartei gelingen würde, aus den bisherigen Gruppen werden sollte. SP[D], SAP und Neu Beginnen antworteten darauf ohne weiteres, daß sie in diesem Fall die eigenen Organisationen völlig in der Einheitspartei aufgehen lassen würden, ohne irgendeinen organisierten Zusammenhalt der eigenen Gruppe beizubehalten. Für diese drei Gruppen bedeutet ein solcher Schritt nicht mehr als die Aufhebung einer früheren Parteispaltung; er bedeutet nicht die Preisgabe besonderer Aufgaben und eines eigenen Organisationsprinzips. Für den ISK liegt es anders. Bei den heute in den anderen Gruppen herrschenden Auffassungen über demokratische Organisationsformen und bei dem Mangel an Bereitschaft, diese Auffassungen auf Grund der Erfahrungen zu revidieren, ist eine Einheitspartei heute nur in den alten sozialdemokratischen Formen denkbar. Um ihretwillen den ISK aufzulösen, würde also bedeuten, alle unsere bisherigen Bemühungen um eine führerschaftliche Organisation und politische Erziehung preiszugeben. W[illi] E[ichler] hat in einer Sitzung der Kommission den Vertretern der andern Gruppen auseinandergesetzt, daß die ISK-Genossen drei Aufgaben vor sich haben, um derentwillen sie meinen, die eigene Organisation aufrechterhalten zu sollen: die Begründung des Sozialismus als eines rechtlich gebotenen Ziels klarzustellen und zu vertreten; eine dieser Begründung entsprechende führerschaftliche Organisationsform zu entwickeln und zu erproben, und dieser Organisation durch die politische Erziehung ihrer Mitglieder und Funktionäre Festigkeit und Kraft zu geben. Er schlug vor, daß die ISK-Genossen sich als Einzelmitglieder der neuen Einheitspartei anschließen, daneben aber, außerhalb dieser Partei, ihre eigene Organisation fortführen sollten.

Die Vertreter der anderen Unions-Gruppen antworteten mit dem naheliegenden Einwand, die ISK-Genossen würden bei einer solchen Lösung vor dem Konflikt stehen, zwei verschiedenen Organisationen zur Loyalität verpflichtet zu sein, was sie jederzeit dazu nötigen kann, um der Verpflichtung der einen gegenüber, die gegen die andere brechen zu müssen. Wir haben dem entgegengehalten, daß die Gründe für die Beibehaltung unserer Organisation ja nicht Meinungsverschiedenheiten in Fragen des politischen Tageskampfes oder des Programms seien, sondern wissenschaftliche und pädagogische Aufgaben, die in der Massenpartei ohnehin nicht oder nur in geringem Maß in Angriff genommen werden können. Natürlich kann die besondere Arbeit des ISK, da es sich dabei um politische Theorie und politische[3] Erziehung handelt, dahin führen, daß die ISK-Mitglieder sich zu bestimmten politischen Fragen eine einheitliche Meinung bilden, die von der [Meinung] weiter Kreise der Einheitspartei abweicht. Sie werden aber in einem solchen Fall ihre Meinung innerhalb der Partei nur mit den Mitteln vertreten und für sie werben, die durch die Satzung der Partei, auf die sie sich verpflichtet haben, dafür vorgesehen sind. Alle Unions-Vertreter waren darüber einig, daß eine einheitliche sozialistische Massenpartei ihren Mitgliedern sehr weitgehend Spielraum lassen sollte, das eigene politische Urteil zu entwickeln, vor der Mitgliedschaft zu vertreten und für eine ihm entsprechende Politik der Partei zu werben. Die Bedenken der anderen Unions-Genossen sind durch diese Erklärung und die anschließende Aussprache nicht überwunden. Wir haben aber die Frage der eigenen Organisation des ISK zunächst zurückgestellt. Was bisher darüber besprochen ist, haben wir in einem Protokoll[4] festgehalten; die Frage soll nach der Beratung des Parteiprogramms wieder aufgenommen werden. Aber unsere Beratungen sind vorläufig, und sicher auch im Zusammenhang mit dieser noch ungelösten sachlichen Schwierigkeit, wieder ins Stocken geraten.

[...][5]

5. Die Jugendgruppe der Union („Sozialistische Jugend")

Die Arbeit der Jugendgruppe ist im vergangenen Jahr sicherer und lebendiger geworden. Sie hat in ihren Anfangsstadien, wie ich vor etwa einem Jahr berichtet habe, gelitten unter dem Mißtrauen, mit dem die Angehörigen der verschiedenen Unionsgruppen einander begegnet waren. In der allmählich enger werdenden Zusammenarbeit, die sich jetzt über etwa 2 1/2 Jahre erstreckt, ist dieses Mißtrauen überwunden, jedenfalls soweit es sich persönlich gegen die Sachlichkeit, Aufrichtigkeit und die Anstrengungen des Partners richtete. Die alten Spannungen tauchen gelegentlich wieder auf bei organisatorischen Fragen, bei denen es um die Leitung der Gruppe geht. Es gelingt dabei jetzt aber schneller und leichter eine sachliche Lösung zu finden.

Ein solcher Fall trat z.B. ein, als Anna [Beyer] von London fortzog. Sie war die Vorsitzende der Kommission gewesen, die die Verbindung der Jugendgruppe zur Union aufrechterhalten soll. Dieser Kommission gehört je ein Mitglied jeder der vier Unionsgruppen an, das selber Mitglied der Jugendgruppe ist; der Vorsitzende dieser Kommission ist ständiges Mitglied der Jugendleitung. Nun ist diese Kommission selber bisher faktisch noch so gut wie gar nicht in Funktion getreten, da ihre Aufgabe ist, bei Meinungsverschiedenheiten mit der Union oder Anforderungen der Union die Jugendgruppe ihr gegenüber zu vertreten; und solche Fälle waren nicht vorgekommen. Die Arbeit der Kommission erstreckte sich daher in Wahrheit auf die Teilnahme ihres Vorsitzenden an

---

3 Vorlage: „politische" und „politische" jeweils ms. unterstrichen.
4 Vgl. Nr. 157.
5 Im Bericht folgen Ausführungen über die Auseinandersetzung mit den Kommunisten in der Gewerkschaftsgruppe und über die Arbeit im German Educational Reconstruction Committee (GER).

den Sitzungen der Jugendleitung. Als beim Ausscheiden von Anna diese Funktion neu besetzt werden sollte, machte Putzrath (NB) den Vorschlag, die Kommission überhaupt aufzulösen, da sie doch nicht in Erscheinung getreten war, und den Vertreter der Union in der Jugendleitung auch durch die Jugendgruppe zu wählen wie die anderen Mitglieder der Jugendleitung. Sein Hauptargument war wohl diese demokratische Forderung, die Jugendgruppe in der Wahl ihrer Leitung unabhängig zu machen. Dagegen aber spricht die Überlegung, die bei der Organisierung der Jugendgruppe entscheidend gewesen war, wonach der Einfluß der Union auf die Jugendgruppe gesichert werden soll. Dieser Einfluß soll z.B. verhindern, daß die Gruppe auf irgend eine versteckte Weise unter kommunistischen Einfluß gerät. Da die Mitgliedschaft in der Jugendgruppe dem Wesen der Sache nach nicht beschränkt sein kann und soll auf Mitglieder der Unionsgruppen, ist es also angebracht, eine eigene, von den Unionsgruppen bestimmte Vertretung der Union in der Jugendleitung zu haben. Unsere Genossen haben in den Unterredungen mit Putzrath und Ollenhauer, der dabei die Exekutive der Union vertrat, d[ies]en Gedanken wieder verfochten, und P[utzrath] hat daraufhin seinen Vorschlag fallen lassen. Ich habe den Eindruck, daß sie sich dabei wirklich verständigt haben und daß das Verhältnis zwischen P[utzrath] und den ISK-Genossen, das anfangs besonders schwierig war, sich durch solche Erfahrungen bessert.

Ende Oktober hat die Jugendgruppe wieder wie im vorigen Jahr eine öffentliche Veranstaltung durchgeführt. Sie hatten es dieses Mal unternommen, nach kurzen einführenden Reden den Film „Kameradschaft" zu zeigen. Die Versammlung fand in einem schönen, geräumigen Saal statt, der durch die etwa 200 Anwesenden gut gefüllt war. Die am Schluß veranstaltete Sammlung genügte, um die Unkosten zu decken.

Die Arbeit in der Jugendgruppe ist eine besonders gute Schulungsgelegenheit für die an ihr teilnehmenden ISK-Genossen. Im Umgang mit den anderen Genossen, im Vorbereiten der Gruppenabende und in der organisatorischen Leitung der Gruppe bieten sich ihnen eine Reihe von Aufgaben, bei denen sie Initiative entwickeln können und es auch tun. Daß diese Gelegenheiten ausgenutzt werden, haben sie weitgehend wohl dadurch erreicht, daß sie, gemeinsam mit Jenny [Fliess], die vor ihnen liegenden Aufgaben besprachen und sich nachher über die Ursachen von Erfolgen und Mißerfolgen Rechenschaft zu geben suchten.

[...][6]

---

6 Es folgen Ausführungen über die innere Arbeit des Ortsvereins wie die oben erwähnte Kursarbeit, die Aufhebung der Mindestforderung für den Eintritt in den ISK und ein Bericht über Neuaufnahmen.

NR. 316

*Rundschreiben des Bundesvorstandes an die Funktionäre,
Februar 1945, Auszug*

AdsD Bonn, ISK, Box 55

M[onats-]A[ntwort] des B[undes-]V[orstands], Nr. 4, London, Februar 1945[1]

Liebe Freunde,

[...][2]

Die Union.[3]

Innerhalb der Union sind die Arbeiten an dem Sofortprogramm und an dem weiterreichenden Parteiprogramm, einschließlich der Richtlinien für eine neue Verfassung und Verwaltung, beinahe zum Abschluß gekommen. Auch hier drängen sich zwei Erfahrungen auf: Die erste bezieht sich auf die Atmosphäre, in der die Verhandlungen stattfinden. Sie ist kameradschaftlich und offenherzig. Die zweite bezieht sich auf den Geisteszustand der Teilnehmer, der im wesentlichen katastrophal ist. Von sehr wenigen Ausnahmen abgesehen, haben sie aus der Zeit von 1912 bis 1945 nicht das Geringste gelernt, weder im Kleinen noch im Großen. Der Schrei nach mehr Abstimmung, um die Demokratie zu vertiefen, ist noch längst nicht unmodern geworden, und ich fürchte, daß wir ihn in D[eutschland] selber in einem ohrenbetäubenden Chorus entgegengebrüllt bekommen werden. Aber selbst da, wo sich die Freunde der Demokratie die Arbeit nicht so leicht machen wie in unseren Aussprachen, da bleibt immer noch eine ungeheure Kluft bis zu einer offenen und intelligenten Kritik an dieser Staatsform und vor allem bis zu einer positiven Lösung des vertrackten Dilemmas, Freiheit zu gewähren, die Entscheidungsgewalt aber nicht bloßen Schwätzern zu überlassen. Wir halten die Notwendigkeit der Zusammenarbeit mit diesen ganz gutgesinnten und wohlmeinenden Freunden für so begründet, daß wir keinen Sinn darin sehen, etwa auf unsere Art der Organisation so zu beharren, daß wir es darüber zu einem Bruch mit diesen Genossen kommen lassen würden.

Damit komme ich gleich zu den Unterhaltungen in der sogenannten Organisationskommission, in der einige Genossen der Union, darunter auch Vertreter von uns, die Frage der Möglichkeit einer sozialistischen Einheitspartei verhandelt haben. Es stellte

---

1 Vorlage: Am Beginn jeder neuen Seite wird der Berichtszeitpunkt „Februar 1945" als Kopfzeile wiederholt.

2 Der Bericht beginnt mit Ausführungen über die allgemeine politische Lage, die Beziehungen zu amtlichen Stellen der Alliierten, die Vorbereitungen für die Rückkehr nach Deutschland, die Aufhebung der Anforderungen für die Aufnahme in den ISK und die Stellung des ISK in der sozialistischen Einheitspartei. Diese Punkte sind zum Teil in anderen Berichten bzw. anderen Dokumenten ebenfalls angesprochen.

3 Vorlage: „Die Union." hs. unterstrichen.

sich bei Vorschlägen, die ein Vertreter von Neu Beginnen[4] gemacht hatte, bald heraus, daß auch er nichts weiter wollte, als eine neue Auflage der alten sozialdemokratischen Parteisatzung mit einigen rhetorischen Schnörkeln, wonach z.B. die Unterdrückung der Opposition verboten werden sollte, und zwar sowohl was die Presse als auch, was die Diskussion in Versammlungen angeht. Irgendwelche organisatorischen Sicherungen gegen irgendeins der in vielen Jahrzehnten parteipolitischer Erfahrung zu Tage getretenen Übel wurde schlankweg abgelehnt, unter dem Ausdruck größten Erstaunens darüber, daß jemand an solche Sicherungen ernsthaft glaubte. Wir fanden in diesen Unterhaltungen, daß die Vertreter der SAP und die von Neu Beginnen bereit waren, ziemlich kritiklos in die gute alte SPD wieder einzutreten. (Inzwischen hörte ich gerade aus Schweden, daß die dortigen SAP-Genossen mit ganz wenigen Ausnahmen vor einigen Monaten in die dortige SPD-Gruppe eingetreten sind. Die hiesigen SAP-Genossen sind damit zwar nicht einverstanden, aber das besagt in der SAP nichts; denn nach unserer Erfahrung hat in dieser Partei jeder das Recht, seine eigene Parteimeinung zu haben und zu befolgen.)

Wir haben angesichts des Verhaltens der beiden anderen Gruppen zunächst nicht den Vorschlag gemacht, eine Art Koalition zwischen SPD und ISK aufzumachen, da das bei dem gegebenen Stärkeverhältnis nicht gesund ist. Wir haben statt dessen vorgeschlagen, die Einheitspartei ruhig zu gründen, die ISK-Genossen, soweit es sich um D[eutsche] handelt, als Mitglieder in diese Partei aufzunehmen, ihnen aber die bestimmten, vom ISK von jeher verfolgten Aufgaben, die von der genannten Partei sicher nicht in Angriff genommen werden würden, als Sonderaufgaben zu überlassen und ihnen zu diesem Zweck die eigene Organisation zuzubilligen.

[...][5]

Wie ich aus der Begründung, die ich für die Sonderexistenz des ISK gegeben habe, zu ersehen ist, müßten wir uns allerdigs dafür über eine Arbeit verständigen, die den hier geäußerten Zielen eine wirkliche organisatorische Grundlage gibt. Wir haben in einer Reihe von halb- oder ganzöffentlichen Versammlungen der Union nach außen hin für sie geworben. Einige dieser Versammlungen haben einen guten Eindruck gemacht, wobei allerdings störend gewirkt hat, daß der Vorsitzende der Union in seinen Forderungen nach einer gerechten Behandlung Deutschlands in eine zu pro-deutsche Haltung geriet. So sehr er sachlich in seiner Hauptlinie Recht hatte, so sehr störte dieses Deutschsein gerade in seiner Überbetonung. Ich erwähne dies, weil das Gleiche höchstwahrscheinlich bei einer Reihe anderer führender Sozialdemokraten und vielleicht auch anderer Sozialisten zu finden sein wird. Wir selber müssen in öffentlichen und vor allem schriftlichen Auseinandersetzungen größtes Gewicht darauf legen, uns dieses Fehlers nicht schuldig zu machen. Wie weit man heute schon anfang[en] kann, solchen Genossen, bei denen es

---

4 Es handelt sich um Erwin Schoettle.
5 Es folgen Ausführungen wie sie auch im Bericht des Ortsvereins des ISK für Mai bis Dezember 1944 enthalten sind. Vgl. Nr. 315.

sich meist um ältere handelt, dieses Deutschsein etwas zu korrigieren, dafür kann ich hier kein Rezept geben. Es ist aber gewiß eine Frage besonderen Takts; denn es rührt meistens an das innerste Herzenserleben dieser sehr traditionsgebundenen Genossen, die oft glauben, in der Emigration und fern der Heimat, diese selbe gegen jeden, manchmal durchaus gerechtfertigten Vorwurf verteidigen zu sollen.

Im übrigen sind die Erfahrungen in der Union, Alles in Allem gesehen, positiv. Wir haben – im Gegensatz zu der Entwicklung in andern Emigrationsländern, vor allem Amerika, Schweden und der Schweiz – erreicht, daß es in vielen politischen Fragen einfach selbstverständlich war, daß die Union als solche eine Erklärung abgab und nicht die einzelnen Gruppen jede für sich. Es war für uns und für andere sicherlich eine Schulung, mit Menschen umzugehen, die oft einen von dem unseren sehr verschiedenen politischen und menschlichen Gesichtspunkt haben, und trotzdem zu einer Verständigung mit ihnen zu kommen. Dies ändert andererseits nichts an der Tatsache, daß die Selbstkritik innerhalb der Traditionsparteien gerade in so wichtigen Fragen wie der des Aufbaus von Partei und Staat so gut wie nicht weitergeführt worden ist. Schon aus diesem Grund wäre es unverzeihlich, zu Gunsten der bloßen Neuauflage einer großen einheitlichen Partei unsere eigenen Versuche als überholt anzusehen.

[...][6]

---

6 Es folgen Ausführungen über die Auseinandersetzungen mit den Kommunisten in der Gewerkschaftsgruppe, die Notwendigkeit weltanschaulicher Schulung, in Arbeit befindliche Publikationen und das Verhältnis zu den Sozialisten anderer Länder.

Brief von Willi Eichler an Hanna Bertholet vom 6. Juni 1945 mit Bericht über die Zusammenarbeit mit dem OSS

AdsD Bonn, ISK, Box 57[1]

24, Mandeville Rise, W[elwyn] G[arden] C[ity] Hert[ford]s[hire]
6. Juni, 1945[2]

Liebe Hanna,
[...][3]
Über die Rückkehr unserer Freunde hatte ich vor zwei Tagen eine lange Unterhaltung mit Major Rokeby[4] und dem Stellvertreter von Pratt im früheren Labour Desk des OSS, Lieutenant Devoe; außerdem war der Nachfolger von Devoe dabei, ein Mr. Appel[5]. Die Lage ist insofern noch kompliziert, als es bis jetzt keine allgemein anerkannten Richtlinien gibt für den Einsatz deutscher Emigranten in Deuschland selber. Relativ einfach ist es bei Leuten, die Mitglieder einer der Alliierten Armeen sind oder die zum zivilen Beamtenstab der A[merican] M[ilitary] G[overnment] gehören. Beide unterstehen selbstverständlich der Militär- oder nationalen Disziplin der betreffenden Behörde und sind ebenso selbstverständlich an die Non-Fraternisation Order gebunden, d.h. also, sie können im wesentlichen nicht in unserem Sinn politisch arbeiten. Es ist zwar richtig, daß unsere Freunde, die in Uniform in Deutschland aufgetaucht sind, bei ihren Bekannten damit keineswegs in schlechter Hinsicht Aufsehen erregt haben, weil man zunächst froh war, Stützpunkte da zu haben, wo heute die politische Macht ist; hinzu kommt, daß man bei den Alliierten selbstverständlich die Absicht und vor allem die Fähigkeit vermutete, aus Deutschland in relativ kurzer Zeit ein Land zu machen, in dem alles viel schöner und besser ist, als es vorher war. Drittens, hat die nervöse und seelische Erschöpfung, die durch die unmittelbaren Kriegsereignisse, vor allem durch die Bombardierungen, hervorgerufen wurde, bewirkt, daß die Menschen sehr empfänglich waren für alles, was ihnen in diesem Augenblick der eintretenden Ruhe geboten wurde. All dies wird in kurzer Zeit verschwinden. Mit der Tatsache, daß wieder Frieden ist, kann man den Leuten nach drei Monaten nichts Neues mehr sagen; die Ernährung wird sehr viel schlechter werden, das Wohnungsproblem wird für längere Zeit ungelöst bleiben; es

---

1 Der Brief (MS) weist zahlreiche hs. Korrekturen, Ergänzungen und einige hs. Unterstreichungen auf. Sie wurden in die Wiedergabe eingearbeitet. Nur inhaltliche Varianten sind in den Anmerkungen dokumentiert.
2 In der Vorlage wurde die Monatsangabe hs. von Mai in Juni geändert.
3 Eichler beschäftigt sich eingangs zunächst mit persönlichen Problemen eines ISK-Mitglieds.
4 Nicht ermittelt. Vermutlich Angehöriger des britischen Nachrichtendienstes.
5 Lieutenant Leonard Appel war im Juni/Juli 1945 nach der Abreise Pratts mit der Leitung des OSS-Labor Desk in London beauftragt. OSS-London, War diaries, S. 294.

wird vielleicht Zwangsarbeit organisiert werden; Wiedergutmachungen werden verlangt werden; es wird keine erhebliche „Epuration"[6] stattfinden; und es werden manche anderen Blütenträume nicht reifen, denen sich bereits manche hingegeben hatten. Daraus folgt für eine auf etwas längere Sicht hinarbeitende Politik, daß Deutsche nicht bezahlter[7] Teil der Okkupations-Maschinerie sein dürfen, wenn sie se[lb]er als Leute auftreten wollen, die politische Pläne haben, die aus objektiven Gründen konzipiert und nicht aus Rücksicht auf eventuelle Brotgeber gestaltet worden sind. Ich habe diese Ansicht vor allem dem Major Rokeby in unserer Unterhaltung gesagt, der dazu nur bemerkte: „Sie haben vollkommen Recht". Der zweite geht in folgende Richtung:

1.) Wenn wir auch nicht als irgendein Bestandteil der Besatzungsbehörden auftreten können, und es auch nicht sein wollen, so müssen wir andererseits alles versuchen, in engem Kontakt[8] zu diesen Behörden zu stehen, soweit diese wirklich der Natur der Sache nach, d.h. aus eigenem, wohlverstandenem Interesse und aus allgemein-menschlicher Rücksicht, für dasselbe eintreten wie wir. Das ist absolut der Fall bei der Ausrottung aller Spuren der Nazibewegung. Für diesen speziellen Punkt, glaube ich, können wir jede Zusammenarbeit ehrlich übernehmen und jedem gegenüber verantworten, auch wenn wir es nicht publik machen.

2.) Wir können also, was einfach ist, eine Maschinerie uns aufbauen, die so funktioniert, daß unsere Freunde einen Mittelsmann kennen, der unseren Freunden bei den Besatzungsbehörden die Informationen gibt, die für den hier genannten Zweck nützlich sind.

3.) Es gibt darüber hinaus für eine Reihe von Bekannten und vielleicht auch für manche unserer Freunde eine Möglichkeit, als Angestellte der Behörden nach Deutschland zu gehen, wenn diese Anstellung offensichtlich technischer Natur ist und wenn diese Freunde später an irgendeiner prominenten Stelle zu wirken nicht die Absicht oder das Vermögen haben. Solche Arbeiten sind etwa Übersetzerarbeiten, Zensorenarbeiten und dgl.

4.) Es ist wichtig, unseren Rat überall da anzubringen, wo er entweder gewünscht wird oder wo wir glauben, er sollte gewünscht und befolgt werden. Das ist der Fall bei der Besetzung von bestimmten Stellen durch entweder zuverlässige Menschen oder, darüber hinaus, durch unsere mehr oder weniger engen Freunde. Das Beispiel, das Ihr anführt: Kramers[9] Hilfe bei der Ernennung des Polizeipräsidenten und des Bürgermeisters von Leipzig, beweist nicht, daß man Angestellter sein muß; es beweist auch nicht, daß man in Uniform herumlaufen muß; es beweist nur, daß man Mittel und Wege finden muß, der A[merican] M[ilitary] G[overnment] oder später der A[llied]

---

6 Reinigung, Säuberung.
7 Vorlage: „bezahlter" hs ergänzt.
8 Vorlage: „Bestandteil" und „engem Kontakt" hs. unterstrichen.
9 Das ist Hans Jahn. Jahn war im zunächst amerikanisch besetzten Leipzig am Aufbau der Gewerkschaften beteiligt.

C[ontrol] C[ouncil] vernünftige Ratschläge zukommen zu lassen. Wie das möglich ist, dafür lassen sich natürlich keine allgemeinen Richtlinien entwickeln; umso mehr bleibt hier der Initiative jedes einzelnen überlassen, der versuchen muß, persönlichen Kontakt herzustellen. Da wir Kontakt zu den Behörden überhaupt haben, hängt sehr viel davon ab, herauszufinden, wer der Verantwortliche ist für bestimmte Ressorts, und welche Möglichkeiten bestehen, an ihn bestimmte Vorschläge heranzubringen. Ich brauche hier nicht zu betonen, daß diese Vorschläge durchaus nicht immer un- mittelbar an die Betreffenden gelangen müssen, obwohl man sich durch die hohe Stellung mancher dieser Funktionäre durchaus nicht gleich ins Bockshorn jagen las- sen sollte.[10]

Es ist noch alles im Fluß und wie Ihr wißt, sind gerade jetzt zunächst einmal die ober- sten Spitzen des A[llied] C[ontrol] C[ouncil] zusammengetreten. Ich nehme an, daß in den nächsten Wochen konkrete Richtlinien wenigstens von den Westmächten beschlos- sen werden und daß dann eine etwas zielbewußtere Politik auch von uns betrieben werden kann. Ich habe von drei persönlichen Besprechungen der letzten Wochen den Eindruck, daß die Möglichkeit bestehen wird, die Entwicklung der neuen deutschen Arbeiterbewegung etwas mit zu beeinflussen, wenn wir diese Gelegenheit wahrnehmen. Aber, wie gesagt, wir wollen sie wahrnehmen in einer unabhängigen Position. Ich habe gesprochen:

1.) Gordon Bamford[11], der jetzt englischer Major ist und sehr hofft, bald in eine unab- hängigere Position zu kommen, und zwar beim Aufbau der deutschen Arbeitsämter im englisch besetzten Gebiet. Er ist Labour Mann und schätzt uns sehr; falls ihn René [Bertholet] zufällig irgendwo trifft, kann er sich auf mich berufen.

2.) Ich habe ferner gesprochen, und zwar ausführlich, Oberst Porter, den Hauptberater der amerikanischen Militärregierung für Arbeiterfragen. Er ist jetzt in Frankfurt, und wird später wahrscheinlich nach Wiesbaden gehen. Er ist ein amerikanischer Ge- werkschafter, Sekretär der Schiffsbauergewerkschaft, und teilt völlig unsere Meinung über den Áufbau deutscher Gewerkschaften.

3.) Das gleiche trifft zu bei Captain Rutc, der eine ähnlich hohe Stellung hat und jetzt in Frankfurt ist. Auch er ist alter Gewerkschafter, Schriftsetzer, und kennt Deutschland aus früheren Reisen sehr gut; er hat auch gelegentlich Vorträge in der Bernauer Ge- werkschaftsschule gehalten. Er ist sehr beunruhigt über das Fehlen jeder grundsätzli- chen Politik im westlichen Besatzungssektor, und hat jetzt vor, zusammen mit eini- gen Freunden ein Memorandum auszuarbeiten, in dem der A[llied] C[ontrol] C[ouncil] aufgefordert wird, den Aufbau wirklicher deutscher Gewerkschaften von sich aus zu ermutigen und nicht nur hier und da schüchtern auftretende Versuche

---

10 Vorlage: An dieser Stelle befinden sich einige unleserliche stenographische Kürzel.
11 Bamford stellte die Verbindung zwischen dem PV und den Gewerkschaftern Schlimme und Göring in Berlin her. Vgl. Ollenhauer an Gottfurcht vom 13.9.1945, AdsD Bonn, PV-Emigration, Mappe 84.

nachträglich mit süß-saurer Miene zu tolerieren[12]. In diesen Richtlinien soll auch verankert werden, was zu einer richtigen Gewerkschaft gehört, und es sollen darin Wege angedeutet werden, wie verhindert werden kann, daß irgendeine zufällig zusammengewählte Vertretung von Arbeitern als der Keim einer neuen, wirklich freien Gewerkschaftsbewegung anerkannt wird.

Falls dieses Memorandum irgendwie akzeptiert wird, möchte Rutc dann sofort eine ganze Reihe deutscher Antifaschisten, die für den Aufbau einer solchen Arbeiterbewegung Neigung, Erfahrung und Geschick genug mitbringen, nach Deutschland haben und sie dort plazieren, wo sie am nötigsten sind. Selbstverständlich ist dies eine gute Gelegenheit für eine Reihe unserer Freunde, gute Arbeit zu leisten. Wie weit über solche Möglichkeiten hinaus eine ausgesprochene ISK-Arbeit, und von wem, und wo in Gang gebracht werden oder vertieft werden kann, brauche ich in diesem Brief hier nicht zu erörtern, weil es zu weit führen würde und, wie ich glaube, im Augenblick noch nicht spruchreif ist – es sei denn, daß irgendjemand aus irgendeinem Grunde nicht in Deutschland an der Arbeit teilnehme. Aber auch für diese Arbeit im Aus[land] eilt es im Augenblick nicht, R[icht]L[inien] aufzustellen. Ich möchte darüber erst eine Besprechung haben, mindestens unter den hier vorhandenen Funktionären, und werde Euch dann rechtzeitig Gedanken darüber vorlegen.

Felix[13] hat mir erzählt, daß René [Bertholet] Heini[14] gesehen hat. Ich bin froh, daß das möglich war. Ich weiß nicht, ob Heini inzwischen Briefe von mir erhalten hat. Ich habe seinen Bericht vom 20. April[15] im Original und ungekürzt bekommen, wenn auch erst Ende Mai, und habe mich gefreut, daraus zu sehen, daß es richtig war, Heini dahin zu schicken, auch wenn die Anfangsbedingungen nicht sehr großartig schienen und es auch nicht waren. Bei der Situation, wie sie sich jetzt nach der völligen Zerstörung Deutschlands herausgestellt hat, läßt sich nicht sehr viel Besseres aus den einzelnen unserer Freunde herausholen, es sei denn sie hätten ganz außerordentliche Qualitäten. Heinis Bericht bestätigt, daß man, ohne angestellt zu sein, Verbindungen haben kann zu den Stellen, von denen wir gesprochen haben, und er bestätigt, daß man selbst in einem so relativ begrenzten Rahmen nützliche Arbeit leisten kann – auf alle Fälle nützlichere, als sie die meisten leisten, die heute nicht in Deutschland sind. Ich hörte gerade gestern, daß Otto B[ennemann] sich in Hannover befindet und, daß auch Alfred [Dannenberg] dort ist. Gestern erhielt auch Elisabeth [Innis] einen ausführlichen Brief von Erich [Irmer], der auch in Hannover gewesen war und sich jetzt in Minden befindet – mit interessanten Feststellungen über die Lage in Deutschland, die ich hier nicht zu wiederholen

---

12 Vorlage: „ermutigen", „nicht nur", „zu tolerieren" hs. unterstrichen.
13 Nicht ermittelt.
14 Das ist Willi Heidorn, der inzwischen unter dem Namen Werner Hansen in Köln mit dem Aufbau der Gewerkschaften beschäftigt war.
15 Heini [Werner Hansen/Willi Heidorn] an Eclair [Eichler] am 20.4.1945, 16 S., AdsD Bonn, ISK, Box 56.

brauche, da sie nur das Bild bestätigen, das man durch ein sorgfältiges Studium des verschiedenen uns zur Verfügung stehenden Materials bekommt.

Es ist vereinbart worden in der Unterhaltung, über die ich sprach, daß Jupp [Kappius], Anne[16] und Willi B.[17] in sehr kurzer Zeit, vielleicht nächste Woche, zurückgehen sollen in die Stadt, in der sich Jupp eine längere Zeit aufgehalten hat. Da alle drei erst vor kurzem noch in Deutschland waren, hält man es für besonders leicht, sie wieder dahin zurückzubringen. Wegen Claus [Mayer][18] und Erna [Burchett][19] will Major R[okeby] sich mit seinen englischen Behörden in Verbindung setzen, da die Amerikaner damit, mit Hamburg, nichts zu tun haben. Auch über die Rückkehr der anderen, von Dir in Deiner Liste Erwähnten, waren sie sich einig; allerdings ist, wie ich glaube, keineswegs sicher, daß deren Rückkehr sehr schnell vor sich gehen wird. Falls Van Arkel[20] einige einfach mitnehmen und an Ort und Stelle den entsprechenden Leuten vorstellen könnte, würde dies, glaube ich, ein empfehlenswerter Weg sein, immer vorausgesetzt, daß damit nicht so feste Bindungen hervorgerufen werden, die zu vermeiden ich gerade in diesem Brief empfohlen habe.

Verantwortlich für die OSS-Arbeit bei den Amerikanern wird nach seiner Rückkehr aus Amerika, die Anfang September erfolgen soll, G[eorge] Pratt sein. Ich glaube, daß dies eine gute Entwicklung ist. Der größte Teil der OSS-Leute geht nach Amerika zurück, auch Jo.[21]

Ich würde zunächst weder raten, daß Willi K[irstein][22] hierher kommt, noch daß Ruth [Hall] dorthin geht, und zwar deswegen, weil ich glaube, daß man später die Einreise beider nach Deutschland wird beschleunigen können mit der Begründung, daß sie nun so lange getrennt waren und „refamiliert" werden möchten, was angesichts der harten Arbeit Willis besonders befürwortet zu werden verdiente.

Wegen meines eigenen „Einsatzes" könnte ich mir schon etwas davon versprechen, in die Schweiz zu kommen und von dort aus auch einfach mit einem Van Arkel-Trip[23] an Ort und Stelle gebracht zu werden. Ich glaube, daß ich in einigen Wochen meine Arbeit hier soweit abgeschlossen haben werde, daß ich sie dann Vertretern übergeben kann. Vielleicht höre ich aber auch inzwischen von Ruth, oder es kommen eindeutigere

---

16 Nicht ermittelt.
17 Nicht ermittelt.
18 Nicht ermittelt.
19 Nicht ermittelt.
20 Gerhard P. van Arkel, Leiter des OSS Labour Desk in der Schweiz.
21 Das ist Otto Pfister.
22 Vermutlich Kirstein. Willi Kirstein war einer der ISK-Leute, die im Rahmen von OSS/SOE-Missionen nach Deutschland eingeschleust wurden. Er wurde von der Gestapo verhaftet, zum Tode verurteilt, aber noch vor der Hinrichtung von den Alliierten befreit. Vgl. Link, ISK, S. 313f.
23 Eichler spielt hier auf die formlose Rückkehr Hoegners an, der am 6. Juni 1945 im US-Jeep aus der Emigration in der Schweiz nach München zurückgebracht wurde. Van Arkel war Leiter des OSS-Labor Desk in Bern, während Hoegner selbst den „Trip" dem OSS-Leiter in Bern, Allan Dulles, zuschreibt. Hoegner, Außenseiter, S. 185.

Richtlinien heraus, so daß wir uns im Anschluß daran sofort zur Verfügung stellen können. Wir müssen also vorläufig alle Eisen warm halten. Das sowieso, – natürlich!

Selbstverständlich könnten wir für Herrn D.[24] und seine Frau hier hinreichend sorgen. Felix hat mir erzählt, daß sie erst im September kommen könnten.

An Selmas[25] Eltern werde ich schreiben. Sie hat mir übrigens gesagt, als ich dort war, daß sie noch Geld bei ihrem hiesigen Anwalt hätte, das der ISK bekommen sollte. Falls sie aber darüber nichts schriftlich niedergelegt hat, bin ich nicht dafür, an dies Versprechen zu [erinnern][26], da ich schon den Schein vermeiden möchte, von irgendwo Geld zu bekommen, wenn dies nicht ganz und gar eindeutig dem Willen des Betreffenden entspricht. Ich glaube sie hat wohl Else [Buckner] zum Testamentsvollstrecker gemacht oder ihren hiesigen Anwalt. Ich werde Else erst morgen von dem Tod Selmas informieren, da ich erst Näheres darüber wissen wollte.

Du schreibst in Deinem Brief, ich sollte die Programmschriften[27] Vogel geben, was ich natürlich immer tue, wenn ich mehrere Exemplare habe. Falls ich nur eins habe, zeige ich es ihm mindestens. Ich habe allerding keine Programmschrift vom D[emokratischen] D[eutschland] erhalten, wohl aber die Union-Zeitung, womit Du wohl das „Neue Deutschland" meinst – da ist allerdings eine Erklärung des D[emokratischen] D[eutschland] drin.

Mit Gerda [Weil][28] ist es nach Jupps [Kappius] Darstellung absolut eindeutig, daß sie eine schlechte Rolle gespielt hat. Seiner Meinung nach ist mindestens die Verhaftung von Scheer[29] und seiner Frau[30] sowie die versuchte Verhaftung von Kurt R[egeler][31] und die erfolgte von Bertha T[urnier][32] auf Gerda [Weil] zurückzuführen, ebenso wie von Ida K[rentler][33], die nur unter der Bedingung wieder frei gelassen wurde, daß sie Kurt bei seinem Auftauchen bei ihr der Gestapo denunzieren würde.

[...][34]

---

24 Nicht ermittelt.
25 Hilde Meisel („Selma", „Hilde Monte") baute im Rahmen der OSS/SOE-Missionen in Österreich eine sozialistische Widerstandsgruppe auf, wurde beim Grenzübertritt am 17. April 1945 von deutschen Grenzbeamten gestellt und kam dabei ums Leben.
26 Vorlage: Die ursprüngliche Fassung lautete, „dies Versprechen einzulösen". Die Korrekturen sind nur z. T. leserlich.
27 Es handelt sich um die programmatischen Schriften der an Ostern 1945 gegründeten „Union deutscher Sozialisten in der Schweiz". Mitgliederlisten und Statuten dieser „Union" und die Statuten der Arbeitgemeinschaft Demokratisches Deutschland finden sich in: AdsD Bonn, ISK, Box 64.
28 Nicht ermittelt.
29 Heinz Scheer, nicht ermittelt.
30 Nicht ermittelt.
31 Kurt Regeler, Berlin. Nicht ermittelt.
32 Nicht ermittelt.
33 Nicht ermittelt.
34 Hier folgt ein kurzer Absatz mit persönlichen Wertungen über eine einzelne Person.

Was Herrn Gisevius[35] betrifft, so kenne ich den Mann gar nicht, habe aber einen sehr schlechten Eindruck von ihm aus dem, was er z.B. dem Ausfrager der „Weltwoche" erklärt hat. Ich glaube überhaupt, daß man früheren Mitgliedern des Sicherheitsdienstes[36], auch wenn sie gelegentlich Herrn Heydrich[37] aufgefallen sind, weil sie nicht ganz so große Schweine waren wie dieser, zu keiner anderen Funktion benutzen sollte als aus ihnen noch herauszukriegen, wer alles zu dieser Verbrechergesellschaft gehörte. Eure Erfahrung mit ihm scheint zu bestätigen, daß man mehr als vorsichtig mit ihm sein muß. Daß Mr. D[ulles][38] ihn zum Verwalter der deutschen Gesandtschaft machen wollte, zeigt, daß die Neigung zu politischer Idiotie auch bei hohen amerikanischen Beamten genau so vorhanden ist wie bei deutschen.

Minna [Specht] bemüht sich um ein Visum und wartet auf eine formale Einladung der Stelle, die sie als Redner oder Berater wünscht. Sie bereitet schon Schritte vor, damit sie, sobald die Einladung da ist, die betreffenden Leute aufsuchen kann.[39]

So, dies in Eile – leider fast nur geschäftliche Mitteilungen. Aber ich bin im Augenblick teils überladen mit Arbeit, teils belastet mit schwierigen Eindrücken, die das Fragwürdige jedes Versuchs, politisch eine beständige und anständige Arbeit zu leisten, immer wieder in den Vordergrund rücken, sodaß das Wertvolle dann immer wieder beinahe künstlich hervorgebracht werden muß[40] [so] daß ich heute damit schließen möchte. Hoffentlich sehen wir uns bald in Deu[tschland] wieder.

Alles Gute, und die besten Grüße allen Freunden

D. V. [...][41]

35 Gisevius, Hans Bernd, 1904-1974, Regierungsrat, während des Krieges in der Abwehr tätig, hatte in der Schweiz im Auftrag der militärischen Opposition mit den Alliierten Kontakt aufgenommen.
36 Gemeint ist die deutsche militärische Abwehr, der Gisevius angehört hatte.
37 Heydrich, Reinhard, 1904-1942, seit 1936 Chef der Sicherheitspolizei und des SD.
38 Dulles, Allan, 1893-1969, Leiter des OSS in Bern, 1953-1961 Leiter der CIA.
39 Vorlage: Der nachfolgende Text ist hs. hinzugefügt.
40 Vorlage: „sodaß ... möchte" eingefügt.
41 Es folgt eine Nachschrift über den Verbleib einer Geldsendung.

NR. 318

Statement für Dr. Kurt Schumacher über den Aufbau einer sozialistischen Partei vom 4. September 1945

AdsD Bonn, ISK, Box 60[1]

Einige notwendige Voraussetzungen für den Aufbau einer sozialistischen Partei.

Wir betrachten die sozialistische Partei als eine Kampforganisation, die sich die Eroberung der Staatsmacht zum Ziel gesetzt hat, um mit Hilfe dieser Macht den Sozialismus zu verwirklichen, der eine Gewähr dafür bietet, daß Faschismus und Kriege in Zukunft unmöglich werden.

Die sozialistische Partei kann ihre Aufgabe nur dann erfüllen, wenn sie nach sozialistischen Prinzipien aufgebaut und mit lebendigem sozialistischen Geist erfüllt ist. Die freie Diskussion über die Begründung des sozialistischen Ideals und der Wege und Mittel zu seiner Erreichung muß innerhalb der Partei erhalten bleiben, wenn sie nicht in Dogmen erstarren und unfruchtbar werden soll.

Nach den Erfahrungen des sozialistischen Kampfes in vielen Ländern sehen wir in der demokratisch-parlamentarischen Methode kein sicheres Mittel zur Erreichung der politischen Macht. Die Reaktion betrachtet die Demokratie nur als Fassade zur Verschleierung der wirklichen Machtverhältnisse. Sie findet sich mit der Demokratie ab, solange ihr keine Gefahr von dieser Seite droht, sie ist aber nicht bereit, auf Geheiß der Mehrheit ihre Machtpositionen und Privilegien freiwillig aufzugeben, auch dann nicht, wenn die berechigten Interessen der ausgebeuteten Massen des Volkes dies erfordern. Die sozialistische Partei muß diesen Tatsachen Rechnung tragen und sich auf den Widerstand der Reaktion gegen die Einführung des Sozialismus vorbereiten. In revolutionären Situationen muß sie bereit sein, auch ohne Zustimmung der Mehrheit des Volkes die Macht zu ergreifen.

Die Erhaltung des lebendigen sozialistischen Kampfgeistes in der Partei ist aufs engste verknüpft mit der politischen und charakterlichen Qualität des Funktionärkörpers. Die Rolle des Funktionärkörpers für die politische Willensbildung einer politischen Partei kann nicht überschätzt werden. Nur ein Funktionärkörper, dessen Mitglieder durch

---

1 Vorlage: Am Kopf oben links ist „Willi" vermerkt, es war das für Eichler bestimmte Exemplar. -
Verfasser der Erklärung waren die ISK-Teilnehmer der Besprechung mit Schumacher am 6. September 1945, Willi Eichler, Alfred Dannenberg, Otto Bennemann. Dem vorangegangen war eine Versammlung der ISK-Mitglieder aus dem Raum Hannover mit Eichler, auf der diese Fragen diskutiert worden waren. Bennemann, der schon im Juni 1945 eine erste Besprechung mit Schumacher hatte, war bei einer weiteren Besprechung mit Schumacher und Franke von letzterem bedeutet worden, es würden zwei Parteien aufgebaut, die SPD und die KPD. Sie könnten sich für eine entscheiden. Gespräch mit Otto Bennemann am 9.11.1995; Besprechung vgl. Nr. 319.

ihr praktisches Verhalten beständig beweisen, daß sie gewillt sind, als Sozialisten zu leben und zu kämpfen, kann das unerläßliche Vertrauen zur Führung und damit die Moral in einer Massenpartei aufrecht erhalten.

Die Auswahl der Funktionäre muß deshalb mit größter Sorgfalt vor sich gehen. Grundsätzlich sollte nur derjenige Funktionär werden können, der durch seine Arbeit in der Partei und durch seine sozialistische Lebensweise bewiesen hat, daß er seine Kräfte aus ideellen Motiven zur Verfügung stellt und nicht aus anderen Beweggründen. Zu den unerläßlichen Eigenschaften eines Funktionärs gehören Charakterstärke und politische Klugheit. Die Stärke des Charakters ist die einzige Gewähr gegen das Absinken des Funktionärkörpers und damit der Partei in opportunistische und unsozialistische Politik.

Es erscheint uns aus diesen Gründen notwendig, folgende Anforderungen an einen sozialistischen Funktionär zu stellen:

Das Einkommen eines besoldeten Funktionärs der Partei soll das Einkommen der bestbezahlten Facharbeiter nicht überschreiten. Die Flucht in die Spesenrechnung muß als Weg zur Erhöhung des Einkommens ausgeschaltet werden.

Eine ähnliche Regelung sollte gelten für alle Mitglieder und Funktionäre der Partei, die durch die Organisation in Ämter und Stellungen gelangt sind, aus denen sie Einkommen beziehen. (Abgeordnete, Angestellte und Beamte in öffentlichen Stellungen, besonders in Stellungen politischer Art.)

Um der Gefahr einer Cliquenbildung entgegenzuwirken, müssen alle besoldeten Parteiämter öffentlich ausgeschrieben werden. Bei der Besetzung der Ämter ist der Einfluß der Mitglieder oder der unteren Parteiorgane zu sichern. Sowohl die Parteiämter als auch andere durch den Einfluß der Partei zu vergebende Stellen sollen unter Kontrolle eines ehrenamtlichen Parteiausschusses stehen. Die Gehaltslisten sollen allen Parteimitgliedern zur Einsicht offen stehen.

Die zur Erreichung einer größeren Schlagkraft eingeleitete Zentralisierung der Machtbefugnisse in den Händen der höheren Funktionäre und Parteistellen hat zur Lähmung der Initiative und Lebendigkeit und der gesamten Organisation besonders in ihren unteren Einheiten geführt. Um dieser Gefahr zu begegnen, ist durch geeignete organisatorische Maßnahmen das größtmöglichste Maß von Selbstverwaltung und Selbsttätigkeit für die unteren Parteiorgane zu sichern. Ihnen müssen größere Autonomie und größere organisatorische Rechte zugebilligt werden. Durch diese Maßnahmen ergibt sich eine Stärkung des ehrenamtlichen Funktionärkörpers gegenüber dem besoldeten, die außerordentlich zu begrüßen ist.

Die Überalterung des Funktionärkörpers war ebenfalls ein sehr lähmender Faktor. Die systematische Schulung und Heranziehung junger Genossen für Funktionärämter ist nötig.

Die Erstarrung der Organisation und das Fehlen freier Regungen ist weitgehend durch die Unterdrückung einer ordentlichen Kritik entstanden. Die Furcht vor freier Kritik sowie die Erschwerung oder Unmöglichkeit einer sachlichen Auseinandersetzung der verschiedenen Meinungen innerhalb der Partei drängte jede Opposition auf den Weg der Fraktionsbildung. Macht-Kämpfe setzten ein, und Spaltungen waren die unausbleib-lichen Folgen.

Um einer solchen Entwicklung vorzugreifen, ist ein hohes Maß von Toleranz in der Parteisatzung und im Parteileben zu verankern. Dieses gründet sich auf Achtung und Respekt gegenüber anderen in der Partei vertretenen Ansichten. Die Möglichkeiten zur freien und sachlichen Kritik aller Arbeiten der Partei muß unbedingt gegeben werden. Es muß auch genügend Gelegenheit für den Ausdruck einer von der Parteilinie abweichen-den Meinung vorhanden sein. Wir denken hierbei auch an die Freiheit der Diskussion in der Parteipresse und anderen Organen der Partei.

Wir halten es für notwendig, daß die Partei die Sammlung aller Sozialisten in einer Organisation erstrebt. Um dieser Sammlung keine unnötigen psychologischen Hinder-nisse in den Weg zu legen, empfehlen wir, durch Änderung des Namens der Partei den Willen zur Einigkeit der Arbeiterbewegung zu dokumentieren.

Hannover, den 4. September 1945.

NR. 319

Protokoll der Besprechung Willi Eichlers und anderer ISK-Mitglieder mit Dr. Kurt Schumacher und weiteren Sozialdemokraten am 6. September 1945

AdsD Bonn, ISK, Box 60

Aussprache des Genossen Schumacher mit einigen Genossen[1] der SAP und [des] ISK über die „Voraussetzungen für den Aufbau einer sozialistischen Partei" am 6. September 1945.

Dem Genossen Schumacher wurde von den anderen Genossen das beiliegende Schreiben[2] ausgehändigt, zu dessen einzelnen Punkten er dann wie folgt Stellung nahm.

Zum Punkte der Machtergreifung der Partei auf revolutionärem Wege:
Er stehe nach wie vor zu der Auffassung der evolutionären Machtergreifung, halte aber die Diskussion des Fragenkomplexes für tragbar und ersprießlich.

Zur Auswahl der Funktionäre (Einkommensbeschränkungen etc.):
Die Höhe der Gehälter der besoldeten Funktionäre sollte man den Gehältern der Gewerkschaftsangestellten angleichen.
Viele Wissenschaftler und Beamte aus höheren Stellungen werden zur SP stoßen, und da wird die Herabdrückung auf das Niveau eines Facharbeiters einige Schwierigkeiten machen. Außerdem haben die Angestellten der Partei Familie und den Wunsch, ihren Kindern eine höhere Schulbildung zuteil werden zu lassen. Die Industrie wird für fähige Menschen immer mehr bezahlen, was für die Besoldung von besonderen Fachkräften in der Bewegung von Wichtigkeit sein kann.

Cliquenbildung:
Er ist immer gegen Cliquenbildung gewesen und ist da unserer Ansicht.

Namen der Partei:
Er hält es für fair, offen auszusprechen, daß er sich für den Namen Sozialdemokratie einsetzen wird. Wenn die Parteikonferenz anders beschließt, wird er den Beschluß akzeptieren.

---

1 Nach den Angaben Eichlers in Nr. 320 nahmen von Seiten des ISK außer ihm Kappius, Bennemann und Dannenberg teil, von Seiten der SPD u. a. Schumacher und Franke.
2 Vgl. Nr. 318.

Zusammenarbeit mit den Kommunisten:

In der Zusammenarbeit mit den Kommunisten liegt die Gefahr der Identifizierung mit der kommunistischen Politik, als einer Politik einer Agentur der russischen nationalistischen und imperialistischen Großmacht. Die SP orientiert sich weder russisch noch englisch oder amerikanisch, sondern nur nach den Interessen der Arbeiter. Die SP ist bereit, in praktisch[en] politischen Fragen mit der KP zusammenzuarbeiten. Eine weitergehende Zusammenarbeit lehnt sie vor der Konstituierung der Partei ab.

Nr. 320

Bericht Willi Eichlers für ISK-Funktionäre über seine Reise nach Deutschland im Sommer 1945 vom 22. Oktober 1945

AdsD Bonn, ISK, Box 61[1]

Die Lage in Deutschland.

Für meine Reise nach Deutschland waren zwei Dinge von ausschlaggebender Bedeutung, die ursprünglich für solche Fälle gar nicht vorgesehen waren: Die guten Beziehungen zu den englischen Behörden und das Vorhandensein der „Union". Man kann sagen, daß das Vorhandensein der „Union" und die Arbeit, die wir in sie hineingesteckt haben, um sie entgegen den Miesmachereien aller möglichen Dummköpfe und Neidhammel aufrecht zu erhalten, sich schon deswegen gelohnt hat, weil dadurch der Zugang zu einer Reihe von sozialistischen und anderen Genossen geschaffen wurde, der sonst sehr viel schwerer, wenn überhaupt möglich gewesen wäre. So konnte ich z.B. meine Reise gleichzeitig als Vorstandsmitglied des ISK, der „Union" und als Beauftragter der ITF und des IGB unternehmen; ich hatte außerdem einen Generalausweis der hiesigen Quäker, der mir bescheinigte, daß diese Leute unsere politischen Bestrebungen in Deutschland völlig billigten, und ihre Anhänger aufforderte, uns dabei mit allen Kräften zu unterstützen. Ich hatte keiner Behörde gegenüber igendwelche Verpflichtungen, außer ihnen im einzelnen mitzuteilen, an welchen Stellen ich festgestellt zu haben glaubte, daß hier Unterlassungen oder Taten vorlägen, die früher oder später einer militaristisch-nationalistischen Erhebung innerhalb Deutschlands Vorschub leisten könnten. Diese Verpflichtung konnte ich um so leichter übernehmen, als ich mich immer bemüht hätte, solche Beobachtungen den entsprechenden Stellen zur Kenntnis zu bringen, die etwas dagegen unternehmen könnten.

Ich hatte mir vorgenommen, in Deutschland herauszubekommen:
1) Was unsere engeren Freunde denken und tun;
2) welcher Zustand in der sozialistischen Bewegung herrscht;
3) in der kommunistischen Bewegung;

---

1 Außer diesem Bericht existiert ein sechsseitiges englischsprachiges Resümee von Eichlers Reise, „Impressions of Germany" vom 18.10.1945, das für Major Rokeby bestimmt war. Darin geht Eichler auf die Verhältnisse in den drei Westzonen ein. AdsD Bonn, ISK, Box 61. – Der Bericht weist einige hs. Korrekturen und Zusätze auf. Sie wurden in die Wiedergabe eingearbeitet, nur inhaltliche Varianten sind in den Anmerkungen dokumentiert. Die Überschriften sind ms. unterstrichen, der Titel wird auf jeder neuen Seite als Kopfzeile wiederholt.

4) welche Möglichkeiten bestehen hinsichtlich einer einheitlichen Bewegung, sowohl in gewerkschaftlicher als auch sonst links-politischer Richtung;
5) welche Kräfte für eine vernünftige Verwaltungspraxis vorhanden sind;
6) wie die Politik die Alliierten und ihre praktische Anwendung in dem von ihnen besetzten Gebiet Deutschlands ist;
7) darüber hinaus selbstverständlich jede Einzelheit zu studieren, die mir im Rahmen des gesamten Unternehmens wichtig und registrierungswert erschien.

Ich war am Freitag, dem 7. Sept[ember] 1945, in Köln und fand dort noch völlig unbeschädigt an der Mauer klebend einen Erlaß des Führers über „Die Bildung des deutschen Volkssturms". Er beginnt: „Nach fünfjährigen schwersten Kämpfen steht infolge des Versagens fast aller unserer Verbündeten der Feind an einigen Fronten in der Nähe oder an den deutschen Grenzen ...“ Es ist nicht nur symptomatisch, daß dieser Erlaß noch munter an Kölner Wänden kleben konnte, wichtiger scheint mir, daß ein großer Teil des deutschen Volkes, wenn nicht der größte, auch heute noch davon überzeugt ist, daß sein Unglück daran lag, daß andere versagt haben. Die Selbstkritik der Deutschen, wobei ich hier immer die Minderheit ausnehme, die seit Jahren eigene Gedanken über die deutsche Politik gehabt hat, ist heute so wenig entwickelt, daß man Beschwerden und Klagen über alles und jedes hören kann, nur nicht über die eigene Unzulänglichkeit. Man beschwert sich über die Besatzungsarmee, man beschwert sich über Hitler und die Nazis überhaupt, über die geringe Lebensmittelmenge, über die Bombenschäden, die man erlitten hat und über vieles mehr, aber nur wenige Menschen halten daran fest und gehen davon aus, daß sie dies alles in der Tat dem Führer und ihrer eigenen Indolenz zu verdanken haben und daß sie also etwas unternehmen müßten, um gegen die letztere Eigenschaft zu Felde zu ziehen. Die Selbstkritik ist vor allem deshalb so schwer zu entwickeln, weil gerade in der letzten Zeit das deutsche Volk unter den Wirkungen des Krieges und der unmittelbaren Nachkriegszeit zu leiden gehabt hat. Die deutschen Großstädte sehen entsetzlich mitgenommen aus, jedenfalls jede einzelne schlimmer als die meist zerstörten Städte Englands; die Verluste durch den Krieg und durch die Bombenschäden, nicht nur an Material sondern auch an Menschen, müssen ungeheuerlich sein. Die Ernährung ist in den letzten Monaten in manchen Städten so weit herabgesetzt worden, daß man mit Recht von einer Hungerration sprechen kann. Die Menschen sagen sich also: Wir sind in diesem Kriege bereits so schwer mitgenommern worden, daß es ungerecht ist, uns jetzt noch durch besondere Maßnahmen, wie die künstliche Aufrechterhaltung der Arbeitslosigkeit, die immer wieder zurückgehaltene Produktion von Konsumgütern, die Zurückhaltung der Kriegsgefangenen, Zerstörung der deutschen Industrie usw., besonders zu bestrafen. Hinzu kommt, daß die Unterstützung der deutschen Faschisten auch durch andere Kräfte als durch Deutsche für viele den billigen Entschuldigungsgrund abgibt, die unleugbare Schuld des deutschen Volkes am Ausbruch des Krieges abzustreiten. So findet man gelegentlich selbst in linken Kreisen eine erstaunliche Atmosphäre von Selbstgerechtigkeit, die zu den schwersten Befürchtungen Anlaß geben kann. Diese

Befürchtungen, soweit ich sie habe, beziehen sich hauptsächlich darauf, daß es auch dieses Mal wieder völlig unterlassen werden könnte, bis zu den moralischen Ursachen dieses Krieges vorzudringen, so vor allem Jeden zu bewegen, sich selbst an seine eigene Brust zu schlagen und sich selber zu ändern, anstatt nur darauf zu bestehen, daß jeder andere das tut. Wie gesagt, von einer solchen inneren Umkehr habe ich in Deutschland nur bei wenigen Menschen etwas bemerkt, bei den meisten noch nicht einmal eine Erkenntnis der Ursachen dafür, daß das deutsche Volk heute im Auslande wie eine Herde Aussätziger betrachtet wird, und nur wenige haben eine Vorstellung davon, was die Verbrechen von Maidanek, Auschwitz und all der vielen anderen Stätten ewiger Schande für das Ansehen des deutschen Volkes bedeuten. Der immer wiederkehrende Refrain bei Unterhaltungen darüber, warum das alles in Deutschland so wenig Protest hervorgerufen habe, ist einfach der: Man mußte doch leben, und was sollte man denn machen. Dabei ist, was hier auch sonst festgehalten werden muß, von allen Leuten in Deutschland unbestritten, daß in der Zeit der deutschen Siege das deutsche Volk fast vollständig hinter seinem Führer stand, immer wieder die kleine Minderheit ausgenommen, die ich schon erwähnt habe. Diese kleine Minderheit hat leider nicht vermocht, sich in ständiger Verbindung mit dem Ausland und mit den ausländischen Antifaschisten zu halten. Dies muß hier besonders erwähnt werden, weil ein großer Teil des heutigen Unglücks von diesem Mangel an Zusammenarbeit herrührt. Wenn der Zusammenhalt dieser geringen Minderheit innerhalb Deutschlands hätte aufrecht erhalten werden können und wenn diese Minderheit mit den Gesinnungsgenossen deutscher oder anderer Nationalität dauernden Kontakt hätte haben können, um auf diese Weise zu demonstrieren, daß die außerhalb Deutschlands kämpfenden Antifaschisten wirklich eine Schar von Verbündeten in Deutschland hatten, dann hätte sich sicherlich bei den maßgeblichen Stellen der Alliierten hinreichender Widerhall finden lassen für die Idee, die deutsche Minderheit auch wirklich öffentlich als Verbündete anzuerkennen, sie ganz anders moralisch und materiell zu unterstützen u[nd] sie nach dem Zusammenbruch viel eher und planmäßiger an dem Aufbau einer von Deutschen verantwortlich geführten Verwaltung teilnehmen zu lassen. Es war der Versuch, eine solche Entwicklung voranzutreiben, als wir uns bemühten einige Jahre vor dem Zusammenbruch des Dritten Reiches, die Verbindung mit den in Deutschland lebenden Antifaschisten verstärkt aufzunehmen und sie zu vertiefen und sie so weit wie möglich zur Kooperation in vernünftigen Aktionen mit den Alliierten zu bewegen und fähig zu machen, indem wir einige Genossen nach Deutschland schickten. Was diese Genossen uns dann berichteten sowie das, was man heute nachträglich aus Deutschland hört, scheint mir ganz klar zu machen, daß sich bei hinreichend rationeller Verwertung der in Deutschland vorhandenen Kräfte etwas ganz anderes hätte erreichen lassen als das, was sich heute dem Beschauer darstellt. Es ist eine vollkommen falsche Einschätzung der Situation, wenn man glaubt, daß das, was heute in Deutschland und bei der Regelung der sogenannten deutschen Frage sich abspielt, etwas sei, das unabwendbar hätte so kommen müssen und das man seit 10 oder 15 Jahren hätte voraussehen können. Es handelt sich bei einer solchen Argumentierung immer nur um die

Wiederholung einer längst bekannten Erscheinung: Jemand, der aus Faulheit oder Torheit es unterläßt, etwas zu unterstützen, das zu unterstützen er fähig gewesen wäre, kann hinterher immer leicht darauf hinweisen, daß, wie man ja sähe, diese oder jene Entwicklung doch nicht eingetreten sei, und daß er also in seiner Faulheit und Unintelligenz noch bestätigt sei. Wie gesagt, auch in diesem Falle wäre nichts falscher als dies. Die deutsche Opposition in ständigem Zusammenhang mit den Kräften des Auslandes hätte moralisch ein ganz anderes Gewicht gehabt, und zwar gegenüber sich selber und noch mehr gegenüber den anderen. Sie hätte sofort nach dem Einmarsch der Alliierten mit einer ganz anderen Autorität auftreten können und hätte auch auf ganz andere Taten zur Legitimation ihrer Forderung, an der Verwaltung mitbeteiligt zu werden, hinweisen können. Es spricht auch nichts gegen die Annahme einer solchen Entwicklung, daß in manchen Staaten die Besatzungsbehörden die bereitwilligen Kräfte mancher fähiger und gutwilliger Deutschen auch da nicht einmal akzeptierten, wo diese sich nach dem Zusammenbruch den Alliierten anboten- damals herrschte eben bereits dank der ganzen Entwicklung in Deutschland und innerhalb der deutschen Emigration der allgemeine Eindruck vor: Die Deutschen sind für Arbeiten dieser Art zunächst überhaupt nicht tauglich, und man muß sie zunächst wie Kinder behandeln.

Es wäre falsch, gerade für Deutsche, in dieser Situation den Gekränkten zu spielen, selbst da, wo der eine oder andere Recht hätte, sich wirklich gekränkt zu fühlen. Was sich in Deutschland, meinen Beobachtungen nach, als das schwerste Hindernis für eine gedeihliche Entwicklung zeigt, ist der Mangel an Vertrauen zwischen den Deutschen und der Besatzungsbehörde, und darüber hinaus übrigens – woran wir ja nichts ändern können – der Mangel an Vertrauen zwischen den Besatzungsbehörden selber. Da, wo das Vertrauen zwischen Deutschen und der Besatzungsbehörde im Laufe der Zeit hergestellt werden konnte, ich habe davon eine Reihe von Beispielen erlebt, zeigte sich sofort eine glänzende Möglichkeit der wirklichen Zusammenarbeit, ein großes Verständnis der Besatzungsoffiziere für die deutschen Nöte und umgekehrt ein zunehmendes Verständnis bei den Deutschen für das Verhalten der Besatzungsmacht. Es sind in Deutschland während der Zeit meiner Anwesenheit eine Reihe von schweren verwaltungstechnischen und verwaltungspolitischen Fehlern personeller und sachlicher Art wieder gut gemacht worden, und zwar gerade dank der unablässigen Bemühungen deutscher Mitarbeiter, sodaß man durchaus die Hoffnung nicht aufgeben darf, daß dieses Verhältnis sich weiter ausbauen und so vertiefen lassen wird, daß eine Atmosphäre der Verständigung schließlich da herrschen wird, wo heute nur Befehle erteilt und befolgt werden.

Einige besondere allgemeinere Beobachtungen zunächst noch vorweg: Die gewerkschaftliche Entwicklung nahm zunächst einen ziemlich heftigen Aufschwung, da man annahm, daß die Gewerkschaften so wie früher einfach im großen Rahmen aufgebaut würden und daß sie dann bei den entscheidenden Fragen der Verwaltung und der Politik und vor allem der Wirtschaft etwas Erhebliches mit zu sagen haben würden. Der Aufbau der Gewerkschaften ist dann wieder und wieder verzögert worden und ist auch heute noch weit davon entfernt, etwa ein abgeschlossenes Ganzes darzustellen. Die Gründe dafür sind mannigfaltig, zunächst der wahrscheinlich wichtigste: Die Gewerkschaften sind dank der Vorstellung, die man heute überall von einer einigen deutschen gewerkschaftlichen Organisation hat, mächtige Gebilde, in denen sowohl die früheren christlichen als auch die demokratischen Gewerkschaften mit aufgehen und in denen vor allem ein großer Teil der aktivsten Kommunisten enthalten sein werden. Die Sorge, daß diese Kommunisten die Gewerkschaftsbewegung dominieren werden, wozu sie sicherlich immer bereit, wenn auch nicht stets in der Lage sein werden, hat sicherlich die englischen und amerikanischen Besatzungsmächte zögern lassen, eine solche Bewegung sehr zu fördern, und eine unter zentralistischer Leitung funktionierende Gewerkschaft, die für eine ganze Zone, nicht zu sprechen von ganz Deutschland, operiert, gibt es heute nicht. Die Gewerkschaften sind heute durchweg sogenannte Allgemeine Gewerkschafts-Bünde, allgemein insofern, als es keine Richtungsgewerkschaften mehr gibt und als sie auch nicht eine Föderation von zentralen Verbänden sind, sondern Gebilde in die jeder Lohn- oder Gehaltsempfänger eintritt, um dann nur seiner besonderen Sparte zugewiesen zu werden. Das gilt nicht nur für Arbeiter, sondern auch für Angestellte, Beamte und sogar für Angehörige der freien Berufe. Bis auf wenige deutsche Städte ist dieses neue Organisationsprinzip für die deutsche Gewerkschaftsbewegung akzeptiert worden. Schwierig ist bereits die Frage zu beantworten, wer anfangen soll, die deutschen Gewerkschaften aufzubauen. Sollten die früheren Vorstände zunächst als provisorische Vorstände funktionieren, die die Mitglieder neu organisieren, neue Wahlen auf Verbandstagen vorbereiten usw., oder sollten die Gewerkschaften von unten aus aufgebaut werden. Man hat sich mehr oder weniger gleichmäßig entschlossen, wenigstens in der englisch-amerikanischen Zone, den Aufbau von unten herauf vorzunehmen. Das geschieht in der Weise, daß in den Betrieben Vertrauensmänner gewählt werden und daß aus den Kreisen dieser Vertrauensmänner die höheren Funktionäre der Gewerkschaft gewählt werden, wobei allerdings die merkwürdige Erscheinung auftritt, daß die Vorstände der neu zu bildenden Gewerkschaften auch von Leuten gewählt werden können, die unter Umständen niemals der Gewerkschaft beitreten werden, doch muß dies nicht unbedingt ein Kardinalfehler sein, weil bei dem heutigen Stand der Entwicklung nicht damit zu rechnen ist, daß Vertrauensleute, die heute in den Betrieben gewählt werden, verkappte Nazis sind. Sehr abträglich für den Ruf der neuen Gewerkschaft ist die Tatsache, daß sie zunächst weder Lohnkämpfe führen darf, nicht vor dem Schlichtungsgericht funktionieren und auch keinen Einfluß auf die Preisgestaltung haben soll, doch kann man selbstverständlich die Zeit voraussehen, wo diese Beschränkungen aufgehoben werden können. Viel hinderlicher für den Aufbau der neuen Gewerkschaftsbewegung ist eine Unterlassung, die ganz und gar unverzeihlich ist: Es ist bisher keine einzige internationale Gewerkschaftsdelegation nach Deutschland gegangen, um die Verhältnisse dort an Ort und Stelle zu studieren, bevor sie im Ausland in aller Länge und Breite darüber debattiert und zum Teil mit unmöglichen Argumenten versucht, sich über eine Sache ein Urteil zu bilden, die sich ganz offenbar ihrer Kenntnis völlig entzieht. Es wurde gerade jetzt auf dem Pariser Weltkongreß der Gewerkschaften[2] beschlossen, eine Delegation nach Deutschland zu senden, so weit ich gehört habe, soll sie sich etwa 14 Tage dort aufhalten, was natürlich nichts ist. Der Aufbau einer neuen deutschen Gewerkschaft kann im wesentlichen überhaupt nur gelingen, wenn von vornherein die Kräfte der internationalen Gewerkschaftsbewegung sich lebhaft dafür interessieren. Dazu gehört meiner Meinung nach mindestens, daß ständig ein Ausschuß nichtdeutscher Gewerkschafter sich in Deutschland aufhält mit der Möglichkeit, mit den deutschen Gewerkschaften unmittelbar Fühlung zu nehmen ohne das Medium der Besatzungsarmee, um auf diese Weise zu sichern, daß es wenigstens eine Stelle gibt, an der Kontakt möglich ist mit den deutschen Menschen, die bereit sind und die es auch früher waren, wirklich ein neues Deutschland und eine neue Verwaltung dort aufbauen zu helfen. Freilich müßten auch da internationale Gewerkschafter sein, die politisch und menschlich für einen solchen schweren Posten qualifiziert sind. Bei manchen der auf dem Weltkongreß für diese Aufgabe ausgesuchten bin ich nicht überzeugt, daß sie diese Qualifikation besitzen.

Die politischen Parteien:

Es hatte in Deutschland zunächst den Anschein, als ob die Zulassung von politischen Parteien noch lange auf sich warten lassen würde, und ich hätte das auch für richtiger gehalten, weil auf diese Weise erst einmal jeder Einzelne hätte genötigt werden können zu sagen, was er selber denkt, bevor er irgend einen Vorstand hätte um Rat fragen können. In der russischen Zone machte man bekanntlich zuerst den Anfang, eine ganze Reihe von Parteien, meist der alten Farbe, wieder zuzulassen, wahrscheinlich weil man damit ein nichtskostendes Propagandamittel hatte, um sich den westlichen Alliierten gegenüber als überlegen hinstellen zu können, und weil man wohl auch glaubte, den Erfolg der Roten Armee über die Hitler-Armee dahingehend ausnützen zu können, daß in einer Art von Manifestation des gesunden Volksempfindens die kommunistische Partei als die legale auch zahlenmäßige Führerin der Massen hätte auftreten können. Das ist inzwischen ganz anders geworden. Die Taten der russischen Besatzung, über die ich hier nicht groß zu schreiben brauche, weil sie aus den Zeitungen hinreichend bekannt sind, haben den Kommunisten ungeheuer geschadet, und sie sind zum Teil selber darüber entrüstet, was die Russen in Deutschland tun, zum Teil ärgern sie sich nur darüber, daß ihnen die schöne bequeme Propaganda unmöglich gemacht wurde. In Wirklichkeit haben in der russischen Zone die Sozialdemokraten kolossal an Einfluß gewonnen.

In der westlichen Zone hatte die eilige Gründung von Parteien im Osten die Folge, daß auch dort sofort – zunächst illegal – dann legal – mit der Bildung von politischen

---

2 Auf dem Pariser Weltkongreß der Gewerkschaften vom 25. September bis 8. Oktober 1945 war am 3. Oktober der Weltgewerkschaftsbund gegründet worden. Ihm gehörten die westlichen Gewerkschaften, die amerikanische AFL sowie die sowjetischen und osteuropäischen Gewerkschaften an.

Parteien begonnen wurde. Es zeigte sich, daß der Wunsch des größten Teils der Arbeiter gefühlsmäßig dahin ging, eine einzige linke Partei zu haben, einschließlich der Kommunisten, sowie anderer linker Gruppen aller Art. In manchen Städten und Bezirken schien es, als ob die Vorstände ehrlich daran gingen, eine solche Einheitspartei aufzubauen. Zunächst scheiterten aber alle diese Versuche daran, daß man auch in Berlin richtig organisierte Vorstände hatte und daß man sich dort darüber geeinigt hatte, zunächst die verschiedenen Parteien zuzulassen und dann zu versuchen, in gemeinsamer Arbeit zu einer weitergehenden Zusammenarbeit zu kommen. Diese Entwicklung hat im übrigen Deutschland in genau der gleichen Weise begonnen und ist, glaube ich, auch die gesundere Art, später zu einer Einheitspartei der gesamten Linken zu kommen.

Wir selber, die ISK-Genossen, auch die SAP und andere Gruppen fanden uns vor die Frage gestellt, welchen Weg wir beschreiten sollten. Es gab zwei Möglichkeiten, uns der KP anzuschließen oder SP oder eine dritte Richtung aufzumachen, die dann später versuchen konnte, bei den Einheitsbestrebungen der Linken sich einzuschalten. Nach gründlichen Untersuchungen entschieden wir uns, keine 3. Partei zu gründen, sondern – angesichts der dringenden Probleme, die heute vor der deutschen Linken stehen alles zurückzustellen, was an trennenden Gesichtspunkten sich einer Zusammenarbeit trennend entgegenstellte, und [zu] versuchen, in der neu sich bildenden SP, durch den Eintritt in sie, diejenigen Änderungen herbeizuführen, die wir immer für notwendig gefunden hatten. Wir hatten uber engere Zusammenarbeit mit den Sozialdemokraten bereits im Rahmen der Union verhandelt. Die Situation war insofern vereinfacht, als die Gruppe Neu Beginnen autoritativ erklären ließ, daß sie selber als Gruppe nicht nach Deutschland zurückgehen würden, sondern, daß sie in Deutschland in die SP eintreten würden. Große Teile der SAP sind bereits wieder zur SP zurückgekehrt oder haben angedeutet, daß sie es tun werden, ein anderer verschwindend kleiner Teil der SAP ist in die KP eingetreten, sodaß die einzige Gruppe, die bestimmte Forderungen prinzipieller Art an die SP stellte, bevor sie mit ihr eine Einheitspartei aufmachen konnte, unsere eigene ist. Ich hatte damals im Rahmen der Besprechungen in der Union gesagt, daß wir bereit seien, in die neu zu gründende SP einzutreten, wenn man uns drei Dinge konzedieren würde fortzusetzen, und zwar nicht als politische Partei, sondern als eine Organisation mit beschränkten wissenschaftlichen, pädagogischen und literarischen Zielen. Ich führte aus, daß wir versuchen wollten, unsere Arbeiten über die Begründung des Sozialismus, unsere Versuche über die Anwendung bestimmter Erziehungsprinzipien auf Organisations[-]Prinzipien, fortzuführen, das bedeutet, wir wollten [eine] eigene Zeitschrift, einen eigenen Verlag, eigene Schulen haben und einen irgendwie organisatorischen Rahmen, in dem wir praktische Erziehung durchführen können, in dem wir auch ausprobieren könnten, wie eine Organisation funktioniert, wenn die Verantwortung nicht nach dem Prinzip des Majoritätsbeschlusses verteilt wird. Hier in der Union hatte man sich damals geeinigt, die Frage noch offen zu lassen, nicht nur, weil man nicht ohne weiteres sagen konnte, ob man dafür sei oder dagegen. Der Vorschlag war ihnen sehr neu, und man meinte, eine Entscheidung nicht in der Emigration forcieren zu sollen, die im Grunde doch in Deutschland getroffen werden müsse, weil die in der Union vertretenen Mitglieder der SP nur ein Minimum, mit den in Deutschland sich befindenden Genossen verglichen, darstellt. Ich habe nun in Deutschland mit den dort führenden Sozialdemokraten Fühlung genommen, habe dort mit Severing gesprochen, und zwar längere Zeit. Er verwies mich hinsichtlich des Neuaufbaus der Partei an Schumacher in Hannover, der seiner Meinung nach der führende Sozialdemokrat, wenigstens in der englischen Zone, sei. Diese Ansicht hat sich später als richtig herausgestellt. Ich ging zu Schumacher und verhandelte mit ihm in etwa der gleichen Weise wie vorher im Rahmen der Union.[3] Schumacher zeigte volles Verständnis für unsere Forderungen und versprach, sie auf jedem sich konstituierendem Parteitag als berechtig zu verteidigen. Unsere Unterhaltung war auch sonst herzlich und, wie mit scheint, vom Geiste der Verständigung getragen. Von unseren Genossen nahmen außer mir teil: Kappius, Bennemann und Dannenberg, von den Sozialdemokraten waren noch Wassermann, Franke und Diebel außer Schumacher anwesend.[4] Das Ergebnis war, daß eine Reihe unserer Genossen in Deutschland bereits Mitglieder der SP sind und daß wir uns im übrigen entschlossen haben, immer soweit es Deutschland angeht, der sich neugründenden SP beizutreten unter den Bedingungen, die ich hier bereits erwähnt habe. Es hat am 5. und 6. Oktober 1945 in Hannover eine vorbereitende Parteikonferenz der Sozialdemokraten stattgefunden, zu der Delegierte aus allen Zonen eingeladen waren. Sie kamen auch, u.a. waren Grotewohl und Dahrendorf aus Berlin anwesend. Von unserer Seite nahmen daran teil, teils als Delegierte, teils als Gäste: Kappius, Kalbitzer, Bennemann, Dannenberg. Es wurde im wesentlichen entschieden, daß der Führungsanspruch der Sozialdemokraten aus der russischen Zone für die gesamte SP abzulehnen sei. Als Vertrauensmann für die russische Zone wurde Grotewohl, als Vertrauensmann für die westliche Zone wurde Schumacher ernannt, diese beiden sollen sich dann darüber verständigen, wann und wo der nächste Parteitag und mit welchem Programm er stattfinden soll.

Voraussagen über den Erfolg dieser Aktion sind ganz und gar unmöglich. Da bisher kein öffentliches politisches Leben in Deutschland herrschte, läßt sich die Stimmung der Massen nur aus gelegentlichen Stichproben erforschen. Ich selber hatte Gelegenheit, sehr viele Arbeiterfunktionäre sowohl aus Gewerkschaften als auch aus der SP zu sprechen. Ich sprach fast alle Bezirksvorstände der SP aus den Orten, die ich besucht habe, ich hielt eine Reihe von Reden vor Körperschaften, die aus je 30 bis 100 Partei- und Gewerkschaftsfunktionären bestanden. Mein Eindruck ist, daß es der deutschen Arbeiterbewegung an Kräften auf jedem Gebiet mangelt. Die Unwissenheit über die einfachsten Tatsachen ist fantastisch groß und der Mangel an jeglichem Material wirklich bedrückend. Ich habe Zeitungsredaktionen gesehen, die nicht das geringste Informationsmateri-

---

3 Vgl. Nr. 318, 319.
4 Ein weiteres Gespräch zwischen Eichler, Dannenberg, Bertholet und Schumacher fand am 20. September 1945 in Hannover statt. Gegenstand war die Lage in Berlin, über die Eichler und Bertholet informierten. Vgl. Aktennotiz vom 20.9.1995, AdsD Bonn, NL Schumacher, Mappe 312I.

al hatten, abgesehen von dem Nachrichtendienst der Alliierten über Tagesereignisse, sie haben keinerlei ausländische Tageszeitungen oder Wochenschriften und sind glücklich, irgendeinen Schnippel Papier zu ergattern, der eine Nachricht aus dem Auslande enthält, sei sie auch noch so banal, sie ist immer noch besser als das, was sie sonst zu sehen bekommen.

Ich kann mir daher wohl vorstellen, daß aus dieser Bewegung etwas werden wird, wenn sie vom Impetus unserer Arbeit angeregt wird, die sowohl uneigennützig ist als auch infolge guter Verbindungen, die wir seit Jahren haben, in der Lage ist, sachlich außerordentlich zu helfen.

Die KP kommt für solche Versuche meiner Meinung nach nicht in Frage unbeschadet der nicht abzuleugnenden Tatsache, daß eine Reihe guter und aufopferungsfähiger Menschen sich dort befinden. Ich hoffe, man kann diese Genossen dadurch beeindrukken, daß die SP zu einer wirklichen sozialistischen Partei entwickelt wird, und es auf diese Weise den gutwilligen Kommunisten erleichtert, sich dem Einfluß des kommunistischen Apparates und damit der russischen Außenpolitik zu entziehen, indem sie eine Möglichkeit sehen, in die SP einzutreten und die Apparatschiks unter sich zu lassen.

In großen Teilen der SP billigt man unseren Entschluß, auch in Kreisen der Funktionäre. Es versteht sich von selber, daß manche andere, wieviele kann man nicht sagen, uns nicht sehr gern sehen, schon weil wir für manche als Konkurrenten erscheinen, obwohl wir es nicht sind. Dagegen kann man nichts tun, als unbeeindruckt von allen gelegentlich sich zeigenden Gehässigkeiten und Mißtrauen seine Arbeit weiterzumachen. Wenn es dann nicht geht, brauchen wir uns keine Vorwürfe zu machen; eine andere dritte Partei mit anderen zusammen anfangen können wir dann immer noch, wenn es sich als unerläßlich herausstellen sollte.

Die anderen politischen Leute gruppieren sich im wesentlichen um eine Art von demokratischer Partei und eine christlich demokratische Union[5], die im wesentlichen eine Wiederholung der Zentrumspartei und der Bayrischen Volkspartei ist, wenn auch mit gelegentlichem Einschluß von etwas mehr liberalen Elementen. Für den Fall, daß die SP sich ihrer neuen Aufgabe wirklich bewußt ist, hat sie die beste Chance, die größte und die beste Partei zu werden und dann auch alle wirklich guten liberalen und demokratischen Elemente des Bürgertums an sich zu ziehen und auf diese Weise wirklich das gesamte deutsche Volk zu repräsentieren, soweit es für einen Neuaufbau Deutschlands kämpft.

Leider gibt es bisher so gut wie gar keine Erfassung der Bauern. Die Bauern sind, wie man sich denken kann, im heutigen Deutschland die begehrtesten Leute. Lebensmittel sind knapp, und sie sind diejenigen, die davon etwas abgeben können. Der Bauer ist, wie nach dem vorigen Kriege, heute längst dazu übergegangen, Lebensmittel nur gegen

---

5 Gemeint sind Freie Demokratische Partei, Christlich Demokratische Union, Christlich Soziale Union. Zu ihrer Entstehung vgl. Richard Stöss (Hrsg.), Parteien-Handbuch. Die Parteien der Bundesrepublik Deutschland 1945-1980, 2 Bde., Opladen 1984.

Sachwerte abzugeben und sich damit den häßlichen Ruf des „Raffke" anzueignen, den die Not des Volkes kühl läßt. Gegen diese Haltung nützen selbstverständlich keine Moralpredigten etwas, sondern nur Verständigung mit den Bauern und der Versuch, seinen Nöten gerecht zu werden und dafür zu sorgen, daß er Düngemittel und Maschinen bekommt, wenn er seine Abgabepflichten pünktlich erfüllt und vielleicht sogar mehr abliefert als das, wozu er unbedingt verpflichtet ist. Dies kann nicht von den Deutschen allein in die Wege geleitet werden, weil die Produktion nicht ohne die Zustimmung der Alliierten angekurbelt werden kann.

Damit komme ich auf die schwierige Frage dessen, was die Alliierten mit der deutschen Wirtschaft und mit [dem] ganzen deutschen Volk überhaupt vorhaben. Dazu kann ich selbstverständlich im wesentlichen auch auf das verweisen, was allen bekannt ist, daß es eine gemeinsame Politik der Alliierten gegenüber Deutschland nicht gibt und daß es auf diesem Gebiet eine Reihe von Eifersüchteleien und Meinungsverschiedenheiten gibt, von denen niemand sagen kann, wie sie gelöst werden können. Wichtig für unsere eigene Haltung scheint mir dabei zu sein, daß wir nicht darauf spekulieren sollten, was ein größerer Teil der Deutschen, und leider auch aus dem linken Lager, tut, daß es ja über kurz oder lang wieder zu Streitigkeiten zwischen den Alliierten kommen wird und daß wir auf diese Weise vielleicht versuchen könnten, das eine oder andere für Deutschland Günstige dabei zu ergattern. So gut es sein mag, aus der mangelnden Einigkeit der Alliierten in bezug auf eine schlechte Politik gegenüber Deutschland Nutzen zu ziehen, und so das eine oder andere Gute aus dem Streit der Alliierten zu gewinnen, so wenig scheint mir eine Politik gerechtfertigt, die schon heute sagt, beim nächsten Krieg stehen wir auf der Seite des Westens oder des Ostens. Ein neuer Krieg würde, davon bin ich überzeugt, nachdem ich die Wirkungen dieses Krieges aus allernächster Nähe gesehen habe, zu nichts weiter führen, als Europa den Todesstoß zu versetzen, wobei ich hier keineswegs den Eindruck erwecken möchte, als wenn ich es für sicher hielte, daß es diesen Todesstoß nicht schon bekommen hat und vielleicht nur noch nicht daran gestorben ist. Nach meiner Ansicht ist es heute noch keineswegs sicher, daß Europa sich wieder erholen wird. Vor allem fehlt es an Anzeichen, die eindeutig klarmachen, daß der Kulminationspunkt erreicht ist, an dem die leidenden Völker und vor allem ihre Staatsmänner etwas Entscheidendes gelernt haben, wobei wir unter Staatsmännern nicht vergessen dürfen, selbstverständlich auch die Führer der Arbeiterbewegung mit einzuschließen. Weder das Herummurksen am Zustandekommen einer neuen Arbeiter-Internationale, noch die jämmerliche Herumwürgerei auf dem Weltgewerkschafts-Kongreß in Paris können einen davon überzeugen, daß die Führer der Arbeiterschaft wissen, was sie wollen, und noch weniger davon, daß das bißchen, was sie wollen, etwas Gescheites ist.

Was uns zu tun bleibt, ist, in diesem allgemeinen Niedergang zu versuchen, unsere Kräfte da anzusetzen, wo man sie haben möchte und wo man sie zuläßt und wo wir unter Umständen noch hier und da Gehör finden. Für uns glaube ich, ist, bis auf wenige Ausnahmen, deren Berechtigung als Ausnahmen nachzuweisen wäre, der Platz in

Deutschland. Dort sind aufbauwillige Kräfte, dort fehlt jeder, der dort arbeiten kann, der Erfahrungen hat und vor allem auch als Bindeglied wirken kann zwischen den Deutschen und den Genossen außerhalb Deutschlands.

Ich kann selbstverständlich noch eine Unmenge von Einzelheiten aus Deutschland berichten, möchte mich aber heute darauf beschränken, für die Information über allgemeinere Dinge auf die Zeitungen zu verweisen, von denen ich weiß, daß sie zum Teil sehr gute informierende Artikel gebracht haben, und möchte im wesentlichen nur noch über eine Reihe unserer eigenen Genossen und Schicksale schreiben.

[...][6]

Mit herzlichen Grüßen Euer W[illi][7]

Welwyn Garden City, 22 Okt.

---

6 Es folgen mehrere Seiten Ausführungen über die in Deutschland aktiven ISK-Mitglieder und über die in der KZ-Haft umgekommenen.
7 Vorlage: „W." hs.

NR. 321

Rundschreiben des Bundesvorstandes an die Mitglieder über den
Eintritt in die SPD und die Auflösung der ISK-Organisation
vom 10. Dezember 1945

AdsD Bonn, ISK, Box 63

24, Mandeville Rise,
Welwyn Garden City, Hert[ford]s[shire]
10. Dezember 1945.

Liebe Freunde,

Die Unterhaltungen mit den hiesigen Freunden von der „Union deutscher sozialistischer Organisationen in Großbritannien" über die notwendigen Schritte, die sich aus dem Entschluß der ISK-Genossen, in die SPD einzutreten, ergeben, haben bisher zu den folgenden Verabredungen geführt:

Die vier Organisationen der „Union" lösen sich auf und bilden sofort eine „Vereinigung deutscher Sozialdemokraten in England". Diese Vereinigung hat den im Statut festgelegten Zweck:

1. Die „Vereinigung deutscher Sozialdemokraten in Großbritannien" hat die Aufgabe, die politische Information und Schulung ihrer Mitglieder zu fördern und ihren kulturellen und sozialen Bedürfnissen zu dienen. Sie soll außerdem für die Ideen und Ziele der deutschen sozialistischen Arbeiterbewegung werben.

Am 29. Dezember wird eine gemeinsame Gründungsfeier dieser Vereinigung stattfinden und im Januar eine Mitgliederversammlung, in der der Vorstand gewählt wird. Bis zu dieser Mitgliederversammlung wird ein vorläufiger Vorstand die Geschäfte führen, der aus dem Vorstand der Sozialdemokratischen Partei in England besteht und aus je einem Mitglied des ISK, der SAP, der Gruppe Neu Beginnen und Hans Gottfurcht.

Die Organisation, die wir zur Lösung der Aufgaben aufrecht erhalten wollen, die wir uns in den Verhandlungen mit den Sozialdemokraten vorbehalten haben, wollen wir erst endgültig formieren, wenn wir Zeit gehabt haben, mit den Genossen in Deutschland ausführlich darüber zu sprechen, und wenn wir die auf Grund dieser Besprechungen zu machenden Vorschläge auch den Freunden außerhalb Deutschlands und Englands zur Stellungnahme unterbreiten können. Der endgültige Beschluß wird deshalb nicht vor Ablauf einiger Monate gefaßt werden können. Bis dahin steht mit Sicherheit nur fest, daß der ISK in seiner bisherigen Form aufgelöst ist – schon weil in seiner Satzung der Charakter der Partei besonders betont ist – , daß die politische Arbeit der bisherigen Mitglieder, soweit es bestimmte Leistungen finanzieller oder anderer, regelmäßig stattfindender Art betrifft, freiwillig sein muß und daß die Zusammenarbeit in anderer Hinsicht wie z.B. in Arbeitsgemeinschaften, Kursen und dergleichen nicht als irgendeine Art von Mitgliederversammlungen im kleinerem oder größerem Rahmen gelten kann. Wir haben im übrigen unseren hiesigen sozialdemokratischen Freunden klar gemacht, daß wir zur Erledigung einer ganzen Reihe von Aufgaben weiterhin regelmäßig zusammenkommen müssen und daß wir auch in Deutschland einzelne solcher Aufgaben weiterbehalten werden, wie sie sich aus der Herausgabe von Zeitschriften und Büchern und der Veranstaltung von Arbeitsgemeinschaften und Kursen, und vielleicht darüber hinausgehenden Arbeiten, von selbst ergeben.

„Die Vereinigung deutscher Sozialdemokraten in Großbritannien" muß nicht notwendiger Weise eine bloße Emigrantenorganisation bleiben. Es kann gut sein, daß sich im Laufe der Jahre eine etwas ständigere Einrichtung schaffen läßt, eine Art deutscher sozialistischer Kolonie in England.

Darüber hinaus haben die Sozialdemokraten in Deutschland, d.h. die Vertreter der jetzt sich dort im Aufbau befindlichen Sozialdemokratischen Partei, beschlossen, eine Auslandsvertretung in London einzurichten, und zwar eine Auslandsvertretung der Sozialdemokratie Deutschlands. Die Auslandsvertretung ist zunächst ernannt worden; sie besteht aus den Mitgliedern des früheren sozialdemokratischen Parteivorstandes, Ollenhauer und Heine, sowie aus den Genossen Eichler, Gottfurcht, Schoettle und Spreewitz. Diese Auslandsvertretung ist als ständige Vertretung gedacht und wird bei einer formellen Konstituierung der Partei, wenn z.B. auf einem Parteitag der neue Vorstand gewählt wird, auch gewählt werden.

Wir haben uns bisher im Kreise der hiesigen Funktionäre Gedanken gemacht über die Möglichkeiten einer organisierter Weiterarbeit, wie sie mit den Abmachungen mit der SPD vereinbar ist. Wir haben dabei ins Auge gefaßt, einen Bund zu gründen, den man „Renaissance" nennen könnte mit dem Untertitel „Bund für wissenschaftliche Politik und Erziehung". Dieser Bund würde die Aufgabe haben, das, was in seinem Titel steht, unmittelbar zu verwirklichen, sowie das, was zur Erreichung seiner Zwecke sich als notwendig ergibt. Sein Tätigkeitsgebiet würde also darin bestehen, die wissenschaftlich-philosophische Forschung unmittelbar weiter zu betreiben, Publikationen zu veröffentlichen, die sich im engeren und weiteren Sinn die Verbreitung der Ergebnisse dieser Forschung zur Aufgabe setzen, Schulungskurse und Arbeitsgemeinschaften einzurichten sowie Menschen zu organisieren, die in dieser Organisation die Möglichkeit haben, sich daran zu gewöhnen, Urteile zu bilden in theoretischer und praktischer Hinsicht und ihnen entsprechend zu leben. Wie groß dieser Bund sein würde und welches die Forderungen sind, die man an seine neu eintretenden Mitglieder zu stellen hätte, darüber sind definitive Vorschläge noch nicht gemacht worden. Sicher ist, daß wir eine Auslese zu treffen haben werden, die sich in erster Linie daran halten muß, unabhängige Geister zu organisieren, die sich möglichst wenig durch das Geschrei der Umwelt irritieren lassen, sondern den Glauben an die eigene Vernunft als eines Maßstabs für ihr gesamtes Leben und für die Gesellschaft sich nicht nehmen lassen.

Es wäre gut, wenn jeder, der meint, er hätte dazu diskutable Gedanken, sie uns wissen ließe, damit wir sie in allernächster Zeit mündlichen und schriftlichen Unterhaltungen zu Grunde legen können.

Alle bisherigen Abmachungen über die Frage der Erneuerung der Mitgliedschaft, usw., entfallen also von jetzt ab.

Bitte übermittelt allen bisherigen Mitgliedern herzliche Grüße und Wünsche für ihre weitere Arbeit. Wir hoffen, mit ihnen allen in der einen oder anderen Form wieder arbeiten zu können, und daß wir alle, wo immer auch unsere politischen und menschlichen Kräfte eingesetzt werden im Kampf um die Herbeiführung menschenwürdiger Zustände, unseren Mann stehen werden, um auf diese Weise zu zeigen, daß die Saat auf guten Boden fiel.

W. Eichler[1]

---

1 Vorlage: „W. Eichler" hs. unterzeichnet.

IV.
Neu Beginnen

NR. 322

Brief von Richard Löwenthal an Karl Frank vom 28. Oktober 1942
mit Bericht über die Situation der Neu Beginnen-Gruppe in London

Hoover Institution on War, Revolution and Peace, Stanford, Cal., Karl Borromäus Frank Collection, MF und Kopie IfZ München, ED 213, Slg. Karl Frank, Mappe 16[1]

R[ichard] Löwenthal
Nov[ember] 42[2]   28.10.[19]42
11 Primrose G[ar]d[e]ns.
London N.W.3

Dear Karl,
    we take this opportunity to write and tell you at least the most important things.
1.) I do not know yet whether Crossman has seen you during his visit to the States, but at any rate you know in general about the kind of war-work some of us have been doing, and Mr. Goldberg will be able to tell you about some recent changes.[3] Patrick's[4] workers program in the BBC goes along steadily, and we help as much as is possible within the framework of the government directives – they change sometimes to the better and sometimes to the worse, as gov[ernment]t directives will do.[5]
2.) We have not tried to start any contact work from here.[6] The outlook of the people in charge on the British side is very different from Mr. Goldbergs[7], and we felt that you were in a much better position to do whatever was possible in the circumstances. But we thoroughly agree with you that the importance of mere propaganda at a distance should not be exaggerated; and if any of us could do anything to help in your plans we would of course be most willing to do so. Meanwhile, having neglected all corre-

---

1 Der Brief weist einige hs. Streichungen und Randbemerkungen auf, die wahrscheinlich von Frank stammen. Vermutlich wurde eine Abschrift des Briefes zur Weiterleitung gefertigt, in die die gestrichenen Teile nicht aufgenommen wurden.
2 Die am Kopf des Briefes hs. eingefügte Datierung „Nov. 42" stammt vermutlich von Frank und bezeichnet den Monat des Eintreffens.
3 Vorlage: „We take ... changes" hs. von Frank gestrichen. – Es ist die Rede von der Mitarbeit bei der Rundfunkpropaganda und der beginnenden Zusammenarbeit mit dem OSS. Major Arthur Goldberg baute das OSS Labor desk in London auf.
4 Gemeint ist Patrick Gordon Walker.
5 Löwenthal spielt hier auf die Umorganisation der Propagandaarbeit im Frühjahr 1942 an. Vgl. Röder, Exilgruppen, S. 187; Kirkpatrick, Im inneren Kreis, S. 129ff.
6 Bezieht sich auf die Zusammenarbeit mit britischen Stellen, insbesondere auch im Bereich der „Intelligence".
7 Vorlage: „Mr. Goldbergs" hs. von Frank gestrichen, am Rand hs. dafür „your friends".

spondence for a long time[8], we begin to feel cut off (Serves us right; but it's difficult to carry on any regular activity if everybody is in war work, as it was for some time, and if there are no funds left at all for independent activity).[9] We have not even got your publications[10] lately. Please answer these questions: Do you still get any reports, and if so, can you send them on? Are you in correspondence with the remaining friends in Sweden?[11] Are you in correspondence with Max Hofmann[12] in Lisbon, and should we take it up? Have you any correspondence with Switzerland? Finally, Mr. G[oldberg] will tell you about some possibilities through a common friend here.[13]

3.) In recent months, we have been heavily attacked here both in public and in private.[14] You may have seen some of it in „Free Europe" of Sept[ember] 25, Oct[ober] 9 and Oct[ober] 23.[15] (By the way: As this is a Polish gov[ernmen]t paper we tried to get in touch with your friend Malinowsky[16] but had no reply). It all comes from the „Vansittartites", not the leading ones, but those in the Labour Movement round Gillies and the „Fight for Freedom" committee, and some allied gov[ernmen]ts with their German satellites. They have a majority in the [Labour] party's International Sub-Committee and have so far

---

8 In den Nachlässen von Knoeringens, Schoettles und Löwenthals (alle AdsD Bonn), die für den Zeitraum während des Krieges große Lücken aufweisen, finden sich keine Korrespondenzen mit Frank. Im Mikrofilm des Frank-Nachlasses im IfZ finden sich aus dem Jahr 1942 nur zwei Briefe aus London, beide von Löwenthal. Der zweite, vom 21. November 1942 betrifft die in diesem Brief angesprochene Veröffentlichung des Frank-Manuskripts. Briefe von Karl Pringsheim (März 1945) und Evelyn Anderson (Herbst 1945) betreffen Fragen der Rückkehr. Weitere Briefe aus den Jahren 1945/46 finden sich dagegen in den Goldbloom Papers, University of Oregon, Library, Collection 139/1–3; Mikrofilmkopie in: IfZ München, MA 1548; darunter der Brief Schoettles vom 25. November 1945, vgl. auch Nr. 323. Dies bestätigt die weitgehende Einstellung der Kommunikation zwischen NB/USA und NB/London in der Zeit von 1941–1945.

9 Nach einem vermutlich von Hagen (Frank) verfaßten Memorandum vom September 1941 für das Jewish Labor Committee über die Arbeit von NB hatten die American Friends of German Freedom 1940 noch 3.147,64 $ für die politische Arbeit des Londoner Sekretariats bezahlt. IfZ München, MA 1548, Goldbloom Papers 139/1–3.

10 Gemeint sind vermutlich die „Inside Germany Reports", die bis 1944 von den „American Friends of German Freedom" (chairman Reinhold Niebuhr, research director Paul Hagen) herausgegeben wurden.

11 Nicht ermittelt.

12 Vorlage: „Max Hofmann" hs. von Frank gestrichen.

13 Vorlage: „Finally ... here." hs. von Frank gestrichen. – Löwenthal spielt hier auf die Verbindungen an, die über den OSS in die Schweiz bestanden.

14 Löwenthal bezieht sich auf die Angriffe gegen die Clarity Group und Neu Beginnen, vgl. Einleitung, Abschnitt V.3.

15 „Free Europe" hatte am 25. September 1942 einen Artikel „ Germans in Britain. Their organisations and political programmes" veröffentlicht, verfaßt „By a German Emigré". Der Artikel befaßte sich vor allem mit den Mitgliedsorganisationen der „Union" und griff insbesondere NB wegen der im August 1939 veröffentlichten Broschüre „Der kommende Weltkrieg" heftig an. In der Ausgabe vom 23. Oktober 1942 finden sich Gegenstellungnahmen von Austin Albu (Socialist Clarity Group), von Vogel (namens der „Union"), Paul Walter (SAP), Schoettle (NB) und die Antwort des „Emigré". Artikel in: SAPMO Berlin, SgY 13/V 239/10/10; zur Reaktion der „Union" vgl. Nr. 77.

16 Nicht ermittelt.

not been formally rebuked by the executive. Their German exponents are Loeb, Geyer and Menne, which suits us; they have left the Sopade and been expelled from the TU group for denunciations, with the sanction of the IFTU.[17] Their supporters in the International Movement are Huysmans, Araquistain[18], nearly all the Poles, among the Czechs the thoroughly unrepresentative Bčlina, among the Norwegians Nordahl[19], the TUC leader (who, I understand, has old differences with Tranmael[20]) and some unimportant Dutchman. The internationalist party ist headed by de Brouckère, who has just „written” an article defending us against the attacks on the war pamphlet[21], and includes all the French socialists from Louis Lévy to André Philip and Gouin[22], the Jews from Poland (Zygielbojm) and Palestine (Berl Locker), Haakon Lie[23] and Aake Ording of the Norwegians, and of course the Austrians and both Sudeten German groups, [and] of the Spaniards Negrin[24]. The Italians and the Czech socialist ministers are not taking any clear line. In the Labour party, the internationalist outlook is supported by the entire traditional Left and by Middleton, Noel-Baker and G. Ridley[25], among the old „reformists” Morrison is strongly against Vansittartism but not active in inner-party questions.[26] The „Herald” was very active against it but was intimidated by some of the trade-union[27] leaders to be more reticent. Citrine has an internationalist attitude, but not very active; the IFTU rather active. A certain centre for the Internationalists is the Advisory Committee of the International Socialist Forum (a supplement to Gollancz' Left News ed[ited] by Braunthal). Though it is not a representative and policy-making body, its discussions with a wider circle and Laski, Brouckère, Lévy, Middleton as speakers have a certain „athmospheric” importance. Vogel and I are on that committee. The Fabian Internat[ional] Bureau is no int[ernational] committee, but just a secretary arranging lunch speaches and sending out foreign socialists to local Labour groups, and a fee-

---

17 Zu den Vorgängen um den Ausschluß von Menne und anderen aus der Landesgruppe deutscher Gewerkschafter siehe die Protokolle der LdG vom April/Mai 1942 in: AdsD Bonn, HBA, NL Gottfurcht, K 5 sowie Korrespondenz in: UWMRC Coventry, MSS 292 (TU), 943/22.

18 Araquistain, Luis, spanischer Sozialist.

19 Nordahl, Konrad, 1897–1975, 1939–65 Vorsitzender des norwegischen Gewerkschaftsbundes.

20 Tranmael, Martin, 1879–1967, führendes Mitglied der norwegischen Arbeiterpartei.

21 Vgl. de Brouckère, Decency in socialist controversies, in: Auslandsbüro NB, hektografierter Rundbrief vom 14.10.1942, in: IfZ München, ED 117/8a – 1.15.

22 Gouin, Felix, *1884, SFIO, Mitglied der Widerstandsbewegung, 1945 Präsident der verfassungsgebenden Versammlung in Frankreich, 1946 Ministerpräsident der provisorischen Regierung.

23 Haakon, Lie, *1905, 1945–49 Generalsekretär der norwegischen Arbeiterpartei.

24 Negrin, J., spanischer Sozialist.

25 Ridley, George, Vorsitzender der britischen Eisenbahnergewerkschaft.

26 Vorlage: „Middleton“, „Noel-Baker“, „Ridley“, „reformists Morrison“ von Frank hs. unterstrichen.

27 Vorlage: „by some of the trade-union“ von Frank hs. unterstrichen.

paying unlimited membership. It has also issued useful speakers notes. – The best way for you to follow the controversy here is probably to read „Tribune", which is also useful otherwise as it has become an extremely lively and well-informed, though on occasions somewhat reckless paper.

The Loeb-Gillies crowd of course attack[s] all Germans including the Sopade, but they concentrate on us because of our propaganda work and also because they make us responsible for almost everything written on that issue by the English Left, from the Clarity pamphlet to Gollancz' book and from Crossman's talks to the „Tribune" leaders. This sort of paranoic exaggeration of our importance is probably familiar to you from over there[28]: For Loeb, N[eu] B[eginnen] has ceased to be a special group and simply become a symbol for the pernicious belief in a German revolution.[29] So far, the whole campaign has not had any very serious effects. The „Union" holds loyally together on this issue, and the Communists, too, are in the same boat with their „Allies inside Germany" exhibition.

4.)[30] This brings me to a point that may raise a difficulty.[31] The communists have recently joined the German TU group here, and for some time we have been advocating in the Socialist Union collaboration with the communists[32] on broad issues. We have not changed our opinion about he Comintern, party dictatorship etc., but we think that the present war front contains a real, though uncertain chance for genuine post-war unity, and that we have to try to prepare the ground for it without giving up our independence, for this uncertain chance is almost the only chance of socialist success in Europe. We also believe in the vital importance of really good relations between an independent German Labour movement and Russia. Now we are going to organise a 7th November solidarity-with-Russia meeting together with the German communists, although the Sopade does not take part. This is against our usual practice – only advocating, not doing it alone, and will not become normal.[33] But we considered it necessary to be demonstrative on this particular occasion and in the present military situation. The important thing is Russia and not the Communists, and even the Sopade understands that and is not hostile. Brailsford will be chairman, we are hoping for Jim Griffiths[34] as the English speaker, the German speakers will be Fla-

---

28 Vorlage: Satz von Frank hs. unterstrichen. Löwenthal bezieht sich hier auf die Angriffe auf Hagen, die besonders von der sozialdemokratischen German Labor Delegation (Stampfer, Katz) erbittert vorgetragen wurden.

29 Vorlage: Von „group" bis „revolution" von Frank hs. unterstrichen.

30 Vorlage: „3.)".

31 Vorlage: Satz von Frank hs. gestrichen.

32 Vorlage: „the" zu „them" ergänzt, „Communists" von Frank hs. gestrichen.

33 Vorlage: Von „together" bis „normal" von Frank hs. gestrichen. Zum Meeting vgl. Einleitung Abschnitt II.3.1. und Nr.78, 80, 81.

34 Griffith, James, Labour MP.

dung (on Russia in the present war) and[35] I will be speaker[36] (on Russian and German revolution). We are suggesting to official quarters to have extracts broadcast from both London and Moscow which has never yet been done. Frankly, an additional reason for us was to cover our „Russian flank" in view of the attacks, and also to show our face in public just now with something positive. Very likely it will be the biggest emigré meeting ever held in London.[37]

5. We have not issued any political publications since „Klare Fronten"[38], and any reports since last December[39]. There were no reports and very little time for org[anisation] work apart from coordinating the indiv[idual] work of our friends in [p]rop[aganda] and English and internat[ional] contact. We have had a number of circles with sympathisers, and quite a number of really good, independent and grown-up people with roots in the movement have become our members in all but name. There is even a little private „youth-group" ran by a close friend of ours. Erwin [Schoettle] has built up a very solid reputation and a store of confidence in his work in the Union and the TU; though the Union does little, the correctness of our official relations with the Sopade is a great help, and in the TU Erwin is probably the most popular functionary. But that was really all he could do besides his BBC work. Waldemar [von Knoeringen] retired a little when his gov[ermen]t work ended, but is now becoming active again in connection with a serious attempt to broaden our basis by a very systematic discussion with a few proved friends of quality, in which Erwin [Schoettle], Evelyn [Anderson] and myself are also taking part. I have not written a book I started last year, but gone into gov[ernmen]t work for 6 months instead. After my return, I had to get busy to make a living with journalism and adult education work which was quite useful for contacts, and have now reached the stage where I can take time off for some more political work. Eve[lyn Anderson?] and Klatt have written themselves; Kurt Mandelbaum is doing good post-war research which probably nobody reads. I think that finally I ought to make clear that we have no money at all as a group except contributions from members, and that it has proved quite impossible to raise any independent money here for a German organisation that did not collect already before the war. Though we have managed quite well, this is a serious limit on our collective activity, and if you have anything to spare it would come very handy.

---

35 Vorlage: „the German ... war" von Frank hs. gestrichen.
36 Vorlage: „will be speaker" von Frank hs. eingefügt.
37 Vorlage: „Frankly ... London" von Frank hs. gestrichen.
38 Klare Fronten. Die deutschen Sozialisten und Hitlers Überfall auf die Sowjetunion. Auslandsbüro NB 20.8.1941, hekt. 15 S., AdsD Bonn, NL Schoettle, Mappe 55.
39 1941 waren zwei Ausgaben des Report from Inside Germany erschienen: Nr. 64, 10.9.1941, Nr. 65, 14.12.1941, AdsD Bonn, NL Buttinger, Mappe 1.

We are all extremely glad to hear how well you all are doing, and [we] send our very best wishes to all of you, including wives and children. We hope to hear more from you soon, now we have made a new start, and ask you specifically to answer the questions at the end of point 2. I want to add that I have so far only skimmed your book[40] – the copy is difficult to get hold of: I thought the material very solidly and impressively worked, and the chapter about the generals excellent (in spite of the one silly source you used), and I don't think our difference of emphasis about „state capitalism" is of any serious importance. About the pro- and anti-unilateral disarmament outcries, I am not worried either; I take it we all are for the immediate and unconditional disarmament and dissolution of the German armies, and that's all that matters.

I must stop. Do send us your publications, also the „Voice", and do write a lot – also personally from all of you. And once more, all the best wishes, from all and

Rix[41]

---

40 Paul Hagen, Will Germany Crack?, New York 1942.
41 Vorlage: „Rix" hs.; „Rix" d.i. Löwenthal.

NR. 323

*Brief von Erwin Schoettle an Karl Frank vom 25. November 1945
mit Bericht über die Tätigkeit der Neu Beginnen-Gruppe in London
und die Entwicklung im besetzten Deutschland*

University of Oregon, Library, Special Collections, Coll. 139, Maurice J. Goldbloom
Papers, file 10, folder 3 (IfZ München, MA 1548)[1]

Erwin Schoettle   London,
to:
                                                       November 25, 1945

Karl Frank

Lieber Freund,

Der Entschluß, das allzulange Schweigen[2] zu brechen, war zwar schon lange gefaßt.
Aber hier wartete jeder darauf, daß der „Andere" schreiben werde. Und erst als Rix[3] mir
über das Telefon den freundlich-sarkastischen Brief Veras[4] verlas, kratzte ich alle meine
Energien zusammen. Es ist eine wirkliche Schande, daß unsere Verbindung so komplett
abgerissen ist. Ich will allerdings auch offen gestehen, daß mich lange Zeit eine Reihe
von mehr gefühlten als klar ausgesprochenen Gründen abhielt, mich zu melden. Ich hatte
z.B. das – vielleicht falsche – Gefühl, daß seit den Internierungstagen von 1940 und
meinem erzwungenen Aufenthalt mit „Miles"[5] bei Dir eine Art Reserve mir gegenüber
zu bemerken sei, deren Ursache ich mir nur als ein Überbleibsel alter fraktioneller
Sorgen erklären konnte. Ein anderer Grund war das dunkle und wahrscheinlich ebenso
falsche Gefühl, daß dieses Amerika eigentlich doch furchtbar weit weg sei von allem,
was uns hier als Realität erschien. Ich – und mancher andere Freund hier auch – fanden
immer wieder, daß sich drüben überm Atlantik eigentlich doch recht wenig Verständnis
für die Notwendigkeiten des Tages zeige, daß drüben Dinge im Vordergrund ständen, für
die wir hier gar keine Zeit hatten und daß eine Diskussion übers Wasser hinweg recht
wenig Sinn hätte. Wir hatten unsere eigenen Probleme, wir mußten Entscheidungen
treffen, bei denen wir nur unser eigenes Urteil zu Rate ziehen konnten und recht oft

---

1 Vorlage: Am Kopf „Copy", ms. unterstrichen.
2 Zur Verbindung mit Frank bis 1942 vgl. Anm. 8 zu Nr. 322. Nach dem Brief Löwenthals scheint der
  Kontakt wieder abgebrochen zu sein.
3 D.i. Richard Löwenthal.
4 Vera Eliasberg, Association for a Democratic Germany, New York hatte am 15. November 1945 an
  Löwenthal geschrieben und sich beklagt, daß sie von NB keine Informationen über Deutschland etc. er-
  hielte und daß sie von ISK-Leuten erfahren mußte, „daß die NB-Gruppe in London sich offiziell aufgelöst
  habe." AdsD Bonn, NL Löwenthal, Nr. 4, Mappe New York.
5 „Miles" d.i. Walter Loewenheim. Schoettle und Loewenheim waren beide von Mai bis Oktober 1940 auf
  der Isle of Man interniert.

sahen wir keine Möglichkeit, Euch überhaupt über die Dinge zu informieren, die wir taten oder wußten. So entstand eine Lücke im Kontakt, wenn auch nicht, wie wir später feststellten, eine Entfremdung im Sachlichen. Im Gegenteil, wir waren immer wieder erstaunt zu finden, daß trotz der fehlenden Verbindung die Annäherung an die Probleme, die Antworten, die man auf sie gab, von einem gemeinsamen Ausgangspunkt bestimmt waren. Aber was immer auch die Gründe – oder die Ausreden – für unser Schweigen waren, heute gelten sie nicht mehr. Heute hat ein Kontakt mit Euch eine ganz andere Bedeutung, als zu der Zeit, wo wir nichts als Emigranten waren.

Ich kann natürlich heute nicht alles nachholen, was in den letzten Jahren nicht berichtet wurde. Außerdem ist ja wohl durch verschiedene Besucher inzwischen einiges nachgeholt worden. Ich beschränke mich deshalb auf die augenblicklich wichtigsten Punkte: Die Parteisituation in Deutschland und unsere Situation hier in England.

Um mit dem zweiten zu beginnen: Hier in London herrscht natürlich bei einer Reihe von Genossen Aufbruchsstimmung. Der eine oder andere aus unserer Umgebung ist ja auch schon ein oder mehrere Male besuchsweise in Deutschland gewesen. Jeden Tag bekommen wir aus erster Hand die neuesten Berichte, aus denen wir uns ein Bild von der Gesamtsituation machen können und nichts ist selbstverständlicher, als daß der Drang nach Hause bei allen wächst, die glauben, drüben eine nützliche Arbeit verrichten zu können. Seit Hannover fühle insbesondere ich selbst mich hier durchaus fehl am Platz und bereite mich definitiv für baldige Rückkehr vor. Das hat allerdings auch seine Schwierigkeiten. Und außerdem hat jeder von uns hier Verpflichtungen und Aufgaben, die man nicht einfach abschütteln kann. Auch ist die Situation jedes Einzelnen verschieden, [was] ein Verwachsensein mit der Bewegung oder Dringlichkeit der Rückkehr oder Fruchtbarkeit des Einsatzes in Deutschland angeht. Wenn es z.B. auf unserere Freunde in Hannover alleine angekommen wäre, hätten Ollenhauer, Heine und ich gleich da bleiben und die Arbeit aufnehmen können. Es fehlt ja in einer geradezu grotesken Weise an Menschen in Deutschland, vor allem an Menschen mit einigem Überblick und etwas politischem Führungsvermögen. Für andere Rückkehrer wird es allerdings, wenn sie nicht durch eine längere Periode praktischer Untätigkeit gehen sollen, einer gründlichen Vorbereitung ihrer Rückkehr durch Menschen an Ort und Stelle [bedürfen]. Das ist u.a. einer der Gründe, warum ich sehr rasch rüber möchte. Eines darf man beinahe ohne jede Einschränkung sagen: Die Genossen in Deutschland haben nicht nur keinerlei Abneigung gegen die Rückkehr politischer Emigranten, sie sind froh über jeden, der kommt und ernsthaft mithilft.

Was unseren engen Freundeskreis betrifft, so dürftet Ihr wohl im Rohen wissen, was jeder tut. Abgesehen davon, daß wir noch immer als Organisation bestehen, zusammenkommen, Gedanken austauschen, Informationen entgegennehmen, die infolge unserer privaten Tätigkeit wahrscheinlich besser sind als alles, was andere haben, ist unsere ganze politische Arbeit ausgerichtet auf die „Union" oder genauer gesagt auf ihre Liquidation und ihr Aufgehen in der neuen Sozialdemokratischen Partei. Ihr wißt, daß wir seit langem auf eigene Publikationstätigkeit verzichtet haben. Wir haben alle unsere Kräfte auf die Entwicklung zufriedenstellender Konzeptionen in der Union verwendet und mit einigem Erfolg. Rix hat außerdem eine ausgedehnte publizistische Aktivität entfaltet, bei der ihm seine neue journalistische Position natürlich sehr zustatten kommt.

Werner K[latt] hat seine frühere Position aufgegeben und ist jetzt beim Ernährungsministerium tätig. er hat soeben eine fünfwöchige Reise nach Deutschland gemacht, bei der er alle vier Zonen sah – in der russischen nicht nur Berlin. Seine Eindrücke sind schwer in Kürze zu beschreiben. Jedenfalls kann er, soweit das überhaupt für einen Deutschen heute möglich ist, manches Vernünftige tun, einiges Unvernünftige verhindern und im Ganzen nützlich sein.

Waldemar [von Knoeringen], mit dem ich monatelang die Kriegsgefangenensendungen des BBC gemeinsam gemacht habe[6], ist jetzt aus dieser Arbeit ausgeschieden und richtet gegenwärtig ein Lager ein, das der Umerziehung und Schulung von Gefangenen für ihre Arbeit in den Lagern und für die Rückkehr dienen soll.[7] Er ist ganz von dieser Arbeit absorbiert und in einem Dilemma bezüglich seiner Rückkehr nach Deutschland, die ebenfalls auf der Tagesordnung steht, seit er von Hoegner am Rundfunk aufgefordert worden ist, heimzukommen.

W. Lauermann, der im Augenblick noch auf seinem Beruf arbeitet, denkt daran, zu Waldemar überzuwechseln. Einige andere Freunde, die wir in den vergangenen Jahren an uns herangezogen und zu Mitgliedern gemacht haben, machen sich mehr oder weniger nützlich in politischer „research" Arbeit, in der Jugendarbeit usw. Ich selber bin gegenwärtig Leiter der Kriegsgefangenensendungen und habe als Assistenten Walter Schultz[8], der Dir wohl bekannt sein wird. Das ist die persönliche Situation unserer kleinen Schar hier. Wir haben in den letzten Jahren einen etwas größeren Kreis von Freunden um uns gesammelt, mit denen wir in Arbeitsgemeinschaften gearbeitet haben. Ein wesentlicher Teil dieser Leute kommt aus der KP, einige aus der SAP.

Und damit komme ich zu dem Punkt unserer hiesigen Arbeit, der Euch wahrscheinlich am meisten interessiert und über den Ihr offensichtlich bereits gerüchtweise, wenn auch nicht ganz korrekt informiert worden seid. Unsere Liquidation.

Seitdem Waldemar uns vor bald anderthalb Jahren das erste Mal auf Grund seiner Arbeit über die Tendenzen unter deutschen Kriegsgefangenen berichtete, haben wir das Problem unserer politischen Zukunft als Organisation immer wieder diskutiert. Es war wohl immer unser gemeinsamer Standpunkt, daß NB nicht den Anspruch auf Führung oder auf politische Selbständigkeit erheben wird, wenn einmal eine geschlossene Sozialdemokratie entstanden ist. Als wir 1940 als Antwort auf öffentliche und nichtöffentliche Angriffe unsere Broschüre über die Entwicklung der Organisation veröffentlichten, war

---

6 Zur Arbeit von Knoeringens mit Kriegsgefangenen vgl. Mehringer, von Knoeringen, S. 238–251.
7 Es handelt sich um das „Training Centre Wilton Park". Vgl. hierzu Mehringer, von Knoeringen, S. 251–259; Dexter M. Keezer, A Unique Contribution to International Relations. the Story of Wilton Park, London etc. 1973.
8 Vorlage: Schulz.

gerade dieser Gesichtspunkt eine der entscheidenden Charakteristiken unserer Darstellung.[9] Aber in der Periode des beginnenden Zusammenbruchs der deutschen Diktatur, als mehr und [mehr] Material über die Entwicklung des deutschen politischen Denkens erreichbar wurde, trat immer klarer hervor die Tatsache, daß in vielen Köpfen die Sozialdemokratie als das mögliche Konzentrationszentrum demokratischer und sozialprogressiver Tendenzen nach dem Verschwinden der Nazis fest verankert war. Wir versuchten zu analysieren, was dieser Tendenz zugrunde lag, die sich auch bei Menschen fand, die keineswegs in der Tradition der Partei erzogen waren. Und wir kamen zu dem Ergebnis, daß diese wachsende Popularität der Sozialdemokratie, die in so merkwürdigem Gegensatz zu vielem stand, was über die Partei, ihre Politik und ihre Zukunft seit 1933 geschrieben und gesagt worden ist, aus dem Umstand herrührt, daß nach Jahren der Diktatur, der Unfreiheit, der geistigen Enge zahllose Menschen in Deutschland sich sehnen nach einer Bewegung, die ihr Bedürfnis nach Freiheit, Toleranz, Anständigkeit, Demokratie, sozialen Fortschritt verkörpert, ohne selbst wieder das Individuum unter das starre Joch einer Parteidoktrin oder gar Parteidiktatur zu beugen. Ich selber habe in diesem letzten Jahr oft Gelegenheit gehabt, den Gründen dieser Erscheinung nachzugehen, und ich habe bei Menschen aus den verschiedensten Schichten, die durch meine Hände gehen, die Motive gefunden, wie ich sie etwas summarisch eben umrissen habe.

Diese Eindrücke haben natürlich ihren Niederschlag in unserem eigenen Verhalten gefunden. In der Union legten wir noch mehr als früher Gewicht auf die Überwindung doktrinärer Konzeptionen. Wir strebten bewußt nach einem besseren Verhältnis zum Parteivorstand. Wir kamen zu einem engen Erfahrungs- und Informationsaustausch, bei dem wir infolge unserer guten Positionen meistens die Gebenden waren. Wir drängten immer stärker in der Richtung auf die Überwindung enger Sektenvorstellungen auch bei den anderen Partnern der Union und hatten damit zum größten Teil Erfolg. So reifte eine Situation heran, in der praktisch in allen Fragen der künftigen Parteiarbeit von der Existenz einer einheitlichen Sozialdemokratie ausgegangen wurde und jede Betonung der Selbständigkeit sinnlos geworden war. Das ist nicht immer von allen Beteiligten so gehalten worden, und auch unsere eigene Haltung wurde nicht immer verstanden. Wir waren indessen so fest überzeugt von der Richtigkeit dieser Haltung, daß wir auch dem Drängen unserer eigenen Freunde nicht nachgaben. Als dann die Nachrichten über die Wiederbelebung politischer Energien in Deutschland selbst kamen und wir mehr und mehr in Kontakt kamen, mit dem was da vor sich ging, fanden wir alles bestätigt, was wir uns früher auf Grund unserer noch lückenhaften Informationen zurechtgelegt hatten. Selbst wenn da und dort noch Tendenzen zur Konservierung selbständiger Gruppen bestehen sollten, dann könnten sie sich in Deutschland selbst nicht behaupten angesichts des überwältigenden Dranges nach organisatorischer Vereinheitlichung im Rahmen der

---

9 Neu Beginnen – Was es will, was es ist und wie es wurde, hrsg. v. Auslandsbüro Neu-Beginnen, London o.D. (1939).

Sozialdemokratie. Dem widerspricht nicht, daß da und dort in Deutschland Gruppierungen auftauchen, die scheinbar im Gegensatz zu dieser Vereinheitlichungstendenz stehen. Meist sind [diese] Erscheinungen das Ergebnis der Isolierung, in der sich auch heute noch ein Teil des Parteiaufbaues vollzieht. Oder sie sind Ausfluß der Desorientierung, in der sich selbstverständlich noch viele deutsche Sozialisten nach diesen 12 Jahren befinden. Da und·dort sind alte Ressentiments bewahrt worden. Manchmal ist es auch die rein zufällige Gruppierung von Personen an einem Ort, die zu Sondererscheinungen führt. Und oft ist es nur die zufällige Berührung mit einem Emigrationsdokument, etwa einem Programmentwurf der Londoner „Union", die den Stein in einer der Gesamtentwicklung scheinbar entgegengesetzten Richtung ins Rollen bringt. Wir haben an verschiedenen Stelle festgestellt, daß die Genossen in Deutschland jedes Dokument der Emigration verschlingen und daß oft die eigentliche Position der „Union" nicht klar gesehen worden ist und zu Mißgriffen Anlaß war.

Die Gesamttendenz ist völlig klar. Die Sozialdemokratie hat eine neue Chance – vorausgesetzt, daß sie diese Chance wahrnimmt und wahrnehmen kann. Es wäre eine verhängnisvolle Selbsttäuschung zu übersehen, daß über das Schicksal der politischen Parteien in Deutschland heute nur zum geringsten Teil von Deutschen selbst entschieden wird. Um so notwendiger erscheint es uns hier, alle Kräfte in diese eine Richtung zu werfen. Das war der Grund, warum wir in England uns entschlossen, vor allem, nachdem ich von der Parteikonferenz in Hannover zurückgekehrt war, unsere Liquidation in die Wege zu leiten. Die Union selbst hat beschlossen, mit Jahresende ihre Arbeiten abzuschließen und dann als sozialdemokratische Auslandsgruppe weiterzuarbeiten.[10] Wir NB-Leute haben aber unabhängig von diesem Beschluß Verhandlungen mit dem PV eingeleitet, die auf der Grundlage unseres nie aufgegebenen Anspruchs, ein Teil der SPD zu sein, die Überführung unserer Freunde in die Partei zum Ziel haben. Diese Verhandlungen haben ohne jede Schwierigkeit zu einem positiven Ergebnis geführt. Sie sind auch keinesfalls nur im Hinblick auf uns in England geführt worden. Grundlage der Vereinbarungen, die in den nächsten Tagen endgültige Form annehmen werden, ist die Anerkennung der Mitgliedschaft bei NB als Mitgliedschaft in der Sozialdemokratie. Wir haben anerkannt, daß die augenblicklichen Verhältnisse in Amerika nicht dazu angetan sind, eine solche Abmachung dort praktisch werden zu lassen. Ich würde auch dazu raten, von ihr erst dann Gebrauch zu machen, wenn Aussicht besteht, daß die Gegenseite bei Euch wirklich zur Zusammenarbeit bereit ist. Die Situation der Londoner PV-Mitglieder gegenüber ihren amerikanischen Freunden ist keineswegs klar. Jedenfalls ihr Einfluß auf deren Verhalten ist ganz gering, wenn sie auch ihrem Mißbehagen über die Politik der Leute um die „Volkszeitung" bei jeder Gelegenheit Ausdruck geben.

Unser Liquidationsbeschluß wurde übrigens von den wiederaufgetauchten Freunden Deutschlands quasi vorweggenommen. Ich weiß nicht, ob Euch Sanderson darüber

---

10 Vgl. Protokoll vom 20. Oktober 1945, Nr. 185

berichtet hat oder berichten konnte. Jedenfalls W[erner] Kl[att] hat bei seinem Aufenthalt in Berlin Soldt[11], Koni[12] und einige andere getroffen und dabei folgendes festgestellt. Unsere Freunde hatten eine Beratung mit Grau[13], der ebenfalls wieder aufgetaucht ist, allerdings als KP Mann und heute Landrat in einer württembergischen Provinzstadt der französischen Zone ist. Grau war mit Hilfe von Freunden aus dem ZK nach Berlin gekommen und schlug unseren Freunden vor, die Organisation zu liquidieren und den Beschluß zu veröffentlichen. Sie stimmten mit ihm darin überein, daß die Organisation zu liquidieren sei, aber sie lehnten die Veröffentlichung des Beschlusses ab.

Übrigens: Soldt arbeitet in der Berliner Zentrale der SP. Unsere Freunde haben eine Gruppe von rund 30 Leuten um sich gesammelt, mit denen sie regelmäßig politische Diskussionen durchführen. Koni und ein anderer NB-Freund waren gezwungen, ihre alte Parteizugehörigkeit[14] zu erneuern. Ihre Position ist sehr schwierig, um nicht zu sagen gefährlich, und es ist deshalb gut, ihre Existenz zu vergessen. Auch Krause[15] ist wieder aufgetaucht und ist jetzt Anstaltspfarrer in einem Gefängnis in der Nähe von Berlin.

Vor einigen Tagen erhielt ich übrigens von einer früheren SAP-Genossin die Mitteilung, daß ihre Freunde in Holland ihr berichtet haben, dort habe sich während des Krieges eine Gruppe nach dem Vorbild der Union gebildet, die unter der Führung von NB stehe und auch jetzt noch arbeite. An der Spitze unser Freund Quast[16] mit einer Gruppe von rund 35 NB Leuten. Manches an dieser Nachricht klingt etwas unwahrscheinlich und muß erst verifiziert werden. Auch die Rolle von Quast unter der Besetzung ist etwas umstritten und dunkel. Jedenfalls etwas Wahres wird an dieser Nachricht wohl sein.

Und nun noch einiges über die Situation in Deutschland selbst oder genauer: Über die Parteisituation. Ihr wißt, daß ich in Hannover war, zusammen mit Ollenhauer und Heine. Vogel war gerade schwer erkrankt, als die Aussicht sich eröffnet hatte, daß wir gehen könnten, und starb einen oder zwei Tage nach unserer Abreise. Schon ehe die Parteikonferenz in Sicht war und ehe wir die formelle Einladung von Dr. Schumacher erhalten hatten, hatten ich und Waldemar mehrere Besprechungen mit dem PV gehabt, in denen wir die Frage einer Rückkehr unter den verschiedensten Gesichtspunkten erörterten. Wir verständigten uns dabei über die Einreichung einer ersten Liste von 6 Namen bei der englischen Regierung. Neben drei PV Leuten standen ich, Klatt und Waldemar auf dieser Liste. Bis jetzt ist allerdings in dieser Sache nichts erfolgt. Ich komme auf die

---

11 Das ist Kurt Schmidt.
12 Vermutlich Peuke, Werner („Konrad"), 1905–1949, KPD-Funktionär, gehörte zur innerparteilichen Opposition um Merker, Verbindung mit Frank, nach 1933 Verbindung zu NB, Zusammenarbeit mit Frank, 1935 ČSR, bei Rückkehr verhaftet, bis Kriegsende KZ-Haft.
13 Das ist Fritz Erler, 1913–1967, 1936–38 Mitglied der NB-Inlandsleitung, 1938–1945 Untersuchungs- und Zuchthaushaft, ab 1949 SPD-MdB, ab 1956 Mitglied des PV, ab 1958 Mitglied des Parteipräsidiums.
14 Sie waren Mitglieder der KPD gewesen.
15 Nicht ermittelt.
16 Vermutlich handelt es sich um Rudolf Quast, *1907, SPD/RB, 1933 nach Amsterdam geflohen, 1942 zur Wehrmacht einberufen, April 1945 sowjetische Kriegsgefangenschaft.

Angelegenheit in einem anderen Zusammenhang noch zu sprechen. Dann kam die Einladung nach Hannover. Sie war ausdrücklich an die in London lebenden PV-Mitglieder und an mich persönlich gerichtet. Sofort nach Eingang der Einladung fand eine Sitzung der drei PV-Leute mit mir und Wilh[elm] Sander statt, in der wir beschlossen, uns an Noel-Baker zu wenden, der als Staatsminister sowohl den Einfluß wie das Verständnis für die deutschen Probleme hatte. Wir hörten einige Zeit nichts und als die Konferenz in bedrohliche Nähe rückte, mahnten wir durch verschiedene Mittelsleute. Und dann ging alles sehr schnell. Montags wurden wir zum War Office bestellt, wo man uns mitteilte, daß wir Donnerstags früh um 6.30 abfahrtbereit sein sollten. Es gab keinerlei Fragen, keinerlei Schwierigkeiten, nur die Mitteilung, daß man uns Transport zu organisieren habe. Und Donnerstag flogen wir in 2 1/2 Stunden von Croydon nach Bückeburg. Und von dort im Auto nach Hannover. Es ist ein eigenartiges Gefühl, wenn man zum ersten Mal den Fuß auf deutschen Boden setzt. Die Eindrücke sind widersprechend. Das Land erweckt den Eindruck tiefsten Friedens, wenn man das englische Militär übersieht und die wandernden Flüchtlinge nicht bemerkt, die einem alle Augenblicke begegnen, teils im Truck, teils zu Fuß. Bis man dann an eine gesprengte Brücke kommt oder in die Nähe einer größeren Stadt. Was man dann fühlt, läßt sich schwer beschreiben. Die fünf Tage in Hannover waren übrigens so ausgefüllt mit anderen Eindrücken, daß wir die fantastische Ruinenstadt – noch nicht die schlimmste übrigens – nur halb unbewußt zur Kenntnis nahmen.

Ich nehme an, daß Ihr auch in Amerika Berichte über die Parteikonferenz zu Gesicht bekommen habt. Es hätte wenig Sinn, wollte ich Euch hier einen detaillierten Bericht geben. Ich beschränke mich auf ein Zusammenfassung des Wichtigsten.

Als wir in Hannover ankamen und uns bei der Militärregierung meldeten, war gerade entschieden worden, daß eine Gesamtkonferenz aller westlichen Zonen nicht erlaubt werde. Es fand deshalb eine öffentliche Konferenz der Delegierten aus der englischen Zone statt und Dr. Schumacher wurde gestattet, mit den Vertretern aus der amerikanischen und der französischen Zone private Besprechungen abzuhalten. In Wirklichkeit gab es mehr als genug Gelegenheiten, alle Delegierten zusammen zu haben. Es war indessen bei den Vertretern der Militärregierung deutlich das Bestreben zu verspüren, der Konferenz so wenig Publizität zu geben als möglich. Das, sowohl wie die Beschränkung der öffentlichen Tagung auf die englische Zone war offenkundig das Resultat der soeben aufgeflogenen Außenministerkonferenz in London.[17] Man wollte vermutlich nicht den Eindruck einer weitgehenden Förderung der SPD geben, weil man davon Rückwirkungen auf die Haltung eines Verbündeten befürchtete. Vielleicht nicht mit Unrecht. Wir aus London hatten gleich zu Beginn Versuche abzuwehren, unsere eigene Aktionsfreiheit zu beschränken, indem man uns semi-offiziellen Charakter zusprach. Wir machten indessen

---

17 Bei der Außenministerkonferenz in London vom 10. September bis 2. Oktober 1945 traten die Gegensätze zwischen den Westmächten und der Sowjetunion deutlich zu Tage. Weder in Bezug auf das besetzte Deutschland noch auf die anderen behandelten Fragen kam es zu einer Einigung.

unsere wirkliche Position unzweideutig klar, daß wir als deutsche Sozialdemokraten mit Hilfe der englischen Regierung nach Hannover gekommen seien und nicht die Absicht hätten, mit unseren Freunden auf irgend einer anderen Grundlage zu verhandeln. Meine eigene Position war noch dadurch etwas merkwürdig, als ich mir vom BBC einen Berichtsauftrag hatte geben lassen. Ich konnte also den Versuch, die Konferenz totzuschweigen, von Anfang an vereiteln und habe von dieser Möglichkeit reichlich Gebrauch gemacht. Ich schrieb einen ersten Bericht für die gesamte deutsche Presse. Ich sprach zweimal nach meiner Rückkehr am BBC über die Konferenz und ihre Bedeutung für den politischen Wiederaufbau Deutschlands unter meinem eigenen Namen und als Teilnehmer an der Konferenz und in einer der letzten Nummern von „Tribune" versuchte ich, die wesentlichen Erfahrungen von Hannover herauszuarbeiten. Ich nehme an, daß Ihr „Tribune" bekommt.

Die Konferenz selbst war von sämtlichen Parteibezirken der drei westlichen Zonen beschickt, schon an sich eine Leistung bei den heutigen Verkehrsverhältnissen. Dazu kamen viele Gäste und drei Delegierte des Berliner Zentralausschusses, Grotewohl, Dahrendorf und Fechner. Wir fanden viele alte Freunde wieder. Schumacher wiederzusehen war für mich ein ganz persönliches Erlebnis. Über das ich kaum ausreichend berichten könnte. Die Tatsache seines Überlebens allein ist ein großer Gewinn, ich möchte beinahe sagen, ein unschätzbarer Gewinn, auch von unserem eigenen Standpunkt aus. Er ist heute der unbestrittene Führer der Partei in den westlichen Zonen und, wenn es in absehbarer Zeit zu einer Entscheidung über die Führung der Gesamtpartei kommen sollte, habe ich nicht den geringsten Zweifel über das Ergebnis. Ich hatte sofort den allerengsten Kontakt mit ihm, einen besseren, als ich ihn vor 1933 hatte und auf einer ganz anderen Ebene als vor 12 Jahren. Außerhalb der Konferenz war ich mit ihm fast die ganze Zeit zusammen, und unsere persönlichen Beziehungen sind in einer Weise vertieft worden, die für die Zukunft nicht ohne Bedeutung sein wird. Ich hatte dabei natürlich auch Gelegenheit, Schumacher über die Geschicke der Emigration zu unterrichten, wie ich[18] sie erlebt habe. Auch das hat seine Bedeutung. Das erste Resultat ist, daß die von der Parteizentrale in den Westzonen anerkannte Auslandsvertretung besteht aus Ollenhauer, Heine und mir. Schumacher unterläßt es in keinem seiner Briefe nach London, diese Tatsache gleich im ersten Satz zu unterstreichen. Das hat natürlich meine Position im ganzen erheblich verstärkt. Es ist jetzt schon praktisch so, daß in allen Deutschland betreffenden Fragen diese Kombination berät und handelt.

Die unmittelbarsten Eindrücke der Konferenz lassen sich so zusammenfassen: Die Partei lebt als eine Einheit im Bewußtsein der Genossen. ISK und SAP sind im wesentlichen absorbiert. Einzelne SAP-Genossen zögern noch, andere haben sich der KP zugewandt, aber das sind vereinzelte Erscheinungen. Der ISK wird noch einige Schwierigkeit aus anderen Gründen machen. Sein Sektencharakter ist noch nicht ganz überwunden.

---

18 Vorlage: „ich" ms. unterstrichen.

Die Delegierten: Das Gros dürfte wohl der Altersklasse zwischen 35 und 50 angehört haben. Natürlich waren auch manche Vertreter der alten Parteiführung da, an ihrer Spitze die Senioren der Konferenz: Karl Schreck-Bielefeld und Josef Simon-Nürnberg. Die jüngere Generation war schwach vertreten. Das hatte mehrere einleuchtende Gründe. Einmal ist in den Altersklassen „unserer" Jahrgänge Parteitradition und Organisationserfahrung mit größerer Spannkraft und größerer Fähigkeit kombiniert, häufiger als in den Schichten unter- und oberhalb dieser Altersgruppe. Die Alten wissen, daß ihre Rolle nicht mehr die der Führung sein kann. Die Jungen sind heute noch nicht da oder noch nicht an Stellen, wo sie bei einer konstituierenden Konferenz in Erscheinung treten würden. Im Lande selbst sind weit mehr jüngere Funktionäre an der Arbeit. Und die ganz jungen Leute müssen erst herangezogen werden. Gerade in diesem Punkte findet man unter den maßgebenden Genossen eine durchaus offene Haltung. Sie wissen, daß man mit allgemeinen Urteilen über die Verderbtheit der Jugend durch die Nazis nicht an das Problem herankommt. Außerdem sind alle diese Verallgemeinerungen auch völlig falsch. Manche von den besten jüngeren Funktionären sind übrigens entweder dem Krieg zum Opfer gefallen oder noch in Gefangenschaft.

Funktionärsmangel ist ein von allen beklagter Mangel, dessen Abstellung nur durch eine außerordentliche Konzentrierung der Partei auf die Heranbildung von Parteiarbeitern behoben werden kann. Wir Emigranten mit unserem weiteren politischen Horizont haben da eine wichtige Aufgabe, wenn wir nach Hause kommen. Es ist mir immer wieder aufgefallen, daß auch geschulte politische Funktionäre ein sehr lückenhaftes Bild von den Ereignissen der letzten 12 Jahre haben. Und daß es nur ganz wenigen gelungen ist, die Spuren der geistigen Isolierung der letzten 12 Jahre einigermaßen auszulöschen. Schumacher ist auch auf diesem Gebiet eine hervorragende Ausnahme gewesen. Das hat sein Referat auf der Konferenz klar gezeigt. Der Schrei nach Informationen, nach Literatur ist allgemein.

Die Politik der Partei:
Die Genossen wissen natürlich, daß ihre Aufgabe ungeheuer schwierig ist. Sie spüren das jeden Tag. Die Sozialdemokratie in einem Land, das seine Souveränität eingebüßt hat, dessen Wirtschaft zerstört ist, dessen soziale Struktur grundlegend verändert und in ihren Zusammenhängen weitgehend aufgelöst ist, dessen Verwaltung jeden Tag durch Eingriffe von Außen gegängelt wird, die Sozialdemokratie in einem solchen Land muß sich darüber im Klaren sein, daß sie keine sozialistische Politik durchführen kann. Was sie bestenfalls tun kann, das ist die klare Herausarbeitung ihrer politischen Konzeption unter dem Gesichtspunkt' ihrer Rolle von Morgen und die ständige Erweiterung ihrer Einflußsphäre in allen Bereichen der praktischen Politik, d.h. heute hauptsächlich bei der Exekution der bescheidenen, aber sich ständig erweiternden Aufgaben einer halbwegs selbständigen deutschen Verwaltung. Tatsächlich ist dieser Prozeß in vollem Gange, wenn auch in einzelnen Zonen in verschiedenem Grade. Die andere wichtige Aufgabe der Partei ist der Ausbau ihrer eigenen Organisation. In diesem Punkte ließen die Be-

richte der einzelnen Genossen in Hannover erkennen, daß längst vor der Zulassung von Parteien und trotz der Beschränkung der Anerkennung auf legale und bestenfalls regionale Zusammenschlüsse die Parteiorganisation ziemlich weitgehend aufgebaut war. In den allermeisten Bezirken wurden die Delegierten auf Bezirksfunktionärstagungen gewählt. Der Bezirk Franken z.B. hatte eine Woche vor der Konferenz eine Funktionärstagung mit mehr als 200 Delegierten aus dem ganzen Bayern nördlich der Donau. Überall wird von einer Annäherung von Kreisen an die Partei berichtet, die ihr früher ferne standen: Intellektuelle, Kleinbürger usw. kommen zur Partei. Die Aufnahmepraxis ist strikt. Im Gegensatz zur Konkurrenz rechts und „links". Überhaupt sind unsere Freunde etwas weniger sentimental geworden, wenn es gilt, eine Chance wahrzunehmen oder entschieden „Nein" zu sagen. Das ist kein Wunder. Die Mehrheit der Delegierten hat für die Schwächen der Partei vor 1933 ihren Preis bezahlt im KZ oder Zuchthaus. Das konnte man in Hannover sehr deutlich feststellen. Und feststellen konnte man auch, daß der organisatorische Zusammenhang, wenn auch noch so locker, all die Jahre bestanden hat, daß illegale Arbeit kein Monopol der Kommunisten war, wenn auch die Konzeption dieser Arbeit anders gewesen sein mag, vielleicht sogar etwas realistischer.

Was die künftige Entwicklung der Partei anbetrifft, so sind die Genossen ausgesprochen optimistisch. Sie rechnen damit, daß die SP die stärkste politische Kraft in Deutschland sein wird, wenn sich die Situation nicht in einer Richtung entwickelt, die neben der Sozialdemokratie auch jede ernsthafte Erholung des Landes unmöglich macht. In einer Wüste sozialdemokratische Politik zu machen, erscheint ihnen, wie jedem Vernünftigen, wenig aussichtsreich. Darum bestehen sie auf dem Grundsatz, daß Deutschland als politische und wirtschaftliche Einheit erhalten bleiben muß. Sie wenden sich entschieden gegen jede Form des Separatismus und sind der Meinung, wenn man sie nur mit den Separatisten allein ließe, würden sie mit diesem Problem schon fertig werden. Leider, so sagen sie, scheinen manche Kreise im Ausland, solche Erscheinungen zu fördern. Das Bekenntnis zur Einheit Deutschlands schließt nicht aus, daß die Partei sehr wohl die Notwendigkeit einer gründlichen Revision des staatlichen Aufbaus des künftigen Deutschland erkennt. Man denkt an die Schaffung von Gliederungen in der Größenordnung von 4 oder 8 oder neun Millionen Einwohnern, was für die Berücksichtigung historischer, geographischer und ökonomischer Gegebenheiten weiten Spielraum ließe und zugleich die Gefahr vermeiden würde, daß diese unteren Einheiten soviel staatliche Eigengesetzlichkeit bekämen, daß daneben eine zentrale Autorität keinen Platz hätte. Darum sind unsere Freunde sehr besorgt, daß die jetzigen Zonen sich im Laufe der Zeit zu staatlichen Gebilden verfestigen könnten, so daß anstelle eines Preußen vielleicht vier Preussen entstanden wären. Solche Tendenzen sind zweifellos vorhanden und einige Alliierte sehen sie gar nicht ungern.

Die Wirtschaftspolitik der Partei ist naturlich heute noch mehr in die Atmosphäre der Ungewißheit getaucht als die übrigen Fragen. Von einer deutschen Wirtschaft ist ja im Augenblick gar keine Rede. Man könnte eher von vier Wirtschaftseinheiten reden, die mit einander in einem kärglichen Austauschverkehr stehen. Entschieden lehnen allerdings unsere Genossen die Morgenthau-Pläne ab. Wir sehen klar, daß die Ent-Industrialisierung Deutschlands, die in einzelnen Zonen allerdings schon weitgehend durchgeführt wird, nicht nur zur Verelendung der arbeitenden Massen, sondern auch zur Verkümmerung der Agrarwirtschaft führen werde. Schumacher hat die Durchführung dieser Pläne als wirtschaftliche Atombombe bezeichnet und hat damit vollkommen recht. Ich kann im Einzelnen hier nicht auf die Details der Vorstellungen eingehen, die unsere Freunde über die künftige Wirtschaftsentwicklung haben. Da ist außerdem vieles im Fluß. An mehreren Stellen in Deutschland sind Vorschläge ausgearbeitet worden, die die Reorganisierung der Währungs- und Finanzpolitik zum Gegenstand haben. Wir haben hier in London eine Kommission eingesetzt, die diese Vorschläge, soweit sie zu unserer Kenntnis kamen, bearbeitet hat und einen Entwurf vorlegte, der als Kritik und Gegenvorschlag zu den wichtigsten dieser Pläne herüber geschickt wurde. Ich werde Euch dieses Dokument in den nächsten Tagen schicken.

Soweit allgemeine Vorstellungen zur Wirtschaftspolitik in Hannover entwickelt wurden, lassen sie folgende Gesichtspunkte erkennen. Die zufällig durch den Krieg und seine Folgen entstandene Besitzverteilung in Deutschland muß korrigiert werden durch steuerliche und Währungsmaßnahmen. Die politisch in der Hauptsache für den Nationalsozialismus verantwortlichen Schichten des deutschen Volkes müssen auch ökonomisch zur Wiedergutmachung stärker herangezogen werden als die anderen. Immobilienbesitz und Produktionsmonopole (dazu gehört heute in Deutschland besonders die Landwirtschaft) dürfen nicht mit einer Dividende für ihre politische Instinktlosigkeit belohnt werden. Das ist alles sehr roh dargestellt, natürlich. Aber es ist die Essenz dieser Vorstellungen. Planung ist den Genossen selbstverständlich, wenn auch über Ausmaß und Einzelheiten der Planung noch nicht ausreichende Vorstellungen vorhanden sind. Für den Augenblick ist die Frage ja auch leider etwas akademisch.

Einen andren Punkt, das eigentlich parteipolitische Ergebnis der Konferenz in Hannover, darf ich nicht übersehen. Ihr wißt, daß die Berliner Organisation, vielleicht unter dem Druck der KP, vielleicht aus eigenem Antrieb, den Anspruch auf die Führung der Gesamtpartei angemeldet und sich als Zentralausschuß konstituiert hatte. Die Berliner Delegation war nach Hannover gekommen, um diesen Anspruch durchzusetzen. Das war allerdings von vornherein ein hoffnungsloses Bemühen. Wir drei Londoner hatten eine ganze Nacht lang bis um 5 Uhr morgens in einer vertraulichen Sitzung mit den Berlinern versucht, sie von der Unmöglichkeit ihrer Forderung zu überzeugen. Es schien uns gelungen zu sein. Als dann trotzdem Grotewohl in der Konferenz mit den Vertretern aus der amerikanischen und französischen Zone seinen Anspruch erneut geltend machte, holte er sich eine freundliche, aber sehr bestimmte Abfuhr. Darauf kam ein Abkommen zwischen Schumacher und Grotewohl zustande, das besagt, daß Schumacher und seine Zentrale als Führung der drei westlichen Zonen anerkannt werden, während der Berliner Zentralausschuß die anerkannte Führung der Partei in der russischen Zone ist. Die Grundlage für dieses Abkommen ist die Feststellung, daß die organisatorische Einheit der Partei solange nicht zu verwirklichen ist, als Deutschland selbst nicht eine faktische politische und administrative Einheit ist. Zur Herstellung der Aktionseinheit und der geistigen Einheitlichkeit der Partei sollen die beiden Zentralen in einen engen Kontakt treten. Das Hauptargument, das allerdings nicht in dieser Schärfe öffentlich ausgesprochen wurde, war, daß die Sozialdemokratie nicht durch die Verlegung ihrer Zentrale in eine der vier Zonen für einen der Alliierten optieren will oder – noch schärfer zugespitzt – daß die Partei nicht die Absicht hat, durch die Verlegung ihres persönlichen und materiellen Zentrums in Berlin noch mehr Geiseln zu konzentrieren als gegenwärtig. Formal lautet das Argument so: Die Sozialdemokratie will keinerlei Störung des Gleichgewichts zwischen den Alliierten. Sie weiß, daß dabei nur Deutschland selbst verlieren würde. Sie will auch nicht durch eigene Maßnahmen dazu beitragen, daß dieses Gleichgewicht gestört würde.

Hier vielleicht eine Bemerkung über die Berliner Parteiverhältnisse. Die Delegation machte einen etwas zwiespältigen Eindruck. Fechner repräsentierte die gute alte Berliner Tradition. Im Privatgespräch erklärte er, daß innerhalb der Berliner Führung verschiedene Tendenzen miteinander kämpften. Es gebe eine Richtung, die sich von Anfang an sehr stark für die Fusionierung mit der KP festgelegt habe. Ihr gegenüber stehe eine andere Richtung, die zwar die Notwendigkeit der Zusammenarbeit anerkenne, aber die Sozialdemokratie als selbständige Kraft aufbauen wolle. Im Zeitpunkt der Konferenz war die Entwicklung bereits in der Richtung der selbstständigen Sozialdemokratie gegangen. Dazu hatte die Entwicklung in der russischen Zone und die Haltung der KP nicht unwesentlich beigetragen. Ich hatte den Eindruck, daß Grotewohl ursprünglich sehr in der Richtung zur Fusion ging, dann aber unter dem Druck der Umstände und nicht zuletzt unter dem Druck der Mitgliedschaft und der Funktionäre umschwenkte und sich öffentlich abgrenzen mußte gegen die Einmischungsversuche der KP. Dahrendorf ist der bei weitem undurchsichtigste und zweifelhafteste unter den Dreien gewesen. Die Berliner Partei selbst ist auch nach den Angaben der beiden Parteien bei weitem stärker als die KP. Sie hatte nach den letzten Nachrichten rund 80 000 Mitglieder, während die KP öffentlich 35 000 Parteimitglieder berichtete. Nach den Angaben der Berliner Delegation stehen unsere Genossen nicht unter Druck, sind völlig frei in der Verfolgung ihrer eigenen Politik und beklagen sich nur über die Begünstigung der KP durch die russische Militärbehörde. Die Realität sieht allerdings nach allem, was man weiß, etwas weniger freundlich aus. Und man konnte es auch in einzelnen Bemerkungen der Berliner durchspüren, daß sie sich bei weitem weniger sicher fühlen, als sie vorgaben. Es war ganz klar und hat auch die Haltung der Konferenz in Hannover bestimmt, daß die Genossen in der östlichen Zone sich einer unerhört schwierigen Lage gegenüber sehen, die von niemandem unnötig verschärft werden sollte, vor allem nicht von außen. Die Genossen stehen auf dem Standpunkt: „Wir müssen versuchen, in dieser Zone eine starke Partei aufzubauen. Wir wissen, daß wir scheitern können. Aber macht es uns nicht unnötig schwer." Man braucht nur die veröffentlichten Reden der Berliner Führung mit den Originalmanuskripten zu vergleichen, wie ich das in einem Falle tun konnte, um zu wissen, was wirklich los ist.

Es wäre noch sehr viel mehr zu berichten, noch sehr viel mehr an Eindrücken wiederzugeben, als ich es in diesem ersten, schon viel zu langen Brief tun kann. Ich nehme aber an, daß Ihr drüben auch so viele Berichte über die Situation in Deutschland bekommt, daß ich nicht im Einzelnen auf die Lage in den verschiedenen Zonen einzugehen brauche.

Im übrigen ist die Verbindung zum Lande noch immer sehr kompliziert. Post von hier nach drüben gibt es nicht. Man muß also einen Postweg organisieren. Das ist manchmal gar nicht einfach. Ich selbst habe mit meinem Bezirk verabredet, daß sie von sich aus eine Verbindung im Lande organisieren. Aber das hat bisher auch noch nicht geklappt.

Und noch einmal die Frage der Rückkehr. Bis jetzt ist das gescheitert an dem Nichtvorhandensein einer klaren politischen Entscheidung. Solange die Militärbehörden drüben das Heft in der Hand haben, werden sie sehr zögern, Emigranten hereinzulassen. Hinter den vorgeschobenen technischen Gründen für diese Haltung steht vermutlich ein wichtigerer politischer Grund: Leute, die von draußen kommen und draußen Verbindungen haben, könnten viel unbequemer sein, als die hilflosen und beziehungslosen Leute in Deutschland selbst. Das ist ja auch ein Grund dafür, warum an manchen Stellen die ehemaligen Nazis und Farblosen den etwas aktiveren, mit ihren eigenen Ansichten gelegentlich lästigen Anti-Nazis vorgezogen werden. Es scheint aber, daß in der allernächsten Zeit eine grundsätzliche Entscheidung über die Rückführung politischer Emigranten fallen wird. Es ist schon einigemale angekündigt worden. Wir versuchen bis dahin, die zuständigen Stellen zu bearbeiten. Das ist nicht ganz einfach und auch nicht immer wirksam. Zwar steht jetzt an der Spitze der Zivilverwaltung ein Mann, der persönlich sehr an Deutschland interessiert ist und mit dem ich persönlich bekannt bin, John B. Hynd. Wir können jetzt außerdem durch einige neue Parlamentarier besser an Regierungsstellen herankommen. Aber die Crux der Sache ist, daß Hynd vorläufig noch dem War Office untersteht und daß in Deutschland selbst Montgomery entscheidet. Außerdem sind die Probleme, vor die die Leute gestellt sind, so ungeheuer, daß sie Wochen und Monate brauchen, bis sie überhaupt einen Überblick über die Dinge haben. Man braucht sich also nicht zu wundern, wenn die Dinge sich viel langsamer entwickeln, als wir wünschen. Ganz abgesehen von der Kompliziertheit der internationalen Situation, die ja in Deutschland nur einen der mehrfachen kritischen Schnittpunkte hat. In der amerikanischen Zone sind übrigens bereits mehrere deutsche Emigranten eingetroffen, fast ausschließlich aus der Schweiz. Wie das vor sich ging, ist mit Ausnahme des Falles Hoegner nicht ganz klar. Bei Hoegner hat es sich offenbar um eine direkte amerikanische Aufforderung gehandelt. Unser Freund Valentin Baur[19] alias Wirth ist bereits in Augsburg tätig. Ich betrachte die Frage der Rückkehr unter folgendem Gesichtspunkt: Es ist

---

19 Baur, Valentin, 1891–1971, SPD, bis 1933 BRVS MAN-Augsburg, 1933 Saargebiet, Schweiz, Arbeit für Sopade und NB, 1940 interniert, August 1945 Rückkehr nach Augsburg, Leitung des Städt. Wohnungsamtes, SPD-VS Bez. Schwaben, 1946 SPD-PV, 1949–61 MdB.

wichtig, daß zunächst einige entscheidende Leute (entschuldige die etwas anspruchsvolle Qualifikation) herübergehen und an Ort und Stelle im Kontakt mit den Genossen feststellen, wo Arbeitsmöglichkeiten und für welche Leute besteht. Dann muß man von innen die Rückkehr bestimmter Genossen vorbereiten und betreiben, d.h. Aufforderungen an die Militärregierungen stellen, daß diese Leute einreisen können. Hier in England ist ja die Ausreise seit der Aufhebung des Exitpermits kein Problem mehr. In diesem Zusammenhang wäre es sehr zweckmäßig, wenn wir hier eine Übersicht über die Absichten unserer Freunde in den Staaten hätten. Dann könnte man die Schritte koordinieren, die man unternimmt. Bei mir ist es übrigens noch nicht ganz klar, ob ich in meinen alten Bezirk gehen werde oder nach Hannover. Außerdem habe ich auch eine Chance, als „Gewerkschafter" durch eine Aktion des TUC herüberzukommen, was mich politisch nicht im geringsten zur künftigen Gewerkschaftstätigkeit verpflichten würde. Die übrigen Freunde hier wollen natürlich alle zurück, wenn auch die Vorstellung über Zeitpunkt und Aufgabe bei den Einzelnen variieren. Nur Rix macht aus begreiflichen Gründen eine Ausnahme. Er hat ja auch hier eine viel wichtigere Position. Journalistisch kann er uns hier mehr nützen, und außerdem werden wir ja, wenn die Partei hier konstituiert ist und wir „anerkannten" Auslandsvertreter weg sind, eine funktionsfähige Auslandsvertretung in London zu schaffen haben, in der Rix zweifellos ein Rolle spielen wird.

Ich hoffe, daß Du aus dem etwas unsystematischen und im Zustand der Ermüdung geschriebenen Brief klug wirst. Es wird Zeit, Schluß zu machen. Die Maschine will schon nicht mehr. Bis zum nächsten Brief, der hoffentlich in kürzerem Abstand folgt, die besten Grüße an alle Freunde

Dein Erwin.[20]

---

20 Frank antwortete am 7. Dezember 1945. Er ging auf seine Situation, die beabsichtigte Rückkehr aus den USA und die bestehenden Verbindungen nach Deutschland ein. Er beschwor die Gefahren des Morgenthauplanes, der auch zur Diskreditierung einer sich „kollaborationistisch" verhaltenden SPD führen könne. Ferner wies er darauf hin, daß Konflikte unter den Alliierten zu einer stärkeren Abhängigkeit der jeweiligen Zone von der Besatzungsmacht führen und auch die Aufteilungstendenzen verstärken würden. Schließlich bot er an, Kleidung und Lebensmittel für Pakete nach Deutschland zu beschaffen, wenn von London aus eine Verteilerorganisation die gezielte Weiterleitung übernehmen würde. University of Oregon, Library, Special Collections, Coll. 139, Maurice J. Goldbloom Papers, file 10, folder 4 (IfZ München, MA 1548).

V.
Sozialistische Arbeiterpartei Deutschlands

NR. 324

Bericht des Londoner Büros an die Mitglieder vom Juli 1941 über die Mitgliederversammlungen am 14. und 28. Juni 1941

SAPMO Berlin, SgY 13/V 239/10/39

Bericht No. 1.[1]   Juli 1941

Das Büro hat sich wie folgt konstituiert:
Paul [Walter]:   Politischer Leiter und Delegierter zur Union.
Gustav [Spreewitz]:   Org[anisations]leiter.
Peter [Schäffer]:   Kassierer und Schriftführer.

Die M[itglieder]v[ersammlung] vom 14.6. hat beschlossen, die Genossen, die an der Versammlung vom 14. 6. nicht teilnehmen konnten, um ihre Meinungsäußerung zur Zusammensetzung des Büros zu bitten. Nachträglich liefen von folgenden Genossen zustimmende Erklärungen ein: Frida [Walter], Hermann[2], Nelly [Janowsky], Kutscher[3], Dorle[4], Moische[5], Isa[bella Heumann], Erna[6], Jonny. Gen[ossin] Hilde [Thelen][7] hat sich der Stellungnahme enthalten.

Die finanzielle Position der Gruppe ist äußerst ernst. Wir haben feste monatliche Ausgaben in der Höhe von £ 4.–.– (£ 2.–.– für die Union und £ 2.–.– für die internierten Genossen). Dabei ist noch kein Penny für laufende Ausgaben wie Porto usw. eingerechnet, die natürlich noch steigen, wenn die Gruppe aktiver wird. Selbst wenn jeder Genosse seine Beiträge regelmäßig und pünktlich leisten würde, würden wir noch ein Defizit von mindestens £ 1.–.– pro Monat haben, und wir haben fast keine Reserven mehr. Die Situation wird noch dadurch verschlimmert, daß sehr viele Genossen mit ihren Beiträgen im Rückstand sind, einige seit Februar! Bitte zahlt also pünktlich und gebt mehr, soviel wie ihr irgend könnt!

In der M[itglieder]v[ersammlung] vom 28. 6. wurde zum deutsch-russischen Krieg Stellung genommen. Das Ergebnis der Diskussion kann so zusammengefaßt werden:
1. Wir stehen in diesem Kampf voll und ganz und bedingungslos auf der Seite der Sowjetunion, die in den Gehirnen und Herzen der Millionen Arbeiter und Unter-

---

1 Vorlag: „Bericht No. 1." ms. unterstrichen.
2 Nicht ermittelt.
3 Nicht ermittelt.
4 Nicht ermittelt.
5 Nicht ermittelt.
6 Nicht ermittelt.
7 Nicht ermittelt.

drückten unter dem Joch des Nazifaschismus immer noch die Oktoberrevolution repräsentiert.
2. Diese Stellungnahme schließt keineswegs die Kritik am Stalinismus aus. Den Umständen entsprechend, muß diese Kritik sehr taktvoll und vorsichtig geübt und formuliert werden.

Unser Delegierter zur Union ist beauftragt worden, bei der Ausarbeitung einer gemeinsamen Resolution der Union diesen unseren Standpunkt zu vertreten.

Die Genossen Herbert George und Heinz Thelen sind aus Kanada in England eingetroffen und warten auf der Isle of Man auf ihre Entlassung. Genossin Wally Heidenfelder hat vom Home Office die Verständigung erhalten, daß sie berechtigt ist, unter Berufung auf Cat[egory] 19 um Entlassung anzusuchen.

NR. 325

*Bericht des Londoner Büros an die Mitglieder vom September 1941
über die Beratungen in der „Union"*

SAPMO Berlin, SgY 13/V 239/10/39

Bericht No. 2.[1]   September 1941

Die Geschichte unserer Resolution zum deutsch-russischen Krieg wird jedem Genossen
in großen Zügen bekannt sein.[2] Es soll hier noch einmal betont werden, daß diese Resolution nicht[3]den vollen Standpunkt der SAP zum Ausdruck bringt. Sie war von vorn
herein als ein für die anderen Gruppen in der Union annehmbarer Kompromißvorschlag
entworfen worden, sie stellt also gewissermaßen die äußerste Konzession dar, die wir den
Reformisten machen können, das Äußerste, was wir als sozialistisch-revolutionäre
Organisation noch unterschreiben können. Trotzdem ist sie, wie bekannt, von allen drei
Organisationen der Union abgelehnt worden. Wir haben sie daraufhin privat verschickt.
Und da die Sopade und ISK ihre Resolutionen in ihren Zeitschriften veröffentlichten
(NB hatte damals noch keinen Standpunkt!), sorgten wir dafür, daß unsere, wenn auch
leider stark gekürzt, in der „Tribune" erschien.[4] Die Union als solche hat im News Letter
keine Resolution veröffentlicht, da die ISK- und Sopade-Resolutionen für uns völlig
unannehmbar waren.

In der Union werden im Augenblick die 8 Punkte der „Atlantik Charter" diskutiert
mit Hinblick auf eine eventuelle öffentliche Stellungnahme. Darüber wird im nächsten
Bericht ausführlich berichtet werden. Ferner wurde in der Union bekannt, daß die KPD
zwecks Einheitsfrontverhandlungen an die SPD herangetreten ist. Die KPD hat dabei
ausdrücklich erklärt, daß sich diese Verhandlungen nicht auf die übrigen Organisationen
in der Union erstrecken sollten, sie lege auf „bedeutungslose Cliquen keinen Wert". Die
SPD hat jedes Verhandeln mit der KPD abgelehnt.

Genossen, im August hat unsere Gruppe ein Defizit von über einem Pfund gehabt.
Unsere Verpflichtungen gegenüber unseren internierten Genossen haben sich trotz
Entlassungen noch nicht vermindert, da unsere Genossen aus Kanada zurückgekommen
sind. Auch haben wir unseren finanziellen Beitrag zur Union zu leisten. In dieser Situation können wir uns kein Defizit leisten. Daher wiederholt das Büro seine Bitte: Zahlt
pünktlich und zahlt mehr! Wenn dieser Apell nicht den notwendigen Erfolg hat, wird das

---

1 Vorlage: „Bericht No. 2." ms. unterstrichen.
2 Vgl. den Vorschlag der SAP, Nr. 33 und die Diskussion über den geplanten Artikel: Einleitung, Abschnitt
   II.3.1. und Nr. 30, 35, 37, 38.
3 Vorlage: „nicht" ms. unterstrichen.
4 Vgl. Nr. 41.

Büro nicht umhin können, den Mindestbeitrag, der jetzt [sh] 1/– pro Monat per £ 1.–.– Wochenlohn beträgt, zu erhöhen.

Unsere Genossinnen Friedel Thelen-Meusel[5] und Anni Herberg[6] sind aus der Internierung entlassen worden. Das Tribunal hat nach Heinz Thelen und Herbert George bei Ernst Fröhlich angefragt.

Gen[osse] Jonny (Heinz Sacher) ist von der Gruppe abgehängt worden, weil er seinen parteilichen und finanziellen Verpflichtungen nicht nachgekommen ist.

---

5 Nicht ermittelt.
6 Nicht ermittelt.

NR. 326

Bericht des Londoner Büros an die Mitglieder vom Februar 1942
über die Mitgliederversammlungen von Oktober 1941
bis Januar 1942

SAPMO Berlin, SgY 13/V 239/10/39

Bericht No. 3.[1]   Februar 1942

Union:

Diesem Bericht liegt die Erklärung der Union: „Die deutschen Sozialisten und Gewerkschafter und die Überwindung der Nazi-Diktatur" in englischer Sprache bei.[2] Ihr
Zustandekommen ist bereits allen Genossen bekannt. So soll hier nur noch erwähnt
werden, daß, um ihren demonstrativen Wert zu erhöhen, einige Nichtmitglieder der
Union aufgefordert wurden, sie mitzuunterschreiben. Darunter befanden sich Kurt Hiller,
Westphal, Demuth, Jaeger usw. Jedoch konnte eine Einigung nicht erzielt werden, und so
erscheint die Erklärung mit den Unterschriften der Union und der Gewerkschaften.

Die englische Veröffentlichung geschah in der Form eines Rundbriefes, da der von
der Union herausgegebene News Letter auf Grund der neuen Verordnung (Papierknapp-
heit) nicht mehr erscheint. Sie ist bisher voll abgedruckt worden in Left News, No. 67
(January), herausgegeben von V. Gollancz, und auszugsweise in Labour Discussion
Notes, No. 30 (February), herausgegeben von der Socialist Clarity Group. In deutscher
Sprache erschien sie bisher in der „Arbeit" (Rundschreiben vom 19/12/41 und den
„Sozialistischen Mitteilungen".

Aktivität der Gruppe:

Anfang Oktober fand, um die Erklärung zu diskutieren, eine erweiterte Sitzung der
Union statt, an der 5 Vertreter der SAP teilnahmen. Über diese Sitzung wurde ausführ-
lich in der Oktober-M[itglieder]v[ersammlung] berichtet, in der die Gruppe sich mit der
Erklärung grundsätzlich einverstanden erklärte. In der November-M[itglieder]v[er-
sammlung] wurde über den Fortschritt der Diskussion über die Erklärung berichtet, und
einer unserer Genossen, der gerade aus Kanada eingetroffen war, berichtete über seine
Erlebnisse. In der Dezember-M[itglieder]v[ersammlung] wurde ein Referat über die
Arbeiterbewegung in Norwegen gehalten. Die Gruppe hat sich offiziell an der Rußland-
sammlung des National Council of Labour (Labour Party, TUC und Cooperative Party)
beteiligt. Als vorläufiges Ergebnis unserer Sammlung liegen £ 11.15. 6. vor.

---

1 Vorlage: „Bericht No. 3." ms. unterstrichen, die folgenden Überschriften ebenso und in Großbuchstaben.
2 Deutsche Version vgl. Nr. 54.

Internierung:

Noch immer befinden sich politische Flüchtlinge in Australien, Kanada und der Isle of Man in Internierung. Jedoch sind erfreulicherweise, mit der Ausnahme von Ullmann[3], alle unsere aus Norwegen entkommenen Genossen aus der Internierung entlassen worden. Mit zwei Ausnahmen befinden sie sich in London, und fast alle haben schon Arbeit gefunden. Das Tribunal hat im Fall Ullmann Nachfrage gehalten; er wird nach England überführt werden, wenn die Entlassung ausgesprochen worden ist.

Gen[osse] Boris Goldenberg ist mit seiner Frau[4] in Kuba eingetroffen. Gen[osse] Max Diamant[5], ebenfalls mit seiner Frau[6], hat Lissabon verlassen.

Januar-M[itglieder]v[ersammlung] der Gruppe:

Der Gruppe wurde ein für unsere Genossen in New York[7] bestimmter Bericht vorgelegt. Er enthält eine Analyse der Position und der Aufgaben der SAP, und er gipfelt in dem praktischen Vorschlag, sich der Gruppe Neu-Beginnen, von der uns keine theoretischen Meinungsverschiedenheiten trennen, unter Wahrung unserer organisatorischen Selbständigkeit enger anzuschließen. In einem Anhang wird vorgeschlagen, einen Vertreter der Reichsleitung zu nominieren. Nach einer sehr lebhaften Diskussion einer produktiveren Gestaltung der Arbeit der Gruppe wurde der Bericht einstimmig angenommen.

Um dem durch die aus der Internierung entlassenen Genossen veränderten Mitgliederbestand der Gruppe Rechnung zu tragen, schlug das alte Büro vor, ein neues Büro, bestehend aus den Genossen Paul [Walter], E[rnst] F[röhlich] und Herbert [George], zu wählen. Dieser Vorschlag wurde mit 7 Stimmen bei 4 Enthaltungen angenommen.

---

3 Das ist Walter Fischer.
4 Goldenberg, Dr. Rosa, geb. Lenz, *1910, 1942 geschieden.
5 Diamant, Max, 1908–1992, Gewerkschaftsfunktionär, 1922 Gewerkschaft und KJVD, dann SPD, Mannheim, 1931 SAP, Emigration März 1933 Frankreich, 1936–37 Vertreter der SAP-Auslandsabteilung im spanischen Bürgerkrieg, 1941 Marseille. 1942 Mexiko, 1961 Rückkehr nach Deutschland, 1961–73 Leiter der Abteilung ausländische Arbeitnehmer beim Vorstand der IG-Metall.
6 Anna Diamant, 1907, Emigration wie Ehemann.
7 Es handelte sich um Jacob Walcher, Josef Lang, u.a.

Nr. 327

Brief von Walter Fischer an Willy Brandt vom November 1942 mit Bericht über die SAP-Gruppe in London

AdsD Bonn, Willy Brandt-Archiv, Politisches Exil und Nachkriegszeit (Korrespondenz)

W[alter] Fischer, West Centr. Distr. P.O. Box 7 [1]
New Oxford Street WCL
London

Lieber Freund, Dein Brief kam schon vor einiger Zeit hier an, vielen Dank. Leider war bis jetzt keine Gelegenheit ihn zu beantworten. Wir waren erfreut von Dir so ausführlich zu hören, alles von dort ist für uns interessant und anregend.

Ich selbst war ja, wie Du weißt, lange Zeit an jeder Tätigkeit verhindert und habe einige Zeit gebraucht wieder up to date zu kommen. Immerhin hatte ich Gelegenheit, amerikanische Verhältnisse und Gedanken etwas mehr aus der Nähe zu studieren, die Sprache zu lernen, und das war auch nützlich.

Die allgemeine Lage in Mitteleuropa studierte ich während dieser Zeit so gut es ging durch meine jetzige Tätigkeit habe ich Gelegenheit alles nachzuholen, soweit das von hier aus geht. Im Großen und Ganzen habe ich einen ähnlichen Eindruck, wie Ihr dort: Sichtbare Erschütterungen werden kommen mit sichtbaren, milit[ärischen] Ereignissen.

Im engeren Kreis wird gearbeitet, so gut es geht. Von den Differenzen weiß ich wenig, sie liegen zum großen Teil vor meiner Ankunft hier. Zwei Dinge können gesagt werden:

1. Die Dinge liegen hier etwas verschieden von dort durch andere Bedingungen. Die Meinungen sind von den andersgearteten Bedingungen beeinflußt. Es gibt eine stärkere Tendenz zur Gruppenbildung und die seltsamsten Gruppen und Programme erscheinen.

2. Unsere Haltung ist gegeben durch unsere Stellung in der Union – von der Ihr sicher genug wißt – und in der freien Gewerkschaftsbewegung. Der Kurs ist ähnlich wie in der Osloer AG[2], nur eben in breiterem Rahmen. Ich beurteilte diese Haltung schon vor meiner Rückkehr zustimmend, sie gibt ein breites Wirkungsfeld. (Was z.T. infolge des Mangels an Kräften nicht genützt werden kann. Nun ist auch Ernst [Fröhlich] noch weggegangen von London; ich selbst bin nur alle 14 Tage dort.) In einer Be-

---

1 Ein Datum ist im Brief nicht vermerkt. Vom Empfänger oder einem Bearbeiter des Nachlasses ist am Rande „Nov. 1942" hs. hinzugefügt.

2 Im Januar 1939 schlossen sich in Oslo SAP, Neu Beginnen und RSÖ zur „Arbeitsgemeinschaft der deutschen proletarischen Emigration" zusammen, die später in „Arbeitsgemeinschaft der deutschen Sozialisten" umbenannt wurde. Vgl. Einhart Lorenz, Willy Brandt in Norwegen. Die Jahre des Exils 1933–1940, Kiel 1989, S. 129.

sprechung letzten Sonntag einigten wir uns in unserem Arbeitsausschuß[3] dahingehend, die Einheit im soz[ialistischen] Sektor – weil uns durch eine Reihe von Besprechungen und Debatten dafür jetzt bessere Bedingungen gegeben schienen – auf eine
wenn möglich festere Basis zu bringen. Wir werden versuchen, dafür eine Plattform
anzuregen oder selbst vorzulegen. Das wird noch einige Zeit dauern, denn es gibt
immer noch Komplikationen. Sie liegen teilweise in einem gewissen Führungsanspruch von N[eu] B[e]g[innen], der von vielen angezweifelt wird. (Es gab da in den
letzten Wochen die versch[iedensten] Debatten – vor allem zwischen ihnen und den
PV-Leuten, außerdem hatten sie eine etwas zackige Schwenkung nach Osten gemacht.[4]) Alle diese Zwischenfälle können natürlich auf die Dauer notwendige Entwicklungen nicht aufhalten.

Leider wurde die Arbeit der Gruppe[5] – in einer nach meiner Meinung unfruchtbaren
Weise – von einer Reihe von Freunden, Hilde [Thelen] und Wolf [Heumann] gehörten
zu ihnen, sozusagen „von links" angegriffen. Man warf der Leitung „ref[ormistischen]
Opportunismus" vor. Die Kritiker stehen nun schmollend beiseite. Dazu gab es keinen
Grund, denn die Leitung hörte tolerant und demokratisch alle Meinungen. Die Mehrheit
wollte und konnte, wegen momentanen, z.T. russophilen Aufwallungen, ihre Haltung
nicht aufgeben.
Die Stellung Herberts [George], der sich von der Gruppe löste und mit Hilfe N[eu]
B[e]g[innen]s einen Brief gegen die Gruppe abzog und verteilte, wurde durch nahezu
entgegengesetzte Gefühle bestimmt. Er wehrte sich dagegen, daß ein gewisses Maß von
Kontrolle und Disziplin aufrecht erhalten werden soll, ohne das nichts geleistet werden
kann. Die Freunde wünschten, daß im Interesse unseres Ansehens – das hier wohl seit
Jahren etwas gelitten hatte – eine exaktere Zusammenarbeit innen, im Interesse einer
höheren Einheit, versucht wird. Er nahm sich eine entspr[echende] Mahnung zu sehr zu
Herzen.
Wir haben gegenwärtig dann noch eine Presseattacke aus dem Hinterhalt zu verbu-
chen, das geht aber allright.[6] Wenn möglich schicken wir Euch alles darüber.
Mir geht es persönlich einigermaßen. Ich muß viel arbeiten, oft auch abends. Ich habe hin und wieder Arne Ordning[7] gesprochen; sah auch unsere Freundin Severin[8], die
uns Grüße von Dir brachte. War etwas überrascht von Deiner Heirat; ich selbst bin mehr
als je Junggeselle. Kenne ich Deine Frau? Ihr und dem Nachwuchs Grüße und alles

---

3 Gemeint ist eine Arbeitsausschußsitzung der SAP.
4 Fischer spielt hier auf die Teilnahme Löwenthals an der Gedenkfeier für die Oktoberrevolution an, vgl. Nr.
  78–81, 322.
5 Gemeint ist die Londoner SAP-Gruppe.
6 Vgl. Nr. 77.
7 Nicht ermittelt.
8 Nicht ermittelt.

Gute! Bist Du im Ernst zu einem Besuch entschlossen? Und geht das von dort? Wir würden uns sehr freuen, wenn es möglich wäre und helfen, wenn erforderlich. Grüße bitte alle Freunde, St[efan Szende][9], Er[nst Behm][10], Martin[11] u[nd] alle anderen! Euer Walter[12]

9 Szende, Dr. Stefan, *1901, Funktionär der illegalen ungarischen KP, 1928 Wien, 1930 Berlin, KPO dann SAP, nach 1933 Mitglied illeg. Inlandsleitung, 1934 verhaftet und verurteilt, 1935 ČSR, 1937 Schweden, mit Brandt im Führungskreis der SAP und der Internationalen Gruppe demokratischer Sozialisten, FDKB, publizistische Tätigkeit.
10 Behm, Ernst, *1902, Volksschullehrer Berlin, KPD, 1928 KPO, 1931 SAP, 1933 illegale Tätigkeit, Kopenhagen, 1935 Schweden, 1942 Mitarb. Internationale Gruppe demokratischer Sozialisten, 1944 FDKB, 1944–50 Mitglied, ab 1946 VS SPD-Gruppe Schweden.
11 Nicht ermittelt.
12 Vorlage: „Walter" hs.

NR. 328

Brief Walter Fischers an Willy Brandt vom 28. August 1945 mit
Bericht über die SAP-Gruppe und die „Union"

AdsD Bonn, Willy Brandt-Archiv, Politisches Exil und Nachkriegszeit (Korrespondenz)

London, 28. Aug[ust 19]45[1]

Lieber Willy,

wir erhielten Deinen Brief vom 31. Juli mit den Beilagen.[2] Wie Du weißt folgen wir Eurer Tätigkeit mit dem größten Interesse und bedauern nur, daß wir so selten etwas von Euch hören. Auch die Verbindung mit den Freunden in N[ew] Y[ork] läßt manches zu wünschen übrig.[3] Wir haben im Juni einige Briefe geschrieben (ich selbst u[nter] a[nderem] zwei an Theo[4]) und wir haben noch immer keine Antwort.

Von Paul W[alter] und Hermann[5] hören wir nicht viel; Hermann soll krank geworden sein und Paul klagt über unregelmäßige Verbindungen. Leider sind wir über die Bedingungen unter denen sie gegangen sind im allgemeinen nicht ausreichend orientiert; wir wissen nur, daß sie sich in den Gewerkschaftsaufbau einschalten wollten.

Demgegenüber sind wir erfreut zu hören, daß Arno [Behrisch][6], Kleo[7] und die anderen scheinbar sehr aktiv sind und sich mehr und besser bewegen können. – Über die Verhältnisse sonst sind wir einigermaßen orientiert; es scheint klar, daß die Differenzen zwischen den einzelnen Zonen erheblich sind, wobei die fr[anzösische] und die r[ussische] am schlechtesten wegkommen. Etwas Gutes hört man sehr selten.

Die Zusammenarbeit mit den hiesigen soz[ialistischen] Gruppen erfolgt hier wie Du weißt auf der Basis der „Union". In den letzten Monaten haben wir versucht, die Pro-

---

1 Vorlage: Als Empfangsdatum wurde hs. der 26.9.1945 vermerkt.
2 Der entsprechende Brief und die Beilagen fehlen in der Überlieferung.
3 Gemeint ist vor allem Jacob Walcher.
4 Bei „Theo" handelt es sich vermutlich um Josef Lang. Foitzik, Zwischen den Fronten, S. 113, nennt „Theo" 1938 als Mitglied der Sekretariats der Parteileitung. In einem Schreiben Fischers an Lang vom 14. Juli 1943 wird erwähnt, daß die Londoner SAP-Gruppe an Walcher zwei Briefe geschrieben hatte, ohne Antwort zu bekommen; in: AdsD Bonn, NL Josef Lang, Ordner 16.
5 Die Identität bleibt unklar. Möglicherweise handelt es sich um Robert Neumann, da er neben Paul Walter der einzige war, der aus der Londoner SAP-Gruppe mit dem OSS nach Deutschland kam.
6 Behrisch, Arno, *1913, Schriftsetzer, SPD, SAP, 1934 ČSR, Grenzarbeit, 1938 Schweden, 1944 SPD, Rückkehr mit britischer Hilfe, 1946 stellv. SPD-Landesvorsitzender Bayern, MdL, MdB, 1961 Parteiaustritt.
7 Enderle, Irmgard („Kleo"), *1895, KPD, dann KPO, 1932 SAP, 1933 NL, B, 1934 Schweden, 1944 im Vorstand FDKB, November 1944 SPD, Juni 1945 Rückkehr nach Deutschland, Wiederaufbau SPD und Gewerkschaften in Bremen, Gewerkschaftsfunktionärin, freie Journalistin.

grammberatungen weiter zu führen. Wir haben das „Sofortprogramm"[8] an Euch geschickt und wir hoffen, Eure Stellungnahme dazu zu hören. Wir arbeiten weiter an einem „Verfassungsprogramm"[9]; ich hätte lieber gesehen, daß im Zusammenhang mit einem Wirtschaftsprogramm, das seit langer Zeit entworfen ist, ein politisches Programm der zukünftigen soz[ialistischen] Bewegung in D[eutschland] geschaffen und beraten würde – die sozialdemokratischen Freunde halten ein „Verfassungsprogramm" für wichtiger.

Die vielen Streitereien, die es hier in den Gew[erkschaften][10] mit der KP gegeben hat, scheinen zu einem Ende zu kommen durch den Entschluß des IGB „mit dem Ende des Krieges" auch die gew[erkschaftliche] Tätigkeit von Emigrantengruppen zu beenden. – Von Rückwanderung ist jedoch weder im allgemeinen noch im besonderen zunächst die Rede.

Deine Bemerkungen über ev[entuelle] zukünftige Gruppierungen im Zusammenhang mit Eurem Entschluß zur SP[D] zu gehen, haben wir mit großem Interesse gelesen. Wir nehmen außerdem an, daß Euer Entschluß in den örtlichen Verhältnissen begründet war. – Wir sind noch immer der Meinung, die wir Euch vor einigen Monaten mitteilten, daß eine vorherige Verständigung mit denen in N[ew] Y[ork] und mit uns vorzuziehen gewesen wäre – aber es scheint jetzt wenig Sinn zu haben, darüber noch viel zu schreiben. – Wir haben hier versucht, etwas mehr über die Soz[ialdemokratische] Gruppe[11], mit der Ihr Euch vereinigt habt, zu erfahren. Das ist nicht einfach. Nach allem was hier bekannt ist, arbeiten alle Gruppen mit dem PV zusammen und erklären, daß sie das auch in Zukunft tun wollen; der PV scheint auf dem Standpunkt zu stehen, daß die verschiedenen Gruppierungen in St[ockholm] nur wegen persönlicher Differenzen bestehen; mir wurde versichert, daß es politische Differenzen kaum gibt, daß keine der Gruppen solche Differenzen gegenüber dem PV auch nur angedeutet hat. Du wirst verstehen, daß es für uns von großer Wichtigkeit wäre zu wissen, was da nun wirklich richtig ist. – Bitte schreibe in Zukunft öfter, wir wollen prompter antworten und bitte sende uns so viel als möglich von den Sachen, die dort herauskommen. Wir kennen weder Eure Broschüre, noch die Erklärung!

Bitte schreibe in Zukunft an die Adresse: G[ustav] Spreewitz, 12 a Seymour Court, Coles Green Rd., London N.W.2

Herzliche Grüße an alle Freunde, auch die „wiedergefundenen" Dein Walter F[ischer][12]

---

8 Vgl. Nr. 179.
9 Vgl. Nr. 186.
10 Gemeint ist die Landesgruppe deutscher Gewerkschafter in Großbritannien, vgl. hierzu Einleitung, Abschnitt VII.
11 Zu den Differenzen in der sozialdemokratischen Emigration in Schweden vgl. Müssener, Exil in Schweden, S. 138ff.
12 Vorlage: Letzter Absatz hs.

NR. 329

Brief von Walter Fischer an Willy Brandt vom 30. Oktober 1945
mit Bericht über die Verschmelzung der sozialistischen Gruppen
mit der SPD

AdsD Bonn, Willy Brandt-Archiv, Politisches Exil und Nachkriegszeit (Korrespondenz)

London, 30. October 1945[1]

Lieber Willy,

Von meiner Reise nach D[eutschland] zurück, erhielt ich Deinen Brief vom 26. Sept[ember].[2] Ich glaube, daß Deine Bemerkung über die Haltung der Freunde drüben[3] richtig ist. Von etwa 8 Gruppen, mit denen Kontakt aufgenommen wurde, entschieden sich alle für die Zusammenarbeit mit der SP. Das war ja wohl kaum anders zu erwarten. Die Lage in D[eutschland] ist so schwierig, daß die Freunde gar keinen anderen Weg sehen, als im Rahmen einer größeren Bewegung weitere politische Arbeit zu leisten.

Was die Freunde in New York betrifft, so sind sie wohl ein wenig schlecht orientiert über die wirkliche Lage. Du wirst sicher die Abschrift eines Briefes von Jim[4] erhalten, den dieser vor etwa zwei Monaten an uns schrieb, dann wirst Du ja sehen, was ich meine.

Es gibt hier keine Differenzen darüber, daß auch wir von hier aus für eine Verschmelzung eintreten werden, dazu zwingt sowohl die Entwicklung im Lande als auch hier. Gemäß der Beschlüsse in Hannover werden Ollenhauer und Heine sehr bald rüber gehen. Da in H[annover] auch Verhandlungen mit dem hiesigen Leiter des ISK[5] erfolgten, die gleichfalls mit einer Fusion enden werden und „Neu Beginnen" – jedenfalls hier – nicht mehr existiert und Schoettle in H[annover] schon wieder als alter Sozialdemokrat aufgetreten ist (was er übrigens schon seit längerer Zeit tut), so sind nur noch wir als „selbständige Gruppe" übrig.

Ich habe vor drei Tagen eine längere vertrauliche Unterhaltung mit Ollenhauer über den ganzen Fragenkomplex gehabt. Er unterrichtete mich zunächst über die Haltung des ISK. Eichler verhandelte in H[annover] mit Schumacher[6], dem Vertreter der SP für die westliche Zone über die Bedingungen[7] des ISK für die Verschmelzung. Es wurde das Recht zur Herausgabe einer eigenen theoretischen Zeitschrift verlangt. Das wurde wohl zugestanden mit der ausdrücklichen Erklärung, daß damit nicht das Recht für eine eigene

---

1 Am Briefkopf ist hs. vermerkt „6.11. erh[alten]"
2 Der Brief fehlt in der Überlieferung.
3 In Deutschland.
4 Das ist Jacob Walcher. Der Brief wurde nicht ermittelt.
5 Gemeint ist Willi Eichler. Zu den Verhandlungen vgl. Nr. 318–320.
6 Vorlage: „Schuhmann".
7 Vorlage: Wort ms. unterstrichen.

854

Org[anisation] oder Fraktion verbunden sein kann (was ich für ganz richtig halte). O[llenhauer] teilt die theoretischen Bedenken, die ich gegenüber dem ISK („Auslese-Prinzip", ungehemmte antirussische Haltung etc.) auch habe.

Organisatorisch kam ich mit O[llenhauer] zu folgenden Vereinbarungen: Wenn wir den Zeitpunkt für gekommen halten, werden wir hier eine Erklärung abgeben (von welcher wir Euch und die New Yorker wenn möglich im Voraus informieren werden, wir hatten eine Vorbesprechung in der Sache an welcher Wolf H[eumann] und Gustav [Spreewitz] teilnahmen; eine weitere Besprechung mit Ernst F[röhlich] wird folgen).

Sobald die Union aufgelöst wird, dann wird hier eine Art Auslandspresse-Kommission gegründet, an welcher wir teilnehmen.

Der leitende Körper der SP-London wird mit entspr[echender] Vertretung von uns neu organisiert werden.

Wir haben auch über andere zukünftige Probleme gesprochen; sehr viel wird ja von der zukünftigen Entwicklung abhängen. Wichtige Fragen der Führung werden ja sowieso nicht vor dem nächsten Parteitag geklärt werden können – bis dahin müßten wir die Möglichkeit finden, uns einmal zu sehen bez[iehungs]w[eise] mit unseren Freunden sprechen konnen.

In diesen ganzen Komplex hinein spielt eine Besprechung, die hier vor acht Tagen mit einem Vertreter des „Office of War Inf[ormation]" (amerikanisch) zusammen mit den Vertretern des PV und soz[ialdemokratischen] emigr[ierten] Redakteuren stattfand und an der ich teilnahm.[8] Der am[erikanische] Vertreter war hier, um Redakteure und „Licencees" für neue Zeitungen in Bayern zu rekrutieren. Ich habe mich noch nicht gemeldet – weil ich zunächst noch mehr über die Bedingungen hören will. Jedenfalls habe ich Theo[9] als Kandidaten vorgeschlagen (mögliche[rweise][10] K.[11] besser). Darf man wissen, was Deine Pläne für die Zukunft sind? Ich hoffe Du kannst Deine beabsichtigte Reise bald antreten – kannst Du nicht einen Abstecher nach London machen? Das wäre so wichtig!

Du wirst sicher einen Bericht von Hannover[12] haben. Wie Du siehst, war die Angelegenheit mehr „konstituierend" – und wie ich hier aus den verschiedenen off[iziellen] und inoff[iziellen] Bemerkungen ersehe, war einer der wesentlichsten Punkte: die Einheit mit dem soz[ial]dem[okratischen] Flügel in der russischbesetzten Zone herzustellen und zu erhalten. – Wir wissen leider gar nichts von unseren Freunden da – ich selbst war auch nur in den drei westlichen Zonen! Hast Du etwas von Arno [Behrisch] gehört, das

---

8 Es handelt sich um Dr. Joseph Dunner; zur Besprechung vgl. Nr. 185.
9 Joseph Lang.
10 Vorlage: „möglichen".
11 Vermutlich „Kleo".
12 Gemeint ist die Konferenz in Wennigsen. Vgl. Nr. 303.

darüber Auskunft gibt? Er soll ja in Hof sein, wie Paul W[alter] sagte. (Letzterer ist übrigens „Zentralsekretär des ZDA"[13] in Frankfurt – nach einer letzten Nachricht).

Das Rundschreiben, von dem Du sprichst, haben wir bis auf den heutigen Tag nicht erhalten! Woran liegt das? Es wäre gerade jetzt wichtig, mehr über Eure Position zu wissen.

Als ich hier wieder ankam, war gerade Hans Vogel gestorben – wir bedauern seinen Verlust nicht nur aus Pietät – das persönliche Verhältnis zwischen uns und ihm – wie auch zu Ollenhauer und Heine – war wirklich gut; wir hatten auch in politischen Fragen eine gemeinsame Basis erarbeitet – und nur selten sind unsere politischen Vorschläge von ihnen nicht akzeptiert worden. Ich mache diese Bemerkung, um zu zeigen, daß m[eines] E[rachtens] die mannigfaltigen Gerüchte über die jetzige[14] Haltung dieser Gen[ossen] nicht immer stimmen. Du würdest erstaunt sein, z.B. zu sehen, wie viel Ollenhauer dazugelernt hat!

Ich bin neugierig, wie lange die Post braucht nach Oslo jetzt! Hoffentlich nicht zu lange. Antworte bald bitte. Viele fr[eun]dl[iche] Grüße von allen hier Dein Walter[15].

---

13 Walter war nach der Rückkehr unter dem Namen Paul Kronberger im Freien Gewerkschaftsbund Hessen als Funktionär für Angestellte tätig.
14 Vorlage: „jetzige" ms. unterstrichen.
15 Vorlage: „Walter" hs. – In einem weiteren knappen Brief am 30. Oktober 1945 erkundigte sich Fischer nach gemeinsamen Bekannten in Norwegen und nach seinen Sachen, die er zurückgelassen hatte. Beiläufig erwähnte er, daß er seit Kriegsende wieder beim Foreign Office beschäftigt und mit „special researches" beauftragt sei. Außerdem bat er um eine Liste von Leuten, die als Redakteure und für andere Posten bei der Presse in Frage kämen, da die Amerikaner danach Ausschau hielten.

NR. 330

Erklärung der SAP-Mitglieder in Großbritannien über den Wiedereintritt in die SPD vom 2. Dezember 1945

AdsD Bonn, PV-Emigration, Mappe 5[1]

Erklärung der Mitglieder der Sozialistischen Arbeiter Partei Deutschlands in Groß-Britannien

Als vor mehr als 14 Jahren die SAP gegründet wurde, standen wir in Deutschland am Vorabend wichtiger Entscheidungen. Es ging darum, ob es den fortschrittlichen Kräften im Lande der Arbeiterbewegung gelingen wird, die politische und wirtschaftliche Gestaltung Deutschlands in die Hand zu nehmen, oder ob die Nazis, zur Vorbereitung des zweiten Weltkrieges, die Macht an sich reißen können.

Die politische Auffassung des damaligen linken Flügels der Sozialdemokratischen Partei war, daß die Sozialisten eine Offensivstellung[2] beziehen und für eine grundlegende Neugestaltung Deutschlands, der ökonomischen und politischen Grundlagen des Reiches kämpfen müssen. Eine solche neue Politik konnte wahrscheinlich die Niederlage noch abwenden. Die Aktionseinheit aller Flügel der Arbeiterbewegung war das von uns erkannte Mittel, unsere Ziele zu erreichen. Jedoch, in den Auseinandersetzungen über die Probleme der damaligen Zeit und eine neue sozialistische Politik wurde die Demokratie in der Sozialdemokratischen Partei auf eine harte Probe gestellt – und versagte. So kam die Abspaltung der Linken und die SAP wurde gegründet.

Die National-"Sozialistische" Welle konnte nicht aufgehalten werden; sie wälzte sich über Deutschland, später über ganz Europa, zerstörte alle Arbeiterorganisationen und viele ihrer besten Funktionäre wurden ermordet.

Die Genossen der Sozialistischen Arbeiter Partei haben im Kampfe für den Sozialismus, für die Erhaltung ihrer illegalen Organisationen und damit für die Erhaltung der sozialistischen Ideen, in den harten Jahren der Illegalität und des Weltkrieges fortlebenden Ruhm erworben. Jetzt, mit der Beendigung des Krieges, mit dem Sturz der Nazi-Diktatur und dem Zusammenbruch des gesamten Deutschen Staates, mit dem Wiederaufleben der Arbeiterorganisationen finden sie, nach vielen harten Erfahrungen, eine neue Situation.

Die alten Kader der Arbeiterbewegung sind durch den grausamen Terror der Gestapo, der SS und der Nazi-Justiz dezimiert. Die politischen Parteien und Gewerk-

---

1 Die Erklärung und der Vorläuferentwurf mit einigen Korrekturen finden sich als Beilage zum Protokoll der Exekutivkomiteesitzung der Union vom 8. Dezember 1945.
  Sie ist veröffentlicht bei Röder, Exilgruppen, S. 292–293 und in: Grebing, Entscheidung für die SPD, S. 52–54.
2 Vorlage: Wort ms. unterstrichen.

857

schaften müssen neu aufgebaut werden, so muß ein neuer Staat! Das Land ist wirtschaftlich ruiniert und in seiner industriellen Entwicklung um viele Jahre zurückgeworfen
worden. In dieser Situation, unter dem Druck militärischer Besetzung, unheilvoller
wirtschaftlicher Katastrophe und geistiger Verwirrung haben nun die Kader der Sozialistischen Arbeiter Partei schnelle und grundlegende Entscheidungen zu treffen. Eine der
wichtigsten Entscheidungen ist: auf welcher Basis sollen Wiedraufbau und Neufor-
mung der sozialistischen Bewegung erfolgen.

Einige unserer Freunde hatten geglaubt – alle haben gewünscht -, daß es möglich sein
würde nach dem Niederbruch des Faschismus eine geeinte Bewegung, eine politische
Organisation der Arbeiter aufzubauen. Diese Hoffnungen und Wünsche haben sich nicht
erfüllt.

Deshalb betonen unsere Freunde in Deutschland, seit sie wieder sprechen können,
daß sie ihre Arbeit für den Sozialismus in einer geeinten Sozialistischen Partei[3]fortführen
möchten. Viele von ihnen arbeiten mit den sozialdemokratischen Genossen Seite an
Seite für den Wiederaufbau der Sozialistischen Bewegung.

Diese Gruppen der SAP handeln in der Erkenntnis, daß es ohne sozialistische Massenbewegung weder einen Neuaufbau Deutschlands gibt, noch einen Durchbruch und
Sieg sozialistischer Ideen, noch einen Schritt zu unserem sozialistischen Ziel: einer
Gesellschaft ohne Unterdrückung und Ausbeutung zu menschlichem Leben in Freiheit
und Würde.

Diese Auffassung unserer Freunde in Deutschland liegt auf derselben Linie wie die
Meinung und die Erkenntnisse der sozialistischen Emigration in Großbritannien. Seit
Jahren haben alle Sozialistischen Gruppen hier in einer „Union der Sozialistischen
Organisationen" zusammengearbeitet. Alle Gruppen haben sich bei dieser Zusammenarbeit überzeugt, daß konstruktive Einheitspolitik deutscher Sozialisten möglich ist. Mehr
noch: diese Zusammenarbeit hat gelehrt, daß heute, im Gegensatz zu früher, Einmütigkeit herrscht in vielen Grundfragen sozialistischer Politik. Zwei Punkte verdienen dabei
erwähnt zu werden:
1) In einer neuen Partei, die aus den Trümmern der alten Organisation aufgebaut werden
    soll, soll Freiheit der Meinung herrschen. Diese Freiheit wird im Statut verankert
    werden und garantieren, daß politische Auffassungen offen vertreten und auch
    durchgesetzt werden können, wenn die Mitglieder sich für solche Auffassungen ent-
    scheiden.
2) Es herrschen einmütiger Wille und Übereinstimmung, daß beim Neuaufbau des
    deutschen Staates unser Ziel der Aufbau einer sozialistischen Republik sein soll.

Es wird eine der vornehmsten Aufgaben der Genossen von der SAP sein, diesen
Willen für eine sozialistische Zukunft Deutschlands zu erhalten und zu helfen, ihn in die

---

3 Vorlage: „geeinten Sozialistischen Partei" ms. unterstrichen.

Praxis umzusetzen. Wir sagen dies im Bewußtsein, daß die Einheit im Sozialistischen Sektor eine der Voraussetzungen dafür ist!

Angesichts dieser Gesamtlage und der künftigen Aufgaben aber ist die Spaltung im Sozialistischen Lager nicht mehr zu rechtfertigen. Die Genossen der Sozialistischen Arbeiter Partei Deutschlands in Großbritannien erklären deshalb ihre Bereitwilligkeit, am Aufbau und der Neuformierung einer geeinten Sozialistischen Partei mitzuarbeiten.

Sie schließen sich deshalb mit den übrigen Sozialistischen Gruppen und Parteien, der „Sozialdemokratischen Partei Deutschlands", der Gruppe „Neu Beginnen" und dem „Internationalen Sozialistischen Kampfbund", zu einer einheitlichen Partei-Organisation zusammen.

An unsere Freunde in Deutschland richten wir den Ruf, desgleichen und wie bisher für den Aufbau der Sozialistischen Gesamtbewegung zu wirken.

Wir werden in der Emigration im selben Sinne handeln, und wir hoffen, bald an Eurer Seite mithelfen zu können am Neuaufbau der Sozialistischen Bewegung.

London, den 2. Dezember 1945

Für das pol[itische] Büro der SAP:
Gustav Spreewitz   Walter Fischer

(früher Berlin-Spandau)   (ehem. Mitglied der Bezirksleitung der Soz[ialistischen]
                                              Arbeiterpartei Süd-West-Sachsen)

NR. 331

Brief von Walter Fischer an Willy Brandt vom 23. Januar 1946
mit Bericht über die Ernennung John Hynds und die Auflösung
der „Union"

AdsD Bonn, Willy Brandt-Archiv, Politisches Exil und Nachkriegszeit (Korrespondenz)

23. Januar 1946

Lieber Willy,

vielen Dank für Deinen Brief und die Wünsche vom 9.1.[1] Ich hoffe, Du hast angenehme Feiertage in Kopenhagen – und in Stockholm gehabt. In der Zwischenzeit dürftest Du meinen Brief aus Bognor-Regis[2] erhalten haben

Wir sind hier sehr dankbar für alle Sachen, die Du schickst. Ich habe vor wenigen Stunden eine Besprechung wegen des Berichts[3] aus der B[ritischen] Z[one] gehabt. Wie Du wohl inzwischen erfahren haben wirst, ist bereits bevor Du Deinen Bericht schriebst, ein „Civilian administrator" für diese Zone ernannt worden, und wie ich höre, soll „military government" etwa Ende April zu Ende gehen. Zu wünschen wärs! Der neue Administrator ist ein Mann der Labour Party mit Namen Hynd[4]; er ist alter Trade Union-Mann und war führend tätig bei den „Fabians" (Fabian Society). Es gibt Leute hier, die sagen: „Es wäre besser, wenn er mehr Antinazi-freundlich und weniger deutschfreundlich wäre." (Unter den gegenwärtigen Verhältnissen – Deutschenhetze – spricht das nicht mal so gegen ihn, als es etwa klingt.)

Jedenfalls: Hynd baut ein Büro auf. Dein Bericht wird (über Freunde in der „parliamentary LP") an das H[ynd]-Office geleitet werden. Es wäre natürlich besser gewesen, ich hätte alle Namen und sonstigen Angaben noch etwas genauer gehabt. Das würde die Untersuchung erleichtern. (Col[onel] Munro[5] ist übrigens für die erwähnten Kunststückchen bekannt. Er war erst in Hamburg und wurde eine Art strafversetzt nach L[übeck]. Da siehst Du, wie wichtig es ist, Namen zu haben, weil man gewöhnlich die Vögel schon kennt.) Es wäre auch wichtig, ev[entuell] zu wissen, welche Sachen von Dir gedruckt

---

1 Der Brief fehlt in der Überlieferung.
2 Ort an der englischen Kanalküste. Es bleibt unklar, welcher Brief gemeint ist.
3 Der Bericht befindet sich ebenfalls nicht in der Überlieferung. Nach den Angaben in einem weiteren Brief Fischers vom 27. Januar 1946 bezog er sich auf Lübeck.
4 Vorlage: „Hynd" ms. unterstrichen.
5 Vorlage: „Col. Munro" hs. unterstrichen, am Blattrand mit Kreuz angemerkt. – Gabriele Stüber, Der Kampf gegen den Hunger 1945–1950. Die Ernährungslage in der britischen Zone Deutschlands, insbesondere in Schleswig-Holstein und Hamburg, Neumünster 1984, S. 87 erwähnt einen Oberst A.J.R. Munro als Militärgouverneur für Lübeck.

werden und wo, das würde u[nter] U[mständen] die Arbeit erleichtern. Ich nehme an, daß alles gedruckt wird und vor allem in „Arbeiterbladet".[6]

Letzte Woche haben wir die erste Sitzung des „pol[itischen] Beirates der London Vertretung der SPD" gehabt. Nach dem Plan, den Ollenhauer entwickelte, sieht die Sache ungefähr so aus: Ollenhauer und Heine werden am 3. oder 4. April L[ondon] verlassen und nach Hannover gehen. W[illy] Sander, den Du ja kennst, wird offiziell für den PV hier zeichnen. Ihm ist eine Art pol[itischer] Beirat beigegeben, der aus je 2-3 Vertretern der ehemaligen soz[ialistischen] Gruppen hier besteht; außerdem aus den soz[ialistischen] Journalisten, jedenfalls solange sie noch hier sind. Für uns heißt das praktisch, daß Spreewitz und ich im „Beirat" sind. Ich bin außerdem noch mit fünf anderen (Gleissberg, Kühnberg, Victor Schiff etc.) in der „Pressekommission", die als Aufgabe hat, die Presse drin mit den nötigen Informationen zu versehen. Einiges wird schon getan: eine ausl[ändische] Presse-Umschau, personelle Informationen, Artikelreihen etc. werden gemacht und kommen auch an den richtigen Bestimmungsort.

O[llenhauer] hat in der ganzen Sache eine Schwenkung gemacht; erst hieß es, eine pol[itische] Kom[mission] mit Vertretern aller Gruppen wird eingesetzt, die sozusagen die Auslandsvertretung des PV ist. Rausgekommen ist was ich oben schildere. Du wirst den Unterschied verstehen. Unser lieber Gustav hier (Sp[reewitz]) ist leider nicht „clever" genug, solche Dinge zu übersehen, und hat mich von dem Wandel der Dinge nicht in Kenntnis gesetzt. In der „konstituierenden Sitzung" war es dann zu spät. Ich glaube, ich werde noch nachträglich mit ihm einen Krach darüber haben.

Ich tröste mich mit dem Gedanken, daß die wichtigen Entscheidungen ja doch später drin fallen werden. – Soweit ich übersehen kann, ist der verstärkte Druck der Russen und der KP für die „E[inheits]P[artei]" in der östlichen Zone eine äußerst unangenehme Sache für uns alle. Leider ist die Politik der Partei in der Angelegenheit nicht aktiv (wie gewöhnlich), – was sie sein sollte, selbst wenn man (wie ich) unter den gegenwärtigen Umständen und auf Basis einiger weniger Tagesforderungen eine E[inheits]P[artei] mit der KP ablehnt. Die Brüder wollen ja wahrscheinlich (wie überall) 50%igen Einfluß, wo ihnen (wie Hessen neben einigem anderen zeigt) nur etwa 10–15% zustehen. Ich bin gegen „E[inheits]P[artei]" auf der Spitze von Bajonetten! Der inoff[izielle] Standpunkt ist hier: „Wir dürfen nichts tun, das die Einheit der Partei, die in Han[nover] notdürftig stabilisiert wurde, in Gefahr bringt. Offen sagt man: „Nur ein Parteitag kann entscheiden", was ja richtig ist und auch unsere Linie sein muß. Die Gen[ossen] im Osten sagen: „Wir können es uns nicht leisten (aus physischen Gründen!), gegen eine „E[inheits]P[artei]" zu sprechen.

Bitte schreibe mir so ausführlich wie möglich Deine Meinung zu dem ganzen Problem und auch was die Gen[ossen], mit denen Du in den letzten Wochen gesprochen

---

6 Vorlage: Satz hs. unterstrichen, am Blattrand mit Kreuz angemerkt.

hast, dazu sagen. Ich habe noch keine Antwort auf mein Gesuch für [eine] Redakteur-
stellung in Bayern![7]

Herzlichen Gruß Dein Walter![8]

---

7 Fischer übernahm nach seiner Rückkehr 1946 als Lizenzträger und Chefredakteur die „Fränkische Presse"
   in Bayreuth.
8 Vorlage: Letzer Absatz hs. – In einem weiteren Brief am 27. Januar kündigt Fischer die Rückkehr Ollenhauers und Heines an und empfiehlt Brandt, sie in Hannover zu besuchen. Außerdem erwähnt er einen
   Bericht Behrischs, der Brandts Brief beilag, und bittet ihn, seinen Brief an ihn weiterzuleiten.

Quellen– und Literaturverzeichnis

1. Quellen

Archiv der sozialen Demokratie (AdsD), Bonn

PV–Emigration
Internationaler Sozialistischer Kampfbund
Internationale Transportarbeiter–
Föderation
NL Auerbach
NL Buttinger
NL Eberhard
NL Eichler
NL Gleissberg
NL Heide
Dep. Heine
NL Hertz
NL Hiller
NL Höltermann
TNL Kappius
NL Kreyssig
NL Lang

NL Löwenthal
NL Ollenhauer
NL Sander
NL Schoettle
NL Kurt Schumacher
NL Segall
NL Stampfer
NL Becker
TNL Hansen
NL Gottfurcht
NL Tarnow
Hans Böckler–Archiv (HBA) im AdsD
Willy Brandt–Archiv im AdsD

Archiv Dr. Gerhard Beier, Kronberg

TNL Gottfurcht

Bundesarchiv (BA), Koblenz

NL 167 Kluthe

NL 218 Menne

British Library of Political & Economic Science (BLPES), London

Dalton papers

Deutsches Exilarchiv (DE), Frankfurt/M.

NL Retzlaw

NL Sternfeld

Dokumentationsarchiv des deutschen Widerstandes, Frankfurt/M.

Sammlung zu Widerstand und Emigration

Dokumentationsarchiv des österreichischen Widerstandes (DöW), Wien

Sammlung zu Widerstand um Emigration

Hessisches Hauptstaatsarchiv (HHStA), Wiesbaden

Abt. 1213, NL Beyer

Institut für Zeitgeschichte (IfZ), München

TNL Borinski	MA 1500
NL Eberhard	MA 1548 (Goldbloom–Papers)
NL Hoegner	ZS 2415
NL Jaeger	Die Arbeit, 1941
NL Paetel	News Letter, 1941
ED 200	Renaissance, 1941
ED 213 (Sammlung Karl Frank, MF)	Sozialistische Mitteilungen, 1941–46
F 213	The Times, 1941–45
Fb 200, 234, 235	

Internationales Institut für Sozialgeschichte (IISG), Amsterdam

IGB	NL Herz
Neu Beginnen	NL Sollmann
NL Adler	Sozialistische Jugendinternationale
NL Braunthal	War Resisters International
NL Hertz	

The Labour History Archive and Study Centre (LHASC), Manchester

Labour Party	Brailsford Papers
– Middleton Papers	
– International Department	
– International Subcommittee, Protokolle 1942–45	
– National Executive Committee, Protokolle 1941–45	
– Annual Conferences, 1941–46	

Library of the Religious Society of Friends (SOF), London

Sekretariat Berlin

Nordrhein–Westfälisches Hauptstaatsarchiv (NRWHStA), Düsseldorf

TNL Hansen	TNL Kappius

Privatbesitz Fritz Heine, Bad Münstereifel

Korrespondenz, Notizbücher und Materialien aus der Londoner Emigration

Public Record Office (PRO), London

Foreign Office

Stiftung Archiv der Parteien und Massenorganisationen der DDR im Bundesarchiv (SAPMO), Berlin

Erinnerungsarchiv	NL Bathke
ZPA I (KPD)	NL Kahle
SgY 13/V 239	NL Koenen

Sudetendeutsches Archiv (SdA), München

NL Jaksch
Freie Deutsche Jugend – Free German Youth, London, 1941–42
Freie Tribüne. Freie Deutsche Jugend, 1943–46

TUC–Library (TUC), London

DD 228.9 Germany

University of Warwick, Modern Records Centre (UWMRC), Coventry

International Transportworkers Federation	Crossman Papers
Trade Union Congress	Gollancz Papers

Verein für Geschichte der Arbeiterbewegung (VGA), Wien

London–Büro	TNL Ausch
NL Pollak	TNL Buttinger
TNL Adler	London Information, 1941–45

2. Literatur

Ursula Adam, Zur Geschichte des Freien Deutschen Kulturbundes in Großbritannien (Ende 1938–Mai 1945), Diss. Berlin/DDR 1983

Ursula Adam, Die deutsche antifaschistische Emigration in Großbritannien in der Zeit nach der Stalingrader Schlacht. Zur Tätigkeit des Freien Deutschen Kulturbundes im Jahre 1943, in: JBfGesch Bd. 27, 1983, S. 229–258

Philippe Adant, Widerstand und Wagemut. René Bertholet – eine Biographie, Frankfurt/M. 1996

Hans J. L. Adolph, Otto Wels und die Politik der deutschen Sozialdemokratie. Eine politische Biographie. Berlin 1971

Willy Albrecht (Hrsg.), Kurt Schumacher. Reden – Schriften - Korrespondenzen 1945 bis 1952, Berlin, Bonn 1985

Willy Albrecht, Kurt Schumacher. Ein Leben für den demokratischen Sozialismus, Bonn 1985

Archiv der sozialen Demokratie. Übersicht über die Archivbestände, hrsg. v. Forschungsinstitut der Friedrich–Ebert–Stiftung, bearb. v. Werner Krause. Bonn 1984

Karl Ausch, Das London–Büro der österreichischen Sozialisten, in: Die Zukunft, 1971, Nr. 10, S. 16–19

Martin K. Bachstein, Wenzel Jaksch und die sudetendeutsche Sozialdemokratie, München etc. 1974

Michael Balfour, Propaganda in War 1939–1945. Organizations, Policies and Publics in Britain and Germany, London 1979

Herman Balthazar, L'Internationale Socialiste. Les débats de Londres en 1940–1941, in: Cahiers Historiques du Seconde Guerre Mondiale 2, 1972, S. 191–210

Herman Balthazar, Camille Huysmans en Duitsland (1936–1940), in: Bijdragen tot het Camille Huysmansonderzoek, Antwerpen 1971, S. 171–209

Gerhard Beier, Die illegale Reichsleitung der Gewerkschaften 1933–1945, Köln 1981

Norman Bentwich, I understand the Risk, London 1950

Wolfgang Benz, Konzeptionen für die Nachkriegsdemokratie. Pläne und Überlegungen im Widerstand, im Exil und in der Besatzungszeit, in: Thomas Koebner u.a. (Hrsg.), Deutschland nach Hitler. Zukunftspläne im Exil und aus der Besatzungszeit 1939 bis 1949, Opladen 1987, S. 201–213

Wolfgang Benz (Hrsg.), Die Vertreibung der Deutschen aus dem Osten. Ursachen, Ereignisse, Folgen, Frankfurt/M. 1985

Stefan Berger, The British Labour Party and the German Social Democrats, 1900–1931, Oxford etc. 1994; dt. u. d. T. Ungleiche Schwestern? Die britische Labour Party und die deutsche Sozialdemokratie im Vergleich 1900–1933, Bonn 1997

Marion Berghahn, Continental Britons. German-Jewish refugees from Nazi Germany, Hamburg 1988

Hans Karl Bergmann, Die Bewegung „Freies Deutschland" in der Schweiz 1943–1945, München 1974

Biographisches Handbuch der deutschsprachigen Emigration nach 1933, hrsg. v. Institut für Zeitgeschichte, München/Research Foundation for Jewish Immigration, New York, unter der Leitung von Werner Röder/Herbert A. Strauss, Bd. I: Politik, Wirtschaft, öffentliches Leben, Bd.II, 1 u. 2: The Arts, Science and Literatures, Bd. III: Gesamtregister, München etc. 1980–1983

Daniel Blatman, On a Mission against All Odds: Samuel Zygelbojm in London (April 1942–Mai 1943), in: Yad Vashem Studies 20, 1990, S. 237–272

Sieglinde Bolbecher u.a. (Hrsg.), Literatur und Exil in Großbritannien, Wien 1994

Ulrich Borsdorf/Lutz Niethammer (Hrsg.), Zwischen Befreiung und Besatzung. Analysen des US–Geheimdienstes über Positionen und Strukturen deutscher Politik 1945, Wuppertal 1976

Ulrich Borsdorf, Ein Dokument gewerkschaftlicher Programmatik in der Emigration. Die Landesgruppe deutscher Gewerkschafter in Großbritannien, in: GMH 27 (1976), S. 677–687

Beatrix Bouvier, Die Deutsche Freiheitspartei DFP. Ein Beitrag zur Geschichte der Opposition gegen den Nationalsozialismus, Phil. Diss. Frankfurt/M. 1969

Detlef Brandes, Großbritannien und seine osteuropäischen Alliierten 1939–1943. Die Regierungen Polens, der Tschechoslowakei und Jugoslawiens im Londoner Exil vom Kriegsausbruch bis zur Konferenz von Teheran, München 1988

Willy Brandt, Links und frei. Mein Weg 1930–1950, München 1984

Willy Brandt, Erinnerungen, Frankfurt/M. 1989

Julius Braunthal, Geschichte der Internationale, 3 Bde., Hannover 1971

Eugen M. Brehm, Meine Internierung, in: Exil 1986, H. 2, 41–62

Jörg Bremer, Die Sozialistische Arbeiterpartei Deutschlands (SAP). Untergrund und Exil 1933–1945, Frankfurt/M. etc. 1978

Manfred Briegel/Wolfgang Frühwald (Hrsg.), Die Erfahrung der Fremde. Kolloquium des Schwerpunktprogramms „Exilforschung" der Deutschen Forschungsgemeinschaft. Forschungsbericht, Weinheim etc. 1988

Asa Briggs, The History of Broadcasting in the United Kingdom, Bd. 3: The War of the Words, London 1970

Stephen Brooke, Labour's war. The Labour Party during the Second World War, Oxford 1992

Lonsdale J. Bryans, Das Foreign Office und der deutsche Widerstand, in: VfZ 1, 1953, S. 347–351

Marlis Buchholz/Bernd Rother, Der Parteivorstand der SPD im Exil. Protokolle der Sopade 1933–1940, Bonn 1995

T. D. Burridge, British Labour and Hitler's War, London 1976

David Butler/Anne Sloman (Hrsg.), British Political Facts 1900–1975, London etc. 1975

Francis L. Carsten, Deutsche Emigranten in Großbritannien 1933–1945, in: Gerhard Hirschfeld (Hrsg.), Exil in Großbritannien. Zur Emigration aus dem nationalsozialistischen Deutschland, Stuttgart 1983, S. 138–154

David Cesarini/Tony Kushner, The internment of aliens in twentieth century Britain, London 1993

George C. Chalou (Hrsg.), The Secrets war. The Office of Strategic Services in World War II., Washington DC 1992

Alan Clarke, Die Rolle des Theaters des ‚Freien Deutschen Kulturbundes in Groß-britannien' im Kampf gegen den deutschen Faschismus (1938–1947). Ein Beitrag zur Untersuchung des deutschen antifaschistischen Exiltheaters, Phil. Diss. (MS) Humboldt–Universität Berlin/DDR 1972

George D.H. Cole, A History of the Labour Party from 1914, London 1969

Willy Dähnhardt, Birgit S. Nielsen, (Hrsg.), Exil in Dänemark. Deutschsprachige Wissenschaftler, Künstler und Schriftsteller im dänischen Exil nach 1933, Heide i.H. 1993

Hugh Dalton, The Fateful Years. Memoirs 1931–1945, London 1957

Hugh Dalton, Hitler's War. Before and After, Harmondsworth etc. 1940

Otfried Dankelmann, Zur Politik der Sozialistischen Arbeiter–Internationale und der britischen Labour Party 1939/40, in: ZfG 24, 1976, S. 992–1005

Sefton Delmer, Die Deutschen und ich, Hamburg 1962

Sefton Delmer, Black Boomerang. An Autobiography, Bd. 2, London 1962

Der kommende Weltkrieg. Aufgaben und Ziele des deutschen Sozialismus. Eine Diskussionsgrundlage, Paris 1939

Die deutsche politische Emigration 1933–1945. Katalog zur Ausstellung, hrsg. v. d. Friedrich–Ebert–Stiftung, Bonn 1972,

Die neue deutsche Republik, hrsg. v. d. Union deutscher sozialistischer Organisationen in Großbritannien, London o.J. (1944)

William Edward Dodd, Ambassador Dodd's Diary, 1933–1938, London 1941

Dokumente zur Deutschlandpolitik, unter der wissensch. Leitung von Karl Dietrich Bracher/Hans–Adolf Jacobsen hrsg. v. Bundesministerium für Innerdeutsche Beziehungen, I. Reihe, Bd. 1: 3. September 1939 bis 31. Dezember 1941, Britische Deutschlandpolitik, bearbeitet von Rainer A. Blasius, Frankfurt/M. 1984

Dokumente zur Deutschlandpolitik. I. Reihe, Bd. 2: 11. August 1941 bis 31. Dezember 1942, Amerikanische Deutschlandpolitik, bearbeitet von Marie-Luise Goldbach, Frankfurt/M. 1986

Dokumente zur Deutschlandpolitik. I. Reihe, Bd. 3: 1. Januar 1942 bis 31. Dezember 1942, Britische Deutschlandpolitik, 2 Bde., bearbeitet von Rainer A. Blasius, Frankfurt/M. 1989

Dokumente zur Deutschlandpolitik. I. Reihe, Bd. 4: 1. Januar bis 31. Dezember 1943, Amerikanische Deutschlandpolitik, bearbeitet von Marie-Luise Goldbach, Frankfurt/M. 1986

Dokumente zur Deutschlandpolitik. II. Reihe, Bd 1: Die Konferenz von Potsdam, 3 Bde., bearbeitet von Gisela Biewer, Frankfurt/M. 1992

Luise Dornemann, Die Arbeit des Allies inside Germany Council in Großbritannien (1942–1950), in: BzG 23, 1981, S. 872–891.

Dieter Dowe/Kurt Klotzbach (Hrsg.), Programmatische Dokumente der deutschen Sozialdemokratie, 2. Aufl., Berlin 1984

Hanno Drechsler, Die Sozialistische Arbeiterpartei Deutschlands. Ein Beitrag zur Geschichte der deutschen Arbeiterbewegung am Ende der Weimarer Republik, Meisenheim/Glan 1965

Jost Dülffer, Weimar, Hitler und die Marine. Reichspolitik und Flottenbau 1920–1939, Düsseldorf 1973

Roger Eatwell, The 1945–1951 Labour Governments, London 1979

Fritz Eberhard, Arbeit gegen das Dritte Reich, Berlin 1980

Lewis J. Edinger, Sozialdemokratie und Nationalsozialismus. Der Parteivorstand der SPD im Exil von 1933–1945, Hannover etc. 1960

Lewis J. Edinger, Kurt Schumacher. Persönlichkeit und politisches Verhalten, Köln, Opladen 1967

Einheitsdrang oder Zwangsvereinigung? Die Sechziger-Konferenzen von KPD und SPD 1945 und 1946, hrsg. v. Institut für Geschichte der Arbeiterbewegung, Berlin 1990

Enciclopedia dell'antifascismo e della Resistenza, Bd. VI, La Pietra 1989

Europa–Föderationspläne der Widerstandsbewegungen 1940–45, Dokumentation, gesammelt und eingeleitet von Walter Lipgens, München 1968

H. Faulk, Die deutschen Kriegsgefangenen in Großbritannien. Re-education, Geschichte der deutschen Kriegsgefangenen des Zweiten Weltkriegs, Bd. XI/2, München 1970

Hildegard Feidel-Mertz (Hrsg.), Schulen im Exil. Die verdrängte Pädagogik nach 1933, Reinbek 1983

Hildegard Feidel–Mertz, Reformpädagogik auf dem Prüfstand. Zur Funktion der Schul– und Heimgründungen emigrierter Pädagogen, in: Manfred Briegel/Wolfgang Frühwald (Hrsg.), Die Erfahrung der Fremde, Weinheim etc. 1988, S. 205–216

Michael Fichter, Besatzungsmacht und Gewerkschaften. Zur Entwicklung und Anwendung der US–Gewerkschaftspolitik in Deutschland 1944–1948, Opladen 1982

Otto Findeisen, SPD und Hitlerfaschismus. Der Weg der deutschen Sozialdemokratie vom 30. Januar 1933 bis zum 21. April 1946, Phil. Diss. (MS) Institut für Gesellschaftswissenschaften beim ZK der SED 1965

Alexander Fischer (Hrsg.), Teheran Jalta Potsdam. Die sowjetischen Protokolle von den Kriegskonferenzen der ‚Großen Drei‘, Köln 1968

Hans Fladung, Erfahrungen. Vom Kaiserreich zur Bundesrepublik, Frankfurt/M. 1986

Ossip K. Flechtheim (Hrsg.), Dokumente zur parteipolitischen Entwicklung in Deutschland seit 1945, Bd. 1, Berlin 1962

Ossip K. Flechtheim (Hrsg.), Dokumente zur parteipolitischen Entwicklung in Deutschland seit 1945, Bd. 3/2, Programmatik der deutschen Parteien, Berlin 1963

Jan Foitzik, Zwischen den Fronten. Zur Funktion und Organisation linker politischer Kleinorganisationen im Widerstand 1933 bis 1939/40 unter besonderer Berücksichtigung des Exils, Bonn 1986

Jan Foitzik, Revolution und Demokratie. Zu den Sofort- und Übergangsplanungen des sozialdemokratischen Exils für Deutschland 1943–1945, in: IWK 24, 1988, S. 308–342

Jan Foitzik, Die Rückkehr aus dem Exil und das politisch–kulturelle Umfeld der Reintegration sozialdemokratischer Emigranten in Westdeutschland, in: Manfred Briegel/Wolfgang Frühwald (Hrsg.), Die Erfahrung der Fremde, Weinheim etc. 1988, S. 255–270

M. R. D. Foot, SOE. An outline history of the Special Operations Executive 1940–46, London 1984

Josef Foschepoth/Rolf Steininger (Hrsg.), Britische Deutschland- und Besatzungspolitik 1945–1949, Paderborn 1985

John P. Fox, Das nationalsozialistische Deutschland und die deutsche Emigration nach Großbritannien, in: Gerhard Hirschfeld (Hrsg.), Exil in Großbritannien. Zur Emigration aus dem nationalsozialistischen Deutschland, Stuttgart 1983, S. 14–43

Heinrich Fraenkel, Lebewohl Deutschland, Hannover 1960

Jutta von Freyberg/Bärbel Hebel–Kunze, Die deutsche Sozialdemokratie in der Zeit des Faschismus (1933–1945), in: Jutta von Freyberg u.a. (Hrsg.), Geschichte der deutschen Sozialdemokratie. Von 1863 bis zur Gegenwart, 3. Aufl., Köln 1989, S. 191–261

Wolfgang Frühwald/Manfred Schieder (Hrsg.), Leben im Exil. Probleme der Inte-gration deutscher Flüchtlinge im Ausland 1933–1945, Hamburg 1981

Varian Fry, Auslieferung auf Verlangen. Die Rettung deutscher Emigranten in Marseille 1940/41, München etc. 1986

Guy Galand, Louis de Brouckère, Bruxelles 1970

Geschichte der deutschen Arbeiterbewegung, hrsg. v. Institut für Marxismus-Leninismus beim ZK der SED, 8 Bde., Berlin/DDR 1966

Curt Geyer/Walter Loeb, Gollancz in German Wonderland, London etc. 1942

P. Gillman/G. Gillman, Collar the lot! How Britain interned and expelled its Wartime Refugees, London 1980

Anthony Glees, Exile Politics during the Second World War. The German Social Democrats in Britain, Oxford 1982

Anthony Glees, Das deutsche politische Exil in London 1939–1945, in: Gerhard Hirschfeld (Hrsg.), Exil in Großbritannien. Zur Emigration aus dem nationalsozialistischen Deutschland, Stuttgart 1983, S. 62–79

Anthony Glees, Eine Lücke in Hugh Daltons und Friedrich Stampfers Memoiren und die Entfremdung zwischen Labour Party und Exil–SPD, in: Exilforschung. Ein internationales Jahrbuch 2, 1984, S. 104–120

Anthony Glees, The Secrets of the Service. A story of Soviet Subversion of Western Intelligence, New York 1987

Gerhard Gleissberg, SPD und Gesellschaftssystem. Aktualität der Programmdiskussion von 1934 bis 1946, Frankfurt/M. 1973

Friedrich Gleue, Deutsche Geschichte in Wennigsen (Deister) 5. bis 7. Oktober 1945. Zusammenstellung von Veröffentlichungen über die Wiedergründung der Sozialdemokratischen Partei Deutschlands 1945, Wennigsen 1979

Victor Gollancz, Shall Our Children Live or Die? A Reply to Lord Vansittart on the German Problem, London 1942

Hans Gottfurcht, Die internationale Gewerkschaftsbewegung von den Anfängen bis zur Gegenwart, Köln 1966

Hermann Graml, Die Alliierten und die Teilung Deutschlands. Konflikte und Entscheidungen 1941–1948, Frankfurt/M. 1985

Helga Grebing u.a. (Hrsg.), Die Nachkriegsentwicklung in Westdeutschland 1945–1949, Stuttgart 1980

Helga Grebing (Hrsg.), Lehrstücke in Solidarität. Briefe und Biographien deutscher Sozialisten 1945–1949, Stuttgart 1983

Helga Grebing (Hrsg.), Entscheidung für die SPD. Briefe und Aufzeichnungen unter Sozialisten. 1944–1948, München 1984

Helga Grebing, Was wird aus Deutschland nach dem Krieg? Perspektiven der linkssozialistischen Emigration für den Neuaufbau Deutschlands nach dem Zusammenbruch der nationalsozialistischen Diktatur, in: Exilforschung. Ein internationales Jahrbuch 3, 1985, S. 31–42

Helga Grebing/Christl Wickert (Hrsg.), Das „andere Deutschland" im Widerstand gegen den Nationalsozialismus. Beiträge zur politischen Überwindung der nationalsozialistischen Diktatur im Exil und im Dritten Reich, Essen 1994

Gerd Greiser, Exilpublizistik in Großbritannien, in: Hanno Hardt u.a. (Hrsg.), Presse im Exil. Beiträge zur Kommunikationsgeschichte des deutschen Exils 1933–1945, München 1979, S. 223–253

Lothar Gruchmann, Der Zweite Weltkrieg. Kriegführung und Politik, München 1967

Gert Gruner/Manfred Wilke (Hrsg.), Sozialdemokraten im Kampf um die Freiheit. Die Auseinandersetzungen zwischen SPD und KPD in Berlin 1945/46, Stenografische Niederschrift der Sechziger–Konferenz am 20./21. Dezember 1945, München 1981

Dieter Günther, Gewerkschafter im Exil. Die Landesgruppe deutscher Gewerkschaften in Schweden 1938–1945, Marburg 1982

Jens Hacker, Die Nachkriegsordnung für Deutschland auf den Konferenzen von Jalta und Potsdam, in: Winfried Becker (Hrsg.), Die Kapitulation von 1945 und der Neubeginn in Deutschland. Symposion an der Universität Passau 30.–31.10.1985, Köln etc. 1987, S. 1–30

Harald Hagemann/Claus–Dieter Krohn, Die Emigration deutschsprachiger Wirtschaftswissenschaftler nach 1933. Biographische Gesamtübersicht, Stuttgart 1992

Inge Hansen–Schaberg/Christine Lost, Minna Specht (1879–1961). Reformpädagogishe Konzepte im internationalen Kontext, in: Neue Sammlung 33, 1993, H.1, S. 141–152

Inge Hansen-Schaberg, Minna Specht – eine Sozialistin in der Landerziehungsheimbewegung (1918 bis 1951). Untersuchung zur pädagogischen Biographie einer Reformpädagogin, hrsg. v. Wolfgang Klein, Frankfurt/M. etc. 1992

Hanno Hardt u.a. (Hrsg.), Presse im Exil. Beiträge zur Kommunikationsgeschichte des deutschen Exils 1933–1945, München etc. 1979

Charlotte Heckmann, Begleiten und Vertrauen. Pädagogische Erfahrungen im Exil 1934–1946, hrsg. u. kommentiert von Inge Hansen-Schaberg/Bruno Schonig, Frankfurt/M. etc. 1995

Jürgen Heideking (Hrsg.), USA und deutscher Widerstand. Analysen und Operationen des amerikanischen Geheimdienstes im Zweiten Weltkrieg, Originaldokumente aus dem Amerikanischen übersetzt, Tübingen etc. 1993

Jürgen Heideking/Christof Mauch (Hrsg.), Geheimdienstkrieg gegen Deutschland. Subversion, Propaganda und politische Planungen des amerikanischen Geheimdienstes im Zweiten Weltkrieg, Göttingen 1993

Henry Hellmann, Walter Lowe (Miles) zum Gedächtnis, in: IWK 13, 1977, S. 155–159

Klaus Dietmar Henke, Die amerikanische Besetzung Deutschlands, München 1995

Klaus Dietmar Henke, Der Weg nach Potsdam – Die Alliierten und die Vertreibung, in: Wolfgang Benz (Hrsg.), Die Vertreibung der Deutschen aus dem Osten. Ursachen, Ereignisse, Folgen, Frankfurt/M. 1985, S. 49–69

Peter Heumos, Jüdischer Sozialismus im Exil. Zur politischen Programmatik der Exilvertretung des Allgemeinen Jüdischen Arbeiterbundes in Polen im Zweiten Weltkrieg, in: Exilforschung. Ein Internationales Jahrbuch 4, 1986, Das jüdische Exil und andere Themen, München 1986, S. 62–82

Peter Heumos, Die Emigration aus der Tschechoslowakei nach Westeuropa und dem Nahen Osten 1938–1945. Politische–soziale Struktur, Organisation und Asylbedingungen der tschechischen, jüdischen, deutschen und slowakischen Flüchtlinge während des Nationalsozialismus. Darstellung und Dokumentation, München 1989

Annette Hild-Berg, Toni Sender (1888–1964). Ein Leben im Namen der Freiheit und der sozialen Gerechtigkeit, Köln 1994

Kurt Hiller, Leben gegen die Zeit [Logos], Hamburg 1969

Kurt Hiller, Die Rundbriefe des Freiheitsbundes deutscher Sozialisten, London 1939–1947, hrsg. v. Harald Lützenkirchen, Fürth 1991

Francis Hinsley, British Intelligence in the second world war. Its influence on strategy and operations, Bd. I., New York 1979

Gerhard Hirschfeld (Hrsg.), Exil in Großbritannien. Zur Emigration aus dem nationalsozialistischen Deutschland, Stuttgart 1983

Wilhelm Hoegner, Der schwierige Außenseiter. Erinnerungen eines Abgeordneten, Emigranten und Ministerpräsidenten, München 1959

Harold Hurwitz, Die Anfänge des Widerstandes, Teil 1: Führungsanspruch und Isolation der Sozialdemokraten, Berlin 1990, Teil 2: Zwischen Selbsttäuschung und Zivilcourage. Der Fusionskampf, Köln 1990

Angela Huß-Michel, Literarische und politische Zeitschriften des Exils 1933–1945, Stuttgart 1987

Reinhard Jacobs, Leben in Arbeiterorganisationen und -bewegungen: zur Biografie von Rudolf Krautter, vor allem seiner Emigrantenzeit in Großbritannien 1939–1946, Hannover 1988

Wenzel Jaksch, Hans Vogel. Gedenkblätter, Offenbach 1946

Robert Rhodes James (Hrsg.), Winston S. Churchill. His complete speeches 1897–1963, Bd. VI: 1935–1942, Bd. VII: 1943–1949, New York etc. 1974

Willi Jasper, Entwürfe einer neuen Demokratie für Deutschland. Ideenpolitische Aspekte der Exildiskussion 1933–1945. Ein Überblick, in: Exilforschung. Ein internationales Jahrbuch 2, 1984, S. 271–298

Willi Jasper, „Sie waren selbständige Denker". Erinnerungen an die „Affäre Breitscheid/Hilferding" und die sozialdemokratische Emigration von 1933 bis 1945. Ein Gespräch mit Fritz Heine, in: Exilforschung. Ein internationales Jahrbuch 3, 1985, S. 59–70

Albrecht Kaden, Einheit oder Freiheit. Die Wiedergründung der SPD 1945/46, Hannover 1964

Hellmut Kalbitzer, Widerstehen oder Mitmachen. Eigen-sinnige Ansichten und sehr persönliche Erinnerungen, Hamburg 1987

Barry M. Katz, Foreign intelligence. Research and analysis in the Office of Strategic Services 1942–1945, Cambridge/Mass. 1989

Lothar Kettenacker (Hrsg.), Das „andere Deutschland" im Zweiten Weltkrieg. Emigration und Widerstand in internationaler Perspektive, Stuttgart 1977

Lothar Kettenacker, Die britische Haltung zum deutschen Widerstand während des Zweiten Weltkriegs, in: ders. (Hrsg.), Das „Andere Deutschland" im Zweiten Weltkrieg. Emigration und Widerstand in internationaler Perspektive, Stuttgart 1977, S. 49–76

Lothar Kettenacker, Der Einfluß der deutschen Emigranten auf die britische Kriegszielpolitik, in: Gerhard Hirschfeld (Hrsg.), Exil in Großbritannien. Zur Emigration aus dem nationalsozialistischen Deutschland, Stuttgart 1983, S. 80–105

Lothar Kettenacker, Großbritannien und die zukünftige Kontrolle Deutschlands, in: Josef Foschepoth/Rolf Steininger (Hrsg.), Britische Deutschland– und Besatzungspolitik 1945–1949, Paderborn 1985, S. 27–46

Lothar Kettenacker, Krieg zur Friedenssicherung. Die Deutschlandplanung der britischen Regierung während des Zweiten Weltkrieges, Göttingen etc. 1989

Lothar Kettenacker, Planung und Realität der britischen Besatzungsherrschaft in Deutschland (1942–1946), in: Adolf M. Birke/Luise-Marie Recker (Hrsg.), Das gestörte Gleichgewicht. Deutschland als Problem britischer Sicherheit im neunzehnten und zwanzigsten Jahrhundert, München etc. 1990, S. 135–148

Ivone Kirkpatrick, The inner Circle, London 1959, dt. u. d. T. Im inneren Kreis. Erinnerungen eines Diplomaten, Berlin 1964

Karl-Heinz Klär, Zwei Nelson-Bünde: Internationaler Jugend-Bund (IJB) und Internationaler Sozialistischer Kampfbund (ISK) im Lichte neuer Quellen, in: IWK 18, 1982, S. 310–360

Klemens von Klemperer, German resistance against Hitler. The search for allies abroad, 1938–1945, Oxford 1992

Kurt Kliem, Der sozialistische Widerstand gegen das Dritte Reich, dargestellt an der Gruppe „Neu-Beginnen", Diss. (MS) Marburg 1957

Johannes Klotz, Das „kommende Deutschland". Vorstellungen und Konzeptionen des sozialdemokratischen Parteivorstandes im Exil 1933–1945 zu Staat und Wirtschaft. Köln 1983

Thomas Koebner u.a. (Hrsg.), Deutschland nach Hitler. Zukunftspläne im Exil und aus der Besatzungszeit 1939–1949, Opladen 1987

Emmy Koenen, Exil in England, in: BzG 20, 1978, S. 540–563 u. 880–895

Wulf Köpke, Die Flucht durch Frankreich. Die zweite Erfahrung der Heimatlosigkeit in Berichten der Emigranten aus dem Jahre 1940, in: Exilforschung. Ein internationales Jahrbuch 4, 1986, S. 229–242

Ireneusz T. Kolendo, The Question of Borders and of a Post-War Union in Polish-Czechoslovak Relations During the Years 1940–1943, in: Acta Poloniae Historica 54, 1986, S. 137–166

Kurt Koszyk, The Press in the British Zone of Germany, in: Nicholas Pronay/Keith Wilson (Hrsg.), The political Re-education of Germany and her allies after World War II, London etc. 1985, S. 107–138

Werner Kowalski u.a., Geschichte der Sozialistischen Arbeiter–Internationale. Berlin/DDR 1985

Peter Kritzer, Wilhelm Hoegner. Politische Biographie eines bayerischen Sozialdemokraten, München 1979

Hans Joachim Krusch/Andreas Malycha (Hrsg.), Einheitsdrang oder Zwangsvereinigung. Die Sechziger–Konferenzen von KPD und SPD 1945 und 1946, Berlin 1990

Jürgen Kuczynski, Memoiren. Die Erziehung J. K. zum Kommunisten und Wissenschaftler, 2. Aufl., Berlin/DDR etc. 1983

Jürgen Kuczynski, René Kuczynski. Ein fortschrittlicher Wissenschaftler in der ersten Hälfte des 20. Jahrhunderts, Berlin/DDR 1957

Heinz Kühn, Widerstand und Emigration. Die Jahre 1928–1945, Hamburg 1980

Kurt Schumacher als deutscher und europäischer Sozialist. Materialien zur politischen Bildungsarbeit, hrsg. v.d. Abteilung Politische Bildung der Friedrich-Ebert-Stiftung, Bonn 1988

Dieter Lange, Der faschistische Überfall auf die Sowjetunion und die Haltung emigrierter deutscher sozialdemokratischer Führer. Zu den Anfängen einer Zusammenarbeit von Kommunisten und Sozialdemokraten in der englischen Emigration, in: ZfG 14, 1966, S. 542–567

Dieter Lange, SPD und Hitlerfaschismus. Der Weg der deutschen Sozialdemokratie vom 30. Januar 1933 bis zum 21. April 1946, Phil. Diss. Inst. f. Gesellschaftswiss. beim ZK der SED, Berlin/DDR 1965

Ursula Langkau-Alex, Paris – Madrid – Moskau: Revolution, Krieg und Konter-revolution im Spiegel der Exilpublizistik von „Neu Beginnen", in: Einheits-front/Volksfront. Deutsche Politik und Kultur im Exil 1933–1940, Bern etc. 1989

Ursula Langkau-Alex, Zur Politik des Sozialdemokraten Paul Hertz im Exil: „Es gilt, die Menschen zu verändern ...", in: Exilforschung. Ein internationales Jahrbuch 8, 1990, S. 142–156

Ursula Langkau-Alex/Thomas M. Ruprecht (Hrsg.), Was soll aus Deutschland werden? Der Council for a Democratic Germany in New York 1944–45, Frankfurt/M. 1995

Detlef Lehnert, Vom Widerstand zur Neuordnung? Zukunftsperspektiven des deutschen Sozialismus im Exil als Kontrastprogramm zur NS-Diktatur, in: Jürgen Schmä-decke/Peter Steinbach (Hrsg.), Der Widerstand gegen den Nationalsozialismus. Die deutsche Gesellschaft und der Widerstand gegen Hitler, München etc. 1985, S. 497–519

Ute Lembeck, Zur Haltung der britischen Regierung gegenüber asylsuchenden Flüchtlingen aus Deutschland im Zeitraum von März 1933 bis Oktober 1938, Diss. Friedrich-Schiller-Universität Jena 1964

Sabine Lemke-Müller, Ethischer Separatismus und soziale Demokratie. Der politische Weg Willi Eichlers vom ISK zur SPD, Bonn 1988

Birgit Leske, Das Ringen der Organisation der KPD in Großbritannien um die Verwirklichung der Einheits- und Volksfrontpolitik der KPD (1934–1945), Diss. A beim IML d. ZK der SED, Berlin/DDR 1983

Birgit Leske/Marion Reinisch, Exil in Großbritannien, in: Ludwig Hoffmann u.a. (Hrsg.), Exil in der Tschechoslowakei, in Großbritannien, Skandinavien und in Palästina, S. 147–308

Werner Link, Die Geschichte des Internationalen Jugend–Bundes (IJB) und des Internationalen Sozialistischen Kampfbundes (ISK). Ein Beitrag zur Geschichte der Arbeiterbewegung in der Weimarer Republik und im Dritten Reich, Meisenheim/Glan 1964

Richard Löwenthal, Die Schrift „Neu beginnen!" – 50 Jahre danach, in: IWK 19, 1983, S. 561–570

Richard Löwenthal, Zum Verständnis der „Neu Beginnen"-Dokumente. Ergänzungen und Korrekturen zur Einleitung von Jan Foitziks Beitrag: Zwei Dokumente aus dem Untergrund - in: IWK 21, 1985, S. 142–182

Richard Löwenthal, Die Widerstandsgruppe „Neu Beginnen", hrsg. v. Informations-zentrum Berlin. Gedenk– und Bildungsstätte Stauffenbergstraße, Berlin 1985

Richard Löwenthal, Konflikte, Bündnisse und Resultate der deutschen politischen Emigration, in: VfZ 39, 1991, S. 625–636

Richard Löwenthal/Patrik von zur Mühlen (Hrsg.), Widerstand und Verweigerung in Deutschland 1933–1945, Berlin–Bonn 1982

Einhart Lorenz, „Hier oben in Skandinavien ist die Lage ja einigermaßen verschieden ..." Zur Sozialistischen Arbeiterpartei Deutschlands im skandinavischen Exil, in: Klaus

Schönhoven u.a. (Hrsg.), Sozialismus und Kommunismus im Wandel, Köln 1993, S. 216–235

Einhart Lorenz, Das SAP-Archiv im Archiv der Norwegischen Arbeiterbewegung, in: IWK 24, 1988, S. 234–244

Einhart Lorenz, Willy Brandt in Norwegen. Die Jahre des Exils 1933–1940, Kiel 1989

Einhart Lorenz, Exil in Norwegen. Lebensbedingungen und Arbeit deutschsprachiger Flüchtlinge 1933–1943, Baden-Baden 1992

Einhart Lorenz, Mehr als Willy Brandt. Die Sozialistische Arbeiterpartei Deutschlands (SAP) im skandinavischen Exil, Frankfurt/M. etc. 1997

Wilfried Loth, Sozialismus und Internationalismus. Die französischen Sozialisten und die Nachkriegsordnung Europas 1940–1950, Stuttgart 1977

Ernst G. Lowenthal, Bloomsbury House, Flüchtlingshilfsarbeit in London 1939 bis 1946. Aus persönlichen Erinnerungen, in: Ursula Büttner (Hrsg.), Das Unrechtsregime, Festschrift f. Werner Jochmann zum 65. Geburtstag, 2 Bde., Hamburg 1986, hier Bd. 2, S. 267–308

Ursula Lücking (Hrsg.), Anna Beyer. Politik ist mein Leben, Frankfurt/M. 1991

Lieselotte Maas, Handbuch der deutschen Exilpresse 1933–1945, hrsg. v. Eberhardt Lämmert, 4 Bde., München etc. 1976–1990

Helene Maimann, Politik im Wartesaal. Österreichische Exilpolitik in Großbritannien 1938–1945, Wien etc. 1975

Klaus Mammach, Widerstand 1939–1945. Geschichte der deutschen antifaschistischen Widerstandsbewegung im Inland und in der Emigration, Köln 1987

Petra Marquardt-Bigman, Amerikanische Geheimdienstanalysen über Deutschland 1942–1949, München 1995

Material zu einem Weißbuch der Deutschen Opposition gegen die Hitlerdiktatur. Erste Zusammenstellung ermordeter, hingerichteter oder zu Freiheitsstrafen verurteilter deutscher Gegner des Nationalsozialismus. (Vorwort Hans Vogel: Juli 1945), hrsg. v. Vorstand der Sozialdemokratischen Partei Deutschlands, MS hekt., London 1946

Erich Matthias, Sozialdemokratie und Nation. Ein Beitrag zur Ideengeschichte der sozialdemokratischen Emigration in der Prager Zeit des Parteivorstandes 1933–1938, Stuttgart 1952

Erich Matthias/Werner Link (Hrsg.), Mit dem Gesicht nach Deutschland. Eine Dokumentation über die sozialdemokratische Emigration. Aus dem Nachlaß von Friedrich Stampfer, Düsseldorf 1968

Patricia Meehan, The unnecessary war. Whitehall and the German resistance to Hitler, London 1992

Hartmut Mehringer, Sozialdemokratisches Exil und Nachkriegs–Sozialdemokratie. Lernprozesse auf dem Weg zum Godesberger Programm, in: Clemens Burrichter/ Günter Schödl (Hrsg.), „Ohne Erinnerung keine Zukunft!". Zur Aufarbeitung von Vergangenheit in einigen europäischen Gesellschaften unserer Tage, Köln 1992, S. 109–124

Hartmut Mehringer, Waldemar von Knoeringen. Eine politische Biographie. Der Weg vom revolutionären Sozialismus zur sozialen Demokratie, München etc. 1989

Menschen im Exil. Eine Dokumentation der sudetendeutschen sozialdemokratischen Emigration von 1938 bis 1945, hrsg. v. Seliger-Archiv e.V., Stuttgart 1974

Peter Merseburger, Der schwierige Deutsche. Kurt Schumacher. Eine Biographie, Stuttgart 1995

Susanne Miller, Sozialistischer Widerstand im Exil. Prag - Paris - London, hrsg. v. Informationszentrum Berlin. Gedenk– und Bildungstätte Stauffenbergstraße, Berlin 1984

Susanne Miller, Rahmenbedingungen für das politische Wirken im Exil, in: Widerstand und Exil der Deutschen Arbeiterbewegung 1933–1945. Grundlagen. Materialien und Seminarmodelle für die Erwachsenenbildung, Bonn, S. 451–524

Susanne Miller/Heinrich Potthoff, Kleine Geschichte der SPD. Darstellung und Dokumentation 1848–1983, 6. Aufl., Bonn 1988

Klaus Misgeld, Die „Internationale Gruppe demokratischer Sozialisten" in Stockholm 1942–1945. Zur sozialistischen Friedensdiskussion während des Zweiten Weltkrieges, Uppsala 1976

Frank Moraw, Die Parole der „Einheit" und die Sozialdemokratie. Zur parteiorganisatorischen und gesellschaftspolitischen Orientierung der SPD in der Periode der Illegalität und in der ersten Phase der Nachkriegszeit 1933–1948, Bonn/Bad Godesberg 1973

Kenneth O. Morgan, Labour in Power 1945–1951, Oxford 1984

Wolfgang Muchitsch, Mit Spaten, Waffen und Worten. Die Einbindung österreichischer Flüchtlinge in die britischen Kriegsanstrengungen 1939–1945, Wien etc. 1992

Patrik von zur Mühlen, Die SPD zwischen Anpassung und Widerstand, in: Jürgen Schmädecke/Peter Steinbach (Hrsg.), Der Widerstand gegen den Nationalsozialismus. Die deutsche Gesellschaft und der Widerstand gegen Hitler, München etc. 1986, S. 86–98

Patrik von zur Mühlen, Fluchtziel Lateinamerika. Die deutsche Emigration 1933–1945: politische Aktivitäten und soziokulturelle Integration, Bonn 1988

Patrik von zur Mühlen (Hrsg.), Fluchtweg Spanien – Portugal. Die deutsche Emigration und der Exodus aus Europa 1933–1945, Bonn 1992

Helmut Müssener, Exil in Schweden. Politische und kulturelle Emigration nach 1933, München 1974

Werner Nachtmann, Erwin Schoettle. Grenzsekretär der Sozialdemokraten in Württemberg, in: Manfred Bosch/Walter Nies (Hrsg.), Der Widerstand im deutschen Südwesten 1933–1945, Stuttgart 1984, S. 153–163

Neue Gesellschaft für Bildende Kunst Berlin (Hrsg.), Kunst im Exil in Großbritannien 1933–1945, Berlin 1986

Gottfried Niedhart (Hrsg.), Großbritannien als Gast– und Exilland für Deutsche im 19. und 20. Jahrhundert, Bochum 1985

Birgit S. Nielsen, Erziehung zum Selbstvertrauen. Ein sozialistischer Schulversuch im dänischen Exil 1933–1938, Wuppertal 1985

Birgit S. Nielsen, Eine sozialistische Versuchsschule im Exil. Minna Specht und Gustav Heckmann, in: Willy Dähnhardt/Birgit S. Nielsen (Hrsg.), Exil in Dänemark. Deutschsprachige Wissenschaftler, Künstler und Schriftsteller im dänischen Exil nach 1933, Heide 1993, S. 265–286

Heinz Niemann u.a., SPD und Hitler-Faschismus. Der Weg der deutschen Sozialdemokratie vom 30. Januar 1933 bis zum 21. April 1946, Diss. (MS) Berlin/DDR 1965

Heinz Niemann u.a., Geschichte der deutschen Sozialdemokratie 1917 bis 1945, Berlin/DDR 1982

Lutz Niethammer u.a. (Hrsg.), Arbeiterinitiative 1945, Wuppertal 1976

Günther Nollau, Die Internationale. Wurzeln und Erscheinungsformen des proletarischen Internationalismus, Köln 1961

Albert Norden, Der faschistische Überfall auf die Sowjetunion und die Haltung emigrierter deutscher sozialdemokratischer Führer, in: ZfG 14, 1966, S. 1155 bis 1156

Österreicher im Exil. Großbritannien 1938–1945. Eine Dokumentation, hrsg. vom Dokumentationsarchiv des österreichischen Widerstandes, bearbeitet von Wolfgang Muchitsch, Wien 1992

Max Oppenheimer, Aufgaben und Tätigkeiten der Landesgruppe deutscher Gewerkschafter in Großbritannien. Ein Beitrag zur Vorbereitung der Einheitsgewerkschaft, in: Exilforschung 5, 1987, S. 241–256

Günter Pakschies, Umerziehung in der Britischen Zone 1945–1949. Untersuchungen zur britischen Re–education Politik, Weinheim etc. 1979

Ernst Paul, Zwölfeinhalb Jahre im Exil, in: Erich Ollenhauer. Der Führer der Opposition. Berlin/Grunewald o.J. [1953], S. 20–40

Gerhard Paul, Max Braun. Eine politische Biographie, St. Ingbert 1987

Gerhard Paul, Konzentration oder Kartell? Das gescheiterte Projekt der sozialistischen Einigung im Pariser Exil 1938, in: Helga Grebing/Christl Wickert (Hrsg.), Das „andere Deutschland" im Widerstand gegen den Nationalsozialismus. Beiträge zur politischen Überwindung der nationalsozialistischen Diktatur im Exil und im Dritten Reich, Essen 1994, S. 12–31

Ben Pimlott (Hrsg.), The Second World War Diary of Hugh Dalton 1940–45, London 1986

Ben Pimlott, Labour and the Left in the 1930s, Cambridge etc. 1977

Günter Plum, Volksfront, Konzentration und Mandatsfrage. Ein Beitrag zur Geschichte der SPD im Exil, in: VfZ 18, 1970, S. 410–442

Heinrich Potthoff, Die Sozialdemokratie von den Anfängen bis 1945, Bonn/Bad Godesberg 1974

Presse der Sozialistischen Arbeiterpartei Deutschlands im Exil 1933–1939. Eine analytische Bibliographie, Deutsche Bibliothek Frankfurt/Main, Sammlung Exilliteratur, München etc. 1981

Conrad Pütter, Rundfunk gegen das „Dritte Reich". Deutschsprachige Rundfunkaktivitäten im Exil 1933–1945. Ein Handbuch, München etc. 1986

Conrad Pütter, Deutsche Emigranten und britische Propaganda. Zur Tätigkeit deutscher Emigranten bei britischen Geheimsendern, in: Gerhard Hirschfeld (Hrsg.), Exil in Großbritannien. Zur Emigration aus dem nationalsozialistischen Deutschland, Stuttgart 1983, S. 106–137,

Conrad Pütter, Der „Sender der Europäischen Revolution" im System der britischen psychologischen Kriegsführung gegen das „Dritte Reich", in: Wolfgang Frühwald/ Manfred Schieder (Hrsg.), Leben im Exil, Hamburg 1981, S. 168–180

Joachim Radkau, Die deutsche Emigration in den USA, Düsseldorf 1971

Joachim Radkau, Die Exil–Ideologie vom „Anderen Deutschland" und die Vansittartisten, in: Aus Politik und Zeitgeschichte, Beilage zur Wochenzeitung „Das Parlament" XX, 1970, H. 2, S. 31–48

Winfried Rauscheder, Der ‚Sender der Europäischen Revolution'. Sozialistische deutsche Rundfunkpropaganda im Spannungsfeld des Exils in Großbritannien, Magisterarbeit (MS) München 1985

Hans J. Reichardt, Neu beginnen. Ein Beitrag zur Geschichte des Widerstandes der Arbeiterbewegung gegen den Nationalsozialismus, in: Jahrbuch für die Geschichte Mittel– und Ostdeutschlands 12, 1963, S. 150–188

Ulrich Reusch, Die Londoner Institutionen der britischen Deutschlandpolitik 1943 bis 1948. Eine behördengeschichtliche Untersuchung, in: Historisches Jahrbuch 100 (1980), S. 318–443

Ulrich Reusch, John Burns Hynd (1902–1971), in: Geschichte im Westen 1, 1986, H. 1

Ulrich Reusch, Deutsches Beamtentum und britische Besatzung, Planung und Politik 1943–1947, Stuttgart 1985,

Werner Röder, Deutschlandpläne der Sozialdemokratischen Emigration in Großbritannien 1942–45, VfZ 17, 1969, S. 72–86

Werner Röder, Die deutschen sozialistischen Exilgruppen in Großbritannien. Ein Beitrag zur Geschichte des Widerstandes gegen den Nationalsozialismus, Hannover 1968

Michael Rohrwasser, Der Stalinismus und die Renegaten. Die Literatur der Exkommunisten, Stuttgart 1991

Ludwig Rosenberg, Widerstand aus der Sicht der Emigranten, hrsg. v. Informationszentrum Berlin. Gedenk- und Bildungsstätte Stauffenbergstraße. 3. Auflage Berlin, 1982 (= Beiträge zum Thema Widerstand 2)

Marcel Ruby, F Section SOE. The Buckmaster Network, London etc. 1990

Wolfgang Rudzio, Die Neuordnung des Kommunalwesens in der Britischen Zone. Zur Demokratisierung und Dezentralisierung der politischen Struktur: eine britische Reform und ihr Ausgang, Stuttgart 1968

Wolfgang Rudzio, Export englischer Demokratie. Zur Konzeption der britischen Besatzungspolitik in Deutschland, in: VfZ 17, 1969, S. 218–236

Hans–Jörg Ruhl, Neubeginn und Restauration. Dokumente zur Vorgeschichte der Bundesrepublik Deutschland 1945–1949, München 1982

Gerlinde Runge, Politische Identität und nationale Geschichte. Wirkungsabsichten liberaler Exilpublizistik in Großbritannien 1938 bis 1945, in: Manfred Briegel/ Wolfgang Frühwald (Hrsg.), Die Erfahrung der Fremde, Weinheim etc. 1988, S. 87–120

Gerlinde Runge, Linksliberale Emigranten in Großbritannien: Überlegungen zu Gesellschaft und Demokratie im Nachkriegsdeutschland, VfZ 37, 1989, S. 57–83

Fritz Sänger (Hrsg.), Erich Ollenhauer. Reden und Aufsätze, Hannover 1964

Wilhelm Sander, Der Kampf der Exil–Sozialdemokratie gegen das Hitler-Regime, in: Arno Scholz/Walter G. Oschilewski (Hrsg.), Weg und Ziel. Ein Buch der deutschen Sozialdemokratie, Berlin/Grunewald 1953, S. 98–102

Mary Saran, Never give up. Foreword by Sir Arthur Lewis, London 1976

Friedrich Scheu, Die Emigrationspresse der Sozialisten 1938–1945, Monographien zur Zeitgeschichte, Wien 1968

Bodo Scheurig, Freies Deutschland – Das Nationalkomitee und der Bund Deutscher Offiziere in der Sowjetunion 1943–1945, München 1960

Schmädecke, Jürgen/Steinbach, Peter (Hrsg.), Der Widerstand gegen den National-sozialismus. Die deutsche Gesellschaft und der Widerstand gegen Hitler, München etc. 1985

Ullrich Schneider, Britische Besatzungspolitik 1945. Besatzungsmacht, deutsche Exekutive und die Probleme der unmittelbaren Nachkriegszeit, dargestellt am Beispiel des späteren Landes Niedersachsen von April bis Oktober 1945, Diss. Universität Hannover 1980

Arno Scholz/Walther G. Oschilewski (Hrsg.), Weg und Ziel. Ein Buch der deutschen Sozialdemokratie, Berlin/Grunewald 1953

Arno Scholz, Walther G. Oschilewski, Turmwächter der Demokratie. Ein Lebensbild von Kurt Schumacher, 2 Bde., Berlin 1953/54

Dieter Schröder, Erich Ollenhauer, München etc. 1957

Gerhard Schulz, Geheimdienste und Widerstandsbewegungen im Zweiten Weltkrieg, Göttingen 1982

Klaus-Peter Schulz, Adenauers Gegenspieler. Begegnungen mit Kurt Schumacher und Sozialdemokraten der ersten Stunde, Freiburg i. Br. 1989

Hagen Schulze (Hrsg.), Anpassung oder Widerstand? Aus den Akten des Parteivorstands der deutschen Sozialdemokratie 1932/33, Bonn/Bad Godesberg 1975

Ernst Friedrich Schumacher/Walter Fliess, Betrachtungen zur Deutschen Finanzreform,7 London 1945

Michael Seadle, Quakerism in Germany: the pacifist response to Hitler, Diss. University of Chicago 1977

Brigitte Seebacher–Brandt, Biedermann und Patriot. Erich Ollenhauer – Ein sozial-demokratisches Leben, Diss. (MS) FU Berlin 1984

Brigitte Seebacher-Brandt, Ollenhauer. Biedermann und Patriot, Darmstadt 1984

A. J. Sherman, Island Refuge. Britain and Refugees from the Third Reich 1933–1939, London 1973

Alfons Söllner (Hrsg.), Zur Archäologie der Demokratie in Deutschland. Analysen politischer Emigranten im amerikanischen Geheimdienst, Frankfurt/M. 1982

Special Operations Branch and Secret Intelligence Branch war diaries/OSS London, (MF-Edition), Frederick/USA 1985

Geoff Spencer, Beloved alien: Walter Fliess, 1901–1985, Vancouver 1985

Karl R. Stadler, Das London Büro der österreichischen Sozialisten, in: Österreicher im Exil, hrsg. v. Dokumentationsarchiv des österreichischen Widerstandes, Wien 1992, S. 81–86

Friedrich Stampfer, Erfahrungen und Erkenntnisse. Aufzeichnungen aus meinem Leben, Köln 1957

Friedrich Stampfer, Die dritte Emigration. Ein Beitrag zu ihrer Geschichte, in: Erich Matthias/Werner Link (Hrsg.), Mit dem Gesicht nach Deutschland, Düsseldorf 1968, S. 61–169

Peter Steinbach, Neubau aus Tradition. Programmatische Grundlinien der SPD im zeitgeschichtlichen Umbruch des Jahres 1945, in: Recht und Politik 22, 1986, S. 11–19

Peter Steinbach, Widerstand gegen den Nationalsozialismus aus dem Exil? Zur politischen und räumlichen Struktur der deutschen Emigration 1933–1945, in: GWU 10, 1990, S. 587–606

Rolf Steininger, Die Rhein-Ruhr-Frage im Kontext britischer Deutschlandpolitik 1945/46, in: Heinrich August Winkler (Hrsg.), Politische Weichenstellungen im Nachkriegsdeutschland 1945–1953, Göttingen 1979 (GG Sh. 5), S. 111–166

R. A. Stent, Bespattered Page? The Internment of his Majesty's "most loyal enemy aliens", London 1980

Austin Stevens, The Dispossessed – German Refugees in Britain, London 1975

Otto Strasser, Exil, München 1958

Telford Taylor, Kriegsverbrechen und Völkerrecht. Die Nürnberger Prozesse, Zürich 1951

Gabriele Tergit, Die Exilsituation in England, in: Manfred Durzak (Hrsg.), Die deutsche Exilliteratur 1933–1945, Stuttgart 1973, S. 135–144

Gottfried R.Treviranus, Für Deutschland im Exil, Düsseldorf etc. 1973

Waldemar Tuszynski/Tadeusz Tarnogrodzki, Geschichte des polnischen Widerstandskampfes 1939–1945. Militärhistorischer Abriß, Berlin/DDR 1980

Albrecht Tyrell, Großbritannien und die Deutschlandplanung der Alliierten 1941–1945, Frankfurt/M. 1987

Robert Vansittart, Black Record. Germanys Past and Present, London 1941

Robert Vansittart, Roots of the Trouble, London 1941

Klaus Voigt (Hrsg.), Friedenssicherung und europäische Einigung. Ideen des deutschen Exils 1939–1945, 30 Texte, Frankfurt/M. 1988

Clemens Vollnhals (Hrsg.), Entnazifizierung. Politische Säuberung und Rehabilitierung in den vier Besatzungszonen 1945–1949, München 1991

Udo Vorholt, Die Gruppe Neu Beginnen im Exil. Richard Löwenthals Bewertung der Politik der Sowjetunion in den dreißiger/vierziger Jahren, in: ZfG 41, 1993, S. 204–220

Udo Vorholt, Die Sowjetunion im Urteil des sozialdemokratischen Exils 1933–1945. Eine Studie des Exilparteivorstandes der SPD, des Internationalen Sozialistischen Kampfbundes, der Sozialistischen Arbeiterpartei und der Gruppe Neu Beginnen, Frankfurt/M. 1991

Hans–Christof Wächter, Theater im Exil. Sozialgeschichte des deutschen Exiltheaters 1933–1945, München 1973

Bernard Wasserstein, Britische Regierungen und die deutsche Emigration 1933–1945, in: Gerhard Hirschfeld (Hrsg.), Exil in Großbritannien. Zur Emigration aus dem nationalsozialistischen Deutschland, Stuttgart 1983, S. 44–61

Bernard Wasserstein, Britain and the Jews of Europe 1939–1945, London 1979

R. G. Webb, Britain and the Future of Germany. British Planning for German Dismemberment and Reparations 1942–1945, Ann Arbor etc. 1981

Erich Weinert, Das Nationalkomitee ,Freies Deutschland' 1943–1945, Berlin/DDR 1957

Fried Wesemann, Kurt Schumacher. Ein Leben für Deutschland, Frankfurt/M. 1952

Nigel West, Secret War. The Story of SOE, Britain's Wartime Sabotage Organisation, London 1993

Nigel West, MI5. British Security Service Operations 1909–1945, New York 1982

Nigel West, MI6. British Secret Intelligence Service Operations 1909–45, New York 1983

Widerstand 1933–1945. Sozialdemokraten und Gewerkschafter gegen Hitler, hrsg. v. d. Friedrich-Ebert-Stiftung, Bonn 1980

Bernhard Wittek, Der britische Ätherkrieg, Münster 1962

Dimitri Wolkogonow, Stalin. Triumph und Tragödie. Ein politisches Porträt, Düsseldorf 1989

Barbara Wood, E. F. Schumacher. His Life and Thought, New York etc. 1984

Axel Wörner, Der Zerfall der SAI und seine Ursachen, Halle 1982

Zur Politik deutscher Sozialisten, Politische Kundgebungen und programmatische Richtlinien der Union deutscher sozialistischer Organisationen in Großbritannien, London 1945

Personenregister

Abraham, H.E. 389, 402, 427
Abraham, Max **374**, 389, 402, 427, 499
Abramowitz, Alfred **545,** 632
Aenderl, Franz–Xaver **63**, 499, 545
Albarda, Jan Willem **XLVI**, 145
Albu, Austen **CXVf.**, CXLV, 823
Alexander, Karl CXLIII
Anders, Karl **LVII**, LIX, CXXXVIII, CXL, CXLVI, 5
Anderson, Evelyn **LIX**, CXL, 825
Anderson, Paul **LIX**, CXL, 5, 106, 308, 317
Anker-Ording, Aake **CXXXII**, 824
Appel, Leonard LIV, 795
Araquistain, Luis 824
Arkel, Gerard P. van 799
Arndt, Käthe **382**, 389, 402, 433, 445
Arzt, Arthur **545**
Attlee, Clement **XXII**, XLII, XCVII, 105, 127, 215
Auerbach, Walter **XXVII**, XXXV, CLII, 8, 47, 104, 108, 110, 114, 120, 123, 234, 302, 306, 309, 321f., 334, 372, 402, 427, 445, 488, 499, 558, 614, 628, 630, 685f., 694, 704f.
Aufhäuser, Siegfried **LXXXIII**, XCIV, CX, CXV
Ausch, Karl 106
Ayrton-Gould, Barbara B. **136**, 140

Bach, Otto 740
Bach, Rudi 273, 332, 356
Bärwald, Friedrich 685
Bamford, Gordon 797
Bamford, Mildred XLIII, 127, 337
Banse, Ewald **591**
Baruth, Max 641, **670**
Baur, Valentin **840**

Beard 309
Becker, Karl **XXXVIII**, CLIII, CLV, 149, 158, 186, 272
Behm, Ernst **851**
Behrisch, Arno **852**, 855
Bélina, Josef **CXXXIII**, 628
Bell, Bishop of Chichester 105, 469
Bell, Ernest 469
Bennemann, Franziska **332**, 374, 382, 427, 433, 445
Bennemann, Otto **LVI**, LXIV, LXX, CXXXI, 131, 193, 241, 322, 332, 358, 374, 382, 427, 798, 802, 805, 814
Benninghaus, Walter **382**, 387, 402, 427, 433, 445, 466
Berend, Fritz 140, **188**, 190, 312, 645
Bertholet, René **CXXVIII**, CXXXI, 410, 621, 776, 798
Bertholet-Grust, Hanna CXXVI, CXXXVI, CXXXVIIIf, 410, 466, 764, 795, 814
Beveridge, William 105
Bevin, Ernest **XCVII**, CXIII, 44, 105, 563, 718
Beyer, Anna, **XXXI**, CXXXI, CLIIIf, 154, 160, 162, 166, 188, 273, 322, 324, 326, 332, 348, 356, 358, 379, 410, 790
Bieligk, Fritz **CVf.**, 127, 151, 570, 619, 654
Bienenstock, Tauba **154**, 166, 321f., 357, 374, 379f., 382, 389, 402, 427
Blank, Sally **322f.**, 433, 445, 466
Blencke, Erna **CXXVIIf.**, 152
Blit, Lucjan **302**, 333
Blum, Léon **659**
Blumenreich, Elsa 679

Blumenreich, Erich **321ff.**, 382, 401, 466

Bobzien, Franz **CXLVII**

Böckler, Hans CLV

Bogner, Peter **401**, 669

Bolton 127

Bondy, Charlotte 445, 466,

Bondy, Dr. Paul 104, **302**, 317, 324

Bondy, Paul **LVI**, 59, 108, 142, 314, 321f., 374, 382, 388, 469, 488

Borchardt, Lucy **322f.**, 374

Borinski, Fritz **XLIX**, CXXXV, CXLV, 302, 334, 348, 350, 382, 466, 691

Braatoy Bjärne 559

Bracey, Berta 30, **192**

Bracken, Brendan **131**, 152

Brahm, Max **374**, 401, 433, 445, 466

Brailsford, H. N. **XLVf.**, CXXV, 105, 162, 164, 327, 344, 825

Brakemeier, Rudolf **314**, 322, 332, 374, 387, 388, 401, 433

Brandt, Willy **CXLVIIf.**, CXLIX, CLI, 849, 854, 860

Brary 621

Bratu, Artur Egon **XCI**, 445

Brauer, Max **622**

Braun, Heinrich 632

Braun, Heinz **545**

Braun, Max 8, **9**, 63, 545

Braun, Otto **686**

Braunthal, Julius **XXVII**, XLVf., LXI, CVI, 152, 302, 549, 623, 628, 824

Brehm, Eugen **31**

Breitscheid, Rudolf **LXXXIf.**, XCV, 363, 561

Breitscheid, Tony **563f.**

Brockway, Fenner **379**

Broh, Richard **LVII**, 332, 427, 487

Broido 302

Brost, Erich **LVII**, LXXXV, XCI, CII, CX, 169, 358, 601, 628, 691f., 699, 711, 737

Brouckère, de Louis **XXXIV**, XLV, CXLVI, 30, 34, 152, 156, 186, 190, 294, 299, 302, 549, 634, 639, 641, 655f., 824

Brouckère, Lucia de **302**

Bruckner, Anton 466

Brüning, Heinrich **6**, 627f.

Buchwitz, Otto 752

Buckner, Elsie 374, 427, 800

Burchett, Erna 321, 445, 799

Burmeister, Marjorie A. 433

Burmeister, Werner **199**, 234, 433, 488

Büsing, W. **295**

Buttinger, Joseph CXXXVIII, **95**

Call, Guida 475

Carthy, Albert E. **XXVIII**, 8

Carwin, 445

Catchpool, Corder **CXXXIII**, 30, 192, 466

Chamberlain, Neville 562

Churchill, Winston **XXV**, XXXIII, LXXXI, 75, 133, 319, 323, 341, 544

Cio_kocs, Adam **XXXIV**, XLVI, 34, 106, 138, 145, 192, 622, 628, 641

Ciołkocs, Lydia 119, 549, 550

Citrine, Walter **51**, 127, 134, 215, 824

Clarke, Joan CXXIII

Clarke, R.W.B. 131

Cordier, Gaby CXXVIII

Cramm 634

Cripps, Stafford 621

Crossman, Richard **XLI**, LI, LIXff., CXXXIX, CXLIf., CXLIV, 67f., 81, 131, 822, 825

Crummenerl, Siegmund **LXXX**, LXXXII

Czernetz, Karl **XLII**, 95, 106, 156, 634, 641

Dahlem, Franz 152

Dahrendorf, Gustav **CXII**, CXLIII, 703, 730, 739, 750, 753, 835, 839

Dallas, George **XLII**, XLVI, 558, 567, 606, 629

Dalton, Hugh **XXII**f., XXV, XLII, Lf., LIX, LXXXI, XCVII, CXXXIX, 125, 606, 622, 629

Danneberg, Gerhard 466

Dannenberg, Alfred **LVI**, CXXXI, 154, 160, 166, 314, 321f., 332, 382, 388, 798, 802, 805, 814

Davies, Lord David **XXXV**f., XLVII, CLIV, 47, 54, 58, 62, 69, 538

Delmer, Sefton **LXXXIV**, CII, 647

Demuth, Fritz **XXXVI**, LII, LXI, LXXXIV, CII, CXLV, 32, 59, 104, 108–111, 114, 142, 144, 295, 547, 557f., 563, 608

Derkow, Willy **XXI**, CLIII, 59, 92, 98, 154, 166, 193, 196, 614, 620

Devigneux 688

Devoe, Carl LIV, 795

Diamant, Anna **848**

Diamant, Max **848**

Diebel 814

Dietrich, Georg **LXXXIII**, XCIV, CX, 656, 694, 705

Dobbs 215

Doberer, Kurt **CII**, 43, 88, 614, 314, 321, 332, 374, 570, 672

Dodd, William Edward

Dresel, Percy **466**

Drott, Karl **728f.**

Drzewieski, Bernard 146

Dulles, Allan 801

Dunner, Joseph 438, 456

Dyrenfurth, Herbert **154**, 166, 314, 321f., 332, 374, 382, 387, 388, 401, 433, 445, 466, 672

Ebeling, Hans **XXXVI**, 33, 59, 104,

108f., 112, 142, 144, 634

Eberhard, Fritz, s. Rauschenplat, Hellmut von

Eden, Anthony LXI, 62, 75, 152, 319

Efferoth, Hugo 6

Ehlen, Hilde 433, 445, 466

Ehlmann, Karl Heinrich **314**, 321f., 374, 382, 388, 401, 427, 433, 445, 466, 691

Ehrenberg, Hans **295**

Eichler,[1] Willi **XX**, XXVII, XXXf., XXXIX, LII, LV, LXIIIf., LXXff., XCI, CXIII, CXVIf., CXXVIff., CXXXI–CXXXVII, CLIII,1, 5, 8, 59, 74, 95, 160, 190, 193, 261, 275, 302, 331, 349, 409f., 446, 459, 469, 479, 486, 551, 614, 621, 686, 691, 711, 723, 759, 764, 775, 795, 802, 805, 807, 814, 819f.

Einsiedel, Heinrich Graf von 164, **282**

Eisner, Elisabeth **645**

Eliasberg, Vera **828**

Emmerich, Kurt **372**

Enderle Irmgard **852**

Erler, Fritz **833**

Ernst, Anna 388

Fechner, Max **CXII**, CXXII, 703, 730, 738, 835, 839

Ferl, Gustav 559

Fimmen, Edo **XXVIII**, CXXVII, CXXXIII, 761

Fink, Heinz H. **314**, 322, 332, 357, 374,

1 Willi Eichler war als Mitglied des Exekutivkomitees bei nahezu allen Exekutivkomitee- und Arbeitsausschußsitzungen sowie den Mitgliederversammlungen der Union anwesend. Aus Platzgründen wird auf eine einzelne Ausweisung verzichtet und auf das Dokumentenverzeichnis (S.CLIX–CLXXV) verwiesen.

---

2 Ernst Fröhlich war bis 6. März 1941 als Mit-glied des Exekutivkomitees bei nahezu den Vorbesprechungen zur Union anwesend. Aus Platzgründen wird auf eine einzelne Auswei-sung verzichtet und auf das Dokumenten-verzeichnis (S.CLIX–CLXXV) verwiesen.

3 Hans Gottfurcht war als Mitglied des Exekutivkomitees bei nahezu allen Exekutivkomitee- und Arbeitsausschußsitzungen sowie den Mitgliederversammlungen der Union anwesend. Aus Platzgründen wird auf eine einzelne Ausweisung verzichtet und auf das Dokumentenverzeichnis (S. CLIX–CLXXV) verwiesen.

Hartmann, Hans **388**, 433

Hauck, Henry **763**

Healey, Dennis **CI**, CXV

Heckmann, Gustav 387f., 433

Heide, Paul **LXXXVII**, 322, 374, 382, 387f., 401, 427, 433, 445, 466, 478, 479, 487, 669, 672

Heidenfelder, Wally 844

Heidorn, Wilhelm **XIX,** XXXIf., XXXVIII, LVI, LXIV, LXVII, CXXVIII–CXXXI 166, CXXXIVff., CLV, 142, 154, 188, 192ff., 210, 233, 274, 292, 302, 314, 321f., 332, 348, 358, 372, 374, 387, 757, 764, 767, 798

Heilfort, Lore **401**, 466, 641

Heim, H. Felix 382, 388, 401, 433, 380

Heine, Fritz B. **XV**, XVII, LII–LV, LXVII, LXXI, LXXIX–XCVI, C–CIII, CX, CXII, CXV–CXX, CXXX, 98, 120, 127, 131, 194, 252, 409, 432f., 455, 466, 471, 475, 480, 488, 538, 555, 557f., 560ff., 565ff., 570f., 583–608, 611, 617, 619, 621f., 626–641, 647–650, 653, 668, 680, 691f., 699, 703, 707, 711, 718, 724, 735, 748, 756, 761, 819, 829, 833, 835, 861

Heinig, Kurt **695**

Heinrich, Kurt 670

Helfferich, Karl **536**

Hellmer, Artur **91**, 94, 105, 107

Henderson, Neville 560

Henry, Margarete – siehe Hermann, Grete

Herberg, Anni 846

Hermann, Grete **XXVIII**, LXVI, LXXVII, CXXVIIIf., CXXXVI, 16, 23, 47, 88, 154, 166, 193, 237, 302, 321f., 332, 362, 382, 401, 427, 433, 445, 466, 767, 769, 757, 786

Herrmann, Karl 843

Hertner, Walter **190**

Hertz, Paul **LXXX**, LXXXIII, XCIV, XCVIII, CV, CX, CXXXVIIff., 686, 694, 704f.

Herz, Carl CVII, 151, **282**, 307, 475, 510, 519, 525, 570f., 578ff., 591f., 596f., 619

Herzfeld, Irene 614

Heß, Rudolf 55

Hetz, Karl 654, 656

Heumann, Isabella **433**, 445, 843

Heumann, Wolf **401**, 433, 445, 850, 855

Heydrich, Reinhard 143, 801

Hidden, G.A. 466

Hilferding, Rudolf **LXXXI**f., XCV, 559, 561

Hiller, Kurt **XXIX**, XXXV, XCV, 17, 31, 59, 104, 108f., 114, 135f., 142, 144, 295, 306, 317, 320, 324, 332, 334, 336, 388, 430, 433, 547, 847

Hirsch, Erich 382, 386, 427, 433

Hirsch, Ernst 401, 433

Hirsch, Lisa **401**, 433

Hirschberg, Ernst **XCV**, 152, 630, 692

Hirschfeld, Hans

Hitler, Adolf XXII, CVI, 6, 41, 49, 53, 70, 76ff., 83, 112, 127, 500, 508, 555

Hocke, Willibald **XCI**

Hoegner, Wilhelm 487, 830, 840

Höll, Rudolf 765

Höltermann, Karl **XXVI,** XXXV, XXXVII, LXI, LXXXVI, XCVII, CXXXIX, CXLI, 8, 32, 63, 295, 496ff., 545, 547, 557, 614, 632, 634, 757

Hofmann, Max Moritz **401**, 427, 433, 823

Hofna, D. 382, 401

Hollos, Elfriede 669

Hollos, Julius 669

Holt, Waldemar – siehe Knoeringen, Waldemar von

Horrabin, J.F. 534

Huysmans, Camille XXVI, XLIV, XLVI, XCVIII, CIV, 44, 56, 108, 119, 145, 156, 192, 548, 558, 561, 634, 636, 658, 754, 824

Hynd, John XLV, LVIII, XCIXf., CXV, CXXIX, 469, 655, 735f., 745, 748f., 840, 860

Innis, Elisabeth 382, 388, 401, 427, 433, 466, 798

Innis, Erich – siehe Irmer, Erich

Irmer, Erich CXXVIII, CXXXI, 154, 166, 798

Israel, Wilfried B. 64, 91, 94

Jacob, Johanna–Charlotte 321f., 374, 427

Jaeger, Hans XXXV, 31, 59, 104, 108, 109, 142, 144, 847

Jahn, Hans XXVII, XXXI, XXXV, LIVf., CXXX, CLIVf., 8, 104, 108, 111, 114, 322, 325, 334, 382, 387, 410, 614, 796

Jaksch, Wenzel XXVII, XLIII, XCI, XCV, CXXX, 6, 8, 105, 156, 302, 453f., 462, 473, 549, 561, 655

Jakubowicz, Heinrich CI, 332, 382, 427, 499, 508, 563, 570, 651

Janovsky, Nelly 154, 321f., 374, 401, 427, 445, 843

Janovsky , Walter 332

Jansen, Walter 154, 382, 401, 427, 433, 445

Jesse, Willy XCIII, 687

Jonas 669

Jones, Creech XLV, 358

Joy, Charles 639

Juchacz, Marie LXXXIII, XCIV, CX, 272, 656, 686, 694, 704f.

Jung, Hans 753

Kägi 630

Kahle, Hans XXXVIII, XCVI, 234, 272, 619, 628,

Kahn-Freund, Otto XX, CXXXV

Kalbitzer, Hellmut 814

Kamnitzer, Ellen 382, 388, 427, 445, 466

Kamnitzer, Heinrich CLIII, 133, 136, 154, 314, 332, 382, 387f., 401, 427, 445, 466, 475

Kappius, Änne CXXVIII, CXXX, 387, 799

Kappius, Jupp LVI, CXXX, 166, 314, 321f., 401, 778, 799, 805, 814

Katz, Claire 388

Katz, Rudolf LXXVI, LXXXI, XCIII, XCIV, CXXXIX, CXLI, 57, 152, 552, 564, 593

Kaufmann, Felix 317, 320f., 332

Kehr, Eckart 534

Keller, Robert 740

Kirkpatrick, Ivone LX, 67

Kirschmann, Emil CXXXVIII

Kirstein, Willi CXXXI, 799

Kiss, Alfred LVI

Klatt, Grete 193, 314, 382, 445, 466

Klatt, Werner XLVIII, LVII, CXL, CXLIV, 5, 382, 427, 457, 462, 486f., 826, 830, 833

Klein, Joseph 705

Kluthe, Hans Albert – siehe Westphal, Wilhelm (Walter)

Knoeringen, Waldemar von LVII, LIX, XCI, CXXXVIII–CXLVI, 5, 455, 487, 826, 830

Knothe, Willy 728

Knox 75

Koch, Ludwig 765

4 Erich Ollenhauer war als Mitglied des Exekutivkomitees bei nahezu allen Exekutivkomitee- und Arbeitsausschußsitzungen sowie den Mitgliederversammlungen der Union anwesend. Aus Platzgründen wird auf eine einzelne Ausweisung verzichtet und auf das Dokumentenverzeichnis (S. CLIX–CLXXV) verwiesen.

5 Erwin Schoettle war als Mitglied des Exekutivkomitees bei nahezu allen Exekutivkomitee- und Arbeitsausschußsitzungen sowie den Mitgliederversammlungen der Union anwesend. Aus Platzgründen wird auf eine einzelne Ausweisung verzichtet und auf das Dokumentenverzeichnis (S. CLIX–CLXXV) verwiesen.

---

6 Hans Schuricht war vom 19. März bis 13. Juni 1941 als Mitglied des Exekutivkomitees bei nahezu allen Exekutivkomitee– und Arbeitsausschußsitzungen sowie den Mitgliederversammlungen der Union anwesend. Aus Platzgründen wird auf eine einzelne Ausweisung verzichtet und auf das Dokumentenverzeichnis (S.CLIX–CLXXV) verwiesen.

7 Gustav Spreewitz war ab 24. April 1945 als Mitglied des Exekutivkomitees bei nahezu allen Exekutivkomitee- und Arbeitsausschußsitzungen sowie den Mitgliederversammlungen der Union anwesend. Aus Platzgründen wird auf eine einzelne Ausweisung verzichtet und auf das Dokumentenverzeichnis (S. CLIX– CLXXV) verwiesen.

8 Hans Vogel war als Mitglied des Exekutivkomitees bis zum September 1945 bei nahezu allen Exekutivkomitee- und Arbeitsausschußsitzungen sowie den Mitgliederversammlungen der Union anwesend. Aus Platzgründen wird

auf eine einzelne Ausweisung verzichtet und auf das Dokumentenverzeichnis (S. CLIX–CLXXV) verwiesen.

9 Paul Walter war als Mitglied des Exekutivkomitees ab 24. Juni 1941 bis zum 11. April 1945 bei nahezu allen Exekutivkomitee- und Arbeitsausschußsitzungen sowie den Mitgliederversammlungen der Union anwesend. Aus Platzgründen wird auf eine einzelne Ausweisung verzichtet und auf das Dokumentenverzeichnis (S. CLIX–CLXXV) verwiesen.

Sachregister

Allies inside Germany Council 153, 164, 825

American Bombing Survey of Germany 435

American Federation of Labor (AFL) XC,

American Friends of German Freedom (AFGF) CXVI, 823

Antifaschistische Föderation der Italiener 135f.

Arbeitsausschuß deutscher Sozialisten und der RSÖ – siehe: Arbeitsgemeinschaft für sozialistische Inlandsarbeit

Arbeitsausschuß zur Rettung gefährdeter Anti-Nazi-Flüchtlinge XCVI

Arbeitsgemeinschaft für sozialistische Innenarbeit (AGSI) CXXVII, CXXXVIII, CXLVIII, 3

Atlantik-Charta LXXXIV, 93, 110, 319, 323, 327f., 340f., 345, 566

Aufruf deutscher Gewerkschafter an die deutschen Arbeiter 334, 338

Auslandsvertretung der Deutschen Gewerkschaften (ADG) CLII

Austria Office 107

Austrian Centre 107

Austrian Labour Club (ALC) XXXII, 135, 311–313, 376, 489

Bloomsbury House XIX, XXXII, XC, 3

British Broadcasting Corporation BBC) – siehe: Rundfunkpropaganda

Bund (Allgemeiner Jüdischer Arbeiter-Bund in Rußland, Litauen und Polen) 315, 327, 333

Central European Joint Committee (CEJC) LII

Council for a Democratic Germany (CDG) 359, 685

Czech Refugee Trust Fund (CRTF) XIX, 145, 475, 512

Der kommende Weltkrieg (Broschüre) – siehe: Neu Beginnen

Deutsche Freiheitspartei (DFP) XXXVI, 32, 144

Deutsche Liga für Menschenrechte (DLM) CXXXII

Deutsche Sozialdemokratische Arbeiterpartei in der Tschechoslowakei/Auslandsgruppe 561

Die Zeitung XXXVII, 104, 372, 548, 563, 569

Einheitsgewerkschaft 211

Emergency Bureau for the Rescue of German Anti-Nazi Refugees 182

Emigranten/Emigration in Großbritannien XVIII, XXI, XXXV–XL, 547
– Fürsorge XIX
– Gesamtvertretung XXI, XXXV, XLVII, 47, 54f., 58, 60–64, 306, 546, 621, 656
– Internierung XIXf., CXLIX, 4, 543, 848
– Organisationen 35, 547

Europäische Revolution – siehe Zweiter Weltkrieg

Fabian Society (FS) XLV, 113, 127, 131, 163, 183, 337, 538
– International Bureau XLV, XCIX, 131, 133, 320

904

Der Bearbeiter

Ludwig Eiber, Dr.-phil, geb. 1945, Ausbildung für den gehobenen nichttechnischen Verwaltungsdienst, Studium der Geschichtswissenschaft in München, 1979–1980 Institut für Zeitgeschichte, München, 1980–88 KZ Gedenkstätte Neuengamme, 1989–1992 Hamburger Stiftung für Sozialgeschichte des 20. Jahrhunderts, 1993–1996 Universität Hannover, seit 1996 Haus der Bayerischen Geschichte, Augsburg.

Veröffentlichungen u. a.: Arbeiter unter der NS-Herrschaft. Textil- und Porzellanarbeiter im nordöstlichen Oberfranken 1933–1939, München 1979; u.a. (Hrsg.), Arbeit und Vernichtung. Das Konzentrationslager Neuengamme 1938–1945, Hamburg 1986; u.a. (Hrsg.), „Wir sind die Kraft". Arbeiterbewegung in Hamburg von den Anfängen bis 1945, Hamburg 1988; „Ich wußte es wird schlimm". Die Verfolgung der Sinti und Roma in München 1933–1945, München 1993; u.a. (Hrsg.), Acht Stunden sind kein Tag. Geschichte der Gewerkschaften in Bayern. Katalog zur Wanderausstellung 1997/98 des Hauses der Bayerischen Geschichte in Zusammenarbeit mit dem Deutschen Gewerkschaftsbund – Landesbezirk Bayern, Augsburg 1997.